U0835310

上海市级专志

上海申通地铁集团有限公司志

上海市地方志编纂委员会 编

上海人民出版社 上海书店出版社

2015 年 12 月轨道交通网络示意图

上海申通地铁集团公司及轨道交通 4 号线停车库

1958 年，上海市人民政府编制的上海市地下铁道初步规划草图

1962 年，上海地下掘进施工第一个试验基地——浦东塘桥试验基地

1963 年 4 月上海地下施工试验塘桥试验段

1987 年 1 月，上海市新龙华至上海新客站地下铁道工程可行性研究报告评估

1989 年 2 月 26 日，上海地铁 1 号线草签合同

1992 年 10 月 12 日上海地铁总公司成立

1993 年 5 月 28 日，上海地铁 1 号线南段通车

1994 年 上海市地铁工程建设指挥部领导集体合影

1999 年 9 月 20 日，上海地铁 2 号线一期工程试通车仪式在静安寺下沉式南广场举行

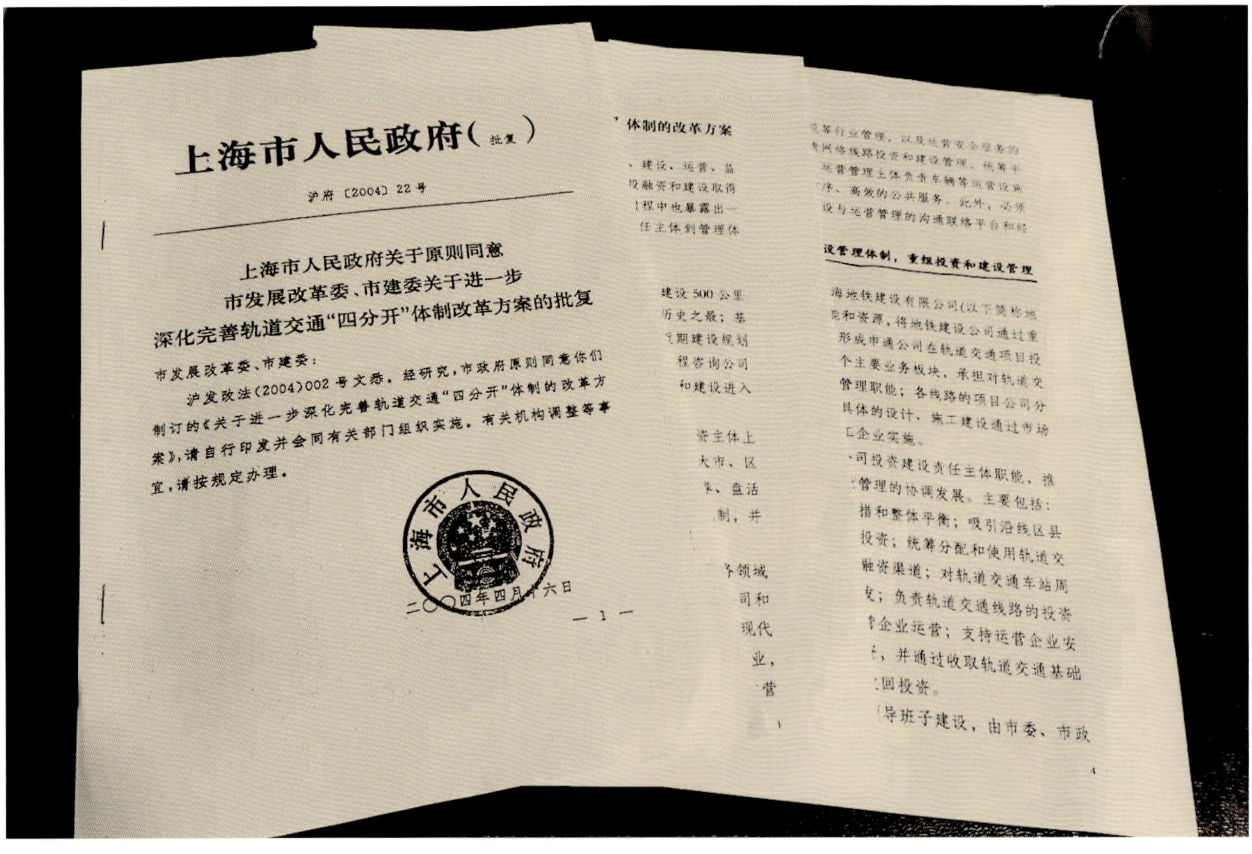

上海市人民政府（批复）

沪府〔2004〕22 号

上海市人民政府关于原则同意市发展改革委、市建委关于进一步深化完善轨道交通"四分开"体制改革方案的批复

市发展改革委、市建委：

沪发改法(2004)002 号文悉。经研究，市政府原则同意你们制订的《关于进一步深化完善轨道交通"四分开"体制的改革方案》，请自行印发并会同有关部门组织实施。有关机构调整等事宜，请按规定办理。

上海市人民政府

二〇〇四年四月十六日

— 1 —

2004 年 4 月 16 日上海市人民政府印发深化轨道交通体制改革批复

2005 年 11 月 18 日，申通地铁集团举办第一届职工运动会

2005 年 11 月 24 日，上海轨道交通 7 号线开工典礼

2005 年底至 2006 年 6 月，轨道交通建设工程全面完成 11 000 户居民和 1 200 家单位的动迁任务

2006 年 2 月，上海轨道交通网络系统综合研究专家评议会

2006 年 4 月 4 日，由中国工商银行牵头农业银行、中国银行、建设银行、交通银行、浦发银行组成银团与上海申通地铁集团公司签约贷款

2007 年 8 月 7 日，轨道交通 12、13 号线工程可行性研究报告评估会

2008 年 9 月 9 日，世博 600 天倒计时牌在地铁人民广场站揭幕

2009 年 4 月 30 日，上海地铁吉祥物征集活动新闻发布会

2010 年度 CoMET 大会在上海举行

2010 年 9 月，申通地铁集团被交通运输部授予文明行业

2013 年，申通地铁集团被上海市人民政府授予 2011—2012 年度文明行业

2015 年 2 月 11 日，申通地铁集团召开标准化建设推进会

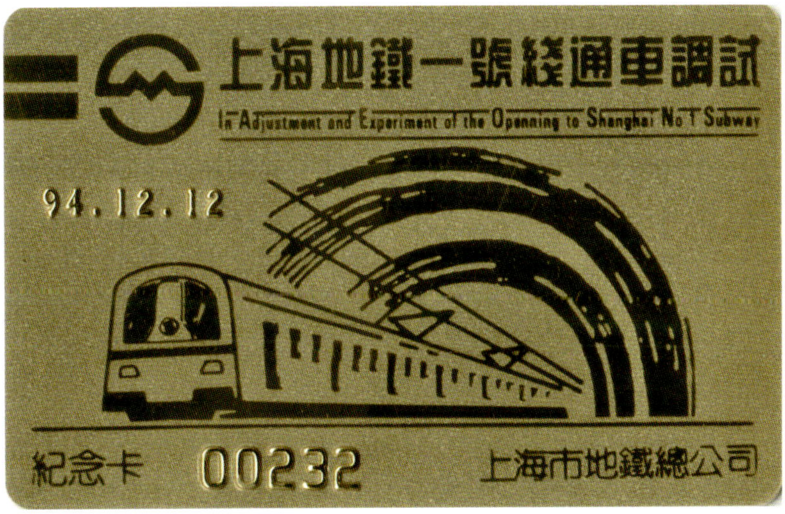

1993 年上海地铁 1 号线通车调试纪念金卡

2005 年 9 月 15 日，上海轨道交通客运票价调整方案通过市民社会听证

2005 年 9 月 21 日，上海轨道交通 3 号线停车库

2006 年 8 月 28 日，轨道交通 8 号线首列国产化列车出厂

2007 年 3 月 29 日，上海地铁运营有限公司开展现场咨询服务

2008 年 4 月 28 日，上海地铁温馨服务品牌建设启动

2009 年 2 月 11 日，轨道交通运营管理体制调整工作动员大会

2009 年 2 月 28 日，申通地铁集团下属运营服务单位改制揭牌

2009 年 5 月，地铁人民广场站获得地铁迎世博优质服务站荣誉

2009 年 5 月，轨道交通 1 号线上海火车站站服务品牌现场服务

2010 年，上海地铁圆满完成世博会 184 天保障任务

2012 年 4 月 27 日，巨峰路“大爱站”揭牌仪式

2013 年 1 月 4 日，首届地铁公共文化周大世界站地铁音乐汇揭幕仪式

2014 年 10 月 24 日，“世界城市日活动”在上海轨道交通 8 号线中华艺术宫站举行

2008 年 8 月 20 日，申通地铁集团与东方明珠合资成立上海地铁电视有限公司签约

2009 年 4 月 23 日，轨道交通网络物资供应系统（MSCP）项目启动

2009 年 6 月 3 日，申通地铁集团与泰国正大集团签订战略协作框架协议

2012 年 12 月 7 日，申通庞巴迪（上海）轨道交通车辆维修有限公司成立揭牌

2013 年 4 月 28 日，申通地铁集团与凯奥雷斯集团战略合作框架协议签约

2014 年 2 月 17 日，上海申凯公共交通运营管理有限公司合营合同签约

2015 年 2 月 26 日，上海市公共信用信息服务平台战略合作协议签约

2015 年 4 月 24 日，申通地铁集团与中国铁建股份有限公司在北京签署战略合作意向书

2006 年 10 月 11 日，申通地铁集团承办上海轨道交通科技创新大会

2006 年 11 月 27 日，团市委领导在上海轨道交通建设青年科技论坛上为优秀青年建设者颁奖

2007 年 5 月 29 日，上海职工科普讲师团进企业启动仪式在申通地铁集团举行

2007 年 6 月 12 日，申通地铁集团在中国轨道交通论坛上作《上海城市轨道交通网络建设发展战略》主题演讲

2008 年 4 月 25 日，申通地铁集团首届刘建航院士奖励基金颁奖大会授奖

2011 年 9 月 23 日，申通地铁集团第二届职工技术比武

2011 年 12 月 20 日，轨道交通实训基地建成启用

2005 年 12 月 22 日，申通地铁集团本部开展“冬衣暖人心”募捐

2006 年 4 月 20 日，申通地铁集团团员青年骨髓捐献者接受媒体采访

2006 年 8 月 10 日，申通地铁集团在轨道交通人民广场站举行“蓝天下的至爱”活动

2006 年 8 月 10 日，在轨道交通人民广场站投放慈善基金会募捐箱

2007 年 11 月，申通地铁集团党风廉政图片展

2007 年 11 月 17 日，地铁社区党建联建实践与创新论坛在国际会议中心举行

2007 年 12 月 27 日，上海市建设党委、申通地铁集团联合召开上海轨道交通建设先进事迹报告会

2008 年 5 月 8 日，申通地铁集团召开先进事迹报告会并向先进代表授奖

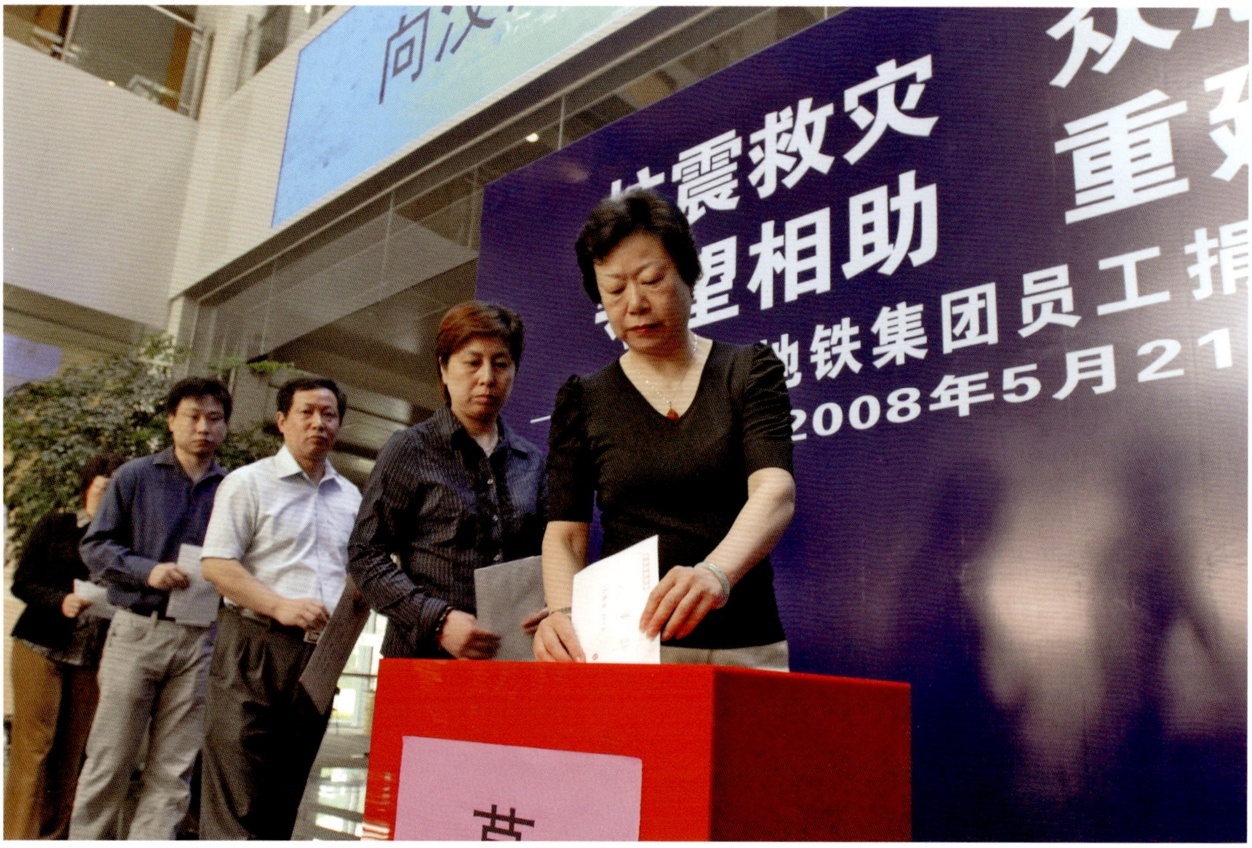

2008 年 5 月 21 日，申通地铁集团员工踊跃投入赈灾捐款活动

2008 年 5 月 21 日，申通地铁集团全体职工通过慈善基金会向四川震区捐款 341 万元

2008 年 6 月 27 日，上海地铁大学生公益广告设计大赛获奖作品揭晓

2008 年 8 月 18 日，上海轨道交通党建联动推进信访稳定工作现场会

2009 年 3 月 31 日，申通地铁集团党风廉政建设干部大会

2009 年 6 月 27 日，申通地铁集团召开纪念建党八十八周年暨申通地铁集团成立五周年座谈会

2010 年 4 月 29 日，申通地铁集团劳模先进群体合影

2006 年，申通地铁集团职工群众文化活动场景

2006 年 6 月，申通地铁集团艺术节摄影比赛展

2007 年 2 月 14 日，申通地铁集团召开 2006 风采人物颁奖大会暨春节联欢会

2007 年 5 月 11 日，申通地铁集团举行升国旗仪式

2007年9月30日，“通向都市新生活·上海轨道交通摄影比赛”作品在地铁人民广场站展出

2007 年 12 月 9 日，申通地铁集团举办“开往世博的地铁”国际文化创意研讨会

2008 年 3 月 1 日，尼日利亚总统到访申通地铁集团

2008 年 6 月 26 日，市禁毒委授予上海地铁“上海市禁毒宣传教育基地”匾牌

2008 年底，上海地铁志愿者服务迎世博文明行动推进大会表彰优秀团队和个人

2012 年 12 月 14 日，申通地铁集团在全国地铁志愿者工作论坛作主旨发言

2013 年 1 月 1 日，地铁人民广场站音乐角群众性演出

2014 年 10 月 31 日，由申通地铁集团主办的“法治文化 · 地铁安全”暨上海地铁第八届公共安全宣传周启动仪式

2014年12月28日，“上海地铁音乐角”第200场公益演出

2014 年度申通地铁集团风采人物颁奖

上海市地方志编纂委员会

主任委员　周慧琳

副主任委员　翁铁慧　李逸平　朱咏雷　宗　明

委　　员　（以姓名笔画为序）

于福林　上官剑　马正文　王　平　王　华　王　岚　王旭杰
方世忠　白廷辉　朱　民　朱勤皓　邬惊雷　刘　健　严爱云
李　谦　李余涛　李国华　杨　莉　肖跃华　吴金城　吴海君
余旭峰　沈山州　沈立新　张　全　张小松　张国坤　陆方舟
陈　臻　陈宇剑　陈德荣　金鹏辉　周　强　周夕根　郑健麟
房剑森　赵永峰　胡广杰　钟晓咏　姜冬冬　洪民荣　姚　凯
姚　海　秦昕强　袁　泉　袁　鹰　桂晓燕　顾　军　徐　枫
徐　建　徐　炯　徐　彬　徐未晚　高奕奕　高融昆　唐伟斌
黄德华　曹吉珍　曹扶生　盖博华　董建华　解　冬　缪　京
薛　侃

办公室主任　洪民荣

副　主　任　生键红　姜复生

上海市地方志编纂委员会

（2007.8—2018.6）

主任委员　殷一璀（2007.8—2014.11）　徐　麟（2014.11—2015.9）
董云虎（2015.9—2018.6）

副主任委员　（2007.8—2011.8）
王仲伟　杨定华　姜　樑　李逸平　林　克

副主任委员　（2011.8—2014.11）
屠光绍　杨振武　洪　浩　姚海同　蒋卓庆　林　克

办公室主任　李　丽（2008.7—2010.10）
刘　建（2010.10—2014.2）

副　主　任　沙似鹏（1997.12—2007.9）　朱敏彦（2001.1—2012.5）
沈锦生（2007.7—2009.2）　莫建备（2009.9—2013.11）
王依群（2016.8—2020.3）

上海申通地铁集团有限公司志编纂委员会

（2011 年 5 月 12 日）

主　　任　应名洪
常务副主任　朱沪生
副 主 任　石礼安　邵伟中　毕湘利
委　　员　周庆灏　金嘉模　张建斌　朱岳方　杨夏影　张君龙

上海申通地铁集团有限公司志编纂委员会办公室

（2011 年 5 月 12 日）

主　　任　周庆灏
副 主 任　吴晓红
成　　员　伏相华　杨夏影　梁慧萍　杨跃　邵旖旎　薛　维
办公室日常工作由技术研究中心承担

上海申通地铁集团有限公司志编纂委员会

（2015 年 12 月 15 日）

主　　任　俞光耀
常务副主任　顾伟华
副 主 任　徐建群　邵伟中　毕湘利　黄　建
顾问委员　应名洪　朱沪生　石礼安
委　　员　（以姓名笔画为序）
万建军　王益群　王巍峰　毕艳祥　吴昕毅　张　川　张建斌
张凌翔　徐子斌　徐卫平　蒋国皎　蔡伟东

《上海市级专志·上海申通地铁集团有限公司志》编纂委员会办公室

（2015 年 12 月 15 日）

主　　任　蔡伟东

副 主 任　张华平

成　　员　伏相华　朱岳方　厉少卿

办公室日常工作由集团办公室承担

上海申通地铁集团有限公司志编纂人员

主　　编　蔡伟东

副 主 编　张华平

总　　纂　张华平

分　　纂　伏相华　朱岳方　屠慧雯　周鸿祥　邵旖旎　姜　雪　王　婷　陈娟娟

组稿及资料提供人（以姓氏笔画为序）

丁俊欢　于　宁　马　燕　马千里　马忠政　王　欣　王　敏
王正菁　王生华　王志海　王欣杰　王建清　王彬翊　王梦漪
王超群　毛清煜　毛蓓蓓　方力明　厉少卿　卢伟国　归嘉毅
叶华平　叶明中　史　军　史　琼　仝祎南　达世鹏　毕艳祥
吕小卫　吕骏宇　朱　宏　朱　英　朱　强　朱小娟　朱国伟
朱建宏　朱皓羚　任　雪　刘　悦　刘　旎　闫功胜　汝文锋
汤璐洁　祁　俊　许　芳　许　静　许旻亮　许雅琴　阮　文
孙　安　孙　林　孙　彬　孙晨曦　孙婷婷　严如珏　严婵琳
苏耀强　李　贝　李　钢　李　骏　李　彬　李成新　李名敏
李妩一　李胜杰　李家平　李雯琪　李晴阳　杨　力　杨　云
杨立兵　杨国伟　杨春馨　杨海红　杨雪峰　来清泉　时立红
吴　凡　吴明欣　吴建波　吴晓红　吴蔚波　何　俊　邹　松

邹志峰	应明程	应建国	汪　玮	沈佳琳	沈振清	沈彩蓉
沈逸文	忻　然	宋理强	张　俊	张　铮	张　蕾	张　巍
张秀凤	张晓燕	张海峰	张乾睿	张博雅	张嘉清	陆　晨
陆志雄	陈　匡	陈　兆	陈　治	陈　鸿	陈　潇	陈依新
陈建东	陈哲涛	邵旖旎	范　波	杭　玥	郁剑鸣	郁琦晖
罗　芳	罗晨元	周　丰	周震义	郑　红	宗艳玲	赵　刚
赵丽敏	赵维克	胡　健	胡洪威	胡章喜	查丽娜	钦臻文
侯　伊	俞鸣洪	施　政	施　巍	施玮珺	姜　宏	费臻颖
夏　熠	顾柳恺	顾熙颐	顾澍炎	钱顺康	倪　茵	倪旭东
徐　琳	徐子斌	徐凤娟	徐志华	徐侃敏	徐高升	凌春霞
高圣翔	高旭卿	高柳萍	郭燕艳	唐　益	唐逸雯	唐鸿华
唐韵晖	陶　星	陶　珺	陶静洁	黄　锦	黄臻超	曹　俊
曹　珺	盛应平	崔　凤	隆振中	葛乃聪	葛艳秋	葛晓琴
董晓蕾	蒋惠芳	韩　骏	程乐婷	程静蔚	傅竺君	傅琰华
鲁　超	童旭昶	曾骁暘	谢海锋	虞玉英	褚嘉诚	蔡玉彪
蔡岳峰	蔡洪宇	管倩雯	廖　鸣	谭晓文	熊　枫	熊　炜
缪　帆	潘　培	潘叶青	潘瑞琛	薛云娟	薛玮清	戴仲易

照片主要提供人　殳　枫　冯　昊　朱友香　谢益民　秦义强　吴侃俊

《上海市级专志·上海申通地铁集团有限公司志》
评议专家

组　　长　张载养

成　　员　（以姓氏笔画为序）

孙安弟　佟成权　张　毅　郑浩坤　徐　加　徐存福　曹建华

蒋永年　薛小平　戴晓坚

《上海市级专志·上海申通地铁集团有限公司志》
审定专家

组　　长　孙建平

成　　员　（以姓氏笔画为序）

朱洁士　宋赤明　张永林　张蕴杰　徐夏临　彭建荣　韩国华

戴　祺

《上海市级专志·上海申通地铁集团有限公司志》
验收单位和人员

验收单位　上海市地方志办公室

验收人员　洪民荣　姜复生　王继杰　过文瀚　黄晓明

业务编辑　肖春燕　赵明明

序

历经十年的准备、编撰、修审,《上海市级专志·上海申通地铁集团有限公司志》终于完稿付梓与读者见面了。这部近百万字的志书,以全景的视角,全方位、全过程记载了申通地铁集团与上海轨道交通起源、发展、壮大的历程,给上海轨道交通的文化建设积淀和传承增添了一份“传家世宝”。对此,作为一名轨道交通行业工作者和志书的修编者,我感到十分高兴和欣慰。

纵观上海地铁历史发展历程,大致可分为四个历史时期。第一个时期,1956—1985年,是上海地铁的筹备试验时期,其间最重要的成果是成立地铁建设筹备机构,开展软土地基条件下的盾构试验并取得成功,打破了国外专家关于上海软土地基不能建造地铁的论断。第二个时期,1985—2004年,是上海地铁初期建设和管理时期。在市委市政府的领导下,在改革开放的大潮中,上海地铁建设者抓住机遇、突破瓶颈,开始上海地铁1号线的建设。1993年5月28日,上海地铁1号线南段(锦江乐园至徐家汇)建成试运行,上海地铁实现“零”的突破。第三个时期是2004—2010年,上海地铁进入快速发展阶段。为适应2010年中国上海世博会的交通保障需要,集全市之力加快轨道交通建设,市委市政府决定重组成立新的上海申通地铁集团,作为上海地铁投资、建设和运营管理的统一的责任主体。到世博会开幕前,如期实现轨道交通网络建设11条线路总里程428公里的重大目标,形成“十字加环、八向辐射”的轨道交通网络,为世博会7 000万参观客流提供有力的交通保障。第四个时期是2010年之后,上海地铁适时提出“两个转变”发展战略,推动上海地铁“从重建设向重运营管理转变,从单线管理向网络化管理转变”,实施“人性化服务、精细化管理、标准化建设”举措,推动上海地铁建设运营管理水平持续提升。2020年底,上海轨道交通运营线路达到19条(含磁浮),运营长度772公里,位居全球第一。网络运行可靠度、服务水平、经营规模、运营效率等四个方面八大运营关键绩效指标全部进入世界前六。

回顾60年来的发展历史，我们能真切地感受到一代又一代地铁人"热爱地铁、甘于奉献"的情怀和"攻坚克难、百折不挠"的韧劲。展望2035年，上海轨道交通将建成"一网多模"、三个1 000公里的超级网络，新时代上海城市轨道交通的高质量发展，需要新一代地铁人不忘初心、牢记使命、赓续奋进。

存史、资政、育人是地方志编纂的目的和意义所在，我们期待《上海市级专志·上海申通地铁集团有限公司志》能成为各界人士了解、认识、研究、支持上海地铁发展的重要资料，在促进上海地铁高质量发展中发挥积极作用。

祝愿上海地铁的明天更加美好！

俞光耀

2021年5月21日

凡　例

一、本志以马克思列宁主义、毛泽东思想、邓小平理论、“三个代表”重要思想、科学发展观、习近平新时代中国特色社会主义思想为指导，客观真实地记述上海申通地铁集团有限公司(简称申通地铁集团)的建设发展，全面准确地反映申通地铁集团的发展历程。

二、本志记述上限追溯到1956年上海市人民委员会市政建设交通办公室提出《上海市地下铁道初步规划(草案)》，下限断至2015年底。申通地铁集团溯源业务主要有工程建设、体制机构、文化建设、运营服务等方面的内容。

三、本志采用述、记、志、传、图、表、录等形式记述，以志为主。表随文设，图照取卷首集中和串文分散结合形式。大事记以编年体为主，辅以纪事本末体，卷尾设专记、索引、附录和编后记。

四、本志书以横排门类、纵记史实的编纂方式，分篇、章、节、目4个层次。篇下设概述，全志设体制沿革、工程建设、网络运营、维护保障、非票务经营、科技教育、企业管理、党群工作、社会责任、人物，共10篇、54章、226节。

五、本志行文规范参照《上海市志(1978—2010)编纂行文规范》。

六、本志主要资料来源上海市城建档案馆、各单位文书、人事档案、地铁年鉴年报、各类新闻报道、有关科技书籍、企业工作总结、关键人物访谈及各单位大事记等。

目　录

CONTENTS

总 述

城市轨道交通是城市规模发展到一定阶段的产物，是工业文明、物质文化、科技发展、社会进步的综合体现，它具有运量大、效能高、全天候、快捷、安全、环保、智慧等特性。1863年，伦敦建成世界上第一条地铁。自1993年地铁1号线南段（锦江乐园—徐家汇，6.44公里）建成通车以来，上海用二十几年的时间，走过了西方发达国家城市一百多年的发展历史，2013年末，上海地铁运营里程达到567公里（含磁浮线29公里），跃居世界第一。到2015年末，运营里程达到617公里。地铁成为市民乘客出行首选，改变了市民的生活方式，促进了上海城市经济社会发展。

一

民国37年（1948年）的《大上海都市计划总图报告书（二稿）》，拟定每个规划新市镇有市镇铁路通达，在市内为高架形式。这是最早把快速有轨交通建设纳入上海都市建设的总体布局的构想。上海解放初期，时遇“二六”轰炸，苏联市政专家团来沪，建议上海修建地下铁道。苏联专家穆欣来沪指导编制城市总体规划期间，提出南北和东西两线。这个设想，也曾在上海市总图规划示意图上标明了走向，并向市人民政府作了汇报。

1956年，上海正式提出要修建地下铁道。是年8月23日，上海市人民委员会市政建设交通办公室编制《上海市地下铁道初步规划（草案）》及一期工程建设计划。规划有3条直径线，总长31.55公里。1958年，编制了以人民广场为枢纽的三线一环、四线一环、四线二环等多个地下铁道方案，1986年发展为7条线路的地下铁道规划系统。

1958年“上海市地下铁道筹建处”成立，开始方案设计和技术经济论证。1960年2月，成立上海市隧道工程局，开始在浦东塘桥港务局第七装卸区作盾构掘进试验。当时试验工场条件相当艰苦，经验缺乏、技术落后，设备极其简陋。刘建航、王振兴等一批工程技术人员，顶着种种困难，在探索中求奋进攻克难关，在试验中求突破积累经验，取得了宝贵的一手技术数据。1964年11月起实施的衡山路段试验工程，作为上海地铁南北线一期工程的组成部分。自衡山路段实施地铁扩大试验工程至1967年7月，完成一井一站和600米区间的两条隧道后，因“文化大革命”中止。11年后，地铁试验工程才得以继续，1978年，漕溪路段试验工程批准开工。至1983年底，完成一井一站和圆形隧道913米、矩形隧道274米，比较全面地掌握了地铁地下施工的各项基本技术要求。

二

20世纪80年代，随着上海城市人口的日益增长和城市住宅结构、工业结构发生的变化，城市交通矛盾日趋紧张，社会对缓解城市交通压力和建设快捷、安全、大容量的城市轨道交通愿望非常迫切。1986—1992年，上海市城市综合交通规划研究所开展了上海市综合交通规划，提出上海必须坚持优先发展公共交通的政策，要加快发展城市快速有轨交通，建设一个统一的地下、高架、地面因地制宜的公共客运系统。1986年9月，上海市市长江泽民主持召开市府第24次常务工作会议，提出专项工程计划,向国外借资32亿美元,其中18亿美元用以投资工业生产,取得效益后,再用于市政基础设施建设,剩下的14亿美元用于建设上海地铁1号线等五大市政工程。

1985年3月,上海市地铁公司成立。1986年7月,市政府向国务院上报建设新龙华至新客站地下铁道的请示报告。1988年2月,国务院批准《上海市新龙华至火车站地下铁道工程可行性研究报告》,上海地铁1号线进入实质性启动。上海市成立了由副市长倪天增为组长的涵盖地铁1号线、黄浦江大桥、苏州河河流污水治理等五大工程在内的上海市"九四"专项市政工程领导小组,并由市政府派出机构——上海市地铁工程建设指挥部实施地铁工程建设。

上海地铁1号线1期工程,南起锦江乐园,北至上海火车站,全长16.21公里,设车站13座(地面车站2座、地下车站11座),在线路南端的新龙华设车辆段。地铁工程建设指挥部根据市政府关于地铁1号线资金"自筹、自借、自还"的方针,采用国内筹措与引进外资相结合的办法筹措建设资金,工程总投资为52.44亿元,其中人民币34.76亿元,外汇4.53亿美元。1987年3月,在上海市外经贸委的组织和主持下,开始询价和谈判,由外国商团带资报价。经对资金条件、设备价格、技术水平的综合评估,确定向德国、美国、法国贷款,共29 668万美元。上海地铁工程建设利用外资,实施城市基本建设,打开了城市基本建设利用外资先例,既有效地解决了城市建设资金的空缺,又为我国改革开放探索出一条具有历史意义的新路。

1990年1月19日,国务院批准上海地铁1号线开工建设。工程施工由上海市地铁工程建设指挥部统一领导和组织。指挥部以招投标方式汇集了有实力、有技术、有经验的各专业施工队伍。按"分段建设、分段通车"原则,将工程划分为南、中、北3段,从南向北、突出重点,确定节点目标,实行"时间用足、空间占满",集中力量打歼灭战。地铁1号线工程建设,是中国首次现代化的轨道交通建设项目,施工经验盲点无数,工程险点历历重重,在地铁建设指挥部总指挥石礼安为首的团队带领下,广大建设者殚精竭虑、如履薄冰,边探索边实践,边突破边推进。经过一路艰辛拼搏和披荆斩棘鏖战,终于在1995年4月10日建成通车。上海地铁1号线的建成通车,是上海轨道交通建设史上的一个里程碑,它见证了上海改革开放"一年一个样,三年大变样"的巨大成果,表明了上海的城市现代化建设已经进入了一个新的发展阶段,标志着上海正式迈向具有现代化、立体化、大容量的城市综合交通新纪元。

20世纪90年代初,中共中央、国务院作出开发开放浦东的决策。中共上海市第六次代表大会决定把"紧紧抓住城市基础设施建设"列为三个战略重点的首位,强调城市基础设施在经济和社会发展中的重要地位。为开发开放浦东需要,建设连接浦东和浦西的大交通,建立上海城市地下、地面、高架相结合的立体交通骨架,被摆到了历史当口。1993年8月18日,上海市计委就向国家计委提交了《关于上海市地铁2号线工程项目建议书的请示》。1995年1月11日国务院原则批准《国家计委关于审批上海市地铁2号线1期工程项目建议书的请示》。1996年5月,国务院原则批准《上海地铁2号线一期工程可行性研究报告的请示》。上海地铁2号线1期工程,全长13.6公里,由西向东沿享有全国商业第一街著称的南京路穿越上海市区,并连接浦江两岸。沿线分别设有静安寺、石门一路、人民公园、河南中路、陆家嘴、东昌路、东方路、杨高路、中央公园和龙东路站,在人民公园站与地铁1号线相交。车站平均站距1.4公里,最长站距达1.8公里。站台长为186米,中间站长度为269米。各车站设有上、下行自动电梯及无障碍设施。站内配备先进的自动售检票系统和环控系统与防灾报警系统。

地铁2号线1期工程总投资105亿元人民币,将部分利用外国政府的低息贷款,其中包括德国政府和法国政府的优惠贷款。同时部分利用美国政府的优惠贷款。工程实行"二级政府、二级管理”，发挥市、区两个积极性。隧道、轨道、机电设备等工程由市负责建设实施，沿线各车站分别由各区政府筹资建设。

1995年12月28日，地铁2号线1期工程浦东杨高路车站率先开工建设。经过四年多的工程建设，2000年6月全线建成通车运营。2号线的开通运营，与1号线形成了申城地下轨道交通纵横交错的格局，极大方便了浦江两岸的市民交通出行。为进一步改善浦东地区投资环境，加快浦东开发开放，促进上海政治、经济、文化的发展，起到了积极的推进作用。

在轨道交通项目建设快速推进，运营里程不断增加的同时，为适应上海轨道交通有序快速发展的需要，提升建设投资的质量和效益，2000年4月，市委、市政府对轨道交通建设和运营管理体制进行改革，实行投资、建设、运营、管理“四分开”，改制撤销上海市地铁总公司，同时成立上海申通集团有限公司、上海地铁建设有限公司、上海地铁运营有限公司、上海现代轻轨经营发展有限公司，分别承担轨道交通的投资、建设和运营管理职能。

2000年，莘闵轨道交通线在颛桥站开工，轨道交通明珠线1期工程试通车，地铁2号线东延伸段通车。2001年3月1日，上海磁悬浮列车示范运行线工程开工后，共和新路高架工程、轨道交通明珠线2期、轨道交通杨浦线(M8线)1期、轨道交通申松线项目、轨道交通3号线北延伸工程项目、轨道交通2号线西延伸项目相继开工。2002年12月31日，磁浮列车成功地实现单线通车试运行。2003年，上海地铁三条线全年客运量4.05亿人次，日均客运量111.1万次，同比增长13.5%，最高日客运量179.2万人次。

三

上海获得2010年世博会申办权后，中共上海市委、市政府审时度势作出战略性决策，把“安全、快捷、大容量”的轨道交通作为确保7 000万参观客流的骨干交通方式。世博会的大流量交通需求，给上海轨道交通大发展创造了千载难逢的契机。适应世博会交通保障的超常规发展需求，2004年6月24日，市委、市政府对上海地铁管理体制进行新的调整，上海地铁建设有限公司整体合并入申通集团有限公司，投资与建设主体合二为一。2005年，上海地铁运营有限公司划归申通集团有限公司管理，实现了上海地铁投资、建设和运营的一体化管理，上海地铁进入快速发展的新阶段。

2005年11月17日，市委、市政府召开市有关部门和轨道交通沿线各区的区委书记、区长座谈会，再次动员推进上海城市轨道交通建设。市委要求紧紧抓住2010年上海世博会契机，坚持把加快发展轨道交通作为实施公交优先战略的重中之重，集全市之力，切实加快上海城市轨道交通建设。会议提出了2010年上海轨道交通运营里程达到400公里的目标。

5年内要新建成三百多公里轨道交通建设工程，其工程之浩大，其时间之紧迫，堪称史无前例。申通地铁集团携手各参建队伍，挖潜造势，开展地铁精神大讨论，增强统一思想开拓进取的信心，鼓舞意志；携手社区，创建“党建联建”大平台，树立责任共担决战决胜的决心，增添斗志；开展竞赛，运用劳动竞赛载体，发扬顽强拼搏攻坚克难的精神，激励斗志，以超常规的干劲，掀起了上海轨道交通大建设、大会战、大决战的热潮。

在“举全市之力加快轨道交通建设”号召下，政府相关部门率先行动，打破常规，开辟绿色通道，积极协调，快速申办相关手续。仅用一年多时间，市发改委等部门通力合作，完成了8条线的国家项目评估和审批工作；市规划、环保等部门，采取“同步受理、平行审批”工作方法，加快完成580个单项工程的“三证”办理；管线单位跨行业协作，完成了1 078个单项水电煤管线搬迁任务，创下一年搬迁管线3.5万米的奇迹。市、区两级党委和政府部门，上百个街镇齐心协力，在半年多时间里完成面积160万平方米、居民和单位13 300户的动迁。工程前期的快速推进，为完成11条线400公里目标奠定了坚实基础。

工程建设中，建设者们运用科学管理，运用保障机制，严防死守工程安全。在每一个工地，设置了远程监控系统，进行三级防护监控，随时发现问题，随时报警；实施深基坑、进出洞方案措施的专题审核制度，严格审核防范各项风险点。建立了三个专业抢险队，配备三套专业抢险装备，随时待命，确保工程建设安全。

通过全市人民的支持和各参建单位的努力拼搏，2010年，2号线东延伸、2号线西西延伸、11号线北段支线段、10号线、世博专用交通联络线等5个项目在世博会前建成通车，世博会前建成420公里的基本网络重大目标全面实现。上海轨道交通基本网络的建成，为世博会参观客流提供了保障，也从根本上解决了城市交通出行难的难题，推动了社会经济的发展，改变了城市面貌，提升了市民的幸福指数和满意度指数。

四

2010年中国上海世博会结束后，上海轨道交通新一轮近期建设规划调整方案通过国家审批，上海市城市轨道交通近期建设规划(2010—2015年)调整方案获国家发展改革委批复。《上海市轨道交通8号线3期工程可行性研究报告》《上海市轨道交通10号线2期工程可行性研究报告》和《上海市轨道交通13号线3期工程可行性研究报告》《上海市轨道交通18号线1期工程可行性研究报告》先后获得上海市发展改革委批复。

面对运营里程与网络客流快速增长、员工队伍加速扩大的挑战，适应新形势、新任务和新挑战，上海申通地铁集团公司适时提出“两个转变”发展战略，推进工作重心“由重建设向重管理转变，由单线管理向网络化运营管理转变”。2010年，公司通过ISO9001质量管理体系、ISO14001环境管理体系和ISO28001职业健康安全管理体系认证，并在此基础上逐步导入“全面卓越绩效管理模式”。2014年，集团公司获得亚太质量协会“全球追求卓越奖”、2015年获得市政府质量金奖。

申通地铁集团的内部管理体制不断优化，相继成立了“八大中心”，建立了运营管理、项目建设、投融资、科研技术设计、资源经营开发“五个业务板块”，下属7家运营单位、6家(实体运作)项目建设公司和6家其他直属单位，在行业内率先构建起“体制架构扁平开放、资源配置统筹集约、线网联动职责分明、应急保障快速反应、管理手段科学先进”为主要特征的网络化管理体系，建立“统一协调指挥、层级化管理构架、组群化运营组织、专业化维护保障、模块式扁平化”管理构架。通过网络运营安全监控体系，对网络运行系统、保障系统和基础系统实施有力保障，有效地发挥运营管理最大效能，确保上海轨道交通运营的“安全、可靠、高效”。

针对网络化运营管理，申通地铁集团全面推行、实施“人性化服务、精细化管理、标准化建设”的管理模式，在制度规范、行为规范、服务规范等方面不断突破提升。在运营服务管理上，秉持“运载温馨、营造和谐”的宗旨，以先进楷模为标杆，以服务文化为载体，以地铁文明引领城市文明为方向，因地制宜、因站制宜，开展地铁运营优质服务、特色服务，打造城市文明的新窗口，涌现出一大批优秀服务明星，人民广场站的全国劳动模范马珏、熊熊；列车驾驶员全国劳动模范鲍鹤群等，赢得广大市民乘客的赞赏。

到 2015 年底，申通地铁集团实有资产人民币 3 026.26 亿元，从业人员 29 315 人。上海轨道交通运营线路共达到 15 条，总长度 617 公里，运营车站 362 座（均含磁浮线）。

展望未来，上海要建成"一网多模"包括城际线、市区线、局域线三个层次各 1 000 公里的轨道交通综合网络。蓝图已经绘就，奋进正当其时，让我们携手并肩，与时俱进，共同续写上海地铁更加美好的灿烂明天！

大 事 记

1956 年

8 月 23 日　上海市人民委员会市政建设交通办公室提出《上海市地下铁道初步规划（草案）》。

1957 年

1957 年 2 月至 1958 年 8 月　上海市基本建设委员会邀请有关单位和外国专家，先后规划出 1—9 号路网规划方案。

11 月　上海市基本建设委员会从同济大学和有关设计单位抽调地质、结构、土建等方面专业技术人员组成 7 人小组到北京市地铁筹建处，听取在京帮助援建的苏联专家讲课，并带着上海地铁问题进行咨询和探讨。

1958 年

8 月 8 日　上海市地下铁道筹建处成立。上海市地铁筹建处负责上海地下铁道的规划设计、方案论证和试验研究。筹建处主任由副市长牛树才兼任，日常工作主持人为靳怀刚和李立知。

8 月 29 日　上海市地铁筹建处主任牛树才向中共上海市委提交《上海地铁筹建工作报告》，以上海市城市规划设计院为主组织线路地质钻探，以同济大学为主进行小段线路试设计，由铁道兵团或工程兵部队承担工程施工任务。

9 月 6 日　上海市地铁筹建处向中共上海市委提交《上海市地下铁道建设方案（草案）》，阐述上海建设地下铁道的意义、建设条件、建设方针、规划原则和分期建设步骤。

1959 年

5 月 12 日　上海市地铁筹建处向上海市人民委员会报送浅、深埋两个平面线路规划方案和上海地下铁道浅、中、深埋比较方案。

7 月 17 日　上海市基本建设委员会在地铁筹建处召开地铁规划会议，市有关局、院领导共 12 人出席。与会者赞成上海修建地下铁道，并一致赞同先修建南北线。

10 月 1 日　上海地下铁道汇报展览会在衡山路展出。陈丕显、曹荻秋、李干成、牛树才和南京军区司令员许世友参观展览。

是月　上海市地铁筹建处编制完成《五九年地铁网路布置方案（浅埋）》和《五九年地铁网路布置方案（中埋和深埋）》。

11 月 26 日　上海市地铁筹建处靳怀刚传达市委书记陈丕显在市委书记会议上关于上海越江

隧道和地下铁道的指示：上海先修建黄浦江越江隧道，对地下铁道仍要积极筹建。

1960 年

2 月 23 日　上海市隧道工程局成立。上海市隧道工程局以上海地铁筹建处和上海市市政工程设计院越江工程研究所为基础组成，靳怀刚任局长。

5 月　上海市隧道局提出以董家渡越江隧道的浦东塘桥通风隧道为对象进行试验。

1961 年

11 月　上海市计划委员会、上海市基本建设委员会批准上海市隧道工程局编报的《隧道浅层盾构推进试验工程计划》。

1962 年

1 月 6 日　中共上海市委同意市基本建设委员会《关于市隧道工程局和市城市建设局合并的请示》，撤销上海市隧道工程局，缩编为上海市城市建设局隧道处；继续进行越江隧道和地下铁道的设计研究和试验任务。

3 月 10 日　上海市城建局隧道处编报《4.2 米直径浅隧道盾构推进试验工程扩大初步设计》。

1963 年

4 月 23 日　直径 4.2 米盾构在上海浦东塘桥试验现场开始掘进试验。

1964 年

5 月　上海市城市建设局隧道处制订《上海市地下铁道网络初步规划》。规划提出三条直径线、一条环线和一条半径线，全长 147.782 公里，设站 106 座。

11 月 3 日　上海市市长办公会议对上海市城市建设局报送的《关于隧道扩大试验的请示报告》进行讨论，同意进行扩大试验。

11 月 21 日　上海市城市建设局报送《一九六五年隧道扩大试验计划》。计划在地铁规划的第一直径线上的衡山路 10 号院内设盾构施工竖井，向复兴路和衡山公园推进。隧道内径 5.1 米，车站长 80 米，深 20 米，概算 2 386 万元。

1965 年

2 月　60—02 井①开工，由上海市城建局隧道处试验工程队施工，采用沉井法施工，7 月竣工。

4 月　上海市城市建设局向中共上海市委先后呈报《关于建设上海市第一条黄浦江越江隧道及地下铁道第一期工程的报告》和《上海市第一条越江隧道及地下铁道第一线工程建设的工作

规划》。

8月1日　上海市城市建设局隧道处一分为三，成立上海市隧道工程建设处、上海市隧道工程公司、上海市隧道工程设计院。上海市城市建设局隧道处为越江隧道和地下铁道的建设单位。

1967年

5月　60－04主体结构完工，车站长80米(站台长60米，3节车厢编组，每节车厢长19.1米)、宽20米、深20米，钢筋混凝土结构。

1973年

2月1日　上海市城市建设局党的核心小组向上海市革命委员会提交《关于上海市地下铁道规划和试验工程的请示报告》。

9月17日　上海市城市建设局党委向上海市革命委员会提交《关于上海市地下铁道规划和试验工程的补充报告》。

1975年

5月6日　上海市革命委员会基建组批准在沪闵路一号桥南三角地进行地铁扩大试验工程，拨款240万元进行前期工作和施工机械准备。

1978年

1月4日　上海市城市建设局向市计委、市建委《检送地铁三个试验项目的计划任务书》，主要内容是在地铁第一期线路上的新村建一盾构施工井，并向南推进120米；在三角地用地下连续墙法建井试验、泥水盾构单项试验。

3月　漕溪路地铁扩大试验工程——新村盾构施工井破土。盾构施工井位于沪闵路一号桥北的漕溪新村附近，简称新村井。

9月8日　上海市城市建设局向市计委、市建委《报送地下铁道第一线第一期工程计划任务书》。

是日　上海市城市建设局向市计委、市建委报送《穿越新客站地下铁道段计划任务书》，配合新客站工程预建地下铁道折返段。

11月20日　上海市城市建设局向市委、市建委、市科委呈报《关于地铁试验项目的扩大初步设计综合报告》。

1979年

6月1日　上海市建设委员会批准《关于地铁试验项目的扩大初步设计综合报告》。

1980 年

5 月 21 日　上海市城市建设局批复同意，市隧道建设公司编报第二期试验工程——《地铁试验延伸段扩初设计》。

1981 年

4 月 22 日　地下连续墙法试验井竣工。位于老沪闵路与沪闵路交会处的三角地，简称三角地井，井长 50 米、宽 9 米、深 10.5 米(掘槽深度为 20 米)。

1982 年

3 月 12 日　上海市城市建设局批准隧道公司编报的漕溪路试验段第三期试验工程扩初设计。工程内容包括漕宝路车站一座(站长 180 米)，风井二座，总投资按 2 696 万元控制。

1983 年

6 月 25 日　上海市计划委员会、上海市建设委员会向上海市人民政府提交《关于建设本市南北快速有轨交通线项目建议书》。

8 月 19 日　上海市人民政府批复同意对市南北快速有轨线项目进行可行性研究，同时批准成立"上海市南北快速有轨交通线项目筹备组"，由市建委副主任曹淼兼任组长、眭忠诠任常务副组长。

10 月 6 日　上海市计划委员会、上海市建设委员会批复市城市建设局关于预建新客站地铁折返段设计任务书，同意预建新客站地铁折返段。地铁折返段施工长度为 228 米，于铁路地道叠合处，净宽为 20.4 米。投资控制在 1 000 万元以内，由城市建设费列支。

1984 年

2 月 9 日　中共上海市委、上海市人民政府向国务院报送《上海市城市总体规划方案》，附图有"上海市地下铁道网络规划方案"。方案考虑了城市交通综合治理，规划 4 条直线、1 条半径线、1 条环线、1 条半环线(通称 7 条线)，总长 176 公里，137 个站。

8 月　上海市南北快速有轨交通线项目筹备组向市建委、市计委提交《上海市南北快速有轨交通线石龙路至新客站地下铁道段工程项目建议书》。

11 月 3 日　上海市计划委员会向国家计划委员会呈报《关于石龙路—新客站地下铁道工程项目建议书的报告》。线路全长 14.10 公里，设站 13 座，通过能力高峰小时单向断面 4 万人次，总投资 10.255 亿元。

是月　铁路上海站地下铁道折返段及车站工程开工。是地铁 1 号线一期工程的终点站，由车站和折返段二部分组成。

1985 年

2 月　上海市隧道设计研究所、北京市城市建设工程设计院提交《上海市南北快速有轨交通线新龙华至新客站地下铁道段工程可行性方案研究报告》。

3 月 16 日　上海市建设委员会批复：上海市地铁公司成立，上海市地铁公司隶属上海市市政工程管理局。

5 月 5 日　上海市市政工程管理局决定：将地铁三期试验工程(包括一、二期试验工程中未完工作)和铁路新客站地铁折返段工程的建设单位，由市隧道公司移交给上海市地铁公司。

是月　上海市建设委员会组织有关设计、科研单位，大专院校，北京、天津地铁公司，建设银行等 70 多个单位 200 余名专家、学者，对《上海市南北快速有轨交通线新龙华至新客站地下铁道段可行性研究报告》进行评估。

7 月 29 日　上海市建设委员会通知：原上海市南北快速有轨交通线项目筹备组撤销，其全部业务移交上海市地铁公司，筹备组原有经费和财产同时划转，除主要负责人外的人员全部并入。

11 月 20 日　上海市地铁公司向上海市市政工程局报送《新龙华至新客站地下铁道工程项目建议书的补充报告》。

12 月 23—26 日　上海地铁 1 号线方案评议委员会组织召开地铁 1 号线扩初设计(一阶段)方案评议会。

1986 年

1 月 9 日　上海市计划委员会向国家计划委员会报送《关于新龙华至新客站地下铁道工程项目建议书的补充报告》。线路全长改为 14.81 公里，总投资按当时价格估算 19.7 亿元。

3 月 7 日　上海市地铁公司向市市政工程局报送《上海市南北快速有轨交通线新龙华至新客站地下铁道工程(1 号线)可行性研究综合报告书》。

4 月 14 日　中共中央书记处讨论上海市城市总体规划时指示：“地铁建设应以交通分流为出发点，要采用先进技术，降低造价，加快工程进度。”

5 月 17 日　上海市市政工程管理局向上海市计委上报《上海市地铁新龙华至新客站(1 号线)可行性研究综合报告书的报告》。

7 月 4 日　时任市长江泽民签发向国务院呈报的《上海市关于建设新龙华至新客站地下铁道工程项目建议书》。

8 月 14 日　国务院批准《上海市关于建设新龙华至新客站地下铁道工程项目建议书》。工程建设总投资 19.7 亿元，其中外汇 2.52 亿美元。同意上海市争取利用国外贷款解决，并由上海市负责偿还国外贷款本息所需人民币和相应的外汇额度。所需国内配套建设资金亦由上海市自行筹措解决。该项目为地方项目，列入基建计划。

8 月 25—29 日　“日本外务省国际协力事业团上海都市快速铁道整备计划调查团”专程抵沪递交《上海都市快速铁道准备计划调整的最终报告》，并在沪作专题报告。

1987 年

1 月 20 日　上海市计划委员会在锦江宾馆小礼堂召开《上海市新龙华至新客站地下铁道工程可行性研究报告》初审会议。

3 月 19 日　上海市地铁公司邀请国内 44 家单位参加地铁 1 号线工程询价发布会，工程询价全面展开。

3 月 20 日　上海市地铁公司聘请中国银行上海分行为地铁 1 号线项目财务顾问。

3 月 27 日　上海市计划委员会向国家计委转报《上海市新龙华至新客站地下铁道工程可行性研究报告》。

8 月 18 日　中国国际工程咨询公司向国家计委报送《关于上海市新龙华至新客站地下铁道工程项目可行性研究报告的评估报告及专家评估意见》。

10 月 3 日　上海市对外经济贸易委员会决定：上海市投资信托公司、上海联合贸易公司为上海地铁项目对外代理机构。

12 月 5 日　上海市人民政府下达同意开展地铁一期工程建设前期工作的通知。

1988 年

1 月 13 日　上海市投资信托公司、上海联合贸易公司受上海市地铁公司委托，与美国德吕凯瑟公司在上海签订《上海地下铁道 1 号线工程项目扩初设计阶段咨询服务合同》。

1 月 27 日　上海市地铁公司、上海联合贸易公司、上海市投资信托公司与柏林(西)交通咨询公司经友好协商，就上海地铁 2 号线预可行性研究项目合作达成协议，并签署备忘录。

2 月 2 日　国家计划委员会通知上海市计委，《上海市新龙华至新客站地下铁道工程可行性研究报告》已获国务院批准。

2 月 12 日　上海市地铁工程建设指挥部成立，石礼安任指挥。

6 月 18—25 日、28—30 日　上海地铁 1 号线工程扩初设计预审会分两期在青浦举行。

7 月 25 日　上海地铁盾构掘进机招标开标。法国 FCB 公司与我国合作单位——上海市隧道工程设计院、上海市隧道工程公司、沪东造船厂联合中标，国产化率 20%。

8 月 29 日　上海市建设委员会批复同意地铁 1 号线工程扩初设计。

8 月 31 日　国家计划委员会批准上海地铁 1 号线工程使用联邦德国政府贷款 4.6 亿西德马克。

1989 年

1 月 16 日　中国和联邦德国关于上海地铁 1 号线工程的财政合作协定，在德国波恩举行签字仪式。协定规定联邦德国政府对上海地铁 1 号线工程提供贷款 4.6 亿西德马克，偿还期 40 年，宽限期 10 年，年利率 0.75%。

2 月 26 日　上海地铁 1 号线工程项目的中方代表与德国德沪地铁集团、奥梯斯公司举行地铁 1 号线工程引进机电设备涉外经济合同草签仪式。

3 月 9 日　从法国引进 7 台盾构掘进机合同草案签字仪式在希尔顿大酒店举行。

4 月 20 日　上海市市长朱镕基陪同国家计划委员会副主任陈光健等一行，到上海地铁 1 号线漕宝路工地考察。

5 月 6 日　上海市副市长倪天增主持召开市“九四专项”市政工程领导小组会议，同意筹建地铁公安分局或处。

5 月 13 日　上海地铁 1 号线工程引进技术设备合同正式签字仪式在西郊宾馆举行，由联邦德国德沪地铁集团提供电动客车、机电设备等。出席签字仪式的有：上海市市长朱镕基、副市长黄菊、市府顾问汪道涵、市人大常委会副主任孙贵璋、市政协副主席徐以枋。

6 月 30 日　由美国辛普勒克公司提供的防灾报警系统正式签字。7 月 17 日国家计划委员会批准上海地铁 1 号线利用法国政府混合贷款 1.27 亿法国法郎，用于购买盾构机。批准上海地铁 1 号线利用美国进出口银行混合贷款 2 600 万美元，用于购买信号系统。

1990 年

1 月 19 日　经国务院批准，国家计划委员会发出《关于同意上海市新龙华至上海火车站地下铁道工程开工建设的通知》。

2 月 13 日　上海市地铁工程建设指挥部、上海市地铁公司委托上海建科委组织征集上海市地铁标志。近百家单位参加，华东建筑设计院画稿中选。

4 月 4 日　上海市地铁公司与中国银行上海分行签署《利用法国政府混合贷款转贷协议书》和《外汇贷款合同》。

4 月 30 日　中、德双方完成并提交英文版《上海地铁 2 号线预可行性研究报告》。

5 月 7 日　上海市地铁工程建设指挥部，向“九四专项”市政工程领导小组呈报《关于分段建设上海地铁 1 号线及有关市政设施的请示》。

5 月 19 日　上海市地铁公司更名为上海市地铁工程建设处。对外仍保留上海市地铁公司名称。

11 月 15 日　上海市“九四专项”市政工程领导小组召开地铁工程建设专题会议。倪天增主持会议，就地铁工程的资金安排，外汇额度，机电设备进口，以及外汇贷款的利息等做出决定。

1991 年

1 月 21 日　上海市市长黄菊主持市长专题会议决定：淮海路的路面及地下管线更新与 3 座地下车站同步施工并要求在年内恢复淮海路地面交通。

是日　上海市地铁指挥部经研究决定：淮海路上的 3 座地铁车站采用“顶板以下逆作法”施工，以缩短繁华商业街的封路时间。

3 月 1 日—3 日　美国卡斯柯公司、GRS 公司和上海市地铁公司三方联络会议在沪举行，会议就技术变更进行磋商，还就资金款项等达成协议。

4 月 23 日　上海地铁 1 号线第一台盾构掘进机“希望”号，在漕溪公园北侧工作井下完成总装，并试车成功。

6 月 21 日　淮海路地铁大修工程联合指挥部成立，地铁车站与淮海路大修工程同步实施、统一指挥。

7月8日　铁路沪杭线改线工程竣工并开通运行，工程投资900万元。

8月22日　上海市市长黄菊、市政府副秘书长夏克强等领导调研地铁1号线工程。黄菊要求1号线建设要做到“后墙不倒、投资要包、质量要保”和进一步贯彻集中施工、快速施工、文明施工的方针。

8月25日　上海市地铁运营管理处成立，与上海市地铁工程建设处实行两块牌子，一套机构。

12月24日　上海市地铁运营公司成立。

1992年

1月16日　中共中央总书记江泽民在上海市领导吴邦国、黄菊等陪同下，调研上海地铁1号线工程的漕宝路车站。

2月11日　中华人民共和国主席杨尚昆调研地铁陕西南路站车站施工现场，并看望和慰问建设者。

2月15日　在地铁1号线上行线上推进的一号盾构成功穿越沪杭铁路漕溪路口。

3月20日　上海市地铁运营管理处撤销。

6月2日　上海市市长黄菊等市领导调研地铁工程建设。

6月12日　上海市建设委员会下达《关于地铁2号线工程有关问题的批复》：抓紧对地铁2号线全面开展预可行性研究，原则同意线路走向从虹桥国际机场起，到花木地区杨高路附近止。

7月8日　上海市市政工程管理局发出《关于地铁1号线由新龙华至莘庄段预可行性研究的通知》。上海市市政工程局决定由上海市地铁工程建设处为建设单位，对新龙华至莘庄一段地铁1号线延伸段工程尽速提出工程方案和开展预可行性研究。

7月25日　中共上海市委书记吴邦国，副书记陈至立、陈铁迪以及市委常委兼秘书长王力平等带领市委机关六十余名干部，到地铁漕宝路车站参加劳动。

8月22日　上海地铁广告公司成立。

10月12日　上海市地铁总公司成立，主营：上海地铁建设、运营、综合开发；兼营：工程监理、技术咨询、各类服务、商业等。

10月30日　上海地铁1号线首列电动客车运抵上海，首列电动客车由6节车厢编组，由中波轮船公司的“西蒙诺夫斯基”轮从汉堡港运抵上海港。

12月9日　上海市市政工程管理局向市地铁工程建设处下发《关于下达地铁1号线延伸段、地铁2号线工程可行性研究的通知》。

12月24日　中共中央政治局委员、中共上海市委书记吴邦国，中共上海市委副书记、市长黄菊，市委副书记王力平，市委秘书长周禹鹏调研上海地铁1号线漕宝路站、上海体育馆站和徐家汇站。

12月25日　上海市公安局地铁分局成立。

12月28日　地铁1号线南段上行线（锦江乐园—徐家汇）通车，副市长夏克强参加通车庆典，特邀建设者代表和市民代表为通车剪彩。

是日　淮海路上三座地铁车站和淮海路大修工程提前竣工，恢复路面交通，淮海路沿线大规模的商业改造工作亦初步结束。多名上海市美术家协会著名书画艺术家来到上海地铁公司，慰问上海地铁工程建设者，并即兴濡墨挥毫献艺。

是月　首款地铁运营服务职业装（1992 年版地铁运营服务职业装）发布使用。

1993 年

1 月 10 日　上海地铁 1 号线首列地铁电动客车进入南段（锦江乐园—徐家汇）上行正线试车。

1 月 25 日　中共中央政治局委员、书记处书记丁关根，在中共上海市委副书记陈至立、副市长徐匡迪的陪同下调研地铁 1 号线南段工程，乘坐地铁列车。

1 月 28 日　国务院副总理邹家华、交通部部长黄镇东，在上海市市长黄菊、副市长夏克强陪同下调研地铁 1 号线南段工程，乘坐地铁列车。

2 月 4 日　中共上海市委书记吴邦国率市委常委陈铁迪、张惠新、罗世谦以及驻沪部队、上海武警总队首长调研南段工程，乘坐地铁列车。

4 月 9 日　上海地铁 1 号线南段（徐家汇站至锦江乐园站）开始对外售票观光试运营。

4 月 17 日　中共中央政治局常委、国务院总理李鹏，在中共上海市委书记吴邦国和上海市市长黄菊陪同下调研 1 号线南段工程，乘坐地铁列车。

4 月 25 日　中共中央政治局委员、中纪委书记尉健行，在中共上海市委常委、市纪委书记张惠新陪同下，调研地铁 1 号线南段工程。

4 月 26 日　中共中央政治局常委、中央军委副主席刘华清，在上海市副市长孟建柱、市委秘书长周禹鹏陪同下，乘坐地铁客车调研 1 号线南段工程。

4 月 29 日　上海市地铁运营公司与中国人民保险公司上海市分公司签署《地铁乘客人身意外伤害保险协议书》。地铁乘客保险在国内属首次。

5 月 9 日　上海市地铁总公司向上海市市政工程管理局提交《上海地铁 1 号线延伸至莘庄项目工程预可行性研究报告》和《上海地铁 1 号线延伸至莘庄工程项目建议书》。

5 月 28 日　上海地铁 1 号线南段（锦江乐园至徐家汇）建成试运行，庆典仪式在徐家汇站举行。上海市市长黄菊等市领导及外国使领馆代表参加庆典。

6 月 14 日　上海市人民政府第 37 号令发布《上海市地铁管理办法》。

8 月 18 日　上海市计委向国家计委报送《关于上海市地铁 2 号线工程项目建议书的请示》。地铁 2 号线全长约 27 公里，工程投资约 94 亿元人民币（静态），其中外汇 8 亿美元。

8 月 28 日　上海地铁磁卡车票在南段 5 个车站进行试用。

9 月 13 日　上海地铁 1 号线人民广场站北端头井外侧发生坍塌，形成直径 10 米、深 5 米的陷坑，南侧距端头井 2 米，东侧紧邻精品商厦，致商厦部分地基裸露，未造成人员伤亡。

9 月 24 日　中共中央政治局常委、全国人大常委会委员长乔石，在上海市人大常委会主任叶公琦、上海市副市长夏克强、市委秘书长周禹鹏陪同下调研上海地铁南段工程。

9 月 25 日　上海地铁广告公司与香港华智广告国际有限公司合作成立上海华智地铁广告有限公司。

9 月 27 日　共青团上海市地铁总公司委员会成立。

10 月 4 日　上海市计委向国家计委报送《关于报送上海市莘闵轻轨交通线（SMLRT）项目建议书的请示》。

10 月 9 日　《上海地铁 1 号线延伸段（锦江乐园至莘庄）工程预可行性研究报告》通过专家评审。

10月22日　中共中央政治局常委、国务院副总理朱镕基和中共中央政治局委员、国务委员李铁映调研锦江乐园站至徐家汇站沿途各站。

11月17日　中德合资上海地铁车辆股份有限公司意向书签字仪式在扬子江大酒店举行。上海市地铁总公司总经理石礼安、德国德沪地铁集团公司总裁安图、上海起重机械厂厂长奚国辉代表中德双方在意向书上签字。德国总理科尔，上海市市长黄菊、副市长沙麟，我国政府陪同团团长电力部部长史大桢，上海市外经贸委主任王祖康等出席签字仪式。

11月18日　上海地铁1号线电动客车钥匙交接仪式在上海体育馆站举行。德国总理科尔、上海市副市长沙麟出席仪式。科尔总理一行乘坐地铁列车，并高度评价上海地铁建设成果。

11月22日　《上海市地铁管理办法实施细则》公布并于12月1日起实施。

12月　上海地铁纪念票(纸质)诞生。地铁1号线全线通车调试观光纪念票，全套9种45张。

1994年

1月15日　上海市农业委员会、中共上海市委宣传部联合举办"上海农民看上海"，活动在上体馆站站厅举行开幕式，上海市副市长孟建柱和各界群众一千七百余人参加开幕式并乘坐地铁观光。

1月18—20日　上海市地铁总公司首届工代会暨首届一次职代会召开。

2月2—4日　中国国际工程咨询公司受国家计委委托，组织有关专家在上海对上海地铁2号线第一期工程评估。

2月18日　上海市地铁总公司向市市政工程局提交《关于报送虹桥机场至龙东路地铁2号线一期工程项目建议书的请示报告》。《报告》同意国际工程咨询公司专家组评估意见，建议一期工程范围改为由静安寺站至龙东路站。工程投资100.7亿元人民币。

2月24日　上海市计委向国家计委再次报送《上海地铁2号线一期工程项目建议书》。

2月26日　上海市地铁工程建设指挥部、市地铁总公司召开地铁赛区立功竞赛总结、表彰、动员大会。

3月1日　上海地铁1号线南段(自锦江乐园站至徐家汇站)实行全日试运营，每天开行18对列车。早、晚高峰时段每25分钟开行一列。根据上海市物价局复函，1994年3月1日起全日通勤试运营票价为每张1元(含保险费)。

3月8日　中国国际工程咨询公司向国家计委报送《上海市地下铁道2号线工程项目建议书的评估报告》。《评估报告》明确建设该项目对改善城市交通条件，特别是对浦东的开发具有重要意义，社会、经济效益显著。

是月　上海市地铁运营公司组织编写的《地铁概论》一书由南京出版社正式出版发行。

5月17日　上海市地铁总公司召开第一次科技工作大会。

5月30日　上海地铁1号线盾构隧道双线贯通庆典在新闸路站站厅举行。

7月　上海地铁第一次开展评选地铁明星活动，评出"地铁十佳明星"马玉芳、方东阳、刘建航、许良彦、孙刚、孙竹君、严锡元、沈光怡、陈怡、陈志钧。

8月13日　上海市人大常委会主任叶公琦、副主任孙贵璋、谈家桢、胡传治、顾念祖、陈铭珊、胡正昌、胡肇光等调研地铁建设车站。

9月29日　上海市地铁工程建设指挥部与闵行区政府签署《地铁1号线延伸段工程协议书》。

11月25日　上海地铁1号线最后一列地铁列车运抵上海。至此，1号线16列共96节车厢全部安全到沪。

12 月 6 日　上海市地铁总公司向上海市市政工程管理局提交《关于报送审批上海市地下铁道 1 号线延伸段工程(锦江乐园至莘庄)可行性研究报告》。

12 月 10 日　上海地铁 1 号线延伸段前期土路基工程开工。1 号线延伸段由锦江乐园至莘庄，全长 5.29 公里，设莲花路站、外环路站和莘庄站 3 座，均为地面站。

12 月 11 日　上海市人大常委会主任叶公琦率市人大代表和在沪的全国人大代表一千余人，从锦江乐园乘坐轨道交通列车全线调研轨道交通 1 号线。

12 月 12 日　上海地铁 1 号线全线开通调试仪式在地铁上海火车站站举行。夏克强副市长及市建委、计委，有关区领导出席仪式。该线南起锦江乐园站北到上海火车站站，全长 16.1 公里，设站 13 座。

是日　为纪念上海地铁 1 号线隧道全线贯通，上海市地铁总公司设计制作 1 号线通车调试纪念镀金卡，被上海历史博物馆珍藏。

12 月 16 日　首部反映地铁的戏剧——沪剧《此情深深》(后改名《今日梦圆》)在云峰剧场公演。

12 月 28 日　上海地铁 1 号线中、北段(衡山路站至上海火车站站)上行线对社会开放、开行观光列车。

1995 年

1 月 11 日　《国家计委关于审批上海市地铁 2 号线一期工程项目建议书的请示》经国务院原则批准。上海地铁 2 号线一期工程由静安寺至龙东路，长 13.38 公里，设站 10 座和停车场 1 处。总投资 100.7 亿元，其中外汇 3.6 亿美元，拟利用外资贷款，由上海市偿还本息，国内配套资金由上海市自筹。

4 月 9 日　中共中央政治局常委、国务院副总理朱镕基在中共中央政治局委员、中共上海市委书记黄菊、市长徐匡迪等陪同下调研地铁 1 号线(上海体育馆站—上海火车站站—人民广场站)。

4 月 10 日　上海地铁 1 号线(锦江乐园站—上海火车站站)通车典礼在地铁人民广场站举行。按照上海市物价局《关于核定地铁 1 号线票价的通知》，上海地铁 1 号线执行分段计程制，即乘 1 至 4 站，2 元；5 至 8 站，4 元；9 站以上，6 元，试运营期间对折优惠，分别为 1、2、3 元。

4 月 18 日　中共中央政治局常委、国务院总理李鹏一行三十余人在中共中央政治局委员、上海市委书记黄菊和市长徐匡迪等陪同下调研地铁 1 号线(人民广场站—上海火车站站—衡山路站)。

5 月 18—20 日　全国地铁、轻轨党建研究会一届二次年会在上海举行。北京、天津、上海、广州、南京、沈阳等城市地铁、轻轨行业党建工作者代表 64 人出席会议。

5 月 19 日　中共中央总书记、国家主席、中央军委主席江泽民，在中共中央政治局委员、上海市委书记黄菊、市长徐匡迪等陪同下，调研地铁 1 号线(衡山路站—人民广场站—上海火车站站)。

7 月 8 日　上海市地铁工程建设指挥部技术委员会主任、高级工程师、同济大学兼职教授(博士生导师)刘建航当选为中国工程院院士。

10 月 1 日　上海地铁 1 号线日运载乘客 50 万人次。

是日　上海地铁 1 号线实行一人一票，每票 2 元单一票价，停止使用原分段计程票价制。

11 月 6 日　国际公共交通协会(UITP)亚太委员会年会在上海召开，来自二十多个国家和地区代表出席会议。会议介绍并研讨上海地铁建设规划。

11月15日　由国家建设部组织召开的“现代城市地铁车辆国产化技术可行性研究报告评审会”在上海市地铁总公司召开。

12月26日　上海地铁1号线建设工程获中国市政工程质量最高奖——中国市政工程金杯奖。

12月28日　上海地铁2号线杨高南路站(后更名为上海科技馆站)正式开工,标志着地铁2号线一期工程建设正式启动。

是月　雅州商务楼交付使用。该项目是上海地铁上盖商业开发第一幢商务楼。

是月　《上海地铁年鉴》(1995)出版,该书由上海地铁工程建设指挥部、上海市地铁总公司组织编纂,上海科学技术出版社出版。

1996年

3月4日　上海市地铁2号线建设领导小组成立。领导小组组长：中共上海市委副书记、市长徐匡迪;副组长：副市长夏克强、市政府副秘书长黄跃金。

3月28日　泰国总理班汉·西巴阿差在交通部部长黄镇东、上海市副市长赵启正陪同下参观地铁1号线(衡山路站—人民广场站)。

3月31日　中央政治局常委、全国政协主席李瑞环在中共中央政治局委员、上海市委书记黄菊等陪同下调研地铁1号线(上体馆站—人民广场站)。

4月16日　第七届全国人大常委会委员长万里参观地铁1号线(上体馆站—人民广场站)。

5月16日　《上海地铁2号线一期工程可行性研究报告的请示》经国务院原则批准。

9月　河北省唐县西雹水村“上海地铁希望小学”落成。上海市地铁总公司共捐资援建30万元,其中上海地铁职工捐资13万元。

10月17日　中共中央政治局原常委宋平参观地铁1号线(人民广场站—上海体育馆站)。

10月18日　举行“上海地铁2号线(一期工程)从美国引进设备合同签约”仪式。

10月22日　哥伦比亚共和国总统埃内斯托·桑佩尔·皮萨诺率政府代表团在副市长赵启正陪同下参观地铁1号线(人民广场站—陕西南路站)。

11月21日　德国总统罗曼·赫尔佐克率政府代表团在上海市副市长蒋以任陪同下参观地铁1号线(陕西南路站—人民广场站)。

11月29日　上海市市政府、铁道部在上海举行会议,专题研究上海地铁3号线项目的有关问题。铁道部部长韩杼滨、上海市市长徐匡迪等领导出席会议。

12月2日　上海市地铁3号线工程建设领导小组建立,组长：夏克强(副市长);副组长：黄跃金(市政府副秘书长)、谭企坤(市建委副主任)、杨雄(市计委副主任)、邓金华(上海铁路局局长)。

12月28日　上海市副市长夏克强等领导出席1号线延伸段试通车典礼。

1997年

1月2日　《上海地铁》报创刊发行。

1月14日　上海市副市长夏克强主持召开地铁3号线项目建设领导小组会议,专题研究地铁3号线工程有关工作。

1 月 26 日　上海地铁 2 号线工程德国混合贷款 7.86 亿马克(其中包括 600 万马克的捐款)转贷协议在上海建国宾馆签订,石礼安、腾三波分别代表上海市地铁总公司和中国进出口银行在转贷协议上签字。

2 月 17 日　上海市地铁 3 号线改称为上海市轨道交通 3 号线,“上海市地铁 3 号线工程筹建处”亦同时更名为“上海市轨道交通 3 号线工程筹建处”。

是月　上海市政府和铁道部联文向国家计委上报明珠线一期工程的项目建议书。

3 月 8 日　上海市地铁总公司和上海铁路分局在地铁上海火车站站举行上海站铁路·地铁联运通道开通仪式。铁路地铁联运通道位于地铁上海火车站站南端,与铁路上海站南二出口联通,全长约六十米。

3 月 28 日—3 月 29 日　上海市建委、科技委召开《上海市地铁 2 号线一期工程延伸段(中山公园—静安寺)初步设计》评审会并获通过。

4 月 12 日　上海市地铁运营公司获评上海地铁行业首家市级文明单位。

4 月—7 月　上海铁路局先后停用并拆除淞沪铁路和沪杭内环铁路,市区内近百年的交通路障——42 处铁路道口随之消除。明珠线建设序幕拉开。

7 月 1 日　上海地铁 1 号线莘庄—上海火车站开通运营。地铁票价实行 2 元、3 元两级分段票价,即乘坐 13 站及以下的票价 2 元;乘坐 13 站以上的票价 3 元。

7 月 18 日　首期上海地铁寻呼网试开通。

7 月 20 日　上海地铁 3 号线一期工程开工。

8 月 5 日　上海市政协主席陈铁迪等市政协常委、委员一行四十余人,调研地铁 2 号线人民公园站建设工地,并慰问工程建设人员。

8 月 20 日　展示上海交通发展的《文化艺术长廊》和反映上海名牌产品的《精品展示长廊》,在地铁徐家汇站揭幕。

10 月 16 日　上海市地铁总公司首届刘建航青年成才奖获奖名单揭晓。

10 月 27 日　上海地铁 2 号线一期工程利用美国、法国政府贷款合同(分别为 5 996 万美元和 800 万美元)的转贷协议签字仪式,在上海建工锦江大酒店举行。

是月　上海市地铁总公司企业形象设计中的识别系统(VI)通过审定。

12 月 12 日　上海市十届人大常委会第 40 次表决通过《上海市地下铁道管理条例》。

12 月 31 日　中共上海市地铁总公司第一次代表大会召开。

1998 年

1 月 24 日　上海市副市长夏克强主持召开明珠线工程进度与车辆配套专题协调会议。同意轨道交通 3 号线工程筹备处与市计委、建委、经委和地铁总公司研究提出的在工程建成后,先借用地铁 2 号线车辆进行调试和试运营过渡,逐步用明珠线国产车辆替代的方案。

4 月 9 日　上海市市长徐匡迪、副市长韩正、市府秘书长黄跃金等领导调研上海地铁 2 号线静安寺车站。

5 月 18—20 日　“中国土木工程学会隧道与地下工程学会地铁专业委员会第十二届学术交流会”在上海举行。

5 月 25 日　国家计委批准上海市轨道交通明珠线一期工程项目建议书。

6月3日　上海城市轨道交通建设有限公司成立，注册资本1亿元人民币，隶属于上海市市政工程管理局。

6月29日　上海市建委发文同意上海市轨道交通3号线工程筹建处更名为上海市轨道交通明珠线工程建设指挥部。

7月4日　中共中央政治局委员、广东省委书记李长春，省委副书记、省长卢瑞华率领的广东省代表团一行38人在上海市市长徐匡迪的陪同下考察地铁人民广场到徐家汇沿线各站。

7月13日　中共上海市委副书记、市政协主席王力平，市政协副主席刘恒椽等一行二十余人，慰问地铁2号线静安寺车站工地建设者。

7月20日　上海市计划委员会向国家发展计划委员会申报"关于报送上海市轨道交通明珠线一期工程可行性研究报告的请示"。

8月26日　中共中央政治局委员、上海市委书记黄菊，市委常委、市委秘书长宋仪侨，副市长、浦东新区党工委书记周禹鹏调研地铁2号线浦东新区龙东路车站。

9月10日　中共上海市委副书记、市长徐匡迪，副市长韩正调研地铁2号线陆家嘴路车站。

9月22日　明珠线一期工程车辆合作意向书签字仪式举行。上海市市长徐匡迪、法国总理里昂内尔·若斯潘出席签字仪式。

12月1日　上海市地铁总公司教育培训中心大楼建成揭牌。

1999年

2月7日　上海地铁1号线增加车辆及2号线车辆合同生效后的第一列地铁电动客车(共6节)抵达上海港。

2月26日　上海地铁智能储值卡在地铁1号线各车站上市。自动售检票系统开通纪念卡同时上市。

3月1日　上海地铁1号线全线开通自动售检票系统，使用单程票(磁卡)、储值票(IC卡)。原地铁发售的纸质乘车票停止使用。

3月24日　中共中央政治局委员、北京市委书记贾庆林，北京市委副书记、市长刘淇率北京市党政代表团，在中共上海市委副书记龚学平陪同下考察上海地铁。

3月30日　上海市地铁1号线工程竣工通过国家验收委员会验收。

4月15日　国家计委对"关于审批上海市轨道交通明珠线一期工程可行性研究报告的请示"正式批复。

5月21日　上海市地铁总公司首届职工运动会在静安区工人体育场开幕。

5月22日　上海地铁1号线获"城建杯"上海解放50周年"十佳工程"。

6月8日　上海市公安局地铁分局更名为上海市公安局城市轨道交通分局。

7月15—17日　上海轨道交通明珠线二期工程预可行性研究报告预评审会在国际饭店召开。

9月8日　上海市地铁总公司与交通大学联合办学签字仪式在地铁教育培训中心举行。

9月20日　上海地铁2号线一期工程试通车仪式在静安寺站下沉式广场举行，市委常委、副市长韩正等五百多人出席仪式。

10月28日　上海地铁2号线观光试运营。

11月21日　上海地铁2号线人民广场站，被评为新中国成立50周年上海经典建筑优秀奖。

12 月 27 日　上海公共交通卡系统试运行暨上海公共交通卡首发仪式在地铁 1 号线新闸路站举行。

2000 年

1 月 31 日　上海地铁 2 号线双向试运营。

2 月 25 日　中共上海市委常委、副市长韩正，市府副秘书长吴念祖一行乘轨道车调研明珠线工程全线，并在汶水东路站召开明珠线两侧环境整治工作会议。

4 月 4 日　上海市计划委员会批复同意，张桂娟任上海申通集团有限公司董事长，蒋应时任监事会主席。

4 月 13 日　福建省委书记陈明义、省长习近平在中央政治局委员、中共上海市委书记黄菊，中共上海市委副书记、市长徐匡迪，中共上海市委常委、市委秘书长宋仪侨等领导的陪同下，率领福建省党政代表团考察上海地铁 2 号线。

4 月 17 日　上海市建设委员会批复，上海市地铁总公司改制为多元投资的上海地铁运营有限公司。英文缩写名：SMOC。注册资本 3 亿元人民币，原上海市地铁总公司中划归上海地铁建设有限公司外的其他业务由上海地铁运营有限公司承担。地铁 1 号线、2 号线的债务由原投资主体承担。

4 月 18 日　上海地铁建设有限公司一届一次股东会、董事会在人民大道 200 号 1401 会议室召开。会议确定上海地铁建设有限公司注册资本为人民币 2.735 亿元。会议通过《上海地铁建设有限公司发起人协议》和《上海地铁建设有限公司章程》。董事会选举谭企坤为第一届董事会董事长。

4 月 24 日　上海地铁运营有限公司一届一次股东会、董事会召开。董事会表决通过由朱沪生任董事长，会议通过《上海地铁运营有限公司章程》。

4 月 28 日　上海申通集团有限公司、上海地铁建设有限公司、上海地铁运营有限公司、上海现代轻轨经营发展股份有限公司揭牌成立仪式在锦江小礼堂举行。

6 月 5 日　上海明珠线二期、共和新路高架工程总承包协议签字仪式举行，上海申通集团有限公司董事长张桂娟、上海地铁建设有限公司董事长谭企坤代表双方在协议上签字。

6 月 11 日　上海地铁 2 号线一期工程建成通车仪式在杨高南路车站地面广场举行。中共中央政治局委员、上海市委书记黄菊宣布上海地铁 2 号线一期工程建成通车。市委副书记、市长徐匡迪讲话。市委常委、副市长韩正主持。

是日　2 号线中山公园—龙阳路站开通试运营。

7 月 17 日　上海市市长徐匡迪在市政府主持召开专题会议，研究磁悬浮列车线路规划方案。

7 月 21 日　上海市建委对上海市轨道交通明珠线一期工程初步设计进行批复，批准工程投资总概算为人民币 92.67 亿元。

8 月 8 日　上海莘闵轨道交通线开工汇报会在颛桥站举行。

8 月 10 日　上海地铁 1、2 号线实行一票换乘和多级计程新票价并获得成功。1 号线新增 2 元价票，2 号线增设 1 元价票。2 号线高峰时段的列车班次间隔由 9 分钟缩短至 7 分钟。晚间运营时间由原来 21:30 延长至 23:00。

8 月 24 日　《国家计委关于审批建设上海浦东机场至陆家嘴磁悬浮列车示范线工程项目建议书的请示》获国务院批准。

8月25日　上海磁悬浮交通发展有限公司发起人协议签字仪式举行。申通(集团)公司、国际集团公司、宝钢集团公司、汽车工业(集团)总公司、电气(集团)总公司在发起人协议上签字。

是日　上海市政府召开上海市推进轨道交通工程建设动员大会。市领导为上海磁悬浮交通发展有限公司、上海轨道交通明珠线发展有限公司、上海共和新路高架发展有限公司、上海莘闵线轨道交通发展有限公司揭牌。

9月5日　上海地铁运营有限公司与上海移动通信公司举行地铁1、2号线移动通信信号覆盖合作协议签字仪式。

9月19日　上海磁悬浮交通发展有限公司股东会暨一届一次董事会召开,会议听取磁悬浮项目前期工作汇报,会议选举张桂娟为董事长,贺阿东为监事长。

10月8日　中共上海市委、市府批准成立上海市磁浮快速列车工程指挥部,“指挥部”和上海磁浮交通发展有限公司合署办公,“两块牌子,一套班子”,并任命吴祥明任总指挥。

10月22日　中共中央政治局委员、书记处书记、中宣部部长丁关根,中央文明办主任胡振民在中共中央政治局委员、上海市委书记黄菊,市委副书记龚学平,副市长周慕尧等陪同下,调研上海地铁2号线。

11月3日　《上海地铁1号线委托运营合同》和《上海地铁2号线委托运营合同》签字仪式举行。上海申通集团有限公司、上海轨道交通明珠线发展有限公司和上海地铁运营有限公司在合同文本上签字。

11月12日　中共中央政治局常委、国家副主席、中央军委副主席胡锦涛在中共中央政治局委员、上海市委书记黄菊,上海市市长徐匡迪的陪同下,调研上海地铁2号线静安寺站和人民公园站。

12月26日　上海轨道交通明珠线一期工程试通车仪式在石龙路站南广场举行。

是日　上海地铁2号线东延伸段建成通车仪式在张江高科站站厅举行。副市长周禹鹏等出席。

12月28日　上海共和新路高架工程(地铁1号线延伸段工程)开工建设。

2001年

1月17日　朝鲜劳动党总书记金正日在中共中央政治局委员、中共上海市委书记黄菊,市长徐匡迪陪同下,参观上海地铁2号线。

1月22日　上海地铁服务热线64370000开通。

1月23日　上海磁悬浮列车工程合同签字仪式举行。上海市和国家有关部领导徐匡迪、徐冠华、孙永福、张祥、韩正出席签字仪式。上海申通集团有限公司代表吴祥明以及TRI、蒂森·克虏伯、西门子、机场进出口公司、上实进出口公司、申信进出口公司的代表在合同上签字。

3月1日　上海磁悬浮列车示范运行线工程的开工仪式隆重举行。出席开工仪式的有黄菊、石广生、徐匡迪、陈铁迪、王力平、邓楠、金立群、宋仪侨、周禹鹏等以及德国驻华大使等,上海申通集团有限公司和磁悬浮工程各方建设代表参加开工仪式。中共中央政治局委员、中共上海市委书记黄菊宣布开工并按动打桩电钮。

3月30日　中共上海市委召开常委扩大会议,听取上海磁悬浮工程指挥部总指挥吴祥明关于上海磁悬浮项目的情况汇报。中共中央政治局委员、上海市委书记黄菊,市委副书记、市长徐匡迪出席会议并讲话。

4月28日　上海市人民政府召开深化上海市轨道交通投融资体制改革工作会议，总结上海轨道交通系统一年来实施投资、建设、运营、监管“四分开”的成效和经验。中共中央政治局委员、上海市委书记黄菊和市长徐匡迪分别向大会发来贺信。会上，副市长韩正为“上海轨道交通申松线发展有限公司”和“上海轨道交通杨浦线发展有限公司”成立揭牌。

是日　上海地铁2号线、明珠线(3号线)残疾人专用电梯开通。

5月25日　上海申通集团有限公司与上海市城市建设投资开发总公司签署《股权划转协议》和《上海凌桥自来水股份有限公司国家股经营管理委托书》。城投公司将其授权经营管理的上海凌桥自来水股份有限公司21 837万股国家股(占凌桥股份34 307万股的63.65%)划转至申通公司。

6月10日　上海磁浮列车示范运营线工程主线工程打下第一根桩，标志着工程由施工准备进入全面开工阶段。

8月6日　上海证券交易所挂牌上市的股票“凌桥股份”正式更名为“申通地铁”。

8月10日—11日　受国家发展计划委员会委托，中国国际工程咨询公司在北京组织有关专家对《上海市轨道交通明珠线二期工程可行性研究报告》进行评估。

8月20日　上海地铁4号线鲁班路站基坑工程发生局部土方滑坡事故，造成4人死亡。

8月24日　中国银行上海分行与上海轨道交通明珠线(二期)发展有限公司在浦东中银大厦签订20亿元人民币、15年期的借款合同，上海申通集团有限公司为此项贷款提供担保。

8月25日　中共上海市委决定，成立中共上海申通集团有限公司委员会，张桂娟任书记。成立中共上海申通集团有限公司纪律检查委员会，贺阿东任书记。

9月11日　中信实业银行上海分行对上海磁悬浮交通发展有限公司贷款10亿元的签字仪式在中信银行上海分行举行。这是第一家非国有商业银行向上海轨道交通产业提供贷款。

9月25—28日　中国国际工程咨询公司受国家发展计划委员会委托，组织召开《上海市轨道交通杨浦线工程预可行性研究报告》评估会。

10月　上海申通集团有限公司委托法国SYSTRA公司负责编制的上海市轨道交通路网《人民广场站换乘枢纽研究报告》及《信号系统与OCC系统初始研究报告》通过专家评审。

11月2日　德国联邦总理施罗德偕夫人在国务院总理朱镕基和夫人陪同下来上海磁悬浮工程现场，出席上海磁悬浮列车示范运营线轨道梁启运仪式，并为首根轨道梁启运揭幕。中共上海市委书记黄菊、上海市市长徐匡迪、国家发展计划委员会副主任张国宝等出席。

11月15日　上海地铁运营有限公司发行的“水浒108将地铁纪念磁卡”荣获“2001年大世界基尼斯最佳项目奖”。

11月27日　上海申通集团有限公司召开第一届工会会员大会。选举产生第一届工会委员会。

11月30日　中国国际工程咨询公司向国家计委递交《关于〈上海市轨道交通杨浦线(M8线)工程预可行性研究报告〉的评估报告》。

12月21日　上海轨道交通杨浦线(M8线)一期工程，举行开工仪式。

12月22日　上海申通集团有限公司与中国工商银行上海分行签订200亿元《全面银企合作协议》。副市长韩正、中国工商银行总行行长姜建清出席签约仪式。

是日　上海明珠线二期项目公司与中国工商银行、上海分行签订为期19年的40亿元人民币贷款合同，申通集团公司为该合同作担保。

2002 年

2 月 6 日　申通地铁票务信息正式联网运作，每天早晨 6 点票务信息部可收到前一天最新数据，确保对地铁 1 号线票务、客流等信息准确收集和适时控制。

2 月 20 日　上海地铁 2 号线列车全部抵沪，并举行庆典仪式。

3 月 25 日　上海市轨道交通明珠线二期工程车辆采购合同签约仪式举行，上海市副市长韩正、湖南省副省长郑茂清、德国大使 Joachim Broudre-Groeger 出席签约仪式。

4 月 12 日　上海申通集团有限公司与中国工商银行上海市分行签署总额为 80 亿元的轨道交通人民币贷款合同，用于支持磁悬浮项目、明珠线二期项目以及共和新路高架项目建设。

4 月 25 日　上海地铁运营有限公司组建由 400 人组成的地铁运营安全保卫大队。

4 月 27 日　经国家财政部批准，上海轨道交通明珠线引进自动售检票设备使用西班牙政府贷款及出口信贷共 1 400 万美元的转贷协议，在上海交通银行举行签字仪式。

是日　中共中央政治局原常委宋平考察参观上海磁浮列车示范运营线工程龙阳路车站和制梁基地。

5 月 1 日　法国阿尔斯通公司为上海明珠线制造的第一列新型子弹型列车在上海张华浜码头卸船拼接，列车于 5 月 2 日被牵引至梅陇基地。

5 月 12—17 日　受国家发展计划委员会委托，中国国际工程咨询公司对上海“十五”期间九个轨道交通建设项目进行“一揽子”评审。

5 月 30 日　中共中央政治局委员、国务院副总理吴邦国在市委副书记罗世谦等陪同下调研磁悬浮龙阳路车站、变电站及黄楼制梁基地，听取磁悬浮工程建设情况汇报。

7 月 1 日　《上海轨道交通管理条例》和《轨道交通乘客守则》施行。《上海市地下铁道管理条例》同时废止。

7 月 28 日　上海轨道交通 1 号线上海南站站改建工程正式开工，采用集融资与建设为一体的 BT 模式。

8 月 20 日　朱镕基总理在市委书记黄菊等市领导陪同下，调研上海磁浮列车示范运营线工程。

9 月 3—5 日　上海申通集团有限公司协办、上海国际展览中心有限公司主办的“2002 上海国际轨道交通设备与技术展览会”在上海国际展览中心举行。

9 月 18 日　中外合资上海第一列城市轨道交通电动列车在上海阿尔斯通交通设备公司下线，这是上海电气集团与法国阿尔斯通公司合资厂上海阿尔斯通生产的新型轨道列车。

10 月 15 日　第八届全国人大常委会委员长乔石调研上海磁浮列车示范运营线工程。

10 月 31 日　上海轨道交通申松线项目开工仪式举行。市委副书记、常务副市长韩正出席开工仪式并宣布上海轨道交通 9 号线工程正式开工。

12 月 4 日　上海市共和新路高架道路通车仪式举行。

12 月 22 日　上海轨道交通 6 号线(L4 线)在浦东新区蓝村路站举行开工仪式。

12 月 24 日　上海轨道交通 3 号线北延伸工程全线开工，开工仪式在三标段宝杨路站施工现场举行。

12 月 31 日　磁浮列车成功实现单线通车试运行。国务院总理朱镕基和正在中国访问的德国总理施罗德出席通车典礼，为磁浮通车剪彩并发表讲话。中共中央政治局委员、国家发展计划委员会主任曾培炎等国务院和上海市有关部门负责人出席典礼。典礼由上海市常务副市长韩正主持。

2003 年

1 月 15 日　中共中央政治局常委、书记处书记曾庆红调研磁浮示范线及车站。

2 月 20 日　上海轨道交通杨浦线 168 辆小车合同签订。上海市常务副市长蒋以任等领导出席会议。

2 月 25 日　上海地铁教育培训中心荣获国家劳动和社会保障部颁发的“国家职业技能鉴定所”资质。

5 月 28 日　上海地铁运营有限公司举行上海地铁运营十周年座谈会暨抗击“非典”捐赠仪式，将原本用于庆典活动的费用和公司各单位、广大干部职工的捐款共计 80 万元及地铁发行的抗击“非典”的磁卡收入 17.8 万元全部捐赠给上海市慈善基金会，以这一特殊方式纪念上海地铁运营十周年。

7 月 1 日　董家渡发生上海轨道交通 4 号线越江隧道联络通道事故，导致该段隧道受损，以及地面建筑物倒塌、地面沉降开裂、防汛墙塌陷等险情，未发生人员伤亡。

7 月 28 日　上海国际赛车场配套工程——市域快速铁 R3 线赛车场 2 站及区间土建工程开工典礼在 F1 国际赛车场施工现场举行。上海国际汽车城办公室、市招标办、市重大办等有关主管部门负责人出席开工典礼。

8 月 29 日　由上海解放日报报业集团和上海地铁运营有限公司共同组建、上海地铁时代传媒发展有限公司主办的《I 时代》报出版。定位为“上班族通勤路上获得资讯的报纸”，是上海地铁第一份免费报纸。

9 月 15 日　联邦德国总统约翰内斯劳代表团一行在中国驻德国大使馆马灿荣大使、上海市副市长姜斯宪陪同下，参观上海磁浮列车示范运营线工程。

10 月 18 日　上海轨道交通 2 号线西延伸段威宁路站土建动工，标志着延伸段正式开工。

10 月 23 日　上海莘闵轨道交通线(5 号线)开展试运营基本条件评审。这是第一次对轨道交通线路开展试运营基本条件的评审工作。

11 月 1 日　上海轨道交通 3 号线告别传统纸票，自动售检票系统全面启用。

11 月 8 日　中共中央政治局原委员丁关根一行考察参观上海磁浮列车示范运营线工程。

11 月 19 日　上海市建委科技委组织的专家组对《上海市工程建设规范——城市轨道交通站台屏蔽门技术规范送审稿》进行评审，一致同意通过鉴定。

11 月 25 日　上海轨道交通 5 号线试运营开通。上海轨道交通 5 号线(莘庄—闵行开发区)运营线路长 16.613 公里，运营车站为 11 座。

11 月 28—29 日　《上海市城市快速轨道交通近期建设规划》在北京接受国家发改委委托中咨公司进行的评估，该规划由上海市发改委、上海市建委组织，上海申通集团有限公司牵头并会同有关方面编制。

12 月 10 日　上海磁浮列车以“投入商业运营的最快的列车”被收入吉尼斯世界大全。

12 月 17 日　上海轨道交通浦东线发展有限公司和上海地铁建设有限公司签署上海轨道交通 6 号线建设管理委托合同。

2004年

1月29日　上海磁浮列车开始全天对外试运行,每天运行9小时(上午8:30到下午5:30)。

3月25—28日　中国国际工程咨询公司组织专家在上海召开上海市轨道交通"十五"项目工可报告咨询会,就6、7、8、9号线等项目工可研究报告形成初步专家咨询意见。

3月29—30日　国家建设部地铁与轻轨研究中心受建设部城市建设司委托,在衡山饭店召开《上海市城市快速轨道交通近期建设规划》专家审查会。

4月16日　根据《上海市人民政府关于原则同意市发展改革委、市建委关于进一步深化完善轨道交通"四分开"体制改革方案的批复》,上海地铁建设有限公司整体合并进入上海申通集团有限公司。

5月27日　中共中央政治局委员、国务院副总理回良玉一行调研上海磁浮列车示范运营线。

6月6日　中共中央政治局原常委、国务院原副总理李岚清考察参观上海磁浮列车示范运营线。

6月24日　上海市政府召开上海申通集团有限公司重组工作会议,会议明确上海申通集团有限公司党的关系划转上海市建设和管理工作委员会,上海地铁建设有限公司整体合并入上海申通集团有限公司,会议宣读有关干部任免文件。

7月16日　上海申通集团有限公司召开2004年股东会暨二届一次董事会会议。股东会选举应名洪、钱耀忠、张新玫、孟森刚为公司第二届董事会董事;董事会选举应名洪为董事长,聘钱耀忠、朱沪生任上海申通集团有限公司副总裁,白廷辉为上海申通集团有限公司总工程师。

7月26日　中共中央总书记胡锦涛在中共上海市委副书记、市长韩正等陪同下,调研上海磁浮列车示范运营线。

8月26日　国家发改委批准上海轨道交通杨浦线(M8线)工程项目建议书。

8月27日　上海市人民政府办公厅下发《上海市人民政府办公厅关于上海轨道交通建设指挥部组成人员的通知》。

9月2日　上海地铁运营有限公司与上海工程技术大学签订共建城市轨道交通学院框架协议。

9月30日　中共上海市委副书记、市长韩正、副市长杨雄等到申通集团调研,明确2010年世博会前建成400公里运营里程的目标任务。

10月12日　上海轨道交通1号线延伸线地铁车辆续购合同签订,法国总统希拉克率团出席签字仪式。

10月26日　上海轨道交通建设指挥部研究决定:钱耀忠、朱沪生、周淮、沈光怡、金嘉模任上海轨道交通建设指挥部办公室副主任。

11月5日　上海市副市长、轨道交通建设指挥部总指挥杨雄主持召开指挥部第一次全体会议。

11月14日　首批12套车载运营信息LED滚动显示屏在一列地铁1号线列车上安装成功。

11月24日　共青团上海申通集团有限公司第一次团员大会召开,选举产生共青团上海申通集团有限公司第一届委员会。

11月25日　上海轨道交通建设指挥部成立重点工程实事立功竞赛综合赛区领导小组。

是月　上海地铁自行开发建设的第一幢商品居住楼雅州公寓项目竣工交付运营。

12月4日　上海轨道交通1号线上海南站站由地面改为地下运营。

12 月 17 日　中共上海市委员会第八届六次全会提出“集全市之力加快轨道交通建设”。

12 月 28 日　上海轨道交通 1 号线北延伸段通车试运营。

2005 年

1 月 1 日　上海地铁运营有限公司教育培训中心被上海市职业技能鉴定中心评为 2004 年度上海市国家职业技能鉴定中心先进单位，同时，获得 A 级培训资质。

1 月 7 日　首列 4 号线西门子列车抵达上海外高桥码头，并于次日运抵地铁龙阳路基地。

1 月 22 日　上海地铁运营有限公司与上海工程技术大学在锦江饭店联合举行上海工程技术大学城市轨道交通学院成立暨揭牌仪式。

1 月 25 日　《推进城市轨道交通建设科技进步实施纲要》(后简称《科技进步实施纲要》)由上海申通集团有限公司完成编制并正式印发。

2 月 3 日　申通集团召开创“双优”动员大会，上海市人民检察院、申通集团党委双方签订《关于在上海轨道交通工程建设中开展争创“工程优质、干部优秀”活动的纪要》。

3 月 26 日　中共上海市委副书记、市长韩正，副市长杨雄等领导到申通集团调研。

4 月 13 日　国家科技部发文同意国家磁浮交通工程技术研究中心(筹)通过验收，并正式命名为国家磁浮交通工程技术研究中心。

4 月 15 日　最高人民检察院原检察长韩杼滨调研轨道交通 3 号线。

4 月 25 日　中共中央政治局委员、国务院副总理曾培炎在市委常委、副市长周禹鹏陪同下，调研上海磁浮列车示范运营线。

5 月 1 日　《上海地铁 2 号线工程》由上海科学技术出版社出版发行。

5 月 2 日　上海轨道交通单日客流量突破 200 万人次，达到 212.3 万人次。

5 月 10 日　上海市副市长杨雄率队到国家发展改革委汇报轨道交通近期建设规划情况，获得国家发展改革委原则同意，即在 2005—2012 年间完成总规模达 389 公里的近期建设规划，其中在 2010 年以前建成 300 公里左右，投资规模在 1 000 亿左右。

5 月 26 日　上海申通集团有限公司与上海嘉定轨道交通建设投资有限公司签署协议书。通过市场化运作，获得城北路站、嘉定新城站、马陆站、南翔站、汽车城站、墨玉路站 6 个站点及周边土地开发权。

5 月 30 日　上海市物价局组织的上海轨道交通客运票价调整听证会召开，申通集团作为票价调整申请主体参加听证会并提出方案。

6 月 8 日　上海申通集团与长宁区在轨道交通长宁线项目公司，联合召开“地铁社区党建联动，共创群众满意工程”活动领导小组会议。申通集团公司党委和长宁区委，共同签订开展“联动、共创”活动的协议书。

6 月 21 日　为加快轨道交通 1 号线车辆“6 节编组改 8 节编组”，国家发展改革委正式批复同意 1 号线增购扩编车辆。

7 月 1 日　上海地铁运营有限公司划转至上海申通集团有限公司。上海市城市交通管理局与上海申通集团有限公司签署《交接备忘录》。

7 月 4 日　中共中央政治局常委、中央纪律检查委员会书记吴官正在市委副书记、市长韩正等陪同下，调研上海磁浮列车示范运营线。

7月7日　上海市副市长、轨道交通建设指挥部总指挥杨雄主持召开指挥部第二次全体会议，研究并讨论通过《2005年度上海轨道交通建设计划》(草案)。

7月18日　上海申通集团有限公司办理工商登记变更，正式更名为“上海申通地铁集团有限公司”。

7月26日　《上海市城市快速轨道交通近期建设规划》获国家发展改革委批准。原则同意上海在2005—2012年间新建10个快速轨道交通项目(含既有线延长线)。《近期建设规划》的批准，为全面推进上海轨道交通网络建设创造了基本前提。

8月11日　国家环境保护总局发文，上海市磁悬浮快速列车工程环境保护手续齐全，环境保护设施、措施已按有关要求落实，各项污染物的排放基本达到相关标准。工程环境保护验收合格，准予工程投入正式运营。

是月　上海申通地铁集团有限公司制定实施《人事管理暂行办法》。

9月12日　中共中央政治局常委、全国政协主席贾庆林在市委副书记、市长韩正等陪同下，调研上海磁浮列车示范运营线。

9月15日　上海轨道交通客运票价调整方案实施。基准票价由2元调整为3元，每段进级1元；起乘里程6公里，之后按10公里进级。轨道交通1、2、3号线以及今后新投入运营的线路按调整后的价格执行。

9月19日　上海申通地铁集团有限公司与株洲电力机车厂-西门子联合体签订上海轨道交通1号线增能扩编(每列车由6节改为8节车厢)车辆采购项目合同。

9月26日　中共上海市委副书记、市长韩正参加上海申通地铁集团有限公司第二批保持共产党员先进性教育活动，并到上海轨道交通网络票务中心和3号线控制中心实地调研。

9月28日　上海申通地铁集团有限公司组织研发的“一票通”IC卡单程票，代替原先使用的插卡式磁卡单程票，率先在3号线启用。

10月10日　上海轨道交通4号线由上海地铁运营有限公司全面接管。

10月15日　上海轨道交通3号线上海南站站正式恢复运营。

10月17日　上海申通地铁集团有限公司召开上海申通地铁资产经营管理有限公司组建工作会议，对上海地铁运营有限公司实施“主辅分离”改革，将其下属上海地铁广告有限公司、上海地铁商贸有限公司、上海地铁东方置业有限公司等7家单位，连同原集团公司下属上海对外建设有限公司、上海地铁盾构设备工程有限公司，共计9家单位的党政关系划转至上海申通地铁资产经营管理有限公司管理。

10月26日　《上海市轨道交通7号线可行性研究报告》获国家发展改革委批准。

是月　上海地铁运营有限公司正式加入CoMET(Community of Metros国际地铁协会)。

11月7日　中共上海市委召开轨道交通专题会议。会议明确：2006年6月底完成轨道交通动迁任务，确保2010年400公里目标如期实现。

11月8日　上海申通地铁集团有限公司第一届职工运动会闭幕。

11月10日　上海轨道交通2号线西延伸工程全线贯通。

11月14日　中共中央政治局原常委、全国政协主席李瑞环一行考察参观上海磁浮列车示范运营线。

11月16日　经国家发展改革委批准，由申通地铁集团控股的上海申通轨道交通研究咨询有限公司获得城市轨道交通甲级咨询资质。

11 月 17 日　中共上海市委副书记、市长韩正，副市长杨雄等市领导实地察看上海轨道交通建设情况，并同市有关部门和轨道交通沿线各区区委书记、区长举行座谈会，明确提出：2006 年 6 月完成轨道交通动迁任务，以确保 2010 年上海轨道交通运营里程达到 400 公里的目标如期实现。

11 月 20 日　《上海市轨道交通 6 号线可行性研究报告》获国家发展改革委批准。

11 月 27 日　中共中央政治局原常委、中纪委书记尉健行一行在市委副书记罗世谦等领导陪同下，考察参观上海磁浮列车示范运营线。

12 月 1 日　为发挥上海磁浮列车示范运营线的交通功能，磁浮列车每日运营时间由 9 小时(8:30—17:30)延长至 14 小时(7:00—21:00)，行车间隔为 15 分钟，延长时段内的最高运营时速改为 300 公里。

12 月 11 日　中共中央政治局常委、国务院副总理黄菊在市委副书记、市长韩正等陪同下，调研上海磁浮列车示范运营线。

12 月 19 日　《上海市轨道交通 8 号线可行性研究报告》获国家发展改革委批准。

12 月 25 日　上海地铁 1、2、3、5 号线全部采用“一票通”单程票，上海轨道交通运营线路实现统一票制，并做到网络线路可“一次购票，多次换乘”。

12 月 30 日　上海申通地铁集团有限公司工会第二次会员代表大会召开，选举产生上海申通地铁集团有限公司工会第二届委员会。

12 月 31 日　上海轨道交通 4 号线“C”字型(大木桥路站至蓝村路站)通车试运营，其中 9 个车站与已建成运营的 3 号线“共线运营”。上海轨道交通的运营线路总长增加到 123 公里。

2006 年

1 月 25 日　上海申通地铁集团有限公司开展首届上海地铁风采人物评选颁奖活动。

2 月 6 日　中共中央政治局常委李长春在上海调研磁浮列车示范运营线。

2 月 28 日　《上海市轨道交通 9 号线一期工程可行性研究报告》获得国家发展改革委批准。

3 月 16 日　上海轨道交通 1 号线首座屏蔽门加装试点在徐家汇站建成投用。

3 月 31 日　上海申通地铁集团下发《上海申通地铁集团有限公司 2006—2010 年企业文化建设纲要》。

4 月 4 日　由工商银行、农业银行、中国银行、建设银行、交通银行、浦东发展银行、上海银行、广东发展银行、光大银行、招商银行、民生银行等 11 家银行组成的银团与上海申通地铁集团在兴国宾馆进行轨道交通 6、7、8、9 号线项目的 300 亿元人民币贷款协议签约。市委副书记、市长韩正和中国工商银行行长杨凯生等领导出席签约仪式。

4 月 12 日　上海轨道交通建设指挥部在市委党校礼堂召开 2006 年上海轨道交通建设推进暨立功竞赛表彰动员大会。副市长、指挥部总指挥杨雄出席并讲话。

4 月 14 日　上海申通地铁集团有限公司与南京浦镇-阿尔斯通联合体签订《上海轨道交通 2 号线车辆增购招标项目合同》。

4 月 22 日　中共中央政治局原常委、全国人大常委会原委员长李鹏在市人大常委会主任龚学平，市委副书记王安顺等领导陪同下，参观上海磁浮列车示范运营线。

4 月 27 日　磁浮上海示范运营线投入正式商业运营。

5 月 9 日　中共上海市委员会发文，沪杭磁浮工程(上海段)建设指挥部成立，由上海磁浮交通发展有限公司作为指挥部办公室承担指挥部日常工作。上海磁浮交通发展有限公司党政关系从申通集团公司划出。

5月10日　《上海市轨道交通9号线二期首段工程可行性研究报告》获得国家发展改革委批准。

5月11日　上海申通地铁集团有限公司编制上报的《上海市轨道交通近期建设线路车站站名命名方案》获得上海市城市交通管理局和上海市地名管理办公室联合批复。

5月12日　《罗店中心镇公共交通配套工程可行性研究报告》和《浦江镇公共交通配套工程可行性研究报告》获得上海市发展改革委的批复。

5月19日　中共上海市委组织部、上海市建设交通工作党委在上海申通地铁集团有限公司召开上海市"加强党建联动、推进地铁建设"工作会议，大力推进以"条块结合、目标共同、责任共担、资源共享"为主要内容的"地铁社区党建联动、共创群众满意工程"活动。

5月23日　《世博园区专用交通联络线工程可行性研究报告》获得上海市发展改革委员会批复。

是日　德意志联邦共和国总理安格拉·默克尔在中共中央政治局委员、国务院副总理曾培炎和中共上海市委副书记、市长韩正等陪同下参观磁浮上海示范线。

5月25日　第八届全国人大常委会委员长乔石在上海市人大常委会主任龚学平、上海市副市长冯国勤等陪同下，参观上海磁浮列车示范运营线。

是日　中共中央政治局委员、中央宣传部部长刘云山在市委副书记、市长韩正和市委副书记殷一璀等领导陪同下，调研上海磁浮列车示范运营线。

6月12日　《浦东国际机场扩建工程交通配套设施工程可行性研究报告》获得上海市发展改革委员会批复。

6月20日　上海申通地铁资产经营管理有限公司与上海移动通信有限责任公司签订《上海轨道交通4号线公用通信设施使用合同》。

6月26日　《上海市轨道交通10号线工程可行性研究报告》获得国家发展改革委员会批准。

6月30日　涉及全市14个区的轨道交通7号线、9号线(二期)、10号线、11号线(北段)的动拆迁工作基本完成，半年时间内完成11 000户居民、1 200多家单位动迁工作，创造上海重大工程集中大规模动迁新纪录。

7月5日　上海市建设交通委、市监察委、上海轨道交通建设指挥部在市委党校报告厅联合召开轨道交通工程建设质量安全效能监察大会。

7月24日　上海轨道交通建设指挥部召开轨道交通前期工作立功竞赛总结表彰会，对在轨道交通动迁工作中表现突出的上海中山动拆迁有限公司等63家单位和111位个人进行表彰。

8月22日　上海轨道交通9号线二期徐家汇站动工，标志着轨道交通9号线二期工程正式开工。

9月21—22日　中共上海市委宣传部、中共上海市建设和交通工作委员会、上海轨道交通建设指挥部联合举办"走近明日地铁——上海市民轨道交通建设工地行"活动。

10月11日　上海轨道交通科技创新大会在上海科学会堂举行。这是上海第一次召开涵盖科研、设计、施工、运营和装备制造等整个轨道交通行业领域的科技创新大会。

10月19日　《上海市城市快速轨道交通近期建设规划环境影响报告书》获得国家环境保护总局批复。

10 月 28 日　上海轨道交通枢纽站世纪大道站，在历时一年封站改造之后重新开启迎客，首度试行网络化运营枢纽站管理新模式。

是日　“百名书画家进地铁”活动在轨道交通 2 号线世纪大道站拉开帷幕，以贺友直为代表的百名书画家作品陆续进入地铁。

11 月 1 日　历时两年由上海地铁监理公司主编的《城市轨道交通自动售检票系统工程质量验收规范》由建设部批准执行。

11 月 17 日　《上海市轨道交通 11 号线北段工程可行性研究报告》获得国家发展改革委批准。

11 月 27 日　上海申通地铁集团有限公司和上海市建设交通工作党委、上海市建设交通委、共青团上海市委共同举办的“上海轨道交通建设青年科技论坛”举行。

12 月 18 日　上海市轨道交通 3 号线北延伸线通车试运营，第一列车从铁力路站首发。全长 15.4 公里的北延伸线与 3 号线一期贯通。新线开通后 3 号线运营线路长 40.153 公里，运营车站数为 29 座。

12 月 25 日　上海市轨道交通 2 号线和 5 号线工程通过国家竣工验收。

12 月 30 日　上海市轨道交通 2 号线西延伸线（中山公园—淞虹路）通车试运营，首列车从淞虹路站发出。

是日　上海轨道交通 8 号线二期工程（浦江镇公共交通配套工程）开工建设。

是日　上海申通地铁集团有限公司首届职工文化艺术节闭幕。

12 月 31 日　上海轨道交通 7 号线、9 号线（二期）、10 号线、11 号线（北段）共完成搬迁管线 1 020 根公里，为主体工程建设推进创造有利条件。

2007 年

2 月 22 日　上海申通地铁集团有限公司与法国德高贝登公司签订轨道交通 1—13 号线广告资源合作协议，上海轨道交通传媒业务跨上国际化运作新台阶。

3 月 8—9 日　CoMET（国际地铁联合会）年度管理会议在上海召开，由上海地铁运营有限公司承办，来自全球 10 个国家或地区的地铁公司代表应邀参会。

5 月 8 日　上海轨道交通建设指挥部、上海申通地铁集团有限公司办公地由衡山路 12 号搬迁至桂林路 909 号。

5 月 19 日　上海市地铁卡集藏协会成立。

5 月 31 日　中共中央政治局委员、上海市委书记习近平调研城市轨道交通基础设施建设，在轨道交通 10 号线河南路站工地慰问建设工人，听取轨道交通建设指挥部副总指挥应名洪关于轨道交通基本网络建设情况的汇报，并察看轨道交通世纪大道站四线换乘枢纽工程。中共上海市委副书记、市长韩正，市委常委、副市长、轨道交通建设指挥部总指挥杨雄，市委常委丁薛祥陪同调研。

6 月 12—13 日　由中国交通运输协会城市轨道交通专业委员会主办、上海申通地铁集团有限公司承办的“2007 中国轨道交通论坛（上海）——城市轨道交通网络化建设与运营”在上海东郊宾馆隆重举行。来自全国各地 15 个省市的专家同行参加此次论坛。

6 月 15 日　《上海市轨道交通 2 号线东延伸段工程可行性研究报告》获国家发展改革委批复。

7 月 4 日　上海市轨道交通 1 号线首列“6 改 8”列车上线调试运营。

7 月 25 日　上海市轨道交通 2 号线东延伸段工程正式开工。

8月5—9日　受国家发展和改革委员会委托，中国国际工程咨询公司在上海新天鹭会议中心召开上海轨道交通12、13号线工程可行性研究报告评估会。

8月8日　上海市轨道交通9号线一期首列客车上线调试。

8月16日　上海市轨道交通4号线修复段轨道工程全面施工完毕，实现全线轨道铺通。

是日　上海磁浮交通科技馆正式开馆。

9月25日　中共中央政治局委员、国务院副总理吴仪在中共上海市委副书记殷一璀，市委常委、副市长杨雄等市领导陪同下调研上海磁浮示范运营线。

9月30日　由上海市建设交通党委、上海市轨道交通建设指挥部和上海市摄影家协会联合主办的“通向都市新生活——上海轨道交通摄影比赛获奖作品展”在地铁人民广场站开展。

10月17日　首届轨道交通资源集成与资产运作研讨会在上海虹桥迎宾馆召开，11家轨道交通企业参会。

10月19日　上海轨道交通开始对70岁以上老年人实行非高峰时段及节假日免费乘车。

10月26日　“中国城市轨道交通运营管理沙龙成立大会暨首届年会”在上海地铁运营有限公司举行，国内12个城市的16家地铁公司代表参加并做交流。

10月27日　上海轨道交通与公交换乘优惠正式实施。

11月27日　“上海地铁社区党建联建实践与创新论坛”在国际会议中心举行。论坛由中共上海市委组织部主办，中共上海市建设和交通工作委员会协办，中共上海申通地铁集团有限公司委员会承办。

是日　上海申通地铁集团有限公司和法国阿尔斯通公司签订上海轨道交通10号线信号系统采购合同。中共中央政治局委员、市委书记俞正声与法国总统萨科齐出席签约仪式。

12月9日　“开往世博的地铁”国际文化创意研讨会在上海申通地铁集团有限公司举行。中共上海市委宣传部、上海市建交委党委、上海申通地铁集团有限公司等参加。

12月12日　国内首个轨道交通网络运营协调与应急指挥室（COCC）正式启用，并进行联合演练。

12月20日　“地铁之歌”大型文艺晚会在即将开通的轨道交通人民广场枢纽站换乘大厅内举行。市委常委、副市长、上海轨道交通建设指挥部总指挥杨雄出席晚会，并为中国工程院院士刘建航颁发“上海轨道交通建设特别贡献奖”。

12月27日　全面反映上海地铁建设工程的报告文学集《通往春天的地铁》举行首发仪式。

12月29日　上海市轨道交通“三线两段”（轨道交通6号线、8号线一期、9号线一期、1号线北延伸段、4号线修复段）通车。

是日　中共上海市委宣传部、市建设交通党委和市轨道交通建设指挥部联合举办的《通向都市新生活——发展中的上海轨道交通展览》在轨道交通人民广场站枢纽站换乘大厅展出。中共中央政治局委员、市委书记俞正声，市委副书记、市长韩正，市人大常委会主任龚学平，市政协主席蒋以任等观看展出。

是日　上海轨道交通网络客运服务人员全面更换新款职业装。

2008年

1月8日　中共中央政治局委员、国务院副总理张德江在中共中央政治局委员、中共上海市委书记俞正声等市领导陪同下调研上海磁浮示范运营线。

2月17日　中共中央政治局委员、广东省委书记汪洋，省委副书记、省长黄华华率领的广东省党政代表团，在中共中央政治局委员、上海市委书记俞正声，市委副书记殷一璀等市领导陪同下考察上海磁浮示范运营线。

2月29日　尼日利亚联邦共和国总统奥马鲁·穆萨·亚拉杜瓦一行来申通集团访问。

3月5日　上海地铁志愿者总队成立暨授旗仪式活动在轨道交通人民广场枢纽站换乘大厅举行。

3月24日　《上海市轨道交通12号线工程可行性研究报告》获得国家发展改革委批复。

4月9日　上海申通地铁集团有限公司主办的2008年“上海地铁杯”大学生公益广告创意设计大赛举行启动仪式。

4月12日　中共中央政治局委员、上海市委书记俞正声调研位于同济大学嘉定校区的高速磁浮试验线，并听取高速磁浮交通技术国产化研究进展情况和磁浮上海机场联络线再优化方案汇报。

4月28日　《上海市轨道交通13号线一期工程可行性研究报告》获得国家发展改革委批复。

4月30日　上海轨道交通2号线首列8节编组列车上线投入运营。

5月9日　中共中央政治局委员、国务院副总理王岐山在中共中央政治局委员、上海市委书记俞正声，市委副书记、市长韩正等的陪同下考察上海磁浮示范运营线。

是月　上海申通地铁集团有限公司制定并实施《退休聘用管理指导性意见》。

6月6日　上海申通地铁集团有限公司和东方网上海频道联合推出的“通向都市新生活——上海轨道交通网上服务平台”开通。

6月9日　上海轨道交通实现车站安全检查通道全覆盖，加大开包检查、设置车站安检台285处，新增安检人员783人。

7月4日　上海市800兆数字集群政务共网与上海市轨道交通800兆数字集群无线通信系统举行互联签字仪式。

8月6日　国内首座面向乘客介绍轨道交通公共安全和应急防范知识的展馆在轨道交通人民广场枢纽站换乘大厅开馆。

9月8日　迎世博600天倒计时牌在轨道交通人民广场站换乘大厅揭幕。

9月27日　上海市总工会、上海市建设交通委、上海轨道交通建设指挥部联合在上海展览中心召开上海轨道交通“迎世博600天行动”立功竞赛动员大会。上海轨道交通建设指挥部与4家建设单位、上海申通地铁集团有限公司与运营保障单位分别签订《上海轨道交通迎世博600天行动工作目标责任书》。

10月5日　上海轨道交通1号线第一列完成“直改交”(直流电改交流电)和“6改8”(6节车厢改8节车厢)的扩编改造列车在株洲正式下线。

11月19日　《上海市轨道交通11号线北段工程调整方案》获得国家发展改革委员会批复。

是日　上海申通地铁资产经营管理有限公司与上海地产集团有限公司共同开发衡山路12号地块。衡山路项目建筑总面积为10 802.8 m^2，开发成高端型、精品酒店——上海衡山路12号豪华精选酒店。

12月13—14日　由上海申通地铁集团有限公司承办的中国交通运输协会城市轨道交通专业委员会第三届企业领导人峰会在上海国际会议中心举行，来自国内20个城市的23家轨道交通企业的领导人出席会议。

12月16日　由上海申通地铁集团有限公司、共青团中共上海市委员会、中共上海市城乡建设和交通工作委员会等单位共同主办的第二届上海轨道交通建设青年科技论坛举行。

12月19日　上海轨道交通11号线北段二期工程(华山路—罗山路)开工建设。

12月28日　上海轨道交通13号线金沙江路站动工,标志着一期工程开工建设。

12月28日　上海轨道交通9号线一期桂林路站至宜山路站区间通车运营,新增运营线路长度1.5公里,新线开通后运营线路长30.475公里,运营车站数为13座。

12月30日　上海轨道交通12号线工程开工建设。

2009年

1月1日　上海地铁电视开播试运营,成为国内首家进行直播的地铁电视。经半年试运营于7月5日正式开播。

1月10日　"上海地铁"行业官方网站(www.shmetro.com)正式对公众发布。

1月16日　上海申通地铁集团有限公司"地铁社区党建联动,共创群众满意工程"活动获上海市优秀基层党建创新成果二等奖。

2月11日　上海申通地铁集团有限公司召开上海轨道交通运营管理体制调整工作动员大会,会议宣布机构调整方案以及相关机构的人事安排。撤销上海地铁运营有限公司、上海现代轨道交通有限公司建制。成立上海轨道交通运营管理中心,上海地铁第一、第二、第三、第四运营有限公司。

3月26日　上海地铁"在线学习系统"开通暨"迎世博全员培训"启动仪式举行。

3月27日　中共中央政治局委员、市委书记俞正声,市委副书记、市长韩正,市委副书记殷一璀等领导来到轨道交通人民广场枢纽站,看望慰问地铁志愿者及上海地铁员工。

4月8日　《上海市轨道交通11号线南段工程可行性研究报告》获得国家发展改革委批复,至此上海轨道交通基本网络项目全部完成国家立项程序。

5月14日　上海轨道交通1号线北延伸工程通过项目竣工验收。

6月3日　上海申通地铁集团有限公司与泰国正大集团战略合作框架协议签约仪式举行。

6月16日　《上海浦江镇公共交通配套工程(8号线二期工程)试运营基本条件》通过专家评审会。

6月23日　中共中央政治局委员、市委书记俞正声调研即将开通试运营的上海轨道交通8号线二期工程,听取轨道交通网络化发展情况汇报。

6月27日　上海申通地铁集团有限公司召开"我和申通共奋进"大型座谈会,上海市副市长沈骏和上海市城乡建设交通工作党委领导出席,上海申通地铁集团有限公司董事长应名洪做主题报告。纪念申通集团重组5周年、展现申通地铁集团五年历程轨迹的"走向辉煌——上海申通地铁集团成立五周年图片展"在申通集团综合楼大厅举办。

是月　上海申通地铁集团有限公司制定实施《关于部分与地铁人力资源公司签约员工转与运营单位建立劳动关系的意见》,对符合条件的客运一线派遣等员工实施"身份转换"。

7月5日　上海轨道交通8号线二期(耀华路—航天博物馆)开通运营,新线开通后运营线路长36.95公里,运营车站数为28座。其中周家渡站、济阳路站暂未开放。上海轨道交通网络运营线路总长度达到 250 公里，车站总数增加到 170 座。

7 月 10—12 日　上海轨道交通 7 号线、9 号线二期工程车辆及机电设备国产化评审会召开。经评审，两个项目的国产化率均达到相关标准。

8 月 11 日　上海地铁推出地铁运营信息快速发布机制，通过上海广播电台交通台、SMG 移动电视和上海地铁网站等同步发布即时地铁运营信息。

8 月 25 日　上海地铁志愿者信息系统——上海地铁志愿者网络信息管理系统开通启用。

8 月 30 日　中共中央政治局委员、上海市委书记俞正声到申通集团调研，先后调研上海轨道交通网络运营协调与应急指挥中心、车辆分公司维修车间、服务热线等运营管理与维修现场，并召开技术人员座谈会。

9 月 13 日　上海轨道交通 10 号线首列列车抵沪。

10 月 11 日　上海轨道交通迎世博立功竞赛表彰推进会暨 4 号线全国“工人先锋号”发车仪式举行。上海轨道交通 4 号线成为国内首条全国“工人先锋号”地铁线路。

10 月 17—18 日　受国家发展和改革委员会的委托，中国国际工程咨询公司在上海召开“上海市城市快速轨道交通建设规划(2010—2020)”评估会。

10 月 28 日　中共中央政治局委员、北京市委书记刘淇率北京市党政代表团在中共上海市委副书记、市长韩正，市委副书记殷一璀等市领导的陪同下考察上海磁浮示范运营线，并乘坐磁浮列车。

11 月 16 日　上海申通地铁集团技术研究中心取得国家级企业技术中心认定，成为轨道交通行业内唯一一家国家级认定企业技术中心。

11 月 18 日　上海轨道交通第 2 000 辆列车正式上线调试。

11 月 29 日　上海市“世博先锋行动”党员主题实践日活动启动仪式，在上海轨道交通 7 号线耀华路站建设工地举行。中共中央政治局委员、上海市委书记俞正声出席并致辞，市委副书记、市长韩正主持仪式，市领导刘云耕、冯国勤、吴志明、董君舒、沈红光、杨晓渡、江勤宏、屠光绍、丁薛祥、徐麟等参加。市领导还到即将通车的轨道交通 7 号线耀华路站台候车大厅进行义务劳动。

12 月 5 日　上海轨道交通 7 号线一期(上海大学—花木路)开通试运营，新线开通后运营线路长 32.169 公里，运营车站数为 26 座。

12 月 22 日　上海轨道交通 1 号线在中山北路站至上海火车站站下行区间发生两列列车侧面冲撞事故，未造成人员伤亡。同日，1 号线发生多起电路跳闸故障。经市“12·22”事故调查组调查认定，本次事故的直接原因是信号供货商在上海火车站信号工程接口改造设计中，因设计人员疏忽导致控制列车速度的码率选择电路设计错误所致，由卡斯柯信号公司承担责任。

12 月 24 日　中共中央政治局委员、上海市委书记俞正声，市委副书记、市长韩正，副市长沈骏等到上海申通地铁集团有限公司调研，听取“12·22”事故有关情况汇报，并对加强网络运营管理工作作重要指示。

12 月 31 日　上海轨道交通 9 号线二期(宜山路—世纪大道)开通试运营，新线开通后运营线路长 44.668 公里，运营车站数为 22 座。世纪大道站(2、4、6、9 号线)成为国内第一座四线三层换乘的轨道交通枢纽站。

是日　上海轨道交通 11 号线主线段嘉定北—江苏路开通试运营，新线开通后运营线路长 29.314 公里，运营车站数为 16 座。

是日　国内首个“地铁客流实时信息显示系统”在上海轨道交通网络试点推行。该系统通过实时数据采集分析，将网络线路的通畅、拥挤、中断情况实时动态地用视频等载体以“绿、黄、红”三色发布，为乘客提供出行引导信息。

2010 年

1 月 22 日　中国移动上海公司与上海申通地铁集团有限公司共同推出的刷手机坐地铁服务正式开通。

1 月 29 日　上海申通地铁集团有限公司与上海铁路局签订战略合作意向书。

2 月 4 日　上海地铁吉祥物——“畅畅”卡通形象在轨道交通 1 号线徐家汇站正式亮相。

2 月 20 日　上海轨道交通 7 号线、9 号线二期实现覆盖早晚高峰全时段运营。上海轨道交通 6 号线五莲路站和 8 号线曲阳路站逢工作日早高峰时段实施限流措施。

2 月 24 日　上海轨道交通 2 号线东延伸段张江高科—广兰路站开通试运营，新线开通后运营线路长 27.68 公里，运营车站数为 19 座。

3 月 1 日　上海申通地铁集团有限公司成立世博保障指挥组织机构，并召开世博保障领导小组第一次全体会议，部署申通地铁集团世博保障工作。

是日　上海轨道交通国内首创高峰时段运营信息电视直播正式在上海电视台综合新闻频道《上海早晨》早新闻播出。

3 月 15 日　根据上海世博会安全保卫工作的总体部署，决定自 2010 年 3 月 15 日至 2010 年 11 月 15 日，在全市范围内对轨道交通实施特别安检措施。

3 月 16 日　上海轨道交通 2 号线西西延伸段（徐泾东—淞虹路）开通试运营，新线开通后运营线路长 36.463 公里，运营车站数为 21 座。

3 月 21 日　中共中央政治局委员、上海市委书记俞正声，市委常委、政法委书记吴志明，市委常委、常务副市长杨雄，市委常委、市委秘书长丁薛祥等市领导至 13 号线（世博段）马当路站、卢浦大桥站、世博大道站实地踏看世博安保工作落实情况。

3 月 22 日　上海轨道交通 11 号线南段工程开工建设。

3 月 23 日　上海申通地铁集团有限公司召开上海轨道交通世博运行保障动员大会，明确轨道交通世博保障的总体目标和主要任务并作全面动员。

3 月 29 日　上海轨道交通 11 号线北段一期工程支线（嘉定新城站—安亭站）开通试运营，新线开通后运营线路长 43.753 公里，运营车站数为 19 座。并实现全线覆盖早晚高峰全时段运营。

4 月 1 日　上海轨道交通 9 号线南延伸段开工建设。

4 月 7 日　上海轨道交通 9 号线二期杨高中路站开通运营，新线开通后运营线路长 44.668 公里，运营车站数为 23 座。

4 月 8 日　上海轨道交通 2 号线东延伸段（广兰路—浦东国际机场）开通试运营，新线开通后运营线路长 60.339 公里，运营车站数为 29 座。成为上海轨道交通网络中唯一一条连接浦东、虹桥两大机场的线路。

4 月 10 日　上海轨道交通 10 号线（新江湾城站—航中路站）开通试运营，新线开通后运营线路长 29.372 公里，运营车站数为 27 座。上海轨道交通路网运营线路总长度突破 400 公里。

4 月 14 日　上海轨道交通 400 公里建成表彰暨世博保障誓师动员大会举行。

4 月 20 日　上海轨道交通 13 号线世博段投入试运营，运营线路全长 3.2 公里，运营车站数为 3 座。

4 月 24 日　上海轨道交通推出“一日票”新票种，可在 24 小时内任意次数乘坐除轨道交通世博专线外的所有轨道交通线路。

5 月 12 日　上海申通地铁集团有限公司与上海联合产权交易所签署战略合作意向书。

5 月 21 日　上海轨道交通全网络日客流突破 600 万人次，达到 601.3 万人次。

6 月 30 日　上海申通地铁资产经营管理有限公司与 Big Leap Group Limited（华润置地集团子公司）签约共同开发吴中路停车场地块，并由双方投资的上海通益置业有限公司具体操作开发事宜。吴中路开发建筑总面积为 465 000 m^2，拟开发成上海西部城区的区域性城市商业中心，包括商业中心、写字楼、酒店、地铁博物馆等功能。

7 月 1 日　上海轨道交通 2 号线虹桥火车站站投入运营。

7 月 12 日　上海地铁在新浪微博正式通过“V”（身份查实）认证，开坛“织脖”。微博用户名：上海地铁 shmetro，网址：http://t.sina.com.cn/shmetro。

7 月 28 日　上海申通地铁集团有限公司与上海市消防总队联合举办地铁消防共建合作签约座谈会，签署《地铁消防共建合作意向书》。

8 月 1 日　中共中央政治局委员、市委书记俞正声到轨道交通人民广场站，亲切慰问参与轨道交通世博安保工作的武警、轨道公安干警、市级机关干部、车站员工，并送上慰问品。市委常委、市政法委书记吴志明，市委常委、常务副市长杨雄等参加慰问。

8 月 3 日　中共上海市委副书记、市长韩正，市委常委、常务副市长杨雄等一行来到轨道交通世博专线亲切慰问地铁工作人员。

8 月 21 日　中共中央政治局委员、市委书记、上海世博会安全保卫工作指挥部总指挥俞正声至 13 号线世博段马当路站、卢浦大桥站，检查入园早高峰时段车站站台安全防范工作落实情况，世博局局长洪浩陪同检查。

8 月 24 日　上海市市长韩正、副市长沈骏专题听取轨道交通建设情况汇报。

9 月 13—17 日　上海申通地铁集团有限公司体育运动代表队参加在北京举办的首届全国城市轨道交通行业职工运动会，获团体总分第三名。

9 月 25 日　中共中央政治局常委、中央书记处书记、国家副主席习近平在中共中央政治局委员、上海市委书记俞正声和中共上海市委副书记、市长韩正等陪同下，来到位于虹桥综合交通枢纽的上海轨道交通 2 号线虹桥 2 号航站楼站，看望一线的地铁工作人员和志愿者，了解轨道交通全路网运营情况及各条涉博线路进入世博园区的路径和方式，习近平对世博会期间轨道交通承担客流输送任务所发挥的重要作用表示充分肯定。

9 月 28 日　上海地铁世博保障决战动员暨运营服务标准化作业推进展示大会在轨道交通人民广场枢纽站举行。

9 月 30 日　上海轨道交通网络日客流突破 700 万大关，达到 708.7 万人次。

是日　国家发展改革委批复同意将上海轨道交通 11 号线北段工程由安亭站延伸至江苏昆山的花桥站。

10 月 11—14 日　CoMET 组织（国际地铁协会）2010 年会在上海举办，上海申通地铁集团有限公司为本次年会的东道主和轮值主席。来自香港、墨西哥城、莫斯科、纽约、巴黎、圣保罗、圣地亚哥、里约热内卢、北京、台北等城市共 11 家地铁公司代表参加年会。

10 月 14 日　上海市政府新闻办、上海申通地铁集团有限公司主办的“穿越时空、激荡心灵——中外诗歌进地铁”启动仪式在轨道交通人民广场枢纽站举行。

10月14—16日　上海申通地铁集团有限公司承办的全国城市轨道交通企业工会联委会第六届年会在上海举行，来自国内18个城市20家单位的代表出席会议。

10月15日　上海申通地铁集团有限公司召开上海轨道交通网络建设工程技术标准发布会，共发布标准化文件93册。

10月15日　上海轨道交通全面实施《轨道交通乘客守则》(2010年修正版)。

10月24日　在上海世博会客流突破7 000万人次之际，中共中央政治局委员、上海市委书记俞正声，市委副书记、市长韩正亲自致电正在世博交通保障组指挥中心现场指挥的集团总裁俞光耀，代表市委、市政府向广大地铁员工表示感谢和慰问。

10月26日　国内首个城市轨道交通跨省项目——上海轨道交通11号线北段工程(安亭站—花桥站)在江苏省昆山市花桥镇奠基。

10月31日　世博会闭幕当晚深夜24点，上海市副市长沈骏等一行专程来到COCC指挥中心大厅，向申通地铁集团领导及广大地铁干部职工表示感谢和慰问。上海地铁庆祝中国2010年上海世博会圆满闭幕活动在轨道交通人民广场枢纽站换乘大厅举行。

11月11—12日　“2010中国城市轨道交通关键技术论坛暨第二十届地铁学术交流会”在上海举行。该论坛由上海市土木工程学会、中国土木工程学会城市轨道交通技术工作委员会主办、上海申通地铁集团有限公司承办。二百五十余人参加大会。

11月22日　上海轨道交通世博保畅立功竞赛总结表彰大会召开，53个集体和179位同志分别被授予轨道交通世博保畅立功竞赛先进集体和个人荣誉称号。

11月30日　上海轨道交通10号线支线段(虹桥火车站—龙溪路站)开通试运营，新线开通后运营线路长35.223公里，运营车站数为31座。与主线段开行“Y”字型交路。

12月27日　在北京人民大会堂召开的中国2010年上海世界博览会总结表彰大会上，上海申通地铁集团有限公司和上海地铁志愿者总队被中共中央、国务院授予“上海世博会先进集体”殊荣。上海地铁第二运营有限公司孙春霞、上海轨道交通10号线发展有限公司宋博被国务院授予上海世博会先进个人称号(享受全国劳动模范待遇)。

12月28日　上海轨道交通7号线北延伸段美兰湖—祁华路开通试运营，新线开通后运营线路长43.933公里，运营车站数为30座。其中潘广路站、刘行站、祁华路站暂未开放。

2011年

1月4日　上海地铁运营信息电视直播栏目全新改版，由原来的“坐论”式播报升级为实时点评。

1月6日　中共上海市委副书记、市长韩正，市委常委、常务副市长杨雄，副市长沈骏等一行到集团公司专题调研。

1月19日　上海申通地铁集团有限公司与昆明轨道交通有限公司签署《昆明轨道交通运营合作框架协议》，双方在包括运营企业构成、人员培训、相关咨询等与运营有关的各领域开展为期4年的合作。

1月21日　上海轨道交通14—18号线线路名称命名方案获批准。

3月9日　上海地铁志愿服务总队在上海志愿者网(www.volunteer.sh.cn)和上海地铁官方网(www.shmetro.com)试点网上招募志愿者。

5月17日　上海市发展改革委转发国家发展改革委关于上海市城市轨道交通近期建设规划(2010—2015年)的批复。

5月22日　以建党90周年和地铁安全文明出行为主题,“票”亮地铁——第二届上海地铁票卡设计大赛正式启动。

6月21日　上海地铁志愿者在线招募系统正式启动。

7月1日　为纪念中国共产党成立90周年,由中共上海市委组织部、新华社上海分社、申通地铁集团联合举办的地铁“红色列车,创新启动”活动在轨道交通人民广场站举行。

7月7—8日　由城市轨道交通资源经营协作委员会主办、申通地铁集团公司承办的城市轨道交通传媒经营(上海)高峰论坛在沪举办。

7月25日　中共中央政治局委员、市委书记俞正声,市委常委、常务副市长杨雄等一行到轨道交通世纪大道站亲切慰问车站员工、轨道公安干警、安检人员、志愿者等。

8月17日　上海申通地铁集团公司与上海航天局签署合作框架协议,开展将太阳能技术等航天民用化技术应用于轨道交通行业的合作。

8月31日　上海申通地铁集团公司联合上海市公安局轨道交通总队成立上海地铁消防安全委员会,完善上海地铁消防安全责任体系。

9月1日　“申通地铁集团协同平台党务公开专栏”开通试运行。

9月9日　上海地铁“旧卡复新”应用获中国质量认证中心碳排放核查暨首批地铁“低碳循环卡”发行启动仪式在轨道交通人民广场站举行。

9月9日　上海申通地铁集团公司与南昌轨道交通有限公司签订战略合作意向书,双方将在网络规划研究、网络设计标准研究、运营管理咨询以及人才资源开发培训等领域探索全方位合作。

9月23日　上海申通地铁集团公司举办上海地铁第二届职工技术比武暨岗位创新表彰仪式,并为上海地铁首家“首席技师工作室”揭牌。

9月27日　上海轨道交通10号线两列列车在豫园站至老西门站下行区间百米标176处发生追尾事故,造成重大社会影响。

10月9日　上海申通地铁集团公司召开“9·27”事故扩大分析会,要求吸取“9·27”事故教训,组织落实多项措施强化管理,确保轨道交通安全运营。

10月24日　中共中央政治局委员、市委书记俞正声,市委副书记、市长韩正,副市长沈骏等到集团公司调研“9·27”事故整改措施。俞正声充分肯定上海地铁近年来取得的成绩,同时指出“9·27”事故的教训极其深刻,要求上海地铁做到安全第一,要确保不撞车、不追尾,确保不出现踩踏性的群死群伤事故。

10月31日　上海地铁行业思想政治工作研究会成立,并召开第一届思想政治工作研究会会员大会。

11月8日　全国首个地铁、机场、磁浮公共安全应急联动机制启动仪式在上海轨道交通2号线浦东国际机场站举行。

11月29日　以“地铁安全,我们共同关注”为主题的第三届地铁公共安全宣传周活动启动,《上海地铁100问》(漫画读本)同时发行。

12月1日　上海市交通运输和港口管理局发布的《上海市轨道交通运营服务规范》正式施行。

12月18日　上海地铁首款电子指南(App应用软件)正式上线。

12月20日　上海轨道交通实训基地建成启用。该基地利用轨道交通2号线原张江高科站、龙阳路基地以及一个模拟车站构成线路总长1.6公里的“三站两区间”实训线路，是国内首个轨道交通实训基地。

2012年

1月20日　中共上海市委副书记、市长韩正，市委常委、市纪委书记董君舒等一行到1号线上海南站站慰问地铁员工、志愿者和安检人员。

2月15—17日　中咨公司受国家发展改革委委托完成对《上海市城市快速轨道交通建设规划(2010—2015)局部调整报告》和《上海市轨道交通11号线北段(罗山路—迪士尼乐园)工程可行性研究报告》的评估工作。

3月1日　上海地铁电视(广播)直播首度进入轨道交通移动电视平台，以直播节目形式通过全网络所有车站和车厢的显示屏为乘客提供实时运营、服务提示等地铁便民信息。

3月8日　上海地铁三日票正式发售。

4月6日　上海市城乡建设和交通委员会发函明确上海磁浮交通发展有限公司运营板块划转由申通地铁集团负责管理。

4月9日　上海市人民政府下发《关于进一步加强本市轨道交通管理的意见》。

4月24日　上海申通地铁集团公司召开首届科技大会，部署当前和今后一个时期科技创新工作的目标，并对22个项目和50名先进个人进行表彰。

6月12日　上海申通地铁集团公司采购电子商务平台正式开通启用。

6月26日　上海市城市轨道交通近期建设规划(2010—2015年)调整方案获国家发展改革委批复。

8月31日—9月2日　上海轨道交通13号线一期工程车辆及机电设备国产化通过评审，国产化率达到75.87%。

9月5日　中共上海市委副书记、市长韩正，副市长沈骏等一行到集团公司调研轨道交通运营管理工作。

9月12日　第三届刘建航院士奖励基金颁奖大会召开。

10月21日　上海轨道交通3号线、8号线的虹口足球场站换乘通道建成开通，实现站内“一票换乘”。

10月25日　上海申通地铁集团公司技师协会成立大会召开，选举产生技师协会第一届理事会。

11月23—25日　上海轨道交通16号线工程车辆及机电设备国产化率通过评审，国产化率达到78.84%。

12月3日　上海申通地铁集团公司和庞巴迪运输瑞典有限公司共同投资组建的申通庞巴迪(上海)轨道交通车辆维修有限公司登记成立。

12月13日　上海轨道交通明珠线一期北延伸和1号线富锦路停车场工程项目通过综合竣工验收。

12月14日　以“地铁文明，引领城市文明”为主题的“全国地铁行业志愿者工作论坛”在上海举办，来自国内16个城市的同行企业出席论坛。

12月24日　上海轨道交通9号线三期工程、13号线二期工程的可行性研究报告获国家发展改革委批复。

12 月 30 日　上海轨道交通 13 号线一期西段(金运路站—金沙江路站)、9 号线(松江新城站—松江南站站)开通试运营。

12 月 31 日　上海轨道交通 11 号线北段(罗山路—迪士尼乐园)工程可行性研究报告获国家发展改革委批复。

2013 年

1 月 1 日　上海地铁公共文化建设(2013—2015 年)三年行动计划暨首届上海地铁公共文化周正式启动。

3 月 1 日　《安全乘车文明先行》3D 版上海地铁公共安全系列宣传片在上海轨道交通全路网正式播出。

3 月 7 日　上海申通地铁集团有限公司中期票据在中国银行间市场交易商协会注册成功,注册金额为 120 亿元。

3 月 8 日　上海轨道交通全网络日客流量首度突破 800 万人次大关,达到 848.6 万人次。

3 月 15 日　上海地铁、社区同创共建文明站点活动正式启动,首批 30 座车站与街道(镇)结对签约共建地铁站口文明环境。

3 月 22 日　上海申通地铁集团有限公司 2013 年度第一期 60 亿元人民币中期票据在全国银行间债券市场发行。

4 月 1 日　中共中央政治局委员、市委书记韩正赴轨道交通吴中路基地调研工作。

4 月 8 日　上海申通地铁集团公司与宝钢集团战略合作意向书签约暨上海地铁电子科技有限公司揭牌仪式在地铁梅陇基地举行。上海地铁电子科技有限公司由集团公司和宝钢集团下属上海宝信软件股份有限公司共同投资组建,着力开展电子板卡等部件维修和研发。

4 月 26 日　上海申通地铁集团公司与法国凯奥雷斯集团签署战略合作框架协议,双方将在地铁运营管理服务、建设管理咨询和设计咨询方面开展合作。

5 月 20 日　上海轨道交通行业在 2013 年上海市精神文明建设工作会议上被命名为"2011—2012 年度(第七届)上海市文明行业",这是上海轨道交通行业连续四届荣获上海市文明行业殊荣。

5 月 23 日　"磁浮地铁一票通"正式发售,包括"地铁一日票+磁浮单程"和"地铁一日票+磁浮双程"两种票型。这是上海地铁继"一日票"和"三日票"后推出的第三种特别车票。

5 月 27 日　中共上海市委第一巡视组进驻集团公司开展为期 2 个月的巡视工作。8 月 14 日,巡视组向集团公司领导班子反馈巡视工作情况。

5 月 28 日　上海市轨道交通 11 号线迪士尼段工程开工建设。

6 月 14 日　上海申通地铁集团公司与无锡地铁集团签订战略合作协议,双方将围绕无锡地铁的工程建设、人才培养、运营管理和资源开发等开展全方位合作。

7 月 10 日　以"诚实守信,持票乘车"为主题的"倡导文明乘车,制止逃票行为专项教育整治行动"在全市轨道交通站点展开。

8 月 28 日　上海科技发展基金会刘建航院士奖励专项基金正式揭牌成立。

8 月 30 日　上海轨道交通 6 号线高峰时段列车最短运行间隔缩至 2 分 20 秒。

8 月 31 日　上海轨道交通 11 号线北段二期(江苏路站—罗山路站)通车试运营。同日,上海轨道交通8号线航天博物馆站更名为沈杜公路站。

9月5日　上海申通地铁集团有限公司2013年度第二期60亿元人民币中期票据在全国银行间债券市场发行。

9月12日　上海申通地铁集团公司与合肥城市轨道交通有限公司签订战略合作协议,双方将在合肥城市轨道交通项目的规划设计、建设管理、运营管理、资产开发、公司内控、员工培训等领域展开全方位的战略合作。

10月16日　国内第一条跨省轨道交通工程——上海轨道交通11号线北段(安亭站—花桥站)工程通车试运营。该项目由江苏省昆山市轨道交通投资发展有限公司投资,并由集团公司负责工程代表和运营管理。

10月18日　上海申通地铁集团公司与旧金山湾区捷运局签订战略合作意向书。

10月23日　上海市轨道交通6号线工程项目通过综合竣工验收。

11月3日—17日　上海地铁迪士尼车站装饰创意设计方案公众投票活动启动。这是上海地铁首度邀请公众参与地铁车站装饰设计决策过程。

11月13日　上海申通地铁集团公司与上海东方娱乐传媒集团艺术人文中心签订战略合作备忘录,双方将合作利用各自资源与平台的优势,推出系列公益文化类活动,共同探索地铁公共空间内的文化模式创新。

11月21日　《上海市轨道交通管理条例》经上海市第十四届人民代表大会常务委员会第九次会议修订通过并正式公布。

12月12日　上海申通地铁集团公司与上海轨道交通项目贷款总银团各参与行签署上海轨道交通总银团补充合同,新增贷款额度895.8亿元。

12月25日　上海轨道交通9号线三期东延伸段工程开工。

12月28日　中共中央政治局委员、上海市委书记韩正,市委副书记、市长杨雄调研乘坐上海轨道交通16号线。

是日　上海轨道交通13号线二期工程开工。

12月29日　上海轨道交通12号线、16号线通车试运营。上海轨道交通网络运营线路总长度增至538公里(不含磁浮),路网规模跃居世界首位。

2014年

1月1日　新版《上海市轨道交通管理条例》和《上海市轨道交通乘客守则》正式施行。

1月30日　《上海轨道交通17号线工程可行性研究报告》获得上海市发展改革委批准。

3月21日　上海轨道交通全网络日客流量首次突破900万人次大关,达到901.8万人次。

4月3日　上海市政协主席吴志明调研上海轨道交通,参观吴中路停车场车辆基地、10号线控制中心及上盖物业开发项目。

4月17日　《上海市轨道交通5号线南延伸工程可行性研究报告》获得上海市发展改革委批复。

4月29日　中共中央政治局委员、上海市委书记韩正到轨道交通12号线金桥停车场调研地铁上盖综合开发工作。

5月14—15日　国家交通运输部、公安部、国家安全监管总局组成的第一督导组,对上海轨道交通运营安全隐患排查治理专项活动开展情况进行督导检查。

6月18日　上海申通地铁集团公司与中国南车股份签署战略合作备忘录，双方将在轨道交通装备技术与管理、运营安全与绿色、产品研发与服务等领域开展战略合作。

6月24日　在上海申通地铁集团公司实施重组十周年之际，集团举办十年创新发展论坛。

6月27日　中国城市轨道交通协会会长包叙定参观吴中路停车场上盖项目展示中心和上海地铁博物馆。

是日　由上海申通地铁集团公司承办的中国城市轨道交通协会资源经营专业委员会成立大会暨第一次全体会议在上海召开。

7月2日　第四届上海科技发展基金会刘建航院士奖励专项基金颁奖大会暨学术报告会在科学会堂召开。

7月7日　《上海市轨道交通8号线三期工程可行性研究报告》获得上海市发展改革委批复。

7月14日　《上海市轨道交通10号线二期工程可行性研究报告》和《上海市轨道交通13号线三期工程可行性研究报告》获得上海市发展改革委批复。

7月23日　上海地铁行政执法大队正式成立。

9月4日　《上海市轨道交通14号线工程可行性研究报告》获得上海市发展改革委批复。

10月28日　国内首家地铁博物馆——上海地铁博物馆(一期)正式对外开馆试运营。

10月31日　"法治文化・地铁安全"暨上海地铁第八届公共安全宣传周启动仪式在人民广场枢纽站举行。7号线法治文化专列、高科西路站法治文化角和第二季上海地铁公共安全宣传片同步正式亮相。

是日　俞光耀任集团公司党委书记。

11月19日　在国际地铁协会(CoMET)北京年会期间，集团公司与墨西哥城地铁公司签署"上海—墨西哥城地铁缔结友好地铁协议"，双方将在文化、科技等领域开展合作与交流。

12月20日　上海轨道交通10号线二期工程开工建设。

12月28日　上海轨道交通13号线金沙江路站—长寿路站、16号线罗山路站—龙阳路站通车试运营，使上海轨道交通网络运营线路总长度增至577公里(含磁浮线)。

12月31日　上海轨道交通全网络日客流量首次突破千万人次大关，达到1 028.7万人次。

是日　《上海市轨道交通18号线一期工程可行性研究报告》获得上海市发展改革委批复。

2015年

1月4日　中共中央政治局委员、上海市委书记韩正，市委常委、秘书长尹弘，副市长蒋卓庆等一行来到上海地铁调研安全工作。

1月7日　上海申通地铁集团公司董事长俞光耀在全市加强安全工作会议上作专题汇报，提出以"控风险、补短板、查隐患、重科技、靠联防"为重点的上海地铁安全管理工作思路。

1月28日　上海轨道交通徐泾停车场项目获取土地开发权，并与上海万科完成50%股权的转让。

2月11日　上海申通地铁集团公司召开标准化建设推进会，进行"2014年度上海轨道交通运营服务标准化专项竞赛"颁奖，全体与会人员还现场观摩"集团标准化建设阶段成果展"。

2月17日　中共上海市委副书记、市长杨雄来到地铁虹桥火车站站，慰问节日期间坚守岗位的地铁职工、公安、安检和武警等工作人员。

2月26日　上海申通地铁集团公司与市征信管理办公室、市公共信用信息服务中心举行战略合作签约仪式。

3月17日　上海轨道交通11号线迪士尼段(罗山路站—迪士尼站)首列车上线调试。

3月26日　墨西哥驻华大使温立安先生专程来到上海地铁10号线陕西南路站，参观《文字的脸孔》摄影展，乘坐1015号帕斯诗歌主题文化列车。

3月30日　上海轨道交通12号线西段(曲阜路站—七莘路站)44公里轨道全线贯通。

4月10日　上海市文明委表彰命名上海轨道交通行业为“2013—2014年度(第八届)上海市文明行业”。轨道交通第五次蝉联上海市文明行业称号，集团11家单位荣获市文明单位荣誉。

4月24日　上海市政府办公厅发文明确，调整上海轨道交通建设指挥部组成人员与运行机制，指挥部办公室调整常设在市交通委，规划前期协调组和工程建设推进组常设在申通地铁集团。

是日　上海申通地铁集团公司与中国铁建股份有限公司签署战略合作意向书，双方深化在工程建设、运营维护等领域的互联互通和全面合作。

4月24日　上海申通地铁集团公司与济南轨道交通集团有限公司签署战略合作意向书，双方将在济南市轨道交通的前期设计、项目建设、运营管理、资产开发四大领域开展全方位的合作。

5月27日　上海东方广播中心和上海地铁在人民广场站换乘大厅举办“地铁音乐主题车站揭幕仪式暨纪念上海广播六十六周年系列活动”。

6月10日　本着“合作发展、互利共赢”的原则，集团与上海机场(集团)有限公司就浦东机场捷运系统项目的建设管理和运营服务签订合作框架协议。

6月15日　《上海轨道交通15号线工程可行性研究报告》获得上海市发展改革委批复。

6月18日　中共上海市委副书记、市长杨雄一行到集团公司调研，并调研10号线控制中心和毗邻正在建设中的“上海万象城”，提出“谋划长远目标，狠抓建设管理，确保安全高效”的要求。

7月9日　上海市人大常委会主任殷一璀，副主任吴汉民、洪浩、薛潮等与四十余位市人大常委会组成人员及市人大代表来到地铁张江实训基地进行集中调研，并对为期三个月的专项监督活动进行总结。

7月23日　上海市人大常委举行第二十二次全体会议。会议围绕市政府关于城市公共交通安全管理情况开展专题询问。集团公司董事长俞光耀在专题询问会上进行专题发言，就代表们提出的轨道交通早晚高峰运营、公交配套、应急预案、规划建设等问题进行回应。

8月4日　中共中央政治局委员、上海市委书记韩正，市委常委、市委秘书长尹弘调研上海轨道交通16号线鹤沙航城站以及2、4、6、9号线换乘枢纽的世纪大道站。

9月7—9日　上海申通地铁集团完成“上海市政府质量奖”现场评审。集团公司分16个业务模块、3个现场向评审小组作介绍，全面展示上海轨道交通运营管理的特色和亮点。

9月20日　上海地铁在人民广场站“地铁音乐角”举行“2015穿越时空激荡心灵——中外诗歌进地铁”系列活动启动仪式。

9月23日　上海轨道交通9号线三期东延伸曹路站—民雷路站区间盾构顺利进洞，标志着新一轮800公里轨道交通网络建设的首个隧道区间顺利贯通。

10月15日　上海市国资委党委、新华社上海分社、新华每日电讯共同主办以“聚焦一号课题、建设科创中心”为主题的访谈，集团公司总裁顾伟华以《借科创之力，构建安全、智慧的上海地铁》为题接受采访。

10 月 31 日—11 月 2 日　在 2015 上海国际城市与建筑博览会上，集团公司展示上海轨道交通上盖物业开发成果。

11 月 16—20 日　上海申通地铁集团公司参加国际地铁协会（CoMET）组织 2015 年马德里年会。期间，集团公司与马德里地铁公司签订《上海地铁与马德里地铁战略合作框架意向书》。

11 月 27 日　上海申通地铁集团公司与上海仪电集团签订《战略合作框架协议》。

12 月 8 日　上海申通地铁集团公司与北京交通大学签订《战略合作意向书》。

12 月 19 日　上海轨道交通 11 号线罗山路—康新公路区段、12 号线七莘路—曲阜路区段、13 号线长寿路—世博大道区段通车试运营，标志着 2005 年 6 月 25 日国家发展改革委批准的“上海城市轨道交通基本网络”全面建成。全网运营线路里程增至 617 公里（含磁浮），车站 366 座，换乘车站 51 座。

12 月 27 日　上海地铁人民广场站“音乐角”迎来第 300 场公益演出。

第一篇

机构与企业

概　　述

上海地铁建设运营发展中的体制沿革，大致可以分为四个历史阶段，第一个阶段为筹备阶段(1984 年之前)，标志性事件是 1958 年成立了上海市地下铁道筹建处，1983 年成立了上海市南北快速有轨交通项目筹备组。这个阶段的主要任务是开展地铁铁道的规划设计、方案论证和试验研究，并筹备推动上海市首个地铁项目——南北快速有轨交通项目(也即地铁 1 号线，石龙路—新客站)的启动。第二阶段为企业、政府协调机构快速发展阶段(1985—1999 年)，适应时代特点和发展要求，多个企业和政府性协调结构相继成立，随后又合并、变迁。此阶段诞生成立了多个或专注于建设，或专注于运营，或集建设、运营和综合经营于一体的综合性企业，也成立了政府层面的协调和监管机构。第三阶段为建设、运营、投资、监管机构(企业)分立的改革阶段(2000—2004 年)，在此阶段，按照"四分开"的原则，对当时的企业和机构进行改革，按职能不同，分设投融资、建设和运营企业。第四阶段为建设、运营、投融资合一的改革阶段(2004—2015 年)，为筹办 2010 中国上海世博会的需要，加快推进轨道交通项目建设，再一次对当时的地铁企业体制进行了改革，成立了集投融资、建设、运营和经营职能为一体的上海申通地铁集团有限公司。

第一章　机　　构

第一节　上海市地下铁道筹建处

一、沿革

1958 年 8 月 8 日，根据中央关于防止帝国主义突然袭击的指示，“上海市地下铁道筹建处”成立。筹建处主任由副市长牛树才兼任；日常工作主持人为靳怀刚和李立知。

上海市地下铁道筹建处负责上海地下铁道的规划设计、方案论证和试验研究，并从上海煤矿设计院、上海市政工程设计院、华东工业建筑设计院抽调人员参与研究，同济大学教授——李国豪、俞调梅任技术指导。

二、主要工作

是年 8 月 29 日，上海市地铁筹建处向中共上海市委提交《上海地铁筹建工作报告》：计划在当年 10 月进行地铁试设计，以上海市城市规划设计院为主组织线路地质钻探，以同济大学为主进行小段线路试设计，由铁道兵团或工程兵部队承担工程施工任务。根据市领导以及军方需求，开展了对上海地下铁道的埋设深度作浅埋（明挖法）、中埋（盾构法）、深埋（矿山法）三种施工方法的研究。

1959 年 5 月 12 日，地铁筹建处向市人委报送浅、深埋两个平面线路规划方案和上海地下铁道浅、中、深埋的比较方案。7 月 17 日，上海市基本建设委员会在地铁筹建处召开地铁规划会议，讨论地铁平面布置与城市改造、公共交通、地面铁路协作配合问题，与会者赞成上海修建地下铁道，并一致赞同先修建南北线。10 月 1 日，上海地下铁道汇报展览会在衡山路展出。10 月，地铁筹建处编制完成《五九年地铁网路布置方案（浅埋）》和《五九年地铁网路布置方案（中埋和深埋）》。其中浅埋方案为三条直径线、一条半径线和内、外环线，总长 191.46 公里，设站 133 座；中、深埋方案为四条直径线和一条环线，全长 108.65 公里，设站 72 座。

第二节　上海市隧道工程局

一、沿革

1960 年 2 月 23 日，上海市隧道工程局成立。上海市隧道工程局是以上海地铁筹建处和上海市市政工程设计院越江工程研究所为基础组成。靳怀刚任局长，刘子荣任党委书记，李立之、锺能康任副局长。

隧道工程局负责组织与培训越江隧道和地下铁道的设计和施工技术力量，进行具体设计规划和试验研究，并准备接触实际工程。

1962 年 1 月 6 日，为贯彻中共中央的“调整、巩固、充实、提高”方针，中共上海市委同意市基建委《关于市隧道工程局和市城市建设局合并的请示》,撤销上海市隧道工程局,缩编为上海市城市建设局隧道处。隧道处为事业单位,继续进行越江隧道和地下铁道的设计研究和试验。

1965年8月1日,为适应越江隧道和地下铁道的建设需要,上海市城市建设局隧道处一分为三,成立上海市隧道工程建设处、上海市隧道工程公司、上海市隧道工程设计院。

二、主要工作

1960年8月,塘桥隧道试验基地工作开始启动,建设通风竖井,成立Φ4.2米盾构试验工作室,建立管片车间、整环试验架及防水试验室,开始重点研究接缝防水涂料和涂料施工工艺。

1961年2月,上海第一台自己设计、自己制造的直径4.2米的试验盾构掘进机诞生,董家渡隧道塘桥通风竖井建成,并同期研究制造出了配套的盾构管片等,为上海地铁和越江隧道建设培养了第一支设计和施工队伍。

1964年5月,上海市城建局隧道处提出《上海市地下铁道网络初步规划》。规划提出三条直径线、一条环线和一条半径线,全长147.782公里,设站106座。11月21日,上海市城建局报送《一九六五年隧道扩大试验计划》。其中关于线路规划提出初步设想:第一直径线自漕河泾经徐家汇、文化广场、北站到江湾体育场;第二直径线自西郊公园经静安寺、人民广场、提篮桥到定海路;第三直径线自上钢三厂经江南船厂、文化广场、静安寺到真如车站与铁路沪宁线联系。另设一条环线和一条半径线。计划在地铁规划的第一直径线上的衡山路10号院内设盾构施工竖井,向复兴路和衡山公园推进。

1965年,上海开始实施地铁扩大试验工程。2月,60—02工程(衡山路10号院内的竖井)开工,由上海市城建局隧道处试验工程队施工,采用沉井法施工,7月竣工。4月,上海市城建局向中共上海市委先后呈报《关于建设上海市第一条黄浦江越江隧道及地下铁道第一期工程的报告》和《上海市第一条越江隧道及地下铁道第一线工程建设的工作规划》。第一期线路规划的推荐方案(第一方案)是:自中山西路漕溪路经徐家汇、衡山公园、淮海路宝庆路、襄阳公园、淮海路成都路至人民广场,总长6.908公里,设站8座、通风井6座和车辆段。10月,60-104工程(衡山公园内的车站)开工,由上海市基础工程公司采用气压沉箱法施工;60-03工程(襄阳公园内的竖井工程)开工,由上海市隧道工程公司采用沉井法施工。

1967年5月,60-104站主体结构完工。车站长80米(站台长60米,3节车厢编组,每节车厢长19.1米)、宽20米、深20米,钢筋混凝土结构。由同济大学设计,上海市基础工程公司施工,成功完成了一井一站和660米区间的两条隧道("文革"开始后,"60工程"被迫中止)。"60工程"的成功实施,开创了国内盾构法施工的先河,基本掌握在饱和含水软土地层中采用降水和气压两种辅助工法下的盾构法掘进和单层装配式钢筋混凝土衬砌结构建造隧道的关键技术,坚定了日后对上海地铁采用盾构法施工的信心。

1978年,上海市计委批准上海市隧道公司的《地铁盾构法试验段计划任务书》《槽壁法(即地下连续墙法)试验井计划任务书》,并列入了上海市当年基本建设计划。3月,漕溪路地铁扩大试验工程——新村盾构施工井破土施工。盾构施工井位于沪闵路一号桥北的漕溪新村附近,简称新村井。9月8日,上海市城建局向市计委、市建委报送《穿越新客站地下铁道段计划任务书》,配合新客站工程预建地下铁道折返段。

1982年3月12日,上海市城建局批准隧道公司编报的漕溪路试验段第三期试验工程扩初设计。工程内容包括:漕宝路车站一座(站长180米),风井2座,漕宝路站以北用盾构法施工的圆形隧道 563 米，漕宝路车站以南用地下连续墙法施工矩形隧道 439 米，以及与上述工程有关的试验项目。总投资按 2 696 万元控制。

第三节　上海市南北快速有轨交通线项目筹备组

一、沿革

1983 年 8 月 19 日，上海市人民政府批复同意对上海市南北快速有轨线项目进行可行性研究，同时批准成立"上海市南北快速有轨交通线项目筹备组"，由市建委副主任曹森兼任组长，眭忠诠为常务副组长。

二、主要工作

1983 年 10 月 6 日，上海市计划委员会、上海市建设委员会批复市城市建设局关于预建新客站地铁折返段设计任务书：同意预建新客站地铁折返段。地铁折返段施工长度为 228 米，于铁路地道叠合处，净宽为 20.4 米。投资控制在 1 000 万元以内，由城市建设费列支。

1984 年 8 月，上海市南北快速有轨交通线项目筹备组向市建委、市计委提交《上海市南北快速有轨交通线石龙路至新客站地下铁道段工程项目建议书》，并由市计委转呈国家计委。这是上海地下铁道建设第一个正式向国家申报的工程项目。

11 月 3 日，上海市计委向国家计委呈报《关于石龙路—新客站地下铁道工程项目建议书的报告》。线路全长 14.10 公里，设站 13 座，通过能力高峰小时单向断面 4 万人次，总投资 10.255 亿元。

是月，国家科委、上海市科委根据中国政府向日本国政府提出的为地铁网建设计划中贯彻上海市中心区的南北线作可行性研究的要求，与日本国外务省国际协力事业团经友好协商达成协议：由日方无偿援助上海进行地下铁道 1 号线工程的可行性研究。

是月，铁路上海站地下铁道折返段及车站工程开工。地铁车站南起天目西路民立路口，穿越铁路新客站南广场和主站屋，北至交通路，是地铁 1 号线一期工程的终点站，由车站和折返段二部分组成。该工程是与铁路新客站配套建设的地铁 1 号线预建工程。北段工程由铁道部隧道局三处施工，其余均由上海市隧道公司施工。

1985 年 1 月，根据中、日双方的协议，日本外务省国际协力事业团事先调查团来沪，就上海地铁 1 号线项目，听取上海市南北快速有轨交通线项目筹备组专家的概况及八个专题的情况介绍。经双方磋商共同制订合作计划，即《实施细则》和《会议纪要》。

第四节　上海市地铁工程建设指挥部

一、沿革

1988 年 2 月 12 日，上海市人民政府办公厅发文，成立上海市地铁工程建设指挥部，对工程项目的全过程负责。

1988年5月27日,根据市"九四"专项市政领导小组的意见,决定对上海市地铁公司原有机构设置进行适当调整,调整后的各部、室既是工程指挥部的工作班子,也是地铁公司的工作班子。1990年5月19日,上海市地铁公司更名为上海市地铁工程建设处(外事活动仍为上海市地铁公司)。上海市地铁工程建设处的各职能部门亦是上海市地铁工程建设指挥部的职能部门。

1992年12月15日,上海市市政工程管理局根据上海市建设党委的意见,同意新成立的上海市地铁总公司与上海市地铁工程建设指挥部实行两块牌子、一套班子。

表1-1-1 1988—2000年上海市地铁工程建设指挥部负责人情况表

职　务	姓　名	时　间
指挥	石礼安	1988.2.12—2000.12(兼)
副指挥	陈殿邦	1988.2.12—1995.4.27
	陈康正	1988.2.12—1989.3.8
	殷关福	1989.3.8—1995.4.4(兼)
	李国祥	1992.1.15—1994.10
	曹迪光	1990.11.6—1995.4.27
	许克让	1992.4.7—1995.6.19
	张载养	1992.7.6—1994.5(兼)
	朱沪生	1993.8.22—2000.12
	鹿金东	1996.6.10—1996.12.18
指挥助理	周　淮	1994.6—1994.12(兼)
总工程师	王振信	1989.3.8—1990.10.15
	刘建航	1992.8.3—1995.4.27(兼)
机电总工程师	王立虎	1992.8.3—1995.4.27

二、主要工作

1988年4月8日,指挥部召开第一次全体成员会议。会议由指挥石礼安同志主持,由副指挥陈康正介绍地铁建设概况,从上海地铁建设的依据和起由到地铁工程的规模做详尽说明。6月8日,指挥部上报关于申请确定"上海地铁2号线预可行性研究"项目的请示。6月20日,指挥部上报关于上海市新龙华至新客站地下铁道工程扩大初步设计文件送审的报告。12月31日,指挥部上报关于申请批准利用法国政府混合贷款的请示。

1989年1月6日,指挥部上报关于上海地铁工程利用西德、美国政府贷款进口机电设备的报告。10月25日,指挥部申请美国政府贷款余额购买地铁自动售检票设备。

1990年2月14日,上海市公安局同意上海地铁指挥部组建企业性质的公安机构,正式建立后对外称"上海市公安局地铁分局"。3月7日,指挥部举办新闻发布会,石礼安指挥向与会新闻界宣布上海地铁1号线工程于1990年1月19日经国务院批准开工。5月7日,上海市地铁工程建设指挥部向“九四专项”市政工程领导小组呈报《关于分段建设上海地铁 1 号线及有关市政设施的请示》。地铁 1 号线工程建设的指导思想是：在最大可能减小对城市交通和市民生活影响的前提下，对全线工程采取由南向北分段建设；贯彻“时间用足、空间占满”的全方位组织方式。

1991 年 1 月，市地铁指挥部经研究决定：淮海路上的三座地铁车站采用“顶板以下逆作法”施工，以缩短繁华商业街的封路时间。12 月 26 日，上体馆上立交桥和徐家汇下立交桥举行通车仪式。这两座立交桥是为配合地铁 1 号线建设和改善徐家汇地区交通拥挤状况而实施的重点市政工程，与地铁车站组合施工。

1992 年 1 月 25 日，指挥部召开 1991 年地铁工程总结表彰大会。会上播放《91 地铁巡礼》专题录像片，地铁事迹报告团进行演讲，表彰在 1991 年工程建设中做出杰出贡献的集体和个人。5 月 8 日，上海徐家汇地铁商场开始招商，地铁指挥部和徐汇区政府召开信息发布会。6 月 8 日，“上海市公安局地铁分局”筹建组在地铁指挥部举行挂牌揭幕仪式。12 月 9 日，地铁指挥部向市政局上报《关于要求办理地铁建设处转为企业性质手续的请示》。

1993 年 1 月 21 日，地铁指挥部召开新闻发布会，向新闻界宣布上海地铁 1 号线南段（锦江乐园至徐家汇）上行线通车调试。5 月 28 日，上海地铁 1 号线南段（锦江乐园至徐家汇）建成试运行，庆典仪式在徐家汇站举行。

1994 年 2 月 26 日，地铁指挥部、市地铁总公司召开地铁赛区立功竞赛大会。夏克强副市长到会讲话。3 月 17 日，上海市浦东新区管委会和地铁指挥部就上海地铁 2 号线浦东段前期准备工作，包括规划、资金筹措、动拆迁，以及车站综合开发等问题举行了专题会议。9 月 29 日，市地铁指挥部与闵行区政府签署“地铁 1 号线延伸段工程协议书”。闵行区政府负责延伸段的“三通一平”前期工程、土建工程及其资金；市地铁总公司负责通信、信号、供配电、架空触网、防灾报警、电动客车等工程及其资金。

1995 年 7 月 13 日，指挥部上报关于申请使用德国政府捐赠 200 万马克培训费用的项目建议。8 月 30 日，印发《地铁 2 号线一期工程建设市地铁指挥部与各区分指挥部工作分工和职责的实施意见（试行）》。9 月 15 日，上海市地铁指挥部上报利用法国政府贷款引进法国厂商制造的二台压平衡式盾构掘进机设施及备品备件的项目。

1996 年 1 月 12 日，指挥部上报关于对上海地铁 2 号线引进机电设备及补购地铁 1 号线 66 辆请示。1 月 26 日，地铁 2 号线工程德国混合贷款 7.86 亿马克（其中包括 600 万马克的捐款）的转贷协议，在上海建国宾馆签订。3 月，上海市地铁 2 号线建设领导小组召开扩大会议，指挥部指挥石礼安在会上汇报地铁 2 号线 1996 年以来的工程建设情况。10 月 27 日，上海地铁 2 号线一期工程，利用美国、法国政府贷款合同为 5 996 万美元和 800 万美元的转贷协议签字仪式举行。

1997 年 3 月，上海市地铁 2 号线建设领导小组召开扩大会议。副市长夏克强、市府副秘书长黄跃金及领导小组成员、市地铁工程建设指挥部、各区地铁分指挥部、有关设计单位、施工单位的领导参加会议，指挥部指挥石礼安在会上汇报地铁 2 号线 1996 年以来的工程建设情况。3 月 28、29 日，上海市建委科技委召开《上海市地铁 2 号线一期工程延伸段（中山公团—静安寺）初步设计》的评审会并获通过。7 月 25 日，上海市地铁工程建设指挥部隆重召开地铁 2 号线工程建设工作会。

1998 年 1 月 20 日，市地铁工程建设指挥部隆重召开 2 号线工程建设动员大会，总结 1997 年工作，部署 1998 年工程计划，表彰地铁赛区立功竞赛先进集体和先进个人。2 月 18 日，上海市地铁工程建设指挥部向 1997 年度文明工地授牌发奖。

1999 年 2 月 8 日，上海市地铁工程建设指挥部召开地铁 2 号线工程 1999 年建设动员大会，石礼安指挥下达2号线各项节点目标，上海市市政工程管理局副局长应名洪到会上讲话。6月7日，市地铁指挥部召开地铁2号线1999年度第二次党建联席会议，会议的主题是“质量、安全、进度”。市、区指挥部及各参建单位的负责人出席会议。

第五节　上海市地铁工程建设处

一、沿革

1990年5月19日，上海市地铁公司更名为上海市地铁工程建设处。为涉外工作需要，对国外保留上海市地铁公司名称。上海市地铁工程建设处的各职能部门亦是上海市地铁工程建设指挥部职能部门。

1991年8月，经市政局同意，上海市地铁运营管理处成立，与上海市地铁工程建设处实行两块牌子、一套机构。设立车辆段、机电段、工务段、客运段、控制中心、培训中心和服务中心。1992年3月20日，上海市地铁运营管理处撤销。1992年10月，上海市地铁工程建设处隶属上海市地铁总公司。1993年8月21日，上海市地铁总公司发文撤销地铁工程建设处办公室（党、政）、人事部、总务处、情报资料室、征地拆迁部等部室。1993年12月29日，中共上海市市政工程管理局委员会发文撤销中共上海市地铁工程建设处委员会。地铁工程建设处成为上海市地铁总公司职能部门。1998年10月29日，上海市地铁工程建设处更名为上海市轨道交通管理处。

党委书记：朱沪生（1990.9.22—1993.12.29）

处长：潘志良（1992.7.8—1993.11.24）

职工总数：701名，高级职称68名、中级职称120名

部门设置：办公室（党政）、监察室（纪检）、保卫科、人事部（组织）、总务部、工程管理部、计财部、征地拆迁部、开发部、运营部、设备材料部、情报资料室、综合设备监理部、车辆监理部、南区工程监理部、中区工程监理部、车辆段监理部、电力通信监理部

二、主要工作

1990年6月18日至20日，上海地铁1号线工程实施方案在市建委科技委主持下，由徐以枋等专家组进行会审评估。

1991年2月23日，上海地铁第一台盾构掘进机——“希望号”运抵上海。4月23日，在位于漕溪公园北侧的工作井下完成了总装工作，试车成功。3月1日至3日，卡斯柯公司、GRS公司和上海市地铁三方联络会议在沪举行。会议就信号合同中有关人民广场站、锦江乐园站、新龙华站、车辆段及试车线的五个技术变更进行了磋商。6月21日，淮海路地铁大修工程联合指挥部成立，地铁车站与淮海路大修工程同步实施、统一指挥。9月，为地铁未来运营应用的自动检票样机和半自动售票样机在长途公共汽车“北嘉”线开通试用。10月28日，上海地铁项目管理信息系统（PMIS-SM）通过鉴定，该系统由上海市地铁公司、上海启明软件有限公司、同济大学建设监理所联合开发。12月26日，上海市人民政府在上体馆上立交桥和徐家汇下立交桥现场举行通车仪式。1991年，50名地铁司机赴北京地下铁道总公司实习培训。

1992年2月10日，淮海中路大修和地铁车站工程同时开工。淮海中路大修和地铁车站工程包

括地铁黄陂南路、陕西南路、常熟路等三座车站和淮海中路改建大修，封路后同时施工。为了缩短这条著名繁华商业大街的封路时间，尽量减少商店营业影响，三座地铁车站采用“逆作法”施工。只用 9 个半月的时间就完成了淮海路上 3 座地铁车站所有工程项目。2 月 15 日，在地铁 1 号线上行线上推进的一号盾构成功地穿越沪杭铁路漕溪路口。在盾构穿越该线的 178 小时内，精心施工，精心监测、监护，及时排除 9 次险情，确保了铁路畅通。5 月 8 日，上海徐家汇地铁商场开始招商。徐家汇站地下商场总营业面积 11 850 平方米，商场通过地铁徐家汇站的 12 个出入口与地面和地铁候车大厅相连。9 月，上海市市政工程局决定：由上海市地铁工程建设处为建设单位，对新龙华至莘庄一段地铁 1 号线延伸段工程尽速提出工程方案和开展预可行性研究。

第六节　上海轨道交通建设指挥部

一、沿革

2004 年 8 月 13 日，上海轨道交通建设指挥部成立。上海轨道交通建设指挥部在市委、市政府统一领导下负责对全市轨道交通规划、投融资、建设、运营等涉及的重大问题和政策进行协调决策的议事协调机构。上海轨道交通建设指挥部下设办公室，办公室设在上海申通集团有限公司，承担指挥部的日常工作。

2004 年 8 月 27 日，上海市人民政府办公厅下发《上海市人民政府办公厅关于上海轨道交通建设指挥部组成人员的通知》，决定上海轨道交通建设指挥部由下列人员组成：总指挥杨雄；常务副总指挥洪浩；副总指挥俞北华、丁浩、应名洪；成员（按姓氏笔画为序）：干观德、王晓元、朱铁民、汤志平、许锦国、孙飞忠、花以友、沈晓初、张国洪、张贵龙、陆月星、陈猛、陈升平、陈晓中、周淮、赵慧琴、是明芳、柴尧迅、倪秉、陶校兴。上海轨道交通建设指挥部组成人员的职务如有变动，由该成员单位的分管领导自然替补。

上海轨道交通建设指挥部下设办公室，应名洪兼任办公室主任。钱耀忠、朱沪生、顾伟华、白廷辉、周庆灏、沈光怡、金嘉模、张友伟、陈印岐任上海轨道交通建设指挥部办公室副主任。

2004 年 11 月 25 日，上海轨道交通建设指挥部成立重点工程实事立功竞赛综合赛区领导小组，由应名洪同志任组长，贺阿东同志任常务副组长，朱沪生同志任副组长；范忠伟、张连根、顾敏春、周全达、胡洪威、沈光怡等同志任成员。领导小组下设办公室，由胡洪威同志任办公室主任，金嘉模同志任办公室副主任。

2015 年 4 月 24 日，上海市政府调整上海轨道交通建设指挥部组成人员与运行机制，指挥部办公室调整常设在市交通委，规划前期协调组和工程建设推进组常设在申通地铁集团。上海申通地铁集团有限公司董事长俞光耀、总裁顾伟华任指挥部副总指挥。

二、主要工作

2004 年 11 月 5 日，上海市副市长、轨道交通建设指挥部总指挥杨雄主持召开指挥部第一次全体会议。会议听取副总指挥、申通集团有限公司董事长应名洪所作“上海轨道建设情况汇报”。11 月 9 日，指挥部召开专题会议，研究在建工程“三证”办理的工作难点。会议要求，市发展改革委和申通集团及其各项目公司继续认真做好项目的上报核准工作，规划、房地、环保等部门积极做好相关配合工作，尽快完成立项前期的各项准备工作；12月28日，召开专题会议，共同研究轨道交通7号线重大节点方案、综合开发政策以及前期动拆迁等方面的问题。

2005年3月30日，杨雄总指挥召开会议，专题研究徐家汇交通枢纽的建设方案，明确采用轨道交通3条线路环绕港汇广场设置方案。

是年7月7日，召开指挥部第二次全体会议，研究并讨论通过《2005年度上海轨道交通建设计划》(草案)。2005年内将实现4号线C字型试运营和5条线的"一票通"目标。9月20日，指挥部召开轨道交通7号线、11号线专题工作会议，研究有关站点的综合开发工作。

是年11月11日，召开指挥部第三次全体会议，部署下阶段工作，明确要求进一步落实各项工作，确保完成年度工作计划。11月17日，市领导实地察看上海轨道交通建设情况，并同市有关部门和轨道交通沿线各区的区委书记、区长举行座谈会，要求紧紧抓住2010年上海世博会契机，集全市之力，突破建设瓶颈、确保工程节点进度，强化工程质量、加强安全管理，切实加快上海城市轨道交通建设。

2006年1月25日，召开指挥部第四次全体会议，部署2006年度上海轨道交通建设计划。进一步把思想统一到市委、市政府"集全市之力推进轨道交通建设"的战略决策上来。

3月25日，召开指挥部第五次全体会议。要求完成6月底前基本腾地的动迁目标和"2条线通车、3条线结构贯通、4条线全面开工"的建设目标。4月12日，上海轨道交通建设指挥部召开2006年上海轨道交通建设推进暨立功竞赛表彰动员大会。

7月12日下午，指挥部召开第六次会议，专题研究前期管线搬迁工作。

7月24日，召开轨道交通前期工作立功竞赛总结表彰会。

9月23日，召开指挥部第七次全体会议，要求各成员单位继续强化推进力度，采取有效措施，确保管线搬迁年底完工的"后墙不倒"。

2007年1月19日，召开指挥部第八次全体会议，部署2007年度上海轨道交通建设计划。3月21日，召开2007年轨道交通建设推进暨立功竞赛表彰动员大会，副市长杨雄出席讲话，市政府副秘书长沈骏主持，表彰了在轨道交通管线专项竞赛和工程建设竞赛中的先进集体和个人，团市委书记李跃宣读关于创建轨道交通建设立功竞赛青年突击队的通知。

4月11日，召开指挥部第九次全体会议，会议听取副总指挥应名洪代表指挥部所作的《上海轨道交通建设指挥部近期工作回顾和下阶段工作要点》的汇报。

7月26日，召开指挥部第十次全体会议，12月20日由上海轨道交通建设指挥部和上海文广新闻传媒集团共同主办的"地铁之歌"大型文艺晚会在人民广场枢纽站换乘大厅内举行，来自轨道交通设计、施工和运营单位的一千三百余名建设者参加了演出。总指挥杨雄等领导出席晚会。并为中国工程院院士刘建航颁发了"上海轨道交通建设特别贡献奖"。

2008年1月17日召开指挥部第十一次全体会议。会议听取副总指挥应名洪代表指挥部所作的《上海轨道交通建设指挥部关于2008年建设计划的说明》的汇报。2008年2月28日，上海轨道交通建设推进暨立功竞赛表彰动员大会召开，30名建设功臣、5个优秀公司、53个先进集体等在这天召开的立功竞赛动员推进大会上受到表彰。

7月10日，上海市副市长、轨道交通建设指挥部总指挥沈骏主持召开指挥部第十二次全体会议。9月27日，上海市总工会、上海市建设交通委、上海轨道交通建设指挥部联合在上海展览中心召开上海轨道交通"迎世博600天行动"立功竞赛动员大会。上海轨道交通建设指挥部与4家建设单位、上海申通地铁集团有限公司与运营保障单位分别签订了《上海轨道交通迎世博600天行动工作目标责任书》。

10 月 24 日，召开指挥部第十三次全体会议，要求各有关方面齐心协力，全力以赴，确保完成四季度轨道交通建设目标，为世博会成功举行提供交通保障。

2009 年 10 月 28 日，召开指挥部第十四次全体会议。会议通报了 2009 年前三季度工作进展情况，并明确了第四季度重点工作目标和要求。

2010 年 4 月 14 日，上海轨道交通 400 公里建成表彰暨世博保障誓师动员大会举行。市委副书记、市长韩正，市委常委、常务副市长杨雄，市人大常委会副主任、市总工会主席陈豪出席大会；副市长、市轨道交通建设指挥部总指挥沈骏作总结动员报告，市府副秘书长、指挥部常务副总指挥尹弘主持会议。上海市重点工程实事立功竞赛小组授予沈蔚、刘忠宝等 5 位同志为“上海轨道交通杰出人物”（同时被市总工会授予五一劳动奖状），姜小强、叶松明等 20 名同志为“上海轨道交通建设英豪”。

9 月 28 日下午，召开指挥部第十五次全体会议，会议听取副总指挥应名洪代表指挥部所作的《前一阶段工作汇报和下一阶段工作目标情况》的汇报。11 月 22 日，举行上海轨道交通世博保畅立功竞赛总结表彰大会，53 个集体和 179 位同志分别被授予轨道交通世博保畅立功竞赛先进集体和个人荣誉称号。

2011 年 4 月 27 日，上海轨道交通建设推进暨立功竞赛表彰动员大会在上海展览中心召开。7 月 18 日，指挥部召开第十六次全体会议。轨道交通 11、12、13、16 四条新线的 77 座车站已全面开工建设，轨道交通建设指挥部要求确保质量、安全、文明施工三大指标全面受控。

2012 年 5 月 10 日，市长韩正主持召开专题会议，研究本市轨道交通在建项目动迁征收工作。会议明确：按照“依法依规、安全至上”的原则，加强组织领导，轨道交通是城市运行的重要基础设施，尽快建成轨道交通基本网络，进一步提升轨道交通网络化水平。

8 月 17 日，召开指挥部第十七次全体会议。沈骏总指挥要求指挥部全体成员紧紧围绕基本网络建设节点目标和“十二五”期间新一轮建设任务，加强沟通，再接再厉。

2013 年 5 月 17 日，副市长、市轨道交通建设指挥部总指挥姜平主持召开指挥部第十八次全体会议，常务副总指挥黄融宣读了《关于表彰上海轨道交通立功竞赛综合赛区 2012 年度先进集体和先进个人的决定》；副总指挥应名洪通报了 2012 年轨道交通建设运营总体情况。

2014 年 4 月 10 日，指挥部总指挥蒋卓庆主持召开了指挥部第十九次全体会议，在指挥部各成员单位共同努力下，11 号线北段二期、花桥段、12 号线、16 号线四个项目分别按期建成投运，新增运营里程 99 公里，使线路总长度达到 538 公里（未含磁浮），车站 329 座。

2015 年 4 月 30 日、7 月 11 日、9 月 17 日、12 月 28 日分别召开轨道交通指挥部会议。轨道交通项目建设推进主要是五个方面的目标任务：一是建成通车项目 40 公里；二是全力推进 128 公里在建项目；三是新开工建设 88 公里；四是完成投资约 300 亿元，为全市经济健康平稳发展做出贡献；五是全面提升工程质量安全水平。

第二章　企业溯源

第一节　上海市地铁公司

一、沿革

1985 年 3 月 16 日，上海市建委批复上海市地铁公司成立。上海市地铁公司隶属上海市市政工程管理局，负责地铁工程的建设和地铁建成后的经营管理，同时积极开展利用地铁车站基地发展房产经营、兴办第三产业和设立技术咨询服务部门等各种经营。

1987 年 2 月，经上海市编制委员会批复同意，上海市地铁公司由企业单位改为事业单位，同时增挂“上海市地铁建设办公室”的牌子，实行两块牌子、一套班子，“公司”对国外，“办公室”对国内。

1988 年 5 月，为加快地铁工程建设，根据市“九四”专项市政领导小组的意见，上海市地铁工程建设指挥部对上海市地铁公司原有机构设置进行适当调整，调整后的各部、室既是上海市地铁工程指挥部的工作部门，也是上海市地铁公司的工作部门。

1990 年 5 月 19 日，上海市地铁公司更名为上海市地铁工程建设处。更名后，定员编制不变。为涉外工作需要，对国外仍保留上海市地铁公司的名称。

表 1－2－1　1985—1989 年上海市地铁公司负责人情况表

职　　务	姓　　名	时　　间
党委书记	陈妙法	1985. 3. 22—1989. 3. 13(兼)
	殷关福	1989. 3. 13—1989. 8. 19(兼)
	朱沪生	1989. 8. 19—1990. 9. 22
经理	陈康正	1985. 3. 22—1989. 1. 15
	石礼安	1989. 1. 15—1989. 8. 19(兼)

上海地铁市地铁公司成立之初，职工总数 524 名，其中：有高级职称人员 57 名、中级职称人员 65 名。部门设置为：办公室、政工部(组织人事部)、总工程师室、技术情报室、开发部、建设部、运营部、经营部、设备物资部、劳动工资部、总务部。

二、主要工作

1985 年，上海市地铁公司成立初期，面临 3 大难题：一是没有经验。地铁到底怎么建，建设什么样子的地铁，心中没数。二是没有资金。当时没有利用土地资源招商引资等筹款方式，资金筹措非常困难，作为上海开埠以来最大的工程项目，上海地铁 1 号线(一期)概算所需资金达 53 亿元。三是没有人才。地铁是一个复杂的系统工程，需要大量的各方面专业人才。面对这些困难，上海市地铁公司排除各种困难，没有经验就学习国内外地铁建设经验，并结合上海的特征形成了上海地铁 1 号线建设的基本理念与基本标准。没有资金就在中央批准下及上海市委市政府领导下，率先利用外资进行工程建设。没有人才就从全国各地、从大学、从外地招聘、引进一批从事过铁路建设的技术人员。

1985年，地铁公司通过组织调配，并经市人事局批准，在《解放日报》、《新民晚报》刊登招聘各类专业人才启示，此后又参加市人事局在沪西工人俱乐部、沪东工人俱乐部组织的大型人才招聘活动，并向市人事局申报获准100个外地引进户口指标。5月5日，上海市市政工程管理局决定：将地铁三期试验工程（包括一、二期试验工程中未完工作）和铁路新客站地铁折返段工程的建设单位，由市隧道公司移交给市地铁公司。漕溪路试验段试验工程转入1号线正式工程继续施工。原上海市南北快速有轨交通线项目筹备组撤销，其全部业务移交上海市地铁公司。筹备组原有经费和财产也同时划转。除主要负责人外，人员全部并入。

1987年，办理取得徐汇区衡山路12号—14号地铁公司大院16.75亩土地使用证。与18所高校或专科学校签订定向培训协议，还选派了120人赴有关企业和学校进行为期半年或两年的培训。1988年9月，招录50名第一批上海地铁司机，委托卢湾区第三职业学校培训。

1990年2月13日，上海市地铁工程建设指挥部、上海市地铁公司委托上海建科委组织征集上海市地铁标志。近百家单位参加，共征集到160幅作品，经市内25名资深专家评审，并报市"九四"专项市政工程领导小组审核，华东建筑设计院王传顺画稿中选。

第二节　上海市地铁运营公司

一、沿革

1991年12月24日，上海市地铁运营公司成立，主要负责上海地铁线路的接收、运营、管理和维修。注册地址为上海市衡山路12号，系独立核算、自负盈亏的全民所有制企业，隶属上海市市政工程管理局。

1992年10月12日，划转上海市地铁总公司。

2000年4月28日，上海市地铁运营公司所属的客运段、机电段、通号段、修建段，以及车辆厂等单位归属于上海地铁运营有限公司。

是年10月27日，上海市地铁运营公司撤销。

表1-2-2　1992—2000年上海市地铁运营公司负责人情况表

职　　务	姓　　名	时　　间
党委书记	鹿金东	1992.1.4—1995.5.4
	姚铁山	1996.7.23—2000.4.28
经理	李国祥	1992.1.3—1993.6.8
	汪松滋	1994.11.18—1997.5.4
	周庆灏	1997.12.22—2000.4.27

上海市地铁运营公司成立之初设办公室、总工程师室、生产办公室、运营管理部、组织人事部、计划财务部、职工教育部、后勤物资部、多种经营部、监察室（与纪委合署办公）、保卫科等部门。

所属单位包括：总调所、车辆段、客运段、机电段、通号段、修建段等6个运营、维修保障的生产一线单位。

二、主要工作

【运营服务】

上海市地铁运营公司成立之初，根据地铁 1 号线建设进展和上海市政府确定的通车目标，分阶段地进行试运行。上海地铁 1 号线自动化设备系统需要在全线统一调试，因而在技术上和时间上均难以适应分段通车的要求。因之，分段通车采用人工控制方式进行试运行，即列车人工驾驶、采用电话闭塞、路票行车、道岔手动操作、变电所人工值班操作、环控及消防设备人工控制，人工售票、检票等。1993 年 4 月 9 日，地铁 1 号线南段对外售票观光试运营，经上海市物价局核定，个人票价为 5 元、团体票价为 4 元。1994 年 5 月 28 日，地铁 1 号线南段实现全日试运营，每天开行 18 对列车，早晚高峰每 25 分钟开行一列。票价为单一制，每张 1 元。12 月 28 日，上海地铁 1 号线中、北段（衡山路站—上海火车站站）上行线对社会开放，开行观光列车，个人票价为 5 元、团体票价为 4 元。1996 年 12 月 28 日，上海市地铁运营公司负责地铁 1 号线南延伸段试运营。地铁 1 号线全线车站增加到 16 座，全程运营里程增加到 21 公里。贯通后的地铁票价实行 2 元、3 元两级分段票价，即：乘坐 13 站及以下的票价 2 元，乘坐 13 站以上的票价 3 元。1999 年 9 月起，上海市地铁运营公司全面接管上海地铁 2 号线的运营管理和维修任务，开启由单线管理到多线管理的新局面。9 月 20 日，上海地铁 2 号线 12 座车站，正线运营里程为 15.646 公里，开行观光列车数 12 列，地铁列车采用 6 节编组，列车来回周转时间为 70 分钟。10 月 28 日，上海地铁 2 号线对外观光试运营。2000 年 2 月 26 日，上海地铁 2 号线实行双向试运营，采取“一线一车”管理办法，投入正线运营的地铁列车数为 5 列，每天开行载客列车数为 118 列次。2000 年，上海市地铁运营公司提前加入正在建设中的上海第一条高架轨道交通线路——明珠线（上海地铁 3 号线）的接收、运营、管理和维修的前期工作。

【制度建设】

上海市地铁运营公司注重借鉴国内外地铁运营管理经验，结合上海地铁发展实际情况，按照专业技术与管理技术相统一的原则，着手形成并实施以《上海市地铁管理办法》为核心，以《上海市地铁技术管理规程（试行）》《上海地铁行车规则》《上海地铁客运规则》为基础，包括列车调度员、行车值班员、行车助理值班员、扳道员、信号楼值班员、信号员、内勤运转值班员、外勤运转值班员和电动列车司机 9 个工种的作业标准及地铁车站环境管理办法等一系列地铁管理制度。公司坚持客运规范服务标准与国际接轨，坚持将 ISO9002 贯标工作从“质量保障体系”的文件化，落实到各生产环节，先后开展三轮的“拜师学技”活动，设立“拔尖人才专项奖”“科技项目成果奖”，推出精神文明建设“敬业工程”，执行岗位优质服务标准，深化“首问责任制”“岗位责任制”活动，确立“蔡永恺指路问不倒”等运营岗位服务品牌，在创建文明行业、争创市级文明单位活动中，不断提升地铁窗口形象，赢得乘客满意。1994 年 4 月，由上海市地铁运营公司组织编写的《地铁概论》一书由南京出版社正式出版发行。《地铁概论》主要为高等院校、中等专业学校开设地铁专业基础课而编写的，全书共分 8 章、共 15 万字。1999 年 11 月 14 日，上海市质量协会评审通过上海市地铁运营公司 ISO9002 服务质量体系认证。

【荣誉称号】

1997 年初，上海市地铁运营公司确立“建管并举、重在管理”的理念，制定以“微笑工程”为主题的精神文明建设三年奋斗目标，是年，上海市地铁运营公司被国家建设部授予“精神文明建设先进单位”。1998 年，上海市地铁运营公司被国家建设部授予“为人民服务、创行业文明、文明服务示范窗口”称号。1999 年 12 月 24 日，被中国质量协会用户委员会授予“全国用户满意服务单位”称号。1997 年至 2000 年，上海市地铁运营公司连续被评为上海市文明单位。

第三节　上海市地铁总公司

一、沿革

1992 年 10 月 12 日，上海市建设委员会批复上海市市政工程管理局，为进一步加强上海地铁规划、建设、运营、开发、经营、服务等的集中统一领导，同意成立上海市地铁总公司。上海市地铁总公司为企业单位，并具有行政管理权，隶属上海市市政工程管理局领导。已成立的上海市地铁工程建设处、上海市地铁运营公司等单位隶属上海市地铁总公司领导。

12 月 15 日，上海市市政工程管理局根据上海市建设党委的意见，同意新成立的上海市地铁总公司与上海市地铁工程建设指挥部实行两块牌子、一套班子。

2000 年 4 月 17 日，经上海市建设委员会批准，上海市地铁总公司改制为多元投资的上海地铁运营有限公司，英文缩写名：SMOC。除原上海市地铁总公司中划归上海地铁建设公司外的其他业务，由改制后的上海地铁运营有限公司承担。

表 1-2-3　1993—2000 年上海市地铁总公司负责人情况表

职　务	姓　名	时　间
党委书记	殷关福	1993.1.21—1995.4.4(兼)
	鹿金东	1995.4.4—1996.12.18
	朱沪生	1996.12.18—2000.4.17
党委副书记	石礼安	1993.1.21—2000.4.17(兼)
	钱顺康	1996.7.15—2000.4.17
总经理	石礼安	1992.12.15—2000.4.17(兼)
副总经理	殷关福	1992.12.15—1995.1(兼)
	李国祥	1992.12.15—1994.10
	陈殿邦	1992.12.15—1995.5.5
	曹迪光	1992.12.15—1995.5.5
	许克让	1992.12.15—1995.6.19
	张载养	1992.12.15—1995.4(兼)
	朱沪生	1992.12.15—2000.4.17
	梁涌清	1995.4.6—1996.8
	鹿金东	1996.6.10—1996.12.18(兼)
	汪松滋	1996.8.20—1999.12.27

（续表）

职　　务	姓　　名	时　　间
	沈光怡	1999.1.5—2000.4.17
	周庆灏	1999.12.27—2000.4.17
总工程师	刘建航	1993.3.5.—2000.4.17(兼)
机电总工程师	王立虎	1993.3.5—2000.4.17
总经济师	方海良	1998.11.20.—2000.4.17
总会计师	施洪涛	1999.6.4.—2000.4.17
副总工程师	黄　钟	1993.3.5—1998.12
纪委副书记	许纪祥	1993.10.12—1996.7.15
纪委书记	许纪祥	1996.7.15—2000.4.17
工会主席	尤菊泉	1992.12.15.—2000.4.17
团委书记	叶　彤	1995.7—1998.7
	杨雪峰	1998.7—2000.4

2000 年 3 月底，上海市地铁总公司拥有正式职工 3 300 余人，职工中具有大专以上学历 1 000 余名，具有高级职称 130 余人，中级职称 400 余人，技师近 20 名。

部门设置：办公室、党委办公室、总工程师室、建设处、质安处、外经处、科研处、综合计划处、组织人事处、监察室、财务处、经济管理处、机电处、物资处、总务处、浦东办事处、1 号线南段项目经理部、1 号线中段项目经理部、1 号线北段项目经理部、1 号线车辆段项目经理部、2 号线筹建组。

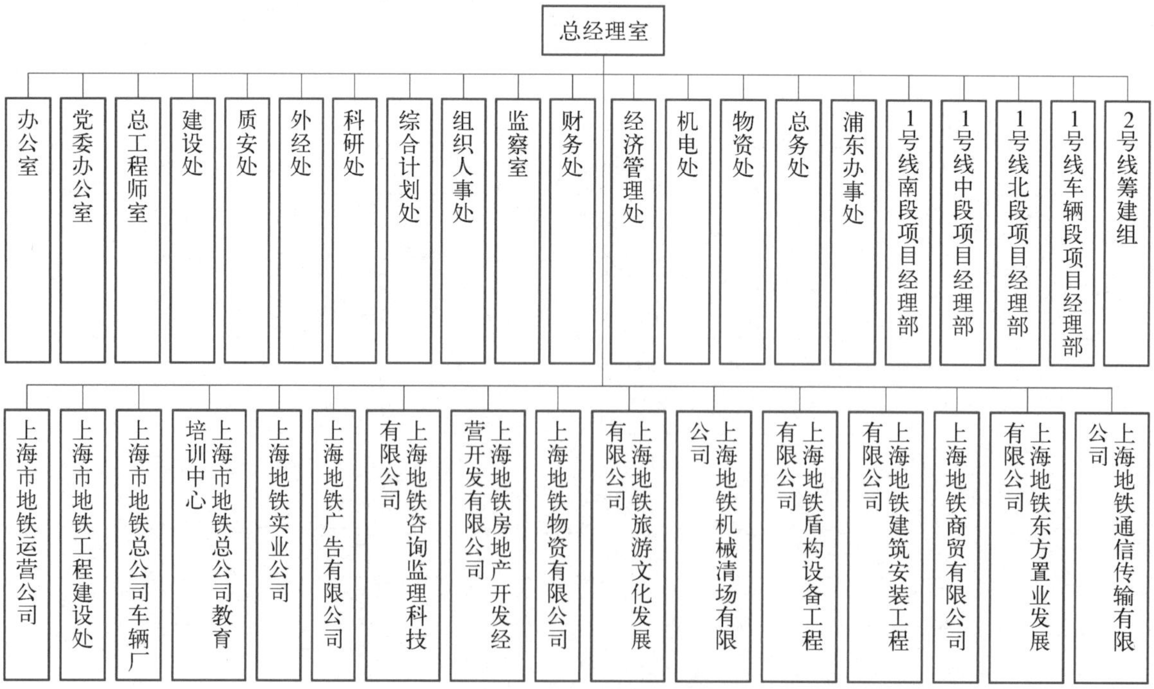

图 1-2-1　1993—2000 年上海市地铁总公司组织机构图

所属单位：上海市地铁运营公司、上海市地铁工程建设处、上海市地铁总公司车辆厂、上海市地铁总公司教育培训中心、上海地铁实业公司、上海地铁广告有限公司、上海地铁咨询监理科技有限公司、上海地铁房地产经营开发有限公司、上海地铁物资有限公司、上海地铁旅游文化发展有限公司、上海地铁机械清场有限公司、上海地铁盾构设备工程有限公司、上海地铁建筑安装工程有限公司、上海地铁商贸有限公司、上海地铁东方置业发展有限公司、上海地铁通信传输有限公司。

二、主要工作

上海市地铁总公司成立后，积极贯彻上海市委、市政府提出的"从南向北、突出重点"，"时间用足、空间占满"，"建成一段、试运营一段"的原则，集中力量打歼灭战。地铁建设者坚持在"边施工、边探索、边试运营"中，解决地铁建设、运营、开发等各项工作中出现的问题，在上海市政府确定"自筹、自借、自还"的地铁1号线工程建设中，引进外资建设的一项大型城市基础设施工程。在国内没有现场经验可鉴的情况下，逐步走出一条具有上海地铁特点的建设和运营的管理之路。

【法制建设】

1993年7月1日，由上海市市长黄菊签发，以上海市人民政府第37号令颁布的《上海市地铁管理办法》正式实施。它是我国第一部地铁综合管理的地方性行政规章。11月22日，《上海市地铁管理办法实施细则》公布，并于12月1日起实施。《细则》分为总则、运营管理、设施管理、安全管理、地铁外部人员伤亡事故处理、罚则和附则共7章48条。1995年12月12日，上海市十届人大常委会第40次表决通过《上海市地下铁道管理条例》，《条例》的内容分七章共四十九条，首次授权给企业——市地铁总公司行使行政处罚权。

【科技攻关】

上海市地铁总公司加强地铁工程建设和试运营中的科技研究与攻关，"八五"期间(1990年—1995年)，累计科研项目47个，其中10项分获市、局的一、二、三等奖及科技进步奖。12月26日上海地铁1号线工程荣获中国市政工程质量最高奖——中国市政工程金杯奖。

【企业改革】

1993年，上海市地铁总公司实施《岗位等级工资制》，贯彻实施《上海市城镇职工养老保险制度改革方案》。1995年，上海市地铁总公司实施用工制度、工资制度、养老保险、培训制度四配套改革，并实施全员劳动合同制。1993年之后，上海地铁全面走向市场，上海地铁实业公司、上海地铁咨询监理科技公司、上海地铁房地产经营开发公司、上海地铁物资公司等相继成立，综合开发成为上海地铁建设的一个有机部分。上海市政府明确以地铁综合开发的利润用来部分补贴运营经费，综合开发在地铁建设中的作用被确定。同时，地铁1号线沿线房地产开发全面展开，客观上上海地铁综合开发同步展开，综合开发经营范围不断拓展，并吸引外资和引进国外先进管理办法。至1994年底，已有合资企业5家，合资金额1 300多万美元。1997年，上海市地铁总公司企业改革力度进一步加大：7月，上海通讯传输有限公司成立；7月18日，首期上海地铁寻呼网开通试运营；9月，组建上海地铁东方置业发展有限公司；筹建上海城市轨道交通建设有限公司。1997年12月31日，中共上海市地铁总公司第一次代表大会，选举产生上海市地铁总公司党委和纪委。1998年3月15

日，上海市地铁总公司机关定职能、定机构、定编制的机构改革“三定”工作正式拉开序幕。

【宣传出版】

1995年12月，《上海地铁年鉴》(1995)由上海地铁工程建设指挥部、上海市地铁总公司组织编撰，上海科学技术出版社出版。1997年1月2日，《上海地铁》报发行，在上海地铁两个文明建设的宣传中着重墨、下浓彩。1997年8月20日，展示上海交通发展的《文化艺术长廊》和反映上海名牌产品的《精品展示长廊》在地铁徐家汇站揭幕，地铁车站和车厢公益广告逐年递增，被《人民日报》誉为“记录着现代文明历程的都市风范”。10月24日，上海市地铁总公司企业形象设计中的识别系统(VI)通过审定。该识别系统设计由标志、标准字、标准色等三要素组成。

【地铁1号线试运营与延伸】

1993年4月9日，地铁1号线南段对外售票观光试运营，经上海市物价局核定，个人票价为5元、团体票价为4元。5月28日上海地铁1号线南段(锦江乐园至徐家汇)建成试运行。12月28日，地铁1号线向南延伸段建设基本建成，上海市副市长夏克强及市建委、市重大办、市竞赛办、市政局、市地铁工程建设指挥部、闵行区委区政府等领导出席了“上海地铁1号线延伸段试通车典礼”，地铁1号线全线车站增加到16座，全程运营里程增加到21公里。

【2号线一期工程】

1995年1月11日，上海地铁2号线一期工程可行性报告自国务院批准后，上海市地铁总公司与上海市地铁工程建设指挥部探索“两级政府、两级投资、两级管理”的建设模式，制定《2号线1期工程市、区两级职责分工范围实施细则》《2号线1期工程动拆迁工作条例的实施细则》等文件。地铁总公司成立了地铁2号线总体设计组，负责承担2号线工程设计原则及标准的制定。1997年1月26日，在上海建国宾馆签订上海地铁2号线工程德国混合贷款7.86亿马克(其中包括600万马克的捐款)的转贷协议。2000年1月31日，上海地铁2号线实行双向试运营。采取“一线一车”管理办法，投入正线运营的地铁列车数为5列，每天开行载客列车数为118列次。

第四节 上海轨道交通明珠线发展有限公司

一、沿革

1997年1月10日，上海市建设委员会发文成立上海市地铁3号线工程建设筹建处，并明确组成成员。2月17日，上海市地铁3号线改称为上海市轨道交通3号线，“上海市地铁3号线工程筹建处”更名为“上海市轨道交通3号线工程筹建处”。9月2日，经上海市工商行政管理局批准成立了上海轨道交通明珠线发展有限公司(简称明珠线项目公司)。

1996年12月2日，上海市地铁3号线工程建设领导小组建立，组长：夏克强(副市长)；副组长：黄跃金(市政府副秘书长)、谭企坤(市建委副主任)、杨雄(市计委副主任)、邓金华(上海铁路局局长)。

1998年6月29日，上海市建委发文同意上海市轨道交通3号线工程筹建处更名为上海市轨道交通明珠线工程建设指挥部。上海市轨道交通明珠线工程建设指挥部负责上海轨道交通明珠线1

期工程建设。上海轨道交通明珠线 1 期工程实行二级政府、二级管理的领导管理机制。与工程建设有关的徐汇区、长宁区、普陀区、闸北区、虹口区、宝山区等六个区也相应成立了区级明珠线 1 期工程建设指挥部等管理机构。

表 1-2-4　1997—2007 年上海轨道交通明珠线发展有限公司负责人情况表

职　务	姓　名	时　间
董事长	张桂娟	1997.7.31—2000.9.11(兼)
	宋孝鋆	2000.9.11—2001.8.1(兼)
	吴光明	2001.8.1—2002.2.10(兼)
	钱振华	2002.2.10—2007.2.28(兼)
	严厚群	2007.2.28—(兼)
副董事长	邓金华	1997.7.31—2001.8.1(兼)
	严锡鸿	1997.7.31—1999.5.12(兼)
	张冬平	1999.5.12—2001.8.1(兼)
监事会主席	谭企坤	1997.10.25—2000.9.11(兼)
监事长	陈印岐	2000.9.11—2001.8.1
	方光荣	2001.8.1—2003.3.12
	祝世健	2003.3.12—2004.8.17
	董经纬	2004.8.17—2007.2.28
	苏耀强	2007.2.28—
筹建处主任	谭企坤	1997.1.10—1998.6.29(兼)
常务副主任	王开桂	1997.1.10—1998.6.29(兼)
副主任	陆东福	1997.1.10—1998.6.29(兼)
	黄　融	1997.1.10—1998.6.29(兼)
	高国富	1997.1.10—1998.6.29(兼)
指挥	谭企坤	1998.6.29—2000.9.11(兼)
	陆东福	1998.6.29—2000.9.11(兼)
	黄　融	1998.6.29—2000.9.11(兼)
	高国富	1998.6.29—2000.9.11(兼)
	宋孝鋆	1998.11.16—2000.9.11(兼)
总经理	高国富	1997.7.31—2000.9.11(兼)
	宋孝鋆	2000.9.11—2004.6.24(兼)

二、主要工作

轨道交通明珠线规划起自上海铁路南站，终点站至宝山宝钢地区，是上海轨道交通规划网络中城市西南至东北走向的大容量骨干线路，也是连接铁路上海南站和上海站的客运纽带，全长24.975公里，共设19座车站，江湾镇站以北的延伸线约15公里，另行立项建设。

1997年2月，上海市政府和铁道部联文向国家计委上报了明珠线1期工程的项目建议书，上海铁路局也先后停用并拆除淞沪铁路和沪杭内环铁路，利用拆除后的线位建设高架轨道交通线。4月和7月上海铁路局先后停用并拆除淞沪铁路和沪杭内环铁路，市区内近百年的交通路障——42处铁路道口随之消除，拉开了明珠线建设的序幕。

1998年1月24日，副市长夏克强主持召开明珠线工程进度与车辆配套专题协调会议，同意先借用地铁2号线车辆进行调试和试运营过渡，逐步用明珠线国产车辆替代的方案。7月10—12日，中国国际工程咨询公司对《上海市轨道交通明珠线1期工程可行性研究报告》作预评估，来自全国的10余位专家和市建委、计委、经委等有关部门、单位的领导出席会议。8月4日，指挥部召开记者座谈会，谭企坤指挥就明珠线工程的有关情况向新闻单位做介绍，中央和本市的14家新闻单位的记者出席座谈会。12月1日，上海市轨道交通明珠线工程建设指挥部（甲方）与上海城市轨道交通建设有限公司（乙方）签订关于《轨道交通明珠线工程管理》协议书。

1999年12月26日，上海市轨道交通明珠线1期工程试通车仪式在明珠线石龙路车站隆重举行。

第五节　上海城市轨道交通建设有限公司

一、沿革

1998年6月3日，经上海市建设委员会批准组建的上海城市轨道交通建设有限公司正式成立。行政管理隶属于上海市市政工程管理局，党的组织关系委托上海市地铁总公司党委管理。公司住所：上海市衡山路12号，建筑面积共440平方米。1999年10月18日，公司住所改为：上海市东方路573弄1号。

2000年4月，上海市人民政府对上海地铁管理体制进行改革，成立上海申通集团有限公司、上海地铁建设有限公司和上海地铁运营有限公司、上海现代轻轨经营发展股份有限公司，对轨道交通投资、建设、运营、监管实施四分开。至此，上海城市轨道交通建设有限公司职能全部结束，人员全部划归上海地铁建设有限公司。

2001年1月，上海市工商行政管理局核准同意注销上海城市轨道交通建设有限公司。

【注册资本】

公司注册资本1亿元人民币，其中上海市地铁总公司出资4 000万元，占40%；上海城建（集团）公司出资2 000万元，占20%；上海隧道工程股份有限公司出资1 500万元，占15%；上海市隧道工程轨道交通设计研究院出资1 000万元，占10%；上海市政工程设计研究院出资750万元，占7.5%；天津电气化勘测设计研究院出资750万元，占7.5%。

【经营范围】

轨道交通建设公司以城市轨道交通建设总承包为主业，上海交通建设为龙头，资产为纽带，项目为依托，人才为优势，具有较高的企业资质和承包国内外工程资质。业务涉及轨道交通方案编制、可行性研究、勘察、设计、工程招投标、总承包、咨询、监理；国内外车辆与机电设备的选型采购、安装、调试、运行、维修、国产化；运营管理、技术培训及与公共交通相关业务。

【组织架构】

中共上海城市轨道交通建设有限公司支部委员会由石礼安、白廷辉、姚文俊三人组成，并由石礼安同志任支部书记。董事会设7人、监事会3人、三总师、项目部、经营部、财务部、办公室。董事会由石礼安、姜先赋、沈秀芳、程骁、吴之光、丁树奎、白廷辉七位同志组成。

表1-2-5　1998—2000年上海城市轨道交通建设有限公司主要负责人情况表

职　务	姓　名	时　间
董事长	石礼安	1998.6.3—2000.4(兼)
副董事长	姜先赋	1998.6.3—2000.4(兼)
副董事长	沈秀芳	1998.6.3—2000.4(兼)
监事长	杨沛田	1998.6.3—2000.4(兼)
总经理	白廷辉	1998.6.3—2000.4

二、主要工作

上海城市轨道交通建设有限公司在经营管理上，积极发挥轨道交通建设管理实战经验优势，努力开拓市场，主要参与建设管理的有上海地铁2号线、轨道交通明珠线(3号线)等建设管理任务，承揽"哈尔滨市轨道交通1号线工程预可行性研究，工程可行性研究"项目，全面完成了各项工程建设任务和设计研究项目，为企业赢得了声誉。

第六节　上海申通集团有限公司

一、沿革

2000年2月28日，上海市长徐匡迪主持召开上海市政府第56次常务会议，会议听取并原则同意了上海市计划委员会主任李良园关于建立轨道交通投融资机制初步方案的汇报，要求上海市轨道交通建设要充分借鉴一些国际大城市轨道交通成功运作的经验，结合上海特点，实行投资、建设、运营、监管四分开，力争形成政企分开，投融资多元化；建设、运营分开，逐步减少政府直接投入等良性机制，促进轨道交通网络的形成，实现轨道交通的自我滚动发展。

是年4月1日，上海久事公司召开第一届董事会第十三次会议，按上海市政府第56次常务会议有关精神，决定出资156亿元组建"上海申通集团有限公司"(以下简称申通公司)。4月21日，上海市工商行政管理局正式向申通公司颁发了企业法人营业执照，经营范围为实业投资及综合开发经营，注册地址为中山南路28号久事大厦32—33层。4月28日，申通公司等揭牌成立仪式举行。

2004年6月24日，申通公司与上海地铁建设有限公司合并重组。办公地迁至衡山路12号。

【注册资本】

注册资本：人民币260亿元，其中久事公司156亿元，占股60%，城投公司104亿元，占股40%。注册资本260亿元中，142亿元为实物投入(上海地铁1、2号线全部资产、上海地铁3号线部分资产)，118亿元为现金投入。

【组织架构】

上海申通集团成立之初董事长、党委书记为张桂娟，监事会主席蒋应时，总经理钱耀忠。2004年6月职工人数353名，其中高级职称73名，中级职称97名。

部门设置：总经理办公室、综合策划部、规划发展部、资产管理部、计划财务部、人事部、党群工作部、行政保障部。

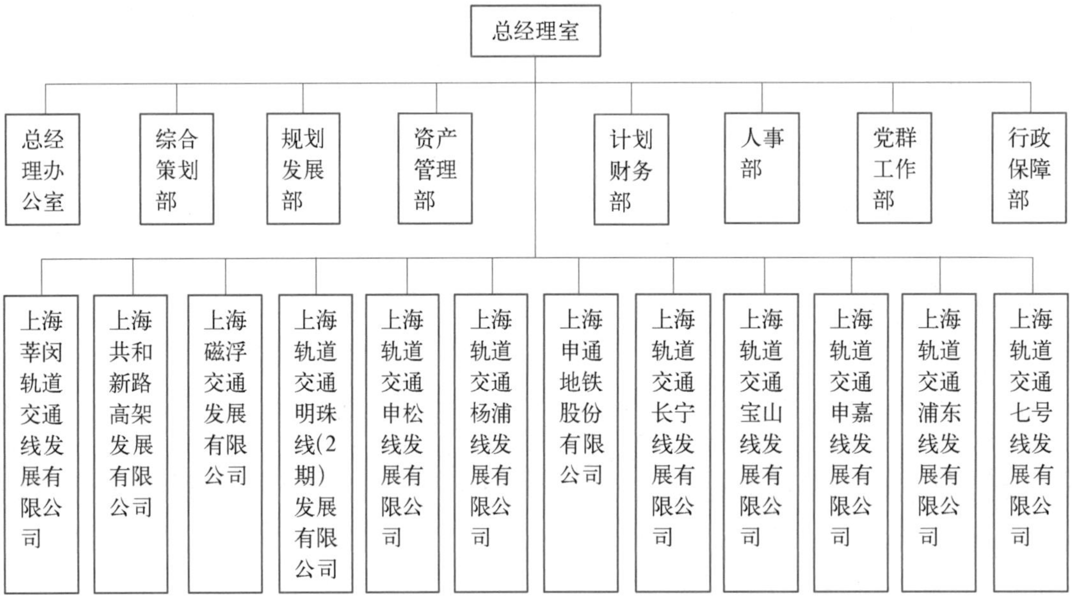

图1-2-2　2000—2004年上海申通集团有限公司组织机构图

表1-2-6　2000—2004年上海申通集团有限公司负责人情况表

职　　务	姓　　名	时　　间
董事长	张桂娟	2000.4.4—2004.6
党委书记	张桂娟	2001.8.25—2004.6
监事会主席	蒋应时	2000.4.4—2004.6
党委副书记	贺阿东	2001.8.25—2004.6
纪委书记	贺阿东	2001.8.25—2004.6
总经理	钱耀忠	2003.4.16—2004.6
副总经理	宋孝鋆	2000.4.4—2003.4.16(公司代总经理)
	钱振华	2000.4.4—2004.6
	董经纬	2000.4.4—2004.6

（续表）

职　　务	姓　　名	时　　间
总工程师	刘武君	2001.3.3—2004.6
总会计师	郑浩坤	2000.4.5—2001.3.3
	方光荣	2001.3.3—2002.5.9
	徐宪明	2002.5.9—2004.6
总经济师	方光荣	2002.5.9—2004.6
审计总监	郑浩坤	2001.3.3—2003.8.26

二、主要工作

申通公司作为上海轨道交通网络建设的政府出资代表和市级投资主体，主要任务是积极探索投融资新路，开创轨道交通建设可持续发展的道路。包括，参与上海轨道交通网络规划优化工作和项目可行性研究；承担轨道交通项目的筹融资职能，充分发挥国有资本的导向力和控制力，运用市场化手段，吸引社会资本和社会资源多元化投资，以最少的政府投入，建设最多的轨道交通线路；通过开展资本经营和资产经营及综合开发，实现国有资产保值增值和轨道交通发展良性循环。在市区两级政府的支持下，通过资本金投入、项目融资、发行债券、上市融资、BT 等方式，确保了“十五”项目的投资建设。

申通公司先后组建了轨道交通 2 号线、西延伸段（长宁线）、3 号线北延伸段（宝山线）、轨道交通申嘉线（11 号线）、7 号线项目公司，投资参股浦东线项目公司；建成了轨道交通 5 号线（莘闵线）和 1 号线北延伸段的共和新路高架段路；确保了轨道交通 9 号线 1 期（申松线），3 号线北延伸段（宝山线），6 号线（L4 线）和 1 号线（地铁 1 号线）上海南站站改建等工程开工；在两年内高速度高质量建成世界上第一条磁悬浮列车商业示范运营线；加快了明珠线 2 期、浦东线、7 号线、杨浦线、申松线、1 号线北延伸、2 号线西延伸、3 号线北延伸等项目的前期工作和动拆迁工作的进度，实现了磁悬浮和 5 号线试运营。

【投融资模式创新】

2000 年 4 月 28 日，张桂娟董事长、谭企坤董事长分别代表申通公司和地铁建设公司在明珠线 2 期、共和新路高架工程委托建设协议上签字，张桂娟董事长代表申通公司与国家开发银行上海分行、工商银行上海分行、上海银行、交通银行上海分行、浦东发展银行上海分行、中国银行上海分行、中国建设银行上海分行代表在贷款意向书上签字，标志着上海市形成了政府投资、银行贷款相结合的轨道交通投融资模式。上海久事公司、上海市城市建设投资开发总公司代表上海市政府向申通公司注入资本金，申通公司按 40％资本金、60％银行贷款标准建立项目公司，由项目公司投资建设各条轨道交通线路。2001 年，申通公司坚持以资产为纽带，对项目公司实行新的管理体制。强化项目公司法人治理结构。实行项目公司董事长联席会议制度；对项目公司的财务工作实行制度统一、管理统一和标准统一为核心内容的集中管理模式。使各项目公司真正成为独立的企业主体。2001 年 5 月 25 日，申通公司与上海市城市建设投资开发总公司签署了《股权划转协议》和《上海凌桥自来水股份有限公司国家股经营管理委托书》。城投公司将其授权经营管理的上海凌桥自来水股份有限公司 21 837 万股国家股(占凌桥股份 34 307 万股的 63.65%)划转申通公司。5 月 29 日,上海证券报正式公告凌桥股份公司资产重组。凌桥股份公司将更名为“上海申通地铁股份有限公司”,上市名称为“申通地铁”。6 月,申通公司将地铁 1 号线部分资产注入经过重组的上海申通地铁股份有限公司,7 月 1 日,自即日起地铁 1 号线的票务收入开始每天直接进入申通地铁的账户,纳税主体变更顺利完成,重组后的申通地铁开始实质性运转。8 月 6 日,“申通地铁”在上海证券交易所正式挂牌,首次在中国内地实现了地铁项目上市。拓展了上海轨道交通发展新路。2002 年,申通公司加强对筹资融资新思路、新方法和新途径的研究,积极拓展筹融资渠道。通过市区两级政府共同出资,加大与项目沿线各区的合作力度,探索 BT,发行企业债券等多种融资方式,吸引社会资金参与轨道交通建设,充分发挥国有资本的导向作用,利用自己的放大效应,逐步探索上海城市轨道交通项目的筹融资新路。是年 3 月 27 日,成立资金管理中心,实现了资金的内部统一调度,加大资产管理力度,加强国有固定资产的清理工作,把项目的投资建设和投入运营的全过程纳入资产管理,并初步提出了产权代表经济责任制方案。同时把全面预算管理列入申通公司工作的重点。继政策性银行融资,商业银行贷款“借壳”上市等筹融资方式后,申通公司积极探索委托发行轨道交通企业债券的新型融资方式。

【上海磁悬浮列车工程招商】

2001 年 1 月 23 日,上海磁悬浮列车工程合同签字仪式在上海市人民政府 1 号贵宾厅举行。3 月 1 日,上海磁悬浮列车示范运行线工程的开工仪式在浦东新区黄楼镇建设工地上隆重举行。中共中央政治局委员、上海市委书记黄菊宣布正式开工并按动打桩电钮。4 月 28 日,申通公司在久事大厦 31 楼举办了面向国内外企业的招商会。

【改革研讨】

2001 年 4 月 28 日,市府召开深化上海市轨道交通投融资体制改革工作会议,总结上海轨道交通系统一年来实施投资、建设、运营、监管“四分开”的成效和经验。副市长韩正为“上海轨道交通申松线发展有限公司”和“上海轨道交通杨浦线发展有限公司”的成立揭牌。

【建设委托】

2000 年 4 月 28 日,在上海申通集团有限公司、上海地铁建设有限公司、上海地铁运营有限公司、上海现代轻轨经营发展有限公司成立揭牌仪式上,上海申通集团有限公司董事长张桂娟和上海地铁建设有限公司董事长谭企坤分别代表申通公司和地铁建设公司在明珠线二期(4 号线)、共和新路高架(1 号线北延伸)工程委托建设协议上签字。

【运营委托】

2001 年 5 月 23 日,张桂娟董事长和地铁运营公司董事长朱沪生签署《上海地铁 1 号线委托管理合同》(2001 年度)、《股权变更协议》、《劳务协议》三份合同。

三、下属单位(2004 年 6 月转入重组后的申通集团(申通地铁集团))

【上海莘闵轨道交通线发展有限公司】

2000 年 7 月 19 日,上海莘闵轨道交通线发展有限公司成立(简称:5 号线项目公司)。

注册资金：人民币贰拾捌亿捌仟叁佰壹拾玖万贰仟零伍拾贰元。注册地：上海市闵行区秀文路98号。

经营场所：地铁1号线莘庄地铁车站站厅层西侧收费区内。2009年11月12日工商注销。

部门设置：办公室、计划财务部，工程部、机电部、总工程室。

表1-2-7　2000—2008年上海莘闵轨道交通线发展有限公司负责人情况表

职　务	姓　名	时　间
董事长	董经纬	2000.6—2003.3(兼)
	严厚群	2003.3—2008.12(兼)
总经理	董经纬	2000.6—2003.3(兼)
	严厚群	2003.3—2008.12(兼)

莘闵轻轨交通线是地铁1号线西南方向的延伸。线路起自莘庄(1号线南段起始站)，至终点站天星路。是上海市规划的轨道交通17条网络线路中R1线的重要组成部分，它的建成是上海“十五”期间实行投资、运营、建设、管理“四分开”体制后，多元化投资建设的第一条轨道线；是第一条由上海生产的车辆上线运营的轨道线；是国内第一条采用高架轻轨制式运营的轨道线；是上海第一条试行设计总体总包的轨道线；是上海市第一条在外环线外建设的轨道线；是上海第一条进行基本试运营条件专家评审的轨道线。

上海莘闵轨道线发展有限公司主要承担投融资职能，并委托上海地铁建设有限公司作为业主代表进行建设管理，委托上海现代轨道交通股份有限公司为运营管理，上海城交局实行监管职能。上海莘闵轨道交通线发展有限公司以全资本金的形式经营管理，无银行贷款。至2009年，公司注册资本为28.831 920 524 5亿，各股东的出资方式、出资额和出资比例为：上海申通地铁集团有限公司以车辆购置费、实物及货币出资人民币14.919 108 992 2亿，占注册资本的51.75%；上海闵行城市建设投资开发有限公司以工程沿线动拆迁(含管线搬迁)、土地及货币出资人民币11.048 566 715 7亿，占注册资本的38.32%；上海闵行联合发展有限公司以工程沿线动拆迁(含管线搬迁)、土地及货币出资人民币2.864 244 816 7亿，占注册资本的9.93%。

2000年8月8日，工程正式开工。2001年10月，高架区间最后一跨现浇箱梁浇注完成，全线结构贯通。2002年11月28日，首列电动客车上线，标志着轨道交通5号线工程的初步建成。车站、轨道线路、供电系统、通信系统、信号系统、自动控制系统及停车场均已完成竣工备案验收并交付运营方。2003年6月，通过国家的机电设备国产化审查。2003年11月25日，全线实现通车试营运。2006年12月25日，通过国家验收。该工程的区间桥梁获上海市政金奖。《高架桥梁合理抗震设计参数及抗震措施研究》获2001年度上海市科技进步三等奖。轨道交通5号线被评为用户满意建筑工程。2007年在全国实施用户满意工程活动中被中国质量协会、全国用户委员会评为用户满意建筑工程。

【上海共和新路高架发展有限公司】

2000年8月28日，由上海申通集团有限公司、上海市闸北区轨道交通建设有限公司、上海宝山城乡建设投资经营有限公司共同发起，组建了上海共和新路高架发展有限公司，公司类型为有限责任公司。

注册资本37.748 413亿元，其中：上海申通集团有限公司出资额现金人民币29.975 681亿元，出资比例79.41%；上海市闸北区轨道交通建设有限公司以工程沿线动拆迁额和承担的工程费用作价入股，计出资人民币5.561 414亿元，出资比例14.73%；上海宝山城乡建设投资经营有限公司以工程沿线动拆迁额和承担的工程费用作价入股，计出资人民币2.211 318亿元，出资比例5.86%。

注册地址为：石龙路588号1号楼209室。

经营范围：上海共和新路高架项目的建设、经营和管理，以及沿线路、站区的综合开发、机车车辆、机电设备的维修保养、利用自有媒体发布广告，设计、制作各类广告。

部门设置：综合办公室、技术管理部(含机电协调管理)、工程管理部。

表1-2-8 2000—2005上海共和新路高架发展有限公司负责人情况表

职　务	姓　名	时　间
董事长	钱振华	2000.8.28—2002.3.1(兼)
	吴光明	2002.3—2005.2.6
	严厚群	2005.2—(兼)
监事长	郑浩坤	2000.8.28—2004.9.20
	林秉华	2004.9.20—2005.6.24
	钱梅生	2005.6.24—2012.11.5
	徐宪明	2012.11.5—(兼)
总经理	钱振华	2000.8.28—2001.1.19(兼)
	胡炎生	2001.1.19—2003.1.30
	盛应平	2003.1.30—2004.8.17

共和新路高架工程是由共和新路高架道路工程和地铁1号北延伸段工程两部分构成的一项综合交通基础设施工程。它起自上海火车站，至宝山月浦地区。一体化高架桥桥墩设计采用Y型结构，其中Y型墩上盖梁施工采用新型无支架施工工艺，上盖梁模板及支承系统由国外设计，无支架工艺在上海市属于首次应用。

上海共和新路高架发展有限公司代表共和新路高架工程的项目法人，负责筹措建设资金，做好投资控制工作，通过招标选择总承包单位实施工程建设等。上海地铁建设有限公司作为新组建的总承包单位。

1999年12月，上海轨道交通1号线北延伸段工程正式启动。2002年12月4日高架道路通车。2004年11月，移交运营公司。2004年12月28日，全线开通试运营。轨道交通1号线富锦路停车场工程是轨道交通1号线北延伸工程的再延伸工程，南起自轨道交通1号线共富新村站终止于富锦路南侧并预留继续向北延伸的条件。在蕴川路与富锦路交叉口的西南处设富锦路停车场一处。轨道交通1号线富锦路停车场工程2005年5月开工，2007年10月移交运营公司管理，11月底通过竣工验收，2007年月12月开通试运营。2003年10月，共和新路高架道路工程被评为2003年度上海市市政工程金奖。随后获中国市政银奖。

【上海磁浮交通发展有限公司】

2000 年 6 月，国务院决定在上海建设磁浮示范运营线。2000 年 8 月 25 日，由上海申通集团有限公司、申能（集团）有限公司、上海国际集团有限公司、上海宝钢集团公司、上海汽车工业（集团）总公司和上海电气（集团）总公司 6 家单位签订发起人协议，共同出资发起设立上海磁悬浮交通发展有限公司（简称磁悬浮公司），后于 2001 年 3 月，又新增上海浦东发展（集团）有限公司为股东单位。2000 年 11 月 27 日，磁悬浮公司经工商部门核准成立。党的关系隶属申通集团党委。

初始注册资本为人民币 20 亿元。

经营范围主营：磁浮上海示范运营线项目的建设、经营和管理，以及沿线路、站区的综合开发；兼营：机车车辆、机电设备的维修保养、停车场业务、技术咨询服务等。注册地址在上海市淮海中路 918 号 181 楼（2002 年 3 月变更为上海市浦东新区龙阳路 2520 号，2012 年 7 月公司迁离至龙阳路 2100 号，建筑面积 3 624 平方米）。

2004 年 2 月 21 日，磁悬浮公司更名为上海磁浮交通发展有限公司（简称磁浮公司）。2006 年 7 月，中共上海市委决定将磁浮公司领导班子列入市委管理范围，党的工作归口中共上海市建设和交通工作委员会管理。

2012 年 4 月 6 日，磁浮公司体制改革，磁浮公司运营板块职工全部划转申通地铁集团，由申通地铁集团负责管理；磁浮公司建设板块职工全部划转建工集团，由建工集团负责管理；磁浮中心重组并入同济大学。

表 1－2－9　2000—2006 年上海磁浮交通发展有限公司负责人情况表

职　务	姓　名	时　间
董事长	张桂娟	2000.9—2005.2
	应名洪	2005.2—2006.9.8
	吴祥明	2006.9.8—2011.12.23
	应名洪	2012.7.13—2014.9
总裁	吴祥明	2000.10—2011.12.23
总经理	吴祥明	2000.10—2003.6
	宋孝鋆	2003.6—2006.9.8
	臧新民	2006.9.8—2012.6
	万建军	2012.7—
党委书记	吴祥明	2003.4—2011.11.23(兼)
	贺阿东	2012.7—2012.12(兼)

2000 年 8 月 24 日，国务院批准磁浮上海示范运营线工程项目建议书。磁浮上海示范运营线正线全长 29.873 公里，西起地铁 2 号线龙阳路站，东至浦东国际机场，双线上下行折返循环运行，设 2 个车站、2 座牵引变电站、1 个运行控制中心和 1 个维修基地，初期配车 3 列，每列 5 辆编组。设计最高运行时速 430 公里，单向运行时间 7 分 20 秒，最小发车间隔 10 分钟。磁浮上海示范运营线车辆由德国蒂森克虏伯磁浮有限公司供货，车型为经安全评估并获得德国联邦铁路局（EBA）型式许可确认的 TR08 型磁浮列车。

2001 年 3 月 1 日，磁浮上海示范运营线工程开工。经过广大中外建设者历时 22 个月的合力奋战，2002 年 12 月 31 日，磁浮上海示范运营线通车，朱镕基总理和德国总理施罗德到磁浮龙阳路车站为上海磁浮列车通车剪彩并乘坐磁浮列车，磁浮上海示范运营线开始单线 1 列 3 节车的试运行。2006 年 4 月 26 日，磁浮上海示范运营线工程通过国家竣工验收，次日，该线投入正式商业运营，由此成为世界上第一条也是唯一一条采用德国常导高速磁浮交通技术的商业示范运营线路。上海磁浮列车以“陆上最快的交通工具”被收入吉尼斯世界大全。

2003 年 8 月，磁浮公司和上海市科技信息中心共同组建上海磁浮交通工程技术研究中心(简称研究中心)。2006 年，研究中心获得国家铁路(磁浮系统)及城市轨道交通(磁浮系统)专业甲级工程咨询资质。主要承担了国家高技术研究发展计划(863 计划)磁浮交通长大干线适用性研究、国家高技术研究发展计划(863 计划)高速磁浮交通系统技术国产化与创新研究、上海市科学发展基金项目“高速磁浮交通系统技术标准与部分关键设备研究”、国家高技术研究发展计划(863 计划)高速磁浮交通系统集成研究、高速磁浮交通技术重大专项试验线工程建设与综合集成研究及低速(城轨)磁浮交通试验线工程等科研项目课题的研究工作。磁浮公司共获 74 项专利，拥有 25 项软件著作权；上海磁浮列车示范运营线轨道系统关键技术研究获上海市科学技术进步奖一等奖；常导高速长定子轨道系统设计、制造和施工成套技术研究获国家科学技术进步奖二等奖，专利成果 59 项。

2014 年起，磁浮公司负责轨道交通 16 号线运营。至 2015 年 12 月 31 日，磁浮列车累计安全运营 4 749 天，运行总里程 1 476.60 万列公里，安全载客 4 338 万人次，兑现率 99.91%，正点率 99.82%。16 号线运行总里程达 842.68 万列公里，安全载客 2 745.18 万人次，兑现率 99.87%，正点率 99.7%。

2001 年—2014 年，公司连续七次荣获上海市文明单位；获 2008 年—2009 年度全国交通运输行业文明单位荣誉称号；2011 年—2014 年连续二次荣获申通集团文明单位。

2015 年末，磁浮公司职工总数 791，专业技术人员 639，高级职称 19，中级职称 28。部门设置：监察室、组织人事部、综合办公室、计划财务部、客运服务部、乘务部、运营调度部、车辆管理部、机电设施部、质量安全部、技术物资管理部、16 号线路管理部。所属单位：上海久创建设管理有限公司、上海磁浮交通工程技术研究中心。企业使命：迎着第一缕阳光驶入都市新生活。企业愿景：打造安全高效示范线，构筑温馨亮丽风景带。企业核心价值观：诚信、专业、共赢、激情。企业精神：敢为人先的创业精神，自强不息的拼搏精神；团结协作的互助精神；百折不挠的奋斗精神。

【上海轨道交通明珠线(2 期)发展有限公司】

2000 年 12 月 21 日，上海轨道交通明珠线(2 期)发展有限公司成立(简称：4 号线项目公司)。

注册资金：人民币：59.6 亿元。(上海申通集团有限公司出资 46 亿元、上海虹口区国有资产经营有限公司出资 3.9 亿元、上海汇鑫投资经营有限公司出资 2.9 亿元、上海市汇通轨道交通投资有限公司出资 1.9 亿元、上海浦东投资经营有限公司出资 1.5 亿元、上海金城投资咨询公司出资 1.4 亿元、上海市闸北区轨道交通建设有限公司出资 0.8 亿元、上海长宁投资公司出资 0.8 亿元)。

注册地址：上海市黄浦区中山南路 28 号。

经营场所：上海轨道交通明珠线 2 期项目及桂林路 909 号。

主要业务及管理范围：上海轨道交通明珠线2期项目的投资、经营和管理，以及沿线路、站区的综合开发，机车车辆、机电设备的维修保养，技术咨询服务。

部门设置：综合办公室、前期工作部、工程管理部、质量安全部。

表1-2-10 2000—2015年上海轨道交通明珠线(2期)发展有限公司负责人情况表

职 务	姓 名	时 间
董事长	宋孝鋆	2000.9.14—2004.7.9(兼)
	许泽成	2004.8.17—2005.6.8
	苏耀强	2005.6.8—2007.2.28
	严厚群	2007.2.8—(兼)
监事长	陈印岐	2000.9.14—2001.7.9
	方光荣	2001.7.9—2003.3.5
	祝世健	2003.3.5—2004.7
	林秉华	2004.8.17—2005.6.24
	钱梅生	2005.6.24—2012.11.5
	徐宪明	2012.11.5—(兼)
总经理	宋孝鋆	2000.9.14—2001.7.19(兼)
	许泽成	2001.7.19—2003.1.30
	胡炎生	2003.1.30—2004.8.17
	周 东	2004.8.17—2006.1.16

上海轨道交通明珠线2期工程全线北起虹口区的海伦路站，南至徐汇区的宜山路站，分别于宝山路站和虹桥路站与轨道交通3号线(又称明珠线1期)接轨，利用3号线中部区段构成完整的轨道交通环线，与3号线共线混合运营。

上海轨道交通明珠线2期工程2002年国家批准开工建设，正线轨道于2002年12月28日正式开工，2004年12月20日C字型结构贯通。2005年下半年“C”字型列车上线调试，2005年底试通车；2004年9月，董家渡区间隧道事故段正式复工，2007年8月16日，全线贯通。2007年下半年“O”字型部分列车上线调试，2007年底全线通车。工程于11月20日通过竣工验收。

【上海轨道交通申松线发展有限公司】

2001年6月18日，公司获得上海市工商行政管理局松江分局颁发的营业执照。

公司住所：上海市松江荣乐东路111号建设大厦。

注册资本金98.08亿。

经营范围：轨道交通申松线项目的投资、建设、经营和管理，以及沿线路、站区的综合开发，利用自有媒体发布广告，设计、制作各类广告。

部门设置：工程管理部、前期设计部、质安部、机电部、综合办公室。公司共有员工41人。

表 1-2-11　2001—2012 年上海轨道交通申松线发展有限公司负责人情况表

职　务	姓　名	时　间
董事长	谢　炯	2001.6.18—2008.1.31
	张若霖	2008.1.31—2013.12.27
总经理	谢　炯	2001.6.18—2006.7.10
	缪海祥	2006.7.10—2011.2.17
	张若霖	2011.2.17—2012.4.26
	王益群	2012.4.26.—2013.12

9 号线一期：上海轨道交通申松线发展有限公司作为“业主”、上海港铁建设管理有限公司作为“业主代表”于 2004 年 4 月 28 日签订了《上海轨道交通 9 号线一期工程项目管理和咨询服务合同》。其中“业主”是 9 号线一期工程的投资方和资产的所有者，“业主代表”受“业主”委托负责 9 号线一期工程的实施并提供咨询服务。明确“业主代表”应建立一个具有国际先进管理水平同时又适合 9 号线一期工程的项目管理组织结构，进行包括但不限于时程计划、商务、设计、采购、前期工程、招投标、施工、安全、质量、环境及信息管理，以及合约管理、系统联调、测试及验收和移交资产予“业主”，缺陷通知期内等方面的全项目管理。工程范围：松江新城站—宜山路站，正线全长 30.687 公里，13 座车站、1 座车辆段及基地、1 座控制中心、2 座主变电所及配套系统工程。9 号线 1 期工程松江新城站至桂林路站于 2007 年底建成试运营；桂林路站至宜山路站于 2008 年底建成试运营。至 2010 年 6 月，“业主”与“业主代表”完成全部工作的移交手续。

9 号线 2 期：上海轨道交通申松线发展有限公司作为“甲方”、上海市市政工程建设处作为“乙方”于 2005 年 2 月 28 日签订了《上海轨道交通 9 号线 2 期工程建设管理服务合同》。其中“甲方”作为 9 号线 2 期工程的项目法人，全面负责工程项目的建设管理工作；“乙方”派员全面参与 9 号线 2 期工程范围内的工程项目实施管理，包括前期工程（含动拆迁、管线搬迁、交通组织等）管理、设计管理、项目实施等建设管理等工作。上海市轨道交通 9 号线 2 期工程为宜山路站（1 期工程终点站）至民生路站，全长 14.5 公里，均为地下线，共设 10 座车站。2006 年 8 月 22 日上午，轨道交通 9 号线 2 期工程在 6 标徐家汇站正式开工。2009 年 12 月 31 日 9 号线 2 期投入运营。

9 号线 3 期（南延伸）：上海轨道交通申松线发展有限公司作为“甲方”、上海市市政工程建设处作为“乙方”于 2011 年 5 月 6 日签订了《管理服务合同》。其中“甲方”作为 9 号线 3 期（南延伸）工程的项目法人，全面负责本项目的建设管理工作；“乙方”派员全面参与 9 号线 3 期（南延伸）工程的实施管理，对工程的建设全过程提供咨询意见和建议。轨交 9 号线 3 期（南延伸）：上海轨道交通 9 号线 3 期工程（南延伸）属松江老城区公共交通配套工程，总长 5.2 公里。9 号线 3 期工程（南延伸）设 3 座车站（松江南站站、醉白池站和松江体育中心站），三站均为地下站。9 号线 3 期（南延伸）开工时间 2010 年 4 月 1 日，于 2012 年 12 月 30 日正式运营。

轨道交通 9 号线 3 期（东延伸）工程位于浦东新区，起自 9 号线 2 期终点杨高中路站，终点为曹路站。线路全长 13.82 公里，均为地下线，设 9 座车站和 1 座停车场。该工程于 2013 年 12 月开工建设。至 2015 年末，7 座车站已结构封顶；年内完成盾构推进 24.5 公里。

【上海轨道交通杨浦线发展有限公司】

2001 年 4 月 28 日，上海轨道交通杨浦线发展有限公司成立。

公司住所：中国上海市中山南路久事大厦 32—33。后迁址上海闸北区恒通路 222 号 9—10 楼。

注册资本金：30 亿元，2013 年 1 月 20 日增加为 75.101 6 亿元。

经营范围：轨道交通杨浦线项目的投资、建设、经营和管理，以及沿线路站区的综合开发。

部门设置：工程管理部、前期工作部、质安部、综合办公室。

表 1-2-12　2001—2015 年上海轨道交通杨浦线发展有限公司负责人情况表

职　务	姓　名	时　间
董事长	徐子斌	2001.4.20—2003.2.25
	方光荣	2003.2.25—2004.12.17
	王建生	2004.12.17—
监事长	郑浩坤	2001.4.20—2004.9.27
	徐宪明	2004.9.27—
总经理	徐子斌	2001.4.20—2003.2.25
	张建斌	2003.2.25—2004.12.28
	缪海祥	2006.5.8—2006.7.10
	黄海滨	2007.3.29—

上海轨道交通 8 号线北起杨浦区市光路站，南至闵行区航天博物馆站，是上海轨道交通网络中一条南北向直径线，全线线路长为 37.438 公里，其中地下线为 31.458 公里，高架线长为 5.98 公里。共设 30 座车站。设殷行车辆段一处，占地 21.4 公顷；浦江镇停车场一处，占地 23 公顷。

8 号线 1 期工程起自市光路站至成山路站，线路长 23.218 公里，全部为地下线，共设 22 座地下车站。经国家发改委批准的总投资为 144.93 亿元。资金来源为，资本金 61 亿元，由项目法人上海轨道交通杨浦线发展有限公司注册资本金解决，其中上海申通集团有限公司出资 33 亿元；资本金以外部分，申请国内银行贷款解决。项目所需外汇由项目公司向银行购汇解决。1 期工程于 2001 年 12 月开工，12 月 28 日开通试运营。1 期大部分土建工程采用施工设计总承包的模式，通过上海市建筑建材业门户网站公开上网招标，全线车站、区间土建工程由上海隧道工程股份有限公司、中铁隧道集团有限公司、上海第一建筑有限公司、中铁四局集团有限公司、上海市基础工程公司等十二家施工单位承建。信号系统率先采用无线移动闭塞(CBTC)系统，为上海轨道交通网络互联互通创造积极条件，有利于轨道交通网络的资源共享和信号设备的市场化采购，降低网络运营维修成本，技术水平与国际接轨。人民广场附属工程体现轨道交通枢纽与地面交通整合的合理布局，是与上海建成国际化大都市最相匹配的城市交通大格局，为改善人民广场地区人流交通状况以及轨道交通枢纽换乘条件，根据《人民广场地区综合交通枢纽规划》，结合本工程人民广场站实施，建设人民广场附属工程，包括：南京路过街地道、南京路下沉式广场、人民广场换乘大厅、人民大道过街地道四项工程的土建结构、设备系统以及相关的出入口、风井等工程。

8 号线 2 期工程自成山路站至航天博物馆站，线路全长 14.22 公里，共设 8 座车站，2006 年 9

月开工，2009 年 7 月 5 日开通试运营。

2005 年至 2009 年，上海轨道交通杨浦线发展有限公司连续四次荣获上海市立功竞赛优秀公司。

【上海申通地铁股份有限公司】

1992 年 5 月 19 日，经上海市建设委员会研究批复，同意组建上海凌桥自来水股份有限公司。1994 年 2 月 24 日，公司股票在上海证券交易所上市，股票简称“凌桥股份”。注册资金 18 200 万元总股本 18 200 万元人民币，其中：国家股 12 000 万元人民币，占股本总额 65.93%；发起人法人股 2 500 万元人民币，占股本总额 13.74%；社会法人股 1 300 万元人民币，占股本总额 7.14%；社会个人股 2 400 万元人民币，占股本总额 13.19%。

2001 年 5 月 28 日，上海凌桥自来水股份有限公司与上海申通集团有限公司签订《资产购买协议书》，取得上海地铁 1 号线的部分资产：18 辆列车(每辆列车有 6 节车厢)；地铁 1 号线的售、检票系统；上海地铁广告公司的 51%的股权。并且双方又与上海地铁运营有限公司签订三方协商一致的《关于上海地铁 1 号线委托管理合同项下权利与义务转让的协议》，申通集团将《上海地铁 1 号线委托管理合同》中所约定的有关权利与义务全部转让给凌桥股份。6 月 29 日，上海凌桥自来水股份有限公司 2000 年度股东大会召开，通过公司重大资产重组更名的议案(由“上海凌桥自来水股份有限公司”更名为“上海申通地铁股份有限公司”，原股票简称由“凌桥股份”更名为“申通地铁”)。2001 年 7 月 25 日，公司获上海市工商行政管理局核准并领取新的营业执照，经向上海证券交易所申请并获准从 2001 年 8 月 6 日起，公司的股票简称由原来的“凌桥股份”变更为“申通地铁”。

表 1-2-13　2001—2015 年上海申通地铁股份有限公司负责人情况表

职　　务	姓　　名	时　　间
董事长	宋孝鋆	2001.6.29—2005.6.22(兼)
	钱耀忠	2005.6.22—2009.4.15(兼)
	张　焰	2009.4.15—2009.12.28(兼)
	俞光耀	2009.12.28(兼)—
监事长	贺阿东	2001.6.29—2005.6.22(兼)
	徐宪明	2005.6.22(兼)—
总经理	陈印岐	2001.6.29—2002.4.16
	顾　诚	2003.8.14—

2005 年 11 月 10 日，经研究决定，上海申通地铁股份有限公司党组织隶属关系挂靠上海申通地铁集团有限公司机关党委。2006 年 5 月 17 日，上海申通地铁股份有限公司审议通过“关于公司非公开增发股票的议案”“申通地铁非公开增发注入相关资产的情况说明”。6 月 19 日，临时股东大会逐项审议通过“公司非公开发行股票议案”。2013 年 10 月 30 日，上海地铁融资租赁有限公司完成工商设立登记，取得上海市工商行政管理局徐汇分局颁发的《企业法人营业执照》。上海地铁租赁有限公司注册地址是上海市徐汇区钦州路 770 号 335 室，法定代表人姓名顾诚，一人有限责任公司

(法人独资),注册资本为人民币贰亿元。经营范围：自有设备租赁(除金融租赁),经济信息咨询,企业管理咨询,投资咨询,资产管理,投资管理。2014 年 8 月 9 日,全资子公司上海地铁租赁有限公司完成工商变更登记的公告,名称由上海地铁租赁有限公司变更为上海地铁融资租赁有限公司。截至 2015 年 12 月底,上海申通地铁股份有限公司在职职工总数为 22 人,其中：高级职称人数为 7 人;中级职称人数为 5 人。部门设置：证券法律部、办公室、计划财务部、运营管理部、资产管理部、组织人事部。企业精神：开拓创新、团结协作、诚信勤勉、与时俱进。

【上海轨道交通长宁线发展有限公司】

2002 年 4 月 9 日,上海轨道交通长宁线发展有限公司成立。

注册资本：人民币贰拾肆亿贰仟柒佰伍拾壹万元(上海申通集团有限公司出资 17.64 亿元、上海长宁地铁建设发展有限公司出资 3.5 亿元)。

住所：上海市长宁区哈密路 431 号 3 幢 172 室。公司注册地址变更为：金钟路 658 弄 1 号乙座 302 室。

经营范围：轨道交通长宁线项目投资、建设、经营和管理,以及沿线和站区的综合开发,利用自有媒体发布广告,设计、制作各类广告。

部门设置：工程管理部、前期工作部、质安部、综合办公室。

表 1 - 2 - 14　2002—2015 年上海轨道交通长宁线发展有限公司负责人情况表

职　务	姓　名	时　间
董事长	严康瑜	2002.2.21—2011.3.25
执行董事	严康瑜	2011.3.25—
监事长	周耀东	2002.2.21—2004.6.4
	林秉华	2004.8.17—2005.6.24
	钱梅生	2005.6.24—2012.11.5
	徐宪明	2012.11.5(兼)—
总经理	严康瑜	2002.2.21—

上海轨道交通 2 号线延伸段(徐泾东站至中山公园站)工程由 2 号线西延伸工程和 2 号线西西延伸工程组成,设计线路全长 14.8 公里。西延伸工程全线为地下线路,自 2 号线的中山公园站出发,沿长宁路、天山路向西延伸,共设 4 座地下车站,线路全长 6.2 公里。

2002 年 10 月 14 日受长宁线发展有限公司委托,于 2003 年 9 月又经市发改委和建交委两委发文批准,由中国铁道建筑总公司建设管理分公司(以下简称中铁建)作为前期代业主土建工程总承包,其余工程以 BT 模式参与西延伸的建设。期间各车站的动拆迁,交通组织等工作顺利完成;2003 年 10 月土建威宁路站正式开工建设。2005 年 10 月 1 日,轨道工程在淞虹路站正式开始铺轨施工,全线采用无缝线路铺设,2006 年 2 月完成铺轨,3 月完成整体道床浇注,5 月通过验收,与运营中的轨道交通 2 号线顺利接轨。2006 年底通车。2008 年"上海轨道交通 2 号线西延伸工程"荣获上海市市政工程金奖;2009 年"上海轨道交通 2 号线西延伸工程"荣获上海市建设工程"白玉兰"奖(市优质工程)。

2008 年 2 月 12 日,上海市发展改革委员会批准上海轨道交通 2 号线西西延伸的工程可行性研究报告。同年9月18日,西西延伸工程初步设计获市建委批准。西西延伸工程线路走向起自青浦区徐泾镇的诸光路,延伸至淞虹路站。线路全长约8.6公里,全部为地下线,共设3座车站。西西延伸工程由申通地铁集团和青浦区政府出资,其中徐泾东站的土建(含装饰工程及风、水、电)和前期费用由青浦区政府承担,其余资金由申通地铁集团承担。工程由轨道交通长宁线发展有限公司负责项目的建设管理。2008年3月28日正式开工建设。2010年3月,徐泾东站至淞虹路站建成通车投入试运营。2011年7月"上海市轨道交通西西延伸(淞虹路站—诸光路站)"荣获上海市优秀设计一等奖。

【上海轨道交通宝山线发展有限公司】

2002年9月10日,上海轨道交通宝山线发展有限公司成立(简称宝山线项目公司)。

注册地址:上海市中山南路28号31楼。

注册资本:10亿。各股东的出资方式、出资额和出资比例为:上海申通地铁集团有限公司出资人民币占注册资本的50.07%;上海宝山城乡建设投资经营有限公司以工程沿线动拆迁(含管线搬迁)折价出资占注册资本的49.93%。

部门设置:工程管理部、前期工作部、质安部、综合办公室。

表1-2-15　2002—2012年上海轨道交通宝山线发展有限公司负责人情况表

职　务	姓　名	时　间
董事长	钱振华	2002.4—2003.3(兼)
	陈印岐	2003.3—2004.12)(兼)
	钱振华	2004.12—2006.2(兼)
	苏耀强	2006.2—2007.6(兼)
	严厚群	2007.6—2012.11(兼)
监事长	方光荣	2002.4—2003.3(兼)
	周耀东	2003.3—2004.10(兼)
	董经纬	2004.10—2007.6(兼)
	苏耀强	2007.6—2012.11(兼)
总经理	陈印岐	2002.4—2004.10

项目贷款人民币18亿元,为银团贷款,交通银行为牵头行,交行和工行各贷款9亿元,从2007年8月起放款,至2008年3月贷款资金全部到位,贷款资金预计2015年起进入还款期,2030年还款完毕。

2002年2月1日,上海市发展计划委员会印发《关于上海市轨道交通明珠线1期工程北延伸线项目建议书的批复》,批准了上海市轨道交通明珠线1期北延伸线项目建议书;同年5月8日印发《关于上海市轨道交通明珠线1期工程北延伸线可行性研究报告的批复》。上海轨道交通3号线工程北延伸线(宝山线),南起明珠线1期工程终点站江湾镇站,至江杨北路站。上海轨道交通3号线北延伸工程线路全长约15.365公里。全线共设10座车站,其中:高架车站8座,浅埋车站1座,地面车站一座,平均站距约1.5公里。

上海轨道交通3号线工程北延伸线由上海轨道交通宝山线发展有限公司投资，并委托上海久创建设管理有限公司作为业主代表进行建设管理，委托上海地铁运营有限公司进行运营管理，上海城交局实行监管职能。项目贷款人民币18亿元，为银团贷款，交通银行为牵头行，交行和工行各贷款9亿元，从2007年8月起放款，至2008年3月贷款资金全部到位，贷款资金预计2015年起进入还款期，2030年还款完毕。

2002年12月24日，工程全线开工；2006年3月底，完成所有车站土建、设备安装和装饰，并实现全线强电系统送电；2006年4月15日，实现铺轨工程无缝线路铺设贯通；2006年6月30日，首列列车正式上线调试；2006年11月底，顺利完成ATP/ATO功能的测试，并一次性实现ATS功能的调试，在上海轨道交通的建设历史上，这是历次轨道交通线路交付运营使用的第一次。2006年11月24日至26日，上海轨道交通3号线北延伸线基本运营条件专家认定会召开。2006年12月18日，上海轨道交通3号线工程北延伸线正式投入通车试运营。2012年12月13日，通过国家验收。

2006年1月轨道交通3号线北延伸工程"荣获2005年度重大工程文明工程光荣称号"；2006年10月上海轨道交通宝山线发展有限公司荣获"2006年度轨道交通建设安全生产先进单位"；2007年1月轨道交通3号线北延伸工程"荣获2006年度重大工程文明工程光荣称号"；2007年3月上海轨道交通宝山线发展有限公司在2006年度上海轨道交通建设立功竞赛活动中荣获"目标创先"奖。

【上海轨道交通申嘉线发展有限公司】

由上海申通地铁集团有限公司、上海嘉定轨道交通建设投资有限公司共同发起，组建了上海轨道交通申嘉线发展有限公司。2003年4月11日，上海轨道交通申嘉线发展有限公司获得上海市工商行政管理局嘉定分局颁发的营业执照。

注册地址：上海市嘉定区南大街272号。

公司住所：上海市中山南路28号(2010年2月住所搬迁至上海市普陀区曹杨路78号)。

注册资本2 000万元，其中：上海申通地铁集团有限公司出资现金人民币980万元，占公司注册资本的49%，上海嘉定轨道交通建设投资有限公司出资现金人民币1 020万元，占公司注册资本的51%。2015年11月30日吸收上海浦东轨道交通投资有限公司入股，注册资本1 202 694.18万元，其中：上海申通地铁集团有限公司出资现金人民币804 780万元，占公司注册资本的66.91%，上海嘉定轨道交通建设投资有限公司出资现金人民币314 214.18万元，占公司注册资本的26.13%，上海浦东轨道交通投资有限公司出资现金人民币83 700万元，占公司注册资本的6.96%。

经营范围：轨道交通申嘉线项目的投资、建设、经营和管理，以及沿线路、站区的综合开发。2012年7月5日，根据申嘉线股决议013号，营业范围增加：利用自有媒体发布广告，设计、制作各类广告。

部门设置：综合办公室、工程管理部、前期工作部、质安部、机电工程部。

表1-2-16　2003—2015年上海轨道交通申嘉线发展有限公司负责人情况表

职　务	姓　名	时　间
董事长	王　明	2003.3.19—2011.1.19
	严康瑜	2011.1.19—

（续表）

职　　务	姓　　名	时　　间
监事长	林秉华	2003.3.19—2005.12.27
	钱梅生	2005.12.27—2015.11.30
	史　军	2015.11.30—
总经理	杨　军	2003.3.19—2013.12.27

上海轨道交通申嘉线发展有限公司与上海市建设工程管理有限公司签订了上海轨道交通11号线北段1期工程、2期工程建设管理服务合同，通过从上海市建设工程管理有限公司派员输出的方式，共同作为11号线建设管理单位的组成，全面参与11号线北段工程的管理。

申嘉线发展有限公司建设管理的工程项目：1期工程于2005年11月开工建设，2009年12月31日建成试运营。2期工程（华山路中间风井—罗山路）于2008年12月开工建设，2013年8月31日投入试运营。花桥延伸段（安亭站—花桥站）工程于2010年10月26日开工建设，2013年10月17日建成试运营。迪士尼延伸段工程（罗山路—迪士尼乐园），2013年5月开工建设，2015年12月19日11号线延伸段（罗山路站—康新公路站）建成试运营。

申嘉线发展有限公司成立以来，2007年起连续八年获得上海市重大实事工程立功竞赛优秀公司，荣获"2011—2012年度上海申通地铁集团文明单位""2013—2014年度（第三届）上海申通地铁集团有限公司文明单位"荣誉称号。负责建设的上海轨道交通11号线北段工程（华山路中间风井—罗山路）被评为2014年上海市市政工程金奖、2015年度"全国市政金杯示范工程"、上海重大工程建设创"双优"活动示范项目。2011年7月13日，上海轨道交通申嘉线发展有限公司的"城市轨道交通高架车站及车辆基地的综合开发研究"被上海市科学技术委员会确认为上海市科学技术成果。2012年1月4日，"上海市轨道交通11号线盾构穿越重要建筑物施工扰动机理与控制关键技术研究"被上海市科学技术委员会确认为上海市科学技术成果。截至2015年12月31日，共有员工23人。

【上海轨道交通浦东线发展有限公司】

2002年3月14日，成立上海轨道交通浦东线发展有限公司。简称：浦东线项目公司。

注册资本：49.566亿元。上海申通地铁集团有限公司出资26.6亿元、上海浦东发展（集团）有限公司出资22.9亿元。

注册地址：上海市浦东新区龙阳路1990号2楼。

经营范围：上海轨道交通6号线项目的投资建设、运营和经营管理，以及沿线路、站区的综合开发；机电设备的维修保养及技术咨询服务；广告设计、制作、利用自有媒体发布。

部门设置：综合办公室、工程管理部、前期工作部、质安部、机电工程部。

表1-2-17　2003—2015年上海轨道交通浦东线发展有限公司负责人情况表

职　　务	姓　　名	时　　间
董事长	刘正义	2003.3—2005.9.7
	吴大荣	2005.9.7—2008.1.25
	严厚群	2008.1.25—2014.2

（续表）

职　务	姓　名	时　间
执行董事	严厚群	2014.2(兼)—
监事长	周耀东	2003.7.7—2004.6.24(兼)
	徐宪明	2005.9.7—2014.2(兼)
总经理	白廷辉	2002.12—2008.5.30(兼)
	宋　博	2004.8.17—2008.5.30
	刘纯洁	2008.5.30—2012.4

2005年11月，国家发展和改革委员会以《国家发改委关于上海市轨道交通6号线可行性研究报告批复》，批准了工程可行性研究报告。上海市轨道交通6号线工程(以下简称6号线)全线位于上海浦东新区境内，途经外高桥保税区、金桥进出口加工区、陆家嘴金融贸易区、六里现代生活园区和世博商务区，是纵贯浦东新区南北的骨干交通线。为上海2010世界博览会提供了便利的交通环境，对促进浦东的进一步开发发挥了重要作用。

6号线由上海轨道交通浦东线发展有限公司负责建设管理，上海地铁建设有限公司为业主代表。2002年12月30日，成立上海地铁建设有限公司轨道交通6号线项目管理部。2003年12月17日，签署《上海轨道交通6号线建设管理委托合同》。工程于2002年底开工，2007年12月13日，顺利通过上海市城市交通管理局组织的专家评审，确认具备开通试运营的基本条件，2007年12月28日开通试运营。6号线工程荣获2009年度“上海市市政金奖工程”；6号线航津路站—五莲路站高架段七站六区间荣获2010年度“全国市政金杯示范工程”。

【上海轨道交通7号线发展有限公司】

2003年4月，上海轨道交通7号线发展有限公司成立。

公司住所：中国上海市中山南路28号久事大厦32楼。

注册资金：62.192337亿元。上海申通地铁集团有限公司出资60.4亿元、上海宝山城乡建设投资经营有限公司出资0.7亿元、上海市普陀区城市建设投资有限公司出资0.3亿元、上海锦迪城市建设开发有限公司出资0.25亿元、上海陆家嘴集团有限公司出资0.5亿元。

经营范围：上海轨道交通7号线工程项目的投资、建设、经营和管理以及沿线、站区的物业综合开发。(以上范围涉及许可经营的凭许可证经营)

部门设置：综合办公室、工程管理部、前期工作部、质安部、机电工程部。

2012年4月26日，上海轨道交通7号线发展有限公司合并入上海轨道交通申松线发展有限公司。

表1-2-18　2003—2015年上海轨道交通7号线发展有限公司负责人情况表

职　务	姓　名	时　间
董事长	施俊明	2003.5.9—2009.5.21
	王益群	2009.2.24—2013.12
	严康瑜	2014—

（续表）

职　　务	姓　　名	时　　间
监事长	郑浩坤	2003.5.9—2004.8.30
	徐宪明	2004.8.30(兼)—
总经理	施俊明	2003.5.9—2005.2.8
	刘庆华	2005.2.8—2006.1.4
	施俊明	2006.1.4—2007.3.29(兼)
	贺建良	2007.3.29—2008.12.30
	王益群	2008.12.30—2012.4

上海市轨道交通7号线工程正线起于宝山区外环路陈太路的祁华路站，终于浦东新区新博览中心站。线路全长34.388公里，全部为地下线。全线设车站28座，其中换乘站15座，全线设停车场两处，其中陈太路停车场位于本线北端，龙阳路辅助停车场位于本线南端，其出入场线从龙阳路站单线立交引出。全线设主变电所两处，控制中心一处。

上海市轨道交通7号线2005年6月全线正式开工，第一列列车于2009年6月10日正式上线调试，2009年11月通过了全线验收，并与2009年12月28日开通试运营。作为上海轨道交通进入网络化建设时代的首条线路，7号线充分考虑车辆检修设施、主变所、控制中心的网络资源共享，以降低工程投资。开发应用了具有自主知识产权的地铁综合监控系统。通信、信号、FAS、BAS等弱电系统设备用房合设弱电综合机房，同步实施换乘车站按资源共享的理念设置设备管理用房，缩小了车站规模。

上海市轨道交通7号线罗店中心镇公共交通配套工程，由上海申通地铁集团有限公司与宝山区共同投资，由上海轨道交通7号线发展有限公司负责项目投资和建设管理。罗店中心镇公共交通配套工程线路基本呈南北走向，起自轨道交通7号线祁华路站北端，至终点站美兰湖站。线路全部位于宝山区，全长约9.978公里，共设5座车站；主变、停车场及车辆基地均与7号线共享。2007年9月全线正式开工。2009年12月28日开通试运营。2010年11月通过全线验收。

第七节　上海地铁建设有限公司

一、沿革

根据上海轨道交通投资、建设、运营体制改革的总体方案，2000年4月，上海地铁建设有限公司（下简称为地铁建设公司）成立。上海地铁建设公司党政关系分别隶属于“中共上海市建设和管理工作委员会”和“上海市建设和管理委员会”领导。公司职能为接受轨道交通投资公司或项目公司委托，承担轨道交通建设项目的规划、勘探、设计、工程建设、人员培训等，并对项目的全过程进行管理、实施“交钥匙”式的建设总承包。经中华人民共和国对外贸易经济合作部审核批准，地铁建设公司具有对外承包工程劳务合作经营资质。对外经营范围：承包境外工程及境内国际招标工程；上述境外工程所需的设备、材料出口；对外派遣境外工程所需的劳务人员。

2004 年 6 月，上海轨道交通建设管理模式进行重组改革，上海地铁建设公司与申通公司整体合并，成立新的上海申通集团公司。

【注册资本】

地铁建设公司注册资本为人民币 2.735 亿元，由上海城建集团、上海建工股份有限公司、上海地铁运营有限公司、上海隧道工程股份有限公司、上海市隧道工程轨道交通设计研究院、上海市政工程设计研究院、铁道部电气化工程局电气化勘测设计研究院、上海电气(集团)总公司、上海铁路城市轨道交通设计研究院、北京市城建设计研究院、上海铁路轨道交通开发有限公司共同出资成立。2001 年 6 月，地铁建设公司注册资本进行了调整，由原来的人民币 2.735 亿元减少至人民币 1 亿元，原则上在原各出资单位出资股本的基础上按比例减少。2002 年 1 月，参股单位作了相应调整。重新调整后的股本结构是：地铁建设有限公司 4 000 万元(国资授权)，占公司股本 40%；上海市闵行虹桥开发公司 2 000 万元，占公司股本 20%；上海地铁运营有限公司 2 000 万元，占公司股本 20%；申能(集团)有限公司 2 000 万元，占公司股本 20%。2002 年 7 月，地铁建设公司股权结构再次调整，上海市城市建设投资开发总公司和上海地铁运营有限公司对地铁建设公司的投资全部退出，由上海中星(集团)有限公司和上海闵行虹桥开发公司分别受让。地铁建设公司股权结构调整后，注册资本 1 亿元。其中上海闵行虹桥开发公司出资 4 000 万元，上海中星(集团)有限公司出资 4 000 万元，各占注册资本 40%；申能(集团)有限公司出资 2 000 万元，占注册资本 20%。2002 年 10 月至 2003 年 1 月，地铁建设公司股权结构又进行了调整，调整后，地铁建设公司注册资本为人民币 5 000 万元，股东为：上海市闵行虹桥开发总公司(持有 41%股权)、上海中星(集团)有限公司(持有 39%股权)和申能(集团)有限公司(持有 20%)股权。

【组织架构】

地铁建设公司成立之初董事长、党委书记为谭企坤，总经理为程骁。正式职工 230 人左右，97%以上为专业技术管理人员，中级、高级职称占职工总数的 70%以上。

部门设置：行政管理部、人力资源部、计划财务部、市场合约部、技术管理部、机电事业部、海外事业部、明珠线二期项目管理部、共和新路高架项目管理部、莘闵轻轨交通线项目管理部。下属企业有：上海地铁盾构设备工程有限公司(2001 年 3 月划转进入地铁建设有限公司)、上海对外建设有限公司(2003 年 11 月股权受让 43.01%转入地铁建设公司)。

表 1-2-19　2000—2004 年上海地铁建设有限公司负责人情况表

职　务	姓　名	任职时间
董事长	谭企坤	2000.4.18—2003.10.17
	朱沪生	2003.10.17—2004.6.24
副董事长	姜先赋	2000.4—2002.1(兼)
	姚建平	2000.4—2002.1(兼)
	钱达仁	2002.1.16—2004.6(兼)
	程　骁	2002.1.16—2002.19.11(兼)
	丁晓枚	2002.10.18—2004.6(兼)

（续表）

职　务	姓　名	任职时间
党委书记	谭企坤	2000.9.1—2003.8.27
	朱沪生	2003.8.27—2004.6.24
总经理	程　骁	2000.4.18—2002.19.11
	五　一	2002.9.11—2004.6.24
党委副书记	程　骁	2002.9.1—2002.19.11
	胡洪威	2000.9.1—2004.6.24
副总经理	白廷辉	2000.4.18—2004.6.24
	沈光怡	2000.4.18—2004.6.24
	五　一	2000.4.18—2002.9.11

二、主要工作

2000年6月，地铁建设公司全面承接上海轨道交通明珠线2期(4号线)、共和新路高架(1号线北延伸)、莘闵轨道交通线(5号线)工程建设代业主管理任务；2001年11月，接受杨浦线(8号线)工程项目、2003年12月接受轨道交通6号线的建设管理任务。地铁建设公司在投资、建设、运营、管理“四分开”的形势下，定准轨道交通设施业主代表的位子，以坚持建设轨道交通优质工程为宗旨，以轨道交通建设管理人才为优势，以轨道交通项目管理为核心，不断创新体制机制，按节点目标、按质量要求，完成了多线路的轨道交通工程建设管理任务。

【科技创新】

2000年8月，组建成立了“地铁建设公司科学技术委员会”，委员会由工程院院士刘建航领衔，王振兴、叶可明等一批著名专家被聘为地铁建设公司科技委委员。科学技术委员会在轨道交通建设管理过程中，发挥了积极的科技指导、科技把关的重要作用。为解决工程全面铺开所带来的现场管理难度问题，地铁建设公司在地下车站建设管理中，推广使用深基坑施工计算机远程监控系统，实施工地数字式视频监控，实现全方位信息化反馈，运用信息采集、监测和分析，实时或定时上传数据，及时掌握深基坑变形情况，防范风险于未然。2000年8月起，地铁建设公司全面实施了ISO9002质量管理体系的贯标工作，通过了市质量体系审核中心的复审监察，并顺利完成ISO9002资格证书的转证。顺利通过ISO9001(2000版)质量管理体系和ISO14001环境管理体系的认证，2002年通过职业安全健康体系认证。地铁建设公司还编制了《工程项目质量管理实务手册》《工程项目安全管理实务手册》《技术管理办法》《科研工作管理办法》等，进一步提升了工程项目管理质量和企业管理水平。

【企业精神和企业文化】

2001年4月地铁建设公司制定《两个文明建设年度责任目标书》，确立了“建轨道交通精品，育国际一流人才”的企业精神，以“敬业奉献、诚信服务、开拓创新、清正廉洁”为公司职业道德规范，开展企业文化建设，形成地铁建设管理企业的文化特色。2004 年 1 月，地铁建设公司还制定《地铁建设公司形象识别系统手册》，该手册内容由地铁建设公司司徽、专用名、标准字体、专用色以及应用示例等组成，为地铁建设公司内外标识的标准手册。

【党组织联席会议】

为加快轨道交通建设任务，确保轨道交通工程建设质量，2002 年 3 月，地铁建设公司党委组织工程参建单位，建立每季度一次的党组织联席会议制度，运用党组织联席会议机制，互相学习、互通信息、互为监督，推进轨道交通建设工程的干部优秀、工程优质建设。

【立功竞赛】

在市重大办、竞赛办的支持下，2001 年，地铁建设公司成立了上海轨道交通立功竞赛综合赛区。在轨道交通建设线路、设计单位、施工单位、前期动拆迁单位之间，开展了比设计方案，比动拆迁速度，比工程质量，比工程进度的轨道交通建设综合赛区立功竞赛活动。通过劳动竞赛，每年评选出一批市建设功臣、记功集体和记功个人，推进了轨道交通工程施工质量、进度的提高。

【文明工地创建】

地铁建设公司成立后每年在轨道交通工程建设中，开展质量、安全、进度、文明施工的文明工地创建活动，实施了工程招标与文明创建同步签约，施工进场与创建活动同步启动，施工推进与创建推进同步展开，每年有 70%以上工地被评为市重大工程文明工地。

【工地治安管理】

2000 年 8 月，地铁建设公司与上海市公安局城市轨道交通分局联合成立了“上海市城市轨道交通建设工地治安管理办公室”。办公室对工地外来民工进行宣传引导、法律帮助和管理，对工地的消防、安全、治安情况进行全方位把控，有力地维护了轨道交通建设的治安稳定。

第八节　上海地铁运营有限公司

一、沿革

根据本市轨道交通投资、建设、运营体制改革的总体方案，2000 年 4 月 17 日，上海市建设委员会同意组建上海地铁运营有限公司（下简称为运营有限公司），运营有限公司党政关系归属行业管理部门——上海市城市交通管理局。原上海市地铁总公司中划归上海地铁建设有限公司外的其他业务由运营有限公司承担。地铁 1 号线、2 号线的债务由原投资主体（投资公司）承担。体制转换中，运营有限公司配合上海地铁建设有限公司做好地铁 2 号线剩余合同的执行、工程决算、竣工验收等工作。运营有限公司职能是通过竞争，接受轨道交通投资公司或项目公司委托，负责轨道交通运营的指挥调度和管理、运营设施的抢修维修、保障运营安全；通过开发相关产业，开展多种经营，增加收益，弥补运营。

2005 年 7 月 1 日，根据中共上海市委、上海市政府的部署，上海地铁运营有限公司由上海市城市交通管理局划转上海申通集团有限公司（后改名为：上海申通地铁集团有限公司）管理。

2009年2月11日，上海申通地铁集团有限公司宣布机构调整方案，撤销运营有限公司建制。

【注册资本】

注册资本3亿元人民币，其中市城投总公司出资18 000万元，占注册资本的60%；市久事公司出资12 000万元，占注册资本的40%。取得由国家工商行政管理部门颁发的《企业法人营业执照》。注册地址为衡山路12号。

【经营范围】

经营范围为城市轨道交通运营、客运交通及综合开发经营，房地产，物业管理，工程项目建设、咨询，设备制造、安装、维修租赁，技术服务，培训，收费停车库及轨道交通相关的业务。

【组织架构】

上海运营有限公司成立之初，党委书记为朱沪生，总经理为周淮。拥有正式职工3 300余人，高级职称130余人，中级职称400余人，技师20人。

运营有限直属单位：客运分公司、车辆分公司、通号分公司、机电分公司、工务分公司、后勤服务分公司、票务中心、总调度所、上海地铁培训教育中心、上海地铁咨询监理科技有限公司、上海地铁房地产经营开发有限公司、上海地铁物资有限公司、上海地铁实业公司、上海地铁商贸分公司、上海地铁广告有限公司、上海地铁机械清场有限公司、上海地铁工程盾构租赁有限公司、上海地铁建筑装饰工程有限公司、上海地铁通讯传输有限公司、上海地铁东方置业发展有限公司、上海地铁旅游文化发展有限公司、上海地铁建筑工程有限公司、上海地铁科技有限公司、上海地铁人力资源中心等。

表1-2-20　2000—2008年上海地铁运营有限公司负责人情况表

职　务	姓　名	时　间
党委书记	朱沪生	2000.4—2003.8
	桑万发	2004.3—2009.2
董事长	朱沪生	2000.4—2004.4
总经理	周　淮	2000.4—2006.12
	朱沪生	2006.12—2008.3(兼)
	邵伟中	2008.3—2009.2

二、主要工作

上海地铁运营有限公司以“国际接轨、国内领先、行业示范”为目标，以安全运营为中心，依靠科技进步和科学管理，不断提升市场综合竞争力，通过深化改革、引入和转换机制，发挥整体实力，实现企业全面协调发展。

【公司治理和改革】

2001年1月17日，中共上海地铁运营有限公司委员会代表大会举行。134名党员代表，11名列席代表出席。1月22日，上海地铁服务热线64370000开通。是月，《上海地铁运营有限公司劳动规章暨员工手册》颁发。2002年4月25日，一支由400人组成的负责地铁安全运营、车站治安管理的安保大队成立。2002年8月19日，运营有限公司对运营主业单位实施调整，成立运营有限公司客运一分公司、运营有限公司客运二分公司、运营有限公司客运三分公司。2005年10月，运营有限公司实施"主辅分离"改革，剥离上海地铁咨询监理科技有限公司、上海地铁商贸有限公司、上海地铁东方置业发展有限公司、上海地铁广告有限公司、上海地铁旅游文化发展有限公司、上海地铁建筑工程有限公司、上海地铁运营科技发展有限公司及下属公司的党政关系，这些经营性单位划转至上海申通地铁资产经营管理有限公司。2006年，运营有限公司党代会、职代会讨论通过并印发上海地铁运营有限公司企业愿景、企业使命、核心价值观、企业精神、运营理念、企业行为准则、员工行为准则等企业文化核心理念。

【运营服务】

2001年，地铁客运总量2.83亿人次，日均客运量77.4万人次，占全市公交客运总量的10%以上；地铁三条线运营总收入6.27亿元，超额完成计划的14.88%；经营性企业的收入达3.2亿元。2004年11月3日，上海轨道交通1号线北延伸段由建设单位正式移交运营有限公司，轨道交通运营线路总长增至95公里。11月14日，首批12套车载运营信息LED滚动显示屏于在一列地铁1号线列车上安装成功。12月4日，上海轨道交通1号线上海南站站由地面改为入地运营，原上海南站站完成历史使命正式退出运营。2005年8月1日，运营有限公司贯彻ISO9001、ISO14001、GB/T28001"三标合一"的管理体系第三方认证，《质量、环境和职业健康安全管理手册》《程序文件》正式实施。2005年10月10日，轨道交通4号线由上海地铁运营有限公司全面接管。10月，运营有限公司正式加入CoMET(Community of Metros国际地铁协会)。2007年，运营有限公司制定网络运化运营管理标准和规程，完善并组织实施网络化运营抢修维修组织模式，实施以梅陇、龙阳路、新闸路、宝山4个抢修点为基础的网络化抢修布点方案。2008年，运营有限公司紧紧围绕轨道交通超常规发展目标，通过持续改进创新，实现网络化轨道交通运营管理的扁平化，集成化和智能化，着力提高安全运营水平和服务质量，形成以"安全地铁、高效地铁、人文地铁"为核心的上海地铁服务品牌。

【票价改革】

2005年9月15日，运营有限公司顺利实施上海轨道交通客运票价调整方案，基准票价由2元调整为3元，每段进级1元，起乘里程6公里，之后按10公里进级，轨道交通1、2、3号线及以后新投入运营的轨道交通线路按调整后的价格执行。2005年12月，上海轨道交通运营线路实现统一票制，网络线路可"一次购票，多次换乘"，该工程系国内首家实现自动售检票(AFC)系统网络化运营。

【荣誉称号】

2001年，上海地铁运营有限公司被评为国家建设部精神文明建设先进单位、上海市文明单位、上海市优秀公司，获得全国和上海市用户服务满意单位，被市文明办推荐为全国创建文明行业活动示范单位。2003年，公司获得全国优质服务月先进单位，全国用户满意服务单位称号。10月2日，上海地铁运营有限公司被市工商局授予上海市AAA级"守合同重信用"企业。2004年，获全国用户满意服务单位、全国优质服务月先进单位、全国"守合同讲信用"企业、全国质量管理优秀成果奖、上海市春运先进单位等称号。2005 年 1 月 1 日，运营有限公司教育培训中心被上海市职业技能鉴定中心评为 2004 年度上海市国家职业技能鉴定中心先进单位，同时，获得 A 级培训资质。是年，运营有限公司被评为第十二届市文明单位，被中央文明办授予全国文明单位。2007 年，运营有限公司蝉联全国文明单位、上海市文明单位称号并通过文明行业评估，世纪大道站获全国文明委颁发的全国巾帼文明岗称号。2008 年，运营有限公司蝉联全国文明单位称号，获全国扶残助残先进集体称号。

图 1-2-3　2005 年 7 月 1 日上海地铁运营有限公司划归上海申通地铁集团公司

第九节　上海现代轨道交通股份有限公司

一、沿革

2000 年 4 月 21 日，经上海市人民政府《关于同意设立上海现代轻轨经营发展股份有限公司的批复》同意，由上海巴士实业(集团)股份有限公司、大众交通(集团)股份有限公司、上海强生出租汽车股份有限公司、上海交运股份有限公司、上海公交控股有限公司 5 家单位发起设立股份制企业——上海现代轻轨经营发展股份有限公司。

2002 年 8 月，上海现代轻轨经营发展股份有限公司更名为上海现代轨道交通股份有限公司(简称现代公司)。

注册地址：上海浦东新区杨高南路 378 号。办公地址：沪闵路 6307 号。

注册资本：1 亿元；上海巴士实业(集团)股份有限公司股份数(万股)3 000，比例 30%；大众交通(集团)股份有限公司(万股)3 000,比例 30%;上海强生出租汽车股份有限公司股份数(万股)2 000,比例 20%;上海交运股份有限公司股份数(万股)1 000,比例 10%;上海巴士投资管理发展有限公司股份数(万股)1 000,比例 10%;

经营范围:投资、经营、管理轨道交通及其相关业务。

2007 年 6 月 27 日,划归上海申通地铁集团有限公司。

2009 年,撤销建制,业务分别划归上海地铁第一运营有限公司和上海地铁第四运营有限公司。

【组织架构】

部门设置:办公室、人力资源部、计财部、运安部、技术部;公司下设:5 号线事业部、6 号线事业部、设备维护事业部、后勤事业部。

表 1-2-21　2001—2009 年上海现代轨道交通股份有限公司负责人情况表

职　　务	姓　　名	时　　间
总经理(上海现代轻轨经营发展股份有限公司)	王华泳	2001.1—2002.12
党委书记	杨　宏	2003.01—2003.09
	姚铁山	2003.09—2008.01
	冯训良	2008.01—2009.02
总经理	杨　宏	2002.12—2009.02

二、主要工作

上海现代轨道交通股份有限公司管辖上海轨道交通 5、6 号线。倡导“尊重人的价值,勇于承担责任”的企业文化,提升“绿色巴士,服务到家”的企业品牌。

2002 年 4 月,完成轨道交通 5 号线竣工验收备案工作。根据《上海市轨道交通管理条例》有关规定,经市政府同意,授权上海现代轨道交通股份有限公司承担轨道交通 5 号线(原称“莘闵线”)的运营管理职能;认定上海现代轨道交通股份有限公司具备实施轨道交通相应行政处罚的条件。2003 年 4 月 21 日,轨道交通 5 号线第一列电动列车经过五个多月的接车、调试和实验,正式签字验收。2003 年 8 月 27 日开始进行车辆负载调试,行车方案为“跑三备一”,即正线 2 列列车双线单向自动闭塞运行,库内 1 列备车,供正线列车故障时使用。10 月 23—25 日,上海城市交通局组织有关部门和专家对轨道交通 5 号线具备试运营条件进行了认定,顺利通过基本试运营条件专家评审。轨道交通 5 号线票价按照市场物价局文件执行,根据乘距实行分段基准运价。11 月 25 日上午,市交通局、闵行区政府和现代轨道公司等参建单位在春申路站举行轨道交通 5 号线试运营开通仪式。杨雄副市长出席开通仪式并讲话。

2004 年在确保轨道交通 5 号线的安全运营服务的同时,做好介入 8 号线运营管理的前期准备工作,开展 5 号线创建文明示范线路的活动。坚持突出重点,狠抓落实,着力推进,以点带面,推动各项工作的不断深化。7 月 1 日,由市文明办、市建设系统文明委和交通局文明委共同主办,现代轨道公司等运营单位和乘客代表共同参与的“轨道交通先下后上有序乘车——争做文明乘客万人签名活动”在莘庄站主会场隆重举行。公司积极配合闵行区政府开展了“闵行老人看闵行”活动,4 000

余名老人分批乘坐轨道交通 5 号线观赏沿线风光。

2005 年，全面巩固创建文明乘车示范线，营造和谐乘车环境的特色服务年；并积极做好 6 号、8 号两条新线运营准备工作，提高核心竞争力，加强人才储备的人才培训年。对运营指挥中心组织机构进行调整，原调度组更名为指挥室；原信号楼、乘务组撤销，信号楼人员及业务与乘务组合并，更名为运务部；原车站组更名为客服部；质量监察组更名为安监室；成立技术室、办公室。根据发展需要，经研究决定，组建公司车辆部。12 月 25 日“一票通”工程顺利启用。

2006 年，公司以精细化管理为工作主线，投身 6 号线试运营筹备，介入 11 号线施工建设，实现“立足安全，打造精品，筹备新线构筑和谐”的任务，全面开拓公司发展新局面。4 月 10 日，在上海市首届“创争”活动表彰大会暨第二届上海职工发展论坛上，公司被授予上海市第一届百家学习型企事业单位的光荣称号。上海轨道交通 6 号线工程试运营基本条件通过专家评审。荣获中国文化管理学会、中国企业文化促进会联合颁布的“2006 年中国优秀企业形象单位”荣誉称号。荣获“2006 年上海市用户满意服务明星班组/个人”荣誉称号。荣获由中国企业文化促进会颁发的“2006 年全国企业文化建设工作先进单位”荣誉称号。

2007 年，上海轨道交通 6 号线工程试运营基本条件通过专家评审，2007 年 12 月 29 日开通试运营。

2007 年 6 月底，共有职工 1 195 人，其中正式工 1 007 人，劳务工 188 人。职工中具有高级职称 9 人，中级职称 18 人，初级职称 87 人。荣获 2007 年上海市实施用户满意工程先进单位。荣获国家建设部“全国建设系统精神文明建设先进单位”称号。荣获“上海市重大工程立功竞赛优秀公司”称号。

2008 年，为顺应申通地铁集团轨道交通网络化运营管理的战略需要，对公司行政管理机构作出相应调整。是年，5 号线市级共青团号列车组被中华全国总工会授予 2008 年全国“工人先锋号”荣誉称号。

第三章　上海申通地铁集团有限公司

第一节　公司治理架构

一、企业性质

2004年6月11日，中共上海市国有资产监督管理委员会决定，上海地铁建设有限公司党的关系划转上海申通集团有限公司委员会。2004年6月24日，上海市政府召开上海申通集团有限公司重组工作会议，会议明确了上海申通集团有限公司党的关系划转中共上海市建设和管理工作委员会，上海地铁建设有限公司整体合并进入上海申通集团有限公司。合并后的上海申通集团公司注册资本为人民币260亿元，其中上海久事公司占66.13%，上海市城市建设投资开发总公司占33.87%。

2005年7月1日，根据中共上海市委、上海市政府的部署，上海地铁运营有限公司由上海市城市交通管理局划转上海申通集团有限公司。

2005年7月18日，上海申通集团有限公司办理工商登记变更，更名为上海申通地铁集团有限公司(以下简称申通地铁集团)。注册地址：上海市衡山路12号3楼，办公地点：衡山路12号。2007年5月8日，迁址上海市桂林路909号。截至2014年底，集团实收资本1 169.94亿元，总资产2 751.12亿元。

至此，上海申通地铁集团有限公司(简称申通地铁集团)成为一家融轨道交通投资、建设和运营管理为一体的大型企业集团，是上海轨道交通投资建设和运营的责任主体。

2012年12月17日，根据中共上海市委员会决定，上海申通地铁集团党的关系划转市国资委党委归口管理。

重组成立后的申通地铁集团努力发挥轨道交通建设责任主体作用，切实履行轨道交通建设指挥部办公室职能，以“并轨统一、过度平稳、工作不断”为原则，按照“先融合、后整合，先就位、后到位，先并轨、后接轨”的思路，确保改革重组与工程建设管理同步落实、同步推进。经过十多年的努力，至2015年，上海轨道交通路网规模增加到617公里、15条线路、366座车站(均含磁浮)，运送乘客30.6亿人次，日均客流达到839.5万人次，同比增长9%，单日最高客流达到1 083.3万人次，轨道交通出行占公共交通出行比率达43%，首次超过地面公交成为市民出行首选。申通地铁集团被评为全国卓越绩效管理模式先进企业，并荣获卓越绩效管理模式特别奖、上海市质量管理优秀企业。上海轨道交通行业从2007至2015年，连续数年被评为上海市文明行业。

二、组织架构

根据《企业章程》设立股东会、董事会、监事会、经理层。最高权力机构是股东大会，公司按法定程序定期或临时召开股东大会讨论、表决重要事项，选举产生董事会和监事会，选举公司高级管理人员，并及时披露信息。决策层、监督层、经营管理层按照工作规则各司其职，各负其责。

2005年，上海申通地铁集团有限公司董事会由7名董事组成，设董事长1人；监事会由5名监事组成，设监事会主席1名。2015年，董事会由5名董事组成，设董事长1人；监事会由3名监事组成，设监事会主席1名。

2005—2015年，股东大会共召开十一次，主要审议公司出资组建上海申通地铁资产经营管理有限公司；发行上海轨道交通项目专项投资计划；公司受让上海地铁南站站建设有限公司股权；吸收合并上海轨道交通长宁线发展有限公司、上海莘闵轨道交通线发展有限公司；公司修改公司章程部分条款等事宜。

2005—2015年，董事会产生2届，共召开董事会会议十三次，主要审议聘任董事长、总裁，公司出资组建上海地铁维护保障有限公司，公司为部分项目银行贷款提供担保，受让上海市地铁总公司整体产权，《上海申通地铁集团有限公司领导班子成员薪酬制度改革实施方案》等事宜。

表1-3-1　2004—2015年申通地铁集团股东会、董事会情况表

时　间	会议名称	主要审议事项
2004年7月16日	二届一次董事会 申通董决议2003号	聘任公司董事长、副总裁、总工程师
2005年1月27日	2005年临时股东会(通信表决) 申通股东决议009号	审议通过公司与上海市隧道工程轨道交通设计研究院、上海市城市规划设计研究院共同出资组建上海申通轨道交通研究咨询有限公司等事宜
2005年2月24日	2005年股东会暨二届二次董事会 申通股东决议010号 申通董决议2004号	股东会审议通过《关于修改公司章程的议案》根据公司重组后的实际情况，进行修改；审议通过对9号线二期、10号线一期和11号线南段项目的投资计划等 董事会审议通过《关于公司为项目公司提供贷款担保的议案》等
2005年5月27日	二届董事会(通信表决) 申通董决议2005号	审议明珠线一期项目和二期项目贷款提供担保事宜
2005年6月24日	二届董事会(通信表决) 申通董决议2006号	聘任公司副总裁
2005年6月30日	2005年临时股东会(通信表决) 011号	审议通过公司出资组建上海申通地铁资产经营管理有限公司等事宜
2005年7月11日	2005年临时股东会(通信表决) 012号	公司更名为“上海申通地铁集团有限公司”
2005年7月27日	2005年临时股东会(通信表决) 013号	审议通过公司增加资本金事宜
2005年8月24日	2005年临时股东会(通信表决) 014号	修改公司章程部分条款
2005年8月26日	二届董事会(通信表决) 申通董决议2007号	审议公司为浦东线项目贷款提供担保事宜
2005年10月24日	2005年临时股东会(通信表决) 015号	审议通过发行上海轨道交通项目专项投资计划事宜等
2005年11月30日	二届董事会(通信表决) 申通董决议2008号	审议通过集团公司按出资比例为浦东线项目公司提供为期一年银行担保
2006年1月27日	2006年股东会暨二届三次董事会 申通股东决议016号 申通董决议2009号	股东会审议通过《关于近期轨道交通建设项目投资计划的议案》，调整公司第二届董事会部分成员等事宜 董事会审议《关于增加对上海磁浮发展有限公司投资及受让部分磁浮公司股权的议案》《关于组建10号线项目公司的议案》，公司增设运营管理部和保卫部两个职能管理部门等

（续表）

时　间	会议名称	主要审议事项
2006年4月25日	二届董事会(通信表决) 申通董决议2010号	审议通过公司受让上海长宁投资公司持有的上海轨道交通明珠线发展有限公司部分股权
2006年6月6日	二届董事会(通信表决) 申通董决议2011号	审议通过集团公司对上市公司增资扩股、上市公司定向增发收购1号线列车、机电设备和车站等资产事宜
2006年8月18日	二届董事会(通信表决) 申通董决议2012号	审议通过上海轨道交通基本网络建设银团贷款提供保证事宜
2006年8月21日	2006年临时股东会(通信表决)017号	审议通过公司受让由上海久事公司和上海交通投资(集团)有限公司分别持有的上海地铁运营有限公司股权
2006年8月29日	二届董事会(通信表决) 申通董决议2013号	聘任公司副总裁、公司总工程师
2007年1月31日	二届董事会(通信表决) 申通董决议2014号	审议有关轨道交通线路广告资源与法国德高贝登公司进行合作事宜
2007年2月14日	2007年股东会暨二届四次董事会 申通股东决议018号 申通股东决议019号 申通董决议2015号 申通董决议2016号 申通董决议2017号	股东会审议调整公司第二届监事会部分监事等事宜 董事会审议修改公司章程部分条款;《关于1号线上海南站站改建项目回购情况的报告》《关于转让上海地铁盾构设备工程有限公司股权的议案》,同意制定《董事会议事规则》;《关于转让上海磁浮交通发展有限公司股权的议案》,公司同意将持有的上海磁浮交通发展有限公司的部分股权有偿转让给上海久事公司;《关于轨道交通1号线部分固定资产报废的议案》等事宜
2007年6月18日	二届董事会(通信表决) 申通董决议2018号	审议通过出让公司持有的上海地铁运营科技发展有限公司部分股权有偿转让给上海申通地铁资产经营管理有限公司
2007年9月11日	2007年临时股东会(通信表决) 申通股东决议020号	审议通过公司受让上海地铁南站站建设有限公司股权事宜
2007年12月4日	2007年临时股东会 申通股东决议021号	修改公司章程部分条款
2008年2月29日	2008年股东会暨二届五次董事会 申通股东决议022号 申通董决议2019号	股东会审议调整公司第二届董事会、监事会部分成员,修改公司章程部分条款,审议通过《关于加快推进磁浮公司股权转让工作的议案》等 董事会审议《关于受让上海现代轨道交通股份有限公司股权的议案》《关于轨道交通"三线两段"通车后有关情况的通报》等
2008年7月17日	二届董事会(通信表决) 申通董决议2020号 申通董决议2021号	审议通过公司为上海轨道交通明珠线发展有限公司向中国银行上海市分行贷款提供担保;聘任公司总裁事宜
2009年1月20日	2009年临时股东会(通信表决)申通股东决议024号	调整公司第二届监事会部分成员,增加公司资本金,修改公司章程部分条款等
2009年2月1日	二届董事会(通信表决) 申通董决议2022号	审议公司增加对上海申通地铁资产经营管理有限公司投资的事宜
2009年2月10日	2009年股东会 申通股东决议025号	公司股东会就久事公司和市城投公司以股东出资方式将各自持有的上海莘闵轨道交通线发展有限公司股权注入本公司事宜

（续表）

时　间	会议名称	主要审议事项
2009年2月19日	2009年股东会暨二届六次董事会 申通股东决议026号 申通董决议2023号	股东会审议通过公司吸收合并上海轨道交通长宁线发展有限公司、上海莘闵轨道交通线发展有限公司等事宜 董事会审议公司吸收合并上海轨道交通长宁线发展有限公司、上海莘闵轨道交通线发展有限公司等事宜
2009年11月25日	二届董事会(通信表决) 申通董决议2024号	聘任公司总裁
2010年2月5日	2010年股东会暨二届七次董事会 申通股东决议027号 申通股东决议028号 申通董决议2025号	股东会审议调整公司第二届董事会部分董事、监事会部分监事；公司增加资本金；修改公司章程部分条款事宜 董事会审议《关于为部分项目银行贷款提供担保的议案》等
2010年4月15日	二届董事会(通信表决) 申通董决议2026号	审议通过公司将轨道交通1号线运营的部分节地铁列车转让给上海申通地铁股份有限公司
2010年5月24日	二届董事会(通信表决) 申通董决议2027号	聘任公司副总裁
2010年5月26日	2010年临时股东会(通信表决) 申通股东决议029号	增加公司资本金和修改公司章程部分条款
2010年7月12日	二届董事会(通信表决) 申通董决议2028号	审议通过公司受让上海隧道工程股份有限公司持有的隧道设计院股权事宜
2010年9月17日	二届董事会(通信表决) 申通董决议2029号	审议通过轨道交通2号线部分列车资产开展融资租赁(售后回租)业务事宜
2010年10月14日	二届董事会(通信表决) 申通董决议2030号	审议调整2010年度集团合并损益预算的事宜
2011年2月18日	2011年股东会暨二届八次董事会 申通股东决议030号 申通股东决议031号 申通董决议2031号 申通董决议2032号	股东会调整公司第二届监事会部分成员；审议通过《关于增加公司资本金的议案》；修改公司章程部分条款等事宜 董事会审议通过将轨道交通固定资产折旧方法由"倒年数总和法"变更为"年限平均法"；同意《上海申通地铁集团有限公司轨道交通地铁车站补票稽查实施奖励暂行办法》；公司为轨道交通明珠线项目公司2011年提供流动资金贷款担保事宜
2011年3月31日	2011年临时股东会(通信表决) 申通股东决议032号	公司增加资本金；修改公司章程部分条款
2011年5月17日	二届董事会(通信表决) 申通董决议2033号	审议通过公司为上海市隧道工程轨道交通设计研究院提供综合授信担保事宜
2011年7月25日	二届董事会(通信表决) 申通董决议2034号	审议通过公司以银行委托贷款形式向上海公共交通卡股份有限公司进行融资事宜
2011年10月31日	2011年临时股东会(通信表决) 申通股东决议033号	审议通过公司吸收合并全资子公司上海地铁南站站建设有限公司事宜
2011年12月12日	2011年临时股东会(通信表决) 申通股东决议034号	公司增加资本金；修改公司章程部分条款

（续表）

时　间	会 议 名 称	主要审议事项
2011年12月29日	二届董事会（通信表决） 申通董决议2035号	审议通过公司受让上海磁浮交通发展有限公司股权事宜
2012年2月8日	2012年股东会暨二届九次董事会 申通股东决议035号 申通董决议2036号	股东会审议通过公司《关于2011年度全面财务预算执行情况和2012年度全面财务预算的报告》 董事会审议《关于2011年工作总结和2012年工作安排的报告》等
2012年3月14日	2012年临时股东会（通信表决） 申通股东决议036号	公司增加资本金；修改公司章程部分条款
2012年7月31日	2012年临时股东会（通信表决） 申通股东决议037号	公司增加经营范围；修改公司章程部分条款
2012年10月16日	2012年临时股东会（通信表决） 申通股东决议038号	审议通过发行中期票据的议案
2013年1月4日	二届董事会（通信表决）申通董决议2037号	审议通过公司转让上海磁浮交通发展有限公司股权事宜
2013年1月10日	二届董事会（通信表决）申通董决议2038号	审议通过公司转让上海磁浮交通发展有限公司股权事宜
2013年1月22日	2013年临时股东会（通信表决） 申通股东决议039号	公司增加资本金；修改公司章程部分条款
2013年3月13日	2013年股东会暨二届十次董事会 申通股东决议040号 申通董决议2039号	股东会审议公司增加资本金；修改公司章程部分条款 董事会审议《关于为上海轨道交通银团贷款增量提供保证担保的议案》《关于投资组建上海地铁电子科技有限公司的议案》《关于投资组建上海轨道交通17号线发展有限公司的议案》等事宜
2013年4月25日	二届董事会（通信表决） 申通董决议2040号	审议通过公司转让部分盾构给上海地铁盾构设备工程有限公司
2013年4月25日	二届董事会（通信表决） 申通董决议2041号	审议通过公司出资组建上海地铁维护保障有限公司
2013年7月30日	二届董事会（通信表决） 申通董决议2042号	审议通过公司受让上海市地铁总公司整体产权事宜
2013年12月11日	2013年临时股东会（通信表决） 申通股东决议041号	公司增加资本金；修改公司章程部分条款
2013年12月27日	2013年临时股东会 申通股东决议042号	公司就久事公司和市城投公司以股东出资方式将各自持有的上海轨道交通浦东线发展有限公司股权注入本公司事宜
2014年3月20日	2014年股东会暨二届十一次董事会 申通股东决议043号 申通董决议2043号 申通董决议2044号	股东会审议通过公司《关于2013年度全面财务预算执行情况和2014年度全面财务预算的报告》 董事会审议《关于组建上海轨道交通5号线南延伸发展有限公司的议案》《关于组建上海轨道交通8号线三期发展有限公司的议案》《关于增加对上海地铁维护保障有限公司投资的议案》；公司以银行委托贷款形式向上海公共交通卡股份有限公司融资等事宜

（续表）

时 间	会 议 名 称	主要审议事项
2014 年 7 月 28 日	二届董事会(通信表决) 申通董决议 2045 号	审议通过公司投资组建申通南车轨道交通车辆维修合资企业事宜
2014 年 9 月 22 日	2014 年临时股东会 申通股东决议 044 号	公司股东会就公司下属独资企业上海地铁东方置业发展有限公司所持的上海地铁清洁工程有限公司 100%股权无偿划转给公司下属独资企业上海地铁维护保障有限公司事宜
2014 年 9 月 30 日	二届董事会(通信表决) 申通董决议 2046 号	审议通过公司对上海申通轨道交通研究咨询有限公司增加投资事宜
2014 年 11 月 13 日	2014 年临时股东会(通信表决) 申通股东决议 045 号	公司增加资本金;修改公司章程部分条款
2014 年 12 月 15 日	2014 年第二次股东会暨二届十二次董事会 申通股东决议 046 号 申通董决议 2047 号	股东会调整公司第二届董事会部分董事 董事会选举公司董事长,聘任公司总裁
2015 年 1 月 15 日	2015 年临时股东会(通信表决) 申通股东决议 047 号	修改公司章程部分条款
2015 年 3 月 27 日	2015 年股东会暨二届十三次董事会 申通股东决议 048 号 申通董决议 2048 号 申通董决议 2049 号	股东会审议通过《关于近期轨道交通建设项目投资计划的议案》等事宜 董事会审议《关于 2014 年工作总结和 2015 年工作安排的报告》;《关于为上海市隧道工程轨道交通设计研究院提供履约保函担保的议案》等事宜
2015 年 7 月 20 日	二届董事会(通信表决) 申通董决议 2050 号	聘任公司副总裁
2015 年 11 月 20 日	二届董事会(通信表决) 申通董决议 2050 号	审议《上海申通地铁集团有限公司领导班子成员薪酬制度改革实施方案》和《上海申通地铁集团有限公司企业领导人员任期(2015—2017 年)业绩考核方案》

表 1-3-2 2004—2015 年申通地铁集团董事会情况表

年 份	董 事 会 成 员	董事长
2004 年	应名洪、钱耀忠、张新玫、孟森刚	应名洪
2005 年	应名洪、钱耀忠、张新玫、孟森刚	应名洪
2006 年	应名洪、钱耀忠、郑浩坤、孟森刚	应名洪
2007 年	应名洪、朱沪生、钱耀忠、郑浩坤、孟森刚	应名洪
2008 年	应名洪、朱沪生、钱耀忠、郑浩坤、刘　强	应名洪
2009 年	应名洪、朱沪生、钱耀忠、郑浩坤、刘　强	应名洪
2010 年	应名洪、俞光耀、钱耀忠、郑浩坤、刘　强	应名洪
2011 年	应名洪、俞光耀、钱耀忠、郑浩坤、刘　强	应名洪
2012 年	应名洪、俞光耀、钱耀忠、郑浩坤、刘　强	应名洪
2013 年	应名洪、俞光耀、钱耀忠、郑浩坤、刘　强	应名洪

（续表）

年　份	董事会成员	董事长
2014 年	俞光耀、顾伟华(2014.12.15)、钱耀忠、郑浩坤、刘　强	俞光耀
2015 年	俞光耀、顾伟华、钱耀忠、郑浩坤、刘　强	俞光耀

表 1－3－3　2005—2015 年申通地铁集团监事会情况表

时　间	会议名称	主要议题(或会议决定的事项)
2005 年 7 月 26 日		陈策任监事会主席
2007 年 2 月 14 日	2007 年二届一次监事会会议	股东会同意王俊华、王苏忠、胡洪威、钱梅生为公司第二届监事会监事
2007 年 8 月 29 日	监事会二届二次会议	2007 年监事会成员：陈策(监事会主席)、王俊华、王苏忠、胡洪威、钱梅生
2008 年 2 月 29 日	2008 年二届三次监事会会议	股东会同意姚贵章为第二届监事会监事，王俊华不再担任监事 2008 年监事会成员：陈策(监事会主席)、姚贵章、王苏忠、胡洪威、钱梅生
		2009 年监事会成员：陈策(监事会主席 2009 年 11 月 21 日离任)、姚贵章、吴冠军、胡洪威、钱梅生
2010 年 2 月 5 日		股东会同意陈策不再担任公司第二届监事会主席。同意管蔚担任第二届监事会监事，姚贵章不再担任第二届监事会监事 2010 年监事会成员：管蔚、吴冠军、胡洪威、钱梅生
2011 年 2 月 18 日		2011 年监事会成员：管蔚、吴冠军、黄建、钱梅生
2012 年 2 月 8 日		2012 年监事会成员：管蔚、吴冠军、黄建、钱梅生

表 1－3－4　2004—2015 年申通地铁集团领导成员情况表

职　务	姓　名	时　间
党委书记	应名洪	2004.6.11—2014.10
	俞光耀	2014.10—2015.12
党建督察员	陈　策	2005.7.26—2009.11.10
监事会主席	陈　策	2005.7.26—2009.11.21
总裁	朱沪生	2008.7.4—2009.9.29
	俞光耀	2009.9.29—2014.11
	顾伟华	2014.11—2015.12
党委副书记	贺阿东	2004.6.11—2006.7.26 2012.6.15—2014.4
	朱沪生	2008.7.14—2009.9.19
	俞光耀	2009.9.19—2014.10
	徐建群	2011.1.14—2015.12

（续表）

职　务	姓　名	时　间
纪委书记	贺阿东	2004.6.11—2006.5.9
	徐建群	2011.1.14—2013.4.20
	黄　建	2013.4.20—2015.12
副总裁	钱耀忠	2004.6.18—2015.12
	朱沪生	2004.6.18—2008.7.4
	顾伟华	2005.5.18—2015.12
	白廷辉	2006.8.28—2015.11
	张　焰	2006.8.28—2009.5.21
	葛世平	2010.5.6—2015.12
	邵伟中	2010.5.6—2015.12
	叶　彤	2015.6—2015.12.31
总工程师	白廷辉	2004.6.18—2006.8.28
	葛世平	2006.8.28—2010.7.13
	毕湘利	2010.7.13—2015.12
副总经济师	董经纬	2004.7.23—2007.11
财务副总监	徐宪明	2004.7.23—2015.12
运营副总监	杨　宏	2009.2.12—2011.7
副总工程师	葛世平	2004.12.13—2006.8.28
	毕湘利	2008.12.25—2010.7.13
	陈　彬	2011.12.31—2015.3
	万建军	2012.7.9—2015.12
工会主席	胡洪威	2004.10.29—2010.12.29
	黄　建	2010.12.29—2015.12
团委书记	王益群	2004.12.7—2008.2.25
	熊　炜	2008.3.12—2012.12.4
	李　骏	2012.12.19—2015.5

职工人数：截至2015年底，在册员工总数29 315人。（其中正式工23 833人）

第二节　部门设置和所属单位

一、部门设置

2004年7月，重组后的集团公司共设职能部门13个，其中，党委职能部门2个，即：党群工作部（党办、工会、团委合署办公）和纪检监察室（纪委、监察室合署办公）；行政职能部门 11 个，即：总工程师室、总体规划部、投资策划部、财务部、工程合约部、建设事业部、机电事业部、办公室、人事部（含党委干部管理职能）、审计室、法律事务部。

2005 年 4 月，成立上海申通轨道交通研究咨询有限公司。2005 年 7 月，上海地铁运营有限公司划转上海申通集团有限公司。2005 年 8 月，成立集团公司运营管理部。2005 年 10 月，成立上海申通地铁资产经营管理有限公司。2006 年 8 月，成立集团公司技术管理部。2006 年 12 月，成立集团公司保卫部。2007 年 2 月，成立集团公司项目公司工作部，合并集团公司工程合约部和法律事务部，成立集团公司合约法规部。2007 年 6 月，上海现代轨道交通股份有限公司划转上海申通地铁集团有限公司。2007 年 10 月，上海市黄浦江大桥工程建设处、上海黄浦江大桥建设有限公司划转上海申通地铁集团有限公司。

为建立健全轨道交通网络管理体系，2008 年 4 月，成立上海轨道交通维护保障中心；2008 年 5 月，成立上海轨道交通培训中心；2008 年 6 月，成立上海轨道交通技术研究中心、上海轨道交通资金管理中心（与集团公司财务部合署办公）；2008 年 12 月，成立上海轨道交通信息管理中心、上海轨道交通资产管理中心（与集团公司投资策划部合署办公）。

为适应轨道交通“从线到网”的发展需求，强化运营管理在网络发展中的主体地位，2009 年 2 月，集团公司实施运营管理体制调整，撤销集团公司运营管理部、上海地铁运营有限公司、上海现代轨道交通有限公司建制，成立上海轨道交通运营管理中心、上海地铁第一运营有限公司、上海地铁第二运营有限公司、上海地铁第三运营有限公司、上海地铁第四运营有限公司，与 2008 年先行成立的上海轨道交通维护保障中心共同形成体制架构扁平高效、全网统筹、专业精细、适度竞争的上海轨道交通“2＋4”运营管理保障体系。

2009 年 2 月，集团党委办公室的组织工作职能划转人事部，人事部更名为组织人事部。2009 年 7 月，成立集团公司督查办公室；2010 年 4 月，集团公司督查办公室调整为集团公司运营安全监察室。2010 年 5 月，上海市隧道工程轨道交通设计研究院划转进上海申通地铁集团有限公司。2010 年 7 月，成立集团公司运营设施设备管理部。2010 年 12 月，撤销建设事业部、机电事业部，成立上海轨道交通建设管理中心；成立集团公司企业管理发展部，集团公司合约法规部更名为合约管理部；撤销集团公司投资策划部、项目公司工作部，成立集团公司投资管理部，资产管理中心与投资管理部合署办公。2012 年 4 月，上海磁浮交通发展有限公司运营板块划转上海申通地铁集团有限公司。2012 年 8 月，成立集团党委离退休干部工作部，与集团公司组织人事部合署办公。2013 年 6 月，为深化运营管理体制改革，强化维护维修的管理主体和责任主体地位，上海申通地铁集团有限公司维护保障中心更名为上海地铁维护保障有限公司，成为独立法人。2014 年 6 月，为进一步完善集团公司行政执法管理体系，加强轨道交通行政执法工作，成立上海轨道交通行政执法大队。2015 年 5 月，成立集团公司法律事务部，法律事务部与企业管理发展部合署办公。2015 年 7 月，成立集团公司规划技术部（总工程师办公室）、市场经营部，撤销技术管理部、总体规划部。

二、所属单位

至 2015 年，申通地铁集团共设管理部门 16 个，8 个业务管理中心，11 家项目建设管理公司，5 家运营服务管理公司，5 家市场经营性管理公司。

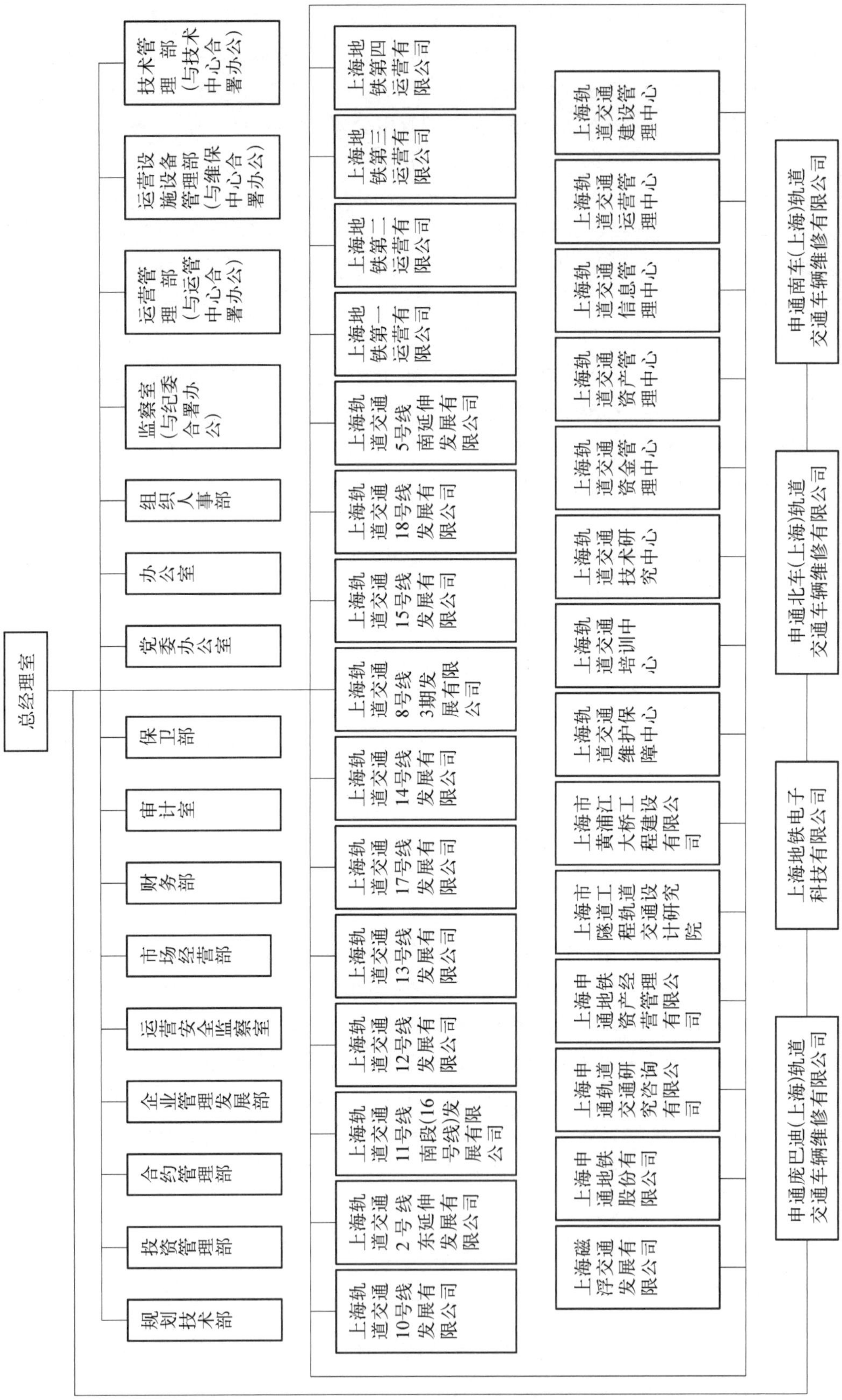

图1-3-1 2015年上海申通地铁集团公司组织机构图

第四章　直 属 单 位

第一节　建 设 板 块

一、上海轨道交通10号线发展有限公司

2005年9月21日，上海轨道交通10号线发展有限公司成立。注册地址：上海衡山路12号商务楼三楼。注册资金：人民币1亿元。（上海申通集团有限公司出资0.6亿元、上海虹口区国有资产经营有限公司出资0.2亿元、上海杨浦城市建设投资有限公司出资0.2亿元）。

经营范围：轨道交通10号线项目投资建设、经营和管理，沿线站区的综合开发，机电设备的维修保养及技术咨询、服务，物业管理，停车收费，经济信息咨询，利用自有媒体发布广告，设计、制作各类广告。

部门设置：综合办公室、前期工作部、工程管理部、质安部、机电工程部。

表1-4-1　2005—2015年上海轨道交通10号线发展有限公司负责人情况表

职　务	姓　名
董事长	顾伟华(兼2005.08.03—2006.04.11)
	胡炎生2006.04.11—2012.12.21
	宋　博2012.12.21—
总经理	周　东2005.8.3—2006.10.31
	宋　博2007.11.02—2012.04.26
	盛应平2012.04.26—2013.12.27

二、上海轨道交通2号线东延伸发展有限公司

2006年6月，上海轨道交通2号线东延伸发展有限公司成立。注册资金：人民币肆拾叁亿贰仟伍佰万元。上海申通地铁集团有限公司人民币21.8亿元，占50.5%；上海浦东城市建设投资有限责任公司人民币21.4亿元，占49.5%。

注册地址：上海市浦东新区龙阳路1990号2G。

经营范围：上海轨道交通2号线东延伸项目的投资建设、经营和管理，沿线站区的综合开发；机电设备的维修、保养及技术咨询服务，物业管理，停车收费，商务咨询，国内贸易，广告设计、制作、利用自有媒体发布。

部门设置：工程管理部、前期工作部、质安部、综合办公室。

表 1-4-2　2006—2015 年上海轨道交通 2 号线东延伸发展有限公司负责人情况表

职　务	姓　名	时　间
执行董事	宋　博	2006.3.24—2007.12.5
董事长	刘纯洁	2007.12.5—
监事长	苏耀强	2008.2.29—
总经理	宋　博	2006.3.24—2007.12.5
	刘纯洁	2007.12.5—2010.7.27
	盛应平	2010.7.27—2012.4.26

三、上海轨道交通 11 号线南段(16 号线)发展有限公司

2006 年 5 月 18 日，轨道交通 11 号线南段发展有限公司成立。注册资金：人民币叁仟万元。2011 年 1 月，正式更名为上海轨道交通 16 号线发展有限公司。注册资金：人民币陆拾柒亿伍仟叁佰万元。（上海申通地铁集团有限公司，出资额 34.78 亿元，出资比例 51.5%；股东上海南汇轨道交通投资有限公司，出资额 32.75 亿元，出资比例 48.5%）。

注册地址：浦东新区惠南镇城南路 1366 号 A2 幢。

经营范围为：上海轨道交通 16 号线项目的投资建设、经营和管理，沿线路站区的综合开发，利用自有媒体发布广告，设计、制作各类广告，机电设备的维修保养及技术咨询、服务，物业管理，停车收费，经济信息咨询(除经纪)。

部门设置：工程管理部、前期工作部、质安部、综合办公室。

表 1-4-3　2006—2015 年上海轨道交通 11 号线南段(16 号线)发展有限公司负责人情况表

职　务	姓　名	时　间
执行董事	张若霖	2006.4—2008.8
	严厚群	2008.8—2012.11
董事长	徐子斌	2012.11—
总经理	张若霖	2006.4—2008.8
	谢　炯	2008.8—

四、上海轨道交通 12 号线发展有限公司

2006 年 5 月 23 日，由上海申通地铁集团有限公司出资设立上海轨道交通 12 号线发展有限公司。公司住所：上海市徐汇区衡山路 12 号商务楼 203—205 室。

经营范围：轨道交通 12 号线项目投资建设、经营和管理，沿线站区的综合开发，机电设备的维修保养及技术咨询、服务，物业管理，停车收费，经济信息咨询，利用自有媒体发布广告，设计、制作各类广告等。

部门设置：综合办公室、前期工作部、工程管理部、质安部、机电工程部。

表 1-4-4 2005—2015 年上海轨道交通 12 号线发展有限公司负责人情况表

职 务	姓 名	时 间
董事长	张若霖	2006.5.23—2008.5.14
	王建生	2008.5.14—2014.1
	张若霖	2014.1—2015.12
监事长	王保春	2008.5.14—2015.12
总经理	张若霖	2005.11.2—2008.5.14
	黄海滨	2008.5.14—2015.12

五、上海轨道交通 13 号线发展有限公司

2006 年 12 月 30 日，上海轨道交通 13 号线发展有限公司成立。

注册地：沪闵路 8075 号 309 室、310 室；法人代表人姓名：蔡蔚。

经营范围：轨道交通 13 号线项目投资建设、经营和管理，沿线站区的综合开发，机电设备的维修保养及技术咨询、技术服务，物业管理，停车收费，经济信息咨询，利用自有媒体发布广告，设计、制作各类广告（涉及行政许可的，凭许可证经营）。

注册资本：人民币肆拾肆亿壹仟肆佰万元；成立日期：2006 年 12 月 30 日。

部门设置：综合办公室、前期工作部、工程管理部、质安部、机电工程部。

表 1-4-5 2006—2015 年上海轨道交通 13 号线发展有限公司负责人情况表

职 务	姓 名	时 间
执行董事	严厚群	2006.12.14—2007.12.5
董事长	蔡 蔚	2007.12.5—
执行监事	蔡 蔚	2006.12.14—2007.12.6
总经理	尤旭东	2008.1.25—

六、上海轨道交通 17 号线发展有限公司

2013 年 2 月 4 日，上海轨道交通 17 号线发展有限公司成立。

注册资本金：552 500.000 0 万元整。

公司住所：青浦区公园路 99 号 7 楼 711 室。

经营范围：轨道交通 17 号线项目投资建设、经营管理，沿线站区的综合开发，机电设备的维修保养及技术咨询服务，物业管理，停车场经营管理，商务信息咨询，利用自有媒体发布广告，设计、制作各类广告。

部门设置：综合办公室、前期工作部、工程管理部、质安部、机电工程部。

表1-4-6　2012—2015年上海轨道交通17号线发展有限公司负责人情况表表

职　务	姓　名	时　间
董事长	宋　博	2012.12.25—2014.03.03
	盛应平	2014.03.03—
总经理	盛应平	2012.12.25—

七、上海轨道交通14号线发展有限公司

2014年4月2日，上海轨道交通14号线发展有限公司成立。

注册资本金：人民币830 619.300 0万元整。

公司住所：上海市徐汇区古宜路99弄12号1层111室。

经营范围：轨道交通14号线项目投资建设、经营管理，沿线站区的综合开发，机电设备的维修保养及技术咨询服务，物业管理，停车场经营管理，商务信息咨询，利用自有媒体发布广告（增值电信业务除外），设计、制作各类广告。

部门设置：综合办公室、前期工作部、工程管理部、质安部、机电工程部。

表1-4-7　2015年上海轨道交通14号线发展有限公司负责人情况表

职　务	姓　名	时　间
董事长	宋　博	2015.10.16—
总经理	曾　华	2015.10.16—

八、上海轨道交通8号线3期发展有限公司

2014年4月3日，上海轨道交通8号线3期发展有限公司正式成立。

注册资金：人民币壹仟万元。

注册地址：上海市徐汇区古宜路99弄12号1层112室。

经营范围：投资建设、经营和管理，沿线站区的综合开发，机电设备的维修保养及技术咨询、服务，物业管理，停车收费，经济信息咨询，利用自有媒体发布广告，设计、制作各类广告（涉及行政许可的，凭许可证经营）。

部门设置：综合办公室、前期工作部、工程管理部、质安部、机电工程部。

表1-4-8　2014—2015年上海轨道交通8号线3期发展有限公司负责人情况表

职　务	姓　名	时　间
执行董事	徐子斌	2014.02.27—2015.10.16
	刘纯洁	2014.06.23—2015.06.08
	王庆国	2015.06.08—2016.01

（续表）

职　务	姓　名	时　间
总经理	谢　炯	2014.02.27—2015.06.08
	王庆国	2015.06.08—

九、上海轨道交通15号线发展有限公司

2014年4月3日，上海轨道交通15号线发展有限公司获得徐汇区市场监督管理局颁发《营业执照》。

注册地址：上海市徐汇区华济路28弄4号4层401室。

公司住所：上海市普陀区曹杨路2014年3月25日。

注册资本：167 000万元。

部门设置：综合办公室、前期工作部、工程管理部、质安部、机电工程部。

表1-4-9　2014—2015年上海轨道交通15号线发展有限公司负责人情况表

职　务	姓　名	时　间
执行董事	杨　军	2014.03.25—
总经理	盛应平	2014.03.25—

十、上海轨道交通18号线发展有限公司

2014年4月3日，上海轨道交通18号线发展有限公司成立。

注册资金：255 500万元。

公司住所：徐汇区古宜路99弄12号113室。

经营范围：轨道交通18号线项目投资建设、经营和管理，沿线站区的综合开发，机电设备的维修保养及技术咨询、服务，物业管理，停车收费，经济信息咨询，利用自有媒体发布广告，设计、制作各类广告等。

部门设置：综合办公室、前期工作部、工程管理部、质安部、机电工程部。

表1-4-10　2014—2015年上海轨道交通18号线发展有限公司负责人情况表

职　务	姓　名	时　间
执行董事	刘纯洁	2014.2.27(兼)—
总经理	黄海滨	2014.2.27(兼)—

十一、上海轨道交通5号线南延伸发展有限公司

2014年4月21日，由上海申通地铁集团有限公司和上海市奉贤区轨道交通建设投资有限公司

出资设立上海轨道交通5号线南延伸发展有限公司。经营期限为20年。各股东的出资方式、出资额和出资比例如下：(一) 上海申通地铁集团有限公司认缴530 000 000.00元，出资比例为26.11%，实际出资530 000 000.00元；(二) 上海市奉贤区轨道交通建设投资有限公司认缴1 500 000 000.00元，出资比例73.89%，实际出资50 000元；注册资本金20.3亿元，公司住所：上海市奉贤区环城西路3111弄555号3－333。

经营范围：上海轨道交通5号线南延伸项目的投资、建设、经营和管理，以及沿线路、站区的综合开发，机电设备的维修保养及技术咨询、服务、物业管理，停车场经营管理，经济信息咨询，利用自有媒体用自有媒体发布广告，设计、制作各类广告。

历任领导：公司经理：仇兆明(2014.2.27—2015.12)。

部门设置：综合办公室、前期工作部、工程管理部、质安部、机电工程部。

第二节　运营板块

一、上海地铁第一运营有限公司

2009年3月9日，上海地铁第一运营有限公司(简称：运营一公司)成立，注册场所：上海市新闸路249号311室，经营场所：上海市新闸路249号311室。上级主管单位：上海申通地铁集团有限公司，注册资本：人民币壹仟伍佰万元，总资产：人民币壹仟伍佰万元。

部门设置：综合办公室、组织人事部、计划财务部、客运服务部、乘务部、设施(设备)部、质量安全部。

截至2015年12月31日，计5 521人。其中专业技术人员203人，高级职称14人，中级职称43人。

表1－4－11　2009—2015年上海地铁第一运营有限公司负责人情况表

职　务	姓　名	时　间
党委书记	朱效洁	2009.2.9—2014.4
	王伟雯	2014.4—
总经理	朱效洁	2009.2.9—2014.4
	王伟雯	2014.4—

运营一公司管辖上海轨道交通1、5、9、10号线。2009年，公司在集团公司实施运营管理体制调整成立以来，统一思想，全力以赴，努力适应网络化运营与体制改革的新要求；内强素质，不断提升客运服务质量；提前谋划，确保接管工作顺利开展；年度营业总收入232 407 706.48元。2010年，公司以“跨前一步，敢于负责”的工作基调，确保9号线2期、10号线一期顺利开通运营。为迎世博盛会，公司全力推进车站整容、整修、整洁及服务设施改造，乘车环境明显改善；员工作业条件明显改善；环境集中整治和日常维护长效机制的进一步完善。车站平安志愿者累计达13.4万多人次，设备报修8 017次。四线共计完成运送客流6.71亿人次，日均客流达180多万，累计安全运行1 596.80万列公里，年度营业总收入4.68亿元。2011年，公司以“一个创建、二个确保、三个同步、四个标杆、五种精神”作为基本思路，将“人性化服务、精细化管理、标准化建设”贯彻到运营管理实

践中，客运总量 7.96 亿人次，日均客流 218.02 万人次，运营里程 11 808.23 万车公里，年度营业总收入 6.09 亿元。2012 年，公司遵循“安全主导、服务精准、畅通高效”的指导方针，深刻吸取“9.27”事故教训，把“抓基础、促管理、保安全”作为全年工作主线，完成 9 号线缩线运营以及 3 期松江段运营接管任务，客流 8.54 亿人次，日均客流 233 万人次，运营里程 12 199 万车公里，年度营业总收入 6.67 亿元。2013 年，公司以“文明单位创建、三种文化营造，四个标杆提升”为工作主线，以“安全基础夯实年”“车站管理提升年”作为重点，运送客流 8.68 亿人次，日均客流 237 万人次，运营收入 21.63 亿元，运营里程 12 459.73 万车公里。2014 年，把“抓基础、强管理、促管理、保安全”作为全年工作主线，有效确保亚信峰会等运营保障工作。客流总量达到 9.47 亿人次，运营总收入 23.57 亿元。2015 年，公司坚持“高标准、严管理、创品牌、树形象”的工作要求，顺利通过“9 号线服务标准化线路”的验收工作，完成“徐家汇站全国五星车站”创建工作，“上海市政府质量金奖”现场评审成绩优秀。完成运送客流 9.93 亿人次，日均客流 272.14 万人次，运营里程 1.39 亿车公里，开行 70.82 万列次，年度营业总收入 11.72 亿元。

2009 年至 2015 年，公司连续三次荣获上海市文明单位；2010 年，公司荣获中华人民共和国人力资源和社会保障部、交通运输部联合授予全国交通运输系统先进集体称号。

二、上海地铁第二运营有限公司

2009 年 3 月 9 日，上海地铁第二运营有限公司成立（简称运二公司）。注册地：上海市新闸路 249 号 4 号楼。经营范围：城市轨道交通营运、客运交通服务及轨道交通设备修理。

部门设置：综合办公室、组织人事部、计划财务部、客运服务部、乘务部、设施（设备）部、质量安全部。

截至 2015 年 12 月，公司在册职工人数为 3 702 人，其中高级工程师 4 人，高级技师 4 人，技师 31 人，高级政工师 2 人，高级经济师 1 人，中级职称 26 人，高级工 522 人。

表 1-4-12　2009—2015 年上海地铁第二运营有限公司负责人情况表

职　务	姓　名	时　间
党委书记	施俊明	2009.2.10—2015.12.8
	王　征	2015.12.8—
总经理	施俊明	2009.2.10—2015.12.8
	王　征	2015.12.8—

运二公司承担上海轨道交通 2、11、13 号线的运营和管理。2009 年，运二公司顺利接管试运营轨道交通 11 号线北段 1 期主线段，并先后接管 2 号线北翟路基地、9 号线世纪大道站。运送乘客 3.09 亿人次，运营收入 7.28 亿元，运营里程 2 976 万车公里，开行 19.5 万列次。2010 年，2 号线东延伸段、2 号线西西延伸段、11 号线支线和 13 号线世博段相继投入运营，地铁 2 号线经受了世博大客流的严峻考验，成为全国唯一一条连接两座国际机场的地铁线路，11 号线在全网络中率先运营时段启用基于通信的列车控制信号 CBTC 系统。运送乘客 4.24 亿人次，运营收入 10.23 亿元，运营里程 6 303.22 万车公里，出色完成世博保障任务。2011 年，通过不断努力和挖潜，实现 2 号线东、西延伸同步增能和在常规末班车后加开定点载客列车，多次在高铁出现大面积延误时启动紧急

疏散预案加开末班车，为缓解地面交通压力、方便市民乘客做出重要贡献。安全运送乘客 4.8 亿人次，运营收入 11.64 亿元，运营里程 7 938.75 万车公里，在全网络率先完成 CBTC 信号系统调试并实现增能。2012 年，公司运二顺利完成 13 号线 1 期西段新线接管开通工作，以及 2 号线增能任务，世纪大道站、上海赛车场站扩容改造和客运组织调整工作。运送乘客 5.21 亿人次，运营收入 12.68 亿元，运营里程 8 210.16 万车公里。2013 年，运二公司以社会责任为重，按照员工培养全功能、应急指挥全覆盖、设施管理全过程思路，努力为乘客出行提供安全保障。运送乘客 6 亿人次，运营收入 14.57 亿元，运营里程 9 459.37 万车公里。2014 年 4 月 1 日起，组建 2 号线、11 号线、13 号线三个线路管理部。作为所辖线路（含客运服务、乘务、设施）运营一线生产组织的责任主体，设立线路管理部后，所在线路不再设置区域站长、采用线路直管车站站长负责制模式进行管理。运送乘客 6.9 亿人次，运营收入 16.89 亿元，运营里程 11 080.45 万车公里。2015 年，运二公司上下积极贯彻“抓改革、促发展，补短板、保安全”的工作思路，顺利完成 11 号线（罗山路站—康新公路站区段）13 号线（长寿路站—世博大道站区段）新线段开通试运营，运营总里程达到 165 公里，同比增加 20 公里；管辖车站数 76 座，运送乘客 8.26 亿人次，运营收入 19.84 亿元，运营里程 12 319.78 万车公里。

2010 年 9 月，运二公司荣获“上海世博工作优秀集体”；2012 年，公司荣获“2010—2011 年度全国交通运输行业精神文明建设先进集体”；2013—2014 年度，公司荣获上海市文明单位。

三、上海地铁第三运营有限公司

2009 年 3 月 9 日，上海地铁第三运营有限公司（简称：运三公司）成立，注册场所：上海市新闸路 249 号 309 室，经营场所：上海市东宝兴路 369 号。上级主管单位：上海申通地铁集团有限公司，注册资本：人民币壹仟伍佰万元，总资产：人民币壹仟伍佰万元。

部门设置：综合办公室、组织人事部、计划财务部、客运服务部、乘务部、设施（设备）部、质量安全部。

2015 年职工总数为 3 787 人，其中专业技术人员数为 93 人，高级职称数为 5 人，中级职称数为 26 人。

表 1-4-13　2009—2015 年上海地铁第三运营有限公司负责人情况表

职　　务	姓　　名	时　　间
党委书记	沈光怡	2009.3.9—
总经理	沈光怡	2009.3.9—

上海地铁运营三公司负责上海轨道交通 3、4、7 号线运营。2009 年，集团公司实施运营管理体制调整后，公司探索创新运营管理与服务工作的新方法，不断提升客运服务质量，深化落实迎世博 600 天工作。营业总收入 1.64 亿元。2010 年，3 条线路总客流 5.46 亿人次，运营收入 12.25 亿元，完成运营里程 7 522 万车公里。2010 年中国上海世博会召开之际，刘连锁服务团队成立，他自创的“下一站等候”温馨提示卡片服务启动。推出以陈昱为品牌代表的“天使心语”服务品牌，在东安路站成立“天使心语服务站”，为乘客提供各种特色服务。2011 年，策划推出 4 号线“幸福环线”，设计线路标示和印章，进一步加强乘客对该线路定位的认同感，提出“阳光 3 号线”“缤纷 7 号线”的定位设想；完善人性化服务举措，打造东安路“天使心语服务台”、浦电路“辰辰乐帮站”，试行非付费区

"老人关爱座椅"等；利用新浪微博平台推出了"遗失物品上微博"便民服务举措，全年共发布寻物信息 86 条。3、4、7 号线总客流达到 5.7 亿人次，运营收入 12.34 亿元，运营里程 8 369.09 万车公里，开行列次 41.53 万列次；正点率 98.42%，兑现率 99.84%。未发生一般 D 类事故及 30 分钟以上有责晚点。发生一般 E 类事故（不含 15 分钟晚点）1 件，15 分钟以上有责晚点事件 2 件、有责救援事件 2 件。2012 年，3、4、7 号线 3 条线路运送乘客 6.19 亿人次，同比上升 8%；完成运营收入为 13.12 亿元，同比上升 6%；实现运营里程 8 602.8 万车公里。全年未发生一般 D 类及以上事故，发生一般 E 类事故 3.7 件，有责救援 0.7 件，有责清客 2.7 件。2013 年，做好 16 号线接管和运营准备各项工作，及时协调接管过程中暴露的问题，推进设施设备消缺整改，期间共开具整改需求 148 项，根据缺陷影响程度，提出隐患缺陷 1 224 项。11 月，16 号线顺利通过专家评审，12 月 29 日顺利开通试运营。3、4、7 号线共运送乘客 6.65 亿人次，其中换乘客流 2.83 亿人次，运营收入 13.95 亿元，运营里程 8 427.63 万车公里，开行列次 41.1 万次，正点率 99.49%，兑现率 99.73%。2014 年，深化企业标准化管理，累计完成了 151 个标准文件转换，实现"知标、学标、执标"的管理目标；做好运营体系"三标合一"贯标认证，实现二级内审全覆盖，累计完成审核点 145 个。所辖各线路（含 16 号线）完成运营里程 9 714 万车公里，同比上升 15.3%；运送乘客 7.03 亿人次，同比增长 7.3%；运营收入 14.8 亿元，同比增长 6.1%。所辖线路正点率、兑现率均在 99.5%以上；乘客有责投诉控制在 0.01PPM 以内。2015 年，围绕"补短板、保安全"，加强隐患整改，设立隐患举报专线电话，开展车站级危险源辨识及风险评估，做到"一站一表"，完成 11 座车站 26 个高危隐患点整改。累计运送旅客 7.06 亿人次，实现运营收入 14.47 亿元，完成运营里程达 8 609 万车公里。

2009 年，运三公司所辖轨道交通 4 号线荣获全国"工人先锋号"称号；2010 年 12 月获评 2009—2010 年度上海申通地铁集团文明单位；2010 年 12 月，中华人民共和国交通运输部授予"上海地铁第三运营有限公司世博交通运输保障先进集体"称号；2013 年 4 月，获评 2011—2012 年度上海市文明单位；2013 年 2 月，获评 2011—2012 年度上海申通地铁集团文明单位；2015 年 4 月，获评 2013—2014 年度上海市文明单位；2015 年 4 月，由共青团上海市委员会授予共青团上海地铁第三运营有限公司委员会为上海市五四特色团委；2015 年 2 月，获评 2013—2014 年度上海申通地铁集团文明单位。

四、上海地铁第四运营有限公司

2009 年 3 月 9 日，上海地铁第四运营有限公司（简称：运四公司）成立。注册场所：上海市恒通路 236 号 2101—2106 室，经营场所：上海市闸北区中山北路 288 号，注册资本：人民币壹仟伍佰万元。

部门设置：综合办公室、组织人事部、计划财务部、客运服务部、乘务部、设施（设备）部、质量安全部。

2015 年职工总数 3 960 人、专业技术人员 84 人、高级职称 8 人、中级职称 22 人。

表 1-4-14 2009—2015 年上海地铁第四运营有限公司负责人情况表

职 务	姓 名	时 间
总经理	黄 建	2009.2—2011.2
	殷 峻	2011.8—

（续表）

职　　务	姓　　名	时　　间
党委书记	冯训良	2009.2—2011.12
	殷　峻	2011.11—

运四公司管辖上海轨道交通6、8号线。2009年，运四公司打造崭新企业文化和独创企业精神，完成各部门、各岗位工作职责的制定工作；健全公司主要廉政制度，落实党风廉政责任制，完成党的基层组织建设队伍；开展学习实践科学发展观活动；开展"迎世博，保安全"地铁运营安全大检查活动，运营线路安全准点运行，运行图兑现率和正点率99%以上，乘客满意度指数81以上。深化运营服务星级评定工作，优质服务示范岗达到60%；做好8号线2期试运营各项准备工作。年度营业总收入1.90亿元。2010年，运四公司克服信号设备不稳定、新司机大量上线、运能运量矛盾突出、列车车门故障等困难，积极制定应对方案，确保安全运行，运四公司管辖6、8号线两条涉博车站，在年内两次增能，运营时段延长，高峰间断明显缩短；在世博轨道服务达标活动评比活动中，运四公司3次获"优胜单位"流动红旗，8号线5次评选为"优胜线路"，在市质量协会对涉博车站乘客满意度测评中，8号线耀华路站名列前茅，创造"零投诉"完美记录；运四公司客运总量2.78亿人次，营业总收入3.11亿元。2011年，运四公司贯彻落实集团"管建并举、管理为重、安全运行为本"的工作方针，围绕一个目标、深化两个转变、把握"人性化服务、精细化管理、标准化建设"三个关键，以安全和服务为工作主线。完成6、8号线信号升级工作并实施限流方案。完成世游赛交通保障任务；运四公司客运总量3.01亿人次，营业总收入3.64亿元。2012年，运四公司全面完成"十八大"服务保障工作；加快6、8号线增能步伐，6号线最大运用列车数达30列，8号线最大运用列车数达50列，增能约15%。在集团百日安全考评活动中连续四次取得第一名的好成绩。客运总量3.31亿人次，运营里程4 820.13万车公里，运行图兑现率和正点率98%以上；营业总收入4.23亿元。2013年，运四公司坚持"强化基础，稳中求进"工作基调，聚焦公司"服务优质、成本优化、员工优秀"战略目标，突出标准化建设和规范服务。确保了12号线1期顺利开通试运营。客运总量3.69亿人次，运营里程5 037.29万车公里，运行图兑现率和正点率99%以上；营业总收入5.28亿元。2014年，运四公司围绕"抓基础、促管理、保安全"工作主线，结合公司"服务优质、成本优化、员工优秀"战略目标，确保三线运营平稳有序，基础管理安全可控。客运总量4.67亿人次，运营里程6 759.02万车公里，运行图兑现率和正点率99%以上；营业总收入6.49亿元。2015年度，运四公司以安全和效率为核心，围绕"抓改革、促发展、补短板、保安全"的工作目标，不断贯彻落实重点任务，完成公司年度各项运营任务。客运总量5.20亿人次，运营里程9 468.67万车公里，运行图兑现率和正点率99%以上；营业总收入7.22亿元。

荣获第一届上海申通地铁集团文明单位；荣获第十五届"上海市文明单位"荣誉称号；轨道交通8号线获全国"工人先锋号"称号。

五、上海磁浮交通发展有限公司

见第一篇第二章第六节（上海申通地铁集团有限公司下属单位）。

第三节　经 营 板 块

一、上海申通地铁股份有限公司

见第一篇第二章第六节(上海申通地铁集团有限公司下属单位)。

二、上海申通轨道交通研究咨询有限公司

上海申通轨道交通研究咨询有限公司于 2005 年 4 月 6 日成立(简称咨询公司),注册资金为 1 500 万元,注册地在上海市崇明县城桥东门路 101 号。成立之初,办公场所设立在上海市新闸路 249 号 3 号楼 5 层(地铁雅州大厦)。

经营范围:轨道交通规划、设计、建设和运营管理咨询,含编制项目建议书、编制项目可行性研究报告、项目申请、评估咨询、工程设计、工程项目管理(全过程策划和准备阶段管理)和运营管理咨询等。2006 年 8 月承担上海申通地铁集团有限公司(以下简称申通地铁集团)技术管理部职能,为科研管理、技术管理、项目前期研究、专项研究、技术决策咨询服务、标准工作、节能管理以及远程监控中心管理等。

部门设置:总体研究部、土建研究部、机电研究部、咨询业务部、审图业务管理部、南昌地铁 1 号线项目部、总工程师办公室、财务部、综合管理部、市场经营部。

咨询公司职能定位主要是以上海城市轨道交通建设和运营经验为依托,面对上海城市轨道交通网络化建设和运营集中、快速发展的形势背景下,确立"上海轨道交通网络综合技术的专业研究、咨询机构"的业务定位。

表 1-4-15　2005—2015 年上海申通轨道交通研究咨询有限公司负责人情况表

职　务	姓　名	时　间
董事长	应名洪	2005.1.28—2007.7.24(兼)
	顾伟华	2007.7.24—(兼)
监事长	钱耀忠	2005.1.28—(兼)
党委书记	顾伟华	2007.6—2008.1(兼)
	姚铁山	2008.1—2012.6
	陈　彬	2012.6—2015.3
总经理	顾伟华	2005.8—2007.7(兼)
	毕湘利	2007.7—2012.9
	陈　彬	2012.9—2015.3
	宋　键	2015.7—

2005 年成立以来,申通咨询公司在轨道交通科技研究方面取得丰硕成果,承担并完成申通地铁集团科研项目验收 268 项,2 项达到国际领先水平,69 项达到国际先进水平,121 项达到国内领先

水平成果,7项达到国内先进水平。咨询公司主编和参编行业、地方和国家级标准37项。颁布上海市轨道交通网络化建设标准技术文件300项,包括建设指导意见、招标通用技术文件、通用图标准图、技术规程,标准运营规程等,为保证上海轨道交通网络化建设质量水平在标准层面提供了技术支撑。获得国家级科技进步奖2项、全国优秀工程咨询奖3项、省部级科技进步奖16项、市优秀工程咨询奖109项,并荣获专利33项、软件著作权48项。共完成各类咨询项目320余项。2011年,为郑州轨道交通公司提供了轨道交通运营管理体系和人力资源体系专业咨询;为昆明地铁1号线开通提供了专项运营咨询服务。2012年8月21日,咨询公司与南昌轨道交通集团正式签订《南昌轨道交通1号线建设管理业主顾问咨询项目合同》(一期),标志着咨询公司对外咨询迈出了坚实的第一步,也开启了项目采用"前台+后台"的咨询模式,由申通咨询公司负责牵头、整合集团相关兄弟单位资源开展咨询工作。2013年,承接无锡地铁1、2号线运营综合联调咨询服务项目,首次采取建现场项目部形式,为业主提供陪伴式咨询;签订南昌1号线运营技术管理咨询服务项目、合肥地铁1号线1、2期工程运营筹备及综合联调咨询服务项目。2014年,咨询公司与哈尔滨、青岛、福州签订专项咨询合作项目,其中:福州地铁1号线(南段、北段)机电建设管理、综合联调及运营咨询项目首次实现建设、运营两个专业大项的咨询。2015年,咨询公司在做强做精建设与运营两大核心咨询业务的基础上,积极拓展企业管理类、设计与技术咨询类业务。陆续签订福州地铁1号线财务预算专业、资产管理专题咨询项目、哈尔滨地铁运营管理服务及人员培训项目、上海地铁18号线2期工程设计(第一标段)工点项目、济南地铁R1线建设咨询项目、南京地铁7号线全自动运行系统运营咨询项目等。

2005年11月,获国家工程咨询甲级资质(城市轨道交通专业);2006年3月,为上海市工程咨询行业协会理事会会员;2006年9月,为中国工程咨询协会常务理事会会员;2007年3月,通过"质量、环境和职业健康安全"管理体系认证;2007年12月,通过上海市高新技术企业认定;2009年12月,获国家工程设计市政行业甲级资质(城市轨道交通专业);2010年1月,获上海市城市轨道交通项目的施工图设计文件审查资质;2011年,获得国际咨询工程师联合会(菲迪克,FIDIC)成员协会会员等。

2015年,根据集团公司的总体战略部署,申通咨询与技术中心剥离,划入集团竞争类板块,正式开始独立经营。2015年底,咨询公司正式员工数为93人。申通咨询公司下属投资控股或参股的公司共四家,上海申通轨道交通工程审图有限公司、上海申通轨道交通检测认证有限公司、上海申凯公共交通运营管理有限公司、上海申通中车轨道交通运行安全工程技术研究有限公司,股权投资总额为1 410万元,其中:审图公司、检测公司、中车公司由技术中心负责日常管理。

三、上海申通地铁资产经营管理有限公司

2005年7月4日,由上海申通地铁集团有限公司、上海莘闵轨道交通线发展有限公司双方出资设立上海申通地铁资产经营管理有限公司。

2007年9月6日,上海莘闵轨道交通线发展有限公司持有的上海申通地铁资产经营有限公司4.76%的股权,以协议方式转让给上海申通地铁集团有限公司。

地址为中国上海市衡山路12号;2005年10月迁至沪闵路8075号东三楼。经营范围有实业投资;房地产开发经营;物业管理;资产经营和管理。注册资本为人民币壹亿元整。甲方出资90%、乙方出资10%。

上海申通地铁资产经营管理有限公司主要从事上海轨道交通全网络非票务资源的经营开发。对上海轨道交通物业、传媒、商业、信息等核心资源及资产进行统筹管理和运作，以提高轨道交通网络综合开发、经营的能绩，不断探索上海轨道交通网络化投资建设、运营管理和资产经营互为补充、互相发展的新途径。最大限度地发挥轨道交通网络资产经营的优势，竭尽所能地提升轨道交通网络人文化的品质，进一步展现轨道交通网络化经营的整体效能。

职工总数451人、中级职称125人、高级职称数19人。

部门设置：综合办公室、计划财务部、组织人事部、投资发展部、安全质量管理部、物业开发事业部、传媒策划事业部、商业管理事业部、信息发展事业部；下属上海地铁盾构设备工程有限公司。

企业宗旨：以服务为根本、因团队而强大；

企业精神：共享、发展、创新、服务；

企业愿景：具有一流网络资源整合能力、拥有良好公众形象、突出社会贡献的现代城市服务商。

表1-4-16　2005—2015年上海申通地铁资产经营管理有限公司负责人情况表

职　务	姓　名	时　间
董事长	应名洪	2005.7—2008.1(兼)
	张　焰	2008.1.28—2009.5(兼)
执行董事	施俊明	2015.6—
总经理	张　焰	2005.10—2009.6
	叶　彤	2009.6—2015.6
	庄　巍	2015.6—
党委书记	张　焰	2005.10.18—2009.6.29
	叶　彤	2009.6.29—2015.6
	施俊明	2015.10.18—2015.12

2005年10月，上海地铁运营有限公司所属上海地铁咨询监理科技有限公司、上海地铁商贸有限公司、上海地铁东方置业发展有限公司、上海地铁广告有限公司、上海地铁旅游文化发展有限公司、上海地铁建筑工程有限公司、上海地铁运营科技发展有限公司划转至上海申通地铁资产经营管理有限公司。上海地铁盾构设备工程有限公司由上海申通地铁集团公司划转上海申通地铁资产经营管理有限公司。2006年，上海申通地铁资产经营管理有限公司对公司机构设置进行调整，撤销经营管理事业部，成立商业管理事业部和信息发展事业部。物业开发项目与轨道交通站点建设联动运作，轨道交通商业开发立足新线、兼顾老线整合资源，通信资源以拓展增值空间不断创新经营理念，地铁传媒的资源规划和价值评估日趋完善；推进1、2、3号线及换乘枢纽站的商业资源经营开发，全面推进商业开发的前期规划、提前介入、营销策划等措施落实。4月6日，上海申通地铁资产经营管理有限公司主办的《申通资产报》正式创刊。同日，与上海地产集团签署合作开发7号线浦江南浦站与衡山路地块框架协议。12月31日，与上海嘉定轨道交通建设投资有限公司共同出资组建上海嘉通建设开发有限公司，对上海地铁11号线嘉定城北路站、嘉定新城站周边地块进行房产开发，分别以119 634万元和58 352万元摘牌取得土地，并签订土地使用权出让合同。2007年，编

制完成了公司《2006—2010年中长期发展规划》，明确了“立足地铁发展，服务城市生活，引领申城文化”的企业使命和“成为具有一流网络资源整合能力、良好公众形象、突出社会贡献的现代城市服务商”的企业愿景。完成物业、传媒、信息、商业等四事业部组织构架的优化调整，实施扁平化管理。2014年成立上海地铁资产投资管理有限公司，主要从事轨道交通资源经营开发的投融资业务。至此地铁资产公司六大经营板块形成。12月26日，盾构公司营业执照注册资金由原来的4 000万元增资到1亿元，公司由原先的国有(一人)独资公司，变更为由上海申通地铁资产经营管理有限公司(出资4 000万元，占股权40%)、上海隧道工程股份有限公司(出资3 000万元，占股权30%)和上海市基础工程集团有限公司(出资3 000万元，占股权30%)三家公司合资企业。完成物业、传媒、信息、商业等四大事业部组织构架的优化调整，完善修订《招投标规范合同》及《非法定招标项目管理办法》《轨道交通资源经营管理办法》等具有网络发展特点的各项规定，为有效开发各种资源，推进相关业务网络化发展提供制度管理保障。

图1-4-1　2005年10月上海申通地铁资产经营管理有限公司组建会议

2009年，上海申通地铁资产经营管理有限公司荣获“荣获迎世博贡献奖”“上海市学习型企事业优秀单位”。2010年上海申通地铁资产经营管理有限公司荣获“上海市学习型企事业优秀单位”“中国学习型组织先进单位”“上海市守合同重信用企业”“2010年度全国交通运输企业文化建设优秀单位”。2011年上海申通地铁资产经营管理有限公司被评为第一届上海申通地铁集团“文明单位”称号。荣获“全国交通运输企业文化建设卓越单位”称号。荣获“上海市人民政府(市级)”颁发的2013年—2014年度上海市文明单位称号。

四、上海市隧道工程轨道交通设计研究院

1965年8月1日，为适应越江隧道和地下铁道建设需要，上海市人民委员会决定，成立上海市隧道工程建设处、上海市隧道工程设计院和上海市隧道建设工程公司，分别承担隧道、地铁工程的建设、设计和施工任务。院址：上海市汉口路193号。

1968 年 5 月 17 日，上海市隧道建设处、上海市隧道工程设计院并入上海市隧道建设公司，原上海市隧道工程设计院改为隧道公司设计组。1971 年 8 月 14 日，隧道公司设计组改为上海市隧道建设公司设计室。1978 年 9 月 16 日，成立上海市隧道设计研究所。1985 年 4 月 8 日，上海市隧道设计研究所恢复为“上海市隧道工程设计院”。1997 年 2 月 20 日，上海市隧道工程设计院改名为上海市隧道工程轨道交通设计研究院(简称上海隧道院)。2010 年 11 月 11 日，成为申通地铁集团全资子公司。

2011 年 1 月 18 日，上海市隧道工程轨道交通设计研究院办公地址由天目西路 290 号康吉大厦搬迁至中山西路 1999 号申隧设计大厦。

2015 年度，上海隧道院员工总数为 452 人。

部门设置：综合办公室、总工程师办公室、经营计划科、质保科、财务科。

下设：地下工程分院、轨道交通线路综合研究分院、建筑规划分院、市政工程分院、机电工程分院、环境工程分院、工程技术研究发展中心、岩土工程分院、工程经济分院。

表 1-4-17　1985—1997 年上海市隧道工程设计院负责人情况表

职　务	姓　名	时　间
党支部书记	曹功兰	1985.5—1987.1
党总支书记	茅年松	1987.1—1988.11
	蔡炳辉	1988.11—1991.4
	周全达	1991.4—1997.4
院长	周俊英	1985.5—1987.5
	王振信	1987.10—1990.4
	符忠新	1990.4—1991.12
	沈秀芳	1991.12—1997.4

表 1-4-18　1997—2015 年上海市隧道工程轨道交通设计研究院负责人情况表

职　务	姓　名	时　间
党总支书记	周全达	1997.4—1999.3
党委书记	周全达	1999.3—2007.10
	蔡凤琴	2007.10—2012.7
	申伟强	2012.7—
院长	沈秀芳	1997.4—2004.11
	申伟强	2004.11—

上海隧道院是从事隧道与地下工程、轨道交通、枢纽与综合开发、给排水、公路与道路、桥梁、建筑与装饰、智能设计、勘察和测量等专业的甲级勘察、设计及甲级咨询资质的单位，是上海申通地铁集团全资子公司。同时也是中国从事软土隧道和地下工程设计与研究历史最久的设计院，是国内专业从事软土隧道设计和研究的单位，是国内为数不多的承担轨道交通总体设计与研究的单位之一，先后荣获了全国五一劳动奖状、全国建设系统精神文明先进单位、全国用户满意企业、全国勘察

诚信单位、上海市质量金奖、上海市质量管理奖、上海市金杯公司、上海市文明单位、建设部创新企业等荣誉称号，通过了“上海市高新技术企业”的评定，是上海市专利示范企业和“全国知识产权试点单位”，2004年成为国家发展和改革委员会批准可以担任全国城市轨道交通项目评估的三个咨询机构之一，并在上海市城建行业率先推行了ISO9001质量保证系，获得ISO质量、环境、职业健康安全整合型管理体系认证证书。

1965年至2015年，上海隧道院先后完成上海黄浦江几乎所有的已建的和在建的越江隧道、上海地区穿越长江隧道的设计与研究工作，承担南京玄武湖隧道、宁波常洪隧道、杭州湖滨隧道、无锡蠡湖隧道、南京九华山隧道、苏州独墅湖隧道、沈阳五爱隧道、港珠澳通道(隧道段)、深圳至中山跨江通道、深圳市春风隧道、大连湾海底隧道等其他省市大量隧道工程的设计、研究及咨询工作。参与上海轨道交通所有已建的、在建或规划轨道交通线路的设计研究，并承担上海轨道交通1、2、4、5、6、8、10、12、14、15、17、18、19号线及延伸线、共和新路高架工程等项目的可行性研究、总体设计与主要设计工作，还参与深圳、南京、武汉、北京、天津、广州、哈尔滨、重庆、成都、杭州、宁波、苏州、无锡、常州、南昌、福州、厦门、合肥、济南、南通、烟台、昆明、绍兴等20余个城市和数个境外国家的轨道交通前期研究、设计和咨询工作；承担国内众多轨道交通上盖开发及地下空间规划与开发项目；开展全周期BIM技术开发与应用，参与保障上海轨道交通网络安全有序运营和维护。先后承担包括国家“863”计划在内的多项国家级重点工程科研项目，荣获包括FIDIC百年工程奖、国家质量金质奖、国家科技进步奖、全国设计金奖、詹天佑大奖在内的数百项国际、国家、部委、市、局的各类奖项。填补了我国水底建造道路隧道的空白，在隧道与轨道交通等重大工程中创造了多项“中国第一”和“世界水平”，并拥有300多项专利技术。

2015年：总资产：128 706万元；营业收入：50 543万元；净利润：5 244万元。2010—2015年，连续二次荣获上海市文明单位，连续三次荣获上海市重大工程立功竞赛金杯公司。2015年12月，隧道院荣获上海市精神文明建设委员会颁发的“2013—2014年度上海市学习型企事业单位”。

五、上海市黄浦江大桥工程建设有限公司

1990年12月13日，上海市黄浦江大桥工程建设处正式成立，履行黄浦江大桥、隧道越江工程及其附属工程的建设和配套项目工程管理职责。

1998年12月15日，上海黄浦江大桥建设有限公司正式成立。经营范围：市政工程；桥梁、公路、工业与民用建筑施工；工程咨询；建材、机电设备的营销。

2002年，公司成为上海市第一批具有“工程建设管理”(代建制)资质的企业。作为“代建制”单位走向市场承接任务。

大桥处公司地址为宁国路41号。总面积2 305平方米，建筑面积为2 430.69平方米。

上海黄浦江大桥建设有限公司(简称大桥公司)由上海市黄浦江大桥工程建设处、上海市浦东市政工程建设处共同出资组建，出资额分别为1 250万元人民币和250万元人民币，分别占注册资金1 500万元人民币的83.3%和16.7%。2009年7月股东会议决定，公司注册资本减少至人民币捌佰柒拾伍万元，股东为上海市黄浦江大桥建设处，出资比例：100%。

2007年10月，根据市委、市政府关于推进政企分开、管办分离，进一步理顺建设管理体制的要求，大桥公司从上海市市政工程管理局整建制划转到上海申通地铁集团。

2013年，根据《上海市机构编制委员会关于市市政工程管理局所属部分事业单位的批复》意见

及原市市政与申通集团签订的《整建制划转协议》，上海市黄浦江大桥工程建设处划转给至申通地铁集团。

至2015年12月底，大桥公司总人数：130人，专业技术人员81人，高工17人，中级职称30人。

表1-4-19 1990—2015年上海市黄浦江大桥建设处(建设有限公司)负责人情况表

职　务	姓　名	时　间
处长	朱志豪	1990.12—1993.12
	应名洪	1993.12—1994.9
	孙羹尧	1995.11—1997.11
	夏雨田	1997.11—2005.10
董事长	冯训良	1998.12—2008.1
	谢　炯	2008.1—
总经理	夏雨田	1999.6—2005.10
	谢　炯	2008.1—
党委书记	沈上桂	1990.12—1997.11
	冯训良	1997.12—2008.1
	苏致雄	2008.1—

部门设置：党委办公室、办公室、总工室、前期部、合约法规部、质安部、财务部、市场部、工程部、设施管理部。

1990年至2007年，大桥公司未划转申通地铁集团以前承担上海南浦大桥、杨浦大桥、徐浦大桥、卢浦大桥、复兴东路双层越江隧道等工程项目建设管理。

划转至申通集团之后，公司先后承接了闵浦大桥、闵浦二桥、松浦三桥、北翟高架路道路改建工程、人民路隧道、新建路隧道、镇坪路桥工程、综合客运枢纽站、长阳路(内江路—军工路)新建工程、滴水湖交通枢纽地下空间、上海之鱼、杨树浦路综合整治工程、轨道交通16号线、上海棋院等市政、公路、房建、轨交8号线三期、轨道交通14号线、松江有轨电车等项目建设管理工作。

复兴隧道2004年9月通车后，经上海市市政工程管理处批准，成立复兴隧道路政分队，分队人员全部由大桥公司招聘。目前共有15名员工，路政分队主要任务是隧道保护区范围内巡视，隧道设施的赔补偿。

公司通过对工程前期阶段工作所遇到的问题不断进行探索总结，于2005年编制出版《市政工程建设管理应用指南——前期篇》(上、下册)。

1995年，南浦大桥获得国家科学技术进步一等奖；1998年，徐浦大桥获得中国市政工程金杯奖；2000年，杨浦大桥荣获中国土木工程协会、中国科学技术发展基金会、詹天佑土木工程科技发展基金颁发的首届中国土木工程(詹天佑)大奖；2000年，杨浦大桥、徐浦大桥分获浦东开发十年建设精品项目市政金奖、银奖；2004年，卢浦大桥荣获中国市政工程金杯奖；2001至2012年，连续八次荣获重大工程立功竞赛优秀公司。

第四节　八 个 中 心

一、上海轨道交通维护保障中心

2008 年 4 月 8 日，上海申通地铁集团有限公司维护保障中心(简称：维保中心)成立。2008 年 9 月 12 日取得营业执照。营业场所为恒通路 222 号 19、20 层；企业负责人为周俊龙。

2013 年 6 月 17 日，“上海申通地铁集团有限公司维护保障中心”更名为“上海地铁维护保障有限公司”。(简称：维保公司)。上级主管单位为上海申通地铁集团有限公司。2013 年 7 月 1 日，取得企业法人营业执照。注册场所为上海市徐汇区建国西路 253 号 B1 首层 6 号 1089 室；经营场所为恒通路 222 号 18、19、20、22 层；法定代表人为周俊龙；注册资本为人民币贰仟万元；公司类型为法人独资。

维保公司负责上海轨道交通所有运营线路以及基地段场的车辆、通号、供电、工务、物资和后勤五大主体专业的维护保障工作。

2015 年末共有人员总数 8 334 人，其中专业技术人员数为 1 178 人，正高级职称 5 人，高级职称 77 人，中级职称 432 人，初级职称 664 人。

表 1－4－20　2008—2015 年上海申通地铁集团有限公司维护保障中心负责人情况表

职　务	姓　名	时　间
党委书记	王巍峰	2008. 3. 28—
总经理	朱沪生	2008. 3. 31—2008. 8. 5(兼)
	周俊龙	2008. 8. 5—

部门设置：监察室、党委办公室、行政办公室、组织人事部、计划部、财务部、综合协调部、质量安全部、调度指挥室、技术工作部、信息管理改善部、计量管理部。

下属各单位：上海地铁维护保障有限公司车辆分公司；上海地铁维护保障有限公司供电分公司；上海地铁维护保障有限公司通号分公司；上海地铁维护保障有限公司工务分公司；上海地铁维护保障有限公司物资和后勤分公司。2015 年 4 月 1 日，维保公司 10 号线维护管理部划转至运营一公司。

世博期间，完成集团公司下达 9 大项 600 天整改项目。制定了《生产和管理用房标准化管理暂行规定》《基地标准化管理暂行规定》《设施设备风险管理办法(试行)》及《“两纪一化”工作标准管理暂行规定》等规范性文件。开展了“星级列车”“星级机房”“星级班组”的检查评比活动。

荣获“2008 年度上海市重大工程立功竞赛优秀单位”。获得中国 2010 年世博会组织委员会颁发的“为 2010 年世博会作出积极贡献”荣誉纪念证书。维保中心荣获上海市人民政府颁发的“2009—2010 年市文明单位”称号；形成了 523 名首席师系列队伍；建立了李鹏伟、吴建祥、彭宏坤、鲍欣杰 4 个首席技师工作室。李鹏伟被评为上海市十大工人发明家。维保官方微博被评为上海地铁首届“优秀微博客”。2014 年，维保公司荣获上海市人民政府颁发的“2013—2014 年度上海市文明单位”称号。

图 1-4-2　2008 年 4 月 8 日上海轨道交通维护保障中心成立揭牌

二、上海轨道交通培训中心

2008 年 5 月 8 日，上海轨道交通培训中心（简称：培训中心）成立。占地 20 亩，建筑面积 1 万多平方米；注册场地：上海市闵行区顾戴路 751 号七楼；经营场所：上海市闵行区顾戴路 751 号。2014 年迁至龙阳路车辆基地。

经营范围：实业投资、轨道交通建设管理及综合开发经营、会务服务、礼仪服务、系统内职工培训。作为国家职业资格鉴定企业（行业）职业技能鉴定所，拥有轨道交通职业技能鉴定资质。

上海轨道交通培训中心是上海申通地铁集团有限公司员工培训的主体。主要负责集团公司员工各类培训项目策划，编制培训计划，并组织实施和管理；鉴定与评估培训质量；实训基地和培训网络平台的建设和管理；员工培训证书管理；建立、完善、储备轨道交通行业各类培训资源；参与制定并实施培训管理规章制度。

上海轨道交通培训中心积极探索企业专业化、规模化、多元化、网络化和创新型的现代化轨道交通员工培训管理模式，做好人才培育与培训的衔接，为集团逐步实现人才整体素质，建设一支与轨道交通事业发展相适应的管理、技术、技能和一线员工队伍。

2015 年末在册职工总人数 79 人，其中高级职称 5 人，中级职称 21 人，初级职称 18 人。

表 1-4-21　2008—2015 年上海轨道交通培训中心负责人情况表

职　务	姓　名	时　间
主任	黄　建	2008.5.5—2009.9.22
	叶华平	2009.9.22—

（续表）

职　务	姓　名	时　间
党支部书记	叶华平	2009.3.23—2011.1.24
党总支书记	叶华平	2011.1.24—

部门设置：综合办公室、计划财务部、培训一部、培训二部、培训三部、考核鉴定部。

培训中心管理目标和管理方针：依托集团，培训规范化；贴近运营，管理标准化；拓展求新，服务网络化。

2009年，经市指导中心审批，同意上海申通地铁集团有限公司为企业内高技能人才培养评价的试点企业，接纳上海申通地铁集团有限公司轨道交通培训中心作为入网单位。2011年技能培训依托上海市高技能人才培养基地，以此为平台，加快员工技能等级的提升，同时享受政府补贴，为员工技能等级的提升创造条件。高级技师技能标准的开发也得到了市人保局的审核和通过。张江实训线的正式启用，培训工作迈上新台阶。2012年，培训中心强化培训管理环节和受控力度，发挥好上海市国家级基地的作用，以高技能人才培养基地为平台，积极研发相关专业建设项目，通过申报，着力推进并提升技能培养等级。成立"林宏工作室"，在952号实训专用车上视频培训系统。在龙阳路车控室及机电设备实训室增设车站EMCS模拟仿真培训系统、IBP系统，可用于车站设备操作模块培训考核；在剑川路基地增设两台815L机电一体化设备及低压培训设备，可用于职业技能竞赛集训及维保各专业上岗证基本功训练。2014年，完成了48个教材大纲的编写并通过了专家评审。

2009年获"上海市职业技能竞赛活动"优秀组织奖；获"上海市职业技能竞赛活动"市级一类竞赛维修电工团体银奖。2010年获得上海世博会世博知识和文明观博全民宣传培训实践活动优秀团队奖；2010年上海市青年文明号；2010年第十届国家技能人才培育突出贡献奖。获2012年国家高技能人才培训基地；2012年全国职工优秀培训示范点；2012年上海市职工技能实训基地；2012年上海市平安单位；2011—2012年度上海申通地铁集团有限公司文明单位。获2012—2013年"上海市职业技能竞赛活动"优秀组织奖。2013—2014年度上海市文明单位；2013—2014年度上海市合同信用等级3A级认证；2013—2014年度上海市守合同重信用企业。获2015年上海最具价值企业培训项目——培训中心技师继续教育项目。

三、上海轨道交通技术研究中心

2008年6月11日，申通地铁集团设立上海轨道交通技术研究中心。其日常事务工作由上海申通轨道交通研究咨询有限公司承担(以下简称研究咨询公司)。6月18日，技术研究中心揭牌成立。8月6日，工商注册为上海申通地铁集团有限公司技术中心(注册号310101000404259)(以下简称技术中心)，经营范围为轨道交通建设管理相关的科研项目研发及技术服务。办公地点上海市桂林路909号1号楼。

2015年末，在册职工总人数122人(初时为74人)。

部门设置：办公室、财务部、组织人事部、总监办公室、网络总体研究部、运营技术研究部、列车运控研究部、环境节能研究部、工程与风险控制研究部、系统集成研究部、安全认证中心。

表1-4-22 2008—2015年上海轨道交通技术研究中心负责人情况表

职　　务	姓　　名	时　　间
党委书记	姚铁山	2010.12—2012.6
	陈　彬	2012.6—2015.03
	张建斌	2015.7—
主任	毕湘利	2008.6—2010.12
总经理	毕湘利	2010.12—2011.12(兼)
	陈　彬	2011.12—2015.03
	宋　键	2015.7—

申通地铁集团通过建立技术中心，以技术攻关克服建设发展中的各种难题，以技术进步推动网络运营水平和综合服务水平的提升，为网络的可持续发展提供支撑。同时，通过建立以技术中心为核心的技术创新体系，促使企业成为技术开发与创新的主体。2008年12月27日，取得上海市企业技术中心认定。2009年11月6日，取得国家级企业技术中心认定。技术中心针对轨道交通行业发展特点，涵盖规划、建设、运营管理全过程的集研究、咨询、技术管理、科研管理于一体的多层次架构的研究与技术管理机构，为上海轨道交通网络的建设和发展提供技术支撑。

2008年，参加国家和行业的标准规范编制工作，包括担任主编的建设部标准《轨道交通试运营基本条件》、上海市标准《轨道交通运营安全事故分类标准》，完成上海市地方标准《盾构施工技术规程》编撰工作。2009年，技术中心下设专业研究室、试验中心和技术服务部门作为技术研究的核心，承担日常技术研究的主要任务；下设专家委员会和院士工作室承担重大技术方案的选择、评估等技术决策工作；同时，运营中心、维保中心、项目公司、直属单位等申通地铁集团其他单位的技术部门也纳入技术中心的技术归口管理范畴。面向加快发展城市轨道交通，提高城市交通便捷化水平的需求，形成了网络统筹、标准研究、风险控制、集成研究、仿真检测、安全认证6大类技术创新成果和核心竞争力。完成93项标准化文件的编制，涵盖资源共享、网络平台、机电接口、风险控制等多项内容；包括土建施工、机电系统、车辆设备、运营维护等多个方面；涉及区间、车站、轨道、限界、管片、综合监控等多个系统。研究开发地下工程远程监控系统，建立三级管理网络和三级监控网络，做到研究成果与工程建设紧密结合。2010年12月31日，技术中心成为申通地铁集团内部独立核算单位，主要负责开展科研课题研究，实施科研管理及网络总体研究工作。征集并上报科研项目共计10大类106项，实际完成开题项目103项。编制并颁布实施《上海城市轨道交通工程技术标准》，以指导和规范工程建设和运营。完成运营各专业规程规章的修编和评审工作，共形成包含设施设备类规程、调度类规程、运营服务类规章、运营安全类规章等约450份文件。2011年，完成国家及上海市项目共计5项。编制《新技术推广应用办法》，制订《科技创新奖励办法》，发布《关于进一步加强科研项目风险管控的通知》。2013年6月，获得国家部委颁发的“全国节能先进集体”荣誉证书，7月获“交通运输部2011至2012年度交通运输行业节能减排先进集体先进企业”称号。2014年，完成运营服务标准体系梳理1 977项，12月份完成第一批215项示范性标准的发布工作。

2015年，组织征集科研项目102项，组织科研项目开题42项，组织完成科研成果验收项目50项，验收成果1项达到国际领先水平，5项达到国际先进水平，12项达到国内领先水平，3项达到国内先进水平。申报市科委科研项目可行性方案和计划任务书6项，获市科委资助人民币423.6万元；

逐步完成《列车信息车地传输技术研究》《列车安全防控报警装置研究》等 6 个项目的验收工作。

四、上海轨道交通资金管理中心

2008 年 6 月 18 日，上海轨道交通资金管理中心(以下简称“资金中心”)成立。共有员工 20 名。其中高级职称 5 名，中级职称 8 名，初级职称 7 名。

历任主任：徐宪明(2008.6—)(兼)。

2008 年 8 月 8 日，印发《上海轨道交通资金管理中心管理办法》；12 月 31 日印发《上海轨道交通资金管理中心管理办法实施细则》。资金中心成立后于 2008 年启用用友软件，利用资金信息平台进行资金调配，平衡工作，实现银企直联，与工行、建行、农行、中行等九家银行实行了网银互通。2009 年和 2010 年，结合工程建设情况，积极拓展、争取不同类型资金来源渠道，降低财务费用和节约资金成本。2010 年，完成 12 号线、13 号线和 16 号线与银团签约，以及 4 号线、6 号线、3 号线北延伸流动贷款签约。协调、落实、完成与工行轨道交通网络票款收缴(夜间金库)系统网点布置工作。2011 年，资金中心推进、完善集团公司财务会计科目统一核算工作，完成“集团公司会计科目核算说明”的正式编制定稿，并及时对集团公司财会人员进行讲解、培训。2012 年，资金中心做好国家营业税改增值税调整试点工作，落实执行新税收政策的后续配套工作及“营改增”税率变化对集团公司的影响分析报告。2013 年，完成发行 120 亿中期票据的发行工作，发行金额 120 亿为上海地区最大。2014 年，根据沪国资委精神，浦发集团持有的 6 号线项目公司 12.09 亿元的股权按照久事公司、城投公司在申通集团公司股权比例无偿划入两家股东单位。按申通公司股东会审议，上述股权注入申通公司，作为增加申通公司的资本公积，根据融资需要在适当时候转为申通公司注册资

图 1-4-3　2008 年 6 月 18 日上海轨道交通技术研究中心、上海轨道交通资金管理中心揭牌

本。2015年,设立上海轨道交通上盖物业发展基金:投资于上海地铁上盖物业项目,目标规模:40亿元人民币,投资期限:5年。

五、上海轨道交通资产管理中心

2008年12月18日,为适应上海轨道交通网络化建设和发展需要,进一步健全完善网络资产管理体系,上海轨道交通资产管理中心挂牌成立。2009年5月31日,实施集团平台资产管理系统初步具备查询、统计实物量、价值量等基本功能。

上海轨道交通资产管理中心共有正式员工17人。

主任:苏耀强(2008.12.18—2012.7.9)(兼);徐子斌(2012.7.9—2015.12.31)。

2009年6月30日,完成明珠线资产(价值量)正式录入平台资产管理系统。2010年12月30日,完成5号线资产(价值量)正式录入平台资产管理系统。2011年,完成2号线西延伸(淞虹路站—中山公园站)、7号线资产(实物量)、9号线1期资产(实物量)、4号线资产(价值量)、11号北段(安亭站—江苏路站)资产(实物量)、6号线资产(实物量)、10号线资产(实物量)移交接、录入平台资产管理系统。2012年,初步完成2号线西西延伸(淞虹路站—徐泾东站)资产(实物量)、8号线1期资产(实物量)、8号线2期资产(实物量)、2号线东延伸(张江高科站—浦东机场站)资产(实物量)、7号线延伸段资产(实物量)移交接、录入平台资产管理系统。2013年9月2日,完成9号线2期资产(实物量)移交接、录入平台资产管理系统。2014年,健全完善资产管理制度,修订颁布了上海轨道交通资产编码规划(2014年版),制订资产设施设备分类与编码规则,形成集团资产设备物资的三级编码体系,为资产管理打下了重要基础。完成轨道交通6号线、7号线、7号线北延伸、8号线1期、9号线1期和2期、10号线以及2号线东延伸8个项目的资产价值数据录入工作。完成11号线北段一期、1号线北延伸等4个项目的资产价值清册编制工作(其中1号线北延伸、1号线北北延伸和3号线北延伸同时完成清册数据录入工作),并完成4号线、2号线西延伸的实物盘点工作。开展资产管理信息系统2期建设,包括新增房屋土地数据的录入、各项资产管理业务流程建设,资产管理数据统计分析功能开发和资产管理中心协同平台网页的建设。2015年,完成轨道交通11号北段2期、12号线东段、13号线1期和16号线实物资产清册编制和8号线2期,2号线西西延伸(含北翟路基地);9号线(3期)资产价值清册的编制。完成9号线(松江新城站—杨高中路站)、7号线(美兰湖站—花木路站)的实物资产盘点工作。截至年底完成28个项目资产价值数据的入库,涉及资产条目约14.6万条,资产原值1 782.78亿元。完成集团资产管理信息系统2期的开发建设,增加并优化了各项资产管理业务流程建设,新增资产盘点的任务下达、现场盘点及数据反馈等业务功能,实现了各项业务流程通过EAM平台操作,同时将数据自动链接入集团资产管控平台。健全完善资产管理制度,颁发《资产清册编制(包含实物及价值移交)指导意见》《轨道交通项目固定资产报废处置实施细则》《集团土地和房屋管理规定》等三项制度建设,进一步规范了集团的固定资产清册编制,报废管理和集团土地管理、房屋分配及管理工作。

六、上海轨道交通信息管理中心

2008年12月22日,上海轨道交通信息管理中心挂牌成立。

上海轨道交通信息管理中心主要职能,整合集团网络,完成集团、运营、维保和资产网络的互联,实现集团管理网络一体化,集团和各分支机构的网络实现全覆盖。

2015 年职工总人数 9 人。

主任：顾伟华(兼)。

2009 年 12 月,为贯彻落实《信息安全等级保护管理办法》《关于信息安全等级保护工作的实施意见》等文件精神,印发《上海申通地铁集团有限公司信息系统等级保护工作要求》。规范计算机终端及布线系统的使用和管理,保障管理和生产业务的正常开展。同月,集团综合业务协同平台上线。2010 年,整合集团网络,完成集团、运营、维保和资产网络的互联,实现集团管理网络一体化,集团和各分支机构的网络实现全覆盖。规范集团公司视频会议系统的管理,保证系统运行稳定可靠,以提高工作效率。实施《上海申通地铁集团有限公司信息化发展规划》。集团综合业务协同平台完成整体验收,正式上线运行。平台提前上线实现办公业务流程化、自动化,并在平台上实现合同审批的自动化,及各中心业务门户入口和业务展示平台。2010 年 4 月,上海地铁官方网站正式对外运行,2010 年 10 月,集团建设管理平台上线。2011 年 12 月 26 日,印发《上海申通地铁集团有限公司信息安全管理办法》保护上海申通地铁集团有限公司信息安全,保障轨道交通建设、运营生产、维护管理的顺利进行。2012 年,实施上海申通地铁集团有限公司信息化基础设备运行维护规定,9 月 25 日明确集团网络与信息安全的工作要求,进一步理顺集团信息化业务的管理体系。2013 年 1 月 16 日,印发《上海申通地铁集团有限公司计算机终端配置标准管理办法》规范上海申通地铁集团有限公司计算机终端的配置管理,确保计算机终端的安全、稳定、高效运行。6 月 17 日,印发《上海申通地铁集团有限公司信息化项目管理办法(试行)》加强信息化项目的规范化管理,推进轨道交通网络信息规划的落实,提高信息化项目的效能,提升集团公司信息化水平。7 月 15 日,印发《上海申通地铁集团有限公司信息安全管理工作实施细则》,为进一步细化信息安全的工作分工,明确工作责任,切实提高信息安全管理能力。7 月 24 日,正式进行协同平台、建管系统(Greata)行文对接联调,经过联调测试,接口正常调用,数据成功发送和接收,8 月 23 日,开始试运行。2013 年,集团资产管理系统(1 期)开通上线,初步建立资产静态数据库并实现与设备运维管理平台对接,通过与设备维护动态数据的关联实现资产的动态管理。加强计算机终端的配置管理,确保计算机终端的安全、稳定、高效运行。2014 年 3 月,集团绩效考核系统上线。10 月,集团合同管理系统上线,实现涵盖了合同审批、合同后审、合同变更、合同销号、合同支付等各类合同相关业务的管理功能。11 月,集团统一身份认证系统正式上线。6 月 24 日,召开 2014 年度集团信息化工作管理委员会例会,专题推进软件正版化工作,要求集团及下属二级、三级单位机关本部完成软件正版化覆盖率达标,各重点单位(窗口及对外经营单位)借助终端管控工具加强软件正版化监控。大力推进信息化系统和建设项目执行管理系统,改善提升业务协同平台的应用集成与管理,完成标准管理系统(1 期)建设,编制并上报轨道交通数据中心、高速骨干网建设方案,开展轨道交通大数据、移动互联网的研究和试点工作。初步建立信息化管理标准体系,开展集团核心网络系统和二级单位网络的对接工作。2015 年 5 月,集团信息化设备统一接报修平台上线。8 月 27 日,集团专题研究加强及完善集团信息化运维及资源管理工作。编制建设覆盖经营区域的无线网络系统,生产网安全隔离系统、运营管理平台建成投用,在建设、运营、维护、企业管理等领域使用移动互联手段推进业务深化。

七、上海轨道交通运营管理中心

2009 年 3 月 12 日,上海轨道交通运营管理中心(简称：运管中心)成立,注册场所：上海市恒通路 236 号 24、25、26 层，经营场所：上海市恒通路 222 号。上级主管单位：上海申通地铁集团有限公司。

截至 2015 年 12 月 31 日职工人数：564 人，其中调度员 365 人。

表 1-4-23　2009—2015 年上海轨道交通运营管理中心负责人情况表

职　务	姓　名	时　间
党委书记	桑万发	2009.2—2011.11
	张凌翔	2011.11—
总经理	邵伟中	2009.2—2013.11.08(兼)
	张凌翔	2013.11.08—

部门设置：综合办公室、组织人事部、计划财务部、客运服务部、乘务部、设施(设备)部、质安部。

运管中心是轨道交通网络运营调度指挥、应急指挥和运营管理协调的责任主体，负责轨道交通网络运营的组织、指挥和协调，票务设备设施的管理、维护和开发以及隧桥监护检测等工作。运管中心总调度所是中心的生产管理部门，负责监控路网运营生产，协调路网运力运量，优化运营资源配置，担负网络运营组织协调(运营生产指挥、施工管理)的职能。下设 10 个控制中心、1 个路网监控中心，其中新闸控制中心管辖地铁 1、2 号线，东宝控制中心管辖地铁 3、4 号线，颛桥控制中心管辖地铁 5 号线，民生控制中心管辖地铁 6 号线，新村控制中心管辖地铁 7 号线，中山控制中心管辖地铁 8 号线，虹梅控制中心管辖地铁 9 号线，吴中控制中心管辖地铁 10 号线，隆德控制中心管辖地铁 11 号线，世博控制中心管辖地铁世博专线(13 号线)。

2009 年，随着轨道交通运营管理中心的挂牌成立，在新的体制机制下，新的运营管理模式下总调度所的工作职责、工作定位、工作体系经历重大转型。2010 年是上海地铁世博保障年。全路网共计开行列车 164 万列次，运营里程 4 668 万列公里；上海地铁总计 21 次刷新单日客流纪录，世博期间 16 次刷新单日客流纪录。以上海世博会为契机，积极梳理 COCC 与 OCC 的两级调度指挥体系的业务流程和工作接口，以顺应网络化运营发展的需要。充分发挥 OCC 的运营生产指挥功能，强化 COCC 的协调监督和应急联动作用。科学调配运力，确保线路运行畅通。路网全年更换 51 次 159 张运行图，制定调整运行图共计 260 多张。2010 年，陆续有 2 号线东延伸段、西西延伸、虹桥火车站、7 号线北延伸、10 号线一期(不含上海动物园至虹桥火车站)、10 号线主线段(上海动物园至虹桥火车站)、11 号线支线段(安亭站至嘉定新城站)、13 号线世博段，总长近百公里的新线开通试运营。2011 年，顺利完成了重要节假日、世游赛、7 号线北延伸 2 站开通等一系列重要运营保障任务。但是，“9-27”列车追尾事故的发生，反映出技术管理薄弱、规章制度不全、生产安全风险辨识差、调度控制能力的不足、应急管理不到位等安全管理问题。2012 年，充分发挥联动工作机制，制定关键区域及重要岗位安全防护措施全路网实现增能 10%。通过增加投运列车和调整路网运行图等措施，对 2、6、7、8、9 号线实施增能，上述线路早晚高峰运营间隔分别缩短 30 秒至 1 分钟，列车拥挤度有所改善。2013 年，累计更换运行图超过 50 套。编制《2015 年路网运能及车辆需求初步分析报告》。推进 10 号线“全自动无人驾驶系统”研究工作，牵头完成 28 次系统验证工作，开展 30 车次夜间末班车跟跑工作，对无人驾驶系统设备情况做进一步排摸和了解，研究 10 号线规章体系、运营管理模式。2014 年，年内累计实施增能换图 61 套，路网高峰运能达 62.94 万人次/小时，较 2013 年底增长 8.64%。2015 年，根据年度运营生产计划挖潜增能，3、4、6、8、11、13 号线分别增加运能；实施16号线优化开行方案，缓解客流压力；持续提高10号线列车周转效率，缩短行车间隔；2015年全网累计换图90套，路网高峰运能达69.22万人次/小时，较2014年底增长9.98%。制定3号线宝钢车辆段改扩建、7号线祁华路站折返线道岔支撑块整治施工等多项大修施工配套运营保障方案；持续开展上海国际旅游度假区交通运营筹备及国家会展中心试运营保障工作。

2011—2012年全国文明单位。2010—2012年上海市文明单位。2012年全国实施用户满意工程先进单位。

八、上海轨道交通建设管理中心

2010年12月21日，上海申通地铁集团公司对部分管理机构作了调整：撤销建设事业部、机电事业部，成立上海轨道交通建设管理中心。

建设管理中心主要负责网络项目的建设筹划、前期准备、工程管理、机电实施等工程建设的全过程管理。

建管中心人员编制暂定为43人(含退休聘用等用工)。

表1-4-24　2010—2015年上海轨道交通建设管理中心负责人情况表

职　务	姓　名	时　间
总经理	白廷辉(兼)	2010.12—2013.12
	张　川	2013.12.27—

部门设置：设计管理部、前期与土建管理部、工程计划管理部、机电管理部、质量安全管理部及办公室。

2014年3月26日，为适应新一轮轨道交通网络建设要求，进一步完善集团公司建设项目管理架构和职能，经集团公司研究决定，建管中心以网络统筹协调推进为重点，管理职责更加专注于网络统筹、协调推进、业务指导和考核监管职责，内设职能部室调整为“五部一室”，即：设计管理部、前期与土建管理部、工程计划管理部、机电管理部、质量安全管理部及办公室。2015年7月24日，为加强集团公司技术、设计、网络规划等专业管理，经集团公司研究，撤销建设管理中心设计管理部。建设管理中心主要负责网络项目的建设筹划、前期准备、工程管理、机电实施等工程建设的全过程管理。主要工作重点为四个方面，全力推进新投运项目的建设整改消缺工作、全面统筹在建项目的建设实施、深化文明施工现场管理、综合总结建设缺陷并整理归纳指导新线建设工作。

2015年，建管中心完善建设计划管理体系：为适应轨道交通网络化建设的需要，建立并完善集团公司建设计划管理体系，全面反映建设项目各个阶段的施工状况，根据项目实施关键路径，以车站实际开工情况和端头井完成时间作为计划实施的依据，配合完成盾构筹划、轨道铺设、车站附属设施施工等分项计划，通过月度和关键节点的跟踪，及时暴露施工中存在的矛盾和瓶颈问题，实现计划编制和施工现场联动管理，使计划的编制、实施更具有科学性。分析工程筹划、及时提出建议：通过对各条建设线路工程筹划认真研究分析，及时掌握各线路建设基本情况，梳理分析工程建设存在问题及矛盾，找出工程关键环节，及时提请领导关注，并能够提出建设性意见及解决方案。统筹协调优化轨道交通建设网络资源配置，即协助督促各线路编制工程筹划，在统筹优化单条线路设备资源配置的基础上，按照集团领导总体思路，确定各条线路的轻重缓急，仔细研究各线路资源整合统筹方案，对比分析相关影响程度，确定最优化的轨道交通网络资源配置方案，提交领导决策。建立健全项目管理工作团队：建立健全集团工程计划管理网络及工作团队，建立完善计划汇总、工程实施信息反馈机制，落实相关对口联系责任人，及时掌握现场进度情况，为综合计划分析提供准确资料。建立相关综合计划工作例会制度，搭建工作交流沟通平台，了解工程现场各专业需求。修编建设管理规范制度：新编修订一系列管理办法，规范建设人员管理要求、施工用电管理、监理管理要求、测量监测管理等制度。规范建设管理行为，为工程建设管理提供了制度性、系统性的指导。强化以信息技术应用为手段的科技管理。加强 GREATA、BIM 先进科技管理手段在新线项目管理、项目公司内部管理中的应用。依托科技管理和项目信息化手段应用管理，进一步强化项目流程管理、制度管理，夯实项目管理基础。强化投资控制全面管理。加强投资控制全过程管理，自项目前期方案研究阶段至工程竣工审计阶段全过程参与；加强投资控制全覆盖管理，即在设计技术方案确定、重大设计变更、合约招标及预结算等全面参与管理；加强投资控制体系建设和专业化管理；加强投资控制目标值考核管理；加强财务用款有效度。

荣获“2011 年度上海市重点工程实事立功竞赛优秀集体”（上海市重点工程实事立功竞赛领导小组）；获 2011 年度推进“人性化服务、精细化管理、标准化建设”工作专项竞赛优秀集体（上海轨道交通建设工程立功竞赛综合赛区领导小组）；荣获“2012 年度上海市重点工程实事立功竞赛优秀集体”；荣获“2013 年度上海市重点工程实事立功竞赛优秀集体”。

第五节　合 资 企 业

一、申通庞巴迪(上海)轨道交通车辆维修有限公司

申通庞巴迪（上海）轨道交通车辆维修有限公司于 2012 年 12 月 3 日成立并取得营业执照。公司类型为有限责任公司（中外合资），注册地为上海市沪闵路 8075 号 418B 室，法定代表人周俊龙，注册资本为人民币 4 000.000 万，营业期限为 2012 年 12 月 3 日至 2027 年 12 月 2 日，经营范围为轨道交通车辆、轨道交通车辆维修设施设备、轨道交通车辆部件的维修、修理、改造（涉及资质的，取得相关资质后方可从事经营），并提供相关技术咨询及技术服务。（不涉及国营贸易管理商品，涉及配额、许可证管理商品的，按国家有关规定办理申请）

二、上海地铁电子科技有限公司

2013 年 4 月 8 日，上海地铁电子科技有限公司成立。简称“地铁电科”。公司股东分别为上海申通地铁集团有限公司（所持股份 50%）、上海宝信软件股份有限公司（所持股份 50%）、公司注册资本 2 000 万。注册场所为上海市浦东新区上丰路 977 号 1 幢 B 座 363 室。

企业经营范围为轨道交通车辆及相关系统控制部件的维护、维修、销售，并提供相关的技术咨询、技术转让，轨道交通智能化、信息化系统领域内的技术咨询、技术开发。

三、申通北车(上海)轨道交通车辆维修有限公司

公司类型：有限责任公司（国内合资）；住所：上海市闸北区恒丰路 600 号（1—5）幢 1901 - 25

室;法定代表人:陈依新;注册资本:人民币 4 000.000 0 万元整;成立日期:2013 年 8 月 26 日;营业期限:2013 年 8 月 26 日至 2033 年 8 月 25 日;经营范围:轨道交通车辆、动车组车辆、城际铁路车辆、有轨电车及零部件的维修、大修,轨道交通车辆科技领域内的技术研发、技术咨询、技术服务,轨道交通车辆、动车组车辆、城际铁路车辆、有轨电车零部件的采购和销售,轨道交通车辆的改造和检测。

四、申通南车(上海)轨道交通车辆维修有限公司

上海市工商行政管理局嘉定分局 2014 年 11 月 7 日发《申通南车(上海)轨道交通车辆维修有限公司营业执照》,注册号:310114002813458,证照编号:14000000201411070521,类型:有限责任公司(国内合资)。住所:上海市嘉定区菊园新区树屏路 588 弄 41 号 1001 室,注册资本:人民币 3 000.000 0 万元整,法定代表人:陈鞍龙;成立日期:2014 年 11 月 7 日。营业期限:2014 年 11 月 7 日至 2029 年 11 月 6 日。经营范围:轨道交通车辆及部件、轨道交通车辆维修设备的维修、保养、改造,从事轨道交通技术领域内的技术开发、技术转让、技术咨询、技术服务、轨道交通车辆及零部件的销售,自有工程车租赁(不得从事金融租赁)。

第二篇

工程建设

概　述

20世纪50年代，上海开始筹划修建地下铁道，成立市地下铁道筹建处，启动方案设计和技术经济论证。60年代至70年代，上海地铁处于试验阶段，因受"文革"影响，也停顿了一段时间，建成了衡山路实验隧道、漕宝路地铁试验段。直至1986年8月，国务院批复同意《上海市关于建设新龙华至新客站地下铁道工程项目建议书的请示》，1990年1月，国家计委批准上海轨道交通1号线工程正式开工建设，自此，轨道交通建设在上海全面展开。1994年12月12日，全长16.1公里的上海地铁1号线工程全线建成开通运营，1999年9月20日，地铁2号线一期工程建成，地铁第一次穿越黄浦江，联通浦西、浦东，形成"十字"换乘。

进入21世纪，上海推进建设"枢纽型、功能性、网络化"的城市公共交通网络。2000年，市政府批准关于上海城市轨道交通网络系统规划及建设规划，继续建设1号线南北延伸段、2号线东延伸、3号线北延伸、4号线、5号线等，开工建设6号线、8号线、9号线等。2005年底，轨道交通运营线路长度达123公里，形成了"申"字型网络基本骨架，轨道交通网络初具规模。

2005年，国家发展改革委批准《上海市城市快速轨道交通近期建设规划》，原则同意上海在2005—2012年，开工建设10条线、389公里的轨道交通。2005年11月17日，市委、市政府召开轨道交通专题会议，要求"紧紧抓住2010年上海世博会契机，集全市之力，切实加快上海城市轨道交通建设"。2007年12月29日，上海轨道交通"三线两段"开通。上海轨道交通从5条线路、97座车站、169公里，增加到8条线路、163座车站、264公里的建成线路。到2010年世博会开幕前，运营里程增至427公里，建成车站281座。至"十二五"末，上海轨道交通共建设线路达到15条，线路总长超过600公里，建成投运车站366座。上海轨道交通建设从无到有，从线到网，施工技术不断提升，施工工艺不断改善，这里凝聚着千万建设者的情感和心血，饱含着先进技术的智慧结晶。

上海轨道交通工程建设坚持科学筹划、精心施工，运用科技手段和互联网技术，严格把控风险管理，紧密跟踪质量管理，确保工程文明施工，轨道交通建设管理水平显著，地铁建设工程合格率达到100%，市优质结构工程超过20%，多条线路获得全国市政金杯示范工程奖、詹天佑奖等奖项，成为全市重大工程文明施工管理的典范。

第一章　轨道交通建设规划

第一节　20 世纪 50 年代规划

1953 年苏联专家来沪指导编制城市总体规划期间，提出南北和东西两线。南北线自徐家汇经北火车站至吴淞，东西线自杨树浦经静安寺至中山公园，两线在人民广场交会，这个设想，在上海市总图规划示意图上表示了走向，并向上海市人民政府作了汇报。

1956 年 8 月，中央指出要加强战备，防止帝国主义的突然袭击，上海提出修建地下铁道。同年 8 月 23 日，上海市人民委员会市政建设交通办公室编制了《上海市地下铁道初步规划(草案)》，同时成立上海市地下铁道筹建处。

1959 年 8 月，上海警备区提出：上海地下铁道应以“平战结合、以战为主”的指导思想规划建设，须从加强军事防御体系、解决机关和人民防空安全及城市交通等三方面结合，并应首先根据上海所处的战略地位，从巩固国防建设的原则出发。要求地铁与兵力集结点、空军机场、海军码头、战略物资屯放地以及军事要塞、要地、作战依托的山区和后方基地联通。根据上海所处的战略地位和核武器一般使用与战略目标的观点，深度应能抵御原子弹和氢弹的破坏能力，尽可能埋入基岩内，但在对深埋方案探索后认为：如将地铁置于地下 300—350 米的基岩层，对功能要求、工程技术和建设经济均不合理。市地铁筹建处组织相关设计科研单位，对上海地下铁道的埋设深度作浅、中、深 3 种方案的研究。对埋设深度作过浅(覆土 10 米左右，明挖法)、中(40—60 米)、深(60 米以下至基岩层)3 种方案研究。

是年，由上海市公用事业管理局和上海市公共交通公司完成对全市 109 万市民的住址和工作地点的交通调查，市区客流量具有明显的向心作用：径向流量第一位为东西向，中山公园经外滩去杨树浦；第二位为西南至东北向，徐家汇经人民广场去吴淞；第三位为南市经曹家渡去真如，约占全市总量的三分之一以上。以人民广场为中心，半径 2.5 公里的环向客流量略超出于经线方向，但平均运距较短。交通分析中认为其流向可归纳为以人民广场为中心，呈环形放射 3 环 8 向。通过市中心的客流为 24.4 万人次，以曹家渡、徐家汇、北火车站、江南造船厂等点相连接，距人民广场 3 公里的第一环客流为 20.4 万人次。

这一时期编制的地下铁道规划采用直径线和环线组成路网，将城市主要工业区、居民区、交通大集散点和军政首脑机关连接起来。从 1958 年起，地下铁道筹建处编制了三线一环、四线一环、四线二环等一系列深、浅埋比较方案及相关图纸。1964 年、1965 年、1973 年和 1975 年对地下铁道路网进行了局部调整。

第二节　20 世纪 80 年代规划

根据国务院 1986 年 10 月 13 日关于《上海市城市总体规划方案》的批复，上海是我国最重要的工业基地之一，也是我国最大的港口和重要的经济、科技、贸易、金融、信息、文化中心，应当更好地为全国的现代化建设服务。同时，还应当把上海建设成为太平洋西岸最大的经济贸易中心之一。

上海市城市总体规划和各项事业的发展，都必须从这一点出发。在指导思想上，应当从远考虑，高瞻远瞩，面向世界，面向二十一世纪，面向现代化。要通过几十年的努力，把上海建设成为经济繁荣、科技先进、文化发达、布局合理、交通便捷、信息灵敏、环境整洁的社会主义现代化城市，在我国社会主义现代化建设中发挥“重要基地”和“开路先锋”作用。

要逐步改变单一中心的城市布局，积极地、有计划地建设中心城、卫星城、郊县小城镇和农村集镇，逐步形成层次分明、协调发展的城镇体系。要重点发展金山卫和吴淞南北两翼，加速若干新区的建设。当前，特别要注意有计划地建设和改造浦东地区。要尽快修建黄浦江大桥及隧道等工程，在浦东发展金融、贸易、科技、文教和商业服务设施，建设新居住区，使浦东地区成为现代化新区。

切实搞好内外交通设施的规划与建设。为了缓和目前水、陆、空交通运输紧张的状况，适应发展的需要，必须逐步建设成一个高效率的综合运输体系。

加快市区干道交通的改造，着手建设地铁工程。地铁的建设应当从交通分流的角度出发，采用先进技术，降低工程造价，加快工程进度。

上海市城市总体规划提出，城市规划是一定时期内城市发展的蓝图。在这一发展蓝图内，将工业、港口、铁路、航空、仓库、商业、贸易、住房、文化、教育、卫生、体育等公共建筑、道路、交通、绿化、电力、电话、煤气、供暖、上下水道等各项建设进行统筹安排、协调发展，使整个城市的建设发展，达到技术先进、经济合理、环境优美，为居民的工作、居住、学习、交通、游息以及各种社会活动创造良好的条件。

中心城由于条件限制，有一部分将兴建高架道路系统。同时规划并着手建设地下铁道。地下铁道的建设应当从交通分流的角度出发，采用先进技术，降低工程造价，加快工程进度。在2000年前后，先修建东西和南北两条直径线，并建设从新龙华吴泾、闵行至金山卫和从新客站至吴淞为南北两翼联系服务的快速有轨交通，上海市轨道交通1、2号线的规划据此而来。

第三节　2000年规划(含磁浮)

市域交通以“两网”建设为重点，加快大容量城市轨道交通系统的建设；形成市域高速公路网，完善中心城道路网络；加强对外交通和市内交通的衔接，建设客运换乘枢纽和停车场，充分发挥交通系统的综合效率；贯彻公共交通优先的城市客运交通基本政策，形成以轨道交通与地面公交密切衔接、各种交通工具协调发展的现代化城市综合交通体系。轨道交通系统规划立足长远，一次规划、分步实施。整个系统全部建成后，中心城与郊区主要城镇之间的公共客运交通时间控制在1小时左右，中心城内任何两地之间的公共客运交通时间控制在40分钟左右。

上海市规划轨道交通线网由市域快速轨道线、市区地铁线、市区轻轨线组成，共17条线路，其中市域快速轨道线4条，市区地铁线8条，市区轻轨线5条，全长约780公里。中心城规划轨道交通网总规模约488公里，网密度为0.73公里/平方公里，其中内环线内的网密度为1.67公里/平方公里。加强市郊轨道交通建设，作好与国铁、地铁、轻轨的协调与衔接。每个新城与中心城之间规划1—2条轨道交通线。规划中心城龙阳路到浦东国际机场的磁悬浮列车线路1条，线路长度约35公里。规划研究上海磁悬浮列车线与周边省市连接的可能性。

表 2-1-1　2000 年上海市城市轨道交通网络规划情况表

	线　路	起　讫　点	长度(公里)
市域快速线	R1	宝山—金山	101
	R2	青浦—芦潮港	125
	R3	嘉定—上海化学工业区	101
	R4	杨高路—枫泾	87
市区地铁	M1	虹桥机场—外高桥	38
	M2	龙漕路—巨峰路	29.5
	M3	富锦路—上海南站	39
	M4	铁路上海站—虹桥路	20.4
	M5	环西一大道—华夏路	30.5
	M6	环西二大道—金桥出口加工区	31
	M7	环西二大道—铁路浦东客站	31.7
	M8	新江湾城—三林	32
市区轻轨	L1	铁路上海西站—环南二大道	21.7
	L2	祁连山路—虹口公园	13.7
	L3	铁路上海西站—军工路	19.2
	L4	外高桥保税区—环南一大道	29
	L5	长江西路—华夏中路	30.8
小　计			780.5
磁悬浮列车线(T)		龙阳路—浦东国际机场	35

第四节　2005 年规划

规划对市域轨道交通线路进行合理分段运营，并相应增加线路名称，如轨道交通 19 号线(现为崇明线)，为原轨道交通 9 号线外高桥—崇明三岛段；轨道交通 20 号线(现为 17 号线)，为原轨道交通 2 号线东方绿舟—虹桥枢纽段；轨道交通 21 号线(现为 16 号线)，为原轨道交通 11 号线龙阳路—临港新城段。

2005 年 11 月和 2006 年 10 月，上海市城市规划管理局先后向上海市政府作了《上海城市轨道交通系统深化规划》和《上海城市轨道交通规划选线落地》的专题汇报，深化后的上海城市轨道交通网络由 21 条线路组成，全长 1 051 公里，车站 587 座。

表 2-1-2　2005 年上海市城市轨道交通网络规划情况表

线路名称	线 路 起 讫 点	线路长度(公里)	备　　注
1 号线	金山新城—宝山新城	105	远期预留至崇明
2 号线	徐泾—浦东机场—浦东铁路客站	80	

（续表）

线路名称	线路起讫点	线路长度(公里)	备　注
3号线	江杨北路—上海南站	41	
4号线	宝山路—浦东新区—虹桥路	22	
5号线	虹桥枢纽—莘庄—南桥新城 东川路—闵行开发区	54	含支线
6号线	外高桥—济阳路	33	
7号线	罗店—浦东博览中心	45	
8号线	开鲁路—浦江镇	42	
9号线	枫泾—松江新城—曹路	91	
10号线	虹桥枢纽—外高桥 航中路—虹梅路	46	含支线
11号线	嘉定新城—康桥—黄楼 嘉定新城—墨玉路	78	含支线
12号线	七莘路—金桥	40	
13号线	华江路—张江	36	
14号线	江桥—金桥	37	
15号线	陈太路—紫竹科技园区	40	
16号线	虹口足球场—龙吴路	38	
17号线	虹桥枢纽—南翔—军工路	36	
18号线	场北路—周浦中心镇—航头	44	
19号线	金海路—崇明三岛(陈家镇)	48	远期预留崇明岛线路
20号线	东方绿舟—虹桥枢纽	35	
21号线	龙阳路—临港新城	60	
合　计		1 051	

第五节　2005—2012年建设规划

2005年7月，国家发展和改革委员会批复并原则同意了上海市城市快速轨道交通近期建设规划(2005—2012)，即在2005—2012年间新建10个快速轨道交通项目(含延伸线)，新建线路全长389公里，投资1 439亿元。

2010年12月，国家发展和改革委员会批复并原则同意了上海市城市快速轨道交通近期建设规划(2010—2016)，即在2010—2016年间新建7个快速轨道交通项目(含延伸线)，新建线路全长220公里，投资1 419亿元。

表 2-1-3　2005—2012 年建设规划项目情况表

项目名称	项目起讫点	线路长度(公里)	工程投资(亿元)
2 号线东延伸	张江高科—浦东机场	29.2	128
2 号线西延伸	中山公园—淞虹路	9.4	
3 号线北延伸	江湾镇—宝钢	14	30
6 号线	港城路—济阳路	33.1	104
7 号线	锦秋路—浦东博览中心	33.5	169
8 号线一期	市光路—成山路	26.2	133
9 号线一期、二期	松江新城—民生路	48.5	187
10 号线一期	虹桥枢纽—新江湾城	28.8	140
11 号线	嘉定—三林—临港	120	326
12 号线	虹梅路—上川路	33.3	158
13 号线一期	华江路—南京西路	13	64
合　计		389	1 439

表 2-1-4　2010—2016 年建设规划项目情况表

线　路	工程范围	线路长度(公里)	车站数(座)	投资(亿元)
5 号线二期	东川路—南桥新城	20.7	8	64
9 号线三期	松江新城—松江南站	6.5	3	32
	民生路—曹路	14.5	8	96
13 号线二期	南京西路—张江	22.5	17	161
14 号线	江桥—金桥	36.4	29	321
15 号线	陈太路—紫竹科技园区	40.1	28	300
17 号线(原规划 20 号线)	虹桥枢纽—东方绿舟	35.2	11	139
18 号线	场北路—航头	44.3	30	306

为保障上海迪士尼乐园和中国博览会会展综合体项目客流集散,服务大型居住区居民出行,完善既有网络运营功能,2012 年 6 月,国家发展和改革委员会批复并原则同意了上海市城市快速轨道交通近期建设规划(2010—2016)调整方案,即在原有批复 7 个项目基础上,新增 6 个零星项目,线路全长 30 公里,投资 174 亿元。

表 2-1-5　2010—2016 年建设调整规划项目情况表

线　路	工程范围	线路长度(公里)	车站数(座)	投资(亿元)
2 号线西延伸段	徐泾东站—蟠龙路	2	1	13.47
3—4 号线分线改造(含宝钢车辆段扩建)	上海火车站—宝山路	2.6	2(改造)	28.89

（续表）

线　　路	工 程 范 围	线路长度(公里)	车站数(座)	投资(亿元)
8 号线三期(捷运系统)	航天博物馆—汇臻路	6.6	6	22.41
10 号线二期	新江湾城—港城路	10	6	59.43
11 号线迪士尼段	罗山路—迪士尼乐园	9.15	3	43.71
小　计		30.35	16	167.91
近期建设规划(2010—2016)批复规模		220.2	135	1 419
合　计		250.55	151	1 586.91

第二章　项 目 概 要

第一节　上海轨道交通 1 号线(1 号线、南延伸、共和新路高架、富锦路停车场)

一、1 号线工程(新龙华至新客站)

1986 年 7 月 4 日,上海市人民政府市长江泽民签发文,向国务院呈报《上海市关于建设新龙华至新客站地下铁道工程项目建议书》。

1986 年 8 月 14 日,《国务院对上海市关于建设新龙华至新客站地下铁道工程项目建议书的批复》同意:该工程建设总投资为 19.7 亿元,其中外汇 2.52 亿美元。同意上海市争取利用国外贷款解决,并由上海市负责偿还国外贷款本息所需人民币和相应的外汇额度。所需国内配套建设资金也由上海市自行筹措解决。该项目为地方项目,列入基建计划。

1988 年 1 月 18 日,上海市城乡建设规划委员会批复市规划局,同意市规划局、市市政工程局联合上报的《关于报批地铁 1 号线(新龙华至新客站)车站站位的请示》,同意两局上报的十二座车站站位及车站类型的报告。

1988 年 2 月 2 日,国家计划委员会发文通知上海市计委:《上海市新龙华至新客站地下铁道工程可行性研究报告》,业经国务院批准。

上海市地铁 1 号线是上海市南北快速有轨交通线(金山石化总厂至宝山钢铁总厂)的中段,南起新龙华,北至新客站,全长 14.41 公里,从新龙华站往西至锦江乐园还有约 1.83 公里的地面试车线,和一个占地约 600 余亩的新龙华地面车辆段。

地铁 1 号线路以新龙华地面站(现改上海南站站为地下车站)为起点,经漕宝路至上海体育馆,徐家汇,沿衡山路折入淮海中路,再经嵩山路至人民广场,向北经新闸路,过苏州河至本线的近期终点上海新客站,远期将延伸至纪蕴路。1 号线沿五条主要道路——漕溪北路、衡山路、淮海中路,西藏路和新闸路。设车站 13 座,除新龙华站为临时地面站外,其余各站均设在地下。计有终点站 2 座,换乘站 4 座(内含终点站 1 座),其余均为中途站。

地铁 1 号线贯通市区南北,沿线通过全市商业中心、文化娱乐中心和交通中心,客流量大,线路建成后在新客站、人民广场、徐家汇各站与地面多条公交线路交叉,对方便地面乘客换乘与缓和沿线地区交通紧张状况有决定性作用。由于线路两侧建筑物林立,商业密集,交通繁忙,采用地下铁道可以在少拆或不拆房屋的情况下,增加运输通道,与地面交通互不干扰并可减少城市噪声,给居民以安静的环境。此外,地下铁道给乘客提供安全可靠、舒适快速的交通工具,可以节省旅途时间。第一条线是地铁网路中的骨干工程,建设和运营的成功与否都将对今后地下铁道建设起重要作用。

上海地下铁道采用电动客车运送乘客,电力从城市电网供应,采用直流 1 500 伏架空接触网受电,要求客车具有大容量,快速、安全、舒适和准时的优点,从德国引进(102 辆 A 型车)。

梅陇车辆段用于车辆停放和进行技检、清洗作业的场所。进行日常检修的部分称为检车区;进行车辆修理如双月检、定修、架修的部分叫修理区。布置通号、供电、工务、机电、建筑等段的设备维修工场。

施工前期准备工作在1987年全面开工，至1988年内分段按期完成。前期拆除各种房屋12.4万平方米，搬迁各种管径的煤气管6.45公里，搬迁各种管径的上水管7.12公里，搬迁各种管径的下水管7.42公里，搬迁电话电缆5.36公里，搬迁电力电缆（包括十一万伏迁入地下）18.9公里，搬迁电车电缆5.9公里，道路修复6万平方米，绿化行道树700棵。

工程用地：车辆段和机修工场征地604亩，物资设备仓库征地30亩，施工临时用场地20 000平方米。

地铁1号线设置两个受电点，即两座主变电所。一座设在上海体育馆附近，另一座设在人民广场。

地铁1号线是上海首条地下快速有轨系统，其建设是上海首次成功运用国际融资方式进行建设的重大市政项目，利用了外国政府提供优惠贷款4.6亿马克和政府贷款4 450万美元。

1号线于1995年4月10日建成开通试运营。

二、1号线延伸段工程

1994年10月24日，上海市计委批复《地铁1号线延伸段工程项目建议书》，同意建设地铁1号线延伸段工程。

延伸段线路全长约4.80公里，沿线设车站4座，在莘庄设停车场和相应的供配电、通信、信号等配套设施，与地铁1号线应用相同的技术标准。

1996年5月15日，上海市建设委员会审核同意《关于上报地铁1号线延伸段（锦江乐园—莘庄）初步设计的请示》。工程范围：地铁1号线延伸段（锦江乐园—莘庄）自地铁1号线桩号SK1+150（相当延伸段桩号DK1+150）至莘庄桩号DK6+400，全长5.25公里。全线设锦江乐园站、莲花路站、外环路站和莘庄站等四个车站。工程投资：延伸段初期运行利用地铁1号线的车辆，暂不购置车辆。工程总投资63 837.2万元，其中人民币用款45 570.6万元，包括建设期贷款利息5 397.8万元，外汇用款2 200.8万美元，包括建设期贷款利息55.8万美元，按汇率1∶8.3计折合人民币18 266.6万元（其中人民币用款新增加外汇部分预备费1 278万元）。上述投资中，由市城建资金安排人民币用款28 867.9万元，包括建设期贷款利息3 218.9万元，外汇2 200.8万美元，折合人民币18 266.6万元；由闵行区政府承担16 702.7万元，包括建设期利息2 178.9万元，用于工程前期工作、土路基、车站站屋等，由闵行区负责筹资并组织实施。

1号线延伸段工程于1996年12月28日建成开通运营。

三、1号线北延伸段一期工程（共和新路高架工程）

2000年6月2日，上海市发展计划委员会发文，批复共和新路高架工程可行性研究报告。

2002年8月26日，上海市建设和管理委员会发文件，批复共和新路高架工程初步设计。

共和新路高架工程自上海火车站，沿大统路、共和新路和蕴川路至外环线蕴川路立交，长约12.43公里，其中高架道路工程自内环线共和新路立交，沿共和新路向北至外环线蕴川路立交南，全长约9.65公里。

根据高架结构和沿线地区实际情况，地铁布置地下线 4.05 公里、高架线 8.38 公里及与高架道路一体化布置的工程方案，地铁工程车站规模和设计标准与已建成的线路相同。

共和新路高架工程投资控制在 45 亿元内，其中工程前期动拆迁费用 7.76 亿元。

地铁 1 号线北延伸段一期工程南起地铁 1 号线上海火车站，下穿内环线高架，沿共和新路至外环线蕴川路立交泰和路站，正线长 12.455 公里。

地下线由地铁 1 号线上海火车站站始，过内环线高架，沿共和新路在灵石路与彭江路设过渡段出地面至高架。地下线长 4.205 公里，高架线长 8.25 公里。设地下站 3 座、高架站 6 座，一体化区段中，高架部分为第三层、地铁为第二层、底层为地面道路。

地铁 1 号线上海火车站至永和路段为地下线。彭江路至呼玛路段为一体化高架结构，线路长约 5.45 公里。该段除江杨路至场中路段布置于现有彭浦立交桥西侧外，其余线路均沿既有共和新路路中布置。呼玛路至泰和路段为高架线，沿同步改建的共和新路、蕴川路路中布置，线路长约 2.8 公里。汶水路站北端设一组单渡线，长江路站北端设一条存车线和渡线。泰和路站为一期工程临时终点折返站，在车站北端设一组单渡线，将正线延长线作为临时折返线。

共设 9 座车站。地下车站按远期 8 节列车编组设计。高架车站按初期 6 节列车编组设计，远期预留 8 节列车编组扩建条件。

共和新路高架工程是上海第一条集地面、高驾道路和地铁为一体的线路。上海地铁 1 号线北延伸段 1 期工程于 2004 年 12 月 28 日开通运营。

四、1 号线富锦路停车场工程

2004 年 11 月 4 日，上海市发展和改革委员会以沪发改城文件，批复富锦路停车场项目建议书。2005 年 4 月 22 日，上海市发展和改革委员会以沪发改城文件，批复富锦路停车场工程可行性研究报告。2007 年 12 月 6 日，上海市建设和交通委员会以沪建交文件，批复轨道交通 1 号线富锦路停车场工程初步设计。

富锦路停车场工程南起 1 号线北延伸工程共富新村站折返线末端，北至富锦路以南，线路全长 3.98 千米，包含轨道区间正线、3 座高架车站、配套机电设备系统和设施，正线预留向北继续延伸条件。在富锦路以南、场北路以东、蕴川路以西、规划绿化带以北地块新建富锦路停车场一座，用地面积约 33 公顷，承担轨道交通 1 号线部分车辆停放、检修等功能。

全线设置宝安公路站、友谊西路站、富锦路站等三座高架站，平均站间距 1.383 米。友谊西路站采用建筑框架结构与轨道梁结构分离的结构形式，宝安公路站、富锦路站采用框架、轨道梁合一的空间整体框架结构形式；车辆制式与既有轨道交通 1 号线车辆一致。防灾报警系统监控管理模式、设计标准、色号选型与轨道交通 1 号线一致。

自地面至站厅层每座车站至少一处出入口配备残疾人专用电梯，自站厅至站台设一台残疾人电梯。

控制中心与既有线合用新闸路控制中心，并入相应系统设备，与轨道交通 1 号线统一管理。

富锦路停车场隶属新龙华车辆基地管理。停车场总建筑面积 68 766 平方米。

工程计划数为 236 150 万元，其中建安工程费 103 962 万元、其他建设费 11 923 万元、预备费 4 635 万元、建设贷款利息 14 041 万元、铺底流动资金 323 万元、前期征地动拆迁费 93 949 万元、管线搬迁费 7 317 万元。

项目采用项目法人制，由申通集团与沿线区政府共同出资组建项目公司，负责实施并筹措建设资金。

富锦路停车场于2007年12月29日建成开通。

五、1号线南站改造项目

上海新龙华站是地铁1号线的一个车站，根据上海市统一规划由地面改为地下，与地面铁路上海南站合建并更名为上海南站站。上海南站站在改建工程实施时，在车辆段东端的桂林南路路口处，新建的地铁线路（含车辆段的出入段线）与原有地铁线路（含出入段线）发生干扰；漕宝路站至上海南站站区间隧道内的线路接轨，也将与既有线路发生干扰。为了保证地铁1号线的正常运营和车辆段的正常作业，首先需铺设临时正线和临时出入段线，车辆段西出库线信号系统需要进行改造以缩短列车发车间隔，提高列车出段能力。然后再采取一定的施工过渡转接措施，让列车运行在临时线路上。新建结构完工，设备安装调试通过后，再进行第二次过渡转接，让列车运行在永久线路上。该工程是在不影响、不中断原1号线正常运营的情况下，经过全体工程技术人员的努力，根据上海市地铁1号线上海南站站改建工程初步设计及1号线既有线路运营实际状况，对土建施工、机电安装、轨道路基等各专业的施工方案进行了优化，以保证在长期的施工过程中及竣工后原有运营线路能够实现平稳、安全的过渡和拨接。

改建车辆段后出入库线信号系统，使车辆段具备永久前后出库能力，保证早晚高峰车辆的出入率，完成客运运能要求。

完成临时正线上下行、临时出入段线、新线正线上下行、新线出入段线的轨道路基、触网、信号、动照电缆的建设，在不中断运营时间、不影响运营效率的前提下利用运营间隙时间的4小时安全、平稳地完成了共计6次的线路驳接工作。成为全国轨道交通史上第一例运营线路不中断情况下线路平面驳接的成功案例。

项目工期：工程自2003年1月土建正式开工，2004年12月3日正式投入全部运营。

建设单位：由于是BT标并根据招标要求中标单位必须注册成立项目公司（注册资金2.15亿元），成为建设主体。因此由建工（出资72%，15 480万元）及上海地铁建筑工程公司（出资28%，6 020万元）共同出资成立了上海地铁南站站建设有限公司。

施工总承包分工。建工总承包部：土建结构工程及建筑工程（含区间盾构、车站装修、道路等，不含轨道路基）；上海地铁建筑工程公司：轨道路基、通信信号、供电、触网、消防报警、自动扶梯及电梯、自动售检票、环控、给排水等专业分项。

第二节　上海轨道交通2号线（含2号线、西延伸、东延伸、虹桥综合交通枢纽交通中心配套工程）

一、2号线一期工程

1994年2月，上海地铁2号线一期工程预可行性研究报告由中国国际工程咨询公司通过评估。同年，国家计委向国务院上报《关于上海地铁2号线一期工程项目建议书的请示》，要求审批。经国务院审查后，于1995年3月1日国家计委通知上海市计委。

1995 年 3 月 25 日，上海市计划委员会下发《关于转发国家计委关于上海市地铁 2 号线一期工程项目建议书的批复》：1996 年 5 月 20 日，国家计划委员会批复上海地铁 2 号线一期工程可行性研究报告。1997 年 1 月 20 日，上海市建设委员会批复上海市地铁 2 号线一期工程初步设计。

2 号线工程是上海快速轨道交通网络中东西向的主干线路，它的建设能有效地解决上海市区东西向大流量客运问题，可与南北向的地铁 1 号线构成上海市快速轨道交通体系的基本框架。

2 号线西起虹桥机场，越黄浦江至浦东龙东路，全程 27.03 公里，沿线设 17 座车站和车辆段、停车场各一处。其中一期工程自浦西静安寺至浦东龙东路，线路长 13.6 公里，沿线设 10 个车站，分别为静安寺站、石门一路站、人民公园站、南京东路站、陆家嘴站、东昌路站、东方路站、杨高路站、中央公园站和龙东路站。一期工程在龙东路南侧建设停车场一座。在人民公园站设有地铁 1 号线与 2 号线联络线长 448 米。静安寺站预留向西延伸至中山公园的可能。地铁 2 号线一期工程，按远期单向高峰小时客流量 7.27 万人次确定工程规模及运能。一期工程建成后，可按初期单向高峰小时客流量 3.70 万人次组织行车。

列车近期按 6 辆编组，远期为 8 辆编组。

2 号线一期工程全线设主变电站 2 座，牵引变电站 6 座和降压变电站 21 座，浦东中央公园站附近设地面式主变电站，该站由浦东变电站供应 110 千伏电源。静安寺站附近设地下式主变电站，该站由城市电网供应 110 千伏电源。选用直流 1 500 伏架空触网式牵引网。通信设置行车指挥专用通信系统，环控采用闭式系统，信号采用列车自动控制系统，设防灾报警系统及综合监控、通风空调、车站设备、给排水、消防等配套设施。中央控制中心设于已建的地铁 1 号线新闸路控制中心内。

2 号线一期工程总投资为 1 048 387 万元（含美元 42 848.05 万元），其中工程费 547 329 万元（含不可预见费 45 713 万元），前期费 159 536 万元，车辆购置费 199 568 万元，预留费 138 930 万元

图 2-2-1　2007 年 8 月 18 日，地铁 2 号线东方路站开工建设场景

(含国外贷款利息 20 628 万元),流动资金 3 024 万元。国内资金暂不计贷款利息。工程为市区联手建设,其中黄浦区承担资金 81 801 万元;静安区承担资金 78 246 万元;浦东新区承担资金 148 964 万元。由市承担资金 739 376 万元。

2 号线一期工程于 2000 年 6 月 11 日建成开通运营。

二、2 号线西延伸工程

2001 年 12 月 28 日,上海市发展和改革委员会文件,批复地铁 2 号线西延伸工程可行性研究报告。2003 年 1 月 18 日,上海市建设和交通委员会批复轨道交通 2 号线(R2)西延伸工程(虹桥临空园区站—中山公园站)初步设计。

工程范围:东起地铁 2 号线的中山公园站,沿长宁路向西至娄山关路,沿天山路经虹桥临空经济园区至虹桥机场,长 9.42 公里,其中虹桥临空经济园站至虹桥机场线路和虹桥机场站结合虹桥机场和候机楼改造一并研究和组织实施。

沿线采用地下线路布置,沿线设虹桥机场站、虹桥临空园区站、北新泾站、威宁路站、古北路站 5 座地下车站。站台按八节车辆编组设计,长 186 米。设车辆段一座,采用尽端式布置,位于外环线以西,北翟路与吴淞江直接,与规划轨道交通 M5 线公用。轨道交通 2 号线北翟路车辆基地按车辆段功能及规模控制,近期按停车场实施。占地 50 公顷(含规划轨道交通 M5 线用地),车站设计与周围地块开发建设和地下空间开发规划相结合。

延伸段工程的设计技术标准与已建的地铁 2 号线相同,延伸段的初期运行车辆利用地铁 2 号线现有的车辆,近远期车辆配置依据运行后的客流需求逐步解决。在北新泾站东设地上主变电站 1 座,并为与规划(L1)线资源共享预留相关条件。设防灾报警系统及通风空调、给排水、消防等配套设施。

工程投资估算 346 842 万元,其中需外汇 1 577 万美元(不包括虹桥临空经济园区站至虹桥机场线路和虹桥机场站的投资)。组建项目公司并组织项目建设。

项目采用项目法人制,由申通集团与沿线区政府共同出资组建项目公司,负责项目实施并筹措建设资金。

地铁 2 号线中山公园站至淞虹路站于 2006 年 12 月 30 日建成开通。

三、2 号线东延伸工程

2007 年 6 月 15 日,国家发展和改革委员会,批复上海市轨道交通 2 号线东延伸可行性研究报告。2008 年 1 月 11 日,上海市建设和交通委员会批复轨道交通 2 号线东延伸工程初步设计,西起 2 号线龙阳路站,东至浦东国际机场,全长约 29.89 公里,其中高架段 9.595 公里、地下段 20.295 公里,均位于浦东新区。

全线共设 11 座车站,平均站间距 2.758 公里。其中 2 座高架站、1 座地面站、8 座地下站,1 座停车场、1 座 110 kV 主变电所,与既有 2 号线合用新闸路控制中心。设计年度为初期 2012 年、近期 2019 年、远期 2034 年。采用双线线路、右侧行车,由虹桥国际机场至浦东国际机场为上行方向,反之为下行方向。初、近、远期均采用贯通运营方式,虹桥国际机场至浦东国际机场为大交路,淞虹路站至广兰路站为小交路,广兰路站设置双向折返。车辆采用 A 型车,初近期采用 6 辆、8 辆编组列车混跑,远期采用8辆编组列车。初期工程需购车辆24列/192辆。

川沙停车场主要承担线路延伸后部分列车停放、列检和日常清洁、维护工作,承担部分列车周月检作业以及简单临修和更换转向架作业。选址位于远东大道以东,华洲路、东横港、畅塘港、沙角河围合的区域,占地面积约16.8公顷。接轨于远东大道站,出入场曲线半径180米,牵出线顺向布置。

工程选用和既有一期工程相同的A型车。列车采用六动二拖8辆编组。采用大小交路套跑运行,线路通过能力不小于30对/小时,系统设计规模(运输能力)不小于6.4万人/小时。全线初期配属52列/416辆,除既有28列/224辆外,本期工程增购24列/192辆。

供电系统采用110/33 kV两级电压集中供电方式,与既有2号线33 kV中压系统相互联络。接触网采用DC1500V架空接触网方式。电力监控(SCADA)系统接入改造后的新闸路控制中心新的统一的电力监控系统。

通信系统传输系统采用既有2号线传输系统。信号系统配置与既有2号线信号系统基本一致或兼容,由列车自动控制(ATC)系统和停车场微机联锁系统构成,ATC系统包括列车自动监控(ATS)、列车自动防护(ATP)和列车自动运行(ATO)三个子系统;停车场采用国产微机联锁系统。

自动售检票(AFC)系统,由中央计算机系统、车站计算机系统和AFC终端设备等组成,运作模式以及车票制式与既有2号线保持一致。本期工程防灾报警系统(FAS)按既有2号线一期工程监控管理模式,设置中控级和车站二级监视、管理。中控级实现对全线防灾系统集中监视的管理。车站级在各车站、主变电站、停车场控制室分别设火灾报警控制器,分别独立负责管辖范围内的火灾信息的监视并实现消防设备的监视和控制。

设备监控系统(BAS)按既有2号线一期工程监控管理模式。设置中央和车站两级管理,构成中央、车站和就地三级控制模式。对全线各车站的给排水系统、通风与空调、照明系统、自动扶梯、直升电梯、门禁系统等机电设备的运行状态进行监控及故障报警。

控制中心与既有线合用新闸路控制中心。控制中心改造按"新闸路控制中心综合改造工程"确定的原则和预留条件进行改造。

工程总投资概算核定为934 050万元,其中建安工程费511 888万元,其他建设费43 884万元,车辆购置费163 200万元,预备费26 755万元,建设期贷款利息50 469万元,铺底流动资金2 140万元,前期征地动拆迁费109 831万元,管线搬迁费25 883万元。

项目采用项目法人制,由申通集团与沿线区政府共同出资组建项目公司,负责项目实施并筹措建设资金。

2号线张江高科站至广兰路站2010年2月建成开通;广兰路站至浦东国际机场站于2010年4月8日建成开通。

四、虹桥综合交通枢纽交通中心配套工程

2007年10月9日,上海市发展和改革委员会批复虹桥综合交通枢纽交通中心配套工程项目建议书。2008年2月12日,上海市发展和改革委员会批复虹桥综合交通枢纽交通中心配套工程可行性研究报告。

2008年9月18日,上海市建设和交通委员会批复虹桥综合交通枢纽交通中心配套工程(轨道

交通2号线西延伸淞虹路站—诸光路站)初步设计的批复。

东起轨道交通2号线淞虹路站,西沿规划天山西路、规划SN七路、规划轴线大道、徐民路,至徐泾镇诸光路以西100多米处,线路全长约8.53公里。

沿线设虹桥机场东站、虹桥机场西站、诸光路站3座车站,站台计算长度为186米。淞虹路站—虹桥东站区间、虹桥西站—诸光路站区间采用单圆盾构法施工;虹桥东站虹桥西站区间结合虹桥综合交通枢纽工程同步建设。一座车站加一段区间隧道为一个防护单元,相邻防护单元间设置防护隔断门。地下车站、区间隧道及地下变电站满足抗力等级、防化级别要求。配套设计相应的水、电、通风等设施。

供电采用110 kV/35 kV的二级电压供电方式,区间风井采用10 kV电压供电。同意本线不再单独设置主变电站,利用轨道交通2号线北新泾站110 kV主变电站。全线设2座牵引变电所、2座降压变电所和2座跟随式变电所,接触网采用直流供电方式,标准电压1 500 V,为架空接触网,地下正线段采用刚性接触网。

通信系统是既有轨道交通2号线通信系统的扩展,设计标准与之相同。

信号系统采用与轨道交通2号线工程一致的ATC系统,包括列车自动监测(ATS)、列车自动防护(ATP)和列车自动运行(ATO)三个子系统。

工程总投资193 660.86万元。其中,静态投资合计180 633.86万元,建设期贷款利息13 027.00万元。

虹桥综合交通枢纽交通中心配套工程资金来源由申通地铁集团和青浦区政府负责筹措,其中,诸光路站土建30 513.62万元和前期费用6 716.50万元由青浦区政府承担,其余资金由申通地铁集团承担。

2号线徐泾东站于2010年3月16日建成开通,2号线虹桥火车站于2010年7月1日通车运营;2号线虹桥2号航站楼于2010年3月通车运营。

第三节 上海市轨道交通3号线(明珠线一期、北延伸线)

一、明珠线(即3号线)一期工程

1998年5月25日,国家发展计划委员会向上海市计委下发《国家发展计划委员会关于审批上海市轨道交通明珠线(即3号线)一期工程项目建议书的请示的通知》:《国家发展计划委员会关于审批上海市轨道交通明珠线(即3号线)一期工程项目建议书的请示的通知》业经国务院批准。1999年7月7日,国家环境保护总局发文件,批复上海市轨道交通明珠线一期工程环境影响报告书。

2000年7月21日,上海市建设和管理委员会批复轨道交通明珠线一期工程初步设计。

明珠线一期工程利用老沪杭铁路内环线和淞沪铁路高架改造而成,节约了大量成本,构建起上海市区轨道交通网络的基本框架,沟通了中心城区与南北两翼的公共交通。

明珠线一期工程南起漕河泾车站(上海铁路南站)北至江湾镇站,线路全长24.957公里(其中高架线路21.516公里,地面线路3.459公里)。沿线设19座车站,5个大型桥梁。其中3座地面站、10座地面二层站、3座地面3层站、3座高架四层站。站台有效长140米,车站规模、设备及管理用房以满足 2030 年高峰小时客流为依据设计。与其他规划轨道交通线的换乘节点分类实施。除漕河泾站、长宁路站、上海火车站站为岛式站台外,其余各站均为侧式站台。车站长度为 150 米,宽度为 20—24 米。车站设人行扶梯、自动扶梯和能供残疾人使用的客货两用梯,并考虑残疾人通行的无障碍设施。该线在虹桥路站和宝山路站之间共 9 个站点与上海轨道交通 4 号线采取城市轨道交通系统不常见的“共线营运”方式,有利有弊。虽然节约了不少投资,但同时牺牲了相互之间的运输能力,也增加了自动控制的复杂程度。

明珠线一期工程设停车场 1 座、车辆段 1 座。停车场与国铁新龙华站接轨,车辆的出入线路设于石龙路站以西,占地 15.02 公顷。设停车库、月检、临修库、洗车库以及其他设备用房和设备。

车辆段及维修基地设在宝钢富锦路北侧,与宝钢工厂站接轨。占地 40.19 公顷。设停车库、月检、定修、临修、架修和厂修。

工程采用集中式供电系统,设 2 座主变,8 座牵混合变和 12 座降压变。在宝兴路车站设 1 个中心降压变。在长宁路站、车辆段、停车场分别设 1 个中心牵引降压变。

通信设置行车指挥专用通信系统,信号采用列车自动控制系统,设置防灾报警系统、给排水系统。控制中心选址于曹杨路、中山北路交界处。

工程总投资 926 785.03 万元(含外汇 18 848.48 美元)。其中,工程建设费 394 321.27 万元,前期费 221 512.46 万元,预备费 25 739.36 万元,流动资金 1 680 万元,铁路固定资产入股 5 000 万元,建设期贷款利息 41 725.33 万元,车辆购置费(含备品备件)189 220.08 万元。该项目拟争取利用外国政府贷款或出口信贷,主要用于引进车辆、设备中尚不能国产化必须进口的关键部件和产品,国外贷款本息由上海市负责偿还,其余国内配套资金由上海市自行筹措。

轨道交通 3 号线于 2000 年 12 月 26 日建成开通运营。

图 2-2-2 2000 年 12 月 26 日,明珠线一期工程建成试通车

二、明珠线一期工程北延伸线

2002年5月8日，上海市发展计划委员会批复上海市轨道交通明珠线一期工程北延伸线可行性研究报告。

南起江湾镇站，沿逸仙路、同济路、富锦路，北至宝钢车辆段，线路全长14.154公里，其中正线13.478公里。全线设车站10座，其中高架8座，地面站1座，地下浅埋站1座，平均站间距1.537公里，殷高西路站、长江南路站(含折返线)、淞发路站、张华浜站、宝杨路站、友谊路站为高架二层车站，淞滨路站、水产路站为高架三层车站，铁力路站为地下一层车站，江杨北路站为地面一层车站。

设置宝钢车辆段。位于富锦路以北，江杨北路以东，总占地46.2公顷；车辆基地分两部分，东侧车辆运用和检修设施，西侧管理办公和基地食堂设施区，综合维修中心设置在该区域内，线路西南侧预留停车列检库。

工程设计的总体设计原则和技术标准基本同已建的明珠线一期工程一致。采用自动售检票及列车自动控制系统(ATC)，设机电、通信、防灾报警系统等配套设施。控制中心与明珠线一期工程合用。设1座主变，5座牵变和10座降压变。长江南路站中心降压变与主变合建，车辆段内牵变与中心降压变、降压变合建。设防灾报警系统及通风空调、给排水、消防等配套设施。

工程总投资321 880万元，其中，工程建设费206 481万元，预备费6 163万元，前期费94 495万元，建设期贷款利息14 160万元，铺底流动资金581万元。轨道交通明珠线一期工程北延伸线于2006年12月18日开通运营。

第四节　上海轨道交通4号线(明珠线二期)

一、4号线(明珠线二期)工程

2000年10月24日，国家发展计划委员会批复上海市轨道交通明珠线二期工程项目建议书。2002年9月28日，国家发展计划委员会批复上海市轨道交通明珠线二期可行性研究报告。2005年11月9日，上海市建设和交通委员会批复轨道交通明珠线(二期)工程初步设计。

明珠线二期工程与明珠线一期工程在宝山路至虹桥路段相接成环，成为上海市轨道网规划中唯一的环线，并与地铁1、2号线共同构成上海“申”字型轨道交通网络基本骨架。明珠线二期建成后，上海轨道交通网将承担城市公交运量的24%，上海市现代化交通体系基本形成。

工程自一期工程宝山路站东侧的接轨段(闸北区老北站)起，沿海伦路、瑞虹新城、大连路，过黄浦江、东方路、世纪大道、福山路、东方路、浦建西路，再过黄浦江、董家渡、中山南路、南浦大桥、瞿溪路、零陵路、上海体育馆、凯旋路，接至一期工程虹桥路站南侧的接轨段，与一期工程西部线路接轨。

全线长22.032公里，其中高架线1.25公里，其余均为地下线(其中暗埋段0.5公里，敞开段0.45公里)。共设17座车站，其中地下一层半车站2座，地下二层车站9座，地下三层车站6座，平均站间距约1.238公里。设停车场1座，选址于中山西路以西，规划桂林路以东，蒲汇塘以北，股道布置采用尽端式方案。出入场线利用“八”字型布局，分别在上海体育场站和宜山路站与正线接轨。设110 kV主变电站二座，均采用地下形式。初期配置车辆数28列168辆车。

与一期西部区段(11.770公里，9座车站)构成的环线总长33.802公里，共计26座车站(地下站 17 座、高架站 8 座、地面站 1 座)。平均站间距约 1.3 公里。

供电系统充分利用一期工程的基础条件。采用集中供电方案，在张杨路和大木桥路附近设 2 座主变所。设专用通信网、与市电话局联网的独立式公务通信网及综合传输系统。信号采用与一期工程相同的系统设备。由正线区间的列车自动控制(ATC)、列车自动运行(ATO)、列车自动监控(ATS)三个子系统。停车场信号设备包括停车场连锁设备、车载信号动态试验设备以及维修设备。采用非接触式智能检售票系统，与 1 号线、2 号线和 3 号线"一票通"。设防灾报警系统及通风空调、给排水、消防等配套设施。

项目初期配置车辆 180 辆，采用六节车编组，远期最大行车密度按 30 对/小时设计，车辆技术标准基本与一期工程一致，控制中心与一期控制中心均设于东宝兴路控制中心。

根据国务院有关城市轨道交通设备国产化工作的指示，上海市提出了明珠线二期工程车辆、设备国产化的初步方案，其 1.5 亿美元外汇主要用于引进车辆、设备中尚不能国产化必须进口的关键部件和产品，初步估算其综合国产化率为 70.9%。

工程总概算为 1 330 804.92 万元。其中工程费 627 263 万元，其他工程费 436 413 万元，预备费 20 137 万元，车辆购置费 160 440 万元，建设期贷款利息 98 192 万元，铺底流动资金 1 764 万元。

资金来源，资本金 40 亿元，其中上海申通集团有限公司 22 亿元，虹口区政府 6 亿元，徐汇区政府 6 亿元，黄浦区政府 2 亿元，浦东新区政府 1.5 亿元，杨浦区政府 0.8 亿元，闸北区政府 0.5 亿元，长宁区政府 0.2 亿元，卢湾区政府 1 亿元。其余建设资金由银行贷款解决。

上海轨道交通 4 号线大木桥路站至蓝村路站于 2005 年 12 月 31 日 C 字型开通运营(受 4 号线南浦大桥段隧道区间工程事故影响)，鲁班路站至塘桥站于 2007 年 12 月 29 日开通，形成 O 字型运营。

二、明珠线南站站缩线、恢复及改建工程

为配合上海南站主体结构工程建设，明珠线上海南站站于 2003 年 9 月临时缩线、停运为期一年。

上海南站主体结构工程完成后，经上海南站工程建设指挥部协调，由上海市地铁运营有限公司申报立项，其隶属的上海地铁建筑工程有限公司对明珠线上海南站站结构、装饰、轨道、触网、自动扶梯、给排水和通信、信号、消防、送排风、自动售检票系统等专业设施进行恢复，并对原车站站台建筑和车站及折返段区域围墙进行改建。改建后的明珠线上海南站站建筑与建成的上海南站主体建筑相协调。

项目工期：恢复及改建工程始自 2004 年 11 月 28 日，至 2005 年 8 月 28 日竣工通车。

项目投资：工程总投资 2 629 万元人民币。

建设单位：上海轨道交通明珠线发展有限公司。

施工总承包单位：上海地铁建筑工程有限公司。

第五节　上海轨道交通 5 号线(原莘闵轻轨、5 号线南延伸)

一、5 号线(原莘闵轻轨)工程

1994 年 8 月 23 日，国家计划委员会批复上海莘闵轻轨交通线项目建议书。

2001年12月11日,上海市计划委员会发文,《印发国家计委关于审批上海市莘闵轻轨交通线工程可行性研究报告的请示的通知》;2003年3月5日,上海市建设和管理委员会批复莘闵轻轨初步设计。

莘闵轻轨交通线是地铁1号线西南方向的延伸。线路起自莘庄(1号线南段起始站),沿沪闵路向南经沪杭铁路到东川路后,折向西至终点站天星路。线路全长17.04公里,该线采用高架轻轨交通方式。除莘庄站线路(410米)为地面线外,其余均为高架线(16.63公里)。全线共设11座车站,其中地面站1座,高架站10座,车站按4节编组、80米有效长度设计。设剑川路停车场一座。

采用直流1 500伏柔性架空接触网供电。全线共设主变电所1座,牵变8座。信号系统采用列车自动控制系统(ATC系统),包括列车自动监控系统(ATS)、列车自动防护系统(ATP)和列车自动运行系统(ATO)。设通信系统、自动售检票系统、防灾报警系统及通风空调、给排水、消防等配套系统。车辆选用METROPOLIS系列的轻轨车辆,根据客运需要配车152辆。

该项目已按要求提出了设备国产化方案,项目设备国产化率约73.5%,符合国家对国产化率的要求。

工程投资350 728万元。其中工程费196 847万元,前期工程费67 735万元,预备费9 843万元,车辆购置费52 451万元,建设期贷款利息19 974万元,铺底流动资金1 376万元,运营准备费2 502万元。该项目资金来源为:由上海申通集团有限公司、上海闵行城市建设投资开发有限公司和上海闵行经济技术开发有限公司按5∶4∶1的比例共同筹资解决;资本金以外部分,拟申请工商银行贷款。

轨道交通5号线于2003年11月25日建成开通运营。

二、5号线南延伸工程

2014年4月22日,上海市发展和改革委员会批复上海市轨道交通5号线南延伸工程可行性研究报告。

5号线南延伸工程北起一期工程东川路站,经闵浦二桥后沿沪杭公路向南,至航南公路折向东,沿金海公路南行,止于南桥新城站,线路全长19.505公里,其中高架段11.245公里,地下段7.74公里,敞开段0.52公里,5号线南延伸工程共设东川路站、江川路站、西渡站、肖塘站、奉浦站、环东路站、望园路站、金海湖站、南桥新城站9座车站(改扩建1座高架车站、续建2座高架车站,新建4座地下车站及2座高架车站)。最大站间距为西渡站至肖塘站,为2 747.027米;最小站间距为望园路站至金海湖站,为1 216.487米;平均站间距为2 008.969米。

线路自5号线东川路站预留接轨点接轨,之后沿沪闵路、闵浦二桥上下叠合跨越黄浦江、沪杭公路、航南公路、金海路至工程终点站南桥新城站。正线线路长约16.627公里,出入段线(正线标准)线路长度约3.542公里。其中,高架线长11.366公里,地下线长0.732公里,敞开段7.747公里,地面线0.324公里。

高架桥梁采用整体箱梁结构,标准跨径30米。设置平庄公路车辆段和莘庄停车场各1处,与既有5号线剑川路停车场,形成一段两场布局。平庄公路车辆段位于奉贤区平庄公路以南、新林东路以北、金海公路以西的地块内,用地约20公顷。

莘庄停车场主要承担停车列检任务。场址位于闵行区莘建东路南侧、宝城路东侧、莘庄立交桥西侧、地铁1号线正线北侧合围的地块内,用地约1.72公顷。

车辆采用与一期工程一致的C型车，近期采用4辆编组、远期采用6辆编组；采用大小交路套跑组织运营；最大行车密度初期27对/小时，近、远期均为30对/小时，初期配车196辆；

采用集中供电、110 kV/35 kV两级电压供电方式，工程新建1座主变电所（位于肖塘站附近）、9座牵引降压混合变电所、2座降压变电所及5座跟随降压变电所。

采用基于通信的列车控制系统（CBTC），由列车自动防护（ATP）、列车自动运行（ATO）、列车自动监控（ATS）及联锁设备组成。

通信由传输系统、公务电话系统、专用电话系统、运营无线系统、公安无线引入系统、消防无线引入系统、技术防范系统、广播系统、乘客信息系统、时间系统、信息资源网接入系统、列车自动记点系统、电源及接地系统、弱电综合UPS系统等子系统组成。设防灾报警系统及通风空调、给排水、消防等配套设施。

对既有5号线颛桥控制中心进行改扩建，满足对全线所有运行车辆、车站/段/场和区间实施集中指挥、调度、监视、协调、控制和管理等工作。

工程总投资1 075 497.40万元。其中，工程费567 028.15万元，工程建设其他费334 519.44万元，预备费31 471.81万元，车辆购置费66 000.00万元，车辆改造费4 000.00万元，建设期贷款利息71 598.00万元，铺底流动资金880万元。

工程采用项目法人负责制，由上海申通地铁集团有限公司与闵行区、奉贤区共同出资组建的上海轨道交通5号线发展有限公司负责该项目的建设。

第六节　上海轨道交通6号线

2005年11月20日，国家发展改革委员会批复上海市轨道交通6号线可行性研究报告。2007年12月11日，上海市建设和交通委员会批复轨道交通6号线工程初步设计。

该工程北起浦东新区港城路，南至济阳路，全长33.13公里，其中高架12.04公里，地下线20.84公里，敞开段0.25公里。28座车站（其中地下站19座，高架站9座），设港城路车辆段及三林停车场各一座。

港城路车辆段（含综合基地）承担部分配属车辆的运用、停放、列检、车厢清洗及定期消毒工作；定修、临修及双周三月检工作；全线工务、房屋建筑、机电、供电、通号、自动售检票机的设施的日常维护和巡检工作。占地23.6公顷，出入段线由港城路接出。

三林停车场：承担部分配属车辆的运用、停放、列检、车厢清洗及定期消毒工作；定修、临修及双周三月检工作；兼顾部分工务、房屋建筑、机电、供电、通号等设施的日常巡检工作。占地8.9公顷，出入段线由华夏西路站接出。

采用集中供电，110 kV/35 kV的二级电压供电方式，供电系统有主变电站、牵引供电系统、变配电供电系统、电力SCADA系统及杂散电流防护系统等组成。

全线设2座主变，12座牵变和32座降压变。采用列车自动控制信号系统和自动售检票系统，设防灾报警系统及通风空调、给排水、消防等配套设施。车辆选用C型车，二动二拖四辆编组，根据客运需要，初期运营配车168辆。

工程总投资1 204 988.66万元，其中，静态投资合计1 138 078.66万元，建设期贷款利息65 146万元，铺底流动资金1 764万元。资本金由项目法人上海轨道交通浦东线发展有限公司注册资本解决，其中上海申通集团有限公司出资25亿元，浦东新区以土地及拆迁费用作价出资24亿元；资本金以外部分，申请银行贷款解决。项目所需外汇由项目公司向银行购汇解决。

轨道交通 6 号线 2007 年 12 月 29 日建成开通运营。

第七节　上海轨道交通 7 号线

一、7 号线工程

2005 年 10 月 26 日，国家发展和改革委员会批复上海市轨道交通 7 号线可行性研究报告。2007 年 10 月 21 日，上海市建设和交通委员会批复轨道交通 7 号线工程初步设计。

7 号线工程北起外环路站，南至龙阳路站，线路经宝山普陀、静安、徐汇、浦东新区等五个行政区，全长 35.05 公里，设 28 座车站（地下站 27 座，地面站 1 座），除起始段 1.03 公里地面线外，均为地下线。

设置陈太路停车场（含综合基地）及龙阳路辅助停车场，车辆厂架修外委轨道交通 2 号线北翟路车辆段。

陈太路停车场（含综合基地）位于陈太路以北、外环路绿化带以东、蕰藻浜以南、规划塘祁路以西的地块内，占地 32.35 公顷。该停车场承担本线配属列车的停放、运用、列检工作和一般故障处理；承担配属列车周检、月检、定修、临修工作；承担场内设备和机具的维修及调车机车、工程车辆的日常维护工作；承担列车事故救援工作；承担全线工务、桥隧、房屋建筑、机电、供电、接触网、通信信号及自动化设备的维护和管理工作。

龙阳路辅助停车场在既有轨道交通 2 号线龙阳路停车场以北，平行 2 号线停车列检库设 2 号线停车列检库，变电所设于咽喉区靠 2 号线侧，综合设于 2 号线回转线外侧，紧邻环场道路，总占地 2.83 公顷。承担部分列车的停放、运用、列检和内部清扫、消毒工作。

采用集中供电，110 kV/35 kV 的二级电压供电方式，供电系统由主变电站、牵引供电系统、变

图 2-2-3　2005 年 11 月 24 日 7 号线开工典礼

配电供电系统和电力 SCADA 系统及杂散电流防护系统等组成。全线设 2 座主变电所，采用 DC1500V 架空接触网供电。采用列车自动控制信号系统和自动售检票系统，设防灾报警系统及通风空调、车站设备、给排水、消防等配套设施。车辆选用 A 型车，四动二拖六辆编组，根据客运及满足世博会期间运营需要，初期运营配车 26 列 156 辆，综合国产化率要达到 74%。控制中心大楼设于新村路站附近，沿岚皋路布置，地面六层，地下二层，建筑面积约 8 814 m^2。

该项目总投资 1 877 002.34 万元。其中，静态投资合计 1 809 591.33 万元，建设期贷款利息 65 491.01 万元，铺底流动资金 1 920 万元。项目采用项目法人制，由申通集团与沿线区政府共同出资组建上海轨道交通 7 号线发展有限公司，负责项目实施并筹措建设资金。申通地铁集团负责工程建设费，沿线所在区负责前期动拆迁费用，折价入股。

轨道交通 7 号线花木路站于 2009 年 12 月 5 日开通；轨道交通 7 号线祁华路站于 2014 年 7 月 22 日正式开通。

二、罗店中心镇公共交通配套工程

2005 年 12 月 14 日，上海市发展和改革委员会批复罗店中心镇公共交通配套工程项目建议书。2006 年 5 月 12 日，上海市发展和改革委员会批复罗店中心镇公共交通配套工程可行性研究报告。2007 年 8 月 23 日，上海市发展和改革委员会批复罗店中心镇公共交通配套工程可行性研究调整报告。2008 年 6 月 23 日，上海市建设和交通委员会批复轨道交通 7 号线罗店中心镇公共交通配套工程初步设计。

罗店中心镇公共交通配套工程线路起自外环路站，穿蕰藻浜、外环路，沿陆翔路向北至富锦路，并延长至美丹路北侧，线路总长调整为 9.94 公里。设顾村站、陆翔路站（刘行）、潘广路共 3 个地下车站，罗南新村站、罗店站（美兰湖）共 2 个高架车站。站台按 A 型车 6 节车辆编组设计，长 140 米。设 1 座主变电所。陈太路停车场及综合基地扩大规模并利用龙阳路辅助停车场。利用轨道交通 7 号线新村路控制中心。

供电：利用 7 号线新村路站主变电所供电，全线设 3 座牵引变电所、6 座降压变电所。接触网采用直流供电方式，标准电压 1 500 V，为架空接触网，地下正线段采用刚性接触网，地面及高架段采用全补偿简单链形悬挂。

通信：与轨道交通 7 号线工程通信网组成统一网络，并明确有关接口问题。

信号：采用与轨道交通 7 号线工程相同的信号系统，采用基于通信的列车控制系统（CBTC），由列车自动防护（ATP）、列车自动运行（ATO）、列车自动监控（ATS）及联锁设备组成。

自动售检票系统：接入轨道交通 7 号线自动售检票系统的中央计算机系统。

采用准移动闭塞列车自动控制（ATC）信号系统和自动售检票系统，设机电、防灾报警系统及通风空调、给排水、消防等配套设施。

车辆采用 A 行车，初、近、远期均为 6 辆编组。初期配车 66 辆。

工程总投资 315 729.26 万元。其中，建安费 176 968.61 万元，工程建设其他费用 52 894.41 万元，预备费 9 136.76 万元，车辆购置费 55 770 万元，建设期贷款利息 20 299.48 万元，铺底流动资金 660 万元。

项目采用项目法人制，由申通集团与沿线区政府共同出资组建项目公司，负责项目实施并筹措建设资金。

罗店中心镇公共交通配套工程于 2010 年 12 月 28 日正式开通。

第八节　上海轨道交通8号线(一期、二期、三期)

一、8号线一期工程

2005年12月19日,国家发展和改革委员会,批复上海市轨道交通8号线一期工程可行性研究报告。2007年7月17日,上海市建设和交通委员会,批复轨道交通8号线一期工程初步设计。

8号线一期工程自开鲁路,沿中原路、控江路、大连路、西藏路,过黄浦江沿上南路至成山路,线路长23.2公里,全部为地下线。沿线设22座车站,其中地下一层车站三座,地下二层车站十七座,地下三层车站二座。开鲁路站—黄兴绿地站区间采用双圆隧道,黄兴绿地—成山路站区间采用单圆隧道,殷行车辆段,由开鲁路站接出。车辆段及基地位于杨浦区东北角,在规划国纬路以北,国铁何杨支线以西和中原路以东,呈三角形,占地21.4公顷。

设定修线、临修线、列检线、存车线、双周三月检线、试车线、洗车线等42股,铺轨13.681公里;设列检库、检修库、联合车库、维修中心、检修车间、物资总库、信号楼、综合楼等,总建筑面积63 599.1平方米。

工程采用DC1500V架空接触网供电,设2座主变电所,江浦路主变电站位于控江路的路北,靠近双辽路。耀华路主变电站位于浦东南路与上南路交叉路口,与M7线共享,设9座牵引变电所。采用列车自动控制信号系统和自动售检票系统,设防灾报警系统及通风空调、车站设备、给排水、消防等配套设施。车辆选用C型车,根据客运需要,初期运营按6辆编组,配车28列,共168辆。中山北路站设置控制中心,并与10号线合建。

图2-2-4　摄于2004年9月上海地铁人民广场站8号线建设工地

一期工程总投资 144.93 亿元。资金来源为,资本金 61 亿元,由项目法人上海轨道交通杨浦线发展有限公司注册资本金解决,其中上海申通集团有限公司出资 33 亿元,线路沿线各区政府以土地及动拆迁费用作价出资 28 亿元;资本金以外部分,申请国内银行贷款解决。项目所需外汇由项目公司向银行购汇解决。

轨道交通 8 号线耀华路站至市光路站于 2007 年 12 月 29 日开通。中华艺术宫站于 2012 年 9 月 28 日开通。

图 2-2-5　2009 年 7 月 5 日轨道交通 8 号线通车仪式

二、浦江镇公共交通配套工程(8 号线二期)

2005 年 12 月 14 日,上海发展和改革委员会批复浦江镇公共交通配套工程项目建议书。2006 年 5 月 12 日,上海市发展和改革委员会转发国家发展和改革委员会《关于浦江镇公共交通配套工程可行性研究报告的批复》。2007 年 12 月 11 日,上海市建设和交通委员会批复浦江镇公共交通配套工程初步设计的批复。

8 号线二期工程起自成山路站,沿上南路向南,穿过中环线、外环线折向西至浦星路,之后线路一直沿浦星路东侧至沈杜公路附近,长 14.23 公里。地下线 8.154 公里,高架线 6.076 公里。沿线设长清路站(杨思)、济阳路站(东方体育中心)、凌兆路站(凌兆新村)、芦恒路站共 4 座地下车站;陈行路站(浦江镇)、浦友路站(江月路)、竹园路站(联航路站)、航天公园站(沈杜公路)共 4 座高架车站。站台按 C 型车七节车辆编组设计,长 137 米。

浦江镇停车场,由航天公园站接出,与殷行车辆段共同承担全线配属车辆的停放列检和整备工作、双周三月检和临修工作,以及工程各系统工程设施和运营设备巡检工作。停车场选址于闵行区浦江镇浦星路以东、姚家浜既有河道和规划河道以南、三鲁公路以西、规划东塔高速公路和绿化带以北地块，占地 23.47 公顷。

供电：采用集中供电，110 kV/35 kV 的二级电压供电方式，供电系统由主变电站、牵引供电系统、变配电供电系统和电力 SCADA 系统及杂散电流防护系统等组成。全线设 1 座主变，6 座牵引变电所(包括停车场 1 座)、10 座降压变电所(包括停车场 2 座)。变电站位于江月路站附近。自动售检票系统：中央计算机系统、车站计算机系统及车站售检票设备三部分组成。采用上海城市轨道交通清分中心、M8 线控制中心及沿线各车站三级管理模式。设防灾报警系统及通风空调、车站设备、给排水、消防等配套设施。

车辆采用 C 型车，初、近为 6 辆编与 7 辆编组。根据客运需求，初期配车 182 辆。中山北路站设置控制中心。

工程总投资 530 883.1 万元。其中，静态投资合计 509 974.8 万元，建设期贷款利息 19 088.3 万元，铺底流动资金 1 820.0 万元。

8 号线成山路站至沈杜公路站于 2009 年 7 月 5 日开通。

三、8 号线三期工程(航天博物馆站—汇臻路站)

上海人民政府在 2011 年 7 月 27 日下发《上海市轨道交通 8 号线(航天博物馆—汇臻路站)选线专项规划》的批复。国家发展改革委在 2012 年 1 月 26 日下发《关于上海市城市轨道交通近期建设规划(2010—2015 年)调整方案的批复》。上海市发展和改革委员会于 2014 年 7 月 7 日下发《关于上海市轨道交通 8 号线三期暨集运系统(暂名)工程可行性研究报告的批复》。

上海市城乡建设和管理委员会在 2015 年 5 月 8 日下发《上海市城市建设和管理委员会关于轨道交通 8 号线三期暨集运系统(暂名)工程初步设计的批复》。

线路起自沈杜公路站，与 8 号线二期工程换乘，沿既有 8 号线区间东侧、浦江镇停车场北侧走行，下穿 S32 申嘉湖高速公路后沿三鲁公路中向南，至鲁南路转向西，于汇臻路东侧设终点站汇臻路站，并预留向西延伸条件。线路全长 6.689 公里，均为高架线。共设 6 座车站。

上海市轨道交通 8 号线三期工程设独立停车场用地一处，位于既有 8 号线二期浦江镇停车场外西北角，北侧靠 8 号线三期正线线位，南侧、西侧紧靠 8 号线二期停车道路，东侧靠牛肠泾，用地面积约 6.8 公顷。车辆基地承担全线车辆的停放、检修、综合维修和物资仓储。

8 号线三期工程使用胶轮路轨系统。

采用胶轮路轨车辆，初、近、远期均采用 4 辆编组，初期配属车辆 11 列/44 辆。通信系统总体方案，由传输系统、有线通信系统、无线通信系统、技术防范系统、广播系统、乘客信息系统、时间系统、信息资源网接入系统、集中告警系统、综合电源系统等子系统组成。

信号系统采用基于通信的列车控制系统(CBTC)，由列车自动防护(ATP)、列车自动运行(ATO)、列车自动监控(ATS)组成。

自动售检票(AFC)系统，由车站计算机系统、车站终端设备组成。设防灾报警系统及通风空调、车站设备、给排水、消防等配套设施。

工程总投资：337 019.27 万元。其中工程费 127 947.10 万元，工程建设其他费用 134 414.42 万元，预备费 7 554.16 万元，车辆购置费 50 600.00 万元，建设期贷款利息 16 151.59 万元。铺地流动资金 352.00 万元。

项目采用项目法人制，由上海轨道交通 8 号线三期发展有限公司负责该项目的建设。

第九节　上海轨道交通 9 号线(一期、二期、三期)

一、9 号线一期工程

2006 年 2 月 28 日,国家发展和改革委员会批复上海市轨道交通 9 号线一期工程可行性研究报告。2007 年 10 月 17 日,上海市建设和交通委员会批复轨道交通 9 号线一期工程初步设计。

上海市轨道交通 9 号线一期工程规划西起松江新城,东至宜山路,全程 31.731 公里,其中地下线 15.263 公里,高架线 15.312 公里,敞开段 0.638 公里,地面线 0.518 公里,共设 13 座车站(其中地下站 9 座,高架站 4 座)。

一期工程设置九亭车辆段及基地,车辆段及基地位于沪杭铁路西侧,涞亭北路东侧、沪松公路北侧、七宝与九亭分界地域,占地 37.3 公顷。

供电：采用集中供电,根据城市供电网络及其他轨道交通系统规划,设置主变电所,每座主变电所设两路独立可靠电源。全线设 2 座主变电所,采用 DC1500V 架空接触网供电。通信：设专用通信网和与是电话局联网的独立公务通信网。信号：采用 ATC 系统。确保行车安全,提高行车效率。采用列车自动控制信号系统和自动售检票系统,设防灾报警系统及综合监控、通风空调、车站设备、给排水、消防等配套设施车辆选用 A 型车,四动二拖六辆编组,根据客运需要,初期运营配车 96 辆。

在虹梅路站西北侧设置控制中心,并预留延伸线及规划线发展条件,总建筑面积 8 983 平方米。

工程总投资 1 219 830.18 万元。其中,静态投资合计 1 136 152.45 万元,建设期贷款利息 82 669.73 万元,铺底流动资金 1 008 万元。

由项目法人上海轨道交通申松线发展有限公司注册资本金解决,其中上海申通集团有限公司出资 29 亿元,线路沿线各区政府以土地及动拆迁费用作价出资 32.1 亿元。资本金以外部分,申请工商银行等银行贷款安排。项目所需外汇由项目公司向银行购汇解决。

上海轨道交通 9 号线一期工程于 2007 年 12 月 29 日通车运营。

二、9 号线二期工程

2006 年 5 月 10 日,国家发展和改革委员会批复上海市轨道交通 9 号线二期首段工程可行性研究报告。2007 年 10 月 31 日,上海市建设和交通委员会批复轨道交通 9 号线二期工程(初期)初步设计。

上海市轨道交通 9 号线二期首段工程规划为宜山路站(一期工程终点站)至民生路站,全长 14.5 公里,均为地下线,共设 10 座车站。

采用集中供电,110 kV/35 kV 的二级电压供电方式,保持同轨道交通 9 号线一期工程一致性。设 1 座主变电所 5 座牵引变电所、9 座降压变电所、2 座区间风井,采用 DC1500V 架空接触网供电。通信信号与轨道交通 9 号线一期工程通信网组成统一网络,采用列车自动控制信号系统和自动售检票系统,设防灾报警系统及综合监控、通风空调、车站设备、给排水、消防等配套设施车辆选用 A 型车,四动二拖六辆编组,根据客运需要,初期运营配车 210 辆。每座车站设残疾人专用电梯,其他设备、用房按车站功能需求合理设置。

工程总投资 894 817.70 万元。其中，静态投资合计 843 068.62 万元，建设期贷款利息 49 649.08 万元，铺底流动资金 2 100 万元。资本金来源为：资金 37.59 亿元由轨道交通申松线发展有限公司注册资本金解决，其中上海申通地铁集团有限公司出资 25.25 亿元，沿线各区政府以土地及动拆迁费用作价出资 12.34 亿元。资本金以外部分，申请银行贷款安排。

轨道交通 9 号线宜山路站至世纪大道站于 2009 年 12 月 31 日开通；9 号线杨高中路站于 2010 年 4 月 10 日开通。

三、上海松江老城区公共交通配套工程

2011 年 5 月 12 日，上海市城乡建设和交通委员会以沪建交文件，批复了上海松江老城区公共交通配套工程初步设计。

线路全程 5.373 公里，均为地下线，全线设地下车站 3 座。工程车辆及固定设备的维修利用一期工程的九亭车辆段。

采用集中供电，110 kV/35 kV 的二级电压供电方式，供电电源引自 9 号线一期工程佘山主变电所，新设置 2 座牵引变电所，3 座降压变电所，牵引变电所与车站降压所合建。接触网采用直流供电方式，标准电压 1 500 V，地下正线段采用刚性接触网。通信、信号与轨道交通 9 号线一期、二期工程一致。

自动售检票系统采用与 9 号线一、二期相同模式。采用上海城市轨道交通清分中心、工程计算机系统及沿线各车站计算机系统三级管理模式。设防灾报警系统及综合监控、通风空调、车站设备、给排水、消防等配套设施。每座车站设残疾人专用电梯，其他设备、用房按车站功能需求合理设置。

工程利用既有轨道交通 9 号线虹梅路控制中心统一管理。

工程总投资 209 920.56 万元。其中，工程费 134 804.57 万元，工程建设其他费 54 977.78 万元，基本预备费 7 386.13 万元，建设期贷款利息 12 752.08 万元。资金来源：项目资本金由松江区政府、申通地铁集团按 2∶1 分担，其余通过银行贷款筹措。工程项目法人为上海轨道交通申松线发展有限公司。

上海松江老城区公共交通配套工程于 2012 年 12 月 29 日通车试运营。

四、9 号线三期工程

2012 年 12 月 24 日，国家发展和改革委员会批复上海市轨道交通 9 号线三期工程可行性研究报告。

工程分为两段，其中南延伸段起自沪杭客运专线松江南站，经人民路、九峰路、嘉松南路，至一期工程起点松江新城站，线路长 5.37 公里；东延伸段起自二期工程终点杨高中路站，经金海路，至于曹路站，线路长 13.82 公里。三期工程线路总长度 19.19 公里，全部为地下线，设地下车站 12 座。其中换乘车站 5 座，分别与其他城市轨道交通线路和铁路客站换乘。共享一期工程控制中心，新建金桥停车场。

车辆采用与一、二期工程相同的 A 型车，直流 1 500 伏架空接触网授电方式，初、近、远期均采用 6 辆编组，初期配属车辆 36 列/216 辆。与一、二期工程贯通并采用大小交路运行方式。

采用集中供电，110 kV/35 kV 的二级电压供电方式接触网采用直流供电方式，标准电压

1 500 V,地下正线段采用刚性接触网。通信、信号与轨道交通 9 号线一期、二期工程一致。自动售检票系统采用与 9 号线一、二期相同模式。采用上海城市轨道交通清分中心、工程计算机系统及沿线各车站计算机系统三级管理模式。设防灾报警系统及综合监控、通风空调、车站设备、给排水、消防等配套设施。

每座车站设残疾人专用电梯,其他设备、用房按车站功能需求合理设置。

项目投资为 127.13 亿元。其中,资本金 53.39 亿元,占总投资的 42%,由上海市财政承担;资本金以外的资金利用国内银行贷款解决。

项目业主为上海申通地铁集团有限公司,负责项目的投资、建设和运营。

第十节　上海轨道交通 10 号线(一期、二期)

一、10 号线一期工程

2006 年 11 月 26 日,国家发展和改革委员会批复上海轨道交通 10 号线工程可行性研究报告。2007 年 10 月 15 日,上海市建设和交通委员会批复轨道交通 10 号线一期工程初步设计。2012 年 7 月 20 日,上海市建设和交通委员会批复上海市轨道交通 10 号线一期工程调整设计。

10 号线一期工程规划西起虹桥综合交通枢纽,东至新江湾城,线路全长约 36.221 公里,均为地下线。全线共设 31 座车站,其中主线长 31.244 公里、设 28 座地下车站,支线长 4.967 公里、设 3 座地下站。

主线由虹桥枢纽交通中心向东穿越虹桥机场,沿迎宾五路—上海动物园—虹桥路—淮海西路—复兴路—河南路—武进路—四平路—五角场—淞沪路地下前行,至新江湾城站,支线走向为吴中路—虹井路—虹桥路—虹梅路。

吴中路停车场位于虹莘路以西、虹泉路以北、外环线以东地块内,占地约 23.34 公顷。按全自动列车运行、6 辆车辆编组规模建设。

车辆采用 A 型车、6 节编组。初期工程需购车辆 41 列/246 辆。

供电系统采用 110 kV/35 kV 二级电压集中供电。在虹桥路站、溧阳路站附近各设 110 kV 主变电所 1 座。13 座牵引降压混合变电所、19 座降压变电所、5 座跟随降压变电所。接触网系统为额定电压 DC1500V 直流供电。

通信系统由传输、公务电话、专用电话、专用无线通信、公安无线引入、消防无线引入、广播、乘客导乘、电视监视、时钟、通信电源、接地及其他等子系统构成,以主、备用控制中心为交点组三个复用段保护环,主、备用控制中心为 10G 设备,其余站点为 2.5G 设备。

信号系统采用无线移动闭塞列车自动控制系统(ATC),系统由列车自动监控(ATS)、列车自动防护(ATP)和列车自动运行(ATO)三个子系统组成,通过数据通信子系统(DCS)交换数据,构成闭环系统。

自动售检票(AFC)系统由中央计算机系统、车站计算机系统和 AFC 终端设备等组成,运作模式以及车票制式与既有线路保持一致。设防灾报警系统及综合监控、通风空调、车站设备、给排水、消防等配套设施。每座车站设残疾人专用电梯,其他设备、用房按车站功能需求合理设置。

主控制中心设于吴中路停车场,备用控制中心与 8 号线中山北路控制中心合设,实现列调、电调、环调、防灾和自动售检票等系统集中监控和管理。

10号线一期工程概算核定为2 378 400万元,其中建安工程费1 131 782万元、其他建设费105 065万元、车辆购置赏222 384万元、预备费48 179万元、建设期贷款利息187 026万元、铺底流动资金2 460万元、前期征地动拆迁费504 320万元、管线搬迁费177 184万元。

资金来源:项目采用项目法人制,由申通集团与沿线区政府共同出资组建项目公司,负责项目实施并筹措建设资金。

上海轨道交通10号线于2010年4月10日通车试运营。

二、10号线二期工程

10号线二期工程是基本线网中10号线的一部分,是线网中北部的越江通道,是连接市中心区和浦东新区的东北向放射线的一部分。服务于浦东新区北部及杨浦区北部地区,形成连接浦东、浦西北部地区的快速客运通道。与10号线一期工程贯通运营,形成一条完整的大运量等级的普速轨道交通线,完善10号线功能,扩大线网覆盖范围、增加浦东北部地区的线网密度。

10号线总体走向为东西向直径线,网络规划线路起讫点为虹桥综合交通枢纽—外高桥,线路总长约46 km。线路连接了虹桥枢纽、浦西CBD地区、新江湾城以及外高桥保税区等客流集散点。一期工程已于2010年4月投入试运营,范围为虹桥综合交通枢纽至新江湾城(含支线)。

2012年10月,上海市城市规划设计研究院在原《上海市轨道交通10号线(地铁M1线)规划选线方案》(2003年)的基础上,重点对港城路段道路红线、与军工路码头关系、外高桥保税区站点设置方案、凌桥地区线路方案、港城路车辆基地方案等进行了协调,编制完成了《上海市轨道交通10号线二期工程(新江湾城站—基隆路站)选线专项规划》。轨道交通10号线二期工程新江湾城站至基隆路站段规划线路总长约10.234公里,设5座车站,并预留1座车站(高桥站)。浦西段采用地下线,浦东段采用高架线为主的敷设方式。设港城路停车场,位于港城路北侧、江东路东侧,与6号线车辆基地共址,占地面积约37.2公顷(含6号线车辆段约22.4公顷,10号线车辆基地约14.8公顷)。基地内考虑设置10号线二期的主变电站一座。

第十一节 上海市轨道交通11号线(一期、二期、花桥段、迪士尼段)

一、11号线北段工程(嘉定新城—安亭汽车城—华山路中间风井)

2006年12月17日,国家发展改革委员会批复上海市轨道交通11号线北段工程可行性研究报告。2007年10月15日,上海市建设和交通委员会批复轨道交通11号线北段工程(嘉定新城—安亭汽车城—华山路中间风井)初步设计。2008年11月19日,国家发展和改革委员会批复上海市轨道交通11号线北段工程调整方案。2009年12月14日,上海市城乡建设和交通委员会批复轨道交通11号线北段工程(华山路中间风井—罗山路)初步设计。

11号线是上海市轨道网络中构成线网主要骨架的4条市域线之一,在网络中具有重要的地位。上海市轨道交通11号线北段工程主线北起嘉定区嘉定新城胜竹路南侧,南至浦东新区罗山路。线路走向为沿胜辛路、育才路、沪嘉高速公路、真南路、曹杨路、江苏路、华山路、恭城路、漕溪路、龙华路、龙华西路、云锦路,下穿黄浦江,经华夏西路、三林路、御桥路、罗山路至终点罗山路站。主线线

路长约 54.09 公里，设站 30 座。支线东起主线嘉定新城站，沿胜辛路、赛车场，下穿沪宁铁路、上跨
蕰藻浜，经曹安公路南侧至终点墨玉路站。线路长约 12.81 公里，设站 4 座。

该工程全线总长 66.90 公里，其中地下线 40.41 公里，地面及高架线 26.49 公里，设 34 座车站，其中地下站 23 座，高架站 10 座，地面站 1 座。

设赛车场车辆段(含综合基地)、嘉定辅助停车场、川杨河停车场。

全线设 2 座主变，17 座牵变、13 座降压变和 5 座跟随变。采用 DC1500V 架空接触网供电。采用列车自动控制信号系统和自动售检票系统，设防灾报警系统及通风空调、给排水、消防等配套设施。车辆选用 A 型车，4 动二拖 6 辆编组，初、近、远期配属车辆数分别为 66 列 396 辆、88 列 516 辆、98 列 588 辆。

控制中心设置在隆德路站旁，与 13 号线两线共用。

工程总投资 305.6 亿元。其中项目资本金 129 亿元(约占 42%)，上海申通集团有限公司自有资金安排 66 亿元，沿线各区政府出资 63 亿元，资本金以外部分申请国内银行贷款解决。由项目法人上海轨道交通申嘉线发展有限公司注册资本解决，其中上海申通集团有限公司出资 49 亿元，线路沿线各区政府以土地及拆迁费用作价出资 53 亿元；资本金以外部分，申请银行贷款解决。项目所需外汇由项目公司向银行购汇解决。

11 号线嘉定北站至江苏路站于 2009 年 12 月 31 日开通。交通大学站至罗山路站于 2013 年 8 月 31 日通车试运营；2010 年 3 月 29 日开通运营一期工程支线(嘉定新城站至安亭站)。

图 2-2-6　2005 年 12 月 28 日轨道交通 11 号线开工仪式

二、11 号线北段工程调整方案(安亭站延伸至花桥站)

2010 年 9 月 30 日，国家发展和改革委员会办公厅，批复上海市轨道交通 11 号线北段工程调整

方案。为了促进长江三角洲地区一体化发展，加强沪苏两地经济交流，建立江苏省昆山花桥和上海中心城区之间的便捷交通联系，将原批准的上海市轨道交通 11 号线北段工程由安亭站延伸至花桥站，增加线路长度约 6 公里，全部为高架线，增设高架车站 3 座，增购车辆 6 列/36 辆。

延伸段工程与 11 号线采用先贯通后分段的运营方案，远期在兆丰路分段，延伸段工程纳入苏州市城市轨道交通网的 S1 线。

该工程总投资 16.95 亿元。资金来源为：资本金：7 亿元(约占 41.3%)，由江苏省昆山市财政承担；资本金以外的资金利用国内银行贷款解决。

结合苏州市城市轨道交通规划，深化研究延伸段工程与 S1 的衔接方案。做好昆山花桥地区交通规划和衔接工作，提高综合换乘效率。落实跨行政区建设、运营管理和补亏方案。

除作上述调整外，该项目的其他各项仍按国家发展改革委发改投资批准的内容执行。

2011 年 4 月 27 日，江苏省发展和改革委员会、上海市城乡建设和交通委员会发文，批复上海市轨道交通 11 号线北段工程调整方案初步设计。

全线设车站 3 座，均为高架，最大站间距 3.3 公里，最小站间距 1.1 公里。

本工程的轨道技术标准和轨道结构与 11 号线北段既有工程保持一致。利用 11 号线既有赛车场车辆段、嘉定辅助停车场、川杨河停车场一段两场资源。远期预留花桥停车场一座。

车辆采用 A 型车，最高运行时速 100 km/h，初、近、远期均为 6 辆编组。根据运营需求，初期配车 36 辆。采用 110 kV/35 kV 两级电压制的集中供电方式。本线由既有 11 号线上海汽车城东站降压变电所引入二回 35 kV 电源。设 2 座牵引降压混合变电所，1 座降压变。全线设置完整的通信系统，包括综合有线传输系统、公务通信、专用通信、时钟及综合网络管理等 9 个子系统组成。正线采用基于通信方式的移动闭塞列车自动控制 ATC 系统，包括列车自动监控(ATS)、列车自动防护(ATP)，列车自动运行(ATO)3 个子系统。自动售检票系统采用与轨道交通 11 号线北段既有工程一致的自动售检票系统。设防灾报警系统及综合监控、通风空调、车站设备、给排水、消防等配套设施。

控制中心与 11 号线北段工程共享。实行列调、电调、环调、防灾和自动售检票等系统的集中监控和管理。

工程总投资 184 903.34 万元，其中，静态投资合计 176 907.30 万元，建设期贷款利息 7 636.04 万元，铺底流动资金 360.00 万元。工程总投资宜按评审意见控制。

上海轨道交通 11 号线上海赛车场站至花桥站于 2010 年 3 月 29 日开通(其中 11 号线昌吉东路站于 2011 年 4 月 26 日开通)。

三、11 号线北段(罗山路—迪士尼乐园)工程

2012 年 12 月 31 日，国家发展改革委员会批复上海市轨道交通 11 号线北段(罗山路—迪士尼乐园)工程可行性研究报告。

该工程线路起自 11 号线北段罗山路站，沿罗山路、罗南大道、秀浦路、上跨沪芦高速公路接迪士尼乐园环路后，止于迪士尼乐园站。线路长 9.2 公里，其中地下线 1.5 公里，高架线及地面线 7.7 公里。设车站 3 座，其中高架站 2 座，地下站 1 座。换乘站 1 座，与其他轨道交通线路形成换乘。利用既有隆德路控制中心以及规划的川杨河停车场。

采用 110 kV/35 kV 两级电压制的集中供电方式。两座主变电所分别设于嘉定新城站和同济

沪西分校站附近。牵引供电系统采用DC1500V接触网供电。直流1 500伏架空接触网授电方式，采用基于通信的列车控制系统(CBTC)，设置完整的通信系统，包括传输、公务通信、专用通信、专用无线通信、消防无线通信、公安无线通信、电视监视、广播、时间、电源、故障集中监视等子系统。设防灾报警系统及综合监控、通风空调、车站设备、给排水、消防等配套设施。

采用A型车初、近、远期均采用6辆编组，初期配属车辆10列/60辆。

该工程总投资43.71亿元。资金来源为：资本金：19亿元(约占43.5%)，由上海申通地铁集团有限公司和浦东新区政府承担；资本金以外的资金利用国内银行贷款解决。

项目业主为上海申通地铁集团有限公司，负责项目的投资、建设和运营。

轨道交通11号线秀沿路站、康新公路站于2015年12月19日开通。

第十二节　上海市轨道交通12号线

2008年3月24日，国家发展和改革委员会批复上海市轨道交通12号线工程可行性研究报告。2011年1月14日，上海城乡建设和交通委员会批复轨道交通12号线工程初步设计。

12号线工程起自闵行区的顾戴路与七莘路站交叉口西侧的顾戴路上，沿顾戴路向东至万源路向北、经东兰路至漕宝路，沿漕宝路、龙漕路、龙华路至大木桥路(穿越地铁4号线)，沿大木桥路、嘉善路，后转入陕西南路经淮海路(穿越地铁1号线)、长乐路转入茂名路至南京西路(穿越地铁2号线)、向北经泰兴路穿越苏州河至长安路(穿越地铁1号线)，经曲阜路(穿越地铁8号线)、天潼路(穿越地铁10号线)、东长治路、长阳路至复兴岛过黄浦江，沿东陆路、巨峰路(穿越地铁6号线高架)转入金穗路金海路交叉口到达工程终点金海路站。线路全长40 417公里，全为地下线。

七莘路站设出入场线，同时预留延伸条件；虹梅路站、巨峰路站设站后折返线；浦江南浦站、国际客运中心站、隆昌路站各设存车线一股；曲阜路站设站后单渡线一股。共设32座车站。

12号线工程设金桥定修段场，址位于浦东金桥地区金穗路以东、金海路以南、环东二大道规划绿化带及外环高压走廊以西、川桥路工家桥路以北的长方形地块占地31.62公顷。为轨道交通12、14、9号二期3线共用。

设中春路停车场场址位于闵行区，规划嘉闵高架路以西、顾戴路以北、高压走廊以东、中谊路以南的地块，占地16.017公顷。

车辆采用A型车，接触网受电。列车采用四动二拖6辆编组。运营采用长短交路套跑运行，初期配属车辆41/246辆。

采用110千伏/35千伏二级电压集中供电方式，在大木桥路站和长阳路站附近设置2座主变电所，考虑与4号线、8号线主变网络资源共享。牵引网采用DC1500V架空接触网，全线设电力监控(SCADA)系统，并纳入综合监控系统(ISCS)。

通信系统由传输系统、公务及专用通信系统、无线系统、电视监视系统、广播及乘客导乘信息系统、时间系统、电源系统等子系统组成。

信号系统采用符合上海市轨道交通CBTC系统技术规格的完整的列车自动控制系统(ATC)：即ATS+ATP(含联锁设备)+ATO+停车场信号系统(含ATS分机、联锁设备、试车线信号设备)。设计列车追踪运行间隔应不大于90秒。

自动售检票系统由中央计算机系统、车站计算机系统及车站终端设备三部分组成。采用上海城市轨道交通清分中心、工程计算机系统及沿线各车站计算机系统三级管理模式。

设防灾报警系统及综合监控、通风空调、车站设备、给排水、消防等配套设施。每座车站设残疾人专用电梯,其他设备、用房按车站功能需求合理设置。

控制中心与8号线、10号线控制中心合建共享,设在8号线中山北路站,实行列调、电调、环调、防灾和自动售检票等系统的集中监控和管理。

12号线工程总投资2 556 006.89万元。其中,静态投资2 404 780.29万元,建设期贷款利息148 766.60万元,铺底流动资金2 460.00万元。

项目采用项目法人制,由申通集团与沿线区政府共同出资组建上海轨道交通12号线项目公司,负责项目实施并筹措建设资金。申通地铁集团负责工程建设费,沿线所在区负责前期动拆迁费用,折价入股。

上海轨道交通12号线金海路站至天潼路站于2013年12月29日开通;12号线曲阜路站至七莘路站2015年12月19日开通。

第十三节　上海市轨道交通13号线(一期、二期)

一、13号线一期工程

2008年7月28日,国家发展和改革委员会批复上海市轨道交通13号线一期工程可行性研究报告。2009年10月30日,上海市城乡建设和交通委员会批复轨道交通13号线一期工程初步设计。

上海市轨道交通13号线一期工程,线路起于虬江路与金沙江西路交叉口东侧的华江路站,沿金沙江西路、金沙江路往东敷设,分别下穿外环线、中环地道、内环高架及轨道交通3号线后进入宁夏路,在凯旋路口往东南方向转入隆德路,下穿轨道交通11号线、吴淞江后进入水岸茗苑居住小区,线路左、右线采用上下重叠布设下穿天福大厦地下车库进入长寿路,下穿轨道交通7号线,在长寿路桥两侧二次穿越吴淞江后往南转入恒丰路,下穿轨道交通1号线后,在恒通路口往东南再次下穿吴淞江后沿大田路南行,在山海关路下穿规划中的自然博物馆后转入石门一路,下穿2号线到达一期工程终点南京西路站。线路全长16.437公里,全为地下线。

华江路站设站后双折返线,同时预留延伸条件;金沙江西路站及丰庄站设八字型出入场线各一股;大渡河路站、南京西路站各设存车线一股,长寿路站设站端单渡线一股。共设车站14座。

一期工程设北翟路停车场1座(与2号线共享),位于北翟路以北、吴淞江以南、2号线北翟路车辆段以西、北淞路以东的地块内,占地约23公顷。

车辆选用A型车,接触网受电,四动二拖6辆编组。初期配属车辆数为24列/144辆。

采用集中式供电系统,在长清路设110 kV/35 kV主变电所,在隆德路站设开闭所(主变与11号线共享);通过DC1500V架空接触网向列车供电。13号线正线均采用刚性架空接触网,地面及车场线采用柔性接触网。设电力监控系统(SCADA),并纳入综合监控系统中。

通信系统主要由传输系统、公务及专用通信系统、无线系统、电视监视系统、广播及乘客导乘信息系统、时间系统、电源系统等子系统组成。

信号系统采用基于通信的列车控制系统(CBTC):采用移动闭塞的控制方式。由列车自动防护(ATP)、列车自动运行(ATO)、列车自动监控(ATS)及联锁设备组成。

自动售检票系统由中央计算机系统、车站计算机系统及车站终端设备三部分组成。采用上海城市轨道交通清分中心、工程计算机系统及沿线各车站计算机系统三级管理模式。

设防灾报警系统及综合监控、通风空调、车站设备、给排水、消防等配套设施。每座车站设残疾人专用电梯，其他设备、用房按车站功能需求合理设置。

控制中心与11号线隆德路控制中心合用。控制中心设调度大厅(合用)、应急指挥中心、通信、信号、自动售检票、综合监控等功能用房。

该工程总投资暂计1 241 661.83万元。其中，静态投资合计1 168 511.09万元，建设期贷款利息71 710.74万元，铺底流动资金1 440万元。

项目采用项目法人制，由申通集团与沿线区政府共同出资组建上海轨道交通13号线发展有限公司，负责项目实施并筹措建设资金。申通地铁集团负责工程建设费，沿线所在区负责前期动拆迁费用，折价入股。

轨道交通13号线金运路站至金沙江路站于2012年12月30日开通；2014年12月28日开通隆德路站至长寿路站；2015年12月19日开通运营长寿路站至世博大道站。

二、世博园区专用交通联络线工程调整方案

2010年10月21日，上海市城乡建设和交通委员会批复世博园区专用交通联络线工程调整初步设计。

调整内容。本次初步设计主要调整内容包括两部分，一是新增13号线一期工程终点南京西路站(不含)—世博段工程起点淡水路站，共2站2区间，线路长2.08公里，设地下车站2座；二是改造既有的世博段淡水路站(不合)—长清路站，共4站4区间，线路长4.89公里，包含世博段临时机电设备系统的改造、长清路站地下主变改造(含装修、机电设备及电力进线工程)、长清路站改造(含装修及机电设备)。

新增段机电设备。车辆采用A型车，初、近、远期均采用6辆编组。

供电系统与世博园区专用交通联络线工程供电方案统一考虑，并与13号线一期工程连通：采用集中供电、110 kV/35 kV二级电压供电方式，利用隆德路开闭所(与11号线共享)和长清路站主变电所(与11号线北段二期共享)供电。

通信统筹13号线全线系统和世博段工程系统的接入，设计标准与13号线一期工程一致。

信号系统组成、设计标准与13号线一期工程一致。

自动售检票系统接入一期工程AFC线路中心系统，与一期工程贯通运营。

设防灾报警系统及综合监控、通风空调、给排水、消防等配套设施。

世博段机电设备系统改造。

供电：长清路主变电所增加装修、机电设备及电力进线工程；增加淡水路站至马当路站区间环网电缆、杂散电流防护系统、能耗检测管理系统；完成变电所自动化系统与全线电力监控系统网络的连通；新增弱电系统UPS电源装置。

通信：马当路站—世博园站3站2区间除光、电缆外，其余设备全部按照拆除更换进行设计，部分终端按照拆除更换进行设计；新增世博段故障集中监视系统；取消世博园站临时控制中心功能，世博段工程通信系统纳入一期工程中；增加列车车载设备。

信号：按照一期工程信号系统进行世博段工程改造，纳入一期工程，并预留二期工程接口条件。

自动售检票：世博段三个车站新增除预埋管线外的AFC系统所有的设备及终端等。

火灾自动报警：完善FAS系统全线联网改造，完善系统中心级功能，FAS系统车站设备增加与BAS的接口，实现由BAS完成相应的消防联动模式；取消车站级FAS与通信时钟系统的接口，时钟校时信号统一由中心级FAS下发。

环境与设备监控：世博段BAS系统接入一期工程，完成BAS系统全线联网的改造；世博段BAS系统由独立系统方案改成BAS与门禁系统界面小集成的方案；增设三个车站及区间BAS系统。增设世博段3个车站门禁系统。增设世博段3个车站的屏蔽门系统设备及管线等。

新增段工程总投资166 357.05万元。其中，工程费95 330.26万元，工程建设其他费56 001.64万元，基本预备费5 176.47万元，建设期贷款利息9 848.68万元。

世博段改造工程总投资78 582.58万元。其中，工程费34 398.32万元，工程建设其他费3 393.15万元，基本预备费1 889.57万元，车辆购置费35 700万元，建设期贷款利息2 781.54万元，铺底流动资金420万元。

综上，新增段和世博段改造工程总投资244 939.63万元。其中，工程费129 728.58万元，工程建设其他费59 394.79万元，基本预备费7 066.04万元，车辆购置费35 700万元，建设期贷款利息12 630.22万元，铺底流动资金420万元。

根据沪建交批复原世博段工程总投资224 812.17万元。世博园区专用交通联络线工程调整总投资469 751.80万元。

三、13号线二期工程

2012年12月4日，国家发展和改革委员会批复上海市轨道交通13号线二期工程可行性研究报告。

13号线二期工程线路起自一期工程终点南京西路站，经石门一路、瑞金一路、卢湾区政府、马当路、蒙自路，穿越黄浦江、世博会浦东园区，经长清路、成山路、沪南公路、绿科路、罗山路，止于华夏中路站。线路全长约17公里，全部为地下线，设地下车站14座，其中换乘站7座，与其他轨道交通线路形成换乘。共享一期工程控制中心，新建川杨河停车场。世博会配套工程淡水路站至长清路站段约4.9公里已建成。

13号线二期车辆采用与一期工程相同的A型车，直流1 500伏架空接触网授电方式，最高运营时速80公里。初、近、远期均采用6辆编组，初期配属车辆35列/210辆。

采用集中式供电系统，通过DC1500V架空接触网向列车供电。均采用刚性架空接触网，地面及车场线采用柔性接触网。设电力监控系统(SCADA)，并纳入综合监控系统中。

通信系统主要由传输系统、公务及专用通信系统、无线系统、电视监视系统、广播及乘客导乘信息系统、时间系统、电源系统等子系统组成。

信号系统采用基于通信的列车控制系统(CBTC)：采用移动闭塞的控制方式。由列车自动防护(ATP)、列车自动运行(ATO)、列车自动监控(ATS)及联锁设备组成。

自动售检票系统由中央计算机系统、车站计算机系统及车站终端设备三部分组成。采用上海城市轨道交通清分中心、计算机系统及沿线各车站计算机系统三级管理模式。

设防灾报警系统及综合监控、通风空调、车站设备、给排水、消防等配套设施。每座车站设残疾人专用电梯，其他设备、用房按车站功能需求合理设置。

控制中心与11号线隆德路控制中心合用。控制中心设调度大厅(合用)、应急指挥中心、通信、信号、自动售检票、综合监控等功能用房。

工程投资为139.68亿元。其中,资本金58.67亿元,占总投资的42%,由上海市财政承担;资本金以外的资金利用国内银行贷款解决。

项目业主为上海申通地铁集团有限公司,负责项目的投资、建设和运营。

上海轨道交通13号线南京西路站至世博会博物馆站于2015年12月19日开通运营。

第十四节　上海市轨道交通14号线

14号线是一条城市东西方向的直径线,是新一轮建设规划中重要的市区级线路,也是继1、2号线之后又一条A型车8节编组高运量的线路,可以有效减轻既有2号线、延安路隧道等过江通道的压力,引导城市布局合理发展,支持江桥新市镇、真如副中心、静安寺商业区、黄浦区CBD地区、陆家嘴中央商务区、金桥开发区等重要地区的开发建设。

14号线由嘉定封浜至浦东金桥。线路走向为:曹安公路—铜川路—武宁路—万航渡路—华山路—长乐路—金陵路—人民路—新永安路—过黄浦江—花园石桥路—浦东大道—云山路—锦绣东路—金穗路。

14号线线路全长约39.1公里,共有31座地下车站,其中豫园站、陆家嘴站、浦东大道站3座车站是地下四层车站。金园五路站、真如站、静安寺站、浦东南路站、源深路站、昌邑路站、歇浦路站、龙居路站和云山路站9座车站是地下三层车站,其中浦东南路站、浦东大道站、源深路站、昌邑路站和歇浦路站位于东西通道地下道路下,与通道工程合建。其余12座均为地下二层车站。

14号线工程作为轨道交通网络的重要骨干线,与众多其他线路换乘,全线31座车站中换乘站有15座。

全线31座车站中换乘站有15座。金园五路站与17号线上下平行换乘;真新新村站与16号线"L"型通道换乘;铜川路站与15号线"T"型换乘;真如站与既有11号线"T"型换乘;东新路站与3、4号线虚拟换乘;武宁路站与13号线"L"型通道换乘;静安寺站与2、7号线形成"门"字型通道换乘;黄陂南路站与1号线通道换乘;大世界站与8号线"T"型换乘;豫园站与10号线"L"型通道换乘;陆家嘴站与2号线通道换乘;浦东大道站与4号线"十"字换乘;昌邑路站与18号线"十"字换乘;云山路站与6号线"L"型通道换乘;蓝天路站与9号线三期"十"字换乘。

全线设一段一场。封浜车辆段选址位于曹安公路以南、封浜河以西,接轨封浜站,占地约30.6公顷,与原规划17号线共场址;金桥停车场选址位于金穗路以东、金海路以南,接轨桂桥路站,占地约21.7公顷,与12号线定修段、9号线停车场共场址,综合开发。

车辆:14号线列车编组:初、近、远期均为8辆编组,A型车。

供电:采用集中供电方式,全线设主变4座,分别位于封浜车辆段、中宁路站、歇浦路站、金桥停车场附近,分别与原规划17号线、规划15号线、规划18号线和规划19号线资源共享。全线设19座牵引变电所(其中正线17座,车辆段、停车场各一座),牵引网采用DC1500V架空接触网供电、走行轨回流的牵引供电制式。设置电力监控(SCADA)系统,集成于综合监控系统(ISCS)。

通信:14号线通信系统包括传输系统、公务电话系统、专用电话系统、专用无线系统、公安无线系统、消防无线系统、技术防范系统、广播系统、时间系统、信息资源网接入系统、列车自动记点系统、通信电源及接地系统、弱电综合UPS系统及通信附属设施。

信号：信号系统推荐采用基于通信的移动闭塞ATC系统，即由列车自动监控系统(ATS)、列车自动防护系统(ATP)、列车自动运行(ATO)和计算机联锁子系统组成。正线区域(含出入段/场线)全部纳入ATC系统控制范围。车辆段、停车场装备独立的联锁系统，控制中心ATS可对其具备监视功能。

自动售检票：自动售检票系统将按照上海城市轨道交通自动售检票系统的相关工程建设规范要求进行设计，满足上海市轨道交通网络的联网收费和上海市"公交与轨道交通联乘优惠技术方案"的要求，实现轨道交通路网内单程票、上海城市公共交通卡、手机电子钱包的"一票换乘"。

设防灾报警系统及综合监控、通风空调、车站设备、给排水、消防等配套设施。

控制中心：14号线控制中心并入民生路控制中心，实现与6、规划18号线三线共享。通过对优化系统用房、管理用房以及调度大厅整体布局，满足14号线并入的要求，同时大楼变电所、环控、弱电等系统根据工艺和建筑方案做相应的改造工作。

14号线从车辆、车辆基地、主变、控制中心、机电设备系统、换乘车站等各个专业及系统着手进行网络资源整合及共享，以实现轨道交通网络资源的优化配置。

14号线工程施工用地涉及征用、调用土地972.49亩，其中划拨国有土地48.31亩，征用集体土地924.18亩，施工借地411.63亩；征收安置商户及企业598家，拆除商户及单位用房347 175平方米，征收安置农(居)民2 528户，拆除居住用房188 855平方米；迁移绿地202 036平方米。

项目总投资580.73亿元，平均造价指标为14.84亿元/正线公里。采用多元化投融资方式，并按国家有关建设工程实行项目法人负责制的规定，设立项目公司法人，市、区二级政府为投资主体，并吸收社会资金，资本金出资人民币243.91亿元，占总投资的42%。

第十五节　上海市轨道交通15号线

2015年6月15日，上海市发展和改革委员会发文《上海市轨道交通15号线工程可行性研究报告的批复》。工程总投资：421.35亿元。

线路起自城市西南部的紫竹高新区站，沿莲花南路—银都路—老沪闵路—桂林路—古羊路—古北路—大渡河路—桃浦西路—连亮路—祁连山路走行，止于城市西北部的顾村公园站。线路全长约42.3公里，全部为地下线，共设地下车站30座，均为地下车站，依次为紫竹高新区站、永德路站、元江路站、双柏路站、曙建路站、景西路站、虹梅南路站、景洪路站、朱梅路站、罗秀路站、百色路站、上海南站站、桂林公园站、桂林路站、吴中路站、姚虹路站、古北路站、天山路站、长风公园站、大渡河路站、梅岭北路站、铜川路站、上海西站站、武威东路站、古浪路站、祁安路站、南大路站、丰翔路站、锦秋路站、顾村公园站，其中一岛一侧车站2座，其余均为岛式车站。平均站间距1.439公里，最大站间距2.8公里，最小站间距0.767公里。

设陈太路停车场和元江路车辆段各一座，全线形成一段一场布局，其中陈太路停车场与既有轨道交通7号线陈太路定修段共址，元江路车辆段预留大架修条件与规划16号线共享。

元江路车辆段接轨于双柏路站；段址位于规划都庄路西侧、元江路北侧、都会路东侧、横沙河南侧的地块内，工程总用地约33.02公顷。车辆段功能定位为架大修段(其中，架大修设施的建设时序随规划16号线)。

总平面布置采用停车列检库与检修库并列顺向的布置形式，场地由东向西依次布置试车线、远景预留停车列检库、运用库、检修库、远景预留架大修库、洗车库与镟轮库。

车辆：根据15号线客流特征，车辆选用A型车，接触网DC1500V受电，交流异步传动、VVVF调速控制，最高运行速度80 km/h，初、近、远期均选用6辆编组，动拖比2∶1。

供电：15号线采用集中供电方式，全线设3座主变电所，分别为中宁路主变（14号线共享）、虹梅路主变所（9号线共享）及元江车辆段主变所（为原规划16号线预留共享）；全线共设2座开关站、19座牵引降压混合变电所、降压变电所13座及跟随变电所11座；牵引网采用DC1500V架空接触网，走行轨回流，正线地下区段采用刚性悬挂架空，地面及车辆段采用简单链型悬挂；全线设置电力监控系统、电能质量管理系统、杂散电流防护监测系统。

牵引网采用DC1500V架空接触网，走行轨回流，正线地下区段采用刚性悬挂架空，地面及车辆段采用简单链型悬挂。

信号：15号线正线采用基于无线通信的列车控制系统（CBTC），由列车自动防护系统（ATP）、列车自动运行系统（ATO）、列车自动监控（ATS）及联锁设备组成，并采用点式ATP级降级运用方案。车辆段及停车场纳入正线ATC集中控制，ATS监控段/场内自动运行区域，不配置点式ATP级降级运用方案。

车地通信方案采用LTE方案，隧道内采用漏缆、隧道外采用AP天线。元江路车辆段、陈太路停车场及出入段/场线敞开段，采用AP天线方案。正线采用计轴作为辅助列车占用检测设备，车辆基地推荐采用轨道电路作为列车占用检测设备。

列车具有列车自动运行驾驶模式、列车自动防护驾驶模式、限制下人工驾驶模式、自动折返模式、非限制人工驾驶模式。

通信：通信系统包括传输系统、公务电话系统、专用电话系统、专用无线系统、公安无线引入系统、消防无线引入系统、广播系统、乘客信息系统、技术防范系统、时间系统、信息资源网接入系统、列车自动记点系统、电源及接地系统、弱电综合UPS系统、通信附属设施等。

为满足全自动驾驶的运营需求，专用无线通信系统必须达到RAMS故障等级各级别的要求；通信系统需建设车地无线系统，以提供司机客室监控画面上传至控制中心；除了主用OCC之外，异地需建设备用OCC，实现重要职能的备份。

设防灾报警系统及综合监控、通风空调、车站设备、给排水、消防等配套设施。每座车站设残疾人专用电梯，其他设备、用房按车站功能需求合理设置。

控制中心设于蒲汇塘停车场内的上海市轨道交通网络运营调度管理大楼内。

第十六节　上海市轨道交通16号线（原11号线南段）

2009年4月8日，国家发展和改革委员会批复上海市轨道交通11号线南段工程可行性研究报告。2011年8月26日，上海市城乡建设和交通委员会批复轨道交通16号线（原11号线南段工程）初步设计。

线路走向。线路起自龙阳路、白杨路东南侧的龙阳路站，经罗山路、罗南大道至规划航三路，沿航三公路向东，跨沪芦高速公路、南六公路，经人民西路、野生动物园至远东大道东侧，向南过大治河后，转至临港大道，至临港新城站。途经浦东新区的花木镇、北蔡镇、周康镇、航头镇、新场镇、宣桥镇、惠南新城、南汇现代农业园区、临港新城。

线路全长58.962公里，其中地下线13.694公里，高架线45.268公里。共设车站13座，其中地下站3座，高架站10座。最大站间距10.625公里，最小站间距2.558公里。

车辆基地设置川杨河车辆段、治北停车场。

川杨河车辆段：川杨河车辆段为三线共址车辆基地，承担轨道交通16号线全线配属车辆的定临修工作，承担部分列车的停放、列检、和日常清洁、维护、周检、月检工作，派驻正线列检工作。厂架修工作由11号线北段赛车场车辆段承担，下阶段应深化赛车场车辆段检修设施对三轨车辆的适应性及相关设施改造方案。整个基地用地约67.35公顷，其中预留用地约6.8公顷。

治北停车场：治北停车场与2号线线共址，承担16号线部分列车的停放、列检、和日常清洁、维护、周检、月检工作，部分列车的临修工作，派驻正线列检工作。占地约12.3公顷。

车辆：车辆采用适应本线技术标准的新型A行车，初期列车为3辆编组、近期为3辆和6辆混合编组、远期为6辆编组。初期运营配车46列138辆。

供电：采用集中供电，110 kV/35 kV的二级电压供电方式，供电系统有主变电站、牵引供电系统、变配电供电系统、电力SCADA系统及杂散电流防护系统等组成。

全线设3座主变，设22座牵变、1座降压变、7座跟随变。接触网采用直流供电方式，标准电压1 500 V，地下段采用刚性接触网，地面及高架采用全补偿简单链形悬挂。

通信：由传输系统、公务及专业通信系统、无线通信系统、电视监控系统、广播及乘客导乘信息系统、时间系统、电源系统等子系统组成。

信号：采用基于通信的列车控制系统(CBTC)，由列车自动防护(ATP)、列车自动运行(ATO)、列车自动监控(ATS)系统及连锁设备组成。

自动售检票(AFC)系统：由中央计算机系统、车站计算机系统及车站终端设备三部分组成。采用清分中心、控制中心及车站三级管理模式。

设防灾报警系统及综合监控、通风空调、车站设备、给排水、消防等配套设施。每座车站设残疾人专用电梯，其他设备、用房按车站功能需求合理设置。

控制中心：设置在隆德路控制中心，与11号线北段、13号线三线共用。

16号线工程总投资1 608 365.07万元，其中，建安费1 016 303.29万元，工程建设其他费364 196.52万元，预备费55 714.59万元，车辆购置费127 000万元，建设期贷款利息34 314.94万元，铺底流动资金1 380万元，河道改造费用9 455.73万元。

16号线罗山路至滴水湖站于2013年12月29日开通运营；16号线罗山路站至龙阳路站于2014年12月28日开通运营。

第十七节　上海市轨道交通17号线

17号线是城市轨道交通路网中由中心城区向西部青浦新城辐射的放射线，对促进轨道交通近期建设规划的实施，支持青浦新城发展，加快形成城市轨道交通线网和综合交通体系，发挥整体功效具有重要作用。

轨道交通17号线由沪青平公路至虹桥枢纽。线路走向为：沪青平公路—淀山湖大道—盈港路—崧泽大道—诸陆东路。

17号线线路敷设方式为东方绿舟站至朱家角站采用高架线路，朱家角站站后设高架至地下的过渡段及地下区间至淀山湖大道站，淀山湖大道站至汇金路站采用地下线路；汇金路站站后设地下至高架的过渡段及高架区间至赵巷站，赵巷站至徐盈路站采用高架线路，徐盈路站站后设高架至地下的过渡段，随后线路以地下线方式沿崧泽大道敷设，直至虹桥火车站站。

轨道交通 17 号线线路全长 35.30 公里，其中，高架线 18.28 公里，地下线 16.13 公里，过渡段 0.89 公里；共设站 13 座，其中高架站 6 座、地下站 7 座（1 座地下站已建成），平均站间距 2.897 公里。17 号线仅在虹桥火车站站既有 2、10 形成换乘。

17 号线全线设徐泾车辆段 1 座，选址于崧泽大道以南、徐盈路以西，占地约 32.94 公顷，接轨于徐泾北城站；设朱家角停车场 1 座，选址于沪青平公路以南、复兴路以东，占地约 17.68 公顷，接轨于朱家角站。承担全线配属列车的停放、列检、周月检，以及全线列车定、临修，大、架修和事故救援、配属固定设施的日常巡检和维修、材料物资供应等工作。

车辆：轨道交通 17 号线车辆采用选用交流异步传动、VVVF 调速控制 A 型车，接触轨 DC1500V 受电，6 辆编组列车长度：固定编组 140 米，灵活编组 143.2 米。

供电：采用集中供电方式，全线设 2 座主变电所，设在徐泾车辆段内和漕盈路站附近。采用二级电压供电方式，即主变电所引入 110 kV 电源，降为 35 kV 后直接向牵引变电所、降压变电所供电。全线设 15 座牵引变电所（正线 13 座、朱家角停车场、徐泾车辆段各 1 座）。每站一般设置 1 座降压变电所，规模较大的车站另设置 1 座跟随变电所，车辆段及停车场按需要设置降压变电所和跟随降压变电所，当车站和停车场有牵引变电所时，牵引变电所与降压变电所合建为混合变电所。牵引网采用 DC1500V 下部授流的接触轨供电。

通信：通信系统主要由专用通信系统、民用通信系统、公安通信系统三部分组成。

信号：ATC 系统采用基于无线通信的移动闭塞制式。信号系统列车追踪间隔不大于 120 秒。全线信号系统纳入 ATS 系统监视范围。信号系统采用完整的列车自动控制系统（ATC 系统）：

自动售检票：采用自动售检票（AFC）系统，票务管理实行轨道交通清分中心、17 号线控制中心、车站三级管理模式。系统由中央计算机系统、车站计算机系统及车站售检票设备组成。

设防灾报警系统及综合监控、通风空调、车站设备、给排水、消防等配套设施。

控制中心：17 号线控制中心并入既有新闸路控制中心。对全线所有运行车辆、车站/场和区间实施集中指挥、调度、监视、协调、控制和管理等工作，实现全线列车安全运行。管理按线路独立、集中管理模式实施；操作按各专业集中、综合操作模式实施。将既有新闸路控制中心四层总调度所管理机构搬迁，改造为 17 号线及预留线共两线共享调度大厅，以及本线与预留线设备用房区域。同时根据工艺方案，对大楼土建、机电系统做相应改造。

车辆及设备国产化。尽可能地选用国产化设备，降低工程造价，促进国内相关产业发展。动拆迁：动迁安置企业 41 家，拆除单位用房 100 624 平方米；动迁安置农（居）民 287 户，拆除居住用房 48 995 平方米；搬迁各类管线：通讯管线 1 159.54 公里；电力管线 55.58 公里；上水管 6.57 公里；煤气管 4.22 公里；雨污水管 8.13 公里。绿化搬迁：搬迁树木 210 棵；迁移绿地 113 885 平方米。

轨道交通 17 号线工程总投资为 179.27 亿元（其中美元 12 368.54 万元），平均造价指标 5.08 亿元/正线公里。工程采用多元化的投资融资方式，并按国家有关建设工程实行项目法人负责制的规定，设立项目公司法人负责制，由市、区二级政府为投资主体，并吸收社会资金，建立资本金，资本金比例为 45%，资本金总额为 806 658 万元。其余资金暂按国内商业银行贷款考虑。

17 号线工程规模、施工方法、建设条件，参照类似工程经验，项目建设总工期需 48 个月。2013 年 12 月全面开工，2017 年 12 月通车。

第十八节 上海市轨道交通 18 号线

2014 年 12 月 31 日，上海市发展和改革委员会批复上海市轨道交通 18 号线一期工程可行性研究报告。2015 年 9 月 7 日，上海市城乡建设和管理委员会批复轨道交通 18 号线一期工程初步设计。

根据《上海市城市轨道交通近期建设规划》，由项目法人——上海轨道交通 18 号线发展有限公司建设上海市轨道交通 18 号线一期工程。

18 号线一期线路走向，由浦东新区航头站起，沿沪南公路、御青路、莲溪路、白杨路、穿越世纪公园、民生路，过黄浦江后沿江浦路、国权路、穿越复旦大学和上海财经大学，经国权北路、何家湾路、长江南路至终点站长江南路站。线路全长 36.85 公里，全部为地下线。

18 号线一期工程设 26 座车站，均为地下车站，依次为航头站、鹤立西路站、下盐路站、沈梅路站、繁荣路站、周浦站、沪南公路站、御桥站、莲溪路站、北中路站、芳芯路站、龙阳路站、迎春路站、杨高中路站、民生路站、昌邑路站、丹阳路站、平凉路站、江浦公园站、江浦路站、抚顺路站、国权路站、复旦大学站、政立路站、殷高路站、长江南路站。平均站间距 1.441 公里，最大站间距 3.057 公里，最小站间距 0.632 公里。

车辆基地：轨道交通 18 号线全线规划设航头定修段和庙行停车场，形成一段一场布局。一期工程设置航头定修段，庙行停车场随二期工程建设。

航头定修段接轨于沈梅路站，场址位于沈庄路南侧，下盐公路北侧，沪南公路西侧地块内，占地面积 30 公顷。主要承担 18 号线全部配属车辆的定修任务和 18 号线部分配属车辆的停放、列检、洗刷、双周双月检和临修等工作。

结合地区综合利用规划，增设上盖大平台，预留上盖开发条件，增加投资纳入上盖开发项目。

车辆：轨道交通 18 号线车辆采用 A 型车，直流 1 500 伏架空接触网授电方式，最高运行速度 80 公里/小时。全线初、近、远期均采用 6 辆编组，初期配车 50 列/300 辆。

供电：采用集中供电、110 kV/35 kV 两级电压供电方式，全线设置 2 座主变电所，分别为歇浦路主变电所和罗山路主变电所；设 15 座牵引降压混合变电所、12 座降压变电所及 6 座跟随式降压变电所。采用 DC1500V 电压架空接触网方案，地下段采用刚性接触网，地面采用全补偿简单链形悬挂接触网。

通信：通信系统包括传输、运营无线、公务电话、专用电话、技术防范、广播、乘客信息、时间、公安无线引入、消防无线引入、信息资源网接入、列车自动记点、通信电源及接地、弱电综合电源及接地、集中告警及通信附属设施等系统。

信号：采用基于通信的列车控制系统（CBTC），由列车自动防护（ATP）、列车自动运行（ATO）、列车自动监控（ATS）及联锁设备组成。

自动售检票：自动售检票系统由中央计算机系统、车站计算机系统及车站终端设备三部分组成。采用上海城市轨道交通清分中心、18 号线计算机系统及沿线各车站计算机系统三级管理模式。设防灾报警系统及综合监控、通风空调、车站设备、给排水、消防等配套设施。

控制中心：设于蒲汇塘停车场内的上海市轨道交通网络运营调度管理大楼内，对全线所有运行车辆、车站/段/场和区间实施集中指挥、调度、监视、协调、控制和管理等工作。

18 号线一期工程总投资 3 888 093.52 万元。其中，工程费 1 743 946.77 万元，工程建设其他费 1 475 876.20 万元，预备费 94 748.80 万元，车辆购置费 246 000.00 万元，建设期贷款利息

324 521.75 万元，铺底流动资金 3 000.00 万元。

18 号线一期项目采用项目法人制，由上海轨道交通 18 号线发展有限公司负责建设。相关区政府承担投资费用的原则按《关于调整本市部分领域重大基础设施投资分工政策的通知》执行。项目资本金为 1 749 642.08 万元，占总投资的 45%；其余资金通过银行贷款解决。

第十九节　磁 浮 线

一、上海磁浮列车示范运营线项目

2000 年 8 月 24 日，国家发展计划委员会发文，审批同意建设上海浦东机场至陆家嘴磁悬浮列车示范运营线工程项目建议书。

2001 年 3 月 27 日，国家发展计划委员会审批同意上海市磁悬浮列车示范运营线项目可行性研究报告。

上海磁悬浮列车示范运营线是世界第一条商业示范运营的磁悬浮交通线路。正线全长 29.873 公里，西起地铁 2 号线龙阳路站，东至浦东国际机场，双线上下行折返循环运行，设 2 个车站、2 座牵引变电站、1 个运行控制中心和 1 个维修基地，初期配车 3 列，每列 5 辆编组。设计最高运行时速 430 公里，单向运行时间 7 分 20 秒，最小发车间隔 10 分钟。

2006 年 4 月 26 日，磁浮上海示范运营线工程通过国家竣工验收，次日，该线投入正式商业运营。

图 2-2-7　2006 年 9 月 23 日磁浮列车停车库

【磁浮车辆基地】

上海磁悬浮列车示范运营线（以下简称“磁浮示范线”）车辆维修基地位于浦东机场站约 4 公里处，占地面积 141 700 平方米，建筑面积 18 648 平方米；共设有 3 条检修（洗车）轨道，通过 1 组三开道岔与进出库线相连，主要用于车辆组装、停车、列检、车辆维护、车辆清洗、车辆救援、维修管理和综合维修等。

维修车间长约130米，宽为73米。维修间按功能可划分为车辆检修部分、设备检测部分和办公区域部分。维修车间内共有3条轨道进入，分别为检修停车线和洗车停车线；结构为钢结构轨道梁，均采用PHC桩基、承台承载；主要为洗车、列检、检修停车库、中心仓库、车辆维修零件加工、车辆控制室等用房。该基地工程于2001年5月15日正式开工，计划于2001年12月20日竣工，后实际竣工时间延长至2003年2月28日。

【磁浮车站】

磁浮示范线设龙阳路站和浦东机场站。

龙阳路站 磁浮示范线龙阳路站位于白杨路、芳甸路之间轨道交通2号线龙阳路站的南侧，是磁浮示范线的起点。龙阳路车站占地36 509平方米，建筑面积约为22 488平方米，建筑物长210.5米，宽27.88米，椭圆形屋面宽36.48米。工程结构类型为三层全框架砼结构，基础为PHC管桩承台基础，楼层标高分别为6米、12.8米；顶部为椭圆形钢结构屋面，屋面顶点最高标高为24.67米。车站一层为商场、管理室、贵宾室、监控室、值班室、空调机房等；二层为室内检票厅、办公室、会议室、设备用房、网络中心、控制中心等；三层为站台层。室外为广场、停车场等。该车站机电系统齐全、功能先进，主要包括强弱电系统、给排水、消防系统（含烟络尽灭火系统）、暖通中央空调系统、VRV空调系统，并配有11台自动扶梯、1台液压电梯和3台无机房垂直电梯。

龙阳路站位于轨道交通车站的南广场，站中心处线路中线距离地铁站房约38米。线路中线与地铁站房主轴线有一小的偏角。车站处的设计轨面标高为17米。因地形限制，该站采用前折返的运行方式。考虑到列车运行间隔与站台的布置形式，采用岛、侧组合式站台。按结构需要两线间距为12.080 5米，实际站台宽度为8.28米，两侧各设宽为7米的侧式站台。从运行组织上可通过不同站台的发车来提高通过能力。

浦东机场站 浦东机场站候机楼全长400米，在其上方建有三个廊道，磁浮示范线浦东机场站的站位中心正对候机楼的中央廊道，位于该廊道中心以北100米处；站厅层与廊道水平连接；后折返道岔区位于候机楼南侧。该站站台长度为210米。采用站后折返方式，在站台南侧设置了一条渡线，将线间距由5.1米扩大到7.4米。为了运行组织与停放车辆的方便，站后设两条折返线；折返线有效长度按8辆编组计算设置并设安全距离30米，全长为240米。

二、磁浮机电设备

【运行控制】

运行控制系统是控制与安全防护系统，它通过计算机控制、计算机网络、通信及信息处理等先进技术与磁浮交通系统的车辆、牵引、线路及道岔等设备或系统相连，实现对列车运行的控制、安全防护、自动运行及调度管理等任务，在整个磁浮交通系统中起到对列车运行进行自动控制与安全防护的核心地位。其功能包括操作与显示、列车自动运行、驾驶顺序控制、进路防护、道岔防护、牵引切断、列车防护、定位功能和速度曲线监控等，主要由1个中央控制系统、5个分区控制系统、3个车载控制系统、1个运行控制核心网和1个38 GHz无线电系统组成。

中央控制系统设于龙阳路站，主要包括列车自动运行系统（ATO）、操作员终端系统（OTS）和诊断终端系统(DTS)等。分区控制系统控制辖区为龙阳路站、浦东机场站、维修基地、主线路A轨和主线路B轨,主要包括分区控制计算机(DCC)、分区安全计算机(DSC)、分区传输计算机(DTC)、分区牵引切断模块(DPS)、分区道岔模块(DSM)及联锁总线(IL－BUS)等。车载运行控制系统是指在磁浮列车上的运行控制系统,包括位于列车两端的2套车载安全/传输计算机(VSC1/VTC/VSC2)。运行控制核心网用于中央控制系统与各分区控制系统之间的信息传输。38 GHz无线电系统用于列车与地面设备(包括车载运行控制系统与分区控制系统)之间的信息传输。

【牵引供电】

牵引供电系统是一个复杂的大功率电机驱动系统,为磁浮列车提供运行时所需的动力,主要由供电、变流、馈电电缆、轨旁开关和直线电机长定子绕组等部分组成。

供电系统的作用是把电网的高电压变换为牵引系统所使用的20千伏电压,设置在主变电站中。

变流系统根据运行控制系统(OCS)的要求,通过大功率变流系统对输出电压和电流的幅值、频率与相位进行实时的调节,并通过馈电电缆和轨旁开关分段对磁浮列车所在的长定子直线电机供电,实现对磁浮列车牵引力的控制,完成启动、恒速运行以及制动停车等各种运行要求,使磁浮列车严格按照设定路程-速度曲线高速、安全和舒适地运行。

直线电机是从旋转电机演变而来,它的基本构成和工作原理与普通旋转电机相似;其一次侧绕组沿轨道铺设,故称长定子,二次侧安装在车体上,为直流励磁电磁铁或有永磁体和电磁铁组成的复合磁铁。磁浮列车采用长定子直线同步电机。长定子直线同步电机的定子铁芯和绕组沿轨道分段布置,励磁磁铁按一定规律安放在列车下部。励磁磁铁和长定子铁芯的电磁作用产生的电磁力使列车悬浮于轨道上,实现列车与行驶轨道的无接触运行。牵引供电系统为分段的长定子绕组提供幅值和频率都可变的电源,该电源产生的行波磁场与励磁磁铁产生的励磁磁场相互作用,产生列车高速行驶所需的牵引力。

磁浮示范线牵引供电系统包括1个控制中心、2座110/20千伏主变电站、2座牵引变电站、7个轨旁变电站等。牵引供电系统中不仅包括了大量的电气、电子设备,而且还应用了很多先进技术,例如,多电平大功率电力电子变流技术、长定子直线同步电机的磁场定向控制技术、磁浮列车牵引供电所特有的控制技术及定子段换步控制技术等。

【车地通信】

磁浮示范线车地通信系统为38G无线电通信系统。无线电传输系统在磁浮车辆与地面系统之间建立一种可靠的、双通道的数据传输途径。这个传输途径可以传送操作控制数据、牵引控制数据、诊断数据及旅客信息数据,同时为车辆与中心的操作人员提供语音服务。该系统使用的无线电频率为38 GHz,专为高速磁浮交通设计。它包括中央无线电控制单元(CRCU)、分区无线电控制单元(DRCU)、光纤网(OFN)、地面无线电基站(RBS)和车载无线电系统五个部分。

中央无线电控制单元可以收集无线电系统的诊断信息,并结合自己的信息向诊断系统报告情况;另外,可以在中央无线电控制单元上直接查看简单的无线电系统各部件的状态。

分区无线电控制单元与该区域内的所有无线电基站(RBS)相连,并通过无线电基站的信号接发与列车上的移动站保持通信。

光纤网用于分区无线电控制单元与无线电基站的连接。无线电基站架设在轨道的旁边,每隔一段距离架设 1 根，架设时必须做到无线电无盲区覆盖。无线电基站由天线杆、连接盒、基站收发器、基站控制器及基站天线组等组成。车载无线电系统由天线屏蔽器、车载天线组、车载收发器及车载无线电控制单元（MRCU）组成。

【线路道岔】

磁浮示范线正线线路平面由直线、圆曲线和正弦形缓和曲线组成。在直线与圆曲线、圆曲线与圆曲线之间应用正弦形缓和曲线连接，全线俯视形成双 S 形状。正线全长约 30 公里，并设有约 3.5 公里辅助线路，采用双线上下行折返运行。

磁浮正线轨道由轨道梁和墩柱构成。轨道梁为轨道上的悬浮、牵引、导向和制动设备提供基础，它承受着列车及轨道设备的重量；全线共有各种形式的轨道梁 2 600 根左右，主要有 24 米梁和 12 米梁两种形式。墩柱主要有双柱式、门式和独柱式三种型式。

正线主要有 A、B 轨，在道岔换线区有 F、G、H 轨，辅线包含 C、D、E 轨。正线 A 轨、B 轨标识原则是在正线任意位置（不含机场末端折返线），面向浦东机场，右手侧为 A 轨，左手侧为 B 轨，同一轨道左右侧按同样原则辨别。G 轨位于 GS3、GS4 之间，F 轨位于 GS1、GS2 之间，H 轨位于 GS5、GS6 之间，起垛梁作用。C 轨由维修大厅中间轨道，出大厅后经 GS8、HOP 点，通过 GS7 与正线 B 轨相交，D、E 轨分别位于 C 轨的右侧和左侧（面向浦东机场站），由维修大厅起至 GS8 与 C 轨交接。

道岔是磁浮线路中极为关键的一环，它担负着正线与支线、正线与正线互相连通的重要职责。磁浮示范线有 8 副道岔，为可弯低速道岔，分三开及双开道岔，其中 3 号、4 号为左开，8 号为三开，其余为右开，分布在龙阳路站、浦东机场站、维修基地附近；其中，1 副三开道岔（8 号）位于维修基地，1 副双开道岔靠近维修基地，4 副双开道岔靠近龙阳路站，2 副双开道岔靠近浦东机场站。

磁浮示范线道岔由轨道梁上部结构、轨道梁下部结构、道岔的支撑结构、机械设备、电气设备组成。道岔机械设备是保证道岔正常运作的基础设备，包括支座、移动横梁、驱动设备等；道岔的电气设备是指道岔中控制机械设备的电气元器件，主要包括控制系统、诊断系统、供电系统等，对道岔的正常运行进行控制、监控和故障诊断等。

磁浮示范线道岔长度全长为 78.432 米，两端有与标准轨道梁梁相接的过渡，过渡梁梁长 1.032 米，道岔端部移动间距为 3.65 米，相应的钢梁弯曲曲线半径约为 658 米；直线运行速度为 505 公里/小时，侧向通过最高速度为 100 公里/小时。

【基础设施】

基础通信系统为通用设备，由综合有线传输系统、公务电话系统、调度电话系统、无线通信系统、电视监控系统、广播及旅客导向信息系统、办公自动化系统、时间系统和通信电源、综合布线及接地系统等组成。在运行控制中心设置防灾报警指挥中心，设有防灾监控系统及防灾监控显示单元；车站、维修基地的车辆控室及维修基地防灾监控室内设置防灾监控系统及防灾监控显示单元。

三、磁浮制梁基地

上海磁浮列车工程从德国引进车辆、控制、驱动技术和设备，中方负责轨道梁的设计、制造和全部土建工作。为了生产加工磁浮轨道梁，在浦东川沙黄楼镇设立了磁浮轨道梁生产基地。2001 年 7 月底，制梁基地土建工程基本完成。轨道梁进入小批量生产阶段。

制梁基地形状狭长，东西长约有 1 700 米，南北长度从 60 米到 200 米，整个基地总用地面积为 257 400 平方米，总建筑面积为 71 494 平方米，绿化面积为 24 910 平方米。

制梁基地内共分 A、B、C、D 四个区域。A 区主要是混凝土搅拌楼和办公楼、生活区域。B 区为 5 万平方米的浇捣车间，主要是生产混凝土轨道梁的制梁车间；整个车间内共有 16 个轨道梁生产台座，每天可生产 10.8 根轨道梁。C 区为存梁区，从 B 区浇捣车间生产出来的轨道梁用意大利制造的 350 吨吊车移到存梁区，存放 60 天，使轨道梁得到充分的养护，达到规定的强度。D 区为机加工车间，主要是用国产数控机床加工、装配轨道梁的恒温车间，恒温温度为＋20 摄氏度；从机加工车间生产出来的轨道梁就可直接用平板车运到主线上吊装。

2011 年底，上海市委、市政府对磁浮公司做出重组决定。2012 年 4 月，制梁基地随建设版块划转至建工集团。

四、磁浮列车

上海磁浮列车其车型与德国 TR08 型磁浮列车基本一致。车厢为三明治铝材轻型弹性结构，流线型外形设计。悬浮架为铸铝和挤压铝型材相结合的轻质高强度结构，悬浮磁铁的支承本体为铝材箱梁，磁极采用铝箔绝缘绕制。悬浮架与车厢的连接采用了由空气弹簧支撑的摆式结构。绝大部分电气控制单元以“抽屉”的方式安装在夹层结构内。它与德国蒂森磁悬浮系统公司运行的 TR08 型磁浮列车相比，主要在可靠性工艺技术、空调系统和火警探测等方面有了改进。每一节车厢有两个烟雾探头，安装在开关箱内。来自两侧乘客车厢的气流通过管子进入探头。

磁浮列车示范线车辆是示范线工程的重要设备之一，车辆的安装将在工程的维修基地车间进行。磁浮车辆共有 15 节，分成三列，每列 5 节，每节首尾车长 27.21 米，宽为 3.7 米，高为 4.1 米，空载重量 52.9 T，每列中间车长 24.77 米，宽 3.7 米，高为 4.1 米，空载重 50.3 T，每节车辆均由磁悬浮底座，磁铁功能件，底部夹层结构，磁悬浮底座外包系统以及车体组成。磁悬浮列车从德国“蒂森”磁悬浮系统公司引进，是属于世界上高科技产品的结晶。安装工程始于 2001 年 8 月，计划竣工时间为 2003 年 12 月底。2002 年 12 月底第一列车试运行，2003 年磁悬浮列车示范线将全面运行。

磁浮上海示范线配置 3 列车，每列车 5 节编组，总定员 464 人，其中首车定员 56 人、中车定员 110 人、尾车定员 78 人，按照车辆设计悬浮能力留有 50%冗余。列车均在磁浮维修基地完成安装。

第三章 投 融 资

第一节 市级投融资主体

一、上海久事公司和上海城市建设投资开发总公司

地铁1号线工程，系国务院批准上海市首批扩大利用外资方案（简称“九四”专项）中的五项城市基础设施项目之一，为上海地方项目。工程所需外资及国内配套资金，由上海市自筹并偿还本息。

1987年2月，成立上海久事公司，作为工程投资筹措和还本付息的执行单位。3月，市地铁公司聘请中国银行上海市分行为1号线项目财务顾问。10月，市外经贸委决定由上海市投资信托公司、上海联合贸易公司为上海地铁建设项目的涉外代理公司。

1987年，为筹集地铁1号线建设资金，国家外经贸部向西德复兴银行贷款4.7亿马克，随即转贷给上海市地铁总公司。贷款本息由久事、市城投公司按51.71%、48.29%的比例分别偿还。

1988年8月，市建委批复1号线工程扩初设计概算人民币25.43亿元，其中国内配套资金15.71亿元，由上海久事公司筹措并承担债务。1993年8月，概算调整为39.74亿元，其中国内配套资金增加10.86亿元。1995年1月，总概算作第二次调整为53.9亿元，其中国内配套资金39.61亿元。两次调整概算所增加的工程投资，市政府专题会议决定由上海市城市建设投资开发总公司贷款解决。实际总投资52.44亿元（含2亿元节余投资）。其中，久事筹资折计35.85亿元，加上外汇串换、直接用汇本息、汇兑损失，合计49.5亿元。

上海地铁3号线（轨道交通明珠线一期）项目总投资约90亿元。其中，久事直接投资约18亿元，并为项目公司的绝大部分贷款（约50多亿元）提供担保。

1997年，上海轨道交通明珠线发展有限公司（简称明珠线公司），注册资本27亿元。其中，久事出资13.7亿元，占股50.74%。2002年8月，久事出资3.02亿元，收购虹口区国资经营公司、汇鑫投资公司、宝山城投公司所持明珠线公司股权（共占股11.18%）。至此，久事持有该公司61.92%的股权。

二、上海申通集团有限公司

2000年4月，根据上海市政府第56次常务会议有关精神，上海久事公司决定出资156亿元组建“上海申通集团有限公司”（以下简称申通集团公司），作为轨道交通建设投融资的主体。

2000年4月后，按市政府指示，久事将明珠线二期（4号线）工程投融资事宜全部移交给新成立的申通集团公司。年末，申通集团公司与虹口区国资经营公司等9家单位合资组建地铁4号线项目公司——上海轨道交通明珠线（二期）发展有限公司，初始注册资本40亿元。上海地铁4号线（轨道交通明珠线二期）工程于2004年末试运营，2005年末正式交付运营。久事直接或间接（申通集团公司）向该工程投入约35亿元，参与协同申通集团公司、项目公司的筹资工作。

2000年7月初，按市政府指示，将相应权利、义务转让给申通集团公司。是月，申通集团公司、

闵行城投公司等单位合资组建莘闵线公司，初始注册资本 2.5 亿元。其中，申通出资 1.25 亿元，占股 50%。上海地铁 5 号线(轨道交通莘闵线)总投资约 30 亿元，其中约 10 亿元由申通集团公司拨付。地铁 5 号线项目公司为上海莘闵轨道交通线发展有限公司(简称莘闵线公司)。久事为该公司原定发起方。

2001 年，申通集团公司独资组建地铁 8 号线的项目公司——上海轨道交通杨浦线发展有限公司(简称杨浦线公司)，负责该项目的工程建设与具体运营管理，注册资本 81.01 亿元。上海地铁 8 号线(轨道交通杨浦线)工程总投资约 170 多亿元，全部由申通集团公司拨付。资金来源中有相当一部分是久事对它的资本金投入和国家开发银行对久事的贷款。

2001 年，地铁 9 号线的项目公司是上海轨道交通申松线发展有限公司(简称申松线公司)，由申通集团公司、市城投公司、闵行城投公司等 6 家企业于合资组建，初始注册资本 98.46 亿元。上海地铁 9 号线(轨道交通申松线)工程总投资超过 100 亿元，大部分资金由申通集团公司提供。

2002 年 8 月，申通集团公司出资 16.72 亿元，收购久事所持明珠线公司全部股权(占股 61.92%)，并接管地铁 3 号线投融资事宜。

2003 年，申通集团公司、浦发集团合资组建地铁 6 号线的项目公司——浦东线公司，负责该项目的工程建设与具体运营管理。上海地铁 6 号线(轨道交通浦东线)工程总投资约 116 亿元，申通集团公司提供其中大部分资金，由上海轨道交通浦东线发展有限公司(简称浦东线公司)具体拨付使用。

2003 年，申通集团公司、宝山城投公司等 5 家企业合资组建地铁 7 号线的项目公司上海轨道交通 7 号线发展有限公司(简称 7 号线公司)，注册资本 62.19 亿元。其中，申通集团公司出资 60.44 亿元，占股 97.19%，为最大股东。上海地铁 7 号线，工程总投资约 70 多亿元。

三、上海申通地铁集团有限公司

2004 年改革重组以及上海申通集团公司更名为上海申通地铁集团有限公司后。后者成为上海轨道交通投资、建设管理的责任主体，全面负责筹措轨道交通建设资金。上海申通地铁集团有限公司项目建设资金融资主要分二部分，项目资本金、银行借款。项目资本金外的资金由项目公司向银行借款。

第二节　外 资 贷 款

1986 年 8 月 14 日，国务院发文批准《上海市关于建设新龙华至新客站地下铁道工程项目建议书》。工程建设总投资为 19.7 亿元，其中外汇 2.52 亿美元。同意上海市争取利用国外贷款解决，并由上海市负责偿还国外贷款本息所需人民币和相应的外汇额度。所需国内配套建设资金也由上海市自行筹措解决。该项目为地方项目，列入基建计划。

1988 年 8 月 31 日，国家计划委员会批准 1 号线工程使用联邦德国政府贷款 4.6 亿西德马克。1989 年 1 月 16 日，中国和联邦德国关于 1 号线工程的财政合作协定在德国波恩举行签字仪式。联邦德国政府对 1 号线工程提供贷款 4.6 亿西德马克，偿还期 40 年，宽限期 10 年，年利率 0.75%。

1989 年 7 月 17 日，用国际招标方式选定，国家计划委员会以计外资文批准 1 号线利用法国政府混合贷款 1.27 亿法国法郎，用于购买盾构机；批准 1 号线利用美国进出口银行混合贷款 2 600 万美元(包括赠款 1 170 万美元,美国进出口银行贷款或其他商业贷款 1 430 万美元),用于购买信号系统。

上海轨道交通 2 号线投资中,1/3 利用国外优惠贷款。国外贷款包含利用德国政府贷款 58 636 万马克,美国政府贷款 4 180 万美元,法国政府贷款 4 044.06 万法郎。

1999 年 9 月 23 日,上海轨道交通明珠线一期工程项目使用法国政府混合贷款转贷协议签署,贷款融资金额:162 211 725 欧元。

1999 年起,明珠线车辆、信号系统法国政府欧元贷款(总额 1.8 亿美元),利率 0.5%,期限 38 年;自动售检票西班牙政府美元贷款(2 千万美元),利率 1.75%,期限 25 年。

2001 年 3 月 20 日,上海轨道交通明珠线一期工程信号系统项目使用法国政府混合贷款转贷协议签署,贷款融资金额:20 178 311.35 欧元(实际转贷金额以国外贷款银行最后提供给贷款人的实际融资金额为准)。

2002 年 4 月 27 日经国家财政部批准,3 号线引进自动售检票设备使用西班牙政府贷款及出口信贷共 1 400 万美元的转贷协议。

第三节　市、区投资分工

上海地铁 2 号线 1 期工程,采用市、区两级政府共同投资、共同管理模式,并利用国外优惠贷款的筹资方案进行,实行的是“三三”制筹资形式,即 2 号线一期工程通过三个行政区(静安、黄浦、浦东新区)共同承担 1/3 的建设资金,主要负责前期动迁与车站建设;市政府委托市城市投资公司以地铁 2 号线市政府借款人作为投资主体,承担约 1/3 的建设资金,主要负责区间隧道与车辆段的建设;利用外资筹措 1/3 建设资金,由市政府负责归还,主要用于购买车辆与各类设备。总投资 120 亿元。

1998 年起,3 号线沿线 6 个区以各自动拆迁费用入股明珠线项目公司,由此逐渐演变为轨道交通建设投资按市、区投资分工协议确定。

2000 年 7 月 19 日上海莘闵轨道交通线发展有限公司成立,公司的注册资本为人民币 2.5 亿,各股东的出资方式、出资额和出资比例分别为:上海申通集团有限公司以车辆购置费出资 1.25 亿,占注册资本的 50%;上海闵行城市建设投资开发有限公司以工程沿线动拆迁(含管线)及土地等资产作价入股,计出资 1.0 亿,占注册资本的 40%;上海闵行联合发展有限公司以工程沿线动拆迁(含管线)和土地作价及现金,计出资 0.25 亿,占注册资本的 10%。2008 年 10 月,公司股东会通过决议:同意上海闵行城市建设投资开发有限公司、上海闵行联合发展有限公司将持有的上海莘闵轨道交通线发展有限公司的所有股权分别转让给上海久事公司和上海市城市建设投资开发总公司。

2000 年 8 月 28 日上海共和新路高架发展有限公司成立,上海申通集团有限公司出资额现金人民币 29.975 681 亿元,出资比例 79.41%;上海市闸北区轨道交通建设有限公司以工程沿线动拆迁额和承担的工程费用作价入股,计出资人民币 5.561 414 亿元,出资比例 14.73%;上海宝山城乡建设投资经营有限公司以工程沿线动拆迁额和承担的工程费用作价入股,计出资人民币 2.211 318 亿元,出资比例 5.86%。

2001 年 4 月 28 日上海轨道交通申松线发展有限公司成立,公司的注册资金为人民币玖拾捌亿零捌佰贰拾捌万肆仟捌佰伍拾元零贰角壹分。(一) 上海申通地铁集团有限公司认缴 5 981 280 700.00

元，出资比例为 60.98%，实际出资 5 781 280 700.00 元；（二）上海城通轨道交通投资开发建设有限公司认缴 3 226 168 679.40 元，出资比例 32.89%，实际出资 3 202 968 679.40 元；（三）上海闵行城市建设投资开发有限公司认缴 265 235 363.16 元，出资比例 2.71%，实际出资 265 235 363.16 元；（四）上海卢湾城建国有资产经营管理有限公司认缴 1 000 000.00 元，出资比例 0.01%，实际出资 1 000 000.00 元。（五）上海浦东城市建设投资有限责任公司认缴 334 600 107.65 元，出资比例 3.41%，实际出资 334 600 107.65 元。

2001 年 4 月 28 日上海轨道交通杨浦线发展有限公司成立，上海申通集团有限公司出资现金人民币拾伍亿玖仟万元整（1 590 000 000 元），占注册资本的百分之五十三（53%）：上海杨浦城市建设投资有限公司以工程区属范围沿线动拆迁额作价入股，计出资人民币陆亿玖仟万元整（690 000 000 元），占注册资本的百分之二十三（23%）：上海虹口区国有资产经营有限公司以工程区属范围沿线动拆迁额作价入股，计出资人民币贰亿壹仟万元整（210 000 000 元），占注册资本的百分之七（7%）；上海市闸北区轨道交通建设有限公司以工程区属范围沿线动拆迁额作价入股，计出资人民币贰亿壹仟万元整（210 000 000 元），占注册资本的百分之七（7%）：上海汇通轨道交通投资有限公司以工程区属范围沿线动拆迁额作价入股，计出资人民币叁亿元整（300 000 000 元），占注册资本的百分之十（10%）。2010 年 1 月 11 日公司注册资本由 30 亿元，减至 15.9 亿元，股东上海申通地铁集团有限公司，出资额：15.9 亿元，出资比例：100%；其他股东均退出。

2002 年 3 月 14 日成立上海轨道交通浦东线发展有限公司，注册资金：人民币肆拾玖亿伍仟陆佰陆拾万元。2012 年 9 月 20 日公司注册资本由肆拾陆亿肆仟陆佰肆拾万元人民币（4 646 400 000 元），增加到肆拾玖亿伍仟陆佰陆拾万元，上海申通地铁集团有限公司出资现金人民币贰拾陆亿陆仟贰佰贰拾万元整（2 662 200 000 元），占注册资本的百分之伍拾叁点柒壹（53.71%）；上海浦东发展（集团）有限公司出资现金贰拾贰亿玖仟肆佰肆拾万元整（2 294 400 000 元），占注册资本百分之肆拾陆点贰玖（46.29%）。2014 年经上海市国有资产监督管理委员会批复同意将上海浦东发展（集团）有限公司持有的上海轨道交通浦东线发展有限公司 30.776%股权（占股东实缴资本 31.843%）无偿划入上海久事公司，并由上海久事以股东出资方式将该股权及其权益注入上海申通地铁集团有限公司；将上海浦东发展（集团）有限公司持有的上海轨道交通浦东线发展有限公司 15.514%股权（占股东实缴资本 16.052%）无偿划入上海市城市建设投资开发总公司，并由上海城投以股东出资方式将该股权及其权益注入上海申通地铁集团有限公司。据此，浦东线公司自 2014 年起股东为上海申通地铁集团有限公司，股东出资额为 49.566 亿元整，出资比例为 100%。

2002 年 4 月 9 日上海轨道交通长宁线发展有限公司成立，上海申通集团有限公司认缴出资额 17.64 亿元，出资比例 83.44%；上海长宁地铁建设发展有限公司认缴出资额 3.5 亿元，出资比例 16.56%。2009 年 9 月 30 日上海轨道交通长宁线发展有限公司所持有的 16.56%股权，以人民币 35 000 万元转让给上海申通地铁集团有限公司。

2002 年 4 月上海轨道交通宝山线发展有限公司成立，注册资本为人民币 10 亿，各股东的出资方式、出资额和出资比例分别为：上海申通集团有限公司出资 5.5 亿，占注册资本的 55%；上海宝山城乡建设投资经营有限公司以工程沿线动拆迁（含管线）及土地等资产作价入股，计出资 4.5 亿，占注册资本的 45%；实收资本为 1 亿，上海申通集团有限公司出资 0.55 亿，上海宝山城乡建设投资经营有限公司出资 0.45 亿。

2003 年 4 月 11 日上海轨道交通申嘉线发展有限公司成立，上海申通地铁集团有限公司出资现金人民币 980 万元，占公司注册资本的 49%，上海嘉定轨道交通建设投资有限公司出资现金人民币

1 020 万元，占公司注册资本的 51%。

2003 年 9 月 10 日上海轨道交通 7 号线发展有限公司成立：上海申通集团公司：暂以货币方式出资人民币陆拾亿肆仟肆佰贰拾叁万叁仟柒佰元整(6 044 233 700.00 元)，出资比例 97.19%；宝山城乡建设投资经营公司：暂以货币方式出资人民币柒仟万元整(70 000 000.00 元)，出资比例 1.13%，待动拆迁完成，并经市审计局审计确认后，以工程沿线的动拆迁费用，作价入股；普陀区城市建设投资公司：暂以货币方式出资人民币叁仟万元整(30 000 000.00 元)，出资比例 0.48%，待动拆迁完成，并经市审计局审计确认后，以工程沿线的动拆迁费用，作价入股；锦迪城市建设开发公司：暂以货币方式出资人民币贰仟伍佰万元整(25 000 000.00 元)，出资比例 0.40%，待动拆迁完成，并经市审计局审计确认后，以工程沿线的动拆迁费用，作价入股；上海陆家嘴(集团)开发公司：暂以货币方式出资人民币伍仟万元整(50 000 000.00 元)，出资比例 0.80%，待动拆迁完成，并经市审计局审计确认后，以工程沿线的动拆迁费用，作价入股。

2005 年 9 月 21 日上海轨道交通 10 号线发展有限公司成立。注册资金：人民币 1 亿元 2006.9.16 公司的注册资本为人民币壹亿元整。各股东的出资方式、出资额和出资比例如下：(一) 甲方：上海申通集团有限公司出资现金人民币陆仟万元整，占注册资本的百分之六十；(二) 乙方：上海虹口区国有资产经营有限公司出资现金人民币贰仟万元整，占注册资本的百分之二十；(三) 丙方：上海杨浦城市建设投资有限公司出资现金人民币贰仟万元整，占注册资本的百分之二十；2012.12.26 同意公司注册资金由人民币陆拾陆亿伍仟捌佰万元整，增加到人民币柒拾亿伍仟捌佰万元整。新增资金人民币肆亿元，由上海申通地铁集团有限公司现金投入。增资后各股东方的投资比例为：甲方：上海申通地铁集团有限公司出资现金人民币柒拾亿壹仟捌佰万元整，占注册资本的百分之玖拾玖点肆肆；乙方：上海虹口区国有资产经营有限公司出资现金人民币贰仟万元整，占注册资本的百分之零点贰捌；丙方：上海杨浦城市建设投资(集团)有限公司出资现金人民币贰仟万元整，占注册资本的 0.28%。

2006 年 6 月上海轨道交通 2 号线东延伸发展有限公司成立注册资金：人民币肆拾叁亿贰仟伍佰万元。2008 年 6 月 6 日股权为：3.96 亿元人民币。其中：上海申通地铁集团有限公司人民币 2 亿元，占 50.5%；上海浦东城市建设投资有限责任公司人民币 1.96 亿元，占 49.5%。

根据国家发改委发改投资文，上海轨道交通 11 号线北段工程总投资 305.6 亿元，其中资本金 129 亿元，贷款 176.6 亿元。上海轨道交通 12 号线工程总投资 234.79 亿元，项目资本金为 98.5 亿元，由上海申通地铁集团有限公司和沿线各区共同出资，占总投资的 42%。其余 136.29 亿元，由各大银行提供贷款，上海轨道交通 12 号线发展有限公司进行筹资。

上海轨道交通 13 号线全线工程总投资为 218.67 亿元，技术经济指标 6.45 亿元/正线公里。工程采用多元化的投资融资方式，并按国家有关建设工程实行项目法人负责制的规定，设立项目公司法人负责制，由市、区二级政府为投资主体，并吸收社会资金，建立资本金。其余款项由上海轨道交通 13 号线发展有限公司(以下简称：13 号线项目公司)通过银行贷款等各种渠道进行筹资。根据工程筹划及工程估算：13 号线一期工程总投资为 116.65 亿元，技术经济指标 7.09 亿元/正线公里。资本金暂定为人民币 48.99 亿元，约占总投资的 42%；其余 67.66 亿元由 13 号线项目公司筹资，约占总投资的 58%。13 号线二期一段工程总投资为人民币 140.53 亿元，其中前期工程费用 33.22 亿元，建安工程费 67.58 亿元，车辆费用 17.85 亿元。资本金暂定为人民币 56.30 亿元，约占总投资的 42%；其余 77.75 亿元由 13 号线项目公司筹资，约占总投资的 58%。13 号线三期工程总投资为人民币 41.70 亿元，其中前期工程费用 9.54 亿元，建安工程费 19.46 亿元，车辆费用 4.59

亿元。资本金暂定为人民币16.20亿元,约占总投资的42%;其余22.37亿元由13号线项目公司筹资,约占总投资的58%。

第四节 银团贷款和其他资金

一、银团贷款

2006年,上海申通地铁集团有限公司协调组建轨道交通项目银团,由工商银行为主牵头行,由农业银行、建设银行、交通银行、中国银行、浦发银行为副牵头行,光大银行、上海银行等为参与行,有12家银行组成轨道交通项目银团,为轨道交通项目建设资金"保驾护航"。银团一期总额1 745亿元,二期总额896亿元,贷款利率按同期银行基准利率下浮10%。银团一期线路项目有:2号线东、西延伸、3号线北延伸、4号线、6号线、7号线、8号线一、二期,9号线一、二期、10号线一期、11号线、12号线、13号线一期、16号线。银团二期线路项目有:5号线南延伸、8号线三期、9号线三期、10号线二期、13号线二、三期、14号线、15号线、17号线、18号线。

二、其他资金

【发行专项债券】

2003年第一笔轨道交通建设债券40亿元。用于3号线、8号线和9号线等世博前建成线路。

【利用险资】

2007年全国第一单寿险资金融入轨道交通业务,总额25亿元。

【融资租赁】

2010年9月,集团以2号线17列新增车辆资产与交银金融租赁有限责任公司开展了总额为13.54亿元期限为10年的融资租赁业务。

【中期票据】

2013年经向中国银行间市场交易商协会注册,上海申通地铁集团有限公司于当年分两次(上半年、下半年各60亿元)向全国银行间市场发行规模为120亿元人民币的中期票据,期限5年,利率4.94%。

第四章　工 程 实 施

第一节　基础设施工程

一、车站

车站作为轨道交通客流的集散地，一般由出入口、通道、站厅层、站台层、设备用房、管理用房、生活用房等几部分构成，但也有些简易车站无站厅层。

出入口：与地面连通供乘客进出车站的门户称为出入口。为确保乘客的人身安全，方便乘客及疏散客流，一个车站都有多个出入口，一般不少于 2 个。（有关条文规定：至少有二个以上达到使用要求的出入口开通，轨道交通车站方可投入使用）。同时为方便乘客识别，车站出入口一般都采用编号进行区分。

通道：车站内乘客为到达目标地所必须途经的区域可以称为通道。一般较常见的有出入口通道和站厅层通道，其中站厅层通道又可依据其所在区域分为收费区内通道和非收费区通道。

站厅层：乘客问讯、购票和进站检票、出站验票设备的布置区域称为站厅层。站厅层区域又可按乘客检票进站前、后的状况分成二大区域：前者为非收费区，后者为收费区。收费区域、非收费区域面积大小的确定，完全依据车站客流状况决定。在站厅层的两端一般设有设备用房、管理用房及生活用房。

站台层：它是最直接体现车站功能的层面，其主要作用是供列车停靠、乘客候车及上下列车之用。乘客能直接登上或离开到、发列车的候车楼层称为站台层。乘客候车和上、下列车的区域就称为站台。站台的大小取决于远期预测的高峰小时的客流量。以轨道交通 1 号线为例，站台长度为 186 m，满足八节编组的列车停靠；站台宽度为 8—14 m，站台宽度按客流量大小计算确定。在站台层也有设备用房及管理用房。一般不设生活用房，因站台直接与股道相接，如无屏蔽门，则安全性较差。

设备用房：是为列车正常运营、保证车站内良好环境条件和在灾害情况下乘客安全所需要的设备用房。其主要作用是安置各类设备、进行日常维修及保案设备之场所。主要分为环境控制机房、事故风机房、通信机械室、信号机械室、通体测试室、环控电控室、消防泵房等。

管理用房：是车站工作人员的办公用房。它包括车站控制室、站长室、编码室等。

生活用房：是为保证车站内部工作人员的日常生活用房。包括更衣室、休息室、茶水间、厕所等。一般设计时，只考虑给工作人员使用，容量较小，故不对外开放。

车站规模应满足远期设计客流量的需要。远期设计客流量为远期预测高峰小时客流量乘以超高峰系数(1.1—1.4)。换乘站换乘设施应满足预测的远期换乘客流量的需要。站台计算长度一般为 186 m，站台宽度按乘降量计算确定，但岛式站台不小于 8 m，侧式站台不小于 2.5 m，站台高度 1 080 mm(距轨顶面)，线路中心线距站台边缘距离为 1 600 mm。站厅层、站台层公共区净空高度不小于 3.0 m。车站内楼梯(自动扶梯)和疏散通道的通过能力，应保证在远期高峰小时客流量时发生火灾情况下，6 min 内将一列车乘客和站台候车的乘客及工作人员全部撤离站台。车站站台设置屏蔽门。车站均设置无障碍设施，并于付费区内设置电梯。各车站均在站台层付费区内设置公共厕所。

2015年底上海轨道交通运营线路15条，车站366座。其中地下车站266座，高架车站86座，地面车站14座。

图2-4-1　2009年7月15日轨道交通3号线漕溪路站外景

图2-4-2　2007年6月6日轨道交通3号线虹口足球场站外景

【车站类型】

地下车站由于地面建筑已固定，或是要节省地面空间，埋藏于地下。车站通过出入口及通道引导客流。其中按组成深度又可分为浅埋式车站和深埋式车站两种。其造价比地面站高得多。

轨道交通1号线地下车站11座；轨道交通2号线地下车站27座：轨道交通3号线地下车站1座；轨道交通4号线地下车站17座；轨道交通5号线地下车站4座(含延伸线)；轨道交通6号线地下车站19座；轨道交通7号线地下车站31座；轨道交通8号线地下车站26座；轨道交通9号线地下车站28座；轨道交通10号线地下车站32座；轨道交通11号线设地下站21座；轨道交通12号线地下车站32座；轨道交通13号线地下车站19座。

地面车站设置在地面层。地面车站造价比较低，且占用地面空间，其缺点是造成轨道交通线路所经过的地面区域分制，所以，一般在城乡结合部采用此类型的车站。

轨道交通1号线地面车站4座；轨道交通2号线地面车站1座；轨道交通3号线地面车站4座；轨道交通4号线地面车站1座；轨道交通5号线地面车站1座；轨道交通9号线地面车站2座；轨道交通11号线设地面站1座。

高架车站轨道交通1号线高架车站9座；轨道交通2号线高架车站2座；轨道交通3号线高架车站24座；轨道交通4号线高架车站8座；轨道交通5号线高架车站14座(含延伸线)；轨道交通6号线高架车站9座；轨道交通7号线高架车站2座；轨道交通8号线高架车站4座；轨道交通9号线高架站4座；轨道交通10号线高架站5座；轨道交通11号线主线高架站7座。

【站台类型】

岛式站台优点是站台面积可以得到充分利用。管理集中，车站结构紧凑，设备使用率高，乘客换乘方便等。

轨道交通1号线岛式站台15座；轨道交通2号线岛式站台23座；轨道交通3号线岛式车站3座；轨道交通4号线岛式车站18座；轨道交通6号线岛式站台9座；轨道交通7号线岛式车站30座；轨道交通8号线岛式站台20座；轨道交通9号线岛式站台22座；轨道交通10号线岛式站台19座；轨道交通11号线主线岛式站台23座；11号线支线岛式站台3座；轨道交通12号线岛式站台27座；轨道交通13号线岛式站台18座。

侧式站台优点是列车进站无曲线，运行状态好。站台的横向扩展余地大，双向乘客上下车无干扰，不易乘错方向。

轨道交通1号线侧式站台10座；轨道交通2号线侧式站台5座、岛侧式站台2座；轨道交通3号线侧式站台26座；轨道交通4号线侧式站台8座；轨道交通5号线侧式站台11座；轨道交通6号线侧式站台10座；轨道交通7号线侧式站台4座；轨道交通8号线侧式站台6座；轨道交通9号线侧式站台6座；轨道交通10号线侧式站台6座；轨道交通11号线侧式站台17座；轨道交通12号线侧式站台3座；轨道交通13号线侧式站台2座，其中1座是混合式站台。

【折返站】

1号线上海火车站站。

2号线广兰路站、淞虹路站。

3号线长江南路站。

6 号线高青路站、巨峰路站、东方体育中心站。

11 号线三林站嘉定北站安亭站。

【换乘站】

换乘车站可以分为：二线换乘、三线换乘……依此类推。上海轨道交通 1 号线 10 座；上海轨道交通 2 号线 11 座；上海轨道交通 3 号线 7 座；上海轨道交通 4 号线 18 座；上海轨道交通 5 号线 1 座；上海轨道交通 6 号线 6 座；上海轨道交通 7 号线 11 座；上海轨道交通 8 号线 9 座；上海轨道交通 9 号线 7 座；上海轨道交通 10 号线 11 座；上海轨道交通 11 号线 4 座；上海轨道交通 12 号线 13 座；上海轨道交通 13 号线 11 座；上海轨道交通 16 号线 3 座。

二、停车场

停车场具有配属车辆，以及承担停车场配备停放车辆的股道和一般车辆维修设备，完成车辆的段内调车、停放、日常检查及设备和机具的维修及列车的日常维修和一般故障的处理和清扫洗刷，列车安全检查和月检、定修、架修等日常维修保养工作。列车回段折返乘务司机换班。

【富锦路停车场】

2005 年审批通过建设用地，它位于宝山区，占地面积为 339 829 平方米，主要承担轨道交通 1 号线配属车辆的停放列检、洗刷、清扫等任务。它主要有车辆牵引电所、信号楼、停车列检库、综合办公楼、食堂、浴室等生产、生活设备设施。停车列检库有一条璇轮库、一条洗车库和二十条停车线、一条静调线、三条周/月检线、两条定修线。

【石龙路停车场】

1998 年审批通过建设用地，它位于徐汇区石龙路北侧、规划柳州路东侧(石龙路 588 号)，占地面积为 135 147 平方米，主要承担轨道交通 3 号线配属车辆的停放列检、洗刷、清扫等任务。它主要有车辆牵引电所、信号楼、停车库、综合办公楼、食堂、浴室等生产、生活设备设施。2 号线停车列检库有一条璇轮线、一条洗车库和十条停车线、一条临修线、二条检修线、两条上下行正线。

【蒲汇塘停车场】

2011 年审批通过建设用地，它位于徐汇区桂林路 909 号(桂林路 915 号)，占地面积为 48 303 平方米，主要承担轨道交通 4 号线配属车辆的停放列检、洗刷、清扫等任务。它主要有车辆牵引电所、信号楼、停车库、综合办公楼、食堂、浴室等生产、生活设备设施。停车列检库有一条洗车库和十七条停车线、一条平板线、一条材料线，两条联合车库。

【剑川路停车场】

2004 年审批通过建设用地，它位于闵行区沪闵路西侧，铁路吴闵支线北侧，占地面积为 53 918 平方米，主要承担轨道交通 5 号线配属车辆的停放列检、洗刷、清扫等任务。它主要有车辆牵引变电站、信号楼、停车库、检修库综合办公楼、食堂、浴室等生产、生活设备设施。停车列检库有十三条停车线，检修库有六条检修线，一条璇轮线、一条洗车库和三条调头线。

【三林停车场】

2006年审批通过建设用地，它位于浦东杨高南路、规划高青路西南角(高青路1800号)，占地面积为19 153平方米，主要承担轨道交通6号线配属车辆的停放列检、洗刷、清扫等任务。它主要有车辆牵引电所、信号楼、停车库、综合办公楼、食堂、浴室等生产、生活设备设施。停车列检库有一条洗车库和十二条停车线、一条救援车库。

【陈太路停车场】

2009年审批通过建设用地，它位于宝山区祁连镇村(街坊)2/1宗地(锦秋路2041号)，占地面积为70 736.8平方米，主要承担轨道交通7号线配属车辆的停放列检、洗刷、清扫等任务。它主要有车辆牵引变电站、信号楼、停车库、综合办公楼、食堂、浴室等生产、生活设备设施。停车列检库有十八条停车线，检修库有九条检修线，还有一条璇轮线、一条洗车库和一条试车线。

【浦江镇停车场】

2009年审批通过建设用地，它位于浦星路，东塔高速公路东北角(三鲁公路2055号)，占地面积为37 676平方米，主要承担轨道交通8号线配属车辆的停放列检、洗刷、清扫等任务。它主要有车辆牵引变电站、信号楼、停车库(联合车库)、综合办公楼、食堂、浴室等生产、生活设备设施。联合车库有一条璇轮线、一条洗车库和十九条停车线、一条临修线、七条检修线、一条材料线、一条平板线。

【吴中路停车场】

2012年审批通过建设用地，它位于闵行区虹桥镇905村(街坊)9/2宗地(吴中路1779号)，占地面积为71 830平方米，主要承担轨道交通10号线配属车辆的停放列检、洗刷、清扫等任务。它主要有车辆牵引变电站、信号楼、停车库1、停车库2、联合检修库、综合办公楼、食堂、浴室等生产、生活设备设施。停车列检库1有十六条停车线、停车列检库2有八条停车线，联合检修库有一条试车线、二条检修线、两条定修线、三条静调线、一条转换线、一条璇轮线、一条洗车库和一条平板线、卸料线。

【嘉定辅助停车场】

位于嘉定区伊宁路2620号，占地面积为300 000平方米，主要承担轨道交通11号线配属车辆的停放列检、洗刷、清扫等任务。它只要有车辆牵引变电站、信号楼、停车库、检修库综合办公楼、食堂、浴室等生产、生活设备设施。停车列检库有十二条停车线，一条洗车线和两条折返线、一条出场线、一条入场线。

【殷行停车场】

位于杨浦区闸殷路71弄128号，占地面积为269 922平方米，2003年审批通过建设用地，主要承担轨道交通8号线配属车辆的停放列检、洗刷、清扫等任务。它主要有车辆牵引电所、信号楼、停车库、检修库、综合办公楼、食堂、浴室等生产、生活设备设施。停车列检库有十六条停车线，检修库有七条检修线、两条平板线，还有一条璇轮线、一条洗车线和一条试车线、一条三角线。

【龙阳路停车场(2 号线)】

位于浦东世纪大道西侧，龙东路与顾家浜之间，北面规划有国际博览中心等，南面则是规划浦东地面铁路客站，东北角为规划世纪大道(与龙东路)立交桥。占地面积约 21.58 公顷。

该停车场承担轨道交通 2 号线配属车辆编组、停放、整备、运用和检修等任务，以及运行列车事故后救援和折返站停放列车的技术检查、清扫和临修工作。停车场设双出入线，停车列检线十二股道，每股道按停两列车设计；清扫线一股道；双周双月检线两股道；定临修线两股道；洗刷线一股道；不落轮镟线一股道；特种车库线两股道；内燃机车库线两股道。吹扫线位于车场南部，设检查坑，有吹扫设施。在车场南侧设试车线一条，长 891 米，可满足列车中、低速动态调试，并设检查坑及动调用房。在车场东部布置一条回转线，分别与试车线和咽喉区相连，以解决车辆轮缘偏磨问题。还包括备用停车线、平板车线、救援线、牵出线等。场内线路共计 32 条。

停车场及综合维修基地由停车场、修建段、机电段、通号段、售检票设备维修中心、消防队、专家楼、单身宿舍、职工宿舍等组成，并预留公安派出所用地。

停车场内设有停车列检库、双周双月检库、定临修库、清扫库、不落轮镟库、洗刷库及附属生产车间，还设置内燃机车库、空气压缩机站、锅炉房、进口设备备品备件库、材料备品库、汽车库、加油站、吹扫线、易燃品库等。

停车场的配套设施有牵引降压变电所、信号楼、线路、轨道、接触网、给排水及消防、污水处理、供热与通风、通信信号、防灾报警系统等。

修建段、机电段、通号段除各自有独立的综合检修办公楼外，还配套独立的接触网工区及备品库、料棚、电缆棚、堆料场、内燃机车和特种车辆的库房等。

该工程概算总投资为 28 264.95 万元。

【龙阳路辅助停车场】

2006 年审批通过建设用地，位于浦东新区龙阳路 2520 号(龙东路 2025 号)，占地面积为 83 651 平方米，主要承担轨道交通 7 号线配属车辆的停放列检、洗刷、清扫等任务。它主要有车辆牵引电所、信号楼、停车库、综合办公楼、食堂、浴室等生产、生活设备设施。7 号线停车列检库有十二条停车线。

【川沙停车场】

2014 年审批通过建设用地，它位于浦东新区华洲路 4880 路，主要承担轨道交通 2 号线配属车辆的停放列检、洗刷、清扫等任务。它主要有车辆牵引电所、信号楼、停车库、综合办公楼、食堂、浴室等生产、生活设备设施。停车列检库有一条工程车线、一条洗车库和十七条停车线、一条清扫线、三条检修线、一条试车线。

【中春路停车场】

位于闵行区中谊路 1335 号，占地面积 132 800 平方米，主要承担轨道交通 12 号线配属车辆的停放列检、洗刷、清扫等任务。它主要有车辆牵引电所、信号楼、停车库、综合办公楼、食堂、浴室等生产、生活设备设施。停车列检库有十一条停车线、一条洗车库和一条试车线。

图 2－4－3　2005 年 2 月 25 日地铁停车场

三、车辆段

车辆段配备相应修程的各种检修设备和设施，包括检修库和各种检修线路、各种辅助生产车间和设备以及为车辆检修服务的各种设施，如试车线、璇轮线、给水设备、供电设备和污水处理设备等。除了车辆保养外还有综合维修，材料总库等修理管理中心所在地。

【新龙华车辆段】

1993 年审批通过建设用地，它位于徐汇区沪闵路南(老沪闵路 1 号)，占地面积为 38 623.36 平方米，主要承担轨道交通 1 号线配属车辆的停放列检、洗刷、清扫等任务。它主要有车辆牵引电所、信号楼、停车库、综合办公楼、食堂、浴室等生产、生活设备设施。停车列检库有一条璇轮线、一条洗车库和十六条停车线、一条触网工区线、十二条检修线。

【龙阳路车辆段】

2003 年审批通过建设用地，它位于浦东新区龙阳路 2520 号(龙东路 2025 号)，占地面积为 83 651 平方米，主要承担轨道交通 2 号线和 7 号线配属车辆的停放列检、洗刷、清扫等任务。它主要有车辆牵引电所、信号楼、停车库、综合办公楼、食堂、浴室等生产、生活设备设施。2 号线停车列检库有一条璇轮线、一条洗车库和十二条停车线、一条清扫线、四条检修线、两条实训线。7 号线停车列检库有十二条停车线。

【北翟路车辆段】

2004 年审批通过建设用地，它位于长宁区北翟路北，外环线西侧(北翟路 1350 号)，占地面积为

368 418 平方米，主要承担轨道交通 2 号线配属车辆的停放列检、洗刷、清扫等任务。它主要有车辆牵引电所、信号楼、停车库、综合办公楼、食堂、浴室等生产、生活设备设施。停车列检库有一条璇轮线、一条洗车库和十八条停车线，检修库有一条静调线、四条检修线、三条实车体线，一条临修线，还有一条 1 469.42 米的试车线。

【江杨北路车辆段】

2002 年审批通过建设用地，它位于宝山区逸仙路、同济路、富锦路，占地面积为 88 500 平方米，主要承担轨道交通 3 号线配属车辆的停放列检、洗刷、清扫等任务。它主要有车辆牵引电所、信号楼、停车库、综合办公楼、食堂、浴室等生产、生活设备设施。停车列检库有三十一条停车线，检修库有三条临修线、五条检修线、一条静调线，大修库有检修道、准备库、喷漆库、吹扫库、材料线，还有一条洗车库和一条 1 220.82 米的试车线。

【港城车辆段】

2003 年审批通过建设用地，它位于浦东新区和龙路 1099 号(浦东新区港城路北、浦兴路东侧)，占地面积为 228 771 平方米，主要承担轨道交通 6 号线配属车辆的停放列检、洗刷、清扫等任务。它主要有车辆牵引变电站、信号楼、停车库、综合办公楼、食堂、浴室等生产、生活设备设施。停车列检库有十七条停车线，检修库有三条检修线、一条静调线、一条吹扫线，还有一条璇轮线、一条洗车库和一条 1 152.13 米的试车线。

【九亭车辆段】

上海市人民政府批准用地面积：432 062.7 平方米，土地坐落：松江区九亭镇村(街坊)宗地(涞亭北 276 号)。

【赛车场车辆段】

位于嘉定区伊宁路 2620 号，主要承担轨道交通 11 号线配属车辆的停放列检、洗刷、清扫等任务。它主要有车辆牵引变电站、信号楼、停车库、检修库、综合办公楼、食堂、浴室等生产、生活设备设施。停车列检库有十二条停车线、三条周月检库，联合检修库有三条架修线、一条临修线、三条定修线、一条静调线、一条吹扫线、一条璇轮线，还有存车线、调车线和一条 1 315.63 米的试车线。

【金海路定修段】

位于浦东新区金穗路以西、金海路以南，主要承担轨道交通 12 号线配属车辆的停放列检、洗刷、清扫等任务。它主要有车辆牵引电所、信号楼、停车库、综合办公楼、食堂、浴室等生产、生活设备设施。

四、轨道线路

轨道线路是轨道交通主要设施，按照敷设方式分为地下线、地面线和高架线。轨道线路道床分为整体道床和碎石道床。1993 年，上海首条轨道交通运营线路 1 号线南段试运营，其轨道线路大部分为地下线。随着运营线路的逐渐增多，地面线和高架线先后出现。至 2015 年末，上海轨道线路设施基本情况如下表。

表 2-4-1　2015 年上海轨道交通轨道线路设施基本情况表(包括在建)

线　路	铺设方式(公里)			道床类型(公里)	
	地下线	地面线	高架线	整体道床	碎石道床
1 号线	41.288	11.769	26.161	67.449	11.769
2 号线	111.33	0	20.081	130.252	1.159
3 号线	2.32	20.277	62.362	79.28	5.679
4 号线(不含与 3 号线共线段)	47.149	0	1.069	48.218	0
5 号线	0	0.89	34.433	34.433	0.89
6 号线	46.343	0	24.472	70.815	0
7 号线	87.58	0	4.474	91.439	0.615
8 号线	68.114	0	12.3	79.714	0.7
9 号线	75.35	0.839	30.268	105.267	1.19
10 号线	75.818	0	0	75.818	0
11 号线	94.195	0	78.294	166.145	6.344
12 号线	88.617	0	0	88.617	0
13 号线	53.089	0	0	53.089	0
16 号线	43.314	0	88.942	129.971	2.285
磁浮线			29.873	29.873	
14 号线					
15 号线					
17 号线					
18 号线					
5 号线南延伸线					
8 号线三期					

五、区间隧道

轨道交通隧道是连接地下车站并为轨道及相关设施、设备铺设提供必要空间的地下建筑物。根据不同施工方法,可分为盾构法隧道和明挖法隧道。

盾构法隧道主要用于埋深较深地段隧道的开挖,主要采用单圆和双圆两种断面形式。明挖法隧道主要用于埋深较浅的地段,或与地面线衔接处的敞开段,主要采用矩形断面形式。

【单圆隧道】

轨道交通利用修建的两条单圆隧道作为轨道交通上、下行线。上海轨道交通运营线路除 3 号线外,均有单圆隧道,具体情况如下:

轨道交通 1 号线漕宝路站至上海火车站站区间为单圆隧道;上海火车站站至上海马戏城站区

间为单圆隧道。

轨道交通 2 号线一期区间为单圆隧道；东延伸段的龙阳路站至华夏东路站区间为单圆隧道；西延伸段和西西延伸段区间均为单圆隧道。

轨道交通 4 号线地下线区间为单圆隧道。

轨道交通 6 号线世纪大道站至高青路站区间为单圆隧道。

轨道交通 7 号线祁华路站至长清路站区间、耀华路站至花木路站区间为单圆隧道。

轨道交通 8 号线一期的黄兴公园站至耀华路站区间为单圆隧道；二期的成山路站至芦恒路站区间为单圆隧道。

轨道交通 9 号线区间为单圆隧道。

轨道交通 10 号线区间为单圆隧道。

轨道交通 11 号线主线的江苏路站至桃浦新村站区间为单圆隧道。

轨道交通 11 号线支线昌吉东路至上海赛车场区间为单圆隧道。

轨道交通 12 号线七莘路至金海路区间为单圆隧道。

轨道交通 13 号线金运路至张江路区间为单圆隧道。

【双圆隧道】

轨道交通利用修建的一条双圆隧道作为轨道交通上、下行线。

轨道交通 2 号线东延伸段的华夏东路站至凌空路站区间隧道为双圆隧道。

轨道交通 6 号线博兴路站至世纪大道站区间为双圆隧道。

轨道交通 8 号线一期的市光路站至黄兴公园站为双圆隧道。

【矩形隧道】

采用明挖法施工的矩形隧道一般为现浇钢筋混凝土结构。

轨道交通 1 号线锦江乐园站至上海南站站区间为矩形隧道；北延伸段上海马戏城站至汶水路站区间为矩形隧道。

轨道交通 6 号线五莲路站至博兴路站区间、高青路站至灵岩南路站区间为矩形隧道。

轨道交通 7 号线锦秋路站出入段线为矩形隧道。

轨道交通 8 号线二期芦恒路站至浦江镇站区间为矩形隧道。

轨道交通 9 号线一期松江新城站浅埋段和九亭站浅埋段为矩形隧道。

轨道交通 10 号线虹桥火车站—虹桥 2 号航站楼为矩形隧道。

轨道交通 11 号线康新公路—迪士尼站、上海赛车场—停车场为矩形隧道。

轨道交通 12 号线金桥停车场出入段为矩形隧道。

轨道交通 13 号线自然博物馆—南京西路站明挖区间为矩形隧道。

【矩形圆形混合型隧道】

轨道交通 1 号线上海南站至漕宝路站区间为矩形圆形混合型隧道。

上海轨道交通 7 号线长清路站至耀华路站区间为矩形单圆混合型隧道。

轨道交通 10 号线吴中路出入场线为矩形单圆混合型隧道。

轨道交通 11 号线上海赛车场—昌吉东路、桃浦新村—南翔、罗山路—御桥为矩形单圆混合型隧道。

轨道交通 12 号线中春路停车场出入场线为矩形单圆混合型隧道。

轨道交通 13 号线北翟路出入场线为矩形单圆混合型隧道。

【联络通道】

设置在两个隧道之间的一条通道称为联络通道。如果一条隧道整体出现问题,乘客可通过联络通道转移到另外一条隧道,乘客安全系数大为提高,因此联络通道有"逃生通道"之称。至 2015 年末,上海轨道交通隧道联络通道情况见下表:

表 2-4-2　2015 年上海轨道交通隧道联络通道情况表(包括在建)

线　路	联络通道(座)
1 号线	7
2 号线	23
4 号线	13
6 号线	10
7 号线	29
8 号线	16
9 号线	21
10 号线主线	21
10 号线支线	2
11 号线主线	21
11 号线支线	3
12 号线	33
13 号线	13
14 号线	
15 号线	
17 号线	16
18 号线	

【折返线】

折返线设置在线路两端终点站或中间站,为能开行折返列车而设置的专供改变列车运行方向的线路。

表 2-4-3　2015 年上海轨道交通折返线情况表(包括在建)

线　路	所　在　车　站	数量(处)
1 号线	莘庄站、上海南站、徐家汇站、上海火车站、富锦路站	5
2 号线	徐泾东站、淞虹路站、中山公园站、上海科技馆站、龙阳路站、广兰路站、浦东机场站	7

（续表）

线　路	所　在　车　站	数量(处)
3 号线	上海南站、中山公园站、长江南路站、江杨北路站	4
4 号线	中山公园站	1
5 号线	莘庄站、闵行开发区站	2
6 号线	港城路站、巨峰路站、东方体育中心站	3
7 号线	美兰湖站、祁华路站、船厂路站、花木路站	4
8 号线	市光路站、延吉中路站、东方体育中心站、沈杜公社站	4
9 号线	松江新城站、杨高中路站	2
10 号线	虹桥火车站、航中路站、龙柏新村站、江湾体育场站、新江湾城站	5
11 号线	花桥站、上海赛车场站、嘉定新城站、嘉定北站、罗山路站、迪士尼站	6
12 号线	七莘路站、虹梅路站、金海路站	3
13 号线	金运路站、世博大道站	2
16 号线	龙阳路站、罗山路站、惠南东站、滴水湖站	4

六、高架桥梁

桥梁结构是构成轨道交通基础设施的重要工程结构，是轨道交通高架线路和列车的承载结构。

【标准段上部结构】

桥梁标准结构为预应力混凝土简支梁。有两种横截面形式，分别是箱型截面和 U 型截面。其中 1 号线—5 号线、6 号线五莲路—港城路、7 号线、9 号线、11 号线为箱型截面。6 号线博兴路洞口—五莲路，8 号线、16 号线为 U 型截面。简支梁跨径一般为 30 m，混凝土强度一般为 C50，预应力筋多采用标准抗拉强度为 1 860 Mpa 的预应力钢绞线。

截止到 2015 年底，历年开通的桥梁段有：

2000 年 12 月，3 号线石龙路—江湾镇、4 号线虹桥路—宝山路(3、4 号线共线段)；

2003 年 12 月，5 号线莘庄—闵行开发区；

2004 年 12 月，1 号线上海马戏城洞口—共富新村；

2006 年 12 月，3 号线江湾镇—铁力路；

2007 年 12 月，1 号线共富新村—富锦路(含折返)、6 号线博兴路洞口—港城路(含折返)、9 号线九亭洞口—松江大学城洞口；

2009 年 7 月，8 号线芦恒路洞口—沈杜公路(含折返)；

2009 年 12 月，11 号线桃浦新村洞口—嘉定北(含折返)，嘉定新城—上海赛车场洞口，上海汽车城洞口—安亭；

2010 年 4 月，2 号线凌空路洞口—浦东国际机场；

2010 年 12 月,7 号线罗南新村洞口—美兰湖(含折返);

2013 年 8 月,11 号线御桥洞口—罗山路;

2013 年 10 月,11 号线花桥段安亭—花桥(含折返);

2013 年 12 月,16 号线罗山路—惠南洞口(北),惠南洞口(南)—临港大道洞口;

2014 年 12 月,16 号线龙阳路—罗山路;

2015 年 12 月,11 号线迪士尼段罗山路—迪士尼洞口。

【非标准段上部结构】

桥梁非标准段主要结构形式有预应力混凝土连续梁和连续刚构。预应力混凝土连续梁桥和连续刚构桥都是一次跨越多个桥墩的桥梁结构形式。他们的区别是:连续梁桥在桥墩顶部设有支座,上部结构的荷载通过支座传到下部结构;连续刚构桥没有支座,桥墩和上部结构为混凝土一体化浇筑而成。1 号线—7 号线、9 号线、11 号线、16 号线均有该种桥型分布。

【连续大箱梁】

简支钢-混凝土结合梁:主梁采用钢结构,桥面板采用预应力混凝土板,两者通过剪力键连接的桥梁结构形式。其跨越能力较预应力混凝土简支梁更大。1 号线—4 号线、6 号线、7 号线、9 号线、11 号线均有该种桥型分布。

连续钢-混凝土结合梁:主梁采用钢结构,桥面板采用预应力混凝土板,两者通过剪力键连接,且一次跨越多个桥墩的桥梁结构形式。9 号线九亭—泗泾区间,11 号线桃浦新村—嘉定北、嘉定新城—上海赛车场区间均有该种桥型分布。

拱桥:利用拱肋和吊杆作为额外受力部件的桥梁结构形式。至 2015 年,上海轨道交通管辖的共有三座,3 号线漕溪路—宜山路区间的漕溪路桥(54 m+128 m+54 m),3 号线中山公园—金沙江路区间的苏州河桥(25 m+64 m+25 m)和 11 号线马陆—南翔区间的蕰藻浜桥(110 m)。

斜拉桥:利用索塔和斜拉索作为额外受力部件的桥梁结构形式。上海轨道交通管辖的有一座,16 号线惠南东—书院区间的大治河桥(80 m+140 m+80 m)。

【下部结构和基础】

桥梁下部结构均为混凝土桥墩,混凝土强度一般为 C30。基础多为钻孔灌注桩,混凝土强度一般为 C30,其深度在−30 m—−50 m 不等。

根据上海的地质条件和轨道交通的结构特点,上海轨道交通高架区间桥梁结构以简支 30 米跨作为标准跨径。至 2015 年末,上海轨道交通 15 条运营线路中,有高架线路 11 条,其高架桥梁均以标准跨径标准结构为主。

除标准跨径标准结构外,也有几种特殊结构,主要有结合梁、拱桥等。

在现场没有浇注条件、施工条件比较困难的特殊节点处,一般采用结合梁结构。如最大跨径 11 号线跨西练祁河处,采用单跨 55 米简支钢-混凝土结合梁;最大跨径 11 号线跨越郊环线处,采用 44 米+65 米+44 米连续钢-混凝土结合梁。

在较大跨径的特殊节点处,一般的梁式结构不能适应时采用拱桥结构。最大跨径为 3 号线跨越内环线和城市地面道路漕溪路处,采用 54 米+128 米+54 米连续梁拱组合体系。

第二节　机 电 设 备

一、供电系统

轨道交通供电系统是城市轨道交通运营的动力源泉，为电动列车提供牵引用电，并为车站、区间、车辆基地、控制中心等提供所需的动力照明用电；它是城市轨道交通的重要组成部分，是轨道交通安全运行的重要保障。轨道交通供电系统主要包括主变电站（或开关站）、牵引变电站、降压变电站、接触网等。

【主变电站】

主变电站的主要功能是接受城市电网110千伏高压电源，经降压为牵引变电站和降压变电站提供33(35)千伏或10千伏的中压电源。上海轨道交通各条线路根据长度等因素，一般设置2—4座主变电站。

表2-4-4　2015年主变电站情况表

线　路	所　在　车　站	数量(处)
1号线	莘庄主变电站、上体馆主变电站、人民广场主变电站、灵石主变电站	4
2号线	川沙主变电站、世纪公园主变电站、静安寺主变电站、北新泾主变电站	4
3号线	虹桥主变电站、东宝兴主变电站、长江南路主变电站	3
4号线	张杨路主变电站、大木桥路主变电站	2
5号线	剑川路主变电站、银都副主变电站	2
6号线	巨峰主变电站	1
7号线	新村路主变电站	1
8号线	江浦主变电站、耀华主变电站、浦友主变电站	3
9号线	佘山主变电站、虹梅主变电站、民生主变电站	3
10号线	溧阳主变电站、凯旋主变电站	2
11号线	隆德主变电站、嘉定新城主变电站	2
13号线	长清路主变电站	1
16号线	临港主变电站、惠南主变电站、罗山路主变电站	3

【开关站】

开关站是为提高输电线路运行稳定度或便于分配同一电压等级电力而在线路中间设置的没有主变压器的设施，其功能是为牵引变电站、降压变电站转供中压电源。

6号线设世纪大道开关站1座。

7号线设上南路开关站1座。

11号线设济阳开关站1座。

【牵引变电站】

牵引变电站的主要功能是主变电站送来的33(35)千伏交流电，经降压整流后变为直流1 500伏，通过接触网向电动列车供电。

【降压变电站】

降压变电站主要功能是将交流中压电压经变压器降压后变为交流400 V电压等级，再经过400 V配电柜向车站内的各类设施设备(如：照明、空调、电梯等)。

【牵降混合变电站】

牵降混合变电站是一种降牵引和降压两种变电站结合放置在一起的一种新设计，有利于运行设备的运行维护和节约投资。

表2-4-5　2015年牵引变电站、降压变电站、牵降混合变电站情况表

线　　路	牵引变电站数量	降压变电站数量	牵降混合变电站数量
1号线	16	39	
2号线	12	55	13
3号线	4	30	10
4号线	6	25	2
5号线	6	14	
6号线		24	12
7号线		21	17
8号线		23	15
9号线	1	28	15
10号线	4	28	10
11号线	2	25	28
12号线		22	17
13号线		18	9
16号线	10	10	12

【动力照明】

400伏动力照明设备主要为车站照明系统、售票系统、自动电梯、灯箱广告、排风系统及空调系统等车站内各类重要设备供给电源。400伏抽屉按照类型区分主要有8/2E、8E、16E等，容量范围40安培到800安培不等；按照车站大小规模，400伏抽屉的数量也不一样，少则几十，多则上百。

【接触网】

接触网是沿轨道交通路线上方架设的向列车供电的输电线路，将从牵引变电所获得的电能直接输送给电动列车使用。轨道交通可大致分为地下、地面、高架等不同类型车站形式，与此相对应

接触网的悬挂方式也有不同，地下段架空接触网一般采用刚性悬挂方式；地面及高架线路一般采用柔性悬挂方式；另存在接触轨式（第三轨）。

上海轨道交通1号线地下线路接触网悬挂采用弹性支架简单悬挂方式，隧道外采用全补偿简单链形悬挂。地下区间锦江乐园—上海火车站上下行悬挂方式为弹性简单悬挂，停车场梅陇车辆段悬挂方式为全补偿简单悬挂。从莘庄站到锦江乐园站，全长4.5轨道公里。其中，地面区间莘庄—上海南站洞口上下行的悬挂方式为全补偿简单链型悬挂。上海火车站—上海马戏城洞口上下行的悬挂方式为弹性简单悬挂，上海马戏城洞口—通河新村一体化段终端上下行的悬挂方式为全补偿简单链型悬挂，高架区间通河新村—体化终端—共富新村上下行的悬挂方式为全补偿简单链型悬挂。

2号线接触网中山公园至龙阳路于1999年10月28日投入试运营，接触网悬挂采用弹性支架简单悬挂方式；中山公园—淞虹路，全线路共计6.155公里，采用弹性支架简单悬挂方式。淞虹路—徐泾东，全线路共计8.9公里，淞虹路折返、淞虹路出入段采用弹性支架简单悬挂方式，其余采用刚性悬挂方式。北翟路车辆段接触网架设股道为18.7公里，采用带吊索的补偿简单悬挂。

3号线一期接触网工程南起漕河泾站，北至江湾镇站，两端分设停车场和车辆段，于2000年12月26日开通。高架区间上海南站站—江湾镇站上下行的悬挂方式为全补偿简单链性悬挂。3号线北延伸线系高架轨道交通，江湾镇—江杨北路上下行（除友谊西路洞口—铁力路洞口上下行）悬挂方式为全补偿链性简单悬挂，地下区间友谊西路洞口—铁力路洞口上下行悬挂方式为弹性简单悬挂，宝钢停车场悬挂方式为全补偿简单悬挂。

4号线是轨道交通环状线，大木桥路站至蓝村路站的“C”字路段于2005年12月31日开通，其余部分于2007年12月29日启用。线路全长23公里，站数为17座，轨距为1 435毫米。

5号线莘庄—闵行开发区站（含剑川路停车场）于2003年11月投入试运营，全线共有11座车站，共计17.26公里，其中大部分为高架线路，并设有1个剑川路停车场。接触网悬挂采用全补偿简单悬挂。

6号线北起港城路站，南至东方体育中心站，全长33.09公里，其中港城路站至五莲路站为高架段，接触网采用全补偿简单链形悬挂。五莲路站与博兴路站间设敞开段，接触网采用刚柔过渡形式悬挂。博兴路站至东方体育中心站为地下段，接触网采用刚性悬挂。

7号线全长44.4轨道公里，地下区间潘广路洞口—花木路上下行接触网悬挂方式为刚性悬挂，高架区间美兰湖—潘广路洞口上下行接触网悬挂方式为全补偿链型简单悬挂，龙阳路辅助停车场接触网悬挂方式为全补偿简单悬挂，陈太路停车场接触网悬挂方式为全补偿简单悬挂。

8号线接触网一期工程市光路至西藏南路段于2007年7月投入试运营，线路共计41.31条/公里，接触网悬挂采用弹性支架简单悬挂方式。殷行基地车辆段接触网架设股道为14.97公里，采用带吊索的补偿简单悬挂方式。

8号线接触网二期工程从西藏南路至沈杜公路段于2008年12月投入试运营，地面正线14轨道公里，隧道内上、下行26.01轨道公里，接触网悬挂采用刚性悬挂方式和全补偿简单悬挂；浦江镇停车场接触网架设股道为18公里，采用带吊索的补偿简单悬挂。

9号线（松江新城站—桂林路站段）于2007年12月29日通车运营，接触网全长71.1公里；桂林路站—宜山路站延伸段于2008年12月28日通车运营接触网全长11.805公里；9号线宜山路站—世纪大道站延伸段于2009年12月31日通车运营，接触网全长24.57公里；杨高中路站于2010年4月7日开通运营，接触网全长3公里。9号线二期南延伸（松江南站—松江新城上下行南延伸段)于 2012 年 12 月 30 日通车运营,接触网全长 11.805 公里。

10 号线接触网正线分为两段工程,第一段为新江湾城—航中路站,2010 年 4 月 10 日开通运营,地下正线长 31.2 公里;第二段为虹桥火车站—龙溪路站,与第一段联通,2010 年 11 月 28 日开通运营,地下正线长 4.9 公里。10 号线正线全部为地下段,接触网悬挂采用刚性架空悬挂方式。吴中路车辆段一期接触网架设为 17.78 公里,其中出入段线、试车线采用全补偿简单链型悬挂及弹性悬挂,停车场采用带吊索的弹性补偿简单悬挂。

11 号线北段一期、二期、花桥段(安亭站—花桥站)、迪士尼段(罗山路站—迪士尼站),高架段接触网采用全补偿简单链形悬挂,地下段接触网采用刚性悬挂。

12 号线接触网一期工程从金海路至曲阜路段,接触网二期工程从曲阜路至七莘路段,线路全长 42.56 轨道公里,站数为 32 座。其中,地下区间金海路—曲阜路上下行的接触网悬挂方式为隧道刚性悬挂,曲阜路—七莘路上下行的接触网悬挂方式为隧道刚性悬挂,金桥车辆段接触网悬挂方式为弹性补偿简单悬挂,中春路车辆段接触网悬挂方式为弹性补偿简单悬挂。

13 号线金运路—世博大道段上下行刚性接触网 39.66 公里,为地下线,共计 31 个车站和 2 个车辆段,分别为北翟路停车场(与 2 号线共享)及川杨河辅助停车场。

16 号线是上海轨道交通中首条三轨线路,北起龙阳路站,南至滴水湖站。线路全长 55.1 公里,其中地下线长约 13.74 公里,高架线长约 41.36 公里;共设 13 座车站。

【电力监控】

上海轨道交通 1 号线、2 号线电力监控系统主要由控制中心主站设备、各变电站远方终端设备组成。控制中心主站设备安装在新闸路控制中心机房内,变电站远方终端设备安装于沿线各变电站内。

3 号线设有综合监控系统。该系统由中央监控设备和变电所内的全所自动化系统组成。中央监控设备设在东宝兴路控制中心机房内。

4 号线电力监控系统主要由控制中心主站监控系统、变电站内综合自动化子系统构成。电力监控主站系统设备安装在东宝兴路控制中心机房内。

5 号线电力监控系统主要由控制中心主站系统和远方终端设备组成。控制中心主站设备安装在颛桥控制中心通信机房室。

6 号线电力监控系统主要由控制中心主站系统和远方终端设备组成。控制中心主站设备安装在隆德路控制中心机房。

7 号线总体监控采用综合监控系统,保证 7 号线牵引及供电系统的运行管理、事故抢修的调度指挥和整个供电系统及设备安全、可靠运行。在新村路控制中心设置独立的电力监控系统主站。

8 号线电力监控系统主要由控制中心主站系统和远方终端设备组成。控制中心主站设备安装在西藏北路控制中心机房。

9 号线电力监控系统主要由控制中心主站系统和远方终端设备组成。控制中心主站系统安装在虹梅路控制中心机房内。

10 号线综合监控系统中央主站设备安装于吴中路控制中心。

11 号线电力监控系统主要由控制中心主站系统和远方终端设备组成。控制中心主站设备安装在隆德路控制中心机房。

12 号线、13 号线、16 号线电力监控系统均采用上海新华技术(集团)有限公司的产品,由设置在控制中心的主站系统以及设置在各类变电所内的综合自动化子系统组成。12 号线控制中心与 8 号线控制中心合用中山北路控制中心大楼。13 号线、16 号线控制中心主站设备安装在隆德路地铁站地下一层机房内。

二、信号

信号系统是城市轨道交通指挥列车运行,保证行车安全,提高运输效率的关键系统,是城市轨道交通的核心控制系统。信号系统包括了列车自动防护子系统、列车自动运行子系统、列车自动监控子系统等。

【信号子系统】

列车自动防护子系统。通过实施故障导向安全的概念保障行车安全,主要功能是监督列车在安全速度下运行,确保列车一旦超出规定速度,立即施行制动,保证列车安全运行。该系统强制规定了列车的速度限制,既确保先行列车与续行列车之间的安全间隔,又保证线路速度限制不被超越。在通过联锁区时,该系统保障列车只有在进路开放、没有敌对进路且道岔锁定的情况下才可以通过;在 2 个或 2 个以上列车同时要求使用一段轨道时,该系统将给每一列车按序提供轨道,并同时锁闭其他车辆的进入。

列车自动运行子系统。是自动控制列车运行的设备,由车载设备和地面设备组成。主要功能是在列车自动防护子系统的保护下,根据列车自动监督子系统的指令,实现列车运行的自动驾驶、速度的自动调整以及列车精确停车等。

列车自动监控子系统。是一个分布式的计算机监控系统,在系统的关键部位提供了 1+1 的热备冗余保护,保证系统有高度的可用性。主要功能是在列车自动防护子系统的支持下,完成对列车运行的自动监控、时刻表调整、全线运行管理等功能,能够控制列车在所有车站和车辆段/停车场的出发和到达,并能够向控制中心调度员的工作站显示屏上提供实时数据。

【线路制式】

1 号线信号系统采用美国通用铁路信号有限公司(GRS 公司)的基于固定闭塞的列车自动控制系统。该系统以音频模拟轨道电路为基础,包括列车自动防护子系统、列车自动运行子系统、列车自动监控子系统。正线道岔联锁区段和车辆段内采用国产 6502 电气集中设备,在进口与国产设备之间设计了接口电路,使两者紧密结合,构成一个高可靠性、高安全性的列车自动控制系统。

2 号线信号系统采用基于 USSI 的 AF-904 无绝缘音频轨道电路的固定闭塞的列车自动控制系统,用于列车检测和机车信号传送。通过安全和非安全微处理器,使用 USSI MICROLOK II 系统实现安全和非安全的轨旁逻辑,使用 USSI MicroCab 车载设备实现车载列车自动控制。该系统包括列车自动防护子系统、列车自动运行子系统、列车自动监控子系统。

3 号线、4 号线信号系统采用阿尔斯通/卡斯柯信号公司的基于固定闭塞的列车自动控制系统。该系统以数字编码轨道电路为基础,包括列车自动防护子系统、列车自动运行子系统、列车自动监控子系统。

5 号线信号系统采用德国西门子公司提供的基于固定闭塞的列车自动控制系统。该系统以音频轨道电路为基础,包括列车自动防护子系统、列车自动监控子系统、电子联锁子系统。

6号线、7号线、8号线、8号线、11号线、12号线、16号线信号系统采用阿尔卡特公司的Seltrac S40DA基于移动闭塞的列车自动控制系统(CBTC),由列车自动监控、数据库存储单元、三重区域控制、三重车载控制器、数据通信系统(包括骨干网、网络交换机、无线接入点及车载移动无线设备)组成,包括列车自动防护子系统、列车自动运行子系统、列车自动监控子系统。该系统不依靠轨道电路向列控车载设备传递信息,而是以无线通信为基础,利用通信技术实现"车地通信"并实时地传递列车定位信息。系统通过车载设备、轨旁设备实现列车与车站或控制中心之间的信息交换,完成速度控制;通过车地之间连续、双向、高速的通信,使列车命令和状态可以在车辆和地面之间进行实时可靠地交换,并确定列车的准确位置及列车间的相对距离,实现列车的安全间隔控制。该系统可根据列车实际速度和相对速度来调整闭塞分区的长度,尽可能缩小列车运行间隔,提高行车密度。

10号线信号系统采用阿尔斯通应用于轨道交通的ATP/ATO的MASTRIATM系统,是基于移动闭塞的列车自动控制系统,具备无人驾驶功能。该系统以无线通信为基础,包括MASTRIATMATC子系统、列车自动保护功能和列车自动驾驶。

表2-4-6 1992—2015年上海轨道交通信号系统开通时间情况表

线 路	范 围	开通时间
1号线	锦江乐园站—上海火车站站过渡信号系统	1995年4月10日
	锦江乐园站—上海火车站站正式信号系统	1995年7月1日
	南延伸段(莘庄站—锦江乐园站站)过渡信号系统	1997年7月1日
	全线(莘庄站—上海火车站站)正式信号系统	1997年12月1日
	北延伸段一期(上海火车站站—共富新村站)	2004年12月28日
	北延伸段二期(共富新村站—富锦路站)	2007年12月29日
2号线	(中山公园站—龙阳路站)过渡信号系统	2000年6月11日
	东延伸段(龙阳路站—张江高科站)过渡信号系统	2000年12月27日
	张江高科站—中山公园站正式信号系统	2002年6月
	西延伸段(中山公园站—淞虹路站)	2006年12月30日
	东延伸一期(龙阳路站—广兰路站)	2010年2月24日
	西西延伸段(徐泾东站—淞虹路站)	2010年3月16日
	东延伸二期(广兰路站—浦东国际机场站)	2010年4月8日
	西西延伸遗留站虹桥火车站站	2010年7月1日
3号线	上海南站站—江湾镇站过渡信号系统	2000年12月26日
	上海南站站—江湾镇站正式信号系统	2004年6月10日
	北延伸(江湾镇站—江杨北路站)	2006年12月18日
4号线	C字型(蓝村路站—大木桥站)	2005年12月31日
	鲁班路站、西藏南路站、南浦大桥站、塘桥站	2007年9月21日
	O字型环通段	2007年12月29日
5号线	全线	2003年11月25日

（续表）

线　路	范　　围	开通时间
6号线	全线后备信号系统	2007年12月29日
	遗留车站济阳路站	2011年4月12日
7号线	花木路站—上海大学站后备信号系统	2009年12月5日
	花木路站—上海大学站CBTC信号系统	2010年12月28日
	北延伸(祈华路站—美兰路站)CBTC信号系统	2010年12月28日
	后滩站	2010年4月20日
	潘广路站、刘行站	2011年6月30日
	祁华路站	2014年7月22日
8号线	一期(市光路站—耀华路站区段)后备信号系统	2007年12月29日
	二期(耀华路站—航天博物馆站)后备信号系统	2009年7月5日
	济阳路站	2011年4月12日
	周家渡站	2012年9月28日
9号线	一期(松江新城站—桂林路站)后备信号系统	2007年12月29日
	二期(松江新城站—世纪大道站)后备信号系统	2009年12月31日
	三期南延伸段工程(松江新城站—松江南站站)	2012年12月30日
10号线	航中路站至新江湾城站后备信号系统	2010年4月10日
	虹桥火车站站至龙溪路站后备信号系统	2010年11月30日
11号线	江苏路站—嘉定北站后备信号系统	2009年12月31日
	江苏路站—嘉定北站CBTC信号系统	2010年11月16日
	安亭站—嘉定新城站后备信号系统	2010年3月29日
	安亭站—嘉定新城站CBTC信号系统	2010年11月16日
	二期工程(江苏路站—罗山路站)信号系统	2013年8月31日
	花桥段(安亭站—花桥站)信号系统	2013年10月16日
	迪士尼段(罗山路站—康新公路站)信号系统	2015年12月19日
12号线	一期东段(金海路站—天潼路站)信号系统	2013年12月29日
	二期西段(曲阜路站—七莘路站)信号系统	2015年12月19日
	曲阜路站	2014年5月10日
13号线	一期西段(金运路站—金沙江路站)信号系统	2012年12月30日
	一期东段(隆德路站—长寿路站)信号系统	2014年12月28日
	二期西段、世博段(江宁路站—世博大道站)信号系统	2015年12月19日
	二期、三期(长清路站—张江路站)信号系统	2018年12月30日
16号线	罗山路站—滴水湖站信号系统	2013年12月29日
	龙阳路站—罗山路站信号系统	2014年12月28日

三、通信系统

通信系统是为轨道交通运营部门日常工作服务的通信子系统，保障其日常工作的正常开展，保证控制中心、车辆基地、车站、列车、区间的工作人员之间的信息畅通；同时也提供面向乘客的各类出行相关的信息，维持车站日常运营秩序。

通信系统主要由传输系统、公务电话系统、专用电话系统、专用无线系统、消防无线系统、广播系统、时钟系统、列车自动记点系统、综合电源及接地等子系统组成。

【传输系统】

传输系统是一个实时、透明、无阻塞、可靠性高、安全的系统，主要用于控制中心与各车站、车辆段、停车场之间，控制中心与共用信息传输网之间各种信息的传递（包括视频、电话语音信息、音频信息、低速数据信息及高速数据信息等各种信息传输）。系统除了为公务电话系统、专用电话系统、专用无线系统、公安无线系统、消防无线系统、技术防范系统、广播系统、乘客信息系统、时间系统、电源及接地系统、信息资源网接入系统、列车自动记点系统等通信子系统提供传输通道外，还为信号、自动售检票、设备监控、门禁等系统提供传输通道。

线路级传输系统在各车站、停车场、车辆段和永久控制中心、临时控制中心设置系统带宽为不小于10G的节点。永久/临时控制中心的交叉连接设备能汇接2个传输环并且组建双中心相交环。控制中心设置的传输节点能构成2个不低于10G的自愈环网。时分复用（TDM）业务高低阶全交叉能力不低于40G。IP业务交换能力不低于160G。传输系统设备还包括网络管理设备。永久/临时控制中心、各车站和停车场通信设备室机房均设置数字传输设备，永久/临时控制中心网管室设置网络管理设备。传输系统的承包商负责将所有的设备集成为一个功能性整体。各节点传输设备的主控、交叉、时钟、电源引入板均提供1+1冗余热备份保护。

上海市轨道交通高速数据网连接上海轨道交通24条线（含规划）的控制中心、上海轨道交通主用网络协调及应急中心、备用网络协调及应急中心、城市轨道和公交总队、公安分控中心、主备无线交换中心、软交换中心、清分中心、数据中心、培训中心、申通OA网络中心、运营公司等轨道交通上层管理应用节点。该高速数据网由光传送网和数据网（包含运营执行网和运营管理网）组成。光传送网设置于底层光传输；运营执行网和运营管理网分别呈双归属逻辑结构独立组网，通过光传送网的硬通道隔离承载。

上海轨道交通全路网共包含通信系统（489）套，各轨交线路配置情况如下表所示。

表2-4-7　2015年全路网包含通信系统表

线　路	包含通信传输系统	数量(套)
1号线	包含通信传输系统	32
2号线	包含通信传输系统	40
3号线	包含通信传输系统	32
4号线	包含通信传输系统	19
5号线	包含通信传输系统	32

（续表）

线　　路	包含通信传输系统	数量(套)
6号线	包含通信传输系统	31
7号线	包含通信传输系统	36
8号线	包含通信传输系统	33
9号线	包含通信传输系统	40
10号线	包含通信传输系统	33
11号线	包含通信传输系统	42
12号线	包含通信传输系统	39
13号线	包含通信传输系统	35
16号线	包含通信传输系统	31+14

【公务电话系统】

轨道交通网络的公务电话系统是为轨道交通网内工作人员提供线路内、线路间及与市内电话的语音通话、信息交互，并为乘客提供求助、紧急通话等功能的系统。在轨道交通专用电话系统出现重大故障时，公务电话可以作为专用电话的应急通信手段。该系统由交换系统、业务系统、网管终端、电话终端、市内电话、市内直通电话、乘客求助电话、紧急电话、司机端头电话等组成，包含交换设备、配线设备、电话终端设备、线缆材料及附属设备等。

程控交换机的主要任务是实现用户间通话的接续，基本划分为控制设备和话路设备。控制部分是程控交换机的核心，其主要任务是根据外部用户与内部维护管理的要求，执行存储程序和各种命令，以控制相应硬件实现交换及管理功能。交换网络的基本功能是根据用户的呼叫要求，通过控制部分的接续命令，建立主叫与被叫用户间的连接通路。接口设备是数字程控交换机与外围环境的接口，其功能是完成外部信号与交换机内部信号的转换。数字程控交换机的接口设备主要有用户电路、中继电路和信令收发设备。

信息化通信核心系统提供轨道交通各线运营、管理、维修等部门的工作人员进行内部及外部的多媒体通信联络，是基于业务、控制、媒体分离的融合统一的系统。核心线网级软交换平台包括会话控制服务器、用户数据服务器、媒体资源服务器、计费服务器、会话边界控制器、网管系统等，采用1+1地理容灾部署。业务平台主要包含语音业务服务器、会议业务服务器、统一通信服务器等。汇接交换平台包括2套设备异地互备部署，作为上海轨道交通公务电话系统的汇接局。

上海轨道交通全路网包含公务电话系统430套，其中：

1号线为西门子设备，包含通信公务电话系统31套；2号线为西门子设备，包含通信公务电话系统36套；3号线为西门子设备，包含通信公务电话系统32套；4号线为西门子设备，包含通信公务电话系统17套；5号线为华为软交换，包含通信公务电话系统23套；6号线为西门子设备，包含通信公务电话系统31套。

7号线为西门子设备，包含通信公务电话系统36套；8号线为西门子设备，包含通信公务电话系统33套；9号线为阿尔卡特设备，包含通信公务电话系统38套；10号线为西门子设备设备，包含通信公务电话系统29套；11号线为西门子设备，包含通信公务电话系统40套；12号线为阿尔卡特设备，包含通信公务电话系统 35 套；13 号线为西门子设备，包含通信公务电话系统 34 套；16 号线为西门子设备，包含通信公务电话系统 15 套。

【专用电话系统】

专用电话系统是为列车运行、调度指挥、防灾报警等提供安全可靠、迅速通信的重要系统，当发生突发事件时迅速转换为防灾救援和事故紧急处理的指挥通信系统。该系统由电话交换平台、调度服务器、调度台、调度电话、录音设备等组成。调度主机实现所有的呼叫和调度功能，调度台是调度员进行具体操作的平台，调度员在调度台可以观察所有调度用户的状态，进行调度操作，召集会议，控制录音。全路网调度系统也分程控交换机和软交换两种模式。

上海轨道交通全路网包含通信专用电话系统 434 套，如下表所示。

1 号线为西门子设备，包含通信专用电话系统 31 套；2 号线为西门子设备，包含通信专用电话系统 36 套；3 号线为西门子设备，包含通信专用电话系统 32 套；4 号线为西门子设备，包含通信专用电话系统 17 套；5 号线为西门子设备，包含通信专用电话系统 23 套；6 号线为华为软交换设备，包含通信专用电话系统 31 套；7 号线为佳讯飞鸿设备，包含通信专用电话系统 36 套；8 号线为佳讯飞鸿设备，包含通信专用电话系统 33 套；9 号线为西门子设备，包含通信专用电话系统 38 套；10 号线为哈里斯设备，包含通信专用电话系统 33 套；11 号线为佳讯飞鸿设备，包含通信专用电话系统 40 套；12 号线为哈里斯设备，包含通信专用电话系统 35 套；13 号线为佳讯飞鸿设备，包含通信专用电话系统 34 套；16 号线哈里斯设备，包含通信专用电话系统 15 套。

【专用无线通信系统】

无线通信系统的主要任务是保证列车运行的各种正常通信，同时又满足事故或灾害抢险对通信的需要。无线通信系统能解决固定人员（调度员、值班员）与流动人员（司机、维修人员、列检人员）间及流动人员相互之间的通话及数据传输问题，具有选呼及组呼、调度和重要用户实现广播及系统呼叫功能。

该系统通过设置无线基站、直放站、漏泄同轴电缆和天线，将无线信号覆盖至本线各车站、停车场、隧道区间及控制中心的调度大厅。有关的调度及车站值班人员、各列车和有关移动工作人员分别配置调度台、手持台等无线终端。无线信号在隧道区间及岛式站台采用漏泄同轴电缆进行覆盖，在室内、侧式站台、站厅及车场采用天线进行覆盖。

基站是无线电台站的一种形式，是指在一定的无线电覆盖区中，通过交换中心，与移动终端之间进行信息传递的无线电收发信电台。直放站由天线、射频双工器、低噪声放大器、混频器、电调衰减器、滤波器、功率放大器等元器件或模块组成，包括上、下行两种放大链路；其经过低噪放大器、下变频器、滤波器、中放、上变频器、功率放大器再发射到基站，达到基站与移动台的双向通信。天馈系统是指天线向周围空间辐射电磁波的系统，主要包括天线和馈线系统两大类。手持台是一种相对于车载电台、固定电台等架设方式的电台，通常在移动中使用，其便携性和灵活性强于后两者。车载电台是指固定安装在地铁列车上的发信机及收信机。调度台是控制中心、车辆段控制中心（DCC）配置的重要组成部分，具有很强的专业性，保障调度人员在 7 天 24 小时里与列车的及时沟通。固定台是固定安装在车站控制室内的电台。交换中心能提供 TETRA 数字集群无线通信网的注册、语音、漫游、短消息等服务。

上海轨道交通全路网专用无线通信系统配备 EBTS 基站 49 台、MTS4 基站 153 台、直放站近端机 148 台、直放站远端机 369 台、固定台 381 台、调度台 101 台、车载台 2 030 部、手持台 943 台。

表 2-4-8　2015 年上海轨道交通全路网专用无线通信系统配备情况表

线　路	EBTS 基站	直放站近端机	直放站远端机	固定台	调度台	车载台	手持台
1 号线	12	9	24	28	6	172	56
2 号线	20	14	38	30	7	232	60
3 号线	8	8	25	29	7	232	60
4 号线	6	9	15	17	3	110	38
5 号线	4	8	25	12	6	104	38
6 号线	8	8	25	28	8	164	56
7 号线	17	9	27	33	8	144	66
8 号线	5	11	25	31	8	180	60
9 号线	6	11	29	27	5	210	70
10 号线	32	3	8	31	13	82	217
11 号线	24	20	35	37	8	164	78
12 号线	15	10	22	32	8	150	64
13 号线	11	11	26	31	6	124	62
16 号线	15	17	45	15	8	122	26

【消防无线系统】

消防无线系统是为满足轨道交通消防灭火救援和抢险救灾的需要，在每个地下车站设置三信道转发基站，采用本地异频转发方式，将地面 350 兆赫消防无线专用信道的信号引入地下车站、地下区间、地下主变电站及乘客集散区域，实现地下车站出入口附近地面道路、站厅层、站台层、隧道内及乘客集散区域消防人员的无线通信联系。该系统采用数模兼容技术，即能与现有的地面消防无线通信系统互联互通，也能通过升级接入到将来的消防数字无线通信系统。

该系统主要设备由三信道转发机、室外天线、室内天线、分合路平台组成。三信道转发机是发射接收 3 个消防专用频点的信道机，室外天线是设立在站外的天线，室内天线提供室内信号覆盖，分合路平台包含消防 350 兆赫与公安 350 兆赫射频合路器械。

上海轨道交通全路网消防无线系统设备含三信道转发机 203 台、室内天线 2015 副、室外天线 38 副、分合路平台 229 套，如下表所示。

表 2-4-9　2015 年上海轨道交通消防无线系统设备情况表

线　路	消防三信道转发机	室内天线	室外天线	分合路平台
1 号线	15	135	1	15
2 号线	26	243	1	27

（续表）

线　路	消防三信道转发机	室内天线	室外天线	分合路平台
3 号线	0	0	0	0
4 号线	15	153	1	17
5 号线	5	64	2	4
6 号线	17	171	1	21
7 号线	25	270	1	30
8 号线	22	234	1	26
9 号线	14	171	1	19
10 号线	26	144	24	26
11 号线	10	117	1	13
12 号线	12	171	1	15
13 号线	15	135	1	15
16 号线	1	7	2	1

【技术防范系统】

技术防范是系统以运用或实施安全技术防范产品、工程为手段，结合各种相关科学技术，预防、制止违法犯罪和重大治安事故，维护设备公共安全的活动，是公共安全防范系统中的重要组成部分。

技术防范系统由视频监控系统和入侵报警系统组成。

视频监控系统作为一种视频图像通信系统，具有直观、实时的图像监视、记录、跟踪及控制等功能；按其具体应用的不同可在功能上划分为运营视频监控系统和公安视频监控系统。运营视频监控系统是运营控制中心调度员和车站值班员监视列车运行，掌握客流大小、流向，保障列车正常运行，提高行车指挥透明度的重要辅助工具；在发生灾害时，由调度员和值班员用来监视灾害和乘客疏散情况，并指挥救援。公安视频监控系统是轨道交通公安部门用于对车站人流密集的公共场所进行全方位监控，及时发现并处置突发事件的重要工具，同时还负责对控制中心、停车场等进行全方位监控，为后勤保障提供安全防范技术支持。

入侵报警系统是一种利用传感器技术和电子信息技术探测并指示非法进入或试图非法进入设防区域的行为、处理报警信息、发出报警信息的电子系统，具有自检功能及保护重要场所、防止非法进入等功能，报警响应时间不大于 2 秒。该系统由前端探测及告警装置、报警控制设备及报警输出装置三部分组成，其中前端探测及告警装置主要包括紧急告警按钮、红外/微波双鉴探测器、激光探测器、高压脉冲电子围栏、主动红外探测器等设备；报警控制设备主要包括防区输入输出模块、报警主机、IP 通信模块、报警控制服务器及报警控制终端等设备；报警输出装置主要包括声光报警器和辅助照明灯等设备。入侵报警系统在各站点均设有报警控制设备，所有前端探测及告警装置均接入报警控制设备，并由报警控制设备驱动相关的声光报警及辅助照明装置；同时，报警控制设备还与视频监控系统的控制服务器相连，组成一个协同控制系统，由报警控制设备完成相关报警的采集、判别及输出，并由视频控制服务器根据相关报警要求完成图像的联动控制，实现全线各站点设备的联网，对入侵报警系统设备统一控制和管理；该系统还可与紧急电话、电梯求助电话、门禁系统等相关系统或设备进行联动。

上海轨道交通全路网技术防范系统包含监控系统418套、入侵报警系统416套。

表2-4-10　2015年路网技术防范系统包含监控系统表

线　　路	频监控系统数量(套)	入侵报警系统数量(套)
1号线	31	31
2号线	36	36
3号线	32	32
4号线	17	17
5号线	23	23
6号线	31	31
7号线	36	36
8号线	33	33
9号线	38	38
10号线	34	34
11号线	40	40
12号线	35	35
13号线	34	34
16号线	15	15

【电源系统】

通信电源系统由控制中心通信电源系统、车站通信电源系统、停车场通信电源系统以及电源监控系统四部分构成，主要由壁挂式交流配电箱、自切配电柜、不间断电源(UPS)、蓄电池组、电源监控等设备组成。设备电源采用交流供电方式，若有个别需直流供电的通信设备，可采用分系统设备厂家机柜内自带整流器的方式。

各车站、场段及控制中心通信电源系统通过既有的供电专业由变电所引入的两路独立的三相五线制380伏交流电源至壁挂式交流配电箱，由该壁挂式交流配电箱引出，接入该系统交流自切配电柜，两路电源互为主备，末端自切；当主用的一路发生故障时能自动倒换至备用回路上，并进行告警；两路独立的外供三相交流电源经自切装置后引入不间断电源(UPS)单元，当两路交流外供电源失电后，不间断电源则通过配备的1组蓄电池负载连续供电95%负荷不小于2小时；不间断电源(UPS)采用三进三出，其交流输出直接接入交流配电柜的配电盘，在交流配电柜的配电盘内安装多路空气开关以满足通信各子系统的需求。

通信电源系统是保证通信各系统正常工作的必要条件，必须安全可靠。在各车站、停车场、控制中心均独立设置1套安全可靠的电源及接地系统，各车站、停车场和控制中心的电源监控数据采集由故障集中监视系统完成，电源设备的远端监测信号由故障集中监视的监控单元通过以太网通信接口经传输系统送至控制中心故障集中监视系统网管中心进行统一监视。该系统能根据各弱电系统的供电要求，安全可靠地向各弱电系统设备提供不间断、无瞬变的电源；在交流停电故障时，可在各系统规定的时间内继续不间断地供电。

上海轨道交通全路网共配置了434套。

表2-4-11　2015年通信电源系统统计表

线　　路	通信电源系统数量(套)
1号线	31
2号线	36
3号线	32
4号线	17
5号线	23
6号线	31
7号线	36
8号线	33
9号线	38
10号线	33
11号线	40
12号线	35
13号线	34
16号线	15

【时钟系统】

时钟系统提供本线统一的标准时间信息和定时信号，保证轨道交通运营准时、服务乘客、统一全线设备时间标识。该系统由一级母钟、网管设备、二级母钟、输出接口设备、子钟等组成。控制中心内设置一级母钟获取时间信号，在各车站的通信机房内安装二级母钟及输出接口设备等设备；在各车站的车控室安装数字式日历子钟，在站长室、通信机房、票务室、交接班室、站务员室、站厅公共区的客服中心等区域安装数字式子钟。

时钟系统主机设备设于控制中心，由卫星时间信号接收器、时钟系统主机、输出接口设备等组成。通过传输系统的RS-422接口，时间信号从控制中心传送到各车站及停车场的子母钟系统；通过本机输出接口设备，将时间信号送到各有关系统的主控(监视)中心主机；卫星时间接收器GPS系统接收全球标准时间信号，传送至由时间发生器及显示单元组成时间系统主机；由母-子钟驱动器发生的时间信号显示在子钟显示屏上。

上海轨道交通全路网共配置了391套。

表2-4-12　2015年时钟系统统计表

线　　路	时钟系统数量(套)
1号线	9
2号线	10

（续表）

线　　路	时钟系统数量（套）
3 号线	32
4 号线	17
5 号线	23
6 号线	31
7 号线	36
8 号线	38
9 号线	38
10 号线	33
11 号线	40
12 号线	35
13 号线	34
16 号线	15

【广播系统】

广播系统采用型号为 ABES－Ⅲ轨道交通广播系统，由正线各车站及控制中心广播系统、停车场广播系统组成。

正线各车站广播系统供控制中心的总调、列调、防灾调及各车站的值班员使用，为旅客播放列车到发信息、乘车向导及紧急状态的安全等服务信息，为工作人员播放作业命令及管理音讯；平时以车站广播为主，紧急情况按优先级顺序（第一级控制中心防灾调、第二级车站值班员、第三级控制中心列调、第四级控制中心总调，可根据需要调整）使用。

停车场广播系统供各自信号楼调度员、运用库运转值班员向现场工作人员播放车辆调度、列车编组等有关作业音讯，按优先级顺序（第一级信号楼调度员、第二级运转库值班员）使用。

广播系统具有消防联动功能，可以接入消防报警联动信号；在发生灾情时，消防广播优先于以上级别，接收由火灾报警系统发送的报警确认信息，自动执行事先设定的广播指令，打开必要的广播区域，播出事先录制的内容，及时疏散旅客。

车站广播设备、系统监控终端及传输通道构成二级控制广播网络。

车站广播设备由信源、语音处理设备、广播控制盒、控制设备、功放、负载输出控制器、扬声器及音量回授控制器等设备组成。广播控制盒设于车站控制室。各车站分为上行站台、下行站台、站厅（含出入口通道）、设备办公区、换乘通道及车站出入口外 9 个广播区。上下行站台、站厅广播区各设 2 路负载区，设备办公区、换乘通道及出入口外各设 1 路负载区，每个负载区均由 1 台 300 瓦、200 瓦或 120 瓦功率放大器提供音频功率。为了保证声场强度和播音信噪比，在车站站台层安装噪声检测探测器，该设备能根据采集到的环境音量大小自动调节相应广播区域音量的大小及语音的频率特性，保证播音的清晰度。

系统监测终端设在控制中心，数量为 1 台，实时监测各车站、停车场的广播设备工作状态；为实现广播系统全线统一监控，在车站、停车场广播机柜设置便携式微机接口，便于维护人员可在全线的任意地点或控制中心对本地和其他站点进行设备监测和修改各项参数。

传输通道由语音信道(带宽为40—7 000赫兹)、10/100兆以太网通道(带宽10兆)组成。语音信道为2个无信令音频信道,传送控制中心调度员对车站的人工广播的语音信号;以太网信道传送控制中心与车站广播系统间的控制信息、时间同步、语音下载、ATS信息、网管信息。语音通道、以太网通道均由传输系统设备提供。

控制中心广播设备由话筒、广播控制盒、控制设备、传输通道等组成。话筒及广播控制盒分别设于防灾调、总调、列调。通过广播控制盒可对各车站进行广播,通过控制设备可进行广播播音、区域选择、优先级处理并可对播音内容进行同步录音。信源来自预录制的自动广播信息、人工语音信息或非正常情况下的应急广播及乘客信息系统发布的应急语音信息。

上海轨道交通全路网共配置广播系统433套。

表2-4-13 2015年广播系统统计表

线　路	广播系统数量(套)
1号线	31
2号线	36
3号线	32
4号线	17
5号线	19
6号线	31
7号线	36
8号线	33
9号线	38
10号线	34
11号线	42
12号线	35
13号线	34
16号线	15

四、防灾报警系统

防灾报警系统涵盖火灾报警系统和气体灭火系统。

火灾报警系统是对轨道交通全线及各建筑进行火灾探测、报警和控制的系统,一般由火灾触发器件、火灾报警控制装置、火灾警报装置以及火灾联动控制装置等组成。轨道交通各线的车站、车辆基地、控制中心大楼、变电所均设置火灾自动报警系统。

气体灭火系统是结合地铁建筑特点、消防特点及国内外应用情况而设置的适合扑救地铁电气火灾的自动灭火系统,主要包括气体灭火系统及高压细水雾系统。该系统的运用能保证在火灾初期及时发现并扑灭火灾,保障地铁的安全运营,且将火灾造成的损失降到最低限度。气体灭火系统介质主要为 IG－541 混合惰性气体及七氟丙烷。

【1 号线】

共设火灾报警主机 37 套、气体保护区数量 189 个，采用的是美国联合技术公司（UTC）属下的新普利斯（SIMPLEX）4100U 消防报警控制系统，该系统对沿线各站点、控制中心大楼、区间隧道、车辆基地、站外主变电站进行火灾探测、报警及控制，分为中央级和车站级二级监控、二级管理。该系统在控制中心调度大厅内设置 SIMPLEX 4100U 消防报警网络显示主机 NDU1 台、中文图形管理系统 IMS1 台，同时向综合监控系统传输全线系统数据信息，由综合监控完成信息收集后的各项处理。在车站和控制中心消防控制室设火灾报警主机，对各站点进行监控，该主机通过通信专业提供的光纤构成全线火灾报警系统监控环网。

各站点消防报警设备采用新普利斯（SIMPLEX）4100U 主机、智能型感烟探测器、智能型感温探测器、手动报警按钮、消防带箱电话及插孔、控制模块、信号模块、输入/输出模块、反馈模块、线型感温电缆探测器、12 芯光纤接线箱等设备。

【2 号线】

共设火灾报警主机 53 套、气体保护区数量 282 个，采用新普利斯公司的 4100U/4120 火灾自动报警系统。

中山公园站至龙阳路站防灾报警系统于 2000 年投入使用，2014 年 12 月开始实施系统改造。改造工程主要针对车站、车辆段、主变电所既有系统设备的更换改造，包括火灾报警控制器、彩色图形显示终端、所管辖范围内的各种探测器、手动报警按钮、电话插孔、消防专用电话、控制模块、反馈模块等，且对原系统存在的探测盲区增加了相应的探测设备。改造工程车站的联动工况与既有系统基本保持一致，增加了与车站广播、门禁、自动售检票、三类负荷切除等系统的联动接口功能。世纪大道站为四线换乘车站，根据车站实际情况，中山公园站、江苏路站、静安寺站、南京西路站、人民广场站、南京东路站、陆家嘴站、龙阳路站分别经联络通道与换乘车站连接，防火分区独立，与换乘车站设置接口，互通火警信息，实现紧急情况下的控制协调。

【3 号线】

共设火灾报警主机 42 套、气体保护区数量 17 个，采用美国爱德华（Edwards）公司 EST-3 消防报警控制系统，该系统对全线各站点进行火灾探测、报警及控制，采用中央级和车站级二级监控的二级管理方式。

全线车站各设备用房、办公用房、走道等处设置智能感烟探测器；在地下停车库内设置智能感温探测器；在车站变电所电缆夹层及站台下电缆通道电力电缆密集敷设处分段设置感温电缆，每段感温电缆设置 1 个监测模块，蛇形敷设；在设备和管理用房区、站厅、站台旅客公共区等的消火栓旁设置地址式手动报警按钮；在所有手动报警按钮旁设电话插孔，站区内设便携式电话手柄，各站点独立设置消防电话主机，自成专用消防电话系统；车站内不单独设置消防广播系统，火警时，控制中心通过通信专业提供的公共广播系统对旅客进行安全疏散引导；控制中心大楼内设 1 套独立紧急广播系统；站外主变电站、站外牵降变电所报警网络就近接入相邻车站。

火灾报警系统发出火灾报警信号后，车站控制室内的火灾报警系统主机自动控制关闭防火卷帘门，启动防火排烟系统，切断自动扶梯电源，并使直升电梯追降到首层；非消防电源由控制中心指挥人工切断。

火灾报警系统平时接收和监视站区内的消防水泵及主泵、恒压泵的启动和停止信号，当火灾报警系统发出火灾报警信号后，人工由消火栓上的按钮或 EST-3 操作面板远程启动消防泵，或在控制柜盘面上就地启动主泵。

【4号线】

共设火灾报警主机 18 套、气体保护区数量 129 个，采用美国爱德华(Edwards)公司 EST-3 消防报警控制系统，该系统对沿线各站点、区间隧道、车辆基地、站外主变电站进行火灾探测、报警及控制，分为中央级和车站级二级监控、二级管理。

4 号线火灾报警系统在控制中心配置了 EST-3 主机、图形显示终端工控机、打印机、区间防排烟事故风机操作盘；在车站内配置了 EST-3 主机、图形显示终端工控机、实时打印机、智能型光电感烟探测器和普通型光电感烟探测器、智能型感温探测器、线型感温电缆探测、手动报警按钮、紧急电话及插孔、控制模块、信号反馈模块、输入/输出模块、UPS 不间断电源等设备。各车站防灾报警系统与消防灭火、自动售检票(AFC)、机电设备监控(EMCS)、电力调度(SCADA)、广播通讯等系统配置有监控接口。

全线车站一般在设备用房、办公用房、走道等处设置智能感烟探测器；站厅、站台公共区域设置智能型或普通型光电感烟探测器；电缆夹层和电力电缆通道设置感温电缆；在每个消火栓旁设置手动报警按钮和消防电话插孔，站点内设便携式电话手柄，各站点独立设置消防电话主机，自成专用消防电话系统；车站内不单独设置消防广播系统，火警时，通过车站公共广播系统对旅客进行安全疏散引导；站外主变电站，站外牵降变电所报警网络就近接入相邻车站。

车站火灾报警系统发出火灾报警信号后，火灾报警系统主机控制关闭防火卷帘门，启动独立防火排烟系统，切断自动扶梯电源，使直升电梯追降到安全层，并发出火灾控制信号给自动售检票(AFC)、机电设备监控(EMCS)、电力调度(SCADA)等系统。火灾报警系统发现区间隧道人工报火警时，控制中心通过区间事故风机操作盘远程控制执行相应防灾工况模式。

火灾报警系统平时接收和监视站区内的消防泵和喷淋泵的运行状态，当火灾报警系统发出火灾报警信号后，人工由车控室控制按钮或 EST-3 操作面板远程启动消防泵，或在控制柜盘面上就地启动主泵。车站重要设备用房具有独立气体灭火系统，火灾报警系统监视其运行状态。

【5号线】

共设火灾报警主机 14 套、气体保护区数量 71 个，采用美国爱德华公司 EST-3 消防报警控制系统。

各站点消防报警设备采用 Simplex 4120 主机、智能型感烟探测器、智能型感温探测器、手动报警按钮、消防带箱电话及插孔、控制模块、信号模块、输入/输出模块、反馈模块、线型感温电缆探测器、12 芯光纤接线箱等设备。

【6号线】

火灾报警系统工程由 28 个车站、1 个车辆段、1 个停车场、1 个控制中心、1 个主变电站组成，共设火灾报警主机 64 套、气体保护区数量 225 个，采用美国爱德华公司 EST-3 消防报警控制系统。

28 个站点及车辆段、停车场、控制中心、主变电站的报警主机报警后能全部反映到本站点车站及图形显示终端上并打印出来，同时反映到控制中心报警主机上及中央级中文图形显示终端上，并即时打印出来。火灾报警系统主要有报警主机、探测器、手动报警器、缆式感温电缆、警铃、远红外探测器、中文图形显示终端等组成。各报警主机分别与消防电梯、防火阀、自动控制系统进行联动。

【7号线】

共设火灾报警主机71套、气体保护区数299个，采用美国联合技术公司(UTC)属下的新普利斯(SIMPLEX)4100U消防报警控制系统。该系统对沿线各站点、控制中心大楼、区间隧道、车辆基地、站外主变电站进行火灾探测、报警及控制，分为中央级和车站级二级监控、二级管理。

该系统在控制中心调度大厅内设置SIMPLEX 4100U消防报警网络显示主机NDU1台、中文图形管理系统IMS1台，同时向综合监控系统传输全线系统数据信息，由综合监控完成信息收集后的各项处理。在车站和控制中心消防控制室设火灾报警主机，对各站点进行监控，该主机通过通信专业提供的光纤构成全线火灾报警系统监控环网。

各站点消防报警设备采用Simplex 4100U主机、智能型感烟探测器、智能型感温探测器、手动报警按钮、消防带箱电话及插孔、控制模块、信号模块、输入/输出模块、反馈模块、线型感温电缆探测器、12芯光纤接线箱等设备。

车站火灾报警系统与机电设备监控系统通过4100U主机与车站级机电设备监控系统主机间的通信接口相接，火警时，火灾报警系统提供给机电设备监控系统火灾信号，机电设备监控系统转入火灾模式运行；控制专用防排烟设备，机电设备监控系统完成兼用设备的联动控制；提供给自动售检票系统、电力监控系统、门禁系统确认的火灾信号，由各系统启动相应设备进入火灾模式。

【8号线】

共设火灾报警主机73套、气体保护区数267个，采用美国爱德华公司EST-3消防报警控制系统。

8号线一期火灾报警系统按全线同一时间发生一次火灾考虑设计，按控制中心的中控级和车站控制室的车站级二级监控方式设置。中控级实现对车站及区间全线消防集中监控管理；各车站、车辆段、主变电所设火灾报警控制器，对其所管辖范围内的防灾设备进行监控管理。中控级网络显示单元与全线各车站级火灾报警控制器采用通信专业提供的专用光纤构成的独立的信息传输环网，每个车站级火灾报警控制器作为网络上的一个节点，每个节点都能独立完成所管辖区域内设备的监控。车站级两个系统各设车站级计算机，车站级火灾报警控制器通过网络接口上车站级局域网，各子系统对其所管辖的区域内的设备独立执行监控管理，按照各自的监控要求实现监控功能。该系统具有手动报警、自动报警、手动控制、自动控制、检测设备状态、消动联动控制、防灾通信、信息存储及打印等功能。

8号线二期火灾报警系统包括4座地下车站、4座高架车站、1所主变电所、1座停车场、控制中心。济阳路6号线、浦江镇公交配套工程联络线火灾报警系统设计和车站开发用房、与地铁车站出入口或通道相连的物业不纳入该系统，预留与其火灾报警系统通信的接口。济阳路换乘站按一个整体车站设置，由先建6号线实施对整个车站的报警和控制，接受6号线控制中心监控管理，同时将相关信息报至8号线控制中心。

【9号线】

共设火灾报警主机45套、气体保护区419个、高压细水雾10个，采用美国爱德华(Edwards)公司EST-3消防报警控制系统。该系统对沿线各站点、区间隧道、车辆基地、站外主变电站进行火灾探测、报警及控制，分为中央级和车站级二级监控，二级管理。

火灾报警系统在控制中心配置了EST-3主机、图形显示终端工控机、打印机、区间防排烟事故风机操作盘；在车站内配置了EST-3主机、图形显示终端工控机、实时打印机、智能型光电感烟探测器和普通型光电感烟探测器、智能型感温探测器、线型感温电缆探测、手动报警按钮、紧急电话及插孔、控制模块、信号反馈模块、输入/输出模块、UPS不间断电源等设备。各车站防灾报警系统与消防灭火、自动售检票(AFC)、机电设备监控(EMCS)、电力调度(SCADA)、广播通讯等系统配置有监控接口。

全线车站一般设备用房、办公用房、走道等处设置智能感烟探测器；站厅站台公共区域设置智能型或普通型光电感烟探测器；电缆夹层和电力电缆通道设置感温电缆；在每个消火栓旁设置手动报警按钮和消防电话插孔，站点内设便携式电话手柄，各站点独立设置消防电话主机，自成专用消防电话系统；车站内不单独设置消防广播系统，火警时，通过车站公共广播系统对旅客进行安全疏散引导；站外主变电站、站外牵降变电所报警网络就近接入相邻车站。

车站火灾报警系统发出火灾报警信号后，火灾报警系统主机控制关闭防火卷帘门，启动独立防火排烟系统，切断自动扶梯电源，使直升电梯追降到安全层，并发出火灾控制信号给自动售检票(AFC)、机电设备监控(EMCS)、电力调度(SCADA)等系统。

火灾报警系统发现区间隧道人工报火警，控制中心通过区间事故风机操作盘远程控制执行相应防灾工况模式；平时接收和监视站区内的消防泵和喷淋泵的运行状态，当防灾报警系统发出火灾报警信号后，人工由车控室控制按钮或EST-3操作面板远程启动消防泵，或在控制柜盘面上就地启动主泵。

车站重要设备用房有独立气体灭火系统，防灾报警系统监视其运行状态。

【10号线】

共设火灾报警主机42套、气体保护区399个，系统采用美国爱德华EST-3消防报警控制系统。

【11号线】

共设火灾报警主机66套、气体保护区139个，系统采用爱德华公司的EST-3火灾自动报警系统。

【12号线】

共设火灾报警主机83套、气体保护区280个，系统采用爱德华公司的EST-3火灾自动报警系统，范围包括全线各车站、主变电所(含连接邻近车站的电缆通道)、区间风井、停车场等。

【13号线】

共设火灾报警主机58套、气体保护区340个，系统采用爱德华公司的EST-3火灾自动报警系统。

【16 号线】

共设火灾报警主机 43 套、气体保护区 61 个，系统采用诺帝菲尔火灾自动报警系统。

五、环控系统

轨道交通内部空气环境采用环控系统（通风、空调与供暖系统）。该系统利用机械送排风及中央空调的方法改善车站环境，保证轨道交通内部环境的空气质量、温度、湿度、气流组织、气流速度、压力变化和噪声等能满足人的生理、心理条件要求和设备正常运转的需要。

环控系统的主要功能有：当列车在正常运行时，保证地铁内部空气环境在规定标准范围内；当列车阻塞在区间隧道内时，保证对阻塞区间进行有效通风；当列车在区间隧道发生火灾事故时，具备排烟、通风功能；当车站内发生火灾事故时，具备排烟、通风功能。

环境系统的目标是：站厅空调平均温度 30℃，相对湿度 60%；站台干球温度 29℃，相对湿度 45%—60%；区间隧道夏季最热月日平均温度≤35℃，冬季最低温度≥5℃；列车阻塞在区间隧道内时，列车周围空气温度<40℃；空调运行工况新风量按 12.6 立方米/小时・人，通风运行工况按 30 立方米/小时・人，车站换气次数大于 5 次/小时；站厅、站台噪声≤70 分贝，环控机房内噪声≤90 分贝。

轨道交通环控系统主要包括区间隧道通风系统、地下车站公共区通风与空调系统、地下车站设备管理用房通风与空调系统、空调冷源及水系统等。

轨道交通环控系统制式主要包括屏蔽门制式、开闭式制式、自然通风制式。屏蔽门系统是在站台与区间隧道之间设置完全隔断、可以移动的屏蔽门，列车停站时屏蔽门与列车门一一对应打开，列车出站时屏蔽门关闭，这一物理屏障将列车产热拒之于车站之外；站内采用空调制冷系统，保证站内温度符合标准；区间隧道则利用列车运行活塞风，通过风井与室外进行通风换气，满足区间通风要求。非屏蔽门系统（开闭式系统）是指在物理结构上地铁车站与区间隧道相连通的系统，主要指闭式系统。闭式系统是夏季空调开启时，整个地下区间及车站除两端隧道洞口、车站出入口和空调新风外，基本与外界相隔绝的一种空调通风方式，可根据全年气温变化转为开式运行（开式系统）。自然通风系统利用列车产生的活塞进行自然通风，在地面车站（含地面高架车站）使用。

上海轨道交通全路网制冷设备设冷水机组 704 台、多联机 843 套，通风设备设风机 10 500 台、各类风阀 38 659 台。

表 2-4-14　2015 年环控系统设备统计表

线　路	冷水机组（台）	多联机（套）	通风设备设风机（台）	各类风阀（台）
1 号线	45	111	479	1 738
2 号线	65	47	876	948
3 号线	3	82	318	170
4 号线	44	12	593	2 599
5 号线	8	113	187	1 140
6 号线	42	29	522	1 055
7 号线	63	19	1 011	5 200

（续表）

线 路	冷水机组(台)	多联机(套)	通风设备设风机(台)	各类风阀(台)
8号线	49	25	633	4 016
9号线	72	75	1 045	6 152
10号线	96	59	1 458	7 160
11号线	59	54	1 055	1 076
12号线	85	24	1 024	5 028
13号线	67	50	1 103	1 572
16号线	6	138	196	805

六、给排水及消防系统

轨道交通给排水及消防系统按不同的功能分为给水系统、排水系统和消防水系统。

给水系统设计满足生产、生活和消防用水对水量、水压和水质的要求，并坚持综合利用、节约用水的原则，水源采用城市自来水。车站生产、生活采用合用的给水系统，在车站内布置成枝状，在室外独立设置水表井。该系统采用枝状网供水，站厅和站台公共区两端各设1只清扫栓箱，内设1只DN25的清扫栓，供车站清扫用水。地下车站的生产、生活给水系统一般可直接利用市政给水管网压力供给，压力不够的情况下设生产、生活加压系统；每个地下车站均从二路市政给水管或从市政给水环状管网的不同管段引入2根给水管供给生产、生活及消防给水系统使用；地下区间不考虑生产、生活给水。

排水系统主要排除各车站、区间内产生的生活污水及生产废水、结构渗入水、消防废水及敞开部分的雨水等，主要由污水系统、废水系统、雨水系统、局部排水设备等构成。污水系统主要排除盥洗室内的生活污水；生活污水排放视该车站所处位置的市政排水体制，因地制宜确定污水处理或处置的方式及出路；污水接入市政管网前应设置污水监测井；车站污水泵房宜优先采用密闭提升装置。废水系统主要排除车站的冲洗废水和消防废水；废水由地漏、横截沟、管道等收集系统收集后经管道和排水沟接车站废水泵房集水池，车站废水泵房根据线路纵坡设置在车站低点；车站主废水泵房一般设置2台潜水排水泵，位于过江区间两端的车站的废水泵房则增设1台备用泵；车站主废水泵房集水池有效容积按不小于30立方米确定。若地下区间的线路最低点废水不能重力排除，结合区间结构，设区间废水泵房，经泵提升后通过就近车站接入市政排水管；泵房内设2台排水泵，集水池有效容积按不小于最大1台泵15分钟的流量确定。雨水系统主要排除地下车站出入口和敞开风井的雨水；线路出入段(场)线洞口雨水泵房设计按50年一遇暴雨重现期计算，集流时间按计算确定；车辆基地重要建筑屋面雨水按10年一遇暴雨重现期计算，普通建筑屋面按2—5年一遇暴雨重现期计算；场地雨水按5年一遇暴雨重现期计算，集流时间按计算确定。局部排水设施设在自动扶梯基坑等水量较多且不能自流排水的低洼地点。

车站消防设施由消火栓系统、自动喷水灭火系统组成；每座车站从不同的市政管网分别引入二路进水管，在消防泵房内连通，消防时直接从市政管网抽水，同时在每路进水管上设置防污染止回阀，并单独设表计量。区间消防设施由消火栓系统组成；车辆场段建筑按相关建筑设计防火规范要求执行。地下车站消火栓为独立的给水系统，由消火栓泵出水管引出两路供水总管，供车站站厅、站台层消火栓用水，并接至相邻区间，在车站及区间内均形成环网；地下车站消防泵房内设 2 台消防泵，互为备用；消火栓系统在地面适当地点设水泵接合器。地下车站站厅、站台层公共区以及长度大于 100 米的出入口通道设置自动喷水灭火系统；在地下车站消防泵房内设 2 台喷淋泵和 2 台稳压泵，均互为备用；自动喷水灭火系统在地面适当地点设水泵接合器。

上海轨道交通全路网共设给水系统 298 套、排水系统 670 套，消防水系统 822 套。

表 2－4－15　2015 年给排水及消防系统统计表

线　　路	给水系统(套)	排水系统(套)	消防水系统(套)
1 号线	28	30	44
2 号线	26	58	65
3 号线	29	39	32
4 号线	19	40	42
5 号线	18	13	25
6 号线	0	62	55
7 号线	34	72	100
8 号线	1	52	52
9 号线	32	53	68
10 号线	36	67	108
11 号线	37	49	67
12 号线	0	56	78
13 号线	26	52	67
16 号线	12	27	19

七、自动售检票系统

自动售检票系统(Automatic Fare Collection system，简称“AFC 系统”)是城市轨道交通运行中普遍应用的现代化联网收费系统，通过运用自动控制、计算机网络通信、现金自动识别、微电子计算、机电一体化、嵌入式系统和大型数据库管理等多种高新技术，实现了轨道交通售票、检票、计费、收费、统计、清分、管理等全过程的自动处理，是重要的客运管理系统。上海 AFC 系统采用五层架构：第一层为城市轨道交通票务清分系统；第二层为线路中央计算机系统；第三层为车站计算机系统；第四层为车站终端设备，主要包括自动售票机、人工售票机和闸机等；第五层为车票。

由于历史的原因，上海轨道交通 1 号线、2 号线及 1 号线北延伸段分别使用的是原美国 CUBIC 公司和上海华虹计通公司提供的自动售检票系统，使用循环塑质卡型磁票；3 号线使用的是西班牙 INDRA 公司的自动售检票系统，使用一次性卡型纸质磁票。随着轨道交通的发展，为满足上海轨道交通多线“一票换乘”的需求，在 2005 年对原有的设备与系统进行了改造，实现上海轨道交通路网内的“一票换乘”的非接触式 IC 卡自动售检票系统。经过改造后的系统及以后新线路设备所使用的单程票均采用上海轨道交通“一票通”规定的薄型非接触式IC卡，满足上海城市轨道交通路网内单程票“一票换乘”要求；而自动售检票系统使用的储值票则继续采用上海公共交通卡，具备与轨道交通、出租车、公交及轮渡等其他交通运输部门联网运行条件。

【票务清分系统】

上海轨道交通票务清分系统用于各条线路之间、各运营公司之间以及轨道交通与公交系统、银行系统级其他相关系统之间的清分算账、车票交易数据的处理及统计分析，同时具备对各线路AFC系统设备运营管理的功能，实现对投入运营各条线路的所有信息进行汇总和分析处理。

根据清分系统的应用特征和数据使用特征，将整个清分系统划分为清分中心生产系统、清分中心支持系统以及后续的容灾备份中心。

清分中心生产系统包括与外部系统的数据交换、数据清分、业务管理三大关键业务功能，其体系结构层次包括数据接入层、业务处理层、业务管理层、数据存储层、前端操作层。

数据接入层通过前置信息交换子系统实现与内部及外部系统的数据交换。该子系统负责与外部系统进行通信，接收来自线路中央系统、公共交通卡清算系统的数据，经预处理后存放在清分系统数据库中，并将运营参数、对账信息、清分结算信息下发给各个线路中央系统，将费率参数、公共交通卡交易数据发送给公共交通卡清算中心。为保证生产系统数据库与灾备系统数据库数据实现同步，该子系统与灾备系统进行数据交互，在接收到外部系统发送的交易数据后首先同步复制到灾备系统，再存入清分系统数据库；清分系统与灾备系统通信异常中断或者灾备系统发生异常无法工作时，该子系统向应用管理控制台报告异常状态，但不中断或停止前置信息交换处理。

业务处理层实现交易数据合法性检验、清分结算以及一些其他的辅助业务，包含账务处理子系统和安全及发卡子系统。账务处理子系统每天分批次对前置信息交换子系统存放在数据库中的交易数据进行合法性验证（包括TAC校验）、清分处理并生成对账数据，完成与公共交通卡清算系统对帐数据的核对，并通过前置信息交换子系统下发对账数据给各线路中央系统；按照结算周期生成资金划拨数据，并发送给清算银行完成清分中心与各线路中央、公共交通卡清算中心的资金划拨；定期生成各类统计报表，为清分中心及其他相关各方提供管理决策依据。安全及发卡子系统提供票卡的洗卡、编码、成品票卡调度、辅助查询等，空白卡片采购、入库、出库，成品卡的入库、出库、分发，旧卡回收、坏卡销毁等，并实现整个轨道交通路网的密钥体系，保证密钥安全。

业务管理层提供清分中心系统与应用的两级管理服务，并为轨道交通路网内系统提供基于Web的公共服务平台，包含系统管理子系统、应用管理子系统和公共服务子系统。

数据存储层提供对清分系统的数据存储，包括前置信息交换数据库、安全及发卡数据库、账务处理数据库、应用管理数据库、仿真测试数据库、公共服务数据库、历史数据库。各数据库为对应子系统提供数据存储。历史数据库存放各子系统数据库需要保存的历史数据。

前端操作层为清分系统授权用户提供系统访问、控制服务，包括应用管理子系统控制台、安全及发卡管理子系统控制台。应用管理子系统控制台是应用管理子系统的前端显示、操作平台，提供各类参数维护、信息查询、应用监控维护界面。安全及发卡管理子系统控制台是安全及发卡管理子系统的前端显示、操作平台，提供车票库存管理、车票调拨等界面。

上海轨道交通票务清分系统与其相关的外部系统或机构包括公共交通卡清算中心、各线路中央、清算银行以及交通局等。2008年8条线路投入运营后，客流及运营收入清分算法由原来的“最短路径清分算法”调整为“多路径清分算法”。该清分模型结合路网的实际情况，将各线路列车运营间隔和乘客的行为习惯作为计算因子，其中列车开行班次、始发站舒适度、线路间换乘步行时间、换乘次数等因数纳入清分规则算法中。系统对乘车的路程(O/D)最多产生5条路径，再用概率统计方法确定各路径所占比例，进行客流及运营收入的统计。该算法结合各种影响乘客换乘选择的因素，对实际运营过程中的换乘情况做出了最为贴近的拟合。

【中央计算机系统】

中央计算机系统是AFC系统的首脑机关、整个线路的管理中心，由一组计算机组成的几个服务器和几个工作站，共同完成服务器功能和系统运营管理的各项功能。

中央计算机与线路各车站计算机进行通信，采集、处理从车站终端设备采集上来的AFC各类运营数据，制定、维护、发布中央计算机系统各类参数，下达各类命令，同时为系统提供高度的安全机制和严格的操作规程。

中央计算机接收清分系统下传的参数数据、票卡黑名单数据、清算数据、对账数据等并上传设备交易数据、设备事件状态数据、设备审计数据等AFC运营数据，与清分系统进行对账。当与清分系统发生通信故障时，中央计算机系统能通过移动存储介质与清分系统交换数据，保证中央计算机系统能够独立运行。

中央计算机系统一般由中央计算机、数据存储备份设备、网络设备、中央级配套软件、综合管理工作站、运营管理工作站、票务管理工作站、收益管理工作站、审核管理工作站、数据交换工作站、网管工作站、软件维护工作站和打印机等构成，可分为数据存储子系统、数据交换子系统、数据处理子系统、系统管理子系统、参数管理子系统、系统监控子系统、票务管理子系统、维修管理子系统、测试培训子系统和报表管理子系统等。

中央计算机软件系统包括系统软件、管理工具软件、应用软件等。系统软件包括操作系统和数据库管理系统；管理工具软件包括网管软件、备份软件、防病毒软件等；应用软件包括AFC系统各管理软件，采用主流的Java语言开发。从业务处理能力、系统并发能力、系统运行稳定性等考虑，服务器采用主流UNIX、Linux操作系统，采用Oracle10g数据库系统。

中央计算机系统功能主要包括运营管理、票务管理、收益管理、维修管理、数据管理、参数管理、网络管理、安全管理、决策支持、报表、时钟管理、后台监控、后台维护等。

【车站计算机系统】

车站计算机系统主要负责把一个车站的自动售票机、人工售票机、进/出口闸机等AFC车站终端设备联系在一起，由车站操作员控制计算机(SOC)和车站网络计算机(SNC)所组成。

车站计算机系统安装在车站控制室内，主要负责采集和储存车站终端设备的车票交易数据、寄存器数据、状态数据、收益管理数据及维护管理数据等，并上传给中央计算机系统；接受和储存中央计算机系统下达的系统运行参数和控制指令，并下传至车站终端设备；实时监控车站自动售检票系统设备(包括车站计算机和终端设备)和网络运行情况，具有系统自诊断、设备控制和故障告警等功能；统一管理本车站的客流、车票和现金收益，具有报表统计分析、相关业务查询和报表打印等功能；控制车站级系统参数的维护和系统运作模式；紧急情况下，可按下紧急按钮或通过操作车站计算机启动紧急运行模式，控制车站所有进、出站检票机的门式敞开、三杆落下，便于乘客快速疏散，同时所有的自动售票机、自动加值验票机等将自动退出服务。

【自动售票机】

自动售票机是乘客自行操作的自动售票设备，以自助方式发售有效车票，具备自动处理支付功能。乘客根据目的地票价，在设备上选择相应的票价键，选择用纸币、硬币、银行卡或足够余值的储值票等一种或多种支付手段，通过人机交互操作界面，设备自动将已格式化的卡进行编码发售，可一次性出售同一票价 9 张车票。

无论处于何种运行模式，自动售票机都会显示当前的事件码；当自检失效或不正当手段开机时，设备会报警并记录；如设备重启或断电，该设备最后一次接收的运行模式应依然有效。当与车站计算机系统通信中断时，自动售票机能至少保存最近的 100 000 条交易数据及 14 天的设备数据；在通信恢复时，能将保存的交易数据及时上传至车站计算机。工控机、读卡器、硬币模块、纸币模块、发卡模块等部件或主程序软件、部件软件、主机界面更换后，自动售票机将向车站计算机系统上传更换时间、唯一身份鉴证、技术跟踪、读卡器 SAM 卡号等相关信息；当售票交易结果不符合预期(多出票、少出票、多找零、少找零等)时，该设备会记录差异并上传车站计算机系统，但仅当交易时现金发生差异时才自动打印交易异常小单。

【人工售票机】

人工售/补票机又称为半自动售/补票机或票房售/补票机，是车站工作人员对票务进行人工处理的票务终端设备之一。

根据应用需要，可将人工售/补票机，按功能设置成单独的半自动售票机或补票机，也可设置成具有人工售票(加值)和补票功能相结合的设备。

人工售票机通常设置在车站站厅层非付费区的售票房或票亭内，主要发售 AFC 系统中所有的车票，采用人工方式进行车票发售、加值、车票分析(验票)、退票等票务处理及其他票务服务，称为售票模式(BOM)。人工补票机设置在站厅层付费区的补票亭内，用于对不能出站的车票，用人工方式进行票务处理，称为补票模式(EFO)。功能结合的人工售票/补票机可以同时为付费区和非付费区服务，兼顾售票及补票功能，使用同一台设备，但需对两个区域分别设置单独的乘客显示器，适应处理不同区域乘客的票务。在大部分实行无人售票的车站中，票务处理通常由设置在服务中心内的能满足非收费区和收费区服务要求的售票/补票机集中完成。

人工售/补票机基本功能包括发售单程票、储值票(交通卡)、纪念票在内的各种类型的车票；对车票有效性进行分析，查询车票历史交易信息；对无法正常完成进出站的车票进行票务更新，发售出站票，进行退票、补票处理，受理车票挂失，车票续期(年审)，查询票价等。

【闸机】

闸机也称自动检票机，是自动售检票系统中实现乘客自助进出站检票交易(在非付费区和付费区间通行)的设备。其外形尺寸应不大于：1 960 毫米(长)×180 毫米(宽，最宽处)×1 100 毫米(高，不含阻挡装置)，阻挡装置下端距离地面高度要求<390 毫米，阻挡装置上端距离地面 1 200 毫米；阻挡装置大部分采用三杆装置、扇形门装置、拍大门装置等，表面要求采用低烟、阻燃的软性材质，且边缘需圆弧处理，避免对乘客造成伤害。

自动检票机安装于车站站厅层付费区与非付费区的交界处，进站检票机和出站检票机共同形成车站站厅层付费区与非付费区之间的分隔线，用于实现乘客自助进出站检票。自动检票机设备满足乘客"右手原则"，乘客右手持票可快速通过自动检票机检票。对储值卡采用"照进照出"方式，对单程票采用“照进插出”方式。乘客使用储值卡、IC单程票进站检票时，将车票靠近进站检票机读写器天线；使用储值卡出站检票时，将车票靠近出站检票机读写器天线；使用IC单程票出站检票时，需将车票投入回收口，由自动检票机回收装置及单程票读写器完成交易与回收。检票有效时，设备会开启通道阻挡装置（门扇开启或转杆装置释放），乘客显示器提示相关信息，告知乘客进站或出站，自动检票机则在卡内写入交易记录，并保存于检票机存储介质；若进站或出站通道是双向通道，检票处理时，左侧检票机检票端暂停服务。在执行进站检票或出站检票操作时，若检票无效（如卡内金额不足等原因），则扇门关闭或转杆装置锁定，乘客显示器提示相关信息，告知乘客去票房或客服中心进行车票分析处理；根据情况发出告警声或警示灯，自动检票机不对车票进行交易处理，但可按需要适当保存无效票记录于检票机存储介质。在发生紧急情况时，通过中央计算机系统、车站计算机系统或紧急报警按钮控制释放所有通道阻挡装置（扇门或转杆装置），保证乘客迅速离开付费区；专用按钮与消防联动信号结合，一旦发生警报信号可联动控制紧急按钮；在没有电力供应的情况下，自动检票机的阻挡装置（扇门或转杆装置）处于开启状态，保证乘客进出车站。

自动检票机根据阻挡装置的类型可以分为三杆检票机和门式检票机两大类型；根据通道宽度可以分为普通检票机（通道宽度为500毫米）和宽通道检票机（可以供轮椅通过的通道，通道宽度为900毫米）两种类型；根据功能可以划分为进站检票机、出站检票机和双向检票机三种类型。进站检票机用于完成进站检票，检票端在非收费区；门式进站检票机面向付费区端安装扇门装置，可设定为常开或常闭模式，面向非付费区端可不装扇门或安装扇门而不安装驱动机构；转杆式进站检票机面向付费区，其转杆装置安装在检票机左侧。出站检票机用于完成出站检票，检票端在收费区；出站门式检票机面向非付费区方可以呈常开或常闭模式，仅在常闭模式时，出站检票机面向非付费区端可不装扇门或安装扇门而不安装驱动机构；出站转杆式检票机面向非付费区，其三杆安装在检票机左侧。双向检票机采用一个工控机，可设置为进站检票机模式、出站检票机模式、进/出检票机双向模式，并做相应的显示，其工作状态的改变可由中央计算机系统、车站计算机系统远程遥控或现场检票机就地进行控制。

按照《轨道交通乘客守则》中“乘客持票进入收费区后，需按规定时间出收费区。超过规定时间的，应按单程最低票价补交票款”规定，AFC系统被设计成一个封闭、票价结构体系，是计程/限时的系统，故自动检票机的基本功能是对乘客所持的车票在进入收费区及离开收费区时进行检验，并完成进站或出站的交易处理；进入收费区时检查车票的合法性，并记录进入时的地点和时间；离开收费区时检查车票的合法性、进站信息的合法性及收费区内的停留时间，并根据进入位置和离开位置计算本次旅程的费用，完成车票扣款操作。此外，自动检票机的功能还包括对车票处理结果、特殊车票的使用给出明确的提示信息，对通道的通行状态给出明确的指示，对需要回收的车票可通过参数设置自动执行回收操作（如单程票），自动监测并向车站计算机系统上报各部件的工作状态，接受车站计算机系统下发的参数和控制命令并执行相应操作，接受紧急按钮信号并控制设备的操作，存储并上传交易信息，记录、输出进/出站客流、扣除车费、黑名单等信息，离线独立工作及数据保存等。

【编码、分拣机】

编码/分拣机通常设置在票务控制中心的车票编码室内，通过工业级以太网络以客户机/服务器模式与中央计算机相连。编码/分拣机的计算机上安装有控制软件，由票务工作人员通过该控制软件对编码/分拣机进行操作。为了确保安全性，票务工作人员在执行该软件进行控制时，必须先输入用户名和口令，由软件进行检测，在用户名和口令均正确的情况下，方可进行操作。票务工作人员可通过该软件设置编码/分拣机的工作模式、设定赋值金额、监视设备的运行情况、打印票卡分拣情况表等。

上海轨道交通路网使用的是方形卡编码/分拣机，长为 2 150 毫米，宽为 450 毫米，高为 1 435 毫米；功耗为 400 瓦；车票编码处理速度≥3 000 张/小时·台；单票箱容量为 750 张。方形卡编码/分拣机控制系统以主控单元(ECU)为控制核心，以读写器为识别工具，以分拣单元(QTSU)为执行设备，以马达驱动器为驱动部件，以传感器为监控手段，将系统按功能、作用、控制形式进行单元划分。根据编码/分拣机(E/S)的功能、性能、安装和维护要求，系统的控制方式采用集散控制系统模式。这种控制方式是一种模块化的按功能分类的设计方法，以达到较高性能、功能完善、安装维护方便快捷的目的。

编码/分拣机主要功能是对新购入的票卡按各种类型进行初始化编码，即对购入的票卡编入本运输系统所持有的密码，只有经过编码/分拣机初始化的车票才能被认作有效票。

编码/分拣机根据运营需求，还可以对及票卡进行赋值，以满足各种各样的运营需求。为了加快高峰时段的售票速度以及对部分需要提前赋值的票卡进行赋值，车票可在初始化过程中直接对车票写入售票信息，进行赋值处理；也可对已初始化的车票重新进行赋值处理。赋值时，票务工作人员使用中央计算机上的控制软件设置初试化金额，向编码/分拣机发送命令，将设置的金额传送给编码/分拣；对未初始化的票卡，可在初始化的同时实现赋值处理。经赋值的车票可直接发到各车站票房进行出售，赋值处理记录直接保存到中央计算机数据库。

编码/分拣机还可对从车站回收来的混杂在一起的各种类型(如单程票、储值票、老人票、儿童票、多程票等)车票，根据票种、票值以及车票的批号自动对其进行分拣分类；对票卡进行分拣时对车票有效性进行检验，对可继续使用的车票可根据需要进行重新编码。杂乱无章的票卡经过刮票机构后利用传送机构以单张的形式送往读写器，票卡读写器探测到在有效区域内有票卡出现，开始读取票卡的内容并与存储在中央计算机的信息进行比对。对校验正确的票卡，对该种票卡在信息记录中的数量加 1；对超期使用的、参数校验不正确的、因日常磨损导致无法正常读取数据的票卡按废票处理，对废票数量加 1。校验完毕后，按照系统设定的分拣参数进行分类(按车票类型分拣、按使用次数分拣、按发售日期分拣)输送，命令相应的导向器工作，导向器对票卡导向，送入对应的票箱。编码/分拣机在处理的过程中，会将处理结果在控制软件的运行情况显示对话框中的信息显示区域显示，以备操作人员查看；在处理完毕后，会将分拣信息上传至中央计算机。由票务清分中心对数据实行统一管理。

编码/分拣机还可以即时打印车票处理过程的批次操作及班次报告，实现报表统计功能。编码/分拣机将票卡的初始化、编码、分拣、赋值、注销等交易记录保存在控制计算机上。在网络通信正常时，车票(控制计算机)与中央计算机系统保持正常通信，接收中央计算机下达的实时控制命令，及时将票卡交易记录、故障及消息日志等上传到中央计算机。操作人员可根据操作权限查阅、拷贝或打印相关日志。

【车票】

车票是乘坐地铁的有效凭证，记载了乘客从购票开始，完成一次完整行程所需要和产生的费用、时间、乘车区间等信息，与车站终端设备共同完成自动售票、检票的功能；主要包括普通单程票、纪念票、出站票、应急票、公务票、测试票、优惠票、计次票和预留票等。使用的车票主要为非接触式IC卡。

表2-4-16　上海轨道交通单程票和储值类车票标称尺寸情况表

类　型	宽	长	重　量	厚　薄
储值类	85.60±0.10	53.97±0.05	3.18±0.30	0.80±0.04
单程类	85.60±0.10	53.97±0.05	3.18±0.30	0.50±0.02

普通票卡材料采用进口优质PET，特殊票卡可采用PVC材质。IC卡式单程票应存储在－40—＋60℃温度内，在－20—＋50℃范围内能正常工作；在相对空气湿度为5%—98%之间、最大温度为25℃时能可靠使用。

车票印刷质量优良，耐磨次数不低于5 000次。非接触式IC卡式单程票正面印刷上海市城市轨道交通单程票专用图案，并按要求进行卡面设计；背面指定位置用激光打印与IC卡式单程票的标识号相关联的数字作为卡面编号，以便追溯无法通过芯片感应读写的单程票、查询卡内信息。

非接触式IC卡式单程票标识由客户代码、制造商代码和IC卡式单程票序列号组成。客户代码采用由标准化行政管理机构定义的标识码，制造商代码采用由集成电路卡注册管理机构定义的制造商的注册标识号，IC卡式单程票序列号为制造商在IC卡式单程票芯片的制造过程中生成的代码。制造商代码与IC卡式单程票序列号组成IC的唯一代码，此唯一代码由芯片制造商固化在芯片内不能改变。

非接触式IC卡式单程票的发行信息应包括IC卡式单程票的发行企业代码、发行日期、发行流水号及版本号、卡认证码等信息。

在IC卡式单程票发行时，由加载在发行设备内的安全模块根据IC卡式单程票的序列号(SN)、发行流水号和版本号等信息和内部的密钥，经特定加密算法计算出该IC卡式单程票的认证码。城市轨道交通单程票系统的主密钥、安全模块和加密算法以及卡与读写器之间三重认证过程中的加密算法，由发行机构负责管理。在IC卡单程票发行时，由加载在读写器内的安全模块根据IC卡单程票的制造商代码(MID)、IC单程票序列号(SN)和发行企业代码等信息，运用存储在安全模块中的主密钥，经特定加密算法，应按下列公式计算出该IC单程票的认证密钥。

非接触式IC卡式单程票与读写器天线之间最大感应距离不应小于60毫米，在有效读写距离内的场强范围应为1.5—7.5安/米，完成一次应用交易所需时间不应大于200毫秒。同一时刻内，在读写器感应区内同时出现2张(或以上)的非接触式IC卡式单程票时，读写器对IC卡式单程票均不作处理。

八、屏蔽门与安全门

轨道交通屏蔽门与安全门系统为乘客上下列车提供安全可靠的通道。在站台拥挤时，保护乘客不至于跌入列车运行的轨道区间，为轨道交通的运营安全提供保障。该系统将车站的站台与轨道分隔成两个区间，是环境控制系统气流组织的一个不可或缺的物理屏障，也是事故工况气流导向的重要组成部分，为车站的环境控制提供一种节能模式。该系统主要由门体、门机、电源和监控系统构成，不作为防火分隔装置，实际使用寿命≥30年。

屏蔽门与安全门设置在站台边缘，与列车车门相对应；原则上涉及在车站有效站台长度范围内，以有效站台中心线为中心向站台两端对称布置，列车司机室位于端门以外。

上海地铁站台门系统经历了从无到有，从进口到国产的过程，未来还将步入从厂家标准向申通标准转变的阶段。最先加装屏蔽门的线路是上海地铁1号线，设备来自英国西屋公司，为全高式样的屏蔽门，此后在路网内又先后采用过兼顾安全与经济性的电动栏杆（高架车站）和半高式的屏蔽门（高架车站）。

【门体】

门体起着保障乘客和运营安全的重要作用，按功能不同分为固定门、活动门、应急门和端头门。固定门是分隔站台与轨道区域的主要门体类型，设置在活动门与活动门之间、活动门与端门之间，在站台公共区与隧道区域之间起隔离作用。活动门开启后为乘客提供上、下车的通道，或是列车在隧道区域发生火灾故障时，为乘客提供疏散通道；关闭后分隔站台与轨道区域，保护乘客安全。应急门设置在固定门区域位置；正常运营时，应急门保证关闭且锁紧，在公共区与轨行区之间起隔离作用；当列车不能准确停靠站台，造成列车门与活动门没有对齐时，可作为乘客应急疏散通道。端门位于站台两端，是列车在区间隧道火灾或故障时乘客疏散通道以及工作人员进出站台公共区域的通道；正常运营状态，端门关闭并锁紧，且不能由于风压而导致端门门锁打开。

【门机】

门机作为驱动活动门开闭的机构，主要包括门机梁、电机、传动机构、锁定装置等部件。门机接收监控系统发送来的信息，通过驱动电机来控制传动机构，使得活动门做开闭运动；当活动门完全关上后，锁定装置会将整个门体锁闭，防止门体在列车运行时意外打开的危险情况发生。

【电源】

电源系统分为驱动电源和控制电源，驱动电源主要提供电机运行的电能，控制电源主要对监控设备的正常运行提供保障。该系统主要由交流自动切换装置、供电模块、充电模块、降压装置、交直流监控装置、直流馈电回路、不间断电源（UPS）交流馈电回路、电池组及单体电池监测装置、绝缘两路总线接地检测装置等组成。

【监控系统】

监控系统由主控机（PSC）、操作指示盘（PSA）、站台端头控制盒（PSL）、门机控制器（DCU）等设备组成，分为三级控制模式，包括自动控制模式、站台级控制模式和紧急手动模式。在正常情况下活动门的开闭由主控机（PSC）的开闭命令自动控制，在主控机（PSC）与门机控制器（DCU）的通信发生故障时，由司机或者车站工作人员使用位于站台端部的控制盒（PSL）设备来开闭活动门，站台端头控制盒（PSL）设备上有开关门按钮和激活站台端头控制盒（PSL）的钥匙孔等。在单个活动门出现故障无法打开时，可以通过激活就地控制盒上的按钮开闭活动门，也可以直接用开门钥匙和把手手动开门。操作指示盘（PSA）和主控机（PSC）监视每樘门体的开关情况，可以在操作指示盘（PSA）的显示屏上看到每樘门体的状态。

上海轨道交通全路网共设屏蔽门16 648樘、安全门7 366樘，总计24 214樘。

表 2-4-17　2015 年屏蔽门安全门统计表

线　路	屏蔽门(樘)	安全门(樘)	总计(樘)
1 号线	1 120	1 160	2 280
2 号线	960	1 300	2 460
3 号线	0	1 740	1 740
4 号线	0	1 050	1 050
5 号线	192	752	944
6 号线	608	288	896
7 号线	1 950	120	2 070
8 号线	1 456	224	1 680
9 号线	1 920	240	2 160
10 号线	1 980	0	1 980
11 号线	1 410	1 020	2 430
12 号线	1 920	0	1 920
13 号线	1 920	0	1 920
16 号线	162	522	684

九、门禁系统

轨道交通涉及安全的重要设施的通道门、系统和设备用房门及管理用房门设门禁系统。门禁系统具有出入口监控和安全管理等功能，按集中管理、分级控制的方式设计。

轨道交通各线的车站、车辆基地、控制中心大楼、变电所均设置了门禁系统。

十、综合监控系统

城市轨道交通综合监控系统(ISCS)是对线路中所有电力和机电设备进行监控的分层分布式计算机集成系统，包含了内部的集成子系统，并与其他专业自动化系统互联，实现信息共享，促进城市轨道交通高效率运营。

综合监控系统(ISCS)设置中央级综合监控系统(CISCS)和车站/车辆基地级综合监控系统(SISCS/DISCS)，并通过网络设备将全线各车站/车辆基地级综合监控系统(SISCS/DISCS)与中央级综合监控系统(CISCS)连接构成完整综合监控系统(ISCS)；现场级则由被集成或互联的子系统现场设备组成。

【中央级综合监控系统】

中央级综合监控系统(CISCS)由网络设备、实时服务器、历史服务器、数据存储设备、各种工作站、综合显示屏、打印机、不间断电源、通信处理机等组成。网络设备、实时服务器、历史服务器、通信处理机采用冗余配置。

中央级综合监控系统(CISCS)具有基本功能、综合功能、电力监控功能、机电设备监控功能、火灾报警功能及互联系统的功能。

【车站级综合监控系统】

车站级综合监控系统(SISCS)由网络设备、服务器、工作站、通信处理机、不间断电源、综合后备盘和打印机等组成。网络设备、服务器、通信处理机采用冗余配置。车辆基地的服务器与工作站可作为综合监控系统的备用中心使用。

车站级综合监控系统(SISCS)具有基本功能、综合功能、电力监控功能、机电设备监控功能、火灾报警功能、复示功能、综合后备盘功能及互联系统的功能。

【综合监控系统网络】

综合监控系统(ISCS)通过骨干网(MBN)将综合监控系统中央级监控网、车站/车辆基地级监控网连接构成整个系统的网络。骨干网(MBN)可利用通信系统传输网络或独立组建网络,独立成网时一般采用冗余环形工业以太网。

中央级监控网、车站/车辆基地级监控网采用冗余的工业以太网或冗余的商用以太网。综合监控系统(ISCS)监控的现场设备一般采用现场总线接入综合监控系统车站网络设备或通信处理机。

【系统设置】

综合监控系统(ISCS)包含信息层、控制层和现场采集层三层,实现中央、车站、现场三级操作和管理。系统架构一般包括集中式和分布式两类,可根据具体情况选择。

综合监控系统(ISCS)实现正常、阻塞、故障、火灾、公告灾害和维护等运行模式;设置网络管理系统(NMS)和培训管理系统(TMS),并可根据需要设维修支持系统(MSS)和仿真测试平台(STP)。该系统及其集成子系统采用同一软件平台、统一的人机界面(HMI)、统一的命名和编码规则,并建立统一的系统接口标准;可为线网运营控制中心(COCC)提供有关信息。

综合监控系统(ISCS)控制中心(OCC)中央控制室和车站控制室工艺布置宜与综合监控系统(ISCS)统一设计。

十一、乘客信息系统

轨道交通乘客信息系统是面向整个轨道交通网络运营过程,依靠成熟可靠的网络技术和多媒体传输、显示技术,为乘客以及各层次的轨道交通运营管理者提供与运营相关的多方位、多类型的信息服务的多媒体综合信息显示系统。正常情况下,系统播放列车运营、出行信息、政府公告等实时多媒体资讯;火灾等紧急情况下,可迅速、直观、优先播放紧急疏散和防灾等文本和图像信息,以便告知并引导乘客,起到辅助防灾、救灾作用。

乘客信息系统终端包括地铁移动电视(列车内的)、车站乘客服务中心问询、站厅/站台显示屏、车载显示屏、LED 显示屏、动态信息屏、动态查询屏等,其他还有便民信息、公告栏、上海地铁官方新媒体平台等。

乘客信息系统控制中心设备主要由控制中心通信机房内的乘客信息系统设备柜及机柜内所有

设备、中心网管室的系统维护监测终端、调度大厅的系统操作终端等构成；车站设备主要由车站通信机房内的乘客信息系统设备柜及机柜内所有设备、车控室操作终端、车站公共区的终端显示屏、出入口动态显示屏、LED显示板等构成。

在换乘车站各出入口均安装动态显示屏(AB屏)及LED显示板。乘客能通过动态显示屏幕的告示了解周边道路、地面交通、主要商业网点等公益信息，实现对车站周边主要公共场所和交通的换乘，获得最优出行路线；乘客通过LED显示板的内容了解站内和线路的运营状态、首末班车、换乘等信息。

上海轨道交通全路网共配置乘客信息系统403套，其中：

1号线包含乘客信息系统28套，2号线包含乘客信息系统30套，3号线包含乘客信息系统29套，4号线包含乘客信息系统17套，5号线包含乘客信息系统23套，6号线包含乘客信息系统28套，7号线包含乘客信息系统33套，8号线包含乘客信息系统31套，9号线包含乘客信息系统35套，10号线包含乘客信息系统33套，11号线包含乘客信息系统39套，12号线包含乘客信息系统33套，13号线包含乘客信息系统31套，16号线包含乘客信息系统13套。

十二、自动扶梯与直升电梯系统

轨道交通自动扶梯和垂直电梯设备是乘客出入车站的主要运输工具，是保证车站高效、快捷地疏散旅客的重要设备。为方便乘客，提高车站工作效率和乘坐舒适度，车站主体和出入口均设置自动扶梯和电梯设备。相应的设备主要包括自动扶梯、垂直电梯、斜挂式电梯、垂直升降平台。

【自动扶梯】

上海轨道交通全路网车站按站厅层至站台层、出入口地面至站厅层之间提升高度及车站远期超高峰小时客流量需求设置自动扶梯，其数量和位置与车站各部位通过能力及远期预测超高峰小时客流量相适应，能提供紧急疏散功能。根据各车站客流的不同，在站厅层与站台层之间至少设1处上、下行自动扶梯，位于中心城区岛式车站的站厅层与站台层间设不少于2组上、下行自动扶梯。车站出入口均设有自动扶梯，且至少有1个出入口设上、下行自动扶梯；在设置双向自动扶梯困难且提升高度不大于10米时，可仅设上行自动扶梯。

地下车站站厅至站台选用室内型产品，车站出入口、高架及敞开式设计的站厅、站台应选用室外型产品，上下平台均配有防滑措施。室外型产品保证能在露天环境全天候工作，加设油水分离器；出入口自动扶梯加设顶棚。

上海轨道交通全路网自动扶梯有可靠的供电电源，参与紧急疏散用的自动扶梯按一级负荷供电，其他自动扶梯按二级负荷供电；自动扶梯受机电设备监控系统(EMCS)的监视，该系统可收集并显示自动扶梯的运行状态信息及故障报警信息；自动扶梯均有远程监测功能，由各自动扶梯厂家的企业应用平台实现对其所有在线自动扶梯的远程监测。

【垂直电梯】

上海轨道交通全路网垂直电梯分为普通电梯和观光电梯。车站站台至少有1条无障碍通道设置垂直电梯。站厅至站台电梯设置在付费区内，岛式站台设置1部垂直电梯，侧式站台每侧站台各设置1部垂直电梯；站厅至地面的电梯设置在非付费区内(地下站出入口电梯位置布置在人防门外)。地下车站站台至站厅电梯的基站层设定为站厅层，站厅至地面电梯的基站层设定为地面层；

电梯基站锁安装在站厅层,距车控室最近。

上海轨道交通全路网垂直电梯有可靠的供电电源;非消防使用的电梯,按二级负荷供电。垂直电梯接受综合监控系统(ISCS)的监视,该系统收集并显示电梯运行状态信息;垂直电梯均有远程监测功能,由各垂直电梯厂家的企业应用平台实现对其所有在线垂直电梯的远程监测。

【斜挂式电梯】

斜挂式电梯的导轨固定在楼梯一侧,承载残疾人轮椅的平台能沿着导轨移动,帮助残疾人进出车站。在不使用的情况下,斜挂式电梯可以折叠起来;如果乘客需要使用时,可以按楼梯口的电铃,车站工作人员在听到铃声后会马上赶到现场,帮助打开电梯,提供服务。

【垂直升降平台】

为方便乘坐轮椅的残疾人能上下楼梯,搭乘地铁,特设置残疾人轮椅升降平台。

上海轨道交通全路网共设自动扶梯 3 119 台、垂直电梯 831 台、垂直升降平台 1 个。

表 2-4-18　2015 年自动扶梯与直升电梯统计表

线　　路	自动扶梯(台)	垂直电梯(台)	垂直升降平台
1 号线	191	51	
2 号线	234	65	
3 号线	153	54	
4 号线	129	30	
5 号线	117	52	
6 号线	160	74	1
7 号线	269	73	
8 号线	161	46	
9 号线	277	65	
10 号线	294	80	
11 号线	280	71	
12 号线	372	63	
13 号线	319	61	
16 号线	149	43	
磁浮线	14	3	

第三节　车　　辆

一、概况

上海轨道交通车辆是由动车(带有动力牵引装置)和拖车(无动力牵引装置)组成,车顶主要安装受流设备，包括受电弓、避雷器及空调单元；车体由底架、端墙、侧墙及车顶组成，车辆电气包括车辆上的各种电气设备及其控制电路，由主电路系统、辅助电路系统和控制电路系统组成，车厢内部安装有设备柜、照明系统、空调系统、视频监控、LCD/LED 显示系统、座椅、扶手等设施，部分列车还安装有电子地图；车底由转向架走形部、制动装置、车体牵引缓冲连接装置、轮缘润滑装置及各种车辆运行设备，如蓄电池箱、继电器箱、主控制箱、空气压缩机组、总风缸、电源变压器、各种电气开关和接触器箱等组成。

上海轨道交通运营网络除 5、6、8 号线采用上海小型车外，其余线路车辆全部采用国家标准规定的 A 型车。

上海轨道交通首列列车由 Adtranz（德国）股份有限公司/西门子股份有限公司（合称为德沪地铁集团）生产提供。1992 年 10 月 30 日，第一列样车由德国运抵上海。该车投放在 1 号线上。至 1994 年 11 月 25 日，按照订货合同，16 列 96 辆电动客车全部到位。之后，随着轨道交通投运线路逐渐增多，车辆数也相应增加。

至 2015 年末，上海地铁列车数共 674 列 3 990 辆。（不含磁浮列车），有 20 种型号。

上海轨道交通 1、2 号线的车辆原为 6 节编组，为缓解运能和运量矛盾，增加载客量，从 2007 年 4 月起，申通地铁集团启动 1、2 号线列车增能扩编改造项目，即将车辆编组数由 6 节改造为 8 节（6 改 8），其中 1 号线从 2007 年 4 月 23 日实施扩编改造，至 2008 年底完成 12 列列车改造工作，正式上线运营；2 号线从 2008 年 8 月实施改造，至 2009 年 6 月 2 日完成 16 列列车改造工作。至 2010 年末，上海轨道交通各线列车编组情况为：1 号线和 2 号线正线为 8 节编组；2 号线广兰路站至浦东国际机场站为 4 节编组；3、4、7、9、10、11 号线为 6 节编组；5、6 号线为 4 节编组；8 号线为多种编组混合运行，车辆为 6 节或 7 节编组。除 5 号线 4 节车厢独立载客外，其余所有列车车厢之间是相互连通的，乘客可以自由穿行。

从 1993 年首列列车投入运营至 2015 年，上海轨道交通列车技术从初期的完全引进，到后来的独立自主研发生产，实现历史性突破。前后共经历了完全引进、消化吸收、合资合作、独立自主四个阶段。

完全引进阶段为 1990 年至 2000 年，上海轨道交通列车技术，无论是简单的机械部件还是复杂的控制系统，均从国外进口。国内除了长春客车以外没有其他轨道交通开发、制造经验。这一时期典型的列车项目有上海轨道交通 1 号线列车（直流牵引系统）和 2 号线列车（交流牵引系统）。这 2 个项目采用当时世界上比较先进的理念和设计，比如：列车控制网络、微机控制、轻量化转向架等，列车通风和空调系统也是当时国内比较罕见的。中国作为使用单位，这个时期主要是通过学习和吸收，掌握使用日常保养技术。

消化吸收阶段为 2000 年至 2003 年，上海轨道交通列车大部分的核心技术仍由外方把控，国外厂商对列车的技术、设计、工艺、材料采购等全权负责。但组装、生产等逐步向国内转移。比较典型的项目为：上海轨道交通 3 号线和 4 号线项目。这个时期项目的列车原型车均为国外生产、试验，定型后再在国内厂家组装。国内厂商除了组装外，逐步开始一些部件的国产化工作，比如：车体焊接制造、转向架制造等，为日后开始全面部件制造国产化打下基础。同时，中国作为使用单位，已对列车的特性和使用需求有了相当的认识，并开始提出独立、系统的设计需求。

合资合作阶段为 2003 年至 2006 年，以上海轨道交通 5 号线和 1 号线增购项目为起点，进入中外合资合作阶段。这一阶段出现一批在国内制造、组装轨道交通列车核心部件的中外合资企业，涉及牵引、辅助供电、网络控制等。在此期间的项目，国内车辆制造厂商已经能够独立设计、生产大部分机械部件和相当一部分的系统，包括车门、空调等。此时，国内厂商开始掌握设计的主动权，除了少数核心部件的设计外，已基本把握设计制造的方向，开始参与到列车设计中，并逐步形成合同执行的主体者。

独立自主阶段为2007年及之后，国内厂商逐步掌握了原先被视为核心技术的牵引、网络和制动系统的设计生产方法。上海轨道交通最早通过1号线102号车直流牵引系统改造升级，采用株

图2-4-4　2005年12月5日，行驶中的轨道交通4号线列车

图2-4-5　2006年12月30日轨道交通2号线西延伸列车试运行

洲电力机车研究所的牵引、辅助供电和网络系统。经过几年的运营实践，完全能够满足上海轨道交通最繁忙的1号线的运营需求，同时与原有其他系统匹配良好，此举标志着国内车辆制造厂对核心技术的基本掌握。在2007年轨道交通1号线“6改8”项目中，国产牵引设备首次得到使用，摆脱了牵引设备依赖进口的局面。2007年6月11日，上海自主研发的第一辆轨道交通A型车在上海新国际博览中心亮相。同年9月21日，中国第一列具有自主知识产权A型轨道交通列车在上海成功下线。这列A型车按照上海轨道交通车辆和线路运营条件自主设计和研制，国产化率达85%，在技术上能与西门子、阿尔斯通、庞巴迪等外国品牌车辆相媲美，从而打破了跨国公司在A型轨道交通列车领域的技术垄断。首列自主研发的A型车为“四动、两拖”6节编组，最大载客量为2 460人，每节车长度22.8米，宽度3米，最大运行速度为每小时80公里。之后，1号线原有16列直流列车全部根据此方案进行升级，国产制动系统也在此项目上进行运营实践。在国产化率提高的同时，轨道交通列车技术继续发展。2009年轨道交通11号线开通，列车最高运营速度由80公里/小时提高到100公里/小时。2010年轨道交通10号线开通，上海轨道交通列车成功实现无人驾驶。

图2-4-6　2012年6月28日地铁车库内的13号线地铁列车

图2-4-7　2008年11月12日地铁车库内的7号线地铁列车

图 2-4-8 2007 年 4 月 2 日地铁车库内的 8 号线地铁列车

二、列车购置

【车辆供应商】

上海轨道交通运营的列车，主要由西门子（中国）有限公司、中车株洲电力机车有限公司、长春长客—庞巴迪轨道车辆有限公司、中车长春轨道客车股份有限公司、法国阿尔斯通交通股份有限公司、上海阿尔斯通交通设备有限公司、南京中车浦镇城轨车辆有限责任公司等企业或联合体制造。

【车辆的制造】

上海地铁 1、2 号线 DC01/AC01/AC02 型列车由德国 GSMG 提供（部分车型改造后，对应车型为 01A01/01A02/01A03/01A04/02A01 型）；4 号线 401＃、402＃由西门子提供；3 号线 301＃、302＃、303＃、304＃、5 号线 501＃、502＃、8 号线 801＃列车由阿尔斯通提供；其余列车在国内合作生产、组装。

7、9、12 号线列车应用庞巴迪技术在长春生产。

6、10、11、16 号线后续列车在国内设计、制造、组装。

三、列车车型

【A 型车（受电弓、受电靴）】

上海轨道交通 1、2、3、4、7、9、10、11、12、13、16 号线使用 A 型车。

A 型车主要规格尺寸：

车体长度端车约（拖车）24 400 mm，中间车约（动车）22 800 mm，车体最大宽度 3 000 mm，车顶至轨面高度(不包括受电弓、空调)3 800 mm,客室地板面至轨面高度 1 130 mm,列车端部车钩中心线距轨面高度 720 mm,地板面至客室内部车顶中心线高度 2 100 mm,站立区净高度≥1 900 mm,车辆定距 15 700 mm,转向架固定轴距 2 500 mm。

A 型车部分改造项目。列车“6 改 8 增扩编”项目。上海地铁 1 号线 6 改 8 增扩编项目是将 24 列原 GSMG 提供的带驾驶室的 A 车(拖车)(其中:16 列来自 2 号线的 02A01 型(原 AC02 型)列车,8 列来自 1 号线 01A03 型(原 AC01 型)列车),通过采购 72 辆新动车,编成 12 列 8 节编组的列车。增扩编改造项目于 2005 年 9 月启动。126#—129#列车增扩编为 01A04 型(原 AC01b 型)、另调 2 号线 8 列 02A01 型(原 AC02 型)217#—224#列车的头尾两节拖车,进行增扩编改造后投入 1 号线运营。

该项目由株洲西门子联合体实施,项目合同于 2005 年 9 月 19 日正式签订,2007 年 3 月 19 日首列车(6 节动车)从株洲运抵上海,并于 2007 年 9 月正式投入运营。2008 年底 12 列车全部上线运营。

列车“6 改 8 自扩编”项目。上海地铁 2 号线电动列车采购项目,共采购 37 列电动列车。其中,13 列 01A03 型(原 AC01 型)列车在 1 号线运营,24 列 02A01 型(原 AC02 型)列车在 2 号线运营,上线之初均为 6 节编组。列车采购时预留 6 改 8 扩编接口。列车自扩编改造就是通过在每列 6 节编组列车两个单元中间分别加入一节 B 车、一节 C 车,即扩编为 8 节编组列车。

2007 年 4 月启动 01A03/02A01 型(原 AC01/AC02 型)列车自扩编改造项目。1 号线首列车于 2007 年 4 月 23 日实施扩编改造,2 号线首列车则是从 2008 年 8 月起开始实施。

1 号线 118#—125#列车自扩编为 01A03 型(原 AC01a 型),2008 年 6 月 29 日完成 8 列车的改造工作。

2 号线 201#—216#列车利用 217#—224#列车的动车自扩编为 02A01 型(原 AC02 型),于 2009 年 6 月 2 日完成 16 列车的改造工作。

列车“直改交”项目。2008 年,在成功修复 102#列车并将其“直改交”以后,上海地铁又订购了 34 节新车辆,将剩余 15 列 DC01(现 01A01)型列车全部实施“直改交”,同时扩编为 8 节编组。

新订购的车辆中 30 节用于 101#、103#—116#的“直改交”并扩编为 8 节编组,2 节用于 102#扩编为 8 节编组,另 2 节将用于扩编 AC01 型(现 01A03)“6 改 8”项目最后一列 117#列车。

单列车改造

102#列车改造

2004 年 1 号线北延伸试车时列车受损,造成 102#列车中编号为 92113 的 C 车(不带受电弓的动车)车厢报废。2007 年,新购 1 节 C 车(编号仍为 92113,但与原车不完全一样),对全车进行改造,把列车的直流牵引电机更换为 JD118A 型交流牵引电机,安装了牵引逆变器。2007 年 9 月,102#列车重新投入正线运营。

117#列车改造

2009 年 12 月 22 日,上海地铁 1 号线 117#列车侧面受损,两节 B、C 车报废;后新购 B、C 车共 4 节与剩余的 2 节 A 车和 B、C 车各一节,改造成 8 节编组列车投入正线运营。

A 型车转线运营

列车“1 转 3”运营

3 号线开通初期,从 1 号线借用 5 列西门子列车,进行技术改造和通号调试后,在 3 号线投入运营。3 号线有足够运营列车后,借用的 5 列车返回 1 号线。

列车“2 转 4”运营

由于 2 号线延伸至淞虹路后，原有车辆不足以维持行车原间隔，故向 4 号线借调 04A01 型 8 列车。(0421#—0428#)给 2 号线运营，编号为 225#—232#。02A02 型列车交付并陆续上线运营后，借调的 04A01 型列车返回 4 号线。

列车“1 转 9”改造

09A01 型列车属原 1 号线 AC04 型列车，2004 年 12 月 14 日开始在 1 号线运营，期间列车号为：130#—139#，线路识别色为红色。在 1 号线上运营 2 年，为配合 9 号线 1 期开通运营，2007 年初开始对列车进行技术改造，于 2007 年 12 月 27 日正式投入 9 号线正线运营。列车号改为 901#—910#。

列车“9 转 13”号线运营

配合 13 号线在 2010 年上海世博会期间作为世博专用线，2010 年 3 月向 9 号线借调 5 列车(942#、943#、944#、945#、948#)转至 13 号线世博线运营。世博会结束后，世博线停运，2011 年 4 月 8 日，这 5 列车回归 9 号线。世博会期间列车腰带保持 9 号线标志色，未油漆成 13 号线标志色。

52 型列车(已退出运营)

由上海轨道交通设备发展有限公司研制，于 2007 年 9 月 22 日在上海制造生产完成，列车设计时速：80 km/h，采用 6 节编组。列车仅 1 列。

2008 年至 2010 年期间，曾在上海地铁 9 号线试运营，运营期间列车编号为 952#，运营总里程 12.9 万公里，后停运。经申通集团调研决定，采购 952#作为实训专用车。2014 年 9 月，952#从 9 号线九亭基地运至 1 号线富锦路基地。整车经地铁路网运抵 2 号线龙阳路基地。2011 年 12 月 20 日，952#在张江实训线正式启用。

11 号线迪士尼专列

为配合上海迪士尼乐园开园，上海申通地铁集团与上海迪士尼度假区共同打造迪士尼主题列车(1122#、1130#、1165#、1166#)，列车内外整体以迪士尼卡通元素包装。2016 年 6 月 16 日迪士尼正式开园，2 列迪士尼主题列车正式上线，分别在 11 号线迪士尼站和罗山路站相向始发，载客运营。

A 型车配置集电靴(16 号线 16A01 型)

16A01 型列车是时速 120 km 的新型 A 型车，采用 3 节编组，正线第三轨供电，由集电靴受流，库内检修采用触网和受电弓方式。

【小型车】

上海地铁 5、6、8 号线使用小型车。

小型车主要规格尺寸：

车体长度端车(拖车)约 19 500 mm，中间车(动车)约 19 440 mm，车体最大宽度 2 600 mm，车顶至轨面高度(不包括受电弓、空调)3 800 mm，客室地板面至轨面高度 1 140 mm，列车端部车钩中心线距轨面高度 824 mm，地板面至客室内部车顶中心线高度 2 100 mm，站立区净高度≥1 900 mm，车辆定距 12 600 mm，转向架固定轴距 2 000/2 200 mm。

上海地铁 5、6、8 号线使用小型车。

按载客量分，5 号线是上海第一条真正意义上的轻轨，采用法国阿尔斯通公司提供的车型，由上海阿尔斯通交通设备有限公司首次在上海本地组装。5号线05C01型列车为4节编组车辆独立载客，列车中间有贯通门，单节车锁闭，列车连挂后车厢间不贯通，两节车厢间无法通行。列车采购时应用定频空调技术，2009年申通集团对列车电动列车进行空调系统节能改造，在05C01型列车上进行空调系统节能改造项目，全线列车采用变频空调技术。

6号线列车为4节编组运营，每节车辆之间设有贯通道。6号线列车采用三种不同的制动模式混合运营，其中：06C01型列车采用轴盘制动；06C02型列车采用踏面制动；06C03型列车基础制动采用混合制动模式，即动车采用踏面制动、拖车采用盘式制动。上海地铁在06C03型列车上，首次采用了轴温监测系统和无线故障传输系统。

8号线列车为6节、7节编组混合运营，其中：08C01型列车为6节编组，08C02、08C03型列车为7节编组。

【车辆技术发展】

牵引系统：上海地铁1号线开通初期，选用了直流牵引电机作为传动设备，随着交流电机调速技术的发展及直流电机本身维修工作量大、维护成本高、牵引电机自重高及调速控制回路有触点设备较多，故障较高等情况，2号线之后的所有列车均采用了交流传动系统。自2008年起上海地铁陆续将16列直流传动列车全部改造成交流传动列车。上海地铁运营列车均为交流传动列车。

上海地铁4编、6编、7编、8编的列车牵引系统控制方式均采用车控方式，每节动车配备一台VVVF逆变器，一台逆变器供给本节动车转向架并联的4台交流异步牵引电机。3编列车采用架控方式，每个动力转向架配备一台VVVF逆变器，一台牵引逆变器供给本转向架并联的2台交流异步牵引电机。

列车控制系统：列车控制系统主要分为硬件控制和网络控制。硬件控制为单纯通过电信号驱动硬件进行动作，而网络控制则是通过列车网络主干总线，中央控制单元将指令发送至各微机控制单元，并负责控制或监管各微机控制单元。上海地铁网络控制一般采用MVB总线控制，其具有结构可靠、传输稳定等特点；此外，从3/4二期新车增购项目开始，列车还配置了以太维护网，检修人员可直接通过该维护网访问各主要的微机控制单元，对其进行故障下载及相关维护工作。

制动系统：列车的制动方式分为电制动和气制动。电制动是通过电机产生的电制动力实现无磨耗制动，这种制动只能在动车实现，不能在拖车上实现；而气制动则是通过基础制动装置直接作用在车轮上，拖车和动车都可实现。上海地铁新采购的列车在高速阶段无需由气制动介入，即电制动可满足整车制动力需求，低速阶段的电空转换点速度不大于6 km/h；此外，在上海地铁13号线、16号线已实现了电制动到零的技术。以上技术的发展大大降低了闸瓦的磨耗，同时也减少了对环境的污染。

空调系统：地铁列车空调系统的核心部件之一就是压缩机，在列车空调系统的发展历程中，压缩机的类型和控制方式也逐步发生着变化。原先的空调系统多数为单制冷回路，早期压缩机较常见的有螺杆式，活塞式等。此类压缩机个体体积较大，噪声较高，后续已逐渐被涡旋压缩机所替代。涡旋压缩机有着噪声小、体积小等诸多优势，随着该类压缩机的应用，空调的控制方式也悄然发生着变化。从单压缩机到双压缩机，再至前几年的四压缩机，制冷量的调节也原来越精准，从原先的只有起、停，到可以有50%的起、停，最终到四压缩机的25%。压缩机的多级控制，大幅降低了起停损耗，达到了节能目的。随着技术的发展，变频空调控制技术也使用在列车空调上。压缩机的变频控制能零电流启动，进一步减少了压缩机的开关损耗，同时更精确的频率控制能更精确的保证空调制冷量的输出，保证客室车厢的舒适。2009年上海地铁5号线空调系统进行变频改造，将变频空调技术成功应用到轨道交通列车上。在2015年后的1号线、5号线、7号线、9号线、12号线新车增购项目中，空调系统也逐步应用变频技术。

车门系统：上海地铁1、2号线西门子列车采购项目，采用了气动内藏对开式滑门；自3号线列车后首次采用了电动式塞拉门形式，相比于气动门，电动门具备了单门控制、车门防夹等功能，提高了对列车大客流车门故障的处理能力，16号线16A01型列车采用了端部解锁形式电动式塞拉门，车门机构大大减少，在保证车门原有功能和可靠性基础上降低了车门整体成本，提升了检修的简便性。

乘客信息系统：乘客信息系统由广播通信系统、乘客信息显示系统、多媒体播放系统、视频监控、应急保障系统等部分组成。上海地铁先后在13号线二期增购、9号线三期增购等项目中应用了客室视频监控、背靠背LED显示器等新技术，与LCD显示屏、客室广播等相互配合，监控并记录客室情况，提供列车到发时间、乘车须知等消息，为乘客们提供更加丰富的资讯，同时也提高了地铁处理紧急事故的能力；此外客室LCD显示屏也由最初的加装的14寸显示屏，升级到17寸显示屏，再升级21寸显示屏，进一步提升了视觉效果。

动态地图：动态地图是乘客获得列车运营信息的重要途径之一。上海地铁的动态地图也经历了从无到有，从LED动态地图到LCD动态地图的发展过程。在1994年上海地铁开通时，乘客仅能通过客室广播、目的地显示器等获得运营信息。在2005年上海地铁4号线中首次采用了LED目的地显示器，向乘客提供列车运行图与列车运营位置；在16号线时又首次采用了LCD动态地图，与LED动态地图相比，LCD动态地图由于加入了动画，显示效果更好，显示内容更直观，提供的信息也更多。

车轮：上海地铁使用的车轮有双S型辐板、S型辐板及直辐板等多种结构；车轮材质有R9T、ER9、R8T、R7T、ER7、CL60等多种类型，为了便于采购及提高备件的通用性，上海地铁研制了统型车轮及降噪车轮，极大地减少了车轮的品种及备品备件，提高了车轮的可用率，减少了车轮噪声污染，取得了较大的经济效益和社会效益。

车钩：车钩是轨道车辆重要的部件之一，它是用来连接列车各车辆，实现车辆之间机械、电气和气路的连接，并传递与缓冲列车运行中或在调车时所产生的纵向作用力。

上海地铁A型车车钩的缓冲装置经历了双作用环簧缓冲器、胶泥缓冲器、压溃管、气液缓冲器的发展过程。通过对缓冲器配置的不断优化，吸收能量和效率都有较大的提升。车钩无损撞击速度由6.5 km/h升级到了15 km/h，两列AW0的列车车体结构不受损坏的撞击速度页由15 km/h提升到了25 km/h。

对于上海地铁列车C型车车钩，车钩更由早期的纯机械连接车钩升级为了电气机械一体化的全自动车钩，车钩的能量吸收性能也升级到了A型车的相同要求。

照明：上海地铁早期列车照明均采用荧光灯。2013年，上海地铁首次在13号线及16号线列车配置了亮度更高、节能性能更好的LED灯具，并在其后续的列车中推广使用。同时在照明控制上，也经历了早期的全人工控制到自动亮度控制，对于照明亮度的控制也更加精确灵敏，提升了乘客乘坐的舒适性，为乘客营造了良好舒适的空间氛围。

贯通道：贯通道是连接两个客室的部件，能够在两节车之间形成一个可靠动作、安全无障碍的乘客通道。贯通道在列车技术发展的过程中也在不断升级。净通过宽度由1 400 mm加宽到了1 500 mm，更好地保障了乘客的快速疏散需求。对于贯通道侧护板，由无到有，由多片式升级为一片式，提升了美观的同时也避免了侧护板自身摩擦产生噪声的问题。贯通道棚布从单层升级到了双层，隔音能力从早期的32 dB提升到了40 dB以上。所采用的棚布防火烟雾毒性要求也从早期的德国标准 DIN5510 提升到了更高的英国标准 BS6853。

防火性能：1994 年开通伊始，上海地铁列车防火性能标准便按照德国标准 DIN5510 要求执行。2000 年 3 号线列车又引入法国标准 NFF16101。自 6、8 号线二期列车起又加入对列车材料烟雾毒性的要求，并按 BS6853 标准执行。同时自 9 号线三期列车及 13 号线增购列车起，又在列车底架增加了防火涂料，能够让列车底架承受 45 分钟的燃烧而不发生破坏坍塌，并有效控制地板升温，确保乘客在发生火灾情况下能够有充足的时间安全疏散。

四、列车服务装备

【车厢广播报站器】

司机室对讲在有蓄电池供电的情况下，列车两端的司机室可以通话，两列车重联时，四个司机室之间可以互相通话。任何一个司机都可以通过按下司机台广播控制盒上“对讲”按钮触发与其他司机室之间的对讲，司机对讲独立于车厢公共广播，通话内容不传播给乘客。

司机对乘客广播司机可以按下司机台广播控制盒“广播”按钮，相应的指示灯亮，激活通话连接，再按下“PTT”按钮，用手持式麦克风对车厢广播。

乘客紧急报警对讲每个车厢布置 2 个紧急报警器，用于乘客向司机紧急报警。在车厢出现紧急情况或突发事件时，乘客可操作紧急对讲装置，实现与司机的对话。乘客一旦将紧急对讲装置激活后，就能触发视频监控系统，将对于报警点位置摄像头采集的画面显示在监控触摸屏上。同时，司机室的监控屏也会自动切换到报警客室相应摄像头，以便司机及时了解报警车厢的情况来进行处理。

无线电广播提供运营控制中心（OCC）对客室乘客广播的能力。列车广播系统为无线电设备提供一组控制接口与一组音频接口，能够自动接收车载无线通信系统的激活信号，将从音频接口接收到的语音信息通过广播系统对乘客广播。

数字化报站列车广播系统提供普通话、英文两种语言的数字化语音报站功能，具有全自动、半自动播报两种模式，模式选择由司机选择。司机可通过操作控制面板来激活和终止当前广播，并选择广播内容。司机通过司机室广播扬声器监听客室广播。司机室主控制器提供以太网和 USB 维护端口，通过维护软件，可进行编辑和下载数据，方便用户操作。

全自动广播分为两种报站方式：1）当 ATC（自动驾驶控制系统）有效时：列车广播系统接收来自 TCMS（列车控制系统）转发的 ATC 信息，进行自动广播。信息里包含起点站码、终点站码、当前站码、下一站码、距离信号或速度信号、开关门信号、车站越站标志位等信息，自动触发报站广播。2）当 ATC 失效时：由车辆控制系统通过 TCMS 发送距离信号，自动触发报站广播。

关门提示音广播列车广播系统接收到关门指令后，开始关门提示音广播，根据设置的循环次数，结束广播。当车门检测到障碍或故障时，仅从车门蜂鸣器发出关门警示音，不从广播系统发出提示音广播。

紧急信息广播当遇到紧急情况时，如发生火灾、严重故障等，司机在控制面板上选择相应的紧急广播信息，列车广播系统从 TCMS 接收相应的紧急广播触发位和代码将预先录制好的疏导等信息进行播放。紧急广播的优先级高于正常报站广播，可随时中断正常报站广播，取消紧急广播后可自动返回正常报站广播，不需要重新设置路径和跳站。

广播音量自动调节客室扬声器带有噪声检测功能，在广播间歇期间，每间隔 2 分钟检测一次噪声，同一客室车辆控制器内的功率放大器通过读取检测值自动连续的控制本客室广播音量的大小，使广播音量始终高于室内噪声 5—10 dB,但任何时候输出音量不高于 90 dB。维护人员可通过软件对门槛的数值、相应的广播系统输出音量级的自动变更、等级进行修改。

【车厢电子滚动屏】

上海地铁车厢电子滚动屏包括视频信息系统(LED)和媒体播放系统(LCD)。

视频信息系统(LED)视频信息系统通过客室内安装的 LED 信息显示屏、车侧安装的目的地显示屏、司机室前端的目的地显示屏和客室内部的动态线路图显示屏提供给乘客乘车时必要的旅行换乘信息。

LED 内部信息显示通过车厢内安装 LED 信息显示屏为乘客提供必要的旅行信息。显示的功能包括：中英文两种文字显示；显示目的地、到站站名、下一站站名、开门侧信息及其他宣传文字；显示运营服务信息和紧急信息等。2005—2006 年,车辆分公司对 01A01/01A02 型共 16 列,01A03/01A04 型共 13 列,在每节车厢加装 LED 报站系统,每车两端增设 2 个 LED 电子滚动屏配合广播播报。02A01 型、05C01 型、06C01 型、08C01 型、10A01 型列车未设置 LED 电子滚动屏。

目的地显示在司机室的前端设 1 个目的地显示屏,在每节车两侧各设 1 个目的地显示屏,不同车型有差异。

动态线路图显示客室内安装动态线路图显示屏,动态地显示列车到站信息,显示信息包括：列车运行线路、运行方向及终点站；列车将要到达的下一站；客室车门打开侧指示；换乘站和用于换乘的相应线路；标识中英文对照。LED 动态线路图显示保持与广播同步,准确显示到站信息。部分车型有此功能。

媒体播放系统主要设备包括 LCD 显示器、司机室的媒体信息服务器模块、视频转换器。通过以太网总线,将各个设备连接起来。

实时播放数字电视广播在有数字电视信号覆盖隧道区间的前提下,激活端的 LCD 媒体播放系统优先自动通过数字机顶盒接收实时数字电视广播信号,该模拟信号到达视频转换器后,经过编码处理,再通过以太网传输到各个车厢,分屏输出到多个 LCD 显示终端上,音频信号输出到 LCD 显示屏的扬声器上。

预存储信息播放功能媒体播放系统安装独立的机械硬盘,预先存储媒体播放内容。

紧急信息播放在列车遇到紧急情况时,司机通过 HMI 手动触发紧急信息,触发代码通过 TCMS 传入媒体播放系统,此时本列车所有 LCD 显示终端均全屏显示相应预案处理信息,指导乘客有序疏散,此时所有的商务广告、娱乐节目停止。

【列车编码】

地铁列车类型代码由 4 或 5 位组成,第一位由字母 D 或 A 组成,D 表示直流型,A 表示交流型；第二位由字母 C 或 A 组成,C 表示列车,A 表示交流型；第三、第四位由 2 位阿拉伯数字组成,代表批次；第五位由字母 a 或 b 组成,表示自扩或增扩列车。

例如：AC03 表示上海地铁第二批交流型列车。

地铁列车编号,地铁列车编号由 4 位阿拉伯数字组成,第一、第二位数字表示线路号,01 表示 1 号线,02 表示 2 号线,03 表示 3 号线；第三、第四位数字表示列车出厂的顺序编号。例如：0101 表示 1 号线 1 号车,0201 表示 2 号线 1 号车。

地铁车辆编号,地铁车辆编号由 6 位阿拉伯数字组成,第一、第二位数字为运营线路号；第三、第四、第五位数字为车辆交货顺序编号，从 001 开始，依次类推。除 DC01、AC01/02、AC03 从 01 开始。第六位数字为车辆类型，1 表示 A 车或 TC 车，2 表示 B 车或 MP 车，3 表示 C 车或 M 车。例如：010971 表示 1 号线第 97 辆车，车辆的类型为 A 车。

【视频监控】

视频监控系统功能列车视频监控系统为司机提供了在驾驶室监控客室乘客状况以及两端司机室状况的能力。每个客室安装 3 台全方位摄像机和一套硬盘录像机。每个司机室安装广角红外摄像机以及 1 台触摸显示屏。

图像采集传输视频监控系统采用全数字网络化监控方案，通过交换机和网线构成列车以太网络，以太网连接方式为双冗余串网结构。各个客室的硬盘录像机集成在客室车辆控制器中，通过以太网接口连接各个摄像机。客室摄像机采集的图像经过编码处理后直接保存在本客室的监控硬盘上。

视频图像显示各个车厢的视频监视信息通过以太网实时发送到司机室监控触摸屏，司机可通过触摸屏选择查看各车厢的监控情况(包括另一个司机室)。可以分屏轮巡显示客室和司机室的视频图像。司机选择指定的摄像头后，视频监控主机通过以太网络调用所选择摄像机信号在触摸屏的人机界面上显示，提供给驾驶室工作人员观看。在触摸屏上还可以根据触发信号自动弹出监视画面，并有声光报警提示。

报警联动当有客室车门紧急解锁装置解锁、客室紧急报警器工作、火灾报警等报警事件发生时，为方便司机及时查看到报警事件所对应的视频监控图像，视频监控主机在接收到 TCMS 发送的紧急事件触发信号后，立即在司机室 LCD 触摸屏上显示对应的视频图像，并有声光报警提示。

数字录像每个车厢的硬盘录像机采用大容量数字存储硬盘(采用 1 T 容量的硬盘)，所有摄像机采集图像 25 帧/秒，存储硬盘可连续存储 360 小时。当存储空间不足时(达到 95%)，硬盘录像机发出报警信息，并在 LCD 触摸屏上显示报警信息，并启动覆盖机制，按照 FIFO 先进先出的方式，自动覆盖最早录制的视频文件。

视频监控系统存储所有的操作以及监控画面可以通过司机室安装的监控触摸屏来操作，所有的视频录像存储在 DVR 中，视频录像采用 H. 264 编码方式，使用 1 T 主硬盘，实时监视图像分率：PAL：704 * 576(4CIF)，回放分辨率：PAL：720 * 576(D1)分辨率。视频监控系统满足 DB 31/329. 7 - 2007《重点单位重要部位安全技术防范系统要求，第 7 部分：城市轨道交通》的要求，做到列车车厢内全覆盖，同时录像满足 360 小时的存储时间。

视频监控系统的安装视频监控系统的加装，2010 年世博会前，申通集团启动了世博 600 天相关项目，其中包括在 1—9 号线(01A01、01A02、01A03、01A04、01A05、01A02、02A01、02A02、03A01、04A01、05C01、06C01、07A01、08C01、09A01 型)列车上进行视频监控系统加装改造，增设摄像机、硬盘录像机等设备，为轨道交通监控提供及时、可靠的图像信息，提升上海地铁处置突发性重大事件和反恐怖事件的快速反应能力。

1 号线和 2 号线 37 列 8 节编组电动列车、3 号线 28 列 6 节编组电动列车、5 号线 17 列 4 节编组电动列车、6 号线 21 列 4 节编组电动列车、7 号线 42 列 6 节编组电动列车、8 号线 28 列 6 节编组电动列车、9 号线 51 列 6 节编组电动列车增设车辆视频监控系统，于 2010 年 4 月份完成系统安装、调试并投入使用。

随车集成的视频监控系统：2008 年起，视频监控系统在新车采购项目中随车集成。上海地铁所有新购列车均在交付时具有车载视频监控功能。

【列车色带】

上海轨道交通网络中线路标志色，对乘客识别、引导和车站的视觉形象设计都起到了良好的作用。

表 2-4-19　2015 年上海轨道交通运营线路标志色情况表

线路标志	线路号	四色色号	专色色号
1	1 号线	C=2 M=100 Y=82 K=0	大红色 PANTONE 185C
2	2 号线	C=51 M=0 Y=100 K=0	浅绿色 PANTONE 375C
3	3 号线	C=2 M=16 Y=100 K=0	黄色 PANTONE 109C
4	4 号线	C=86 M=100 Y=3 K=1	深紫色 PANTONE 267C
5	5 号线	C=49 M=78 Y=0 K=0	紫色 PANTONE 2582C
6	6 号线	C=12M=100 Y=28 K=0	品红色 PANTONE Process Magenta C
7	7 号线	C=0 M=69 Y=100 K=0	深黄色 PANTONE 1505C
8	8 号线	C=99 M=13 Y=4 K=0	蓝色 PANTONE Process Cyan C
9	9 号线	C=48 M=5 Y=2 K=0	浅蓝色 PANTONE 297C
10	10 号线	C=25 M=34 Y=0 K=0	浅紫色 PANTONE 264C
11	11 号线	C=32 M=94 Y=72 K=36	深红色 PANTONE 188C
12	12 号线	C100 M26 Y71 K12	深绿色 PANTONE 335C
13	13 号线	C5 M51 Y0 K0	浅品色 PANTONE 223C
16	16 号线	C44 M0 Y30 K0	靛蓝色 PANTONE 3255C

第四节　装 备 国 产 化

上海轨道交通建设在十一五、十二五期间高速发展，基本进入网络化运营时代，地铁装备国产化率逐步提升。

表 2－4－20　2015 年各条线子系统的国产化率情况表

线路 国产化率(%) 子系统	8 号线	6 号线	9 号线二期	7 号线	11 号线一期	2 号线东延伸	10 号线	12 号线	13 号线	16 号线
车辆	68.57	72.11	72.62	72.13	72.88	71.36	70.42	79.41	72.22	72.22
车辆段、停车场工艺设备	69.5	87.73	—	75.62	82.08	92.46	83.51	77.05	91.69	80.83
信号系统	48.85	54.6	59.9	64.23	60.5	55.58	55.68	70.58	64.6	74.39
通信系统	76.22	75.51	82.68	82.58	82.51	75.92	53.89	79.53	79.77	71.73
供电系统	83.54	77.86	80.53	78.49	93.5	75.88	83.69	91.64	93.4	91.44
空调通风/给排水/动力照明系统	100	98.89	96.01	97.85	95.58	89.85	92.04	88	86.08	92.03
火灾自动报警系统	32.27	49.02	69.65	57.35	49.33	46.2	40.41	52.73	64.82	51.98
气体灭火系统	43.54	9.52	28.68	45.17	—	26.51	25.16	30.23	30.96	35.68
高压细水雾系统	—	—	—	—	4.43	—	—	—	—	—
环境与设备监控系统	37.95	27.53	53.08	—	36.54	35.58	—	45.75	38.48	51.49
综合监控系统	—	—	—	60.54	—	—	59.53	—	—	—
电扶梯系统	100	70.04	74.8	81.37	93.51	74.69	86.06	82.02	86.02	77.7
屏蔽门/安全门系统	67.36	55.46	46.91	47.47	84.78	62.24	60.64	78.76	63.29	77.45
自动售检票系统	72.18	67.85	71.73	73.48	73.08	73.13	72.78	77.3	78.27	75.09
门禁系统	—	30.72	56.53	43.04	32.05	46.95	—	34.11	49.07	44.49
总国产化率	71.84	71.61	72.72	76.82	75.5	70.89	71.1	80.26	75.87	78.84

上表 10 条线的装备国产化率基本保持稳定，且均在 70%以上，达到了国家发改委的要求。

由于每条线路根据自身特点，对子系统的要求也不尽相同，如 11 号线并没有采用其他线路普遍具备的气体灭火系统，而是选择高压细水雾系统；7 号线和 10 号线则引入了综合监控系统；9 号线二期由于是在 9 号线一期的线路上进行延长，故工程建设中不包含车辆段、停车场工艺设备。

气体灭火系统、高压细水雾系统以及门禁系统在整条地铁机电设备中所占的比重较小，且侧重进口，其国产化率都较低。以下仅将每条线共同具备的子系统国产化率用图表进行比较分析。

每条线车辆设备的国产化情况稳定，国产化率基本维持在 72%左右；信号设备是将硬件部分、软件部分、设计、现场测试和系统调测部分以及软件调试部分纳入国产化计算，国产化率基本达到

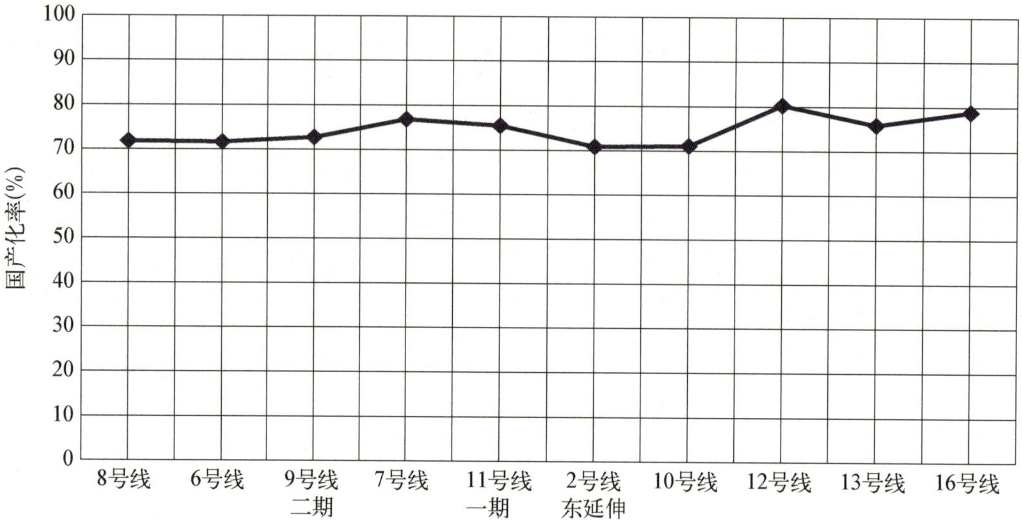

图 2－4－9　至 2015 年线路车辆及机电设备国产化率基本情况图

了 60%以上；由于 10 号线引入了综合监控系统，故部分原本属于通信系统的设备在计算时纳入综合监控系统，导致该线路的通信系统国产化率只有 53.89%，区别于其他线路超过 70%的情况，如图所示：

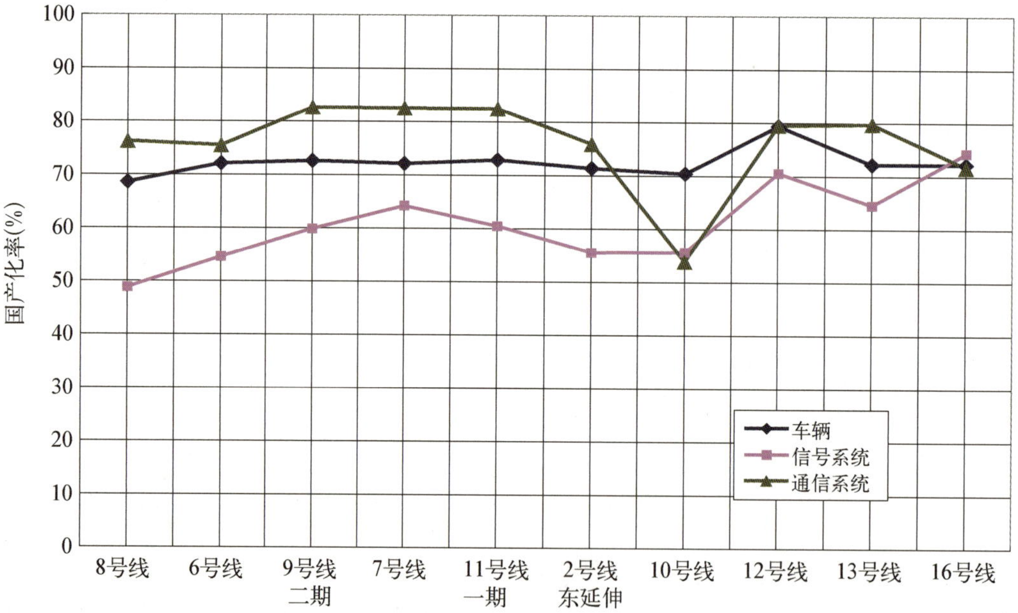

图 2－4－10　至 2015 年每条线车辆、信号系统以及通信系统国产化率情况

供电系统国产化率基本维持在 80%，其中 11 号线一期将电缆外线计入国产化计算，故该条线路的国产化率较高；空调通风/给排水/动力照明系统主要为国产设备，其国产化率达到 90%左右；自动火灾报警系统主要采用进口设备，唯有 9 号线二期工程的自动火灾报警系统国产化率超过 60%，其余各条线路的国产化率均比较低，9 号线二期工程是在 9 号线一期的基础上进行延伸，二者共用控制中心设备，二期工程只包含了国产化程度较高的车站级自动火灾报警设备，如图所示：

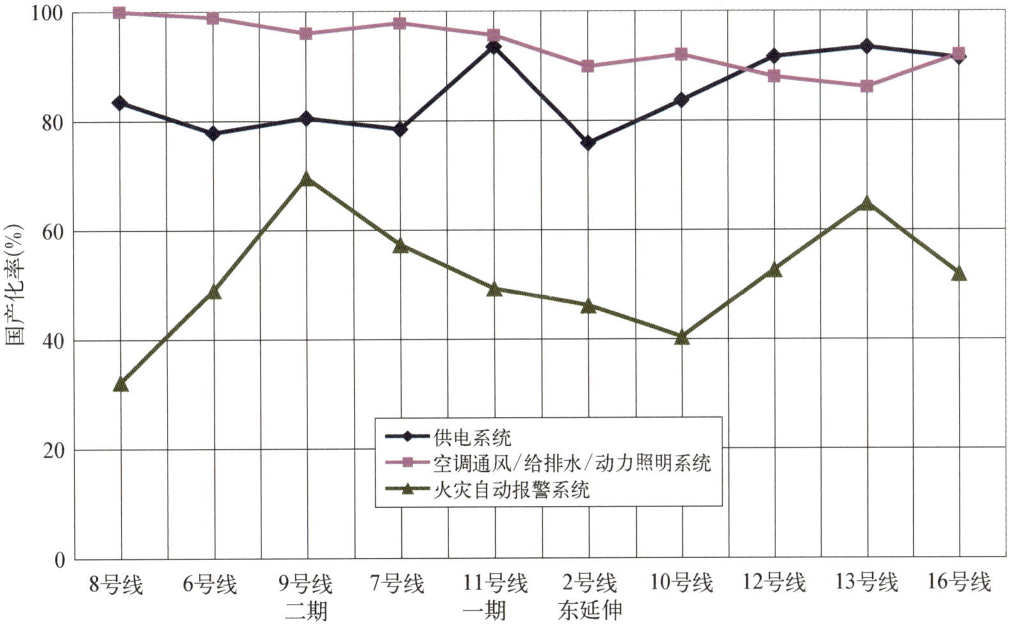

图 2-4-11　至 2015 年供电、空调通风/给排水/动力照明、火灾自动报警国产化率情况

电扶梯系统平均国产化率为 80%左右；屏蔽门/安全门系统国产化率比较稳定，其中 11 号线一期工程中高架站较多，国产化程度较高的安全门所占比例较大，使全线屏蔽门/安全门国产化率超过 80%；每条线路的自动售检票国产化率变化不大，约为 70%，如图所示：

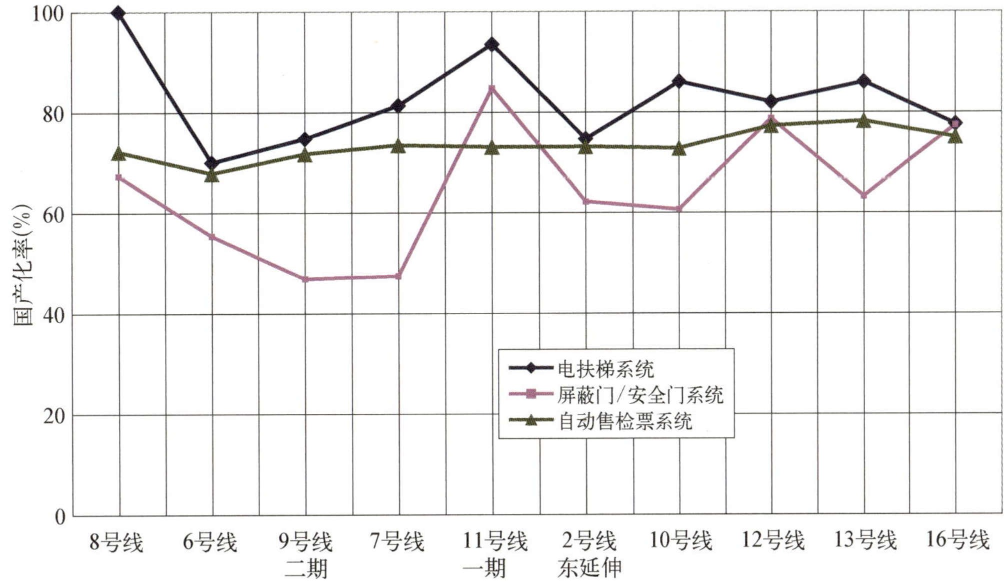

图 2-4-12　至 2015 年每条线电扶梯、屏蔽门以及自动售检票系统国产化率情况

上海城市轨道交通建设一直走在全国乃至全世界的前沿，机电装备自主国产化程度逐步提高，并稳步发展。

第五章　项目建设管理

第一节　工 程 管 理

地铁 1 号线工程建设管理，是由当时的地铁总公司作为主体管理单位，除投融资由久事公司和城投公司负责外，对工程建设的统筹落实、项目建设管理、运营服务实行全过程的管理服务。地铁 2 号线工程建设时，资金投资是“二级政府、二级管理”模式，工程建设责任主体上也是地铁总公司。2000 年至 2004 年初，上海轨道交通的建设管理体系实行了“四分开”，申通集团公司作为业主单位，负责资金的筹措、投资管理，地铁建设公司以代业主的身份负责工程建设管理，负责工程投资控制、工程建设进度、工程建设质量和安全等。

2004 年，申通地铁集团按照“先融合、后整合，先就位、后到位，先并轨、后接轨”的步骤，实施重组工作，整合原地铁建设公司的项目管理部与项目公司的管理组织，加强了总体规划、投资策划和技术管理等工作，成为轨道交通投资、建设管理责任主体。

2010 年 12 月申通地铁集团有限公司成立上海轨道交通建设管理中心(以下简称“建管中心”)。轨道交通建设管理的内容有：建设工程项目投资计划编制、建设工程项目的建设筹划、建设资金的筹措落实，项目的实施计划、工程项目的前期准备，协调推进动拆迁、管线交通组织、专业施工图设计招标技术文件编制理；工程项目的安全监察管理、质量管理、进度管理、文明施工管理；工程项目竣工验收、项目结算竣工决算、机电设备国产化评审工作和建设项目信息化系统应用；工程保险管理、协调做好试运营中与建设有关的工作。工程建设管理实施项目法人制，明确在轨道交通建设项目中项目公司是主体单位、项目法人是第一责任人，引入设计总体、投资监理、施工监理等现场驻点服务，增强项目设计与技术、投资控制、质量安全管理力量。

一、投资控制

运用信息化手段强化投资控制，申通地铁集团在合同管理、招投标管理方面工作，在信息化系统的响应支撑下，阳光操作，数据分享，管控条线清晰，监管督促便捷，对投资控制起到的“制度加科技”的保障作用。至 2015 年底，造价数据管理平台方案已经确定，正在启动开通中。

项目造价数据管理平台(一期)的作用有：一是建立造价数据库的标准，保障历史数据的利用及持续支持后期数据应用，将工程造价信息传递，实现有效的信息流通。二是为概算编制、招标采购提供指标数据，为精细化管理提供造价成本参照基线。三是实现对造价数据管理绩效的量化分析，提供横向对比数据平台。四是统筹整合申通地铁集团造价成本数据，实现知识沉淀与分享。五是项目方案决策时可快速准确测算，为决策提供量化依据。六是项目操作层在成本执行过程中可测算更加准确、高效。

2015 年，申通地铁集团修订出台了《建设工程合同变更管理规定》，对原办法作了完善，把变更流程放到信息平台，采用信息化手段使变更流程和管理界面清晰，使变更处理过程透明。明确申报、审查各方的责任公开，接受各方监督。

申通地铁集团按合作深度的不同，在采购平台上，根据《采购平台供应商准入实施规定》、以信息化手段分级管理供应商，对供应商进行差异化管理，推广优秀供应商。

2010 年起，在招标中实施标准化管理，制定了一系列轨道交通工程标准招标文件，共十二大类，基本覆盖了轨交建设的各类专业，既符合招投标法律法规，又具有轨道交通自身特点。标准化招标文件采纳了国家对标准招标文件的相关要求，包括条款组成、合同内容、评标办法等，吸取了政府监管部门对轨道交通项目招标的最新要求，继承了招标文件历年积累的经验和成果，以及适应申通地铁集团不断推出的各项管理要求如“信息安全”等。2014 年 6 月，上述标准文件通过申通地铁集团标准化程序审定，形成了“标准招标文件 2014 年第 1 版”并及时推广应用。至 2015 年，工程建设类招标项目约为 2 000 多项(包括设计、勘察、施工、监理、机电系统、设备采购、整车、牵引系统、信号设备等)。

申通地铁集团在招标管理中，采用公开招标方式择优选择招标代理单位，实施过程中在招标进度、人员到位、招标文件编制质量、与业主配合度、招标项目投诉率等几个环节对代理单位进行跟踪考核，推进代理服务质量；采用资格预审方法，对投标单位的企业基本情况、施工业绩、项目经理情况等方面严格筛选，以达到合理控制投标单位数量与质量，形成有效的竞争机制。

二、计划统筹

2005 年以来，工程建设管理实施了组织协调工程策划、综合计划统筹、前期方案策划、保险统计等方面的计划统筹工作，对每项工程、每个阶段实施有计划、有部署，按节点推进，按标准实施。截至 2015 年底，申通地铁集团按计划实现通车线路路段 20 个，先后实现了明珠线一期北延伸、2 号线西延伸、6 号线、8 号线、9 号线一期、1 号线北延伸、浦江镇公交配套工程、7 号线、9 号线二期、申嘉线、2 号线东延伸、2 号线西西延伸、10 号线、13 号线世博段、13 号线一期、7 号线北延伸、9 号线三期、12 号线、16 号线、11 号线迪士尼段按期通车。

三、质量把控

申通地铁集团在世博会召开前后提出“人性化服务、精细化管理、标准化建设”的要求，针对上海轨道交通建设管理和安全生产等管理，对建设管理的标准化建设和精细化管理作出了相应的工作部署。

【推行标准化制度建设】

申通地铁集团对 29 个专业共 324 份技术文件进行了标准化，其中建设指导文件 123 份、通用图或标准图 157 份和招标通用技术文件 44 份，主要集中在轨道、地下区间、地下车站、通信和供电 5 个专业。“十一五”建设阶段的技术文件以通用图或标准图为主，占比 66%(139 份)；“十二五”和“十三五”建设阶段的技术文件以建设指导文件为主，占比 65%(74 份)。

【落实精细化工作举措】

推行落实 6 大风险管控制度和 27 项管理举措。搭建申通与 7 大施工企业集团的风险防范协作平台，建立各集团间信息沟通机制、联合监督机制和快速响应机制，从而，强化集团层面对现场作业层的指导、服务和监督职能。确保风险期内施工现场人员到岗、措施到位、监管到责、平稳有序。

持续推进信用评价制度的体系建设和内容完善工作。把信用评价打造成为衡量参建企业和五方责任主体项目负责人履约能力、履约水平和履约诚信程度的唯一指标。

【建立质量安全信用评价体系】

申通地铁集团建设工程质量安全信用评价体系是以国家及地方的法律法规、标准规范及申通地铁集团相关管理规定为依据，建立的一套以质量安全为核心的信用评价指标体系。评价体系由管理指标、技术指标、接口指标和奖励指标构成，管理指标强调了在城市轨道交通建设过程中的依法合规，工程的质量及安全制度及其落实情况，以及针对投标文件与工程合同的履行情况。技术指标以结果为导向，以工程建设过程中及竣工时的监测数据、检测结果为依据，评价实际工程的施工质量。奖励指标的设立旨在鼓励在技术方面有突出创新的工程，以及实际工程质量或文明施工等特别优秀而获奖的工程。

四、安全保障

申通地铁集团按照《上海市建设和交通委员会关于加强本市轨道交通工程质量安全管理的若干意见》精神，在工程项目建设安全管控中，建立覆盖本市轨道交通工程质量安全的监督管理网络；建立施工图审图制度；严格轨道交通深基坑及隧道工程的监督；建立与监督机构联网的远程监控系统；落实安全生产责任和监管职责；制定工程管理强制性管理规定；建立轨道交通工程系列技术标准规范；完善应急机制等这些方面开展工作。从制度规范，标准提升上着手，在人力资源、装备资源进行整合和统筹，建立安全保障管控体系，实施工程项目安全管理保障。

【编制风险分类管理标准】

全面梳理设计、施工阶段的风险点，编制风险分类管理标准，把风险管理的方式、方法植入到地铁建设的全过程，按照不同的风险分类、等级，采取相对应地设计、施工、监理要求。在风险管控方面制定了近百件技术标准或指导性文件，建立了《上海轨道交通建设工程安全生产管理办法》、统一了各条线、各设计、施工单位的标准规程，推进了科学化管理、规范化管理、标准化管理。

【建立应急救援队伍】

上海轨道交通工程建设的应急处置包括集团层面的应急救援队伍建设和现场自救能力建设。在“十三五”建设期间，通过公开招标采购服务，配置专业装备，形成了以上海隧道、建工基础、建工机施、中铁十九局、中铁二局等专业队伍支撑的“1＋3＋N”的应急救援队伍。应急抢险队伍 24 小时待命，集约化接受建设管理方的统一调度管理，一旦有工地险情立即开赴扑救。并且通过申通地铁集团文件要求，明确现场层面的应急抢险材料、物资、设备配备要求，以“早发现、早报告、早处置”为原则，通过“开工令”制度落实执行，强化了现场层面第一时间处置险情的综合能力。

【建立安全督导管理体系】

由建设管理方牵头组建地铁施工质量安全管理督导队，赋予督导队员施工现场巡查、监督、指导、处置、职责，把所有车站、盾构、风井、出入口的施工全部纳入安全督导管理体系，形成第二道施工现场的安全防控体系。

【建立风险影响因素客观评价体系】

依托工程实践经验和专业知识，建立了各风险影响因素的客观评价体系，开展基坑工程、区间工程、旁通道工程风险评级工作。在此基础上，把兼具工程本体风险一级和环境风险一级的工程作为致命性风险工程纳入致命性风险管理。

【建立风险管控专项制度】

申通地铁集团先后颁布了"致命性"项目管理办法、"险长"制、诚信记分制、视频点名、百日安全大检查和清单制管理等 6 项制度，合计 27 项管理举措。督促参建各方"以最好的技术、最实的措施、最严的监管"确保工程风险的安全平稳。从当期的 3 个主控指标稳步提升趋势，反映出风险管控制度的效果逐步显现。

五、科技支撑

在轨道交通工程项目建设中，申通地铁集团依托科技技术，增强工程建设现场管理效率，提升工程建设管理水平。

【实时监控数据分析】

工程实时动态、风险控制、项目进程管理等，申通地铁集团通过集成在建工程信息化数据，进行实时掌控。上海轨道交通工程建设的工程风险过程控制集成了工程的监测数据、盾构数据、冻结工程测温数据、环境监测数据、监护数据、视频监控等数据源。建立了评价工程风险程度的 3 个主控指标和 26 个辅助指标，对在建工程风险实施动态风险过程控制。

【BIM 技术（建筑设计模型）】

自 2012 年 3 月在上海申通建设项目中得到应用，为国内轨道交通工程首次应用，最初为解决土建预留孔洞与安装工程的矛盾问题。现已发展出设计协调、精准算量、施工模拟、进度追踪、资产移交等诸多应用，满足工程信息化管理大数据驱动需求。

【CPIII（轨道高精度测控新技术）】

是轨道高精度测控新技术，是城市轨道交通的轨道精密工程测量技术体系。以"布设基础控制网、轨检小车自动采集"替代传统的"布设导线铺轨基标、人工道尺弦线"，实现了轨道测量误差由原来的±5 mm 提升至±1 mm，轨道调整精度由±2 mm 提升至±0.1 mm，根本性地提高了建设阶段的轨道测量及铺设的技术水平，使得轨道平顺性和乘车舒适度显著提高，并有效减小了噪声，降低了轮轨维修成本降低，节省了运营维护费用，得到了行业内广泛认可。

【管片预埋槽应用】

为解决管片因打孔造成的结构削弱、工期制约和劳动保护等问题，上海申通在攻克预埋槽相关的管片制造、防腐和保护等难题后，在全国范围内首先全面推广应用了管片预埋槽，隧道内所有设备均安装在管片预埋槽上，缩短设备安装工期一个月。

【预制轨道板技术】

包括预制道岔板和预制轨道板两类。通过采用工厂加工预制、机械装配施工实现线路轨道的高精度铺设，形成了系列成套的设计和施工技术。预制道岔板技术实现了道岔的高精度铺设，减少和避免线路运营中道岔故障的发生，为线路运营安全提供了有效的保障。预制轨道板能够明显提升新线建设品质，满足线路运营及养护维修的要求，符合国家推广采用预制装配技术和节能环保的政策要求。

【轮胎式铺轨门吊及配套运输设备】

设备有传统轮轨式运行方式转变为轮胎式和轮轨式相结合的运行方式，提高施工效率；新型铺轨设备采用框架箱型 8 轮 4 驱动及一体化变跨等结构，实现铺轨车自动一体式变跨，施工更加便捷，提高机械化施工；引入盲区可视化监控及红外线防撞检测，提高安全监控；采用轮胎走行，不需要隧道壁打孔，提高管片成品质量保护，同减少传统走行系统工装设备的投入及转场工作；采用三维调整装置四个独立吊装点进行吊装，每个吊点采用独立控制系统，实现单独调整、两点同时调整、四点同时调整，便于前后对位；横梁采用滑动式可实现左右横向位移。

六、文明施工

轨道交通建设工程历年被纳入上海市重大工程建设范围，按照上海市文明工地的评选标准，轨道交通工程文明施工是参与文明工地评选的重要内容。上海轨道交通建设管理在开展文明施工管理上，根据市文明施工的考评标准，建立了《上海轨道交通建设工程文明施工管理办法》对施工作业类别进行细化分类，划分土建、装饰、安装等专业工程管理块，建立纵向和横向相结合的创建文明工地管理机制。

针对文明施工管理，轨道交通建设管理单位先后修改、完善了《文明施工管理办法》等标准，使安全、文明施工做到有章可循。要求各施工企业在施工作业场地必须做到“垫、遮、疏、擦、洒、冲”六字文明施工法。从降低噪声、减少光污染、排除积水、控制扬尘、冲扫道路、保障交通、方便市民正常生活等七个方面着手，使工程周边的环境影响降低到最低限度。

申通地铁集团在《上海市文明工地(场站)管理规定》的基础上，结合轨道交通工程施工要求实际，从更高标准、更严要求上进行了细化，编制下发了《上海市轨道交通文明工地管理办法》，更加细致全面地将工地安全质保体系及安全质量标准化等单独认证、考评达标纳入体系中，要求工期大于 6 个月的项目必须 100% 申报创建，其中土建类工程主体结构完成 70% 至装饰阶段工作量完成 50% 之间的项目实施中途考评，经考核合格后推荐给市相关管理部门进行考核。

实施文明施工管理最为典型的举措是在 14 号线源深路站等多个车站施工现场，实行“全封闭绿色施工”作业。将整座工地的施工作业全部封闭在工棚内，工地建设转变为工厂化建设，基坑开挖为全封闭作业，吊装、挖土施工等均改变了传统作业方式，提高了建设效率，改善作业人员的工作环境。有效解决了施工时间受限带来的功效降低、工期拖延以及对周边造成的噪声扰民、扬尘污染等环境问题，施工棚罩与周围环境融合，很大降低了周边居民对该施工现场的“抵触”情绪，有效地减少了施工对周边环境的影响。

在工程建设中，开展“诚实守信、风险防控、工程质量、社会责任、技术创新”等五个奖项的立功竞赛活动，开展年度建设工程质量奖项“申通杯”的评选和褒奖，激励施工单位的文明施工水平不断提升。

第二节　施工技术提升

一、地下车站建造技术

【技术探索】

1978年，市计委批准了《地铁盾构法试验段计划任务书》和《槽壁法试验井计划任务书》，并列入上海市当年的基本建设计划。其中槽壁法试验井计划针对槽壁法（即地下连续墙工法）施工深基坑的相关技术，主要试验成槽机性能、泥浆配制及泥浆分离、量测墙体垂直精度仪器、控制墙体位移和工程相邻地面沉降及地基加固等；探索在一定施工条件下开挖时墙体较合理的计算方法、基坑稳定计算方法及合理设计方案。漕溪路段试验工程完成了一井一站和圆形隧道913米、矩形隧道274米的建设。试验段的顺利实施表明了在上海地面建筑物密集、地下管线错综复杂、饱和软土地层中采用地下连续墙工法施做地下车站围护结构是可行的、适宜的，为后续地铁基础设施的正式建设积累了重要经验。该试验段实际建成成为地铁1号线的组成部分。

20世纪90年代后，上海地铁1号线、2号线陆续开工建设，为适应软土地区复杂多变的建设环境，上海地铁在早期探索的基础上，开展了大量的科技攻关、现场实测和工程验证，实现了多种技术的本地化，为在上海轨道交通建设中大规模应用地下连续墙深开挖技术打下了坚实的基础。

车站主体结构基坑工程是车站建设风险的重要来源，围绕以地下连续墙为主的基坑围护结构形式，在这一时期的轨道交通建设过程中，针对不同的工程地质条件及车站周边环境情况，采用了多种技术。

首先，根据各车站不同地段的地质、环境条件，经技术、经济、环境和使用效果综合比较后，选择采用地下连续墙支护的基坑明挖或顶板以下逆筑施工法。地铁1号线的常熟路站、陕西南路站和黄陂南路站均位于淮海路商业街下，为保障淮海路交通及商业需要，淮海路路面封路时间需尽可能缩短，因此选择盖挖逆筑法施工。

其次，按各车站规模及建筑布置等要求选用合理的结构形式，一般为双柱三跨箱型结构或单柱双跨箱型结构，也有个别无柱拱（箱）型结构。这一阶段的地下车站均为地下二层或三层车站。

最后，车站附属结构除采用常规地下连续墙以外，根据基坑开挖深度，上海也应用和推广了大批工法桩围护与钻孔桩围护，取得了良好的效果。在此基础上，为了减少附属出入口建设对道路交通的影响，部分出入口采用了顶管法、管棚法等暗挖技术。其中，上海地铁最早的顶管法工程为1999年2号线陆家嘴站5号出入口工程，工程全长62米，采用外径3 800 mm×3 800 mm矩形顶管完成。此后，上海采用顶管法实施出入口得到了大规模的推广应用，顶管断面尺寸也从外径3 800 mm×3 800 mm逐步增大至4 200 mm×6 900 mm。

【新技术引入】

上海地铁“十二五”建设以后，地下车站土建工程建造技术逐渐成熟，形成了众多轨道交通专业的相关建设标准，为轨道交通大规模建设奠定了坚实的基础。

随着轨道交通网络的不断扩张，换乘站、枢纽站持续增加，两线换乘站已经变得非常普遍，三站枢纽站也开始变多，甚至出现了四线换乘站世纪大道站。由于多条线路经过城市中心最繁华的区域，车站基坑深度进一步加深，出现众多地下三层、四层车站，周边环境极其复杂，部分线路长距离与其他市政设施共用一个交通通道，建设难度及风险前所未有。

为了解决施工中碰到的现实问题，许多新技术开始推广应用，套铣接头地下连续墙技术、橡胶止水接头技术均开始在更多车站得到应用。为了实时控制并调节基坑施工过程中钢支撑的轴力，伺服钢支撑技术得到较大规模推广。同时推广采用的还有多项加固技术，其中包括上一轮已有使用的 MJS 技术，还有 TRD 工艺、RJP 加固工艺及 N－JET 工艺也开始在工程中得到以应用。

由于周边环境的苛刻要求，降水过程中产生的沉降得到高度重视，部分车站采用“降灌一体化”的承压水综合治理技术，减少因为降水引发的对周边建(构)筑物的影响。

二、盾构法区间隧道建造技术

【技术探索】

在饱和软土地层中建造地铁，选用合适的隧道施工工艺，上海于 1962 年在塘桥基地进行试验，当时试推了 Φ4.2 m 的手握式普通敞胸盾构机。随后，在 1965 年，上海地铁建设指挥部又在 02 工地试推了 Φ5.8 m 网格挤压式盾构机。1978 年，市计委批准了《地铁盾构法试验段计划任务书》，并列入上海市当年的基本建设计划。试验的主要内容包括：针对盾构法，探索盾构施工引起地面沉陷的控制措施和盾构掘进轴线保持技术，试验采用高精度钢模生产高质量钢筋混凝土管片及其拼装技术与工艺，研究单层与双层衬砌结构的施工工艺及效果，研发使用弹性防水材料防止接缝渗水施工技术、模拟地铁列车运行荷载对结构和周边地层的影响试验段选取漕溪路段与规划南北线一期工程，实际建成后可成为地铁南北线的组成部分。漕溪路段试验工程完成了一井一站和圆形隧道 913 m、矩形隧道 274 m 的建设。试验段实施效果显示：盾构掘进的轴线误差和地表沉降均控制在允许范围内，隧道采用单层装配式钢筋混凝土管片衬砌可满足地铁隧道结构受力的要求，防水达到同期国际标准。

后经漕溪路试验段隧道内模拟列车动荷载试验证实，单层装配式管片具有可靠的使用效果，可在实际工程中应用。通过该试验段工程，表明了在上海地面建筑物密集、地下管线错综复杂的饱和软土地层中采用盾构法建造地铁区间是可行的、适宜的，为后续地铁基础设施的正式建设积累了重要经验。

【推广应用及发展】

随着上海地铁网络化建设的快速发展，在区间隧道工程方面，上海地铁地下区间工程几乎全部采用盾构法施工完成，隧道断面包括 6.2 m 单圆隧道、6.6 m 单圆隧道、11 m 单圆隧道以及双圆隧道等多种形式。盾构法施工技术在上海得到了快速发展，现已处于同类地层国际领先。结合城区高度密集的建筑环境和复杂地质条件，上海形成了盾构微扰动施工技术、近距离穿越技术、清障技术、越江技术以及重要设备改造与装备制造等重大关键技术，成功攻克了多项软土地层土木工程技术难题。

上海地铁隧道联络通道在 1 号线时仅个别采用冻结法进行暗挖施工，至 2015 年已全面采用冻结法施工工艺，通过在软土地层引入冻结工法，成功拓宽了冻结法的应用领域，对该项技术的设计理论和施工工艺提升均有极大的促进作用。

【新技术引入与提升】

上海地铁长期以来探索和研究结构型式及接头优化设计方法，研发新的施工质量控制措施，在“十三五”建设过程中，试点采用了新型快速接头衬砌结构，从接头选型、结构设计以及施工装备等方面对传统盾构隧道管片结构型式和拼装工艺进行了优化，形成了基于快速连接件的区间隧道高精度建造一体化技术体系。快速接头的引入对提高管片拼装质量、加强成型隧道刚度等方面有极大的积极意义，同时也为后续盾构隧道智能建造奠定了基础。

在上海地铁网络化建设进程中，作为盾构法隧道主要结构的管片生产技术也得到明显提升，从最初的固定模位生产工艺到现今的自动流水线信息化管片生产，构件的建筑工业化水平大大提升。采用二维码技术，从管片生产原材料、生产加工、出厂、推进拼装阶段实现全过程质量追踪。

三、高架桥梁建造技术

【探索实践】

1997 年 6 月，上海地铁 3 号线开工建设，至 2000 年 12 月 26 日，3 号线一期试通车运营，成为中国第一条城市高架轨道交通线路。接下来的十余条线路中的部分区段也陆续采用了高架形式。截至 2019 年，上海地铁已建成并投入运营约 445 公里长度(含单线及出入场线)的高架线路。

自上世纪 90 年代以来，我国桥梁基础设施建设引进学习了发达国家六七十年代建设高潮所创造的先进技术，中国桥梁现代化经历了从学习并赶超，到创新和超越的高速发展。中国桥梁现代化高速发展的 30 年，同时也是上海轨道交通快速发展的 30 年。中国桥梁现代化发展成果在上海地铁高架桥梁建造中得到拓展应用，上海地铁在高架桥梁建造中也为中国桥梁现代化发展繁荣贡献了一分力量。

【推广应用及发展】

上海地铁桥梁建造施工从多支架现场浇筑到少支架及无支架发展。20 世纪五六十年代德国工程师开创的无支架悬臂挂篮浇筑、移动托架现浇和移动托架节段拼装技术及悬臂拼装技术，在国内桥梁现代化发展成功应用的实践基础上，成为上海地铁桥梁建造中 100 米左右主跨桥梁的最常用建造方法。在 3 号线跨中山西路薄壁双柱主跨 112 米的连续刚构桥、3 号线北延跨蕰藻浜的主跨 90 米连续箱梁桥、16 号线跨泐马河桥主跨 145 米的 V 形腿连续刚构桥及 17 号线跨油墩港主跨 94 米连续梁桥建造中，均采用了悬臂现浇施工工艺。

转体施工也在上海地铁桥梁建设中得以应用，在 11 号线支线跨 G2 高速主跨 129 米连续箱梁施工中，采用了平行支架现浇后在托架平转合拢的施工工艺。

U 型梁应用历史较为悠久，英国在 1952 年建成的罗什尔汗桥是世界上第一座 U 型梁桥，跨度为 48.6 m。日本在新干线上建造了多座 U 形梁桥。上海地铁首先将 U 型梁投入试验段小规模工程应用，接着于 2005 年起在地铁 8 号线二期工程高架段开启了 U 型梁的全线应用，在 16 号线(三轨供电)、11 号线南段、17 号线(三轨供电)和 8 号线三期(胶轮捷运系统)高架线路中又相继规模化应用，可谓在国内应用最广，形式最多。

上海地铁在 U 型梁应用中坚持不断改进创新，在 16 号线应用中对 8 号线的 U 型梁结构截面尺寸进行优化，预制工艺从后张到改进为先张，并开创了U型梁的长线法预制，17号线U型梁预埋件采用预埋槽形式，进一步整合了电缆支架、侧向平台与声屏障等桥面附属结构预埋件，提高了混凝土的施工质量和预埋件的预埋精度。U型梁架设也从双吊机抬吊发展到架桥机桥面运梁架梁。

【新技术引入与提升】

在16号线泐马河桥V形刚构施工中，独创了在V形墩底设置纵向滑动球钢支座，施加水平顶推力合拢中跨后，再实施墩底固结，合拢边跨的方法，解决了大跨V形刚构桥常规跨中合拢时预应力无法有效施加给跨中段的困难。实施过程中配合PLC计算机控制多点同步顶推系统，保证了施工控制精度。规避了临近临港大道公路桥梁的拆改建工程，实现了狭窄空间大跨桥梁建造。

在17号线跨朱泖河、嘉松中路和10号线二期跨6号线出入场线等大跨节点桥梁中，独创了双U型＋箱型复合截面连续梁桥的全线截面形式，并采用节段预制悬臂拼装的施工工艺。

5号线南延伸桥梁建造中，将预制PC工艺从上部结构向下部结构和附属结构拓展应用，在轨道交通中率先实施桥墩立柱的预制拼装和桥梁混凝土栏板的预制拼装。

上海地铁通过三十年的建设实践，在引入传统土木工程技术和工艺的基础上，结合软土地层与城市环境特点，进行了大量的适应性改进与自主创新，使得传统技术有了新的发展，也造就了上海领先的工程建设水平，促进了行业发展。同时，大量工程实施经验的积累，也为后续面对更加复杂和严苛的建设环境打下了坚实的基础，是后续建设中各项技术集成与新技术应用示范的重要积累。

第三节　轨道交通建设立功竞赛

一、组织机构

2004年11月23日，申通地铁集团成立轨道交通建设立功竞赛综合赛区，轨道交通综合赛区竞赛纳入上海重大工程建设立功竞赛活动范畴，成为上海重大工程建设立功竞赛的一个部分。上海轨道交通建设立功竞赛综合赛区领导小组由申通地铁集团负责牵头，立功竞赛分管领导负责人、轨道交通建设相关部门主要领导共同组成。领导小组下设上海轨道交通建设立功竞赛综合赛区领导小组办公室，由集团立功竞赛分管领导牵头，申通地铁集团工会、轨道交通建设相关部门立功竞赛分管领导共同组成，竞赛办常设在申通地铁集团工会，工会立功竞赛业务工作人员为综合赛区竞赛联络员。

二、竞赛内容

竞赛内容主要以工程进度保工期、质量安全创优质、工地施工创文明、工程技术创新高、依法动迁创佳绩为竞赛目标，开展了赛工程进度、赛质量安全、赛科技创新、赛文明施工、赛依法动迁、赛精神文明建设等活动。

三、日常管理

《上海轨道交通运营专项劳动竞赛实施办法》于2012年8月2日下发，劳动竞赛正式启动，竞赛参赛范围为维保中心、运管中心、各运营公司等运营相关单位的基层班组、工作人员。

2015 年 5 月 10 日起，实施《上海轨道交通建设立功竞赛综合赛区竞赛工作管理办法》，明确规定了竞赛组织机构和职责、竞赛启动、中途推进、年度评估、评比表彰等详细内容。参赛范围是参与上海轨道交通建设的单位、集体和个人。

2015 年 12 月 8 日起实施《运营专项劳动竞赛管理规定》，该规定在《上海轨道交通运营专项劳

图 2-5-1　2006 年度上海市重大工程建设立功竞赛表彰

图 2-5-2　2006 年 4 月 12 日上海轨道交通建设立功竞赛大会场景

动竞赛实施办法》的基础上，对申通地铁集团运营专项劳动竞赛的范围、组织和管理、竞赛级别和总体要求、立项、中途推进、竞赛组织工作年度评估、竞赛评比表彰、竞赛经费等内容进行了详细规定，适用于申通地铁集团的运营专项劳动竞赛管理工作。上海轨道交通运营专项劳动竞赛领导小组由申通地铁集团工会牵头，纪委监察室、党办、企业管理发展部、组织人事部、运营安全监察室、保卫部、运营管理部、运营设施设备管理部、上海轨道交通培训中心共同组成，下设办公室。立功竞赛活动每年开展一次先进评选，设置主要荣誉有金杯公司、优秀公司、上海市建设功臣、记功个人等。

图 2-5-3 2006 年 8 月 30 日上海轨道交通建设青年立功竞赛活动启动

表 2-5-1 1992—2015 年上海市建设功臣情况表

年 度	姓 名
1992	石礼安、刘建航
1993	孙竹君、郭庆祥
1994	许良彦、沈光怡、严锡元
1995	王永西、朱沪生
1996	沈光怡
1997	王莲铃、白廷辉、吴雄安
1998	刘鸣娣、吴雄安
1999	朱沪生、刘建航、周 东
2000	毕湘利、乔宗昭、何自强、宋 键、周国祥、俞加康、夏雨田、缪海祥
2001	卢尔功、夏雨田、黄忠辉

（续表）

年　度	姓　　　　名
2002	仇兆明、朱小娟、乔宗昭、沈光怡、张　川、陈　飞、周庆灏、俞加康、姚文俊、黄忠辉
2003	乔宗昭、吴善强、宋　博、陈　飞、陈　鸿、赵　强、姜文春、高英林、黄海滨、曾　华
2004	王国弼、王益群、仇兆明、冯训良、朱振宇、孙永华、李继栋、张　曙、陈　川、陈　龙、陈昌祺、周庆灏、赵达峰、郝卫国、姜文春、贺　磊、凌　枫、蒋申荣、韩兰贵
2005	过鑫华、杨祥宝、沈　尉、张传鸿、张家庆、陈少波、陈张明、陈海龙、罗伟坤、周　松、徐正良、曹文宏、商后胜
2006	王文娟、方国江、火自由、成耀南、朱卫杰、朱经纬、朱树基、朱德民、向恒飞、孙士杰、李诚杰、肖达民、沈　尉、宋培忠、张　川、张荣昌、张智青、张翠娣、陈阿根、陈宪祖、陈　鸿、范永根、林　立、杭玉敏、周星光、周俊龙、郑志诚、俞建育、贺建良、袁　检、耿建华、奚　巍、浦利国、黄均义、黄志源、黄桂斌、曹晓兵、巢振国、谢志音、戴嗣英、瞿跃方
2007	于观平、王如路、王建生、王建生、冯训良、朱沪生、许　岚、孙　伟、严志高、李鹏翔、杨培俊、杨景波、沈成明、沈　尉、宋　博、张荣昌、陈友建、陈文艳、陈　龙、陈志坚、陈　杰、茅振伟、林建国、林　强、林路晨、罗庆华、侯育华、姜小强、姜文春、贺　磊、秦　灏、夏　宏、顾国桢、徐红阳、曾　华
2008	王庆国、王建国、王　剑、方乃松、田永德、白　云、吕文斌、朱　明、朱振宇、刘万兰、李庚书、杨　军、杨志豪、吴伟军、吴建高、张宝鸿、陆渭岐、陈友建、陈长征、陈如发、邵伟中、武有根、周杜鑫、周国祥、周碧磊、胡福兴、顾春华、徐嵩华、高英林、韩建东、蔡国民、戴伟民
2009	丁寿麟、于观平、万里雄、王生华、王　明、王　琰、叶松明、刘加华、严康瑜、李广斌、李承连、杨志澄、余志松、沈　蔚、张　明、张凌翔、张　强、陈友建、陈伟钧、陈远旭、陈　炯、陈　鸿、周　平、赵　亮、段　虎、袁青山、徐　杰、徐　瑾、巢振国、缪海祥
2010	石长礼、印祯民、吉茂杰、刘纯洁、刘朝明、刘　强、李建良、杨　流、沈闻雷、张　郁、张洪锋、陈勇书、林　强、郑晋丽、赵　亮、胡兴朋、夏元旦、徐　平、黄文国、曹　勇
2011	王　勇、仇晓军、严勤国、杨　玲、杨培俊、沈坚敏、沈闻雷、张丽军、张　杰、张　郁、张荣昌、张　斌、邵成猛、金嘉模、侯玉伟、高英林、桑　健、梅培元、龚金弟、程卫民
2012	万传建、王　斌、尤旭东、尹建岗、朱蓓玲、刘加华、刘　强、李多贵、时立红、张　凯、陆进兵、陈方全、陈远旭、陈　烨、赵　强、顾　康、高　磊、郭子欢、唐史峰、曹文宏、章建国、虞大颜
2013	于　宁、于金勇、毛晓蕾、史正洪、任　鹏、刘春荣、刘　晨、刘雄斌、杜　毅、李成彬、杨立兵、利　敏、何新明、邹　铭、张　川、张　苏、张凌翔、罗晓波、金银桥、周俊龙、胡泽新、钮佩华、郭　海、董国宪
2014	王建国、尤旭东、朱振宇、刘时辉、刘朝明、李旭东、李　磊、杨忠法、杨　玲、吴　飞、吴佳琪、张家庆、姚光武、唐　克、章新权
2015	马建民、王超群、平　轶、刘天亮、孙敏捷、李永乐、杨　雁、何新明、应伯宣、沈豪皇、张伟国、张　明、张　毅、林增明、孟　伟、蔡　蔚

第四节　轨道交通建设工程奖项

上海轨道交通建设管理在聚焦安全、保障质量的基础上，致力于建设精品工程，以创建工程项目奖项推动工程质量的提升，先后参与全国市政工程奖、詹天佑奖等多项市政、建筑行业的奖项评选，先后获得全国市政金杯示范工程 7 项、菲迪克奖 1 项、詹天佑奖 4 项、上海市市政工程金奖 31 项、白玉兰奖 9 项。

表 2－5－2　2013—2015 年上海轨道交通建设项目获奖情况表

序号	全国市政金杯示范工程	菲迪克奖	詹天佑奖	上海市市政工程金奖	白玉兰奖
1	上海轨道交通杨浦线(M8 线)一期(中兴路—老西门)	上海市轨道交通 12 号线工程	上海市地铁 1 号线工程	上海地铁 1 号工程人民广场至新闸路区间隧道	地铁 1 号线人民广场车站
2	上海轨道交通 6 号线(航津路站—五莲路站)高架段工程		上海市轨道交通 16 号线工程	上海地铁 1 号线	地铁 1 号线汉中路车站
3	上海浦东浦江镇公共交通配套工程		上海市轨道交通 12 号线工程	上海地铁 2 号线区间隧道(浦东陆家嘴—浦西河南路)	地铁 1 号线衡山路车站
4	上海市轨道交通 7 号线工程		上海地铁 2 号线(龙东路—中央公园)区间隧道	上海地铁 2 号线区间隧道(人民公园—河南路)	地铁 1 号线新闸路车站
5	上海轨道交通 9 号线(二期)工程			上海轻轨交通线(5 号线)结构工程	地铁 1 号线黄陂路车站
6	上海轨道交通 9 号线三期南延伸			上海轨道交通 1 号线北延伸段工程	地铁 1 号线陕西南路车站
7	上海市轨道交通 11 号线北段二期工程			上海轨道交通 6 号线(9 标、10 标)区间双园盾构推进工程上海轨道交通明珠线二期(明珠线 2005 年运营段)工程	上海轨道交通 2 号线西延伸工程
8				上海轨道交通 2 号线西延伸工程	上海市轨道交通 10 号线 11 段工程
9				上海轨道交通 6 号线工程	磁悬浮快速列车运营示范线龙阳路车站
10				上海轨道交通 8 号线工程	
11				上海轨道交通 9 号线一期工程	
12				上海轨道交通 1 号线富锦路停车场工程(3 标土建)(宝杨路站—友谊路站区间、友谊路站、友谊路站—富锦路站区间)浦江镇公共交通配套工程(轨交 8 号线济阳路站—凌兆新村站—芦恒路站区间隧道)	
13				上海轨道交通 7 号线工程	
14				浦江镇公共交通配套(轨道交通 8 号线)工程	
15				上海轨道交通 9 号线二期工程	

（续表）

序号	全国市政金杯示范工程	菲迪克奖	詹天佑奖	上海市市政工程金奖	白玉兰奖
16				上海轨道交通 11 号线 7 标（祁连山路站、真南路站）工程　上海轨道交通 11 号线 9 标（铜川路站、铜川路站—上海西站站区间）工程	
17				上海轨道交通 11 号线江苏路站工程	
18				上海轨道交通 11 号线 14 标（安亭站、上海汽车城站、昌吉东路站、安亭站—上海汽车城站区间、上海汽车城站—昌吉东路站区间）工程	
19				上海轨道交通 11 号线 22.2 标轨道工程（白丽新村站—江苏路站）	
20				上海轨道交通 10 号线工程（土建、装饰）	
21				上海轨道交通 9 号线三期南延伸工程	
22				上海轨道交通 13 号线一期西段工程（华江路站—金沙江路站）	
23				上海轨道交通 11 号线北段工程（华山路中间风井—罗山路）	
24				上海轨道交通 12 号线工程（曲阜路站—金海路站）	
25				上海轨道交通 16 号线	
26				上海轨道交通 12 号线工程（汉中路站—中春路停车场）	
27				上海轨道交通 13 号线（金沙江路站—世博大道站）工程	
28				上海轨道交通 17 号线	
29				上海轨道交通 9 号线三期东延伸工程	
30				上海轨道交通 13 号线二期、三期（世博大道站（不含）—张江路站）工程	
31				5 号线上海轨道交通 5 号线南延伸工程	

第五节　主 要 事 故

一、轨道交通4号线鲁班路车站滑坡事故

2001年8月20日，轨道交通4号线鲁班路车站基坑工程发生了局部土方滑坡事故，造成4名工人被淹窒息致死。

鲁班路基坑工程系上海市地铁的实验工程，基坑总长171米、深18.4米、宽18米，属于当时在建同类工程中挖土最深的工程。事发后，有关部门领导即赶至事发现场，勘察事故情况，组织抢险救人，对事故原因进行分析、处理并提出整改要求。

轨道交通4号线鲁班路车站基坑工程。

施工单位：上海市第五建筑有限公司。

专业分包：上海路统实业有限公司。

监理单位：上海华铁工程咨询公司。

建设单位：上海地铁建设有限公司。

投资单位：上海申通投资有限公司。

二、上海轨道交通4号线工程越江隧道事故

2003年7月1日凌晨，上海轨道交通4号线工程在浦东南路站—南浦大桥站，越江隧道联络通道施工过程中发生险情，因大量泥砂涌入，引起隧道受损及周边地区地面沉降，造成3幢建筑物严重倾斜，以及防汛墙开裂、沉陷等险情。这是一起造成重大经济损失的工程责任事故，直接经济损失约为1.5亿元。由于报警及时，隧道和地面建筑物内所有人员全部安全撤离，没有造成人员伤亡。

上海市政府十分重视，7月6日成立了由建设、公安、监察等部门组成的事故调查组。调查结果经市政府常务会议同意并提出处理意见后报至建设部，并转报国务院领导同意。

事故调查结论表明，引发事故的原因是：施工单位在用于冷冻法施工的制冷设备发生故障、险情征兆出现、工程已经停工的情况下，没有及时采取有效措施，排除险情，现场管理人员违章指挥施工，直接导致了这起事故的发生。同时，施工单位未按规定程序调整施工方案，且调整后的施工方案存在欠缺。总包单位现场管理失控，监理单位现场监理失职。

上海轨道交通4号线工程事故相关责任人和责任单位领导受到严肃处理。修复工程于2004年8月28日开始施工至2007年7月9日竣工，隧道修复完成满足设计及规范要求。

上海轨道交通4号线越江隧道联络通道。

施工单位：上海隧道工程股份有限公司，北京中国煤炭矿山工程有限公司。

监理单位：上海地铁监理咨询有限公司。

建设单位：上海地铁建设明珠线二期项目公司。

第三篇

运营管理

概　述

1956 年，上海提出了修建轨道交通的设想，历经六十余年的探索与发展，上海轨道交通实现了从无到有、从少到多、从单线运行到形成网络的转变。

1993 年 5 月 28 日，1 号线一期南段（锦江乐园—徐家汇）投入试运营，上海轨道交通实现零的突破。

2005 年底，随着 1 号线南北延伸段、2 号线、3 号线、4 号线、5 号线的陆续建成投入运营，上海轨道交通运营线路达到 5 条，运营线路长度约 123 公里，形成了“申”字型网络基本骨架。尤其 2005 年 12 月 25 日实现“一票换乘”，轨道交通达到网络雏形。

2007 年底，随着交通 6 号线、8 号线一期、9 号线一期以及 1 号线北北延伸段、4 号线环通段的“三线两段”开通试运营，上海轨道交通运营线路达到 8 条，运营线路长度约 234 公里，形成了“一环七射九换乘”的网络形态。轨道交通网络初成。

2010 年，为满足中国上海世博会的客运需求，上海轨道交通投运线路达到 11 条，运营线路长度约 420 公里，承担了世博期间约 50%客流的运输任务，为世博会的顺利举行提供了有力保障。轨道交通网络建成。

2015 年底，上海轨道交通运营线路达到 15 条，运营长度约 588 公里，全年路网共运送乘客 30.6 亿人次，日均客流达到 839.5 万人次，同比增长 9%，单日最高客流量达到 1 083.27 万人次（2015 年 12 月 31 日）。全年开行列车数 237 万列次，运营里程 43 882 万车公里；实现运营票务收入 70 亿元（含税），占公共交通客运量比例达到 46%，在公共交通中的骨干作用愈发明显。

第一章　运营模式

上海轨道交通运营管理可分为线路式运营管理阶段和网络化运营管理阶段。

自1993年1号线开通试运营，由上海市地铁运营公司负责运营，上海轨道交通开始进入了线路式运营管理阶段。2000年，上海地铁运营有限公司和上海现代轨道交通股份有限公司先后成立，负责建成投运线路的运营管理。

2007年，启动轨道交通网络化运营管理体系的相关研究，进一步推动从线路型向网络型、从经验型向科技型、从劳动密集型向管理集约型、从被动型向主动型的"四个转型"，着力提升网络化运营控制能力。当年12月12日，建成国内首个轨道交通网络运营协调与应急指挥室(COCC)并正式启用，为网络化运营增添现代化管控手段，发挥着网络运营统筹、协调的作用，完善并组织实施网络化运营抢修维修组织模式。2008年起为从组织上保障网络化运营，逐步成立了四个运营公司，以及运营管理、维护保障、教育培训、技术研究八个管理中心，形成网络化运营组织体系，从而提升轨道交通管理扁平化、集成化、智能化的水平。

上海轨道交通客运服务管理体制也随着运营线路的发展而不断变化，上海市地铁运营公司客运段1993年负责轨道交通1号线、1999年负责轨道交通2号线。上海地铁运营有限公司客运公司2000年负责轨道交通1号线、2号线，上海现代轨道交通股份有限公司2000年负责轨道交通5号线，2007年负责轨道交通6号线，2002年上海磁悬浮交通发展有限公司负责上海磁悬浮列车示范运营线。

上海地铁运营有限公司客运一分公司2002年负责轨道交通1号线，2007年负责轨道交通9号线，上海地铁运营有限公司客运二分公司2002年负责轨道交通2号线，2007年负责轨道交通8号线，上海地铁运营有限公司客运三分公司2002年负责轨道交通3号线，2005年负责轨道交通4号线。

2009年—2015年上海地铁第一运营有限公司负责轨道交通1号线、5号线、9号线、10号线。

2009年—2015年上海地铁第二运营有限公司负责轨道交通2号线、11号线、13号线。

2009年—2015年上海地铁第三运营有限公司负责上海轨道交通3号线、4号线、7号线。

2009年—2015年上海地铁第四运营有限公司负责上海轨道交通6号线、8号线、12号线。

2004年—2015年上海磁浮交通发展有限公司负责磁浮线、上海轨道交通16号线。

第一节　客运组织

在组织机构设置上，由扁平化组织结构形式替代传统金字塔的多层级结构形式，形成"2＋N"的运营维护组织结构形式。"2"是指一家网络运营管理中心和一家网络维护保障中心。"N"是指若干家运营公司以及车辆、供电、通号、工务、物资与后勤等多个维护专业公司。

网络运营管理中心主要负责全网运营相关业务的日常策划和监督管理，包括网络运营策划、网络运营协调、网络客运管理、网络票务管理、网络安全管理等主要业务。

网络维护保障中心主要负责网络运营设施设备运营安全与质量总体管理，主要涵盖设备维修、夜间施工计划管理、设备运行状态分析、新线介入等业务，并承担车辆、供电、通号、工务四大专业设备日常管理和维护保养等协调性业务。

一、运营公司

在客运管理方面，遵循线路发展延续性、线路关联紧密性、线路规模均衡性的原则，组建若干运营公司，每个公司运营多条线路。一方面，能够使各运营公司的业务规模得到合理控制，具有足够能力和资源开展运营服务业务。另一方面，也能够使各运营公司形成局部竞争、相互促进的局面，共同提高运营服务质量。运营公司主要负责管辖线路的行车组织、乘务管理、客运管理、票卡票款管理、管辖设备维护管理以及线路层面的安全与应急管理等业务。

二、线路管理部

建立“以线路为主体、专业融合、站长全面负责、扁平高效”的线路管理部模式，为不断提升公司管辖线路的安全运营质量和规范服务水平提供有效的体制保障。设立线路管理部后，所在线路不再设置区域站长、乘务主管、维修主管等管理岗位，区域站、线路维修部建制撤销。采用线路直管车站（含“大型车站带中小型车站”“中型车站带小型车站”）、车站站长负责制模式进行管理。线路管理部内部设设施设备专业组、乘务专业组，负责协调管理设施设备和乘务专业日常管理工作。

三、车站站务员

车站作为轨道交通客流的集散地，一般由出入口、通道、站厅层、站台层、设备用房、管理用房、生活用房等几部分构成，但也有些简易车站无站厅层。车站对乘客流动的合理组织是主要功能之一。车站所有的设施、设备的布置，也都需要服从乘客需求和客流组织要求。遇突发事件时，必须根据上级的要求、组织快速疏导客流，确保乘客安全。

【站长】

实行“车站站长负责制”管理模式。车站站长必须具备集团颁布的《车站站长岗位资格证书》，若暂时不具备可以先任站长助理，待取得证书后再行任命。

车站站长负责组织编制和实施所管辖车站的运营生产计划；承担所辖车站安全生产工作的第一责任，负责所辖车站的安全管理工作；在调度所的总体组织指挥下，掌握列车运营状况，把好行车安全关，组织对行车事故的应急处理；负责所辖车站的客运服务和票务等运营业务管理；负责落实车站设备巡视制度、维修保养制度、报修制度和回访制度，及时组织对设备故障的应急处理；负责所辖车站综合治理、班组建设、职工思想政治、教育培训等日常基础性工作；负责所辖车站各岗位的检查考核与分配工作；并妥善协调车站的对外协调与业务协作工作。

【值班站长】

值班站长负责车站各类设施设备的完好，坚持巡视制度；检查车站环境整洁及各类物品的定置摆放，检查督促各岗履行岗位责任；掌握列车运营情况，把好行车安全关；加强对班组的管理；熟练掌握本工种及班组各工种的操作规程；加强票务管理，确保票务台账的准确记录；接待好乘客的来访来电，妥善处理各类服务纠纷；在发生异常情况及突发事件时，结合实际，进行汇报处理；做好车站综合治理管理；贯彻落实上岗统一着装的规定，如发生气候变化需作相应调整时，须向主管部门报备。

【车站值班员】

车站值班员应及时准确执行调度命令，按列车运行图组织行车；按相关操作规程操作车站控制室相关设备；发现异常情况及时通知值班站长或其他相关人员到现场确认；应熟悉行车、机电、消防设备性能，掌握操作方法；负责车站广播设备、监控设备的操作和使用；负责办理夜间施工组织工作；负责车站控制室的管理；负责车站检修、施工实施确认和许可工作；车站设施、设备发生故障时，按规定程序予以报修；遇非正常情况下按预案操作；掌握 FAS、BAS、SC 及环控系统设备的性能；负责指挥车站相关人员进行火警处理；负责夜间车站安全工作，督促站务员做好夜巡和道床清扫工作；按时参加水消防、事故风机、消防联动系统的周期性联动试验。

【站务员(扳道岗)】

站务员(扳道岗)应认真执行作业安全措施及安全作业标准化，遵守劳动纪律、作业纪律；根据行车值班员发布的命令，严格执行“一看、二扳、三确认、四显示”制度，正确及时准备列车进路，进路准备妥当，看守进路，按规定显示手信号。

【站务员(售票岗)】

站务员(售票岗)上岗时应带好票卡、纸币及硬币备用金、抽屉钥匙、发票等工作用品；应严格执行“一收、二验、三售找、四清”的一次作业程序准确发售车票；应熟练掌握对无法过闸票、卡的分析，并按规定处理；应能正确使用售票设备。

【站务员(检验票岗)】

站务员(检验票岗)应严格按照“一迎、二导、三处理”的一次作业程序指导乘客正确使用票卡，随时监督闸机运行状况；上岗时应带好岗位所属专用通道钥匙或门卡；应做好专用通道的管理工作，验明为有效证件后，开启专用通道放行，做到随开随关并登记。

【站务员(服务中心岗)】

站务员(服务中心岗)负责包括票务处理、问询、兑币、公共交通卡故障卡修复、各类便民措施等在内的综合性服务工作；上岗时应带好票卡、备用金、发票、所辖专用通道钥匙或门卡等必备物品；遇有乘客前来处理票卡或寻求帮助等，应主动招呼乘客、热情接待；遇乘客按压“乘客求助铃”，应及时赶到；熟练掌握对无法过闸票、卡的分析，公共交通卡故障卡的收发登记，并按规定处理；熟练掌握列车故障情况下的票务应急处置；在为乘客处理无法进站或无法出站的票卡时，应做到“一分析、二解释、三处理”。

【站务员(站台监护岗)】

站务员(站台监护岗)应维护站台正常候车秩序，按照“一看、二接、三送”的一次作业程序做好接发列车工作；负责运休期间开启、关闭车站出入口卷帘门和自动扶梯，加强车站巡视、确保工作范围内各类设施设备的正常运作、齐全完好，发现问题，及时报告值班站长；清车作业必须按规定操作，在 2 分钟内完成，并做好解释工作。

四、行车管理

行车管理基于“计划统筹协调、线路集中控制”的理念，以满足各线高效运行、各线之间运营协调有序的需求，着力实现全网协调管理以及各线控制中心统一指挥的目标，确保列车运行安全。

【运营计划】

运营计划是城市轨道交通日常行车组织的基本依据。在城市轨道交通网络化运营阶段，运营计划的业务内容不仅涵盖线路层面的列车运行图编制等业务，还涉及网络层面的网络衔接方案编制、网络开行方案编制以及网络专项运营方案编制等业务，并需满足全网各线首末班车衔接、各线运营协调的需求。

【网络衔接方案编制】

网络衔接方案主要指最大程度优化网络各线之间首末班车换乘衔接需求，并对网络各线首末班车时间进行确定的过程。网络衔接方案编制工作先于各线路行车计划编制，是制定网络运营计划的基础。

【网络开行方案编制】

网络开行方案指结合历史网络客流分布情况、线路信号折返能力、可供上线车辆数、列车定员数、线路基础结构条件、新线开通影响等因素，合理确定全网各线列车交路、停站方案、运行间隔。网络开行方案是制定全日行车计划和编制列车运行图的前提。

【网络专项行车方案编制】

针对重大节假日和大型活动等可能存在大客流的特殊情况，网络运营策划部门需协同线路控制层做好预判，制定网络专项行车方案：即根据客流出行特征，对特定时段、特定线路和特定区段编制专项运营计划，明确线路用图情况、备车情况等。网络专项行车方案通常与客运方案、票务方案、设备保障方案等形成整体的专项运营组织方案。

【列车运行图编制】

列车运行图编制指结合网络开行方案所确定的列车开行方案、区间运行时分、停站标尺等信息编制各线路的列车运行图。输出内容包括各运营线路的具体时刻表、车底周转方案、列车停站股道方案等。同时，列车运行图编制时必须保证列车行车安全、进路安全，并最大限度满足各区间预测运量的需求。

五、乘务管理

合理进行乘务计划编制和管理是开展行车组织工作的关键内容之一。在网络化运营阶段，乘务管理的业务范围不仅仅局限于线路层面的乘务计划编制和日常管理工作，还涉及多条线路列车司机的分配协调工作。乘务管理需满足运营公司对多条线路进行集中管理、资源共享的需求。

【乘务计划编制】

列车运行图是乘务计划编制的前提，乘务计划一般在确定的列车运行图的基础上，根据车底周转方案和时刻表制定列车司机的出乘计划。

【乘务日常运作】

乘务日常运作是乘务管理的日常业务，主要根据乘务计划安排具体业务。业务内容按作业顺序包括司机报到（换班）、检车、发车作业（出场）、进入正线、列车运行、接车作业（入场）、列车回库。

六、维修管理

运营设施设备维修实行的管理方式为委外维修管理。委外工作应遵循“业务委外，责任不委外”的原则开展工作，落实集团委外工作的各项管理要求：负责委外工作计划的编制；负责委外工作的全过程管理，对委外工作实施过程进行监督管理；负责对承揽方职责的落实，委外工作内容的考核和后评估；接受上级对委外工作的检查，根据意见改进相关工作。

第二节　运营特点

从1993年上海轨道交通开始了划时代的通车试运营，到2015年成为城市公共交通的骨干，经过近二十多年的建设与运营，上海轨道交通呈现出不同于线路式运营的网络化运营特征。

一、布局呈现网络形态

上海轨道交通形成网络形态布局和枢纽型的网络结构，具有“规模体量大、线路分布广、枢纽数量多、站点布局密”的特征。

【规模体量大】

上海轨道交通网络规模体量随着线路数量的增多而呈现出逐步增加的特点，主要表现为线路里程长、车站数量多、车辆数量多、备品备件数量多以及车辆基地、控制中心、变电所等大型设施多。截至2015年底，上海轨道交通运营线路共16条（含磁浮线），运营线路总长度617公里，拥有车站367座，线路总长位居全球大都市前列。

【线路分布广】

上海轨道交通早期线路以覆盖中心城区重要客运走廊为主，后续线路则开始逐步引入至中心城外围区域的郊区新城、重点开发区以及大型居住基地等客流集聚区域，形成了基本覆盖整个上海市域范围的网络分布形态。

【枢纽数量多】

上海轨道交通网络主要通过设置多处换乘车站，对稳定网络进行有效锚固，在网络结构上呈现出“枢纽型”特征，加强了线路之间的联系，提升了换乘枢纽的客流吸引力与辐射范围。此外，多处换乘车站为乘客出行提供了多路径选择，增强了网络的可达性。

【站点布局密】

随着各条线路的陆续建设并投入运营，上海城市轨道交通网络的站点密度逐步增加，中心城站点密度约 0.33 座/公里，2 600 米半径的面积覆盖率和人口覆盖率分别达到 33%和 71%。

二、网络客流增长迅猛

轨道交通骨干作用日益显现。随着网络化运营格局的逐步形成，上海轨道交通网络的客流吸引力明显增强，客流总量快速增长。2000 年—2015 年的 15 年间，轨道交通的日均客运量从 2000 年的 37 万乘次逐年增长，到 2005 年增长到 163 万乘次，到 2010 年增长到 500 万乘次，到 2015 年增长到 839.5 万乘次，呈现出直线上扬的增长态势。同时，轨道交通占公共交通比重也持续增长，由 2000 年的 5%增长到 2015 年的 46%，轨道交通在公共交通中的骨干作用日益显现。

换乘客流明显增加。随着轨道交通网络化进程的不断深入，换乘车站客流增长十分迅速。2007 年底“三线两段”(轨道交通 6 号线、8 号线、9 号线以及 1 线北北延伸、4 号线环通)的开通试运营，特别是 6 号线开通和 4 号线环线及 1 号线、2 号线增能后对世纪大道、人民广场等大型换乘车站的换乘客流影响很大，带动了网络换乘客流的快速增长，乘客从利用单一线路出行逐步转向利用整个网络出行。

客流培育周期缩短。轨道交通初期客流培育期一般为 3 年，而轨道交通 4 号线在环通后第二年客流增长幅度即达到 60%，轨道交通 8 号线运营第一年日均客流量即达到 30 万乘次，明显超过预测的初期客流量，中心城区线路客流培育周期大幅缩短。

三、系统关联程度增强

系统互通的关联。轨道交通从单线运营到网络运营，不同制式和技术水平的专业系统得到充分衔接和整合，加强了系统的关联程度，使网络整体运营功能得到体现。

运营模式的关联。网络内的线路根据各自客流特点，采取多交路套跑、支线或共线运营等运营组织方式，使网络运营效率得到提升。2004 年轨道交通 1 号线实现大小交路运营，2005 年轨道交通 3 号线与 4 号线实现了 9 个车站的共线运营，2007 年轨道交通 4 号线实现环线运营，2010 年轨道交通 10 号、11 号线实现“Y”型交路运营，在提高网络连通性和可达性的同时，大大增加了线路以及运行系统之间的关联度。2015 年上海轨道交通运营线路共 16 条(含磁浮线)，运营线路总长度 617 公里，基本形成了比较完善的网络结构体系，已经成为市民出行的首选交通工具。最高日客流为 1 034 万人次(2015 年 9 月 25 日)。

资源共享的关联。在网络化运营阶段，上海轨道交通普遍采取集约利用方式，实现控制中心、车辆基地、主变电站等大型设施资源，车辆、大型专用检测维护设备、换乘车站机电设备等系统设备资源，以及人员与管理等资源的共享，促进了系统之间的协同运行。

第三节　客运量

随着轨道交通各条线路的交付运营，尤其是网络化运营格局形成后，轨道交通客运量持续快速增长，日均客运量由 2000 年的 37.03 万人次，上升至 2005 年的 161.90 万人次，至 2010 年达到 520.90 万人次，到 2015 年增长到 839.5 万人次。在客流持续增长、运营里程大幅增加的前提下，网络运营服务指标完成情况总体良好，列车运行图兑现率、正点率均超过 99%；运营安全质量水平稳步提高，网络运营安全全面受控。

一、各线运能

【上海轨道交通 1 号线】

1 号线是上海轨道交通投入运营的第一条线路，是贯穿上海南北的轨道交通。该线分期建设和投入运营，其建设是上海首次成功运用国际融资方式进行建设的重大市政项目。1 号线的运营标志上海地铁实现了零的突破。

1993 年 5 月 28 日上海地铁 1 号线南段(锦江乐园站—徐家汇站)建成试运行，庆典仪式在徐家汇站举行。开始对外售票观光试运行。线路长 6.562 公里，运营车站数为 5 座。

1995 年 4 月 10 日，1 号线(锦江乐园站—上海火车站)开通运营，新线开通后线路长 15.686 公里，运营车站数为 13 座。

1997 年 7 月 1 日，1 号线南延伸段(莘庄站—锦江乐园站)开通运营，新线开通后线路长 20.064 公里，运营车站数为 16 座。

2004 年 12 月 28 日，1 号线北延伸段(上海火车站—共富新村站)开通运营，新线开通后线路长 32.658 公里，运营车站数为 25 座。

2007 年 12 月 29 日，1 号线北北延伸段(共富新村站—富锦路站)开通运营，新线开通后线路长 36.889 公里，运营车站数为 28 座。

上海轨道交通 1 号线路长 36.889 公里，运营车站数为 28 座。每日运营服务时间为 18 小时 42 分钟(4:55—23:37)，全线按大小交路运营；早高峰上线运营列车 47 列，备车 1 列；高峰时段行车间隔小交路(上海火车站站—莘庄站)2 分 44 秒，大交路(富锦路站—莘庄站)5 分 28 秒。

【上海轨道交通 2 号线】

2 号线是上海第一条穿越黄浦江，沟通浦江两岸的轨道交通线路，2 号线为东西走向，贯通长宁、静安、黄浦及浦东新区 4 个城区，东起浦东国际机场站，西至徐泾东站，是直接联通浦东国际机场和虹桥机场的快速交通干线。该线分期建设和投入运营。

1999 年 9 月 20 日，2 号线一期(中山公园站—龙阳路站)开通试运营仪式在静安寺站下沉式广场举行。新线开通后线路长 15.646 公里，运营车站数为 12 座。

2000 年 12 月 26 日，2 号线东延伸段建成通车仪式在张江高科站站厅举行。新线开通后线路长 18.319 公里，运营车站数为 13 座。

2006年12月30日,2号线(中山公园站—淞虹路站)开通运营,新线开通后线路长24.223公里,运营车站数为17座。

2010年2月24日,2号线(张江高科站—广兰路站)开通运营,新线开通后线路长27.68公里,运营车站数为19座。

2010年3月16日,2号线(徐泾东站—淞虹路站)开通运营,新线开通后线路长36.463公里,运营车站数为22座。

2010年4月8日,2号线(广兰路站—浦东国际机场站)开通运营,新线开通后线路长60.339公里,运营车站数为30座。

2号线西段(徐泾东站—广兰路站):每日运营服务时间18小时23分钟(5:21—23:44);全线按大小交路运营;早高峰上线运营列车42列;高峰时段行车间隔小交路(淞虹路站—广兰路站)3分钟,大交路(徐泾东站—广兰路站)6分钟。东延伸段(广兰路站—浦东国际机场站):每日运营服务时间16小时48分钟(6:00—22:48);全线按单一交路运营;最大上线列车数13列;高峰时段行车间隔6分钟。

【上海轨道交通3号线】

3号线是上海第一条高架轨道交通线路,也是利用拆除后的淞沪铁路和沪杭内环铁路建设的高架轨道交通线。是上海西南至东北走向的大容量骨干线路,也是连接铁路上海南站和上海火车站的客运纽带。该线从上海南站站至江杨北路站,期间分期建设和投入运营。

2000年12月26日,3号线(上海南站—江湾镇站)试通车仪式在石龙路站南广场举行。新线开通后线路长24.48公里,运营车站数为19座。

2006年12月18日,3号线(江湾镇站—江杨北路站)开通运营,新线开通后线路长40.153公里,运营车站数为29座。

3号线每日运营服务时间18小时17分钟(5:25—23:42);全线按大小交路运营;早高峰上线运营列车31列;高峰时段行车间隔小交路(上海南站站—长江南路站)上行5分钟—7分30秒,下行2分30秒—5分钟;大交路(上海南站站—江杨北路站)5分钟—10分钟。

【上海轨道交通4号线】

4号线是上海轨道交通网络中唯一的城市环线,全线投运后,上海轨道交通形成申字型运营网络,并使得在上海市中心平行通过而不交汇的多条平行线路能通过4号线进行过渡换乘,加强了各条线路的连结及换乘的便利性。乘客乘坐轨道交通更方便快捷。环线由宜山路站至宜山路站,其中虹桥路站至宝山路站的9座车站与3号线共线运营,首创了国内轨道交通线路共线运营的模式。

2005年12月31日,4号线"C"字型(蓝村路站—大木桥路站)开通运营,新线开通后线路长26.598公里,运营车站数为22座,其中(虹桥路站—宝山路站)9座车站与已建成运营的3号线"共线运营"。

2007年12月29日,4号线实现环通,新线开通后线路长33.835公里,运营车站数为26座,其中(虹桥路站—宝山路站)9座车站与已建成运营的3号线"共线运营"。

4号线每日运营服务时间18小时(5:30—23:30);全线按单一交路运营;早高峰上线运营列车29列,备车1列;高峰时段行车间隔上行2分30秒—5分钟,下行5分钟—7分30秒。

【上海轨道交通 5 号线】

5 号线是国内第一条采用高架轻轨制式运营的轨道交通线路，是第一条由国内生产的车辆上线运营的轨道线；

2003 年 11 月 25 日开通运营，总里程 16.613 公里，运营车站数为 11 座，其中地面车站 1 座、高架车站 10 座。

5 号线每日运营服务时间 16 小时 56 分钟(6:00—22:56)；全线按单一交路运营；早高峰上线运营列车 14 列，备车 1 列；高峰时段行车间隔 4 分 30 秒。

【上海轨道交通 6 号线】

6 号线是上海第一条全线设在浦东地区的轨道交通线路，途经外高桥保税区、金桥进出口加工区、陆家嘴金融贸易区、六里现代生活园区和世博商务区，是纵贯浦东新区南北的骨干交通线。

2007 年 12 月 29 日，6 号线(港城路站—灵岩南路站)开通运营，济阳路站暂未开放。新线开通后线路长 32.659 公里，运营车站数为 27 座。

2011 年 4 月 12 日，东方体育中心站(原名济阳路站)投入运营。

6 号线每日运营服务时间 18 小时 5 分钟(5:30—23:35)；全线按大小交路运营；早高峰上线运营列车 46 列；早高峰时段行车间隔小交路(巨峰路站—高青路站)最小行车间隔 2 分 15 秒，大交路(港城路站—东方体育中心站)2 分 15 秒—7 分钟。

【上海轨道交通 7 号线】

7 号线是轨道交通网络中的重要线路之一，南、北两端均为居住区，中间为中心城区，7 号线的建设加强了公共活动区与居住区的联系。与多条轨道交通线路以及磁浮线都有换乘关系。该线从美兰湖站至花木路站，线路基本呈西北—东南走向，经过宝山、普陀、静安、徐汇、浦东新区五个行政区。

2009 年 12 月 5 日，7 号线(上海大学站—花木路站)开通运营，新线开通后线路长 32.169 公里，运营车站数为 26 座。

2010 年 12 月 28 日，7 号线(美兰湖站—上海大学站)开通运营，新线开通后线路长 43.933 公里，运营车站数为 30 座。潘广路站、刘行站、祁华路站暂未开放。

2011 年 6 月 30 日，潘广路站、刘行站投入运营。2012 年，船厂路站更名为龙华中路站。祁华路站于 2014 年 7 月 22 日开通运营。

7 号线每日运营服务时间 18 小时 18 分钟(5:30—23:48)；全线按大小交路运营；早高峰上线运营列车 38 列；早高峰时段行车间隔小交路(祁华路站—花木路站)上行 3 分 06 秒，下行 5 分钟；大交路(美兰湖站—花木路站)上行 3 分 30 秒—6 分 12 秒；下行 10 分钟。

【上海轨道交通 8 号线】

8 号线是上海轨道交通网络中南北向的重要线路之一，连接南京路、淮海路商业街、人民广场、虹口足球场、世博会、大型居住区等大型客流集散点。8 号线的建成改善了上海市 9 大中心城区最后一个通轨道交通的杨浦区往来市中心的交通压力，促进了五角场城市副中心的发展。

2007 年 12 月 29 日，8 号线(市光路站—耀华路站)开通运营，新线开通后线路长 21.873 公里，运营车站数为 20 座。

2009 年 7 月 5 日，8 号线(耀华路站—航天博物馆站)开通运营，新线开通后线路长 36.959 公里，运营车站数为 28 座。周家渡站、济阳路站暂未开放。2011 年 4 月 12 日，东方体育中心站(原名济阳路站)投入运营。

2012 年 9 月 28 日，周家渡站投入运营，同时更名为中华艺术宫站。2013 年 8 月 31 日，航天博物馆站更名为沈杜公路站。

8 号线每日运营服务时间 18 小时 06 分钟(5:30—23:36)；全线按大小交路运营(高峰时段小交路为延吉中路站—沈杜公路站，平峰时段小交路为延吉中路站—东方体育中心站)；早高峰上线运营列车 60 列；早高峰时段行车间隔小交路(延吉中路—沈杜公路站)2 分 22 秒，大交路(市光路站—沈杜公路站)4 分 44 秒。

【上海轨道交通 9 号线】

9 号线是一条西南起沪杭城际高铁松江南站、东到杨高中路，途经松江新城、徐家汇副中心、陆家嘴金融贸易区、世纪大道枢纽等多个重要区域和客流集散点的交通大动脉。

2007 年 12 月 29 日，9 号线(松江新城站—桂林路站)开通运营，新线开通后线路长 29.01 公里，运营车站数为 12 座。

2008 年 12 月 28 日，9 号线(桂林路站—宜山路站)开通运营，新线开通后线路长 30.475 公里，运营车站数为 13 座。

2009 年 12 月 31 日，9 号线二期(宜山路站—世纪大道站)开通运营，新线开通后线路长 44.668 公里，运营车站数为 22 座。

2010 年 4 月 7 日，9 号线杨高中路站开通运营，新线开通后线路长 44.668 公里，运营车站数为 23 座。2012 年 12 月 30 日，9 号线三期南延伸段(松江新城站—松江南站站)开通试运营。新线开通后线路长 49.8 公里，运营车站数为 26 座。

9 号线每日运营服务时间 18 小时 19 分钟(5:30—23:49)；全线按大小交路运营；早高峰上线运营列车 45 列，备车 1 列；高峰时段最小行车间隔小交路(佘山站—杨高中路站)上行 3 分钟，下行 3 分 30 秒；大交路(松江南站站—杨高中路站)上行 6 分钟，下行 7 分钟。

【上海轨道交通 10 号线】

10 号线是国内首条按照全自动无人驾驶运营管理模式设计和建设的线路，由主线和支线组成。主线从虹桥火车站站至新江湾城站；支线从航中路站至新江湾城站。

2010 年 4 月 10 日，10 号线支线段(航中路站—新江湾城站)开通运营，新线开通后线路长 29.372 公里，运营车站数为 27 座。2010 年 11 月 30 日，10 号线主线段(虹桥火车站—龙溪路站)开通运营，新线开通后线路长 35.223 公里，运营车站数为 31 座。11 个换乘车站，其中陕西南路站为 3 线(1＃、10＃、12＃)换乘站、虹桥路站为 3 线(3＃、4＃、10＃)换乘站。

10 号线每日运营服务时间 17 小时 38 分钟(5:25—23:03)；全线采用“Y 型”交路运行；早高峰上线运营列车 30 列，备车 1 列；高峰时段龙溪路站—新江湾城站行车间隔上行 5 分钟，下行 3 分钟—6 分钟，龙溪路站—航中路站、龙溪路站—虹桥火车站站行车间隔 8 分钟—12 分钟。

【上海轨道交通 11 号线】

11 号线是上海首个与外省市连接的轨道交通线路，是上海与江苏打破行政区划限制的一次全新尝试,由主线和支线组成。主线从嘉定北站至江苏路站;支线从安亭站至江苏路站。期间分期建设和投入运营。

2009年12月31日,11号线主线段(嘉定北站—江苏路站)开通运营,新线开通后线路长29.314公里,运营车站数为16座。

2010年3月29日,11号线支线段(安亭站—嘉定新城站)开通运营,新线开通后线路长43.753公里,运营车站数为19座。

2011年4月26日,昌吉东路站投入运营。

2013年8月31日,11号线北段二期(江苏路站—罗山路站)开通试运营;2013年10月16日,花桥段(安亭站—花桥站)开通试运营。开通后线路长72.3公里,运营车站数为35座。

2015年12月19日,迪士尼段(罗山路站—迪士尼站)开通试运营。开通后线路长81.4公里,运营车站数为38座。

11号线每日运营服务时间18小时21分钟(5:30—23:51);全线采用"Y型"+大小交路运行;早高峰上线运营列车60列;早高峰时段共线段最小行车间隔2分30秒,非共线段行车间隔7分30秒。

【上海轨道交通12号线】

12号线是上海轨道交通规划中一条纵贯中心城区的"西南—东北"走向主干线。跨越上海市8个行政区,穿越了上海最繁华的淮海路、南京路商业区,连接了东西两端的闵行工业开发园区和金桥进出口加工区,串联了上海火车站和国际客运码头等重要大型交通枢纽。

2013年12月29日12号线(天潼路站—金海路站)试运营。开通后线路长19公里,运营车站数为15座。

2014年5月10日,曲阜路站投入运营。2015年12月19日,12号线(七莘路站—曲阜路站)开通试运营。开通后线路长39.9公里,运营车站数为33座。

12号线每日运营服务时间18小时17分钟(5:30—23:47);全线大小交路运行;早高峰上线运营列车37列,备车1列;早高峰时段行车间隔小交路(虹梅路站—巨峰路站)4分钟,大交路(虹梅路站—七莘路站)8分钟。

【上海轨道交通13号线】

13号线是作为轨道交通网络中西北—东南走向的直径线,线路途径嘉定、普陀、闸北、静安、黄浦、浦东新区等6个行政区,首次在全线区间均设置了侧向平台,用于消防救援。13号线线路长21.9公里,运营车站数为19座。

2010年4月20日,13号线世博专用交通联络线马当路站—世博大道站开通试运营,新线开通后线路长3.21公里,运营车站数为3座。运营期间,每日运营服务时间15小时15分钟(8:50—0:05);总投用列车5列,其中备车3列;全天行车间隔6分钟。

2012年12月30日,13号线一期(金运路站—金沙江路站)试运营,新线开通线路总长8.9公里,车站7座。其中祁连山南路站、大渡河路站暂未开通。2013年6月15日,祁连山南路站投入运营。

2014年11月1日,大渡河路站投入运营。2014年12月28日,13号线(金沙江路站—长寿路站)开通试运营。

2015 年 12 月 19 日，13 号线(长寿路站—世博大道站)开通试运营。

13 号线每日运营服务时间 17 小时 07 分钟(5:50—22:57)；全线单一交路运行；早高峰上线运营列车 19 列，备车 2 列；早高峰时段行车间隔为 5 分钟。

【上海轨道交通 16 号线(原名 11 号线南段)】

16 号线是连接临港新城与市中心的一条市域快速线。该线路起点为浦东新区龙阳路站，终点为临港新城滴水湖边的滴水湖站。共设站 13 座，其中地下站 3 座，高架站 10 座。16 号线(罗山路站—滴水湖站)于 2013 年 12 月 29 日试运营。开通线路总长 51.8 公里，车站 11 座。

2014 年 12 月 28 日，16 号线(龙阳路—罗山路)开通试运营。开通线路总长 58.8 公里，车站 13 座。

16 号线每日运营服务时间 17 小时 22 分钟(5:50—23:12)；全线单一交路运行；早高峰上线运营列车 32 列；高峰时段最小行车间隔上行 8 分钟，下行 3 分 30 秒。

【上海磁浮列车示范运营线】

上海磁浮列车示范运营线(以下简称"上海磁浮线")是采用德国常导高速磁悬浮技术建设的世界第一条商业示范运营的磁悬浮交通线路。上海磁浮线正线长度 29.873 公里，西起地铁 2 号线龙阳路站，东至浦东国际机场。

2002 年 12 月 31 日，单线通车试运行。2004 年 4 月 14 日，系统接管并试运营。

2006 年 4 月 26 日，通过国家竣工验收。2006 年 4 月 27 日，上海磁浮线投入正式运营。

上海磁浮线每日运营服务时间 15 小时 5 分钟(6:45—21:50)；全线按单一交路运营(双轨往返)；每日上线运营列车 2 列，备车 1 列；高峰时段行车间隔 15 分钟。

二、1993 年—2015 年网络运营统计

表 3-1-1　1993—2015 年轨道交通全路网历史指标情况表

年　份	运营线路长度(公里)	运营里程(万车公里)	年客流量(万人次)	日均客流量(万人次)
1993	6.44	16.3	106	0.40
1994	6.44	56.48	461	1.26
1995	15.7	531.70	6 479	17.75
1996	15.7	757.86	8 949	24.45
1997	20	1 022.52	10 251	30.37
1998	20	1 228.38	12 606	34.54
1999	38.3	1 297.80	10 921	29.92
2000	62.8	1 908.12	13 553	37.03
2001	62.8	3 233.88	28 266	77.37
2002	62.8	3 760.62	35 730	97.92

（续表）

年　份	运营线路长度（公里）	运营里程（万车公里）	年客流量（万人次）	日均客流量（万人次）
2003	79.4	4 536.73	40 583	111.19
2004	92.1	5 182.30	47 791	130.57
2005	118.7	6 374.81	59 084	161.90
2006	140.3	7 649.13	65 243	178.55
2007	233.7	9 262.01	80 990	221.83
2008	235.2	14 472.53	112 722	307.98
2009	329.7	17 486.33	131 544	360.39
2010	425.02	29 117.43	190 129	520.90
2011	425.02	32 800.57	210 253	576.04
2012	439.1	33 671.96	227 268	620.95
2013	538	35 441.32	250 326	685.82
2014	548	40 971.79	282 402.39	773.71
2015	588	43 882.12	306 432.7	839.54

注：1 号线于 1993 年 5 月 28 日开通试运营；统计数据未含磁浮线。

表 3－1－2　2015 年 12 月 31 日轨道交通运营各线路长度及运营里程情况表

线 路 名 称	线路长度（公里）	运营里程（万车公里）
1 号线	36.9	5 255
2 号线	60.3	6 262
3 号线	40.2	2 524
4 号线	33.8	2 392
5 号线	16.6	893
6 号线	32.7	2 021
7 号线	43.9	3 692
8 号线	37	3 955
9 号线	49.8	4 801
10 号线	35.2	2 770
11 号线	81.4	5 185
12 号线	39.9	1 493
13 号线	21.9	872
16 号线	58.8	1 763
磁浮线	29.87	632

表 3-1-3　1993—2015 年上海轨道交通客运量情况表

单位：万人次

年份	1 号线	2 号线	3 号线	4 号线	5 号线	6 号线	7 号线	8 号线	9 号线	10 号线	11 号线	12 号线	13 号线	16 号线
1993 年	105.604 3													
1994 年	460.783 1													
1995 年	6 479.344 7													
1996 年	8 948.838 8													
1997 年	11 083.951													
1998 年	12 606.238													
1999 年	10 921.5													
2000 年	10 972.1	2 581												
2001 年	15 102.7	8 714.9	4 319.3											
2002 年	18 003.47	10 732.7	7 079.7											
2003 年	19 737.56	12 692.72	8 138.9											
2004 年	22 871.4	15 463.7	8 892.6											
2005 年	29 479.32	18 694.89	9 888.79	8.98										
2006 年	28 926.622	17 666.373	9 725.167 5	6 734.725 5	2 120.739 2									
2007 年	31 368.751	23 133.143	12 671.537	10 862.721	2 855.631 9	44.002 3		41.603 8	12.900 6					
2008 年	35 410.133	28 198.262	14 841.146	16 192.154	3 643.524 2	3 808.926 6		8 303.200 6	1 888.830 1					
2009 年	37 115.049	30 937.559	15 637.703	20 821.851	3 838.815 9	5 860.887 5	328.808 3	12 559.313	4 440.040 7		3.619 9			
2010 年	39 611.426	37 629.261	16 701.308	23 503.515	4 268.171 1	8 002.667 9	14 347.521	19 834.864	13 232.75	6 241.781 9	4 773.072 9		1 983.307 4	
2011 年	37 455.293	40 954.112	16 538.072	23 684.537	4 297.337 6	8 700.801 4	17 112.046	21 481.824	17 225.901	15 749.381	7 053.761 8			
2012 年	37 606.549	43 946.464	17 242.482	24 992.518	4 313.32	9 568.014 3	19 674.012	23 534.084	19 713.346	18 442.742	8 230.378 5		4.705 5	
2013 年	38 616.809	46 538.781	18 525.167	26 141.076	4 446.154 7	10 622.055	21 880.42	26 300.315	22 819.905	20 876.379	11 367.102	22.599 4	2 153.328 8	15.599 6
2014 年	40 359.186	48 199.798	18 740.596	26 727.568	4 614.981 4	11 698.574	22 959.837	30 311.123	25 637.572	24 058.451	19 339.875	4 650.516 3	3 195.003	1 909.330 3
2015 年	40 914.627	52 218.273	18 261.795	27 518.35	4 700.882 4	12 970.331	24 837.133	32 674.407	27 795.76	25 920.774	22 089.832	6 446.087 2	5 903.350 8	4 181.094 7

表 3-1-4　2006—2015 年上海轨道交通换乘客流统计表　　单位：万人次

年份 线路	2006 年	2007 年	2008 年	2009 年	2010 年	2011 年	2012 年	2013 年	2014 年	2015 年
1 号线	5 781.40	7 457.30	9 497.30	10 468.77	12 243.30	11 939.81	12 240.00	12 838.49	13 557.55	13 903.91
2 号线	4 301.98	6 453.25	8 561.04	9 538.03	12 826.64	14 679.59	15 960.57	17 099.00	17 430.27	19 986.15
3 号线	1 018.75	1 813.98	2 998.69	3 769.79	4 284.60	4 870.20	5 295.22	6 579.73	6 704.02	6 284.15
4 号线	2 343.26	4 714.43	6 374.19	8 532.75	10 072.15	10 970.13	11 802.87	12 296.90	13 116.97	13 759.90
5 号线	792.28	1 085.97	1 398.54	1 439.59	1 552.69	1 537.12	1 529.85	1 561.06	1 613.27	1 658.95
6 号线		26.76	1 478.31	2 453.44	3 374.36	3 580.20	3 904.90	4 300.26	5 011.00	5 610.45
7 号线				210.01	6 790.31	7 740.18	8 714.89	9 455.88	9 571.13	10 778.00
8 号线		10.10	2 880.20	4 460.76	7 953.03	9 537.14	10 641.91	11 950.55	14 635.18	16 029.84
9 号线		2.65	542.35	1 494.94	4 795.13	6 884.25	7 705.88	8 679.07	9 922.10	10 837.32
10 号线					2 882.39	7 290.16	8 314.34	9 396.16	11 182.96	11 975.11
11 号线				1.35	1 945.89	2 787.39	3 164.11	4 633.20	8 986.48	10 156.92
12 号线								9.30	2 033.41	2 865.03
13 号线							1.85	824.86	1 157.95	2 314.90
16 号线								4.85	730.23	1 777.77

表 3-1-5　2006—2015 年上海轨道交通占公共交通客运量比重表

年　　份	占　比　(%)
2006	14.67%
2007	18.00%
2008	24.10%
2009	25.70%
2010	31.80%
2011	34.50%
2012	36.50%
2013	39.40%
2014	42.94%
2015	46.20%

表 3-1-6　2015 年上海轨道交通各线创历史最高日客流情况表

线 路 名 称	历史最高客流量(单位：万人)	日　　期
1 号线	148.793 6	2015.4.30
2 号线	186.749 3	2014.12.31
3 号线	64.210 8	2014.4.30
4 号线	106.441 6	2011.7.05

（续表）

线路名称	历史最高客流量(单位：万人)	日期
5号线	16.5687	2014.12.31
6号线	45.2941	2015.12.31
7号线	86.7965	2015.10.16
8号线	108.7009	2015.10.16
9号线	151.9760	2015.12.31
10号线	87.2682	2014.12.31
11号线	79.5749	2015.12.31
12号线	54.0345	2015.12.31
13号线	33.7030	2015.12.25
16号线	18.08	2015.5.01
磁浮线	1.90	2010.6.13

表3-1-7　2001—2015年上海轨道交通突破百万客流情况表

突破客流(万)	日期	详细客流(万)	备注
100	2001.9.30	120.2	
200	2005.4.30	202.94	新浪网 http://news.sina.com.cn/o/2005-05-02/09165801633s.shtml
300	2007.12.29	308.40	2007年12月29日6、8、9号线开通
400	2008.12.31	430.75	
500	2009.12.31	527.25	2009年12月5日7号线开通，12月31日11号线1期开通
600	2010.5.21	601.26	2010年4月10日10号线开通；5月1日至10月31日上海世博会期间13号线马当路站、卢浦大桥站、世博大道站运营
700	2010.9.30	708.66	
800	2013.3.8	848.60	
900	2014.3.21	901.82	2013年8月31日11号线2期开通；2013年12月29日12号线、16号线开通
1000	2015.12.31	1083.27	

表3-1-8　2015年度客运指标汇总表

项目	年度客运总量(万人次)	日均客流量(万人次)	最高日客流量(万人次)	年运营收入(万元)	平均票价(元)
1号线	40915	112.09	141.5	103537	2.48
2号线	52218	143.06	175.43	122650	2.32
3号线	18262	50.03	59.91	42498	2.31

（续表）

项　目	年度客运总量（万人次）	日均客流量（万人次）	最高日客流量（万人次）	年运营收入（万元）	平均票价（元）
4 号线	27 518	75.39	89.32	49 258	1.78
5 号线	4 701	12.88	16.56	9 008	1.9
6 号线	12 970	35.54	45.29	24 824	1.9
7 号线	24 837	68.05	80.06	53 998	2.16
8 号线	32 674	89.52	107.87	61 668	1.87
9 号线	27 796	76.15	96.82	76 051	2.71
10 号线	25 921	71.02	85.59	57 447	2.18
11 号线	22 090	60.52	79.57	60 543	2.77
12 号线	6 446	17.66	54.03	12 827	1.98
13 号线	5 903	16.17	33.67	10 222	1.72
16 号线	4 181	11.46	17.63	16 391	3.85

表 3-1-9　2003—2015 年上海磁浮交通客流量情况表

年　度	客流（万人次）
2003	20
2004	218
2005	314
2006	399
2007	430
2008	420
2009	469
2010	475
2011	312
2012	304
2013	302
2014	325
2015	365

表 3-1-10　2015 年轨道交通线路运能配备统计情况表

线　路	实有列车总数（列）	车辆总数（辆）	可运营列车数（列）	可运营车辆数（辆）	早高峰运营列车数	
					上线运营列车数（列）	备车数（列）
1 号线	53	424	53	424	47	1
2 号线 *	69	488	69	488	42	1
					13	0

(续表)

线　路	实有列车总数(列)	车辆总数(辆)	可运营列车数(列)	可运营车辆数(辆)	早高峰运营列车数	
					上线运营列车数(列)	备车数(列)
3号线	35	210	33	198	31	0
4号线	33	198	32	192	29	1
5号线	17	68	17	68	14	1
6号线	50	200	50	200	46	0
7号线	42	252	42	252	38	0
8号线	66	434	66	434	60	0
9号线	51	306	51	306	45	1
10号线	41	246	40	240	30	1
11号线	72	432	66	396	60	0
12号线	41	246	41	246	37	1
13号线	24	144	24	144	19	2
16号线	46	138	46	138	32	0
合计	641	3 786	631	3 732	543	9

注：2号线分为西段(徐泾东站—广兰路站)和东段(广兰路站—浦东国际机场站)两段运营。

第四节　试运营基本条件专家评审

《上海市轨道交通管理条例》对轨道交通试运营基本条件的认定和验收作出了规定，明确“轨道交通工程竣工后，轨道交通项目建设单位应当按照设计标准组织工程初验。具备基本运营条件的，由市交通局组织有关部门和专家认定，报市人民政府批准后，可以进行试运营”。

轨道交通试运营基本条件认定的流程，一是由项目建设单位向市交通局提交线路基本运营条件认定的申请；二是由市交通局(后改为市交通港口局)组织邀请国内专业人员组成专家小组，分专业对试运营基本条件进行认定，并将认定结论上报市政府。

2007年市交通局组织编写了《上海市城市轨道交通试运营基本条件》(简称《试运营基本条件》)技术规范，并于当年10月由上海市发改委、市建交委、市交通局联合发布。《试运营基本条件》从轨道交通建设、运营等方面应具备的条件作了详细具体的规定。其中建设方面主要包括土建系统、机电设备、车辆和系统联调及试运行等方面；运营方面包括组织机构和人员要求、行车组织和客运组织、备品备件、技术资料、试运营规章制度、演练等方面。并明确，对试运营基本条件认定过程中专家提出需要整改的问题，运营单位和建设单位应立即着手组织安排整改解决，及时消除试运营的安全隐患。该项制度的实施，对新线投入试运营后的安全起到了保障作用。

从2003年10月23日起，上海市交通局(后改为市交通港口局)委托上海市交通运输行业协会轨道交通专业委员会(简称轨道交通专业委员会)开展轨道交通试运营条件评审等工作。

2003年10月23日，上海交通运输行业协会组织专家对上海莘闵轨道交通线(5号线)开通客运进行评审。车站土建、机电设备系统均已建成完成验收、系统调试，运营准备充分，接管已完成，政府许可文件基本办妥，具备开通客运的基本条件。这是第一次对轨道交通线路开展试运营基本条件的评审工作。

2004年11月24日，上海轨道交通1号线北延段基本试运营条件通过了专家评审。

2005年10月10日，上海轨道交通4号线由上海地铁运营有限公司全面接管。

2006年11月26日，上海轨道交通3号线北延伸线基本试运营条件通过了专家评审。

2007年11月20日—12月20日，计划开通试运营的三线两段新线工程已全部通过了由上海市城市交通管理局组织、上海市交通运输行业协会承办的轨道交通试运营基本条件专家评审。其中，11月20日至21日，评审1号线富锦路停车场工程；12月8日至9日，评审4号线四站五区间开通及全线环线试运营；12月11日至13日，评审6号线工程；12月14日至16日，评审8号线一期工程；12月18至20日，评审9号线一期工程。

2009年6月16日，上海浦江镇公共交通配套工程(8号线二期工程)基本试运营条件通过了专家评审。

2009年11月18日，上海市轨道交通7号线基本试运营条件通过了专家评审。

2009年12月13日，上海市轨道交通9号线二期工程基本试运营条件通过了专家评审。

2010年3月24日，7号线北延伸段(罗店中心镇公共交通配套工程)、13号线世博段(世博园区专用交通联络线工程)通过试运营基本条件专家评审，10号线、2号线东延伸工程分别于3月18日和3月24日基本试运营条件通过了专家评审。

2010年9月16日，上海市轨道交通10号线基本试运营条件通过了专家评审。

2014年4月22日，上海市轨道交通12号线曲阜路站基本试运营条件通过了专家评审。

2015年11月18日，上海轨道交通12号线工程(七莘路站—曲阜路站)基本试运营条件通过了专家评审。

第五节　车站名调整

上海地铁命名多为道路名称，需要经过上海地名办审核通过。随着地铁的发展，大客流站、换乘站需要更多容易记忆的地标性建筑名称或者更知名道路名称。从1997年至2015年共有15座车站更名。

表3-1-11　1997—2015年上海轨道交通车站名调整情况表

日期	线路	内容
1997年1月	上海轨道交通1号线	南延伸段建成，锦江乐园站更为虹梅南路站；2006年以后再改为锦江乐园站。
2001年12月	上海轨道交通2号线	杨高南路站因其位置而被改为上海科技馆站。
2004年12月	上海轨道交通1号线	新龙华站由地面转入地下，新龙华站更名为上海南站站。
2006年6月	上海轨道交通2号线	东方路站为突出本站位于上海著名街道世纪大道，改为世纪大道站。
2006年10月	上海轨道交通2号线	河南中路站，为突出本站位于上海著名街道南京东路，改为南京东路站。

（续表）

日　期	线　　路	内　　　容
2006 年 10 月	上海轨道交通 2 号线	石门一路站，为突出本站位于上海著名街道南京西路改为南京西路站。
2006 年 10 月	上海轨道交通 3 号线	汶水东路站，改名为大柏树站。
2006 年 12 月	上海轨道交通 3、4 号线	共线运营站新客站站，改名为上海火车站站。
2011 年 5 月	上海轨道交通 6、8 号线	济阳路站（建成后未开通），更名为东方体育中心站。
2012 年 9 月	上海轨道交通 8 号线	周家渡站（建成后未开通），更名为中华艺术宫站。
2012 年 12 月	上海轨道交通 7 号线	船厂路站，更名为龙华中路站。
2013 年 8 月	上海轨道交通 8 号线	航天博物馆站，更名为沈杜公路站。
2013 年 8 月	上海轨道交通 11 号线	三林公园站，改为三林东站。
2014 年 9 月	上海轨道交通 13 号线	卢浦大桥站，更名为世博会博物馆站。
2015 年 12 月	上海轨道交通 13 号线	山海关路站，更名为自然博物馆站。

第六节　首末班车时间

为做好乘客的服务，确保列车安全准点，制定列车的首末班的时间，并根据需要适时调整，要求乘客留意需要换乘线路的首末班车时间，以免耽误出行。末班车进站前三分钟停售该末班车车票。

表 3－1－12　2015 年轨道交通 1 号线首末班车时间情况表

站　名	首班车发车时刻			末班车发车时刻		
	往火车站	往富锦路	往莘庄	往火车站	往富锦路	往莘庄
莘庄	05:30		06:04 （到达）	22:32		23:34 （到达）
外环路	05:32		06:02	22:34		23:32
莲花路	05:34		06:00	22:36		23:30
锦江乐园	05:37		05:57	22:39		23:27
上海南站	04:55	05:18	05:54	22:42		23:24
漕宝路	04:57	05:20	05:51	22:45		23:21
上海体育馆	05:00	05:23	05:49	22:48		23:19
徐家汇	05:02	05:25	05:46	22:50		23:16
衡山路	05:04	05:27	05:44	22:52		23:14
常熟路	05:06	05:29	05:42	22:54		23:12
陕西南路	05:08	05:31	05:40	22:56		23:10
黄陂南路	05:11	05:34	05:38	22:58		23:08

（续表）

站　名	首班车发车时刻			末班车发车时刻		
	往火车站	往富锦路	往莘庄	往火车站	往富锦路	往莘庄
人民广场	05:14	05:37	05:35	23:01		23:05
新闸路	05:15	05:38	05:33	23:03		23:03
汉中路	05:17	05:40	05:31	23:05		23:01
上海火车站	05:19（到达）	05:43	05:30	23:08		23:00
中山北路	—	05:45	05:57	23:10		22:57
延长路	—	05:48	05:55	23:13		22:55
上海马戏城	—	05:50	05:53	23:15		22:53
汶水路	—	05:52	05:50	23:17		22:50
彭浦新村	—	05:55	05:47	23:20		22:47
共康路	—	05:58	05:45	23:23		22:45
通河新村	—	06:00	05:42	23:25		22:42
呼兰路	—	06:03	05:40	23:27		22:40
共富新村	—	06:05	05:37	23:30		22:37
宝安公路	—	06:08	05:34	23:33		22:34
友谊西路	—	06:10	05:32	23:35		22:32
富锦路	—	06:12（到达）	05:30	23:37（到达）		22:30

表 3-1-13　2015 年轨道交通 2 号线首末班车时间情况表　　单位　时、分

站　名	首班车发车时刻		末班车发车时刻	
	往广兰路	往浦东国际机场	往广兰路	往浦东国际机场
浦东国际机场	06:00	06:34（到达）	22:00	22:34（到达）
海天三路	06:03	06:31	22:03	22:31
远东大道	06:10	06:24	22:10	22:24
凌空路	06:15	06:19	22:15	22:19
川沙	06:18	06:15	22:18	22:15
华夏东路	06:23	06:11	22:23	22:11
创新中路	06:26	06:08	22:26	22:08
唐镇	06:29	06:04	22:29	22:04
广兰路	06:34（到达）	06:00	22:34（到达）	22:00

（续表）

站　名	首班车发车时刻		末班车发车时刻	
	往徐泾东	往广兰路	往徐泾东	往广兰路
广兰路	05:30	06:27（到达）	22:45	23:42（到达）
金科路	05:33	06:25	22:48	23:40
张江高科	05:35	06:22	22:50	23:37
龙阳路	05:21	06:18	22:54	23:33
世纪公园	05:22	06:16	22:56	23:31
上海科技馆	05:25	06:14	22:58	23:29
世纪大道	05:28	06:11	23:01	23:26
东昌路	05:30	06:09	23:03	23:24
陆家嘴	05:32	06:07	23:06	23:22
南京东路	05:35	06:04	23:08	23:19
人民广场	05:38	06:02	23:11	23:17
南京西路	05:40	05:59	23:13	23:14
静安寺	05:42	05:57	23:16	23:12
江苏路	05:45	05:54	23:18	23:09
中山公园	05:48	05:52	23:21	23:07
娄山关路	05:50	05:49	23:24	23:04
威宁路	05:53	05:46	23:26	23:01
北新泾	05:55	05:44	23:29	22:59
淞虹路	05:58	05:42	23:31	22:57
虹桥2号航站楼	06:05	05:35	23:38	22:50
虹桥火车站	06:07	05:33	23:40	22:48
徐泾东	06:09（到达）	05:30	23:43（到达）	22:45

表3-1-14　2015年轨道交通3号线首末班车时间情况表

站　名	首班车发车时刻		末班车发车时刻	
	往上海南站	往江杨北路	往上海南站	往江杨北路
上海南站	06:32（到达）	05:25	23:42（到达）	22:30
石龙路	06:30	05:27	23:40	22:32
龙漕路	06:28	05:30	23:38	22:35
漕溪路	06:26	05:32	23:36	22:37

（续表）

站　名	首班车发车时刻		末班车发车时刻	
	往上海南站	往江杨北路	往上海南站	往江杨北路
宜山路	06:23	05:34	23:33	22:39
虹桥路	06:21	05:36	23:31	22:41
延安西路	06:19	05:39	23:29	22:44
中山公园	06:17	05:41	23:27	22:46
金沙江路	06:14	05:43	23:24	22:48
曹杨路	06:12	05:45	23:22	22:50
镇坪路	06:10	05:48	23:20	22:53
中潭路	06:07	05:50	23:17	22:55
上海火车站	06:05	05:53	23:15	22:58
宝山路	06:01	05:56	23:11	23:01
东宝兴路	05:59	05:58	23:09	23:03
虹口足球场	05:57	06:01	23:07	23:06
赤峰路	05:54	06:03	23:04	23:08
大柏树	05:52	06:05	23:02	23:10
江湾镇	05:50	06:08	23:00	23:13
殷高西路	05:47	06:10	22:57	23:15
长江南路	05:44	06:13	22:54	23:18
淞发路	05:41	06:15	22:51	23:20
张华浜	05:39	06:18	22:49	23:23
淞滨路	05:37	06:20	22:47	23:25
水产路	05:35	06:22	22:45	23:27
宝杨路	05:32	06:25	22:42	23:30
友谊路	05:30	06:27	22:40	23:32
铁力路	05:27	06:29	22:37	23:34
江杨北路	05:25	06:32 （到达）	22:35	23:37 （到达）

表 3－1－15　2015 年轨道交通 4 号线首末班车时间情况表

站　名	首　班　车		末　班　车			
	内圈 （顺时针）	外圈 （逆时针）	内圈（顺时针）		外圈（逆时针）	
			全　程	终点宜山路	全　程	终点宜山路
宜山路	05:30	05:30	21:30	22:30	21:30	22:30
上海体育馆	06:27	05:32	22:27	23:27	21:32	22:32

（续表）

站名	首班车		末班车			
	内圈（顺时针）	外圈（逆时针）	内圈（顺时针）		外圈（逆时针）	
			全程	终点宜山路	全程	终点宜山路
上海体育场	06:25	05:34	22:25	23:25	21:34	22:34
东安路	06:23	05:36	22:23	23:23	21:36	22:36
大木桥路	06:21	05:37	22:21	23:21	21:37	22:37
鲁班路	06:19	05:39	22:19	23:19	21:39	22:39
西藏南路	06:17	05:42	22:17	23:17	21:42	22:42
南浦大桥	06:15	05:44	22:15	23:15	21:44	22:44
塘桥	06:12	05:47	22:12	23:12	21:47	22:47
蓝村路	06:10	05:49	22:10	23:10	21:49	22:49
浦电路	06:07	05:51	22:07	23:07	21:51	22:51
世纪大道	06:05	05:53	22:05	23:05	21:53	22:53
浦东大道	06:03	05:56	22:03	23:03	21:56	22:56
杨树浦路	06:01	05:58	22:01	23:01	21:58	22:58
大连路	05:59	06:00	21:59	22:59	22:00	23:00
临平路	05:57	06:02	21:57	22:57	22:02	23:02
海伦路	05:55	06:04	21:55	22:55	22:04	23:04
宝山路	05:52	06:07	21:52	22:52	22:07	23:07
上海火车站	05:49	06:10	21:49	22:49	22:10	23:10
中潭路	05:46	06:13	21:46	22:46	22:13	23:13
镇坪路	05:44	06:15	21:44	22:44	22:15	23:15
曹杨路	05:41	06:18	21:41	22:41	22:18	23:18
金沙江路	05:39	06:19	21:39	22:39	22:19	23:19
中山公园	05:37	06:22	21:37	22:37	22:22	23:22
延安西路	05:35	06:24	21:35	22:35	22:24	23:24
虹桥路	05:32	06:26	21:32	22:32	22:26	23:26

表 3-1-16　2015 年轨道交通 5 号线首末班车时间情况表

站名	首班车发车时刻		末班车发车时刻	
	往莘庄	往闵行开发区	往莘庄	往闵行开发区
莘庄	06:26（到达）	06:00	22:26（到达）	22:30
春申路	06:23	06:02	22:23	22:32

（续表）

站　名	首班车发车时刻		末班车发车时刻	
	往　莘　庄	往闵行开发区	往　莘　庄	往闵行开发区
银都路	06:21	06:04	22:21	22:34
颛桥	06:18	06:08	22:18	22:38
北桥	06:14	06:11	22:14	22:41
剑川路	06:11	06:14	22:11	22:44
东川路	06:09	06:16	22:09	22:46
金平路	06:07	06:19	22:07	22:49
华宁路	06:04	06:21	22:04	22:51
文井路	06:02	06:24	22:02	22:54
闵行开发区	06:00	06:26（到达）	22:00	22:56（到达）

表 3-1-17　2015 年轨道交通 6 号线首末班车时间情况表

站　名	首班车发车时刻		末班车发车时刻	
	往 港 城 路	往东方体育中心	往 港 城 路	往东方体育中心
港城路	06:35（到达）	05:30	23:35（到达）	22:30
外高桥保税区北	06:32	05:32	23:32	22:32
航津路	06:30	05:35	23:30	22:35
外高桥保税区南	06:27	05:38	23:27	22:38
洲海路	06:24	05:41	23:24	22:41
五洲大道	06:22	05:43	23:22	22:43
东靖路	06:20	05:45	23:20	22:45
巨峰路	06:17	05:47	23:17	22:47
五莲路	06:15	05:49	23:15	22:49
博兴路	06:13	05:52	23:13	22:52
金桥路	06:11	05:54	23:11	22:54
云山路	06:08	05:56	23:08	22:56
德平路	06:06	05:59	23:06	22:59
北洋泾路	06:03	06:01	23:03	23:01
民生路	06:01	06:03	23:01	23:03
源深体育中心	05:59	06:06	22:59	23:06
世纪大道	05:57	06:08	22:57	23:08

（续表）

站名	首班车发车时刻		末班车发车时刻	
	往港城路	往东方体育中心	往港城路	往东方体育中心
浦电路	05:54	06:11	22:54	23:11
蓝村路	05:52	06:13	22:52	23:13
上海儿童医学中心	05:49	06:16	22:49	23:16
临沂新村	05:46	06:18	22:46	23:18
高科西路	05:44	06:21	22:44	23:21
东明路	05:41	06:23	22:41	23:23
高青路	05:39	06:26	22:39	23:26
华夏西路	05:36	06:28	22:36	23:28
上南路	05:34	06:30	22:34	23:30
灵岩南路	05:32	06:32	22:32	23:32
东方体育中心	05:30	06:34（到达）	22:30	22:34（到达）

表3-1-18　2015年轨道交通7号线首末班车时间情况表

站名	首班车发车时刻		末班车发车时刻	
	往美兰湖	往花木路	往美兰湖	往花木路
花木路	05:30	06:33（到达）	22:30	23:33（到达）
龙阳路	05:33	06:31	22:33	23:31
芳华路	05:35	06:27	22:35	23:27
锦绣路	05:38	06:25	22:38	23:25
杨高南路	05:40	06:23	22:40	23:23
高科西路	05:43	06:20	22:43	23:20
云台路	05:45	06:18	22:45	23:18
耀华路	05:47	06:16	22:47	23:16
长清路	05:49	06:14	22:49	23:14
后滩	05:51	06:12	22:51	23:12
龙华中路	05:54	06:08	22:54	23:08
东安路	05:56	06:06	22:56	23:06
肇嘉浜路	05:58	06:04	22:58	23:04
常熟路	06:01	06:01	23:01	23:01
静安寺	06:03	05:59	23:03	22:59

(续表)

站 名	首班车发车时刻		末班车发车时刻	
	往美兰湖	往花木路	往美兰湖	往花木路
昌平路	06:06	05:57	23:06	22:57
长寿路	06:08	05:55	23:08	22:55
镇坪路	06:10	05:52	23:10	22:52
岚皋路	06:13	05:49	23:13	22:49
新村路	06:15	05:47	23:15	22:47
大华三路	06:17	05:45	23:17	22:45
行知路	06:19	05:43	23:19	22:43
大场镇	06:21	05:41	23:21	22:41
场中路	06:24	05:39	23:24	22:39
上大路	06:26	05:36	23:26	22:36
南陈路	06:28	05:34	23:28	22:34
上海大学	06:31	05:32	23:31	22:32
祁华路	06:34	05:30	23:34	22:30
顾村公园	06:37	05:42	23:37	22:26
刘行	06:40	05:39	23:40	22:23
潘广路	06:42	05:36	23:42	22:21
罗南新村	06:46	05:32	23:46	22:17
美兰湖	06:48（到达）	05:30	23:48（到达）	22:15

表 3-1-19　2015 年轨道交通 8 号线首末班车时间情况表

站 名	首班车发车时刻		末班车发车时刻	
	往沈杜公路	往市光路	往沈杜公路	往市光路
沈杜公路	06:35（到达）	05:30	23:35（到达）	22:30
联航路	06:33	05:32	23:33	22:32
江月路	06:31	05:34	23:31	22:34
浦江镇	06:29	05:36	23:29	22:36
芦恒路	06:25	05:40	23:25	22:40
凌兆新村	06:22	05:43	23:22	22:43
东方体育中心	06:19	05:47	23:19	22:47
杨思	06:16	05:49	23:16	22:49

（续表）

站　名	首班车发车时刻		末班车发车时刻	
	往沈杜公路	往市光路	往沈杜公路	往市光路
成山路	06:14	05:51	23:14	22:51
耀华路	06:12	05:53	23:12	22:53
中华艺术宫	06:10	05:55	23:10	22:55
西藏南路	06:08	05:58	23:08	22:58
陆家浜路	06:05	06:00	23:05	23:00
老西门	06:03	06:02	23:03	23:02
大世界	06:01	06:04	23:01	23:04
人民广场	06:00	06:06	23:00	23:06
曲阜路	05:57	06:08	22:57	23:08
中兴路	05:55	06:10	22:55	23:10
西藏北路	05:53	06:13	22:53	23:13
虹口足球场	05:50	06:15	22:50	23:15
曲阳路	05:48	06:18	22:48	23:18
四平路	05:46	06:20	22:46	23:20
鞍山新村	05:44	06:22	22:44	23:22
江浦路	05:42	06:24	22:42	23:24
黄兴路	05:40	06:26	22:40	23:26
延吉中路	05:37	06:28	22:37	23:28
黄兴公园	05:35	06:30	22:35	23:30
翔殷路	05:33	06:32	22:33	23:32
嫩江路	05:31	06:34	22:31	23:34
市光路	05:30	06:36 （到达）	22:30	23:36 （到达）

表3-1-20　2015年轨道交通9号线首末班车时间情况表

站　名	首班车发车时刻		末班车发车时刻	
	往杨高中路	往松江南	往杨高中路	往松江南
杨高中路	06:24 （到达）	05:30	23:10 （到达）	22:30
世纪大道	06:21	05:34	23:07	22:34
商城路	06:18	05:36	23:05	22:36
小南门	06:15	05:40	23:01	22:40

（续表）

站　名	首班车发车时刻		末班车发车时刻	
	往杨高中路	往松江南	往杨高中路	往松江南
陆家浜路	06:12	05:43	22:58	22:43
马当路	06:10	05:45	22:56	22:45
打浦桥	06:07	05:47	22:54	22:47
嘉善路	06:05	05:49	22:52	22:49
肇嘉浜路	06:03	05:51	22:49	22:51
徐家汇	06:01	05:54	22:47	22:54
宜山路	05:57	05:57	22:44	22:57
桂林路	05:54	06:00	22:40	23:00
漕河泾开发区	05:51	06:03	22:37	23:03
合川路	05:48	06:05	22:34	23:05
星中路	05:45	06:08	22:31	23:08
七宝	05:42	06:11	22:28	23:11
中春路	05:40	06:14	22:26	23:14
九亭	06:12	06:18	22:22	23:18
泗泾	06:05	06:24	22:15	23:24
佘山	06:01	06:29	22:11	23:29
洞泾	05:58	06:32	22:08	23:32
松江大学城	05:53	06:36	22:03	23:36
松江新城	05:50	06:40	22:00	23:40
松江体育中心	05:47	06:43	21:57	23:43
醉白池	05:44	06:46	21:54	23:46
松江南站	05:40	06:49 （到达）	21:50	23:49 （到达）

表 3-1-21　2015 年轨道交通 10 号线首末班车时间情况表

车　站	首　班　车			
	航中路站始发往新江湾城站	虹桥火车站始往新江湾城站	新江湾城站始往航中路站方	新江湾城站始往虹桥火车站
新江湾城	06:25 （到达）	06:52 （到达）	05:30	05:25
殷高东路	06:23	06:50	05:31	05:26
三门路	06:22	06:48	05:33	05:28

（续表）

车　站	首　班　车			
	航中路站始发往新江湾城站	虹桥火车站始往新江湾城站	新江湾城站始往航中路站方	新江湾城站始往虹桥火车站
江湾体育场	06:19	06:46	05:35	05:30
五角场	06:18	06:45	05:37	05:32
国权路	06:16	06:43	05:39	05:34
同济大学	06:14	06:41	05:41	05:36
四平路	06:12	06:39	05:43	05:38
邮电新村	06:10	06:37	05:45	05:40
海伦路	06:08	06:35	05:47	05:42
四川北路	06:06	06:33	05:49	05:44
天潼路	06:04	06:31	05:51	05:46
南京东路	06:02	06:29	05:54	05:49
豫园	06:00	06:27	05:56	05:51
老西门	05:57	06:24	05:58	05:53
新天地	05:55	06:22	06:00	05:55
陕西南路	05:53	06:19	06:03	05:58
上海图书馆	05:50	06:17	06:05	06:00
交通大学	05:48	06:15	06:07	06:02
虹桥路	05:46	06:12	06:10	06:05
宋园路	05:43	06:10	06:12	06:07
伊犁路	05:42	06:08	06:13	06:08
水城路	05:40	06:06	06:16	06:11
龙溪路	05:37	06:04	06:18	06:13
上海动物园	—	06:02	—	06:15
虹桥 1 号航站楼	—	05:59	—	06:18
虹桥 2 号航站楼	—	05:56	—	06:21
虹桥火车站	—	05:55	—	06:22（到达）
龙柏新村	05:34	—	06:21	—
紫藤路	05:32	—	06:23	—
航中路	05:30	—	06:26（到达）	—

表 3－1－22　2015 年轨道交通 11 号线首末班车时间情况表

<table>
<tr><th rowspan="2">站　名</th><th colspan="4">首　班　车</th><th colspan="5">末　班　车</th></tr>
<tr><th colspan="2">往康新公路</th><th>往嘉定北</th><th>往花桥</th><th colspan="2">往康新公路</th><th>往嘉定北</th><th>往安亭</th><th>往花桥</th></tr>
<tr><td>康新公路</td><td colspan="2">07:04</td><td>06:04</td><td>—</td><td colspan="2">23:16</td><td>22:24</td><td>22:19</td><td>21:54</td></tr>
<tr><td>秀沿路</td><td colspan="2">07:01</td><td>06:07</td><td>—</td><td colspan="2">23:13</td><td>22:27</td><td>22:22</td><td>21:57</td></tr>
<tr><td>罗山路</td><td colspan="2">06:58</td><td>05:30</td><td>05:35</td><td colspan="2">23:10</td><td>22:30</td><td>22:25</td><td>22:00</td></tr>
<tr><td>御桥</td><td colspan="2">06:55</td><td>05:33</td><td>05:38</td><td colspan="2">23:07</td><td>22:33</td><td>22:28</td><td>22:03</td></tr>
<tr><td>浦三路</td><td colspan="2">06:49</td><td>05:38</td><td>05:43</td><td colspan="2">23:01</td><td>22:38</td><td>22:33</td><td>22:08</td></tr>
<tr><td>三林东</td><td colspan="2">06:47</td><td>05:41</td><td>05:46</td><td colspan="2">22:59</td><td>22:41</td><td>22:36</td><td>22:11</td></tr>
<tr><td>三林</td><td colspan="2">06:45</td><td>05:43</td><td>05:48</td><td colspan="2">22:57</td><td>22:43</td><td>22:38</td><td>22:13</td></tr>
<tr><td>东方体育中心</td><td colspan="2">06:40</td><td>05:48</td><td>05:53</td><td colspan="2">22:52</td><td>22:48</td><td>22:43</td><td>22:18</td></tr>
<tr><td>龙耀路</td><td colspan="2">06:37</td><td>05:51</td><td>05:56</td><td colspan="2">22:49</td><td>22:51</td><td>22:46</td><td>22:21</td></tr>
<tr><td>云锦路</td><td colspan="2">06:35</td><td>05:53</td><td>05:58</td><td colspan="2">22:47</td><td>22:53</td><td>22:48</td><td>22:23</td></tr>
<tr><td>龙华</td><td colspan="2">06:33</td><td>05:55</td><td>06:00</td><td colspan="2">22:45</td><td>22:55</td><td>22:50</td><td>22:25</td></tr>
<tr><td>上海游泳馆</td><td colspan="2">06:30</td><td>05:58</td><td>06:03</td><td colspan="2">22:42</td><td>22:58</td><td>22:53</td><td>22:28</td></tr>
<tr><td>徐家汇</td><td colspan="2">06:27</td><td>06:01</td><td>06:06</td><td colspan="2">22:39</td><td>23:01</td><td>22:56</td><td>22:31</td></tr>
<tr><td>交通大学</td><td colspan="2">06:24</td><td>06:04</td><td>06:09</td><td colspan="2">22:36</td><td>23:04</td><td>22:59</td><td>22:34</td></tr>
<tr><td>江苏路</td><td colspan="2">06:21</td><td>06:00</td><td>06:05</td><td colspan="2">22:33</td><td>23:07</td><td>23:02</td><td>22:37</td></tr>
<tr><td>隆德路</td><td colspan="2">06:18</td><td>06:02</td><td>06:07</td><td colspan="2">22:30</td><td>23:10</td><td>23:05</td><td>22:40</td></tr>
<tr><td>曹杨路</td><td colspan="2">06:16</td><td>06:04</td><td>06:09</td><td colspan="2">22:28</td><td>23:12</td><td>23:07</td><td>22:42</td></tr>
<tr><td>枫桥路</td><td colspan="2">06:14</td><td>06:06</td><td>06:11</td><td colspan="2">22:26</td><td>23:14</td><td>23:09</td><td>22:44</td></tr>
<tr><td>真如</td><td colspan="2">06:12</td><td>06:08</td><td>06:13</td><td colspan="2">22:24</td><td>23:16</td><td>23:11</td><td>22:46</td></tr>
<tr><td>上海西站</td><td colspan="2">06:09</td><td>06:11</td><td>06:16</td><td colspan="2">22:21</td><td>23:19</td><td>23:14</td><td>22:49</td></tr>
<tr><td>李子园</td><td colspan="2">06:07</td><td>06:13</td><td>06:18</td><td colspan="2">22:19</td><td>23:21</td><td>23:16</td><td>22:51</td></tr>
<tr><td>祁连山路</td><td colspan="2">06:04</td><td>06:16</td><td>06:21</td><td colspan="2">22:16</td><td>23:24</td><td>23:19</td><td>22:54</td></tr>
<tr><td>武威路</td><td colspan="2">06:02</td><td>06:18</td><td>06:23</td><td colspan="2">22:14</td><td>23:26</td><td>23:21</td><td>22:56</td></tr>
<tr><td>桃浦新村</td><td colspan="2">06:00</td><td>06:20</td><td>06:25</td><td colspan="2">22:12</td><td>23:28</td><td>23:23</td><td>22:58</td></tr>
<tr><td>南翔</td><td colspan="2">05:56</td><td>06:25</td><td>06:30</td><td colspan="2">22:08</td><td>23:32</td><td>23:27</td><td>23:02</td></tr>
<tr><td>马陆</td><td colspan="2">05:50</td><td>06:30</td><td>06:35</td><td colspan="2">22:02</td><td>23:38</td><td>23:33</td><td>23:08</td></tr>
<tr><td>嘉定新城</td><td colspan="2">05:47</td><td>06:33</td><td>06:38</td><td colspan="2">21:59</td><td>23:41</td><td>23:36</td><td>23:11</td></tr>
<tr><td>白银路</td><td>05:44</td><td>—</td><td>06:36</td><td>—</td><td>21:56</td><td>—</td><td>23:44</td><td>—</td><td>—</td></tr>
<tr><td>嘉定西站</td><td>05:40</td><td>—</td><td>06:40</td><td>—</td><td>21:52</td><td>—</td><td>23:48</td><td>—</td><td>—</td></tr>
<tr><td>嘉定北站</td><td>05:38</td><td>—</td><td>06:42
（到达）</td><td>—</td><td>21:50</td><td>—</td><td>23:50
（到达）</td><td>—</td><td>—</td></tr>
<tr><td>上海赛车场</td><td>—</td><td>05:47</td><td>—</td><td>06:42</td><td>—</td><td>21:50</td><td>—</td><td>23:40</td><td>23:15</td></tr>
</table>

（续表）

站　名	首　班　车				末　班　车				
	往康新公路		往嘉定北	往花桥	往康新公路		往嘉定北	往安亭	往花桥
昌吉东路	—	05:42	—	06:48	—	21:45	—	23:46	23:21
上海汽车城	—	05:39	—	06:51	—	21:42	—	23:49	23:24
安亭	—	05:37	—	06:54	—	21:40	—	23:51（到达）	23:27
兆丰路	—	05:45	—	06:56	—	21:37	—	—	23:29
光明路	—	05:42	—	06:59	—	21:34	—	—	23:32
花桥	—	05:40	—	07:01（到达）	—	21:32	—	—	23:34（到达）

表 3-1-23　2015 年轨道交通 12 号线首末班车时间情况表

车　站	首　班　车		末　班　车	
	往金海路方向	往七莘路方向	往金海路方向	往七莘路方向
金海路	06:34（到达）	05:30	23:47（到达）	22:30
申江路	06:31	05:34	23:43	22:34
金京路	06:28	05:36	23:41	22:36
杨高北路	06:26	05:38	23:39	22:38
巨峰路	06:24	05:41	23:36	22:41
东陆路	06:21	05:43	23:34	22:43
复兴岛	06:18	05:46	23:31	22:46
爱国路	06:16	05:48	23:29	22:48
隆昌路	06:14	05:50	23:27	22:50
宁国路	06:11	05:53	23:24	22:53
江浦公园	06:09	05:55	23:22	22:55
大连路	06:07	05:57	23:20	22:57
提篮桥	06:05	05:59	23:18	22:59
国际客运中心	06:03	06:01	23:15	23:01
天潼路	06:00	06:05	23:12	23:05
曲阜路	05:57	06:07	23:10	23:07
汉中路	06:07	06:10	23:07	23:10
南京西路	06:04	06:13	23:04	23:13
陕西南路	06:02	06:16	23:02	23:16
嘉善路	05:59	06:18	22:59	23:18

（续表）

车　站	首　班　车		末　班　车	
	往金海路方向	往七莘路方向	往金海路方向	往七莘路方向
大木桥路	05:57	06:21	22:57	23:21
龙华中路	05:54	06:23	22:54	23:23
龙华	05:51	06:26	22:51	23:26
龙漕路	05:49	06:29	22:49	23:29
漕宝路	05:46	06:31	22:46	23:31
桂林公园	05:44	06:33	22:44	23:33
虹漕路	05:42	06:35	22:42	23:35
虹梅路	05:40	06:38	22:40	23:38
东兰路	05:37	06:40	22:37	23:40
顾戴路	05:35	06:43	22:35	23:43
虹莘路	05:32	06:45	22:32	23:45
七莘路	05:30	06:47 （到达）	22:30	23:47 （到达）

表 3－1－24　2015 年轨道交通 13 号线首末班车时间情况表

站　名	首班车发车时刻		末班车发车时刻	
	往 金 运 路	往 世 博 大 道	往 金 运 路	往 世 博 大 道
世博大道	06:00	06:36 （到达）	22:08	22:57 （到达）
世博会博物馆	06:03	06:33	22:11	22:54
马当路	06:05	06:31	22:14	22:52
新天地	06:07	06:29	22:15	22:50
淮海中路	06:10	06:26	22:18	22:47
南京西路	06:12	06:24	22:21	22:45
自然博物馆	06:14	06:21	22:23	22:42
汉中路	06:16	06:20	22:25	22:41
江宁路	06:19	06:17	22:28	22:38
长寿路	06:12	06:15	22:30	22:36
武宁路	06:14	06:13	22:32	22:34
隆德路	06:17	06:10	22:34	22:31
金沙江路	06:20	06:08	22:37	22:29
大渡河路	06:23	06:04	22:40	22:25
真北路	06:26	06:01	22:43	22:22
祁连山南路	06:28	05:59	22:46	22:20

（续表）

站　名	首班车发车时刻		末班车发车时刻	
	往 金 运 路	往 世 博 大 道	往 金 运 路	往 世 博 大 道
丰庄	06:31	05:56	22:48	22:17
金沙江西路	06:34	05:52	22:51	22:13
金运路	06:36 （到达）	05:50	22:54 （到达）	22:11

表 3－1－25　2015 年轨道交通 16 号线首末班车时间情况表

车　站	首　班　车		末　班　车	
	往滴水湖方向	往龙阳路方向	往滴水湖方向	往龙阳路方向
滴水湖	06:47 （到达）	06:00	23:12 （到达）	22:00
临港大道	06:44	06:03	23:09	22:03
书院	06:38	06:09	23:03	22:09
惠南东	06:29	06:17	22:52	22:19
惠南	06:24	06:00	22:47	22:24
野生动物园	06:18	06:05	22:39	22:32
新场	06:13	06:00	22:32	22:39
航头东	06:09	06:03	22:26	22:45
鹤沙航城	06:06	06:06	22:22	22:49
周浦东	06:02	06:10	22:16	22:55
罗山路	05:58	06:15	22:09	23:02
华夏中路站	05:54	06:19	22:05	23:06
龙阳路站	05:50	06:23 （到达）	22:00	23:11 （到达）

表 3－1－26　2015 年磁浮首末班时间情况表

站　名	首班车发车时刻		末班车发车时刻	
	往浦东国际机场	往 龙 阳 路	往浦东国际机场	往 龙 阳 路
龙阳路	06:45	07:10	21:40	21:50
浦东国际机场	06:53	07:02	21:48	21:42

第七节　线路客流变化及限流措施

车站根据《上海市轨道交通运营安全管理办法》对车站工作日、节假日等高峰时段客流规律、重大活动期间人员规模，在时间上提前实施限流。线路控制中心（简称 OCC）根据客流及运能情况提前通知车站，在空间上提前实施限流。

当车站的站台、站厅、楼扶梯、出入口通道、换乘通道等处出现客流拥堵，造成人员通行缓慢并有继续增加的趋势时，车站应果断采取限流措施。

在工作日早晚高峰、节假日、重大活动期间，根据车站客流形成规律和运营实际情况，车站应提前启动限流措施。

当客运服务设施不能满足进站客流需要时，车站应立即启动限流措施。

因列车故障、清客或延误等，导致车站出现客流拥堵时，相应车站应及时启动限流措施。

因车站突发大批量进站或换乘客流，导致车站站厅、站台无法承受客流压力时，相应车站应启动限流措施。

当限流车站站台站厅、上下楼梯、出入口通道、换乘通道等拥堵点客流容量达到《上海轨道交通大客流处置工作预案》大客流等级响应启动条件时，应按预案规定执行。

当邻线换乘站客流拥堵，需要配合限流时，车站接到事发线路（站）请求后，应启动限流措施配合邻线换乘站客运组织；当换乘站需要邻线配合限流，应向邻线发出配合限流请求，同时上报公司应急指挥室、OCC，公司应急指挥室与有关公司、COCC 协调，要求邻线换乘站配合限流。

车站是限流处置的责任主体。车站值班站长负责启动限流措施及现场指挥，站区民警应予以配合，驻站人员及增援人员应服从现场指挥。应将限流措施上报公司应急指挥室和 OCC。公司应急指挥室将信息上报 COCC，并与 OCC 信息沟通，信息传递应畅通。

运营管理部是路网限流组织的职能管理主体。

运营公司负责审核和实施所辖线路车站限流方案，并会同站点派出所制定相应限流车站的实施措施，应结合线路客流特征实施远端限流，车站限流措施应由内向外、逐渐加强，直至关闭车站出入口（只出不进）。加强线路车站信息告知和现场引导，确保线路站内、站外客流组织有序。

运管中心负责路网客流监控及限流处置的指导和协调。其中 OCC 负责线路运营指挥调度，COCC 负责全路网的运营协调与应急指挥。

一、徐家汇站限流

2015 年 9 号线、11 号线徐家汇车站站台换乘客运组织调整方案。

通过早晚高峰对徐家汇站 9/11 号线站台换乘自动扶梯上下行运行方向比例的调整，确实缓解了 9 号线站台的客流积压和对冲现象，但是 11 号线站台还是存在客流对冲现象，有一定的安全隐患。

因此，上海地铁第一、第二运营公司在徐家汇车站试行新的分流措施：高峰时段徐家汇站 9/11 号线站台实行单向换乘，即 9 号线换乘 11 号线通过站台换乘，11 号线换乘 9 号线全部通过站厅换乘。

【单向换乘实施方式】

实施时间：

➢ 工作日早高峰 7:30—9:00、晚高峰 17:30—19:00。

换乘方式：

➢ 9/11 号线站台换乘的 8 组自动扶梯，运行方向均调整为 9→11 号线方向；

➢ 11 号线换乘 9 号线的乘客，全部先上至站厅，通过站厅换乘，至 9 号线站台。

【单向换乘实施前配套准备】

9 号线站厅 1、2 号自动扶梯处的付费区隔断向外平移 3 块地砖(约 2 米)(见站厅图 b)。

9 号线站厅费区处的三组自动贩卖机需撤除。

9 号线站厅 1 号自动扶梯前方立柱之间安装 3 扇限流门，1、2 号自动扶梯与楼梯之间各安装 1 组自动收缩门。

在实施单向换乘方案之前需对原有的 9、11 号线徐家汇站的站台换乘宣传墙贴进行更新。

二、罗山路站限流

客流特征分析：罗山路站分别于 2015 年 10 月 2、3 日，因 11 换 16 换乘客流拥堵启动三级大客流响应；10 月 7 日，该站因返程客流集中抵达，造成换乘客流拥堵，车站启动三级大客流响应。

罗山路站节假日晴好天气条件下，旅游休闲客流上午集中出行的特征十分明显。此外，该站已连续 3 周工作日前一日晚间出现返程大客流，该特征也逐步形成常态。

上海地铁第二运营有限公司现场管控措施：罗山路站启动三级大客流时客流压力主要来自换乘客流，车站主要通过采取增开自动售票机(4 台)、调整移动栏杆、关闭楼梯、改变自动扶梯方向、在站台用移动栏杆来缓行分批放行乘客、按客流情况向 16 号线行调申请备车来缓解车厢满载率等措施来缓解客流压力。

三、陆家嘴站限流

客流特征分析：2015 年 10 月 2 日，天气转为晴好，国庆旅游休闲客流得到集中释放，当日，2 号线客流 134.9 万，较去年同期 126.9 万上浮近 6%，后逐日递减。受此因素影响，2 号线陆家嘴站当日客流(27 万，路网非换乘站最高，历史最高)，旅游休闲客流被集中释放，18:45—22:42，车站启动三级大客流响应，并在出入口实施限流。

陆家嘴旅游休闲客流呈现出“上午分散出行，晚间集中返程”的特征，返程客流与晚间集中进站，造成车站 1 号、3 号口拥堵。

上海地铁第二运营公司现场管控措施：车站在客流集中抵达时段，在 1 号口及 3 号口处分别增设多个“应急票出售窗口”，缓解自动售票机处的压力及避免该区域拥堵状况的发生。此外，车站也在出入口外实施了限流措施。

四、上海科技馆站限流

为做好“上海国际音乐烟花节”专项客运组织工作，根据历年上海科技馆站和世纪公园站“小时客流”的特点，上海科技馆站站共制定出 33 个定点岗位，2 个机动岗位，分别在站厅的服务中心处、进出站闸机处、自动售票机处、各个出入口及地面等处，安排了数名值班站长、站务员、志愿者、小时工等教引乘客正确购买及使用车票、引导乘客有序进出站，并做好相关解释工作等。

五、2号线徐泾东站限流

2015年上海国际汽车展展会期间，上海地铁第二运营有限公司徐泾东站根据《车展期间2号线徐泾东站客运组织方案》要求落实各项客运组织措施，现场大客流管控平稳有序，方案实施效果明显。

本届展会期间，车站极端客流出现在4月25日(周六)公众开放日。据馆方统计当日观展客流14.7万人次，车站进、出站客流为97 104/114 829人次，较平日增长163.41%。

出站高峰时段为9:00—13:00，其中10:00—11:00达到20 450人次的最大峰值；

进站高峰时段为16:00—20:00，其中16:00—17:00达到12 741人次。

上海地铁第二运营有限公司主要客流管控措施：展会散场客流密集进站时段，车站启用4#、9#出入口外设置的蛇形步道，与展会方协同采取进站限流措施，控制客流进站速度。展会期间每日13:00起，采取进出分流措施，调整4#出入口为“只进不出”；15:00起关闭5#出入口；16:00起，调整6#、8#出入口“只出不进”，9#出入口“只进不出”。

主要客运组织措施：加强人工售票：车站在未开放的5#口地面、2、13#出入口通道及9#出入口处设置应急售票窗口，人工出售应急票，加快售票速度。车展期间(10天)，车站共发售应急票59 800张，占车站总售票营收额22.04%。加强宣传引导：车展期间，车站组织各方支援疏导人员(平均每天约57人、设备保驾20人、公安协警60人、武警驻站50人)在车站各个重点部位，利用电喇叭、小蜜蜂等扩音工具，提醒、指引、疏导乘客安全乘车、加强现场客流引导。

展会期间，车站按国家会展中心车展期间市交通保障组的工作要求，按《公交短驳专线开行方案》在展会散场时段执行3条至周边地铁站点的公交短驳专线，分担徐泾东站散场客流压力，实施效果明显。

展会散场期间，客流分批抵达金运路站，未出现客流集中达到，车站客流拥堵的情况，客流平稳有序。

六、2号线龙阳路站限流

上海地铁龙阳路枢纽站现为一座4线换乘的车站，承载着与7、16号线龙阳站、磁悬浮龙阳站的换乘工作，日常车站换乘客流数量较大，且车站地处市东繁华商区，周边有较多的商铺聚集，是一座集换乘，商贸为一体的枢纽车站。2号线龙阳路站通过位于站厅东端及中间的两条换乘通道为纽带，完成了与7、16号线龙阳路站的双向换乘连接。车站周边建筑、人流集中点、重点设施有龙阳广场，麦德龙，迪卡侬，新国际展览中心等。

龙阳路站日平均进出站客流约7万人次，换乘客流约10万人次3号出入口占总客流25%，4号口(只出不进)占总客流40%，5号出入口占总客流30%，2号出入口占总客流5%。

龙阳路车站在线路运能正常时，受车站土建结构的影响，在早晚高峰时段，由于7、16号线换乘2号线的客流较大，站台西端的客流无法在短时间内通过列车在一次正常乘客乘降后全部带走，导致乘客堆积，形成隐患。在高峰时段车站风险点主要是站台西端的乘客。在高峰时段由于龙阳路与国际博览中心相邻，因此高峰时段客流相对会有所增加，由此造成乘客的堆积或滞留，同样形成隐患。

当龙阳路站发生大客流爆满等突发事件，在岗工作人员人手紧张时，车站可向上海地铁第二运营有限公司值班室申请应急支援。值班室在接到申请后，立即通知该区域应急救援队伍至车站进行支援，配合车站做好现场疏导等各项客运组织工作。

在启动“大客流拥堵处置”等级响应工作后，派出所分控中心视情启动相应的梯次增援：

第一梯次：所部调派机动警力，在分控中心领取任务后尽速到达现场，按照预案开展相关工作；当所部机动警力不足或尚未到达时，分控中心可就近调派相邻单线车站的民警和保安增援本站，在现场站区民警处领受岗位及任务，并按照预案开展相关工作。

第二梯次：当险情发生变化、处置等级需要加强或提升时，派出所分控中心(或现场指挥员)应适时向总队指挥中心发出增援请求，并明确通告增援警力数量、到达地点及现场指挥员姓名。增援警力到达后，至本站联合监控室(现场指挥点)报到，接受现场指挥员统一指挥，按照预案开展相关工作。

第三梯次：当启动“大客流拥堵处置”一级响应时，现场联合指挥点应根据预案要求，及时通过总队指挥中心向市局指挥中心发出增援请求，组织调动浦东公安分局辖区的警力实施就近对口增援。

七、3 号线虹口足球场站限流

若举办大型活动，如中超比赛时，作为上海绿地申花队主场虹口足球场毗邻车站，在球赛赛场集中散场时段，车站风险点主要站台上积压乘客，无法在短时间内疏散，形成安全隐患。上海地铁第三运营公司 3 号线虹口足球场车站采取的主要措施包括：

根据球赛等大型活动进场人数，提前向线路 OCC 申请加开备车。值班站长联系驻站民警现场指挥，互通现场即时情况及信息，必要时联系线路管理部申请平移增援。车站值班员通过 CCTV 密切监测客流动态，每 15 分钟向线路 OCC、公司生产调度汇报车站客流情况，根据现场客流情况通知值班站长在换乘通道处采取限流措施。车站值班员实施关闭部分 TVM、GATE 等措施，及时启动空调系统增加通风量，保证大客流情况下车站空气质量良好。

站务员关闭站台至站厅自动扶梯，利用随身扩音器宣传引导上行站台乘客分散车门候车，有序上下车。东宝所派警力配合车站对 1、2、3 号口进站乘客进行限流宣传，维持秩序，做好解释宣传工作。

八、4 号线上海体育馆站限流

4 号线上海体育馆毗邻上海体育馆，在大型文体赛事活动期间，如遇突发大客流，上海地铁第三运营公司 4 号线上海体育馆车站采取的主要措施包括：

客流主要集中在活动散场时段，如中超球赛散场集中在 21:30 至运营结束。根据数据统计，一级安保等级集中进站人数约为 2 万人次，二级安保等级集中进站人数约为 1.5 万人次，三级安保等级集中进站人数约为 7 000 人次。一级安保等级：21:00—运营结束，车站 1 号、3 号、5 号出入口关闭。极端情况下，根据现场指挥长命名，对 2、6 号出入口实施限流、间歇性放行。二级安保等级：21:00—运营结束，车站 2 号、6 号限流，间歇性放行。三级安保等级：21:00—运营结束，车站 2 号、6 号限流，间歇性放行。车站提前向管理部申请增援人员保驾，宜山所派警力增援维护车站秩序。赛事期间，车站在 3 号口站外、TVM 售票、进站闸机位置增设志愿者保驾。宜山所派警力在 3 号口、6 号口站外位置增援维护车站秩序。车站根据现场情况对 3 号口、6 号口站外地面位置间歇性进行限流措施。车站不间断进行人工广播宣传。

九、6 号线巨峰路站限流

6 号线自开通以来，客流日益增长。2011 年 4 月，随着东方体育中心站开通运行，6 号线客流压力进一步突显，列车到达中段区域，车厢满载率接近 120%，给运营安全带来较大的风险隐患，同时严重影响 6 号线早高峰正点率及乘客满意度。为有效解决该问题，上海地铁第四运营有限公司 6 号线在中段区域车站采取各项限流措施的同时，选取远端车站同步进行限流。经多次现场调研及研究探讨，最终选择北段小交路终点站——巨峰路站。该站周边有众多居民住宅区及大型公交枢纽站，是 6 号线北段输入客流量最大的车站。早高峰时段，该站站台客流量处于饱和状态，且出入口进站客流排队队伍一直延续到站外天桥楼梯处，进出站客流在天桥楼梯口处形成对冲，存在安全隐患。

2011 年 6 月，上海地铁第四运营有限公司在 6 号线巨峰路站站外广场安装蛇形栏杆，形成缓进区，通过采取减慢进站速度的方式降低客流密度，均衡乘车人数，确保有效控制满载率。同时在车站出入口、进出站闸机、站厅、扶梯、站台等关键点位增派人员，加强引导疏散。早高峰期间，乘客通过蛇形栏杆有序排队进站，低峰时段，开启侧门，便于乘客直接上楼梯。该方案实施后，巨峰路站站台客流积压、进出站客流对冲等问题得到有效解决，大幅提高了车站运营安全。同时，对 6 号线列车满载率控制起到积极作用，6 号线早高峰运输乘客能力、正点率及乘客满意度得到有效提升。

十、7 号线顾村公园站限流

每年顾村公园樱花节期间，作为大部分游园乘客出行的首选，顾村公园车站进/出站客流将比工作日日均客流增加 100%以上，遇突发大客流时，上海地铁第三运营有限公司 7 号线顾村公园车站采取的主要措施包括：

出站高峰 9 点至 12 点，进站高峰 14 点至 18 点都进行限流。出站高峰期间：车站各类服务设施，如 TVM、GATE、自动扶梯等均按照日常运营全部开启。在出站闸机处增加 2 台手持验卡机，加快乘客出站速度，同时车站在日常标准配置人员基础上，各岗位增加 5 人。值班站长做好客流监控，各岗位加强巡视力度，做好乘客疏导工作，加强人工广播，确保乘客安全、有序出行。

以上车站通过采取相应限流措施，都能确保车站运营总体平稳、有序，大客流风险在短时间内可以缓解。

第二章 运营调度

第一节 调度机构

1991年10月，为适应将要开始的轨道交通运营管理的需要，组建上海市地铁运营公司。下设有车辆段、机电段、通号段、修建段、客运段和总调度所。1992年，上海市地铁总公司成立。同年，上海市地铁运营公司归为上海市地铁总公司直属单位。1992年11月11日上海市地铁运营公司总调度所成立，总调度所代表运营公司法人行使轨道交通运行指挥权，下设行车调度、客运调度、电力调度、消防环控调度4个专业调度室，主要负责行车、客运、电力、环控调度和应急、突发事件的处理工作。1999年1月10日.上海地铁总调度所从上海市运营公司中分离出来，划归上海市地铁总公司，挂靠在总公司运营管理处。

2000年，市政府批准正式启动轨道交通投资、建设、运营、监管的"四分开"新体制方案，原上海市地铁总公司撤销，地铁运营管理由新组建的上海地铁运营有限公司承担。2000年上海市地铁运营公司总调度所更名为上海地铁运营有限公司总调度所，下设新闸调度室，负责轨道交通1号线、2号线的运营调度；东宝调度室，负责轨道交通3号线的运营调度。后分别改名为新闸控制中心和东宝控制中心。

2002年，由上海现代轨道交通股份有限公司负责轨道交通5号线的运营管理和调度。之后，上海地铁运营有限公司、上海现代轨道交通股份有限公司分别于2005年、2007年划归上海申通地铁集团公司管理。

2009年2月，申通地铁集团调整轨道交通运营管理体制，撤销上海地铁运营有限公司、上海现代轨道交通有限公司建制，设立4家轨道交通运营公司。当年3月，成立上海轨道交通运营管理中心(简称运管中心)。运管中心是网络运营调度指挥、应急指挥和运营管理协调的责任主体。运管中心总调度所，负责网络运营调度生产指挥的总体管理，负责网络运营协调与应急指挥中心(COCC)及各线路控制中心(OCC)实施行车、电力、环控系统调度的业务管理，并负责网络化调度生产质量的跟踪分析、监督考核、质量改进的策划，负责调度相关各项业务流程、工作标准及技术规定的制定完善与实施监督，负责调度生产安全与质量的监管和分析，负责调度员业务培训、工作考核等管理工作。

一、各线路控制中心

运管中心总调度所下设9个控制中心、1个网络运营监控中心。

【新闸路控制中心】

上海轨道交通运营管理中心新闸控制中心大楼，建成于1993年，于1995年投入使用。位于上海市黄浦区黄河路340号，紧靠轨道交通1号线新闸路车站。

新闸控制中心共有职工70人，管辖轨道线路1号线与2号线运营，目前承担着日均服务240

多万客流量的重任。

【东宝兴路控制中心】

上海轨道交通运营管理中心东宝控制中心成立于2004年,位于上海市东宝兴路369号,紧靠轨道交通3号线(轻轨明珠线)东宝兴路车站。东宝控制中心共有职工57人,所辖轨道线路3号线与4号线运营,掌控着上海轨道交通网络化重要标志——“金环”通道,是集散广大乘客换乘轨道交通的网络化枢纽中枢。承担着日均服务120多万客流量的重任。

【颛桥控制中心】

上海轨道交通运营管理中心颛桥控制中心,前身为上海现代轨道交通股份有限公司颛桥控制中心,建成于2000年,2009年并入上海申通地铁集团上海轨道交通运营管理中心。位于上海市闵行区颛桥镇,紧靠上海轨道交通5号线颛桥路站,颛桥控制中心共有职工33人,管辖上海轨道交通5号线运营。

【民生路控制中心】

上海轨道交通运营管理中心民生控制中心,前身为上海现代轨道交通股份有限公司,建成投用于2007年10月,2009年并入上海轨道交通运营管理中心。

位于上海市浦东新区羽山路,紧靠上海轨道交通6号线民生路车站。民生控制中心共有职工36人,管辖上海轨道交通6号线运营。

【新村路控制中心】

上海轨道交通运营管理中心新村控制中心建成投用于2009年8月,位于上海市普陀区双山路,紧靠上海轨道交通7号线新村路车站。目前新村控制中心共有职工36人,管辖上海轨道交通7号线运营。

【中山北路控制中心】

上海轨道交通运营管理中心中山控制中心建成于2007年12月28日,位于上海市闸北区中山北路,紧靠上海轨道交通8号线西藏北路车站,中山控制中心内共有职工58人,管辖线路为上海轨道交通8号线和12号线。

【虹梅路控制中心】

上海轨道交通运营管理中心虹梅控制中心成立于2007年12月28日,位于漕河泾开发区,紧靠上海轨道交通9号线的漕河泾站。目前虹梅控制中心内有职工35人,管辖的上海轨道交通9号线。

【吴中控制中心】

上海轨道交通运营管理中心吴中控制中心大楼建成于2009年11月,成立于2010年4月10日,位于闵行区龙柏地区,紧靠上海轨道交通10号线紫藤路站,是目前唯一一个与停车库建在一起的控制中心。隶属上海地铁第一运营有限公司。吴中控制中心有员工42人,管辖上海轨道交通10号线。

【隆德控制中心】

上海轨道交通运营管理中心隆德控制中心成立于2009年12月31日，位于普陀区曹杨路，紧靠上海轨道交通11号线的隆德路站。隆德控制中心内有职工71人，管辖上海轨道交通11号线、13号线、16号线。

二、网络运营协调与应急指挥中心

上海轨道交通网络运营协调与应急指挥室成立于2007年8月，位于上海市闸北区恒通路恒通大厦内，紧靠轨道交通1号线汉中路车站。管辖全网络11条线的运营生产监控和指挥协调，形成“9＋1”的网络化运营调度协调指挥体系。

三、磁浮控制中心

磁浮控制中心于2002年12月31日正式投入使用，隶属上海磁浮交通发展有限公司，位于磁浮龙阳路车站的南广场，运营调度部共17人，管辖上海磁浮列车示范运营线运营。

第二节 调 度 内 容

运营调度负责所辖线路行车组织的指挥，其主要工作内容是组织列车运营、确保行车安全、完成乘客输送、实现列车运行图。在调度工作中需认真核对各相关设备的状态，做好交接班设备状态核对工作。网络化运营阶段，调度指挥的业务内容不仅涵盖线路层面的日间行车调度（含正常和非正常情况下）和夜间施工指挥等业务，还涉及网络层面多条线路间行车调度的协调指挥业务，确保全网各线协调联动。

一、日间行车调度

根据运营状态不同，日间行车调度可分为正常情况下的行车调度指挥和非正常情况下的行车调度指挥。

正常情况调度。正常情况一般为列车运行无重大延误、设备运行状态正常、车站客流没有大波动的运行状况。正常情况下的调度指挥主要职责是监控列车运行状态。调度指挥采用网络管理层、线路控制层和车站执行层的层级化管理架构，正常情况下各层面的行车指挥业务内容有三方面：一是网络管理层，网络运营协调部门负责对全网所有列车运行及设备状态进行监控。二是线路控制层，线路控制中心负责对所管辖线路的列车运行状态进行监控，按列车运行图组织行车。三是车站执行层，车站行车值班员对车站客流变化与列车到发状态进行监控；列车司机根据运行图计划驾驶列车运行。

非正常情况调度。线路发生设施设备异常或突发事件，导致运营受影响时，根据27类不同场景的行车作业要求［如：列车故障救援、道岔故障、区段无速度码、集中站信号故障、站台门异常、异物侵限、线路设备冒火星、线路积水、自然灾害（迷雾、台风暴雨、低温/雨雪/冰冻、高温/雷电、地震等）、接触网/轨失电、车站停电、人车冲突、高架桥梁受损、区间疏散乘客等］进行相应的处置。

二、夜间施工指挥

夜间施工指挥主要包含施工计划审批和施工实施组织两大业务。网络化运营阶段，施工计划审批业务不仅是单线计划申请和审核，而需要从全网角度统一考虑，合理配置资源，以提高夜间施工的效率。

第三节　调度模式变化

一、梅陇基地调度模式

1994年12月2日，地铁列车从锦江乐园站开出，经上行线各站，到达上海火车站站。上海地铁1号线全线开通调试。

1995年2月底，下行线也具备了行车的基本条件。3月组织全程上下行折返运行的空车夜间试车。4月10日开始进行全线上下行折返运行。8列车上线运行，行车间隔9公里。

这一阶段地铁信号系统（ATC）尚在安装调试过程中，行车采用过渡性的“司机双区间闭塞”信号系统。以满足全线上下行折返试运营的要求。“司机双区间闭塞”信号系统的基础是人工控制，但是它利用了“人车合一”的原则，在人工控制的基础上通过系统电路解决了行车间隔及道岔加入联检这两个有关列车运行安全的基本问题。最小的行车间隔可以达到8公里。

二、线路控制中心（OCC）

线路控制中心（OCC）是城市轨道交通日常运输工作的指挥中枢，基本任务是组织指挥线路与列车运行有关各部门、各工种协同作业，确保列车按照列车运行图运行，保证行车安全，努力提高列车的运输效率。调度控制中心实行分工管理原则，按照业务性质划分，可设置不同的调度工种。

三、中央运营协调与应急指挥中心（COCC）

中央运营协调与应急指挥中心（COCC），负责协调各条线路控制中心及各相关单位，特别在发生影响两条及以上线路的紧急情况时，实现运营资源的统筹、协调和联动，提升突发事件的处置能力。

中央运营协调与应急指挥中心（COCC），主要的工作职责是对路网运营状态、设备运营情况进行实时监督，遇突发事件必须按相应预案及规定做好应急处置，根据情况及时启动ETC（轨道交通应急指挥决策指挥部），在发生突发事件时，根据影响程度及时发布预警指令，控制影响范围，降低社会影响，此外根据公司相关信息传递的有关规定，做好内部信息的传递工作。

四、网络指挥中心

上海轨道交通网络运营协调与应急指挥室成立于2007年8月，隶属上海轨道交通运营管理中心。目前上海轨道交通网络运营协调与应急指挥室职工人数为24人。管辖全网络11条线的运营生产监控和指挥协调，承担运营突发事件的应急处置指挥与对内对外协调工作，进一步加强对路网运营的监控力度，提升线与线、公司与公司间的横向配合效果。部门设立路网调度长、路网值班调度长、路网运营调度员、路网运营副调度员等岗位。2011年6月，COCC启用“上海地铁调度施工管理平台X3子系统”。2011年6月，COCC启用“COCC综合视频监控系统录像调用平台软件”。2012年12月，COCC启用“运营突发事件处置计时系统”。2014年5月，COCC启用“上海市突发事件预警系统”。

图3-2-1　1993年新闸路控制中心建成

图3-2-2　2007年12月启用COCC指挥中心

第三章　客运服务

客运服务实行“换乘站统一管理”模式，以及“全自动售票＋客服中心”模式。切实完善网络运营服务系统，着力提高客运服务水平和乘客满意度。

根据网络信息服务需求，通过导向广播、标志标识、便民信息、地铁官方微博、地铁电视、公告栏、志愿者服务等静态、动态媒体或组织形式，为乘客提供实时动态信息，引导客流合理流动，在发生突发事件时向相关区域或全网络线路发布运营信息，控制事态发展，确保运营安全。为乘客、公众和社会提供安全、可靠、高效的人性化服务。

同时业务运作方式也由传统以人工在站台、站厅服务为主的方式向采用多媒体信息技术为主的方式进行转变，从网络层面建立全网运营信息的查询和发布平台，更好地满足乘客对各类运营服务信息的主动查询和被动告知需求。

第一节　运营信息查询服务

为保证乘客所查询信息的有效、准确，应对以下两个方面作及时信息更新。

全网络信息更新：1）运营管理中心应对新线路或新车站的开通、票价调整、首末班车时间调整等涉及全部或大部分轨道交通车站网络信息的更新提出要求。2）运营公司应敦促维护单位进行信息更新，根据运营需求在3个自然日内完成更新工作。

单个车站的信息更新：1）运营公司应对单个车站的出入口开通、站层结构变化、换乘方式变化、周边信息更改等信息进行确认，并敦促维护单位进行信息更新。2）维护单位应在信息提供后三个工作日内完成更新工作。

一、运营信息发布服务

通过城市轨道交通运营企业内部的多种媒体平台（电视广播直播、官方微博、App移动终端应用、邮件定制及运营信息专网等）和外部新闻媒体，及时向公众发布网络运营信息，满足社会（乘客、媒体）与企业之间的沟通需求，以更好地维护社会与企业的公共关系。

二、轨道交通热线服务

2001年1月22日，上海地铁服务热线64370000开通。网络服务热线处理寻人、失散、遗失、招领登记等工作，接受市民或乘客的咨询、建议、投诉；负责对于乘客投诉如实进行记录，经服务热线初步甄别后将情况经“上海轨道交通网络服务热线信息处理平台”转到各相关单位，并负责所受理重要投诉的过程监督，查实事情真相，监督相关部门落实整改。编制服务热线相关工作报表，提供给相关部门或单位；并提出提高上海地铁整体运营服务质量的建议和对策。同时接受轨道交通官网、交通局热线、消保委热线、12319等网站、电话投诉等多渠道监督。

第二节　服务管理模式

一、"1+6"网络运营信息发布系统

上海城市轨道交通在国内创新性地建立起"1+6"网络运营信息发布系统,为乘客提供"全方位、多元化"的运营信息服务,以体现"以人为本"的服务宗旨。"1"是指轨道交通全网的客流信息实时显示系统(TOS系统);"6"是指车站车厢移动电视、车站广播及出入口LED、轨道交通广播电台、车站乘客服务信息系统(PIS)、地铁官方网站、短信平台六个方面信息服务。

二、区域集中控制的管理方式

客运服务管理具有区域集中控制的特点。网络运营管理部门对各运营公司的客运服务标准进行协调,制定网络层面统一的客运服务标准。各运营公司按照网络客运服务标准对所辖线路实施客运管理,并采取区域化管理方式,将网络划分成多个区域,设置区域站长对所辖的多个车站进行统一管理。各座车站设置值班站长,接受区域站长的监督与管理,组织车站工作人员,共同开展所管辖的车站的具体客运管理工作。

三、"全自动售票+服务中心"模式

从2006年开始,逐步实施"取消人工售票,采用自助售检票和设立服务中心"的管理模式,乘客自主选择票价,自助式购买单程票、自助充资。同时服务中心利用智能化的客服支持系统统一为乘客提供补票、问路查询、寻找失物、移资和修卡等服务。

实施服务中心模式后,将工作人员从封闭的售票亭中解放出来,能为乘客提供更直接的服务,并通过乘客求助系统,将我们的服务主动延伸到需要帮助乘客身边,真正地体现零距离服务。

四、对换乘站实施一体化管理

在换乘车站采用"车站客运隶属一个运营公司"的一体化管理模式,即该换乘车站的所有车站客运业务均由一个运营公司管理,有效实现"人员精简、管理高效、服务规范、应急处置快速有效"的管理目标。

五、服务质量检查考评

为持续推进窗口服务标准化建设,全面掌握窗口服务质量现状,提升窗口服务形象,制定上海轨道交通窗口服务质量检查考评规定。为提高服务水平,集团运营管理部召开服务质量分析例会,窗口办向各单位通报并分析服务质量检查考评情况,各单位需对窗口办反馈问题及时整改,做到持续改进。

表3-3-1　1999—2015年上海轨道交通行业满意度测评得分情况表

年　份	得　分
1999	78.20
2000	79.50
2001	80.77
2002	83.77
2003	84.84
2004	84.04
2005	81.70
2006	84.09
2007	83.81
2008	84.58
2009	84.18
2010	87.14
2011	85.47
2012	85.60
2013	86.15
2014	85.42
2015	84.74

第三节　导 乘 标 识

轨道交通运营服务标志是指设置在轨道交通车站内外的，为乘客提供出行所需的运营服务类、公益宣传类等信息，包括不同运营状态下的各类导乘信息、禁止警示信息、非商业服务信息，主要包括：各类乘客导向标志、服务类提示信息、警示类提示信息、禁止类提示信息等。

导乘标识类型：主要有站外标志、出入口标志、悬吊式标志、辅助信息带、站内出口提示标志、综合信息提示、紧急疏散标志、屏蔽门色带及其他标志、车门上方综合信息带、站台地面安全线、站台上下车地面指示、站名牌、动态导乘信息等。

一、悬吊式导向

要求设置在车站出入口、楼梯与自动扶梯口、通道与站厅连接口、售票处、闸机口、上下车区域，以及在重要设施处、关键引导处等位置设置。在空间条件有限或特殊情况下，允许导向进行信息合并。

悬吊式导向表面要求符合设计要求，无色差、色偏，板材（透明）无杂质、厚度均匀、表面平滑；外观上不允许存在裂痕、爆边、脱胶等缺陷。

二、吸墙式导向

吸墙式导向设置有包括出入口提示标志、首末班车时间、吸墙式公告栏(含相关运营服务类信息)、站内出口提示(A、B屏)、吸墙式综合信息板、紧急疏散标志、车站用房导向牌(门牌)、站名牌等项。

三、粘贴式导向

粘贴式导向包括禁令标志、您已进入地铁视频监控区域、配合安检、各类楼、扶梯专用信息、服务中心专用信息、闸机专用信息、屏蔽门(安全门)专用信息、站台地面安全线、辅助信息带、地贴式换乘信息导向、全网图(含车站地理信息)、车厢爱心专座等导向类、提示类信息。

黏贴式导向信息内容符合对应位置的运营需求,色彩构成关系正确、字体、字型、行间距正确。粘贴式导向标志表面色彩鲜明,无色差、色偏,表面平滑,无刮痕、擦伤。

四、落地式导向

落地式导向包括地铁标志灯箱、落地式公告栏、服务中心专用、运营时刻表、落地式综合信息板等。

落地式导向信息内容符合对应位置的运营需求,色彩构成关系正确、字体、字型、行间距正确。

五、插片式导向

插片式导向要求包括全网图、乘客须知等导向类信息。插片式导向信息内容符合对应位置的运营需求,色彩构成关系正确、字体、字型、行间距正确。

六、固化式导向

固化式导向包括上海轨道交通行业标志、车厢号、车辆编组号、无障碍停留区信息、禁止吸烟小心站台间隙、禁止倚靠/当心夹手、当心夹手、禁止倚靠、紧急出口、紧急呼叫、车门紧急解锁装置操作规范、司机室通道门应急解锁装置操作规范等信息。

车厢内客运服务设施要求包括线路图(电子线路图)、动态导乘信息屏(PIS屏)、发光二极管显示屏(LED屏)等导向类信息。

图3-3-1 车站出口标志

图 3－3－2 车站入口标志

图 3－3－3 车站悬吊式引导标志

图 3－3－4 站外标志

图 3－3－5 动态导乘信息

图 3－3－6 辅助信息带

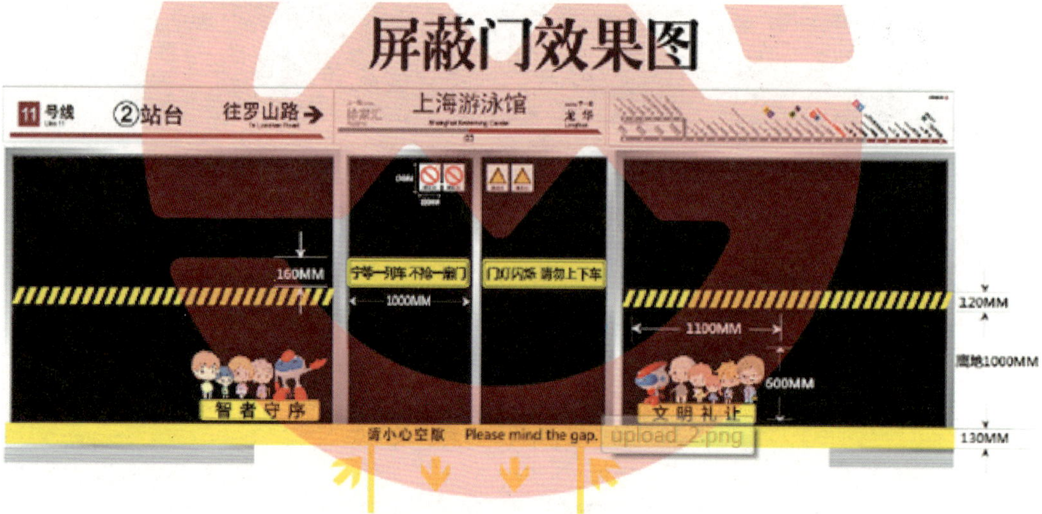

图 3-3-7　屏蔽门色带、站台地面安全性、上下车地面指示

图 3-3-8　公交应急疏散导向

第四节　列车、车站广播、移动电视

列车、车站广播是向乘客发布运营信息的重要工具，是客运服务的重要组成部分，能够及时、准确地向乘客发布运营、应急、社会及公共服务等信息，提升运营服务水平。

一、列车广播

列车广播范围为列车车厢内，车站广播范围指车站站厅、站台、车站办公用房、出入口、换乘通道的区域。

半自动广播指预先编制、灌入到广播系统中，在设置好播报范围的前提下，人工按键或人工点击系统选项即可播放的广播播报方式。

自动广播指通过技术手段，可由列车自动触发的广播方式，其广播的范围及内容均已预先设置，正常状态下无须人工操作。

人工广播在设置好广播范围的前提下，需要人工按键并全人工口头播报的广播方式，其广播内容并未预先输入广播系统。

应急人工广播非正常运营状况下，若车站既有的半自动广播信息无法说明情况，则由当值车站值班员（行车）、当班站长或站长指定人员进行应急人工广播。此操作多在列车晚点、设备故障、运营计划调整、大客流及运营秩序混乱等原因不能继续采用正常运营组织方式的运营状况下使用。

各运营公司客运服务部负责所辖线路广播播报标准的制定工作，并对管理部（线路）提交的广播需求及内容进行审核后提交集团运营管理部（以下简称运营管理部）；此外，还需根据运营管理部的具体要求做好列车、车站广播词的编写、修改、确认工作。

因运营需要进行广播词编制或修改时的申请流程：车站有新增广播或修改广播需求时，由所辖管理部、线路或车站填写《车站新增广播词申请表》、《车站广播词修改申请表》，由管理部提交客运服务部审核，客运服务部应在2个工作日内回复审核意见。

社会及公共服务信息的编制流程为：不含运营信息的社会及公共服务信息，由申通地铁资产经营管理公司提出增加的社会及公共服务信息内容提交运营管理部，经运营管理部审核后统一编制到相应的车站广播词中去。

日常情况下广播词的录制、灌装周期为：客运服务部将审核后的广播词和录制要求交运营管理部，运营管理部审核无误后将广播词和录制要求交申通地铁资产经营管理公司，申通地铁资产经营管理公司根据录制要求将在5个工作日内完成广播词的录制工作。特殊情况下如有广播需求，申通地铁资产经营管理公司和维保公司将根据运营的实际要求，在3个工作日内完成语音录制和灌装工作。

列车广播播报内容为：列车启动：列车开行方向、下一站站名、换乘提示及必要的运营时间提醒等乘客关注的内容；列车到站：到站站名、车门开启方向等乘客关注的内容；根据列车开行时间增减相应的安全提示、文明乘车宣传等内容。

列车广播播报方式为：列车启动后，全文播报一次广播词内容；列车到达车站前，播报前方到达站中、英文站名；上述内容在每一个列车运行区间中，原则上只播报一次。

列车广播播音要求为：播音采用中文、英文分别播报的方式时，英文播报应置于中文播报之后，方便乘客的识别；列车广播在终点站播放提示内容前，应加背景音乐予以提醒。

二、车站广播

车站站厅层广播播报方式为：末班车到站前、某方向运行结束前、停止售票前适时进行预告；换乘车站对换乘邻线的末班车情况进行通报广播；安全、文明宣传等广播在有需要的情况下，及时播报。

社会及公共服务信息内容原则上不超过2条/站，每条信息字数原则上以8个字数左右为宜，最多不超过12个字数。

车站需对广播设施设备进行巡视、监听,发现故障应通过上海地铁运营公司报修信息平台向公司生产调度进行报修并进行记录,并由公司生产调度将故障报维保公司。

地铁运营公司各线路管理部每季度对车站、车厢广播进行梳理,落实以下工作:根据车站乘客询问较多的问题,适当调整播报内容,并将调整内容在每季度开始月的前2个工作日内报客运服务部;对于需修改的广播内容,由线路管理部负责拟定广播词并在每季度开始月的前2个工作日内发客运服务部审核。

三、轨道交通广播电台

2011年3月1日起,乘地铁上班的市民可通过收听广播电台上海交通台(FM105.7),了解上海轨道交通早高峰最新运营情况。

四、车站乘客服务信息系统(PIS)广播

网络乘客信息服务系统Network-Passenger Information System简称N-PIS系统,是指为在轨道交通车站候车的乘客提供列车到发信息、轨道交通安全服务信息、公益宣传、生活资讯等信息的平台,主要有移动电视、车站出入口AB屏、LED屏等。

一般情况下,N-PIS系统自动播放系统预设的运营服务信息和衍生服务信息。运营公司,车站值班员可根据本站运营情况的需要,在工作站上操作,插播相关预设的运营紧急信息。

中央运营协调与应急指挥中心(COCC)调度员可根据网络运营情况,在工作站上操作,监控、纠正线路N-PIS系统发布的运营紧急信息,或直接向车站发布运营紧急信息。

五、移动电视

2012年3月1日起地铁运营信息将首度在车站、车厢移动电视播出。届时,乘客在搭乘地铁时,可以通过地铁移动电视,第一时间了解运营情况,以及到重大突发时的大客流疏导等应急信息。

每个工作日早上8点13分,直播节目将在全网络所有车站和车厢的移动电视上播出,提供早高峰实时运营、服务提示等地铁便民信息,时长约3分钟。

地铁电视直播进入车厢后,将在原有线网运营实况、服务提示、应急信息等内容的基础上,增加"客流分析提示",尽量为乘客提供最有效的地铁出行信息。同时,鉴于车站、车厢环境相对嘈杂,将尽可能多用字幕及文字图表来表述内容,方便乘客通过视频图像获取信息。一旦遇到重大突发事件,还将充分利用车站、车厢移动电视,进行视频化广播、大客流疏导等应急信息的滚动播报。

第五节　传媒信息

一、地铁官方网站

上海轨道交通运营网页于2013年11月15日上线,应根据乘客用户以及网络运营的实际需

求，组织开展运营专页设计、网络运营信息更新、宣传推广等工作。

上海轨道交通运营管理中心协调整合内外服务信息与相关资源，保证运营专页上的信息服务的持续有效。负责对项目合作单位的日常运维、后台建设、更新完善、安全防护等进行监督、管理和考核。

二、地铁官方微博

上海地铁于 2010 年 5 月 17 日开通新浪官方微博。

2010 年 5 月 17 日，上海地铁 shmetro 在新浪微博上注册，并于 7 月 12 日在新浪微博正式通过"V"(身份查实)认证，依托地铁电视直播、对外宣传及官网等信息源，用寥寥数语加图片的方式，提供最新、最快的运营服务信息，包括地铁客流、故障信息、重要公告、服务提示、文明宣传等，拓展了运营信息对外发布新渠道。其中，上海地铁早高峰实时运营情况占所发内容的 60%，服务和安全提示内容占所发内容的 15%，地铁人物风采占了 10%，其他内容占到总内容的 15%。同时，对于微粉在微博上的提问和反映的问题，上海地铁尽可能在第一时间给予回复，对于不能解决的问题也反映给相关的部门予以解决，在企业与微粉之间产生了积极有效的互动。另外，上海地铁开设微博以来，还吸引来了不少媒体加盟"粉丝"，为的就是方便掌握最新的官方消息。同时，不少业内人士也在加入"关注"，各方正逐步组成共同聚焦地铁生活的博友群落。

三、地铁官方微信

上海地铁于 2013 年 3 月 1 日开通微信公众号(订阅号)。

上海轨道交通运营管理中心媒体信息部，根据乘客用户以及网络运营的实际需求，组织开展微信公众号(订阅号和服务号)内容编排、图文设计、网络运营信息更新、宣传推广等工作，负责对项目合作单位的日常运维、后台建设、更新完善、安全防护等进行监督、管理和考核。

客运服务部(含服务热线)，提供各类涉及面向乘客的线路站点信息、重要运营公告、服务提示、服务设施等相关信息，负责提供各类重要运营公告、服务提示等动态信息。

上海轨道交通运营管理中心票务管理部，负责提供全网最新的票务清分表、票价表、票价优惠、票务处理须知等票务服务信息，保证信息的真实准确和持续有效。

上海轨道交通运营管理中心总调度所，负责提供各类重要节点、重大活动配套运营组织方案等相关信息，保证信息的真实准确和持续有效；负责提供网络运营突发故障、安全事件等应急信息或重大运营事件信息，保证信息的真实准确和持续有效。

四、地铁电子指南

2011 年月 18 日起，除拨打服务热线、查看宣传资料、上网或微博查询轨道交通运营信息之外，市民乘客又多了一个更为便捷、高效的新途径——上海地铁电子指南。只要下载官方 App 免费客户端至手机，拇指轻点即刻方便搞定地铁乘行路径、票价、首末班车时间、行程耗时、车站周边地理交通等一系列运营服务信息，帮助和引导乘客出行。

五、上视直播地铁信息

图 3-3-9　2010 年 3 月 1 日，上海地铁运管中心值班长首度亮相上视新闻综合频道《上海早晨》栏目

2010 年 3 月 1 日，上海地铁运管中心值班长首度亮相上视新闻综合频道《上海早晨》栏目，为市民提供最新的地铁运营信息。在国内、外同行业内开领先河。

2011 年 1 月 4 日，位于地铁恒通大厦 28 楼的上海地铁电视直播演播室正式建成投入使用，电视直播栏目也全新改版，从原来的“坐论”式播报升级为实时点评，让观众更直观地了解地铁运营信息。

2012 年 3 月 1 日起，上海地铁电视直播进入轨交移动电视平台（东方明珠移动电视轨道交通平台），每个工作日早上 8 点 13 分，在全网络所有车站和车厢显示屏上与乘客见面，提供早高峰实时运营、服务提示等地铁便民信息。至此，上海地铁电视直播覆盖上视新闻综合频道、上海交通广播和东方明珠移动电视三个平台。

六、便民信息

图 3-3-10　轨道交通便民服务信息图册

便民信息指在上海轨道交通运营管理区域内，通过多折页纸质卡片、册子等形式，为乘客提供全网图、单线图、车站信息、首末班车时间、地铁周边活动提示等各类便民服务信息。

集团公司运营管理部负责上海轨道交通运营便民信息（印刷品）发放的协调管理工作。集团技术管理部及总体规划部负责制定运营便民信息（印刷品）表达形式、版式及地理和网络信息等方面的相关规范和标准，由总体规划部负责提供轨道交通网络规划和建设信息。

上海申通地铁资产经营管理有限公司（下简称资产公司）按照申通地铁集团所审定的年度发放计划负责运营便民信息（印刷品）的平面设计与印制。各运营单位负责提供运营便民信息（印刷品）运营需求，制订相应的发放细则并负责运营便民信息（印刷品）的规范发放。

运营信息内容每期印刷前都应进行审核。其中申通地铁集团运营管理部审核涉及日常运营和服务方面的内容；申通地铁集团技术管理部负责审核涉及地理及网络信息方面的内容。

运营便民信息（印刷品）的表达形式和版式应相对固定，运营信息发生变更时应及时予以更新。在运营信息不发生变化的情况下，涉及地理信息的运营便民信息（印刷品）如安全小贴士、车站指南等原则上半年及以上更新一次；不涉及地理信息的运营便民信息（印刷品）如上海轨道交通网络示意图等一个季度及以上更新一次。资产公司因特殊情况无法按计划完成运营便民信息（印刷品）的制作工作时，应提前通知申通地铁集团运营管理部和运营单位，并应及时采取有效措施确保运营便民信息（印刷品）的供应，避免给运营生产造成影响。

七、新版“街区图”

为进一步提升上海轨道交通客运服务设施管理水平，便于乘客导览上海地铁车站及城区周边地理信息，方便广大群众出行引导。申通地铁集团2012年底牵头市旅游局、市测绘院、各运营公司等相关单位开展工作对接，经多次协调沟通最终甄选102座车站作为实施对象，设计、安装新版街区图，新版“街区图”有效增加导览优势，达成新型模式，在不断优化管理模式中集约利用，使地图更赋予人性化，体现上海导向标志工作的创新。截至2015年底，路网202座车站实现上刊新版街区图。

第六节　主要运营设施设备

轨道交通运营有基础设施、地铁车辆外，还有大量的机电设施和车站设备，截至2015年主要运营设施设备数量如下表：

表3-3-2　2015年轨道交通主要运营设施设备情况表

类　型	数　据	单　位
车辆综合基地总数	22	座
自动扶梯	2 318	台
垂直电梯	789	台
刚性触网	634.85	公里
柔性触网	997.82	公里
接触轨	125	公里
主变电站	31	座
牵引变电站	224	座
降压变电站	533	座
轨道正线	1 239.57	公里
道岔	1 747	组
旁通道隔断门	273	樘
网络配属车辆总数	641	列
	3 792	辆

上海轨道交通全网设置公共卫生间333座。

1号线28座，2号线30座，3号线29座，4号线26座，5号线11座，6号线28座，7号线33座，8号线30座，9号线26座，10号线31座，11号线35座，12号线16座，13号线10座。

第四章 运营安全

上海轨道交通运营具有人员高度密集、空间相对封闭、地下空间利用较多的特点。保障市民出行安全是轨道交通运营管理部门的核心职责。

通过建立"层次化组织、系统化制度、精细化监督、体系化指标、信息化手段",构建"基于现场控制的立体化安全管理体系",主要由安全组织机构、安全管理制度、安全监督检查、安全指标评价、安全信息化手段等五项内容构成,实现安全保证、安全控制、安全促进的系统功能。运营安全管理体系基本构成运营安全管理体系基本框架。

设立"两级"安全生产委员会,按照《中华人民共和国安全生产法》要求,结合运营安全管理需要,上海轨道交通设立网络、运营单位两级安全生产委员会,建立相应的会议制度、安全决策管理制度。安全生产委员会是运营安全生产的最高管理机构,对运营主体的安全生产工作具有规划、组织、决策、指挥、协调责任。安全生产委员会应设立具体相应办公室,并建立例会工作制度。

建立"三级"运营安全管理网络,上海城市轨道交通建立了由网络、运营单位、车间班组构成的运营安全三级管理网络。配置专职安全管理人员,主要进行运营安全生产的监督检查、安全事故的调查处理及相应的安全基础管理工作。同时,维护专业公司维修部及班组、线路及车站、控制中心及班组设置专(兼)职安全员。

安全管理制度确保运营安全管理体系内每个岗位,纵向从最高管理者到每个作业人员,横向则包括各个部门的每个岗位,都有一个明确的、可操作的安全责任。通常情况下,城市轨道交通运营安全管理制度按功能可划分为七大类:作业标准类、安全责任类、例会制度类、监督检查类、考核评价类、责任追究类、安全培训类。

制订运营安全监察工作规则,明确运营安全监察部门对运营安全工作实行严格的监察,维护运营安全规章,落实安全过程控制。

建立员工岗位安全教育培训基本制度,提高全员安全操作和安全管理技能;建立员工岗位安全资质管理,落实岗位考核淘汰机制,激励广大员工结合安全重点和工作实际开展技术攻关;建立科技成果的孵化机制,提高安全管理的科技含量。

建立运营事故调查处理规则,严格运营事故的界定标准,及时、准确、公正地调查处理运营事故;建立事故报告、统计、分析、通报、问责机制。

第一节 管理依据

一、《上海市地铁管理办法》

1993 年上海轨道交通 1 号线南段试运营以来,上海轨道交通企业实施依法管理。至 2015 年末,上海市轨道交通管理的法律依据主要有地方性法规《上海市轨道交通管理条例》、建设部部门规章《城市轨道交通运营管理办法》、地方政府规章《上海市轨道交通运营安全管理办法》,以及与之相配套的一批由市交通行政管理部门制定的规范性文件。轨道交通各级企业严格遵守法规和规章,确保轨道交通安全运营。

1993年7月1日，经上海市人民政府批准，政府规章《上海市地铁管理办法》正式颁布实施。该规章明确市市政局是本市地铁的主管机关，上海市地铁总公司负责地铁的具体管理工作；并就地铁的运营管理、设施管理、地铁建设、安全管理以及外部人员的伤亡事故处理等地铁管理工作作了规范。1997年地方性法规《上海市地下铁道管理条例》颁布后，该政府规章失效。

1993年12月2日，《上海市地铁管理办法实施细则》公布并于12月1日起实施。《细则》分为总则、运营管理、设施管理、安全管理、地铁外部人员伤亡事故处理、罚则和附则，共7章48条。

二、《上海市地下铁道管理条例》

1997年12月12日，上海市人大常委会审议通过地方性法规《上海市地下铁道管理条例》，并于1998年1月15日起施行。该法规明确市市政局是本市地铁建设和运营的主管部门，负责实施该条例；地铁总公司是具有管理公共事务职能的企业组织，负责管辖范围内地铁建设和运营的具体管理工作，并按照法规授权实施行政处罚。该法规还就轨道交通的规划和建设管理、运营管理、设施管理、伤亡事故处理、法律责任等内容作了规范。2002年地方性法规《上海市轨道交通管理条例》颁布后，该地方性法规同时废止。

2002年5月21日，上海市人大常委会审议通过了重新制定的覆盖本市全部轨道交通类型的《上海市轨道交通管理条例》，并于2002年7月1日起施行。该法规明确市交通局是本市轨道交通的行政主管部门，负责该条例的组织实施；其所属的市轨道处负责本市轨道交通的具体管理工作。市交通局可以委托市轨道处实施该条例规定由市交通局实施的行政处罚。轨道交通线路运营单位负责其运营范围内轨道交通运营的日常管理工作。经市交通局认定具备实施行政处罚条件的轨道交通线路运营单位，按照该条例的授权实施行政处罚。该法规还就轨道交通的规划、投资和建设管理、运营管理、设施管理、伤亡事故处理、法律责任等内容作了规范；另外，对磁悬浮交通的建设、运营和管理作出参照该条例执行的规定。

三、《上海市轨道交通运营安全管理办法》

2009年12月9日，上海市人民政府发布政府规章《上海市轨道交通运营安全管理办法》，自2010年3月1日起施行。该规章明确上海市安全生产监督行政管理部门对轨道交通运营安全实施综合监督管理；上海市交通行政管理部门负责职责范围内的轨道交通运营安全监督管理，所属的市运输管理机构负责轨道交通运营安全的日常监督工作；轨道交通运营单位负责轨道交通运营安全的日常管理工作。该规章还就建设单位的运营安全要求，安全设施要求，设施维护和整改要求，安全保护区内作业管理，安全保护区外施工管理要求，试运营基本条件认定程序，驾驶员、调度员、行车值班员的从业要求，工作人员安全职责，乘客要求，安全检查，广告设施、商业网点的管理，应急预案编制，应急处置，事故处置，限制客流量及停止运营，事故信息报告和法律责任等内容作了规范。磁浮交通的运营安全管理，参照该办法执行。

2013年11月21日由上海市第十四届人民代表大会常务委员会第九次会议审议通过修订，自2014年1月1日起正式施行。根据本市轨道交通发展的新形势，新条例对原条例7章52条的内容均作了不同程度的修订，现分6章56条，一大显著的变化即是将原运营管理、设施管理、伤亡事故处理等章节，调整为运营服务和安全管理两章，在主要内容上侧重于提升运营服务和强化安全管理的内容。新条例对授权企业行政执法的主体作了较大的变化，即将原经市交通局认定的线路运营单位，调整为市人民政府确定的具体负责轨道交通建设和运营的轨道交通企业集中行使执法权。目前，该企业即指上海申通地铁集团有限公司。

四、《上海市轨道交通乘客守则》

1993年上海市市政局下发《上海市地铁乘客守则》，2002年6月上海市交通港口管理局局长办公会议审议通过《上海市轨道交通乘客守则》，2007年11月21日局长办公会议审议修正案通过，沪交法(2007)520号发布。新版《上海市轨道交通乘客守则》作为新修订的《上海市轨道交通管理条例》配套规范性文件，于2016年6月6日施行。

《上海市轨道交通乘客守则》。共有14条31项规定：1. 新版地铁守则还规定乘客应当持有效车票乘车，享受乘车优惠的乘客应当持本人有效证件乘车。乘客不得冒用他人证件、使用伪造证件乘车。2. 越站乘车的，应当补交超过部分票款；超出合理时间的，应当按照网络单程最低票价补交票款。3. 新版守则明确残疾军人、离休干部、盲人、革命烈士家属、伤残警察可免费乘坐轨道交通。4. 乘客须在安全线内候车，车到终点，乘客应当全部下车。5. 老、幼、病、残、孕妇及怀抱婴儿者优先上、下车。6. 乘客携带的物品重量不得超过23千克，体积不得超过0.2立方米，长度不得超过1.7米，使之与公交客运规则和航空的行李尺寸要求保持一致。7. 凡进站、乘车的，禁止拦截列车、乱扔杂物、从事销售、携带危险物品等14项违规行为。乘客违反《条例》及其他相关法律规定的，按照《条例》及其他有关法律规定予以处罚。8. 修订版的守则明确规定乘客“不得在列车车厢内饮食、大声喧哗”。

第二节　安全管理体系

2013年10月，上海申通地铁集团有限公司下发《上海轨道交通安全运营控制体系》。

一、运营安全管理的总体要求

上海轨道交通安全运营控制体系主要通过预先控制、过程控制、事后控制落实安全运营控制，实现安全预防、纠正措施的落实，达到安全运营工作持续改进，不断提高安全运营质量。

二、预先控制

建立安全运营管理网络、安全生产委员会制度、安全例会制度、设置安全责任人制度，确保公司安全工作始终处于可控状态。1）目标管理。以“逐步提高、合理有效”为原则，根据上年度安全运营的实际情况和本年度运营生产的特点，提出切实有效的年度安全运营控制指标。2）风险评估。定期对运营情况进行安全评估，及时掌握当前安全生产状况和潜在的风险，并根据安全评估的结果，及时调整安全工作的重点。3）安全预警。强化预警机制功能，及早发现隐患，将事故消灭在初始阶段，建立反应灵敏的预警机制，变事后补救为事先预防。

三、过程控制

安全运营过程控制是围绕轨道交通运营生产工作流程的全过程进行全程控制，从运营生产计划的制定实施、车站客流组织和客运服务、设施设备的保障等各个环节进行全过程控制，通过各个环节有效的监控和正常运转，来实现轨道交通运营大联动机有效运转。1）行车安全控制。强化行车安全控制、行车岗位标准化、规范化操作，确保及时消除行车安全的各种设备和人为隐患。2）设备质量及安全控制。通过专业检测手段，及时发现设施设备的隐患。建立维修管理信息化系统，实现设备科学化管理、信息化管理。完善设施设备各类规程，切实提高设备维护质量。3）质量检查。质量检查作为单位安全生产的内控措施，主要通过时间（日、周、月、季）和人物（班子人员、部门人员、现场及质检人员）相交叉的巡检形式，以视频抽查、夜间抽查、值班抽查及日常检查的专岗巡检、包干巡检、领导现场巡检机制，强化安全生产监管、监察，治理纠正违规违章行为，隐患排查治理，切实解决安全生产薄弱环节和突出问题。4）消防安全。根据单位所辖范围开展全范围的消防安全管理控制要求，提高检查消除火灾隐患的能力、组织扑救初起火灾的能力、组织人员疏散逃生的能力和消防宣传教育培训的能力四个方面，以及提升职工的三懂三会的消防基础常识。5）乘客安全。加强技术防范、安全宣传及妥善处置，尽最大努力保障乘客安全出行。通过标准化精细化人性化的方案，使得岗位人员工作过程中有章可循，处理得当。规范客伤处理，定期分析客伤原因，及时排查危险源，制定有效防范措施。6）综合治理和维稳安全。单位内保负责安全保卫、外部安全保卫、职工维稳、信访响应以及反恐工作，加强治安综合治理建设，扎实基层治安防控体系，切实做到“三不发生”（即不发生危害国家安全案件和恐怖犯罪案件，以及重大的或有一定影响的刑事案件；不发生影响本市政治、经济、治安稳定的破坏事件、严重责任事故和重大安全生产、食品安全、交通、火灾等责任事故及重大治安事故；不发生因维稳工作不力或管理不当而引发的集访、闹访等不稳定事件）。7）加强信息管理，提高突发信息传递速度。制定《突发事故（件）信息传递及现场处置规定》，提高公司应对突发事故（件）的处置能力，减少事故（件）发生对运营的影响，规范信息传递渠道。发挥快速信息传递系统的作用，通过短信群发系统，使各级领导、技术骨干第一时间掌握各类运营生产信息。8）定期全方位安全培训。制定安全教育制度，明确安全教育内容和要求，通过各种途径和手段加强宣传教育和培训，增强员工安全防范意识，提高安全技能。对新员工落实“三级”安全教育制度，使员工在上岗前符合安全知识、技能、等级的要求。其次，根据安全生产的实际需要，评定运营生产系统中各个岗位的安全技能的要求，对员工进行分层培训考核，关键岗位持证上岗。同时结合运营实际和国内外行业的事故事件，通过编制《事故案例》等手段教育员工，不断强化员工安全意识。

四、事后控制

1）紧急抢险救援机制。为了能快速、有效处置运营突发事件，成立由骨干检修人员组成的紧急抢险救援队伍，一旦发生设施设备故障，紧急抢修队伍能够在最短的时间内赶到现场并实施抢修。2）事故处理规范程序。针对发生的事故，按照“四不放过”的原则，对事故苗头和安全隐患进行分析和处理，从管理上找原因、查漏洞、订措施，通过分析查找原因、整改隐患、完善规章、改进管理措施，举一反三防止同类事故重复发生。3）安全整改。定期梳理日常运营生产中暴露的各类安全隐患，通过隐患平台督办各类隐患的整改到位、责任到位、防范措施到位、时间节点卡控，确保各类安全隐患在可控范围内。4）考核和责任追究制度。以绩效考核制度、安全责任追究制度、百日安全风险抵押金制度，职工手册、各部门考核细则为依据进行职工考核，对职工在工作中发生的各种问题，遵循“公平、公正、公开”的原则严肃处理。

第三节　安全生产责任制

一、概况

2015年12月申通地铁集团下发《上海申通地铁集团有限公司安全生产责任制》，规定了上海申通地铁集团有限公司（以下简称申通地铁集团）各级人员安全生产责任制、各部室安全生产责任制及安全生产责任制考核等内容。

【管理要求】

1）安全生产责任制按照“党政同责、一岗双责、齐抓共管”的原则，自上而下，层层覆盖落实，对各级党政领导、各级人员、各级部室和各单位在安全生产方面的责任加以规定。2）成立安委会，由申通地铁集团党委书记、总裁、党委副书记、副总裁、总工程师、工会主席、团委书记、各部室负责人、各生产单位负责人和员工代表组成。每季度召开一次会议，全面落实安全生产岗位责任制。3）把安全生产纳入公司总体工作目标，做到同谋划、同部署、同检查、同考核。4）申通地铁集团及各单位主要负责人是安全生产工作的第一责任人，其他领导、部室负责人和员工，负责各自业务范围内的安全生产工作。5）申通地铁集团各单位、各部门按照本标准，组织开展各级人员的安全生产责任书和承诺书的签约。6）申通地铁集团每季度召开一次安委会会议。会议由安委会主任主持，副主任及组员参加。遇有重大安全事项，可由安委会主任召集，召开临时安委会会议。在每年的年初及年中，结合安委会会议，召开安全工作总结及下一阶段工作布置会。

【遵循原则】

1）党政同责原则。党委、行政共同负有推进安全发展、提升安全生产治理能力、遏制重特大事故发生的责任；2）一岗双责原则。党委、行政领导班子及其工作部门成员在履行岗位业务工作职责的同时，按照“谁主管、谁负责”“管业务必须管安全、管生产经营必须管安全”的要求，履行安全生产工作职责；3）逐级负责原则。申通地铁集团党委、行政负责安全生产工作的总体领导，各部门对本部门内的安全生产工作负责；4）分工负责原则。安全生产管理部门和其他管理部门根据职责分工，负责相应的安全生产工作。

二、集团安全生产委员会

【安全生产委员会主要职责】

1）审查集团年度安全生产工作计划；2）审核涉及运营生产方面的重大安全生产技术项目；3）审查运营安全生产各项投入情况；4）研究和审查集团有关安全生产的重大事项，督促落实消除事故隐患的措施；5）负责研究协调解决集团安全生产管理的其他工作。

【安全生产委员会工作机构】

1）集团安全生产委员会下设安全生产办公室作为常设机构，负责集团安全生产委员会日常工作；2）安全生产办公室与集团督查办公室合署办公；3）安全生产办公室主任由督查办公室及建设事业部主要领导兼任。4）集团安全生产委员会至少每半年召开一次会议，履行相关工作职责。

表 3-3-3　2010—2015 年安全生产委员会主要负责人情况表

年　份	名　称	职　务	姓　名
2010—2013	上海申通地铁集团有限公司安全生产委员会	主任	应名洪、俞光耀
		副主任	钱耀忠
			白廷辉
2013—2015	上海申通地铁集团有限公司安全生产委员会	主任	应名洪、俞光耀
		副主任	贺阿东、徐建群、钱耀忠、顾伟华 白延辉、葛世平、邵伟忠、毕湘利、黄　建

第四节　安全预防管理

2015 年 10 月 8 日上海申通地铁集团有限公司下发《上海轨道交通运营突发事件预警响应、应急指挥和运营保驾的管理规定》

一、客流预警

轨道交通车站按时巡视，关注客流变化，早晚高峰和重点时段加强风险点监控，落实现场客流组织。运营公司落实所辖站点线路常态客流特征排摸、协调组织，及时派人员至现场进行增援。中央运营协调与应急指挥中心（COCC）和线路控制中心（OCC）加强早晚高峰、重点保障时段路网重点站点或线路客流方向动态运营监控，预判运营秩序及影响范围，加强与线路站点之间的信息沟通。运管中心负责依据客流数据进行线路及路网客流特征分析，根据外界条件变化实施客流预测。车站站区民警加强高峰时段车站巡视和客流监控，辅助车站实施现场客流组织工作。轨道公交总队负责日常监控、巡视，对可能出现的客流激增情况进行检测。运营公司落实车站日常巡视工作，发现客流异常变动及时采取如限流、隔离等有效控制措施。运营公司提前准备车站现场组织措施，确保应急物品提前到位，人力增援有效落实，并配合运管中心做好预见性重大活动工作方案的细化工作。并与轨道公交总队指挥中心加强信息互通联动。运管中心对计划性大客流以及可预见的各类节假日、市级重大活动的大客流情况提前调整运能；根据历史客流数据进行分析，提前实施客流预警，并制定相应运营保障方案。各运营公司线路管理部是运营现场大客流组织及重点管控工作的责任主体部门。管理部应按照“守土有责、守土尽责”的要求，把责任逐级落实到一线，紧密围绕车站站长负责制，将各岗位职责落实到人头，各管理部应建立领导值班制度。每周一早高峰及周五晚高峰，应为管理部主要领导值班。各管理部应将次月领导值班表于每月 25 日前报公司应急指挥室。整理汇总后上报集团运营管理部。

二、技防措施

根据《运营公司编码室报警服务合同》要求，编码室报警在服务责任时间内，受托方接获报警信号后，即派人员赶赴报警现场，确认有警情时，即刻予以紧急处理，并通知委托方联系人迅速赶至现场会同处理。受托方定期派员巡检报警装置运行状态，并向委托方提供有关建议。受托方提供报警装置24小时维护保养。在接到委托方故障报修电话后2小时内响应服务，一般故障当天修复。受托方在收到报警服务费后，负责报警服务责任时间内及防区范围内直接、有形的财物安全。若确属受托方提供的报警装置因受托方原因失灵，或因受托方人员工作失误，而导致委托方在防区范围内的财物遭受损失，责任归于受托方。公安机关立案后3个月未破案的，受托方在赔偿范围内作出赔偿。

三、防恐预警

2009年11月上海市公安局下发《上海市轨道交通反恐防范指导性意见》。

1. 工作目标：通过建立车站安全防范(反恐)等级勤务工作机制，构建反应迅速、整体联动的防控工作格局，全力筑牢车站安全防线，确保车站实现“三个不发生”的目标，即不发生火灾事故和拥挤踩踏事件；不发生重大敏感政治性事件、群众性事件和重大人身伤害事件；不发生个人极端暴力犯罪事件。

2. 适用范围：区域、线路，严格按照文件要求，各岗位职责分工明确，严密各项安全措施，切实提高治安防控能力和各类突发事件的处置工作，生产调度按照各类应急预案协同执行。3. 工作原则：1) 按级启动措施原则。根据防范(反恐)措施等级和相应勤务等级启动指令，按照“按需启动、逐级增强、实时调整”的原则，申通地铁集团会同各区域定向增援、强化督导、视频巡查和落实运营等级防范工作措施。2) 协调配合分工原则。启动等级安全防范(反恐)措施期间，申通地铁集团同步启动相应的保驾措施，全面加强重要车站、重要部位、公共场所的防范管控。

四、日常督察

2014年4月22日上海申通地铁集团制定了《上海轨道交通车站公共区域巡视检查规定》，明确了轨道交通车站公共区域的管理职责，巡视目的，巡视范围、要求、内容及其他。

管理职责：(1) 运营管理部和上海市公安局城市轨道和轨道公安指挥部门负责车站巡视检查的指导、协调和评估工作。(2) 运营线路所属的运营公司和轨道公安派出所是落实本标准的管理主体，负责检查标准落实情况。(3) 车站值班站长和驻站民警是车站巡视工作的责任人，负责建立沟通联络机制并实施车站巡视工作。车站巡视应包括以下内容：a) 管理主体对车站巡视执行情况的检查；b) 车站值班站长日常巡视；c) 驻站民警或保安配合车站巡视；d) 车站值班员通过各类设备终端进行日常监控等。

2012年5月14日，为进一步加强轨道交通运营安全监督检查体系建设，完善安全管理机制，全面强化现场安全控制，成立了申通地铁集团运营安全督查队。运营安全督查队隶属申通地铁集团安全生产办公室，常设机构为申通地铁集团运营安全监察室，安全督查队负责人由集团分管安全副总裁兼任。安全督查队设安全督查工作领导小组，由申通地铁集团运营管理部、设施设备管理部、保卫部、组织人事部和运营安全监察室负责人组成。安全督查队人员由申通地铁集团相关部门和运营单位相关管理和专业人员兼任，形成申通地铁集团运营安全督查队员库，每次按检查内容由人员库内选取督查人员。人员库每年调整一次。

五、地铁安检

2010年3月，上海市公安局下发《上海市轨道交通常态化安检设施配置及安检措施的工作方案》。

1. 工作目标：通过实施轨道交通常态化安检工作，切实提升轨道交通安全防范能力，有效防止乘客携带易燃易爆等危险物品进站上车，坚决防止发生个人极端蓄意破坏事件，坚决防止发生恐怖袭击事件。

2. 基本原则：根据本市轨道交通在世博安保期间的安检经验，结合上海轨道交通客流具体情况，确保常态安检工作基本原则。1）安检措施全面覆盖。在轨道车站进站检票闸机处设立安检点，配置安检人员和设施，实行"大包必检、小包抽检、逢疑必查"的安检措施，确保安检工作覆盖运营时间和车站空间。2）安保人员统一管理。建立专业保安队伍，按职责又分为站内执勤保安与安检专业保安，统一薪资标准。其中执勤保安除负责车站巡查、客流疏导、协助民警等工作外，在高峰时段协助参加安检工作；安检专业保安主要负责安检工作。3）分站分级配置标准。根据轨道交通车站的地理位置、换乘功能和日均客流量等情况，按照以下标准划分为重点车站和一般车站，分级确定安检人员和设施的配置标准。

至2015年12月底，轨道交通将开通361座车站，设立687个安检点。

其中重要车站164座，设立安检点321个；一般车站197座，设立安检点366个。

3. 配置标准：按照"经济、实用、有效"的要求，确定上海轨道安检人员和设施配置标准如下：

人员配置标准：1）执勤保安。每座车站配置10名，在高峰时段配合参加安检。2）安检保安。重点车站每个安检点配置9名，一般车站每个安检点配置6名。

设施配置标准：1）重点车站安检点。配置1台通道式X光检测仪、1部台式液体检测仪、1支便携式金属探测仪、1部地铁800兆无线手持电台、1套辅助设施（含桌椅、安检指示标识、引导带、危险品回收箱等）。2）一般车站安检点。配置1台通道式X光检测仪、1支便携式金属探测仪、1部地铁800兆无线手持电台、1套辅助设施。3）应急安检点。换乘枢纽站配置1部便携式爆炸物探测仪，其余车站每3座相邻车站配置1部便携式化学探测仪。

执勤民警。每名执勤民警（含新增1 100名新警）配置1部800兆手持无线电台。

根据上述标准，至2015年12月底共需配置通道式X光检测仪687台，台式液体探测仪192部，便携式液体探测仪495只，爆炸物探测仪73部，便携式金属探测仪687支，地铁800兆手持无线电台687部，辅助设施687套。

人员设施管理：1）保安人员管理。根据市政府"10.27"专题会议精神，轨道保安人员统一由轨道保安公司负责招录、培训和管理，保安队伍由公安轨道分局统一管理。2）安检设施管理。所有安检设施产权属于申通集团，轨道保安公司统一使用，设备的日常管理和维护保养工作由轨道保安公司负责，维护保养资金由申通地铁集团统一保障。

第五节　社会治安综合治理

一、机构与职责

2008 年 7 月 1 日，申通地铁集团收到上海市建设和交通委员会社会治安综合治理委员会《关于同意成立上海轨道交通社会治安综合治理委员会的批复》文件。经上海申通地铁集团有限公司、上海磁浮交通发展有限公司、上海市公安局城市轨道交通分局等单位协商，决定成立由上述单位为成员单位的上海轨道交通社会治安综合治理委员会，并使之成为市综合治理委员会成员单位之一。

表 3－3－4　2008—2015 年集团综合治理委员会领导名单

年　份	名　称	职　务	姓　名
2008—2012 年	上海轨道交通社会治安综合治理委员会	主任	朱沪生
		副主任	戴　民
			贺阿东
2013—2015 年	上海轨道交通社会治安综合治理委员会	主任	徐建群
		副主任	曹声伟

2008 年上海申通地铁集团有限公司下发《内部治安保卫工作管理规定》(2014 年 2 月 28 日重新修订)，规定了上海申通地铁集团有限公司(以下简称申通地铁集团)内部治安保卫工作的管理职责、内容与方法、考核监督等。

1. 保卫部：申通地铁集团保卫部是治安保卫的归口管理部门，负责组织实施本规定，做好日常监督、检查、指导和考核工作。

2. 单位职责：各单位的内部治安保卫职责如下：1）设立治安保卫机构，配备专、兼职保卫人员；2）认真贯彻落实上级指示精神，做好治安防范工作，确保本单位一方平安。

3. 单位行政负责人职责：1）认真贯彻落实治安保卫工作的法律法规和规章制度；2）组织制定和实施治安保卫工作制度及处置突发事件预案，每年开展应急演练不少于一次，不断提高员工应急处置能力；3）组织开展安全防范检查，及时消除安全隐患和其他不安定因素；4）负责单位内部治安管理，消除安全隐患，预防刑事、治安案件和治安灾害事故发生；5）加强对职工进行法制宣传教育，预防和减少职工违法犯罪；6）加强对重要部位管理，落实安全防范措施，确保安全。

4. 单位保卫机构职责：1）开展治安防范宣传教育，落实本单位的内部治安保卫制度和治安防范措施；2）建立健全规章制度，落实安全防范措施，确保内部稳定；3）加强对重点、要害部位的管理，按标准设置技防设施，确保其安全；4）注重治安保卫队伍建设，建立巡察制度，提高治安保卫人员和值班守护人员的素质；5）处置、调查、分析和上报治安突发事件；6）做好基础资料管理，按规范化、标准化对治安保卫文史资料进行归档；7）完成上级和公安机关的治安保卫任务。

5. 单位治安保卫人员职责：1）接受法律知识和治安保卫业务技能及相关专业知识的培训和考核，提高业务素质；2）按单位领导要求，做好内部的治安保卫工；3）接受上级单位的检查、督促、指导。

二、日常管理

1. 各单位应按《重点单位重要部位技术防范系统要求——城市轨道交通》及《上海轨道交通技术防范系统建设指导性意见》要求，完善安全防范设施。

2. 各单位应组织开展对员工法制宣传教育、培训。

3. 各单位应做好单位内部维稳工作，每年不少于1—2次开展内部排摸、分析职工队伍思想状况，调解和疏导单位内部纠纷，消除不安定因素。

4. 各单位应预防刑事、治安案件和治安灾害事故的发生，控制职工违法犯罪率。

5. 各单位应建立健全保卫制度。

6. 各单位应确定重要部位：a）财务、票务部门；b）重要物资仓库；c）档案、资料室等。

三、奖惩考核

内部治安保卫工作与申通地铁集团年度绩效考核相挂钩，每年度由申通地铁集团组织相关单位、部门实施考核。

第六节　消 防 安 全

2008年上海申通地铁集团有限公司下发《上海轨道交通消防安全管理规定》（2014年2月28日重新修订），规定了上海轨道交通消防安全管理的职责、内容与方法、奖惩考核等。

一、职责

申通地铁集团保卫部是消防安全的归口管理部门，负责组织实施本标准，并履行以下消防安全职责：1）贯彻执行国家和本市的消防法律、法规，制定和实施消防安全管理制度；2）建立消防安全管理责任体系，组织实施消防安全目标责任考核；3）组织开展防火检查，督促落实火灾隐患整改，协调处理涉及消防安全的重大问题。

申通地铁集团运营管理部是应急准备和响应的归口管理部门，负责配合实施本标准，并履行以下消防安全职责：1）制定完善灭火和应急疏散预案，批准实施年度演练计划；2）建立完善火灾等突发事件下的应急指挥体系和抢险救援体系；3）对自动消防设施、安全出口、疏散通道、动火作业等进行动态监控。

申通地铁集团设施设备管理部是建筑消防设施的归口管理部门，负责配合实施本标准，并履行以下消防安全职责：1）贯彻执行国家和本市有关建筑消防设施的法律、法规和技术标准，制定和实施建筑消防设施管理制度和技术规程；2）建立建筑消防设施管理责任体系，组织实施建筑消防设施目标责任考核；3）组织开展建筑消防设施检查，督促落实隐患整改和故障消缺，协调处理涉及建筑消防设施的重大问题。

申通地铁集团组织人事部是教育培训的归口管理部门，负责组织实施消防安全教育培训计划。

各运营单位是本单位消防安全的责任主体，履行消防安全管理职责。

二、内容与措施

组织体系：1. 运营单位应当建立消防安全管理组织体系，落实逐级消防安全责任制，明确逐级和岗位消防安全职责。2. 运营单位应当确定消防工作归口管理部门，配备专职消防安全管理人和消防设施管理人。

重点部位管理：1. 运营单位应当将车站、主变电站、控制中心以及停车库、检修库、物资库等场所确定为消防安全重点部位。2. 禁止存放易燃易爆物品，严格限制可燃物品的使用，及时清除非正常可燃物质。

消防设施管理：1. 运营单位应当保持火灾报警系统、自动灭火系统、机械排烟送风、室内消火栓系统以及防火门、防火卷帘、火灾事故广播等处于自动或正常状态。2. 运营单位应确保灭火器、灭火毯、防毒面具、防毒口罩、灭火防护服等个人防护装备和应急救援器材完好有效。

多种形式消防队伍：运营单位应当按照《上海轨道交通志愿者消防(站)队建设实施办法》建立志愿者消防站(队)，配备相应的防护装备和灭火救援器材，并定期开展消防业务学习和灭火技能训练。

防火检查：1. 运营单位应当组织重点部位消防安全管理人开展每日防火巡查。2. 轨道交通运营期间应至少每2小时开展一次巡查，运营结束后至次日运营前至少各组织一次防火巡查。

隐患整改：1. 运营单位对存在的火灾隐患，应当及时予以消除。对违反消防安全规定的行为，应当责成有关人员立即改正 2. 火灾隐患未消除前，应当落实防范措施，保障消防安全。

教育培训：运营单位应当组织新上岗和进入新岗位的员工进行上岗前的消防安全培训。

三、奖惩考核

运营单位应当将消防安全工作纳入内部检查、考核、评比内容。对在消防安全工作中成绩突出的，给予表彰和奖励。对未依法履行消防安全职责或者违反单位消防安全制度的行为，应当给予行政纪律或者其他处理。

第七节　应急安全措施

2015年10月8日，上海申通地铁集团有限公司下发《上海轨道交通运营突发事件预警响应、应急指挥和运营保驾的管理规定》。

一、应急抢修队伍

设立二级应急抢修队伍

1. 运营公司级应急抢修队伍：在暴雨台风警报期间，综合办公室、设施部应按运营公司生产值班室的要求，安排抢修车辆及抢修车驾驶员值班保驾。

2. 线路级应急抢修队伍：由检修班组、委外单位(含水、电、卷帘门、房建等)组成应急抢修队伍主要职责包括：1）发生险情时，防汛防台抢修人员应在 0.5 小时内赶赴现场处置防汛防台突发事件；2）防汛期间，线路管理部领导、线路管理部主管、车站站长、班组长、委外单位值班人员应 24 小时开机，保持手机畅通；3）应急抢修队伍应对抢修装备器材开展检查、保养，抢修设备应全天候处于应急待命状态。

3. 车站值守人员：各线路管理部、站区负责人、当班值班站长作为防汛防台现场第一责任人，应根据上级指示落实安排线路、区域人员值守。一旦运营公司发布防汛防台预警，线路管理部、站区负责人、当班值班站长必须现场值守，车站值守人员随时待命。

二、预警发布和应急处置

1. 突发气象灾害预警信号：申通地铁集团生产值班室应根据中央运营协调与应急指挥中心（COCC）工作指令做好突发气象灾害预警发布工作。

2. 台风预警应急处置要求：各单位应密切关注台风预警信息，做好台风灾害预警的应急处置。1）当接到 8 级及以上台风预警信息时，地铁路网各线高架、地面区段列车改为手动驾驶模式，其中高架段限速 40 km/h 运行，地面段限速 50 km/h 运行；2）当在接到 10 级及以上台风预警信息时，全路网各线高架、地面区段列车在司机手动驾驶模式下，限速 20 km/h 运行至就近车站清客，暂停行驶，相关车站将暂时关闭（地铁地下线路继续运营），同时加强与地面公交联动接驳，尽最大努力减少对市民出行影响。

3. 雷雨预警应急处置要求：

设施人员现场处置要求：

1）隧道入洞口雨水泵房应配置临时潜水泵，一旦正式泵故障立即投入临时泵排水；

2）隧道入洞口如遇地表泻入水量太大，洞口泵无法排除，应立即在洞口外部设置挡水沙袋（但不得侵入限界）用临时潜水泵应急排水，重大情况除外；

车站人员现场处置要求：

站厅、站台、出入口应急处置：

1）报相关部门，做好相关广播引导告知；组织车站站务员、保洁员、协警做好排水、除水及防水工作；

2）切断漏水区域或预判漏水区域范围内的自动售票机、进出站闸机等 AFC 设备的电源；引导乘客利用其他位置的 AFC 设备进站或购票，并维持好排队秩序；

3）切断漏水及可能漏水区域的插座电源；关闭漏水范围的直升电梯及自动扶梯的电源。当直升电梯底坑内出现少量进水或渗水时应电梯停二层上停止运行断开总电源；并引导站台该处客流由其他楼扶梯至站厅；

4）漏水范围若侵入正线轨行区，立即将具体的漏水位置、目测水势以及漏水点周边股道内的积水高度等信息报总调所，同时密切监控区间泵、出入口集水泵的水位及排水状况，按规定进行抽水操作。

第八节　日常安全督查

1994 年 2 月 25 日，上海市地铁工程建设指挥部、上海市地铁总公司召开综合治理工作会议，落实综合治理责任制：1. 把社会治安综合治理工作列入党政工作计划，将综合治理作为精神文明建设的重要内容纳入考核；2. 办理社会治安综合治理责任人登记，上海市地铁工程建设指挥部、上海市地铁总公司与上海市运营公司、上海地铁实业公司、物资公司、科技咨询监理公司、房产公司、经营服务公司以及6个项目经理部经理、总公司16个处室负责人签订承包责任书；3. 上海市地铁总公司把综合治理工作作为党政领导干部政绩考核的重要内容。为确保地铁建设、运营有一个良好的治安环境，上海市地铁总公司保卫部门与上海市地铁公安分局联合开展“治安合格工地”和“治安安全车站”活动，发挥建设单位和施工单位双方、现场项目组、运营公司客运段、公安民警各方作用，抓好施工现场和南段各车站的社会治安综合治理工作。

1995年8月25日，上海市地铁总公司社会治安综合治理领导小组和防火委员会领导成员作了调整。总公司党委书记鹿金东任地铁指挥部、总公司社会治安综合治理领导小组组长；总公司副总经理朱沪生任指挥部、总公司防火委员会主任；地铁公安分局副局长陈其达、总公司行政办公室副主任周震义任防火委员会副主任；地铁公安分局防火监督处处长胥培发任防火委办公室主任。

上海市地铁总公司保卫处和地铁公安分局内保科配合，开展创建“治安合格单位”活动，推动地铁内部治安防范工作。年底对各直属单位按目标明确，责任到人，设施完善，组织落实，制度保证，执法守法等六个项目普查考核。

1997年3月18日，上海市地铁公安分局组织了156名干警，分别在地铁常熟路站、徐家汇站、新龙华站和上海火车站站进行了4次防爆演练，提高了广大干警“战时”出警的能力。

2001年9月26日，上海地铁运营有限公司召开迎国庆、迎APEC会议工作推进会。再次强调，地铁运营安全是头等大事和中心任务，各级领导干部一定要从政治的高度认识做好双赢工作的重要性。要分阶段有序推进各项安全运营工作，各专业分公司要认真贯彻落实公司运营方案组织。要围绕双迎工作，强化落实五项措施，即：强化领导责任制、安全责任制、运营指挥系统、信息犯规系统和应急抢修系统，确保地铁安全运营。

2001年，结合迎APEC会议，开展多层次轨道交通安全检查，组织运营单位进行应急预案演练，强化安全运营管理。2008年，结合迎奥运要求，加强轨道交通安全监管，实现车站安全检查全覆盖，共设置车站安检台285处，新增安检人员783人，车站区域责任包干不留死角；同时强化设施设备维护，重点是列车、轨道、通信、信号、供电等设施维护，确保安全运营。2007年至2008年，管理机构在坚持每月一次对轨道交通安全保护区行政检查的同时，还落实轨道交通安全演练等措施。

2003年，韩国大邱地铁火灾事故后，时任副市长杨雄等市领导于3月5日到轨道交通1号线衡山路站检查防火设施安全情况，并在地铁运营公司召开专题会，结合分析韩国大邱地铁火灾事故，提出上海轨道交通进一步的应对措施。

2004年3月1日上海地铁运营有限公司召开2004年度安全生产大会，开展“安全管理巩固年”活动，促使全员的安全生产意识进一步增强，安全规章制度进一步健全，安全管理责任进一步加强，安全管理水平进一步提升，确保实现“15分钟以上严重晚点控制在1.6次/百万公里，30分钟以上严重晚点同比明显下降”的目标，杜绝发生责任重大、大事故和有责乘客死亡或有责乘客群伤事故，以及职工因工死亡、重伤事故和重大火灾事故，把公司安全生产管理水平推上一个新台阶。

2005年1月7日，上海地铁运营有限公司召开2005年安全生产大会。牢固树立“安全责任重于泰山”和“运营无小事”的思想，以“安全第一，确保畅通”为指导方针，以“全员参与、持续改进”为原则，全面构建安全运营控制体系，形成有效的“控、治、救”管理机制和全方位、多层次的运营安全管理体系，各单位一要建立健全的安全运营体系，夯实安全管理基础；二要严格安全生产责任制，强化企业主体责任；三要加大考核奖惩力度，强化激励约束机制；四要加强现场管理，强化运营状态监控；五要加强安全检查、加大安全整改力度；六要开展预案演练，增强应对突发故障能力；七要坚持以人为本理念，强化安全培训教育。

2005年1月，上海地铁运营有限公司颁布《上海地铁运营有限公司安全运营控制体系》，强调轨道交通安全运营工作是公司各项管理工作的重中之重，是“立身之本”。为了进一步建立“横向到边，纵向到底”的全员、全方位、全过程的运营安全管理体系，形成有效的“控、治、救”管理机制，并通过“预先控制、过程控制、事后控制”的完善，行程安全运营所有管理岗位各司其职、各负其责、有章可循、有据可查，以及安全工作标准化、规范化、系统化、制度化的局面，制定《上海地铁运营有限公司安全运营控制体系》，以期提高安全运营管理的可控度，使上海地铁的安全运营步入了持续健康发展的良性轨道。

2006年，协同市消防、安监等部门开展轨道交通安全监督检查，事故频率、清客频率较上年有所下降。

2008年8月26日，上海轨道交通社会治安综合委员会成立暨第一次会议召开。上海申通地铁集团有限公司总裁、上海轨道交通社会治安综合治理委员会主任朱沪生和轨道公安分局党委书记、局长、上海轨道交通社会治安综合治理委员会副主任戴民出席会议并讲话。会议还宣布了上海轨道交通社会治安治理委员会办公室组成人员及联络员名单。

2008年，结合迎奥运要求，加强轨道交通安全监管，实现车站安全检查全覆盖，共设置车站安检台285处，新增安检人员783人，车站区域责任包干不留死角；同时强化设施设备维护，重点是列车、轨道、通信、信号、供电等设施维护，确保安全运营。

2009年，上海轨道交通全面启动有史以来规模最大的一次安全检查。大检查历时3个月，涉及1、2、3、4、5、6、8、9号线共8条运营线路、162座车站和8个车辆基地，此外还包括在建的7号线、8号线二期、9号线二期等新建线路。安全大检查涵盖各个专业、岗位，包括地铁车辆、通信信号系统、供电系统、轨道岔区、隧道桥梁、司机驾乘、调度指挥、车站服务等各方面。这次“迎世博”安全大检查不仅涉及各类运营设备的状态与功能，新建线路设施设备存在的问题与整治等“硬件”情况，还对安全规章制度、设备操作规程、司机指导手册等“软件”支持系统进行全面的检查。

2009年，为切实加强上海市轨道交通安全防范工作，确保世博会期间本市轨道交通运营安全和治安秩序维持稳定，根据上海世博会安保工作实施方案的总体部署，对地铁安检举措全面升级。在全市轨道交通车站的所有进口闸机处陆续设置X光检测仪，凡携带大件行李的乘客都将接受安检。2009年8月26日起，地铁1号线上海火车站站厅新安装的两台X光安检仪正式投入使用。世博前完成729台X光检测仪，并对所有进站乘客进行安全检查。同时，在换乘客流较大的中山公园站、世纪大道等站点还采取“目测”与“仪测”相配合，以及每天出动30条警犬等方式，加强对各重点车站乘客携带行李的安检。

2010年世博会期间，加大轨道交通安全监管力度，市交通管理部门督促轨道交通各企业，逐级签订安全协议书、责任书，坚持定期安全检查制度。轨道交通运营企业成立5个专业工作组，对全路网区域巡查、跟车保驾、现场值守、总调驻勤作出统筹安排，完成多轮状态普查和安全检查工作。当年3月15日起，上海所有轨道交通车站实施安检全覆盖，三级安保期间“大包必查，小包抽查”，

一、二级安保期间“逢包必查”，全路网共配置安检人员 6 597 人，其中地铁车站配置安检人员 3 357 人，安检志愿者 3 204 人；磁浮车站配置安检人员 36 人，保障了世博会期间运营安全。

2010 年 3 月 15 日，根据上海市消防局、轨道公安消防支队相关要求，申通地铁集团提前完成了龙阳基地、宝山基地、九亭基地、F1 赛车场基地的四个专职消防队组建工作，并通过上海市消防局、轨道公安消防支队的验收。市消防局领导在验收中要求轨道交通 4 个维修基地专职消防队，要针对地铁火灾的特点及扑救难点，合理确定训练科目，科学安排培训时间，切实做到消防训练与日常工作两不误，建立健全长效管理机制，促进专职消防队伍的健康发展。

2010 年 7 月 14 日，上海申通地铁集团有限公司召开《为地铁安全和服务世博保驾护航》大会，会议听取相关单位对“7·5”客伤事故的初步分析。

“7·5”客伤事故再次为地铁运营安全敲响了警钟，各单位要吸取此次事故教训，不断增强安全生产极端重要性的认识。要从作业制度标准是否统一明确、高峰时段现场值守力量是否到位，进行深入检查，深入反思。一是要眼睛向内、举一反三，扎实开展以“查思想认识、查管理制度、查安全隐患、查领导作风”为内容的“四查”活动；二是要严明纪律，健全制度，完善应急预案，全面提高员工的执行能力；三是要加强高峰时段重要车站、线路的值守力量；四是要加大对乘客乘车安全的宣传力度。

列车驾驶员坚持“五个必须”，即：车门全关必须看、安全门全关必须看、两门之间必须看、视频监控(CCTV)必须看、车站旗帜信号必须看。

站台站务员在岗时，必须站在紧急停车按钮旁 2 米内，无故不得擅自离开；发生异常情况第一时间、第一动作按压紧急停车按钮，截停列车；接送车时认真做好“并、收、看、转”；使用信号旗给出“关门良好”手信号必须完全确认无夹人夹物和关门良好，信号旗必须高举过头，手信号必须持续给出，直至列车启动，给手信号时如遇乘客咨询应向其表示歉意并请其稍候待发车后再予以解答，同时手信号一刻不能间断。车站工作人员、列车驾驶员形象必须符合客运礼仪规范，着装必须规范。

2011 年基本建立了申通地铁集团、运营单位、基层班组三级运营安全管理网络。完善运营安全“月讲评、周分析、日交班”例会制度，加强安全生产的领导与协调。以“9·27”事故为深刻教训，党政工团联手开展宣传教育，细化安全事故处理规则与责任追究制度。梳理完善运营管理规章规程，基本形成包括 113 项技术规程、194 项管理制度的运营安全生产规章体系：领导干部登乘巡查等现场督章制度得到推行。

申通地铁集团先后组织开展安全生产月、安全生产大检查、运营安全隐患大排查等 5 轮全网集中专项隐患排查活动，完成整改 64 项。引进应用轨检车等现代化检修监测设备，针对 10 项运营安全难点组织科研攻关、完成修编 15 项安全技术标准。

完善高峰时段重点车站保驾工作，保驾模式由原来的“2＋2＋1”调整为“4＋1”；联系公安试行“警站联巡”制度，积极配合开展安检常态化管理，启动 15 个消防安全示范车站建设。开展两届“地铁公共安全宣传周”活动，通过发行文明乘车手册，制作地铁安全宣传片等开展宣传。

2012 年加大安全督查考评力度，促进安全管理规章制度的切实执行，推动领导干部深入现场开展安全检查指导，推进安全隐患排查治理，落实运营安全第三方评估确定的整改目标，层层细化分解落实整改项目和责任人，确保整改任务按期完成。针对安全管理薄弱环节开展专项分析整改，有效控制和减少隐患数量，加强安全生产过程管控，对生产过程中的违章作业和管理失责严格考核处罚，加大安全预防力度。

建立安全隐患排查整改长效机制，制定事故隐患梻查治理办法，对运营安全隐患实行建档立案、跟踪销项，设立隐患排查整改网上督办机制，定期开展整改回头看工作，继续深入推进三部委"9·27"安全检查整改项目，按期完成销项88个，完成4号线海伦路区间沉降等重点项目整治。

2013年，修订列车上线联检联控等一批重要规章制度，建立规章细则编制办法，强化检修作业施工管理，严格供应商责任追溯机制。

推进安全督查和隐患消缺工作，完成1、2、3、4号线安全评估整改项目的落实，共排查隐患31项54条，年内完成18项34条，组织开展安全大检查和运营安全督查活动，集中整治停车场生产作业等安全薄弱环节，声屏障、隧道收敛变形等一批重点隐患的排查治理成效显著。通过加强现场作业录像抽检等督查手段，安全生产规章得到严格执行。

推进事故案例平台建设、加强安全教育培训，优化应急抢修点布局，修订完善故障救援、公交应急预案以及防汛防台应急值守和处置制度，成功应对了上级电网失电和超强暴雨等突发事件考验。

2014年，落实安全责任履责考核，宣贯落实新版安全生产法，健全完善"党政同贵、一岗双责、齐抓共营"责任体系，顺利完成国家三部委安全检查和安全标准化一级企业达标考核。完善运营管理规章规程，制定车调联控、车场控制中心等一系列作业规定，实施运营生产组织类文件管理系统，提高运营生产组织高效性和规范性。落实事故事件分析处理和通报机制，全申通地铁集团共组织召开运营事故分析会21次、运营质量事件分析会31次，下发事故通报6份，并做好整改评估。

开展运营线路第三方安全评估工作，推进1、2、3、4号线安评整改，完成6、8、9号线安评及后评估工作。组织安全生产月等安全隐患排查治理专项活动，着力整治车场作业和施工管理等重点隐患，集中研究整治车站电梯、列车架大修等方面运营重点难点问题，优化龙阳路、徐泾东等大客流车站管理。开展安全检查督查和安全专项调研，全集团在开展了3次运营百日安全基础考评工作和12次督查活动，开展了10次安全专项调研活动。

完善应急预案管理机制，继续做好上海轨道交通网络运营处置突发事件总体预案和相关分预案修订工作，分级、分类开展应急演练计划编制与后期评估，固化计划、评估标准格式文本。组织开展申通地铁集团级演练4大类14个科目共23次，线路车站级各类演练1 800余次，有效提升一线应急操作能力。

启动轨道交通行政执法工作。成立轨道交通行政执法大队，建立执法工作相关规章制度，重点开展"四乱"顽症整治和票务稽查工作。自7月底开展工作以来，查获乞讨、设摊、散发小广告、非法兜售等各类违法人员8 294人次，有效遏制了车站、车厢"四乱"现象。组织稽查专项整治行动共571站，查处违规现象3.97万人次，持续优化运营秩序环境。

2015年，进一步完善"党政同责，一岗双责、齐抓共管"责任体系，明确各单位、各部门安全管理职责，宣传贯彻落实新《安全生产法》，组织各类形式学习培训，积极开展安全生产标准化建设，申通地铁集团及所属运营公司共六家单位通过安全生产标准化一级达标考评，线路管理部运作效果初步显现，新增或修订运营规章29项，完成编制作业指导书9 149个。

集中开展"补短板"专项整治，梳理形成了"网络、线路、车站、管理"四个方面18项短板，加大风险隐患排查整改力度，全年共计排查各类隐患318项，安评整改高等级风险点176项，梳理运营事故整改要求138项，向社会、乘客发起了以找隐患、提建议为主题的意见征集活动。

成立申通地铁集团突发事件应急管理委员会，及下属应急办和应急指挥中心，构建三级预案管理体系、编制发布预案管理办法，加强外部联动机制，开展列车故障救援、电话闭塞、手摇道岔接发列车、车站大客流处置及公交应急短驳等演练共计5 000余次。

第九节 重要运营事故

一、上海地铁1号线列车侧面冲撞事故

上海地铁1号线因为在北段实行的是富锦路站至上海火车站站的小交路运营，117号车在到达上海火车站站下客后，空车再由上海火车站站开出，往中山北路方向隧道开行数百米，准备通过道岔到达折返线，2009年12月22日7时许，由中山北路至火车站下行的1号线150号车，运行至上海火车站折返站时，信号系统在该轨道区段应该向150号车发出20公里时速的信号，错发成65公里，造成制动距离不足，致使150号车与正在折返的117号空车发生侧面冲撞事故。

因为当时两车速度较慢，再加上地铁150号车司机及时采取了制动措施，150号车内没有发生人员伤亡。117号车为空车，除了车体受损外，也没有人员伤亡情况。

在发生事故后，第一时间受影响的是乘客。地铁150号车的乘客，滞留车厢内长达4个小时，不仅耽误了上班族正常的上班时间，也影响了冬至日前往墓地的人群的行程。同时对地面交通也产生了重大影响。申通地铁集团组织近千名干部员工在现场组织事故救援，疏导客流，并努力修复该线及网络运营；市领导、市建交委、市交通港口局等部门指挥现场抢险救援工作，及时沟通现场信息，市公安局与1号线沿线各区相关部门协助疏导站外乘客，确保现场稳定。12月22日10时11分，117号车起复后驶离现场。11时左右，在公安人员的协助下，150号车清客完毕，开始实施起复救援。11时48分，150号车完成救援，1号线全线运营逐步恢复正常。

事故原因：在2001年1号线上海火车站站改造项目的配线图修改时，因设计技术人员个人工作疏漏，N11－1438轨道区段编码电路配线出错。

2009年12月22日，运营部门因供电系统故障、采用临时非正常交路折返的情况下，信号系统在该轨道区段应该向150号车发出20公里时速的信号，错发成65公里，造成制动距离不足，致使150号车与正在折返的117号空车发生侧面冲撞事故。

事故责任单位卡斯柯信号公司对本次事故造成的车辆设施、设备等直接损失承担责任。同时申通地铁集团分管运营的负责人作出深刻检查，对运营等相关责任人进行严肃处理。

二、上海轨道交通10号线两列列车追尾事故

2011年9月27日14点10分，上海地铁10号线新天地站设备故障，交通大学至南京东路上下行采用电话闭塞方式，列车限速运行。期间14:51分列车豫园至老西门下行区间1005号车与1016号车两列车不慎发生追尾，14点51分，虹桥路站至天潼路站9站路段实施临时封站措施，其余两端采取小交路方式保持运营，启动公交配套应急预案，公安、武警等赶赴现场协助疏散。截至2011年9月27日20:38分，两列事故列车内500多名乘客已经全部撤离车站，经初步统计，295人到医院就诊检查，70人住院和留院观察，大部分为轻微伤乘客，未发现重伤，受伤乘客受到及时的医护处理。

事故发生后，党中央、国务院十分重视，中央领导同志分别作出了重要指示，中共中央政治局委员、上海市委书记俞正声，中共上海市委副书记、市长韩正等市委、市政府领导立即赶赴现场，指挥应急救援处置等工作，并到医院看望伤员，了解情况。通过积极努力，事故的应急处置和善后处理

工作平稳有序。

经市政府同意，由市安全监管局牵头，会同市建设交通委、市交通港口局、市监察局、市公安局、市总工会，并邀请市检察院组成上海地铁 10 号线“9·27”事故调查组，成立第三方专家组，全程参与事故调查过程。事故调查组认为事故原因为调度员违规发布电话闭塞命令、接车站值班员未严格确认导致两列车追尾。调查组认定地铁追尾事故是一起造成重大社会影响的责任事故，12 名责任人被处理。

在市领导、市交通港口局的统一协调下，申通地铁集团迅速启动事故响应预案，上海地铁运营一公司也在第一时间迅速成立“9·27”事故善后处理工作组，全力参与事故的组织指挥、现场救援、医疗救护、信息报告、善后理赔等各项工作。“9·27”事故善后处理历时五年，是上海地铁历史上单次事故涉及人员最多、情况最复杂的客伤处理事件，在此期间，面对异常繁重的善后处置，工作组按照依法、合规、维稳、人性化处置原则，尽最大努力妥善解决事故中的各项善后理赔问题。前后共完成全部 709 名事故登记乘客的理赔工作。

第五章　重大事件保障

第一节　第一届东亚运动会

1993年第一届东亚运动会在上海举行，为确保运动会的顺利进行，市、局都下发文件开展市容交通的整治。上海地铁总公司认真贯彻上级的要求，积极开展地铁工地和运营车站的环境整治，当好东道主，树立上海人新形象。由于当时涉外活动繁多，公司对做好首届东亚运动会保密工作提出专门要求，搞好教育、抓住重点、强化检查、积极防范。

第一届东亚运动会是上海市首次承办大型的国际综合性体育盛会。它涉及面广，入境人员多，活动范围大且较为分散。当时国际形势复杂多变，窃密与反窃密斗争十分激烈，因而，保密任务十分繁重。各级领导充分认识当时保密工作形势仍然十分严峻以及做好保密工作的重要意义，切实加强分管范围内保密工作的领导，根据"谁主管、谁负责"和"内紧外松"的原则，制定专人负责，结合各项业务工作做好保密工作。各单位保密委员会加强对这项工作的督促、检查，建立保密委员会，明确分管部门，有人专管和监管。

第二节　第八届全国运动会

1997年为认真贯彻落实上海市文明委关于开展"讲文明、树新风、迎八运"活动，"圆满、成功、精彩"地承办好八运会，上海地铁总公司决定，在地铁开展"全力以赴迎八运、规范服务展新风"活动。组织对地铁车站、车厢、商场环境卫生整治；组织对地铁列车和车站设备完好情况进行全面检查；针对督查提出的问题进行及时整改。

1997年上海市地铁总公司为第八届全国运动会特制八运地铁磁卡，10月2日上海市地铁总公司举行"上海地铁优质服务迎八运新闻发布会暨地铁磁卡捐赠仪式"。

第八届全国运动会开幕式于10月12日晚上8时在上海体育馆隆重举行，数万人前来观摩，给地铁运营带来很大压力，为确保安全营运，及时疏散客流，地铁总公司采取有力措施，在开幕式结束后40分钟内迅速疏散客流3.09万人，1 600人持八运会有效证件免费乘车。

上海地铁针对上海体育馆站在八运开幕、闭幕和彩排期间将承受超出平时二十余倍的大客流压力，在运营组织上，将置于站厅层的售检票窗口移至地面，安排了44名检票员，在乘客集中进站的1＃、2＃、3＃出入口附近增设了四辆流动售票车，收效十分明显。在行车组织上，在正常运营时段，继续执行原运行图方案。在观众散场时段，增加电动客车，提高运能，及时投入6列备车逐列插入运行客车中间，使行车间隔缩短为5分钟，有效安全地疏散了观众。

全运会于10月24日胜利闭幕，据统计，在各彩排与八运会开幕、闭幕期间，共输送观众近10万人次，接待免费乘车运动员、教练员、新闻记者和有关工作人员约2万人次，圆满完成了八运观众的输送任务。

第三节　中国上海 APEC 第九次领导人非正式会议

2001 年 APEC 会议在上海召开，上海地铁又是展示城市公共交通形象的重要窗口。为了认真贯彻交通局关于迎接 APEC 会议的统一部署，并通过迎 APEC 会议，将公司各方面的管理水平和服务水平推上一个新的台阶，实现创建文明行业的目标。突出重点，加强管理；巩固成果，提高水平；统一规划，整体实施：1. 加强安全管理，健全设备保障系统；2. 对车容、站容环境的整治；3. 职工的教育培训；4. 导向标志的整改；5. 努力把地铁虹梅路上海西南汽车站，创建成为文明交通集散点。

先后集中完成了人民广场地铁 1、2 号线原仅 8 米换乘通道的改造，大大方便了日均 7 万余人次的换乘乘客；完成了地铁 1、2 号线 7 个种类的指示牌和 400 余块导向标志的设计、制作和安装，改造后的地铁导向标志，除具有双语导向功能外，还增加了出入口、站区图、公共建筑、交通换乘等导向功能；开通了地铁 2 号线和明珠线沿途的残疾人专用电梯，方便了特殊乘客群体的出行；为彻底改善地铁列车的车容车貌，还加大了对车站出入口、环境卫生、告示张贴、广告用字的管理力度，凸显了地铁窗口的良好形象。

在地铁 1、2 号线和明珠线车站、地铁沿线及地铁车厢设计、制作、安装了 511 块宣传 APEC 会议的公益广告，上海地铁文明长廊处处洋溢着热情、友好的气氛。

按照 ISO9001：2000 版贯标工作的要求，在公共交通行业中乘客满意度指标名列前茅，强化员工职业道德和服务技能的培训，严格执行优质服务岗位标准，加强督查、指导和考核。继续组织“双语”(普通话、英语)的学习、培训和考核，在窗口服务人员中全面开展普通话达标培训：“百句英语”值班站长合格率为 90%；列车司机为 70%，并抓好应用和巩固工作。APEC 会议期间，成立一支“英语导向服务志愿者队伍”。同时，进一步完善便民利民服务措施，推广和设置车站“便民服务箱”；规范和完善地铁服务热线的内容；进一步深化“首问责任制”活动；增加对车站、车厢社会公益性广告的投入等。

为宣传 APEC，宣传中国，宣传上海，让广大市民充分了解 APEC，上海地铁运营有限公司精心设计制作了一套“2001 年亚太经合组织第九次领导人非正义会议”地铁纪念磁卡。此套磁卡为两枚，限量发行 15 000 套，发行价每套 18 元。

第四节　2003 年非典防疫

2003 年 3 月至 6 月全国开展“非典”防疫战。

上海轨道交通是本市公共交通的大动脉，是上海这座现代化国际大都市的重要窗口。

上海轨道交通客流密集又相对封闭，防“非典”工作难度大、要求高、责任重。上海地铁运营公司以对广大乘客和员工高度负责的精神，从确保市民生活安全有序的全局出发，把打赢这场“非典”阻击战摆到了重中之重的位置。于 3 月底就周密部署落实各项防范措施，4 月初即对地铁三条线所有车站等相关区域进行每天消毒，并先后 9 次召开专题会议，及时传达市、委、局的有关精神，结合轨道交通的特点，坚持七个“强化”，即强化责任落实，加强防非典工作领导；强化制度建设，做好信息上报工作；强化宣传工作，提高“非典”防范意识；强化清洁消毒工作，保持车、站空气流通；强化对重点部位的监控，严格控制外来人员进入；强化对职工的保护，关心职工身体健康。

上海地铁运营公司成立了由党政主要领导挂帅的预防“非典”工作领导小组，明确各单位党政主要领导为第一责任人，各有关单位各司其职，明确任务，明确责任，加强宣传工作，在三条线各车站公布栏中张贴了宣传画，在车站等离子显示屏、车厢液晶显示屏进行防“非典”宣传；在地铁沿线、车站、基地、控制中心等重要区域及公共场所，全面卫生整治；加强车站地面和扶手的清洁消毒，坚持每天用稀释后的过氧乙酸喷洒消毒2—3次并视情增加喷洒频率；对每天运营结束回库列车的车厢座椅、拉（立）杆、地板、厢壁清洁消毒，还利用列车到终点折返间隙，进一步加强车辆消毒，消毒后做好备案和标签工作；坚持每天对地铁磁卡消洗消毒；在确保地铁车站风机正常运转的基础上，每天早晚各延长一小时开机时间，保持空气流通；加大对清洁消毒工作检查的力度；保健站和车站配备了专用的体温表、口罩等。公司要求各单位进一步关心职工生活，随时掌握职工身体状况，加强对出入站乘客的管理，发现有疑似诊断的乘客，采取相应措施，全力以赴阻击“非典”。

一、后勤服务分公司自2月份以来已开展预防工作，4月份进一步加强预防力度。目前保健站建立了总值班制度，及时反馈、汇总有关信息，一旦发现疑似病例，及时跟踪，作好消毒隔离措施。医务人员则坚持每天到重点要害部位巡检，监测预防消毒情况。各食堂、浴室加强卫生措施。严格消毒。旅馆、宿舍等加强监控。对各基地开展清理、整治，改善卫生状况.同时向广大职工宣传“非典”的预防知识，并对外聘工实施分块24小时监控。各食堂禁止对外来人员供应饭菜：食堂工作人员每天测量体温并做好记录，对进入基地的外来者要测量体温登记在册。还规定在岗人员必须戴口罩。

二、站在阻击最前线的是地铁清洁公司的480位员工。该公司根据上海地铁运营有限公司的总体部署，充分发挥了上海滩上精锐专职保洁消毒队伍的品牌优势和专业特长，不仅如期完成繁重的日常保洁任务，更要每天承担起地铁三条线48座车站、60列电动客车和3个地铁基地的消毒保洁任务。

据统计，她们每天对区域内的墙面、通道、设备喷洒擦拭消毒面积达47.6万余平方来，仅车厢扶杆就有14 000根，每天喷洒配制的药水达6.5余吨，每天张贴本车（站）已消毒的色标2 928张，平均每人上车消毒180余次。

各客运分公司为各站配备了药水香皂、口罩、一次性手套、体温表等防范用品，建立了车站车厢清洁消毒监督制度和车站通风方案。

三、商贸分公司在主要商业网点通道口张贴防非典的宣传画；向客商发放有关普及知识书，召开商业网点餐饮、食品专题会议，发放有关消毒药品，在公司内部及所属商业网点的经营场所内采取过氧乙酸消毒；督促网点负责人和经营人员对顾客加强观察。同时，旅馆、招待所或暂停营业，或加强防范，实行住宿旅客填写个人健康状况等制度。

四、加大对车厢、车站、车票消毒和防范工作，确保通风设备良好，保持空气流通，地铁列车的空调滤尘网按修程1—2月更换一次，近期车辆分公司为更好地保持车厢空气流通，已改为5—6天更换一次，并列入流程。

5月21日，上海地铁运营有限公司召开防治非典工作推进暨中途表彰会。表彰了上海地铁清洁工程有限公司等3家先进集体和陈秀英同志等124名先进个人。公司各直属单位和与会者还纷纷向市慈善基金会捐款，以表达上海地铁运营员工同舟共济、守望相助、众志成城，抗击非典的信心和决心。

5月28日，上海地铁迎来了运营十周年的日子。上海地铁运营有限公司举行简朴而又有意义的座谈会暨抗击非典捐赠仪式，将原本用于庆典活动的费用和公司各单位、广大干部职工的捐款共计80万元及地铁发行的非典磁卡收入全部捐赠给上海市慈善基金会，以这一特殊方式纪念上海地铁运营十周年。

第五节　2008年奥运足球赛

2008年7月—8月，有12场奥运足球赛在上海举行，为加强奥运期间申城轨道交通安全防范，上海轨道交通积极实施“奥运”各项重点防范保障工作，把确保实现“平安奥运”作为首要任务。

作为人员密集的公共交通场所，上海轨道交通将增加现有的安检设施和手段，地铁列车车厢内也将安装摄像系统，每个车站配备了反恐装备，包括应急灯、防毒面具、防爆筒等。对地铁工作人员进行各项防范的专业培训，设立各类预案，将各岗位对突发事件的主要职责印在卡片上，便于员工随身携带，以进一步提升一线员工的应急防范能力。

奥运期间上海申通地铁集团公司及各单位干部进站上车，当好志愿者，为平安奥运、平安地铁执勤站岗，主动深入轨道交通重点车站、大型换乘点值班站岗，协助安检配合服务。轨道公安干警连日来冒着酷暑高温全员上岗，在全市轨道交通等重要站点，以多种方式加强寻访，打击、防范各类违法犯罪活动。

上海轨道交通加大投入，完善设置各类安全硬件设施筑起第一道防线：涉奥车站新增3台X光安检仪，并计划再逐步增设11台。这也是上海轨道交通第一次X光安检。

8月24日，上海轨道交通在各方协同下，圆满完成了奥足赛的交通安全运营与服务保障，确保一方平安。

第六节　2010年中国上海世博会

2008年为认真贯彻落实市委、市政府关于制定实施《迎世博600天行动计划》指导意见，积极推进轨道交通迎世博600天行动计划实施，全面推动轨道交通行业的管理和服务上水平、上台阶。上海申通地铁集团公司多次召开会议强调：1. 要抓好整治项目的“落地”工作。2. 要抓住整治项目的协调推进工作。3. 要抓好整治工作中的重点，全力以赴，确保节点。

2010年4月上海申通地铁集团有限公司制定了中国2010年上海世博会轨道交通运营组织方案。确定了世博会期间轨道交通运营指挥体系、行车组织方案、客运组织方案、应急处置预案体系、世博保障综合演练等。

上海申通地铁集团按期实现迎世博600天整治目标，共完成15座车站整容、33座车站整修、19座车站整洁、32万平方米外墙整饰，以及车站及高架沿线环境整治工作；根据世博因素制定运营指挥调度方案及应急预案；运营车站联合消防和公安做到“一站一预案”，并积极开展联合演练；维保专业组建6支应急队伍，完成21个区域性应急抢修点的设置，全面做好应对各种复杂情况的准备。

世博期间动态分析研判客流变化，及时调整方案措施，先后更换4整套全网络运营组织方案，更新列车运行图76张，全网每天开行列车超过4 800列次，总计临时加开列车6 000余列次。

协同武警、公安、平安志愿者在车站入口、站厅、站台、车厢等设置四道防线，世博期间在全网519个车站进口闸机处配备检测仪，全覆盖开展安全检查，共安检5.6亿人次、收缴各类危险品5.6万件。

第七节 亚洲互相协作与信任措施会议第四次峰会

2014年5月21日亚洲互相协作与信任措施会议第四次峰会在上海召开,上海申通地铁集团公司,明确以"安全有序、服务优质、环境美观"为保障工作总体目标,确保实现"五个不发生"(不发生严重晚点事件、不发生一般以上安全事故、不发生严重服务有责投诉、不发生引起社会关注的负面事件、不发生群体性负面事件)。突出重点线路、重点车站和重点核心区域,落实好运营组织、环境整治、治安消防和信访维稳四个方面的保障任务和具体措施。

5月14日由集团安监室带队对新闸、东宝、民生控制中心进行预检。

5月15日起进入"亚信峰会"保驾阶段,各控制中心加强人员保驾,如值班人员发生变化,及时报备COCC。"亚信峰会"相关文件涉及机密,原则上仅做口头传达。质安部下发《控制中心员工安保使用手册》人手一本,随身携带。

5月15日至5月27日期间如涉及治安、群体类事件,接报异声、异响、异味等信息,须按"疑似从有"原则进行快速处置。涉及行车安全类的信息,当班正值调度员必须对关键信息进行复核确认,防止信息遗漏导致影响、延误事件的处置。

第八节 迎"十八大"服务保障

2012年8月30日起,为迎接党的"十八大",进一步优化城市环境,申通地铁集团将开展迎"十八大"服务保障与环境整治活动。届时,上海地铁所有线路车站及站点辖区派出所、街道/管委会,包括市容、城管、环卫、交通将联勤、联动,对轨道交通站点及周边环境进行集中整治优化。

根据此次集中开展整治的要求,上海地铁相关车站与辖区派出所及街道,共同签署"轨道交通车站及周边环境整治行动责任书"。整治活动将涉及乘客和媒体普遍关注的车站公共厕所、乞讨卖艺、流动商贩,以及站外非机动车乱停乱放、非法散发小广告、黑车聚集、无证设摊等现象,通过开展专项行动,使轨道交通站点及周边环境基本达到"地面整洁,立面整齐,设施完好,秩序规范,绿化美观",为市民营造一个整洁、舒适的乘车环境。此次活动从8月30日开始,至9月底之前率先完成社会反响较大的重点车站周边环境整治,10月底前全面完成整治任务。

此次"轨道交通站点环境优化行动"由轨道交通车站、辖区派出所及街道/管委会共同负责,轨道交通各站点与辖区街道间建立"联络人"制度,并明确各自责任分工。其中,轨道交通车站负责车站、车厢、通道、出入口台阶以内的服务保障及环境整治,辖区派出所负责车站、车厢、通道、出入口台阶以外,周边地区的市容环境管理,以及机动车、非机动车辆管理,绿化管理和环境保洁等整治工作。

第六章　票务管理

1993年至1998年，上海轨道交通票制实行单一制票。随着自动售检票系统（简称AFC系统）的开发应用，为更好实行分段计程的多级制票奠定了基础。AFC系统是城市轨道交通运行中普遍应用的现代化联网收费系统，通过运用自动控制、计算机网络通信、现金自动识别、微电子计算、机电一体化、嵌入式系统和大型数据库管理等多种高新技术，实现轨道交通售票、检票、计费、收费、统计、清分、管理等全过程自动处理。上海AFC系统采用五层架构：第一层为城市轨道交通票务清分系统；第二层为线路中央计算机系统；第三层为车站计算机系统；第四层为车站终端设备，主要包括自动售票机、人工售票机和闸机等；第五层为车票。

1999年3月，上海轨道交通1号线AFC系统开通，成为我国轨道交通历史上第一个开通使用的自动售检票系统，当月，轨道交通1号线实行调整后的多级制票价。2000年6月，轨道交通2号线AFC系统开通。2002年5月，研制开发的双向闸机投入使用。2003年9月，具有触摸屏、人性化操作、使用纸币购票和纸币找零等多功能自动售票机投入使用。2003年11月，轨道交通3号线AFC系统投入使用。2009年，AFC系统实现移动2.4G手机钱包支付功能，2010年，AFC系统可接受一日票、三日票等特殊票种操作。

2001年，上海开始研究轨道交通"一票通"改造工作。2005年2月，完成"一票换乘"实施方案及制定技术标准。当年9月28日，轨道交通3号线除正在改造的上海南站站外，其余各站均启用"一票通"IC卡单程票；同年10月21日，轨道交通1、2号线全面启用新的"一票通"票卡；同年12月25日，轨道交通1、2、3、5号线全部采用"一票通"单程票，同日，全国首个规模最大、具有世界领先水平并拥有自主知识产权的轨道交通票务清分中心正式启动；当年12月31日，轨道交通4号线通车试运营并同步实现一票换乘。至此，上海轨道交通运营线路实现统一票制，做到网络线路可"一次购票，多次换乘"。实现"一票换乘"后，避免因两次购票而无法连续计程问题，票价计算更趋合理，体现"递远递减"的计价原则。

与此同时，轨道交通车票技术也在发展。1995年4月至1999年3月，上海轨道交通车票为一次性的纸质车票。1999年3月至2005年12月，轨道交通由纸质车票向能够循环使用的磁卡（磁性车票）过渡。2005年12月以后，由非接触IC卡取代磁卡，并在数据容量、使用耐受性、读写安全快速性等方面均优于磁卡。在票种上也逐渐丰富，有单程票、纪念票、计次票、储值票、一日票、三日票、手机票卡等多种形式。

第一节　票　制

一、纸质车票

1993年5月28日，上海轨道交通1号线南段对外售票观光试运营。1994年12月28日，1号线中、北段（衡山路站—上海火车站站）上行线对社会开放，开行观光列车。1995年4月10日1号线全线试运营，采用的都是纸质车票。1999年3月1日，1号线开通自动售检票系统，使用磁卡车票，原纸质车票停止使用。

1999 年 9 月，2 号线建成试通车，发售纸质观光票；2000 年 5 月，2 号线正式投入运营，采取磁卡车票和储值卡。

2000 年 12 月，3 号线投入试运营，使用纸质车票；2003 年 11 月 1 日，3 号线启用磁卡车票，告别传统纸质车票。

2003 年 11 月，5 号线投入试运营，使用纸质车票。2005 年 12 月，轨道交通“一票通改造”后，5 号线取消纸质车票。

二、自动售检票系统

自动售检票系统（Automatic Fare Collection system，简称 AFC 系统）是城市轨道交通运行中普遍应用的现代化联网收费系统，通过运用自动控制、计算机网络通信、现金自动识别、微电子计算、机电一体化、嵌入式系统和大型数据库管理等多种高新技术，实现了轨道交通售票、检票、计费、收费、统计、清分、管理等全过程的自动处理，是重要的客运管理系统。上海 AFC 系统采用五层架构：第一层为城市轨道交通票务清分系统；第二层为线路中央计算机系统；第三层为车站计算机系统；第四层为车站终端设备，主要包括自动售票机、人工售票机和闸机等；第五层为车票。

1999 年 3 月，上海轨道交通 1 号线 AFC 系统正式开通，成为我国轨道交通历史上第一个开通使用的自动售检票系统。2000 年 6 月，轨道交通 2 号线 AFC 系统正式开通。采用的自动售检票系统是美国 CUBIC 公司提供的系统设备和软件集成，使用塑质磁性车票，2002 年 5 月，研制开发的双向闸机投入使用。2003 年 9 月，具有触摸屏、人性化操作、使用纸币购票和纸币找零等多功能自动售票机投入使用。2003 年 11 月地铁 3 号线售检票系统投入运营，采用西班牙 INDRA 公司的设备，使用纸质磁性车票。由于当初在引进时没有一个统一的规划需求，造成地铁 1、2 号线和 3 号线二套 AFC 系统仅对本运营线路进行管理，从系统集成到设备功能自成体系，两套系统的单程票不能相互兼容，处于独立的工作状态。随着上海市城市轨道交通的发展，如果无法实现“一票换乘”，将迫使乘客在跨线换乘的过程中进行多次的单程票购买和进出站，从而给乘客带来极大不便，同时影响了上海轨道交通网络化建设和运营。因此，研究制订统一的自动售检票系统技术标准，实现上海轨道交通全线票制统一，数据接口的统一，与公共交通卡系统实现统一清分和清算，是轨道交通网络化运营中必须解决的问题。

2005 年 2 月，完成上海轨道交通 AFC 系统技术标准制定。

上海轨道交通 AFC 系统技术标准的制定原则：

（1）采用国际标准

国际标准化组织（ISO）为引导非接触式集成电路（IC）卡技术和产业发展，先后颁布了 ISO/IEC14443、ISO/IEC7811 等标准，对非接触式集成电路（IC）卡的物理特性、射频功率、信号接口、通信协议及防冲突等项技术作出规定。对涉及公共交通卡、地铁单程票等有关非接触式集成电路（IC）卡的技术内容，全部采用国际标准。

（2）满足上海地铁全线单程票“一票换乘”的要求

根据上海轨道交通发展规划，今后轨道交通路网必须做到“一票换乘”，以体现“以人为本，方便乘客”的服务理念。制订的标准，主要针对“一票换乘”所涉及的单程票、交通卡（储值票）、软硬件系统及其之间的接口、清分清算系统等要求作出规定。

（3）为轨道交通自动售检票系统建设、运营管理提供技术依据

制订的标准主要包括：车站售检票终端与车站计算机、车站计算机与线路计算机、线路计算机与清分计算机、清分计算机与清算计算机的数据接口。自动售检票系统是由多个子系统组成的网络体系，需要对这个体系进行框架性、概要性的规定。

（4）与国家标准的符合性原则

根据上海城市轨道交通整体发展和运营的情况，制订的标准内容，主要是规范自动售检票系统的网络体系及数据通信接口。符合国家建设部制定《城市轨道交通自动售检票系统技术条件》的国家标准。

通过近3年的努力，最终形成上海市轨道交通AFC系统的技术标准，并于2005年2月1日正式颁布。

2005年11月，轨道交通启用连乘优惠，乘客在一个自然月内，使用同一张公交卡乘坐轨道交通满70元，当月剩余部分乘坐轨道交通可享受9折优惠。2007年10月27日，轨道交通与中心城区地面公交车相互换乘可享受1元优惠，与轨道交通连乘优惠叠加。2009年4月，换乘优惠网络扩大，轨道交通与所有地面公交相互换乘都可享受1元优惠，换乘时间延长到2小时；同年实现了移动2.4G手机钱包支付功能。2010年，AFC系统可接受一日票、三日票等特殊票种操作。

三、“一票通”改造

2001年，上海开始着手研究轨道交通“一票通”改造工作。2005年9月28日，除正在改造的上海南站站外，轨道交通3号线启用“一票通”IC卡单程票，取代原来插卡式磁卡单程车票；当年10月21日，轨道交通1、2号线全面启用新的“一票通”票卡；同年12月25日，由上海地铁运营有限公司承担运营管理的1、2、3号线，以及由现代轨道交通公司承担运营管理的5号线全部采用“一票通”单程票；年底通车试运营的轨道交通4号线也同步实现一票换乘。至此，上海轨道交通运营线路实现了统一票制，做到网络线路可“一次购票，多次换乘”，为轨道交通网络化运营发展奠定了良好基础。

轨道交通“一票通”改造工程系国内首家实现自动售检票（AFC）系统网络化运营，统一全路网的资费方案和票卡发行，能清晰、准确地反映轨道交通网络客流信息，实现客流信息的统计和数据共享，完成跨线换乘交易的收费清分及票款收入的结算和划拨。实现“一票换乘”后，避免因两次购票而无法连续计程的问题，票价计算更趋合理，体现“递远递减”的计价原则，部分乘客乘车支出下降。

四、上海轨道交通车票的确定

统一票卡制式为“一票换乘”的实现提供了基本技术保障，乘客可以灵活换乘、高效出行，从而有效提高轨道交通的运营效率，真正做到方便、快捷。“一票换乘”的实施将极大地降低整个网络中的业务交易数据量，减轻各线路中央系统和清分系统的数据压力。

根据大规模集成电路技术的广泛应用和考虑到车票的安全性要求，以及乘客使用习惯性、制造成本等因素，通过市场调研和专家评估，一致认为上海轨道交通自动售检票系统采用非接触式IC卡作为单程票和储值票的车票介质。城市轨道交通单程票系统的主密钥、安全模块和加密算法以及卡与读写器之间三重认证过程中的加密算法，由上海轨道交通票务中心负责管理。

车票的主要技术指标：

(IC)卡式单程票的工作频率应为 13.56 MHz±7 kHz。

(IC)卡式单程票的通信速率应为 106 kbps。

(IC)卡式单程票内通用存储器的数据存储容量不应小于 512 Bit。

(IC)卡式单程票的通用存储器应分 3 个区、16 个 Block，每个 Block 应包括 4 个 Byte，每个 Byte 应包括 8 个 Bit。

(IC)卡式单程票数据保存时间不应小于 10 年。

(IC)卡式单程票读写次数不应小于 10 万次。

五、单程票

单程票是指被车站售票设备赋予一定金额，在规定的时间和车站，可在轨道交通网络中使用一次。单程票利用薄型 IC 卡制作，并采用"插进插出"的方式，出站时被出口检票机回收，回收后可在车站售票设备上再次发售。单程票是按起讫点票价购票乘车，可乘坐一次，当日有效。

六、储值票

由轨道交通运营公司发行的磁卡储值票可循环使用，按单程票计费标准扣费，尾程可优惠，并由出口闸机回收。自 1999 年 12 月 27 日公共交通卡在上海轨道交通推广使用后，储值票即指公共交通卡，可反复充资使用。使用方法：照进照出，出站不回收。

七、纪念票

1993 年 12 月，上海轨道交通纸质纪念票诞生，1 号线全线通车调试观光纪念票，全套 9 种 45 张。1994 年 12 月 12 日，为纪念 1 号线全线贯通，上海市地铁总公司设计制作了 1 号线通车调试纪念镀金卡，被上海历史博物馆珍藏。

1998 年 12 月 23 日，也就是自动售票检票系统正式启用前两个月，上海地铁发行了两套农历己卯年贺年纪念磁卡，由于这两套磁卡可在实行电子票务后作为单程车票刷卡乘车，因而它们实际上已成了我国首批真正意义上的地铁磁卡车票。1999 年 3 月 1 日，上海地铁正式开始启用磁卡式车票，上海地铁磁卡的种类较多，按发行目的可分普通票、纪念票、特种票三类，按使用功能可分单程票、磁卡储值票、智能卡储值票三类，细分还有广告票、联名票等品种。

轨道交通纪念票改用磁卡车票，有 VP1 和 VP2 两种。VP1 用作储值票，按规定面值制作，有使用期限。VP2 在规定期限内，不论距离长短，可乘坐一次。纪念磁卡出口闸机不回收，留给乘客作纪念。

八、一日票

轨道交通一日票是世博期间推出的一项新票制。一日票自出售当日起 10 日内使用有效，自乘客首次在进站检票机上使用开始计算，之后的 24 小时内可任意次数乘坐轨道交通所有线路(磁浮线除外)。一日票分两种渠道发行,个人票价 18 元,在轨道交通全部车站发售;团体票价 17 元,在旅行社、接待单位等旅游团体集中发售。

一日票自 2010 年 4 月 24 日起对外发售,全年共售出 563 504 张。其中,世博前发售 14 182 张,日均发售 2 026 张;世博期间发售 479 154 张,日均发售 2 604 张;世博后发售 70 168 张,日均发售 1 150 张。一日票的推出,弥补了上海轨道交通票制的一项空白,世博期间受到了部分外地游客的欢迎。随着世博会结束,一日票销售量日益下降。

九、三日票

2012 年 3 月 12 日,针对来沪旅游、出差、会务等逗留三四天,需要多次乘坐地铁的乘客在票种上提供多种选择,适应不熟悉上海地铁线路、车站和票价的乘客方便购票操作,缩短每次购票时间,方便出行的要求,推出地铁三日票。三日票是以首次进站开始计算使用时间,之后 72 小时内的运营时段只限单人不限乘次乘坐上海轨道交通的各条线路(磁浮线除外),车票采用“照进照出”的使用方式,使用后车票不回收,售价为 45 元/张。

十、手机票卡

手机票卡是以手机钱包为支付介质,可在专用闸机上实现进出站操作。使用方法:照进照出,出站不回收。2009 年,上海轨道交通实现移动 2.4G 手机钱包支付功能。2013 年浦发银行、上海移动与上海地铁合作,完成在原 2.4G 手机支付通道的升级改造,使其支持基于 PBOC3.0 标准的金融 IC 的闪付交易。

图 3-6-1　1993 年 5 月上海地铁南段试通车观光券

图 3-6-2　1993 年 5 月上海地铁南段试通车观光券(团体)

图 3-6-3　1995 年 1 号线调试观光纪念卡

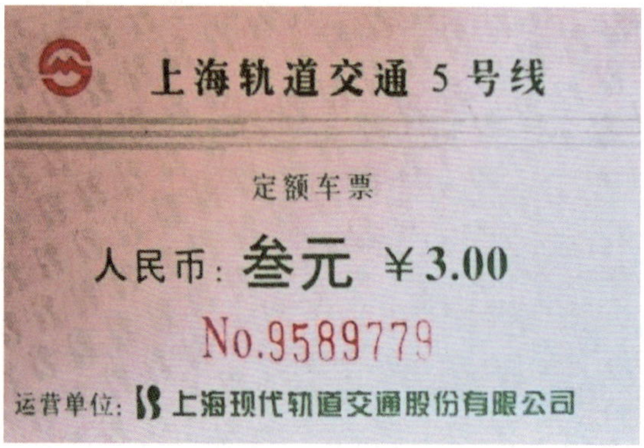

图 3-6-4　2003 年 11 月上海轨道交通 5 号线定额车票(纸质)

图 3－6－5　2001 年 1 月上海地铁明珠线观光券(3 号线)

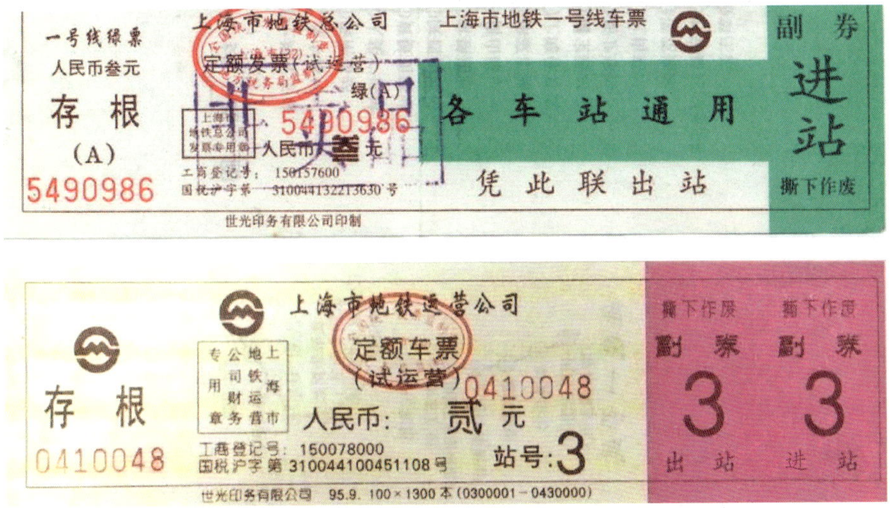

图 3－6－6　1995 年 4 月地铁 1 号线通用车票(纸质)

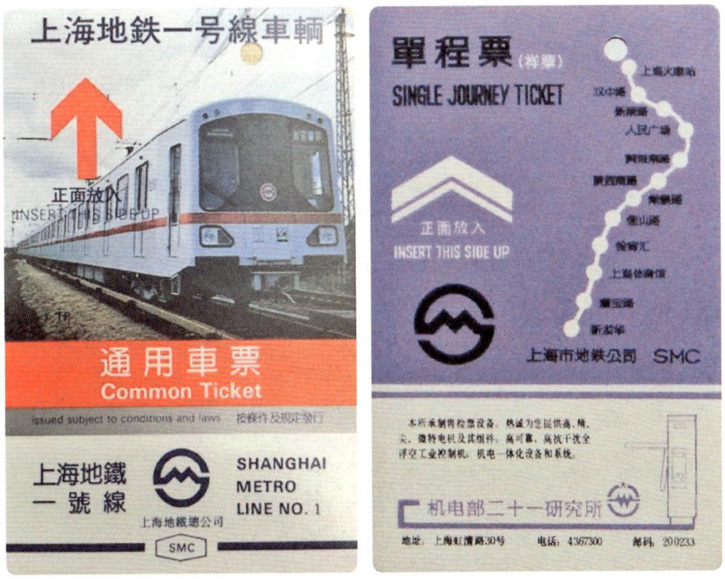

图 3－6－7　地铁 1 号线通用车票(磁卡)

图 3－6－8　地铁 1 号线储值车票

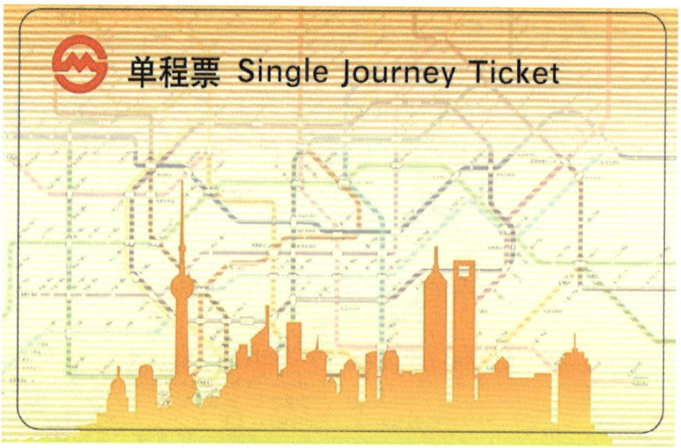

图 3－6－9　地铁单程票

图 3－6－10　磁浮地铁一票通

第二节　票　　价

一、观光票价

1993年5月28日，轨道交通1号线南段(锦江乐园站—徐家汇站)对外售票观光试运营，经市物价局核定，个人票价为5元、团体票价为4元。1994年12月28日，1号线中、北段的衡山路站—上海火车站站上行线对社会开放，开行观光列车，个人票价为5元、团体票价为4元。1995年4月10日，1号线全线(锦江乐园站—上海火车站站)通车后，原观光票停止使用。

1999年7月，在轨道交通2号线试运营前，市物价局核定地铁2号线试运营期间观光票价为每票5元。1999年9月，2号线建成试通车，发售观光票，票价为5元。2000年，2号线观光票实行买一赠一政策，票价仍为5元。2号线观光票价执行日期自1999年9月开通试运营起至2000年6月30日止。

二、单一票价

1994年3月1日，轨道交通1号线南段实现全日试运营，单一制票价，每张为1元(含保险费)。

1995年轨道交通1号线全线试运营初期，采用计程票制。后在实践中发现，人工售票、检票条件下采用计程票制，在客运段票务管理、方便乘客等方面存在诸多问题，1995年12月1日起，经市物价局同意，又改为单一制票价，实行一人一票，不论乘距长短，每张2元，停止使用原分段计程票价制。

三、分级票价

1995年4月，市物价局明确，地铁1号线票价按照"2元、4元、6元分段计价、试运行期间对折优惠"原则确定。

表3-6-1　1995年4月上海轨道交通1号线票价表　单位：元/张

票　　级	票　　价	试运行期间票价
1至4站	2	1
5至8站	4	2
9站以上	6	3

1995年12月1日起，经市物价局同意，又改为单一票价。

1997年6月，市物价局明确，地铁1号线全程(上海火车站站—莘庄站)票价试运行期间执行二级制票价，乘距在12个区间(13站)以内，票价为2元；超过12个区间(13站)，票价为3元。该票价自1997年7月1日起执行。

1999年2月，市物价局明确，乘坐12个区间及以下的票价由2元调整为3元；乘坐13个区间及以上的票价由3元调整为4元。该票价自1999年3月1日头班车起执行。

2000年4月,市物价局明确,地铁2号线实行多级制票价,起价2元乘距6公里;第二段按1元10公里进级;第三段及以后各段按1元6公里进级。2000年6月轨道交通2号线AFC系统(自动售检票系统)投入使用后,执行2元、3元、4元多级制票价。

2000年,为缓解隧道拥挤,吸引过江客流,增设轨道交通2号线过江段1元优惠票价。2001年11月2日,取消2号线过江段1元票价,恢复2元起价。

2000年8月10日起,轨道交通1、2号线实行一票换乘,并实行新的分段计程票价。1号线设0—6公里票价2元,6—16公里票价3元,16公里以上票价4元,2号线设0—6公里票价2元,6—16公里票价3元,另外在短距离内设3站2区间票价1元(其中过江区段票价为4站3区间1元)。1、2号线换乘时,0—6公里票价2元,6—16公里票价3元,16公里以上按6公里票价1元递增。分段计程票价按乘坐距离折算到车站。

2000年11月,市物价局核定轨道交通3号线票价为:第一段乘距6公里票价2元;第二段按10公里1元进级;第三段及以后按6公里1元进级。该票价自3号线2000年12月26日运营之日起实行。

2001年,因推广上海公共交通卡,地铁公司自行发行的可充值储值卡停止使用。

2005年5月30日,市物价局组织上海轨道交通票价调整听证会;同年9月15日,轨道交通票价正式实施调整,仍然采用分段基准运价,起步价由2元调整为3元,起步乘距0—6公里3元(5号线为2元),之后每10公里进级,每段进级1元。

2008年6月1日,上海轨道交通启用仅限公交卡的有条件出站换乘,上海火车站3号线和4号线共线,站内换乘;1号线与3/4号线车站间使用上海公共交通卡可以在30分钟内出站换乘,里程累计,持单程票的乘客不可在此进行里程累计换乘,需出站后重新购票。虹口足球场3号线和8号线,使用上海公共交通卡可以在30分钟内出站换乘,里程累计。陕西南路1号线和10号线,使用上海公共交通卡可以在30分钟内出站换乘,里程累计。

2014年5月按照市物价主管部门批复的轨道交通网络票价体系,即:轨道交通实行按里程计价的多级票价,0—6公里3元,6公里之后每10公里增加1元。票价计算采用最短路径法,即:当两个站点之间有超过1条换乘路径时,选取里程最短的一条路径作为两站间票价计算依据。同时,对站距靠近阶段100米内向下取整。例如莘庄站到3号线虹口足球场站,区间里程为26.095公里,票价应为6元,本着让利于乘客的精神,建议该区间票价设定为5元。

四、优惠票价

2005年11月起,轨道交通推出每月“满70元打9折”的优惠措施,即使用同一张公共交通卡的乘客,在一个自然月内,乘坐轨道交通累计刷卡消费额满70元后,可享受9折优惠。2007年10月27日起,轨道交通线路(磁浮线除外)纳入公共交通优惠换乘范围之内,每次票价优惠幅度1元,与轨道交通连乘优惠叠加。2007年10月19日起,全市70周岁以上老年人持敬老卡在工作日非高峰时段(上午7:00—9:00,下午17:00—19:00高峰时段除外)和节假日全天,可在全市轨道交通范围内免费乘车。2008年6月,上海轨道交通宜山路站、上海火车站站、虹口足球场站三个转乘站,实施虚拟换乘,在上述三个车站使用公交卡可在出站后半小时以内零换乘,票价连续计算。2009年4月,上海公共交通换乘优惠网络扩大,轨道交通、空调公交、非空调公交相互换乘都可享受1元优惠,换乘时间延长到2小时。通过与地面公交换乘优惠以及轨道交通连乘优惠、“一票换乘”等措施，乘客乘坐轨道交通支出有所下降。

表 3-6-2　2014 年上海轨道交通票价调整前后对照表

<table>
<tr><th colspan="4">调整前票价</th><th colspan="4">调整后票价</th><th rowspan="2">票价增减（元）</th></tr>
<tr><th colspan="2">乘距（公里）</th><th>间距（公里）</th><th>票价（元）</th><th colspan="2">乘距（公里）</th><th>间距（公里）</th><th>票价（元）</th></tr>
<tr><td>0—6</td><td>0—6</td><td>6</td><td>2</td><td>0—6</td><td>0—6</td><td>6</td><td>3</td><td>1</td></tr>
<tr><td>6—16</td><td>6—16</td><td>10</td><td>3</td><td>6—16</td><td>6—16</td><td>10</td><td>4</td><td>1</td></tr>
<tr><td>16—22</td><td>16—22</td><td>6</td><td>4</td><td rowspan="2">16—26</td><td>16—22</td><td rowspan="2">10</td><td>5</td><td>1</td></tr>
<tr><td rowspan="2">22—28</td><td>22—26</td><td rowspan="2">6</td><td>5</td><td>22—26</td><td>5</td><td>0</td></tr>
<tr><td>26—28</td><td>5</td><td rowspan="3">26—36</td><td>26—28</td><td rowspan="3">10</td><td>6</td><td>1</td></tr>
<tr><td>28—34</td><td>28—34</td><td>6</td><td>6</td><td>28—34</td><td>6</td><td>0</td></tr>
<tr><td rowspan="3">34—40</td><td>34—36</td><td rowspan="3">6</td><td>7</td><td>34—36</td><td>6</td><td>−1</td></tr>
<tr><td>36—38</td><td>7</td><td rowspan="3">36—46</td><td>36—38</td><td rowspan="3">10</td><td>7</td><td>0</td></tr>
<tr><td>38—40</td><td>7</td><td>38—40</td><td>7</td><td>0</td></tr>
<tr><td>40—46</td><td>40—46</td><td>6</td><td>8</td><td>40—46</td><td>7</td><td>−1</td></tr>
<tr><td>46—52</td><td>46—52</td><td>6</td><td>9</td><td rowspan="2">46—56</td><td>46—52</td><td rowspan="2">10</td><td>8</td><td>−1</td></tr>
<tr><td>52—58</td><td>52—54</td><td>6</td><td>10</td><td>52—56</td><td>8</td><td>−2</td></tr>
</table>

表 3-6-3　2015 年上海轨道交通票价结构表

乘　距	票　价
0—6 公里	3 元
6—16 公里	4 元
16—26 公里	5 元
26—36 公里	6 元
36—46 公里	7 元
46—56 公里	8 元
56 公里以上	9 元

五、磁浮交通票价

【观光票价】

2002 年 12 月 31 日，上海磁浮列车示范运营线实现单线通车试运营，市民可乘坐观光。上海磁浮线参观券的票价为：贵宾席往返 300 元/人，普通席往返 150 元/人，儿童需购买全额车票。详见下表：

表 3-6-4　2002 年磁浮交通观光票价表

套票品种	服务	价格
双程参观券(普通)	普通车厢双程+科技厅参观+全程解说服务	150 元
双程参观券(贵宾)	贵宾车厢双程+科技厅参观+全程解说服务+运行控制中心参观	300 元

【单一票价】

自 2004 年 4 月 15 日起,上海磁浮列车示范运营线在开始实现全天运行(8:30—17:30)的基础上,实行全新的票价体系,单程票价由原先的 75 元调整为 50 元,并推出往返票、特殊人群优惠票等多种票种。

表 3-6-5　2004 年磁浮交通单一票价表

	普通席	贵宾席
单程票	50 元	100 元
往返票	80 元	160 元

【优惠票价】

磁浮票价体系分为贵宾票、普通票、回数券、特种票、团体票五大类。回数券针对频繁进出机场的交通客。特种票针对优待人群及促销活动。团体票针对单位和旅游团队。

为进一步提升磁浮列车的交通形象和服务,磁浮公司发行了磁浮列车多次乘坐卡,售价 900 元,可乘坐磁浮列车单程 30 次。

为了充分体现磁浮的交通优势,凡是搭乘飞机的旅客都可凭本人当日的机票以八折的价格购买磁浮单程票一张,即普通席 40 元或贵宾席 80 元。对荣誉军人、离休干部、残疾人等特殊人群,磁浮公司也推出了凭证八折购票的优惠措施。同时,身高 120 厘米以下的儿童在成人陪同下免票的规定也将继续实施。

此外,经磁浮公司确认的签约单位,自 2004 年 4 月 15 日起组织 10 人以上团队至磁浮列车龙阳路站或浦东机场站票务中心购买上海磁浮列车普通席单程票、贵宾席单程票、普通席往返票、贵宾席往返票可以车票票面价格的 80%的优惠价购买。

第三节　票务组织

1998 年 5 月 5 日,上海市地铁总公司票务分公司成立。是上海市地铁总公司下属的内部核算单位。主要承担自动售检票专业技术管理;自动售检票系统运转和维修;地铁磁卡、IC 卡、车票管理;客流和运营收入信息数据管理;自动售检票国产化管理等五大职能。

2000 年 6 月 3 日,上海市地铁总公司票务分公司更名为上海地铁运营有限公司票务分公司。

2002 年 8 月 19 日,上海地铁运营有限公司对运营主业单位实施调整,撤销上海地铁运营有限公司票务分公司。

2005 年 10 月 10 日,上海地铁运营有限公司票务中心成立。

2009 年 3 月 12 日,上海轨道交通运营管理中心票务管理部成立。

第七章　网络运能配置

第一节　车 辆 编 组

列车编组是针对城市轨道交通线路客流量、行车间隔等需求，由不同数量的车辆组成固定编组列车。一般在运营过程中不进行拆解。

上海地铁基于多编组的轨道交通列车开行方案，目前有 3 编、4 编、6 编、7 编、8 编等 5 种列车编组方案。其中：

1、2 号线通车运营时采用车辆 6 节编组，站台设计可容纳 8 节编组列车；因地铁运营高峰的客流压力，于 2006 年起实施增能计划，通过增加列车编组使单位时间的运送量增大。一方面，新购 16 列 8 节编组列车，首列车 2007 年 1 月 31 日在 1 号线投运；另一方面，对 1、2 号线首期采购的 6 节编组列车实施自扩编、增扩编改造，首列改造后的 8 节编组列车于 2007 年 7 月起上线载客运营。2010 年世博会前，1、2 号线全线实现 8 节编组运营。

上海地铁 5、6 号线采用 4 节编组方式运营。

上海地铁 8 号线一期采购的 08C01 型列车采用 6 节编组，二期、三期增购的 08C02、08C03 型列车采用 7 节编组，并实现全线 6 节与 7 节编组列车混合运营。

上海地铁 16 号线开通后采用 3 节编组，2015 年底起部分列车采用重联方式运营，首次突破了现有轨道交通线路固定编组模式、使用灵活编组的方式运营。

上海地铁 3、4、7、9、10、11、12、13 号线列车为 6 节编组。

第二节　车 辆 配 置

从 1993 年 5 月 28 日第一辆列车上线试运营至 2015 年底，上海地铁列车数共 674 列 3 990 辆。

一、1 号线配车

1 号线配车 53 列，列车为 8 节编组，分为 5 个车型：

【01A01 型】

共 11 列 88 辆，列车编号为 0101—0110、114。

制造商：德国 ADTranz。

定员：310 人/辆。

制造年代：1992—1994 年，2008 年起直改交并自扩编为 8 节编组。

【01A02 型】

共 5 列 40 辆，列车编号为 0111＃—0113＃、0115＃—0116＃。

制造商：德国 ADTranz、中车株机。

定员：310 人/辆。

制造年代：1993—1994 年，2008 年起改造、扩编为 8 节编组。

【01A03 型】
共 9 列共 72 辆，列车编号为 0117—0125。
制造商：德国 ADTranz。
定员：310 人/辆。
制造年代：1997—2001 年，2006 年—2008 年自扩编为 8 节编组

【01A04 型】
共 12 列共 96 辆，列车编号为 0126—0137。
制造商：德国 ADTranz、中车株机。
定员：310 人/辆。
制造年代：1999—2001 年，2006 年—2008 年增扩编为 8 节编组。

【01A05 型】

16 列共 128 辆,列车编号为 0140—0155。

制造商:中车南京浦镇、上海阿尔斯通交通设备有限公司。

车辆编成:8 节编组。

定员:313 人/辆。

制造年代:2006—2007 年。

二、2 号线配车

2 号线配车 53 列,列车为 8 节编组,分为 3 个车型。

【02A01 型】

共 16 列 128 辆,列车编号为 201#—216#。

制造商:德国 ADTranz 与西门子公司。

定员:310 人/辆。

制造年代:2000—2001 年。

【02A02 型】

共 21 列 168 辆，列车编号为 0233＃—0253＃。

制造商：中车南京浦镇车辆厂、上海阿尔斯通轨道交通设备有限公司。

车辆编成：8 节编组。

定员：Tc 车：299 人/辆，Mp、M 车：313 人/辆。

制造年代：2007—2009 年。

【02A03 型】

共 16 列 128 辆，列车编号为 0254＃—0269＃。

制造商：中车南京浦镇车辆厂、上海阿尔斯通轨道交通设备有限公司。

车辆编成：8 节编组。

定员：Tc 车：299 人/辆，Mp、M 车：313 人/辆。

制造年代：2009—2010 年。

2 号线东延伸(广兰路站至浦东国际机场站段)。

【02A04 型】

共 16 列 128 辆,列车编号为 0270#—0285#。

制造商:中车南京浦镇车辆厂、上海阿尔斯通轨道交通设备有限公司。

定员:Tc 车:299 人/辆,Mp、M 车:313 人/辆。

制造年代:2009—2010 年,2017 年起扩编为 8 节编组。

三、3 号线配车

3 号线配车 28 列,列车为 6 节编组。

【03A01 型】

共 28 列 168 辆,列车编号为 0301#—0328#。

制造商:阿尔斯通南京浦镇车辆厂。

车辆编成:6 节编组。

定员:Tc 车 291 人/辆;Mp 车 304 人/辆;M 车 304 人/辆。

制造年代:2002—2004 年。

【03A02 型】
共 21 列 126 辆,列车编号为 329＃—349＃。
制造商：长春轨道客车股份有限公司。
车辆编成：6 节编组。
定员：310 人/辆。
制造年代：2014—2016 年。

四、4 号线配车

4 号线配车 28 列,列车为 6 节编组。
【04A01 型】
共 28 列 168 辆,列车编号为 0401＃—0428＃。
制造商：西门子公司与株洲电力机车。
车辆编成：6 节编组。
定员：340 人/辆。
制造年代：2002—2004 年。

【04A02 型】

共 27 列 162 辆。

制造商：长春轨道客车股份有限公司。

车辆编成：6 节编组。

定员：为 310 人/辆。

制造年代：2014—2016 年。

五、5 号线配车

5 号线配车 17 列，列车为 4 节编组。

【05C01 型】

共 17 列 68 辆，列车编号为 0501＃—0518＃。

制造商：法国阿尔斯通公司，上海阿尔斯通交通设备有限公司。

型号：C－I 型。

车辆编成：4 节编组。

全车定员：Tc 车：197 人/辆，Mp 车：215 人/辆。

制造年代：2002—2004 年。

六、6 号线配车

6 号线配车 50 列，列车为 4 节编组，分为 3 个车型。

【06C01 型】

共 21 列 84 辆，列车编号为 0601＃—0623＃。

制造商：法国阿尔斯通公司，上海阿尔斯通交通设备有限公司。

型号：C－I 型。

车辆编成：4 节编组。

全列定员：Tc 车：197 人/辆，Mp 车：215 人/辆。

制造年代：2007—2008 年。

【06C02 型】

共 11 列 44 辆，列车编号为 0625＃—0635＃。

制造商：中国北车长春轨道客车股份有限公司。

车辆编成：4 节编组。

全列定员：Tc 车：200 人/辆，Mp 车：215 人/辆。

制造年代：2009—2010 年。

【06C03型】

共18列72辆，列车编号为0637#—0656#。

制造商：中国北车长春轨道客车股份有限公司。

车辆编成：4节编组。

全列定员：Tc车：200人/辆，Mp车：215人/辆。

制造年代：2012—2013年。

七、7号线配车

7号线配车42列，列车为6节编组。

【07A01型】

共42列252辆，列车编号为0701#—0742#。

制造商：庞巴迪长春客车。

定员：310人/辆。

制造年代：2008年。

八、8 号线配车

8 号线配车 66 列，分为 3 个车型。

【08C01 型】

共 28 列 6 节编组共 168 辆，列车编号为 0801＃—0828＃。

制造商：法国阿尔斯通公司，上海阿尔斯通交通设备有限公司。

型号：C－I 型。

全列定员：Tc 车：199 人/辆，Mp 车：218 人/辆，M 车：218 人/辆。

制造年代：2006—2008 年。

【08C02 型】

共 18 列 7 节编组 126 辆，列车编号为 0829＃－0846＃。

制造商：中国北车长春轨道客车股份有限公司。

全列定员：Tc 车：200 人/辆，Mp 车：215 人/辆，M 车：215 人/辆。

制造年代：2009—2012 年。

【08C03 型】

共 20 列 7 节编组 140 辆,列车编号为 0847#—0866#。

制造商:中国北车长春轨道客车股份有限公司。

全列定员:Tc 车:200 人/辆,Mp 车:215 人/辆,M 车:215 人/辆。

制造年代:2012—2014 年。

九、9 号线配车

9 号线配车 51 列,列车为 6 节编组,分为 2 个车型。

【09A01 型】

共 10 列 60 辆,列车编号为 0901#—0910#。

制造商:庞巴迪长春客车。

定员:310 人/辆。

制造年代:2004—2005 年。

【09A02 型】
共 41 列 246 辆,6 节编组,列车编号为 0911#—0951#。
制造商:庞巴迪长春客车。
定员:310 人/辆。
制造年代:2007 年。

十、10 号线配车

10 号线配车 41 列,列车为 6 节编组。
【10A01 型】
共 41 列 246 辆,列车编号为 1001#—1041#。
制造商:上海阿尔斯通交通设备有限公司(SATcO)、南京浦镇车辆厂。
定员:Tc 车:299 人/辆,Mp、M 车:313 人/辆。
制造年代:2009—2012 年。

十一、11 号线配车

11 号线配车 82 列,列车为 6 节编组,分为 3 个车型。

【11A01 型】

共 66 列 396 辆,列车编号为 1101#—1166#。

制造商:南车株洲电力机车有限公司。

定员:310 人/辆。

制造年代:2009 年。

【11A02 型】

共 6 列 36 辆,列车编号为 1167#—1172#。

制造商:长春轨道客车股份有限公司。

车辆编成:6 节编组。

定员:310 人/辆。

制造年代:2013 年。

【11A03 型】
共 10 列 60 辆,列车编号为 1174#—1183#。
制造商:南车株洲电力机车有限公司。
车辆编成:6 节编组。
定员:310 人/辆。
制造年代:2015 年。

十二、12 号线配车

12 号线配车 41 列,列车为 6 节编组。
【12A01 型】
41 列 246 辆,列车编号为 1201#—1241#。
制造商:长春长客庞巴迪轨道车辆有限公司。
定员:310 人/辆。
制造年代:2012—2013 年。

十三、13 号线配车

13 号线配车 24 列,列车为 6 节编组。
【13A01 型】
24 列 144 辆,列车编号为 1301＃—1324＃。
制造商:南京浦镇车辆厂。
定员:310 人/辆。
制造年代:2012—2014 年。

十四、16 号线配车

16 号线配车 46 列,列车为 3 节编组。
【16A01 型】
46 列 138 辆,列车编号为 1601＃—1646＃。
制造商:南车株洲电力机车有限公司。
设计时速:120 km/h。

定员：260 人/辆。
制造年代：2012 年。

十五、磁浮线配车

磁浮线配车 4 列，其中德国 TR08 型列车 3 列，为 5 节编组；国产化列车 1 列，为 4 节编组。
【TR08 型】
3 列。
制造商：德国蒂森磁悬浮系统公司。
车辆编成：5 节编组。
列车数量：3 列(共 15 节车)。
定员：端车为 56 人，中车为 110 人，尾车为 78 人。
制造年代：2002 年。
【国产化列车】
1 列。
制造商：长春轨道客车股份有限公司、成都飞机工业(集团)有限责任公司。
车辆编成：4 节编组。
列车数量：1 列(共 4 节车)。
制造年代：2010 年。

第四篇

维护保障

概　　述

上海地铁自1995年4月1号线全线开通试运营以来，地铁维护保障经历了从单线、多线到网络的转变。维护保障管理模式也经历着由线路式管理向网络化管理转变。设施设备维护保障管理不仅体现在规模体量方面“量”的增加，更带来了网络结构功能与装备系统能力方面“质”的飞越。在线路式维护保障管理阶段，线路之间关联程度相对较弱，维护保障管理主要关注单线设施设备状态，提升线路运输能力和服务质量。随着线路的增加，由于换乘车站的衔接以及专业系统的功能整合，线路之间关联程度不断增强，维护保障管理更为关注线路之间的协调与配合。进入网络化运营管理阶段，维护保障管理要立足网络层面，关注线路之间、专业系统之间、轨道交通网络系统与外部相关系统之间的统一协调与联动。在完成线路内部不同专业系统串联组合，以及不同线路相同专业系统互联互通与整合共享的基础上，进一步从体系高度、网络层面，利用信息化的网络管理平台系统完成与各专业系统的上联下通与集中统一，使线路具有网络化属性，实现了“线、面、体”的结合，更有利于线路本身和网络整体运维效率的提升。

2008年4月8日，上海申通地铁集团有限公司维护保障中心(简称：维保中心)成立。2013年6月17日，更名为“上海地铁维护保障有限公司”(简称：维保公司)。维保公司负责上海轨道交通所有运营线路以及基地、段场的车辆、通号、供电、工务、物资和后勤五大主体专业的维护保障工作。

所属各单位包括上海地铁维护保障有限公司车辆分公司；上海地铁维护保障有限公司供电分公司；上海地铁维护保障有限公司通号分公司；上海地铁维护保障有限公司工务分公司；上海地铁维护保障有限公司物资和后勤分公司。2015年4月1日，维保公司10号线维护管理部划转至运营一公司。

合资公司：2012年12月3日，申通庞巴迪(上海)轨道交通车辆维修有限公司成立。2013年8月26日，申通北车(上海)轨道交通车辆维修有限公司成立。2014年11月7日，申通南车(上海)轨道交通车辆维修有限公司成立。

第一章　车辆系统维护

1992 年 8 月 22 日，成立上海市地铁运营公司车辆段；1995 年 12 月 4 日，组建上海市地铁总公司车辆厂；2000 年 7 月 3 日，更名为上海地铁运营有限公司车辆分公司；2008 年 5 月 6 日，更名为上海轨道交通维护保障中心车辆分公司；2010 年 11 月 17 日，更名为上海轨道交通维护保障中心车辆公司。2013 年 9 月 1 日上海地铁维护保障有限公司车辆分公司成立。

车辆分公司是上海轨道交通维护保障有限公司下属的以车辆全寿命期管理为主体，为运营提供完好车辆的专业公司。主要职责是配合新车购置及项目合同执行；车辆日常维护和维修及架、大修等；车辆零部件维修以及国产化开发；车辆维修设施设备及配套设施设备的保养维护；车辆技术咨询、培训交流等业务。

车辆分公司既有生产组织架构系采取扁平式管理矩阵，根据网络化、一体化运维需求，共设置 10 个职能部门和 8 个自主生产部门。

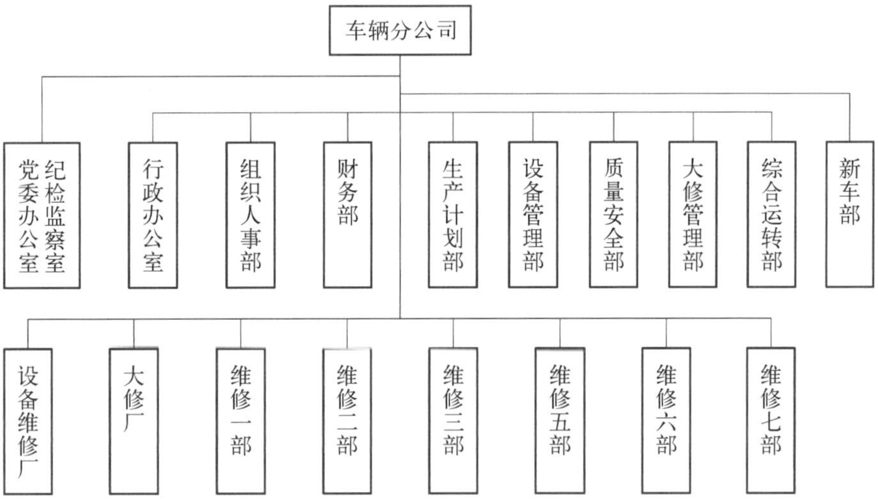

图 4-1-1　2015 年车辆分公司组织架构图

第一节　新车项目管理工作

从 2005 年上海市轨道交通明珠线二期工程车辆项目车辆验收开始，车辆分公司开始新线新车代建管理工作。随后车辆分公司逐步负责新车项目委托或招标技术文件编制、新车设计联络、车辆采购项目执行、项目支付计划以及新车调试验收等工作。上海地铁列车也在其间经历了三代列车，即初代“直流传动”列车、第二代“交流传动”列车和第三代“绿色地铁”列车。上海地铁车辆在列车技术、国产化水平、标准化水平和智能化等各方面得到质的飞越。

2005 年，开始负责上海市轨道交通明珠线二期工程 168 辆新车的调试验收，正式启动新线新车代建管理的相关工作。2006 年，开始执行 02A02 和 09A02 型电客列车的新车采购项目，车辆分公司开始独立执行电客列车的新车采购项目。2007 年，开始执行 06C01 和 08C01 为代表的小型车新车采购项目工作。2008 年，以 1 号线既有列车由直流传动改为交流传动的“直改交”项目和 1 号线列车六节编组改八节编组的“6 改 8”项目为标志，车辆分公司开始老车改造项目工作。同年，车辆分公司开始执行 10A01 项目，标志着上海地铁开始采购全自动驾驶列车。2011 年，车辆分公司在 16A01 型列车采购项目中采用了节能性更好、效能更高的 LED 客室照明和变频空调技术。2012 年，以《上海城市轨道交通工程技术标准》为标志，车辆分公司开始了上海地铁列车标准化统型工作。2014 年，车辆分公司从 09A03 和 13A02 型列车采购项目开始采用《城市轨道交通 A 型车辆通用招标用技术文件》。

一、新车调试验收工作内容

车辆分公司负责新车调试验收工作，新车验收内容包括列车开箱尺寸检查校对、静态调试、动态调试等方面。

【开箱检查】

开箱检查分为车顶、客室、车体及走行三大部分，全面系统地从外观、紧固、接线、工艺等方面进行检查。

【尺寸检查】

测量车体及关键部件的尺寸，尺寸检查内容包括：全自动车钩中心线距轨面高度、空气簧高度、地板面距轨面高度、车体高度、受电弓至轨面高度、受电弓接触压力、横向止挡间隙、闸瓦与制动盘面（踏面）间隙、轮对内侧距、轮径、速度传感器间隙等方面。

【静态调试】

列车静态激活后，对列车各系统各项功能进行验证。静态调试内容包括：司机室功能测试、制动系统测试、车门系统测试、PIS 系统测试、照明系统测试、空调系统测试、受电弓升降功能测试、中低压供电测量、列车连挂功能测试、断路器开关检查、旁路开关检查、灭火器检查等方面。

【动态调试】

列车动态调试内容包括：列车各模式下的动态测试、牵引及制动特性测试、牵引故障工况下限速验证、制动故障工况下各级限速验证等方面。新车调试验收完成后，车辆移交用户使用。

二、新车验收情况

【1 号线列车】

1 号线 01A01 型列车共 11 列车，车号从 101 到 110 以及 114 车，该型号列车是上海地铁工程 1 号线车辆采购项目列车，供货方为 GSMG 联合体，牵引系统由西门子提供。2008 年对该车型列车进行了直改交、6 编组扩为 8 编组的改造工作。改造采用自扩编的形式，动车的牵引系统直流改交流后，扩编为 8 节编组。车辆改造工作由中车株洲电力机车有限公司承担，采用株洲南车时代电气股份有限公司的牵引系统。首列车抵沪日期为 2008 年 11 月 5 日，首列车验收日期为 2009 年 2 月 12 日，首列车投运时间为 2009 年 3 月 14 日。该合同列车验收完成时间为 2011 年 5 月 18 日。

1 号线 01A02 型列车共 5 列车，车号从 111 到 113 以及 115 到 116 车，该型号列车是上海地铁工程 1 号线车辆采购项目列车，供货方为 GSMG 联合体，牵引系统由西门子提供。2008 年该车型通过新购 30 节动车来实施 6 编扩 8 编的改造工作，新购动车由中车株洲电力机车有限公司提供，株洲南车时代电气股份有限公司提供牵引系统。首列车抵沪时间为 2009 年 7 月 31 日，首列车验收时间为 2009 年 11 月 30 日，首列车投运时间为 2010 年 1 月 26 日。该合同列车验收完成时间为 2010 年 2 月 10 日。

1 号线 01A03 型列车共 9 列车，车号从 117 到 125 车，该型号列车是上海地铁工程 2 号线（一期工程）车辆项目列车，供货方为 GSMG 联合体，牵引系统由西门子提供。首列车抵沪时间为 1999 年 2 月 5 日。该合同列车验收完成时间为 2000 年 9 月 20 日。2008 年对该车型列车进行了自扩编项目改造，由 6 节编组自扩到 8 节编组。

1 号线 01A04 型列车共 12 列车，车号从 126 到 137 车，该型号列车是上海地铁工程 2 号线（一期工程）车辆项目列车，供货方为 GSMG 联合体，牵引系统由西门子提供。首列车抵沪时间为 1999 年 2 月 5 日。该合同列车验收完成时间为 2000 年 9 月 20 日。2007 年，从 6 节编组改成 8 节编组，保留既有拖车，采用 72 节新购动车，供货方为中车株洲电力机车有限公司，西门子提供牵引系统。首列车抵沪日期为 2007 年 3 月 19 日，首列车验收日期为 2007 年 8 月 3 日，首列车投运日期为 2007 年 8 月 3 日。该合同列车验收完成时间为 2008 年 12 月 12 日。

1 号线 01A05 型列车共 16 列车，车号从 140 到 155 车，该型号列车是上海地铁 1 号线车辆续购工程项目列车，供货方为中国南车集团南京浦镇车辆厂、上海阿尔斯通交通设备有限公司和法国阿尔斯通交通股份有限公司组成的联合体，牵引系统由阿尔斯通提供。首列车抵沪日期为 2006 年 9 月 2 日，首列车验收日期为 2007 年 1 月 30 日，首列车投运日期为 2007 年 1 月 30 日。该合同列车验收完成时间为 2007 年 11 月 19 日。

【2 号线列车】

2 号线 02A01 型列车共 16 列车，车号从 201 到 216 车，该型号列车是上海地铁工程 2 号线（一期工程）车辆项目列车，供货方为 GSMG 联合体，牵引系统由西门子提供。首列车抵沪时间 1999 年 2 月 5 日，首列车验收时间为 1999 年 9 月 8 日，首列车投运时间为 2000 年 6 月 11 日。该合同列车验收完成时间为 2000 年 9 月 20 日。在 2008 年进行了自扩编项目改造，由 6 节编组自扩到 8 节编组。

2 号线 02A02 型列车共 21 列车，车号从 233 到 253 车（217 到 232 为空号），该型号列车是上海轨道交通 2 号线工程车辆项目列车，供货方为中国南车集团南京浦镇车辆厂、上海阿尔斯通交通电气有限公司和法国阿尔斯通交通电气有限公司组成的联合体，牵引系统由阿尔斯通提供。首列车抵沪日期为 2008 年 1 月 17 日，首列车验收日期为 2008 年 4 月 28 日，首列车投运日期为 2008 年 5 月 28 日。该合同列车验收完成时间为 2009 年 4 月 14 日。

2 号线 02A03 型列车共 16 列车，车号从 254 到 269 车，该型号列车是上海轨道交通 2 号线东延伸工程车辆项目列车，供货方为南京南车浦镇城轨车辆有限责任公司、上海阿尔斯通交通电气有限公司和法国阿尔斯通交通股份有限公司组成的联合体，阿尔斯通提供牵引系统。首列车抵沪日期为2009年10月11日,首列车验收日期为2010年3月16日,首列车投运日期为2010年3月16日。该合同列车验收完成时间为2012年10月16日。

2号线02A04型列车共16列车,车号从270到285车(四节编组),该型号列车是上海轨道交通2号线东延伸工程车辆项目列车,供货方为中国南车集团南京浦镇车辆厂、上海阿尔斯通交通电气有限公司和法国阿尔斯通交通电气有限公司组成的联合体,牵引系统是阿尔斯通提供。首列车抵沪日期为2009年10月14日,首列车验收日期为2010年4月7日,首列车投运日期为2010年4月7日。该合同列车验收完成时间为2010年5月19日。

【3号线列车】

3号线03A01型列车共28列车,车号从301到328车,该型号列车是上海市轨道交通明珠线一期工程车辆项目列车,供货方为上海阿尔斯通运输股份有限公司,阿尔斯通提供牵引系统。首列车抵沪日期为2002年5月2日,首列车验收日期为2002年10月29日,首列车投运日期为2002年11月6日。该合同列车验收完成时间为2005年4月28日。

3号线03A02型列车共8列车,车号从329到336车,该型号列车是上海轨道交通3、4号线车辆增购工程车辆项目列车,供货方为长春轨道客车股份有限公司、上海阿尔斯通交通电气有限公司和阿尔斯通股份有限公司组成的联合体,阿尔斯通提供牵引系统。首列车抵沪日期为2014年9月2日,首列车验收日期为2015年5月20日,首列车投运日期为2015年7月4日。

【4号线列车】

4号线04A01型列车共28列车,车号从401到428车,该型号列车是上海市轨道交通明珠线二期工程车辆项目列车,前期是申通集团机电事业部组织车辆验收工作,在2005年开始由车辆分公司负责车辆验收工作。供货方为株洲电力机车厂和德国西门子股份公司组成的联合体,牵引系统由西门子提供。首列车抵沪日期为2005年1月7日,首列车验收日期为2005年9月5日,首列车投运日期为2005年12月31日。该合同列车验收完成时间为2007年6月4日。其中列车号421到428这八列车在调试验收之后转至2号线运营,在2008年7月至12月转回4号线运营。

4号线04A02型列车共8列车,车号从429到436车,该型号列车是上海轨道交通3、4号线车辆增购工程项目列车,供货方为长春轨道客车股份有限公司、上海阿尔斯通交通电气有限公司和阿尔斯通股份有限公司组成的联合体,阿尔斯通提供牵引系统。首列车抵沪日期为2014年10月22日,首列车验收日期为2015年6月8日,首列车投运日期为2015年7月29日。该合同列车验收完成时间为2016年10月27日。

【5号线列车】

5号线05C01型列车共17列车,车号从501到513、515到518车(514为空号),该型号列车是上海市莘闵轻轨交通线工程车辆项目列车,现代轻轨有限公司负责车辆验收。供货方为上海阿尔斯通交通设备有限公司,阿尔斯通提供牵引系统。首列车抵沪日期为2002年11月20日,首列车验收日期为2003年4月21日,首列车投运日期为2003年11月25日。该合同列车验收完成时间为2004年12月30日。

【6号线列车】

6号线06C01型列车共21列车，车号从601到603、605到613、615到623车(604、614为空号)，该型号列车是上海市轨道交通6号线工程车辆项目列车，原先是现代轻轨有限公司负责车辆验收，后由车辆分公司负责验收工作。供货方为株洲电力机车厂、德国西门子股份公司和西门子国际贸易(上海)有限公司组成的联合体，牵引系统由西门子提供。首列车抵沪日期为2007年3月18日，首列车验收日期为2007年7月4日，首列车投运日期为2008年12月31日。该合同列车验收完成时间为2008年8月29日。

6号线06C02型列车共10列车，车号从625到636车(624、634为空号)，该型号列车是上海轨道交通6号线工程车辆项目列车，供货方为长春轨道客车股份有限公司及永济新时速电机电器有限责任公司，日立提供牵引系统。首列车抵沪日期为2009年9月6日，首列车验收日期为2009年12月14日，首列车投运日期为2009年12月14日。该合同列车验收完成时间为2010年7月29日。

6号线06C03型列车共18列车，车号从637到656车(644、654为空号)，该型号列车是上海轨道交通6号线工程车辆项目列车，供货方为长春轨道客车股份有限公司及永济新时速电机电器有限责任公司，日立提供牵引系统。首列车抵沪日期为2012年4月30日，首列车验收日期为2012年9月10日，首列车投运日期为2012年9月11日。该合同列车验收完成时间为2013年12月20日。

【7号线列车】

7号线07A01型列车共42列车，车号从701到742车，该型号列车是上海轨道交通7号线工程车辆项目列车，供货方为长春长客—庞巴迪轨道车辆有限公司、常州轨道车辆牵引传动工程技术研究中心和庞巴迪运输瑞典有限公司组成的联合体，庞巴迪提供牵引系统。首列车抵沪日期为2008年10月5日，首列车验收日期为2009年11月20日，首列车投运日期为2009年12月5日。该合同列车验收完成时间为2010年5月4日。

【8号线列车】

8号线08C01型列车共28列车，车号从801到828车，该型号列车是上海轨道交通8号线工程车辆项目列车，供货方为上海阿尔斯通交通设备有限公司，阿尔斯通提供牵引系统。首列车抵沪日期为2006年8月28日，首列车验收日期为2007年5月30日，首列车投运日期为2008年12月31日。该合同列车验收完成时间为2008年11月12日。

8号线08C02型列车共18列车，车号从829到846车，该型号列车是上海轨道交通8号线工程车辆项目列车，供货方为长春轨道客车股份有限公司及永济新时速电机电器有限责任公司，日立提供牵引系统。首列车抵沪日期为2009年6月26日，首列车验收日期为2009年12月1日，首列车投运日期为2009年12月1日。该合同列车验收完成时间为2010年6月30日。

8号线08C03型列车共20列车，车号从847到866车，该型号列车是上海轨道交通8号线三期工程车辆项目列车，供货方为长春轨道客车股份有限公司及永济新时速电机电器有限责任公司，日立提供牵引系统。首列车抵沪日期为2011年6月8日，首列车验收日期为2011年8月19日，首列车投运日期为2012年4月27日。该合同列车验收完成时间为2013年12月20日。

【9号线列车】

9号线09A01型列车共10列车，车号从901到910车，原是1号线列车号130到139车，供货方为长春长客—庞巴迪轨道车辆有限公司，牵引系统由庞巴迪提供。首列车验收日期为2004年10月22日。该合同列车验收完成时间为2005年4月21日。这10列车在2007年转至9号线运营。

9号线09A02型列车共41列车，车号从911到951车，该型号列车是上海轨道交通9号线工程车辆项目列车，供货方为长春长客—庞巴迪轨道车辆有限公司、常州轨道车辆牵引传动工程技术研究中心和庞巴迪运输瑞典有限公司组成的联合体，庞巴迪提供牵引系统。首列车抵沪日期为2008年5月25日，首列车验收日期为2008年11月18日，首列车投运日期为2009年6月8日。该合同列车验收完成时间为2010年11月16日。列车942、943、944、945、948这五列车在2010年世博会期间在世博路段运营，在世博会结束后于2010年底至2011年初转回9号线正线运营。

【10号线列车】

10号线10A01型列车共41列车，车号从1001到1041车，该型号列车是上海轨道交通10号线工程车辆项目列车，供货方为南京南车浦镇城轨车辆有限责任公司、上海阿尔斯通交通电气有限公司和法国阿尔斯通交通股份有限公司组成的联合体，阿尔斯通提供牵引系统。首列车抵沪日期为2009年9月10日，首列车验收日期为2010年4月10日，首列车投运日期为2010年4月10日。该合同列车验收完成时间为2014年9月8日。

【11号线列车】

11号线11A01型列车共66列车，车号从1101到1166车，该型号列车是上海轨道交通11号线北段工程车辆项目列车，供货方为株洲电力机车有限公司、西门子(中国)有限公司和西门子国际贸易(上海)有限公司组成的联合体，西门子提供牵引系统。首列车抵沪日期为2009年6月10日，首列车验收日期为2009年12月1日，首列车投运日期为2009年12月31日。该合同列车验收完成时间为2015年6月25日。

11号线11A02型列车共6列车，车号从1167到1172车，该型号列车是上海轨道交通11号线北段延伸工程(安亭站—花桥站)车辆项目列车，供货方为长春轨道客车股份有限公司，时代提供牵引系统。首列车抵沪日期为2015年9月2日，首列车验收日期为2016年4月11日，首列车投运日期为2016年6月6日。该合同列车验收完成时间为2016年4月20日。

11号线11A03型列车共10列车，车号从1173到1182车，该型号列车是上海轨道交通11号线北段工程(罗山段—迪士尼乐园段)车辆项目列车，供货方为南车株洲电力机车有限公司，时代提供牵引系统。首列车抵沪日期为2015年11月28日，首列车验收日期为2016年8月25日，首列车投运日期为2016年9月29日。该合同列车验收完成时间为2016年11月2日。

【12号线列车】

12号线12A01型列车共41列车，车号从1201到1241车，该型号列车是上海轨道交通12号线工程车辆项目列车，供货方为长春长客—庞巴迪轨道车辆有限公司和常州轨道车辆牵引传动工程技术研究中心和庞巴迪运输瑞典有限公司组成的联合体，庞巴迪提供牵引系统。首列车抵沪日期为2012年9月25日，首列车验收日期为2013年11月27日，首列车投运日期为2013年12月29日。该合同列车验收完成时间为2015年10月19日。

【13号线列车】

13号线13A01型列车共24列车，车号从1301到1324车，该型号列车是上海轨道交通13号线工程车辆项目列车，供货方为南京南车浦镇城轨车辆有限责任公司、株洲西门子牵引设备有限公司、西门子（中国）有限公司和西门子国际贸易（上海）有限公司组成的联合体，西门子提供牵引系统。首列车抵沪日期为2012年6月19日，首列车验收日期为2012年12月2日，首列车投运日期为2012年12月30日。该合同列车验收完成时间为2015年3月25日。

图4-1-2 1992年10月第一列直流电动地铁列车从德国汉堡运抵上海

【16号线列车】

16号线16A01型列车共46列车，车号从1601到1646车，该型号列车是上海轨道交通11号线南段工程车辆项目列车，供货方为南车株洲电力机车有限公司、株洲西门子牵引设备有限公司、西门子股份公司、西门子（中国）有限公司和西门子国际贸易（上海）有限公司组成的联合体，西门子提供牵引系统。首列车抵沪日期为2012年12月11日，首列车验收日期为2013年12月29日，首列车投运日期为2013年12月29日。该合同列车验收完成时间为2015年12月21日。

第二节 列车架大修、部件维修以及专用设备维护

一、列车架大修

1997年5月，上海地铁大修厂梅陇基地首次投入使用，历时24个月，完成第一批16列01A01型电动列车首次架修。2002年12月，上海地铁大修厂对地铁1号线做首次大修，历时32个月，完成第一批16列01A01型电动列车首次大修。2007年9月，上海地铁大修厂江杨北路基地投入使用，对3号线03A01列车开始首轮架修。2008年11月，上海阿尔斯通交通设备有限公司作为列车生产商，首次承接上海地铁列车架修业务，经铁路运输至该公司对05C01型列车进行首轮架修。2012年12月，申通庞巴迪（上海）轨道交通车辆维修有限公司成立，在九亭基地对09A01型列车进行首轮架修。2013年8月，申通北车（上海）轨道交通车辆维修有限公司成立，在北翟路基地对02A02型列车进行首轮架修。2014年9月，申通南车（上海）轨道交通车辆维修有限公司成立，在赛车场基地对11A01型列车进行首轮架修。

从2012年开始，申通集团分别与庞巴迪、长春客车/上海轨发、株机公司成立了申通庞巴迪（上海）轨道交通车辆维修有限公司（以下简称：申通庞巴迪）、申通北车（上海）轨道交通车辆维修有限公司（以下简称：申通北车）、申通南车（上海）轨道交通车辆维修有限公司（以下简称：申通南车）三家合资车辆维修公司，同时考虑到已经存在的上海阿尔斯通交通设备有限公司（以下简称：SATCO），上海地铁列车架（大）修业务采取整车委托上述四家公司承揽，车辆分公司负责各架（大）

修项目的年度计划、立项申报、规程编制、项目委托或招标、合同签订、项目支付计划、项目执行监管以及项目销项。

【列车架大修委外】

申通庞巴迪。2012年,申通庞巴迪成立,将7号线07A01列车架修项目及9号线09A01列车架修项目作为合资公司启动项目,委托申通庞巴迪。2015年,将9号线09A02列车大修项目、1号线01A03第二次架修项目委托申通庞巴迪。

申通北车。2013年,申通北车成立,将2号线02A02架修项目及2号线02A04架修项目作为合资公司启动项目,委托申通北车。2014年,将10号线10A01列车架修项目委托申通北车。2015年,将2号线02A03列车架修项目、2号线02A01列车第二次架修项目委托申通北车。

申通南车。2014年,申通南车成立,将1号线01A02列车架修项目、4号线04A01列车大修项目及11号线11A01列车架修作为合资公司启动项目,委托申通南车。

SATCO。2008年,将5号线05C01列车架修项目委托SATCO。2012年,将1号线01A05列车架修项目、6号线06C01列车架修项目及8号线08C01列车架修项目委托SATCO。2013年,将5号线05C01列车大修项目委托SATCO。2014年,将6号线06C02列车架修项目及8号线08C02列车架修项目委托SATCO。

【电动列车自主大修】

从2002年12月18日开始,历时2年8个月对1号线16列01A01型电动列车在梅陇基地完成全部大修工作。地铁1号线01A01型电动列车大修项目是由车辆分公司大修厂与加拿大庞巴迪公司进行国际合作完成,在本项目中引入了先进的项目管理理念和风险评估机制,确保大修质量。113#列车作为本项目首列大修列车,经分解、维修、组装、调试等程序顺利完成任务。为克服1号线列车运营用车紧张的困难,车辆分公司对1号线列车大修过程中采取了逐列进行的方式,大修厂将100多名员工分成数个班组轮流作业,并且在维修技术和生产组织上进一步优化和改进的基础上,制定了上海地铁车辆架、大修项目部件维修布局方案,在不影响1号线正线运营的基础上顺利完成了01A01型电动列车大修任务。后续在梅陇基地实施的自主大修项目为01A02型电动列车、01A03型电动列车、02A01型电动列车;在江杨北路基地实施的自主大修项目为:03A01型电动列车。

【电动列车自主架修】

1999年3月起,车辆分公司大修厂在梅陇基地对01A01型列车进行第一次架修,103#列车作为首列车进行了试架修,整个车队16列车完成架修历时约2年。后续在梅陇基地实施的自主架修项目为01A02型电动列车、01A03型电动列车、01A04型电动列车、02A01型电动列车;在江杨北路基地实施的自主架修项目为:03A01型电动列车、04A01型电动列车。

二、列车部件维修业务

根据资源优化整合原则,对车辆部件维修能力进行宏观总体布局,以此提高设备效能,防止维修资源重复性建设,充分实现网络化车辆维修资源共享,缩短部件维修周期,提高车辆部件维修质量，共包括属地化维修、完全委外修和资源共享集中维修的三种模式。

【属地化维修模式】

属地化维修模式是指充分利用已建段场维修设备资源，最大限度减少部件频繁搬运对维修质量所造成的影响，缩短维修周期，以充分利用承揽方现有的维修条件和技术，如转向架。

【完全委外修模式】

完全委外修模式是指对于维修社会化程度较高、技术含量较低、能耗较高、环保要求较高且劳动密集型的部件维修、机械部件的加工、辅助维修工作，采用完全委外修理，如空调。

【资源共享集中维修模式】

资源共享集中维修的模式是指对于国外供货商控制和垄断的备品备件；或合资企业母公司有类似技术、生产、维修能力的部件；或一次性投资较大、减少维修资源重复投资；或初投资小、维修能力上升较快的部件维修业务，如牵引系统、受电弓等，通过部件的集中维修，避免了维修资源重复建设，最大限度提高维修效能。

三、列车专用设备维护

【列车专用维护设备】

列车专用维护设备包括起重运输类设备、试验检测台架类设备、列车检修设备、机加工类设备四大类。起重运输类设备涵盖蓄电瓶车、叉车、行车等。试验检测台架类设备涵盖转向架试验台、电机试验台、车钩试验台等。列车检修设备涵盖不落轮镟床、架车机、轮对压装机、公铁路两用车等。机加工类设备涵盖铣床、车床、钻床等。

【各基地主要设备配置】

轨道交通检修基地类型分为车辆段和停车场。车辆段承担配属列车的日检、均衡修、架修、大修等车辆检修工作，承担停车列检、洗刷消毒、司机乘务、派出列检、事故救援等运用工作。停车场承担配属列车的日检、均衡修等车辆检修工作，承担停车列检、洗刷消毒、司机乘务、派出列检、事故救援等运用工作。

表 4－1－1　1993—2015 年轨道交通各基地启用及设备配置情况表

序号	基地名称	基地类型	建成时间	涵盖线路	主要设备配置
1	梅陇基地	车辆段	1993 年	1 号线	行车、蓄电池搬运车、架车机、列车专用检测设备、移车台、洗车机、车床、轮对压装机、不落轮镟床、公铁路两用车、调机车、触网检修车、吊机平板车
2	富锦路基地	停车场	2007 年	1 号线	行车、蓄电池搬运车、架车机、不落轮镟床、洗车机、公铁路两用车、调机车、触网检修车、吊机平板车
3	龙阳路基地	停车场	2000 年	2 号线	行车、蓄电池搬运车、架车机、不落轮镟床、公铁路两用车、调机车、触网检修车、吊机平板车

（续表）

序号	基地名称	基地类型	建成时间	涵盖线路	主要设备配置
4	北翟路基地	车辆段	2010年	2、13 号线	行车、蓄电池搬运车、架车机、列车专用检测设备、移车台、洗车机、轮对压装机、车床、不落轮镟床、公铁路两用车、调机车、触网检修车、吊机平板车
5	川沙基地	停车场	2012年	2号线	行车、蓄电池搬运车、架车机、洗车机、调机车、触网检修车、吊机平板车
6	石龙路基地	停车场	2001年	3号线	行车、蓄电池搬运车、架车机、洗车机、不落轮镟床、公铁路两用车、调机车、触网检修车、吊机平板车
7	江杨北路基地	车辆段	2006年	3号线	行车、蓄电池搬运车、架车机、列车专用检测设备、移车台、车床、轮对压装机、洗车机、不落轮镟床、公铁路两用车、调机车、触网检修车、吊机平板车
8	蒲汇塘基地	停车场	2005年	4号线	行车、蓄电池搬运车、架车机、洗车机、调机车、触网检修车、吊机平板车
9	剑川路基地	停车场	2003年	5号线	行车、蓄电池搬运车、架车机、洗车机、不落轮镟床、公铁路两用车、调机车、触网检修车、吊机平板车
10	港城路基地	停车场	2007年	6号线	行车、蓄电池搬运车、架车机、洗车机、不落轮镟床、公铁路两用车、调机车、触网检修车、吊机平板车
11	三林基地	停车场	2007年	6号线	行车、蓄电池搬运车、洗车机、调机车、触网检修车、吊机平板车
12	陈太路基地	停车场	2011年	7号线	行车、蓄电池搬运车、架车机、洗车机、不落轮镟床、公铁路两用车、调机车、触网检修车、吊机平板车
13	殷行基地	停车场	2008年	8号线	行车、蓄电池搬运车、架车机、洗车机、不落轮镟床、公铁路两用车、调机车、触网检修车、吊机平板车
14	浦江镇基地	停车场	2011年	8号线	行车、蓄电池搬运车、架车机、洗车机、不落轮镟床、公铁路两用车、调机车、触网检修车、吊机平板车
15	九亭基地	车辆段	2009年	9号线	行车、蓄电池搬运车、架车机、列车专用检测设备、移车台、洗车机、轮对压装机、车床、不落轮镟床、公铁路两用车、调机车、触网检修车、吊机平板车
16	吴中路基地	停车场	2010年	10号线	行车、蓄电池搬运车、架车机、洗车机、不落轮镟床、公铁路两用车、调机车、触网检修车、吊机平板车
17	赛车场基地	车辆段	2010年	11号线	行车、蓄电池搬运车、架车机、列车专用检测设备、移车台、洗车机、车床、轮对压装机、不落轮镟床、公铁路两用车、调机车、触网检修车、吊机平板车
18	城北基地	停车场	2010年	11号线	行车、蓄电池搬运车、洗车机、调机车、触网检修车、吊机平板车
19	川杨河基地	停车场	2014年	11、16 号线	行车、蓄电池搬运车、架车机、洗车机、不落轮镟床、公铁路两用车、调机车、触网检修车、吊机平板车
20	金桥基地	停车场	2015年	12号线	行车、蓄电池搬运车、架车机、洗车机、不落轮镟床、公铁路两用车、调机车、触网检修车、吊机平板车
21	治北基地	停车场	2013年	16号线	行车、蓄电池搬运车、架车机、洗车机、调机车、触网检修车、吊机平板车

【设备分级】

Ⅰ级设备(重点设备)指列车检修工序质量控制点的关键设备以及对安全生产起重要支配作用的设备,该类设备的故障可能影响列车行车安全或影响正线运行。包括工程轨道车、不落轮镟床、公铁路两用车、走行部在线检测(轴温、平轮)系统、架车机组等。

Ⅱ级设备(主要设备)指列车检修工序质量控制点的主要设备以及对安全生产起支配作用的设备,该类设备的故障可能影响列车检修周期。包括空压机、起重运输类设备、试验台等。

Ⅲ级设备(一般设备)指对列车检修工序质量控制点无紧密相关性,设备备份较多,设备故障不对生产、安全起支配作用的设备。包括机加工类设备、充放电机等。

【设备维护模式】

维护方式包括故障修：为保证设备的完好状态而进行的调整或更换个别零部件的修复工作。巡检保养：由设备维修工负责巡回检查,解决巡检中发现的问题。频次为双周或每月。一级保养：对设备局部部件进行检修,以清洗、润滑、紧固、清洗或更换各类过滤器为主并检查有关安全部件等相关维护工作。频次为每半年。二级保养：对设备进行彻底的技术维护作业,作业内容除一级作业内容外,对设备进行精度测定和局部解体清洗、修理、调换零部件,使设备恢复精度。

各级设备维护模式包括Ⅰ级设备(重点设备)：故障修、巡检保养、一级保养、二级保养。Ⅱ级设备(主要设备)：故障修、巡检保养、一级保养、二级保养。Ⅲ级设备(一般设备)：故障修、一级保养。

第三节　应 急 管 理

2014 年 6 月,编制《抢险作业管理规定》,并发布沪地铁维保车辆〔2014〕63 号文《关于印发上海地铁维护保障有限公司车辆分公司〈抢险作业管理规定〉(企业标准)的通知》。

一、抢险队伍

1993 年 5 月,轨道交通 1 号线正式运营,为保障地铁安全运营,及时处置重大突发事件,车辆分公司设备部 20 名检修人员担任兼职抢险队员,驻守梅陇基地,为列车有序运行提供有力保障。2009 年 2 月,为更迅速响应和处置突发事件,兼职抢险队员人数扩大至 50 人,其中设备部 10 人,其余 40 人来自各维修线路检修班组。驻守地点由梅陇基地改为分布于东区、南区、西区、北区、中区 5 个区域。2010 年 5 月,成立一支由 6 名专职队员组成的专职抢险队,由维保公司主管,车辆分公司运营安全部托管;重新组建三支兼职抢险队,共 24 名兼职队员,分布于东区、西南区、北区;各维修线路任命兼职抢险队员,配合专职抢险队的工作。专职抢修队由路网应急指挥中心(COCC)负责调度。2011 年 10 月,专职抢险队员人数由 6 名增加至 8 名。2015 年 11 月,专职抢险队调整至车辆分公司设备维修厂托管。

二、抢险设备

抢险设备包括列车顶升设备、列车横移设备、牵引设备、列车扶正设备、轮对运载小车、破拆设备、气囊设备、照明设备、设备运载小车、辅助设备。

2011 年 5 月，因隧道空间限制，起复流程由“二顶二移”改为“二顶一移”。2014 年 12 月，对抢险箱进行重新梳理，设备按类别归类，采用梯队式放置，提高抢险速度，将原先笨重的起复设备调整为轻巧型设备。2015 年 8 月，为更好地应对弓网冲突，将原先的锯子、剪刀更换为双向切割器及 EC700 电动剪刀，并使用轨道摩托车替换人力小车用于长大距离运输抢险设备。

图 4-1-3　2 号线列车架修

三、应急抢险

【1 号线上海火车站两车冲突抢险】

2009 年 12 月 22 日 6 时 55 分，1 号线突发供电触网故障，在对触网故障的处置过程中，发生 01017＃车与 01050＃车两列车冲突事件。7 时 55 分至 8 时 50 分，17 名抢险队员到达现场。8 时 59 分至 9 时 30 分，将抢险设备搬运至现场。10 时 32 分，抢险人员开始实施列车起复作业。11 时 16 分，01050＃车完成起复作业，抢险完毕。车辆分公司出动抢险人员共 23 人。

【02074＃车挤岔脱轨抢险】

2010 年 5 月 10 日 9 时 20 分，2 号线川沙停车场出库列车 02074＃车冒进信号造成远东大道站上行 7＃道岔挤岔。10 时 22 分，梅陇救援队到达现场。10 时 55 分，开始起顶，12 时 20 分，车体复位，抢险完毕。车辆分公司出动抢险人员共 10 人。

【02052＃车虹桥火车站出轨抢险】

2010 年 10 月 28 日 5 时 08 分，02052＃车在虹桥 2＃航站楼至虹桥火车站区间发生脱轨。6 时

08 分，新闸路救援车到达现场，6 时 10 分，车辆救援队到达现场，7 时 45 分，02052＃车第二转向架起复完毕，列车起复完成，抢险完毕。车辆分公司出动抢险人员共 15 人。

【陈太路基地 07003＃号车脱轨抢险】

2011 年 9 月 23 日 23 时 33 分，陈太基地 07003＃车冒进信号，造成列车脱轨。9 月 24 日 00 时 10 分，车辆公司抢险队赶到并勘察现场。1 时 50 分，经列车起复后由调机车连挂回库停于检三道，抢险完毕。车辆分公司出动抢险人员共 14 人。

【10 号线老西门两车冲突抢险】

2011 年 9 月 27 日 14 时 32 分，10 号线豫园至老西门区间 01005＃车被 01016＃车追尾。15 时 27 分，抢险队到达现场。16 时 38 分，01005＃车开始起复作业。16 时 50 分，01005＃起复成功，抢险完毕。车辆分公司出动抢险人员共 36 人。

【03025＃车落轨抢险】

2013 年 1 月 18 日 1 时 10 分，03025＃车在石龙路掉轨。1 时 30 分，梅陇抢险车到达现场。2 时 00 分，抢险队员到位。2 时 15 分，开始对列车进行起复。4 时 15 分，列车起复完成。4 时 30 分，列车进入检四道，抢险完毕。车辆分公司出动抢险人员共 13 人。

【07010＃车落轨抢险】

2013 年 3 月 9 日 15 时 24 分，07010＃车在陈太路基地试车线冲出线路，列车落轨。16 时 10 分，梅陇抢险车、宝钢抢险车到达现场。17 时 30 分，检修人员将 07010＃车的轨道上的 5 节车与事故车辆分解。18 时 47 分，07010＃车的轨道上的 5 节车拖离事故现场，等待大型吊车进行抢险。23 时 00 分，大型起吊车到达现场。3 月 10 日 3 时 45 分，事故车辆吊装入道，抢险完毕。车辆分公司出动抢险抢修人员共计 20 人。

【05004＃车挤岔抢险】

2013 年 3 月 12 日 16 时 38 分，闵开站上行进 05004＃车折返时发生挤岔，MP2 车Ⅰ位端转向架和Ⅱ转向架均脱轨。17 时 31 分，梅陇抢险车到达现场勘察现场，制定抢险方案。17 时 46 分，救援设备运至出轨列车旁，开始列车起复。18 时 08 分，05004＃车 MP2 车Ⅱ位转向架起复至钢轨。18 时 21 分，05004＃车 MP2 车Ⅰ位转向架起复成功，抢险队撤离现场。18 时 35 分，05004＃车停进折返线，抢险完毕。车辆分公司出动抢险抢修人员共计 36 人。

【12005＃车挤岔抢险】

2013 年 6 月 28 日 00 时 48 分，7 号线陈太路基地 12005＃车发生挤岔。1 时 28 分，车辆抢险队赶到现场。1 时 46 分，12005＃车退行，轮对成功上轨。列车停回停车库 10 道，抢险完毕。车辆分公司出动抢险抢修人员共计 24 人。

【11037＃车弓网冲突抢险】

2013 年 12 月 30 日 13 时 55 分，昌吉东路下行 11037＃车受电弓有冒烟现象。14 时 47 分，车辆抢险队6个到达现场。16时01分，抢修人员回复抢修完毕，11037#车需以救援方式运行。16时55分，上海汽车城至风井区间跳闸，11037#车迫停，网压为0。17时38分，抢修人员到达故障发生位置拆除受损受电弓。18时01分，拆除受损受电弓完毕。18时45分，故障列车救援回库后运营恢复正常，抢险完毕。车辆分公司出动抢险人员共26人。

【工务平板车轮对脱轨抢险】

2014年2月12日3时08分，工务分公司在9号线中春路站夜间施工过程中，轨道车轮对出轨。3时40分，车辆梅陇基地抢险队到达现场。4时10分，新闸路抢险车到达现场。4时15分，第一转向架开始起复。4时40分，第一转向架起复成功。4时52分，第二转向架开始起复。5时30分，第二转向架起复成功，完成抢险作业，抢险完毕。车辆分公司出动人员共16人。

【梅陇基地01047#车挤岔脱轨抢险】

2014年8月22日6时35分，接维保调度通知梅陇基地后站场出库车01047#车在214号道岔处挤岔。7时05分，车辆抢险队到达现场。7时25分，开始复轨。7时35分，脱轨转向架复轨成功。8时10分，01047#车自行动车回清2线，抢险完毕。车辆分公司出动抢险人员共19人。

第二章　供电系统维护

供电系统维护主要涉及全网络运营线路的数百座变电站和数千接触网线(轨)公里的供电设备运行、维护、检修和管理,分为供电设备和接触网两大专业。包括供电设备的安全运行、继电保护校验、各类电气试验、高压变、配电设备的维修、电能计量管理、电能质量控制、设备远程监控、应急电源管理、系统在线监测和柔性接触网供电、刚性接触网供电、三轨供电的安全运行、参数测试、状态调整等日常工作,以及处置过运行中发生的各类供电设备、接触网设备故障。

供电系统维护现由上海地铁维护保障有限公司供电分公司负责。1992 年 10 月 22 日,供电段成立;1993 年 4 月,上海地铁运营有限公司机电段成立;2000 年 6 月,上海地铁运营有限公司机电分公司成立;2003 年 9 月,上海地铁运营有限公司供电分公司成立;2008 年 4 月,上海申通集团维保中心供电分公司成立;2010 年 11 月 17 日,上海轨道交通维护保障中心供电公司成立;2013 年 9 月 1 日,上海地铁维护保障有限公司供电分公司成立。

2015 年,供电分公司既有生产组织架构系采取扁平式管理矩阵,根据网络化、一体化运维需求,共设置 10 个职能部门、7 个自主生产部门及 2 个委外运修生产部门。

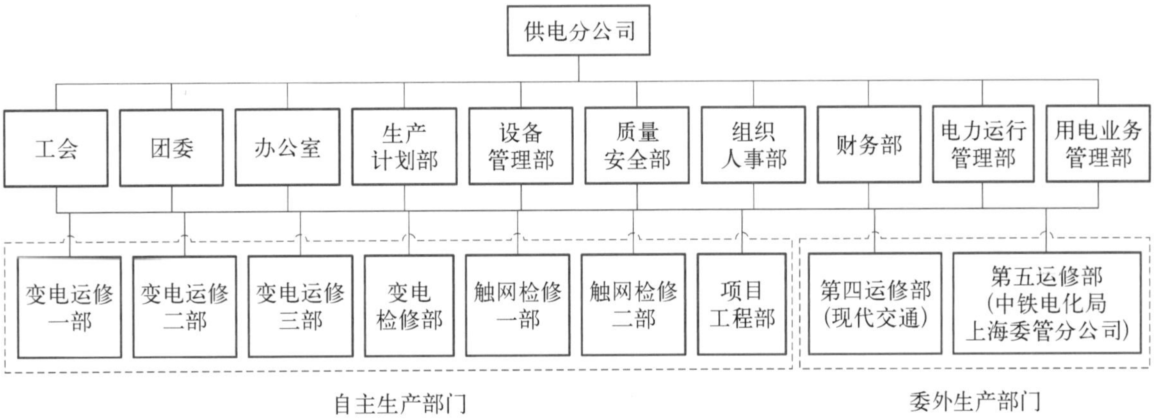

图 4-2-1　2015 年供电分公司组织架构图

其中:供电分公司将人工委外单位第四运修部(上海现代交通建设发展有限公司)、第五运修部(中铁电气化局集团有限公司上海电气化工程分公司)纳入供电分公司整体生产组织架构体系,与自主生产部门管理要求一体且并行。

变电运修部门自主部门掌握核心重点线路,按不超过 3 条线路设置一个维护部门为原则,在原有线路设置 1 号线(变电运修一部)、2 号线(变电运修二部)、3 号线(变电运修三部)基础上,按照与维护部线路相近原则划分后续开通线路归属,如变电运修一部负责 1、9 号线;变电运修二部负责 2、13 号线;变电运修三部负责 3、4、7 号线。

触网检修部门按照浦东、浦西原则设置 2 个维护部,即触网检修一部(浦西)、触网检修二部(浦东)。

变电检修部负责 C3/SCADA 系统维护维修、电气试验及各类开关深度维修等核心业务,单独设置1个维护部门。

委外运修部门为节约人工成本，将相对偏远非核心线路(5、6、8、11、12、17号线)整体人工委外，并配置自主监管人员。

表4-2-1　2015年供电系统全路网生产管理界面情况表

序号	线　路	运营里程(正线公里)	变电运修部门	触网检修部门
1	1号线	38.035	变电运修一部	触网检修一部
2	2号线	64.855	变电运修二部	触网检修二部
3	3号线	40.3	变电运修三部	触网检修一部
4	4号线	23	变电运修三部	触网检修二部
5	5号线	37.169	第四运修部(委外)	第四运修部(委外)
6	6号线	33.52	第四运修部(委外)	第四运修部(委外)
7	7号线	45.045	变电运修三部	触网检修一部
8	8号线	36.67	第五运修部(委外)	第五运修部(委外)
9	9号线	68.687	变电运修一部	触网检修二部
10	11号线	84.114	第四运修部(委外)	第四运修部(委外)
11	12号线	41.051	第五运修部(委外)	第五运修部(委外)
12	13号线	40.524	变电运修二部	触网检修二部
13	16号线	55.1	第五运修部(委外)(正线磁浮公司变电运行管辖、停车场变电运行供电管辖)变电运修二部(主变、检修)	触网检修二部
14	17号线	35.34	第五运修部(委外)	第五运修部(委外)
	合计	643.61		

第一节　新线调试验收

一、新线调试验收工作内容

【供电系统新线调试验收】

参与各项试验，做好试验结论。做好运行前的各项准备工作，确认站内所需物资、规程、图纸、记录表应齐全。参与提出运营开通准备前的各类培训需求，组织参加各类培训，做好培训记录。提供试运营评估资料的相关内容。负责新线项目进度、质量的跟踪、检查，及时将实施过程中存在的问题及相关事宜与建设方进行协调、沟通。参与建设各阶段的项目设计评审、技术协调、安装、受电启动、调试等专业技术工作。负责做好新线的验收、接管准备工作。做好竣工资料、原件的移交、验收、登录、归档等管理工作。做好新线固定资产、柜内元器件、测量设备的统计及编码。组织编写规程、预案；组织专业技术人员审核各类设备试验报告、整定书、记录表式、一次模拟图。制作正式模拟屏、标牌等。

二、供电设施设备投用

上海轨道交通供电设施从 1988 年 1 号线开工建设至 2015 年 13 号线二期受电,全网线有 13 条线完成了受电。主变电 1996 年受电到 2015 年 16 号线受电,全网有 14 条线受电成功,确保运营。

表 4-2-2 1988—2014 年轨道交通供电设施设备开工、受电时间情况表

序 号	线路名称	开工时间	受电时间
1	1 号线	1988 年 10 月	1994 年 9 月
2	1 号线南延伸	1995 年 11 月	1996 年 12 月
3	1 号线北延伸	2000 年 3 月	2003 年 8 月
4	1 号线北北延伸	2006 年 3 月	2007 年 2 月
5	2 号线	1995 年 12 月	1999 年 6 月
6	2 号线东延伸	1999 年 4 月	2000 年 12 月
7	2 号线西延伸	2003 年 10 月	2006 年 6 月
8	2 号线西西延伸	2006 年 12 月	2009 年 11 月
9	3 号线	1997 年 6 月	2000 年 6 月
10	3 号线北延伸	2003 年 12 月	2006 年 12 月
11	4 号线	2001 年 4 月	2005 年 6 月
12	5 号线	2002 年 3 月	2002 年 9 月
13	6 号线	2002 年 5 月	2007 年 5 月
14	7 号线	2005 年 12 月	2009 年 3 月
15	7 号线北延伸	2005 年 12 月	2009 年 3 月
16	8 号线一期	2006 年 2 月	2007 年 9 月
17	8 号线南延伸	2006 年 2 月	2009 年 1 月
18	9 号线一期	2006 年 2 月	2007 年 7 月
19	9 号线二期	2006 年 2 月	2009 年 10 月
20	9 号线南延伸	2012 年 6 月	2012 年 10 月
21	10 号线一期	2009 年 1 月	2009 年 10 月
22	11 号线北段一期	2007 年 3 月	2009 年 5 月
23	11 号线北段二期	2012 年 5 月	2012 年 12 月
24	11 号线花桥段	2012 年 11 月	2013 年 7 月
25	11 号线迪士尼段	2014 年 8 月	2015 年 4 月
26	12 号线一期	2012 年 8 月	2013 年 10 月
27	12 号线二期	2014 年 4 月	2015 年 5 月
28	13 号线一期	2011 年 4 月	2012 年 7 月

（续表）

序　号	线路名称	开工时间	受电时间
29	13号线二期	2014年7月	2015年6月
30	16号线	2012年4月	2014年7月
31	16号线二期	2012年4月	2014年7月

表4-2-3　1988—2015年轨道交通主变电站开工、受电时间情况表

线　路	变电站名称	开工时间	受电时间
1号线	莘庄主变电站	1996年4月	1996年6月
	上体馆主变电站	1988年10月	1992年12月
	人民广场主变电站	1988年10月	1994年8月
	灵石主变电站	2002年6月	2003年6月
2号线	北新泾主变电站	2003年10月	2006年11月
	静安寺主变电站	1996年12月	1999年6月
	世纪公园主变电站	1996年8月	1999年10月
	川沙主变电站	2006年12月	2009年11月
3号线	虹桥主变电站	1997年6月	2000年6月
	东宝兴路主变电站	1997年6月	2000年6月
	长江南路主变电站	2003年12月	2006年12月
4号线	大木桥路主变电站	2001年4月	2004年12月
	张扬路主变电站	2001年4月	2004年12月
5号线	剑川主变电站	2002年3月	2002年8月
	银都副主变电站	2002年3月	2002年9月
6号线	巨峰路主变电站	2006年5月	2007年2月
7号线	新村路主变电站	2005年12月	2009年3月
8号线	江浦路主变电站	2006年2月	2006年5月
	耀华路主变电站	2006年2月	2007年11月
	浦友主变电站	2006年2月	2009年1月
9号线	佘山主变电站	2006年2月	2009年12月
	虹梅主变电站	2006年2月	2007年10月
	民生主变电站	2006年2月	2009年10月
10号线	凯旋路主变电站	2009年1月	2009年6月
	溧阳路主变电站	2009年1月	2009年10月
11号线	隆德路主变电站	2007年3月	2009年12月
	嘉定新城主变电站	2007年3月	2009年3月

（续表）

线　路	变电站名称	开工时间	受电时间
13 号线	长清路主变电站	2011 年 7 月	2013 年 6 月
16 号线	惠南主变电电站	2012 年 4 月	2014 年 6 月
磁浮线	龙阳路主变电站	2001 年 6 月	2002 年 5 月
	维修基地主变电站	2001 年 12 月	2003 年 11 月

第二节　专项维修与大修施工作业生产维护模式

供电分公司线路设备按照系统电压、设备功能等进行划分，主要分为接触网设备和变电设备两大类。根据设备修程修制，设备维修整改分为大修更新改造类和补短板类。结合设施设备实际使用、运行状况，进行项目申报。一次性维修项目根据现场设备状态评估及隐患风险整治确定年度项目。

一、重大专项维修和大修施工

【4 号线海伦路引导段改造施工】

2011 年 12 月 20 日至 2012 年 2 月 1 日，实施上海地铁 4 号线海伦路引导段改造施工，轨道改造目的系改造线路运行质量，消除安全隐患，保证轨道运营的稳定，并预留后期整体继续沉降的调整余量。改造主要工作内容为拆除轨道及弹性短轨枕，按线路安全运行需要，重新植入或现浇普通短轨枕，同时抬升道床平面。改造范围为宝山—海伦区间 K0＋900—K1＋110。海伦路下行锚段关节改绝缘锚段关节、拆除馈线对向下锚电气连接及引导段上、下行导高调整[其中下行共调整定位点 28 个(隧道内 25 个)，吊弦 9 根，更换绝缘定位管 26 根，弹性元件 28 套；上行共调整定位点 28 个(隧道内 25 个)，吊弦 9 根，更换绝缘定位管 28 根，更换弹性元件 28 套；更换下行补强线 10 米]。

【1 号线富锦路牵引站改造施工】

2012 年 5 月 16 日至 5 月 19 日，实施上海地铁 1 号线富锦路牵引站改造施工。轨道改造目的系 1 号线北延伸箱式牵引变电站直流开关柜(美国 POWERWELL 产品)自投运以来，发生多次误信、拒动等故障影响系统稳定运行，而原设备制造厂家无法保证设备的技术支持和备件的提供，严重影响设备的维护保障。鉴于西门子直流开关柜的品质及稳定表现，为保证 1 号线牵引供电系统的稳定运行，改为西门子开关柜。确保地铁 1 号线富锦路停车场正常运营。大修或改造项目的成果：把 1 号线富锦路停车场箱变牵引所驳接到新建富锦路牵引所。

【1 号线上体馆、人民广场主变 10 kV 开关继电器改造施工】

2012 年 9 月 14 日至 12 月 31 日，实施上海地铁 1 号线上体馆、人民广场主变 10 kV 开关继电器改造施工。轨道改造目的系 1 号线上海体育馆变电站 10 kV 继电保护装置经过近 20 年的运行，逐步出现老化损坏现象，且该型号产品停产已久，现有设备一旦出现故障将严重影响设备的安全运行。同时，老旧继电保护装置已经不能适应变电站的运行、监控自动化的需求。为保证1号线大客流、高用电负荷下供电系统的安全稳定运行，升级改造1号线继电保护装置。大修或改造项目的成果：更换1号线上海体育馆站和人民广场站10 kV柜继电保护装置及相应二次回路接线和改造。

【1、6、8号线SCADA系统改造施工】

2012年11月19日至12月31日，实施上海地铁1、6、8号线SCADA系统改造施工。轨道改造目的系目前系统的存储层次有单点故障、数据无备份的隐患。为此针对SCADA系统现状有必要在系统高可用性和数据安全方面针对系统存储层次做出改造调整。大修或改造项目的成果：1号线新闸路控制中心、6号线民生路控制中心、8号线西藏北路控制中心SCADA机房。原一台存储设备改为双存储设备，存放双数据拷贝，解决存储设备的单点故障和数据本地容灾的问题。两套存储设备间建立数据镜像从而实现存储的高可用性，任何一个存储的突然宕机也不会对业务造成任何影响。

【2号线整流器改造施工】

2013年4月7日至4月13日，实施上海地铁2号线整流器改造施工。改造主要工作内容本次扩建工程是在浦江镇停车场既有的两座吴家东浜桥中间新建箱形结构3号桥梁，其东侧新建1座镟轮库。大修或改造项目的成果：牵出线北侧新设一条镟轮线，通过新设的1组单渡线道岔将牵出线与镟轮线连通，并延长牵出线。在既有停车列检库南侧新设9股道双列位列检库，并新增9组单开道岔。

【2号线整流器改造施工】

2014年11月8日至12月30日，实施上海地铁2号线整流器改造施工。轨道改造目的系上海地铁2号线牵引变电站内整流器运行时间达15年之久，设备老化、备品备件缺乏，严重影响了牵引供电的可靠性和安全性。为避免由于整流柜故障造成线路无法正常运行，对2号线中山公园至世纪公园牵引站(含龙阳路停车场)整流器进行改造。改造主要工作内容为考虑到系统过电压对整流器设备的影响，在整流变压器高压侧增设过电压吸收装置。此次改造方式采用整体更换。大修或改造项目的成果：2号线中山公园、静安寺、人民广场、陆家嘴、世纪大道、世纪公园、龙阳路停车场共7座变电所，更换所有整流器柜及加装过电压吸收装置的安装调试工作。

【1号线接触网隔离开关改造施工】

2013年12月30日至2014年1月23日，实施上海地铁1号线接触网隔离开关改造施工。轨道改造目的系1号线上海火车站—锦江乐园(上海南站除外)隔离开关自1995年7月开通运行至今，已近18年，1号线锦江乐园—莘庄隔离开关自1997年7月开通运行至今，已近16年，按照《接触网大修规程》规定，隔离开关大修年限为10—12年，经确认隔离开关运营情况良好，为此延长设备使用年限至今。为消除设备故障隐患，对1号线上海火车站—莘庄(上海南站除外)隔离开关(机构箱部分已更换)进行大修改造。工作内容包括1号线正线：莘庄站6台、莲花路站6台、上海体育馆站6台、衡山路站6台、陕西南路站6台、人民广场站6台、上海火车站站6台、梅陇后站场出入段J2、梅陇停车场213、214开关、上海火车站与北延伸接口段电缆。隔离开关更换完成后，隔离开关满足供电技术要求，保证下一大修周期内的安全使用。

【11 号线川杨河停车场太阳能工程施工】

2014 年 6 月 16 日至 7 月，实施上海地铁 11 号线川杨河停车场太阳能工程施工。改造主要工作内容将光伏发电项目纳入 16 号线 SCADA 系统中，包括监控光伏发电系统中的 40.5 kV 开关柜（馈线柜、出线柜）、40.5 kV 环网柜、变压器、400 V 开关柜总断路器、光伏逆变器、直流屏；并改造变电所综合自动化系统。大修或改造项目的成果：新增了单独的采集设备，包括新华 xccu 采集器，此采集设备单独负责采集光伏开关站及 4 个光伏设备房的具体遥信、遥控、部分遥测数据；共用 16 号线牵降所内控制信号屏的一体机，在已有的 16 号线显示界面下增加光伏项目的显示界面，包含光伏开关站及 4 个光伏逆变升压变电所的设备，一次显示图、预告报警图。

【5 号线全线 PLC 改造施工】

2014 年 8 月 11 日至 9 月 30 日，实施上海地铁 5 号线全线 PLC 改造施工。大修或改造项目的目的系由于原控制电源为 220 V 交流电，是由直流屏内 1 台逆变器向 2 台整流器供控制电源，但逆变器故障率较高，逆变故障后造成整流器内 PLC 断电，系统认为 PLC 故障，导致 2 台 35 kV 整流变开关跳闸，对安全供电存在隐患。改造主要工作内容为将整流器内二次元件统一改成直流供电，由直流屏直接供电，减少逆变环节，增加整流器控制电源的可靠性。大修或改造项目的成果：将整流器控制电源由原 AC220V 改成 DC220V，减少中间环节（逆变器），确保整流器控制电源的可靠性。全部更换 1 500 V 直流侧过压保护回路内电阻（元器件 R5，规格 47 KΩ 200 W）、事故报警图、网络结构图、遥测图、遥信图等。

【4 号线 400 V 电容柜改造项目施工】

2014 年 4 月 17 日至 9 月 26 日，实施上海地铁 4 号线 400 V 电容柜改造项目施工。大修或改造项目的目的：为抑制和消除海伦路站供电系统电网中各类非线性负载所产生的谐波对供电设备及电网电能质量的影响，本项目将对海伦路站 400 V 电容器柜进行改造。改造主要工作内容采用有源滤波装置取代现行供电系统中所使用的 400 V 电容器柜。改造后的有源滤波装置兼具系统补偿与滤波抑波功能，能够有效地对供电系统电网进行补偿，降低并消除谐波对系统电网的影响，改善电能质量，提高功率因素，提升设备供电可靠性。大修或改造项目的成果：将全线 400 V 电容器柜取消，采用有源滤波装置。有源滤波装置安装在原电容器柜位置，既满足工程需要又不涉及变电所土建改造。

【3 号线触网大修工程改造施工】

2014 年 10 月 24 日起，实施上海地铁 3 号线触网大修工程改造施工。大修或改造项目的目的：上海地铁 3 号线上海南站—江湾镇开通运行至今已达 13 年之久，接触线磨耗严重，参照接触网大修规程规定，接触线和承力索已到大修标准，需进行大修更换。车站、道岔、小曲线腕臂、软横跨等支持装置受力过大，零件已发生断裂。故将此类支持装置进行更换，确保运行安全。工作内容包括：3 号线上海南站—江湾镇上下行以及石龙路停车场，除支柱、腕臂、架空地线（含附属设备）及定位管外的所有接触网设备更换。大修或改造项目的成果：3 号线上海南站—江湾镇站上下行正线（54 个锚段接触网线索）、石龙路停车场（18 个锚段接触网线索）、吊弦、定位装置、号码牌进行更换；3/4 号线接口电缆施工改造；石龙路馈线电缆深埋改造；曲线处、道岔处及车站腕臂结构进行更换；中心锚结、线岔、电连接、门型架及软横跨节点进行更换，馈线、地线对向下锚、下锚拉线及拉线弹簧补偿器、下锚补偿绳更换；架空地线底座及跳线更换、库内隔离开关接地更换安装；避雷器及放电间隙引线更换(不含避雷器、放电间隙本体)。

【3号线及北延伸电缆整理施工】

2012年8月3日至2014年12月31日，实施3号线及北延伸电缆整理施工。大修或改造项目的目的：由于上海地铁3号线1999年投入运营，各类电缆已运营10多年之久，电缆趋于老化，加上区间电缆余量不足，电缆在热胀冷缩：剐蹭较为严重，已屡次出现35 kV、10 kV、1 500 V电缆接地短路事故，严重影响3号线地铁供电安全可靠运行。为了保证全线供电系统的正常试运行，对运营中的高压电缆进行割接增加电缆长度，解决电缆余量不足的问题。大修或改造项目的成果：完成了对轨道交通3号线虹桥路—江杨北路共计23个高架区间的所有的35 kV、10 kV、1 500 V电缆的安装、区间电缆的预留、直流电缆的抱箍，保障了电缆的完整、可靠。

【2号线整流器柜改造工程施工】

2015年1月1日至3月18日，实施上海地铁2号线整流器柜改造工程施工。大修或改造项目的目的系上海地铁2号线牵引变电站内整流器运行时间达15年之久，存在设备老化备品备件缺乏严重影响了牵引供电的可靠性和安全性，为避免由于整流柜故障造成线路无法正常运行，对2号线中山公园至世纪公园牵引站(含龙阳路停车场)整流器进行改造，改造主要工作内容考虑到系统过电压对整流器设备的影响，在整流变压器高压侧增设过电压吸收装置。此次改造方式采用整体更换。大修或改造项目的成果：对2号线7个站的14台整流器及避雷器进行拆除并安装，对14台整流器，7个整流器机组，14组避雷器进行调试。

【7号线刚性接触网换线施工】

2015年10月11日至10月22日，实施上海地铁7号线刚性接触网换线施工。大修或改造项目的目的：上海轨道交通7号线上海大学—南陈路下行、大场镇—行知路下行、静安寺—昌平路下行区段采用刚性悬挂形式的接触网，其中3个锚段接触线均处于站台出站侧的加速取流区段，造成锚段局部接触线磨耗严重，磨耗最大处接触线线面宽度12.6 mm，已达到换线要求。为保证上海轨道交通7号线运营的安全、可靠，将该3个锚段的接触线予以更换。大修或改造项目的成果：对上海大学—南陈路下行(G201-261)悬挂定位点30处，锚段长度为195米。大场镇—行知路下行(G187-G261)悬挂定位点37处，锚段长度为245米。静安寺—昌平路下行(G231-G291)悬挂定位点30处，锚段长度为195米，总计约635米接触线。

【2号线南京东路、龙张区间新增牵引变电所安装工程施工】

2015年10月18日，实施上海地铁2号线南京东路、龙张区间新增牵引变电所安装工程施工。大修或改造项目的目的：随着上海轨道交通2号线列车增能，发车密度不断上升，牵引供电系统频繁出现滞留馈线断路器过负荷跳闸现象。为提高2号线牵引供电系统的可靠性，在2号线南京东路站、龙阳路至张江高科站区间内各设置牵引变电所一座，以有效缓解2号线列车增能后至现有牵引站直流开关负荷过大、频繁跳闸的情况，为2号线后续增能预留一定空间。大修或改造项目的成果：一是既有南京东路降压站增设33 kV牵引变电所一座，采取对人民广场牵引变电所——世纪公园主变电所的33 kV电缆进行截断，南京东路牵引变电所串入其中的供电方式。2号线南京东路站

(K18+340)上下行各增设接触网分段绝缘器 1 台、电动隔离开关 3 台。二是龙张区间新增 33 kV 牵引变电所一座,该牵引变电所地址设置于龙阳路开关站的西侧,采取对龙阳路停车场牵引变电所——龙张区间站的 33 kV 电缆进行截断,新增龙张区间牵引变电所串入其中的供电方式。2 号线龙阳路—张江高科区间上下行(SDK0+180.852—SDK0+400.807)增设接触网隔离开关 3 台。

二、变电专业大修

【变压器大修】

油浸式和干式变压器在投入运行后应每 10 年大修一次。如存在下列两种情况,则可适当延长大修周期,但最长不得超过大修周期的 1.5 倍(即 15 年):一是如变压器自身附带或通过其他辅助设施,能够对其运行状态进行在线检测,且数据良好;二是日常检修保养记录内容符合要求。

【电力电缆大修】

各类绝缘介质和金属材质线芯的电力电缆线路大修周期原则不少于 15 年。根据历年电气试验数据进行综合判断,对于敷设路径条件较好、周围环境温湿度变化较小、经常性载流量较轻,且整体状态良好者,可延长电力电缆大修周期至大修条件出现。

【继电保护设备大修】

电磁式、电子式、微机式继电保护装置在投入运行后不低于 6 年大修一次。根据设备所处的运营环境、产品的制造工艺和质量以及设备的实际运行状态,结合大修条件可适当调整大修周期。

第三节　应 急 管 理

一、主要内容

供电分公司主要负责上海地铁全路网供电专业设施设备故障应急处置、应急预案管理、应急处置队伍建设、应急演练管理、应急处置工器具管理等。

二、日常保驾管理

【三级保驾制度】

2011 年 5 月起,供电分公司根据 COCC 要求发布路网保驾等级制度,实施分级保驾模式管理,针对一级保驾、二级保驾、三级保驾不同等级及重要程度分解供电分公司各职能部门、生产部门以及全路网变电站、值守点、应急抢修点保驾模式、响应及分工职责等。

【领导值班制度】

建立供电分公司本部领导值班制度,负责对保驾当天全线范围内的各类突发事件进行统筹、指导、安排,做好上下协调和横向单位沟通工作。建立供电分公司生产部门领导值班制度,变电运行专业:落实安排好管辖线路的保驾工作,做好抽查和暗访检查工作,督促运行人员按要求巡视检查设备,协助变电检修、触网检修人员做好相关专业的协查和配合工作。变电检修专业:落实安排好管辖线路的保驾工作,做好抽查和暗访检查工作,督促各检修值守点、抢修队对管辖范围内的未修复的设备故障作以梳理,及时修复影响列车运营的故障,协助其他专业做好相关协查和配合工作。触网检修专业:落实安排好管辖线路的保驾工作,做好抽查和暗访检查工作,督促各抢修点对管辖范围内的未修复的设备故障作以梳理,及时修复影响列车运营的故障,并对仍未处理且严重影响触网设施设备的漏水点、正在进行全面整治的区段安排检查,并协助其他专业做好相关协查和配合工作。

【应急抢修模式及队伍建设】

2015 年,为进一步发挥设备故障情况下设备维护多专业公司之间联动机制,由维保公司统一部署,根据下发《设施设备故障岗位联动处置对照表》进行分解及对照,成立以供电分公司自主和委外,共计 48 支专职+兼职(1+N)抢修队;做到站点具备就近派员前期确认和处理简单故障能力,区域(以 21 支触网兼职抢修队和 48 支变电应急响应队伍组成的应急抢修力量)具备专业处理较大故障的能力,基地(以梅陇、龙阳路基地接触网专职抢修队和委外单位专业人员为主)具备重大故障的处理能力。

【应急管理文件管理】

2011 年 5 月 18 日,根据维保公司"三级对三级"保驾要求,编写并下发《供电公司三级保驾响应管理办法》。2014 年 6 月 1 日转为标准文件《三级保驾响应管理规定》,规定了供电分公司三级保驾响应管理的管理职责、全网络保驾方案总体要求、全网络保驾方案适用情况并完善供电分公司各线路保驾布点。2014 年 6 月 1 日,结合供电分公司自身应急抢修网络,编写下发《特殊气象预警机制管理规定》。针对不同特殊气象,建立特殊气象预警机制工作表。同日,为规范轨道交通运行期间进入区间进行应急抢修作业,避免人车冲突,杜绝道场伤亡事故的发生,保障现场抢修人员的人身安全,编写并下发《运行线路应急抢修现场管理规定》。《运行线路应急管理规定》转为标准文件。2014 年 2 月 10 日,组建 4 支触网专职抢修队,包括触网检修一部梅陇专职抢修队、触网二部龙阳路触网专职抢修队、中铁电化局一公司抢修队、16 号线接触轨抢修队。2015 年 3 月 1 日,编写并下发《专职触网抢修队管理规定》。2015 年 2 月,根据维保公司突发事件专题报告编制要求,结合供电分公司内部应对突发事件上报要求,编写并发布了《突发事件专题报告管理规定》,完善并细化了供电分公司突发事件专题报告编制流程。2015 年 3 月 1 日,根据维保公司运营预警等级划分以及维保公司下发《运营设施设备故障抢修处置细则》、供电分公司《三级保驾响应管理规定》中关于响应要求、响应时间、抢修指挥、故障联动机制及保驾等要求,供电分公司编写并下发《运营预警响应规定》。内容包括一级、二级、三级、四级、五级运营预警响应的内容、原则、抢修指挥故障联动机制及保驾要求,并建立《供电分公司设施设备故障专业联动对照表》。

三、应急抢险

【3 号线江杨北路—铁力路下行楔形线夹侵限界抢险】

2010 年 5 月 2 日 16:17,接电调报殷高西路下行出站,多辆列车经过时受电弓与触网之间有拉弧现象。16:20,开始登车检查,未发现触网异常。运营结束后,用梯车对全线检查发现江杨北路—

铁力路下行，支柱号 28/43A 中锚可调螺栓松动导致楔形线夹侵限界，经更换后次日 0:30，触网恢复正常。事件构成一般 D 类事故。供电分公司共出动人员约 50 人。

【3 号线上海南站—漕溪路站上行失电抢险】

2010 年 6 月 13 日 14:16，漕河泾牵引站 211 直流开关和漕溪路牵引站 212 开关跳闸，自动重合闸不成功。15:28，经强送电后发现漕河泾 2112 触网闸刀上网电缆处绝缘破损，经隔离处理后于 15:53 恢复运营。构成一般 D 类事故。供电分公司共出动人员 78 人。

【11 号线昌吉东路—上海赛车场下行区域刚性定位绝缘子断裂抢险】

2010 年 12 月 26 日 14:38，昌吉东路站—上海赛车场下行 975＃定位点、百米标 72 处发生刚性定位绝缘子断裂，约 16 米汇流排松弛下垂，与 1107＃电客列车车顶接触，引起短路接地。15:40，接触网抢修人员被允许下车对现场进行检查和抢修工作。17:40，供电恢复正常。此次故障造成最大晚点 26 分钟，构成一般 E 类。供电分公司共出动人员 65 人。

【1 号线宝安公路至富锦路上行触网失电抢险】

2012 年 5 月 23 日 11:35，宝安公路至富锦路上行区域失电。11:43，值班员到达宝安公路牵引站，确认故障类型，进行信号复位，就地试送不成功。11:53，电力调度合上宝安公路牵引站 345 上行触网联络闸刀，呼兰路至富锦路上行改为跨区支援供电。12:23，经抢修人员处理宝安公路牵引站 NC23 开关合闸成功。13:42，经抢修人员处理，富锦路牵引站 NC21 关合开闸成功，触网恢复正常供电。此次故障构成一般 E 类事故。供电分公司共出动人员 15 人。

【1 号线彭浦新村异物侵限抢险】

2012 年 8 月 15 日 15:10，107＃列车行驶至彭浦新村下行进站前，列车司机发现站台端头外侧轨面上有异物，立即采取紧急制动措施，但该列车第一节车厢右侧第一个轮对已越过该物件，司机下线发现异物为约 1.6 米见方的三挡片。15:13，经行车调度同意，列车退行后，异物被车站工作人员搬离线路，列车进站。15:25，车站人员将所有异物搬至站台。此次事件构成一般 D 类事故。供电分公司出动 30 人对全线路车梯摆放进行统一规范处理。

【3 号线龙漕路至石龙路下行放电间隙上引线松脱抢险】

2013 年 3 月 17 日 15:46，维保调度报 3 号线漕溪路—上海南站触网有失电现象。16:33，电客车清客后停电点下达，各车站的接触网人员分别下线路检查。16:55，触网检修人员巡查发现 5/22A 支柱放电间隙上部引线松脱触碰馈线上造成短路。触网抢修人员立即对该松脱的上引线作临时处理。17:08，恢复供电。此次事件构成一般 D 类事故。供电分公司共出动人员 56 人。

【1 号线上海体育馆委外项目施工违规抢险】

2013 年 12 月 9 日 0:20 至 2:31，供电分公司委外单位错将接地扁铁接到带电端，导致 3:46 电力调度合闸时造成直接短路，送电不成功。触网检修人员现场开展检查工作，5:15，COCC 启动五级预警，5:45，拆除短接的接地扁铁，5:55 恢复送电。6:06，COCC 取消五级预警。此次事件构成一般 E 类事故。供电分公司共出动人员 33 人。

【1号线上海南站接触网拉弧抢险】

2014年1月9日17:00,一运调度报上海南站牵引站烟感报警。17:02,电调报客运人员反映上海南站下行进站端头门处触网有拉弧现象。17:15,站务员反映上海南站下行进站处触网有冒弧光现象。17:25,触网检修人员确认上海南站下行进站处222触网闸刀故障引起下方地面上蛇皮袋冒烟,后车控室人员下区间进行灭火。17:35,向电调申请由梅陇停车场牵引站NC24直流开关供电至莲花路至上海南站下行触网。17:43,上海南站—锦江乐园下行列车恢复运营。此次事件构成一般E类事故。电分公司共出动人员25人。

【1号线陕西南路至人民广场上行触网失电抢险】

2014年10月21日4:23,1号线陕西南路NC23合闸监测逻辑故障导致NC23开关和人民广场NC21直流开关无法合闸,因开始故障不明。4:45,触网抢修人员下区间进行检查。5:28,电调合上陕西南路255联络闸刀,陕西南路—人民广场触网恢复供电。此次事件构成一般E类事故。供电分公司共出动人员20人。

【11号线接触网软定位拉线断裂抢险】

2014年12月30日13:50,行调报1137#车在上海汽车城下行站台迫停,司机发现受电弓与触网有缠绕。14:35,抢修人员下区间抢修。15:55,触网抢修人员完成对上海汽车城下行站台受损触网段临时处理后,恢复安亭—上海赛车场下行触网供电。此次事件构成一般D类事故。供电分公司共出动人员40人。

【5号线剑川路至北桥下行定位点支撑管松脱抢险】

2015年8月18日7:45,5号线司机发现5号线剑川路至北桥下行百米标95至96处接触网定

图4-2-2 触网检修

位管有侵限现象。8:08，剑川路触网班组程国良经登车巡视查看后，发现剑川至北桥下行 05－075 定位点水平腕臂与斜腕臂连接支撑管一端有松脱现象，未侵入行车限界，不影响正常行车运营，运营结束后，触网维修人员将 05－075 定位点支撑管进行整体更换后，故障修复。供电分公司共出动人员 20 人。

第三章　通信系统维护

通号专业管辖设备维护主要涉及信号、通信（传输、程控、广播、无线、视频监控、民用通信、记点、PIS/TOS、公安技防、上层网、客服）、信息（信息安全、信息网络、信息化系统）的设备运营维护、系统大修改造、新线信号项目建设管理工作。在运维维护方面，主要包括系统设备的日常检修工作、故障应急抢修、设备检测轮修等工作。在系统大修改造方面，负责对设备的现状评估、大修立项、合同签订、项目实施、工程验收、项目竣工等各环节进行管理把控。在新线信号项目方面，主要负责项目前期的技术谈判、合同签订、项目执行、工程验收、项目竣工、设备接管等，实现对接管线路信号专业全生命周期的控制管理。

1992 年 10 月 22 日，上海地铁运营有限公司供电段成立；1993 年 2 月 26 日，成立通号段，机电段、通号段正式分段办公；2000 年 5 月 31 日，更名为上海地铁运营有限公司通号分公司；2008 年 4 月 23 日，更名为上海轨道交通维护保障中心通号分公司，2010 年 11 月 17 日，更名为上海轨道交通维护保障中心通号公司，2013 年 9 月 1 日，更名为上海地铁维护保障有限公司通号分公司。

通号分公司既有生产组织架构系采取扁平式管理矩阵，根据网络化、一体化运维需求，共设置 8 个职能部门、8 个自主生产部门。

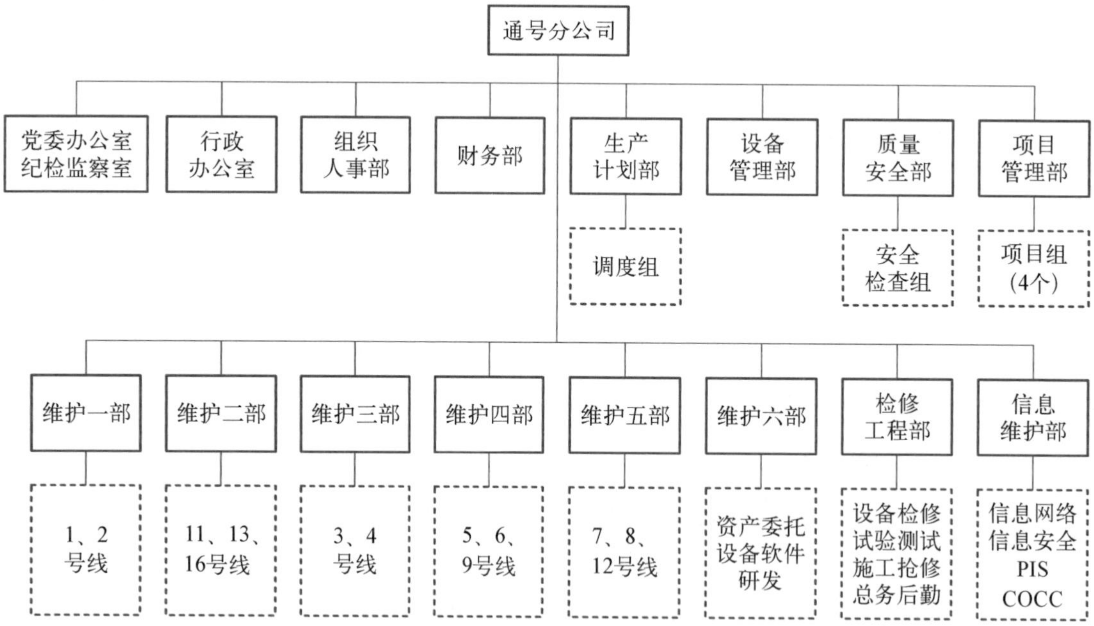

图 4 - 3 - 1　2015 年通号分公司组织架构图

上海轨道交通维护保障中心通号公司（简称通号公司）主要负责上海轨道交通全网络的信号（联锁、ATC、CBTC）、通信（广播、程控、无线、视频监控、传输）、民用通信、信息网络、上层网、乘客向导（PIS/TOS）、综合监控、公安技防系统、客服系统、记点等专业系统设备的检修维护、故障处置、大修改造，部分新建线路机电通号项目的执行、验收等工作。

第一节　新线调试验收

自1993年7月至2015年底，上海轨道交通通信传输系统共有26条线段完成系统开工调测，具体开工调测时间如下：

表4-3-1　1993—2015年轨道交通通信传输系统开工、调测时间情况表

序　号	线路名称	开工时间	系统调测时间
1	1号线	1993年7月	1994年12月
2	1号线南延伸	1996年5月	1996年7月
3	1号线北延伸	2002年5月	2003年8月
4	2号线一期	1999年2月	2000年3月
5	2号线西延伸	2005年11月	2006年11月
6	3号线	2003年10月	2004年6月
7	3号线北延伸	2005年12月	2006年9月
8	4号线	2003年3月	2004年9月
9	5号线	2002年1月	2002年11月
10	6号线	2006年7月	2007年9月
11	7号线	2008年5月	2009年9月
12	8号线一期	2006年2月	2007年6月
13	8号线二期	2008年3月	2009年4月
14	9号线一期	2008年3月	2009年4月
15	9号线二期	2009年1月	2009年5月
16	9号线南延伸	2011年10月	2012年3月
17	10号线一期	2009年4月	2009年9月
18	11号线北段一期	2008年12月	2009年4月
19	11号线北段二期	2009年4月	2009年7月
20	11号线花桥段	2012年10月	2013年2月
21	11号线迪士尼段	2015年5月	2015年8月
22	12号线一期	2012年8月	2012年12月
23	12号线二期	2014年11月	2015年3月
24	13号线一期	2011年10月	2012年4月
25	13号线二期	2013年3月	2013年6月
26	16号线	2012年7月	2012年12月

通信电源、通信机房及附属设施维修验收规程：通信电源应保证对通信设备不间断地供电，保证供电质量标准。

电视监控设备维修验收规程：机架完好无损。电缆标记清晰、电缆外部无损坏；图像清晰；程序运行正常,参数设置正确。

通信系统数据通信设备维修验收规程:配线电缆和电线的敷设应遵循:高频电缆和高频隔离线应与其他电源线、音频线分开绑扎;电缆剖头长度应符合使用要求,宜保持电缆芯线的扭绞;分线应按色谱顺序。

通信系统无线通信设备维修验收规程:铁塔基础牢固可靠,紧固件无缺损、无锈蚀、坚固良好不松动,爬梯、工作台牢固可靠。天线无破损、变形,振子安装垂直度、方位角符合规定要求;避雷针、引接线接触可靠、牢固,无锈蚀、污垢,连接处应焊接,无假焊、虚焊;隧道内(外)吊挂漏泄同轴电缆时槽口向下,吊挂高度为4.5—4.8米。

第二节　专项维修与大修施工作业

一、广播系统改造

【上海轨道交通广播系统背景音乐改造工程】

2014年8月1日起,实施上海轨道交通广播系统背景音乐改造工程。改造项目的原因是站厅、换乘通道同时播放背景音乐需对部分软件进行更新升级,硬件更换。改造项目的完成情况:替换TBA-3310小信号控制机箱内TBA-3016模块1个;对既有网络控制模块(TBA-3017B)的程序进行升级更新;对既有广播控制盒软件进行升级更新,增加背景音乐开关功能按键;在车站通信机房广播系统机柜内新增1台语音播放器替换既有语音播放器,对既有音频处理器、车站控制器设备软件升级,使系统具备独立背景音乐输出通道,不影响正常上下行自动广播以及对车站既有广播控制盒软件升级,增加背景音乐开关功能按键。

【上海火车站广播一体化项目改造工程】

2015年10月9日至2015年11月8日,实施上海火车站广播一体化项目改造工程。改造项目的原因:为实现上海火车站管委会有关各系统广播集中控制的功能,在上海火车站1号线地铁车站新设一套广播设备。完成情况:各车站的广播设备功率放大器与负载之间设有切换装置,该装置具有防过载、短路和雷击等保护功能;功率放大器采用N:1的备份模式,车站广播设备设有功放管理控制器,主、备用功率放大器可以自动或手动切换,手动切换可在广播系统的网管终端上进行;各车站的广播机柜上设有监听装置,能选听各类信源的输入、语音信号处理器的输出以及功率放大器的输出信号以及各车站设备机柜内的各功放均采用独立供电。具有自动复位功能,并能够在供电瞬间切换不影响系统正常工作。

【通道广播盲区整治项目】

2015年9月1日至2015年10月31日,实施通道广播盲区整治项目。整治的原因是上海地铁既有运营线路中,有许多线路的车站广播存在盲区,不利于日常的工作及运营的管理。根据现场调查的情况,对不同的车站存在的盲区范围的大小安装相应的广播。因线路车站比较分散,所以每个站点可能会存在不同的施工方法。车站盲区范围比较大需要安装比较多的广播,首先需明确安装广播的数量,其次需要明确车站内既有功放的大小及剩余容量。若功放有足够的剩余容量则可把新增的广播负载并接在车站站厅层的广播中;若功放没有剩余的容量则需要新增新的功放安装至既有广播机柜中。已针对不同的盲区范围、地点等新增相应的广播、功放等设备。

二、PIS 设备整治

【上海地铁 1 号线 PIS 设备整治项目】

2014 年 7 月 1 日至 2014 年 10 月 1 日，实施上海地铁 1 号线 PIS 设备整治项目。整治原因是根据现在 1 号线 PIS 系统实际管理的需求，现要将 1 号线八个车站（上海南站、漕宝路、上海体育馆、衡山路、常熟路、黄陂南路、新闸路、汉中路）PIS 工控机从原放置于信号机房或小灵通机房移至通信机房内。设备搬迁完成后必须保证各系统运行稳定，各系统功能与搬迁前保持一致，维护便利性提高。目前已将原信号机房内网线，视频数据线，供电线全部重新布排到通信机房内。工控机及网络设备用电由供电机柜接入 ups 供电一路敷设电线至机柜内，做好插座，并标记。站台等离子视频信号线敷设至机柜并标记。站台等离子供电线敷设至供电机柜并按照上下行分路，做好标记。

【2 号线东延伸车站 PIS 系统改造】

2013 年 7 月 1 日至 2013 年 11 月 1 日，实施上海地铁 2 号线东延伸车站 PIS 系统改造。改造项目原因是根据上海地铁 2 号线 PIS 系统现状，2 号线东延伸 PIS 系统缺少备品备件，给日常维护造成较大不便，改造后不仅可以解决既有线备品备件问题，而且改造方案采用光纤布线方式可满足播放高清信号播放要求，建议将东延伸 2 个车站（张江高科站，广兰路站）PIS 设备进行改造，以满足地铁运营需求。改造后的 PIS 系统将支持高清兼容标清视频图像，新增无风扇免维护工业级播放控制器，HDMI 音视频发送接收器，车站全光纤网络。本次工程选用知名品牌无风扇工业级控制器，采用机箱内全铜管导热设计，机箱自散热，双电源冗余备份，极大地减少了因机房环境以及风扇使用寿命原因造成工控机死机的故障率。

【3 号线北延伸车站 PIS 系统设备整治项目】

2014 年 6 月 30 日至 2014 年 12 月 31 日，实施上海地铁 3 号线北延伸车站 PIS 系统设备整治项目。整治原因是由于 3 号线北延伸乘客信息系统网管功能基本缺失，控制中心无法对车站设备进行控制，设备维护和维修存在困难。目前 3 号线存在一条线路两套中心系统的情况（原系统及正线改造系统），不便于日常维护。本工程对上海市轨道交通 3 号线北延伸段 10 个车站乘客信息系统硬件设备进行更新设备整治（只含播放控制设备、视频传输设备、软件），同时接入 13 年改造 3 号线正线中心系统中，做到统一管理及维护。3 号线 PIS 中心服务器软件针对北延伸 10 个车站增加视频转发配置，ATS 倒计时转发配置，TOS 信息转发配置，网管软件的信息配置。并完成对各车站软件调试、网络压力测试及服务器压力测试。

【4 号线 PIS 线缆整治项目】

2015 年 6 月 30 日至 2015 年 12 月 31 日，实施上海轨道交通 4 号线 PIS 线缆整治项目。整治的原因是由于 4 号线乘客信息系统网管功能基本缺失，控制中心无法对车站设备进行控制，设备维护和维修存在困难，工控机严重老化，故障率很高，牵扯维护人员过多精力。4 号线乘客信息系统采用设备厂家专用设备（有硬件加密）设备维护异常困难，并且在视频传输也采用加密传输，导致无法更替常规传输设备。现已将新工控设备替换原有设备，并接入 3 号线数据中心。为了保证 PIS

新老系统平滑顺利割接，我方采用平滑割接方案，预先在 3 号线中心服务器上增加一个网卡，设置其 IP 地址与 4 号线原有的网段一样(128.50.40.xx)接入 4 号线既有的交换机上；并且在 3 号线控制中心 PIS 软件上增加 4 号线 17 个站的信息，向 17 个车站发送 ATS 信息。替换过程中对其他车站无任何影响，完全割接后已拆除 4 号线旧设备。4 号线 PIS 中心服务器软件针对升级段 17 个车站增加视频转发配置，ATS 倒计时转发配置，TOS 信息转发配置。并完成对各车站软件调试、网络压力测试及服务器压力测试。在系统升级投运后，将 4 号线 PIS 故障率大幅下降。

【5 号线 PIS 系统整治项目】

2014 年 8 月 31 日至 2014 年 12 月 31 日，实施上海地铁 5 号线 PIS 系统整治项目。整治原因是由于上海轨道交通 5 号线 PIS 系统建设时间较久，设备故障率较高，厂家关键部件的板卡备件早已停产，给日常维护造成较大不便。信号系统版本无法提供给 PIS 系统列车时刻表，导致目前的 PIS 系统无法实时自动显示列车的实际运行状况。整治后的 PIS 网管软件提供了灵活友好的人机界面，可以极方便地修改日期、选择特定的运行时刻表。根据运营及维保要求，整治后的系统应能实现控制中心对 5 号线全线各站的统一信息播放功能，乘客信息系统的信息播放界面无须切换，实现控制中心对全线各站的统一网管功能。系统应能实现 COCC、控制中心、车站三级应急信息发布的紧急信息播放功能，能在控制中心接收列车运行时刻信息，通过本系统主机及以太网通道传递至各车站主机，经控制设备将信息传至终端显示屏上，能接收网络中心时间同步系统的时间信息功能，并使控制中心与各车站时钟同步。

第三节　应 急 管 理

一、应急预案

【通信传输设备应急预案】

通号分公司现场抢修人员到车控室确认设备故障后，办理相关登记手续，在《行车施工登记簿》上登记要点。现场抢修人员经要点，到达通信机房检查传输设备。通信传输设备故障处置完毕后，现场抢修人员做好设备调试试验、启用、清场工作，设备修复，经使用部门核对确认设备正常后，办理销记手续，并恢复设备使用。登记设备停用(或设备故障)要在《行车施工登记簿》上简明扼要地写清楚设备故障时间、地点、影响范围、项目内容等。登记停用及恢复使用，使用方和维修方须在登记簿上共同签字确认。

二、应急抢险

【1 号线漕宝路传输故障引起通信设备大面积故障抢险】

2013 年 7 月 26 日 16:30，漕宝路全站电话故障包括热线电话及公务电话，视频图像无法上传至中央，OA(协同办公系统)网不能登入，漕宝路本站通信中断。经抢修人员更换业务走向后设备恢复正常。车站抢修人员到漕宝路站后发现机架漏水，导致传输 SDH(同步数体系)、程控交换机远端模块全部短路损坏，中央网管显示此车站脱管，传输无法形成环路保护。为让传输形成环路保护，车站抢修人员把漕宝路站相邻 2 个车站的光纤跳通。车站抢修人员通过干缆将漕宝路电话业务跳至上海南站通信机房，在中央的配合下恢复车站调度热线电话及部分重要公务电话。为恢复以太网业务（重要业务基本上走的是以太网），控制中心重新配置邻站传输通道，从上海南站以及上体馆车站开辟临时业务通道，用光电转换器把业务传输到漕宝路。车站抢修人员与中央配合恢复了票务系统、广播系统、电源监控系统等业务功能，确保漕宝路车站正常的运营，把影响程度降到最低。本次故障是因外界原因造成的影响范围较大的通信设备故障，虽然没有在晚高峰时段对运营造成影响，但就故障本身涉及的范围较广。事件发生后通号维护部和班组，以及设备管理部紧急动员骨干力量增援现场，使该故障的影响降至最低。

【9号线九亭至松江新城传输故障抢险】

2015年4月7日5:51，接报九亭至松江新城区间内公务电话、CCTV（电视监控系统）、广播、PIS（乘客导乘系统）同时出现故障，检查传输网管，发现九亭站28槽位光板链路告警，九亭车辆段25槽位光板链路告警，松江体育中心光板链路告警。经排查确定发现中春传输25槽位光板至中春ODF（光纤配线架）配线架光路不通。故障发生后，检修人员利用光源、光功率计对九亭光板至中春光板、七宝至车辆段的两根传输用光缆进行光路测试，经排查确定是中春路尾纤光路故障以及七宝至车辆段其中一根光路不通，更换尾纤、启用备用光路后恢复。当晚，检修人员对中春ODF（光纤配线架）配线架进行检查。发现ODF（光纤配线架）配线架底部收容盘内，有6根尾纤断裂，基本确定被老鼠咬断。造成了中春至九亭、七宝至车辆段、控制中心至体育中心三个断点，使得传输系统的环路保护不起作用，导致了九亭至松江新城传输中断故障。

第四章　信号系统维护

第一节　新线调试验收

上海轨道交通新线运营设施设备接管验收规范的新线信号工程的验收包括设备安装工艺标准、施工质量的验收以及设备各项功能的验收，本节重点以设备功能验收为主陈述验收规范。一些通用设备的安装工艺及质量标准，比如电缆的敷设、安装，机柜的配线施工标准以国家制定的施工质量标准为依据，并以建设单位出具的标准作为补充。新线信号工程验收的主体为设备接管维护单位，设备安装施工单位、系统供货商和技术服务单位以及监理等其他相关单位配合。

质量验收应包括如下的内容：实物检查，对照合同文本及设计文件，实物检查包括质量证明文件。资料检查，包括原材料、构配件和设备等的质量证明文件（质量合格证、规格型号及性能检测报告等）和检验报告、施工过程中重要工序的自检和交接检验记录、平行检验报告、见证取样检验报告、隐蔽工程验收记录等。

机房内环境要求应本着安全、防火、防尘、防磁防静电、防光照的原则来设计。机房室内照明布置和亮度设置符合室内照明要求，照明灯具的布置要合理，应安装在设备机柜的前、后方，不得安装在设备的正上方。地下车站机房及无窗建筑的机房应无眩光。设备机房空调应独立设置控制开关，满足人与设备的不同需求。机房内的空调、风口和冷凝水管（VRV 系统）不得安装在设备正上方，以免灰尘和冷凝水进入设备；中央空调的出风口处应有防尘处理。机房应有防鼠、防虫措施，机房电缆线出入口的缝隙处用防火材料堵实。

温、湿度须满足设备的要求，机房温度控制在 18—28℃；相对湿度控制在 40%—70%，无结露。机房洁净，无明显粉尘。室内设备进场前，机房装饰基本布置完毕，地面防水层浇注完毕，无墙面、地面渗水现象，有照明。电源设计容量符合设计要求，满足后级负载需求（一般情况下，集中站机房电源容量＞5 kW，非集中站电源容量≥1 kW）。

轨旁设备进场安装前钢轨已锁定，轨道条件及环境满足设备安装条件。轨道区间照明良好。轨旁设备的安装符合限界要求。转辙机安装前确认道岔基坑无积水，基坑设计有防水、防渗措施，转辙机的安装条件符合要求。

动车区间轨道冷、热滑完成，限界测试完成。动车前轨道区间、岔区照明具备，轨旁施工基本完成，不影响动车施工。道岔工电联检完成，通信无线具备，完成行车权交接。机房正式电具备，机房空调开启。列车静态调试完成，具备上线动车条件。

轨道电路钢轨绝缘（包括普通机械绝缘、胶结绝缘和电器绝缘）进场应进行检查，各组成部件应完好齐全，规格、型号符合设计要求，其质量符合相关产品标准的规定。钢轨绝缘的设置位置应符合设计要求。在钢轨上施工安装的各种装置（轨距杆、各种连接杆等），其绝缘部分的配件应齐全、完整无损，绝缘良好。

道岔跳线进场应进行下列项目检查：道岔规格型号符合设计要求。跳线应无锈蚀。道岔跳线的塞钉头尺寸统一，符合设计要求。无断股现象。跳线截面积符合设计要求。回流线焊接应可靠牢固，确定均流线、负回流线的位置及连接正确，符合设计要求。

50 Hz 微电子相敏轨道电路及其附属设施进场时应进行检查，其型号、规格、质量应符合设计要求及相关产品标准的规定。用阻值为 0.15 Ω 的分路电阻分路，分路残压不大于 10 V。送、受电端防护电阻的阻值不应小于 1.6 Ω。微电子相敏轨道电路接收器交流工作电压为 13.5 V—18 V，工作值 12.5 V±0.5 V。接收电压和局部电源的相位，实际相位和理想相位的相位差不应大于±20°。电源采用 DC 24 V±3.6 V，其中交流分量不大于 1 V。

表 4-4-1　1994—2015 年轨道交通信号系统开工及系统调测时间情况表

序　号	线 路 名 称	开 工 时 间	调 测 时 间
1	1 号线	1994 年 12 月	1996 年 8 月
2	1 号线北延伸	2004 年 1 月	2004 年 8 月
3	1 号线北北延伸	2006 年 6 月	2007 年 12 月
4	2 号线	1995 年 12 月	1999 年 6 月
5	2 号线西延伸	2006 年 6 月	2007 年 2 月
6	2 号线西西延伸	2009 年 4 月	2010 年 1 月
7	2 号线东延伸	2006 年 12 月	2009 年 1 月
8	3 号线	2003 年 4 月	2003 年 10 月
9	3 号线北延伸	2006 年 1 月	2006 年 6 月
10	4 号线	2004 年 11 月	2007 年 7 月
11	5 号线	2003 年 1 月	2003 年 5 月
12	6 号线	2006 年 10 月	2007 年 3 月
13	7 号线一期	2008 年 10 月	2009 年 3 月
14	7 号线二期	2009 年 9 月	2010 年 2 月
15	8 号线一期	2006 年 9 月	2007 年 2 月
16	8 号线二期	2008 年 4 月	2008 年 9 月
17	9 号线一期	2006 年 9 月	2007 年 2 月
18	9 号线二期	2008 年 9 月	2009 年 2 月
19	9 号线三期	2011 年 9 月	2012 年 2 月
20	10 号线一期	2008 年 7 月	2009 年 4 月
21	11 号线北段一期	2009 年 2 月	2009 年 9 月
22	11 号线北段二期	2011 年 9 月	2012 年 1 月
23	11 号线花桥段	2013 年 1 月	2013 年 4 月
24	11 号线迪士尼段	2011 年 9 月	2012 年 1 月
25	12 号线一期东段	2013 年 1 月	2013 年 5 月

（续表）

序　号	线 路 名 称	开 工 时 间	调 测 时 间
26	12号线一期西段	2014年10月	2015年6月
27	13号线一期西段	2011年9月	2012年4月
28	13号线一期东段	2013年9月	2014年6月
29	13号线二期	2014年9月	2015年2月
30	16号线一期	2013年3月	2013年6月
31	16号线二期	2014年1月	2014年6月

第二节　专项维修与大修施工作业

一、信号设备改造

【梅陇车辆段内室外信号设备及室内联锁设备改造】

2010年，因梅陇车辆段信号设备已到规定的大修年限，对车辆段内室外信号设备及室内联锁设备进行改造。该工程为第一次信号设备的整体大修改造，原6502继电联锁设备替换为卡斯柯的微机联锁设备，信号机房连接至信号楼外的线缆重新布线，设备全部翻新。该工程保证车辆段信号稳定运行，为今后车辆段信号大修工程起到了引领作用。

二、车载设备改造

【2号线16列AC02型西门子列车车载ATC外围设备大修】

2013年起，对轨道交通2号线16列AC02型西门子列车车载ATC外围设备进行大修，更换的部件包括速度传感器、ATP接收线圈、TWC天线、连接盒、ADU、安装夹具，对ADU驾驶室显示单元配线电缆改造（含配线连接器和插针），并对原ADU电源进行拆卸。设备大修、改造之后，满足在轨道交通2号线进行正常运行和维护的要求。

【2号线21列AC08型列车车载信号设备架修】

2014年起，对轨道交通2号线21列AC08型列车车载信号设备进行架修，更换的部件包括但不限于：速度传感器、ADU。设备架修之后，满足在轨道交通2号线进行正常运行和维护的要求。

【3号线28列AC03型列车车载ATC车载设备大修】

2015年起，对轨道交通3号线28列AC03型列车车载ATC车载设备进行大修，更换的部件包括编码里程计、接收线圈、信标天线、接收线圈电缆、信标天线电缆、安全继电器及继电器板等。设备大修、改造之后，满足在轨道交通3号线进行正常运行和维护的要求。

第三节　应 急 管 理

一、应急预案

【信号列车监控 ATS 设备应急预案】

现场抢修人员到达现场确认设备状况后，向驻勤或者调度汇报故障初步情况，内容包括：线路、车站、ATS设备状况、初步判断故障原因，故障状态下操作控制模式（中控、站控），运营组织方式，现场通号负责人员。抢修人员进入机房观察信号ATS设备状态。列车监控ATS设备故障处置完毕后，现场抢修人员做好设备调试试验、启用、清场工作，设备修复，经使用部门核对确认设备正常后，办理销记手续，并恢复设备使用。登记设备停用（或设备故障）要在《行车施工登记簿》上简明扼要地写清楚设备故障时间、地点、影响范围、项目内容等。登记停用及恢复使用，使用方和维修方须在登记簿上共同签字确认。

【信号车载设备应急预案】

通号分公司现场抢修人员经调度确认设备故障，携带抢修工具及相关备件做好登车准备。若列车因设备故障安排在正线存车线中，正线抢修人员应及时和调度申请登乘下载车载数据分析，并进行应急处置。登乘存车线列车时，抢修人员须严格遵守运营公司规定的车站行径路线行走至列车上。完成设备抢修工作后，应安排列车进行试车线或正线夜间试跑以判断故障是否已经真正解决。完成抢修作业后应对故障数据进行归档，同时编写详细故障分析报告。

【信号联锁设备应急预案】

现场抢修人员到达现场确认设备状况后，向驻勤或者调度汇报故障初步情况，内容包括：线路、车站、联锁设备状况、初步判断故障原因，故障状态下操作控制模式（中控、站控），运营组织方式，现场通号负责人员。抢修人员进入机房观察信号联锁设备状态。信号联锁设备故障处置完毕后，现场抢修人员做好设备调试试验、启用、清场工作，设备修复，经使用部门核对确认设备正常后，办理销记手续，并恢复设备使用。登记设备停用（或设备故障）要在《行车施工登记簿》上简明扼要地写清楚设备故障时间、地点、影响范围、项目内容等。登记停用及恢复使用，使用方和维修方须在登记簿上共同签字确认。同时做好销点工作。

【道岔检测设备故障应急预案】

现场抢修人员到达道岔现场确认设备状况后，向驻勤或者调度汇报故障初步情况，内容包括：线路、车站、故障道岔设备编号，定位或者反位操动情况，定位或者反位表示情况，初步判断故障原因，故障状态下运营组织方式，现场通号负责人员。接触轨线路现场抢修时，抢修人员须严格遵守运营公司规定的车站行径路线行走，观察设备状况应在接触轨安全区域，不得随意侵入管控区域。具体要求参见《上海轨道交通接触轨线路轨行区作业安全管理规定》。抢修人员现场要点后检查道岔设备车控室操作台上确认道岔故障时的现象；了解道岔故障状态，室外转辙机的具体位置，当时定反位表示状况；室内观察道岔转换过程中继电器动作状态；在微机监测上观察道岔动作曲线，以及道岔故障时的回放录像。道岔转辙设备故障处置完毕后，现场抢修人员做好设备调试试验、启用、清场工作,设备修复,经使用部门核对确认设备正常后,办理销记手续,并恢复设备使用。登记设备停用(或设备故障)要在《行车施工登记簿》上简明扼要地写清楚设备故障时间、地点、影响范围、项目内容等。登记停用及恢复使用,使用方和维修方须在登记簿上共同签字确认。同时做好销点工作。

【列车检测设备应急预案】

通号分公司现场抢修人员经控制台确认设备故障后,办理相关登记手续,在《行车施工登记簿》上登记要点。现场抢修人员经要点,到达信号机房。采用轨道电路方式的列车检测设备,应在分线盘或者轨道区段发送/接收板上测量轨道电压、轨道电流等参数值,初步区分故障点区域后,测量轨道发送端电压和电流参数。机房观察轨道继电器动作状态。采用计轴的列车检测设备,观察ACE机柜计轴子架内CPU板,电源板,并口板、串口板的工作状态。需要下线处置时,尤其是接触轨线路下线抢修时,抢修人员须严格遵守运营公司规定的车站行径路线行走,观察设备状况应在接触轨安全区域,不得随意侵入管控区域。列车检测设备故障处置完毕后,现场抢修人员做好设备调试试验、启用、清场工作,设备修复,经使用部门核对确认设备正常后,办理销记手续,并恢复设备使用。登记设备停用(或设备故障)要在《行车施工登记簿》上简明扼要地写清楚设备故障时间、地点、影响范围、项目内容等。登记停用及恢复使用,使用方和维修方须在登记簿上共同签字确认。同时做好销点工作。

二、应急抢险

【8号线延吉中路PMI(计算机联锁)明黄故障抢险】

2015年12月30日,中央ATS(自动列车监督)显示延吉中路集中站PMI(计算机联锁)跳黄。6:58,经中央值班人员日志分析和现场观察,确认为MCCS(安全控制和命令模块)A机故障导致PMI土黄。按照PMI处理紧急方案的规定,为防止故障设备对正常设备造成影响,需要将故障设备进行关闭。中央指挥通知延吉信号值班关闭故障MCCS A机。在故障发生后,值班抢修人员发现MCCS A PC机(工控机)一路死机后会有不断自启现象发生,有可能会影响另一路设备的正常工作,决定关闭故障设备的电源。但在处理过程中未仔细核对A、B机,错误关闭才造成此次误操作。其次,延吉中路MCCS机柜摆放位置与其他车站不同也是造成误操作的次要原因。通号公司组织人员对7、8号线PMI设备进行普查,确认MCCS机柜A机与B机机柜位置。对延吉中路车站容易错误操作的状态指示灯进行整改,并对A、B机做好明显的颜色表示。

这次故障是在设备故障状况下,人员误操作导致的一起运营质量事件。在排故处置过程中,暴露出多方面的问题:(1)值班人员未联系登记要点的情况下擅自关闭设备(误操作将MCCS B机电源关闭),严重违反了“三不动、三不离”的基本原则,导致了延吉中路PMI跳明黄,区域信号设备功能失效;(2)非常规机柜标签未整改、提示不醒目;(3)设备抢修应急预案存在模糊区域。要深刻吸取故障教训,加强管理力度,加强维护质量,避免类似问题再次发生。

【8号线西藏南路站UPS(不间断电源)故障抢险】

2014年10月18日运营结束后,8号线西藏南路站进行“6、8、9信号电源改造”。施工改造过程中,发生信号系统多处空开不能闭合故障,导致8号线老西门—耀华路上下行信号系统无法正常工作，直到 7:40 经通信列车清扫计轴后完全恢复运营。2:10，电源改造现场检修人员发现 PMI（计算机联锁）无法上电，按照施工预案进行常规排故无果，协同信号供应商共同确认设备问题，成功定位 CDG（看门狗）机架线路接触器击穿问题，引起数个保险丝烧断。检修人员迅速准备备件，2:40，备件送达后仍然发生保险丝熔断情况，电源和信号双方开始逐级排查负载接地故障。至 4:50，发现继电器机架也出现跳空开现象后，明确设备在错误供电中已经损坏短路，开始查找短路点，并锁定 PMI 输入输出板卡，由于损坏板卡数量较大，决定用两台主备机尚未故障的板卡临时拼凑一台单机投入运营。6:38，PMI 单机恢复后，开始动车清扫 NCO（非通信障碍物）和计轴受扰，随即发现计轴也存在保险丝熔断。7:40，更换计轴保险丝后，计轴受扰全部扫清，除 PMI 单机运行外，其他故障均排除，现场部门安排人员保驾。

故障原因：电源屏厂家在照明情况不佳的场地施工，看错配线标识，误将 60 VDC（伏直流）和 24 VDC（伏直流）接错；由于 24 V 负载没有空气开关保护的特殊性，在未完成检查时错误供电给设备，导致多路设备损坏。此次事件造成耀华路站上行最大晚点 20 分钟。这次事件后，各单位均出具了整改报告，加强“自检、互检、专检”，总包和通号公司派员参与改配线培训，并现场监督配线过程，施工完成后进行校线和复查，防止错配问题再次发生。

第五章　工务线路轨道系统维护

上海地铁维护保障有限公司工务分公司主要承担轨道交通线路以及隧道、桥梁等结构的监测与检修维护工作，轨道交通安全保护区相关管理与设施监护业务，线路结构设施的大修、抢修以及防水堵漏等专业维抢修工作。

1992 年 11 月，成立上海市地铁运营公司修建段；2000 年 6 月，组建上海地铁运营有限公司工务分公司；2009 年 2 月，上海地铁运营有限公司工务分公司整建制划转上海轨道交通维护保障中心（不含车站建筑装修），更名上海轨道交通维护保障中心工务分公司；2010 年 3 月，成立上海轨道交通维护保障中心工务监护分公司；2010 年 12 月，成立上海轨道交通维护保障中心工务公司，2013 年 9 月 1 日，更名为上海地铁维护保障有限公司工务分公司。

工务分公司既有生产组织架构系采取扁平式管理矩阵，根据网络化、一体化运维需求，共设置 8 个职能部门、9 个自主生产部门。

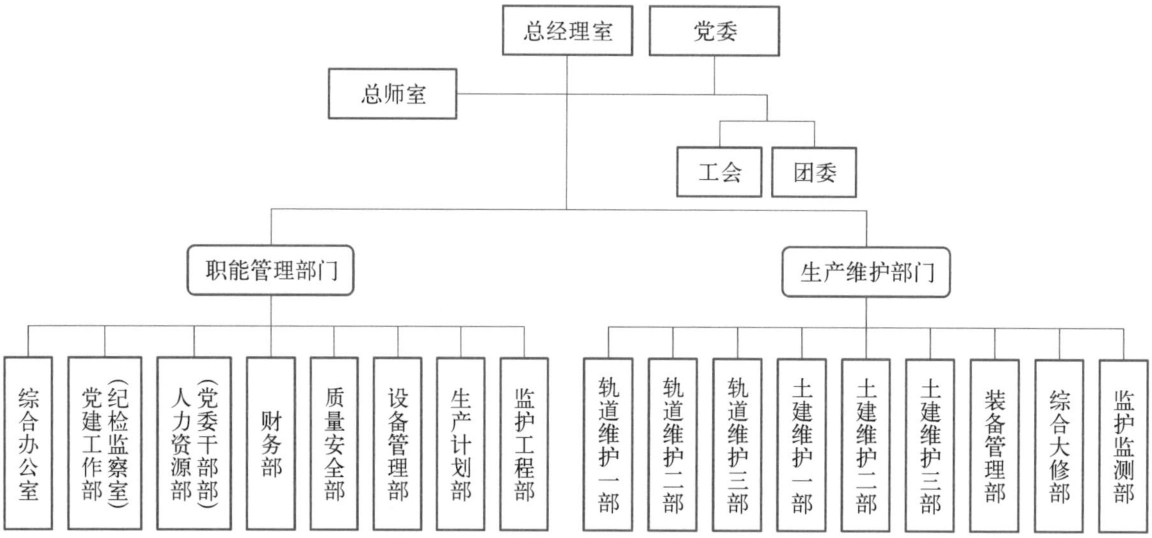

图 4-5-1　2015 年工务分公司组织架构图

第一节　新线调试验收

在建设前期阶段，通过项目公司和维保相关人员或公文平台收集建设前期图纸、报告，汇总建议和需求并提报汇总资料至维保公司和项目公司，同时通过项目公司和维保与建设期间相关人员建立联系方式，主要包括项目公司、标段施工单位、设计院、维保等联系人。

工程施工阶段，参加施工设计讨论、变更会议，根据功能需求提出设计变更意见和建议；收集相关施工图纸和资料，参与部分项目原材料第三方检测、参与施工关键节点的检查验收、参与隐蔽工程的检查验收、参与工程施工协调、配合工作，同时计算新线定额，做好人员、物资准备工作。

验收接管阶段，参与列车上线条件确认验收，完成行车指挥权接管工作；参与设备状态全面验收、备品备件与固定资产、图纸资料与管理权移交，完成设施设备管理权接管工作。

试运行阶段，做好专家评审会的各项配合工作，参与试运行演练与联调联试工作，落实质保单位做好遗留病害消缺工作。

表4-5-1　1988—2015年轨道交通车站开工、验收接管时间情况表

序　号	车站名称	开工时间	验收接管时间
1	1号线	1988年10月	1994年12月
2	1号线南延伸	1995年11月	1997年3月
3	1号线北延伸	2000年3月	2004年9月
4	1号线北北延伸	2006年3月	2007年9月
5	2号线	1995年12月	1999年6月
6	2号线东延伸	2006年12月	2009年12月
7	2号线西延伸	2003年10月	2006年9月
8	2号线西西延伸	2006年12月	2009年12月
9	3号线	1997年6月	2000年9月
10	3号线北延伸	2003年12月	2006年9月
11	4号线	2001年4月	2007年9月
12	5号线	2002年3月	2003年8月
13	6号线	2002年5月	2007年9月
14	7号线	2005年12月	2009年9月
15	7号线北延伸	2005年12月	2010年9月
16	8号线一期	2006年2月	2007年9月
17	8号线南延伸	2006年2月	2009年3月
18	9号线一期	2006年2月	2007年9月
19	9号线二期	2006年2月	2009年9月
20	9号线南延伸	2010年6月	2012年11月
21	10号线一期	2009年1月	2010年10月
22	11号线北段一期	2007年3月	2009年9月
23	11号线北段二期	2012年5月	2014年9月
24	11号线花桥段	2012年11月	2013年9月
25	11号线迪士尼段	2014年8月	2015年7月
26	12号线一期	2012年8月	2013年12月
27	12号线二期	2014年4月	2015年9月
28	13号线一期西段	2011年4月	2012年11月
29	13号线一期中段	2011年4月	2014年9月

(续表)

序　号	车 站 名 称	开工时间	验收接管时间
30	13 号线一期东段	2014 年 7 月	2015 年 9 月
31	16 号线一期	2012 年 4 月	2013 年 11 月
32	16 号线二期	2012 年 4 月	2014 年 9 月

第二节　专项维修、大修施工作业

【3 号线大统路地道上方道床加固注浆工程】

2013 年 3 月 1 日至 6 月 1 日，实施对轨道交通 3、4 号线上海火车站—宝山路站的改造施工。由于受 2008 年起开始动工的上海火车站北广场改造工程的影响，造成此区段道床及地面产生了不同程度的差异沉降，并且沉降持续增大，同时呈现以下三个特征：① 靠近闸北区北广场综合交通枢纽施工区的下行线沉降较大，累计最大沉降值达到了 74.9 mm，距施工区较远的上行线累计最大沉降 32.3 mm；② 2011 年 9 月以后沉降速率加大，接近 5 mm/月，没有趋于稳定的趋势。③ 沉降范围上行线在 40—50 m 左右，下行线在 70—80 m 左右。由于沉降对地铁的安全运营造成较大的隐患，需立即对上海火车站—宝山路土层进行砂浆注浆，对道床下卧土层起到加固、稳定的作用，保证地铁安全运行。

经过对 3 号线上海火车站至宝山路区间大统路地道正上方两边各 70 米范围内道床不均匀沉降区域范围内注浆，使其稳定抬升，将原范围内突变曲线缓和至平稳曲线，起到稳定地铁结构，维护地铁运营安全的作用。

【2 号线创新中路至华夏东路上行隧道变形整治工程】

2015 年 5 月 1 日起实施该项目，针对 2 号线创新中路至华夏东路区间上行隧道有 235 环管片收敛变形超过 10 cm 开展施工改造。一旦隧道收敛变形超过 10 cm 且遇有隧道内外条件发生恶化时，收敛变形速度将加快，加之隧道变形已远超设计控制值，不确定性增加，隧道结构累计风险较高。采用地面微扰动注浆，管片渗漏水堵漏及钢内衬加固相结合手段，从根本上控制风险。通过对 2 号线创新中路至华夏东路区间地面上方完成 270 个微扰动注浆孔位，隧道区间内 235 环管片的堵漏及钢内衬安装，从而控制管片收敛变形的速率，稳固隧道的“真圆”状态，进一步保证地铁安全运行。

【2 号线淞虹路至虹桥二号航站楼 2—3 号工作井下行隧道变形整治工程】

2015 年 6 月 1 日起实施该项目，对 2 号线淞虹路至虹桥二号航站楼 2—3 号工作井区间下行隧道有 40 环管片收敛变形超过 10 cm 开展施工改造。一旦隧道收敛变形超过 10 cm 且遇有隧道内外条件发生恶化时，收敛变形速度将加快，加之隧道变形已远超设计控制值，不确定性增加，隧道结构累计风险较高。采用管片渗漏水堵漏及钢内衬加固相结合手段，从根本上控制风险。通过对 2 号线淞虹路至虹桥二号航站楼 2—3 号工作井区间下行隧道有 40 环管片的堵漏及钢内衬安装，从而控制管片收敛变形的速率，稳固隧道的“真圆”状态，受力变形趋于稳定，进一步保证地铁安全运行。

【4 号线上海体育馆至宜山路上下行隧道变形整治工程】

2015 年 6 月 1 日起实施该项目，对 4 号线上海体育馆至宜山路区间上下行隧道有 101 环管片收敛变形超过 10 cm 开展施工改造。一旦隧道收敛变形超过 10 cm 且遇有隧道内外条件发生恶化时，收敛变形速度将加快，加之隧道变形已远超设计控制值，不确定性增加，隧道结构累计风险较高。采用管片渗漏水堵漏及钢内衬加固相结合手段，从根本上控制风险。通过对 4 号线上海体育馆至宜山路区间上下行隧道有 101 环管片的堵漏及钢内衬安装，从而控制管片收敛变形的速率，稳固隧道的“真圆”状态，受力变形趋于稳定，进一步保证地铁安全运行。

【7 号线顾村公园至祁华路站上下行隧道变形整治工程】

2014 年 9 月 1 日起实施该项目，对 7 号线顾村公园至祁华路站上下行隧道区间内共有 302 环管片收敛变形超过 10 cm 开展施工改造。一旦隧道收敛变形超过 10 cm 且遇有隧道内外条件发生恶化时，收敛变形速度将加快，加之隧道变形已远超设计控制值，不确定性增加，隧道结构累计风险较高。采用管片渗漏水堵漏及钢内衬加固相结合手段，从根本上控制风险。通过对 7 号线顾村公园至祁华路站上下行隧道区间内 302 环管片的堵漏及钢内衬安装，从而控制管片收敛变形的速率，稳固隧道的“真圆”状态，进一步保证地铁安全运行。

【3 号线江杨北路车辆段镟轮库线改造工程】

2014 年 2 月 11 日起实施该项目，对上海地铁 3 号线江杨北路站场中，镟轮作业的列车从牵出线进入镟轮库线时进行施工。需切割出入段线，而 30 道及相关道岔（2＃、6＃道岔）属于 3 号线正线运行控制范围，在运行调度过程中为保证正线运营，使得镟轮设备无法得到有效利用，影响车辆镟轮作业的正常开展，为确保行车安全，同时正常开展 3 号线车辆镟轮作业，对宝钢车辆段镟轮线线路进行改造，解决其相应的停车能力，配套设置 1 条停车线。增加 3 号线江杨北路车辆段停车库位，同时有效降低了车辆分公司镟轮库作业时对站场调车影响，新建停车线 8 道自预留 43 号道岔引出，里程范围 K0＋000.00—K0＋414.140；由镟轮线改造引起新建轨道工程及既有线抬落道、平过道改造及配套相关改造。

【9 号线九亭站至七宝站区间双液微扰动注浆工程】

2013 年 11 月 26 日至 2014 年 10 月 24 日，对上海轨道交通 9 号线九亭至中春路上下行 2 个区间隧道周边建筑施工活动和列车的长期运行振陷施工。运营隧道线路上部分区间隧道内存在不同程度的差异沉降。通过对隧道下卧土层采用双液注浆方法进行分层加固，以保证地铁安全运行的百年大计。对九亭站至中春路站区间上行第 517、518 环旁通道位置；下行第 341、342 环旁通道下卧土层采用双液注浆方法进行分层加固，有效控制隧道结构沉降速率，保证结构稳定性。

【轨道交通 67 座砂性土旁通道泵站底板整改项目】

2012 年 12 月 25 日，7 号线船厂至后滩区间旁通道泵站发生底板预留注浆孔漏水的紧急事件，经抢修于 2013 年 1 月完成旁通道泵站底板植筋浇筑混凝土永久性整改工作。为此，公司梳理出 67 处旁通道泵站位于砂性土层，在 2013 年内首先启动上述地段整改工作。对 1 号线、1 号线北延伸、2 号线、2 号线西延伸、4 号线、6 号线、7 号线、8 号线、9 号线、10 号线、11 号线、13 号线共计 67 座砂性土旁通道泵站底板结构表面浇筑一层 250 mm 厚的 C40 钢筋混凝土进行加固，保证旁通道底板的结构安全性、耐久性。

【4号线蒲汇塘停车场噪声治理工程】

2015年6月5日起实施该项目，根据《上海市轨道交通明珠线二期工程环境影响评价报告书》，实测长春小区的声环境质量超标约2 dB(A)。为了消减4号线出入场线噪声对该小区的噪声影响，使采取降噪措施后的小区声环境质量满足环保要求，通过加装声屏障及阻尼钢轨的方式对4号线出入场线(蒲汇塘基地)进行降噪治理工程。4号线蒲汇塘停车场安装声屏障总长69米，阻尼钢轨铺设605米。

【2号线原张江高科站改建工程】

2013年11月20日至2014年6月6日，原有张江高科站停止运营后车站大部分管理用房改作了申通集团培训中心的实训基地用房。其中既有的东侧站厅及管理用房、西侧的设备间均由培训中心使用；另外培训中心在9—11轴的原有车站架空部分新设了二间教室。本次工程拟统筹考虑原有张江高科站的可利用空间，安排申通集团技术中心的科研试验基地、申通集团培训中心的实训基地、申通集团资产公司的商业开发、申通集团维保中心用房以及配套的机动车停车空间。

【江杨北路基地、蒲汇塘基地屋面工程】

2014年10月22日起实施该项目，3号线江杨北路基地6号楼、14号楼、15号楼及4号线蒲汇塘路基地2号楼、4号楼、5号楼、9号楼、11号楼由于屋面防水层老化等种种原因，导致结构渗漏水严重，影响设备正常使用及工作人员开展日常工作。完成江杨北路基地6号楼、14号楼、15号楼合计约3 800平方米的屋面渗漏水修复作业；蒲汇塘路基地2号楼、4号楼、5号楼、9号楼、11号楼合计约5 450平方米的屋面渗漏水修复作业。

【8号线芦恒路洞口、9号线九亭洞口围墙改造工程】

2013年8月18日，8号线浦江镇至芦恒路路上行区间洞口发现有外来人员非法进入，后经现场勘查发现在下行靠近洞口处地面上的安全护栏(铁丝网)有两处遭到破坏。2013年12月25日，9号线九亭—洞泾区间洞口地面段的背面网状护栏被损坏6处，造成电缆被盗。本工程通过将8号线浦江镇至芦恒路路上行区间洞口、9号线九亭—洞泾区间洞口地面段原铁网围栏拆除，新建混凝土围墙，保证以上两个区间轨行区不受外来人员的入侵，使国有资产不致流失。使8号线芦恒路洞口(里程范围K34＋050—K34＋328)总长567米；9号线九亭洞口(里程范围K17＋972—K18＋287)总长641米，合计总长1 208米的区段范围内加设了高2.8米，宽250毫米的混凝土围墙。

【3号线上海南站折返段声屏障降噪工程】

2015年11月12日起实施该项目。根据上海市环境科学研究院2012年2月出具的《沪杭铁路徐汇段环境调查报告》的结论，3号线上海南站折返线噪声影响了东荡小区的居民，列车经过该小区时实测的噪声最大值(第一排最近处)为：64.4—90.1 dB(A)，声环境质量严重超标，地铁列车刹车制动声及电机启动声是影响源之一。本项目主要目的是为了减少3号线上海南站折返线列车经过时对该小区造成的噪声影响。拆除原先围墙，新筑混凝土围墙并加设声屏障的降噪措施，来提高小区声环境质量，声屏障总长度为217 m，西起铁路与轨道交通围墙分界处，东至折返线岔区终点。

【6号线声屏障改造一期工程】

2013年9月13日，6号线巨峰路—东靖路区间内声屏障，受到台风影响，发生声屏障飞燕式屏体倾覆事件，倾覆的屏体长度为100米。事发后，集团根据相关部门检测结果分析得出结论，原设计存在缺陷是主因且沿线居民因噪声过大的问题多次投诉。据此，分公司对五莲路—五洲大道三段区间内声屏障进行整改恢复工程。恢复五莲路—五洲大道三段区间内2.8米声屏障2 256.88延米，4.6米声屏障1 083.316延米，共计工作量3 340.2延米。

【2号线东延伸、2号线西延伸、4号线、6号线、7号线、9号线、10号线、11号线区间隧道收敛大于10 cm管片整治】

根据2012年年底的监测数据，全网管片收敛超过10 cm的管片有1 256环，分布在1、2、4、6、7、9、10、11号线，主要分部在18个区间，其中817环已经或正在进行加固措施(粘贴芳纶布或内张钢环)，还有剩余没有采取具体工程措施。鉴于安装钢内衬这一永久措施目前因施工能力无法满足现状，故对未采取任何工程措施的管片先实施粘贴芳纶布的措施。对分布在1、2、4、6、7、9、10、11号线管片收敛超过10 cm并且未采取任何工程措施的1 256环管片实施粘贴芳纶布的措施。

【2号线东延伸、2号线西延伸、7号线5处道床开裂脱离严重地段加固工程项目】

2号线淞虹路—航站楼区间、7号线船厂—后滩区间、7号线肇嘉浜路—常熟路区间、7号线祁华路—顾村区间、2号线华夏—川沙区间，将原本存在的严重轨枕与道床脱离、道床疏松和碎裂、排水沟与管片脱离、隧道管片和道床脱离等现象，通过道床加固注浆保护隧道结构，保障地铁安全运营。合计完成1 609米的道床加固作业。

【1、2、4、6、7、8、9、10、11号线区间隧道收敛区段(9 cm＜收敛值＜10 cm)芳纶布加固工程】

上海地区多属于软土地区，隧道结构易发生横向收敛变形的病害。根据多年收敛数据的分析可见，若不及时对其进行大修治理，则会造成收敛变形进一步发展。同时根据对2014年最新隧道监测数据的梳理，1、2、4、6、7、8、9、10、11号线区间隧道收敛值大于9 cm小于10 cm共有1 095环。故本项目计划对这9条线进行芳纶布加固工程，从而保障结构安全及运营安全。对分布在1、2、4、6、7、9、10、11号线管片收敛接近10 cm并且未采取任何工程措施的1 095环管片实施粘贴芳纶布的措施。

【2号线淞虹路站—北翟路出入段线隧道修复工程】

2号线北翟路出入段线存在下述病害：1. 旁通道及上下行相邻管片81环多处渗水，环纵缝处有渗漏水点极个别点伴有少量泥沙出现，联络通道两侧地面有水渗出，已超出隧道大修规程中规定的指标(任意100 m^2 防水面积上的漏水或湿渍点数超过7处)。2. 建设期安装的47环钢内衬锈蚀严重，原钢环施工区域表面防腐涂层已大面积剥离脱落，钢环表面大面积锈蚀，锈蚀深度最严重约3—4 mm，已超出隧道大修规程中规定的10%的锈蚀面积。为确保地铁隧道结构安全，需尽快对旁通道出入段进行综合治理，主要包括渗漏水整治和钢内衬除锈防腐两个方面对分布在2号线北翟路出入段线的81环管片进行渗漏水处理及既有47环钢内衬进行除锈。

第三节　应 急 管 理

一、工务分公司应急值守工作管理规定

管理规定明确应急值守的类型、管理职责、值守点布局、人员配置。应急值守类型分为应急值守点及一级道岔值守点。各部门管理职责包括生产计划部是应急值守管理总体负责部门，负责制定公司值守工作管理规定，落实检查、监督、指导工作。各维护部是各自管辖范围内正线值守的管理主体，负责落实各自正线值守的日常管理、监督、检查工作。各应急值守人员负责设施设备故障或发生突发事件时的故障预判、临时处置、汇报及保驾添乘工作。

值守点布局分为应急值守点和一级道岔值守点，应急值守点原则上安排在全网络三、四线换乘车站，若不具备办公条件可在多线换乘站周边安排应急值守点。具体各应急值守点分布，根据每年生产计划部发布的工作指令为准。一级道岔值守点则根据上级部门定义的一级道岔，全网分布。具体各一级道岔值守点，根据每年生产计划部发布的工作指令为准。应急值守点应设置专用房间，原则上应急值守点用房必须安排在沿线用房内，且不能与其他生产用房共用。一级道岔值守点在该一级道岔车站内值守。每个应急值守点及一级道岔值守点都应配置一名具备线路工初级及以上资质的人员进行值守。如应急值守点位置与一级道岔值守点位置重叠或相近，可安排一名人员兼顾该两个值守点，具体要求根据每年生产计划部发布的工作指令为准。

二、应急值守点

工务分公司应急值守点共计25个(自主6个、委外19个)。覆盖面做到全路网线路。自主应急值守点覆盖范围为1、2、3、4、12号线全部线路及部分中心区域线路。委外应急值守点覆盖范围为2号线东延伸、5、6、7、8、9、10、11、13、16、17号线全部线路。工务分公司一级道岔值守点共计10个(自主6个，委外4个)。

三、应急抢修(险)队

工务分公司应急抢修(险)队共计25支，其中全路网自主专职抢修(险)队1支，轨道专业委外兼职抢修(险)队19支，土建专业自主兼职抢修(险)队4支，土建专业委外兼职抢修(险)队1支。

表4-5-2　2015年工务分公司应急抢修(险)队一级道岔值守点信息情况表

序号	线　别	一级道岔	值守点驻地	值守时间	维护属性	备　注
1	1号线	莘庄站N2、N4岔	莘庄车站内	早、晚高峰	自主	由线路管辖部门落实人员值守
2	1号线	上海火车站N1、N3岔	上海火车站车站内	早、晚高峰	自主	由线路管辖部门落实人员值守
3	2号线	淞虹路站N10、N12岔	淞虹路站车站内	早、晚高峰	自主	由静安寺应急值守点接管

（续表）

序号	线 别	一 级 道 岔	值守点驻地	值守时间	维护属性	备 注
4	2 号线	广兰路站 N6、N8 岔	广兰路站车站内	早、晚高峰	自主	由广兰路应急值守点接管
5	3、4 号线	虹桥路站 N2、N4 岔	虹桥路站车站内	早、晚高峰	自主	由上海体育馆应急值守点接管
6	3、4 号线	宝山路站 N1、N3 岔	宝山路站车站内	早、晚高峰	自主	由赤峰路应急值守点接管
7	7 号线	祁华路站 N10、N12 岔	祁华路站车站内	早、晚高峰	委外	由祁华路应急值守点接管
8	10 号线	龙溪路站 N6 岔	龙溪路站车站内	早、晚高峰	委外	由龙溪路应急值守点接管
9	10 号线	新江湾城站 N2、N4、N6 岔	新江湾城站车站内	早、晚高峰	委外	由新江湾城应急值守点接管
10	11 号线	嘉定新城站 N1、N2 岔	嘉定新城站车站内	早、晚高峰	委外	由嘉定新城应急值守点接管

四、应急抢险

【2 号线淞虹路至虹桥 2 号航站楼下行区间抢险】

2013 年 12 月 17 日，在 2 号线淞虹路至虹桥 2 号航站楼下行区间进行道床加固作业时，由于工务公司委外施工人员未按照既定的施工方案进行施工，发生作业现场道床冒泥沙险情，事发地点距车站 700 米左右。4:09，工务抢修队抵达现场，经初步分析判断后制定抢险方案。5:00，采用 70 厘米木棒，对漏点进行强制封堵。现场效果确认发现管片孔仍旧未堵严实。现场决定采用壁后注浆措施，并通知隧道基地基础公司进行支援抢险。11:15，注浆完毕，堵漏效果明显，共注浆 1 吨左右，现场再次清淤后，基本满足通车条件。11:30，运营回复正常。本次事件导致 2 号线停运，导致淞虹路至虹桥 2 号航站楼下行列车最大晚点 101 分钟，抢修共出动 23 人。

【10 号线吴中路停车场列车冲突事故抢险】

2014 年 11 月 6 日 13:55，工务公司委外单位施工负责人向吴中路停车场 DCC 申请轨道车卸石碴施工。14:11，经 DCC 同意和安排后，轨道车以牵引方式到达停 5 道，开始施工(此时轨道车占用 5 道及出库信号机外方第一轨道电路)。14:33，1020 号列车从入场线转换轨，正以 AM 方式回库计划进停 10 道，此时，完成卸碴作业的轨道车在没有办理进路的情况下，擅自向入场咽喉区方向推送。14:34，1020 号列车越过 8 号道岔后，司机发现侧前方有平板车在移动，立即鸣笛示警，无效后急忙转换模式开关停车。14:35，1020 号车因制动距离不足在 9＃道岔处与平板车发生正面冲突。15:30，电客列车与轨道车已进入库内停车股道，事故致电客列车车钩钩头轻微受损，车头前装饰板部分破损，电客司机手臂轻微伤，但未对当日列车出入场作业造成影响，抢修共出动 14 人。

【3号线中潭路至上海火车站列车车辆碰擦侵限物事故抢险】

2013年11月24日，因3号线中潭路下行进站处声屏障部件松动掉落，使得列车在行驶过程中与该部件发生碰擦。工务分公司接报3#中潭路下行进站处，列车驶过有一异物碰擦到列车，后该异物被司机带至中潭路站车控室。该异物为长1米宽10厘米的铁皮。工作人员赶赴现场后，初步确认该板为声屏障底部与电缆遮阳罩顶板连接处的挡板，为声屏障屏体与基础之间的缝隙遮挡部件。该部件松动掉落对声屏障整体结构强度无影响。经当晚排查，未发现类似松动挡板。为防止类似事故发生，11月26日，将3号线中潭路至上海火车站下行近中潭路200米范围内挡板全部拆除。本次事件工务分公司出动值守点人员1名。

图4-5-2　轨道维修

第六章　物资后勤保障

上海地铁维护保障有限公司物资和后勤分公司承担上海地铁运营体系生产物资采购供应、维修基地设施设备维护及各类后勤保障工作，下设共有四大业务板块：电子商务板块、物资管理板块、物业管理板块以及后勤保障板块。分公司物资管理版块全面负责上海地铁采购信息平台的管理，以专业化的地铁运营物资供应管理体系，为上海地铁运营维护板块提供生产物资采购，其覆盖上海地铁车辆、供电、通号、工务及辅料等五大专业版块的设施设备维修备件，并对基地内物资仓库、危险品仓库进行管理，提供有效储运服务。分公司电子商务板块依托地铁阳光采购平台实现申通集团内部所有物资与服务类采购的信息发布、线上竞价、电子招标管理、供应商管理及专家库管理。分公司还承担着上海轨道交通所辖的23个维修基地、10个控制中心的物业管理工作，形成“大物业”网络化管理模式，保障基地内设施设备的运行使用，并提供安全可靠的消防保卫。同时，后勤保障板块承担着基地内房建绿化、防台防汛、环境卫生和有害生物防制(PCO)等工作，并对1个膳食配售中心、37个食堂进行管理与经营，每天为万余人次的地铁员工提供卫生、可口、丰富的菜肴和点心。两大板块全面推行了以“6S”管理为基础的精细化操作、标准化管理模式，始终为上海地铁安全运营提供服务专业、设施完备、保障可靠的运营指挥、维修作业环境。

上海轨道交通维护保障中心物资和后勤公司系上海轨道交通维护保障物流中心与上海轨道交通维护保障有限公司后勤服务分公司于2010年11月17日合并而成。物流中心源起于上海地铁运营有限公司物流中心，自2006年6月正式挂牌，2008年4月，更名为上海轨道交通维护保障物流中心。后勤服务公司源自2000年10月底成立上海地铁运营有限公司后勤服务分公司。2009年3月，更名为上海轨道交通维护保障有限公司后勤服务分公司。2010年11月17日，两公司合并为上海轨道交通维护保障中心物资和后勤公司。2013年9月，更名为上海地铁维护保障有限公司物资和后勤分公司。下属单位：上海地铁清洁公司(简称：地铁清洁公司)，上海美勤工程绿化部(简称：美勤绿化部)，上海地铁东方旅馆(简称：东方旅馆)。

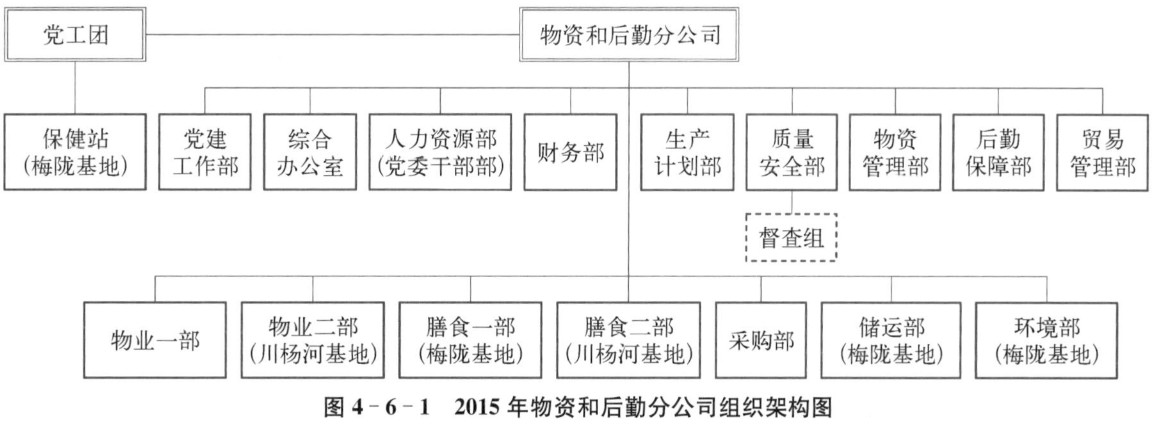

图4-6-1　2015年物资和后勤分公司组织架构图

第一节 物资保障

一、采购管理原则

【按计划采购原则】

采购人员应按年度、月度计划及紧急计划进行采购。

【保证质量采购原则】

采购人员应按照计划规定的技术要求并根据生产实际情况寻求符合计划和质量要求的产品进行采购。

【最优价格采购原则】

明确采购价格依据，采购价格应与质量相对应，应在保证质量的前提下追求价格的最优。

【合法采购原则】

对外采购行为应符合国家法律法规和公司各项规定，应遵循在合格供方范围内采购及实行公开招投标和审价相结合的原则确定供货方，以体现公开、公平、公正的采购方式。

【采购方式的选取】

单笔采购预算总金额在50万元以上(含50万元)的采购项目，应采用平台采购的综合竞价模式进行。如不具备电子竞价条件，可采用传统的公开招标方式进行，并需在上海地铁阳光采购电子平台进行公告。以上两种采购方式的有效期一般为12个月，具体有效期可根据不同项目进行约定。对于在竞价或招标有效期内的中选结果，若价格发生变化须重新进行综合竞价或公开招标，而对于相关供应商应纳入年度考核扣分项。

单笔采购预算总金额在50万元以下的采购项目，应采用平台采购的核价竞价模式进行。其竞价结果的有效期一般为12个月。若在有效期内产品价格有较大异动的，须重新进行核价。

符合以下条件的可采用直接委托方式进行采购。与集团、维保公司签有长期合作采购协议的供应商间，如战略合作伙伴协议和框架合作伙伴协议；来源单一，只能从唯一供应商处采购。其中单笔采购预算总金额在50万元以上的，需经上海地铁阳光采购电子平台发布单一来源公示且无异议；平台采购或传统招标采购失败，采用公开方式仅独家供应商响应的，需经上海地铁阳光采购电子平台发布单一来源公示且无异议；因专业单位生产需要，产品已送使用现场的紧急采购，其总金额不超过50万元的；单笔采购预算总金额在5万元以下的零星小额采购，经分管副总审批，可采用订单方式直接采购；单笔采购预算总金额在2 000元以下的紧急采购，可以直接采购，发票报销，全年累计总金额不得超过1万元；曾通过平台采购或传统招标采购签约实施，并在有效期内继续续签合同，单笔采购预算总金额在50万元以下的，且主要经济技术要素未发生变化的项目。

二、采购程序

【采购计划编制及上报】

大修、更新改造项目的采购计划：集团项目批复下达后五个工作日内由项目立项部门编制采购计划报生产计划部；委托运营成本项目的采购计划：日常性项目采购计划要求在上年度11月底前报生产计划部，有调整的应在项目实施前一个月内上报，新增项目应在项目立项同意后的五个工作日内上报；新线采购项目应单独上报；生产计划部汇总初审并经公司领导审批后上报维保公司，维保公司审批后上报集团，集团批复后作为公司采购工作的依据。

【采购文件】

指招标、长期合作、直接委托等采购文件，其中公开招标采购文件包括技术部分（招标技术规格书）、商务部分、合同文件、评标办法、限价公告信息等，长期合作、直接委托采购文件包括合同文件（技术和商务）、合同价格清单等。

【采购方式及范围】

指上海地铁采购电子商务平台的门户网站 http://eps.shmetro.com/，根据沪地铁〔2013〕429号《采购平台管理办法》规定，由公司组织在线采购，采购方式有综合竞价、核价竞价、公开竞价三种。

【综合竞价】

对应公开招标、邀请招标，范围如下：大修、更新改造项目由维保公司组织实施；委托经营成本项目，包括年度维护、维修、工程预算金额不低于20万元的项目；除物资采购外的新线采购预算金额不低于20万元的项目；物资采购单笔采购预算金额不低于50万元的项目；定加工制作、设计、监理等单个项目预算不低于50万元的项目。

【核价竞价】

对应竞争性谈判、询比价，由公司采购执行部门自主实施。

【公开竞价】

对应竞买、废旧物资拍卖。

【合格供应商】

采购平台合格供应商的选择和管理根据沪地铁〔2013〕429号《采购平台管理办法》及集团在采购平台上统一建立的合同供应商库执行。

【评标专家】

采购平台的评标专家由采购平台从招标代理专家库中随机抽取，或由招标单位直接指定，指定的专家人数最多不超过专家总人数的2/5，若专家总人数大于5人，则指定的专家人数最多不超过专家总人数的1/3。

【采购过程环境】

公司根据采购平台结果确定中标人，签发中标通知书。对于大型采购项目、超过单项概算或招标限价的、采购过程中出现异常情况的、发生投诉质疑的，公司应通过流程报上级批准。

【长期合作采购】

经集团批准的，与供应商通过协议建立共同利益基础及稳定的长期合作伙伴关系，实现深度合作，享受供应商的质量、价格、品牌和服务，所签订的协议称为长期合作采购协议。一般以2年为周期，超过2年的应报集团批准。考评通过后，长期合作采购协议可延续一个周期，但应重新签订协议，并根据市场变化情况及考评中暴露出的问题，对双方的职责和义务进行补充和完善。

【直接委托采购】

不通过或无法有效通过公开采购的方式，向唯一的供应商、承包商或服务提供者采购的，符合以下情形的，可采用直接委托采购的方式，招标失败，采用公开的方式无法征集到供应商的；来源单一，只能从唯一的供应商处采购，其中单个采购合同预算金额不低于50万元的，应经上海地铁采购电子商务平台发布单一来源公示且无异议的；紧急采购或基于原有采购合同继续添购不超过合同价金额10%追加采购的；重复合同，一年内反复采购，且原合同采用公开的方式采购的；单个采购项目预算金额不超过20万元的，且通过考核评估，主要经济技术要素未发生变化的项目。

【合同签订】

采购执行部门应根据采购结果及时签订合同，合同应采用格式文本，符合国家法律法规及公司合同管理实施细则。

【签约时限】

从招标项目中标通知书、长期合作采购批复意见、直接委托采购批复意见收到之日起三十日内，根据采购文件确定的事项签订采购合同。由于特殊原因需延期签订的，双方应书面确认，不得改变采购文件确定的实质性内容。合同签约时限纳入公司季度考核范围。

【合同报备】

采购执行部门在合同签订后应及时登录合同管理平台进行备案，保证合同信息及附件资料的完整。

【考核】

采购项目完成后应及时做好项目执行情况的考评工作，每年一次做好供应商评估工作。

三、供应商管理

供应商管理主要包括供应商准入审核、供应商合同履约评价、评价标准等内容。

供应商准入审核根据集团沪地铁〔2014〕432号《采购平台供应商准入实施规定》，进行注册与自荐。供应商合同履约评价则是指每个合同的评价不少于1次(一般为合同销号时)。委外项目类合同如是跨年合同，则应每年评价 1 次。评价标准分为优秀、良好、一般、差。

四、仓储管理

仓库按照地铁基地功能定位分为一级库（段设仓库）和二级库（场设仓库），分别设立仓库管理班组负责该基地仓库的仓储作业；仓库管理班组实行全天候服务。仓库管理班组由仓库管理员组成，实行组长负责制，组员应服从组长的工作安排。仓库根据作业要求设置仓库管理室、存储区、周转区、辅助作业区区域和运输及消防通道。仓库根据物资存储要求设置危险品库、恒温室。仓库结合仓储设施设置相应货位，库位按照库位编码原则编制。仓库管理员每天按时段（00:01—08:30，08:31—12:00，12:01—17:00，17:01—00:00）对库区进行巡视检查，并作好记录。仓库管理员每月对仓库内的安全、消防设施设备进行检查。库房区域不得吸烟、不得私自动用火作业，因工作需要动用明火作业应办理三级动火审批手续；所有人员进入仓库前应将火种留在库外。仓库内铲车、行车类特种设备操作持证上岗，由持证人员对特种设备进行日常点检和保养。仓库区域消防车通道、楼梯逃生通道、库房门口及消防器材周围不得堆放杂物，消防通道畅通及安全警示标志的醒目。仓库库房区域不得停放与仓储生产无关的车辆。

第二节　场 段 管 理

一、基地建立

上海地铁自 1983 年开始项目可行性研究以来，做了大量调查研究，并结合引进外资建设的工作，广泛吸收了国外的地铁建设中的先进技术与经验。自 1986 年开始，经过多次方案比选和反复，最后设计了新龙华车辆段的总体布局，并于 1993 年审批通过建设用地，建造了上海最早的地铁 1 号线停车场，并于 2005 年建造 1 号线北延伸——富锦路基地；基地主要分管安保消防、综合治理、房屋土建、设施设备、环保绿化膳食保障、物资管理等管理任务，其中物业板块自主人员 18 人，膳食 45 人，仓储业务 17 人。

地铁 2 号线龙阳路基地于 2003 年审批通过用地许可，并在 2004 年建造北翟路基地和 2014 年的川沙基地。其中物业板块自主人员 9 驻守在龙阳路，8 人在北翟路，膳食两个基地分别为 15 人，仓储业务 9 人在龙阳，8 人在北翟路。

地铁 3 号线石龙路基地和江杨北路基地于 1998 年和 2002 年审批通过并开始建造基地。其中物业板块自主人员 15 人，膳食 13 人，仓储业务 10 人。

地铁 4 号线蒲汇塘基地于 2002 年审批通过用地许可，于 2005 年 1 月完成建设并投入使用。物业板块自主人员 5 人，膳食 30 人，仓储业务 6 人。

地铁 5 号线剑川路基地在 2004 年审批通过建设用地。主要分管安保消防、综合治理、设施设备、环保绿化、膳食保障等管理任务。

地铁 6 号线港城基地和三林基地分别在 2003 年和 2006 年审批通过建设用地并开始建造。物业主要分管安保消防、综合治理、房屋土建、设施设备、环保绿化管理任务共计 6 人；膳食共计 7 人、仓储共计 6 人。

地铁 7 号线陈太路基地于 2009 年开始建造，2006 年龙阳路辅助车辆段经上海市城市规划管理局通过了《建设用地规划许可证》。主要分管安保消防、综合治理、房屋土建、设施设备、环保绿化膳食保障、物资管理等管理任务。人员共计24人。

地铁8号线于2003年和2009年分别建造了殷行基地和蒲江镇基地物业主要分管安保消防、综合治理、房屋土建、设施设备、环保绿化管理任务人员7驻守在殷行,5人在浦江镇,膳食两个基地分别为7人在殷行,5人在浦江镇,仓储业务9人在殷行,8人在浦江镇。

地铁9号线九亭基地在2005年审批通过了建设用地。物业主要分管安保消防、综合治理、房屋土建、设施设备、环保绿化管理任务共计6人;膳食共计14人、仓储共计9人。

地铁10号线吴中路基地在2012年开始建造。物业主要分管安保消防、综合治理、房屋土建、设施设备、环保绿化管理任务共计4人;膳食共计9人、仓储共计7人。

二、管理业务

地铁各基地、控制中心建立健全各项管理制度、岗位标准,并制定具体的落实措施和考核办法。专业技术人员持证上岗,保安、清洁人员统一着装,佩戴明显标志,工作规范,作风严谨。房屋及其共用设施设备档案资料齐全,分类成册,管理完善。公司建立24小时值班调度制度,设立值班调度电话,接受基地、控制中心内各使用单位对房屋设施、共用设施设备、环境、绿化、食堂服务的保修、问询、投诉等各类信息的收集和反馈,并及时处理,记录。建立并落实便民维修服务承诺制。

基地各出入口设有基地平面示意图,主要路口设有路标,生产、生活用房在醒目标志位置设有楼号、层号。基地、控制中心内房屋外观完好、整洁,外墙面砖、涂料等装饰材料无脱落、无污迹;室外广告牌、移动基站、天线按规定设置,保持整洁统一美观,无安全隐患或破损;空调安装位置统一,冷凝水集中收集,支架无锈蚀;房屋装饰、装修符合规定,未发生危及房屋结构安全及拆改管线等现象。

共用配套设施应完好,不得随意改变用途;共用设施设备运行、使用及维修维护应有记录,保证无事故隐患;专业技术人员和维护人员严格遵守操作规程和保养规范;室外共用管线统一入地或入公共管道,未经许可不得随意架空管线;排水、排污管道通畅,无堵塞外溢现象;道路通畅,路面平整,井盖无缺损、无丢失,路面井盖不影响车辆和行人通行;供水设备运行正常,设施完好、无渗漏、无污染;二次生活用水应有保障措施,制定因管道破损等突发事件导致停水事故的处理方案;供电设备运行正常,配电室管理符合规定,路灯、楼道灯等公共照明设备完好;电梯按规定运行,安全设施齐全,无安全事故;轿箱、井道保持清洁;电梯机房通风、照明良好;制定出现故障后的应急处理方案。

保安、消防、车辆管理在基地、控制中心内施工的委外单位在施工前需准备好相关资料。施工完毕后,施工单位工完料清,物业部现场确认并在施工单上签字后返还。对验收不合格单位,一次不合格要求整改,二次及二次以上验收不合格将上供应商黑名单。造成物品损坏、违章被考核的或未完工清场的押金不予返还;有专业保安队伍,实行24小时值班及巡逻制度;危及人身安全处有明显标识和具体的防范措施;消防设备设施完好无损,可随时启用;消防通道畅通;制定消防应急方案;机动车管理制度完善,管理责任明确,车辆进出有登记。非机动车辆管理制度完善,按规定位置停放,管理有序;基地停车库内不准停放机动车、非机动车。基地其他生产库房内不准停放机动车,非机动车应在指定位置停放。

环境卫生管理环卫设备完备,设有垃圾箱、垃圾中转站。清洁卫生实行责任制,有专职的清洁人员和明确的责任范围,实行标准化保洁。垃圾日产日清,定期进行卫生消毒灭杀。房屋共用部位共用设施无蚁害。公共道路等共用场地无纸屑、烟头等废弃物。房屋共用部位保持清洁，无乱贴、乱画，无擅自占用和堆放杂物现象；楼梯扶栏、公共玻璃窗等保持洁净。排放油烟、噪声等应符合国家环保标准，外墙无污染。

基地、控制中心内绿化布局合理，花草树木与建筑小品配置得当。各基地绿化带不发生"改变使用用途"、破坏、践踏、占用等现象。花草树木长势良好，修剪整齐美观、无病虫害，无折损现象，无斑秃。绿化带无纸屑、烟头、石头等杂物。

消防器材要根据不同场所合理配置，妥善保管，器材旁留出通道，不得堵塞，并设置在明显的地方，以便取用，室外设置的灭火机要放在专用箱柜内，防止日晒、雨淋、锈蚀而失效；按期检查、保养消防设施设备，保持其完好有效；基地各区域消防通道、安全出口畅通，应急照明、逃生标识完好；消防泵运行正常，控制柜开关处于"自动"状态，压力表具检测合格并处于有效期内，泵房巡检记录规范。

列车库、宿舍、物资仓库、危险品库、设备用房等及发生火灾后会影响列车正常运行的其他部位，均为消防重点部位。应设置明显的防火标志，落实管理；应执行人员进出制度不得携带易燃易爆物品进入消防安全重点部位，不得擅自动用明火，确因工作需要动用明火应申办一级动火手续。

专职消防队应定期开展消防演练及防火安全检查，纠正消防违规行为，做好装备日常的维护且记录规范。

图 4-6-2　8 号线停车场

表 4-6-1　1993—2015 年轨道交通物流仓库情况表　　单位：平方米

批准用地日期	基　地	名　称	面　积
1993 年	梅陇	危险品库	276.2
		物流中心仓库	4 376.33

（续表）

批准用地日期	基　地	名　称	面　积
2005年	富锦	物流仓库	3 121.00
		危险品库	181.00
2005年	北翟	物资总库	5 080.00
		易燃品库	248
2003年	龙阳	易燃品库	143.00
		教培中心，物流仓库	9 000（测量）
2014年	川沙	易燃品库	135.16
1998年	石龙路	中心仓库分库	762.31
2002年	江杨北路	易燃品库	224.44
		维修中心检修车间/物资总库	8 890.00
2011年	浦汇塘	危险品库	94.27
		物流仓库	1 098.84
2003年	剑川	易燃品库	86.46
		材料总库	4 638
2003年	港城	易燃品库	105.4
		物流中心	11 657
2009年	陈太路	易燃品库	188.2
2003年	殷行	维修中心检修车间/物资总库	8 890
		易燃品库	97.4
		材料棚	234
2009年	浦江镇	危险品库	104.40
2005年	九亭	危险品库	297.00
		通号车间料棚	296.00
		汽车棚	48.00
		中心仓库	3 840.00
2012年	吴中路	易燃品库	159.00
		物资总库	3 654.00
2006年	赛车场	材料总库	3 255.00
		材料棚	980.00
		易燃品库	276.25
2013年	川杨河	危险品库（含材料棚117平方米）	441
		中心仓库	3 107.00

（续表）

批准用地日期	基　地	名　称	面　积
2013 年	金桥	易燃品库	214.00
		中心仓库	2 499.00
		废品棚	102.00
2011 年	北翟	材料棚	954.00
2013 年	治北	物资分库	1 194.00
		易燃品间（含材料棚 177 平方米）	461.00
2006 年	中春	危险品库	158.00

第七章　车站设施设备维护

第一节　地铁安全区保护

上海轨道交通处于含水饱和的软土地基中，土层一经扰动，轨道交通结构容易位移变形，且不可逆。因市区土地资源稀缺，在轨道交通线路附近不可避免存在施工。在已建轨道交通线路区间隧道、车站及其附属设施的两侧或顶上进行加载或卸载的建筑施工活动，容易产生轨道交通建筑结构的位移变形。

一、安全保护依据

为了加强邻近施工管理，降低对轨道交通影响，1993 年，上海市政府规章《上海市地铁管理办法》对轨道交通安全保护区域有关作业作了明确规定，轨道交通安全保护区管理由此开始。1994 年，市市政局颁发《上海市地铁沿线建筑施工保护地铁技术管理暂行规定》，提出地铁保护技术标准，对邻近建筑深基坑围护的设计和施工以及轨道交通隧道的保护提出了一整套的计算理论和方法。1997 年颁布的地方性法规《上海市地下铁道管理条例》，首次明确安全保护区的范围等规定。2002 年颁布的地方性法规《上海市轨道交通管理条例》，对安全保护区的范围、项目作业内容、技术审查程序、许可主体、安全保护区监管等作了进一步的规定，随后于 2006 年、2010 年、2013 年进行了修订。2002 年 8 月，市交通局制定《上海市轨道交通安全保护区暂行管理规定》，细化安全保护区内作业项目的许可条件、许可和技术审查程序、监护方案、巡查要求等管理内容。

二、安全保护组织

1993 年，成立上海地铁咨询监理科技有限公司。1995 年，成立上海地铁咨询监理科技有限公司咨询监护部，负责运营线路安保区管理和沉降监测。2005 年，成立上海地铁运营有限公司监护分公司。2009 年，成立上海轨道交通运营管理中心监护工作部，2009 年底，成立上海轨道交通维护保障中心工务监护分公司。2010 年，成立上海轨道交通维护保障中心监护工作部，将规划、建设、运营线路的监护工作整合到一起，统一管理。根据《上海市轨道交通管理条例》相关条款受市交通行政管理部门（市运管处）委托开展技术审查，对维保工务和项目公司保护区巡查和项目管理业务开展监管、协调处置。监护公司（监护工作部）主要负责对外经营的资金、合约管理，承接建设单位委托的保护区项目施工期间的地铁保护，对承担项目现场监护单位及委外业务的监管考核，组织推进结合改造项目实施等。

三、安全保护督查

2002 年 9 月 20 日，由市轨道处和地铁运营公司联合成立的轨道交通稽查大队查处了首起在轨道交通安全保护区内违法作业的案件，对违法单位上海长峰房地产开发有限公司作出罚款 2.5 万人民币的处罚，并责成其限期整改。自 2006 年 6 月起，市运管处对安全保护区内许可的作业项目实施每月一次的行政监督检查，加强许可项目的过程管理，确保项目单位按照许可的要求施工操作。2009 年 12 月 9 日，市政府规章《上海市轨道交通运营安全管理办法》颁布，对安全保护区内的作业管理、安全保护区外的施工管理等作了具体规定。实施安全保护区的管理，对于保证建设与运营线路的安全起到重要的保护作用。

安全保护区范围为“地下车站与隧道外边线外侧五十米内；地面车站和高架车站以及线路轨道外边线外侧三十米内；出入口、通风亭、变电站等建筑物、构筑物外边线外侧十米内”。上海市轨道交通管理条例规定在轨道交通安全保护区内进行“建造或者拆除建筑物、构筑物；从事打桩、基坑施工、挖掘、地下顶进、爆破、架设、降水、钻探、河道疏浚、地基加固等工程施工作业；其他大面积增加或者减少载荷的活动”的单位，其作业方案应当经过市交通行政管理部门同意，并采取相应的安全防护措施。城市轨道交通运营管理规定：在轨道交通安全保护区进行“新建、改建、扩建或者拆除建(构)筑物；挖掘、爆破、地基加固、打井、基坑施工、桩基础施工、钻探、灌浆、喷锚、地下顶进作业；敷设或者搭架管线、吊装等架空作业；取土、采石、采砂、疏浚河道；大面积增加或者减少建(构)筑物载荷的活动；电焊、气焊和使用明火等具有火灾危险作业”的单位，应当按照有关规定制定安全防护方案，经运营单位同意后，依法办理相关手续并对作业影响区域进行动态监测。作业单位应当先将上述作业方案送轨道交通企业进行技术审查，轨道交通企业应当及时提出技术审查意见；市交通行政管理部门根据技术审查意见作出是否同意作业方案的决定后，应当及时告知轨道交通企业。

表 4-7-1　1996—2015 年上海轨道交通安全保护区作业项目技术审查数量情况表　　单位：个

年　份	作业项目报审	发出技术审查意见	现场监护项目
1996	35	35	
1997	37	37	
1998	31	31	
1999	29	29	
2000	14	14	
2001	29	29	
2002	55	48	
2003	56	46	
2004	27	25	
2005	58	58	
2006	116	116	
2007	186	185	95
2008	267	257	129
2009	272	213	140
2010	205	183	155
2011	263	244	165

（续表）

年　份	作业项目报审	发出技术审查意见	现场监护项目
2012	239	215	195
2013	311	294	199
2014	344	331	260
2015	323	287	263

第二节　车站设施维护

车站设施设备主要包括：自动扶梯、垂直电梯、售检票设施、导向标志、照明设施、广播、乘客信息屏、屏蔽门、防淹门、防火卷帘门、紧急对讲电话、车站信号设备、车站环境监控设备、车站技术防范设备、车站通信设备、车站消防设备、车站供电设备等。其中重点维护对象主要包括：自动扶梯、屏蔽门、消防系统、给排水系统、门禁系统。

基于“以可靠性为中心”的设备管理理念，采取“自主集中维修与系统性委外维修相结合”的区域化维修模式，依托专业化的维修方式，并持续提升维护检修的效率和质量，确保设施设备的稳态运行。

【日常维修】

巡检作业巡检人员严格按照巡检流程进行工作，严密巡视，保证质量。巡检设值班点，主要负责所管辖范围内设施设备的交接、巡视、操作、保养、故障处理及相应配合站务工作。

定期维修施工作业：根据不同设施设备维修要求的差异，划分周检、双周检、月检、双月检、季检、半年检、年检等多个维修周期，定期对所管辖的设施设备进行日常维护、检修、监护，并保证施工结束后设备状态及功能不发生改变。

临时性维修施工作业：是指非日常作业及专项、大修作业的临时性施工作业。对于临时性施工作业和抢修施工作业的区分，须由网络运营管理中心根据相关定义进行划分，在未进行划分之前，临时性作业和抢修作业归属同一作业类型。配合性维修试验施工作业对供电、通号、工务、运营公司管辖设施设备范围内进行配合日常维护、检修、抢修、旁站监护、实施安全措施等的试验施工的作业，主体施工单位为其他主体。

【专项维修】

专项维修的流程同定期维修施工流程，主要根据检修制度的要求，对需要进行大修、更新或者升级改造的设备进行针对性的专项维修施工作业。

维护依据主要包括：上海申通地铁集团公司《火灾报警系统（FAS）维修规程》、上海申通地铁集团公司《设备自动化系统（BAS）维修规程》、上海申通地铁集团公司《屏蔽门系统维修规程》、上海申通地铁集团公司《灭火系统维修规程》、上海申通地铁集团公司《自动售检票系统车站设备维修规程》、上海申通地铁集团公司《给排水系统维修规程》、上海申通地铁集团公司《电梯维修规程》、上海申通地铁集团公司《门禁系统维修和验收规程》、上海申通地铁集团公司《低压配电设备运行操作规程》、上海申通地铁集团公司《环控系统运行操作规程》。

表 4－7－2　2015 年度车站机电设备规模情况表

序　号	系 统 名 称	车站机电设备规模信息		
		类　　别	数　量	单　位
1	屏蔽(安全)门/电动栏杆系统	屏蔽门	15 179	樘
		安全门	2 129	樘
		电动栏杆	4 388	樘
2	消防报警系统	FAS 系统主机	466	台
		烟雾传感器	46 485	只
		温度传感器	9 955	只
3	卷帘门	卷帘门	1 583	扇
		防火卷帘门	916	扇
4	气体灭火系统	气体灭火系统主机	1 484	台
		保护区数	1 947	个
5	空气采样系统	空气采样系统主机	511	台
6	楼宇自控系统	EMCS	13 075	站
7	门禁系统	ACS	7 086	套
8	电梯及自动扶梯系统	自动扶梯	2 630	台
		垂直升降梯	732	台
		斜挂式电梯	36	台
9	环控系统	组合空调箱	872	个
		大系统风机	2 551	台
		小系统风机	5 697	台
		事故风机	1 117	台
		小空调箱	1 203	个
		冷水机组	631	台
		冷冻冷却泵	1 316	台
		冷却塔	3 055	台
		风冷热泵机组	111	个
		VRV 空调	8 153	台
		分体式空调	1 337	台
10	低压配电系统	MNS 柜	6 051	台
		各类就地电控箱	27 858	个
		区间照明	161 085	个
		照明控制箱	21 624	个
		动力插座箱	9 765	个

（续表）

序号	系统名称	车站机电设备规模信息		
		类别	数量	单位
11	给排水系统	消防泵	696	台
		喷淋泵	510	台
		增压泵	551	台
		区间泵	589	台
		污水泵	535	台
		废水泵	605	台
		洞口雨水泵	89	台
		车站集水泵	3 696	台
		真空厕所	102	台
12	票务系统(中央和车站系统)	BOM	1 250	台
		TVM	3 381	台
		CVM	360	台
		中央系统主机(SC)	403	台
		检票闸机	7 350	台

第三节　计量、基准网、时钟管理

一、计量管理

2008年10月14日，上海轨道交通维护保障计量中心成立，工作场所为梅陇基地信号楼一楼。2011年1月31日，上海轨道交通维护保障计量中心改称上海轨道交通维护保障计量服务中心，同时设置上海轨道交通维护保障中心计量管理部，后更名为上海地铁维护保障有限公司计量管理部，实行一套班子两块牌子。计量管理部负责建立健全集团公司计量管理体系，统一申报集团公司内计量器具校检、维修年度计划；开发、完善、维护、管理计量器具信息管理系统；对新购、新线等计量器具的配置提出质量要求；参与新线、新购、大修改造、科研项目的计量器具验收，并纳入计量管理体系；组织、指导开展计量器具科研工作。

2008年，对上海轨道交通维护保障中心、上海地铁运营公司、上海现代轨道公司所属的十多家计量器具使用单位进行了调研。就计量工作现状、网络化计量管理模式和需求等方面，广泛征求意见，获得了大量一线信息，掌握了计量资源情况。编制了计量中心近、远期实施方案。送校检计量器具1 970台次，送检计划执行率在99%以上，合格率99%以上，较好地完成了校检任务，确保维保中心、运营公司、现代公司各单位生产现场所需，切实做好服务保障工作。完成了《上海申通地铁集团有限公司维护保障中心测量设备管理办法(试行)》的编制及其他支撑性文件的修改。进行各单位计量业务管理流程再造，明确工作界面接口界定，主要包括日常使用与管理、送检计划的执行流程、新增(含新线交接)流程,封存报废流程等所有业务流程。

2009 年,代表申通地铁集团荣获由中国计量测试学会颁发的“2009 年计量诚信优秀单位”荣誉证书及铭牌。制定完成《百分表校准规程》《绝缘电阻表校准规程》《数字多用表校准规程》《通用卡尺校准规程》《指针万用表校准规程》共五个计量器具校准规程作为二级受控文件下发;完成了供电分公司兆欧表、工务分公司轨距尺上门校检到现场,帮助用户单位实现了送检零距离运输,减少了校检的周转时间,降低了器具路途二次损坏的概率。初步形成测量设备信息平台的建设方案。平台的重点主要体现在测量设备动态台账的建立、更新及校检计划的自动生成,以及校检过程的全过程跟踪。保证测量设备不脱检、不漏检并监控测量管理体系的有效运行。完成计量专业 2 号线西延伸用房的交接验收工作。

2010 年,在确保全年检定计划完成的同时,还对世博期间各生产单位的临时检定计划及时处理,以保证生产单位的急需。截至 11 月 30 日,按计划送检各类测量设备 6 819 件,临时增加检测测量设备 461 件;实验室自校检 1 246 件(电磁类 1 012 件,长度类 234 件)。对供电、工务、车辆、通号、物流等专业的现场测量设备进行了 1 233 件次的抽查工作,检查总体情况良好。尤其对直接介入世博运营的线路进行了重点检查,保证了计量器具的有效使用。完成计量专业北翟路、陈太路用房的交接验收工作。计量管理部北翟路基地配送点于 2010 年 10 月 22 日正式启用,以方便各用户单位相关站点测量器具的配送。

2011 年,对各生产单位的临时检定计划及时校检,以保证生产单位的急需。按计划送检各类计量器具 11 036 件,临时增加检测计量器具 1 408 件;实验室自校检 2 470 件(电磁类 2 184 件,长度类 286 件)。制定了《测量设备现场检查/抽查管理办法》,形成常态化的管理模式。全年共派出 195 人次,共检查各类测量设备 1 488 件,合格率达到 98%以上,发出情况通知单 10 张。测量设备信息管理平台于 2010 年 12 月投入试运行,范围涵盖维保中心下属各单位及各运营公司。功能涵盖测量设备台账管理、日常检定管理,设备检定计划、检定周期管理、报废、封存、启用以及检定过程管理等需求的主要工作内容。

2012 年,计量网络化台账共有计量器具 12 796 件(其中实际在用 10 781 件)。实际检定计量器具 10 402 件次,平均检定合格率 94.6%。其中由实验室自检计量器具 3 040 件次(电磁类 2 679 件次、长度类 361 件次)。结合贯标工作,从基础工作做起,对计量管理工作组织力量认真进行了分析,初步掌握了各公司计量器具目前使用的状况。对正在使用(10 781 件)、封存(491 件)、遗失(324 件)、禁用(725 件)、报废(475 件)的计量器具分别提出工作的要求,形成了各类会议纪要 10 份,使计量基础管理工作有了一定的提高。

2013 年,计量网络化台账共有 A、B 类计量器具 12 736 件。实际检定计量器具 11 228 件/次,平均检定合格率 91.3%。其中由实验室自检计量器具 3 622 件/次(电磁类 2 692 件/次、长度类 343 件/次,力学类 587 件/次)。在计量器具校检工作中,注重与委外单位的沟通协调,加强与各专业单位的联系。加强对合同价格的管理,控制维修成本,减少一些性价比不高的维修,积极开展消防泵系统压力表自检,使得今年的生产计划费用节约 12%。修订完成《上海轨道交通计量器具管理办法》,作为集团计量业务管理的最高的标准自 2013 年 5 月 1 日起正式执行。制定完成《计量器具管理命名和检定校准周期规定》统一编码,统一名称,统一类别,统一检定周期。对申通庞巴迪轨道交通车辆维修有限公司、上海地铁电子科技有限公司、申通北车(上海)轨道交通车辆维修有限公司开展实地计量调研,就其向车辆公司借用的计量器具管理情况、委外单位的资质等进行了解沟通,并提出合理化建议。

2014 年，计量网络化台账共有 A、B 类计量器具 13 342 件。实际检定计量器具 12 883 件/次，平均检定合格率 91.2%。其中由实验室自检计量器具 4 614 件/次（电磁类 3 179 件/次、长度类 340 件/次，力学类 1 095 件/次）。根据计量管理部职责到人的现场检查计划，全年 82 次深入各专业单位、基地、班组开展现场服务和计量情况检查。重点检查了 C 类计量器具的整理情况以及新运营线路固定安装类计量器具的台账建立、标签张贴情况。对检查情况均规范记录至相应表式，并对不合格情况通报至相应单位，进行整改及跟踪闭环。完成了 1 号线、2 号线、6 号线、8 号线四条线路全线及殷行基地等 6 个基地、新村路控制中心等 2 个控制中心的消防泵房压力表校检工作，共计完成压力表校准 1 095 件。深化应用完善的计量器具信息管理平台投入运行，53 名在线用户使用，已经积累有近 10 万条数据记录，用户操作近 100 万次，进入平台的器具无一件脱检、漏检发生。目前已经成为开展计量管理，运行计量业务的不可或缺的管理工具和工作平台。

2015 年，计量网络化台账共有 A、B 类计量器具 15 103 件。实际检定计量器具 12 629 件/次，平均检定合格率 96.8%。其中由实验室自检计量器具 4 232 件/次（电磁类 3 215 件/次、长度类 297 件/次，力学类 720 件/次）。顺利完成了 7 号线、9 号线、11 号线、12 号线、13 号线五条线路全线及港城、川沙、吴中、赛车场、城北、九亭、北翟基地等 7 个基地，吴中路、隆德路控制中心等 2 个控制中心的消防泵房压力表校检工作，共计完成压力表自校准 720 件。对《计量器具命名和检定校准周期管理规定》进行了更新补充。此外，制定《计量器具收发管理规定》，完善计量管理部计量器具的收发流程，加强委外费用及质量控制，制定了《计量器具委外管理规定》。对计量器具信息管理平台的操作便利性以及数据统计的准确性上进一步精益求精。解决了导出数据的格式问题，强化了条形码扫描功能，以及界面的便利性优化等共计 100 多项。增加了多张统计图表，便于管理分析，并对统计的数据进一步梳理优化，大大提高一致性和准确性。通过 59 名在线用户使用，已经积累有近 12 万条数据记录，用户操作 100 余万次，进入平台的器具无一件脱检、漏检发生。

二、基准网管理

上海轨道交通高程控制网是由地方政府部门和轨道交通企业合作建设的地面沉降和高程控制监测网络。上海轨道交通高程控制网采用精密水准施测，具有成本低而精度较高的优点；同时该基准网通过整合城市地面沉降监测布局和轨道交通安全管理需求，采用基岩标与深标相结合、地面沉降基岩标与地铁基岩标相结合的形式，减少测量误差的累积；组成水准闭合环，增强了网型结构，减少了测量误差的传递，提高了测量精度；同时满足了现有上海市轨道交通线路和建设线路沉降测量工作的需要。上海轨道交通高程控制网采用上海地方系统即吴淞高程系统。

1990 年 1 月 19 日，经国务院同意、国家计委批准，上海地铁 1 号线正式开工。高程控制以城市水准点为控制点的附合水准路线。1993—2010 年，地铁 1 号线、2 号线、3 号线、4 号线、5 号线、6 号线、7 号线、8 号、9 号线、10 号线和 11 号线相继开通运营，各条轨道交通线路定期沉降监测分别以两端的基岩标为控制点，独自按附合水准线路联测。2011 年 12 月，上海市规划国土资源局与申通地铁集团联合召开上海轨道交通沉降监测基准网建设工作会议，并启用了上海市轨道交通沉降监测基准网设施，这标志着全球首个轨道交通沉降监测基准网正式投入运行。

上海轨道交通高程控制网采用上海市已有的 59 座基岩标为结点，高程起算点采用上海市地面沉降监测网中的基岩标，各条轨道交通的高程控制线路经优化纳入高程控制网中，形成统一部署的高精度高程控制网，为上海轨道交通在建设期、运营期等各阶段提供统一的高程基准。

三、上海轨道交通上层网时间系统

上层网时间系统由一级时间服务器、二级时间服务器、授时交换机、网络管理设备等组成。一级时间服务器接收来自GPS/北斗的基准时间信号，通过高速数据网与各控制中心二级时间服务器对时，完成标准时间下发。各控制中心弱电系统通过二级时间服务器完成各自系统的时间接收。同时，每处控制中心配备ETS服务器、网管设备和BITS设备。

上层网时间同步项目自2007年3月25日开工，分四个阶段进行。第一阶段2007年建设时在东宝兴路和中山北路建设了2台一级时间服务器，在中山北路、东宝兴路、新闸路、民生路、虹梅路、全路网监控中心（恒通大楼）线路层建设6台二级时间服务器。第二阶段2008年建设时在颛桥、公安轨道分局、新村路、吴中路停车场、隆德路（11号线）共建设5台二级时间服务器。第三阶段2012年建设的隆德路（13/16号线）、申通大楼共建设2台二级时间服务器。第四阶段将在2017年初建设，铜川路变更为17号线朱家角停车场，另在浦江镇8号线3期各建设了1台二级时间服务器，2017年11月28日竣工终验验收。

上海轨道交通上层网时间系统第一层为一级时间系统，设置于C3大楼（主用）与东宝兴路控制中心（或中山北路控制中心备用）。从卫星系统获得绝对时间后，通过高速数据网的专用通道将时间信息传送至设于其他控制中心的二级区域时间系统。第二层为二级区域时间系统，设置于各线路控制中心及网络级系统平台所在的物理地点，包括：C3大楼、中山北路、东宝兴路、新闸路、颛桥、民生路、新村路、虹梅路、吴中路停车场、隆德路（含11/13/16号线的控制中心）、朱家角停车场（17号线控制中心）、浦江镇停车场（8号线三期控制中心）、公安轨道分局、恒通大楼、申通大楼。二级区域时间系统接收从一级时间系统发送来的NTP时间信号，然后通过各自区域的DCN网络或TCP/IP网络，以NTP制式向本区域的各个弱电系统或网络级系统平台提供标准授时。第三层为位于二级时间区域的弱电系统或网络级系统平台（如：网络级视频监控平台）的主机设备，也可统称为时间系统客户机。以NTP协议从二级时间服务器获得标准时间，并向自身系统输出标准时间。第四层、第五层为弱电系统位于车站的主机设备及从机设备，获取由位于第三层的主机设备下发的标准时间信息。

第五篇

非票务经营

概　述

城市轨道交通非票务经营是指对轨道交通建设运营而衍生的附属资源进行统筹开发与综合管理，是推动与促进城市轨道交通企业实现稳步健康发展和持续增强反哺建设运营的有效手段。城市轨道交通多元经营范围包含：物业开发与管理、传媒广告、商业经营、信息通讯、设计咨询、盾构租赁、对外投融资以及相关非票务领域的资源利用、整体开发、统筹经营和资产管理。

物业开发与管理主要指在轨道交通建设期间的车站上盖，车场、车辆段上盖以及其他地铁沿线的地面物业，用于商业住宅销售、写字楼租售、酒店餐饮业经营、综合商场经营以及办公自用，此类物业开发权属方式，主要包括自有土地开发、土地出让招拍挂、政府划拨、合作开发等。

传媒广告是传统资源开发经营的重要组成部分，车站灯箱和传统平面广告、大型电子显示屏、移动电视媒体、纸媒体以及文化纪念产品共同构成了传媒文化资源。

商业资源主要包括站厅商铺、站厅商业街、地下综合商业空间以及车站自助设备。作为城市轨道交通企业运营服务的重要配套和补充，为广大市民乘客提供丰富多样的便利服务内容。

轨道交通民用通信经过多年的开发与经营，已发展到面向运营商的移动业务为主，辅助以车站乘客信息系统为支撑平台的移动视频业务、宽带服务和光纤租赁服务等综合信息服务。

设计咨询主要包括：针对隧道与地下工程、轨道交通、枢纽与综合开发等的设计、勘察等专业业务提供咨询，以及进一步参与国内轨道交通建设与运营专业咨询，先后为昆明、郑州、南昌等城市的轨道交通企业开展无人驾驶、综合联调联试等业务咨询服务，是上海地铁实施“走出去”战略的业务平台。

地铁盾构是上海地铁在改革发展过程中，首创性地提出盾构设备“维修保养、循环利用”的管理理念，在节约了大量盾构设备资金的同时，秉承“上海经验服务全国”的理念，先后参与杭州、苏州、南京等城市的轨道交通建设项目，将“上海地铁盾构”的品牌优势广泛延伸。

第一章 机构沿革

1985 年上海市地铁公司成立之初就确立了综合开发的观念，设立“开发部”兴办第三产业。

1992 年 8 月上海地铁广告公司成立，这是上海地铁成立的第一个经营实体。

1992 年 10 月，上海市地铁总公司成立，集地铁建设、运营、综合开发的职能，1993 年之后，上海地铁全面走向市场，上海地铁实业公司、上海地铁咨询监理科技公司、上海地铁房地产经营开发公司、上海地铁物资公司、上海地铁旅游公司、上海地铁经营服务公司等相继成立，综合开发成为上海地铁建设的一个有机部分。上海市政府明确由地铁综合开发的利润用来部分补贴运营经费，综合开发在地铁建设中的作用被确定。1999 年末，地铁综合开发已有 39 家独立核算单位，综合开发以“一业为主，多种经营”为方针，形成物业、租赁、广告、旅游、监理、工程等多个门类，多元经营业态的局面。

2000 年 4 月，上海市地铁总公司改制为多元投资的上海地铁运营有限公司，上海地铁运营有限公司重要职能之一，是通过开发相关产业，开展多种经营，增加收益，弥补运营。运营有限公司开展资产重组项目归并整合资源，明晰资产提高保值增值能力，实现效益最大化。上海地铁运营有限公司的实业开发要从最初的“三产”、主业的延伸和补充，力争成为企业的“利润中心”。

2005 年 7 月，上海申通地铁资产经营管理有限公司成立。10 月，上海地铁运营有限公司所属的实业开发单位划转至上海申通地铁资产经营管理有限公司。公司相继完成物业、传媒、信息、商业等四事业部组织构架的优化调整，实施扁平化管理。2014 年，上海地铁资产投资管理有限公司成立，值此公司物业、传媒、信息、商业、盾构、投融资等六大经营板块形成。

2010 年 11 月 11 日，上海市隧道工程轨道交通设计研究院划归申通集团，并且承担了上海轨道交通 14、15、17、18、19 号线等项目的可行性研究、总体设计与主要设计工作。参与了南昌、福州、厦门、合肥、济南、南通、烟台、绍兴等城市和数个境外国家的轨道交通前期研究、设计和咨询工作；承担了国内众多轨道交通上盖开发及地下空间规划与开发项目；开展全周期 BIM 技术开发与应用，参与保障上海轨道交通网络安全有序运营和维护。

2011 年起上海申通轨道交通研究咨询有限公司开始涉足国内轨道交通建设与运营管理专业咨询领域，为昆明、郑州、南昌、无锡、合肥、福州、济南等城市轨道交通建设、运营提供专业咨询。

2014 年，上海申通地铁集团将集团非票务收入划分为竞争类别，资产经营向资本运作加快转型。

2015 年，上海申通地铁集团非票务收入年度营业收入超过 29.09 亿元，经营利润超过 20 亿元，有效反哺轨道交通建设与运营。

第二章　物业开发与管理

1993年1月上海地铁实业公司成立。1993年8月上海地铁房地产经营开发公司成立，该两公司分别实施上海地铁的物业开发。

1997年6月上海地铁东方置业发展有限公司成立，主业从事地铁基地管理、物业租赁和地铁办公楼寓物业管理。2000年10月上海地铁实业公司物业管理业务划归上海地铁东方置业发展有限公司；2004年10月，上海地铁房地产经营开发公司由上海地铁东方置业发展有限公司管辖。2005年10月，上海地铁东方置业发展有限公司划归上海申通地铁资产经营管理有限公司，并成立了上海申通地铁资产经营管理有限公司物业开发事业部，实行扁平化管理。

上海地铁联合全球领先的业内企业及机构，通过资源整合，对轨道交通站点周边的商业地产实施综合开发和管理，产品形态涉及商务办公、购物餐饮、文化休闲、酒店娱乐等领域。通过发展“轨道交通＋上盖物业”的开发模式，为都市人群打造涵盖衣食住行所需的地铁车站交汇点。加强知名租赁品牌引进力度，培育高层次业态，营造良好的经营环境和消费环境，互利共赢。有自营项目如地铁恒通大厦、虹梅商务大厦等。有参建项目淮海路久海大厦、黄河路综合大楼等。有组建合作公司共同开发的有吴中路停车场项目、汉中路项目等。联合知名物业管理品牌，创新物业管理合作模式，健全完善管理流程及制度，在提升自有物业管理水平的基础上构建市场竞争力。提高项目管理队伍素质，增强服务能力。提升高端物业管理品质，参与盈利能力较好的社会项目。

第一节　物　业　开　发

一、上盖物业开发

【上海地铁徐家汇地铁商城】

上海地铁徐家汇地铁商城建筑面积20 000余平方米，经营面积8 000余平方米。1993年6月28日，上海徐家汇地铁商城(南端)投入试运营。1993年10月25日，上海地铁徐家汇地铁商城北端西侧商场投入试运营。

【黄河路综合大楼】

黄河路综合大楼位于黄河路东福海里，占地3 910平方米，建筑面积29 861.5平方米，楼高22层，投资2.3亿元，该项目由上海地铁实业公司与黄浦区集成经营公司，黄浦区华商房产发展公司三方于1994年5月17日达成联建协议。

【建汇大厦】

建汇大厦位于徐家汇站，1994年上海地铁实业公司与徐家汇商业建设总公司、建行上海房地产公司合作建设。

【马当路综合楼】

马当路综合楼，坐落于淮海中路344号、马当路口，占地面积400平方米。总建筑面积1 200平方米。1994年5月上海地铁房地产公司以土地出让方式，在黄陂南路站至北端出入口上部自筹资金新建。

【地铁恒通大厦】

1994年12月，汉中路商办综合楼开工。该项目位于地铁1号线汉中路站梅园路与长安路交界处。由上海地铁实业公司与香港旭汇有限公司联合建造。基地面积7 370平方米，总建筑面积49 420平方米，总投资26 680万元。地上26层，地下1层，地上部分主要由5层裙楼和26层主楼构成。

图5-1-1　1994年12月地铁恒通大厦

【虹梅商务大厦】

虹梅商务大厦位于地铁1号线锦江乐园站上盖，共9层。由上海市地铁总公司自主开发及经营管理。建筑面积63 000平方米，1、2层为地铁锦江乐园站用房，3层至9层为物业部管理范围。主要业态为商务办公、会议中心、商务酒店和各类餐饮如肯德基、麦当劳等。

虹梅商务大厦是由兰州铁路设计院设计，由上海市建七公司建设完成的。大厦竣工时间为1997年6月。

图5-1-2　1997年6月虹梅商务大厦

【永隆商厦】

永隆商厦位于地铁1号线常熟路站上盖，共7层，地面6层，地下1层，由徐汇烟草公司、上实投资公司和上海市地铁总公司共同开发。其中3、4楼产权为上海申通地铁集团所有。建筑面积1 570平方米。主要业态为商务办公，底层为商业设施如肯德基、家具展示等。1997年建成。

【雅州商务中心】

雅州商务中心位于地铁1号线新闸路站上盖，楼高8层。建筑面积34 676.88平方米，由上海市地铁总公司与上海黄浦市政建设有限公司共同开发，其中3、4号楼为上海市地铁总公司产权，1996年建成。

图5-1-3　龙阳商务楼

【龙阳商务楼】

龙阳商务楼位于地铁2、7号线龙阳路站上

盖,共5层。建筑面积4 765平方米,由上海市地铁总公司自主开发及经营管理。

图5-1-4 2004年11月雅州公寓

图5-1-5 2012年12月至尊酒店

【雅州公寓】

雅州公寓(又名:新闸路住宅楼)由上海地铁房地产经营开发有限公司以出让土地方式取得,自筹资金建造。项目位于黄浦区新昌路488号,建筑占地面积:3 509平方米,总建筑面积:13 590平方米。地上:一幢31层住宅楼、一幢3层商场楼(产证面积1 173.65平方米),地下:一层车库。2004年11月项目竣工交付运营。是上海地铁自行开发建设第一幢商品居住楼。

【至尊酒店】

至尊酒店项目位于徐汇区衡山路12号,交通十分便利。地块距人民广场5.8公里,距上海火车站8.5公里,距陆家嘴9公里。2006年4月6日,上海申通地铁集团与上海地产集团签署关于衡山路12号至尊酒店合作框架协议,约定由上海申通地铁资产公司与上海地产集团按1∶1的比例合作开发本项目。2008年12月通过上海土地交易中心以35 100万元获得土地。项目总投资16亿元,2009年4月开工,2012年12月12日正式营业。用地面积10 802平方米,总建筑面积51 090平方米。

【环通广场】

环通广场项目基地总面积26 704.5平方米。项目位于济明路、耀元路、耀龙路、通耀路围合范围。在上海市黄浦江两岸综合开发规划南延伸段E单元18-1地块内。2006年9月1日,上海环通建设开发项目获得批复。上海申通地铁资产经营管理有限公司与南滨江投资发展有限公司合资成立上海环通建设开发公司。

【金桥停车场项目】

金桥停车场项目位于浦东新区金桥地区、外环以内,紧邻金桥出口加工区,是新区重要产业区块的重心之地。地块东至外环运河,西至金穗路,南至桂桥路以南,北至金海路,用地面积97.48公顷,规划轨交9、12、19号线在基地内穿过,在基地北侧及西侧各设一个站点。2012年9月18日上海盛世申金投资发展有限公司成立。

图 5－1－6　2012 年 9 月金桥停车场

【元江路停车场项目】

元江路停车场项目位于闵行区颛桥镇向阳工业园，地块西至都会路，南至元江路，东至都庄路（规划），北至横沙河，总占地面积约为 30 万平方米。根据控规批复，总建筑面积为 23.84 万平方米，商办 15.56 万平方米，住宅（保障房）7.07 万平方米，公共设施 1.21 万平方米。2017 年 3 月 28 日，上海申通地铁资产经营管理有限公司与南滨江投资发展有限公司合资成立上海元莲置业发展有限公司。注册资本 20 000 万元，其中上海申通地铁资产公司出资 50%，南滨江出资 50%。

【吴中路停车场项目】

吴中路停车场项目北临吴中路、西临外环线、南临虹泉路、东临虹莘路，基地面积 23.4 公顷。

图 5－1－7　吴中路停车场项目

总建筑面积 46.5 万平方米，车场面积 7.5 万平方米，公共设施面积 39 万平方米，公寓式酒店 3.4 万平方米，商业办公 35.1 万平方米，地铁博物馆 0.5 万平方米。

2009 年 6 月 1 日，上海市规土局 200904105 公告将吴中路停车场地块公开挂牌；7 月上海申通地铁资产公司以 121 508 万元获取土地开发使用权。

【徐泾北城站项目】

徐泾北城站项目位于青浦区徐泾镇东侧为徐乐路，西侧为经六路，南侧为上达河，北侧为崧泽大道。项目开发主体上海通亮投资发展有限公司，总投资 1.16 亿元，预计 2015 年底开工。用地面积约为 16 952 平方米，建筑面积约为 20 140 平方米，1 号楼 7 796 平方米，2 号楼 3 894 平方米。2014 年 7 月 8 日，公司与上海青浦(集团)发展有限公司合伙(50%股权)，成立上海通亮投资发展有限公司。

【汉中路项目】

汉中路项目位于闸北区苏河湾版块内，是轨道交通 1、12、13 号线汉中路站上盖综合开发物业，其中 92 地块，东至梅园路、南至光复路、西临五矿大厦、北至长安路，用地性质住宅，占地 13 741 平方米，总建筑面积 57 500 平方米；95 地块，东临地铁恒通大厦、南至长安路、西至恒丰路、北至恒通路，用地性质商业、办公、街巷。占地面积 11 747 平方米，总建筑面积 93 224 平方米。地块距人民广场 1.9 公里，距上海火车站 613 米，距陆家嘴 7.4 公里。2010 年 3 月 24 日申通资产公司获得上海广川置业有限公司 100%股权，并签订股权交易合同。

2011 年 11 月 1 日，上海申通地铁资产公司以 8.25 亿元获取闸北区 95 街坊 16 丘地块国有土地使用权。2013 年 4 月 16 日，在上海联合产权交易所挂牌转让 70%股权，挂牌价格 10.5 亿元。2013 年 6 月 18 日，CCH(CTM) INVESTMENT HOLDINGS PTE. LTD.(凯德中国子公司)以 19.54 亿元中标，并签订产权交易合同。

【九亭车站上盖开发】

轨道交通 9 号线一期工程九亭站管理用房项目，位于松江区九亭镇沪松公路。总建筑面积 12 589 平方米，其中地下一层 423 平方米，地上三层 8 357 平方米，分东西两幢。

物业开发事业部 2010 年 6 月接管项目后，会同商业事业部结合招商情况，重新调整了设计方案，为资产公司后续的招商工作的顺利开展打下了基础。该项目于 2011 年 10 月取得建设工程规划许可证，2012 年 1 月取得建设工程施工许可证，于 2 月底正式开工。2012 年 6 月完成结构封顶，12 月完成了管理用房项目的外装饰及设备安装工程。又在 9 号线项目公司的配合协作下，于 2013 年 10 月完成了九亭车站 2 号出入口新增工程，2013 年 10 月 21 日，该项目完成了质量竣工验收工作。

九亭项目的竣工，不仅为资产公司轨道交通沿线合作开发积累了一定的经验，同时也在公司自主建设方面，同项目公司、运营单位的合作上积累了丰富经验。

二、地下空间开发

【徐家汇站地铁商城】

1990 年，轨道交通 1 号线徐家汇站地铁商城开工建设，1993 年 8 月 18 日，商城开业，建筑面积

20 000 余平方米，经营面积 8 000 余平方米。（2008 年 4 月地铁商城关闭。）

【陕西南路站地下商场开发项目】

地铁 1 号线陕西南路站地下商场开发项目，1994 年 5 月与卢湾区建设委员会合作建设，并完成了开发方案。

【豫园路站地下通道开发项目】

豫园站大通道位于上海市黄浦区豫园老城厢地区，河南南路路中，地下大通道南临紫华路，北侧为轨道交通 10 号线豫园车站，东侧为在建的英皇明星城，西侧为城投开发地块。于 2017 年 6 月开发，2017 年 8 月竣工，用地面积为 7 611 平方米，总建筑面积为 8 376 平方米。

该工程为地下一层建筑，主要建筑内容包括地下人行通道，相关配套辅助设施，空调通风，给排水，强弱电系统等。

项目的实施可以改善老城厢地区交通环境，充分利用地下空间资源，加强轨道交通站点与周边地块的联系，疏解轨道交通站点人流，实现人车分流，缓解地面交通压力。

【五角场地下空间开发】

2008 年 11 月，市发改委以沪发改城（2008）381 号《关于轨道交通 10 号线江湾体育场站地下空间开发工程项目核准批复》同意项目立项。初步确定本项目的总投资为 2.73 亿元人民币，资金由申通资产公司自筹。江湾地下空间项目位于淞沪路地下一层，南北方向自政通路到政学路，中部自东西流向的界泓河河底横穿而过。本项目的总建筑面积约 21 000 平方米，长度为 486 米，分为东西两个区域。东侧区域位于存车线上方与轨交 10 号线同步建设，设置了 4 个出入口和 2 个风井，其中 11、12、13 号出入口与江湾体育场地下广场相连接，14 号出入口与五角场公交枢纽相连接；西侧区域在 10 号线江湾体育场站通车后建设，设置了 7 个出入口和 2 个风井，其中 4、5 号出入口与万达广场相连接、6 号出入口与中环国际大厦相连接、7 号出入口与 9－3 地块相连接、8、9、10 号出入口与中央社区三期相连接，另有两根通道与地铁车站站厅层相连接。本项目的平均高度约 4.5 米，最高处为 6.5 米，最低处位于过界泓河处，高度为 2.7 米。

图 5－1－8　五角场地下商场

本工程建设分三阶段，第一阶段：2006 年，项目东侧主体和附属结构与轨交 10 号线江湾体育场站同步建设，2009 年，东侧结构完工。2010 年，项目因上海世博会暂停施工；第二阶段：2011 年 8 月，项目西侧主体结构开工建设，2013 年 5 月，西侧主体结构完工，2012 年 11 月，项目西侧附属结构（出入口、风井）开工建设，2014 年 5 月，项目西侧附属结构完工。至此本项目的土建工程基本施工完毕；第三阶段：2014 年 9 月，本项目装饰和安装工程开工，2015 年 11 月 30 日，本项目装饰和机电安装工程全部完工，移交商业运营单位。

第二节　物 业 管 理

上海地铁物业管理除了承接地铁内部的物业管理外，还走向市场对外承接任务。

一、政府机关物业管理

2000 年 4 月，承接浦东国际机场检验检疫海关大楼物业管理项目，管理面积 4.5 万平方米。

2003 年 7 月，承接松江区人民政府物业管理项目，管理面积达 5.86 万平方米。

2004 年 3 月，承接松江区泗泾镇人民政府办公楼物业管理项目，管理面积达 1.592 万平方米。

2004 年 5 月，承接松江税务局物业管理项目，管理面积 1.352 万平方米。

二、企事业单位物业管理

1999 年 1 月，承接浦东国际机场站坪调度楼的物业管理项目，管理面积 1.056 万平方米，站坪调度楼是机场地面指挥枢纽。

2000 年 3 月，承接浦东国际机场运营指挥中心 AOC 大楼物业管理项目，管理面积 1.5 万平方米。

2000 年 6 月，承接张江高科技园区复旦金士达物业管理项目。

2002 年 11 月，承接了上海南区电力设备交易市场的物业管理项目。

2004 年 2 月，承接东方明珠广播电视塔物业管理项目，管理面积 7.3 万平方米。

三、高校物业管理

2002 年 7 月，承接松江大学城上海外贸学院物业管理项目，管理面积 10 余万平方米，占地面积 1 000 亩。

2002 年 8 月，承接松江大学城上海外国语大学物业管理项目，管理面积达 14 万平方米，占地面积 1 243 亩。

2002 年 9 月，承接上海交通大学(闵行校区)物业管理项目，管理面积 401 万平方米，占地面积 4 638.75 亩。

2003 年 7 月，承接松江大学城学生街物业管理项目，管理面积 8.5 万平方米，全长 2.5 公里。

2003 年 8 月，承接松江大学城东华大学物业管理项目，管理面积 20 万平方米，占地面积近 2 000 亩。东华大学松江校区于 2006 年 12 月获得上海市物业管理示范项目。

2003 年 8 月，承接奉贤上海商业职业技术学院物业管理项目，管理面积 12 万平方米。

2004 年 8 月，承接上海立信会计学院学生公寓物业管理项目，管理面积 1.5 万平方米。

2002 年 8 月，承接上海思博学院物业管理项目，管理面积 10 万平方米。

2003 年 8 月，承接张江中医药大学物业管理项目，管理面积达 33.35 万平方米，占地面积 500 余亩。

2005 年 12 月，承接上海交通大学(徐汇校区)物业管理项目，管理面积 27.27 万平方米，占地面积355亩。

2004年8月，承接松江大学城学生公寓物业管理项目，管理面积15.4万平方米。

2004年9月，承接华东师范大学（闵行校区）物业管理项目，管理面积133.4万平方米，占地面积2 000余亩。

四、内部单位物业管理

1997年7月，负责地铁1号线梅陇基地管理。

1998年5月，负责地铁教育培训中心经营管理。

1999年2月，负责地铁2号线龙阳路基地管理。

2004年4月，经营雅州商务中心3、4号楼。雅州商务中心位于地铁1号线新闸路站上盖，楼高8层。建筑面积20 000平方米。主要业态为商务办公、教育培训等，底楼为商业设施如银行、便利店等。

2004年5月，经营虹梅商务大厦。虹梅商务大厦内以办公为主，办公面积占总建筑面积的80%，大厦的配套服务占总面积的20%左右。主要业态为商务办公、会议中心、商务酒店和各类餐饮如肯德基、麦当劳等。2006年被评为“上海市物业管理优秀大厦”。

2004年10月经营永隆商厦，永隆商厦位于地铁1号线常熟路站上盖建筑面积1 570平方米。主要业态为商务办公，底层为商业设施如肯德基、家具展示等。

2005年，开发经营龙阳商务楼，龙阳商务楼位于地铁2、7号线龙阳路站上盖，共5层。建筑面积4 765平方米。主要业态为商务办公、会议中心等。

2007年4月，经营地铁恒通大厦。汉中路商办综合楼自建造投入使用以来，实行规范化物业管理，设有专业的客户服务、安保、维修及保洁等部门。岗位人员持证率达100%。其中，大厦顶层为上海轨道交通COCC指挥中心，是整个上海轨道交通运行控制系统的核心，由于其工作的特殊性和重要性，大厦需实施24小时全天候的封闭式物业服务，制定了严密的物业服务方案，确保其入驻以来安全高效的运转。大厦于2009年被评为“上海市物业管理优秀大厦”。

2007年5月，经营申通大厦。申通大厦位于上海桂林路909号，建筑面积18 500平方米，层高七层，其中地下两层，地上五层，拥有地面车位173个。申通大厦功能定位于集团办公楼，地下二层为专用停车库，地下一层为职工食堂、健身房及一些休闲设施，一层为大小不一的六个会议室和一个展示厅，2007年5月正式投入使用。

第三章　传媒资源

车站灯箱和传统平面媒体、大型电子显示屏、地铁电视媒体、纸质媒体以及文化纪念产品等内容，共同构成了城市轨道交通企业的传媒文化资源。传媒广告一如既往地为城市轨道交通资源经营开发提供了稳定且持续的收益来源。同时，从经营模式上看，城市轨道交通企业与外部市场媒体运营机构一直保持着良好的互动合作关系，共同实现了城市轨道交通行业传媒广告的繁荣与发展，创造出了巨大的社会价值。

上海地铁的传媒广告经营，经历了自主经营、合资经营、合作经营、买断经营模式。媒体发布形式也在不断更新发展。大体可分为四个发展阶段：

第一阶段（1993—2000年）为认知萌芽期。1993年5月28日轨道交通1号线开通，上海地铁广告公司与香港华智地铁广告国际有限公司合作成立上海华智地铁广告有限公司，负责上海轨道交通1号线车站媒体广告经营。以后又承担上海轨道交通4号线、5号线车站媒体广告经营。当时的合作以探索为主，主要目的是促使地铁管理方学到相关广告专业知识与管理方法。

第二阶段（2000—2005年）为经营发展期。2001年2月上海地铁广告公司与香港通城广告有限公司合作设立上海地铁通城广告有限公司，负责上海地铁2号线、3号线车站媒体广告经营。同时，3号线、1号线北延伸段、5号线的地铁媒体通过面向市场的招投标由不同公司竞得并开展对应的广告业务。

第三阶段（2005—2007年）为业务成长期。上海地铁通过一系列赎买的手段达到资源整合的效果，以制定全网络合作为指导目标，引进国际专业团队作为长期合作伙伴，及提升上海轨道交通传媒资源的品质，同时在安全运营的基础上得到了稳定的收益保障。

第四阶段（2007—2015年）为稳定创新期。2007年3月1日，上海轨道交通车站媒体广告经营由上海申通德高地铁广告有限公司负责管理和经营。上海地铁传媒资源逐步走出原有的粗放型经营模式，通过科学合理的估算和专业细分，进而对资源的发布属性进行了新一轮调整。不同媒体资源由相应的专业公司进行经营管理：如传统媒体（主要为12封灯箱、看板、实物展示、电子媒体、灯箱＋墙贴、列车内外包车等）、创意媒体（主要为徐家汇时光通道的投影、时钟广告、站厅48封超级大灯箱、站台大看板等）由上海申通德高地铁广告有限公司经营管理；平面媒体（日报、周刊、免费直邮刊物等）由专业报社进行发布经营；同时，LED大型显示屏、列车及站台站厅视频媒体、出入口玻璃贴、外楣头、户外大牌及语音便民信息等均采用专业资源由专业公司独家代理模式经营管理。该种经营模式即保证了整体地铁传媒资源网络的稳定发展，又使多元化竞争能合理存在，同时体现了专业性，使整体资源进入稳定、互补、品牌创优的良性循环中。在获取经济效益的同时也非常注重社会效益，公益广告宣传始终保持在20％左右。

第一节　传统媒体

一、灯箱

灯箱类广告是轨道交通广告媒体最主要的一种形式，现车站内主要有12封灯箱、24封灯箱、48

封灯箱、梯眉灯箱几种形式，主要适用所有车站内的站厅、站台楣头及通道内。如今上海地铁内覆盖数量约1万台，也是地铁广告收入来源的主要基础。每年公益宣传都作为重要宣传阵地，公益宣传比例为所有灯箱的15%。

图5-3-1　灯箱广告

1993年，地铁1号线徐家车站第一块灯箱广告上刊。

2008年，开展上海“地铁杯”大学生公益广告创意设计大赛，此活动以传统灯箱为载体，为公众开阔了创新的思路并且提升了公众的社会责任感，同时也为大学生展现他们天分提供了一个自由平台。

2009年9月7日，根据申通集团《迎世博600天行动计划》工作要求，对1号线车站进行重点整容，在地铁1号线徐家汇站站厅对广告灯箱进行改造工。

2009年9月15日，灯箱广告媒体作为上海轨道交通主要宣传平台，积极参与了世博推广、公益宣传、服务乘客、展示城市面貌的作用。为更好体现上海轨道交通新线路新面貌，在新线路建设中，设置规划了大量广告灯箱。修订了《广告灯箱安装技术要求》。

2009年11月12日，为迎接世博会，申通德高开始对重点车站灯箱进行改造，进一步利用好轨道交通广告媒体资源，规范广告媒体发布形式，促进广告媒体网络化销售。

2015年3月12日，申通德高对全网络灯箱光源进行升级改造，不但提升了广告画面发布效果，且达到了节能减排的目的。

上海申通地铁集团有限公司与上海申通德高地铁广告有限公司合作中以传统灯箱为载体支持多项文化活动：地球一小时、2015—2016中法文化之春、2008年北京奥运会，等等。

二、看板

在有些车站不适合做灯箱媒体的时候，看板作为广告媒体类型的一种补充。大尺寸的看板需结合外打光光源，会带来视觉上意想不到的效果。现车站内看板主要设置于高架及户外车站。截至2015年，上海地铁内覆盖数量约1 200台。

图5-3-2　看板广告

2000年12月26日，轨交3号线开通，看板广告开始设置经营。2010年11月12日，因3号线高架车站广告媒体陈旧老化，德高地铁广告公司对3号线看板广告进行增设升级，本次广告媒体改建涉及12个站点，广告看板133个，升级后德高对高架车站进行了模式化管理。

2013年8月11日，11号线徐家汇轨行区大看板设置落位，这也是上海地铁面积最大的看板媒体。

上海申通地铁集团有限公司与上海申通德高地铁广告有限公司合作中以传统看板为载体支持如下多项文化活动：

2007年，德高中国配合WWF(世界自然基金会)提供出上海地铁和北京地铁的媒体平台宣传节能环保概念，向公众普及节能知识，使他们通过采取20个节能小窍门来减少对于能量的消耗，并且鼓励公众在日常的生活中通过实际行动来节约能源。申通德高正式与WWF签署了企业合作协议，参与世界自然基金会的“熊猫伙伴合作计划”，并捐赠出2008年期间上海地铁站内的100个广告展示位。

拯救大象罗拉：继“动物保护行动”之后，德高中国与IFAW再次携手推广“拯救大象罗拉，对象牙制品说不”项目。2015年2月开始，德高中国利用自身媒体资源陆续在上海的地铁媒体上刊IFAW的宣传画面。德高中国希望凭借自身的媒体影响力，在践行企业社会责任的同时，鼓励公众关注危难动物，并共同抵制非法象牙买卖。

三、实物展示

通过各类创意媒体在上海地铁的投放与运用，在全国户外媒体运用中开创了新的行业模式。目前上海地铁创意媒体通过场景化的设计、互动性的体验和艺术性的呈现，充分发挥了上海地铁独特的空间优势，并且帮助上海地铁广告在互联网快速发展的大环境下，成功获取了市场预算。现创意媒体主要设置范围在S、A++、A+级站点视站内具体空间，可规划策划实物广告展示区，大小范围可因地制宜，需预留电源和网络接口，共计常规点位88个，每年发布案例约为100项。

图5-3-3　人民广场车站实物展

2009年11月9日，地铁2号线中山公园站、陆家嘴站进行松下电器的实物展示尝试性发布。

2014年，“魔兽世界”创意媒体在徐家汇站展示，徐家汇也成了魔兽粉丝的“圣地”，也对地铁实物展示开启了互动媒体的新纪元。

2014年，《疾风之刃》的广告创意展示是继《魔兽世界》《英雄联盟》创意媒体展示后又一次在地铁通道进行了大胆尝试。有了前几次创意互动媒体展示的经验后，徐家汇车站实物展示成了国内游戏展示重要阵地。

2015年，诸多知名品牌创意媒体形式在地铁车站发布，提升乘客对地铁广告的关注度，诸如Kindle——拍照互动+电子屏、统一——地贴+异型墙贴、车享家——实物展、LEE——实物展示+地贴，新的客户类群也陆陆续续进入了地铁。

四、墙贴

作为粘贴类广告媒体，在站厅内墙贴作为主要辅助手段，与灯箱媒体组合成灯箱+墙贴的广告媒体组合，其广告视觉冲击力相当震撼。部分重要区域墙贴可考虑预留电源，以方便设置结合冷光源的高档墙贴广告媒体。

五、时钟广告

2010年8月12日，通过了钟表灯箱提案，上海钟表投放品牌为“天梭”，总共数量63块，于2011年12月15日在轨道交通2号线中山公园、静安寺、陆家嘴、南京东路、世纪大道共5个车站开始设置第一批3D钟表展示灯箱。

图5-3-4　时钟广告

钟表灯箱在上海地铁整个投放周期中，其技术及媒体自身的安全性得到了有效的证实；钟表灯箱在各大社会媒体、平面媒体及乘客中受到正面的评价，社会反响良好；在近几年的投放周期中，该媒体因其自身优质的媒体形式及其画面趣味性的设计(显示海拔高度等)得到乘客关注，并对乘客出行时更好地掌握时间，起到温馨提示。对提升地铁站厅整体环境和媒体形象起到了积极的作用。

六、列车内外包车

内包车广告包括车门贴(车门玻璃下方二分之一处)、车厢内宣传专用位贴(车壁、车顶倾斜两侧广告位)，该广告形式能使乘客在乘车之余能快速了解产品功能，快速树立产品品牌。

图5-3-5　内包车广告

为顺应市场的要求，提高地铁资源的可利用性，更好地创立上海地铁品牌，2015年延伸全景内包车媒体，就是在传统内包车的基础上增加顶贴和地贴。外包车广告设置在车身外部两侧，具有冲击力大、震撼的广告效果，超大的流动媒体，创意空间大，深受广告主的青睐。

2002年，列车外包广告推行。

第二节　创意媒体

一、投影通道

2012年2月28日，徐家汇投影通道建成。徐家汇地铁站通道投影媒体长23米、高2米，悬挂通道两侧屏幕通道，由18台大型投影无缝拼接出高清绚丽画面，形成了一条炫动投影画廊。投影画廊播放定制的高清视频动画，让所有过往乘客换乘地铁的过程，变成了一段赏心悦目的视听之旅。徐家汇站是上海地铁1号线与9号线的换乘站，由于地处上海最主要的商业、休闲和旅游中心，一直以来都是市民和外地游客瞩目的站点，而1、9号线之间外观设计独特的换乘通道，又恰恰为创意提供了绝佳空间。徐家汇投影通道作为上海地铁标志性广告媒体阵地，它已不仅仅是一个交通往来的场所，而是一个城市的符号，是在上海地铁建设一个集地铁环境提升、地铁文明传播、商业推广等功能于一体的，兼具科技感、文化感和时尚感的独特媒体平台。

二、LED电子屏

大型LED电子屏，可在1—13号线的所有站厅、通道空间、各车站的出入口、换乘区域、乘客集散厅及相关地面建筑物、设施、楼宇和其他双方同意可以安装合作媒体的位置。屏幕平均显示面积8平方米[4 m(W)×2 m(H)]，显示精度点间距4—6 mm，显示比例16∶9。现在上海地铁共拥有274块LED大屏幕。

图5-3-6　车站站厅电子屏广告

2009年8月6日，上海高越文化传媒股份有限公司在上海轨道交通2号线陆家嘴站设置了第一块LED大屏幕。

2010年2月8日，按照集团公司关于资源开发制定标准的要求。拟定了新建线路广告媒体开发设置需项目公司协助要求、广告灯箱及LED技术标准。

2012年12月7日，上海高越文化传媒股份有限公司变更为上海基美文化传媒股份有限公司。

2015年7月9日，LED开始增设礼品柜与大屏幕形成联动宣传。

三、电子媒体

上海地铁电子媒体种类较多，主要形式：PDP(102寸)、DP站厅双联屏(65寸)、DEC电子梯牌(32寸)、Pillar TV和TV Wall(46寸)、DP站台三联屏(60寸)、电子梯顶(60寸)，共电子媒体约600台。作为电子媒体，只在S、A++级站点的站厅层设置。主要设置于站厅内人流量集中的黄金区域，作为12封灯箱媒体的补充和增强。特别重要的区域可按组设置多个，一般初期考虑预留或安装12封灯箱，待区域广告条件成熟、广告上刊率达到一定比例时再升级成电子媒体。

2008年6月12日，人民广场L1转L2通道建成PDP电子屏幕，这也是上海地铁第一批电子广告媒体。

2010年2月25日，根据申通集团有关领导对轨道交通车站内广告设置要充分表现出现代气息和新颖形式的要求，德高广告公司对1号线人民广场、黄陂南路、陕西南路、徐家汇、上海体育馆；8号线人民广场共6个车站进行灯箱改为站厅双联屏电子媒体。

2011年2月21日，轨道交通1号线陕西南路站扶梯位广告媒体设置进行改造，改造成32寸DEC扶梯电子媒体。

2011 年 10 月 21 日，轨道交通 1 号线徐家汇站 12 号出入口(通向港汇广场)自动扶梯位楼梯贴广告设置改造成 32 寸 DEC 电子媒体。

2011 年 11 月 22 日，因广告媒体形式调整，轨道交通 1 号线常熟路站新设置第一块站台轨行区三联屏电子媒体。

2012 年 2 月 15 日，1 号线黄陂南路升级成电子媒体车站。

2015 年 1 月 13 日，徐家汇站、黄陂南路站电子媒体信息集中管理系统报批设置机柜，使电子媒体形成统一发布管理。

四、车站车厢移动电视

2008 年 6 月 13 日，上海申通地铁资产经营管理有限公司与上海东方明珠(集团)股份有限公司合资成立上海地铁电视有限公司。注册资本 5 000 万元，其中申通资产出资 75%，东方明珠出资 25%。

2008 年 12 月 20 日，完成第一次广告招商。与北京东方英龙广告有限公司(2010 年被华视传媒(集团)有限公司收购)签订《地铁电视广告时段经营协议(上海轨道交通 1—13 号线)》。

2013 年 12 月 28 日，第二次广告招商。上海申通德高地铁广告有限公司获得地铁电视广告独家代理权。

图 5-3-7　列车车厢电视

2015 年 1 月 23 日，上海地铁电视有限公司与上海泓晋文化艺术发展有限公司签订上海地铁电视《我爱地铁》栏目制作合同，上线地铁自制节目《我爱地铁》，每月更新一次，每集 3 分钟，共播出 20 集。

2015 年 1 月，地铁自制导游类节目《搭地铁游上海》上线，每两周更新一次，全年度 48 集，每集 5 分钟。

第三节　平面媒体

一、报刊

【I 时代报】

《I 时代报》是由上海报业集团主办。定位为“上班族通勤路上获得资讯的报纸”，是中国大陆第一家免费报纸。作为上海地铁运营公司特许授权的免费媒体，2003 年 8 月 29 日进入上海地铁各个车站定向发行，全面覆盖上海已经通车的地铁 1—13、16 号线各个车站。《I 时代报》为工作日报纸，每周一至周五上午地铁运营高峰时间发行。主打乘坐轨道交通上班的人群，目前日发行量 40—45 万份，涉及版面媒体 24—36 版、广告 8 版。

2014年因报业集团重组整合,《I时代报》与《新民地铁》同属上海报业集团。

【周刊】

资产公司与东上海文化传播公司合作的周刊2009年3月19日开始发行,发行时间为每周三、五早高峰。

为了提升轨道交通整体形象,让市民乘客接收到城市精神文明宣传。资产公司与新民晚报社合作,《新民地铁周末报》于2008年12月18日试发行。2009年1月1日起正式发行。发行时间:每周五晚高峰及周六。

2014年因报业集团重组整合,《I时代报》与《新民地铁周末报》同属上海报业集团,《新民地铁周末报》整合归并于《I时代报》发放。

【月刊】

2002年10月1日,《下一站地铁生活DM》由上海华雄广告有限公司发行,是上海地铁第一份免费发行的杂志。每月一期。2004年12月停刊。

《上海滩·地铁月刊》(月刊)为东上海文化传播管理的相关轨道交通线路沿线站点唯一的月刊。2009年1月15日开始发行,月刊每月一期。月刊总版面数不低于64P,每月平均发行量不低于5万册。

随着移动互联行业的发展、新媒体的兴起和大数据的广泛应用,传统报业市场份额连年萎缩,全国的传统报刊类媒体关、停、并、转,DM亦受到市场经济的影响,下降幅度较大。

二、语音便民信息

语音便民信息作为上海地铁播音广告新的载体投放广告经营,主要涉及内容为车站出入口周边范围客户做宣传及导向服务。

2011年11月,上海知道广告公司通过上海联合产权交易所拍卖取得2012年代理经营上海轨道交通1号线、9号线、10号线、11号线共计25个站点的语音信息广告发布业务。

2011年11月,上海美邦广告公司通过上海联合产权交易所拍卖取得2012年代理经营上海轨道交通2号线、4号线、6号线、7号线、8号线共计25个站点的语音信息广告发布业务。

2012年11月,上海知道广告公司通过上海联合产权交易所拍卖取得独家代理经营上海轨道交通全网络的语音信息广告发布业务。

第四节　地铁纪念品

一、纪念票、纪念卡

随着上海城市轨道交通的飞速发展,应运而生的地铁纪念票、纪念卡成为企业文化与旅游文化的载体。经历了从纸票到磁卡的发展演变过程。

1994年12月12日,为纪念上海地铁1号线双线隧道全线贯通,上海市地铁总公司设计制作了我国城市轨道交通史上第一张纪念金卡,现已被上海历史博物馆珍藏。从此,承载着海派地铁文化的上海地铁纪念卡,逐步走入大众的视野,更是在传统邮币卡类收藏领域里,增添了一抹亮色,二十多年来,上海地铁稳步发展。而紧紧相随的上海地铁纪念卡,在稳定的发展基础上,在策划、选题、设计、材质、工艺、发行和宣传等方面求新求变,创造了一个又一个令人惊叹的新纪录。

上海地铁纪念卡重视多元化的选题,从宣传自身发展的轨道运营开通,到紧扣时政和社会热点的重大事体,从弘扬民俗文化的生肖拜年,到令影迷粉丝爱不释手的电影卡通,从融汇中外的美术佳作,到提醒我们珍爱地球的珍稀动物。上海地铁将这些丰富的自然、社会和人文题材,用精美的设计、精致的工艺,在方寸之间完美诠释。上海地铁纪念卡称得上是一件件艺术品,是蕴涵文化价值和文化底蕴的新上海都市名片。

上海地铁纪念卡形式有纸票、纸卡、磁卡(薄卡)和非接触式智能卡(厚卡)。

上海地铁纪念卡系列有地铁开通系列、重大事件系列、生肖系列、恭贺新禧系列、四大名著系列、古典系列、节气系列、海上遗韵系列、电影海报系列、怀旧电影系列、儿童系列、迪士尼系列、美术作品系列、花卉系列、书法作品系列、经典建筑系列、珍稀动物系列、世界珍稀系列、名胜风光系列、体育系列、星座系列、会员卡系列、预定卡系列等。

上海市地铁纪念卡收藏协会成立,并在地铁人民广场站、中山公园站设置专卖点,1993 年至 2015 年,合计发行 523 套 1 464 种,共计 1 606.93 万枚(张)。

1994 年 12 月 12 日 1 号线通车调试纪念金卡,发行量 1 万枚。

1997 年 1 月 1 日上海地铁磁卡集卡协会会员卡,发行量 4 000 枚。

1996 年 1 月丙子年 96 通用储值票(生肖第一套:鼠),发行量 5 000 枚。

1996 年 12 月丁丑 97 恭贺新禧(拜年卡系列第一套),发行量 3 500 枚。

1997 年 10 月 1 日上海地铁 1 号线彩色纸质车票(八运会),发行量 48 000 套。

1999 年 1 月上海地铁纯金箔通用纪念票珍藏册,发行量 3 000 套。

1999 年 3 月 1 日上海地铁自动售检票系统开通纪念(金属版),发行量 10 万套。

1999 年 8 月 7 日刘海粟美术作品(第一套),发行量 1 万套。

2000 年 8 月 1 日珍稀动物熊猫(第一套),发行量 1.5 万套。

2002 年 8 月 18 日—2003 年 5 月 18 日三国演义,发行量 1.5 万套。(四大名著系列)

2010 年 10 月 1 日通往世博的地铁全套,发行量 1 000 套。

图 5-3-8　通用储值票(生肖第一套:鼠)

图 5-3-9　上海地铁自动售检票系统开通纪念（金属版）

图 5-3-10　通往世博的地铁纪念票全套

二、纪念品

2011 年 5 月 8 日，传媒事业部创立了首个上海地铁的纪念品品牌 HIMETRO。同年 5 月，诞生了首批地铁纪念品，学习借鉴英国地铁纪念品的设计风格，利用 2011 年新版地铁线路图，由线路图提炼出各式经典的地铁元素制作成各种线路图产品，主要特色为全网络图或局部网络图设计、12 个色彩和 12 条线路全站点。首次生产投放的线路图产品主要包括：木托咖啡杯、烟灰缸礼盒、线路图马克杯、线路图名片盒套装、线路图笔筒等。

2013 年 5 月 27 日地铁纪念品首次入驻外部市场渠道——全家便利店，通过代销的方式，让更多的顾客熟悉地铁纪念品，也更便于购买。首次入驻的是 8 号线大世界站的全家便利店，利用最好的视角和最繁忙的客流量，获得更好的关注。

2013 年 7 月 10 日地铁纪念品首次投放上海著名旅游景点——东方明珠，让更多其他城市游客了解、熟悉上海地铁，关注上海地铁衍生品。东方明珠每年都拥有上海热门旅游景点最高客流量，一到旅游黄金周都有成千上万的海内外游客会到此参观游玩，同样也会带些纪念品回去，这样就会有更多的人认识了解上海地铁纪念品。

2013年8月27日，地铁纪念品首次引入了英国最大文化产业巨头WHS公司的英伦系列，WHS英伦产品都是有英国设计师按系列按季节创意设计，格调清新、颜色丰富的文化生活产品深受年轻人的喜爱，在英国城市的各大交通商业网点都有售，此次进驻上海地铁，也为上海地铁纪念品吹来了春风。我们首批产品主要有以下几个系列：蝴蝶系列、猫头鹰系列、字母系列、YOGO系列、魔法系列。WHS英伦产品开售以来，受到了许多年轻女性的青睐。

2014年5月26日，地铁纪念品专门请设计公司为地铁吉祥物畅畅变形，设计了畅畅家族系列，畅畅家族系采用活泼可爱的动作造型和时尚的道具、场景来诠释营造以安全可靠、高效便捷、功能完善、文明舒适的乘车环境为主题的地铁服务理念。根据畅畅家族系列设计的一些卡通产品丰富了卡通产品系列：畅畅手抱公仔、畅多啦手抱公仔，畅多啦U盘等。

2015年6月10日，地铁纪念品首次推出了水晶材质的车模，推出的水晶系列有两款车模：迷你型和收藏型水晶车模，迷你型水晶车模小巧精细，方便携带。收藏型纪念版水晶车模都还带有自己的编号和收藏证书，是一款商务送礼佳品。首次突破了原有的合金材质模型。

2015年8月2日，人民广场音乐角举行"上海地铁指南的签售仪式"，这是地铁纪念品首次发行公益性地铁刊物，签售仪式邀请了本书作者和漫画家为大家当场签售。地铁指南设计配套了4套地铁卡，4幅漫画来自优美的杂志插图。此次公益性项目深受乘客的喜欢。

《上海地铁指南》是一本为方便乘客了解上海地铁的运营时间、运营线路、注意事项和周边吃喝玩乐的既实用又美观的手伴刊物。

图5-3-11　地铁吉祥物畅畅

第四章　商 业 经 营

车站商业资源，主要包括：站厅商铺、站厅商业街、地铁综合商业空间以及车站自助服务设施设备（ATM机、自动售货机、充值缴费机、自助照相机等）。地铁商业运用综合规划、网络管理、品牌经营、优质服务的现代商业经营管理模式，不断提升地铁商业资源品质。作为城市轨道交通运营服务主业的重要配套功能补充，地铁商业为广大市民乘客提供了丰富多样的便利服务内容，极大方便了地铁乘客出行的日常消费及生活服务需求，同时为轨道交通运营提供增值服务，从商业配套、公共交通出行便民服务角度提升了轨道交通运营品牌形象，创造轨道交通运营综合社会效益。

第一节　站 厅 商 业

站厅商业以便捷的商铺购物、便民的自助服务等为主，形成了组合式商业模式，其中便利店、休闲食品、书刊文化、礼品咨询等为便民服务四大业态。

1988年2月，上海火车站建设的时候，地铁车站及东侧地下1 500平方米的商务用房（含出入口）也同时建成，上海市地铁公司利用时间差，在上海火车站北折返段开辟了临时商场。

1997年5月，润达公司（2012年12月歇业注销）归并商贸公司，自此轨道交通的站厅站台商业、通道商业、整层商业，步入了统一规划、有序拓展的良性发展轨道。

1998年，与城龙公司合作，在1号线陕西南路站厅开发了800余平方米的溜冰场场所（2001年关闭）。

2002年1月，上海火车站1号线与3号线联络通道商场开业。

2004年5月，徐家汇“蒂美依廊”开业。作为地铁商业第一个自营商场，为探索全新的经营模式，拓展管理理念走出了第一步。

2005年，站厅商业依托地铁发展势头更加迅猛。站厅商业在地铁商业人积极努力下，得到了进一步发展。自2005年4月13日起，地铁商业实行了1、2、3号线分线管理整治，通过对商业资源整合，优化购物环境，努力提升服务质量，使站厅商业面貌大为改观。站厅商业先后引进了肯德基、麦当劳、东方既白、永和大王等较有知名度的餐饮商家；便利店方面引进了全家、快客、罗森等知名商家加盟；金融方面有中国银行、工商银行、招商银行等多家银行先后入驻，国际上具有知名度的花旗银行强势加入，等等。地铁商业的品牌化、多元化、连锁化，显现出了规模效应。

2009年1月，人民广场站大三角区域实现开业。人民广场站大三角区域充分利用1、2号线换乘通道区域所拓展的地下空间，引进了大批享有知名度的商家，形成了具有一定规模性的地铁商业街。此后，还吸引多家商业银行进驻，形成了第一个地铁金融街。

2010年7月20日，徐家汇站克莉丝汀旗舰店开业。这是地铁商业与沪上知名品牌克莉丝汀携手合作后，取得的又一“里程碑”意义的重大经营成果。

2010年8月25日，人民广场站首家外资银行——花旗银行开业。这是资产公司和花旗银行携手打造的首家外资银行营业厅在人民广场大三角区隆重登场。

2014年1月1日，4号线塘桥站整层商业开业，约950平方米（二级管理）。2015年12月28

日，全家第100家便利店在地铁徐家汇站隆重开业，全家便利与地铁商业战略合作的“百店计划”开发建设工作取得圆满成功。全家便利的全新登场，把地铁商业连锁化推向一个新阶段，并产生了连锁化规模化的商业辐射效应。大批连锁店商家纷纷前来地铁考察洽谈意向，先后有宜芝多、周黑鸭、凯司令、莉莲蛋挞、青浦乔家栅等知名商家前来寻求合作。与此同时，地铁商业积累了丰富的客户资源，为地铁商业发展打下人脉基础。

图5－4－1　2014年1月站厅连锁店

截至2015年12月31日，站厅商业签约客商总数为560户、经营总面积为2.83余万平方米，分布于轨道交通各条线上。

2015年站厅商业总营收为9 000余万元。

第二节　自 助 商 业

自助商业以自助式、数字式、休闲式为定位，引进多方自助服务企业积极开展合作。通过现场考察、调查、分析、定位，将自助设备合理地分布在各轨道线路车站的站厅站台，为广大消费者提供银行、饮料、食品、药品、休闲、娱乐、文化等特色业态的自助便捷服务。

图5－4－2　2002年车站站台奥特美自动售货机

自2002年奥特美自动售货机、2004年瞬达自动影像机率先入驻，受到了消费者欢迎。与此同时，有相当部分知名自助服务商家把目光转向轨道交通区域，包含了ATM机、网上支付、售卖服务、娱乐游戏等多种自助服务业务。地铁商业积极与各自助服务客商接洽商讨落实点位，合理布局推上各条线，向公众提供自助服务。

截至2015年底，自助机总台数超两千台，分布于轨道交通各条线上。其中：银行ATM机超九百台，包括中国银行、交通银行、上海银行、工商银行、招商银行、花旗银行等13家。自动售货机超一千台，包括泰和瑞通、熙荣、华轩酒业、顶顶科技、友宝等企业的饮料售卖机；自动拍照机包括禾美、深圳迈斯等；药品售卖机包括雍华等。2015年自助商业总营收为8 270余万元。

第三节　独 立 商 场

独立商场是充分利用了地下空间，开辟成定位合适，具有主题特点的商业经营场所，也是站厅商业便民服务的延伸。独立商场的特点是将地下街区与车站出入口和站厅、邻近地区商业和广场、办公楼等有机地连接起来，起到了独特的纽带作用。它既推动了地铁商业圈延伸服务，也产生了地铁所特有的商业走廊效应,使地铁特色的商业服务更具有吸引力。

独立商场的运营发展,充分利用轨道交通有限的地下空间,通过调研、协调、开发等工作和努力,累积了为数不多的商业地块资源。就目前而言,独立商场均为自主经营为主的综合性商场,也是地铁商业的二级管理单位。签约客商在遵守地铁管理方各项安全规定和经营管理要求的基础上,具有自主经营权。主要经营业态包括:服装、食品、餐饮、百货等。

1991 年,上海市地铁公司租借了上海久事公司位于田林十一村内的两幢六层住宅楼,开办了田林招待所。建筑面积约 2 600 平方米,共有 37 套客房,1995 年 1 月归还上海久事公司。

1993 年 8 月 18 日,1 号线徐家汇站地铁南商城开业。同年 9 月 29 日、10 月 25 日,北东商场、北西商场分别开业。徐家汇地铁商城建筑面积 20 000 余平方米,经营面积 8 000 余平方米。地铁商城以地铁车站为中心,由南商场、北东商场、北西商场三大块商业区域分布于徐家汇地铁车站周边。集小商品、服装、餐饮、文化、娱乐、电子产品等经营项目为一体,吸引了南来北往的各种消费人群,开创了地铁大型整层商业的先例。2008 年 4 月 7 日,因配合整治改造,南商场关闭歇业。

1997 年 1 月 1 日,上海地铁旅馆(民立路 100 号)划归地铁商业。同年,地铁总公司批复了有关北折返设备楼及设备楼东侧空余场地开发,惠宾招待所(沈家宅 55 号)于 1997 年 9 月 29 日开始营业。地处 1 号线上海火车站地下旅馆(民立路 21 号)于 2000 年 4 月 28 日开始营业。

民立路 100 号、沈家宅 55 号、民立路 21 号 3 处旅馆先后开业,依托上海火车站南北广场地区,在该地区产生了"地铁旅馆"的品牌效应。地铁旅馆的热情服务、规范管理、周到体贴,在周边地区享有盛誉,接待了来自全国各地的旅客。2005 年 2 月底上述 3 处旅馆歇业和注销。

2001 年 10 月 31 日,位于上海火车站北广场地下空间的三叶眼镜市场开业(二级管理,因配合上海火车站北广场改造,2006 年关闭)。

2002 年 1 月 1 日,3 号线赤峰路站整层商业深喜迪云商场开业,约 2 780 平方米(二级管理)。

2003 年 4 月 10 日,3 号线漕溪路站整层商业吉美臣品牌折扣店开业,约 4 490 平方米(二级管理)。

地铁商业与季风书院签订租赁合同,2009 年 1 月 1 日起至 2011 年 12 月 31 日止(二级管理)。2011 年底租赁合同终止并歇业。

2005 年 1 月 1 日,2 号线中山公园站"小马路"通道整层商业开业,约 740 平方米(二级管理)。5 月 1 日,2 号线上海科技馆站整层商业开业,约 1 400 平方米(二级管理)。

2007 年 3 月 1 日,1 号线上海南站站整层商业开业,约 3 700 平方米(二级管理)。

图 5-4-3　站厅独立商场

2008 年 9 月 1 日,3 号线虹口足球场站整层商业开业,约 2 500 平方米(二级管理)。

2012 年 11 月 1 日,11 号线安亭站整层商业开业,约 700 平方米(二级管理)。

2013 年 6 月 1 日,8 号线西藏南路站整层商业开业,约 3 480 平方米(二级管理)。

2013 年 4 月 10 日,具有沪上新兴时尚地标的整层商业,约 2 300 平方米——7 号线静安寺站"聚集地"商场(二级管理)闪亮登场,让消费者感受到全新设计消费体验。

2014 年 1 月 1 日,4 号线塘桥站整层商业开业，约 950 平方米（二级管理）。

2015 年 10 月 1 日，9 号线九亭地铁整层商业开业（二级管理）。九亭商场由 2 幢三层楼面、地下一层组成，总建筑面积为 12 589 平方米，商场面积近 6 000 平方米。作为地铁商业二级管理的大型商业站点，九亭商场集 20 多个沪上知名品牌于一体，其中包括永和大王、真功夫、肯德基、麦当劳、屈臣氏等。

截至 2015 年底，独立商场为 10 座，经营总面积为 2.27 余万平方米，总营收为 3 930 余万元。

第五章　信 息 通 讯

上海轨道交通结合上海信息产业、通信、宽带无线传输技术的迅速发展，以及用户的需求，逐步完善地下通信的传输网络、无线通信系统和其他信息服务，并利用资源优势，联合本地的 ISP、ICP，提供网络传输的增值服务，拓展多媒体终端业务，带动其他增值业务的发展，形成以信息技术为核心，以多网、宽带、综合无线平台及话音、数据、图像传输平台等为经营业务特色，以市场为抓手的结构模式，内联外拓，不断开辟发展新空间。

第一节　通信传输网络

一、传输网络

上海申通地铁集团与上海电信公司、上海移动公司、上海联通公司等单位共同开发、合作共赢，上海轨道交通地下通信的传输网络、无线通信系统等增值业务不断拓展。

1997 年 6 月，将寻呼信号引入上海地铁 1 号线站台、站厅及隧道。

1999 年 2 月，在地铁 1 号线站厅、隧道区间做移动电话 GSM 网信号覆盖试验。

2000 年 8 月，将寻呼信号引入上海地铁 2 号线站台、站厅及隧道。

2001 年 3 月，移动电话 GSM 信号在上海地铁 1、2 号线站台、站厅相继开通。8 月，在 APEC 会议召开之前移动 GSM 和联通 GSM 信号在地铁 1、2 号线区间隧道覆盖顺利地提前竣工，从而实现了上海地铁内移动通信信号无缝覆盖。

2002 年 9 月，上海联通 CDMA 地铁 1、2 号线信号覆盖工程全面完成。

2003 年 4 月，与他方共同合作开发的地铁 1 号线信息显示屏项目，全系统(站台及车厢)进入试运营阶段。5 月，完成明珠一期 14 座车站移动 GSM 网络信号室内覆盖建设，以及 2 座车站移动 GSM 网络信号宏站建设。6 月，完成 1、2 号线移动 GSM 网络扩容项目试验标段工作。

2006 年 11 月 17 日，进行程控电话设备的建设，主机位于恒通大厦一楼民用机房内，交换机房的交换设备以及远端模块设备安装调试及服务，地铁汉中路站至恒通大厦之间的传输。

2007 年 11 月 27 日地铁 1、2、4 号线进行中国移动 3G(TD－SCDMA)公共无线网络业务的覆盖建设。TD－SCDMA 是我国自主研发、具有自主知识产权的第三代移动通信技术，信产部等中央部门制订的进一步扩大 TD－SCDMA 技术试验网应用方案已经国务院常务会议审议通过。信产部要求各相关城市配合中国移动通信集团公司等单位开展 TD－SCDMA 技术试验网建设，为 2008 年北京奥运会提供高水平的通信服务。年底，完成上海轨道交通 6 号线、8 号线一期、9 号线一期的移动通信引入系统工程，信号与线路运营同步开通。

2008 年 4 月 29 日，根据上海轨道交通 1、2、6、8、9 号线商业区语音通信的需求，并对上海地铁 1、2 号线的实际网络结构分布状况与话务量情况进行了认真分析后，为上海轨道交通 1、2 号线商业区通信系统提出了基于 IP 数据传输网络的电话系统解决方案。

2009 年 2 月 9 日，根据上海轨道交通 1、2、3、4 号线商业区语音通信的需求，并对上海地铁 1、

2、3、4号线的实际网络结构分布状况与话务量情况进行了认真分析后，为上海轨道交通1、2、3、4号线商业区通信系统提出了基于IP数据传输网络的电话系统解决方案。7月，完成上海轨道交通8号线二期的移动通信引入系统工程，3G信号与线路运营同步开通。10月29日起在地铁1、2、3、4号线进行中国联通3G(WCDMA)公共无线网络业务的覆盖。12月，完成上海轨道交通7号线、9号线二期、11号线北段一期的移动通信引入系统工程，3G信号与线路运营同步开通。

2010年4月，完成上海轨道交通2号线东延伸、10号线航中路至新江湾城站的移动通信引入系统工程，3G信号与线路运营同步开通。5月，完成上海轨道交通13号线世博段3个车站的移动通信引入系统工程，3G信号与线路运营同步开通。10月，完成上海轨道交通10号线龙溪路至虹桥火车站的移动通信引入系统工程，3G信号与线路运营同步开通。

2012年12月，完成上海轨道交通13号线一期西段的移动通信引入系统工程，3G信号与线路运营同步开通。

2013年8月，完成上海轨道交通11号线南段二期的移动通信引入系统工程，3G信号与线路运营同步开通。12月，完成上海轨道交通12号线、16号线南段移动通信引入系统工程，3G信号与线路运营同步开通。

2014年12月，完成上海轨道交通16号线北段罗山路站至龙阳路站移动通信引入系统工程，3G信号与线路运营同步开通。

2015年1月起在地铁全路网(1—13号线)进行4G(LTE)公共无线网络业务的覆盖。

截至2015年，完成上海轨道交通全网络12条线地下车站的移动通信网络全覆盖。建立机站287座。

表5-5-1　1999—2015年上海轨道交通移动通信开通情况表　　单位：座

线　　路	移动信号开通时间(制式)	站点数(地下)
1号线	1999年2月(寻呼)	15
	2001年3月(移动GSM车站)	
	2001年8月(移动GSM隧道)	
	2002年9月(联通CDMA)	
	2007年11月(移动3G)	
	2009年10月(联通3G)	
2号线	2000年8月(寻呼)	27
	2001年3月(移动GSM车站)	
	2001年8月(移动GSM隧道)	
	2002年9月(联通CDMA)	
	2007年11月(移动3G)	
	2009年10月(联通3G)	
	2010年4月　东延伸(3G)	
4号线	2007年11月(移动3G)	17
	2009年10月(联通3G)	

（续表）

线　　路	移动信号开通时间（制式）	站点数（地下）
6号线	2007年12月（3G同步）	19
7号线	2009年12月（3G同步）	31
8号线	2007年12月　一期（3G同步） 2009年7月　二期（3G同步）	26
9号线	2007年12月　一期（3G同步） 2009年12月　二期（3G同步）	31
10号线	2010年4月　一期（3G同步）	32
11号线	2009年12月　北段一期（3G同步）	23
12号线	2013年12月（3G同步）	32
13号线	2010年5月　世博段（3G同步） 2012年12月　一期西段（3G同步）	31
16号线	2013年12月　北段（3G同步） 2014年12月　南段（3G同步）	3
合　计		287

二、宽带网络

2006年11月17日，在东宝兴路控制中心放置一台HP5406核心交换机，在各车站放置HP2626接入交换机，为地铁1号线北延伸8个车站、2号线西延伸段4个车站、地铁4号线8个车站以及汉中路恒通大厦提供10/100的用户接入。

2008年9月22日，因全路网线路增加，商业银行配合业务开展，原有4楼机房无法新增设备机柜（含银行接入设备），故于2010年网络设备搬迁至东宝兴路1楼民用机房内，搭建网络总控机房。完成在东宝兴路控制中心4楼机房与1楼新建机房之间敷设96芯联络光缆；完成在1楼新建机房内新增机柜，安装空气开关及排放线槽等。

图5-5-1　网络总控机房

2010年4月，在轨道交通10号线、2号线西西延伸、2号线东延伸部分车站的民用通信机房与商业ATM机之间的敷设光缆、电缆等配套设施。对轨道交通1、2、3、4号线宽带进行扩容。

2014年5月4日，根据实际使用需求，上海申通地铁资产经营管理有限公司通过对外公开招标的方式委托中国铁路通信信号上海工程局集团有限公司实施上海轨道交通东宝兴路网络控制中心升级改造项目。

第二节　乘客信息系统

上海地铁作为上海市形象的窗口，为了凸显以运营工作为本，为乘客服务为核心的工作重点，为了进一步提高乘客服务的层次，体现信息时代的服务特色和建设上海城市形象新亮点。自 2001 年起上海地铁在 1 号线站台开通的乘客服务信息系统(PIS)，包括本站台方向的最近 2 次地铁列车的预计到达时间，地铁服务的重要通知和提示等。至 2010 年共完成 1—9 号线站台及列车 PIS 系统的全覆盖，并通过移动电视直播信号为乘客提供了的实用的列车运营信息和导乘服务。

2001 年 8 月，开展乘客信息系统的调研和项目实施工作，并选定人民广场、上海南站两站作为试点。

广受社会媒体和乘客关注的上海地铁 1 号线乘客信息系统，人民广场站和上海南站站两站设备在 2002 年 3 月 28 日正式通过验收，并开通使用。

2002 年 12 月 31 日，完成 1 号线(莘庄至上海火车站)车站乘客信息系统的全线开通。上海轨道交通 1 号线乘客服务信息系统，经过施工和技术人员的不断努力，在 12 月底已完成了系统的主体建设。包括上海轨道交通 1 号线地面和地下共 16 个车站，32 个站台的显示屏已经开通投入试运行。列车方面也已有一部列车包括 30 块 LCD 显示屏的信息系统投入试用。

2003 年 4 月 1 日，完成 1 号线 21 列车乘客信息系统的开通工作。

2004 年 12 月 28 日，完成 1 号线北延伸乘客信息系统开通。该工程由上海慧申工程技术有限公司承建。

2009 年 2 月 12 日，上海轨道交通车载 LCD 播出系统改造项目开工，7 月 31 日，上海轨道交通 1、2、3、4、5、6、8、9 号线车载 LCD 播出系统改造项目完工。7 月 5 日，上海地铁电视台开播。

2010 年 9 月 30 日，上海轨道交通车载 LCD 播出系统改造项目验收由资产公司移交轨道交通维保公司车辆分公司维护。

第六章　设 计 咨 询

2010 年隧道院划入上海申通地铁集团公司，上海市隧道工程轨道交通设计研究院原名上海市隧道工程设计院，筹建于 1958 年，成立于 1965 年，是中国从事软土隧道和地下工程设计与研究历史最久的设计院，是国内最早承担轨道交通总体设计与研究的单位之一。也是国家发展和改革委员会批准可以担任全国城市轨道交通项目评估的六个咨询单位之一。

上海市隧道工程轨道交通设计研究院拥有勘察、设计甲级及咨询资质单位，设计及咨询业务包含隧道与地下工程、轨道交通、枢纽与综合开发、给排水、公路与道路、桥梁、建筑与装饰、智能设计、勘察和测量等专业的甲级勘察、设计及咨询资质；轨道交通的咨询业务主要涉足国内轨道交通建设与运营专业咨询领域，先后为昆明、郑州、南昌、无锡、合肥等城市的轨道交通企业开展服务，是上海地铁实施“走出去”战略的业务平台。

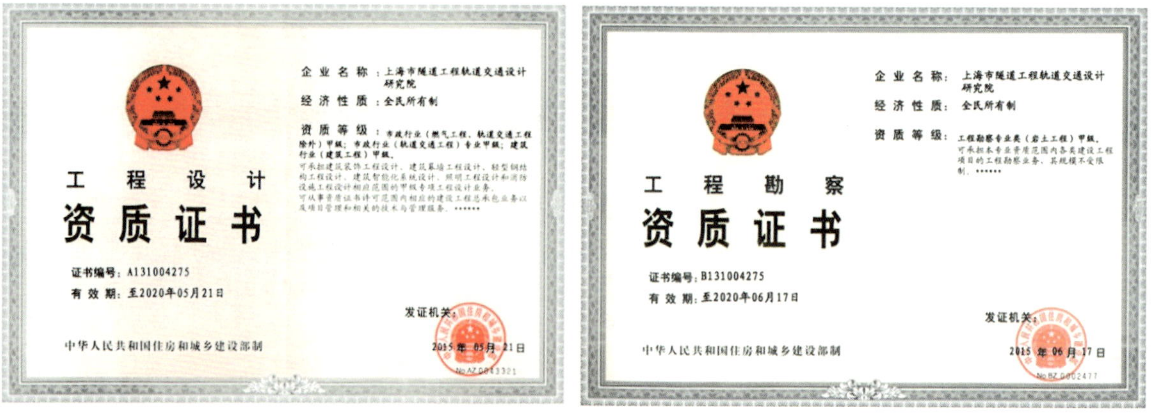
工 程 设 计
资 质 证 书
企 业 名 称：上海市隧道工程轨道交通设计研究院
经 济 性 质：全民所有制
资 质 等 级：市政行业（燃气工程、轨道交通工程除外）甲级；市政行业（轨道交通工程）专业甲级；建筑行业（建筑工程）甲级。
可承担建筑装饰工程设计、建筑幕墙工程设计、轻型钢结构工程设计、建筑智能化系统设计、照明工程设计和消防设施工程设计相应范围的甲级专项工程设计业务。
可从事资质证书许可范围内相应的建设工程总承包业务以及项目管理和相关的技术与管理服务。******
证书编号：A131004275
有 效 期：至2020年05月21日
发证机关：
2015年05月21日
中华人民共和国住房和城乡建设部制
No.AZ 0013321

工 程 勘 察
资 质 证 书
企 业 名 称：上海市隧道工程轨道交通设计研究院
经 济 性 质：全民所有制
资 质 等 级：工程勘察专业类（岩土工程）甲级。
可承担本专业资质范围内各类建设工程项目的工程勘察业务，其规模不受限制。******
证书编号：B131004275
有 效 期：至2020年06月17日
发证机关：
2015年06月17日
中华人民共和国住房和城乡建设部制
No.BZ 0002477

图 5-6-1　上海市隧道工程轨道交通设计研究院工程设计与工程勘察资质证书

第一节　勘察设计(2010 年隧道院划入申通地铁集团以后)

2010 年隧道院划入申通地铁集团以后，至 2015 年即从事轨道交通设计、隧道与地下工程设计、盾构与特种设备设计、建筑与开发工程设计、市政工程设计、工程咨询等业务。

表 5-6-1　2010—2015 年轨道交通工程设计统计情况表

日　期	内　容	规　模
2010 年 1 月 14 日	南京地铁西延过江线工程单项设计(DW-XS02 标)中标	设计范围包括松花江路站、绿博园站、江心洲站、滨江大道站 4 个站及奥体中心站—松花江路站—绿博园站—江心洲站—滨江大道站 4 个区间，工程总投资约 15.072 7 亿元。

（续表）

日 期	内 容	规 模
2010 年 6 月 25 日	苏州 4 号线及 4 号线支线工点设计Ⅳ－TJSJ06 标、Ⅳ－TJSJ07 标、Ⅳ－TJSJ11 标、Ⅳ－TJSJ15 标中标	工程线路全长 42 公里，设车站 31 座，全部为地下站。支线在红庄站与 4 号线接轨，线路全长 11.1 公里，全部为地下线，设车站 7 座。本工程投资为 357.49 亿元。
2010 年 8 月 31 日	深圳市轨道交通三期 6 号线工程可行性研究及勘察设计总承包项目 B 包中标	工程线路全长 37.2 km，其中地下段线路长 5.6 km，高架段线路长 31.6 km。共设车站 19 座（高架 17 座，地下 2 座），车辆段和停车场各一座。项目工程投资估算 148 亿元。
2011 年 2 月 28 日	天津地铁 5 号线与 2 号线换乘站靖江路站中标	项目总投资约 2 581 300 万元。
2011 年 3 月 2 日	北京轨道交通燕房线（主线）工程总体总包设计 01 合同段、03 合同段、07 合同段（全线通信信号 PIS 系统设计）中标	批准总建筑面积：长约 15.2 km。01 合同段批准总投资额：323 982 万元；03 合同段批准总投资 31 564 万元；07 合同段批准总投资 50 431 万元。
2011 年 3 月 30 日	南京地铁 4 号线一期工程单项设计 D4－XS02 标中标	设计内容包括中保村站及站后折返段、草场门站、西康路站、云南路站、中保村—草场门—西康路—云南路站—（鼓楼站）四站四区间及与周边已建成道路间的进出车站道路设计。该标段总投资约为：118 534 万元。
2011 年 9 月 23 日	宁波市轨道交通 4 号线试验站工程设计中标	4 号线翠柏里站，是 4 号线与远期 6 号线的换乘站，车站总建筑面积约 1.7 万平方米。车站结合地块设计，为地下三层车站，负一层为地块使用，地铁功能占左端作为区间通风机房，负二层为站厅层，负三层为站台层及站台两端少部分的设备用房。
2011 年 11 月 16 日	哈尔滨市轨道交通 1 号线三期工程项目设计第 1 标段、第 4 标段、第 7 标段、第 8 标段、第 9 标段中标	工程线路全长约 8.12 km，投资额约 49 亿元。五站五区间，设 5 个地下车站，区间均为地下线。 1 标段（总体总包、土建工点三站两区间）。 第 4 标段（通信系统）。 第 7 标段（环控与通风、给排水及消防、防灾及设备监控系统）。 第 8 标段（车站设备屏蔽门、自动扶梯、电梯系统）。 第 9 标段（自动售检票系统）。
2011 年 11 月	签订苏州 4 号线支线工程勘察合同	支线长约 9.29 公里；共计 6 车 6 区间及变电所等。
2011 年 12 月 5 日	上海轨道交通 20 号线（轨道交通 17 号线）工程总体中标	全长约 35.2 km，总投资为 1 390 000 万元。
2012 年 3 月 14 日	深圳市轨道交通 16 号线工程可行性研究及初步设计工程（B 包）中标	地铁 16 号线线路全长 39.8 公里（其中地下段 31.1 公里，高架段 8.7 公里），设站 26 座，投资匡算 267 亿元。
2012 年 3 月 28 日	厦门轨道交通 1 号线一期工程土建工程（M1I－TJSJ－05 标段）中标	1 号线一期工程共设置车站 24 座，除跨海段为高架车站外，其余均为地下车站。平均站间距离 1.3 km。其中，岛内设置车站 14 座，平均站间距离 1.0 km；跨海段设置车站 1 座，平均站间距离 3.3 km；岛外设置车站 9 座，平均站间距离 1.4 km。全部车站中共有 7 座换乘车站，投资 211.18 亿元。
2012 年 5 月 16 日	上海市轨道交通 11 号线北段（罗山路—迪士尼乐园）环控与通风、给排水及消防系统（含灭火系统）工程中标	工程总投资额为 5 485 万元。

（续表）

日　期	内　　容	规　　模
2012年11月5日	宁波市轨道交通2号线一期工程车站装饰总体设计及导向系统设计中标	2号线一期工程起点站为机场站，终点站为东外环路站，线路全长28.35 km，共设22座车站，平均站间距1.331 km。
2012年11月22日	完成沿江通道越江通道工程工可研究工作，并获得了工可批复	工程为盾构法公路隧道，西起浦西牡丹江路，东至浦东外环线，全长8.7公里，总投资约73亿元。
2013年1月4日	上海轨道交通5号线南延伸工程莘庄停车场、已建5号线莘庄站、春申路站、银都路站、北桥站、剑川路站、东川路站改造设计中标	工程总投资约8 014.87万元。
2013年1月9日	上海轨道交通12号线漕宝路站、龙漕路站、龙华站、陕西南路站、汉中路站、天潼路站、国际客运中心站、利津路站—隆昌路站区间、国际客运中心站—大木桥路区间、环控与通风、屏蔽门、电缆工程、AFC、线路、限界分项设计中标	工程总投资约317 082万元。
2013年1月9日	上海轨道交通13号线一期工程汉中路站(含防淹门)、江宁南路站—南京西路站区间、淮海中路站、南京西路站—淮海中路站—淡水路站区间分项设计中标	工程总投资约58 815万元。
2013年1月11日	上海轨道交通17号线工程设计3标(蟠龙路站)设计中标	蟠龙路站为地下二层岛式站台车站，工程总投资约1 390 000万元。
2013年1月14日	承接了上海市轨道交通2号线东延伸工程控制中心改建设计工作	新闸路控制中心，地下二层、地上五层，总面积约14 000平方米。
2013年1月14日	承接上海市轨道交通11号线北段(罗山路—迪士尼乐园)环控与通风、给排水及消防系统(含灭火系统)设计工作	工程线路全长约9.2 km，设站3座，其中高架线约7.5 km，敞开段约0.265 km，地下约1.43 km；高架站2个，地下站1个。工程总投资406 854.23万元。
2013年2月4日	上海轨道交通14号线设计1标[全线设计总体/总包管理及部分土建、机电系统的分项设计(含环控、屏蔽门、设备监控与集成、安检系统、电扶梯、FAS、给排水及消防、线路、限界、声屏障、自动售检票、控制中心、陆家嘴站、蓝天路站、主变、人防/防淹)]标段中标	线路全长约39.1 km，共设车站31座，全部为地下线。平均站间距1.273 km。全线设一段一场。工程估算总额576.86亿元。
2013年2月4日	上海轨道交通14号线设计6标(封浜车辆段及封浜站)中标	标段造价13.364 4亿元。
2013年2月4日	上海轨道交通14号线设计11标(黄陂南路站、大世界站、豫园站)	标段造价10.558 2亿元。
2013年2月4日	上海轨道交通14号线设计12标(蓝桉路站、红枫路站、金港路站、锦绣东路、真如站)	标段造价13.588 8亿元。

（续表）

日　期	内　　容	规　　　模
2013 年 2 月 4 日	上海轨道交通 14 号线设计 13 标（浦东大道站、源深路站、巨野路站）	标段造价 14.171 1 亿元。
2013 年 2 月 4 日	上海轨道交通 14 号线设计 4 标（全线供电系统、含电缆工程、牵引变电所、降压变电所、变电所综合自动化、杂散电流防护、牵引网、区间动力照明、能耗监测管理系统及综合接地等）	标段造价 9.688 8 亿元。
2013 年 2 月 4 日	上海轨道交通 14 号线设计 16 标（祁连山路站—黄陂南路站区间）	标段造价 11.602 7 亿元。
2013 年 2 月 4 日	上海轨道交通 14 号线设计 17 标（黄陂南路站—居家桥路站区间）	标段造价 7.591 亿元。
2013 年 2 月 4 日	承接了轨道交通 12 号线民用移动通信一期引入子系统工程设计工作	正线全长 40.417 km，全部为地下线；共设 32 座地下车站（其中 19 座换乘站）、1 座定修段、1 座停车场（金桥停车场，与 12 号线、14 号线三线同址共建）、主变电站 2 座，控制中心 1 处（西藏北路控制中心，与 8 号线合建）。
2013 年 2 月 4 日	上海轨道交通 10 号线二期工程设计 1 标（综合设计）、5 标（国帆路站、盾构区间）设计中标	工程总投资约 500 428 万元。国帆路站为 12 米站台地下三层岛式车站。
2013 年 2 月 7 日	完成了上海轨道交通 11 号线北段（罗山路—迪士尼乐园）工程通风空调系统、给排水及消防系统的初步设计，并获得项目初设批复	工程线路全长约 9.2 km，设站 3 座，其中高架线约 7.5 km，敞开段约 0.265 km，地下约 1.43 km；高架站 2 个，地下站 1 个。工程总投资 406 854.23 万元。
2013 年 2 月 28 日	福州市轨道交通 2 号线工程土建工点设计标段二（初步设计）中标	标段内容为 9 站（南门兜站、五一广场站、六一北路站、长乐北路站、肿瘤医院站、前横南路站、福光路站、硫酸厂站、鼓山站）9 区间[南门兜站—五一广场站区间、五一广场站—六一北路站区间、六一北路站—长乐北路站区间、长乐北路站—肿瘤医院站区间、肿瘤医院站—前横南路站、前横南路站—福光路站、福光路站—硫酸厂站、硫酸厂站—鼓山站、出入场线（硫酸厂站—地面）]。
2013 年 3 月 15 日	承接福州市轨道交通 2 号线工程祥坂站设计工作	共设 2 个出入口，为地下二层岛式车站。
2013 年 3 月 18 日	承接宁波市轨道交通 3 号线工程工点设计（SJ3007 标段）设计工作	标段内容包括 3 站（体育馆站、明楼站、曙光站）4 区间（樱花公园—体育馆站区间、体育馆站—明楼站区间、明楼站—曙光路站区间、曙光路站—甬江北站区间）。
2013 年 3 月 27 日	承接南京地铁 2 号线雨润大街—元通区间隧道加固设计工作	地下盾构圆形隧道结构，单向长约 1.4 km。
2013 年 4 月 3 日	承接上海轨道交通 14 号线设计 1 标全线设计总体/总包管理及部分土建、机电系统的分项设计工作	包含环控、屏蔽门、设备监控与集成、安检系统、电扶梯、FAS、给排水及消防、线路、限界、声屏障、自动售检票、控制中心、陆家嘴站、蓝天路站、主变、人防/防淹，签订合同，合同价 14 596 万元。
2013 年 4 月 3 日	承接上海轨道交通 14 号线工程设计 4 标分项设计工作	包括全线供电系统，含电缆工程、牵引变电所、降压变电所、变电所综合自动化、杂散电流防护、牵引网、区间动力照明、能耗监测管理系统及综合接地等。

（续表）

日期	内容	规模
2013年4月3日	承接上海轨道交通14号线工程设计6标分项设计工作	包括封浜车辆段及封浜站。
2013年4月3日	承接上海轨道交通14号线工程设计11标分项设计工作	包括黄陂南路站、大世界站、豫园站。
2013年4月3日	承接上海轨道交通14号线工程设计12标分项设计工作	包括蓝桉路站、红枫路站、金港路站、锦绣东路站、真如站。
2013年4月3日	承接上海轨道交通14号线工程设计13标分项设计工作	包括浦东大道站、源深路站、巨野路站。
2013年4月3日	承接上海轨道交通14号线工程设计16标分项设计工作	包括祁连山路站—黄陂南路站区间。
2013年4月3日	承接上海轨道交通14号线工程设计17标分项设计工作	包括黄陂南路站—居家桥路站区间。
2013年4月10日	上海轨道交通11号线北段二期工程龙华路站、云锦路站、石龙路站（含防淹门）、上海游泳馆站—济阳路站区间、给排水及消防系统、（华山路中间风井—罗山路站）通风空调系统设计中标	工程总投资约93 990万元。
2013年4月10日	上海轨道交通11号线南段临港新城北段盾构工作井—临港新城站（施工图阶段）中标	含盾构工作井；中间风井土建及风水电；旁通道及泵站。工程总投资约34 941万元。
2013年4月11日	承接上海轨道交通10号线二期工程设计1标（综合设计）、5标（国帆路站、盾构区间）设计工作	国帆路站为12 m站台地下三层岛式车站。盾构区间一段起自1期工程终点——新江湾城站，沿淞沪路一路北行至国帆路站；另一段自国帆路站出站后穿越上港集团军工路码头及后方物流堆场后，下穿黄浦江，至浦东穿越长航码头后至浦东盾构工作井。
2013年4月11日	承接上海轨道交通17号线工程设计3标（蟠龙路站）设计工作	蟠龙路站为地下二层岛式站台车站，工程总投资约1 390 000万元。
2013年4月18日	承接福州轨道交通2号线工程土建工点设计标段二合同设计工作	内容包括9站（南门兜站、五一广场站、六一北路站、长乐北路站、肿瘤医院站、前横南路站、福光路站、硫酸厂站、鼓山站）9区间（南门兜站—五一广场站—六一北路站—长乐北路站—肿瘤医院站—前横南路站—福光路站—硫酸厂站—鼓山站）。
2013年4月23日	承接上海轨道交通3号线FAS、BAS系统大修改造设计工作	设计范围为上海南站站至江湾镇站，包括19座车站（上海南站站、石龙路站、龙漕路站、漕溪路站、宜山路站、虹桥路站、延安西路站、中山公园站、金沙江路站、曹杨路站、镇坪路站、中潭路站、上海火车站站、宝山路站、东宝兴路站、虹口足球场站、赤峰路站、大柏树站、江湾镇站）、1个停车场（石龙路停车场）、2座主变电所（虹桥路主变、东宝兴路主变）、东宝兴路控制中心大楼、东宝兴路派出所、虹口足球场物业开发等。

（续表）

日　期	内　　容	规　　模
2013 年 5 月	苏州市轨道交通 3 号线工程设计咨询（含勘察监理）中标	全长 45.2 km，共设置 37 座车站，全部为地下车站；采用 6 节编组 B 型列车。
2013 年 5 月 10 日	承接上海轨道交通 9 号线三期工程（东延伸）工程自动售检票系统、屏蔽门系统设计工作	工程全长 13.82 公里，共设 9 座车站，可与建设中的 14 号线及 12 号线换乘。
2013 年 5 月 17 日	常州市轨道交通 1 号线一期工程（勘察监理与相关服务）中标	全长 34.24 km，其中地下线 31.635 km，高架线 2.189 km，过渡段 0.413 km；共设 29 座车站，其中地下站 27 座，高架站 2 座；列车采用 6 节编组 B 型列车。
2013 年 6 月 3 日	上海轨道交通 13 号线二期工程分项设计 3 标；6 标中标	工程总投资约 278 220 万元。 3 标（成山路站、东明路站、长清路站—张江路站及出入段线盾构区间）。 6 标（通信系统、信号系统）。
2013 年 6 月 5 日	苏州市轨道交通 3 号线土建工点设计项目Ⅲ- TJSJ13 标中标	内容包括 11 个区间（星波街—阳澄湖站）＋出入段线，投资 13.545 4 亿元。
2013 年 6 月 13 日	上海轨道交通 8 号线三期工程总体总包设计及部分分项设计中标	分项内容包括线路、限界、轨道、车辆基地、车站、区间、通信系统、信号系统、供电系统、通风与空调系统、给排水及消防系统（含气体灭火）、综合监控、电梯/扶梯、安全门、声屏障、自动售检票系统、控制中心、系统集成、三鲁路道路改造、鲁南路道路改造、装修系统（含概念设计、方案设计、初步设计）、主变、水利设计、导向标识、8 号线二期沈杜公路站改造等全部分项工程设计。工程总投资约 330 000 万元。
2013 年 6 月 27 日	承接上海市轨道交通 5 号线南延伸工程（分项设计）工作	内容包括东川路站改扩建，江川路站，西渡站，金海湖站，南桥新城站（设双折返线），东川路站接轨点—闵浦二桥设计终点高架区间（已结合闵浦二桥实施），环东路站—南桥新城站地下区间（含明挖、暗挖区间、中间风井土建及风水电、旁通道及泵站），环控与通风，给排水及消防系统（含灭火系统），FAS/BAS（含门禁），自动售检票系统（含控制中心），电梯/扶梯，车辆基地（含出入段、轨道、房建、土石方及地基加固等工程），线路，限界，剑川路车辆基地改造，控制中心改造，主变（含土建及风水电），主变电站改造，供电（含接触网、电缆工程、主变整定值SCADA、牵降变/混合变、区间动力照明、防迷流、综合接地、防雷等）、人防（含中间风井）。
2013 年 6 月 28 日	常州市轨道交通 1 号线一期工程土建设计 05、06 标段中标	工程线路全长 33.837 km，一期工程共设 29 座车站，其中地下站 27 座、高架站 2 座。05 标段为市民广场站（不含）—文化宫站，4 站 4 区间；06 标段为文化宫站（不含）—聚湖路站（不含），3 站 4 区间＋中间风井＋控制中心用房＋公安用房房建。
2013 年 6 月 28 日	常州市轨道交通 1 号线一期工程系统设计 01、04、06 标段中标	工程线路全长 33.837 km，一期工程共设 29 座车站，其中地下站 27 座、高架站 2 座。01 标段为综合系统，包含：通风空调系统、给水排水与消防系统（含气体灭火系统）、动力照明系统、车站设备（屏蔽门、电扶梯、安检设备）、自动售检票、声屏障；04 标段为通信系统、信号系统；06 标段为车辆段与停车场。

（续表）

日　期	内　　容	规　　模
2013 年 7 月 9 日	承接上海市轨道交通 1 号线气体灭火系统及相关配套改造工程设计工作	包括上海火车站—漕宝路站，共 11 座车站、2 座主变电站的气体灭火系统改造。使本系统经过改造后可以通过专业消防检测，并达到国家最新法律法规和强制规范的要求。
2013 年 8 月 6 日	承接常州市轨道交通 1 号线一期工程 M1 - TJSJ - 05 标段、M1 - TJSJ - 06 标段、M1 - XTSJ - 01 标段、M1 - XTSJ - 04 标段、M1 - XTSJ - 06 标段设计工作	工程线路全长 33.837 km，一期工程共设 29 座车站，其中地下站 27 座、高架站 2 座。本标段为综合系统，包含：通风空调系统、给水排水与消防系统（含气体灭火系统）、动力照明系统、车站设备（屏蔽门、电扶梯、安检设备）、自动售检票、声屏障。 土建 05 标段（翠竹站、常州火车站、博爱路站、文化宫站、盾构区间）；土建 06 标段（同济桥站、光华路站、茶山站、盾构区间、控制中心土建、公安用房土建）；系统 01 标段（通风空调、给排水与消防、动力照明、车站设施—屏蔽门电扶梯安检设备、自动售检票、声屏障）；系统 04 标段（通信、信号）；系统 06 标段（车辆段与停车场）。
2013 年 8 月 12 日	上海轨道交通 17 号线工程详勘阶段岩土工程勘察 2 标（朱家角停车场）（详勘）中标	总投资额 139 000 万元。
2013 年 8 月 12 日	上海轨道交通 17 号线工程详勘阶段岩土工程勘察 5 标[淀山湖大道站（含）—漕盈路站（含）]（详勘）中标	总投资额 139 000 万元。
2013 年 8 月 30 日	杭州地铁 2 号线二期工程工点设计 DX2 - SJ2 标段中标	本标段为 4 站（金渡北路站、新月路站、新良路站、良祥路站）4 区间[董家路站（不含）—金度北路站—新月路站—新良路站—良祥路站]。
2013 年 9 月 3 日	承接上海轨道交通 1、3、4、5、6、7、8、9、10、11 号线基于 RFID 的列车自动记点工程设计工作	本工程为记点系统独立于信号系统，为行车人员对列车定位提供辅助手段，系统需通过列车的定位来实现记点的功能。
2013 年 9 月 4 日	承接上海市轨道交通 13 号线二期工程分项设计 3 标（成山路站、东明路站、长清路站—张江路站及出入段线盾构区间）；6 标（通信系统、信号系统）设计工作	工程总投资约 278 220 万元。成山路站为地下三层岛式站，东明路站为地下三层岛式站。
2013 年 9 月 18 日	承接了上海市轨道交通 17 号线工程分项设计工作	内容包括中国博览会北站、虹桥火车站站部分风、水、电和装修；全线屏蔽门/安全门；全线自动售检票系统（含控制中心）；全线信号系统；全线线路；全线限界；虹桥火车站—徐盈路站地下盾构区间；朱家角停车场与徐泾车辆段（含控制中心、出入段，盾构段除外、轨道、房建、土石方及地基加固等工程）；2 座主变；全线人防（含中间风井）。
2013 年 9 月 25 日	承接深圳市城市轨道交通 7 号线工程设计（给排水与消防系统）工作	工程线路全长约 29.8 公里，共设车站 29 座，其中设 13 座换乘站、全线采用地下线方式敷设设车辆段与停车场各一处，共享主变电所 3 座，工程投资约 208.9 亿元。

（续表）

日　期	内　　容	规　　　模
2013 年 7 月 12 日	承接苏州市轨道交通 3 号线工程土建工程设计项目（Ⅲ－TJSJ13 标）2014 年 4 月 28 日变更为苏州市轨道交通 5 号线工程土建工程设计项目（Ⅴ－QJSJ01 标）	5 号线线路全长 44.1 公里，其中地下线长 43.5 公里，地上线长 0.6 公里。设站 35 座，其中地下站 33 座，地面站 1 座，共 9 座换乘站，其中通园路站、车斜路站、苏胜路站、星塘街站同步建设与后续线路的换乘节点。
2013 年 10 月 17 日	承接上海市轨道交通 8 号线三期工程总体总包及分项设计工作	工程线路全长约 6.707 km，均为高架线，共设 6 座车站，分别为沈杜公路站、三鲁公路站、闵瑞路站、浦航路站、东城一路站、汇臻路站、并在沈杜公路站与 8 号线实现换乘。投资估算约 32.6 亿元。
2013 年 10 月 30 日	承接常州市轨道交通 1 号线一期工程设计总体—总包管理工作	工程线路全长 33.837 km，共设 29 座车站，其中地下站 27 座、高架站 2 座。本标段为综合系统，包含：通风空调系统、给水排水与消防系统（含气体灭火系统）、动力照明系统、车站设备（屏蔽门、电扶梯、安检设备）、自动售检票、声屏障。
2013 年 11 月 14 日	无锡市轨道交通 3 号线一期工程土建设计 TJSJ02 标中标	工程范围为公路处站、盛岸站、永乐东站 3 座车站。
2013 年 11 月 20 日	哈尔滨市轨道交通 2 号线一期工程总体总包、工点、专业系统设计（第 1 标段）设计总体总包中标	土建工点（哈尔滨大剧院站—太阳岛站—经纬街站）（3 站 2 区间）及控制中心设计，线路全长约 28.45 km，总投资 189 亿元。
2013 年 11 月 20 日	哈尔滨市轨道交通 2 号线一期工程总体总包、工点、专业系统设计中标。	第 5 标段：土建工点设计（博物馆站—文化宫）（2 站 2 区间）；第 13 标段：屏蔽门、自动扶梯、电梯系统、综合监控、FAS、BAS、门禁及自动售检票系统等车站设备设计（全线）。
2013 年 12 月 30 日	承接杭州地铁 2 号线二期工程董家路站（不含）—良祥路站（含）工点设计〔DX2－SJ2 标段〕设计工作	工程线路全长 13.3 km，全部为地下线。共设车站 9 座。本标段包含 4 站（金渡北路、新月路站、新良路站、良祥路站）4 区间［董家路站（不含）—新月路站—新良路站—良祥路站］。
2013 年 12 月 30 日	承接上海轨道交通 12 号线民用移动通信二期引入子系统工程设计工作	正线全长 40.417 km，全部为地下线；共设 32 座地下车站（其中 19 座换乘站）、1 座定修段、1 座停车场、主变电站 2 座，控制中心 1 处。设计内容主要由四部分组成：地下车站、区间的公共无线信号覆盖、全线民用通信传输光缆、民用通信电源接地系统、民用通信机房工艺布置等。
2014 年 2 月 8 日	承接福州市轨道交通 2 号线工程土建工程设计合同施工图设计第四标段设计工作	标段内容包括 4 站（南门兜站、五一广场站、水部站、紫阳站）4 区间［南门兜站—五一广场站—水部站—紫阳站—五里亭站（不含）］。
2014 年 2 月 13 日	哈尔滨市轨道交通 3 号线二期工程总体总包、工点、专业系统设计（第 7 标段）中标	内容包括土建工点设计（靖宇公园站—五道街站—北马路站）（3 站 3 区间）。
2014 年 2 月 24 日	承接深圳市地铁 7 号线福邻站围护结构变更设计工作	福邻站全长 251.506 米，标准段基坑宽度 15.7 米，基坑深度约 26 米。总投资约 1 亿元。
2014 年 3 月 3 日	上海轨道交通 10 号线二期工程详勘阶段岩土工程勘察 4 标（港城路车辆基地）中标	总投资额 594 300 万元。

（续表）

日　期	内　　容	规　　模
2014 年 3 月 7 日	承接上海市轨道交通 12 号线工程部分车站及区间 BIM 技术咨询工作	咨询内容包括虹漕路站、漕宝路站、龙华站、陕西南路站、汉中路站、龙漕路站、嘉善路站—陕西南路站—南京西路站—汉中路站区间。
2014 年 3 月 19 日	完成福州市轨道交通 2 号线工程土建工点设计标段二初步设计工作，并获得初步设计批复	标段二包括 9 站（南门兜站、五一广场站、六一北路站、长乐北路站、肿瘤医院站、前横南路站、福光路站、硫酸厂站、鼓山站）9 区间[南门兜站—五一广场站区间、五一广场站—六一北路站区间、六一北路站—长乐北路站区间、长乐北路站—肿瘤医院站区间、肿瘤医院站—前横南路站、前横南路站—福光路站、福光路站—硫酸厂站、硫酸厂站—鼓山站、出入场线（硫酸厂站—地面）]。
2014 年 3 月 20 日	完成福州市轨道交通 1 号线工程（二期）分项初步设计工作，并获得初步设计批复	分项包括线路、限界、行车组织与运营管理、防灾、环境保护、安全防护与节能、工程筹划、轨道、供电系统、电扶梯、屏蔽门、风险分析与控制、安全与防范。
2014 年 3 月 30 日	承接南京地铁 3 号线新庄站 3 号出入口土建工程（D3 - TA29 标）设计工作	新庄站 3 号出入口工程项目位于新庄站主体西侧，下穿龙蟠路呈东西走向。3 号出入口东侧联络新庄站站厅层，西侧出入口位于龙蟠路西侧（新庄站西南角）。采用矩形顶管施工工艺。主通道全长 59.2 米，内部结构净尺寸为 6.0 米×4.0 米，顶部最大覆土约 3.8 m。出入口建筑面积 604.06 平方米。
2014 年 4 月 9 日	承接上海轨道交通 15 号线初勘工程工作	初勘范围：锦秋路站（含）—铜川路站（不含）。
2014 年 4 月 9 日	承接上海轨道交通 2 号线龙阳路站—张江高科站区间龙阳路变电所勘察工作	2 号线龙阳路站—张江高科站区间龙阳路变电所。
2014 年 4 月 21 日	完成上海轨道交通 17 号线工程蟠龙路站、中国博览会站、虹桥火车站站、东段盾构工作井—虹桥火车站站盾构区间、桥路分界点—东段盾构工作井明挖区间、朱家角停车场、徐泾车辆段、线路、限界、车辆、行车组织与运营管理、信号系统、自动售检票系统、屏蔽门系统、劳动安全卫生和环保节能、防灾的初步设计，并获得初步设计批复	工程总投资估算约 173.6 亿元。
2014 年 4 月 29 日	合肥市轨道交通 3 号线工程设计咨询、工程勘察监理、施工图强审、供电系统设计和弱电系统设计第 2 包中标	工程全长约 37.7 km，其中地下线 31.6 km，高架线 6.1 km，共设车站 32 座，其中地下站 27 座，高架站 5 座，平均站间距 1.19 公里，设磨店车辆段和翡翠湖停车场各 1 座。
2014 年 5 月 6 日	承接上海市轨道交通 2 号线南京东路、龙张区间增设牵引变电所设计工作	在 2 号线南京东路站及龙张区间站各增设一座牵引变电所，以有效缓解 2 号线列车增能后至原有牵引站直流开关负荷过大、频繁跳闸的情况，并为将来 2 号线继续增能预留一定空间。

（续表）

日　期	内　　容	规　　模
2014年5月19日	宁波市轨道交通2号线二期工程装修设计及导向系统设计（SJ2209标段）中标	宁波市轨道交通2号线为西南—东北方向的基本骨干线，2号线二期工程起自一期终点清水浦站，经过临江站后转入地下敷设，止于北仑小浃江片区，连接了镇海区和北仑区。线路长约10.062 km，其中高架线4.2 km，地下线5.112 km，过渡段0.75 km；设车站6座，其中高架站2座，地下站4座，在长山村设停车场1座，共用双桥主变。
2014年5月19日	宁波市轨道交通4号线工程设计总体总包（SJ4001标段）中标	工程线路全长36.1 km，其中地下线22.89 km，高架线12.6 km，过渡段0.61 km。全线共设25座车站（其中5个换乘站），其中地下车站17座，高架车站8座，在慈城设停车场1座，在荷花桥设车辆段1座。全线设3座主变，新建2座主变分别位于洪塘中路站和下应站附近，与2号线共享夏禹主变。
2014年5月19日	宁波市轨道交通4号线工程工点设计（SJ4003标段）中标	标段内容包括4站（庄桥站、康庄南路站、双东路站、柳西新村站）7区间（共建段终点—庄桥站区间、康庄南路站—双东路站区间、双东路站—翠柏里站区间、翠柏里站—大卿桥站区间、大卿桥站—柳西新村站区间、柳西新村站—宁波火车站区间）。
2014年5月19日	宁波市轨道交通4号线工程工点设计（SJ4004标段）中标	标段内容包括3站（兴宁桥西站、兴宁桥东站、白鹤公园站）4区间（宁波火车站—兴宁桥西站区间、兴宁桥西站—兴宁桥东站区间、兴宁桥东站—白鹤公园站区间、白鹤公园站—儿童公园站区间）。
2014年5月19日	宁波市轨道交通4号线工程装修设计及导向系统设计（SJ4012标段）中标	工程线路全长36.1 km，其中地下线22.89 km，高架线12.6 km，过渡段0.61 km。全线共设25座车站（其中5个换乘站），其中地下车站17座，高架车站8座，在慈城设停车场1座，在荷花桥设车辆段1座。全线设3座主变，新建2座主变分别位于洪塘中路站和下应站附近，与2号线共享夏禹主变。
2014年5月30日	完成了宁波市轨道交通1号线一期工程Ⅳ、Ⅴ标段施工图设计工作，并已开通运营	Ⅳ标段包括市府站、天一广场站、市府站—天一广场站区间及1、2号线联络线；Ⅴ标段包括江夏桥东站、彩虹北路站、天一广场站—江夏桥东站区间、江夏桥东站—彩虹北路站区间、彩虹北路站—樱花公园站区间。
2014年6月3日	上海市轨道交通18号线工程设计10标（丹东路站、昌邑路站、龙阳路站）中标	一期工程全长约36.85 km，设站26座，全部为地下线；与其他14条轨道交通线路换乘，设换乘车站11座；设航头定修段，占地面积约30 ha；设主变电所2座，16座牵引变电所；控制中心拟在蒲汇塘基地内与其他7条新建线路及路网运营协调与应急指挥中心合建，总投资3 060 000万元。
2014年6月3日	上海市轨道交通18号线工程设计14标（沈梅路站、沉香花苑站、鹤立西站、航头站）中标	一期工程全长约36.85 km，设站26座，全部为地下线；与其他14条轨道交通线路换乘，设换乘车站11座；设航头定修段，占地面积约30 ha；设主变电所2座，16座牵引变电所；控制中心拟在蒲汇塘基地内与其他7条新建线路及路网运营协调与应急指挥中心合建，总投资3 060 000万元。

（续表）

日期	内容	规模
2014年6月3日	上海市轨道交通18号线工程设计15标(通南路站端头井—杨高中路站区间)中标	一期工程全长约36.85 km,设站26座,全部为地下线;与其他14条轨道交通线路换乘,设换乘车站11座;设航头定修段,占地面积约30 ha;设主变电所2座,16座牵引变电所;控制中心拟在蒲汇塘基地内与其他7条新建线路及路网运营协调与应急指挥中心合建,总投资3 060 000万元。
2014年6月3日	上海市轨道交通18号线工程设计17标(秀沿路站—航头站区间)中标	一期工程全长约36.85 km,设站26座,全部为地下线;与其他14条轨道交通线路换乘,设换乘车站11座;设航头定修段,占地面积约30 ha;设主变电所2座,16座牵引变电所;控制中心拟在蒲汇塘基地内与其他7条新建线路及路网运营协调与应急指挥中心合建,总投资3 060 000万元。
2014年6月16日	承接无锡地铁3号线一期工程土建设计TJSJ02标设计工作	工程范围为公路处站、盛岸站、永乐东站3座车站。
2014年6月17日	承接毛里求斯轻轨工程BOT项目投标方案设计工作	全长26公里(含19站)单轨轨道交通。结合院有轨电车工程实例,提供方案设计。
2014年6月18日	承接宁波市轨道交通4号线工程设计总体总包(SJ4001标段)工作	宁波市轨道交通4号线由江北区慈城至东钱湖的云龙,是轨道交通骨干线网西北—东南向的内部填充线。线路起点为慈城站,终点为云龙站,线路全长36.1 km,其中地下线22.89 km,高架线12.6 km,过渡段0.61 km。全线共设25座车站(其中5个换乘站),其中地下车站17座,高架车站8座,在慈城设停车场1座,在荷花桥设车辆段1座。全线设3座主变,新建2座主变分别位于洪塘中路站和下应站附近,与2号线共享夏禹主变。
2014年6月18日	承接宁波市轨道交通4号线工程工点设计(SJ4003标段)设计工作	标段包括4站(庄桥站、康庄南路站、双东路站、柳西新村站),7区间(共建段终点—庄桥站—康庄南路站—双东路站—翠柏里站—大卿桥站—柳西新村站—宁波火车站区间)。
2014年6月18日	承接宁波市轨道交通4号线工程工点设计(SJ4004标段)设计工作	标段包括4站(宁波东站、环城南路站、潘火站、学府路站),4区间(儿童乐园站—宁波东站—环城南路站—潘火站—学府路站区间)。
2014年6月18日	承接宁波市轨道交通4号线工程装修设计及导向系统设计(SJ4012标段)设计工作	宁波市轨道交通4号线由江北区慈城至东钱湖的云龙,是轨道交通骨干线网西北—东南向的内部填充线。线路起点为慈城站,终点为云龙站,线路全长36.1 km,其中地下线22.89 km,高架线12.6 km,过渡段0.61 km。全线共设25座车站(其中5个换乘站),其中地下车站17座,高架车站8座,在慈城设停车场1座,在荷花桥设车辆段1座。全线设3座主变,新建2座主变分别位于洪塘中路站和下应站附近,与2号线共享夏禹主变。
2014年6月18日	承接了宁波市轨道交通2号线二期工程装修设计及导向系统设计(SJ2209标段)设计工作	宁波市轨道交通2号线为西南—东北方向的基本骨干线,2号线二期工程起自一期终点清水浦站,经过临江站后转入地下敷设,止于北仑小浃江片区,连接了镇海区和北仑区。线路长约10.062 km,其中高架线4.2 km,地下线5.112 km,过渡段0.75 km;设车站6座,其中高架站2座,地下站4座,在长山村设停车场1座,共用双桥主变。

（续表）

日　期	内　　容	规　　模
2014 年 6 月 24 日	上海市轨道交通 15 号线工程设计 1 标（全线设计总体/总包管理及部分机电系统的分项设计）中标	工程线路全长约 39.8 km，共设车站 29 座，全部为地下线。全线设陈太路停车场和澄江路车辆段。全线设主变三座，控制中心一座，工程总投资估算约 300 亿元。
2014 年 6 月 24 日	上海市轨道交通 15 号线工程设计 2 标中标	内容包括正线轨道及调线调坡测量和设计。
2014 年 6 月 24 日	上海市轨道交通 15 号线工程设计 7 标中标	内容包括澄江路车辆段。
2014 年 6 月 24 日	上海市轨道交通 15 号线工程设计 12 标中标	内容包括天山路站、古北路站、姚虹路站。
2014 年 6 月 24 日	上海市轨道交通 15 号线工程设计 13 标中标	内容包括吴中路站、桂林路站、桂林公园站、百色路站。
2014 年 6 月 24 日	上海市轨道交通 15 号线工程设计 17 标中标	内容包括锦秋路站—长风公园站盾构区间（含陈太路停车场出入场线地下段）。
2014 年 6 月 24 日	上海市轨道交通 15 号线工程设计 18 标中标	内容包括长风公园站—虹梅南路站盾构区间。
2014 年 8 月 13 日	承接上海市轨道交通 18 号线工程设计 1 标设计工作	工程线路全长约 36.85 km，设站 26 座，全部为地下线；设换乘车站 11 座；设航头定修段，设主变电所 2 座，16 座牵引变电所；控制中心拟在蒲汇塘基地内与其他 7 条新建线路及路网运营协调与应急指挥中心合建；工程投资概算总额为 402.71 亿元。 设计内容包括全线[通南路站端头井（含）—航头站]的设计总体/总包管理及部分土建、机电系统的分项设计（含御桥站及联络线）、通风空调、屏蔽门、综合监控、安检系统、电扶梯、FAS/BAS、门禁、给排水及消防（含灭火系统）、线路、限界、自动售检票、控制中心接入、主变及主变接入、人防/防淹、BIM。
2014 年 9 月 11 日	完成了上海轨道交通 10 号线二期工程的初步设计，并获得初步设计批复	工程总投资估算约 72.61 亿元。 设计内容包括国帆路站、盾构区间、明挖区间、港城路停车场、线路、限界、车辆、行车组织与运营管理、干线电缆、牵降变、接触网、杂散电流防护、区间动力照明、电力监控、防淹门、通信、信号、通风与空调、给排水及消防、化学灭火、火灾报警、综合监控、自动售检票、声屏障、控制中心、自动电扶梯、屏蔽门系统、劳动安全卫生和环保节能、防灾。
2014 年 9 月 22 日	承接上海地铁 2 号线中山公园站至龙阳路站（含主变）FAS/BAS 系统大修改造工程设计工作	本项目工程内容为 12 座车站、2 座主变、1 座停车场、控制中心级的 FAS、BAS 系统改造及集中监控平台的建设。
2014 年 10 月 9 日	常州市轨道交通 1 号线一期工程常州市轨道交通工程预可行性研究及用地控制规划项目 02 标段中标	常州市轨道交通 1 号线一期工程由北海路站至南夏墅站，线路全长 33.837 km，其中北海路站—龙跃路站段长约 31.486 km 为地下线，过渡段长约 0.19 km，龙跃路站以南为高架线，长约 2.161 km。一期工程共设 29 座车站，平均站间距 1.2 km，其中地下站 27 座、高架站 2 座。

（续表）

日　期	内　　容	规　　模
2014年10月14日	承接上海市轨道交通18号线工程设计3标、4标、6标、10标、14标、15标、17标设计工作	上海市轨道交通18号线一期工程线路全长约36.85 km，设站26座，全部为地下线；设换乘车站11座；设航头定修段；设主变电所2座，16座牵引变电所；控制中心拟在蒲汇塘基地内与其他7条新建线路及路网运营协调与应急指挥中心合建；工程投资概算总额为402.71亿元。 3标全线通信系统（含停车场、车辆段）、4标全线信号系统（含车辆基地）、6标航头定修段、10标（丹东路站、昌邑路站、龙阳路站）、14标（沈梅路站、沉香花苑站、鹤立西路站、航头站）、15标（通南路站端头井—杨高中路站区间）、17标（秀沿路站—航头站区间）。
2014年11月18日	承接上海市轨道交通15号线工程设计1标设计工作	工程线路全长约39.8 km，共设车站29座，全部为地下线。全线设陈太路停车场和澄江路车辆段。全线设主变三座，控制中心一座，工程总投资估算约300亿元。 1标[全线（锦秋路站—紫竹园区站）的设计总体/总包管理及部分机电系统的分项设计含通风空调、屏蔽门、综合监控、安检系统、电扶梯、防灾报警系统（FAS/BAS）、门禁、给排水及消防、声屏障、线路、限界、自动售检票、控制中心接入、上海西站部分土建和装修及风水电设备、主变、人防/防淹、建筑信息模型（BIM）]。
2014年11月18日	承接上海市轨道交通15号线工程设计2、7、12、13、17、18标设计工作	内容包括2标（正线轨道及调线调坡测量和设计）、7标（澄江路车辆段）、12标（天山路站、古北路站、姚虹路站）、13标（吴中路站、桂林路站、桂林公园站、百色路站）、17标[锦秋路站—长风公园站盾构区间（含陈太路停车场出入场线地下段）]、18标（长风公园站—虹梅南路站盾构区间）。
2014年11月30日	承接南昌市轨道交通2号线南延伸工程土建工点设计02合同段设计工作	设计内容包括2站（生米南站、生米大道站），1区间（生米南站—生米大道站区间）。
2014年12月12日	完成了上海市轨道交通5号线南延伸工程初步设计工作，并获得初步设计批复	工程线路全长约16.63公里，共设9座车站，其中改扩建高架车站1座，新建4座高架车站和4座地下车站，工程总投资约103.64亿元。 设计内容包括东川路站、江川路站、西渡站、金海湖站、南桥新城站、环东路站—南桥新城站地下区间、通风空调系统、给排水与消防系统、气体灭火系统、防灾报警系统、设备监控系统、自动扶梯与电梯系统、莘庄停车场、平庄公路车辆基地、轨道、线路、限界、车辆、行车等。
2014年12月26日	承接了合肥市轨道交通3号线工程弱电系统设计工作	合肥市轨道交通3号线工程线路南端起于方兴大道，北端止于相城路，全长约37.7 km，其中地下线31.6 km，高架线6.1 km，共设车站32座，其中地下站27座，高架站5座，平均站间距1.19公里，设磨店车辆段和翡翠湖停车场各1座。
2015年1月21日	上海市轨道交通14号线工程区间桥梁改建配套工程设计中标	工程线路全长约39.1 km，共设车站31座，全部为地下线。平均站间距1.273 km。本合同包含14号线全线区间和车站范围涉及的桥梁改建、桥梁两侧接坡道路以及桥梁改建施工或交通导改引起的便桥工程设计工作。

（续表）

日　期	内　　容	规　　模
2015 年 1 月 23 日	完成上海轨道交通 14 号线工程，并获得初步设计批复	工程线路全长约 39.1 km，共设车站 31 座，全部为地下线。平均站间距 1.273 km。全线设一段一场。工程估算总额 576.86 亿元。
2015 年 1 月 27 日	宁波市轨道交通 3 号线一期工程出入段线矩形盾构设计、施工、科研总承包中标	承担设计工作。
2015 年 1 月 29 日	承接上海轨道交通 1 号线（上海火车站—莘庄站）信号设备大修工程设计工作	1 号线莘庄站至上海火车站站信号设备大修改造是基于目前使用的信号系统进行升级改造，确保改造后 ATP 和 ATO 子系统、闭塞设计和轨道电路分割、频率分配等与既有线保持一致。同时结合莘庄站改造项目，提高莘庄站折返能力，使 1 号线莘庄站至富锦路站全线信号设备的寿命周期基本一致。
2015 年 3 月 4 日	南昌轨道交通 4 号线一期工程可研报告编制和设计总体总包管理中标	工程线路全长 40.02 公里，高架线长约 6.57 公里，过渡段长约 0.48 公里，地下线长约 32.97 公里，共设车站 29 座，其中高架站 5 座，地下站 24 座，设望城车辆段 1 座，高新停车场 1 座，设置希望大道主变 1 座，云天路主变 1 座（与 5 号线共享），彭家桥主变 1 座（与 1 号线共享）。
2015 年 3 月 31 日	承接南昌轨道交通 4 号线一期工程可研报告编制和设计总体总包管理项目工作	工程线路全长 40.02 公里，高架线长约 6.57 公里，过渡段长约 0.48 公里，地下线长约 32.97 公里，共设车站 29 座，其中高架站 5 座，地下站 24 座，设望城车辆段 1 座，高新停车场 1 座，设置希望大道主变 1 座，云天路主变 1 座（与 5 号线共享），彭家桥主变 1 座（与 1 号线共享）。
2015 年 4 月 17 日	承接了南昌轨道交通 1 号线地铁配套工程设计项目 C 标段设计工作	南昌市中山西路北侧沿街地块地下室设计以及基坑围护等相关设计工作。
2015 年 4 月 20 日	宁波至奉化城际铁路工程装修设计及导向系统设计（SJFH14 标段）中标	工程线路全长 21.808 km，设站 9 座，平均站间距 2.43 km。本标段包含 9 座车站（7 个三层高架站、2 个二层高架站）公共区、设备区、通道、轨行区的内部装修及导向标志等工作内容。
2015 年 4 月 22 日	承接上海轨道交通 5 号线南延伸工程车站装修总体设计咨询工作	上海轨道交通 5 号线南延伸工程（东川路站接轨点—工程终点）线路长约 19.557 km（其中，地下线长约 7.747 km，敞开段约 0.668 km，高架线约 11.142 km）。本工程共设站 9 座，高架车站 5 座，地下车站 4 座，其中改扩建 1 座车站、续建 2 座车站，新建 6 座车站，并预留平庄公路站，总投资约人民币 108 亿元。
2015 年 4 月 22 日	承接上海轨道交通 5 号既有设施设备改造工程车站装修总体设计咨询工作	上海市轨道交通 5 号线从莘庄站始发，沿沪闵公路南行途经春申路站、银都路站、颛桥站、北桥站、剑川路站至东川路站后，折向西沿东川路西行，在路中设金平路站、华宁路站、文井路站和闵行开发区站 4 站，共 11 站。全线长约 17.2 公里，其中换乘车站 1 座，剑川路车辆段 1 个。工程总投资约 2.55 亿元。
2015 年 5 月 5 日	承接宁波至奉化城际铁路工程装修设计及导向系统设计（SJFH14 标段）工作	工程线路全长 21.808 km，设站 9 座，平均站间距 2.43 km。本标段包含 9 座车站（7 个三层高架站、2 个二层高架站）公共区、设备区、通道、轨行区的内部装修及导向标志等工作内容。

（续表）

日　期	内　　容	规　　模
2015年5月6日	13号线世博园区专用交通联络线工程调整5标段（卢浦大桥站、世博大道站）设计中标	卢浦大桥站装饰改造工程：车站公共区面积：4 422.6 m^2；非公共区面积：5 541.5 m^2。世博园站装饰改造工程：车站公共区面积：8 956.7 m^2；非公共区面积：14 232.4 m^2。工程总投资约3 394万元。
2015年5月8日	完成了上海市轨道交通8号线三期暨集运系统（暂名）工程的初步设计工作，并获得初步设计批复	工程线路全长约6.689公里，全线设6座高架车站、工程总投资约33.70亿元。 设计内容包括沈杜公路站、三鲁公路站、闵瑞路站、浦航路站、东城一路站、汇臻路站、沈杜公路站—汇臻路站区间、出入场线、线路、限界、车辆、轨道、行车组织与运营管理、浦江镇车辆基地、供电系统、变电所系统、供电轨系统、电力监控系统、动力照明系统、通风空调系统、给排水及消防系统、控制中心、通信系统、信号系统、综合监控系统（含设备监控系统）、火灾报警系统、门禁系统、自动售检票系统、站台门系统、车站设备系统、工程筹划、环保、道路及安检系统等。
2015年6月5日	承接上海市轨道交通13号线世博园区专用交通联络线工程调整5标段（卢浦大桥站、世博大道站）设计工作	卢浦大桥站装饰改造工程：车站公共区面积：4 422.6 m^2；非公共区面积：5 541.5 m^2。世博园站装饰改造工程：车站公共区面积：8 956.7 m^2；非公共区面积：14 232.4 m^2。工程总投资约3 394万元。
2015年6月26日	完成了重庆市轨道交通环线一、二期工程相关分项初步设计工作，并获得初步设计批复	一期工程包括线路、限界、轨道、行车组织与运营管理、环境保护及劳动安全卫生、工程筹划、安全质量风险、上桥站、凤鸣山站、凤天路站、天星桥站、五里店站—弹子石站区间、涂山站—海棠溪站区间、马家岩停车场出入场线桥梁、马家岩停车场、通信系统、给排水与消防系统、气体灭火系统、综合监控系统、防灾报警系统、安防由于门禁系统、自动扶梯与电梯、区间疏散平台、声屏障；二期工程包括线路、限界、轨道、行车组织与运营管理、环境保护及劳动安全卫生、工程筹划、安全质量风险、海棠溪站、罗家坝站、四公里站、南湖站、海峡路站、谢家湾、海棠溪站—奥体中心站区间、四公里停车场出入场线桥梁、通信系统、给排水与消防系统、气体灭火系统、综合监控系统、防灾报警系统、安防由于门禁系统、自动扶梯与电梯、区间疏散平台、声屏障。
2015年7月4日	承接哈尔滨市轨道交通2号线一期工程总体总包、工点、专业系统设计第1标段设计工作	设计内容：总体总包、控制中心、土建3站2区间。
2015年7月4日	承接哈尔滨市轨道交通2号线一期工程总体总包、工点、专业系统设计第5标段设计工作	设计内容：土建2站2区间。
2015年7月4日	承接哈尔滨市轨道交通2号线一期工程总体总包、工点、专业系统设计第13标段设计工作	设计内容：屏蔽门、自动扶梯、电梯系统、综合监控（含FAS、BAS、电力监控等）及自动售检票系统等车站设备。
2015年7月4日	承接哈尔滨市轨道交通3号线二期工程总体总包、工点、专业系统设计第7段设计工作	设计内容：土建3站3区间。

（续表）

日期	内容	规模
2015 年 7 月 14 日	承接上海轨道交通 5 号线既有设施改造工程线路改造，限界改造，桥梁区间改造，供电系统改造，给排水系统改造，安全门及电动栏杆系统改造及电梯/扶梯系统改造设计工作	总投资约 6 547 万元。
2015 年 7 月 28 日	承接上海轨道交通 19 座车辆基地控制中心(DCC)改造工程设计工作	上海轨道交通路网运营和在建的车辆基地共计 22 座，其中运营线路车辆基地 18 座，在建线路车辆基地 4 座。现有基地管理模式存在着诸多弊端，不能适应网络化运营条件下日益繁忙的列车调度和维护管理等相关业务，有必要通过建立基地控制中心(DCC)的方式、采用合理统一的管理方式实现对车辆基地的集中管理。工程范围包括上海市轨道交通路网内，截止至 2013 年底前运营的 22 座车辆基地中的 19 座，本项目不含 1 号线的 2 座车辆基地和 12 号线中春路车辆基地。
2015 年 8 月 31 日	完成了宁波市轨道交通 4 号线工程分项初步设计工作，并获得初步设计批复	分项包括线路、限界、行车组织与运营管理、车辆、土建工点设计 SJ4003 标段(包括庄桥站、康庄南路站、双东路站、柳西新村站、宁波火车站、共建段终点—宁波火车站区间)、土建工点设计 SJ4004 标段(包括兴宁桥西站、兴宁桥东站、白鹤公园站、宁波火车站—儿童乐园站区间)、声屏障、疏散平台、安检系统。
2015 年 9 月 10 日	完成了上海市轨道交通 18 号线一期工程初步设计，并获得项目初步设计批复	上海市轨道交通 18 号线一期工程线路起于浦东新区航头站，终于宝山区长江南路站，线路全长约 36.85 km，设站 26 座，全部为地下线；与其他 14 条轨道交通线路换乘，设换乘车站 11 座；设航头定修段，占地面积约 30 ha；设主变电所 2 座，16 座牵引变电所；控制中心拟在蒲汇塘基地内与其他 7 条新建线路及路网运营协调与应急指挥中心合建；配置供电、通信、信号、通风空调、给排水与消防、设备监控、防灾报警、综合监控、安检、门禁、自动售检票、站台门、电梯、自动扶梯等运营设备系统。工程投资概算总额为 402.71 亿元。
2015 年 9 月 26 日	完成了宁波地铁 2 号线一期工程分项施工图设计工作，并已开通运营	包括线路、限界、轨道、丽园南路站、云霞路站、城隍庙站、黄隘车辆段、东外环停车场、通风空调系统、给排水及消防系统、声屏障系统。
2015 年 9 月 29 日	完成了上海市轨道交通 5 号线既有设施改造工程初步设计工作，并获得初步设计批复	工程线路全长约 17.206 公里，全线设 11 座高架车站，工程总投资约 2.55 亿元。 设计内容包括莘庄站及站后折返线(含 1 号线联络线)、站台门及电动栏杆系统、自动扶梯与电梯系统、门禁系统、工程筹划、春申路站、银都路站、颛桥站、北桥站、剑川路站、金平路站、华宁路站、文井路站、闵行开发区站、莘庄站—东环路站区间。
2015 年 10 月 16 日	完成了 3 号线车站 AFC 系统网络改造工程设计工作，并已竣工	工程设计主要内容对 3 号线正线 17 个车站 AFC 系统按照新线要求采用三层网络控制，更换 D-LINK 链接交换机，使用符合新线标准的网络控制设备，对原车站计算机和终端设备的网络通信线路进行改造。

（续表）

日 期	内 容	规 模
2015年11月9日	承接了上海市交通委员会轨道交通19号线前期方案研究工作	19号线线路全长约46.5 km，其中与长江隧道共线段长约7.7 km，与长江大桥共线段长约9.2 km。线路起点申江路站至凤凰镇站（不含）采用地下敷设方式，长约18.9 km；凤凰镇站至终点主题乐园站采用高架敷设方式，长约27.6 km。全线共设车站8座，地下车站和高架车站各4座，其中规划换乘站3座，分别在申江路站与轨道交通12号线换乘，在曹路火车站站与轨道交通9号线换乘，在凤凰镇站与远期至横沙岛线路换乘。
2015年11月15日	承接杭州地铁1号线工程文—艮明挖区间设计工作	项目建设规模为全长47.97公里（车站30座）、总投资约为220.76亿元。
2015年11月15日	承接杭州地铁1号线工程盾构区间管片标准设计工作	盾构区间管片标准设计。
2015年11月17日	承接上海轨道交通18号线一期和施工图预算编制工作	上海轨道交通18号线工程（迎春路站—长江南路站）范围内的车站土建工程、风水电按照、装修工程及桥梁或箱涵的施工图预算编制和上海轨道交通18号线工程（迎春路站—长江南路站）范围内的区间土建工程及清障工作井、中间风井及桥梁或箱涵的施工图预算编制。
2015年11月20日	完成了上海市轨道交通15号线工程初步设计，并获得初步设计批复	上海市轨道交通15号线北端起于锦秋路站，沿祁连山路—连亮路—桃浦西路—大渡河路—古北路—古羊路—桂林路—老沪闵路—银都路—莲花南路走行，止于城市西南部的紫竹高新区站。线路全长约39.8 km，共设车站29座，全部为地下线。全线设一段一场，分别为陈太路停车场和澄江路车辆段。全线设主变三座，分别为中宁路主变（与14号线共用），虹梅路主变（与已建9号线共用）和澄江路车辆段主变；控制中心一座，为虹梅路控制中心（与9号线，原规划19号线共用）；工程总投资估算约300亿元。
2015年12月26日	完成了南昌地铁1号线一期工程分项施工图设计工作，并已开通运营	分项包括线路、限界、珠江路站、八一桥西站、绿茵路站、会展路站、地铁大厦站、秋水广场站、中山西路站、珠江路站—中山西路站区间。

图5-6-2　上海10号线二期国帆路站

图5-6-3　上海12号线国际客运中心站

表 5-6-2　2010—2015 年隧道与地下工程设计情况表

日　期	内　　容	规　　模
2010 年 8 月 10 日	签订大连市长兴岛临港工业区建设工程设计合同	隧道从长兴岛港区三号路以北 1 号路入口，至交流岛西侧规划路出口，全长约 5 公里，双向四车道，道路等级为城市快速路。
2010 年 11 月 25 日	港珠澳大桥主体工程岛隧工程设计施工总承包项目中标	工程隧道全长 6 700 米，其中沉管段长 5 664 米。双向六车道，设计时速 100 公里/小时。
2013 年 1 月 21 日	沿江通道越江隧道工程设计中标	工程全长 6.5 km，盾构段长 5.2 km，工程造价 73.035 3 亿元。
2013 年 2 月 1 日	承接沿江通道越江隧道工程设计工作	工程全长 6.5 km，盾构段长 5.2 km，工程造价 73.035 3 亿元。
2013 年 2 月 10 日	沿江通道越江隧道浦西牡丹江路—浦东外环线新建工程(详勘)中标	隧道全长约 11.5 公里，主线采用双向 6 车道高速公路。隧道段及接线道路设计车速为 80 公里/小时。
2013 年 4 月 26 日	潘广路—逸仙路电力隧道工程设计中标	工程北起现状 500 kV 杨行变电站，往南至规划潘广路，沿友谊路、江杨北路、江杨南路、殷高西路、逸仙路走向，至三门路接规划 500 kV 虹杨变电站(站前井)，线路全长约 14.36 km；全线共设 15 座工作井(1 号井为杨行变电站站前井)。
2013 年 5 月	承接遂宁观音湖下穿隧道工程勘察工作	观音湖下穿隧道全长 2 185 米，宽 19.8 米，高 4.9 米，为双洞双向四车道路。
2013 年 5 月 30 日	承接了潘广路—逸仙路电力隧道工程设计工作	工程北起现状 500 kV 杨行变电站，往南至规划潘广路，沿友谊路、江杨北路、江杨南路、殷高西路、逸仙路走向，至三门路接规划 500 kV 虹杨变电站(站前井)，线路全长约 14.36 km；全线共设 15 座工作井(1 号井为杨行变电站站前井)。
2013 年 8 月 7 日	遂宁观音湖下穿隧道项目勘察设计中标	工程投资 5.2 亿元，遂宁观音湖隧道西起船山区公园东路远东公司处，隧道下穿涪江、圣莲岛后至河东新区，沿灵云路至河东管委会东侧接地。隧道总长 2 215 米，设计为双洞双向 4 车道，设计时速 50 km/h。
2013 年 8 月 9 日	承接遂宁观音湖下穿隧道项目勘察设计工作	工程投资 5.2 亿元，遂宁观音湖隧道西起船山区公园东路远东公司处，隧道下穿涪江、圣莲岛后至河东新区，沿灵云路至河东管委会东侧接地。隧道总长 2 215 米，设计为双洞双向 4 车道，设计时速 50 km/h。
2014 年 2 月 13 日	承接南京市江东门地下人行过街通道工程设计工作	本项目范围为内径 2 米×6.0 米×4.0 米，长约 95 米的地下人行通道及东、西两侧出入口的建筑、结构、给排水消防、电气等部分的设计。
2014 年 4 月 9 日	承接道虹路人行通道新建工程勘察项目工作	勘察。
2014 年 5 月 5 日	承接苏州工业园区星湖街(地下)准快速路方案设计工作	工程北起北环快速路的娄江大道，南至南环快速路的独墅湖大道，全长约 7 公里。
2014 年 6 月 16 日	北横通道新建工程Ⅱ标段勘察设计一体化中标	总投资额 200 117.34 万元，其中勘察费 248 万元。

（续表）

日　期	内　　容	规　　模
2014 年 7 月 27 日	承接华润城万象天地地铁高新园站 A 口改造设计工作	高新园站位于铜鼓路与科技南路与深南大道交口处，位于深南大道中央绿化带下，呈东西走向。本项目为改造工程，主要改造范围为高新园车站 A 出入口附属部分，包含 A 出入口通道，原消防疏散通道，与华润城物业建立连接通道等内容。
2014 年 9 月 4 日	承接苏州市中环快速路北段（312 国道苏州段分流线工程共线段）——阳澄西湖隧道工程设计工作	工程东连中环园区段，西连中环相城段的 227 省道段，主线全长 2.31 公里。
2014 年 11 月 1 日	承接上海市北横通道新建工程Ⅱ标段设计工作	工程范围西起北虹路，东至内江路，贯穿上海中心城区，全线经长宁路—光复西路—苏州河—余姚路—新会路—天目西路—天目中路—海宁路—周家嘴路，向西衔接北翟快速路，向东接周家嘴路越江隧道，全长约 19.1 km。主要由北横通道与北横地面道路两部分组成，总投资约 182 亿元。
2014 年 11 月 11 日	延安东路隧道大修工程设计（勘察）施工一体化中标	延安东路隧道分南、北两线。南线全长约 2.275 公里，北线长约 2.261 公里，此次大修除通风系统基本不变以外（风塔、风机均不改造），供配电（照明）、视频监控、给排水、消防报警、内部装饰、道路土建等（包括渗透水）进行全面更新改造。工程总投资约 24 900 万元。
2014 年 12 月 25 日	承接延安东路隧道大修工程改造设计工作	延安东路隧道分南、北两线。南线全长约 2.275 公里，北线长约 2.261 公里，此次大修除通风系统基本不变以外（风塔、风机均不改造），供配电（照明）、视频监控、给排水、消防报警、内部装饰、道路土建等（包括渗透水）进行全面更新改造。工程总投资约 24 900 万元。
2015 年 1 月 28 日	承接 220 kV 望道输变电缆隧道工程设计工作	包括 1 条主线隧道和三条直线隧道（A、B、C），总投资 7 588.516 8 万元。
2015 年 1 月 30 日	承接军营 110 kV 变电站进线隧道工程设计工作	新建电缆隧道约 5 900 米。
2015 年 2 月 6 日	上海外环隧道安全隐患排查专项整治项目设施一体化设计中标	上海外环隧道东起浦东三岔港，西至浦西泰和路，全长 1 860 米，本工程专项整治主要以完善机电设施为主，修补结构渗漏水，着力改善路面结构。其工程总投资约 5 910 万元。
2015 年 4 月 17 日	承接上海外环隧道安全隐患排查专项整治工程改造设计工作	上海外环隧道东起浦东三岔港，西至浦西泰和路，全长 1 860 米，本工程专项整治主要以完善机电设施为主，修补结构渗漏水，着力改善路面结构。其工程总投资约 5 910 万元。
2015 年 4 月 30 日	承接南京市纬三路地下过街通道设计工作	本工程主通道长 63 米、47.5 米的地下人行通道 2 座，以及相应的 4 个出入口。
2015 年 6 月 9 日	江浦路越江隧道新建工程勘察设计一体化中标	本工程北起杨浦区江浦路龙江路，南至浦东新区民生路商城路，全长 2.28 公里。隧道以盾构方式穿越黄浦江，建设规模双向 4 车道，道路等级为城市次干道路，设计速度 40 公里/小时。工程总投资约 405 000 万元。
2015 年 6 月 30 日	承接文一路地下通道（保俶北路—紫金港路）工程设计工作	地下通道全长 5.8 公里，为双向 4 车道。

图 5-6-4　苏州阳澄西湖隧道

图 5-6-5　港珠澳洞口

表 5-6-3　2010—2015 年建筑与开发工程设计情况表

日　期	内　　容	规　　模
2010 年 7 月 14 日	上海轨道交通 10 号线五角场公交枢纽工程中标	工程规模：14 839 m^2。总投资：10 599 万元。
2010 年 8 月 13 日	莘庄商务区 4-2 地块前期基础性开发地铁七莘路站地块土建预留工程中标	工程规模：7 500 m^2。总投资：34 850 万元。
2011 年 3 月	签订新江湾城综合交通枢纽工程勘察合同	勘察。
2013 年 7 月 12 日	承接天津天河城购物中心工程基坑支护设计工作	工程位于天津市和平区和平路步行街东端，东至赤峰道，西至哈尔滨道，南至和平路，北至大沽北路。项目地块总用地面积 34 862.3 平方米。项目地块的规划用途为商业用地。拟建购物中心建筑面积约 20.63 万平方米，拟建地下室三层局部钢结构夹层、地上八层(约 13.7 万平方米)。
2013 年 9 月 23 日	元中办公楼改建项目基坑围护工程设计中标	项目拟建造 13 层和 11 层二幢大楼连带 4 层商业裙房，占地面积 1.092 2 万平方米，两栋建筑位于地块东西两侧，总建筑面积：49 820 平方米；其中：地上建筑面积 32 700 平方米，地下建筑面积：17 120 平方米。各建筑下为共用大地下室，共两层，地下室底板顶标高－9.850 米。总投资约 4.33 亿人民币。
2013 年 9 月 29 日	承接了轨道交通龙耀路丝悬浮大楼大修设计工作	龙阳路原磁浮大楼总建筑面积 10 325.62 m^2(其中含人防地下室 1 173.31 m^2)，包括地上九层主楼、两层裙房和一层地下室，结构形式为全现浇框架。1—7 层为办公、食堂、教室、公寓等功能，8—9 层为设备用房。地下一层一部分为设备用房，另一部分为人防。
2013 年 9 月 30 日	承接中山北路 2900 号办公楼改建项目基坑围护设计工作	基坑面积约为 9 100 平方米，基坑深度约为 10 米，工程造价约为 7 200 万元。
2013 年 11 月 30 日	承接华侨城苏河湾项目 42 街坊基坑围护设计工作	面积约 13 300 平方米，基坑开挖深度 15 米。
2014 年 2 月 27 日	承接上海地铁 12 号线漕宝路站创新工艺品有限公司还产复建工程设计工作	12 号线漕宝路站创新工艺品有限公司还产复建工程。

（续表）

日　期	内　　容	规　　模
2014 年 3 月 27 日	承接苏州轨道交通星湖街地下空间工程设计工作	包含八达街地下商业街总建筑面积 8 470 m^2，启月街过街通道总建筑面积约 1 425 m^2，公共绿地地下空间总建筑面积为 12 191 m^2。
2014 年 5 月 7 日	广川 A 地块商品房项目中标	建设地点东至梅园路，南至光复路，西至五矿大厦，北至长安路，占地面积 13 741 平方米，建筑面积 55 548 平方米，总投资额 100 000 万元。
2014 年 7 月 3 日	承接苏州轨道交通 3 号线高新区段地下空间及交通一体化规划设计工作	以 3 号线新区段 15 个站点为中心 300—500 米为半径的地上和地下用地范围进行规划研究，总面积约 1 030 公顷。
2014 年 7 月 31 日	承接苏州轨道交通新 3 号线园区段交通一体化及地下空间规划研究项目工作	在苏州轨道交通 3 号线园区段约 26.6 平方公里范围内，对轨交沿线及轨交站点的地下空间进行总体布局研究、地下空间控制规划研究，并提出开发的工程量及投资估算。
2014 年 9 月 1 日	承接苏州轨道交通新 5 号线园区段交通一体化、地下空间及重要节点规划研究项目工作	轨道交通 5 号线全长 44.0 km，设站 33 座，换乘站 8 座。
2015 年 1 月 8 日	承接前滩核心区域二层连廊及地下空间开发一期工程工作	设计范围包括前滩国际商务区中的 25－01＃，16－02＃、21－02＃、21－05＃、31－01＃、29－03＃、22＃、24＃、28＃、30－01＃、37－01 地块、37－02＃、37－05＃、39－01＃等轨道交通车站沿线地块，总用地面积约 338 000 平方米。
2015 年 2 月 1 日	承接福州市三坊七巷保护修复工程南街项目——地下空间改造设计工作	地下空间改造。
2015 年 2 月 10 日	上海青浦万达茂地铁外挂空间项目中标	广川 A 地块建设地点东至黄泥娄路，南至朱家角路，西至丁家港路，北至淀山湖大道，占地面积 11 622.7 平方米，建筑面积 10 492 平方米，总投资额 360 300 万元。
2015 年 3 月 31 日	承接 17 号线淀山湖路站站本体北外挂地下空间工程工作	北外挂地下空间工作位于青浦区淀山湖大道道路下方，与 17 号线淀山湖地铁站站厅及东渡城市综合体地块地下商业空间联通。地下空间开发地下一层，长 422.55 米，宽 28.2 米，总建筑面积约为 11 116.6 平方米。主要用于公共通道、商铺和设备用房等。
2015 年 5 月 12 日	来福士广场与轨道交通地下勾连工程中标	建设地点为长宁路凯旋路交叉口西南角，占地面积：1 151.9 平方米，建筑面积：1 151.9 平方米，总投资额：3 987.52 万元。

表 5－6－4　2010—2015 年市政工程设计统计情况表

日　期	内　　容	规　　模
2010 年 4 月 20 日	长阳路杨树浦港桥梁段新建工程中标	全长约 375 米，其中桥梁长度为 21.6 米。项目总投资 5 209 万元。
2010 年 8 月	签订长阳路（军工路—共青路）道路辟通工程初勘合同	道路长 402.72 米，规划红线宽 24 米，城市支路一级。

（续表）

日　期	内　　容	规　　模
2010年10月	签订长阳路(内江路—军工路)道路新建工程勘察合同	道路全长约1.0公里,按城市次干路标准设计,规划红线32米,建设规模为双向四快二慢。
2011年9月29日	签订昆阳路黄浦江大桥(闵浦三桥)工程初勘合同	大桥等级为二级公路,采用双向六车道规模,设计车速为60 km/h。闵浦三桥全长2 299.5 m。
2013年1月20日	承接长阳路(内江路—军工路)排水管道及相关配套工程设计工作	道路全长1 011.98米:爱国路—军工路段,敷设合流管DN1800;内江路—爱国路段敷设合流管DN2000,各路口敷设相应连接管,沿线设置DN600收集管道及相应窨井、雨水口、雨水连管、街坊接入井及接入管。投资额4 127.17万元。
2013年6月30日	承接莫愁变—宁海路变220 kV电缆线路工程设计工作	工程起点为江东北路与汉江路交叉口东侧的1号工作井,总体线路沿着汉江路南侧车行道向东,先后穿越湛江路与嫩江路到达汉江路与凤凰东街交叉口西侧的2号工作井,从2号井继续东进,再穿越秦淮河、鬼脸城公园、国防公园、虎踞路、清凉山公园后,最终到达终点虎踞关路西侧的3号工作井。
2013年7月5日	南方商务区配套道路—万源路(沪闵路—古交西路)道路改建(详勘)工程中标	工程规模约17 472 m^2,总投资额3 025万元。
2013年7月10日	完成了丁家港桥、西大盈港桥和杨里泾河桥改建工程初步设计工作,并获得初步设计批复	丁家港桥位2孔跨度为22 m的简支梁;西大盈港桥为9跨简支梁桥;杨里泾河桥为3跨简支梁,设计内容为对与轨道交通17号线盾构结构冲突的桥梁下部结构进行改建。
2013年7月19日	完成了花溪路(枫桥路—桐柏路)道路积水改善工程初步设计工作,并获得初步设计批复	花溪路规划道路红线宽度16 m,现状道路宽度约7 m,为双向2车道;废除花溪路(兰溪路—桐柏路)现状排水管道,原管位翻排DN800雨水管约420 m。本工程总投资640万元,工程建设费421万元。
2013年8月5日	中环快速路吴中区段(远期)友新高架至东环南延段工程勘察NHL-KC1标工程(详勘)中标	勘察。
2013年10月10日	完成了盈港路(漕盈路—诸卫路)新建改建工程二期(漕盈路—汇金路)初步设计工作,并获得初步设计批复	本工程全长5 517.78米,红线宽度50米,设计道路等级为二级公路城镇段,设计车速60 km/h,路面设计荷载为BZZ-100标准车,桥梁设计荷载为公路-Ⅱ级,桥梁设计安全等级二级。
2013年10月15日	承接盈港路(漕盈路—诸卫路)新改建工程二期(漕盈路—汇金路)工程设计工作	工程全长5 517.78米,红线宽度50米,设计道路等级为二级公路城镇段,设计车速60 km/h,路面设计荷载为BZZ-100标准车,桥梁设计荷载为公路-Ⅱ级,桥梁设计安全等级二级。
2014年2月14日	承接17号线沿线桥梁改造施工便桥及管线桥梁工程设计工作	包含:西大盈港桥北侧管线桥架(两根长约200米,ϕ300的燃气管)、西大盈港施工钢便桥、西大盈港桥涉及的桥面改造及便道恢复、佳邸大桥施工钢便桥:长约50米,宽5米、东大盈港桥施工钢便桥:长约50米,宽19米、中横泾桥施工便桥:长约15米,宽17米、向阳河桥管线桥。

（续表）

日期	内容	规模
2014 年 4 月 14 日	承接沪杭公路综合改造工程（闵浦二桥落地处—环城北路）设计工作	工程北起闵浦二桥南堍，南至环城北路，全长 2 620 米，道路等级按二级公路（城镇段）标准。
2014 年 4 月 29 日	松江区现代有轨电车示范线工程可行性研究与专题研究采购项目中标	工程全长 15.24 km，全线共设 20 座车站，辰塔路车辆段一座、控制中心一座、2 座电源开闭所、8 座牵引变电所。
2014 年 6 月 20 日	承接南港路（金海公路—金钱公路）新建工程勘察项目	勘察。
2014 年 7 月 3 日	完成了南石二路（兰溪路—南石一路）道路积水改善工程初步设计工作，并获得初步设批复	结合南石二路（兰溪路—南石一路）道路大修工程，废除现状雨水管，新建 DN1000—DN1200 雨水管 336 米；翻排沿线街坊支管；新建雨水连管等。本工程总投资 702 万元，工程建设费 507 万元。
2014 年 7 月 15 日	承接数据中心建设项目详勘项目	详勘。
2014 年 10 月 21 日	上海轨道交通 14 号线工程临搬阶段市政综合配套设计 1 标（封浜停车场—真新新村站）设计中标	包含嘉定区域内封浜停车场及 6 个车站范围内因车站建设和桥梁改造引起的道路和雨污水管临时搬迁及永久恢复，以及设计范围内的道路和排水管测量。
2014 年 10 月 30 日	承接江东门纪念馆扩容工程北侧市政道路建设工程设计工作	本工程内径 2 米×6.0 米×4.0 米，长约 95 米的地下人行通道（包括东、西两侧出入口的建筑、结构、给排水消防、电气等）。
2014 年 11 月 14 日	上海轨道交通 15 号线市政配套工程设计项目 11 标	桥梁改造设计中标；包含 15 号线全线区间和车站范围设计的桥梁改建、桥梁两侧接坡道路（含标志标线、绿化、照明等）设计、施工期间交通导改引起的临时工程（即便道、便桥、管线桥及交通附属设施等），以及桥梁改建引起的防汛墙恢复工程。
2014 年 12 月 5 日	松江区现代有轨电车示范线工程——T2 线设计中标	T2 线全长 15.24 km，全线共设 20 座车站，辰塔路车辆段一座、控制中心一座、2 座电源开闭所、8 座牵引变电所。
2014 年 12 月 31 日	承接上海轨道交通 10 号线二期施工阶段市政配套工程设计工作	包括上海轨道交通 10 号线二期 1 标浦西段、2 标双江路—浦东北路、3 标浦东北路—大寨河桥的施工阶段临时道路和雨污水管线搬迁的施工图设计。
2015 年 1 月 6 日	承接松江区现代有轨电车示范线工程——T2 线工程设计工作	T2 线全长 15.24 km，全线共设 20 座车站，辰塔路车辆段一座、控制中心一座、2 座电源开闭所、8 座牵引变电所。
2015 年 2 月 11 日	完成了南石二路（兰溪路—南石一路）道路积水改善工程施工图设计，并获得竣工验收报告	工程范围内雨水管 DN1200 为 138 米、DN1000 为 198 米、DN600 接管为 80 米、DN300 连管为 66 米。工程范围为东起兰溪路，西至南石一路。工程造价为 500.716 8 万元。
2015 年 3 月 12 日	承接上海市轨道交通 14 号线工程区间桥梁改建配套工程设计工作	本合同包含 14 号线全线区间和车站范围涉及的桥梁改建、桥梁两侧接坡道路以及桥梁改建施工或交通导改引起的便桥工程设计工作。
2015 年 5 月 30 日	承接上海市轨道交通 18 号线工程设计 20 标设计工作	包括桥梁改建、桥梁两侧接坡道路设计以及施工期间因桥梁改造引起的临时工程即便道、便桥、管线桥及交通附属设施等。

（续表）

日　期	内　　容	规　　模
2015 年 6 月 18 日	普善路—万荣路—三泉路道路辟通改建工程(一期)设计勘察一体化中标	工程全长约 4.3 km,道路等级为城市次干路,道路采用双向 4 快 2 慢建设规模,设计速度为 40 千米/小时。
2015 年 6 月 25 日	承接普善路—万荣路—三泉路道路辟通改建一期工程(延长中路—场中路)设计工作	工程全长约 4.3 km,道路等级为城市次干路,道路采用双向 4 快 2 慢建设规模,设计速度为 40 千米/小时。工程内包含两个短地道,分别是下穿大宁灵石公园地道和走马塘—南何铁路支线地道。
2015 年 6 月 30 日	承接上海轨道交通 14 号线工程临搬阶段市政综合配合设计 1 标段(封浜停车场—真新新村站)工作	嘉定区域内封浜停车场及 6 个车站范围内因车站建设和桥梁改造引起的道路和雨污水管临时搬迁及永久恢复,以及设计范围内的道路和排水管测量。
2015 年 7 月 9 日	真南路(祁连山路—交通路)道路积水改善工程设计中标	目的为了尽快建设和完善城市雨水排水系统,提高排水标准,充分发挥已建排水系统在暴雨中防涝排水作用。 工程总投资约 4 240 万元。
2015 年 7 月 21 日	承接来福士广场与轨道交通地下勾连工程设计工作	新建地下通道 554.9 平方米,地铁车站扩建 459.6 平方米,地铁车站改造 137.4 平方米。工程包括新建地下通道和 3 号线中山公园站地下一层站厅层改扩建。
2015 年 8 月 3 日	成都博览城综合交通枢纽工程施工图审查中标	总规模约为 17 万平方米,总建筑面积约为 226 700 平方米,其中地铁工程建筑面积约为 107 350 平方米,市政同步和综合利用工程建筑面积约为 119 350 平方米。
2015 年 9 月 30 日	完成了真南二路(祁连山路—交通路)道路积水改善工程的初步设计,并获得初步设计批复	原位翻排 DN1000—DN1200 雨水管 889 m,敷设 DN1000 路口预埋管 50 m,DN600—DN1000 街坊预埋管 125 m,DN400 雨水连管 683 m 及 DN300 污水管 64 m。本工程总投资 3 461 万元,工程建设费 2 324 万元。
2015 年 10 月 18 日	承接真南路(祁连山路—交通路)道路积水改善工程设计工作	目的为了尽快建设和完善城市雨水排水系统,提高排水标准,充分发挥已建排水系统在暴雨中防涝排水作用。工程总投资约 4 240 万元。
2015 年 12 月 15 日	承接淞沪路—三门路下立交工程设计工作	工程南起淞沪路—政民路交叉口,主线沿淞沪路向北至三门路五岔路口后转入闸殷路,北至闸殷路—民府路交叉口,全长约 1.4 km,同时还设置一对匝道接入淞沪路北段,至淞沪路—民府路交叉口,长约 0.68 km,设双向 4 车道。

表 5－6－5　2014—2015 年盾构与特种设备设计情况表

日　期	内　　容	规　　模
2014 年 6 月 10 日	完成了 Φ6 340 mm 三菱非铰接盾构改造工程施工图设计	并于 2014 年 5 月 20 日完成 7＃盾构验收及复验,于 2014 年 6 月 10 日完成 8＃盾构验收。
2014 年 6 月 24 日	承接 ϕ6 760 盾构技术升级改造工程设计工作	现有 11 台 ϕ6 340 mm 外径地铁盾构(小松盾构),为适应上海轨道交通建设区间隧道结构外径扩大为 ϕ6 600 mm 的新施工要求,盾构外径是从 ϕ6 340 扩径到 ϕ6 760 mm,11 台盾构计划扩径改造。
2014 年 10 月 21 日	完成了 Φ6 340 mm 小松盾构天津改造工程施工图设计	并于 2014 年 10 月 8 日完成 6＃盾构验收,于 2014 年 10 月 21 日完成 5＃盾构验收。

（续表）

日　期	内　　容	规　　模
2015 年 8 月 6 日	完成了 Φ6 760 mm 盾构技术升级改造工程施工图设计	并于 2015 年 5 月 19 日获得申通 SMSC35＃盾构验收证明，于 2015 年 8 月 3 日获得申通 SMSC30＃盾构验收证明，于 2015 年 8 月 6 日获得申通 SMSC24＃盾构验收证明。
2015 年 8 月 8 日	承接宏润盾构改造工程设计工作	共 5 台盾构（两个规格）进行改造设计（其中 1、3、5＃为一种规格、11、12＃为另一种规格），改造后设备要求满足上海轨道交通新一轮建设 ϕ6 600 mm 区间隧道施工的要求。
2015 年 9 月 4 日	完成了宏润盾构改造工程施工图设计	并获得宏润 K03、04 上隧盾构验收证明。

表 5－6－6　2010—2015 年工程咨询情况表

日　期	内　　容	规　　模
2010 年 1 月 18 日	上海地铁完成了福州市轨道交通 1 号线工程可行性研究工作，并获得工可批复	工程总长约 29.2 公里，全部为地下线。共设车站 24 座，其中换乘站 7 座，工程总投资约 186.1 亿元。
2010 年 9 月 19 日	完成了重庆市轨道交通 2 号线延伸段及 3 号线延伸段工程可行性研究工作，并获得了工可批复	2 号线延伸段工程线路全长约 12.019 公里，设高架车站 7 座，工程总投资约 35.7 亿元；3 号线延伸段工程线路全长约 16.306 公里，设高架车站 10 座，工程总投资约 48.37 亿元。
2011 年 4 月 10 日	哈尔滨市轨道交通 2 号线和 1 号线南延伸工程项目可行性研究报告编制项目中标	轨道交通 2 号线一期工程全长约 26.5 km，设置车站 17 座，其中换乘站 7 座，全线均为地下车站，投资估算 166 亿元，同步建设 1 座车辆段、1 座停车场、3 座主变电所。轨道交通 1 号线南延伸工程全长约为 19.2 km。均为地下线，设 13 座车站，同步建设平房停车场（10 公顷）、1 座主变电所及配套机电系统设备，投资概算：57.6 亿元。
2011 年 5 月 23 日	宁波市轨道交通 5 号线工程可行性研究及相关专题研究项目中标	工程线路总长 43.6 公里，其中地下线 3.2 公里，地面线 1.1 公里；高架线 40.4 公里；共设车站 26 座（其中庄桥支线 5 座），设有高架站 22 座，地下站 3 座，地面站 1 座。
2012 年 11 月 22 日	完成沿江通道越江通道工程工可研究，并获得工可批复	工程为盾构法公路隧道，西起浦西牡丹江路，东至浦东外环线，全长 8.7 公里，总投资约 73 亿元。
2013 年 1 月 25 日	承接成都地铁 7 号线工程可研评估工作	线路全长 38.61 公里，全部地下线；设地下站 31 座，其中换乘站 18 座；工程总投资约 299.92 亿元。
2013 年 1 月 30 日	承接绍兴市城市轨道交通 2 号线工程可行性研究工作	工程线路全长约 10.8 km，全为地下线，共设车站 8 座，全为地下车站，平均站间距 1.48 km，投资 77.52 亿元，规划建设期为 2017—2021 年。全线设袍江车辆段一座，占地约 31.9 公顷。
2013 年 3 月 8 日	承接苏州市轨道交通 3 号线工程可研评估工作	线路全长 46.045 公里，全部地下线；设地下站 34 座，其中换乘站 14 座；工程总投资约 293.09 亿元。
2013 年 5 月 2 日	苏州市轨道交通 3 号线工程设计咨询项目中标	工程线路全长 46.02 km，设车站 35 座，平均站间距 1 334 m，均为地下车站。

（续表）

日 期	内 容	规 模
2013 年 5 月 28 日	承接印尼雅加达单轨工程项建书和可研编制工作	工程全长 25 公里(含 27 站)跨坐式单轨轨道交通。结合院重庆跨坐式单轨轨道交通工程实例,提供项建书和可研咨询。
2013 年 8 月 8 日	完成了哈尔滨市轨道交通 1 号线三期工程可行性研究工作,并获得工可批复	工程线路全长约 8.12 km,五站五区间,5 个地下站,区间均为地下线,主要线路走向为哈南站—学府路站—四环路站—镜泊路站—哈平西路站—新疆大街站。总投资约 22.29 亿元。
2013 年 8 月 26 日	承接重庆市轨道交通 5 号线一期工程可研评估工作	工程线路全长 39.69 公里,其中地下线 31.11 公里、高架线 8.11 公里、地面线 0.47 公里;设车站 25 座,其中地下站 20 座、高架站 5 座;工程总投资约 248.06 亿元。
2013 年 11 月 19 日	承接宁波市轨道交通 3 号线工程施工图强审(SJ3003 标段)工作	工程线路全长约 25.83 公里,均为地下线,共设 20 座车站,其中有 6 座换乘站,与 1、2、4、5、6 号线实现换乘。全线在姜山镇设车辆段 1 座,朝阳村设停车场 1 座,共用位于 1 号线东环南路站地块的线网控制中心,与 1 号线和 2 号线共用樱花公园主变和双桥主变。
2013 年 11 月 30 日	承接了苏州中心市政配套项目技术咨询服务工作	包括星港街隧道工程、星港街路东公共设施工程(人防及景观绿化等)、星港街过街天桥工程(包括线路、道路、建筑、结构、防水、装饰、通风、给排水及消防、照明、监控、供电及紧急救援等附属设施)。
2013 年 12 月 16 日	承接重庆市轨道交通 10 号线一期工程可研评估工作	工程线路全长 34.30 公里,其中地下线 27.92 公里、高架线 6.38 公里;设车站 19 座,其中地下站 18 座、高架站 1 座;工程总投资约 237.24 亿元。
2014 年 2 月 27 日	承接苏州市轨道交通 3 号线工程设计咨询工作	2014 年 5 月 22 日变更为苏州市轨道交通 5 号线工程设计咨询工作;5 号线线路全长 44.1 公里,其中地下线长 43.5 公里,地上线长 0.6 公里。设站 35 座,其中地下站 33 座,地面站 1 座。
2014 年 3 月 31 日	承接南宁市城市轨道交通近期建设规划(2014—2020 年)评估咨询工作	线路总长 85.37 公里,包括:2 号线东延(玉洞—坛兴村)、3 号线(保税中心南—科园东)、4 号线(南宁南站—邕宁)和 5 号线一期(那洪—金桥客运站)4 线;设车站 65 座;工程总投资约 588.22 亿元。
2014 年 4 月 10 日	承接上海市轨道交通 17 号线工程可行性研究工作	工程线路全长 35.3 km,其中地下线长 16.13 km,敞开段长 0.89 km,高架线长 18.28 km。全线设地下站 7 座(其中已建成 1 座),高架站 6 座,共设 13 座车站。徐泾车辆段及朱家角停车场各 1 座,主变电所 2 座,控制中心利用新闸路控制中心。工程总投资估算约 173.6 亿元。
2014 年 5 月 19 日	宁波市轨道交通 5 号线一期工程施工图强审(SJ5103 标段)中标	工程线路全长 27.6 公里,均为地下线,共设车站 22 座(其中 6 座换乘站),在经堂庵设车辆段 1 座,在前殷设停车场 1 座,与 2 号线和 4 号线公用双桥主变和下应主变。
2014 年 5 月 29 日	成都地铁 4 号线二期工程设计监理中标	工程全长约 17.3 公里(建设规划 15.5 公里),全为地下线,共设车站 12 座。其中西延线长 10.933 公里,设车站 8 座,东延线长 6.684 km,设车站 4 座。新建西河停车场 1 座及出入场线。大学城主变电所 1 座。实施文家车辆段预留 8 个列位。

（续表）

日　期	内　　容	规　　模
2014年6月16日	承接郑州市轨道交通3号线一期工程可研评估工作	工程线路全长25.2公里，全部地下线；设地下站21座，其中11座换乘站；工程总投资约197.7亿元。
2014年6月16日	承接郑州市轨道交通5号线一期工程可研评估工作	工程线路全长40.2公里，全部地下线；设地下站32座，其中换乘站15座；工程总投资约291.86亿元。
2014年6月18日	承接宁波市轨道交通5号线一期工程施工图强审(SJ5103标段)工作	宁波市轨道交通5号线一期工程为骨干线网的周向填充线，线路西起鄞州区步政站，止于兴庄路站。线路全长27.6公里，均为地下线，共设车站22座(其中6座换乘站)，在经堂庵设车辆段1座，在前殷设停车场1座，与2号线和4号线公用双桥主变和下应主变。
2014年7月29日	成都地铁5号线一、二期工程设计监理中标	成都地铁5号线一、二期工程，线路全长49 km，其中地下线42.25 km，高架线6.45 km，过渡段0.3 km；共设车站41座，其中地下站36座，高架站5座，换乘站14座，平均站间距1.2 km，全线共设综合维修基地1座，停车场2座，主变4座。
2014年7月30日	承接重庆两江新区龙盛区轨道线网8号线控制(深化)规划工作	主要规划设计内容包括两方面：(1) 8号线(总长约22公里)轨道线网控制规划；(2) 4个重要车站节点周边的深化规划设计。
2014年8月12日	承接上海市轨道交通10号线二期工程可行性研究工作	工程线路全长约10.068 km，其中地下线长度3.15 km，明挖段长度0.229 km，过渡段长度0.345 km，高架线长度6.344 km。设6座车站，地下车站1座，高架车站5座。与已建6号线在港城路站形成一岛两侧换乘。设港城路停车场1座；停车场内设主变电所1座；控制中心接入10号线一期工程吴中路控制中心及中山北路备用控制中心。工程总投资估算约72.61亿元。
2014年10月10日	承接福州市轨道交通6号线工程可行性研究工作	工程线路全长41.362公里，其中高架线长6.765公里，过渡段长0.66公里，地下线长33.937公里，共设车站20座，其中高架站1座，地下站19座，设横港车辆段和樟岚停车场，设营前主变电所(与8、9号线共享)及万寿主变电所(与7号线共享)。
2014年10月16日	承接中国博览会会展综合体项目地铁车站改造保护设计咨询工作	设计咨询。
2014年10月17日	承接南宁市轨道交通3号线工程可研评估工作	工程线路全长27.65公里，全部地下线；设车站23座，其中换乘站7座；工程总投资约193亿元。
2014年10月20日	南昌市轨道交通3号线工程设计咨询项目中标	工程线路全长28.3公里，全为地下线，共设21座车站。设莲塘车辆段和高新停车场各1座，主变电站2座。
2014年11月14日	承接合肥市轨道交通3号线工程勘察监理及施工图强审工作	合肥市轨道交通3号线工程线路南端起于方兴大道，北端止于相城路，全长约37.7 km，其中地下线31.6 km，高架线6.1 km，共设车站32座，其中地下站27座，高架站5座，平均站间距1.19公里，设磨店车辆段和翡翠湖停车场各1座。

（续表）

日　期	内　　　容	规　　　模
2014年12月4日	承接成都地铁4号线二期工程设计监理工作	工程全长约17.3 km(建设规划15.5 km)，全为地下线，共设车站12座。其中西延线长10.933 km，设车站8座，东延线长6.684 km，设车站4座。新建西河停车场1座及出入场线。大学城主变电所1座。实施文家车辆段预留8个列位。
2014年12月5日	承接南昌市轨道交通3号线工程设计咨询工作	工程线路全长28.3公里，全为地下线，共设21座车站。设莲塘车辆段和高新停车场各1座，主变电站2座。
2014年12月12日	承接成都地铁5号线一、二期工程设计监理工作	工程线路全长49 km，其中地下线42.25 km，高架线6.45 km，过渡段0.3 km，共设车站41座，其中一期工程(商贸城北站—迎宾路站)全长39.233 km，共设车站35座，二期工程(迎宾路站—回龙路站)全长9.777 km，共设地下站6座。
2014年12月23日	完成哈尔滨市轨道交通2号线一期工程工程可行性研究工作，并获得批复	轨道交通2号线一期工程全长约26.5 km，设置车站17座，其中换乘站7座，全线均为地下车站，投资估算166亿元，同步建设1座车辆段、1座停车场、3座主变电所。
2014年12月30日	承接上海市轨道交通14号线工程风险评估工作	风险评估。
2015年2月11日	南昌轨道交通3号线工程施工图审查项目中标	工程线路全长28.3公里，全为地下线，共设21座车站。设莲塘车辆段和高新停车场各1座，主变电站2座。
2015年2月12日	合肥市轨道交通5号线云谷路站土建工程设计咨询及施工图审查工作中标	云谷路站为地下三层14 m岛式车站，车站总长155.96 m，标准段宽度23.2 m，车站底板埋深约23.4 m，车站总建筑面积14 445.4平方米，其中主体结构建筑面积11 310.8平方米；出入口通道及风道建筑面积3 134.6平方米。
2015年5月16日	承接上海市轨道交通19号线工程预可研究工作	19号线线路全长约46.5 km，其中与长江隧道共线段长约7.7 km，与长江大桥共线段长约9.2 km。线路起点申江路站至凤凰镇站（不含）采用地下敷设方式，长约18.9 km；凤凰镇站至终点主题乐园站采用高架敷设方式，长约27.6 km。全线共设车站8座，地下车站和高架车站各4座，其中规划换乘站3座，分别在申江路站与轨道交通12号线换乘，在曹路火车站站与轨道交通9号线换乘，在凤凰镇站与远期至横沙岛线路换乘。
2015年8月20日	承接城市轨道交通工程建设工艺与技术国家工程实验室(铁三院)资金申请报告评估工作	5个研究平台，共计3 912平方米；工程总投资约1.059 5亿元。
2015年8月20日	承接城市轨道交通工程建设工艺与技术国家工程实验室(北京院)资金申请报告评估工作	7个研究中心，共计11 310平方米；工程总投资约1.148 6亿元。
2015年10月22日	承接天津市轨道交通B1线一期工程项目申请报告评估工作	工程全长约31.28公里，其中高架线2.17公里、敞开线0.28公里、地下线28.83公里；设车站23座，其中地下站21座、高架站2座；工程总投资约264亿元。
2015年10月22日	承接天津市轨道交通Z4线一期工程项目申请报告评估工作	工程线路全长43.777公里，其中高架线28.484公里、地下线15.293公里；设车站22座，其中高架站13座、地下站9座；工程总投资约337亿元。

（续表）

日期	内容	规模
2015年11月2日	承接天津市轨道交通Z2线一期工程项目申请报告评估工作	工程线路全长39.1公里，其中地下线16.0公里、高架线22.0公里、过渡段1.1公里；设车站14座，其中地下站6座，高架站8座；工程总投资约236亿元。
2015年11月2日	承接天津市地铁7号线一期工程可研评估工作	工程线路全长22.258公里；设地下站19座；工程总投资约240亿元。
2015年11月3日	承接天津市轨道交通Z2线一期工程可研评估工作	工程线路全长39.1公里，其中地下线16.0公里、高架线22.0公里、过渡线1.1公里；设车站14座，其中地下站6座、高架站8座；工程总投资约236亿元。
2015年11月11日	承接天津市轨道交通B1线一期工程可研评估工作	工程线路全长约31.28公里，其中高架线2.17公里、敞开线0.28公里、地下线28.83公里；设车站23座，其中地下站21座、高架站2座；工程总投资约288亿元。
2015年11月13日	承接天津市轨道交通Z4线一期工程可研评估工作	工程线路全长43.777公里，其中高架线28.484公里、地下线15.293公里；设车站22座，其中高架站13座、地下站9座；工程总投资约337亿元。
2015年12月2日	承接滨海新区轨道Z4线一期工程初步设计评审工作	工程线路全长约43.77公里，其中高架线28.484公里，地下线15.293公里，设车站22座，其中高架站13座，地下站9座，总投资约319.79亿元。
2015年12月11日	承接天津市轨道交通Z4线一期工程初步设计评审工作	工程线路全长43.5公里，其中地下线15.3公里、高架线27.4公里、敞开线0.8公里；设车站23座，其中地下站10座、高架站13座，换乘站11座；工程总投资约332亿元。
2015年12月24日	承接天津市轨道交通B1线一期工程（黄港车辆段至于家堡站段）初步设计评审工作	工程线路全长约31.28公里，其中高架线2.17公里、敞开线0.28公里、地下线28.83公里；设车站23座，其中高架站2座、地下站21座；工程总投资约233.1亿元。
2015年12月26日	完成了成都地铁4号线一期工程设计监理工作，并已开通运营	工程线路全长22.4公里，全为地下线，设车站16座，其中5座为换乘车站，工程总投资为125.62亿元。

第二节　技术与管理咨询

2011年起，上海地铁涉足国内轨道交通建设与运营管理专业咨询领域，为昆明、郑州、南昌、无锡、合肥、福州、济南等城市轨道交通建设、运营专业咨询。2015年申通地铁集团公司重新调整发展定位，将咨询业务正式划入集团竞争类经营板块，全面服务集团实施的“走出去”战略。

2011年，申通咨询公司为郑州轨道交通公司提供了轨道交通运营管理体系和人力资源体系专业咨询。

2011年，申通咨询公司在集团公司统筹下，由申通咨询公司联合运营、维保等兄弟单位与专家团队，为昆明地铁1号线开通提供了专项运营咨询服务。

为了进一步推动沪、赣两地在城市轨道交通领域的合作与交流，促进共同发展，上海申通地铁集团有限公司、南昌轨道交通公司于2011年9月9日签订战略合作意向书，建立战略合作伙伴关系。

2012年7月，申通咨询公司与南京元平建设公司签订南京至高淳城际轨道《南京南站至禄口机场段》工程咨询业务。

2012 年 8 月 21 日，申通咨询公司与南昌轨道交通集团正式签订《南昌轨道交通 1 号线建设管理业主顾问咨询项目合同》(一期)南昌项目合同的签订，标志着公司对外咨询迈出了坚实的第一步，也开启了项目采用“前台＋后台”的咨询模式，由申通咨询公司负责牵头、整合集团相关兄弟单位资源开展咨询工作。

2013 年，公司承接了无锡地铁 1、2 号线运营综合联调咨询服务项目，是首次明确采取了建现场项目部形式，为业主提供陪伴式咨询；签订了南昌 1 号线运营技术管理咨询服务项目、合肥地铁 1 号线一、二期工程运营筹备及综合联调咨询服务项目等。

2014 年，申通咨询公司与哈尔滨、青岛、福州签订专项咨询合作项目，其中：福州地铁 1 号线(南段、北段)机电建设管理、综合联调及运营咨询项目首次实现建设、运营两个专业大项的咨询。

2015 年，申通咨询公司在做强做精建设与运营两大核心咨询业务的基础上，积极拓展企业管理类、设计与技术咨询类业务。陆续签订了福州地铁 1 号线财务预算专业、资产管理专题咨询项目、哈尔滨地铁运营管理服务及人员培训项目、上海地铁 18 号线二期工程设计(第一标段)工点项目、济南地铁 R1 线建设咨询项目、南京地铁 7 号线全自动运行系统运营咨询项目等。

2015 年，申通咨询公司与上海机场集团有限公司签订上海浦东国际机场三期扩建工程捷运系统专业管理委托协议。

第七章　盾构租赁

地铁盾构是城市地铁施工中一种重要的施工技术，是在地面下暗挖隧洞的一种施工方法。用地铁盾构法进行隧洞施工具有自动化程度高、节省人力、施工速度快、一次成洞、不受气候影响、开挖时可控制地面沉降、减少对地面建筑物的影响和在水下开挖时不影响水面交通等特点。上海地铁在改革发展过程中，首创性地提出盾构设备“维修保养、循环利用”的管理理念，为城市轨道交通建设节约了大量盾构设备资金，曾被人民日报评为城市轨道交通建设盾构使用管理的“上海模式”。

第一节　专业化管理

作为上海乃至全国第一家专业从事地铁隧道盾构施工管理，盾构设备及相关技术研究、开发、安装、调试、维护、技术咨询、培训以及为盾构施工单位提供技术服务的专业公司。

上海地铁盾构设备工程有限公司的前身是上海市地铁工程建设指挥处下属区间隧道工程项目组。

1992年10月12日，上海市地铁总公司成立，区间隧道工程项目组划入地铁总公司，成立盾构项目经理部。

1994年12月13日，由上海市地铁总公司与所属上海地铁物资有限公司和上海地铁房地产经营开发有限公司共同出资设立上海地铁盾构服务有限公司。

2000年，上海市政府批准正式启动轨道交通投资、建设、运营、监管的“四分开”新体制方案。上海地铁盾构服务有限公司进行更名和扩股，企业名称更为上海地铁工程盾构租赁有限公司，注册资金为1 500万元，其中上海地铁总公司投资900万元，占注册资本60%，上海地铁物资有限公司、上海城市轨道交通建设有限公司、上海地铁房地产经营开发公司各投资200万元，各占注册资本13.3%。

2000年6月16日上海地铁工程盾构租赁有限公司由上海地铁总公司划转上海地铁建设有限公司。

2000年7月27日，上海地铁工程盾构租赁有限公司更名为上海地铁盾构设备工程有限公司。

2004年6月24日，上海市政府召开上海申通集团有限公司关系划转工作会议，上海地铁建设有限公司整体合并入上海申通集团有限公司。

2005年10月17日，上海申通地铁集团有限公司召开上海申通地铁资产经营管理有限公司组建工作会议，将其原上海地铁建设公司下属单位，上海地铁盾构设备工程有限公司的党政关系划转至上海申通地铁资产经营管理有限公司管理。

2008年，为了推动上海轨道交通建设，促进上海2010年世博会前400公里轨道交通建设任务的顺利完成，盾构公司受上海轨道交通建设指挥部委托，负责管理所有在上海地区的施工的98台盾构设备(单圆盾构93台，双圆盾构5台)。盾构推进实现了历史性的突破，当年各条线路累计完成盾构掘进139公里，创造了国内乃至国际年地铁盾构推进里程的新纪录。

表 5-7-1　1991—2015 年上海轨道交通盾构施工管理情况表

线　路	时　　间	主要施工单位	内　　容
上海市轨道交通1号线	1991 年 2 月开始施工至 2003 年 10 月完成施工	上海隧道工程有限公司、上海市基础工程集团有限公司、上海市机械施工有限公司	11 台盾构机联合施工，推进 30 个区间，共完成掘进里程 23.181 公里。
上海市轨道交通2号线	1996 年 9 月开始施工至 2009 年 6 月完成施工	上海隧道工程有限公司、上海市基础工程集团有限公司、上海市机械施工有限公司等七家施工单位	34 台盾构机联合施工，推进 48 个区间，共完成掘进里程 70.365 公里。
上海市轨道交通明珠线二期	2000 年 12 月开始施工至 2004 年 6 月完成施工	由上海隧道工程有限公司、上海市基础工程集团有限公司、上海市机械施工有限公司等五家施工单位	13 台盾构机联合施工，推进 39 个区间，共完成掘进里程 32.828 公里。
上海市轨道交通6号线	2005 年 7 月开始施工至 2006 年 7 月完成施工	由上海隧道工程有限公司、上海市基础工程集团有限公司、上海市机械施工有限公司等五家施工单位	13 台盾构机联合施工，推进 22 个区间，共完成掘进里程 20.448 公里。
上海市轨道交通7号线	2006 年 9 月开始施工至 2009 年 3 月完成施工	由上海隧道工程有限公司、上海市基础工程集团有限公司、宏润建设集团股份有限公司等九家施工单位	52 台盾构机联合施工，推进 62 个区间，共完成掘进里程 68.593 公里。
上海市轨道交通8号线	2003 年 12 月开始施工至 2008 年 8 月完成施工	由上海隧道工程有限公司、上海市基础工程集团有限公司、上海市机械施工有限公司等八家施工单位	25 台盾构机联合施工，推进 46 个区间，共完成掘进里程 44.597 公里。
上海市轨道交通9号线	2007 年 5 月开始施工至 2012 年 3 月完成施工	由宏润建设集团股份有限公司、上海隧道工程有限公司、上海市机械施工有限公司等六家施工单位	25 台盾构机联合施工，推进 26 个区间，共完成掘进里程 31.642 公里。
上海市轨道交通10号线	2007 年 1 月开始施工至 2009 年 12 月完成施工	由宏润建设集团股份有限公司、上海隧道工程有限公司、上海市机械施工有限公司等六家施工单位	44 台盾构机联合施工，推进 50 个区间，共完成掘进里程 55.166 公里。
上海市轨道交通11号线	2006 年 4 月开始施工至 2012 年 7 月完成施工	由上海隧道工程有限公司、上海市机械施工有限公司、上海市基础工程集团有限公司等十家施工单位	56 台盾构机联合施工，推进 56 个区间，共完成掘进里程 63.646 公里。
上海市轨道交通12号线	2010 年 10 月开始施工至 2014 年 6 月完成施工	由上海隧道工程有限公司、上海市基础工程集团有限公司、中铁十三局集团有限公司等十家施工单位	49 台盾构机联合施工，推进 66 个区间，共完成掘进里程 68.245 公里。
上海市轨道交通13号线	2002 年 12 月开始施工至 2014 年 6 月完成施工	由上海隧道工程有限公司、上海市基础工程集团有限公司、中铁二局集团有限公司等九家施工单位	41 台盾构机联合施工，推进 42 个区间，完成掘进里程 41.243 公里。
上海市轨道交通17号线	2015 年 3 月开始施工至 2016 年 12 月完成施工	由宏润建设集团股份有限公司、上海隧道工程有限公司、上海市基础工程集团有限公司等四家施工单位	18 台盾构机联合施工，推进 22 个区间，完成掘进里程 25.008 公里。

一、上海轨道交通盾构合作施工

轨道交通明珠二期施工期间，盾构公司投入 13 台次盾构，完成掘进里程数 32.891 公里。

轨道交通地铁2号线东延伸施工期间,盾构公司投入7台次盾构,完成掘进里程数20.847公里。

轨道交通地铁2号线西西延伸施工期间,盾构公司投入7台次盾构,完成掘进里程数7.333公里。

轨道交通6号线施工期间,盾构公司投入13台次盾构,完成掘进里程数15.653公里。

轨道交通7号线施工期间,盾构公司投入15台次盾构,完成掘进里程数8.036公里。

轨道交通8号线施工期间,盾构公司投入19台次盾构,完成掘进里程数37.480公里。

轨道交通9号线施工期间,盾构公司投入6台次盾构,完成掘进里程数11.280公里。

轨道交通9号线东延伸工程施工至今,公司投入9台次盾构,完成掘进里程数7.182公里。

轨道交通10号线施工期间,盾构公司投入19台次盾构,完成掘进里程数20.434公里。

轨道交通11号线北段工程施工期间,盾构公司投入2台次盾构,完成掘进里程数0.989公里。

轨道交通12号线北段工程施工期间,盾构公司投入12台次盾构,完成掘进里程数20.097公里。

轨道交13号线世博段施工期间,盾构公司投入6台次盾构,完成掘进里程数23.483公里。

轨道交通17号线施工至今,盾构公司投入2台次盾构,完成掘进里程数2.780公里。

二、盾构咨询服务

上海地铁凭借多年的盾构设备管理和盾构施工管理经验,为客户提供盾构设备维修保养、盾构采购咨询、盾构技术培训等全方位咨询管理服务。

2005年10月,盾构公司与上海长江隧桥建设发展有限公司签订盾构设备监造合同,负责上海长江隧道2台Φ15.43米泥水平衡盾构采购及盾构掘进施工全过程管理。

2006年,盾构公司承接上海人民路越江隧道工程咨询服务,为其公司引进的两套Φ11.58米泥水平衡盾构机采购提供咨询项目。

2006年,盾构公司承接了长江原水过江管工程咨询的任务,为其公司引进的2台盾构机提供技术指导及咨询服务。

2006年6月,盾构公司承接磁悬浮过江盾构引进的任务,为磁悬浮公司引进的一台Φ14.88米超大直径泥水平衡盾构机提供咨询服务。

2012年6月,盾构公司使用自主研发的三维钢模管片测量系统为中交南京纬三路过江通道工程建设指挥部的管模与管片做检测服务。

2014年3月,盾构公司承接了中船重工(青岛)轨道交通装备有限公司4台TBM设备监造项目。

第二节　科 技 创 新

上海地铁结合轨道交通的建设特点,加大科研力度,促进成果形成,提高企业技术等级,切实有效地提高管理效率。自2003年起,先后荣获浦东新区科学技术奖1项、优秀工程咨询成果奖2项、管理创新成果奖1项、高新技术成果转化4项、发明专利11项、实用新型专利19项、计算机软件著作权 11 项。

2009 年 9 月，通过创建信息化协同管理平台，使原来的盾构设备单线管理演变成网络化管理，将全市近百台盾构有效地纳入日常的管理中来，使盾构设备管理工作效率得到了大大的提高，取得了显著的效果。地铁盾构协同保障系统平台，荣获了第三届哈佛《商业评论》管理行动奖。

2011 年 11 月，《盾构协同保障信息化施工管理系统平台构建与实施》荣获管理创新成果一等奖。

2011 年 12 月，上海市优秀工程咨询成果评优中，《地铁隧道变形自动监测系统研究》荣获上海市优秀工程咨询成果二等奖。（上海市工程咨询行业协会）

2012 年 11 月，上海市优秀工程咨询成果评优中，《探地雷达运用于盾构前向探测与辨识研究》项目荣获上海市优秀工程咨询成果一等奖。（上海市工程咨询行业协会）

2013 年 3 月，表彰 2012 年浦东新区科技进步奖获得者，《智能信息化盾构施工辅助系统》项目荣获浦东新区科学技术二等奖。（上海市浦东新区人民政府）

第三节　市 场 拓 展

盾构公司在确保上海轨道交通建设的同时，秉着“上海经验服务全国”的理念，积极实施“走出去”的战略。盾构公司参与了杭州、苏州、南京、武汉、天津、福州、印度德里等城市的轨道交通建设项目，将“上海地铁盾构”的品牌优势延伸至全国乃至更广阔的海外市场。

表 5-7-2　2009—2015 年盾构公司参与外省市及境外轨道交通建设情况表

年 份	项 目	内 容
2009	苏州 1 号线轨道交通建设项目	盾构合作施工 2 个区间，使用 1 台盾构机，共计掘进 1 618.4 米。
2010	杭州 1 号线轨道交通建设项目	盾构合作施工 1 个区间，使用 1 台盾构机，共计掘进 183 米。
2011	杭州地铁 1 号线和 2 号线轨道交通建设项目	盾构合作施工 5 个区间，使用 3 台盾构机，共计掘进 6 988.5 米。
2011	南京地铁 3 号线 TA-07 标轨道交通建设项目	盾构合作施工 1 个区间，使用 1 台盾构机，共计掘进 2 667 米。
2012	承接印度德里地铁项目（印度德里地铁一期 CC-05 标）	该项目采用 2 台盾构机，用于总长达 3 146 米区间隧道掘进施工。
2012	公司参与杭州地铁 2 号线轨道交通建设项目	盾构合作施工 2 个区间，使用 1 台盾构机，共计掘进 996 米。
2012	南京地铁 4 号线轨道交通建设项目	盾构合作施工 1 个区间，使用 1 台盾构机，共计掘进 2 671.2 米。
2013	南京地铁 4 号线轨道交通建设项目	盾构合作施工 1 个区间，使用 1 台盾构机，共计掘进 1 200 米。
2014	杭州地铁 2 号线轨道交通建设项目	盾构合作施工 1 个区间，使用 1 台盾构机，共计掘进 892.8 米。
2014	苏州地铁 IV-TS-13 标轨道交通建设项目	盾构合作施工 4 个区间，使用 2 台盾构机，共计掘进 3 396 米。
2014	天津地铁 6 号线轨道交通建设项目	盾构合作施工 5 个区间，使用 4 台盾构机，共计掘进 3 681.5 米。
2014	武汉地铁 6 号线轨道交通建设项目	盾构合作施工 2 个区间，使用 1 台盾构机，共计掘进 1 044 米。
2014	公司参与福州地铁 1 号线轨道交通建设项目	盾构合作施工 2 个区间，使用 2 台盾构机，共计掘进 1 589 米。

（续表）

年　份	项　　目	内　　容
2014	公司参与南京地铁4号线轨道交通建设项目	盾构合作施工2个区间，使用2台盾构机，共计掘进1 870.8米。
2015	杭州地铁2号线和4号线轨道交通建设项目	盾构合作施工2个区间，使用2台盾构机，共计掘进1 629.15米。
2015	苏州地铁Ⅳ-TS-13标轨道交通建设项目	盾构合作施工2个区间，使用2台盾构机，共计掘进819.9米。
2015	天津市轨道交通6号线轨道交通建设项目	盾构合作施工2个区间，使用2台盾构机，共计掘进588.08米。
2015	武汉地铁7号线轨道交通建设项目	盾构合作施工2个区间，使用2台盾构机，共计掘进1 525米。
2015	福州地铁1号线轨道交通建设项目	盾构合作施工1个区间，使用1台盾构机，共计掘进594米。
2015	南京地铁4号线轨道交通建设项目	盾构合作施工1个区间，使用1台盾构机，共计掘进646.8米。

第四节　盾 构 设 备

一、盾构购置

1989年7月，经国家计划委员会批准，从法国引进隧道掘进机设备7套(FCB)，用于上海轨道交通地铁1号线建设。

1997年，经市经委批准，从法国引进隧道掘进机设备2套(NFM)、国产盾构机1套，用于上海轨道交通地铁2号线一期工程建设。

2001年1月，经市经委同意，先后引进隧道掘进机设备4套(三菱铰接)，用于上海地铁1号线北延伸及地铁明珠二期工程建设。

2002年5月，为上海市轨道交通M8线工程，先后引进隧道掘进机设备7套(三菱盾构机4套、小松盾构机3套)用于轨道交通建设。

2003年6月，为轨道交通明珠线二期工程，先后引进隧道掘进机设备4套(三菱盾构机2套、小松盾构机2套)用于轨道交通建设。

2003年7月，为上海轨道交通6号线工程，引进双圆隧道掘进机设备1套(DOT盾构机)用于轨道交通建设。

2006年2月，为上海轨道交通7号线工程，引进隧道掘进机设备2套(小松盾构机)用于轨道交通建设。

2010年11月，为满足上海轨道交通12号线过江段盾构覆土层大于35—50米的掘进需求，引进隧道掘进机1套(6 360 mm石川岛土压平衡式盾构机)，用于12号线过江段轨道交通建设。

2012年5月，为满足南京轨道交通建设工程，公司引进隧道掘进机设备2套(@6450海瑞克盾构机)，其中一台为新制盾构机，另一台为翻新盾构机。

2015年2月，上海隧道工程股份有限公司，以实物(机械设备)出资方式投入隧道掘进机设备9套(863盾构机5套、海瑞克盾构机4套)，上海市基础工程集团有限公司以实物(机械设备)出资方式投入隧道掘进机设备7套(石川岛盾构机2套、863盾构机1套、奥村盾构机2套、海瑞克盾构机2套),将原先的国有(一人)独资公司,变更为三家公司合资企业。

2015年2月,为满足上海轨道交通9号线三期及17号线区间隧道建设工程,盾构公司引进隧道掘进机设备6套(@6 760 mm超深覆土、铰接式土压平衡型盾构机),确保工程建设顺利进行。

图5-7-1　1991年上海地铁从法国引进的1号线1号盾构井下安装

图5-7-2　地铁1号线陕西路站下行线盾构贯通

二、推进数量

SMSC01号盾构机,1991年2月下井施工至2008年9月退场结束。

1号线盾构掘进2 520米,2号线盾构掘进3 989米,4号线盾构掘进4 758米,8号线盾构掘进1 811米,7号线盾构掘进1 053米,9号线盾构掘进624米,总计掘进14 755米。

SMSC02号盾构机,1991年8月下井施工至2008年11月退场结束。

1号线盾构掘进3 061米,1号线北延伸盾构掘进1 285米,2号线盾构掘进2 613米,2号线东延伸盾构掘进1 130米,4号线盾构掘进980米,8号线盾构掘进537米,6号线盾构掘进1 505米,10号线盾构掘进774米,共计掘进11 885米。

SMSC03号盾构机,1991年8月下井施工至2008年11月退场结束。

1号线盾构掘进1 837米,1号线北延伸约盾构掘进1 279米,2号线盾构掘进3 067米,4号线盾构掘进1 084米,8号线盾构掘进2 560米,10号线盾构掘进796.8米,共计掘进10 623.8米。

SMSC04号盾构机,1991年10月下井施工至2008年10月退场结束。

1号线盾构掘进3 087米,2号线盾构掘进3 082米,4号线盾构掘进2 432米,8号线盾构掘进805米,10号线盾构掘进1 265米,共计掘进10 671米。

SMSC05号盾构机,1991年10月下井施工至2008年12月退场结束。

1号线盾构掘进2 736米,2号线盾构掘进1 973米,4号线盾构掘进3 835米,8号线盾构掘进1 527米,10号线盾构掘进821米,共计掘进10 892米。

SMSC06号盾构机,1991年11月下井施工至2008年12月退场结束。

1号线盾构掘进2 156米,2号线盾构掘进2 772米,4号线盾构掘进3 183米,8号线盾构掘进2 853米,10号线盾构掘进829.2米,共计掘进11 793.2米。

SMSC07 号盾构机，1991 年 12 月下井施工至 2008 年 12 月退场结束。

1 号线盾构掘进 1 972 米，1 号线北延伸盾构掘进 1 319 米，2 号线盾构掘进 2 452 米，4 号线盾构掘进 1 264 米，7 号线盾构掘进 1 082 米，8 号线盾构掘进 1 654 米，10 号线盾构掘进 1 142 米，共计掘进 10 885 米。

SMSC08 号盾构机，1998 年 2 月下井施工至 2009 年 5 月退场结束。

2 号线盾构掘进 1 593 米，4 号线盾构掘进 3 202 米，1 号线南站改造盾构掘进 1 189 米，6 号线盾构掘进 1 174 米，8 号线盾构掘进 992.4 米，10 号线盾构掘进 2 230.8 米，共计掘进 10 981.2 米。

SMSC09 号盾构机，1998 年 5 月下井施工至 2008 年 7 月退场结束。

2 号线盾构掘进 1 599 米，4 号线盾构掘进 3 091 米，8 号线盾构掘进 2 525 米，7 号线盾构掘进 1 286.4 米，10 号线盾构掘进 860.2 米，共计掘进 9 361.6 米。

SMSC10 号盾构机，1998 年 2 月下井施工至 2002 年 1 月退场结束。

2 号线盾构掘进 1 160 米，1 号线北延伸盾构掘进 740 米，共计掘进 1 900 米。

SMSC11 号盾构机，2001 年 8 月下井施工至 2010 年 11 月退场结束。

4 号线盾构掘进 3 142 米，8 号线盾构掘进 1 767.6 米，7 号线盾构掘进 1 092 米，2 号线西延伸盾构掘进 1 036.8 米，印度德里地铁 CC－05 标掘进 1 573 米，共计掘进 8 611.4 米。

SMSC12 号盾构机，2001 年 9 月下井施工至 2014 年 3 月退场结束。

4 号线盾构掘进 2 447 米，8 号线盾构掘进 2 115.6 米，9 号线盾构掘进 526.8 米，10 号线盾构掘进 912 米，11 号线盾构掘进 567.6 米，12 号线盾构掘进 1 021 米，共计掘进 7 590 米。

SMSC13 号盾构机，2001 年 11 月下井施工至 2014 年 4 月退场结束。

4 号线盾构掘进 3 345 米，11 号线盾构掘进 1 174 米，2 号线盾构掘进 1 130 米，杭州 1 号线盾构掘进 985.8 米，杭州 2 号线盾构掘进 996 米，十二号盾构掘进 1 021 米，共计掘进 8 651.8 米。

SMSC14 号盾构机，2002 年 4 月下井施工至 2011 年 4 月退场结束。

4 号线盾构掘进 1 974 米，6 号线盾构掘进 1 029.6 米，11 号线盾构掘进 1 189.2 米，2 号线西延伸盾构掘进 1 014 米，印度德里地铁 CC－05 标掘进 1 573 米，共计掘进 6 779.8 米。

SMSC15 号盾构机，2002 年 10 月下井施工至 2015 年 1 月退场结束。

8 号线盾构掘进 2 100.8 米，6 号线盾构掘进 1 003 米，11 号线盾构掘进 2 808 米，9 号线盾构掘进 1 351 米，天津 6 号线盾构掘进 1 021 米，共计掘进 8 293.8 米。

SMSC16 号盾构机，2004 年 7 月下井施工 2015 年 12 月。

8 号线盾构掘进 1 830 米，10 号线盾构掘进 2 409.2 米，11 号线盾构掘进 1 739 米，天津 6 号线盾构掘进 1 021 米，武汉 6 号线盾构掘进 263 米，共计掘进 7 262.2 米。

SMSC17 号盾构机，2003 年 9 月下井施工 2015 年 12 月。

8 号线盾构掘进 1 790.4 米，6 号线盾构掘进 1 191.6 米，10 号线 1 936.8 米，7 号线盾构掘进 1 095 米，9 号线盾构掘进 1 351 米，13 号线盾构掘进 481 米，天津 6 号线盾构掘进 1 108.4 米，共计掘进 8 953.84 米。

SMSC18 号盾构机，2004 年 7 月下井施工 2015 年 12 月。

8 号线盾构掘进 1 839.6 米，11 号线盾构掘进 1 734 米，10 号线盾构掘进 1 412 米，2 号线西延伸盾构掘进 1 014 米，9 号线盾构掘进 1 562.4 米，13 号线盾构掘进 481 米，天津 6 号线盾构掘进 826.5 米，共计掘进 8 869.5 米。

SMSC19 号盾构机，2003 年 8 月下井施工至 2014 年 12 月退场结束。

8 号线盾构掘进 2 238 米，6 号线盾构掘进 1 091 米，11 号线盾构掘进 2 409.6 米，2 号线东延伸盾构掘进 3 742.68 米，12 号线盾构掘进 1 853 米，共计掘进 11 334.28 米。

SMSC20 号盾构机，2003 年 10 月下井施工 2015 年 12 月。

8 号线盾构掘进 2 880.4 米，11 号线盾构掘进 1 490.4 米，9 号线盾构掘进 11 155.6 米，2 号线西延伸盾构掘进 1 014 米，12 号线盾构掘进 2 612 米，福州 1 号线盾构掘进 1 188 米，共计掘进 10 340.4 米。

SMSC21 号盾构机，2003 年 7 月下井施工 2015 年 12 月。

8 号线盾构掘进 2 182.8 米，6 号线盾构掘进 1 071 米，11 号线盾构掘进 2 416 米，10 号线盾构掘进 1 045.2 米，13 号线盾构掘进 706.8 米，12 号线盾构掘进 1 853 米，福州 1 号线盾构掘进 995 米，共计掘进 10 269.8 米。

SMSC22 号盾构机，2004 年 6 月下井施工至 2008 年 12 月退场结束。

9 号线盾构掘进 2 703.6 米，11 号线盾构掘进 1 119.6 米，共计掘进 3 823.2 米。

SMSC23 号盾构机，2004 年 9 月下井施工至 2008 年 12 月退场结束。

6 号线盾构掘进 1 194 米，8 号线盾构掘进 1 525.2 米，7 号线盾构掘进 1 516 米，共计掘进 4 235.2 米。

SMSC24 号盾构机，2004 年 8 月下井施工 2015 年 12 月。

6 号线盾构掘进 2 596.8 米，7 号线盾构掘进 1 258.9 米，2 号线东延伸盾构掘进 2 947.2 米，10 号线盾构掘进 690 米，9 号线三期盾构掘进 938.4 米，共计掘进 8 930.2 米。

SMSC25 号盾构机，2004 年 10 月下井施工至 2015 年 12 月退场结束。

6 号线盾构掘进 1 314 米，10 号线盾构掘进 1 952.4 米，苏州地铁盾构掘进 1 618.4 米，11 号线盾构掘进 499 米，9 号线三期盾构掘进 940 米，共计掘进 6 323.8 米。

SMSC26 号盾构机，2004 年 2 月下井施工至 2009 年 3 月退场结束。

6 号线盾构掘进 1 095.6 米，10 号线盾构掘进 652 米，共计掘进 1 747.6 米。

SMSC27 号盾构机，2007 年 4 月下井施工至 2015 年 11 月退场结束。

11 号线盾构掘进 1 470 米，8 号线盾构掘进 1 482 米，10 号线盾构掘进 1 819.2 米，9 号线三期盾构掘进 2 172 米，共计掘进 6 943.2 米。

SMSC28 号盾构机，2007 年 5 月下井施工至 2015 年 12 月退场结束。

7 号线盾构掘进 1 455.2 米，13 号线盾构掘进 1 308 米，9 号线盾构掘进 1 559 米，武汉 6 号线盾构掘进 2 306 米，共计掘进 6 628.2 米。

SMSC29 号盾构机，2007 年 8 月下井施工至 2015 年 12 月退场结束。

10 号线盾构掘进 2 358.2 米，9 号线盾构掘进 1 372.8 米，苏州线盾构掘进 2 108 米，共计掘进 5 839 米。

SMSC30 号盾构机，2007 年 7 月下井施工至 2015 年 12 月退场结束。

7 号线盾构掘进 1 519 米，10 号线盾构掘进 1 230 米，13 号线盾构掘进 1 042 米，12 号线盾构掘进 963 米，9 号线盾构掘进 928.8 米，共计掘进 5 682.8 米。

SMSC31 号盾构机，2007 年 8 月下井施工至 2015 年 11 月退场结束。

9 号线盾构掘进 1 451 米，2 号线盾构掘进 792 米，12 号线盾构掘进 2 637 米，南京 4 号线盾构掘进 1 290 米，共计掘进 6 170 米。

SMSC32 号盾构机，2007 年 7 月下井施工至 2015 年 12 月退场结束。

7 号线盾构掘进 1 128 米，10 号线盾构掘进 1 250 米，12 号线盾构掘进 1 906 米，杭州地铁线盾构掘进 1 786.9 米，共计掘进 6 070.8 米。

SMSC33 号盾构机，2007 年 8 月下井施工至 2016 年 1 月退场结束。

7 号线盾构掘进 1 522 米，2 号线西西延伸盾构掘进 1 668 米，9 号线盾构掘进 1 559 米，12 号线盾构掘进 874 米，17 号线盾构掘进 1 735.2 米，共计掘进 7 358.2 米。

SMSC34 号盾构机，2007 年 8 月下井施工至 2016 年 5 月退场结束。

10 号线盾构掘进 1 358.4 米，13 号线盾构掘进 782.4 米，苏州轨道交通盾构掘进 2 107.9 米，9 号线三期盾构掘进 1 369.2 米，共计掘进 5 617.9 米。

SMSC35 号盾构机，2007 年 8 月下井施工至 2016 年 3 月退场结束。

9 号线盾构掘进 1 530 米，13 号线盾构掘进 1 042 米，12 号线盾构掘进 874 米，17 号线盾构掘进 1 761.9 米，共计掘进 5 207.91 米。

SMSC36 号盾构机，2007 年 8 月下井施工至 2016 年 1 月退场结束。

7 号线盾构掘进 1 057.2 米，9 号线三期盾构掘进 1 944 米，13 号线盾构掘进 947.4 米，12 号线盾构掘进 1 460 米，共计掘进 5 408.6 米。

SMSC37 号盾构机，2007 年 11 月下井施工至 2016 年 3 月退场结束。

8 号线盾构掘进 1 531.2 米，10 号线盾构掘进 1 825 米，9 号线三期盾构掘进 2 175.8 米，共计掘进 5 532 米。

SMSC38 号盾构机，2011 年 11 月下井施工至 2014 年 7 月退场结束。

12 号线盾构掘进 2 996 米。

SMSC39 号盾构机，2007 年 11 月下井施工至 2015 年 10 月退场结束。

南京地铁 3 号线盾构掘进 3 867 米。

SMSC40 号盾构机，2012 年 2 月下井施工至 2016 年 2 月退场结束。

南京地铁 3 号线盾构掘进 2 671.2 米，南京地铁 4 号线盾构掘进 1 227.5 米，共计掘进 3 898.8 米。

SMSC48 号盾构机，2011 年 2 月下井施工 2015 年 12 月。

杭州地铁 2 号线 3 092.85 米，13 号线盾构掘进 1 408.9 米，共计掘进 4 501.75 米。

SMSC50 号盾构机，2015 年 12 月下井施工 2015 年 12 月。

17 号线盾构掘进 458.4 米。

SMSC51 号盾构机，2015 年 12 月下井施工 2015 年 12 月。

17 号线盾构掘进 1 904.4 米，15 号线盾构掘进 751.34 米，共计掘进 2 655.74 米。

第五节　盾 构 基 地

一、龙阳路基地

龙阳路基地(1994—2012 年)

地点：地铁龙阳路基地内(龙阳路 2520 号)

面积：约 1 800 平方米

用途：盾构设备的维修、盾构零部件的领用

二、九亭基地

九亭基地(2012 年建成)

地点：上海地铁盾构基地(涞坊路 2150 号)

面积：基地使用面积 7 328.33 平方米

用途：盾构设备的维修、盾构零部件仓储

图 5-7-3　地铁盾构九亭基地

第八章　非票务经营投融资

上海申通地铁资产经营管理有限公司利用自贸区投资平台经营实业投资、投资咨询，开展上盖投资合作开发，并且委托金融单位发行融资券补充企业的运营资金，实施非票务经营投融资。

第一节　对 外 投 资

一、自贸区投资平台

2014 年 9 月 28 日，上海申通地铁资产经营管理有限公司出资成立上海地铁资产投资管理有限公司，作为上盖物业发展基金的普通合伙人和基金管理人，上海地铁资产投资管理有限公司的注册资本为 10 000 万元，注册资本可分期到位，首次到位 3 000 万元。资产投资公司的经营范围为资产管理，投资管理，实业投资，投资咨询。（依法须经批准的项目，经相关部门批准后方可开展经营活动）

2014 年 11 月 10 日，上海申通地铁资产经营管理有限公司与交银国际信托有限公司等法人单位共同发起设立上海轨道交通上盖物业股权投资基金合伙企业（有限合伙），基金规模不超过 40 亿元人民币，期限 5 年，可分期募集。该公司的执行事务合伙人为上海地铁资产投资管理有限公司（委派代表：金卫忠），经营范围为股权投资，投资管理，投资咨询。（依法须经批准的项目，经相关部门批准后方可开展经营活动）

二、上盖投资合作开发

2015 年 1 月 23 日，上海申通地铁资产经营管理有限公司与上海轨道交通上盖物业股权投资基金合伙企业（有限合伙）共同成立上海广欣投资发展有限公司，投资开发上海轨道交通 17 号线徐泾停车场项目。合资设立的项目公司不设董事会，设执行董事 1 名，项目公司初始注册资本 23.8 亿元，股权比例为上海申通地铁资产经营管理有限公司持股 50.08%；基金合伙企业持股 49.92%。2015 年 10 月，广欣公司通过产权交易平台公开竞标转让 50%股权，由上海万科房地产有限公司竞得。其中申通资产转让 10%股权，基金公司转让 40%股权。股权转让后，申通资产占股 40.08%，基金公司占股 9.92%，万科占股 50%。

第二节　对外融资咨询服务

2010 年 9 月 8 日，资产公司委托深圳发展银行成功注册并发行短期融资券 4 亿元，利率 3.3%，成功拓展了企业的融资渠道，补充了资产公司的运营资金。

2011 年 11 月 18 日，资产公司委托深圳发展银行成功注册并发行短期融资券 4 亿元，利率 6.61%，成功拓展了公司的融资渠道，补充了资产公司的运营资金。

2012 年 3 月 23 日，资产公司委托深圳发展银行和交通银行联合注册并发行中期票据 3 亿元，利率 5.9%，成功拓展了公司的融资渠道，补充了资产公司的运营资金。

2014 年 3 月 28 日，资产公司委托交通银行和光大银行联合注册并发行短期融资券 8 亿元，第一期 5 000 万于 2014 年 3 月 28 日发行，利率 6.3%，第二期 7.5 亿元于 2015 年 6 月 23 日发行，利率 4.13%。成功拓展了资产公司的融资渠道，补充了运营资金。

2014 年 4 月 22 日，资产公司委托上海银行和平安银行联合通过非公开定向发行方式(私募)获得 4 亿元中期票据，第一期 5 000 万于 2014 年 4 月 22 日发行，利率 6.3%。成功拓展了资产公司的融资渠道，补充了运营资金。

2014 年 1 月 28 日，资产公司办公会审议通过资产公司于申通地铁股份合作方案。同年 8 月 8 日，资产公司与上海地铁融资租赁有限公司签订售后回租合同，以江湾体育场地下空间融资租赁募得资金 4 亿元，期限 5 年，利率为银行一年期基准利率(如银行利率调整，则融资租赁利率也做相应调整)。此举拓宽了资产公司的融资渠道，节约了财务费用。

一、产业基金

国内第一只轨道交通上盖物业产业基金——上海轨道交通上盖物业股权投资基金于 2014 年 11 月 10 日正式成立。该基金由申通集团和交通银行主导组建设立，总规模 40 亿元人民币，首期募集 20 亿元人民币。基金以合伙制契约方式向国内实力雄厚的金融企业、投资机构和企业集团募集资金，包括交银国信、申通股份、上实租赁、善卓投资等六家合伙人。基金由上海地铁资产投资管理有限公司担任一般合伙人(GP)。上海轨道交通上盖物业股权投资基金以封闭方式运作，存续期 5 年，主要对轨道交通徐泾停车场、金桥停车场等上盖项目进行股权和债权投资。该基金的成立是落实国资国企改革的重要举措，通过借鉴国内外先进经验，建立完善轨道交通场站及周边土地综合开发机制，对拓宽融资渠道、有效解决资本金短缺，实现土地开发收益反哺轨道交通建设运营将发挥重要作用。

二、资产证券化

上海申通地铁资产经营管理公司以地下通信空间收益权为基础资产的资产证券化项目于 2015 年 12 月 22 日获得上海证券交易所批准，并获得其签发的无异议函，相关事项已在上海证券交易所官网(http://www.sse.com.cn)进行了公告。本次资产证券化项目金额 3.06 亿元，综合利率 3.82%，委托国泰君安管理并销售，交通银行徐汇支行作为监管银行。

上海申通地铁资产经营管理公司以地下通信空间收益权为基础资产的资产证券化项目于 2016 年 6 月 2 日正式募得资金 3.06 亿元，综合利率 3.82%，委托国泰君安管理并销售，交通银行徐汇支行作为监管银行。

三、对外咨询服务

2011 年 8 月，资产公司与天津地铁资源投资有限公司签订咨询服务合同，针对资源现状进行分析并提供改进建议。指导天津地铁针对商业经营管理业务制定符合当地实际运作的模式和方案，并提供重点专项问题解决方案。52 个工作周完成项目终稿及项目评审。

2012 年 7 月，资产公司与郑州轨道交通有限公司签订咨询服务合同，为郑州地铁 1 号线提供整层及站内商业策划，商业资源开发，水、电配套设施建议，自助设施配置需求预留建议及广告媒体开发预留建议。6 个月完成项目终稿及项目评审。

2012 年 8 月，资产公司与南昌轨道交通集团有限公司签订咨询服务合同，为南昌轨道交通 1 号线资源开发、业务框架体系的建立提供建议。针对商业经营业态、房地产开发、广告、通信提供资源开发经营的咨询建议；提供经营模式优劣势分析以及布局建议，并于 2016 年 9 月完成项目终稿及项目评审。

2013 年 3 月，资产公司与大连地铁运营有限公司签订咨询服务合同，提供大连地铁 1 号线商业、广告、民用通信资源开发整体发展策略服务。9 个月完成项目终稿及项目评审。

2013 年 12 月，资产公司与厦门轨道交通集团有限公司签订咨询服务合同，为厦门地铁 1 号线站点商业及广告策划方案提供建议并协助业主方与设计院对接图纸。6 个月完成项目终稿及项目评审。

2014 年 1 月，受上海申通轨道交通研究咨询有限公司委托，提供合肥市轨道交通 1 号线一、二期工程运营筹备阶段协助采购人从车站设计施工；制定车站站内商业、广告、通信等资源开发方案的咨询服务。2016 年完成项目终稿及项目评审。

2015 年 6 月，资产公司与陕西城际铁路有限公司签订咨询服务合同，提供西安北至机场城际轨道项目的站点商业开发策划咨询服务，接受甲方对策划工作的管理，为甲方提供符合国家规范与合同要求的设计成果。目前咨询项目仍在实施中。

第三节　非票务经营效益

2005—2015 年，上海地铁的广告、通信、商业、物业租赁管理营业收入以年均近 10％的上升速度稳步发展。

表 5－8－1　2000—2005 年非票务经营投资收益情况表　　单位：万元

年　份	2000	2001	2002	2003	2004	2005
投资收益	3 600	32 000	51 000	66 000	72 000	80 000

表 5－8－2　2006—2015 年度资产使用费及上交利润情况表　　单位：万元

序号	业务板块	2006	2007	2008	2009	2010	2011	2012	2013	2014	2015	2006—2015 年合计
1	物业租赁	1 200	800	800	1 586	4 007	5 266	2 050	2 050	12 050	16 394	46 203
2	广告	8 070	19 352	20 760	23 312	33 927	36 353	39 933	40 663	39 239	42 694	304 303
3	通信	450	5 450	3 200	3 400	7 600	3 774	7 449	7 945	8 785	8 939	56 992
4	商铺	2 850	3 650	1 150	1 035	2 500	2 900	3 050	3 570	3 823	6 313	30 841
5	盾构			3 000								3 000
6	物业开发											
7	其他											

（续表）

序号	业务板块	2006	2007	2008	2009	2010	2011	2012	2013	2014	2015	2006—2015年合计
8	上交资产使用费合计	12 570	29 252	28 910	29 333	48 034	48 293	52 482	54 228	63 897	74 340	441 339
9	上交利润	—	—	—	—	2 628	3 600	4 600	4 600	4 600	10 400	30 428
10	资产使用费上交利润合计	12 570	29 252	28 910	29 333	50 662	51 893	57 082	58 828	68 497	84 740	471 767

表 5－8－3　2005—2015 年上海地铁广告、通信、商业、物业租赁管理营业收入经营数据情况表

单位：万元

序号	科　目	城市	2005	2006	2007	2008	2009	2010	2011	2012	2013	2014	2015	2006—2015 年平均增速%
1	非票务收入（为广告、商铺、通信和物业租赁收入）	上海	N/A	446	869	897	548	895	910	998	991	1 119	1 030	9.7%

表 5－8－4　2010—2015 年申通地铁集团上盖物业四个重点开发项目股权转让收益情况表　单位：万元

序号	公司名称	项目名称	股权转让收益（资产公司）									受让方	备注
			转让前资本金	转让日期	转让比例	转让成本	评估价	挂牌价	转让成交价	股权转让收益	税后股权转让净收益		
1	上海通益置业有限公司	10 号线吴中路停车场上盖综合开发	122 800	2010 年 6 月	50%	61 400	49 186	99 000	100 818	36 160	27 120	Big Leap Group.，LTD. 持股 50%	商场开业：部分办公楼和商业正在销售，有部分物业自持。
2	上海广川置业有限公司	1 号线汉中路交通枢纽项目 $92^{\#}$ 地块：闸北区，梅园路/光复路/长安路	135 000	2013 年 6 月	70%	95 256	103 674	105 000	195 400	102 113	76 585	CCH（CTM）INVESMENT HOLDINGS PTE，LTD 持股 70%	$92^{\#}$ 地块于 2017 年 9 月开工建设。
3		$95^{\#}$ 地块：闸北区，长安路/恒丰路/恒通路											$95^{\#}$ 地块已建成营业。

(续表)

序号	公司名称	项目名称	股权转让收益(资产公司)									受让方	备注
			转让前资本金	转让日期	转让比例	转让成本	评估价	挂牌价	转让成交价	股权转让收益	税后股权转让净收益		
4	上海广欣投资发展有限公司	17号线徐泾停车场上盖综合开发项目	238 000	2015年9月	50%	34 729	96 784	120 000	220 011	185 282	138 962	上海万晞投资管理有限公司50% 上海玖开投资有限公司60% 上海市奉贤区轨道交通建设投资有限公司25%	在建;已完成部分销售。
5		5号线南延伸奉贤盾构井(万科南桥)项目	5 265	2014年2月	35%	350	4 561	7 363	7 454	6 979	5 235		所开发商品房已竣工、并售完。
合　计			501 065			191 735	254 205	331 363	523 683	330 534	247 902		

表5-8-5　2015年申通地铁集团下属五家竞争类企业、四家合资企业利润汇总表　单位:元

项　目	行号	资产公司	隧道院	咨询公司	股份公司	大桥公司
一、营业收入	1	1 029 650 327	505 329 423	69 028 233	774 049 308	41 354 223
二、净利润(净亏损以"—"号填列)	2	1 615 767 790	52 578 341	14 221 658	68 965 233	11 754 379
项　目	**行号**	**申通庞巴迪**	**申通北车**	**申通南车**	**地铁电科**	
一、营业收入	1	111 280 712	218 382 587	141 071 693	81 364 613	
二、净利润(净亏损以"—"号填列)	2	9 378 637	41 056 849	12 866 419	4 694 688	

第六篇

科技教育

概　　述

上海轨道交通科技工作，经过几代轨道交通建设者、管理者尤其是广大科研和工程技术人员不懈努力，以机制为保障、以项目为平台、以人才为基础、以重点关键技术为突破口，充分发挥企业科技创新主体作用，促进产、学、研相结合加速科技成果的转化，为实现上海轨道交通网络建设、运营目标提供有力支撑。上海轨道交通科技进步取得显著成绩，为上海乃至全国轨道交通事业的发展做出了积极贡献、积累了宝贵经验。

上海轨道交通坚持"人才是第一资源"的理念，围绕"建设一流地铁、培养一流人才"总目标，高度重视各类人才的培养和培训工作，切实采取有效措施，多渠道、多形式地培养和培训地铁建设与运营所需的各类人才。从健全教育体制、配备专兼职教育干部着手，成立上海地铁职工教育委员会，建立完善培训制度。申通地铁集团按照"统一领导、统筹协调、分级管理"原则，不断优化培训管理体系，加强培训师资、教材、实训基地建设，统筹推进各类培训项目，不断提升干部员工综合素质，提升教育培训管理水平。

第一章　科技创新

第一节　机构职能

1985年3月16日上海市地铁公司成立，科研业务工作由总工程师室主管。1990年5月，上海市地铁公司更名为上海地铁工程建设处，科研管理职能部门改为设计管理部。随着1992年10月12日上海市地铁总公司的成立，科研管理职能部门为科技处。2000年4月28日上海地铁体制实施“四分开”，上海申通集团有限公司、上海地铁建设有限公司、上海地铁运营有限公司，科研管理职能部门均为总工程师办公室。2004年6月24日，上海申通集团有限公司与上海地铁建设有限公司合并重组，科研管理职能部门改为上海申通地铁集团有限公司(以下简称申通地铁集团)总工程师室。

为了强化专项领域科研力量，2003年8月5日，上海磁浮交通工程技术研究中心(以下简称磁浮研究中心)成立，由上海磁浮交通公司和上海市科技信息中心共同组建，其业务范围为：磁浮及城市轨道交通系统技术和产品的研发、咨询、测试、安全评估、项目前期研究和人才培训、对外合作等。2006年，磁浮研究中心获得国家铁路(磁浮系统)及城市轨道交通(磁浮系统)专业甲级工程咨询资质。

为应对上海轨道交通网络化大发展的需求，2005年4月6日，上海申通轨道交通研究咨询有限公司成立，其业务范围包括：规划咨询、编制项目建议书、编制项目可行性研究报告、项目申请报告等。

2006年8月，申通地铁集团设立技术管理部，其工作职责为科研管理、技术管理、项目前期研究、专项研究、技术决策咨询服务、标准工作、节能管理以及远程监控中心管理等。委托上海申通轨道交通研究咨询有限公司承担包括招投标技术文件审核、技术方案讨论、设计图纸审核、设计变更审核以及远程监控中心管理等，积极为轨道交通工程一线做好技术保障。

2008年6月，上海轨道交通技术研究中心(以下简称技术中心)正式成立。技术中心为申通地铁集团内部独立核算单位，主要负责开展科研课题研究，实施科研管理及网络总体研究工作。2008年12月27日，取得上海市企业技术中心认定。2009年11月16日，取得国家级企业技术中心认定，成为轨道交通行业内唯一一家国家级认定企业技术中心。技术中心针对轨道交通行业发展特点，涵盖规划、建设、运营管理全过程的集研究、咨询、技术管理、科研管理于一体的多层次架构的研究与技术管理机构，为上海轨道交通网络的建设和发展提供技术支撑。技术中心下设专业研究室、试验中心和技术服务部门作为技术研究的核心，承担日常技术研究的主要任务；下设专家委员会和院士工作室承担重大技术方案的选择、评估等技术决策工作；同时，运营中心、维保中心、项目公司、直属单位等申通地铁集团下属单位的技术部门纳入技术管理部归口管理。在专业研究方面，以土建、机电、

图6-1-1　刘建航院士(左二)与技术人员一起探讨地铁施工技术问题

运营、总体四个专业研究室为核心技术力量，形成了网络总体研究、软土施工研究、车站设备研究、通信信号研究、车辆技术研究、网络运营研究、维护技术研究、节能专项研究、减振降噪研究、应急技术研究等10个核心专业研究团队。

2009年，科研管理工作取得新的突破。技术中心建设迈上新台阶，技术中心的组织机构采用集中与分散相结合的方式，下设专业研究室、试验中心和技术服务部门作为技术研究的核心，承担日常技术研究的主要任务；下设专家委员会和院士工作室承担重大技术方案的选择、评估等技术决策工作；同时，运营中心、维保中心、项目公司、直属单位等申通地铁集团其他单位的技术部门也纳入技术中心的技术归口管理范畴。

2010年，申通地铁集团共在维保、运营一线单位建立了20个技术工作室，建立有效的双向信息沟通机制，使课题研究更贴紧一线的需要。

“十二五”期间，为了适应轨道交通网络大规模发展需要，集团公司对行业研发资源进行了统

图6-1-2　地铁专家王振信(右一)谈地铁设计

图6-1-3　设计大师俞加康(中)谈地铁设计

筹，集中优势力量建立了行业第一家国家级企业技术中心，科技创新工作的统筹管理力度得到了进一步强化，充分实现了科研项目、研发资金、研发资源、研发成果的集中统筹。开放体现在科技创新的过程中，以技术中心为核心，启动建设了行业性的科技创新平台，广泛吸收先进实用的外部科研成果，加强与国内外科研机构、高等院校及相关企业的联合与协作，调用全社会力量为轨道交通科技发展服务。工作室的设立以及技术革新项目的开展，将科技创新活动朝一线实质性推进，集团三层次创新格局基本形成，即服务行业的战略性创新、服务企业的实效性创新、服务一线生产革新的基层性创新。

第二节　管 理 制 度

1994 年 2 月上海市地铁总公司制定《上海市地铁总公司科研管理办法》，包括总则、科研项目的立项、项目合同的签订和管理、进程和质量管理、项目成果的鉴定、项目成果资料归档管理、成果登记、奖励及附则等，共九部分十九条。

2000 年上海地铁建设有限公司编制《技术管理办法》《科研工作管理办法》等，进一步提升工程项目管理质量和企业管理水平。为推进建设管理，2000 年 8 月组建成立“上海地铁建设有限公司科学技术委员会”，在轨道交通建设管理过程中发挥积极的科技指导、科技把关的重要作用。

2004 年 12 月，申通地铁集团编制《推进城市轨道交通建设科技进步实施纲要》，全面推动并逐步解决轨道交通网络化建设过程中面临的网络总体效率、网络客流分布、网络运营模式、网络安全体系以及网络资源共享等若干技术问题。

2006 年，申通地铁集团深化网络总体统筹研究，提升网络建设运营整体效益；依托轨道交通项目平台，积极推进自主创新技术的研究和应用；主攻地下工程关键技术应用研究，破解中心城区大规模集中建设的瓶颈和难点；推动网络化运营关键技术应用研究，提升轨道交通网络运营服务水平。同时，建立以轨道交通科技创新联席会议为平台的产学研各方合作交流机制。健全以招标引导、市场竞争、奖励制度为管理手段的技术创新引逼机制。探索科技成果转化机制，完善技术创新人才培育机制。建立申通地铁集团技术管理流程。

2008 年，上海申通地铁集团有限公司成立技术中心，为申通地铁集团对科研项目进行统筹管理创造条件，也标志着集团科研管理水平迈上新台阶，科研管理工作以技术中心制度建设为抓手，出台《上海申通地铁集团有限公司科研管理办法》和《上海轨道交通技术研究中心科研项目管理实施细则》两项管理办法。建立技术总监例会制度，发挥全集团范围专业技术总监深入参加科研项目的作用。

2009 年通过建立健全覆盖不同纬度的科研管理制度体系，进一步规范科研管理行为，强化科研项目、经费、资源和成果的统筹管理，增强对立项控制、进度控制、质量控制、经费控制等关键环节的管控力。

2011 年管理体系进一步完善。颁布《“十二五”国家科技支撑计划项目管理办法》，编制《新技术推广应用办法》，制定《科技创新奖励办法》，发布《关于进一步加强科研项目风险管控的通知》。

“十二五”期间，制定一批科技管理的规范制度，规范了科技创新活动的开展。包括指导科研管理工作的《科研管理办法》《科研管理实施细则》，为提高国家支撑课题的研究水准和研究质量，同时确保课题实施进度，制定《“十二五”国家科技支撑计划项目管理办法》，在责任要求、关键环节控制、过程推进、合同经费管理等方面做了进一步明确和细化，为重点课题的开展提供了制度上的保障。

制定《新技术推广应用办法》，明确了新技术应用申请、研究论证、试点应用、推广及示范应用的各项要求，规范了新技术在建设与运营中推广应用的各项要求。制定《科研项目采购管理规定》，明确了科研项目的采购模式及实施要求。

第三节　科 技 资 源

一、科技人员队伍建设

上海申通轨道交通技术研究中心前身为上海申通轨道交通研究咨询有限公司，成立于2005年，是国内首家专门从事城市轨道交通网络化研究的研究咨询机构。成立之初，核心班底由申通建设公司、隧道院抽调精干人员组成，规模仅为30人左右。

随着上海轨道交通网络的发展，也为响应国家科技创新平台规划的号召，2008年以咨询公司班底组建上海轨道交通技术研究中心（研究咨询公司的牌子仍然保留），并于同年取得上海市认定企业技术中心的资质，2009年在城市轨道交通协会的支持下，获得国家级企业技术中心的资质认定，技术中心也是城市轨道交通运营企业唯一的国家级企业技术中心。

2009年在专业研究方面，以土建、机电、运营、总体四个专业研究室为核心技术力量，形成了网络总体研究、软土施工研究、车站设备研究、通信信号研究、车辆技术研究、网络运营研究、维护技术研究、节能专项研究、减振降噪研究、应急技术研究等十个核心专业研究团队。

“十二五”期间申通地铁集团科技创新参与人员不断提升，“十二五”期间参与科技创新活动的人次超过4 000人次，高技能创新人才队伍规模不断扩大，积极参与了不同类型、多种层次的创新活动。2015年申通地铁集团与北京交通大学签订战略合作协议，在人才培养方面，北京交大作为申通地铁集团人才培养基地，培养上海城市轨道交通投资、建设和运营管理等方面急需的各类人才；同时，申通地铁集团作为北京交大师生实习实践基地及产学研联合培养基地，共同推进城市轨道交通相关领域的人才储备。

技术中心的专业技术人员具有较高的知识素养和较强的研究能力，形成了以中国工程院院士刘建航为旗帜，以国务院特贴专家、市级科技领军人才为领衔，以技术总监、教授级高工为核心的人才高地。

申通地铁集团对做出特殊贡献的项目组领衔专家或高级科研人员予以奖励，同时，面向不同的对象，不仅对集团内的科技人员，也对普通职工、集团外参研单位和个人，通过施行项目负责人奖励办法、专项津贴办法、科技奖励办法、创新奖励办法、知识产权奖励办法，鼓励全员创新。另外，申通地铁集团科技奖励还设有合理化建议奖、科技成果等级奖励、优秀科技论文奖励等专项奖励，全方位的调动科研人员的积极性。

二、技术研发能力建设

申通地铁集团技术中心研发大楼建筑面积约5 000平方米，主要承担四个专业研究室、MOPES技术秘书处、安全认证中心、远程监控中心的职能。检（监）测与仿真中心建筑面积约422平方米，承担AFC检测及运营、客流仿真等职能。新龙华车辆基地试验室建筑面积约3 855平方米，龙阳路车辆段试验室建筑面积约10 325平方米，能够完成试车、称重、构架监测、轮对跑合等试验。

技术中心研发及试验设施分成试验类、检（监）测类、仿真类、试车线等四种类型。试验类设施设备有整车称重试验台、转向架提升台、构架检测台、转向架静载试验台、动车轮对跑合试验台、数控车床、液压减震器试验台、各类橡胶件测试台、缓冲器试验台、碰撞试验台、动平衡试验机、牵引电机试验台、台式钻床、制动试验台、阀类试验台、受电弓试验台、电力电子器件试验台、测量装置、激光测距仪、测力计等；检（监）测类设施设备有自动售票机、人工售票机、进站三杆检票机、出站三杆检票机、双向三杆检票机、网络监控设备等；仿真类设施有中央计算机、工作站及终端设备仿真软件、车站计算机仿真软件、中央计算机仿真软件、清分中心仿真软件系统、运输组织仿真系统、客流分布仿真系统等；试车线有新龙华基地和龙阳路基地两处。

2009 年在试验中心方面，建立了包括检测中心、仿真中心、车辆段场试验室、试车线等在内的专业化的检测试验中心。这些试验中心的建立在服务技术研究的同时，也为申通地铁集团下属各项目公司和直属单位提供了直接的技术支持。在技术服务方面，建立了服务运营技术研究与交流的 MOPES 技术秘书处，建立了服务于信号系统安全认证的安全认证中心、服务工程建设风险控制的远程监控中心、服务于运营维护保障的计量中心。

张江实验基地的建设使得集团拥有了国内运营企业唯一一条具备一站、一线、一车的超大规模真实实验环境。实验基地从启动建设以来，已经成功地为信号国产化、列车安全保障技术、轨道减振新产品提供了中试、测试、实验等多项重大科技创新服务，极大支持了行业科技创新活动。

与中国中车联合筹建的运行安全工程技术研究中心，能够引入先进产品制造企业的成熟经验，为集团科技创新成果的产品化转化、产业化发展提供了良好的孵化平台，极大加速了科技创新成果的转化与推广。

聚焦建设运营中的难点问题，集团形成了车站客流仿真、列车运行仿真、振动噪声仿真、列控系统仿真等一批代表行业先进水平的仿真工具；形成了振动噪声检测、通信系统检测、自动售检票系统检测等一批检测试验能力。

上海轨道交通网络化运营工程技术研究中心建设。在上海市科委的支持和帮助下，上海轨道交通网络化运营工程技术研究中心的建设获得批准，建设期从 2010 年 6 月 1 日开始，至 2012 年 6 月 1 日截至，为期两年。上海轨道交通网络化运营工程技术研究中心组建的总体目标是，“把握行业发展方向、紧贴行业发展需求、引领行业技术进步、服务国内产业发展”，为国内城市轨道交通行业的快速、健康、可持续发展提供技术支撑，为国内城市轨道交通相关产业掌握核心关键技术、形成自主知识产权提供技术服务，为加快行业科技成果转化搭建公共服务平台。轨道交通网络运营技术是针对城市轨道交通网络化发展条件下，网络规模大、枢纽数量多、站点分布密、设施集约化、构成体系化的特点，并由此衍生出“运营协调、应急联动、信息支持和可靠高效”的运营需求，采取以信息化、智能化、系统分析、仿真检测等为主要手段，围绕安全可靠、节能降噪、人本服务、运转高效等内容，在轨道交通的设施设备检测、安全预警监控、系统安全认证、网络运营仿真、智能信息服务等的研究应用方面形成重点突破，确保轨道交通网络化运营的健康可持续发展。

上海轨道交通运行安全工程技术研究中心建设。在上海市科委的支持和帮助下，上海轨道交通运行安全工程技术研究中心的建设获得批准，建设期从 2014 年 11 月 1 日开始，至 2016 年 8 月 31 日截至。上海轨道交通运行安全工程技术研究中心组建的总体目标是，在“创新驱动、产业化发展”的方针指引下，依托上海城市轨道交通运行安全工程技术研究中心整合行业技术资源，实施“技术产品化、产品产业化”的发展战略，紧紧围绕“运行安全”的主题，积极探索运营安全需求与技术装备结合的新途径，以“列车运行安全、列控系统安全”等需求为主要切入点，研发新产品、新技术、新工艺，经试点、验证后实现科技成果向生产力的转化，形成具有自我良性循环发展机制的科研开发实体，提升上海城轨交通运行安全技术装备的技术水平与总体质量，引领全国城轨交通行业运行安全技术与装备产业化发展。

第四节　科技合作模式

1986年在1号线项目设计中，除上海市地铁公司外，还引进了中铁二院、地下院、同济大学、北京城建院、上海隧道院、上海规划院等单位，首次成立了总体设计组，保证了1号线全线工程的协调性和统一性。

1996年上海市地铁总公司与上海铁道大学签订了“产、学、研”协议。与上海机电控股集团公司就牵引变电所成套设备、中压和低压式开关柜、电缆电线、触网、电机、车辆零配件及电力监控等达成了合作研制意向。与上海汽车工业总公司就地铁车辆零部件组装进行了磋商，制定了工作目标。

1997年3月14日上海市地铁总公司与同济大学组建“上海软土工程研究咨询中心”。为进一步立足上海、服务全国，实现“产、学、研”一体化迈出了重要一步。

2003年12月，上海市科委和上海地铁运营有限公司认真贯彻科教兴市的方针，坚持走“产、学、研”和用户单位紧密结合，共同投入1 500万元，以提高上海轨道交通运营的可靠性和安全性为主题，针对历年轨道交通运营中出现的事故、故障和安全隐患提出了急需解决的8大课题14个科研项目。通过网上公开招投标，由上海交大、同济大学、哈尔滨威克科技股份有限公司等全国近十家高校、科研单位与上海地铁运营有限公司共同组成科研项目组分别对14个科研项目进行攻关。2005年6月14个项目都通过了验收，研究成果在轨道交通行业具有推广价值。2005年上海地铁运营有限公司编制了《上海地铁运营有限公司科技创新规划纲要(2006—2012)》，2006年征集各专业优秀技术论文并予出版，制定和完善技术方案审核和评审管理办法。

2003年8月，上海磁浮交通公司和上海市科技信息中心共同组建上海磁浮交通工程技术研究中心(简称磁浮研究中心)。2006年，磁浮研究中心获得国家铁路(磁浮系统)及城市轨道交通(磁浮系统)专业甲级工程咨询资质。主要承担了：国家高技术研究发展计划(863计划)磁浮交通长大干线适用性研究、国家高技术研究发展计划(863计划)高速磁浮交通系统技术国产化与创新研究、上海市科学发展基金项目“高速磁浮交通系统技术标准与部分关键设备研究”、国家高技术研究发展计划(863计划)高速磁浮交通系统集成研究、高速磁浮交通技术重大专项试验线工程建设与综合集成研究及低速(城轨)磁浮交通试验线工程等科研项目课题的研究工作。磁浮交通公司共获74项专利，拥有25项软件著作权；专利成果59项。

“十二五”期间公司牵头联合北京交通大学、西南交通大学、上海电气集团、同济大学、上海交大等单位建立了“轨道交通科技创新联席会议”制度，通过重大科技攻关课题的联合形成“产学研用”合作机制。申通地铁集团注重联合产学研用单位引进、消化、吸收国外先进技术、自主开发应用“四新技术”，在城市轨道交通施工技术、车辆和机电装备、运营监控等技术领域研发和应用了100余项科技成果，使得集团公司在国内城市轨道交通建设和运营行业中处于领先地位。

国际上，积极与英国帝国理工大学、约克大学等顶尖院校开展科研项目合作；在国内，牵头联合北京交通大学、西南交通大学、上海电气集团、中国科学院、同济大学、上海交通大学等单位，通过重大科技攻关课题的联合形成“产学研用”合作机制。

与同济大学、重庆大学、上海交通大学等单位合作的“城市高密集区大规模地下空间建造关键技术及其集成示范”获2016年国家科技进步二等奖。与同济大学等单位合作的“轨道交通无人驾驶关键技术研制与应用”获2016年上海市科技进步一等奖，建立了轨道交通运营、管理和维护一体化管理模式，成功应用于上海地铁10号线，促进了行业关键技术和装备的升级，打破了国外厂商的垄断，推动国内轨道交通无人驾驶线路的建设。与北京交通大学、上海铁路局科学技术研究所、西南交通大学等单位合作的“城轨交通基础设施全息化移动检测与运维关键技术及系统研制”获2015年上海科技进步二等奖，成果已成功应用于上海1、10号线以及广州1、4号线，并被国内其他城市所借鉴，形成的核心技术和关键设备将带动国内相关装备制造业的发展，有利于中国参与国际竞争。

第五节　科技成果

一、技术研发概况（2007—2015年）

2007年申通地铁集团完成网络发展战略研究报告，全面开展网络各运行管理中心的工程可行性研究，加强网络重要枢纽和重点节点研究；成功承办了“2007中国轨道交通论坛（上海）”会议和“2007中国国际轨道交通展览”的工作。全年完成科研成果验收15项，新立科研课题39项（其中，网络统筹9项，工程建设15项，运营管理7项，技术装备8项），中标国家重大科研课题5项、中标上海市重大科研课题4项；完成技术专利和软件著作权申报登记19项。2007年远程监控系统实行了集团、项目公司、工程现场三级管理。该系统覆盖到网络建设的地下车站和隧道区间，可实现对重点监控项目的测点数据和工况视频的实时动态传输。4月24日起，远程监控启用自动预警功能，并具备了分级预警和专家远程分析指挥等功能。该系统使用情况得到了国家建设部领导和市建设交通委领导的高度重视和肯定。

2008年以已经取得的国家“863”项目为平台，全面整合集团公司内部技术资源以及合作单位技术资源，形成整体优势；加强对科研项目成果中的专利申请和知识产权的管理，提升了集团公司的科研技术品质。全年共立科研项目37项，完成国家科技支撑项目申报工作1项，完成上海市科委科研项目申报5项，其中4项中标。完成上海市建委科研项目申报2项，其中1项中标，获得国家、上海市科研支助经费505万元。完成网络化运营支撑系统即，使得支持网络化运营的运营系统建设进入加速实施阶段。

2009年全年共获得上海市科技进步奖6项、上海市优秀工程咨询奖12项；完成知识产权专利申报35项，其中发明专利15项、实用新型专利5项、外观设计类专利5项、软件著作权10项。全年共立科研课题84项，完成科研成果验收30项。申报投标上海市重大科研课题7项，已中标6项，获得上海市科研支助经费422万元。2009年在远程监控管理平台和自动预警功能基础上，进一步加强和完善涉及工程现场、分监控中心和总监控中心三个层面的集团公司远程监控体系建设，在建地铁深基坑和隧道工程远程系统覆盖率达100%，共预警191次，有效地防范了深基坑和隧道施工的恶性事故。

2010年全年完成科研成果验收38项，成果获得上海市科技进步奖5项、全国优秀工程咨询一等奖1项、上海市优秀工程咨询奖18项；完成知识产权专利申报25项，其中发明专利5项、实用新型专利9项、软件著作权11项。2010年共立科研课题103项。重点开展国家、市科委等纵向课题，组织完成了“轨道交通关键设备监控预警及应急技术”“运输组织和客流集成优化仿真系统”两项国家863课题的验收。联合北交大、广州地铁等单位成功申报国家“十二五”国家科技支撑计划项目1项；参与北京交通大学申报“十二五”国家“863”科研项目申报；中标上海市科委科研项目4项；中标上海市建委科研项目1项。全年获得国家及上海市科研资助经费达3 000余万元。

2011年，围绕“强化管理、确保安全”的总体目标，科研管理工作以运营安全为重心，坚持科研管理“创新引领、服务一线、资实基础、突出实效”的总体工作思路，深入推进科技工作“向运营倾斜、向一线倾斜”，努力为集团公司核心业务功能的提升提供科技支持。全年完成科研成果验收项目75项；科研成果获得上海市科技进步奖10项、上海市优秀工程咨询奖24项、国家教育部科技进步奖1项；完成知识产权专利申报26项，软件著作权15项(15项授权)。申报国家《“十二五”国家科技支撑计划项》2项；申报国家“973”科研项目申报1项；申报上海市科委科研项目申报3项。共获得国家及上海市政府专项经费资助1 170万元；完成国家及上海市项目共计5项。

2012年荣获上海市科技进步奖5项、上海市工程优秀咨询成果奖25项：完成知识产权专利申报22项，其中发明专利8项，软件著作权14项(8项授权)。围绕网络建设发展需求和运营安全保障重点难点，积极开展《列车防撞系统研究及示范》《自动记点技术研究与示范应用》等一系列重点科研课题研究。全年完成科研成果验收项目70项，完成市级以上科研项目4项。在项目管理的基础上，启动新一批工作室和技术革新项目的申报工作，全年新增工作室13个，达35个，新立技术革新项目55个。

2013年科研工作根据计划，启动开展项目67项。年内完成市级以上科研项目验收6项。完成上海市科委科研项目申报3项。完成申报并获市科技进步奖6项，市优秀工程咨询奖17项；完成申报专利34项，其中：发明专利2项，实用新型专利2项，外观专利2项，软件著作权17项。全年完成50项科研项目验收，8项成果达到国际先进水平，25项成果达到国内领先水平，17项成果不定水平。重点项目攻关：重点加强安全、管理、引入高铁先进技术、检测仿真能力建设等方面内容的研究力度。国家级课题“接触网检测技术研究”(十二五支撑计划核心项目)、“结构工程建养一体化系统”(973计划核心项目)进展顺利，集团重点课题“列车防撞系统研究”项目顺利结题，科研成果已应用于7号线和11号线。

2013年5月，参加“第九届中国国际轨道交通技术展览会”，展示了“以科技手段破解振动噪声难题”和“以科技创新保障隧道结构安全”两大主题。6月，参与协办“2013中国国际轨道交通展览会”，并在展会上以“走节能环保之路，创美丽上海地铁”为主题集中展示近年来上海轨道交通在节能降耗和科技创新两方面所取得的突出成就。2013年8月28日上海科技发展基金会刘建航院士奖励专项基金正式揭牌成立。

2014年共完成市级以上科研项目6项，完成集团科研项66项，启动开展项目59项。科研项目计划费用1 937万元，立项后审定费用1 449万元。科研成果获得上海市科技进步奖5项，其中一等奖3项；获得上海市优秀工程咨询奖13项，其中一等奖3项。全年完成申报专利17项，其中：发明专利6项，实用新型专利5项(授权5项)，软件著作权6项(授权6项)。启动开展科研项目59项。完成上海市科委科研项目申报4项。完成市级以上科研项目6项，完成集团科研项目66项。

2014年6月，参加“2014中国国际轨道交通展览会”，展示列车辅助防撞系统及具有完全自主知识产权的列车运行程制系统运行能力仿真分析平台等。

2015年共完成市级以上科研项目3项，完成集团科研项目50项，启动开展项目52项。2015年科研项目计划费用2 216万元，新增项目18项，立项后审定费用2 796万元。科研成果获得上海市科技进步二等奖1项，获得上海市优秀工程咨询成果奖15项，获得上海市土木工程学会科技进步奖4项。全年完成申报专利23项，其中：发明专利10项，实用新型8项(授权8项)，软件著作权5项(授权5项)。启动开展项目52项。完成上海市科委科研项目申报6项，获市科委资助人民币423.6万元。完成市级以上科研项目3项，完成集团科研项目50项。2015年4月，以“标准化建设”为主题参加了“2015中国国际轨道交通展览会”。

二、主要科技成果(1993—2015年)

【上海地铁售检票系统设备研制及应用】

上海地铁售检票系统设备研制及应用课题的最大特点，就是结合地铁工程实际进行设计研制和试用。地铁售检票系统由中央计算机、车站计算机、售票机、检票机、补票机、车票分拣机与站台计算机之间的信息通信网络，站台计算机与售检票设备之间的信息通信网络等组成，是集机电光磁传感及计算机技术为一体的高技术设备系统。1992年4月开始至1993年2月共研制出39台，并安装上海地铁1号线南段组成五个站系统。1993年8月投入试运营，从而打破了国内地铁史上有关磁卡使用的零的纪录。1994年2月通过了由上海测试技术研究所(国家级计量单位)测试鉴定。1994年5月通过上海市科学技术委员会鉴定，成果水平达到国内首创。并获1993年上海市科技进步三等奖。

【地下连续墙接头防水技术的试验和研究】

地下连续墙接头防水技术的试验和研究课题根据上海地铁车站工程实践而提出的重大攻关课题。结合地铁漕宝路矩形暗埋区间隧道、人民广场车站等工程进行了多种类型的地下连续墙接头防水结合工程的试验研究。对地下连续墙接缝漏水的原因和防水接缝的构造型式进行了详细的调查研究，设计并试验了预留单孔和双孔的浇注型接头，预留柔性和刚性止水板接头、预留刚性剪板接头等接头型式和接缝外喷墙板止水等止水方法。试验接头渗漏水量达到国际标准小于$0.1l/m^2\cdot d$水平。预留单孔和双孔的浇注型防水接头，采用微膨胀防水材料的压注工艺，在国内连续墙接头防水首次应用，取得良好的防水效果。带钢边橡胶止水带型的柔性防水接头，具有延伸好，适应接缝变形。该课题系统全面地研究了地下连续墙接头防水的技术工艺，成果水平达到国内首创。获1994年度中华人民共和国建设部科技进步三等奖。

【上海地铁ATC列车自动控制系统国产化】

上海地铁1号线音频轨道电路发送、接收设备及ATP轨旁设备国产化是在不改变原有设备输入、输出关系的基础上，实现国产化研制。既能自成系统，又能与原设备兼容，即与原有设备互换。项目主要完成了系统的故障安全研究、数字解调算法、抗干扰措施和ATP轨旁设备的制作工艺及材料性能特性分析。该项目的研究成功，可以作为地铁1号线音频轨道电路接、发设备及ATP轨旁设备的备品备件，也可以作为地铁1号线北延伸音频轨道电路接、发设备及ATP轨旁设备。该项目的成果为促进国内列车自动控制系统的国产化有着重要的意义，在国内首创，达到国内领先水平。获2002年上海市科技进步三等奖。

【地铁盾构姿态控制器应用及开发研究】

地铁盾构姿态控制器应用及开发研究项目密切结合上海地铁2号线盾构隧道工实践，引用地铁盾构ZED姿态测量仪设备，进行了ZED系统、盾构测量技术的引进消化，进行了ZED系统与PC机间接口的研究和应用软件的开发，形成了一整套ZED261盾构激光状态仪与数据采集管理系统集成的地铁盾构掘进导向系统和盾构掘进测量工艺与防范，解决了以激光测量方法并应用姿态测量仪在隧道施工导向测量中、相互配合取得高效的技术难题。采集数据完整，并使调整盾构姿态准确及时，实现了盾构掘导向动态测量的目标，大大提高了实际工程中隧道施工轴线控制的质量。实践证明：该课题所制成的配套技术，具有创新性、科学性和实用性。获1999年度中华人民共和国建设部科技进步三等奖。

【上海地铁1号线PDH传输系统改造方案及实施】

项目针对所要研究的两个内容，从性能价格、与原有PDH系统的连接、系统的先进性等方面反复分析比较和研讨，最后确定采用SDH＋接入网技术对地铁1号线PDH传输系统改造的方案。该方案在新闸路控制中心、汉中路站和上海火车站中，利用深圳中兴通信股份有限公司的SDH＋接入网设备对三个站的改造进行了试验。试验从2000年12月初开始，将地铁通信系统中的公务电话、调度电话、监视系统、广播系统、公安监视、FAS、闭塞业务、集中告警等所有业务都倒接到新的传输系统中，运行结果表明：新旧系统配合正常。该课题达到国内领先水平。

【地铁车站建设安全及风险控制技术研究】

地铁车站建设安全及风险控制技术研究项目密切结合上海地铁实际工程，涉及多个科学技术领域，包含土木建筑地下工程设计、施工技术以及计算机技术等。对地铁车站施工全过程的安全管理进行了集成创新。本课题的研究成果(包括地铁远程监控管理系统、钻孔咬合桩技术、地铁车站换乘设计施工技术等)已在上海地铁工程建设中得到大规模应用。提高了工程管理效率，节约了工程投资，加快了工程进度，确保了工程安全，达到国际先进水平。获2007年度上海市科技进步三等奖。

【上海磁浮示范线轨道系统关键技术研究】

上海磁浮示范线轨道系统关键技术研究项目立足于德方转让的复合轨道梁技术，在分析研究其应用于上海磁浮示范线局限性问题的基础上，结合自身特点，进行上海磁浮示范线轨道系统的技术开发与研究。研究工作主要包括以下几个方面：复合轨道梁的"简支—连续"技术；复合轨道梁的时效变形控制技术；跨越河道的迭合式轨道梁技术；轨道梁双向无级可调专用支座技术；轨道线路直线拟合技术；复合轨道梁制造关键技术；复合轨道梁新型材料开发研究。该项目的技术研究成果已全部应用于上海磁浮示范线工程。该项目成果的应用，确保了上海磁浮示范线全线2 551根复合轨道梁及部件的生产、加工、运输和安装的顺利实施，保障了上海磁浮示范线在短短22个月内完成了全部土建、安装工程，使世界上第一条磁浮商业运营线顺利实现了试运行，并节约了大量工程投资。

【常导高速磁浮长定子轨道系统设计、制造和施工成套技术研究】

长定子轨道系统是高速磁浮直线电机中实现牵引和悬浮导向功能的核心子系统，由定子铁芯和作为载体的线路轨道构成。除满足强度要求外，还必须满足直线电机长定子的空间精度要求，项目组开展了这方面的技术创新研究。该项目研究成果已全部应用在上海磁浮示范线工程建设中，保证了上海磁浮示范线建设的顺利进行和成功建成。测试结果表明，研究成果完全满足磁浮系统对长定子轨道系统的技术要求。上海磁浮示范运营线磁浮列车每天以430公里/小时的最高运行速度安全、稳定地运行，未发生过影响安全的重大故障，较好地验证了该项目成果的成功和可靠性、安全性。常导高速磁浮长定子轨道系统设计、制造和施工成套技术研究项目涵盖了上海磁浮示范线长定子轨道系统的设计、加工和施工成套技术。研究成果为国内进一步推进高速磁浮交通技术奠定了基础。由于上海磁浮线成功的示范效应，"十五"期间，国家设立了863高速磁浮交通技术重大专项，该项目一系列技术成果已应用于863高速磁浮专项研究的综合试验线建设等。该项目的研究成果还打破了德方在该方面的技术和市场垄断，申请了中国专利14项（已授权11项），其中7项递交PCT国际专利申请。

【软土地层水平冻结设计、施工和融沉控制综合技术】

软土地层水平冻结设计、施工和融沉控制综合技术课题属于土木建筑地下工程设计和施工技术研究的技术领域。课题研究针对上海软土地层水平冻结工程存在的设计计算缺少试验和理论依据，而冻结的质量安全控制和冻胀冻融的土体变形控制困难等技术难题，在水平冻结加固的设计计算理论、施工工艺技术、冻胀融沉控制技术等方面进行了全面系统的试验研究，取得综合技术成果，并应用于地铁隧道和越江隧道的联络通道工程、地铁枢纽站的穿越工程等。该项目的研究成果总体上达到国际先进水平，部分达到国际领先水平。获2009年度上海市科技进步二等奖。

【城市轨道交通减振降噪关键技术研究与应用】

项目属于城市轨道交通领域的振动噪声控制专题。针对当前轨道交通建设中亟待解决噪声振动控制的技术关键，以国内外本领域技术和学科发展的最新进展和最高水平为起点，结合上海实际条件，系统研究了轨道交通减振降噪技术，提出的新技术具有创新性、实用性和有效性。推广应用：本项目的研究成果已经开始应用于1号、3号、4号、5号、6号及9号线工程，并取得了预期的减振降噪效果，将更广泛地应用于轨道交通建设中。获2007年度上海市科技进步二等奖。

【地铁盾构管片标准化设计及防火、预应力管片新技术】

地铁盾构管片标准化设计及防火、预应力管片新技术项目为上海申通轨道交通研究咨询有限公司、同济大学、上海市隧道工程轨道交通设计研究院历时5年（2003—2008年）依托众多地铁工程，完成的包括管片标准化设计及防火、预应力管片新技术的创新性成果，属地下工程领域。项目获实用新型专利两项，发明专利公开一项、申请受理发明专利6项。经权威机构检索和专家鉴定，研究成果总体处于国内领先、国际先进水平。成果已成功应用于上海地铁7、9、10、11、12、13及14号线等多项工程中，项目直接经济效益1 257.6万元，促进了国内地铁盾构隧道衬砌设计水平和技术的进步。获2008年度上海市科技进步三等奖。

【上海轨道交通安全运营管理若干关键技术研究及应用】

上海轨道交通安全运营管理若干关键技术研究及应用项目包含总体研究、预防关键技术研究、预警关键技术研究等多个方面，其中总体研究主要是以地铁系统安全性和可靠性为对象进行研究；预防关键技术研究主要对故障发生率较高的客室车门系统和列车辅助逆变器以及对安全保障至关重要的电力调度智能化系统进行研究；预警关键技术研究主要对故障危害大的电力设施缺乏在线检测手段和轨道电路检查手段进行研究;应急(预案)处置关键技术研究主要以事故处置为对象,全面开展系统安全性与可靠性分析评估方法、事故故障产生机理及其影响传播规律、应急处置机制等的研究,为运营安全性与可靠性管理提供决策依据。体现了现代城市轨道交通网络化运营的需求和发展方向。已获软件著作权1项,申报专利2项,被上海市科委选定为成果转换推广产品一项,发表论文30多篇。研究成果从2004年开始在上海轨道交通1、2、3号线逐步应用与推广。该项目达国内领先水平,获2006年上海市科技进步三等奖。

【上海城市轨道交通供电系统关键技术研究与应用】

项目综合、系统地研究了轨道交通供电系统运营、建设所面临的关键技术问题。主要包括:电流选跳技术在轨道交通中压网络中应用的研究、轨道交通线路电力负荷特性、长大隧道内接触网液压补偿装置的研制、额定电压1 500 V及以下轨道交通用直流电力电缆技术标准制定等。相关成果已在上海城市轨道交通4、7、8号线等线路中得到了应用,并在设备设施投资规模以及运营维修成本等方面取得了明显的经济效益和社会效益,起到了提高运营自动化管理水平、节能环保、解决工程建设的技术难点、规范建设标准的作用,为国内其他城市轨道交通建设提供了有益的参考。获2007年度上海市科技进步三等奖。

【城市轨道交通自动售检票系统"一票换乘"应用研究】

项目通过对自动售检票系统网络架构、应用系统结构、相关标准制定、通用模块组件研制以及全路网换乘票务清分和结算系统等研究、设计和实现,解决了"一票换乘"技术难题,使上海城市轨道交通自动售检票系统跃居国际领先水平,取得了明显的社会和经济效益。自主研发的轨道交通AFC中央控制系统采用全封闭的运行方式,计程、计时的收费模式。以非接触式IC为车票介质,通过高度安全、可靠、保密性能良好的自动售检票计算机网络系统,完成轨道交通运营中的售检票、运营模式管理、运营监控、统计分析等全过程、多任务自动化管理。系统超大容量,设计客流1 630万/日;在线合理清分、快速及时;适应动态建设要求。2005年12月25日轨道交通1—5号线的AFC系统已全部接入清分系统,每天完成200多万客流的统计、交易清分、资金结算,多进程批处理,保证结算资金24小时到达业主账户。国产化的自动售检票系统设备在消化吸收国外产品优点的基础上进行再创新,项目主要技术指标达到世界先进水平。系统设计独特、可靠性高(出错率小于万分之一),价格仅为国外同类产品价格30%—40%。自主研制的非接触式IC卡芯片,采用三重认绕线制天线/印刷天线和倒装(Flip Chip)工艺,超薄,厚度≤0.5 mm;证加密,低功耗。最大偏差15°±1°时,5 000次弯扭曲。填补国内空白,结束国外垄断。分类编码机采用最新的折叠技术,分拣编码速度达到了7 000张/小时左右;票箱容量为4×750张;供票箱容量达到2×750张。编制标准17项,其中国家标准3项,行业标准5项,地方标准9项。该项目达国际先进水平,获2006年上海市科技进步一等奖。

【轨道交通乘客导向标志及信息及系统研究】

轨道交通乘客导向标志及信息及系统课题研究的多交路、共线运营情况下的乘客导向标志设置方法,设计合理、理念新颖,并吸收了国际相关经验,不仅对上海市轨道交通乘客导向标志的设置提供规范化依据,也为国内其他城市轨道交通标志设置提供参考;提出采集来自轨道交通车辆实时运行信息,在车内、站台等地方向乘客多方式动态发布导向信息,充分实现了乘客导向信息的及时发布，提高乘客疏导效率，提高了乘客对轨道交通运输服务的满意度，构建上海国际化都市，提高公共服务水平，在实际应用中完成了预期的社会效益和经济效益。2005 年 9 月通过了上海市科学技术委员会鉴定，成果水平达到国内领先。

【自动售检票(AFC)系统检测中心通用测试平台】

项目创新研究并在国内率先建立一个独立于生产厂家、集成商之外的第三方的 AFC 系统检测中心和通用测试平台，在 AFC 系统工程的各个阶段，对设备、系统等进行及时检测与调试，以利于提高 AFC 系统的建设效率和运营质量、促进 AFC 系统技术的公平竞争和有序发展。自动售检票(AFC)系统检测中心通用测试平台项目已在 8 号线 AFC 工程中投入使用。AFC 通用测试平台根据上海市轨道交通网建设规划，继应用于 8 号线工程后，已推广至轨道交通 6 号线和 9 号线工程，取得良好的技术、经济实效。2010 年前计划推广至所有新建轨道交通线工程，总计 6 条线、约 280 公里新线。获 2008 年度上海市科技进步三等奖。

【上海软土地层地铁车站路面盖挖法设计与施工技术研究】

上海软土地层地铁车站路面盖挖法设计与施工技术项目研究属于土木工程技术领域，地铁车站深基坑工程专题。面临在繁华的闹市区地铁车站深基坑施工影响道路交通、邻近建筑、地下管线等诸多技术难题，消化吸收日本地铁车站盖挖工法先进技术，结合上海软土特点，首创开发应用土木具有绿色环保特点的新型盖挖法设计与施工。已在核心期刊发表论文 4 篇，形成一批可以实现产业化的技术、装备和专利。成果综合技术达到国际先进水平，部分关键技术达到国际领先水平。2009 年度上海市科技进步奖二等奖。

【绿色环保型咬合桩围护和旋挖扩底桩设计、施工技术与装备】

项目研究成果属土木工程技术领域，地下工程和桩基工程专业，钻孔咬合桩及扩底灌注桩两种绿色环保型桩基分别作为地铁车站深基坑围护及高架结构的承载桩，在上海软土地层首次研究应用，涵盖新材料与力学机理实验、基础理论研究、设计方法、施工技术、标准编制等系列内容。研究成果已应用在轨道交通 1 号线北延伸段工程 16 个桥墩的近百根扩底桩，采用扩底的灌注桩能较大地提高单桩竖向抗压极限承载力，而其沉降值比钻孔灌注桩要小。成果应用取得良好的经济和社会环境效益。获 2009 年度上海市科技进步二等奖。

【城市轨道交通无人驾驶系统应用研究】

城市轨道交通无人驾驶系统应用研究为无人驾驶系统的应用研究，研究内容比较综合、全面，涉及工程建设管理、无人驾驶系统集成以及车辆、信号、综合监控、停车场等相关关键技术。1. 通过采用无人驾驶技术，依靠先进的通信系统和现代化监控，可以按照客流的变化，适时地调整列车运行计划，增加或减少在线运营列车数量和开行计划，这使各时段运能分布合理，并适应客流分布的曲线，有效地减少空车走行，对于运营成本节约、减少车辆检修工作量等都起到了重要的作用。此外，旅行速度的提高和车辆检修工作量的减少将引起车辆配置数量的节省，节省车辆在 5%—6% 左右。2. 采用全自动无人驾驶技术，由于不需配备列车司机人员，相应的培训、管理层面也将直接取缔，同时按新型的管理运营模式，操作层面上也得到合理、有效的精简，管理效益也将得到有效的提高，降低运营成本。3. 根据上述效益分析，可以认为无人驾驶技术在国内具有推广应用前景。

该课题研究成果水平达到国际先进。获得2项计算机软件著作权,1项发明专利,论文发表6篇。

【轨道与地面公交一体化研究】

轨道与地面公交一体化研究课题结合上海公共交通的现状,轨道交通与地面公交两个子系统的特点,重点系统地研究了如何保障与加速轨道交通客流成长的策略,轨道站点公交线路衔接配套规划实施方法等,技术路线清晰,研究方法科学,研究结果能为轨道交通与地面公交的一体化规划、保障与加速轨道客流成长策略的实施,提供技术依据和支撑,并能为配套轨道交通建设的地面公交线路调整提供指导。研究成果达到了国内先进水平。获2007年度上海市优秀工程咨询成果三等奖。

【轨道站步行空间优化设计与客流引导关键技术研究】

轨道站步行空间优化设计与客流引导关键技术项目研究是基于对现有轨道枢纽站步行空间现状详尽分析的基础上,对步行空间按照建筑布局(通道特征、售检票设施等的布局)、空间特征等进行研究分类,开创性地应用步行交通的"流—密—速"理论,采用环境心理与行为理论为研究手段,重点研究并提出了满足安全、舒适、高效要求的轨道枢纽站步行空间优化设计方法流程和客流引导设计关键技术,以及客流引导效果的定量评价方法,并对典型枢纽站建筑、空间布局进行案例分析,研究思路准确,技术路线清晰,研究方法科学,研究成果能为枢纽站的建筑设计提供理论指导和实践参考。获2007年度上海市优秀工程咨询成果三等奖。

【上海市轨道交通标志设置指导手册】

在现已实施的《上海市轨道交通运营服务标志设置指导手册》的基础上,完善和规范轨道交通网络导示系统,通过信息分层管理,有效加强了视觉信息的传递功能。将各类视觉信息通过一定的视觉信息分层管理原则,对导乘信息、服务信息及应急信息作了相应的科学化分层管理,又根据各类不同功能进行了全面的视觉梳理;对网络的识别标志进行了有效的重组设计,增强了网络线与线之间的识别性。同时,有效地提高了换乘站与出入站的功能效率。通过本手册能对网络总体形象以及对具体的轨道交通线起到科学、有效的规范、指导作用。获2007年度上海市优秀工程咨询成果二等奖。

【上海城市轨道交通网络系统综合研究】

作为城市轨道交通网络化建设运营理念的首倡者,研究咨询公司在2005年会同沪上轨道交通相关专业机构和高校,在交通线路规划、车辆、供电、信号、通讯、环控、监控、票务等专业技术人员的共同努力下,对与网络化建设运营相关的线网运营模式与运营管理、网络供电系统资源共享和系统优化、网络信息传输与交换系统、网络无线通信系统、基于通信的列车控制系统、网络票务系统、网络控制中心、网络运营协调中心与应急中心、网络车辆资源共享、网络车辆基地布局规划与资源共享、近期线网效益分析等11项内容开展一体化和资源共享的综合研究。根据测算,上海轨道交通新建线路在采纳了《上海城市轨道交通网络系统综合研究》项目的研究成果后,可大规模节约土地资源和人力资源,大量减少投资规模,显著降低运营成本:其中通过供电网络方案优化研究工作,可少占用土地资源13 200平方米,同时节约综合投资成本约14.7亿元;通过票务系统研究成果落实,可节约建设投资约12.5亿元,乘客换乘成本减少13%;通过网络控制中心方案优化,与单线建设模式相比，可节约用地 12 000 平方米以上，节约人力 200 人以上，节约投资约 1 亿元；通过车辆基地规划方案优化，与单线建设模式相比，可节省用地 415 公顷，并节省投资约 100.6 亿元。以上共节约投资约 129 亿元。该课题通过全国专家组鉴定，研究成果达国际先进水平，获 2006 年上海市科技进步二等奖、2006 年中国优秀工程咨询成果二等奖和上海市优秀咨询成果一等奖。

【城市轨道交通综合节能技术与应用】

结合城市轨道交通系统结构和能耗构成，首次对轨道交通系统节能技术、节能设备应用、节能管理方法等方面进行了全方位研究，开发了轨道交通多种节能新技术和新设备，并进行了工程实际应用。成果综合技术在国内处于领先，并达到国际先进水平，荣获 2010 年度上海市科技进步三等奖。

【轨道交通运营安全的关键装备监控预警及应急技术】

轨道交通运营安全的关键装备监控预警及应急技术课题为国家高技术研究发展计划（863 计划），从理论和方法论两方面研究了实时智能获取和预处理技术、无线数据可信传输技术、数据挖掘和融合技术、模式识别和嵌入式故障智能诊断技术、系统可靠性综合评估技术、故障因果链分析技术及故障影响评估及控制决策技术等。开发了面向车辆关键装备状态实时获取和预处理的智能复合传感器、车地高速无线数据可信传输系统；开发了基于数据挖掘和仿真推演的设备可靠性及系统可靠性综合评估、基于数据融合与模式识别的嵌入式故障智能诊断、基于故障集内映射和故障因果链分析的故障影响评估及控制决策、基于可靠性评估的设备主动维护策略优化生成及决策支持、基于实时状态融合和挖掘的隐患预警和处置、基于全局状态安全评估的事件检测及应急决策支持等模型与软件；并形成技术规范的初稿；形成了故障综合诊断、监控预警和应急联动实验室原型系统，通过“半实物仿真”系统产生必要的状态和故障信息，实现基础技术和应用技术的验证，为“示范工程”的建立起到指导作用。在上海轨道交通 1 号线的实际运营环境中（实施范围为“三站两区间”）和“直改交”列车上建立了“现场示范工程”。课题共申请专利 29 项，获得发明专利授权 2 项；申请软件著作权 9 项；发表学术论文 40 篇；培养研究生 22 名。获 2011 年国家教育部科技进步二等奖。

【城市轨道交通网络化运营决策支持关键技术及应用】

项目属于轨道交通运营领域，重点解决城市轨道交通网络化运营中的网络客流分布计算、网络运营计划协调优化、网络应急事件的预案管理与应急处置等关键技术难题。获 2011 年度上海市科技进步奖二等奖。

【运营地铁隧道长期沉降预测及控制关键技术】

研究软土隧道长期沉降变形和结构安全理论、开发控制隧道沉降的配套技术和措施、编制技术规范。本项目已申请技术发明专利 3 项，软件著作权 1 项，编写规范 1 项，发表专业技术论文 16 篇。荣获 2011 年度上海市科技进步三等奖。

【盾构穿越地下障碍物特殊技术】

项目涉及盾构掘进机、切削障碍物施工技术、地下墙爆破清障、基础托换。该项盾构切越障碍物试验研究和专项施工技术成果水平达国际先进。荣获 2011 年度上海市科技进步三等奖。

【城市轨道交通综合节能技术研究与应用示范】

城市轨道交通综合节能技术研究与应用示范项目重点研究了列车空调、运行方式、车站空调、照明等系统的节能技术和措施及绿色能源的应用，具有很好的节能效果。成果水平达到国际先进。获2010年上海市优秀工程咨询成果二等奖。

【上海轨道交通7号线工程关键技术】

上海轨道交通7号线工程关键技术项目属于地下工程技术领域，地铁工程设计施工专题，涉及地铁工程规划、设计、施工、机电设备技术。上海轨道交通7号线工程在应用国内外城市地铁工程建设的成熟先进技术和吸取经验教训，结合工程特点难点，在总体设计、施工技术、机电集成、节能降耗、安全环保等方面自主创新开发和应用20余项科技成果。上海轨道交通7号线工程15项课题研究共形成21项技术专利、2项工法、2项规范、23篇论文，节省工程投资3.5亿、节省用地5公顷，地铁工程造价5.45亿元/公里(低于平均值10%)。课题多项成果技术水平达国际先进。获2010年度上海市科技进步二等奖。

【地铁与轻轨系统运营管理规范研究】

《地铁与轻轨系统运营管理规范》的编制和研究，是国家“十一五”支撑科技计划重点项目“新型城市轨道交通技术”所属课题“城市轨道交通标准体系和关键技术标准研究”中的子课题之一。主要内容包括：基本规定、运营组织、系统运行管理、机电设备和土建设施运行管理、设施设备维护、运营管理与维修人员培训、安全运营与应急管理。到达了国内先进水平。

【城市轨道交通减振降噪关键技术研究与应用】

城市轨道交通的振动噪声控制是一项综合技术，该课题通过控制声/振源、阻断传播途径、保护受声版等多种方法，对轨道、结构、声屏障等各项技术进行研究与应用，取得了良好效果。该课题主要研究内容：(1)噪声控制技术方面：首创防雨尘宽频带阻抗复合式声屏障，降低噪声11.5 dB(A)；发明了一种辨识声源特性的方法，在辨识声源、预测噪声源对总噪声贡献方面得到成功应用；发明了道间吸声屏障技术，首创防雨尘宽频带阻抗复合式双侧声屏障和双面吸声啮合空腔无棉声屏障；首创一种动力吸振多层约束阻尼钢轨吸振器，可以降低轮轨噪声中的200 Hz以上的成分4.4 dB(A)；首创无纤维阻抗复合型声屏障，平均吸声系数为0.77；首创双面型吸声微孔泡沫超薄声屏障，作为道间声屏障可降低站台噪声2 dB(A)；首创采用铝纤维和微穿孔复合结构新型声屏障，宽频金属吸声屏体和优化Y形吸声顶；提出一种估算高架轨道交通对环境噪声贡献的方法，根据多种因素变化预测沿线噪声；完成上海轨道交通3号线营运状态下的噪声测量和评价，提出了改进噪声环境的技术和措施方案，并预测了降噪效果。(2)振动控制技术方面：发明复合钢弹簧浮置板轨道结构，减振降噪效果与钢弹簧浮置板轨道相当，造价仅为后者一半；首创板式减振钢轨扣件，其隔振效果与轨道减振器相当；首创悬挂式多层约束钢轨吸振器，可降低轮轨噪声3 dB以上；完成弹性支承块轨道减振效果研究，隔振效果较普通轨道降低7—10 dB，仿真分析了不同轨道参数的减振性能影响；首次试验研究三种不同轨道结构减振效果，浮置板轨道隔振效果15 dB以上：完成上海轨道交通7号线运行对沿线振动影响测试评估，提出了减振等级划分及减振措施。该课题的主要特点：针对当前轨道交通建设中亟待解决噪声振动控制的技术关键，以国内外本领域技术和学科发展的最新进展和最高水平为起点，结合上海实际条件，系统研究了轨道交通减振降噪技术，提出的新技术具有创新性、实用性和有效性。该课题的推广应用：本课题的研究成果已经开始应用于上海轨道交通1、3、4、5、6及9号线工程，并取得了预期的减振降噪效果，将更广泛地应用于轨道交通建设中。该项目达国际先进水平，获2007年上海市科技进步二等奖。

【软土盾构隧道设计理论与施工控制技术及其应用】

软土盾构隧道设计理论与施工控制技术及其应用项目为国家863计划、国家自然科学基金、上海重大科技攻关项目。项目取得的主要成果有：梁—柱接头和广义梁—接缝不连续模型等衬砌结构设计新方法解决了隧道接头非线型、不连续条件下张角的精确计算及传统设计模型不能考虑隧道纵向变形影响的问题；复合纤维和预应力管片衬砌专利技术的成功开发与应用，可减少衬砌厚度约15%—20%，节约土建造价5%—10%，明显提高了管片防裂、抗渗及抗火性能；盾构地层适应性理论和试验方法，首次提出了“盾构—土体系统”相似模拟的概念，有效解决了不同地层条件下盾构设备工艺及施工参数优化配置的关键问题；大断面、高水压、近间距复杂条件下盾构施工微扰动控制技术，解决了高风险条件下盾构施工安全与控制问题，位移影响控制水平小于5 mm；在国内外首次提出的盾构隧道可视化探测方法解决了壁后注浆分布形态，探测误差小于2—3 cm；在人工冻土帷幕性状的准确识别与隧道安全状态的可靠评估方法，相对误差(1.85%)超过国际同类技术。项目共获发明专利1项、实用新型专利4项、计算机软件著作权2项，申请受理发明专利8项(公开6项)，发表SCI、EI检索论文120篇。研究成果水平总体处于国际先进、部分达到国际领先，已成功应用于几十项重大工程，如上海轨道交通及越江隧道工程。该项目获得2008年度国家科技进步奖二等奖。

【自动售检票(AFC)系统检测中心通用测试平台】

自动售检票(AFC)系统检测中心通用测试平台项目为上海市科委资助项目，针对国内城市轨道交通AFC系统网络的特征，以票务机理为主导、IT技术为支撑，构建了具有五层软硬件环境、分级集中式智能票务功能的测试体系架构，开发完成了完整的测试系统。项目创新建立了体系化的数据模型，并进行了数据安全、处理和仿真等关键技术研发。开展线网和车站终端设备等关键子系统的测试架构，以及相关算法及其软件模块化的设计和实现。依托“自动售检票系统通用测试平台”科研项目与成果，已基本完成了AFC系统通用测试平台硬件测试环境搭建，开展了AFC系统检测中心的建设。项目获“申通自动售检票系统通用测试平台软件”计算机软件著作权。据查新评定，项目总体技术达到国际先进水平，获2008年上海市科技进步奖三等奖。

【地铁盾构管片标准化设计及防火、预应力管片新技术】

地铁盾构管片标准化设计及防火、预应力管片新技术项目针对国内大规模地铁建设中盾构隧道管片的关键技术问题，通过工程实践、试验研究及理论分析，在地铁盾构隧道管片标准化设计、防火及预应力管片新技术等方面取得了丰富的创新性成果，研究成果总体处于国际先进水平。首次在国内进行了地铁管片标准化图纸设计，形成了适合上海地层特性、满足已有盾构性能的管片系列化标准图集；首次在地铁管片的构造中应用橡胶定位棒技术；首次开展了足尺地铁盾构隧道管片火灾高温力学性能试验，系统研究了火灾时衬砌管片的温度场、变形、抗渗性能劣化、接头刚度以及接头连接螺栓、止水带等的高温性能；并从防火角度提出了管片手孔的合理封堵措施以及火灾后衬砌管片损伤的检测评估方法。本课题创新性地研究了在管片内侧局部掺加纤维抗爆裂的技术，形成了抗爆裂复合耐火管片专利技术。在国内首次将预应力技术应用于衬砌管片，创新性地建立了预应力管片连续一非均匀刚度计算模型。项目共获实用新型专利2项，申请受理发明专利6项，公开发明专利1项。研究成果已成功应用于上海轨道交通7、9、10、11、12、13及14号线等多项地铁工程中，产生的经济效益十分显著。获2008年上海市科技进步奖三等奖。

【上海城市轨道交通网络发展战略研究】

上海城市轨道交通网络发展战略研究项目在总结世界主要国家和地区城市轨道交通的发展经验的基础上，对国内城市轨道交通在规划、建设和运营过程中所面临的诸如一体化、网络化、标准化、产业化、合理化、法制化、投融资、可持续方面的挑战作了全面客观地分析，并针对这些问题提出轨道交通网络化的规划发展战略、技术发展战略、网络化发展战略、标准化发展战略、产业化发展战略、科技创新发展战略、投融资发展战略，最后并提出了相关建议。项目从战略层面提出的城市轨道交通发展的战略举措，对把握城市轨道交通的发展方向、促进上海城市轨道交通网络化发展具有指导意义和现实意义，可作为轨道交通规划、建设和运营的决策参考依据。该项目获2008年上海市优秀工程咨询成果奖一等奖。

【上海市轨道交通汉中路枢纽方案研究】

汉中路枢纽为浦西地区重要的大型轨道交通三线换乘枢纽，是锚固轨道交通网络的重要节点之一。该枢纽的建设实施，将改善地区交通条件，加快地区的综合开发和利用，促进区域商业发展，同时将有效降低现有客运压力，为乘客候车提供安全舒适的环境。项目对线路、站位、枢纽功能等方面进行了多方案的研究，并听取各方面意见和建议，对方案不断深化、优化，通过综合比选论证选取了大“△”和小“△”两个方案。在报告中针对两个方案，分别从线形、对地块的影响、换乘功能、客流疏解、实施难度和风险、建筑物拆迁量、对交通和管线等周边环境的影响、工程投资等方面进行了详细的比选论证，最终推荐确定小“△”方案。整个方案研究及比选工作深入、细致，方法科学，客观全面地分析了每个方案的优缺点，为最终方案的确定提供了科学的依据。该枢纽工程的建设将对加快上海轨道交通网络化建设，促进社会和谐发展与稳定，具有深远的社会意义。该项目荣获2008年上海市优秀工程咨询成果奖一等奖。

【城市轨道交通网络运营安全综合技术研究与应用】

城市轨道交通网络运营安全综合技术研究与应用项目对国内外轨道交通运营安全技术的理论进行充分调研，主要涉及列车和机电设备运转、信号控制、客流和运营组织、地下隧道结构等几个方面。在此基础上以轨道交通领域相关系统为对象，建立了基于自律分散技术的轨道交通安全理论体系，并在车辆关键设备的监测和预警、隧道结构安全健康监测、运行控制系统等应用领域中引入自律分散控制理论，提高系统在线维护、容错和扩展的能力。

【城市轨道交通车辆出入段/场扩能应对策略及关键技术】

针对国外信号系统安全控制技术垄断现状，研发具有自主知识产权的车辆基地出入段/场扩能技术，解决制约国内城轨网络化发展的关键瓶颈问题，并通过示范工程，满足了世博会超大客流需求。项目研究形成发明专利、软件著作权各1项，发表论文17篇。综合技术达到国际先进水平。获2011年度上海市科技进步奖二等奖。

【城市轨道交通安全保障技术研究】

城市轨道交通安全保障技术研究项目在总结国内外城市轨道交通安全保障技术经验的基础上，总结梳理了国内城市轨道交通安全保障技术的发展需求，分别对城市轨道交通安全政策与制度建设、安全设计技术、安全评价体系以及监测预警安全防护装备四个专题进行了分析研究。研究内容涵盖了国内城市轨道交通安全保障技术急待发展完善的重点领域，研究成果对于国内城市轨道交通安全保障技术的发展和完善具有重要的参考价值。达到国内领先水平。获 2011 年上海市优秀工程咨询成果三等奖。

【上海软土地层地铁车站路面盖挖法设计与施工技术研究】

面临市中心区地铁车站深基坑施工影响道路交通、邻近建筑、地下管线等诸多技术难题，消化吸收日本地铁车站盖挖工法先进技术，结合上海软土特点，首创开发应用土木具有绿色环保特点的新型盖挖法设计与施工。主要研究内容包括：新型盖挖法设计与施工关键技术研究，包括临时路面系统研究、竖向支承系统关键技术、横向支撑系统关键技术、管线原位保护技术及围护结构加固技术、新型盖挖法在工程实例的应用研究等。研究成果已应用于上海轨道交通 7、9 号线的多座车站工程，具有对交通和周边环境影响小、经济、施工方便安全的实效，大大减少了道路交通封锁、地下管线搬迁和地面邻近建筑动迁，经济、社会、环境效益显著，有广阔的应用前景。该项目获 2009 年上海市科技进步二等奖。

【软土地层水平冻结设计、施工和融沉控制综合技术】

软土地层水平冻结设计、施工和融沉控制综合技术课题研究，针对上海软土地层水平冻结工程存在的设计计算缺少试验和理论依据，而冻结的质量安全控制和冻胀冻融的土体变形控制困难等技术难题，在水平冻结加固的设计计算理论、施工工艺技术、冻胀融沉控制技术等方面进行了全面系统的试验研究，取得综合技术成果，并应用于地铁隧道和越江隧道的联络通道工程、地铁枢纽站的穿越工程等。课题完成了软十地层水平冻结的基础理论研究，内容包括冻结的室内试验、温度场理论、冻胀和融沉机理等。研究成果应用于上海轨道交通 6、7、8、9、10、11 号线区间隧道的 70 余项旁通道工程，解决了冻结加固施工对旁通道周围环境和建筑物的影响问题，缩短了施工工期，节省了施工投资；研究成果还应用于地铁上体场车站穿越工程、大连路、复兴东路、翔殷路、西藏南路隧道和长江隧道等 13 条大直径越江公路隧道的联络通道的冻结工程以及南京、苏州等地区地铁建设的冻结法施工中。技术成果的应用取得了显著的经济和社会环境效益。该项目获 2009 年上海市科技进步二等奖。

【人民广场、8 号线扩容方案研究】

人民广场、8 号线扩容方案项目在详尽分析车站客流现状及远景的基础上，对车站扩容的必要性、工程可实施性以及设备系统改造方案的合理性等均做了详细的研究和论证。研究提出了利用原有 8 号线的存车线空间增设站台层，以分流现有 1、8 号线的出站客流，建筑方案构思精致、新颖，客流组织合理，可有效缓解近期站台客流拥挤状况。研究提出的方案具有较强的实用性和可操作性，研究成果具有完整性、系统性、创新性、科学性，已经在车站改造扩容工程中得到实施，取得了良好的效果。该研究在国内运营地铁车站改造中尚属首例，具有创新性。研究成果已在工程实施中得到应用，尤其是项目提出的结构“梁柱托换”方案，不仅具有工程造价低，且缩短了工期，满足了工程进度要求，在工程实施中得到良好应用；系统屏蔽门提出的人工模式方案，大大降低了工程的初期投入等，取得了明显的社会效益和经济效益。项目获得 2009 年上海市优秀工程咨询成果奖一等奖。

【运输组织和客流集成优化仿真系统】

运输组织和客流集成优化仿真系统课题从满足城市轨道交通网络化运营管理、多线运营协调、枢纽站客流组织、运营与客流联动等方面的需要出发，提出了国内城市轨道交通网络化运营管理的基本理论和方法；实现了轨道交通网络客流分布计算、网络列车运行计划编制及换乘与首末班车衔接协调、多交路多形式的各线路列车运行图编制、车站客流运动规律及分布的仿真确定、网络列车运行计划与客流的集成仿真分析等；系统解决了海量数据处理、仿真地图生成及识别、基于智能体技术及“行人动力学”的乘客运动仿真等多项技术难题。课题的研究成果可应用于城市轨道交通网络的规划、设计和运营管理的全过程，可为城市轨道交通网络规划设计、运营计划编制、枢纽客流组织、运营与客流联动、应急预案编制等提供辅助决策工具。研究成果具有良好的实用性和推广应用前景。

【上海轨道交通网络运营智能化信息服务系统工程可行性研究】

网络运营智能化信息服务系统工程可行性研究着眼于当前的上海轨道交通网络化运营需求，针对轨道交通网络迫切需要解决和实现的“运营服务人性化、管理支撑信息化、资源整合网络化、公交配套一体化的实现目标”等四大目标，客观分析、充分论证，创新性地提出建设面向轨道交通乘客和运营管理者的网络智能化信息服务系统的见解和方案，并对项目建设的必要性深刻论证，具有较高的科研意义和应用价值，同时该系统的科学实现也为网络化运营决策提供了科学依据。研究成果为城市轨道交通运营提供可靠的技术支撑，提升了上海轨道交通服务人性化、管理信息化、资源整合网络化的水平。荣获 2010 年上海市优秀工程咨询成果奖一等奖。

【上海轨道交通 3 号线改造工程可行性研究报告】

3 号线改造工程可行性研究项目针对上海轨道交通 3、4 号线在宝山路站至虹桥路站的共线运营模式，在当前所提供的运输服务供给能力不能满足需求的情况下，通过线路改造，使得共线段内的环线运能得到提高，为今后环线客流的增长创造了良好的运营条件。报告通过对客流预测、运营组织、机电设备、车站建筑等方面进行了综合系统的分析，提出了详细的方案分析和推荐意见。该研究报告很好地实现了在技术升级改造过程中多专业、多部门衔接配合的要求，体现了系统研究的特点，保证了改造的顺利实施。

【上海城市轨道交通工程技术标准】

轨道交通工程技术标准在国家及上海市已颁布的各类建设标准的基础上，总结了上海轨道交通近 400 公里网络的建设和运营经验，结合几年来专题研究成果及集团公司技术管理部发布的各类网络化建设指导意见，编制完成了工程技术标准。本标准囊括了上海轨道交通采用的所有制式，为一部系统的、完整的、操作性强的技术标准，满足了网络建设和运营的不断深化的需求，有利于技术统筹和管理。本标准已应用于网络建设、运营管理、养护维修、资产开发和教育培训等各个环节。获 2011 年上海市优秀工程咨询成果一等奖。

【城市轨道交通 CBTC 系统车载设备和 ATS 技术研究】

轨道交通 CBTC 系统车载设备和 ATS 技术研究课题在引进吸收国际先进 CBTC 系统技术的基础上，在车载接口设备设计优化、自主化测速定位技术、配套车载设备仿真测试与 ATS 仿真培训等方面开展了深入研究，研发了 CBTC 系统车载接口设备、车载测速定位设备、车载无线通信设备的软硬件原型，以及车载设备仿真测试平台和 ATS 仿真培训系统。在 CBTC 系统部分关键技术及设备的自主创新研究方面取得了重点突破，主要成果达到国内领先水平，于 2010 年 9 月结题验收。

【城市轨道交通安全设计技术研究】

轨道交通安全设计技术研究课题，在城市轨道交通全寿命周期范围内(包括规划设计、施工安装、运营等各阶段)，以可靠性、可用性、可维修性和安全性(RAMS)风险分析理念为指导，针对载运车辆、供电、通信信号等设备，隧道，桥梁，站场等基础工程以及数量众多的专业，进行了全方位、系统的安全设计技术研究。课题在国内首次将基于风险分析的系统全寿命周期 RAMS 安全设计理念引入国内城市轨道交通安全设计中，指导城市轨道交通的设计工作。研究成果填补国内城市轨道交通安全设计技术系统性研究的空白。《上海城市轨道交通工程技术标准》吸纳了部分研究成果，将更好地指导上海城市轨道交通新一轮建设。

【城市轨道交通网络化运营决策支持关键技术及应用】

网络化运营决策支持关键技术及应用项目基于城市轨道交通网络化运营的基础、核心、保障等三方面的关键需求，围绕网络客流、运营计划、应急处置三个重大问题进行了系统的理论研究和系统开发，提出了网络客流分布的分析计算、网络运营计划的协调优化、网络应急处置等基本理论和方法；建立了网络客流多路径概率分配、客流预警预测、车站客流运动、列车运行计划衔接协调、多交路列车运行图编制、预案推理、处置监控等多种模型和算法：提出了网络客流分布的精细化数据挖掘及仿真、网络客流分布的预警预测、基于客流时空分布特点的列车运行计划优化编制、多种交路形式的列车运行图智能化编制及调整、车站客流分布的微观仿真、基于超媒体技术的应急预案管理、突发事件应急处置等多项网络化运营管理决策支持的成套关键技术；开发了具有自主知识产权的“上海城市轨道交通网络运营协调辅助决策系统(CoNet)”“城市轨道交通列车运行图编制系统(TPM)”“城市轨道交通车站客流分布仿真系统(Sta Pass)”“城市轨道交通网络应急预案管理及应急处置系统(EPM、EPT)”等计算机应用系统。项目研究成果已在上海城市轨道交通网络规划、设计和运营管理的多个部门有了应用，起到了重要的决策支持作用，取得了较好的经济效益和社会效益。部分成果推广运用于北京、广州、深圳等城市轨道交通网络的运营管理中。研究成果具有广阔应用前景。该项目先后共形成 3 项发明技术、4 项软件著作权、55 篇论文(其中被 SCI、EI 收录数达 23 篇，引用次数达 201 次)。节省工程投资 2 亿元。该项目的综合技术达到国际先进水平，获得上海市科技进步奖二等奖。

【上海申通地铁集团有限公司发展规划纲要(2011—2015 年)】

《发展纲要》于 2011 年初正式印发。《发展纲要》回顾了“十一五”期间公司在上海轨道交通网络建设和运营上所取得的成绩，明确了 2011—2015 年期间公司发展的基本原则、总体思路、总体目标、重点内容和实施要点，提出以“管建并举，管理为重，安全运营为本”为指导思想，以世界领先轨道交通企业为标杆，以运营效能提升、建设模式完善、技术管理输出为核心，以网络统筹、板块融合、品牌提升为抓手，进一步提升城市轨道交通网络综合集成能力，实现企业可持续发展。

【上海申通地铁集团有限公司人才发展规划纲要(2011—2015年)】

《人才纲要》于2011年初正式印发。《人才纲要》分析了“十二五”期间上海轨道交通人才发展面临的挑战，提出到2015年，培养和造就一支适应轨道交通网络化发展要求的高素质、复合型、层次合理、结构优化、覆盖轨道交通全寿命周期、各专业领域的人才队伍，人才综合竞争力在国内同行处于领先水平，成为轨道交通人才资源高地和人才培养集聚中心。《人才纲要》明确了集团公司人才发展的基本原则、主要目标、主要任务和措施、实施保障，为未来五年的集团公司人才发展指明了方向、方法和途径。

【城市轨道交通高等级减振降噪集成技术与产业化应用】

轨道交通高等级减振降噪集成技术与产业化应用项目从设计原则、理论方针、设计方法、产品研制、施工工艺及装备、实验验证和技术标准化等建立了系统、完整的集成化技术；首次提出了基于系统工程和RAMS规范为指导的轨道系统设计法并得到实践应用，发展和丰富了轨道设计理论，使国内地铁钢弹簧浮置板设计水平跨入国际领先行列；首次提出了可验证的隔振性能评价指标，在过渡段荷载和浮置板振动响应、隔振器荷载等方面填补了国内外理论分析空白；首次提出了旋转基底、内置和外置组合式创新设计方法，研发了6项系列新产品。攻克曲线地段配筋和减振器型号非标而带来的设计、产品、施工的难题，发明一体和分体式减振装置、固体阻尼、绝缘内置式减振装置、大承载力隔振器、上置剪力铰。提出直线与曲线板组合设计、无级调高技术。首创了“预制龙骨整体吊装”“预制短板节段拼装”2项新工法。提出了系统、完整的减振降噪试验验证评价体系及方法。项目申请发明专利10项，授权7项，授权实用新型专利9项，发布SCI/EI论文7篇，编制行业及地方标准2项，企业标准5项。成果已形成产业化并获得上海市科技进步奖一等奖。

【都市核心区大型地下快速通道建造关键技术】

都市核心区大型地下快速通道建造关键技术研究以超大直径土压平衡盾构法为依托，构建了一套具有自主知识产权的都市核心区地下快速通道建造技术体系，并在设计、施工方面取得了重大突破。主要创新成果包括：首创都市核心区超大直径土压平衡盾构隧道施工成套技术；首创都市核心区历史风貌建筑群分类分区域保护技术；创立超大直径盾构穿越运营中地铁和机场的控制技术；创新形成超大断面盾构法隧道连续高效立体出土新工艺；发明了为后续建设预留无障碍穿越条件的地下空间围护方法。研究获得多项专利、工法，发表论文40余篇。成果达到国际领先水平。研究成果成功应用于上海外滩通道、迎宾三路隧道等重大工程。标志着中国的超大直径土压盾构隧道建造技术跨入国际领先水平，获得上海市科技进步奖一等奖。

【上海长江隧桥工程建设关键技术】

通过对上海长江隧桥工程建设关键技术进行攻关，取得了以下创新成果：开发了隧桥新型结构体系及其设计方法；构建了多功能隧桥防灾减灾核心技术；创建了超大盾构长距离连续掘进新技术；研发了跨江海型桥梁施工及控制技术。研究成果获上海市科技进步奖一等奖。

【上海轨道交通“十二五”发展规划研究】

轨道交通“十二五”发展规划研究以“贴合城市发展规划，符合客流出行需求，确保城市轨道交通可持续发展”为原则，提出“十二五”期间上海城市轨道交通建设与运营的指导思想与基本原则，明确发展目标和建设计划，以有效指导“十二五”轨道交通发展规划的实施。获得上海市优秀工程咨询成果奖一等奖。

【上海轨道交通2号线东延伸工程关键技术】

轨道交通2号线东延伸工程关键技术项目从解决工程面临的高架区间限期快速接驳、沼气地层盾构穿越、流塑地层双圆盾构沉降控制、大断面矩形通道施工、贴邻高速磁浮建设、高科技园区振动控制、长大平线运营组织等关键技术难题入手，在设计理念、技术集成、理论仿真、工艺装备、软件研发和技术标准化等方面形成了技术创新并得到工程实践应用。项目首创并实现轨道交通高架区间快速、精确接驳；首创形成3项复杂地质条件下的施工综合新技术；形成敏感地段建设轨道交通2项新成果并成功应用；首次提出并实施长大干线近远期灵活运营组织。项目申请发明专利3项(其中已授权2项)，已授权实用新型专利5项，软件著作权1项，发表论文29篇，编制企业标准1项。项目研究成果经上海市土木工程协会鉴定，总体达到国际先进水平。成果已全部应用于2号线东延伸工程；90%以上的科技成果还应用到上海轨道交通3/4号线改造、10号线二期、14号线等其他项目的规划和设计中。通过项目研究，2号线东延伸工程节约建设总成本约5.8亿元，3年总计已节约运营成本0.57亿元。项目的顺利建成改善了沿线投资环境，提高了沿线土地和产业价值，促进了区域规划升级。项目获得上海市科技进步奖二等奖。

【上海轨道交通10号线工程建设关键技术及应用】

结合工程难点、风险点和重点，该项目开展了地质勘察信息管理分析系统、车站简装饰、侧墙开孔抗震分析、盾构切削穿越地下障碍物、软土地区桥梁托换除桩、大断面矩形顶营的斜交多次进洞技术等专项课题研究，采用消化吸收国外先进技术，自主创新设备、工艺、材料，形成新的设计计算方法和施工成套技术。主要创新点包括：(1) 从勘察源头控制工程风险，在国内率先开发地质信息管理分析系统(RTGIAS)平台，并应用于对工程勘察、设计、施工全过程的实时风险评价和预警。(2) 车站建设与城市地下空间利用相结合，上海地区首次实现停车场上盖物业开发，打造多功能的地铁综合体。(3) 对侧墙纵向开孔的车站抗震安全进行了专题研究，首次明确了侧墙开孔率的定量要求，确保了地铁运营期间的抗震安全。(4) 系统应用以综合营线桥架和灰空间概念为核心的简装饰，方便了管线设施维护，且取得了简洁明快的建筑效果。(5) 开发应用地铁盾构新型可硬性单液浆注浆工艺及专用设备、盾构直接切削地下障碍物施工工艺、双圆盾构多点同步注浆的微扰动施工技术，采用先进的自动化无棱镜扫描监测技术和用于车站出入口通道的大断面矩形顶管斜交进洞施工技术，以满足穿越机场主跑道、桥梁、长距离穿越下立交等复杂境条件下的施工要求。(6) 开发应用“预制龙骨整体吊装”、预制浮量板道床施工新技术，以提高施工效率和质量。项目获得上海市科技进步奖二等奖。

【城市轨道交通能耗控制关键技术及应用】

轨道交通能耗控制关键技术及应用项目通过对轨道交通系统能耗特点和规律的理论研究，提出了轨道交通系统节能的主要途径和方向，完善了城市轨道交通节能关键技术体系；结合上海轨道交通能耗和系统结构特点，开发轨道交通节能新技术，实施了轨道交通能源利用综合管理平台开发应用。主要关键技术包括：结合轨道交通系统的运行特点，提出了覆盖车站、线路、网络三个层次的轨道交通能耗指标评估体系；首次在变风量、变水量工况下实现全系统综合能耗最低的优化控制；研制了35 kV干式非晶合金环氧浇注变压器，降低了供电系统能耗：开发了车站轨行区排风(热)风管系统节能技术；提出了AOP高级氧化水处理技术在轨道交通车站空调冷却水系统的应用方案，并投入实际应用；以实时监测网络能量消耗为目的，建立了车站、线路、网络三级结构的能源利用综合管理平台，实现能耗实时监测，为节能评估和节能技术、管理措施制定提供了依据。获得上海市科技进步奖二等奖。

【上海轨道交通网络大型专用检测维护与应急抢修装备体系研究】

大型专用检测维护与应急抢修装备体系研究在结合上海轨道交通网络化运营维护与应急抢修的发展要求，明确配置大型专用检测维护与应急抢修设备必要性的基础上，充分借鉴国外城市轨道交通以及中国铁路的大型专用检测维护设备的配置与应用经验，从需求出发，构建了上海轨道交通网络大型专用检测维护与应急抢修设备体系，并针对上海轨道交通网络及车辆通道规划情况，初步明确了适用于上海轨道交通的大型专用检测维护与应急抢修设备的技术选型、配置方案和投资估算，为设备的实际配置提供技术支撑，并通过方案的综合技术经济比选，为网络大型专用检测维护与应急抢修装备的配置、采购和实际应用提供了指导性意见和建议，研究成果具有较强的实用性和可实施性。本项研究在国内属首次如此全面系统地构建了网络大型专用检测维护与应急抢修装备体系，具有系统性强、覆盖面广、实用性强的特点，研究成果可以向全国城市轨道交通系统进行推广，为提升全国城市轨道交通系统的检测维护与应急抢修装备标准化以及专业水平提供参考。荣获上海市优秀工程咨询成果奖一等奖。

【上海城市轨道交通网络化运营管理体系】

《上海城市轨道交通网络化运营管理体系》以上海城市轨道交通网络化运营转型发展的实践和经验为背景，系统阐述上海城市轨道交通网络化运营管理体系，分别从上海网络化运营管理体系总体框架、网络化运营组织和维护保障的管理模式、安全监控体系、应急机制和安全管理系统、服务品牌和运营管理标准体系、运营管理创新体系等8个部分进行分析研究，填补了当时行业在网络化运营管理体系化方面的空白，为全国轨道交通的运营管理分享上海经验并提供有益借鉴，已经成为行业范围内网络化运营管理的重要参考书，于2013年出版。

【城市高密集区大规模地下空间建造关键技术及其集成示范】

聚焦国家城市可持续发展的重大需求，高效开发利用城市地下空间资源，解决日益严重的“城市病”，主要研究了高密集区超近距地下施工安全控制新技术、大型换乘枢纽站改扩建技术、高敏感环境地下穿越新技术、地下空间建造新技术固化与集成示范，攻克了当前国内在城市高密集地区(地上高楼林立、车水马龙，地下设施纵横交错)大规模、集群化建造地下空间面临的周边环境控制、改扩建及安全穿越等关键难题，建立了以点状新建与改扩建、线状穿越、面上集成示范为主线的具有自主知识产权和经工程验证的核心技术成果体系。获得2013年度国家教育部科技进步奖一等奖，2016年度国家科技进步奖二等奖。

【软土隧道工程运营期结构安全关键技术】

项目针对运营轨道交通隧道的结构安全问题进行攻关，从软土地区运营地铁隧道结构安全检测、评估、修复治理及运营维护信息化管理等全方面开展研究，在多项关键技术方面取得了突破。在国内城市轨道交通行业领域首次开展了5个整环隧道管片的1∶1足尺试验，以了解隧道管片的极限承载能力，试验所采集的数据为评价隧道结构现状，制定隧道变形控制指标及优化隧道管片设计提供了依据。研发了具有完全自主知识产权的运营地铁隧道结构病害快速检测装备，主要表观病害捕获率和识别率均大于90%，大幅提高了检测效率，缩短了信息反馈周期。开发了运营地铁隧道内张钢圈加固和多向注浆堵漏新工艺，首创设计和制造了内张钢圈安装专用机械手及其设备平台，形成了一套轨道交通隧道结构修复技术。首次研发了“轨道交通结构工程建养一体化管理系统”，整合了轨道交通建设期和运营期的标准化工程数据，实现了地铁隧道的三维建模和可视化功能。研究成果获上海市科技进步奖一等奖。

【城市轨道交通网络化关键设备及安全实时嵌入式操作系统的自主研发与应用】

轨道交通网络化关键设备及安全实时嵌入式操作系统的自主研发与应用项目，针对轨道交通产业现状以及国内自主发展要求，结合上海城市轨道交通建设目标，提出了轨道交通多线路跨域的层叠式网络架构，研发了轨道交通专用的高安全实时嵌入式操作系统，研发出完全满足轨道交通特殊运行要求、微秒级精度的信息采集传输系列设备，创新研制出基于自主实时嵌入式操作系统的包括联锁、车载控制、区域控制等成体系的安全计算机平台，系统性设计了轨道交通场景的信息内容安全保证机制，形成了一系列技术和产品标准。开辟了国内在嵌入式轨道交通领域的设备与系统自主创新之路，促进了国产自主知识产权的产品开发和应用，带动了嵌入式产业集群的发展，创造了显著经济效益和社会效益。成果获上海市科技进步奖一等奖

【市域轨道交通建设关键技术】

依托上海市轨道交通6号线工程对市域轨道交通建设关键技术开展研究，吸取以往地铁工程的经验和教训，针对工程建设的难点和风险点，建立直流1 500 V时速接触轨授流120 km/h的A型车、快慢车组合及灵活编组的运营模式、高速直流1 500 V接触轨、高精度轨道施工与测量、先张法U型梁工厂化预制等专项研究课题，通过消化吸收国外先进施工技术，自主开发新型施工工法、研制成套设备，并结合示范工程，开展工程设计、施工方案研究，形成新的设计计算方法和施工规程。获2014年度上海市科技进步奖二等奖。

【轨交车辆应急牵引关键技术及实施方案研究】

研究列车在失电情况下，利用自身的电源系统牵引至邻近车站，最大限度保障乘客疏散安全。项目以上海轨道交通试验车为研究对象，开展利用锂离子电池实现应急牵引功能的实施方案研究，方案涉及电源系统、自牵引主电路、自牵引转化控制及安全保护电路、牵引系统、辅助系统、充电器及列车控制系统七大系统。在保证改造前后蓄电池系统的重量和体积基本不变的前提下，实现了试验车在AW3载荷情况下运用自带的应急电池在30‰坡道上启动运行500 m后再在平直道上以20 km/h的速度运行2 000 m。获上海市优秀工程咨询成果奖一等奖。

【轨道交通U梁桥振动效应综合分析研究分析】

针对上海轨道交通运营维护阶段出现U梁梁端钢轨扣件容易松动，部分承轨台与现浇底座结合部位出现裂缝、U梁振动噪声较大问题。查明了8号线U梁扣件、承轨台养护问题与U梁静动力性能的关系，进而有针对性地采取相应预防措施，避免16号线U梁出现类似情况；评价了U梁周边噪声水平，分析影响噪声大小的主要因素，有针对性地提出减振降噪措施，特别是从桥梁结构与轨道结构的合理匹配角度提出有效解决方案；建立了8号线和16号线U梁原始档案，为今后U

梁及设备健康状态评定提供基础数据，并形成U梁及设备维修养护建议，于2014年8月结题验收。

【城轨交通基础设施全息化移动检测与运维关键技术及系统研制】

项目以运营列车为核心，面向在线运行过程，通过对轨道、桥梁、隧道、触网、信号、车辆、综合监控等轨道交通主要设施、设备实施在线检测和监控，构建出以轨道交通运营工况下的实时全息化移动监测立体空间为特征的大数据模型，以"采、理、判、管、评"的管理闭环方法实现隐患挖掘、失效预警和主动维修技术，基于RCM、MRO和模糊量化—人工智能等技术，提出并实施轨道交通基础设施设备主动维修系统，力图针对各种系统的自身特征，不断调优计划修和临修的临界点，为提升轨道交通运营效率和优化设施设备维护管理策略奠定基础。项目重点研究了自动化在线监测手段，实现了实时状态检测和运行监测，将整个移动立体空间的实时监测和分析数据接入车载数据中心并进行预处理，再以高速车地无线方式的在线监测系统进行数据交换实现对关键设备设施的在途预警，建立了基于自主学习和模糊量化评价体系的主动维保系统，实现采集数据的分析、应用和展示。获上海市科技进步二等奖。

【盾构隧道下穿高层建筑风险控制及对策研究】

项目研究以上海轨道交通13号线一期工程隆德路站—武宁路站区间小净距叠交盾构隧道下穿天福大厦工程为背景，采用理论分析、数值模拟、现场监测等手段，对高层建筑桩基托换方案、叠交盾构隧道近距离穿越高层建筑施工风险、施工技术、建筑物安全保护技术等进行了研究，提出了软土地层高层建筑桩基托换分析方法、桩基托换技术、叠交盾构隧道穿越建筑物施工技术及环境保护技术。通过项目研究形成了软土地层近距离叠交盾构隧道穿越高层建筑成套技术，研究成果对软土地区类似工程建设具有指导意义。该研究成果已成功应用到上海轨道交通13号线一期工程隆德路站—武宁路站区间小净距叠交盾构隧道下穿天福大厦工程，保障了工程的顺利实施。成果总体水平达到国际先进。获上海市咨询成果一等奖。

【全自动驾驶技术】

为满足乘客更高品质的出行服务需求，本项目立足于国内大客流高密度线路的特点，率先于国内自主研发出具有最高等级(GoA4)的大运量轨道交通全自动驾驶系统、首套全自动驾驶运营调度系统和综合监控系统，并在10号线率先应用，于2015年获得具有工程界"诺贝尔奖"之称的"FIDIC优秀工程奖"。在零经验、零资料的情况下，运营维护人员经过自主创新探索，形成了适应国内实际的系统性运营维护模式，建立了运维一体化的全自动停车场，开创行业先河，推动北京、广州和武汉等城市相继策划建设全自动驾驶线路。该技术获得2016年上海市科技进步奖一等奖。

第六节　高速磁浮交通技术研究

2001年，上海磁浮示范线建设运营的同时，国务院科技领导小组批准"十五"国家高技术研究发展计划(863计划)设立"高速磁浮交通技术"重大专项课题，研究高速磁浮交通系统在国内的适用性和国产化可能性。该重大专项课题依托上海磁浮交通发展有限公司筹建的国家磁浮交通工程技术研究中心具体负责实施。"高速磁浮交通技术研究"重大专项课题的总体目标，是研究磁浮交通系统长大干线应用的技术和经济问题，并通过研制一辆车、一条试验线路和一套配套牵引供电和运行控制系统(简称“三个一”),掌握系统关键技术和集成技术。该专项研究于2001年底正式启动,分两个阶段实施。通过对“高速磁浮交通技术研究”重大专项的研究,国内在高速磁浮交通核心技术和关键技术方面取得了决定性的突破,掌握和初步掌握了核心和关键技术。

一、第一阶段专项研究

第一阶段专项研究时间为2001年至2003年,主要是对“磁浮交通长大干线适用性研究”和“高速磁浮交通系统技术国产化与创新研究”两个课题的研究。2004年11月9日至10日,这两个研究课题通过了国家科技部的验收。

【磁浮交通长大干线适用性研究课题】

研究该课题是为了论证国内发展高速磁浮交通系统的经济和技术适用性。课题研究成果表明:高速磁浮交通系统是国内未来中长距离客运交通的最佳技术选择。中国幅员辽阔、人口众多,大部分重要城市间的距离为数百公里至一千多公里,人们乘坐高速磁浮列车可以实现3小时的舒适旅行和当日往返;对城市群间的客运交通,磁浮列车可以将旅行时间缩短到0.5小时以内,大大提高出行效率,满足人们高节奏的现代生活需要。发展高速磁浮交通系统,有利于提高国内在交通应用技术领域参与国际竞争的地位,改变中国在先进交通制造业落后国际领先水平的局面。通过发展磁浮交通产业,还可以提升国内装备制造业的水平,促进产业结构升级,符合中国在新的历史时期走新型工业化道路的要求。高速磁浮交通系统具有低能耗、低污染和使用可再生能源的特点,发展高速磁浮交通系统,符合国家能源安全和环境可持续发展的战略,可减少未来国内对石油的依赖。

该课题适用性研究的总体结果证明,高速磁浮交通系统在技术上是成熟、安全、可靠的,上海磁浮线的成功,进一步验证了这一结论。同时,高速磁浮交通作为第六种新型交通方式,在国内是适用的,并有利于率先在国际上建立新的产业体系。

经研究论证,该课题提出如下研究结论:发展高速磁浮交通技术符合中国可持续发展战略;发展高速磁浮交通,有利于传统产业升级换代和结构调整,促进新兴产业的形成;发展高速磁浮系统有较好的成本优势;沿高速公路走廊布线和“枢纽辐射、干支分离”的方式组织磁浮交通是可行的;磁浮交通系统也适用于城市群内部的快速客运交通;高速磁浮交通系统是安全、可靠、适用的。

【高速磁浮交通系统技术国产化与创新研究课题】

研究该课题是为了达到如下目的:促进相关高新技术研发工作并带动传统学科的发展;提升国内制造业的产业结构;建立和发展国内磁浮工业体系,确立国内在高速磁浮交通领域的国际领先地位;探索发展国内高新技术“引进创新”模式。

课题研究成果表明,依靠国内原有工业基础能够完成大部分设备的制造,系统设备可实现较高的国产化率,并且发展高速磁浮系统可以产生其他经济、社会效益。

该课题从车辆技术、牵引供电技术、线路轨道技术、运行控制技术和国际合作5个方面说明课题研究的先进性和创新性。

车辆技术方面,通过车辆总体、走行机构、悬浮导向、直线发电与供电、涡流制动、测速定位、车载电源等14项子课题的研究,结合国内相关产业的国产化调研,对车辆子系统的构成、功能和相关技术要求及部件的国产化可行性有了较为明晰的认识。通过相关理论和试验研究，对车辆系统的部分关键技术已取得了一批理论和试验成果，完成了车辆走行机构、涡流制动、车载直线发电与供电等原理性样机的研制。该课题在车辆技术方面有 8 项成果及创新，分别为：单铁悬浮试验装置；双铁导向试验装置；车辆走行机构原型样机；车辆直线发电旋转模拟试验装置；车辆涡流制动旋转模拟试验装置；车辆测速定位试验装置；车辆空气动力与车体结构设计；车辆电磁场计算。

牵引供电技术方面，通过子系统分解集成技术、牵引供电特性仿真、高压大功率变流技术、谐波滤波与无功补偿等 12 项子课题的研究，初步掌握了牵引供电系统的构成、分解和集成。对牵引控制、大功率变流、谐波滤波及无功补偿、直线电机等一批理论和实验成果，部分设备研制的关键技术已获突破。该课题在牵引供电技术方面有 9 项成果及创新，分别为：牵引供电系统仿真计算技术；5 MVA 大功率牵引变流器的研制；大功率变流器输出变压器技术研究；牵引供电系统的技术分解与系统集成技术研究；牵引控制技术研究；供电技术研究；长定子直线电机的定子铁芯研制；直线同步电机优化设计和特性研究；高速磁悬浮列车牵引供电系统技术条件的研究。

线路轨道技术方面，结合上海磁浮线的建设和专项第一阶段设立的线路、轨道结构、关键部件和设备等 19 项子课题研究，对线路设计标准和参数及计算机辅助技术、轨道结构设计条件和结构优化、隧道等特殊结构以及道岔支座等轨道设备进行研究，掌握了线路轨道技术。该课题在线路轨道技术方面有 6 项成果及创新，分别为：线路轨道子系统的分解与集成；完成为制定线路轨道标准和规范进行的前期研究；提出德国和上海线都未遇到的特殊结构的方案；研制上海线尚未国产化的轨道结构及设备；上海磁浮线已建线路轨道结构优化；研究完成磁浮交通系统发展的建设技术。

运行控制技术方面，通过运行控制核心技术、运行控制功能设备、仿真测试、操作系统研究等 6 项子课题的研究，结合上海磁浮线的安装调试工作，基本掌握了运控系统的结构构成、功能和所包含技术的分解工作。该课题在运行控制技术方面有 4 项成果及创新，分别为：单分区单车运行控制原型系统；特种车运行控制原型系统；分区道岔模块(DSM)测试平台；维护管理演示系统。

国际合作方面，在世界首次完成了 430 km/h 及 500 km/h 速度下的噪声、舒适性、会车空气动力以及车轨相互作用测试，同时测量了悬浮导向间隙和电流，测试和验证了磁浮交通系统在高速下的基本性能，并验证了设计或仿真研究的参数，为系统的进一步优化创造了条件；完成了高速磁浮系统的载人运行安全认证，建立了高速磁浮列车的安全认证制度并培养了安全认证的队伍；结合上海磁浮项目，组建了车辆和牵引供电测试系统，为进一步研究这两个子系统中涉及的关键技术创造了条件。该课题在国际合作方面有 6 项成果，分别为：会车空气动力学测试；噪声对比测试；舒适性测试评估；安全论证；车辆可靠性分析；车辆与牵引供电测试系统。

经研究论证，该课题初步掌握了系统的几个分系统的核心技术，并有所创新；研究了系统技术国产化的可能性；培养了一支高速磁悬浮技术的研发队伍；为系统集成奠定了基础。

二、第二阶段专项研究

第二阶段专项研究时间为 2004 年至 2006 年，主要是对磁浮交通“三个一”试验线工程进行研究，主要任务是：在第一阶段成果的基础上，为完成专项设定的“进行关键技术的自主创新，实现主要设备和部件的国产化，掌握系统集成技术”的目标，全面开展整个系统国产化研究，以研制磁浮交通试验系统“一辆车，一条试验线路和一套配套的牵引供电和运行控制系统，形成高速磁浮交通试验系统”为载体，建设高速磁浮交通技术综合研究环境，全面实现整个磁浮交通系统技术的国产化，掌握系统分解和集成技术。

通过“三个一”试验线工程研究，主要取得如下6项研究成果：

在国内首次自行设计、研发、建造了一套高速磁浮交通试验系统，并实现了包括车辆、牵引供电和运行控制系统在内的系统综合调试和运行试验，实现了高速磁浮交通系统的首次自主集成，初步建立了国内首个高速磁浮交通系统技术综合研发试验平台，为今后高速磁浮交通系统技术的研发和集成试验提供了良好的环境和条件。

首次实现了高速磁浮国产化车辆(包括车体、悬浮导向及涡流制动控制系统、车载供电系统、测速定位系统、车载控制诊断系统等)的设计制造以及整车的集成安装，并在1.5公里试验线上进行了联合调试与运行试验。所研制的车辆顺利通过了400米小半径曲线线路(这是当时世界上弯道半径最小的高速磁浮线路)。

自主研制成功了中功率变流器牵引系统，包括牵引控制系统、7.5 MVA IGBT中功率变流器系统、7.5 MVA IGCT可功率变流器系统、谐波滤波和无功补偿设备，以及轨旁开关设备等。其中，两套中功率变流器系统所采用的功率器件比上海磁浮示范运营线德国系统所采用的GTO器件更为先进。该系统的关键技术和设备均在1.5公里试验线上经过了运行试验的初步考核。

自主研制成功了一套运行控制系统，包括中央控制系统、分区控制系统、车载运行控制系统、车地通信系统和38G毫米波无线通信系统等，并研制了一套运行控制系统接口测试环境仿真平台。所研制的中央控制、分区控制、车载运行控制和车地通信等子系统，均通过了运行控制系统接口测试环境仿真平台的测试，并在1.5公里试验线的系统综合调试和运行试验中得到了初步验证。研制的38G毫米波无线通信系统也已在1.5公里试验线上成功应用，经过了运行试验的考核。

在完全掌握高速磁浮线路轨道的设计、制造和施工成套技术的基础上，研制和开发了新型轨道梁，对原有技术进行了一定程度的改进和创新，并首次自主研发了一组高速磁浮单开道岔。

在高速磁浮交通技术创新优化研究方面取得了一系列研究成果和进展。通过对高速磁浮交通车辆、线路轨道、牵引供电、运行控制四个子系统48个具有研究项目的技术创新优化研究，提出了对高速磁浮技术进行优化改进的思路及方法，同时也探索了新技术、新材料、新方法、新工艺在高速磁浮交通系统中的应用。

“三个一”系统集成的成功，标志着中国初步掌握了高速磁浮交通系统的系统集成技术。

第七节 科技奖项

上海轨道交通获得国家科技进步奖、国家建设部科技进步奖、国家教育部科技进步奖、上海市科技进步奖以及上海市优秀工程咨询成果奖等共计近300项，科技进步奖项居国内同类企业前列。

表6-1-1 1993—2015年上海轨道交通科技奖励获奖情况表

奖项名称	获奖时间	项目名称	等级	项目完成单位
国家科技进步奖	2006年	常导高速长定子轨道系统设计、制造和施工成套技术研究	二等奖	上海磁悬浮交通发展有限公司
	2008年	软土盾构隧道设计理论与施工控制技术及其应用	二等奖	上海申通地铁集团有限公司(第二完成单位)

（续表）

奖项名称	获奖时间	项 目 名 称	等 级	项目完成单位
国家建设部科技进步奖	1994 年	地下连续墙接头防水技术的试验和研究	三等奖	上海市地铁总公司
		地铁车站逆筑法施工，环境监测及工程结构综合研究	二等奖	上海市地铁总公司
	1995 年	上海地铁 1 号线	金杯奖	上海市地铁总公司
	1999 年	上海地区隧道与地下工程抗震设计研究	三等奖	上海市地铁总公司
		地铁盾构姿态控制器应用及开发研究	三等奖	上海市地铁总公司
国家教育部科技进步奖	2006 年	软土盾构隧道设计理论与施工控制技术及其应用	一等奖	上海申通地铁集团公司、上海申通轨道交通研究咨询有限公司
	2011 年	城市轨道交通列车关键设备监控、预警技术及系统	二等奖	上海申通地铁集团有限公司（第二完成单位）
	2013 年	城市高密集区大规模地下空间建造关键技术及其集成示范	一等奖	上海申通地铁集团有限公司（第二完成单位）
上海市科技进步奖	1993 年	上海地铁售检票系统设备研制及应用	三等奖	上海市地铁总公司
		OVM 型锚具和低松弛预应力钢绞线在桥梁工程中的应用研究	三等奖	上海市地铁总公司
	1994 年	地铁车站“逆作法”施工技术应用研究	二等奖	上海市地铁总公司
		地铁盾构同步注浆材料和压送工艺	三等奖	上海市地铁总公司
	1995 年	上海市地区地铁区间隧道盾构施工系统	二等奖	上海市隧道院
				上海市地铁总公司
				同济大学
	1996 年	上海地下工程堵漏抗渗技术研究	二等奖	上海市地铁总公司
	1998 年	地铁盾构姿态控制器应用及开发研究	二等奖	上海市地铁总公司
				上海隧道工程股份有限公司
	1999 年	基坑工程时空效应理论与实践	一等奖	上海市地铁总公司
				上海市隧道院
				同济大学
		地铁隧道联络通道矩形顶管技术研究	三等奖	上海市地铁总公司
	2000 年	上海地铁 2 号线联络通道冻结法施工技术研究	三等奖	上海市地铁总公司

（续表）

奖项名称	获奖时间	项 目 名 称	等　级	项目完成单位
上海市科技进步奖	2001年	地铁盾构穿越已建隧道的保护技术研究	三等奖	上海地铁建设公司
				上海地铁运营有限公司
				同济大学
		地铁施工环境保护系列新技术	二等奖	上海地铁建设公司
				上海地铁运营有限公司
				同济大学
				上海隧道工程轨道交通设计研究院
		地铁一号车辆IGBT静止辅助逆变器研制	三等奖	上海地铁建设公司
				上海地铁运营有限公司
	2002年	上海地铁列车自动控制（ATC）系统（ATP）子系统国产化	三等奖	上海市地铁总公司
				同济大学
				上海铁路通信工厂
	2003年	城市轨道交通桥梁设计主要参数与预应力作用下变形的研究	二等奖	上海地铁运营有限公司
				同济大学
		上海磁浮列车示范运营线轨道系统关键技术研究	一等奖	上海磁悬浮交通发展有限公司（第二完成单位）
	2006年	城市轨道交通自动售检票系统“一票换乘”应用研究	一等奖	上海申通地铁集团有限公司（第一完成单位）
		上海城市轨道交通网络系统综合研究	二等奖	上海申通地铁集团有限公司（第一完成单位）
		上海轨道交通安全运营若干关键技术研究及应用	三等奖	上海地铁运营有限公司（第一完成单位）
	2007年	城市轨道交通减振降噪关键技术研究与应用	二等奖	上海申通轨道交通研究咨询有限公司
				同济大学
				上海交通大学
		上海城市轨道交通供电系统关键技术研究与应用	三等奖	上海申通轨道交通研究咨询有限公司（第一完成单位）
		地铁车站建设安全及风险控制技术研究	三等奖	上海申通轨道交通研究咨询有限公司
				同济大学
				上海市隧道工程轨道交通设计研究院
		上海地铁1号线DC－01直流电动列车主回路综合测试台	三等奖	上海地铁运营有限公司（第一完成单位）

（续表）

奖项名称	获奖时间	项 目 名 称	等 级	项目完成单位
上海市科技进步奖	2008年	远程遥控气压沉箱设计施工与设备的关键技术	一等奖	上海申通地铁集团有限公司（第一完成单位）
		城市轨道交通综合监控与信息管理系统技术研发与应用	三等奖	上海申通地铁集团有限公司（第一完成单位）
		扰动地层塌陷隧道原位修复综合技术	二等奖	上海申通地铁集团有限公司（第一完成单位）
		轨道交通高架区间U型梁关键技术与应用	三等奖	上海申通地铁集团有限公司（第一完成单位）
		人民广场轨道交通枢纽工程风险控制与绿色施工技术	三等奖	上海申通地铁集团有限公司（第一完成单位）
		自动售检票（AFC）系统检测中心通用测试平台	三等奖	上海申通轨道交通研究咨询有限公司（第一完成单位）
		地铁盾构管片标准化设计及防火、预应力管片新技术	三等奖	上海申通轨道交通研究咨询有限公司（第一完成单位）
				上海隧道工程轨道交通设计研究院（第三完成单位）
		软土地区盾构法隧道设计核心技术	二等奖	上海隧道工程轨道交通设计研究院（第一完成单位）
		超大特长隧道防火灾综合技术及工程应用	三等奖	上海隧道工程轨道交通设计研究院（第一完成单位）
		长大隧道降温技术及应用	三等奖	上海隧道工程轨道交通设计研究院（第一完成单位）
	2009年	上海软土地层地铁车站路面盖挖法设计与施工技术研究	二等奖	上海申通地铁集团有限公司（第一完成单位）
		绿色环保型咬合桩围护和旋挖扩底桩设计、施工技术与装备	二等奖	上海申通地铁集团有限公司（第一完成单位）
		软土地层水平冻结设计、施工和融沉控制综合技术	二等奖	上海申通地铁集团有限公司（第一完成单位）
		地铁盾构下穿建（构）筑物的微扰动控制技术	二等奖	上海隧道工程轨道交通设计研究院（第一完成单位）
		上海轨道交通安全预警和应急处置关键技术研究	二等奖	上海申通地铁集团有限公司（第一完成单位）
		轨道交通换乘车站结构改扩建技术	三等奖	上海隧道工程轨道交通设计研究院（第一完成单位）

（续表）

奖项名称	获奖时间	项 目 名 称	等 级	项目完成单位
上海市科技进步奖	2010年	上海轨道交通7号线工程关键技术	二等奖	上海申通地铁集团有限公司（第一完成单位）
		城市轨道交通综合节能技术与应用	三等奖	上海申通地铁集团有限公司（第一完成单位）
		城市轨道交通无线通信系统关键技术	三等奖	上海申通地铁集团有限公司（第二完成单位）
		地铁车站与地下综合体一体化建造技术	三等奖	上海申通地铁集团有限公司（第二完成单位）
		软弱地层管棚法隧道的设计理论、关键技术及工程应用	三等奖	上海隧道工程轨道交通设计研究院（第一完成单位）
		软土地区盾构法隧道设计核心技术	三等奖	上海隧道工程轨道交通设计研究院（第一完成单位）
		长大隧道降温技术及应用	三等奖	上海隧道工程轨道交通设计研究院（第一完成单位）
	2011年	轨交车辆用微孔型制动摩擦片	三等奖	上海轨道交通维护保障中心车辆公司（第二完成单位）
		城市轨道交通网络化运营决策支持关键技术及应用	二等奖	上海申通地铁集团有限公司（第一完成单位）
		城市轨道交通车辆出入段/场扩能应对策略及关键技术	二等奖	上海申通地铁集团有限公司（第一完成单位）
		运营地铁隧道长期沉降预测及控制关键技术	三等奖	上海申通地铁集团有限公司（第一完成单位）
		自适应支撑系统基坑变形控制技术及成套系统设备研究与应用	二等奖	上海申通地铁集团有限公司（第三完成单位）
		特大型越江交通设施建养一体数字化关键技术	一等奖	上海市隧道工程轨道交通设计研究院（第五完成单位）
		公路隧道管片衬砌结构耐久性设计与试验	三等奖	上海隧道工程轨道交通设计研究院（第一完成单位）
		超大特长盾构法隧道设计关键技术	二等奖	上海隧道工程轨道交通设计研究院（第一完成单位）
		利用既有结构开发地下大空间新技术	二等奖	上海申通地铁集团有限公司（第三完成单位）
		盾构穿越地下障碍物特殊技术	三等奖	上海申通地铁集团有限公司（第一完成单位）

（续表）

奖项名称	获奖时间	项目名称	等级	项目完成单位
上海市科技进步奖	2012年	城市轨道交通高等级减振降噪集成技术研究与产业化应用	一等奖	上海申通地铁集团有限公司(第一完成单位)
				上海申通轨道交通研究咨询有限公司(第二完成单位)
				上海市隧道工程轨道交通设计研究院(第五完成单位)
		城市轨道交通车辆关键部件及控制系统开发	三等奖	上海申通地铁集团有限公司(第一完成单位)
		轨道交通网络化乘客信息系统技术应用研究	三等奖	上海申通地铁集团有限公司(第一完成单位)
				上海隧道工程轨道交通设计研究院(第二完成单位)
		都市核心区大型地下快速通道建造关键技术	一等奖	上海市隧道工程轨道交通设计研究院(第二完成单位)
		上海长江隧桥工程建设关键技术	一等奖	上海市隧道工程轨道交通设计研究院(第五完成单位)
	2013年	上海轨道交通2号线东延伸工程关键技术	二等奖	上海申通地铁集团有限公司(第一完成单位)
		上海轨道交通10号线工程建设关键技术及应用	二等奖	上海申通地铁集团有限公司(第一完成单位)
				上海市隧道工程轨道交通设计研究院(第二完成单位)
		城市轨道交通能耗控制关键技术及应用	二等奖	上海申通地铁集团有限公司(第一完成单位)
				上海申通轨道交通研究咨询有限公司(第六完成单位)
		软土地铁建筑结构的震害及抗震设计关键技术	三等奖	上海申通地铁集团有限公司(第二完成单位)
		周边群体工程建设活动对地铁运营安全叠加影响的关键控制技术	三等奖	上海申通地铁集团有限公司维护保障中心(第二完成单位)
		大型综合交通枢纽建设关键技术	三等奖	上海申通地铁集团有限公司(第三完成单位)
	2014年	软土隧道工程运营期结构安全关键技术	一等奖	上海申通地铁集团有限公司(第一完成单位)
				上海申通轨道交通研究咨询有限公司(第四完成单位)
				上海市隧道工程轨道交通设计研究院(第五完成单位)

（续表）

奖项名称	获奖时间	项 目 名 称	等 级	项目完成单位
上海市科技进步奖	2014年	城市轨道交通网络化关键设备及安全实时嵌入式操作系统的自主研发与应用	一等奖	上海申通地铁集团有限公司（第一完成单位）
				上海申通轨道交通研究咨询有限公司（第十完成单位）
		复杂软土地层中超深地下连续墙、钻孔灌注桩施工关键技术	一等奖	上海申通地铁集团有限公司（第三完成单位）
		市域轨道交通建设关键技术	二等奖	上海申通地铁集团有限公司（第一完成单位）
		轨道交通网通信系统网络化工程与关键技术	三等奖	上海申通地铁集团有限公司（第一完成单位）
				上海申通轨道交通研究咨询有限公司（第八完成单位）
		轨道交通列车制动与供风系统核心部件研制技术及其应用	三等奖	上海地铁维护保障有限公司（第一完成单位）
		城市供水大型输水工程关键技术与示范应用	一等奖	上海市隧道工程轨道交通设计研究院（第四完成单位）
	2015年	城轨交通基础设施全息化移动检测与运维关键技术及系统研制	二等奖	上海申通地铁集团有限公司（第一完成单位）
				上海市隧道工程轨道交通设计研究院（第四完成单位）
		软土隧道运营安全预警技术及装备	二等奖	上海地铁维护保障有限公司（第六完成单位）
		千万人口输水隧道工程建造关键技术创新与应用	二等奖	上海市隧道工程轨道交通设计研究院（第二完成单位）
		扩建型轨道交通枢纽站超深基坑工程安全和环境安全双控技术	二等奖	上海市隧道工程轨道交通设计研究院（第六完成单位）
		上海地铁2号线TWC轨旁系统维修检测装置研发及示范应用	三等奖	上海地铁维护保障有限公司
中国建筑设计研究院CADG杯华夏建设科学技术奖	2006年	双圆盾构隧道工程综合技术研究	二等奖	上海市隧道工程轨道交通设计研究院（第二完成单位）
				上海轨道交通杨浦线发展有限公司（第三完成单位）
	2009年	城市轨道交通工程项目建设标准	一等奖	上海申通轨道交通研究咨询有限公司（第二完成单位）
		软弱地层地铁车站连续自控化气压沉箱技术研究	二等奖	上海申通轨道交通研究咨询有限公司（第二完成单位）
				上海轨道7号线发展有限公司（第四完成单位）

（续表）

奖项名称	获奖时间	项 目 名 称	等 级	项目完成单位
中国建筑设计研究院CADG杯华夏建设科学技术奖	2009年	我国轨道交通首座四线换乘枢纽站结构改扩建综合技术	三等奖	上海市隧道工程轨道交通设计研究院（第一完成单位）
				上海申通地铁集团有限公司（第二完成单位）
		环保型节能型可视可控旋挖扩底桩和咬合桩综合技术	三等奖	上海市隧道工程轨道交通设计研究院（第一完成单位）
				上海申通地铁集团有限公司（第二完成单位）
	2010年	超大特长隧道全比例火灾试验研究	三等奖	上海市隧道工程轨道交通设计研究院（第一完成单位）
		道路隧道设计规范	三等奖	上海市隧道工程轨道交通设计研究院
	2012年	隧道安全防灾关键技术研究	二等奖	上海隧道工程轨道交通设计研究院
全国建设行业科技成果推广项目奖	2007年	城市轨道交通自动售检票（AFC）系统	全国建设行业推广项目	上海申通地铁集团公司
	2009年	地铁车站建设安全及风险控制技术	全国建设行业推广项目	上海申通轨道交通研究咨询有限公司
中国机械工业科学技术奖	2009年	基于工业以太网的集成监控系统关键技术研究及产品开发	二等奖	上海申通轨道交通研究咨询有限公司
		城市轨道交通综合监控与信息管理系统关键技术研究与应用	三等奖	上海申通地铁集团有限公司
				上海申通轨道交通研究咨询有限公司
中国优秀工程咨询成果奖	2006年	上海城市轨道交通网络系统综合研究	二等奖	上海申通地铁集团公司
				上海申通轨道交通研究咨询有限公司
	2009年	软弱地层地铁车站连续自控化气压沉箱技术研究	二等奖	上海申通地铁集团公司
				上海申通轨道交通研究咨询有限公司
	2010年	上海市轨道交通11号线北段工程、南段工程可行性研究报告	一等奖	上海申通轨道交通研究咨询有限公司（第一完成单位）
	2015年	上海轨道交通网络大型专用检测维护与应急抢修装备体系研究	三等奖	上海申通轨道交通研究咨询有限公司（第一完成单位）
上海市优秀工程咨询成果奖	2006年	上海城市轨道交通网络系统综合研究	一等奖	上海申通地铁集团有限公司
				上海申通轨道交通研究咨询有限公司
		上海市轨道交通8号线（M8线）一期工程可行性研究报告	一等奖	上海市隧道工程轨道交通设计研究院
				上海申通轨道交通研究咨询有限公司
		上海市轨道交通徐家汇枢纽站实施性方案专题研究	一等奖	上海市城建设计院
				上海申通地铁集团有限公司

（续表）

奖项名称	获奖时间	项 目 名 称	等 级	项目完成单位
上海市优秀工程咨询成果奖	2006年	城市轨道交通自动售检票“一票换乘”应用研究	三等奖	上海申通地铁集团有限公司
				上海市建科院
		上海市轨道交通11号线运行组织研究	三等奖	上海申通地铁集团有限公司
				上海市城建设计院
		上海市轨道交通10号线工程可行性研究报告	三等奖	上海市隧道工程轨道交通设计研究院
				上海申通地铁集团有限公司
		上海市地铁2号线西延伸段工程(虹桥机场站—中山公园站)可行性研究报告	三等奖	上海市隧道工程轨道交通设计研究院
		上海市轨道交通6号线(L4线)工程可行性研究报告	三等奖	上海申通轨道交通研究咨询有限公司
				上海市隧道工程轨道交通设计研究院
	2007年	上海市轨道交通10号线应用无人驾驶系统研究论证报告	一等奖	上海申通轨道交通研究咨询有限公司
				上海市隧道工程轨道交通设计研究院
		上海轨道交通(地铁)1号线电力负荷特性分析	二等奖	上海申通轨道交通研究咨询有限公司
				上海地铁运营有限公司
		上海轨道交通节能与环保设计咨询研究	二等奖	上海申通轨道交通研究咨询有限公司
		上海轨道交通换乘车站机电集成共享研究	二等奖	上海申通轨道交通研究咨询有限公司
		上海市轨道交通标志设置指导手册	二等奖	上海申通地铁集团有限公司
		轨道交通3号线噪声评价及改进措施研究	二等奖	上海申通地铁集团有限公司
				上海申通轨道交通研究咨询有限公司
		上海轨道交通工程地下混凝土结构耐久性设计咨询研究	三等奖	上海申通轨道交通研究咨询有限公司
		上海郊区轨道站点客流特征与换乘设计	三等奖	上海申通地铁集团有限公司
		轨道与地面公交一体化研究	三等奖	上海申通地铁集团有限公司
		轨道站步行空间优化设计与客流引导关键技术研究	三等奖	上海申通地铁集团有限公司
		电流选跳技术在轨道交通中压网络中应用的研究	三等奖	上海申通轨道交通研究咨询有限公司
				上海申通地铁集团有限公司

（续表）

奖项名称	获奖时间	项目名称	等级	项目完成单位
上海市优秀工程咨询成果奖	2008年	上海轨道交通12号线工程可行性研究	一等奖	上海市隧道工程轨道交通设计研究院
				上海申通地铁集团有限公司
				上海申通轨道交通研究咨询有限公司
		上海市轨道交通汉中路枢纽方案研究	一等奖	上海申通轨道交通研究咨询有限公司
				上海申通地铁集团有限公司
		上海轨道交通12号线工程可行性研究	一等奖	上海申通地铁集团有限公司
		上海城市轨道交通网络发展战略研究	一等奖	上海申通地铁集团有限公司
				上海申通轨道交通研究咨询有限公司
		上海轨道交通网络维护保障体系综合研究	二等奖	上海申通轨道交通研究咨询有限公司
				上海申通地铁集团有限公司
		轨道交通高架区间U型梁关键技术研究与应用	二等奖	上海申通地铁集团有限公司
				上海申通轨道交通研究咨询有限公司
		上海市轨道交通无线通信频率规划调整	二等奖	上海申通轨道交通研究咨询有限公司
		上海轨道交通网络视觉形象规范指导手册	二等奖	上海申通地铁集团有限公司
		轨道交通减振降噪对策及控制技术综合研究	三等奖	上海申通轨道交通研究咨询有限公司
		上海轨道交通漕宝路站改扩建工程可行性研究报告	三等奖	上海申通轨道交通研究咨询有限公司
				上海申通地铁集团有限公司
		轨道交通区间隧道穿越机场跑道可实施性技术研究	三等奖	上海申通轨道交通研究咨询有限公司
		上海市轨道交通网络运营协调中心与应急中心工程可行性研究报告	三等奖	上海申通轨道交通研究咨询有限公司
				上海轨道交通维护保障中心
		轨道交通跳站运行及快慢车组合运行方案研究	三等奖	上海申通轨道交通研究咨询有限公司
		上海城市轨道交通工程技术经济指标体系研究	三等奖	上海申通轨道交通研究咨询有限公司
		上海城市轨道交通网络信息中心工程可行性研究	三等奖	上海申通轨道交通研究咨询有限公司
	2009年	轨道交通换乘车站结构改建技术研究暨世纪大道站设计研究总报告	二等奖	上海市隧道工程轨道交通设计研究院
				上海申通地铁集团有限公司

（续表）

奖项名称	获奖时间	项 目 名 称	等 级	项目完成单位
上海市优秀工程咨询成果奖	2009年	AM工法全液压可视可控旋挖扩底灌注桩在上海轨道交通工程中的应用	二等奖	上海市隧道工程轨道交通设计研究院
		人民广场站1、8号线扩容方案研究	一等奖	上海申通轨道交通研究咨询有限公司
		上海崇明越江通道长江大桥轨道车辆走行性研究	一等奖	上海申通地铁集团有限公司
		软弱地层地铁车站连续自控化气压沉箱技术研究	一等奖	上海申通地铁集团有限公司
				上海市城建设计院
		11号线南段工程技术标准研究（系统制式、车辆、越行方案及车站配线）	二等奖	上海申通轨道交通研究咨询有限公司
				上海市城建设计院
		上海轨道交通长区间隧道通风方案研究	二等奖	上海申通地铁集团有限公司
				上海申通轨道交通研究咨询有限公司
		轨道交通网络服务信息化管理研究报告与服务手册	二等奖	上海申通地铁集团有限公司
		地铁与磁悬浮交通相互震动影响及其对策研究	三等奖	上海申通轨道交通研究咨询有限公司
		轨道交通莘庄节点换乘方案	三等奖	上海市隧道工程轨道交通设计研究院
		综合监控系统在轨道交通7号线工程中的应用研究	三等奖	上海申通轨道交通研究咨询有限公司
				上海申通地铁集团有限公司
				上海市隧道工程轨道交通设计研究院
		上海地铁盾构区间隧道沉降预控制技术研究	三等奖	上海申通轨道交通研究咨询有限公司
		上海城市轨道交通网络线路检测、探伤设备研究	三等奖	上海轨道交通维护保障中心
	2010年	轨道交通网络信息化规划与应用研究	一等奖	上海申通轨道交通研究咨询有限公司（第一完成单位）
		上海轨道交通网络运营智能化信息服务系统工程可行性研究	一等奖	上海申通轨道交通研究咨询有限公司（第一完成单位）
				上海轨道交通维护保障中心（第二完成单位）
				上海轨道交通运营管理中心（第三完成单位）
		轨道交通商业网络化营销策略研究	二等奖	上海申通地铁资产经营管理公司

（续表）

奖项名称	获奖时间	项目名称	等级	项目完成单位
上海市优秀工程咨询成果奖	2010年	轨道交通环境控制系统评估测试与综合节能研究	二等奖	上海申通轨道交通研究咨询有限公司
		轨道交通区间隧道及地下车站渗漏防水综合治理技术研究	二等奖	上海申通轨道交通研究咨询有限公司
				上海申通地铁集团有限公司
		软土地层地铁车站地下连续墙围护结构设计指标研究	二等奖	上海申通地铁集团有限公司
				上海申通轨道交通研究咨询有限公司
		地铁停车场上盖开发模式研究	二等奖	上海申通地铁资产经营管理公司
		上海轨道交通减振降噪技术评估及应用	三等奖	上海申通地铁集团有限公司
				上海申通轨道交通研究咨询有限公司
		轨道交通列车运行控制系统自主创新战略研究	三等奖	上海申通轨道交通研究咨询有限公司
		上海市轨道交通地下车站与周边地下空间的连接研究	三等奖	上海申通轨道交通研究咨询有限公司
		软土地层盾构进出洞加固技术应用研究	三等奖	上海申通轨道交通研究咨询有限公司
		上海轨道交通网络公安分控中心(电视监控系统与安防系统)工程可行性研究	三等奖	上海申通轨道交通研究咨询有限公司
		旁通道冻结法施工技术指南	三等奖	上海轨道交通维护保障中心
	2011年	上海市城市快速轨道交通近期建设规划(2010—2020年)	一等奖	上海申通轨道交通研究咨询有限公司(第一完成单位)
				上海隧道工程轨道交通设计研究院(第二完成单位)
		上海城市轨道交通工程技术标准	一等奖	上海申通轨道交通研究咨询有限公司
				上海市隧道工程轨道交通设计研究院
		上海轨道交通2号线东延伸接驳段移梁综合技术研究	一等奖	上海申通轨道交通研究咨询有限公司
				上海轨道交通2号线东延伸发展有限公司
		城市轨道交通车辆出入段/场扩能应对策略及关键技术研究	一等奖	上海申通轨道交通研究咨询有限公司(第一完成单位)
		上海城市轨道交通能耗指标评估体系的研究	一等奖	上海申通轨道交通研究咨询有限公司(第一完成单位)
				上海隧道工程轨道交通设计研究院(第三完成单位)

（续表）

奖项名称	获奖时间	项 目 名 称	等　级	项目完成单位
上海市优秀工程咨询成果奖	2011年	上海地铁数字档案馆	二等奖	上海申通轨道交通研究咨询有限公司（第一完成单位）
				上海申通地铁集团有限公司（第二完成单位）
		轨道交通车站安全防护设施设备标准研究	二等奖	上海申通轨道交通研究咨询有限公司
		地铁隧道变形自动监测系统研究	二等奖	上海申通轨道交通研究咨询有限公司
		复杂环境地铁车站出入口及风井设置研究	二等奖	上海申通轨道交通研究咨询有限公司
		上海轨道交通地下车站主体结构设计量化指标研究	二等奖	上海申通轨道交通研究咨询有限公司
		上海轨道交通基本网络建设远程监控专项研究（2007—2009年）	二等奖	上海申通轨道交通研究咨询有限公司
		轨道交通网络中心时间同步系统的实施方法的研究	二等奖	上海申通轨道交通研究咨询有限公司（第一完成单位）
		城市轨道交通安全保障技术研究	三等奖	上海申通轨道交通研究咨询有限公司
		世博期间轨道交通工程建设影响及对策研究	三等奖	上海申通轨道交通研究咨询有限公司（第一完成单位）
				上海轨道交通13号线发展有限公司（第二完成单位）
		轨道交通2号线东延伸工程对宏力公司振动影响的对策研究	三等奖	上海申通轨道交通研究咨询有限公司
		上海轨道交通运营线路技术后评估	三等奖	上海申通轨道交通研究咨询有限公司
		上海轨道交通网络钢轨铣磨车、隧道清洗车技术方案研究	三等奖	上海申通轨道交通研究咨询有限公司
				上海轨道交通维护保障中心
		上海轨道交通车站装修工程标准化及管理技术研究	三等奖	上海申通轨道交通研究咨询有限公司（第一完成单位）
		地铁钢轨波浪形磨耗与振动关系及打磨时机确定的研究与应用	三等奖	上海申通轨道交通研究咨询有限公司
				上海轨道交通维护保障中心
		ISCS人机界面及相关接口标准化研究	三等奖	上海申通轨道交通研究咨询有限公司（第一完成单位）
		人脸辨识测试方法研究	三等奖	上海申通轨道交通研究咨询有限公司
		轨道交通车站空调水系统变流量模糊控制节能技术应用研究	三等奖	上海申通轨道交通研究咨询有限公司

（续表）

奖项名称	获奖时间	项目名称	等级	项目完成单位
上海市优秀工程咨询成果奖	2011年	上海市轨道交通5号线南延伸信号系统工程和5号线信号系统改造工程可行性研究	三等奖	上海申通轨道交通研究咨询有限公司（第一完成单位）
		轨道交通公众移动通信系统建设模式和收费标准的研究	三等奖	上海申通轨道交通研究咨询有限公司
				上海申通地铁资产经营管理有限公司
	2012年	地铁与公共建筑合建振动噪声影响分析及控制技术研究	一等奖	上海申通轨道交通研究咨询有限公司（第一完成单位）
		上海城市轨道交通网络标准体系规划研究	一等奖	上海申通轨道交通研究咨询有限公司
		钢弹簧浮置板设计施工一体化研究	一等奖	上海申通轨道交通研究咨询有限公司
		上海轨道交通“十二五”发展规划研究	一等奖	上海申通轨道交通研究咨询有限公司
		城市轨道交通高架车站及车辆基地的综合开发研究	一等奖	上海申通轨道交通研究咨询有限公司（第一完成单位）
		探地雷达应用于盾构前向探测与辨识研究	一等奖	上海申通轨道交通研究咨询有限公司（第一完成单位）
				上海地铁盾构设备工程有限公司（第二完成单位）
		上海轨道交通11号线盾构穿越重要建筑物施工扰动机理与控制关键技术研究	一等奖	上海申通轨道交通研究咨询有限公司（第一完成单位）
		上海轨道交通网络应急保障体系研究	二等奖	上海申通轨道交通研究咨询有限公司
		轨道交通车站客运能力综合研究	二等奖	上海申通轨道交通研究咨询有限公司
		轨道交通能源利用综合管理平台开发研究	二等奖	上海申通轨道交通研究咨询有限公司（第一完成单位）
		上海轨道交通应急预案深化研究	二等奖	上海申通轨道交通研究咨询有限公司（第一完成单位）
				上海轨道交通运营管理中心（第二完成单位）
		上海轨道交通车站设备功能新线接管运营需求研究	二等奖	上海申通轨道交通研究咨询有限公司（第一完成单位）
				上海轨道交通运营管理中心（第二完成单位）
		TETRA系统技术与应用研究	二等奖	上海申通轨道交通研究咨询有限公司（第一完成单位）
				上海轨道交通维护保障中心（第二完成单位）

（续表）

奖项名称	获奖时间	项 目 名 称	等　级	项目完成单位
上海市优秀工程咨询成果奖	2012年	南宁城市轨道交通1号线一期工程建设实施方案	二等奖	上海申通轨道交通研究咨询有限公司
		上海轨道交通16号线正线试车技术方案研究	二等奖	上海申通轨道交通研究咨询有限公司
		上海轨道交通公共安全技术防范需求与应用研究	三等奖	上海申通轨道交通研究咨询有限公司（第一完成单位）
		矩形通道拉顶结合施工技术应用研究	三等奖	上海申通轨道交通研究咨询有限公司（第一完成单位）
				上海轨道交通2号线东延伸发展有限公司（第三完成单位）
		上海城市轨道交通信息化产品自主创新重点领域及机制研究	三等奖	上海申通轨道交通研究咨询有限公司（第一完成单位）
		城市轨道交通运营服务中的民事法律责任和对策研究	三等奖	上海申通轨道交通研究咨询有限公司（第一完成单位）
				上海轨道交通运营管理中心（第二完成单位）
		轨道交通三开道岔信号技术研究	三等奖	上海申通轨道交通研究咨询有限公司
		上海市轨道交通5号线南延伸工程专题——新车选型及既有车改造研究	三等奖	上海申通轨道交通研究咨询有限公司
		轨道交通环控系统车站风井优化研究	三等奖	上海申通轨道交通研究咨询有限公司（第一完成单位）
				上海市隧道工程轨道交通设计研究院（第二完成单位）
		上海轨道交通新五线车站装修通用技术文件	三等奖	上海申通轨道交通研究咨询有限公司
		轨道交通综合开发设计接口要素研究	三等奖	上海申通轨道交通研究咨询有限公司
		铁路上海站北广场综合交通枢纽工程轨道交通3、4号线地下换乘大厅	二等奖	上海申通轨道交通研究咨询有限公司（第二完成单位）
	2013年	上海轨道交通网络大型专用检测维护与应急抢修装备体系研究	一等奖	上海申通轨道交通研究咨询有限公司
		网络车辆综合研究	一等奖	上海申通轨道交通研究咨询有限公司
				上海轨道交通维护保障中心
		城市轨道交通列车运行控制系统的运行能力分析模型建模研究及软件开发	一等奖	上海申通轨道交通研究咨询有限公司（第一完成单位）

(续表)

奖项名称	获奖时间	项 目 名 称	等 级	项目完成单位
上海市优秀工程咨询成果奖	2013年	滑动式电动安全栏杆技术研究	一等奖	上海申通轨道交通研究咨询有限公司(第一完成单位)
				上海地铁第二运营有限公司(第三完成单位)
		上海轨道交通地质环境安全及控制关键技术	一等奖	上海申通轨道交通研究咨询有限公司(第一完成单位)
		车站通风空调系统智能化控制管理及节能模式实施研究	一等奖	上海申通轨道交通研究咨询有限公司(第一完成单位)
				上海地铁第三运营有限公司(第三完成单位)
		上海市轨道交通11号线北段(罗山路—迪士尼乐园)工程可行性研究	二等奖	上海申通轨道交通研究咨询有限公司
		轨道交通车辆基地信号技术研究	二等奖	上海申通轨道交通研究咨询有限公司(第一完成单位)
		地铁防淹与防护密闭隔断门结合设置的开发与研制	二等奖	上海申通轨道交通研究咨询有限公司(第一完成单位)
		高铁线路和地铁车站结构合建振动影响分析及控制技术研究	二等奖	上海申通轨道交通研究咨询有限公司(第一完成单位)
				上海轨道交通申松线发展有限公司(第二完成单位)
		车站轨行区排风(热)风管节能优化风速均匀性研究	二等奖	上海申通轨道交通研究咨询有限公司(第一完成单位)
		城市轨道交通车辆减振降噪技术研究	二等奖	上海申通轨道交通研究咨询有限公司
				上海轨道交通申嘉线发展有限公司
		控制中心建筑工艺标准化研究	三等奖	上海申通轨道交通研究咨询有限公司(第一完成单位)
		沼气的工程危害与对策研究	三等奖	上海申通轨道交通研究咨询有限公司(第一完成单位)
		盾构隧道近距离穿越既有运营隧道的长期影响及治理研究	三等奖	上海申通轨道交通研究咨询有限公司(第一完成单位)
				上海轨道交通维护保障中心(第二完成单位)
		6、8号线车门状态监控旁路方案研究	三等奖	上海申通轨道交通研究咨询有限公司
		上海轨道交通10号线MCPA项目关键技术与应用研究	三等奖	上海申通轨道交通研究咨询有限公司
				上海申通地铁资产经营管理有限公司

（续表）

奖项名称	获奖时间	项 目 名 称	等　级	项目完成单位
上海市优秀工程咨询成果奖	2014年	软土隧道工程运营期结构安全关键技术研究	一等奖	上海申通轨道交通研究咨询有限公司（第一完成单位）
				上海地铁维护保障有限公司工务公司（第四完成单位）
		轨交车辆应急牵引关键技术及实施方案研究	一等奖	上海申通轨道交通研究咨询有限公司（第一完成单位）
		市域轨道交通建设关键技术研究	一等奖	上海申通轨道交通研究咨询有限公司（第一完成单位）
				上海黄浦江大桥建设有限公司（第二完成单位）
		上海轨道交通网络化运营管理体系综合研究	二等奖	上海申通轨道交通研究咨询有限公司
		城市轨道交通信号系统设备集中站、非设备集中站设置设计要求研究	二等奖	上海申通轨道交通研究咨询有限公司
				上海轨道交通运营管理中心
				上海申通地铁集团有限公司建管中心
				上海地铁维护保障有限公司
		上海市轨道交通2号线牵引供电系统运行能力评估	二等奖	上海申通轨道交通研究咨询有限公司
				上海地铁维护保障有限公司
		轨道交通网通信系统网络化工程与关键技术	二等奖	上海申通轨道交通研究咨询有限公司
		人民广场大客流管理系统研究	三等奖	上海申通轨道交通研究咨询有限公司（第一完成单位）
				上海轨道交通运营管理中心（第三完成单位）
		地铁建设期盾构法隧道管片缺陷修复关键技术研究	三等奖	上海申通轨道交通研究咨询有限公司（第一完成单位）
				上海申通地铁集团有限公司建管中心（第二完成单位）
		郑州市轨道交通运营管理体系及人力资源规划咨询服务	三等奖	上海申通轨道交通研究咨询有限公司
		上海地铁列车改造扩编关键技术及应用	三等奖	上海申通轨道交通研究咨询有限公司（第一完成单位）
				上海地铁维护保障有限公司（第二完成单位）
		城市轨道交通通信系统综合测试平台建设	三等奖	上海申通轨道交通研究咨询有限公司
		上海轨道交通列车定位技术研究	三等奖	上海申通轨道交通研究咨询有限公司

（续表）

奖项名称	获奖时间	项 目 名 称	等 级	项目完成单位
上海市优秀工程咨询成果奖	2015年	上海轨道交通网络列车运行控制系统数据平台建设研究	一等奖	上海申通轨道交通研究咨询有限公司
		模块化智能UPS成套系统研制及示范应用	一等奖	上海申通轨道交通研究咨询有限公司(第一完成单位)
				上海地铁维护保障有限公司(第二完成单位)
		上海轨道交通AFC多线中央系统可行性研究	一等奖	上海申通轨道交通研究咨询有限公司(第一完成单位)
				上海申通地铁集团有限公司建管中心(第二完成单位)
				上海轨道交通运营管理中心(第三完成单位)
		盾构隧道下穿高层建筑风险控制及对策研究	一等奖	上海申通轨道交通研究咨询有限公司(第一完成单位)
				上海轨道交通13号线发展有限公司(第二完成单位)
		上海轨道交通18号线一期工程设计阶段信号系统运行能力仿真研究	二等奖	上海申通轨道交通研究咨询有限公司
		线间列车共享信号技术方案专题研究	二等奖	上海申通轨道交通研究咨询有限公司
		地铁非正常运行安全保障关键技术研究及示范	二等奖	上海申通轨道交通研究咨询有限公司
		运营轨道交通高架区间下方实施深基坑工程关键技术研究	二等奖	上海申通轨道交通研究咨询有限公司(第一完成单位)
				上海轨道交通12号线发展有限公司(第二完成单位)
				上海市隧道工程轨道交通设计研究院(第三完成单位)
		高架区间声屏障建设标准研究	三等奖	上海申通轨道交通研究咨询有限公司
		车辆架大修工艺流程及设备配置优化研究	三等奖	上海申通轨道交通研究咨询有限公司
				上海地铁维护保障有限公司
				上海市隧道工程轨道交通设计研究院
		城市轨道交通运营作业场所职业危害预防	三等奖	上海申通轨道交通研究咨询有限公司(第一完成单位)
		控制研究		

（续表）

奖项名称	获奖时间	项 目 名 称	等　级	项目完成单位
上海市优秀工程咨询成果奖	2015年	上海轨道交通新建线路空载试运行演练工作方案的研究	三等奖	上海申通轨道交通研究咨询有限公司（第一完成单位）
				上海轨道交通运营管理中心（第二完成单位）
		上海轨道交通路网运能规划研究	三等奖	上海申通轨道交通研究咨询有限公司（第一完成单位）
				上海轨道交通运营管理中心（第二完成单位）
		轨道交通行业物资供应评价体系及实现方法研究	三等奖	上海申通轨道交通研究咨询有限公司（第一完成单位）
				上海地铁维护保障有限公司（第二完成单位）
				上海地铁维护保障有限公司物资和后勤分公司（第三完成单位）
		应急机动视频监控系统装置研究三等奖		上海申通轨道交通研究咨询有限公司（第一完成单位）
				上海地铁维护保障有限公司（第二完成单位）
				上海地铁维护保障有限公司通号分公司（第三完成单位）
上海市优秀发明选拔赛奖	2007年	具有复合弹簧支座的浮置板轨道结构	金奖	上海申通轨道交通研究咨询有限公司（第一完成单位）
	2008年	基于票务信息的轨道交通全网式管理系统	金奖	上海申通地铁集团有限公司
				上海申通轨道交通研究咨询有限公司
	2013年	具有超短地下墙的围护结构	金奖	上海隧道工程轨道交通设计研究院
		用于隧道内逃生井盖的锁紧装置、隧道内逃生井盖的安装方法	铜奖	上海隧道工程轨道交通设计研究院
	2014年	公路隧道机械分散排风的方法	铜奖	上海隧道工程轨道交通设计研究院
		解决长距离越江工程的高程控制测量传递精度衰减问题	银奖	上海隧道工程轨道交通设计研究院
		隧道接缝堵漏试验方法	铜奖	上海隧道工程轨道交通设计研究院
	2015年	用于沉管隧道可重复使用的装配式端封方法	金奖	上海隧道工程轨道交通设计研究院
		一种屏蔽门系统兼用的地铁站台排烟方法	银奖	上海隧道工程轨道交通设计研究院

第八节 知识产权

上海申通地铁集团通过加强对科研项目中的发明专利、实用新型、外观设计、软件著作等知识产权的创造、管理、运用和保护，提升企业的自主创新能力。

一、发明专利

表 6-1-2 2011—2015 年上海轨道交通发明专利授权情况表

序号	名 称	专利号	授权日期	专利权人
1	软土基连续沉箱施工方法	ZL200810202364.2	2011 年 8 月 10 日	上海市城市建设设计研究院 上海申通轨道交通研究咨询有限公司
2	盾构同步注浆施工工艺	ZL200910054672.x	2011 年 12 月 7 日	上海隧道工程股份有限公司 上海申通轨道交通研究咨询有限公司
3	故障安全型红外线双向应答器系统	ZL200910046544.0	2011 年 11 月 9 日	上海申通轨道交通研究咨询有限公司
4	便携式地铁到站提醒装置的回收系统及回收方法	ZL200910083905.9	2011 年 4 月 20 日	北京交通大学 上海申通轨道交通研究咨询有限公司
5	便携式地铁到站提醒装置的取出系统及取出方法	ZL200910083906.3	2011 年 4 月 20 日	北京交通大学 上海申通轨道交通研究咨询有限公司
6	便携式地铁到站提醒装置及其提醒方法	ZL200910083907.8	2011 年 4 月 20 日	北京交通大学 上海申通轨道交通研究咨询有限公司
7	三辊闸机芯控制器及其参数设置方法	ZL200910053363.0	2011 年 4 月 20 日	华铭智能终端设备 上海申通轨道交通研究咨询有限公司
8	扇门控制器	ZL200910053364.5	2011 年 12 月 14 日	华铭智能终端设备 上海申通轨道交通研究咨询有限公司
9	地下综合体一体化共建实施设计方法	ZL200910198548.0	2011 年 4 月 13 日	同济大学建筑设计研究院(集团)有限公司 上海申通地铁集团有限公司
10	地铁隧道整体形变检测系统	ZL201010253984.6	2011 年 9 月 28 日	上海地铁盾构设备工程有限公司 上海申通轨道交通研究咨询有限公司
11	适用于轨道交通基地的空气源热泵辅助太阳能热水系统	ZL200810200110.7	2012 年 5 月 23 日	上海申通轨道交通研究咨询有限公司
12	轨道交通车辆基地燃气锅炉辅助太阳能热水及采暖装置	ZL200810201126.x	2012 年 1 月 25 日	上海申通轨道交通研究咨询有限公司
13	地铁列车车载到站提醒发送系统及其到站信息发送方法	ZL200910083908.2	2012 年 9 月 5 日	北京交通大学 上海申通轨道交通研究咨询有限公司
14	三面封闭已建结构下盾构进出洞施工方法	ZL201010611554.7	2012 年 11 月 28 日	上海隧道工程股份有限公司 上海申通地铁集团有限公司
15	基于探地雷达的盾构施工系统	ZL201010254003.X	2012 年 7 月 11 日	上海地铁盾构设备工程有限公司

（续表）

序号	名　　称	专　利　号	授权日期	专 利 权 人
16	地铁隧道断面变形监测系统	ZL201010253981.2	2012 年 7 月 11 日	上海地铁盾构设备工程有限公司
17	一种基于神经网络的地铁列车故障诊断装置及其方法	ZL201010563179.3	2012 年 9 月 5 日	株洲南车时代电气股份有限公司 上海申通轨道交通研究咨询有限公司
18	地铁隧道整体形变检测拍摄镜头姿态消减方法	ZL201010253992.0	2013 年 5 月 15 日	上海地铁盾构设备工程有限公司 同济大学
19	一种用于软土地铁隧道的双液微扰动注浆加固方法	ZL201110118680.3	2014 年 12 月 3 日	上海申通地铁集团有限公司 上海隧道工程股份有限公司
20	开闭式注浆前端装置	ZL201110036132.6	2014 年 11 月 5 日	上海申通地铁集团有限公司 上海隧道工程股份有限公司
21	轨道交通列车运行路径的制动点确定方法	ZL201210153325.4	2014 年 8 月 29 日	上海申通地铁集团有限公司
22	轨道交通运行策略制定方法	ZL201210154981.6	2014 年 10 月 29 日	上海申通地铁集团有限公司
23	提高轨道交通车辆基地出入段/场能力的方法	ZL201110056496.0	2015 年 4 月 29 日	上海申通地铁集团有限公司
24	转换轨管理权交接方法	ZL201210179459.3	2015 年 1 月 21 日	上海申通地铁集团有限公司
25	节能灯的故障排查方法及系统	ZL201310590507.2	2015 年 5 月 28 日	上海申通地铁集团有限公司

二、实用新型

表 6－1－3　2011—2015 年上海轨道交通实用新型专利授权情况表

序号	名　　称	专　利　号	授权日期	专 利 权 人
1	钱箱非接触式标签识别与数据存储装置	ZL201020634848.7	2011 年 11 月 2 日	广州德银电子科技有限公司 上海申通轨道交通研究咨询有限公司
2	地源热泵复合空调系统	ZL201320024271.1	2013 年 8 月 20 日	上海申通地铁集团有限公司
3	轨道交通车站控制室一体化操作终端	ZL201320326322.6	2014 年 1 月 15 日	上海申通地铁集团有限公司 上海自动化仪表股份有限公司 上海磅礴信息科技有限公司
4	道岔涂油装置	ZL201420770894.8	2015 年 5 月 20 日	上海申通地铁集团有限公司 运营三公司
5	车钩缓冲装置	ZL201520007097.9	2015 年 5 月 20 日	上海申通地铁集团有限公司 同济大学
6	用于地铁车辆系统的牵引逆变控制器的专用测试装置	ZL201520060978.7	2015 年 4 月 17 日	上海申通地铁集团有限公司 上海地铁电子科技有限公司

（续表）

序号	名　　称	专　利　号	授权日期	专利权人
7	模块式组合轨道运输车	ZL201520225936.4	2015年6月23日	上海申通地铁集团有限公司 中国科学院上海高等研究院
8	用于铁道车辆的车轮	ZL201520482207.7	2015年9月17日	上海申通地铁集团有限公司 同济大学
9	轨道交通列车中齿轮箱的加油装置	ZL201520522697.9	2015年9月28日	上海申通地铁集团有限公司
10	轴箱节点	ZL201520531264.x	2015年9月28日	上海申通地铁集团有限公司 同济大学

三、外观设计

表6-1-4　2011—2015年上海轨道交通外观设计专利授权情况表

序号	名　　称	专　利　号	授权日期	专利权人
1	验钞机	ZL201030647705.5	2011年7月28日	广州德银电子科技有限公司 申通研究所
2	紧急关闭按钮	ZL201130328368.8	2011年12月	上海申通地铁集团有限公司
3	悬挂式(多方向指示器)	ZL201130454936.9	2012年4月	上海申通地铁集团有限公司
4	侧挂式(道岔方向指示器)	ZL201130454930.1	2012年2月22日	上海申通地铁集团有限公司
5	直立式(轨道方向指示器)	ZL201130454929.9	2012年2月22日	上海申通地铁集团有限公司
6	轨道交通车站控制室操作台(SIOP-A)	ZL201330233377.8	2014年1月15日	上海申通地铁集团有限公司 上海自动化仪表股份有限公司 上海磅礴信息科技有限公司
7	控制台(SIOP-B)	ZL201330233200.8	2014年1月15日	上海申通地铁集团有限公司 上海自动化仪表股份有限公司 上海磅礴信息科技有限公司

四、软件著作

表6-1-5　2011—2015年上海轨道交通转件著作情况表

序号	名　　称	登　记　号	授权日期	专利权人
1	轨道交通录像调用平台测试软件	2011SR007108	2011年2月16日	上海申通轨道交通研究咨询有限公司
2	申通地铁数字档案馆软件	2011SR007178	2011年2月16日	上海申通地铁集团有限公司 上海广腾信息科技有限公司

（续表）

序号	名　　称	登　记　号	授权日期	专利权人
3	轨道交通车站设备仿真培训系统软件	2011SR012038	2011 年 3 月 14 日	上海申通地铁集团有限公司 上海宝信软件股份有限公司
4	列车运行仿真培训通用开发平台软件	2011SR011952	2011 年 3 月 14 日	上海申通地铁集团有限公司 同济大学
5	轨道车门系统故障统计软件 V2.0	2011SR018424	2011 年 4 月 8 日	上海申通地铁集团有限公司
6	城市轨道交通能耗评估与预测管理软件	2011SR019343	2011 年 4 月 8 日	上海申通地铁集团有限公司
7	意大利 RIS－K2 型探地雷达数据读取软件	2011SR004400	2011 年 1 月 27 日	上海地铁盾构设备工程有限公司
8	GPR 图像数据处理软件	2011SR004464	2011 年 1 月 28 日	上海地铁盾构设备工程有限公司
9	地铁隧道整体变形监测复杂背景图像提取应用程序软件	2011SR004461	2011 年 1 月 28 日	上海地铁盾构设备工程有限公司
10	地铁隧道整体变形监测管理系统应用软件	2011SR004459	2011 年 1 月 28 日	上海地铁盾构设备工程有限公司
11	AC01/02 列车故障数据无线采集软件	2011SR025432	2011 年 5 月 4 日	上海申通地铁集团有限公司 上海慧桥电气自动化有限公司
12	轨道交通视频与安防控制平台测试软件	2011SR031986	2011 年 5 月 26 日	上海申通地铁集团有限公司
13	地铁 2 号线车载数据分析软件	2011SR038068	2011 年 6 月 16 日	上海申通地铁集团有限公司
14	地铁 2 号线车载数据地面分析回放软件	2011SR038147	2011 年 6 月 17 日	上海申通地铁集团有限公司
15	城市轨道交通能源利用综合管理平台软件	2011SR064450	2011 年 9 月 8 日	上海申通地铁集团有限公司 上海申贝科技发展有限公司
16	申通轨道交通 AFC 检测中心仿真工具软件	2011SR075612	2011 年 10 月 21 日	上海申通地铁集团有限公司
17	申通轨道交通 AFC 检测中心综合管理软件	2011SR075621	2011 年 10 月 21 日	上海申通地铁集团有限公司
18	申通轨道交通 AFC 检测中心读卡器测试仪控制软件	2011SR075620	2011 年 10 月 21	上海申通地铁集团有限公司
19	地铁车辆电气牵引系统谐波电流分析软件	2012SR027625	2012 年 4 月 10 日	上海申通地铁集团有限公司 上海罗约电气科技有限公司
20	申通地铁 6、8、9 号线信号系统日志分析软件	2012SR000595	2012 年 1 月 5 日	上海申通地铁集团有限公司 上海畅赢智能科技有限公司
21	沼气自动监控软件	2012SR008609	2012 年 2 月 10 日	同济大学 上海申通地铁集团有限公司

(续表)

序号	名　　称	登　记　号	授权日期	专利权人
22	申通地铁应急预案模拟演算软件(V1.0)	2012SR036869	2012年5月9日	上海申通地铁集团有限公司 上海畅赢智能科技有限公司
23	轨道交通网络运营设备维护管理信息发布软件	2012SR032717	2012年4月25日	上海申通地铁集团有限公司 上海鸣啸信息科技发展有限公司
24	轨道交通网络运营设备维护管理业务分析软件	2012SR032719	2012年4月25日	上海申通地铁集团有限公司 上海鸣啸信息科技发展有限公司
25	申通地铁车辆维修作业管理软件	2012SR040568	2012年5月17日	上海申通地铁集团有限公司 上海东方申信科技发展有限公司
26	申通地铁车辆维修工艺管理软件	2012SR040372	2012年5月17日	上海申通地铁集团有限公司 上海交通大学
27	轨道交通车站AFC系统设备运维数据管理与分析系统软件	2012SR075029	2012年8月15日	上海申通地铁集团有限公司 上海怡力工程设备有限公司
28	城市轨道交通列车运行控制系统运行能力仿真分析系统软件	2012SR054589	2012年6月25日	上海申通地铁集团有限公司 上海交通大学
29	轨交AFC检测中心测试发卡与回收速度软件(V1.0)	2012SR090010	2012年9月21日	上海华铭智能终端设备股份有限公司 上海申通轨道交通研究咨询有限公司
30	轨交AFC检测中心读卡器接口测试软件(V1.0)	2012SR09007	2012年9月21日	上海华铭智能终端设备股份有限公司 上海申通轨道交通研究咨询有限公司
31	轨交AFC检测中心仿真读卡器软件(V1.0)	2012SR089853	2012年9月21日	上海华铭智能终端设备股份有限公司 上海申通轨道交通研究咨询有限公司
32	轨交AFC检测中心票卡耐久性测试软件(V1.0)	2012SR090013	2012年9月21日	上海华铭智能终端设备股份有限公司 上海申通轨道交通研究咨询有限公司
33	城市轨道交通工务管理系统软件	2012SR101159	2012年10月26日	上海申通地铁集团有限公司 同济大学
34	上海轨道交通数字化监护管理系统(WEB)	2012SR117927	2012年12月3日	上海市地质调查研究院 上海申通地铁集团有限公司
35	城市轨道交通运营模拟仿真数据服务软件(V1.0)	2013SR013288	2013年2月17日	上海申通地铁集团有限公司
36	文明施工3G管理软件	2013SR015539	2013年2月21日	同济大学 上海申通地铁集团有限公司 上海同是工程科技有限公司
37	上海申通地铁设备监控系统标准化平台软件(V1.0)	2013SR058469	2013年6月17日	上海申通地铁集团有限公司 上海宝信软件股份有限公司
38	基于PC机的虚拟驾驶仿真软件(V1.0)	2013SR099036	2013年9月11日	上海申通地铁集团有限公司 同济大学
39	上海轨道交通安防监控客户端软件(V1.0)	2013SR107552	2013年10月11日	深圳英飞拓软件开发有限公司 上海申通地铁集团有限公司

（续表）

序号	名　　称	登　记　号	授权日期	专　利　权　人
40	上海轨道交通安防监控数据库管理软件	2013SR107529	2013年10月11日	深圳英飞拓软件开发有限公司 上海申通地铁集团有限公司
41	轨道交通视频监控系统主机加固软件(V1.0)	2013SR112841	2013年10月24日	上海申通地铁集团有限公司 北京中软华泰信息技术有限责任公司
42	轨道交通安防监控客户端软件(V1.0)	2013SR113000	2013年10月24日	上海申通地铁集团有限公司 上海竞天科技股份有限公司
43	轨道交通结构工程建养一体化软件(V1.0)	2013SR097221	2013年9月7日	上海同岩土木工程科技有限公司 上海申通地铁集团有限公司
44	基于SIOP的车控室一体化综合监控系统	2013SR140900	2013年12月7日	上海申通地铁集团有限公司 上海城基中控技术有限公司
45	通信统一资源管理	2013SR122519	2013年11月9日	上海高凯信息科技有限公司 上海申通地铁集团有限公司
46	轨道交通滑动式电动安全栏杆控制器嵌入式软件(简称电动安全栏杆控制软件)(V1.0)	2013SR098894	2013年9月11日	上海嘉成轨道交通安全保障系统有限公司 上海申通轨道交通研究咨询有限公司
47	远程动态视频监控软件(V1.0)	2013SR127103	2013年9月7日	上海申通地铁集团有限公司 上海直真视通科技有限公司
48	轨交列车记点在途显示界面软交(V1.0)	2013SR122295	2013年11月8日	上海申通地铁集团有限公司 上海城基中控技术有限公司
49	轨交列车自动记点软交(V1.0)	2013SR122301	2013年11月8日	上海申通地铁集团有限公司 上海城基中控技术有限公司
50	轨交列车记点逻辑自动校验软件(V1.0)	2013SR122081	2013年11月8日	上海申通地铁集团有限公司 上海城基中控技术有限公司
51	地铁主动维保操作平台软件(V1.0)	2013SR131727	2013年11月25日	上海城基中控技术有限公司 上海申通地铁集团有限公司 上海市隧道工程轨道交通设计研究院
52	地铁主动维保管理平台软件(V1.0)	2013SR131908	2013年11月25日	上海城基中控技术有限公司 上海申通地铁集团有限公司 上海市隧道工程轨道交通设计研究院
53	轨道交通车站综合监控与管理系统接口软件(V1.0)	2014SR009057	2014年1月22日	上海申通地铁集团有限公司 上海自动化仪表股份有限公司 上海磅礴信息科技有限公司
54	轨道交通车站综合监控与管理系统图形界面工具软件(V1.0)	2014SR009056	2014年1月22日	上海申通地铁集团有限公司 上海自动化仪表股份有限公司 上海磅礴信息科技有限公司
55	轨道交通AFC系统监控预警软件(V1.0)	2014SR079973	2014年6月18日	上海申通地铁集团有限公司
56	列车辅助防撞系统软件(V1.0)	2014SR145087	2014年9月26日	上海申通地铁集团有限公司 同济大学

（续表）

序号	名　　称	登　记　号	授权日期	专利权人
57	车站控制室工艺标准建模与展示软件(V1.0)	2014SR181465	2014年11月26日	上海申通地铁集团有限公司 映飞星(上海)智能科技有限公司 上海申通轨道交通研究咨询有限公司
58	基于EMCS系统相关设备的维护管理及RAM风险评估软件(V1.0)	2015SR012172	2015年1月22日	上海申通地铁集团有限公司 上海地铁第四运营有限公司 上海宝信软件股份有限公司
59	城市轨道交通网络客流分析预测系统(V1.0)	2015SR100089	2015年6月5日	上海申通地铁集团有限公司 同济大学
60	申通地铁列车撞击仿真系统(V1.0)	2015SR026676	2015年2月6日	上海申通地铁集团有限公司 同济大学
61	城市轨道交通列车全速运行控制模式的运行能力计算与图形演示系统软件(V1.0)	2015SR059030	2015年4月2日	上海申通地铁集团有限公司 上海交通大学
62	城市轨道交通线路拓扑的自动识别系统软件(V1.0)	2015SR059022	2015年4月2日	上海申通地铁集团有限公司 上海交通大学
63	轨道交通列车全日行车计划编制系统(V1.0)	2015SR082905	2015年5月15日	上海申通地铁集团有限公司 同济大学
64	轨道交通交流电网保护仿真软件(V1.0)	2015SR212897	2015年8月1日	上海申通地铁集团有限公司

第二章 教育培训

第一节 培训机构

上海地铁培训随着上海地铁管理体制的变化而不断得到加强。从上海市地铁公司、上海市地铁运营公司到上海市地铁总公司，上海地铁的教育培训管理工作均由各单位组织人事部负责。期间，曾成立上海市地铁运营管理处培训中心(1991年6月)，由于上海市地铁运营公司的成立而撤销。

1994年5月，成立上海市地铁总公司教育委员会和工人技术考核委员会。

1996年1月，成立上海市地铁总公司教育培训中心。教育培训中心负责组织编写技术培训教育计划、大纲、教材，制定技能鉴定办法，建立试题库，配合组织人事处统一管理职前培训及职后培训。

1999年，上海市地铁总公司教育委员会增设干部教育领导小组和继续教育领导小组，将原来工人技术考核委员会改名为工人技能鉴定委员会。

2002年8月，上海市地铁总公司教育培训中心更名为上海地铁运营有限公司教育培训中心，负责编制教学大纲，制定培训制度，组织培训，开展考核。

2002年起，上海现代轨道交通股份有限公司的培训工作由公司组织人事部负责。2004年，现代轨道交通公司成立教育培训中心，隶属于公司组织人事部，负责公司年度培训计划的拟定、实施、管理、评估等教育培训管理工作。

2007年3月，成立上海申通地铁集团有限公司教育委员会。

2008年5月，成立上海轨道交通培训中心，主要承担申通地铁集团员工培训的教学研发、培训管理、培训策划、组织实施和考核评估、岗位实训等培训工作的组织与管理，为上海城市轨道交通各类专业人才的培养提供培训平台。

2009年2月，因运营管理体制调整，地铁运营公司教育培训中心、现代轨道交通公司教育培训中心整体归入上海轨道交通培训中心。

2014年1月，申通地铁集团印发《关于进一步加强和改进教育培训工作的若干意见》，按照“统一领导、统筹协调、分级管理”原则，完善培训职责体系，进一步明确责任。集团公司组织人事部强化对培训工作的管理职能；集团公司培训中心除按分工承担部分培训业务外，注重培训体系建设，加强培训资源统筹，落实对各单位培训实施的指导和服务职能；各直属单位是培训工作责任主体，加强培训组织和日常管理。同时，健全集团公司二级培训组织体系，明晰二级培训分工界面。

第二节 培训制度

1994年，为加强职工教育工作的管理，上海市地铁总公司制定《关于职工教育工作的若干规定(试行)》，1995年修订并实施。

1999年，制定《上海市地铁总公司职工教育管理规定》，形成上海市地铁总公司、基层单位职工教育管理网络，明确各段级管理职责，确定教育培训管理程序，加强各级教育管理工作考核，确保职工教育符合实际需要，保证质量、提高效益。

2009年8月，为进一步加强申通地铁集团教育培训工作，制定并印发《上海申通地铁集团有限公司教育培训管理办法(试行)》。2014年9月，为进一步规范教育培训工作，提升教育培训管理水平，完善教育培训体系，修订申通地铁集团《教育培训管理办法》，印发申通地铁集团《教育培训管理规定》，明确组织与职责体系、培训计划与实施、培训资源、保障机制等。

2010年8月，为加强申通地铁集团兼职培训师队伍建设，规范兼职培训师管理，制定并印发《上海申通地铁集团有限公司兼职培训师管理办法(试行)》。

2014年12月，修订申通地铁集团《兼职培训师管理办法》，印发《兼职培训师管理规定》，进一步明确组织体系、选拔聘任、日常考核、待遇及奖惩。

2010年11月，为提升培训质量，强化培训过程管理，制定并印发《上海申通地铁集团有限公司培训评估与考核办法(试行)》。2015年1月，修订申通地铁集团《培训评估与考核办法》，印发《培训评估与考核规定》，进一步明确职责、培训评估形式与方式、评估内容、结果认定与考核。每年年底，由申通地铁集团教育委员会办公室对各单位年度培训工作开展综合性评估。

第三节 培训形式

地铁教育培训采取委托培训、自主岗位培训、在线网上培训、接受委托培训等形式。

一、委托培训

1988年，上海市地铁公司教育培训机构根据轨道交通运营需要，委托卢湾区第三职业学校定向培训第一批50名地铁司机，随后又送至北京地铁公司实习，这些司机后都成为上海轨道交通业务管理的骨干。上海地铁从1989年起相继委托闸北职校、卢湾职校和公用事业学校等培养地铁急需的技术工人。共开设地铁机电、信号、通信、运输管理、电动列车驾驶、电动列车检修六个专业，为轨道交通事业输送了大批技术力量。与上海市城市建设工程学校、上海市工程技术大学联合开办与轨道交通相关的专业，培训在职员工，择优录取应届毕业学生。先后与同济大学联合开办专升本班，与上海交通大学联合举办工程硕士班，选拔运营生产一线的技术骨干攻读电子与信息工程和机械两个专业。委托办学开班的学历从中专到大专，再提高到本科；办学能力从委托办学到联合办学，再提高到自主接受委托培训。

二、自主岗位培训

上海地铁自主开展中层干部研修、后备干部培训、一般管理人员轮训、师资培训、职业技能鉴定考评员培训、班组长培训、全日制大学生培训等管理类培训，以及员工上岗证培训、职业技能培训、岗位适应性培训等生产类培训。

三、在线网上培训

上海轨道交通培训中心委托外单位开发企业学习与培训管理信息化建设项目，作为申通地铁集团数字化学习与知识管理的载体。2008 年 9 月正式启动，2008 年底系统初步建成，并于 2009 年 4 月正式投入运营至今，取得了良好的效果。主要包括领导力类、项目管理类、财务类、工程建设类、职业礼仪类、企业文化类、办公应用类、清风课堂等共计 288 门课。

四、接受委托培训

在承接外省市培训方面，主要向北京、大连、南京、重庆、武汉、株洲、深圳、苏州、昆明等城市轨道交通行业相关专业提供管理与技能培训，为打造上海地铁培训的整体形象与品牌作出了积极的探索与努力。2000 年至 2015 年接受委托培训总计 10 994 人次。

第四节　培 训 内 容

一、领导干部及管理类培训

自 2004 年申通地铁集团重组以来，积极推进领导干部及管理类培训项目。申通地铁集团举办直属单位党委书记研修班、中层干部高级研修班，组织干部参加上级党校各类培训，不断提升干部理论素养、综合素质和管理能力；逐步形成专题培训与轮训相结合的课程体系，主要有申通地铁集团后备干部培训、直属单位中层干部轮训、一般管理人员轮训、专业技术人员培训、应届大学生培训等。

【申通地铁集团中层干部培训】

2007 年，根据轨道交通战略发展要求和企业工作实际，集团公司举办 6 期中高层管理人员讲座，内容包括“上海经济发展形势”“轨道交通网络化建设和运营”等专题。2008 年申通地铁集团邀请中国工程院院士施仲衡等专家，举办 4 期中高层管理人员专题讲座，内容包括“当前中国城市轨道交通建设形势”“中国企业的管理实践”“新劳动法实施细则”等内容。此后，申通地铁集团连续多年举办中高层管理人员讲座，使中高层管理人员拓宽思路、开阔视野，提高综合管理能力。

2008 年，申通地铁集团举办首期中层干部培训班，56 名申通地铁集团中层干部分二批参加培训，内容包括申通地铁集团综合开发总体发展思路、领导艺术等，并就如何应对上海轨道交通网络化发展带来的新挑战开展研讨，进一步提高中层干部领导能力和管理水平。

2009 年，申通地铁集团围绕“准军事化管理”“供应链管理”主题，举办 2 期中层干部研修班，研修班部分成员分别乘动车赴南京，与南京铁道职业技术学院交流，赴上海宝钢集团学习、参观、交流。

2011 年，申通地铁集团党委举办首期党委书记学习研讨班，各直属单位及维保中心下属专业公司党政主要负责人、申通地铁集团相关部室主要负责人 30 人参加培训。此次培训包括党的建设、司情教育、领导能力、新技术等 4 个模块，并开展研讨。同年，申通地铁集团举办中层干部培训班，这是申通地铁集团第一次大规模、集中对中层干部进行培训。培训内容包括领导能力建设、申通地铁集团“十二五”发展战略等三个规划、企业内部管理控制、网络化运营与安全、轨道交通新技术应用等。通过培训，进一步提高申通地铁集团中层干部的政治素养与管理能力，提升申通地铁集团综合管理水平，适应轨道交通网络化发展要求。同年，申通地铁集团还举办中层干部安全专题培训班，强化申通地铁集团中层干部安全意识，熟知安全法规和申通地铁集团相关规章制度。

2012年，申通地铁集团举办中层干部学习研讨班，培训内容包括安全管理、领导干部自身修养、执行力等，并赴中国商飞公司学习、参观。

2013年起，申通地铁集团连续3年举办中层干部高级研修班，邀请美国杜兰大学商学院、密苏里州立大学、美国公共交通协会—APTA、旧金山地铁，以及国内优秀管理培训专家讲授课程。培训启发创新思维，拓宽全球化视野，重点学习管理的基本原理、概念、方法，着力探讨城市轨道交通的运营管理、运营效率、服务质量，分析研究、学习借鉴美国、中国香港等国家和地区的城市轨道交通运营管理的成功经验，探索上海轨道交通运营与管理新思路，从而全面提高上海轨道交通运营效率、服务质量、综合竞争能力和可持续发展能力。

【直属单位中层干部及其他管理人员培训】

2009年，申通地铁集团举办5期“网络化运营管理”专题培训班，这是运营体制调整后，为更好适应轨道交通网络化发展要求，提升网络化运营水平而举办的一次专题培训，内容包括轨道交通网络化管理、申通地铁集团资产管理、财务会计及资金管理、招投标及合同管理、公文管理概况等，运营单位中层干部及其他管理人员参加培训。

2011年起，申通地铁集团组织实施的管理类培训全面推进，进一步强化管理意识，提升工作站位。培训对象除申通地铁集团中层干部、后备干部外，涵盖直属单位中层干部及一般管理人员、车站站长、班组长、新进大学生等。

【申通地铁集团后备干部培训】

2008年，申通地铁集团举办首期青年干部管理培训班，30名青年干部参加培训，内容包括投融资管理、招标合同管理、沟通与演讲技巧等，培训期间开展了交流研讨，提升青年干部综合管理能力。

2010年，申通地铁集团建立直属单位党政正副职后备干部和优秀青年后备干部队伍后，首次举办两级后备干部培训班。以“提升执行力、领导力”为主题，举办青年干部培训班，并赴广州地铁参观、交流，19名青年干部参加培训，包括6名新提任的申通地铁集团中层副职干部，13名各直属单位后备干部。同年，以“建设高效的优质团队”为主题，举办首期青年人才管理培训班，27名直属单位中层后备干部参加培训，培训内容包括轨道交通网络化管理、管理者的职业化塑造、建设高执行力团队等，并赴青岛海尔集团参观、培训。此后，申通地铁集团连续多年举办后备干部培训班，使后备干部牢固树立理想信念，有效提高理论与实践相结合、解决实际问题的能力，进一步提升后备干部综合素质。

【专业技术人员培训】

2005年起，为了提高建设项目主管的技术水平、管理能力和综合素质，申通地铁集团按项目主管标准进行全面、系统的培训。在培训的基础上，对符合条件的项目主管开展岗序评定，探索技术管理人员和行政管理人员“双通道”职业发展模式，建立多维立体、多元发展的职业发展通道。

2007年，申通地铁集团举办10期轨道交通专业技术讲座，内容包括轨道交通规划、机电管理、风险管理、节能环保等，结合专题技术讲座，举办2次青年科技沙龙活动。此后，集团公司连续多年举办专业技术讲座,使专业技术人员了解掌握新技术,提高专业水平。同年,组织申通地铁集团本部及相关单位近400名专业技术人员开展知识产权专题培训、考核;组织开展申通地铁集团论文征集评选活动,共征集100余篇论文,对轨道交通工程建设、运营管理、经营管理等各方面经验进行总结,提升企业科技、管理等综合水平,为广大专业人员搭建学习、交流、展示的平台。

2010年,上海轨道交通培训中心与华东师范大学职业技术培训中心共同举办"国家职业资格企业培训师"培训班,26人通过考试获得企业培训师职业资格证书。

二、生产岗位培训

为了适应轨道交通发展需要,上海地铁全面开展生产岗位员工培训,培训主要包括上岗培训、技能培训、岗位适应性培训等,不断提升一线员工岗位技能。

【上岗培训】

2009年起,为提高运营一线岗位员工业务能力,申通地铁集团建立完善运营主体生产岗位上岗证培训考核体系。2009年,上岗证培训考核覆盖调度员、列车司机、车站值班员等运营生产岗位,2014年覆盖至车辆检修、供电检修、通号检修、工务检修等维护检修岗位,形成运营主体生产岗位上岗证培训考核全覆盖。

2010年4月,申通地铁集团制订并实施《生产岗位上岗证管理暂行办法》;2014年12月,修订后印发《运营主体生产岗位上岗证管理规定》,明确上岗证管理组织体系、上岗证分类与申报条件、培训与考核、检查与处置等。

截至2015年底,申通地铁集团运营主体生产人员均做到持证上岗,每年因岗位储备、离退补缺等开展的上岗培训逾5 000人次。

【技能培训】

1995年,地铁总公司先后对地铁司机、行车值班员等8个工种职工进行技术等级培训和考核。这是上海地铁首次对技术工人大规模开展等级培训考核。全年参加内培、外委考核的职工共735人次,获得相应技术等级"双合格"的553人次。

2002年,地铁运营公司获得轨道交通行业职业技能鉴定资格,建立上海市城市轨道交通类国家职业技能鉴定所。当年开展技能培训5 244人次、128 692课时,开展职工技能鉴定751人。

2011年,技能培训专业工种覆盖城市轨道电动列车驾驶员、城市轨道站务员等9个专业工种,技能等级覆盖初级工至高级技师5个等级。同年6月,举办城轨电动列车驾驶员及城轨电动列车检修工高级技师培训班,这是申通地铁集团举办的第一期轨道交通工行业工种高级技师培训班,13名列车司机和14名车辆检修工参加为期5个月的高级技师技能等级培训。

申通地铁集团技能等级培训为上海地铁技能人才队伍建设和高技能人才培养提供了有力支撑,"十二五"期间,每年技能培训、鉴定人数平均逾5 000人。

【岗位适应性培训】

2011年起,轨道交通培训中心及各运营单位开展各类岗位适应性培训,针对一线岗位业务中的重点难点开展针对性培训,其中运营关键岗位多工种联动培训覆盖调度员、列车司机、车站值班员、值班站长等运营关键岗位，利用张江实训线等有利资源，开展各类应急处置及多岗位联动作业培训，每年培训逾 5 000 人次。

三、国(境)外专业培训

1992 年，上海地铁选派 4 名列车司机赴德国接受电动列车驾驶培训。

2006 年，申通地铁集团选派 40 名地铁建设、运营专业技术人员赴香港地铁培训。

2010 年，申通地铁集团选派 8 名运营乘务、调度专业技术管理人员赴香港地铁岗位跟班培训。

2012—2013 年，为做好上海首条全自动驾驶线路 10 号线运营准备工作，申通地铁集团先后派出 4 批共计 80 名专业技术人员赴新加坡 SMRT 和 SBST 公司学习全自动驾驶运营管理相关技术。

2015 年，申通地铁集团组织 12 名专兼职培训师赴英国约克大学开展培训，开拓师资能力培养的新渠道。

第五节　培 训 资 源

一、培训场地

1992 年 4 月，上海市建设委员下发《关于上海市地铁 1 号线新龙华车辆段扩初修改(补充)设计预审报告的批复》。上海地铁培训中心规模按 400 学员考虑，建筑面积控制在 9 000 平方米左右。1994 年 7 月，市规划管理局核发地铁培训中心建设用地规划许可证，规划许可在闵行区梅陇镇万源路使用土地 14 654 平方米。1994 年 12 月，市土地管理局批准地铁培训中心建设工程征地，实际征拨土地 14 960 平方米。1998 年 12 月 1 日，上海市地铁总公司教育培训中心基地(顾戴路 751 号)落成，占地 22.4 亩，总建筑面积 1.1 万平方米。

2005 年 1 月，地处沪闵路 1780 号 5 号线剑川路基地内(总建筑面积 0.2 万余平方米)的培训基地改建并投入使用。

2009 年 12 月，地处龙阳路 2520 号(总建筑面积 1 万余平方米)的实训基地 7 号楼启用。

2011 年 12 月 20 日，地处原地铁 2 号线张江高科站(总建筑面积约 0.8 万平方米)的上海轨道交通实训基地正式启用。

二、实训基地建设

2005 年，上海地铁启动实训基地建设研究，2008 年开工建设，2011 年 12 月建成启用上海轨道交通实训基地。该基地以龙阳路实训基地、张江实训站、张江实训线为主体，是国内轨道交通行业首个综合性实训基地，构成了“一条实训线路(城市轨道交通综合实训线路)、二个运行平台(城市轨道交通典型车站设备、设施实训平台，城轨运行控制实训平台)、五个专业系统(供电检修实训系统，通信检修实训系统，信号检修实训系统，自动售检票检修实训系统，车辆检修实训系统)”的实训设施设备格局。其中，张江实训线配备了一列国产化 6 节编组 A 型电客列车以及全套 CBTC 信号设备，实训线的硬件配置达到国际领先水平。

2011 年以来，申通地铁集团积极利用政府对本市高技能人才培养基地建设的资助政策，持续开展实训设施设备的开发和建设工作，先后实施了运营多工种联动实训平台、117号实训电动列车集成化改造、模拟驾驶器排故平台等20多个实训设施设备开发项目。

表6-2-1　上海轨道交通培训中心实训设施设备情况表

序号	实训系统名称	单位	数量	规格型号	安装地点
1	模拟驾驶器实训平台	套	1	定制	龙阳路7号楼
2	信号继电联锁实训平台	套	1	PZGWJ-10/380/50	龙阳路7号楼
3	上海轨道交通车门试验台	套	1	MS140DP14-2	龙阳路7号楼
4	通信传输电源设备实训平台	套	1	定制	龙阳路7号楼
5	通信传输时间时钟系统实训平台	套	1	定制	龙阳路7号楼
6	通信传输无线系统实训平台	套	1	定制	龙阳路7号楼
7	SDH传输实训平台	套	1	定制	龙阳路7号楼
8	信号CBTC系统与ATS系统维护操作实训平台	套	1	定制	龙阳路7号楼
9	行车实训平台	套	1	定制	龙阳路7号楼
10	广播实训平台	套	1	定制	龙阳路7号楼
11	电视监控系统实训平台	套	1	定制	龙阳路7号楼
12	车站通风系统监控模拟屏	套	1	定制	龙阳路7号楼
13	消防实训平台	套	1	定制	龙阳路7号楼
14	EMCS系统实训平台	套	2	定制	龙阳路7号楼
15	供电仿真实训系统	套	2	定制	龙阳路7号楼、张江
16	电动列车牵引/制动半实物仿真培训平台	套	1	定制	龙阳路7号楼
17	实训用集成化电动列车	套	1	定制	龙阳路7号楼
18	工务检测维护培训设备	套	2	定制	龙阳路实训线
19	低压实训室	套	1	定制	龙阳路7号楼
20	屏蔽门实训平台	套	1	定制	龙阳路7号楼
21	龙阳路实训线	套	1	定制	龙阳路实训线
22	城市轨道交通自动售检票实训系统平台	套	1		龙阳路2520号1号楼105教室、309机房；7号楼1楼模拟站厅祖冲之路100号实训车站站厅

三、培训师资

申通地铁集团重视培训师队伍的管理，培训中心先后制定《企业培训师管理办法》《企业培训师绩效考核暂行规定》，按照集团公司《兼职培训师管理办法》加强兼职师资管理，从而规范企业培训师队伍管理，强化培训师考核、激励，提高企业培训师队伍整体素质，促进培训工作健康有序发展。截至 2015 年，集团公司共有城市轨道交通各专业专职培训师 50 余人、兼职培训师近 500 人。

四、培训教材

1998 年，上海市地铁总公司组织 41 名专业技术人员启动中职班专业课程教材的编写工作，共编制完成 5 个专业 28 本 116 万字的专业教材，覆盖通信、信号、机电、供电、车辆等专业。

2009 年至 2013 年，上海轨道交通培训中心组织实施了轨道交通行业企业培训系列教材的开发工作，完成了《城市轨道交通概论》《城市轨道交通车站客运服务》《城市轨道交通电动列车驾驶》《城市轨道交通自动售检票系统》《城市轨道交通列车运行组织》《城市轨道交通运营调度》《城市轨道交通设备调度》《城市轨道交通线路技术》《城市轨道交通桥隧技术》《城市轨道交通车辆技术》《城市轨道交通通信技术》《城市轨道交通信号技术》《城市轨道交通变配电技术》《城市轨道交通接触网技术》《城市轨道交通车站机电设备》《城市轨道交通车站消防系统》等 16 本教材的编写，并由中国铁道出版社出版发行。

图 6－2－1　1998 年 12 月顾戴路培训基地落成

图 6－2－2　2009 年 12 月龙阳路培训基地落成

图 6－2－3　2015 年多岗位联动培训设施

2013 年至 2015 年，上海轨道交通培训中心完成了部分轨道交通行业工种职业技能等级教材的编写工作，《城轨电动列车检修工》(中级)、《城轨电动列车检修工》(高级)、《城轨线路工》(中级)、《城轨变电检修工》(中级)、《城轨通信工》(中级)、《城轨信号工》(中级)、《城轨自动售检票检修工》(中级)、《城轨电动列车驾驶员》(中级)、《城轨站务员》(高级)、《城轨行车值班员》(高级)、《城轨行车值班员》(中级)等 11 本教材由中国劳动保障出版社出版发行。

第七篇

企业管理

概　　述

2004年,申通地铁集团重组后,坚持以国家和上海市相关规划为指引,开展申通地铁集团发展战略研究,编制"十一五"和"十二五"发展规划纲要,明确申通地铁集团发展愿景、五年发展规划期总体战略、战略定位、总体目标、重点内容和实施要点,强化轨道交通网络化管理措施,推动企业的可持续发展。

在企业建设中,申通地铁集团坚持以上海轨道交通投资、建设、运营管理主体责任为基准,以改革创新为抓手,不断深化健全组织体制和工作机制,向标准化管理要效益,向技术创新要效率,夯实内部管理基础,提高专业管理水平;建成上海地铁数字档案管理系统,建设上海地铁阳光采购平台,加强供应商的准入管理和信用评价;实施造价数据管理平台建设;整合与完善运营体系的质量、环境、职业健康安全"三标合一"管理体系;推进实施卓越绩效管理模式;建立信息一体化全覆盖管理网络;建立信息安全管理体系;建设两级一体化财务信息平台;制定轨道交通资产编码规则及代码表,开展资产管理信息系统建设;健全人才培育和选拔机制,培养、储备和优化专业技术人才队伍;强化企业文化建设,员工队伍素质不断得到提高,企业管理绩效水平不断得到提升,企业先后获得国家、市级层面的各种褒奖。

第一章　企业发展战略

第一节　规 划 制 定

一、“十一五”发展战略规划纲要

2006年至2010年是我国“十一五”规划历史期，这段时期正是上海轨道交通集中跨越式发展和网络化建设的关键时期。上海“十一五”规划纲要明确提出了轨道交通运营里程达到400公里的建设目标。加快发展轨道交通既是上海突破城市交通发展瓶颈、构建现代化城市交通体系的关键举措，也是成功举办2010年上海世博会的重要保障。

2006年4月10日，申通地铁集团“十一五”发展战略规划经申通地铁集团办公会议讨论通过，并于2006年7月18日正式发文。

战略规划主要分为：基本原则、总体思路、总体目标、重点内容、实施要点等几个板块。规划为申通地铁集团的战略定位、企业愿景、发展步骤等提出了目标路径。提出申通地铁集团使命是“申城地铁，通向都市新生活”。愿景是成为具有一流网络综合集成能力的轨道交通服务提供商。总体战略是依托集中跨越式建设轨道交通网络的契机，充分发挥后发优势，以复合型团队建设为保障，以网络统筹和资源整合为抓手，以技术创新、品牌建设、综合开发为突破口，培育城市轨道交通网络综合集成能力，实现企业可持续发展的后发先至战略。战略定位以投资建设和运营为核心，资本运作、研究咨询和资源开发为重要组成部分的城市轨道交通综合服务业。申通地铁集团采取实体管理为主，战略控股相辅的混合管理模式，通过实体管理实现主价值链资源集中，通过战略控股实现辅价值链放开搞活，逐步向事业部制过渡。总体目标是通过精心设计、精心组织、精心施工、精心管理，以国内外轨道交通建设的先进水平为标杆，完成400公里轨道交通的建设任务，初步形成与国际化大都市框架相适应的网络化轨道交通系统，显著改善城市出行结构，创造以轨道交通为载体的都市生活新模式。发展工程建设、网络运营、投融资、研发、资源开发五大板块，培养具有国内一流水平的网络综合集成能力。通过网络标准体系和全方位培训体系的构建和升级，占据中国轨道交通行业的服务高端，实现可持续发展。培养一批领军人物和骨干员工，锤炼既能建设也能运营、既能经营也能管理的高效复合型团队，形成一支优秀的人才队伍。

二、“十二五”发展战略规划纲要

“十二五”时期是上海轨道交通全面提升综合管理水平的重要战略机遇期，申通地铁集团要增强机遇意识和忧患意识，充分借鉴国内外同行的成熟经验，更加深入地把握网络发展的科学规律，持续优化管理流程，创新管理机制，完善管理体制，确保轨道交通网络高效、安全运行，推进网络建设在“量”扩张的基础上实现“质”的全面提升，进一步培育城市轨道交通网络综合集成能力，实现城市、企业、员工的和谐发展。

“十二五”发展战略规划在编制过程中五次集中听取部门领导意见，两次全面征求申通地铁集团领导修改意见。2010 年 11 月 10 日，“十二五”发展战略规划经申通地铁集团办公会议讨论通过，后根据市领导 2011 年 1 月 6 日调研精神进行再次修改，于 2011 年 2 月 14 日正式发文。

申通地铁集团使命是“申城地铁，通向都市新生活”。愿景是成为具有一流网络综合集成能力的城市轨道交通公益性服务企业。总体战略是：深入贯彻落实科学发展观，坚持以“管建并举，管理为重，安全运营为本”为指导思想，以世界领先轨道交通企业为标杆，以运营效能提升、建设模式完善、技术管理输出为核心，以网络统筹、板块融合、品牌提升为抓手，进一步提升城市轨道交通网络综合集成能力，实现企业可持续发展。战略定位于以网络运营和工程建设为主业，设计研究、投融资和资源开发为重要组成部分的城市轨道交通公益性服务企业。总体目标是向乘客提供“安全可靠、高效便捷、功能完善、文明舒适”的一流地铁运营服务，服务质量核心指标达到国内领先、世界先进水平，地铁服务品牌成为上海的城市名片。通过精心设计、组织、施工和管理，全面完成基本网络建设目标，确保运营线路达到 15 条，线路总长超过 600 公里，投运车站超过 350 座，中心城站点 600 米服务半径面积覆盖率达 35%，中心城轨道交通占公共交通总客运量的 50%以上，显著改善城市出行结构。积极推进以设计为龙头的技术管理输出，逐步实现技术、设计、咨询、培训、管理等全产业链的服务输出局面，占据中国轨道交通行业的服务高端，实现企业可持续发展。

第二节　规 划 实 施

一、“十一五”规划的实施

“十一五”期间，上海轨道交通实现了跨越式发展和网络化建设的目标，申通地铁集团广大员工和工程建设者经过艰苦卓绝的努力，运营线路数量由 5 条增加到 11 条(不含 13 号线世博连接段)，运营线路长度由 123 公里增至 425 公里，新增线路长度超过 300 公里，车站由 76 座增至 281 座。基本形成了“覆盖中心城区、连接市郊新城、贯通重要枢纽”的地铁网络，建设规模之大、建设速度之快，堪称世界城市地铁建设发展的奇迹，胜利实现了市委、市政府提出的预定目标。同时，按照集约化管理、系统化运作、专业和社会化服务的原则，运营建立了适应网络化发展需要的组织和管理体系，逐步提升网络型轨道交通管理的扁平化、集成化和智能化水平，顺利实施了运营“从线到网”的转型，成功经受住了世博期间四成以上世博客流总运送量、日均 578 万人次、最高日客流量 754 万的严峻考验，圆满完成了世博会交通保障任务。

【世博服务保障有力】

世博期间，上海轨道交通网络作为承载世博客流的骨干交通系统，加大列车投放力度、形成三项线路增能措施、制定三级响应保驾方案、建立应急管理体系、完善三级预案系统、强化车站安全设备配套水平确保网络日均客流量超过 500 万人次、最高日客流量超过 700 万人次的情况下，能够较快地进行客流集疏，避免参观客流的滞留与延误。并通过轨道交通 4、6、7、8、9 号线和世博专用线等 6 条线路，重点依托 15 座车站，承担了约 40%的参观客流的运输任务，为世博会的顺利运行提供了有力的交通保障。

【建设资金统筹解决】

“十一五”期间，在市、区两级政府的大力支持下，42%的资本金已全部到位，为有效避免长期、大规模资金的供应和管理风险，降低融资成本，上海轨道交通立足网络特征研究创新投融资模式，建立了网络总银团的融资机制，实现了建设和运营维护资金统筹解决、郊区与市区线路项目贷款统筹解决以及不同线路融资优惠政策统筹解决。贷款期限统一延长到20—25年，宽限期延长到8—10年，利率在基准利率的基础上统一下浮10%，明显降低了建设成本，提升了资金供给保障能力，确保了网络建设的顺利进行。

【安全风险整体受控】

"十一五"期间，在建设管理方面，针对网络建设强度高、难度大、环境复杂等特点，上海轨道交通以网络统筹理念筹划网络建设管理，构建了风险控制体系，完善了预案应急机制，加强了关键环节管理，并依托科技成果创新，建立了远程监控系统，实现了对工程建设从设计、招标、施工、验收的全过程控制，将建设管理安全风险稳定在可控范围之内。在运营管理方面，针对网络运营统一协调、应急处置联动响应、维护保障集中管理的特点，上海轨道交通建立了应急管理体系，形成了5级的分级反应机制，完善了三级预案系统，规范了四项保障措施，对应各个环节产生的安全风险实现了全方位管控，使得网络运营安全风险整体受控。

【网络运营体系基本建立】

"十一五"期间，上海轨道交通初步形成网络化运营格局，基本建立起"全网统筹、专业精细、扁平高效、适度竞争、节能环保"的网络化运营体系，形成了网络运营管理中心、网络维护保障中心的两个中心和四家运营单位构成的"4+2"网络化运营体系格局，集"服务—保障—支持—监管"于一体，系统性梳理了各项业务流程，有效提升了网络运营服务水平。五年间，轨道交通行业满意度在14个窗口服务行业测评中始终位居前列。车辆配置数量快速增长，至2010年，上海轨道交通网络配属车辆将达到400列/2 500辆左右，为网络的高效运行提供了基础设备保障。

【上海轨道交通运营管理规范输出需求不断增长】

集团公司成功经受住了世博期间四成以上世博客流总运送量、日均578万人次、最高日客流量754万的严峻考验，圆满完成了世博会交通保障任务，并且在国内外同行中树立了良好的运营服务品牌。昆明地铁已经与集团公司签署了框架协议，并将昆明地铁运营全部委托集团公司代管，郑州地铁也已经与集团公司草签了框架协议，并在就具体协议细节进行进一步沟通，青岛、福州等城市也在积极与集团公司接洽，希望能够输出地铁运营服务。随着昆明项目成功运营和"上海地铁"服务品牌行业影响力的不断提高，潜在需求将不断增长。

二、"十二五"规划的实施

"十二五"期间，申通地铁集团始终立足全市发展大局，以改革创新精神，践行"社会责任第一、安全质量第一、团队协作第一"的核心价值观，坚持"人性化服务、精细化管理、标准化建设"理念，全面建成上海轨道交通基本网络；网络运营安全生产保持总体平稳，服务质量明显提升，核心绩效指标居于同行前列，第三方乘客满意度位居市公共交通行业首位，在全市公共交通系统中的骨干地位得到进一步体现；非票务资源经营持续拓展，"走出去"战略深入实施，经营业务布局得到优化，非票务收益达到票务收入的10%，初步形成反哺主业的良好局面；卓越绩效模式逐步导入，基本建立行业内首个企业服务标准体系，企业文化、人才队伍、技术创新、企业信息化等全面推进，连续获得“实施卓越绩效模式先进企业”和“上海市文明行业”等荣誉。

“十二五”期间，上海申通地铁集团有限公司以抓企业文化建设聚人心、强管理、保安全、求创新、促发展。经过五年的企业文化建设发展，“十二五”企业文化建设纲要提出的总体目标和分项目标基本实现，形成了具有时代特征、上海特点、地铁特色的企业文化体系，企业与员工、社会、自然的和谐共同发展在一定程度上得到了体现。上海地铁企业文化建设、班组建设水准跨入全国同行前列，社会公益宣传、地铁志愿者服务等在社会上和行业内具有较高的美誉度。期间，集团公司被评为第三批“上海企业文化示范基地”，荣获 2014 年度“全国交通运输文化建设优秀单位”，上海地铁企业文化被市思研会评为第一批“上海企业文化创新十佳品牌”。

“十二五”期间，投入运营的轨道交通线路有 14 条、磁浮线 1 条，运营线路总长度达到 617 公里，运营车站 366 座，路网规模居于世界各大地铁城市前列，在上海城市公共交通中发挥着越来越重要的作用，企业总资产达 3 026 亿元。

【宣传引导】

2011 年，申通地铁集团“十二五”企业发展战略规划纲要实施后，集团公司当即建立了专题学习宣贯工作小组，拟定宣贯提纲，编写宣讲材料，组织全体职工开展学习宣传。宣贯工作小组会同培训中心举办培训班、开设讲座、印发宣传资料，多渠道宣传“纲要”精神，正面灌输，积极引导。制作《企业手册》，发放至每位员工，同时还在企业网站和基层班组张贴企业文化的主要元素、目标任务。通过这些宣传引导，促进广大员工对企业文化建设纲要的认知，努力培育广大员工自觉融入企业发展建设。

【创新发展】

“十二五”期间，企业管理以创新体制机制为重点，分级负责，分类施策，分层实施，全面推进各项改革工作。在创新管理机制上，重点推进企业经营者任期制契约化管理、差异化绩效考核、市场化选人用人机制以及规范法人治理建设。优化组织架构，大力推广运营公司线路管理部和站长责任制，稳步实施维保管理职能和生产职能分离，完善运行机制，理顺管理界面。研究建立运营购买服务模式，构建内部模拟市场运作机制。深化项目管理改革，切实落实项目法人负责制。在技术突破上，率先使用轨道交通发展趋势的先进客运交通系统——全自动驾驶系统；积极利用智能监控、大数据、互联网技术，提高维护保障能力，快速处置设备故障，保持地铁良好运营；研发地铁列车在线监测诊断系统及接触网、轨道、隧道结构的检测装置等。

【品牌引领】

申通地铁集团制定发布《上海地铁服务品牌建设纲要》及《上海地铁服务品牌建设三年行动计划(2013—2015 年)》，全面推进服务文化建设，服务理念有了新的突破，服务规范和服务水平得到全面提高。推行以运营单位岗位作业标准化为重点的服务系列标准化建设，通过标准化建设不断提升服务能力，以行业领先为目标，全力构建以运营为主导的网络标准化体系。积极组织开展规范服务达标活动，建立流动红旗评比等机制，形成窗口一线岗位比服务、比形象的良好氛围。创建了“熊熊 3D 劳模工作室”“铁三角服务联盟”“孙春霞工作室”等服务品牌，进一步发扬先进标杆引领作用。

【制度完善】

申通地铁集团在“十二五”期间，按照ISO质量贯标管理要求，不断完善各类制度的建立，梳理制度类别，明确管理架构，调整管理职责，优化发布流程，规范企业的经营管理。在梳理和健全各项规章制度方面，共建立21项门类的制度、制度规则总计达335项，建立各类标准2 978项，使制度管理得到全面完善，制度规范得到了根本性规范，标准化建设得到了全面实行。2013—2014年度集团连续两届获得“全国实施卓越绩效模式先进企业”的表彰，2015年集团荣获上海市政府质量金奖。

【培育先进】

“十二五”期间，申通地铁集团每年坚持开展“风采人物”评选和好人好事评选活动，给予先进典型荣誉表彰。集团公司着重聚焦基层一线、聚焦普通员工的闪光点，充分挖掘小人物身上的先进故事，拍摄上百集“小人物、真故事”系列微视频，策划反映一线先进典型的专题系列报道，运用地铁视频、地铁网站、地铁报、地铁画报、海报、微信、微博等媒介，从平凡员工身上挖掘职业精神和浩然正气，广泛宣传基层单位、班组中的好事善事，弘扬社会主义核心价值观，体现企业核心价值理念，共培育出全国劳模1人，全国五一劳动奖章2人，上海市(部级)模范集体4个，上海市(部级)劳动模范9人，有1名劳模当选为党的十八大代表。有1名青年获“全国青年岗位能手”，1名青年员工获“上海杰出青年岗位能手”称号，8支青年集体荣获“上海市优秀青年突击队”称号，72名员工被集团推选为风采人物。

第二章　行政事务管理

第一节　档 案 管 理

一、机构设置

在申通地铁集团成立前，原有相关轨道交通投资、建设运营管理单位分别都有各自的档案管理部门，2004 年后，申通地铁集团在逐步归并轨道交通相关单位的档案管理职能基础上，于 2007 年 6 月，正式成立申通地铁集团档案室。档案室确立了集团总裁领导、综合办主任分管、档案室具体负责的工作机制，采用一体化扁平式人员构架，按照国家和本市档案法律法规，切实履行档案管理各项职能，健全完善档案管理的制度化和规范化建设，形成了一套涵盖国家、地方和企业三个层次的档案制度汇编。

二、管理制度

申通地铁集团于 2009 年建成开通“上海地铁数字档案管理系统”，该系统与协同平台实现无缝对接，提供工程档案远程查阅服务，并通过数年的完善和升级，实现了电子档案归档和查询服务，网上年借阅量达到 5 000 件次。

三、成果和荣誉

在上海市档案局的各类评比中，由于上海地铁档案室库房硬件设施齐全、档案管理体系规范、数字档案系统先进、档案的利用开发高效等优势，得到了档案管理系统的肯定。获得上海市人事局、上海市档案局命名的 2004—2007 年度、2008—2011 年度、2012—2015 年度“上海市档案系统先进集体”；2011 年，“上海地铁数字档案馆研究”被上海市科学技术委员会命名为“上海市科学技术成果”；2011 年，“上海地铁数字档案馆”被上海市工程咨询行业协会评为“上海市优秀工程咨询成果二等奖”；2012 年，“上海共和新路高架工程”档案管理，被国家档案局授予“全国建设项目档案管理示范工程”。

第二节　外 事 管 理

一、机构设置

2000 年上海申通集团公司成立对外联络部。

2002 年上海磁悬浮交通发展有限公司成立对外联络部。

2004 年上海申通地铁集团外事工作由办公室，负责其主要职能包括：外事接待，报批涉外文件，检查督促公司所属单位、部门外事工作的执行；安排涉外谈判，出国考察、培训，设备监造计划及因公出国团组派出事宜；开展外国专家的管理工作；了解外经动态，寻求国际合作与利用外资可能性等。并于同年 8 月 20 日印布了《上海申通集团有限公司因公出国、赴港澳管理工作程序》。

截至 2015 年末，累计出访 272 批/1 431 人次。

二、管理制度

1992 年上海市地铁总公司成立对外经济合作处。1994 年，上海市地铁总公司先后制（修）订了《因公出国团组派出工作办法的补充规定》《涉外文件资料管理办法》《关于涉外文件翻译的规定》《因公出国护照签证申办及管理规定》《外汇贸易传递程序》《外事保密工作暂行规定》等六项规章制度。

三、重大对外活动

【中法建交 50 周年】

2014 年 3 月下旬，值中法建交 50 周年及习近平主席对法国进行国事访问之际，申通地铁集团和法国凯奥雷斯集团有关公共交通运营管理的合作项目被列为中法建交 50 周年的 50 个合作签约项目之一。申通地铁集团总裁俞光耀应邀赴法国巴黎、里昂参加系列活动。

在法期间，俞光耀作为中国企业家代表团成员参加了中法两国元首出席的中法建交 50 周年纪念大会、当地政府为习近平主席举办的欢迎晚宴等重要外交活动，出席了由中国商务部与法国财政部、外贸部共同主办的中法贸易投资论坛，并与法国凯奥雷斯集团签署了战略合作协议。

【莫斯科地铁 80 周年庆访问活动】

2015 年 5 月 13 日，应莫斯科地铁的邀请，申通地铁集团副总裁邵伟中一行六人于 2015 年 5 月 13 日抵达莫斯科，在为期两天的访问参观活动中，受到了莫斯科地铁热情接待，与来自世界各地的同行们进行交流，参加莫斯科地铁组织开展的地铁发展的开放式研讨会，会上有柏林、巴黎交通部门的交流发言，还有莫斯科分管交通的副市长的交流发言，以及来自大学教授和 UITP 协会会长的发言；参加莫斯科地铁信号改造和车辆大修采购两个专题研讨，参观莫斯科地铁的主要车站以及莫斯科地铁举行的 80 周年地铁时光穿梭纪念活动以及地铁博物馆；受到莫斯科市市长的接待，见证了莫斯科地铁与北京地铁签署的合作意向书；15 日晚莫斯科地铁在国家大剧院举行隆重的 80 周年庆祝文艺晚会，参加人员除了来自各国的同行朋友以外，全是来自莫斯科地铁的员工，场面宏大热烈，俄罗斯交通部副部长在庆祝会上宣读俄罗斯总理梅得维杰夫和俄罗斯交通部部长的贺信，并得到俄罗斯宇航员来自太空的祝贺。在莫斯科期间，团长邵伟中副总裁与俄罗斯地铁的领导进行了友好的互动，并代表中国上海接受俄罗斯国家电视台 24 频道以及中国中央电视台 4 频道的专访，表达对莫斯科地铁的祝贺以及今后双方加强交流合作的意愿。

【参加国际地铁协会（CoMET）活动】

上海地铁自 2005 年 10 月正式加入国际地铁协会（简称 CoMET）以来，积极参加伦敦帝国理工大学交通战略研究中心(简称 TSC)组织的历届国际地铁运营对标会议以及相关的技术交流活动,不仅学习了国内外地铁运营企业的先进经验与优良做法,为运营指标的对标改进及管理水平的持续提升提供了动力和方向,而且也与国际多家地铁公司建立了良好的友谊关系,为促进上海地铁与多个城市地铁之间的多元文化及技术交流提供了窗口和平台。

2007 年 3 月,上海地铁运营有限公司代表上海地铁首次承办了 CoMET 管理会议;2009 年 12 月,上海申通地铁集团公司成立 CoMET 组织上海地铁领导工作小组并设立办公室,专业负责对接 CoMET 组织以及相关的日常工作;2010 年 10 月,上海地铁作为 CoMET 轮值主席承办了 CoMET 年度会议,会上主动提出了开展 CEO 会议、实行区域会议制度等多项倡议,得到了 CoMET 各成员的积极响应和认可,这些倡议被采纳后一直沿用下来,有效促进了 CoMET 成员间的深层次交流,提高了各成员对 CoMET 的关注度与参与度。2011—2015 年期间,上海地铁 CoMET 办公室积极做好每年两次国际对标会议的筹备与参会、上海地铁 KPI 指标数据的填报与对标分析、各类专题研究项目的数据填报与分析、与 TSC 及各成员间的联络与技术交流等各项日常工作,在上海地铁与国际地铁之间的技术和文化交流中起到桥梁和纽带作用。

图 7-2-1　2007 年 3 月 7—9 日 COMET 国际地铁会议

表 7-2-1　1985—2015 年申通地铁集团来访接待情况表

序号	日　期	人员、职务	事　由	地　点	中 方 人 员
1	1985 年 5 月 9 日	法国运输部部长	访问	上海市地铁公司	
2	1986 年 2 月 7 日	米兰交通局局长莫拉索尼率领的地铁技术代表团	访问交流上海地铁	市府贵宾厅	副市长倪天增
3	1986 年 6 月 9 日至 13 日	法国地铁集团总裁凯塞里尼率领法国地铁集团代表一行	访问交流上海地铁	上海市地铁公司	

（续表）

序号	日　期	人员、职务	事　由	地　点	中方人员
4	1987年1月28日	法国驻沪副领事莫乐，陪同法国驻中国大使馆商务专员古乐	访问	上海市地铁公司	
5	1988年5月27日	柏林(西)交通咨询公司	上海地铁2号线预可行性研究项目合作		上海市地铁公司
6	1989年5月13日	联邦德国经济合作部国务秘书冷格尔博士等	上海地铁1号线工程引进技术设备合同正式签字	西郊宾馆	上海市市长朱镕基、副市长黄菊、市府顾问汪道涵、市人大常委会副主任孙贵璋、市政协副主席徐以枋、吴振
7	1993年11月17日	德国总理科尔、联邦科研部长、经济合作部长	中德合资上海地铁车辆股份有限公司意向书签字	扬子江大酒店	上海市市长黄菊、副市长沙麟；我国政府陪同团团长、电力部部长史大桢
8	1993年11月18日	德国总理科尔	上海地铁1号线电动客车钥匙交接	上海体育馆站	上海市副市长沙麟
9	1994年3月19日	德国交通委员会主席乔泼斯	参观上海地铁1号线		
10	1994年3月23日	日本国经济企画厅政务次官古贺一成一行	上海地铁2号线工程利用日本第4批日元贷款事宜进行调研	上海地铁总公司	
11	1994年4月9日	德国柏林市市长迪普根	访问上海市地铁总公司	上海地铁总公司	
12	1994年4月17日	日本大阪市市长西尾正也一行	参观上海地铁1号线	上海地铁	
13	1994年4月26日	德国巴登府登堡州州长埃尔温・托伊费尔	参观上海地铁1号线	上海地铁	
14	1994年5月28日	比利时安普卫特市市长	参观上海地铁1号线	上海地铁	
15	1994年9月28日至29日	英国英中贸易四十八集团	中英地铁与轻轨技术研讨会		国家建设部地铁建设管理办公室
16	1994年10月11日	泰国前总理、现泰中友好协会主席差猜春・哈旺一行	参观地铁1号线工程	上海地铁	
17	1994年10月18日	意大利米兰市市长	参观上海地铁1号线	上海地铁	
18	1995年5月24日	毛里求斯副总理纳巴布辛格	参观上海地铁1号线	上海地铁	
19	1995年7月7日	德国石—荷州州长西莫尼斯女士一行	参观地铁1号线	上海地铁	

（续表）

序号	日　期	人员、职务	事　由	地　点	中方人员
20	1995年9月13日	也门共和国亚丁省省长加尼姆一行	参观地铁1号线	上海地铁	
21	1995年11月6日	20多个国家和地区的嘉宾	国际公共交通协会(UITP)亚太委员会年会	上海地铁	
22	1995年11月22日	蒙特利尔市市长彼埃尔·布尔克	访问上海市地铁总公司	上海地铁	
23	1996年1月14日	泰国上议院议长米猜·立初攀	参观上海地铁	上海地铁	全国政协副主席万国权
24	1996年3月28日	泰国总理班汉·西巴阿差	参观地铁1号线	上海地铁	交通部部长黄镇东、上海市副市长赵启正
25	1996年5月8日	巴基斯坦前总理穆罕默德·纳瓦兹·谢里夫	参观地铁1号线	上海地铁	
26	1996年10月22日	哥伦比亚共和国总统埃内斯托·桑佩尔·皮萨诺率政府代表团	参观地铁1号线	上海地铁	副市长赵启正
27	1996年11月21日	德国总统罗曼·赫尔佐克率政府代表团	参观地铁1号线	上海地铁	蒋以任副市长
28	1997年4月5日	泰国总理差瓦立·永猜裕一行	参观地铁人民广场站	上海地铁	
29	1997年8月26日	柬埔寨副首相兼内政部部长部肯一行	参观陕西南路站等站	上海地铁	
30	1997年10月24日	德国经济合作发展部施普朗格部长一行	访问地铁	上海地铁	
31	1998年6月25日	英国驻上海总领事馆领事唐伟伦等	访问3号线工程建设筹建处	明珠线	
32	1998年7月29日	法国阿尔斯通公司总裁比尔热先生一行	访问3号线工程建设筹建处		
33	1998年9月25日	法国总理利昂内尔·若斯潘；法国阿尔斯通董事长兼首席执行官比尔热	明珠线1期工程车辆合作意向书签字	新锦江大酒店	上海市市长徐匡迪
34	1999年3月11日	德沪地铁集团	地铁2号线一期工程进口设备合同签约		
35	1999年3月12日	德国勃兰登堡州州长施托尔佩率代表团	访问上海地铁	上海地铁	
36	2000年5月9日	法国SYSTRA	《上海市城市轨道交通规划设计〈最终报告〉(初稿)》评议会	光大会展中心	
37	2000年5月24日	法国阿尔斯通公司中国总裁	拜访上海申通集团		

（续表）

序号	日　期	人员、职务	事　由	地　点	中方人员
38	2000年6月2日	新加坡前总统王鼎昌	参观上海地铁1号线		
39	2000年6月30日	法国里昂银行上海分行行长	拜访上海申通集团		
40	2000年7月4日	越南共产党中央政治局委员、胡志明市市委书记阮明哲率团	考察上海地铁1号线		
41	2000年7月24日至28日	德国磁悬浮国际有限公司（TRI）总裁互尔率代表团	会晤申通集团		上海市市长徐匡迪
42	2001年1月17日	朝鲜劳动党总书记金正日	参观了上海地铁2号线		中共中央政治局委员、上海市委书记黄菊，市长徐匡迪
43	2001年1月23日	TRI、蒂森·克虏伯、西门子	上海磁悬浮列车工程合同签字	市人民政府1号贵宾厅	徐匡迪、徐冠华、孙永福、张祥、韩正
44	2001年3月1日	德国驻华大使于倍寿、驻沪总领事龙贝格	上海磁悬浮列车示范运行线工程的开工	浦东新区黄楼镇	黄菊、石广生、徐匡迪、陈铁迪、王力平、邓楠、金立群、宋仪侨、周禹鹏
45	2001年10月19日	加拿大国际贸易部部长佩蒂格鲁阁下率团	访问上海申通集团进行	申通地铁	
46	2001年11月2日	德国联邦总理施罗德偕夫人	上海磁悬浮列车示范运营线轨道梁启运		国务院总理朱镕基和夫人；黄菊、徐匡迪
47	2002年10月7日	孟加拉国交通部部长等一行	参观地铁2号线	上海地铁运营有限公司	
48	2002年10月9日	越南建设部部长等一行	参观地铁2号线	上海地铁运营有限公司	
49	2002年12月31日	德国总理施罗德	磁浮列车成功地实现了单线通车试运行	磁浮线	国务院总理朱镕基、副总理曾培炎
50	2003年6月27日	上海阿尔斯通交通设备有限公司副董事长蒋珍珍等一行	访问上海申通集团	申通集团	
51	2003年8月25日	泰国副总理威沙努·科岩一行	访问地铁运营公司	地铁运营有限公司	
52	2003年9月15日	联邦德国总统约翰内斯·劳代表团一行	考察参观上海磁浮列车示范运营线工程	磁浮线	中国驻德国大使馆马灿荣大使、上海市副市长姜斯宪
53	2004年3月22日	新加坡陆路交通管理局（LTA）局长何鸣杰和副局长兼MSI环球公司（LTA下属咨询子公司）董事总经理刘腾先一行	访问上海申通集团	申通集团	

（续表）

序号	日　期	人员、职务	事　由	地　点	中方人员
54	2004年12月9日	新加坡交通部部长姚照东等一行	访问上海地铁运营有限公司	地铁运营有限公司	
55	2006年4月19日	印度尼西亚副总统尤素夫卡拉一行	上海申通地铁集团访问		
56	2006年5月23日	德意志联邦共和国总理安格拉·默克尔	参观磁浮上海示范线		中共中央政治局委员、国务院副总理曾培炎；市委副书记、市长韩正
57	2007年2月22日	法国德高贝登公司	签订轨道交通1—13号线广告资源合作协议	申通地铁集团	
58	2007年3月8日至9日	10个国家或地区的地铁公司代表	CoMET(国际地铁联合会)年度管理会议	上海地铁运营有限公司	
59	2007年11月27日	法国总统萨科齐；法国阿尔斯通公司	签订上海轨道交通10号线信号系统采购合同		中共中央政治局委员、市委书记俞正声
60	2008年2月29日	尼日利亚联邦共和国总统奥马鲁·穆萨·亚拉杜瓦一行	访问上海申通地铁集团		
61	2009年6月3日	泰国正大集团	签署战略合作框架协议	上海申通地铁集团	
62	2010年10月11日至14日	巴黎、墨西哥、纽约、莫斯科等11家地铁公司代表	CoMET(国际地铁联合会)2010年会	上海申通地铁集团	
63	2012年12月3日	庞巴迪运输瑞典有限公司	申通庞巴迪(上海)轨道交通车辆维修有限公司登记成立		
64	2013年4月26日	法国凯奥雷斯集团	签署战略合作框架协议		
65	2013年10月18日	旧金山湾区捷运局	签订战略合作意向书		
66	2014年11月19日	墨西哥城地铁公司	签署“上海—墨西哥城地铁缔结友好地铁协议”		
67	2015年11月16日至20日	马德里地铁公司	签订《上海地铁与马德里地铁战略合作框架意向书》		

表7-2-2　2003—2015年申通集团公司接待香港地区来访情况表

序号	日　期	人员、职务	事　由	地　点	中方人员
1	2003年2月21日	香港地铁有限公司董事局主席苏泽光一行	访问上海申通集团	申通集团	

（续表）

序号	日　期	人员、职务	事　由	地　点	中方人员
2	2003 年 9 月 18 日	香港地铁有限公司新任董事局主席钱果丰	访问上海申通集团	申通集团	
3	2004 年 3 月 24 日	香港地铁有限公司新任首席执行官周松岗一行	访问上海申通集团	申通集团	

第三章　招标造价与法律事务管理

第一节　招 标 管 理

一、招标路径

2004 年申通地铁集团成立后，轨道交通招标业务进行了全面梳理和统筹管理，内容包括：招标策划、标段划分、审核招标文件、招标限价、合同格式、合同签约。管理方式采用集团对在建项目的招标进行集中管理、统筹实施；各项目公司负责配合、跟进。

2011 年开始，招标工作“由建向管”进行转型，加强了理论制度与实际操作的衔接。遵循“公正、公开、公平”的原则，一方面对建设、运维板块的招标工作简政放权、事权下放，同时从强基础重管理角度出发，推出了一系列管理制度和优化举措，加强招标计划管理。有力支撑了建设项目和运营维保项目的工作推进，招标管理从在建线路延伸到运维保障。

2012 年至 2014 年期间，招标工作依托“制度加科技”管理手段，集团研制电子采购平台从开发走向成熟，在工程建设、运维板块全面推广应用，相应管理办法正式出台。2013 年，物资后勤公司正式接管采购平台，进行日常运行维护。申通采购门户网站的建立，使得集团在政府采购网、市招标办、机电招办三种招标方式之外，有了第四种招标途径。四种手段的综合运用将集团招标工作全部在阳光下运行，实现了招标手段的突破。

2015 年，上海市住建委颁布新的评标管理办法，为适应监管要求，集团积极参与市招标办开展的评定分离的政策研究，制定了集团内部评标管理办法，与监管要求保持一致，维护评标的独立性。

结合多年建设经验，根据项目建设周期及专业特点，经过分门别类归纳整理，把整个建设期需要签订的一千多个合同提炼总结成两张计划表。一张 93 项的公开招标计划表，对标上海市建管办监管项目，涵盖了所有建设工程进场招标项目。一张 62 项非公开招标计划表，对标非进场企业自管项目。

针对两张计划表进行分级管理模式，形成建设项目公开招标计划、非公开招标计划编制指导意见，以及配套的公开招标管理规定、非公开招标管理规定等一系列制度，用制度明确管理层级及流程。

公开招标项目采用集团—项目公司两级审查制度，集团对项目公司编制的招标文件组织全面会审。非进场公开招标项目集团采用放、管、服模式，事权下放项目公司。非进场公开招标项目监管模式对标上海市建管办，建机制、搭平台、优服务、强监管。上海地铁阳光采购平台，提供了对外发布采购信息的渠道，也为供应商搭建了一个公开、公平、公正、透明的采购环境。所有非进场公开招标项目全部纳入采购平台管理，申通地铁集团对招标项目的合理性、标段划分、报名条件、评标办法、预算金额等关键信息进行集中审核。

上海轨道交通所有新建线路以及运营线路大修更新、补短板项目全部纳入招标监管，涵盖了前期工作、造价咨询、设计、监理、土建施工、设备采购、机电总承包、信号采购、车辆采购、系统集成、设备更新、线路维修、专项整治等各类型项目，对必须招标项目实施全覆盖。

二、招标风险防控

申通地铁集团编制《申通集团招标代理工作规范要求》，明确招标代理在文件发售、开标、清标、评标等环节的工作要求。

文件发售阶段，要求招标代理使用天眼查、全国企业信用信息公示系统等工具，查询拟投标单位的股东、主要高管人员名单，防止各潜在投标人存在关联关系。主动核查、事先防控，有效规避了潜在风险，保护了招标人的权益。

开标后开展清标工作，使用 Beyond Compare 软件对投标文件电子文件进行横向比对，形成查重报告。招标代理填写比对结果记录表，签字后作为评标报告组成内容。发现投标文件内容异常一致，报告评标委员会进行判定，投标人是否存在串标、围标行为。被判定为串标、围标，并被列入申通地铁集团供应商黑名单，禁止参与申通地铁集团非进场公开招标项目。

通过开、评标室实时监控、项目后评估抽查等手段进行监管，保证招标代理单位按规范执行，一旦发现消极抵触、阳奉阴违等情况，将对单位追责、相关个人驱逐。

制订《评标专家和专家库管理规定》，规范业主评标专家的派出。不得委派本项目组成员任评标专家。提高对评标专家的要求，评标专家可能与投标单位产生利益瓜葛的一律回避，限制评标专家每年评标数量，每年最多参与评标 20 次，建立专家回避后的应急措施。在集团内建立应急专家库，一旦出现专家需要回避的情况，立即在库内补抽专家。对集团评标室纪律管控，评标专家当场签署诚信承诺书。承诺内容除专家未在投标单位任职之外，还包括：未持有投标单位股份，任职单位与投标单位不存在股权关系，未有近亲属在投标单位任职。

三、供应商准入管理

2015 年 6 月 23 日申通地铁集团颁布《供应商准入管理规定》，规定了供应商准入的管理职责、变更流程。合约管理部是供应商准入管理的归口管理部门，负责制定供应商准入政策，并对准入方案的合理性与可行性、评审小组成员产生的合规性、准入计划与实施方案的吻合性及实施单位操作过程的规范性进行监督。监察部门对处理投诉的公正性与及时性及其他应当监督检查的内容进行监督。维保部门负责管理供应商网上注册、准入信息发布等工作。采购平台招标代理单位负责供应商准入的事务性工作。

申通地铁集团按合作深度的不同，在采购平台上，根据《采购平台供应商准入实施规定》、以信息化手段分级管理供应商，对供应商进行差异化管理，推广优秀供应商。

注册供应商与合格供应商。社会供应商有意参与申通集团项目的，需先在采购平台提交基本资料、申请注册并通过审核。有意加强合作关系的，可进一步发起自荐申请，通过审核后成为合格供应商。注册供应商可深度了解申通地铁集团的采购政策、采购需求和采购结果，可参与公开招标项目，其资质、业绩、综合能力等在评标阶段接受竞争、进行筛选。

合格供应商通过自荐审查后，其资质、业绩、能力、社会信用等已得到了初步认可，可了解申通地铁的全部采购信息，参与申通地铁集团各种类型的招标采购项目竞争，允许签订长期合作协议，或直接委托。

长期合作供应商。申通地铁集团与以下类型供应商签订长期合作协议：(1) 战略供应商。指合资合作、推广应用性质的供应商,包括合资企业、合作企业等。如申通庞巴迪的列车维修维护、地铁电科的板卡及信息化项目,上海航天的锂电池合作项目等;(2) 重要物质供应商。指直接生产厂商或独家代理,需求量大、采购频繁,但市场供应不充分的供应商。如克诺尔车辆设备有限公司的制动产品、福伊特车钩技术有限公司的车钩产品等;(3) 普通物质供应商。指采购频繁、市场供应充沛、金额较小的项目,通过与电商京东合作,解决价格、效率、供应商小杂等管理问题。

通过与合作基础较好、经济和技术实力强、企业信用评价高的供应商签订长期合作协议,集团能获得稳定、优惠的资源,降低了成本,获取增值服务,深化合作空间,对内也简化签约、支付审批流程,提高了采购效率,供应商也有条件、有动力为深化合作进行科研攻关或产品研发,共同提高技术和服务水平。

建立多方位、信息化的沟通评价体。各采购组织在"供应商信用管理平台"对各类供应商进行动态、静态相结合的评价。1. 考评工作分为三类:履约评价、专项评价和即时评价。2. 考评内容包括交货售后服务、产品服务质量、提交资料完整性、其他合同履约等。3. 考评结果为百分制,分优、良、一般、差四级。4. 申通地铁集团定期通报表彰优秀供应商,并对未通过考评或有其他不良行为的供应商进行退出处理。

四、评标管理

2014 年 9 月 30 日,申通地铁集团颁布《评标专家和专家库管理规定》。根据招标需要进行评标专家征集、接受专家信息更新告知和更新专家个人信息、对评标专家进行年度审查、办理专家入库事宜、负责评标专家的培训工作、负责考核奖惩。

在对评标专家的资格要求上,申通地铁集团参考政府及主管部门对评标专家的监管要求设置条件,不仅要具有较高的业务素质和良好职业道德,同时对专家在评标活动中的行为准则进行约定;严格规定了评标专家的权利和职责。专家库的专业分类执行国家标准,评标专家的人员组成遵守国家和申通地铁集团相关规定,并且约定了评标专家应主动回避的六种情形。申通地铁集团从申报审核、入库、培训、专业分类、专家组成、抽取方式、监督检查、考核奖惩等各环节进行全过程管理。

第二节　法律事务管理

一、重大纠纷处理

【7 号线、2 号线东延伸财产损失赔偿案】

2005 年 1 月,上海浦东世贸家具有限公司(下称"世贸公司")与上海万花实业有限公司(下称"万花公司")签订房屋租赁合同,承租了万花公司权属的浦东新区龙阳路 2000 号万邦广场(租赁面积 8 121.61 平方米、租期 15 年),双方约定由世贸公司装修后进行商业经营或招商转租。此后,世贸公司即开办世贸家具城,斥资进行装修并同步投放广告向社会公开招商,计划于 6 月底正式开张营业。然而,就在世贸公司即将开业之际,7 号线因龙阳路站建设对万邦广场进行围场施工,商场正门和进出道路被施工围栏封堵,客观上造成世贸公司无法按期开业。

2005 年 10 月,上海陆家嘴(集团)有限公司(下称"陆家嘴集团",7 号线浦东段股东)就万邦广场施工影响与万花公司签订补偿协议(约定补偿期限至2006年12月底),世贸公司据此亦获得万花公司给予的相应补偿,并将开业计划推迟到2006年12月底地铁建设完工后。然而,7号线龙阳路站因工期调整直到2007年初都未进行施工,同时,2号线东延伸亦因龙阳路站建设需对万邦广场进行围场,造成世贸公司的开业再次搁置,直至2009年12月31日,万邦广场的施工围场始得拆除并恢复原样。

在此期间,世贸公司于2008年8月就此向上海市第一中级人民法院立案未果后(因与地铁不存在合同关系),即多次向市政府相关部门上访,经市重大办、稳定办的专题协调,明确由上海轨道交通7号线发展有限公司(下简称"7号线")对世贸公司承担一定的补偿义务,先行支付300万元,并签订了补偿协议。

2011年7月,世贸公司以房屋租赁合同和该补偿协议为凭,再次向上海市第一中级人民法院申请立案,诉求7号线、上海轨道交通2号线东延伸发展有限公司(下简称"2号线东延伸")共同赔偿经济损失1.84亿元。受理后,市第一中级人民法院指定该案由上海市浦东新区人民法院按财产损失赔偿纠纷立案管辖。

接案后,项目公司和申通地铁集团法务主管部门即联手开展了大量工作,针对世贸公司的诉讼请求,逐项进行证据收集、分析,并向浦东新区人民法院申请追加第三人陆家嘴集团和万花公司支持我方观点,客观、真实地还原了该案的全貌,经过证据交换、答辩、补充答辩、质证、举证等一系列司法程序,并均得到了浦东法院的认可。

有鉴于此,世贸公司出于对其不利情形的考虑,在开庭审理后即向法院申请撤诉。浦东新区人民法院认为世贸公司的撤诉申请符合法律规定,裁定准许原告上海浦东世贸家具有限公司撤回起诉。至此,经过半年多努力,该案最终以申通地铁集团的完全胜诉结案。

二、法律风险防范

2010年12月21日,申通地铁集团成立企业管理发展部,明确法律事务管理职能由原合约法规部划入,从而正式开启了申通地铁集团法律风险防范的建设步伐,着力在规章制度、组织机构建设等方面推进法律风险防范。

2011年4月22日,申通地铁集团首个法务管理的全局性制度《法律事务管理办法(试行)》颁布实施。

2014年12月17日,申通地铁集团出台《关于进一步加强法律事务工作的意见》,明确了加强法务工作的重要意义和三年计划总体目标,并落实了组织机构、法律审核机制等十大主要工作措施。

2015年2月10日,进一步修订完善为管理标准,制定《法律事务管理规定》,明确了二级单位季度法务情况备案机制。4月17日,颁布《法律审核管理规定》,对重大经营决策、经济合同、管理标准、法定代表人用印等四项内容法律审核的程序、要求等进行了制度安排。6月29日,颁布《外聘律师管理规定》,规范了律师库建设、收费标准、聘请程序等。7月2日,颁布《法律纠纷处置规定》,对诉讼、非诉讼等两种法律纠纷的处置方式、备案要求予以了规范。10月22日,颁布《法律法规合规性评价程序》,对运营体系适用的法律、法规和其他要求的获取、应用、评价程序进行了规定。

2015年5月6日,申通地铁集团成立法律事务部,明确作为集团法务工作的主管部门,与企业管理发展部合署办公。

三、知识产权管理

申通地铁集团内拥有知识产权的单位：集团技术中心、隧道设计院、磁浮公司、咨询公司、资产公司、维保公司、运三公司、运四公司。

申通地铁集团在专利、计算机软件、商标等领域拥有知识产权，特别是在科研、设计等方面体现了申通的行业优势。此外，在磁浮示范线上还拥有国际授权专利。

至2015年底，申通地铁集团共有534项知识产权。其中，国内发明专利177项、实用新型专利174项、外观设计专利20项，计算机软件著作权113项，商标权37项，美国专利3项、欧洲专利3项、中国香港专利7项。

表7-3-1　2015年公司知识产权情况表

单　位	发　明	实用新型	外观设计	计算机软件	商　标	国际专利	合　计
集团	33	34	7	62	1		137
隧道	99	96	7	7	5		214
磁浮	13	17		1	16	13	60
咨询	26	18	6	35			85
资产	4	7		6	15		32
维保	2	1		1			4
运三		1					1
运四				1			1
合计	177	174	20	113	37	13	534

申通地铁集团知识产权主要来源于科研项目，占到90%以上；因运维技改项目形成的，占到5%左右；其他因工程设计形成的，占到5%左右。

申通地铁集团每年投入到知识产权的申请、维护、委托等的总费用在60万左右。其中，技术中心12万/年，隧道院20万/年，磁浮公司25万/年，咨询公司3万/年。

第三节　行政执法管理

一、执法队伍

上海轨道交通的执法工作始于1993年市政府规章《上海市地铁管理办法》。在地铁试运营之初，授权车站服务人员实施行政处罚，维护地铁的运营管理秩序。

1996年国家《行政处罚法》颁布实施，1997年2月，上海市地铁总公司首批100名通过“三法一条例”培训的人员取得了本市统一的《行政执法证》。

1999年3月，《执法证》二年有效期满，换证(包括新办)97人。

2000年底，上海市城市交通局统一换证，对55人换发了新证。

2002 年 7 月 1 日《上海市轨道交通管理条例》正式施行前，上海地铁运营有限公司抽调 12 名职工经培训取得执法证，成为轨道交通稽查大队的专职执法人员；同年底，上海地铁运营有限公司在原有兼职执法队伍的基础上调整充实了人员，共培训领证(包括换发新证)175 人，2004 年初，经培训充实调整执法队伍人员，共有执法人员 197 名。

2005 年 9 月 28 日，成立上海地铁运营有限公司稽查大队。

2006 年，上海地铁运营有限公司现有执法人员 218 名，除少量管理人员外，都是客运一线的值班站长、骨干和车站保安，承担轨道交通 1、2、3、4 号线的行政执法任务，其中专职从事轨道交通安全保护区巡查的有 8 名。

2007 年 4 月由上海市公安局城市轨道交通分局、市城市行政执法管理局、市文化行政执法总队、地铁运营有限公司进行会商，共同构建轨道交通综合执法的机制。联合成立"轨道交通综合执法工作站"，先后在人民广场站、科技馆站、东宝兴路站、颛桥站建立综合执法工作站，综合执法工作站由公安牵头，受理，甄别、移交、处理的不同流程在一个地方就能够完成。

2009 年 4 月前，上海地铁运营有限公司有行政执法人员 222 名，其中由"保安"兼职行政执法的有 153 名，主要分布在 6 个公安派出所，日常执行勤务由公安民警管理和带领，所持"执法证"为运营公司执法证，所需执法文书(处罚决定书)、罚款收据由公安(派出所)向上海地铁运营有限公司客运分公司统一领取，罚没款项统一汇缴运营公司计财部。是年，上海现代轨道交通股份公司有行政执法人员 57 名。

是年 4 月 8 日，运营企业行政执法管理体制作了调整，轨道交通的企业行政执法管理归口调整至"申通地铁集团"。

为适应运营体制的变革，2009 年 3 月 30 日上海市交通港口局法规处、客运处、运管处、执法总队，申通地铁集团合约法规部、保卫部、运管中心、各运营公司，轨道公安分局，共同探讨研究企业执法体制和管理，拟订调整方案：1. 向市交通行政管理部门(市交通港口局)申请将原地铁运营公司和现代轨道公司二个执法主体变更为上海地铁第一运营公司、上海地铁第二运营公司、上海地铁第三运营公司、上海地铁第四运营公司四个执法主体，并相应变更(新增)"罚没款收据"购买簿。2. 根据原运营公司执法的实际做法，公司职工兼职执法人员数量精简，保留少量参与"四乱"集中整治和"执法工作站"的执法人员；隶属轨道公安管理的保安兼职执法人数根据实际需要适当增加，具体由轨道公安与各运营公司协商确定。轨道公安按照便于管理的原则将保安兼职执法人员划归四家运营公司(执法主体)管理，由四家运营公司具体办理新执法人员培训领证和原执法人员换证手续。3. 运管中心监护工作部 12 名执法人员(主要担负保护区巡查，不承担行政处罚)的归属和管理，拟采用挂靠第一运营公司管理，领证(换证)及培训复审。

2014 年 7 月 23 日上海申通地铁集团有限公司成立"行政执法大队"。行政执法大队部设在 1 号线锦江乐园站，办公室由 2 名专职管理人员及各运营单位 1 名专职人员兼职(共 6 名)组成，具体负责行政执法工作。各运营单位(执法中队)行政专职执法人员编制：运营一公司为 24 名；运营二公司为 18 名；运营三公司为 18 名；运营四公司为 18 名；磁浮公司 3 人，共 81 名。

二、执法内容

1993 年 6 月 14 日《上海市地铁管理办法》实行，上海轨道交通的执法工作起于 1993 年市政府规章《上海市地铁管理办法》。车站服务人员根据行政执法授权，对在上海轨道交通范围内的危害地铁运营安全、影响运营秩序、损坏运营服务设施的行为进行行政执法和管理。主要执法内容针对的行为是：1. 无票乘车或使用废票乘车的，按票价的五倍补票；2. 在列车内躺卧和踩踏列车座席；3. 在车站和车厢内吸烟、随地吐痰、乱扔果皮纸屑等杂物；4. 携带危险品进站乘车；5. 擅自打开车门、车窗强行下车；6. 任何单位和个人不得擅自在地铁安全保护区域内建造、拆除建筑物、构筑物，或从事打桩、挖掘、顶进等作业；7. 在地铁出入口、通风亭等建筑物的三十米范围内排放有害气体、液体，或堆放固体废弃物；8. 在地铁安全保护区域内擅自大面积堆物或从事增加载荷量的其他活动，或大面积取土以及从事减少载荷量的其他活动；9. 在地铁的地面曲线线路内侧，平交道口和人行过道附近，修建妨碍行车瞭望的建筑物或种植妨碍视线的树木；10. 未经地铁管理部门同意，在地铁的地面线路上铺设平交道口和人行道；11. 擅自在地铁出入口、车站、列车等场所随意设摊，堆放杂物，停放车辆，设置广告或进行影响地铁正常运营的其他活动；12. 在地铁列车或各类地铁设施上张贴、涂画、刻画。

2005 年 9 月 28 日，成立“上海地铁运营有限公司稽查大队”，依据《上海市轨道交通管理条例》，在轨道交通运营服务区域行使行政执法管理权。

2009 年 4 月 8 日，运营企业行政执法管理体制作了调整，经市交通局认定申通地铁集团为企业行政执法归口管理单位，执法主体由调整后的数家运营管理单位实施。

《上海市轨道交通管理条例》于 2002 年 5 月 21 日上海市第十一届人民代表大会常务委员会第三十九次会议通过，2006 年 6 月 22 日上海市第十二届人民代表大会常务委员会第二十八次会议《关于修改〈上海市轨道交通管理条例〉的决定》，对“条例”作了第一次修正。2010 年 9 月 17 日上海市第十三届人民代表大会常务委员会第二十一次会议《关于修改本市部分地方性法规的决定》，对“条例”作了第二次修正。经 2013 年上海市第十四届人民代表大会常务委员会第九次会议第三次修订的《上海市轨道交通管理条例》于 2014 年 1 月 1 日起施行。

2014 年 7 月 23 日，上海申通地铁集团正式组建成立“上海轨道交通行政执法大队”。该大队行政执法的主要内容是对在轨道交通设施范围内的下列行为进行执法。1. 拦截列车；2. 擅自进入轨道、隧道等禁止进入的区域；3. 攀爬或者跨越围墙、栅栏、栏杆、闸机；4. 强行上下车；5. 吸烟，随地吐痰、便溺、乱吐口香糖渣、乱扔纸屑等杂物；6. 擅自涂写、刻画或者张贴；7. 擅自设摊、停放车辆、堆放杂物、卖艺、散发宣传品或者从事销售活动；8. 乞讨、躺卧、收捡废旧物品；9. 携带活禽以及猫、狗(导盲犬除外)等宠物；10. 携带自行车(含折叠式自行车)进站乘车；11. 使用滑板、溜冰鞋；12. 违反法律、法规规定的其他行为。

其主要任务是整治“四乱”违法行为，即：乞讨卖唱、无证设摊、散发小广告、非法兜售等扰乱轨道交通车站、车厢正常秩序的行为。同时配合运营单位早、晚高峰期间逃票稽查。

三、执法成果

2001 年 1 月 22 日，开展“逃票稽查”行动，共查处违规乘车 172 人次，其中，违规使用法定免费乘车证 2 人次，冒用敬老卡 42 人次，逃票(含超乘补票和教育劝阻)128 人次。共计补票罚收金额 4 352 元。

2002—2004 年，采用日常巡视和重点打击、单独执法和与公安、城管联合整治相结合的办法，共实施罚款处罚约 8 000 起，罚款金额 10 万余元。

2006 年，处罚案件数 1 593 件，罚款 20 480 元。在上海合作组织峰会期间，与轨道公安联手，对市民反映强烈的贩卖地图、乞讨、散发小广告等违法行为，共进行 8 次集中整治，除依法给予罚款处罚外，还收缴(代保管)广告 6 180 份(张)、地图 1 235 份、报纸 795 份、碟片 950 张，对屡教不改的 350 人送救助站，对 33 人给予治安警告、14 人给予治安拘留。

2010 年世博期间，轨道交通共有 6 个综合执法工作站，分别是徐家汇、人民广场、上海科技馆、石龙路、东宝兴路、新村路综合执法站。由市公安轨道分局牵头，对乱发广告、乱设摊等"四乱"现象开展整治。当年 1—4 月，共查获各类"四乱"人员 4 477 人(次)、行政拘留 17 人、其他行政处罚 1 032 人(次)，护送救助 1 998 人(次)，为迎世博创造良好乘车环境。2010 年轨道交通运营单位行政执法查处案件共有 5 019 起。

2014 年，共查处"四乱"人数 8 294 人(其中 407 人移交工作站)，总罚金 12.035 万元(乞讨 1 327 人、设摊 3 349 人、散发小广告 1 614 人、非法兜售 159 人、其他 1 845 人)。票务稽查总人数 9 341 人，补收票款和罚款 26.002 7 万元；查获冒用敬老卡 3 909 人，冒用敬老卡罚款 19.17 万元。另有警告、弃卡、疑伪造证件移交公安处理共 35 人次。1 249 人录入上海市征信系统。

2015 年度执法大队共查获"四乱"人数为 13 506 人(乞讨 3 403 人、设摊 3 263 人、散发小广告 4 452 人、非法兜售 224 人、其他 2 164 人，其中 1 964 人移交工作站处理)，总罚金为 38.84 万元；协助警方拘留"四乱"人员 64 人次。共处罚冒用敬老卡 5 400 人，弃卡 383 人，冒用敬老卡罚款 27.71 万元，2 986 人录入上海市征信系统。查获无票乘车人数为 21 386 人，补收票款 79.202 4 万元。

表 7-3-2　2015 年上海市轨道交通地方性法规、政府规章、规范性文件情况表

时　　间	规　章　文　件	颁发机关、单位
2014 年 1 月 1 日起施行	《上海市轨道交通管理条例》	地方性法规
2010 年 3 月 1 日起施行	《上海市轨道交通运营安全管理办法》	市政府规章
2012 年 4 月 9 日公布	《上海市人民政府关于进一步加强本市轨道交通管理的意见》	市政府规范性文件
2002 年发布 2006 年修正	《上海市轨道交通安全保护区暂行管理规定》	市行业主管部门规范性文件
2005 年 12 月 1 日施行	《上海市轨道交通运营服务标志设置规定》	市行业主管部门规范性文件
2002 年 8 月 15 日施行	《上海市轨道交通车站商业网点管理规定》	市行业主管部门规范性文件
2002 年 12 月 25 日施行	《上海市轨道交通服务设施设置规定》	市行业主管部门规范性文件
2002 年 7 月 1 日施行	《上海市轨道交通乘客守则》	市行业主管部门规范性文件

第四章　安全质量管理

第一节　安全质量达标创建

根据交通部《交通运输企业安全生产标准化考评管理办法》相关规定及市国资委、交通委要求，2014 年 8 月，申通地铁集团开始启动企业安全生产标准化一级达标创建工作。2014 年 12 月，中国道路交通运输协会考评组对申通地铁集团安全标准化达标创建工作进行了全面考评。2015 年 2 月，申通地铁集团、运营一公司、运营二公司、运营三公司、运营四公司、磁浮公司等六家单位作为独立申报主体，分别申报一级达标企业并取得证书。维保公司（含专业公司）和运管中心作为申通地铁集团所属部门参加达标创建和考评工作。2016 年 7 月，申通地铁集团制定了《安全生产标准化自考评管理规定》，固化申通地铁集团安全生产标准化三年复证每年自评的机制。

第二节　运营体系贯标认证

2011 年 4 月 11—15 日和 5 月 16—19 日，上海申通地铁集团有限公司运营体系内质量、环境、职业健康安全"三标合一"管理体系接受上海质量体系审核中心的外部审核。

2012 年 4 月—5 月，申通地铁集团运营体系内质量、环境、职业健康安全"三标合一"管理体系，接受上海质量体系审核中心的第三方审核。同年 5 月 17 日，申通地铁集团召开第三方审核末次会议。

上海质量体系审核中心审核组对申通地铁集团贯彻"三标合一"工作开展取得的成效给予了充分的肯定，通报了审核情况，并通过 2012 年"三标合一"第三方审核。

2013 年 5 月 6 日—5 月 17 日，申通地铁集团运营体系内质量、环境、职业健康安全"三标合一"管理体系，接受上海质量体系审核中心的第三方审核。同年 5 月 17 日，申通地铁集团召开第三方审核末次会议，通过 2013 年"三标合一"第三方审核。

2014 年 5 月 13 日—7 月 4 日，申通地铁集团运营体系内质量、环境、职业健康安全"三标合一"管理体系接受上海质量体系审核中心的第三方审核。同年 7 月 4 日，申通地铁集团召开第三方审核末次会议，通过 2014 年"三标合一"第三方审核。

2015 年 7 月 8 日—8 月 6 日，申通地铁集团运营体系内质量、环境、职业健康安全"三标合一"管理体系，接受上海质量体系审核中心的第三方审核。本次第三方审核首次采用"以主带子"的模式，各家运营单位均作为一个独立单位接受审核。8 月 6 日，申通地铁集团召开"三标合一"第三方审核末次视频会议，通过 2015 年"三标合一"管理体系第三方复评。

第三节　质 量 创 奖

2010 年 8 月 20 日，中国质量协会下发《关于表彰 2010 年全国实施卓越绩效模式先进企业的决定》，表彰申通地铁集团为"全国实施卓越绩效模式先进企业"。2011 年 8 月 19 日，中国质量协会下发《关于表彰2011年全国实施卓越绩效模式先进企业的决定》，表彰申通地铁集团为“全国实施卓越绩效模式先进企业”。2012年8月14日，中国质量协会下发《关于表彰2012年全国实施卓越绩效模式先进企业的决定》，表彰申通地铁集团为“全国实施卓越绩效模式先进企业”，并授予“全国实施卓越绩效模式先进企业特别奖”。

2013年3月，申通地铁集团启动申报上海市质量管理奖。4月—9月期间，开展了对标调研工作。10月，向上海市质量协会提交7万字的申报材料完成了申报工作。11月，经过资料评审与现场评委打分，申通地铁集团以“运营管理科学、维护保驾规范、社会效益突出”获得评委一致好评。12月，申通地铁集团荣获由上海市质量协会颁发的“2013年上海市质量管理奖”。

2014年8月20日，中国质量协会下发《关于表彰2011年全国实施卓越绩效模式先进企业的决定》，表彰申通地铁集团为“全国实施卓越绩效模式先进企业”。

是年11月，在马来西亚吉隆坡岛举行的第20届亚太国际质量大会上，申通地铁集团凭借卓越的质量管理优势，荣获“全球追求卓越奖”。这是申通地铁集团首次获得国际性质量管理奖项，也是国内轨道交通业内首个荣获国际性奖项的企业。

2015年9月1日，中国质量协会下发《关于表彰2015年全国实施卓越绩效模式先进企业的决定》，表彰申通地铁集团为“全国实施卓越绩效模式先进企业”。2015年9月7日—9月9日，申通地铁集团接受了上海市政府质量奖现场审核。

表7-4-1　2010—2015年公司荣获质量奖项一览表

年　月	奖项名称	授奖单位	获奖单位
2010—2012年	全国实施卓越绩效模式先进企业特别奖	中国质量协会	上海申通地铁集团有限公司
2013年12月	2013年上海市质量管理奖	上海市质量协会	上海申通地铁集团有限公司
2014年和2015年	全国实施卓越绩效模式先进企业	中国质量协会	上海申通地铁集团有限公司
2014年11月	全球追求卓越奖	20届亚太国际质量大会	上海申通地铁集团有限公司
2015年9月	上海市政府质量奖	上海市政府	上海申通地铁集团有限公司

图7-4-1　2014—2015年全国实施卓越绩效模式先进企业

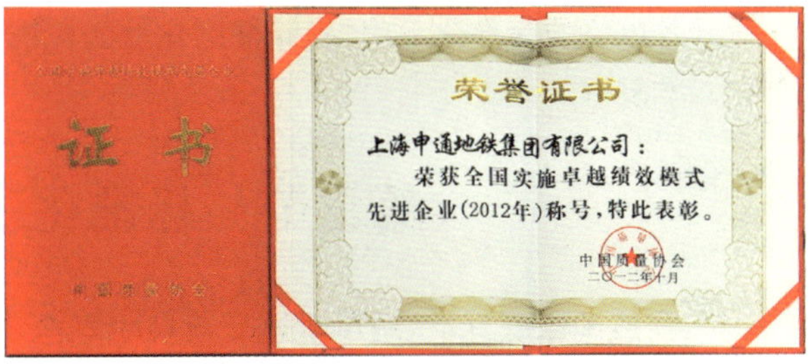

图7-4-2　申通地铁集团荣获2012年全国实施卓越绩效模式先进企业荣誉证书

第五章 标准化管理

第一节 标准化工作总体规划

2010年,制定《"十二五"发展战略规划纲要》,提出标准化建设总体构想,明确分三个时期推进标准化建设,"十二五"期间全面建立体系、"十三五"期间全面深化完善、未来全面发展提升。2011年,开展"上海城市轨道交通网络标准体系"规划研究,开展"集团企业标准体系"编制工作。2012年,成立集团、直属单位两级标准化委员会、标准化室。2013年,建立运营服务标准体系,发布第一批215项集团级标准,正式启动标准体系建设工作。2014年标准体系试运行,获得国家级社会管理和公共服务综合标准化试点项目。2015年标准体系全面推进实施。2016年制定《集团"十三五"标准化建设规划》。

第二节 标准化工作机构及职责

2012年5月11日,成立上海申通地铁集团标准化委员会(以下简称"标委会")和标准化室。

标准化组织架构:设立以总裁为主任委员,副总裁为副主任委员,总工程师为常务副主任委员,主要职能部门和直属单位负责人、项目公司总经理为委员的标准化委员会。集团标准化室主要由技术管理部、企业管理发展部、组织人事部、运营管理部和运营设施设备管理部等五个部门组成,设于集团技术管理部。标准化室作为标委会常务机构,负责处理日常标准化事务。标委会成员单位设立标准化分室,并配备相应的专/兼职标准化员。

标委会的职责:执行国家和地方标准化法律、法规、方针政策及集团公司方针、目标、标准化工作要求;确定与集团公司方针、目标相适应的标准化工作任务;审批标准化立项申请、规划、计划,协调各类标准;组织建立并实施标准体系,审批标准并批准发布;召开标准化工作会议,研讨和决策标准化工作。

标准化室的职责:贯彻落实标委会的决议;制定和管理标准化工作规划及年度计划;依据GB/T15496、GB/T15497、GB/T15498、GB/T19273、GB/T24421和《企业标准化管理办法》组织建立和实施标准体系;组织集团公司标准的制修订;发布并下发标准;组织各级标准的实施和实施后的监督检查;指导各单位的标准化工作,指导标准化员的标准化业务;进行标准化培训,做好标准化宣贯工作;组织标准复审。

第三节 标准化工作实施

2006年,完成国家级标准《城市轨道交通自动售检票(AFC)系统工程质量验收规范(建设部颁发国家规范GB50381-20060)》,上海市标准《城市轨道交通机电设备安装工程质量验收规范(上海市工程建设规范DG/TJ08-2005-2006)》《旁通道冻结法技术规程(上海市工程建设规范DG/TJ08-902-2006)》,企业级标准49项(包括建设指导意见14项、通用图标准图5项以及招标技术文件 30 项）。

2007 年，参编国家标准 4 项（轨道交通试运营基本条件、城市轨道交通客运服务标志、城市轨道交通照明、城市轨道交通自动售检票系统工程质量验收规范），参编行业标准 1 项（轨道交通引起沿线建筑物振动和结构二次噪声标准），主编地方标准 2 项（地铁隧道工程盾构施工技术规程、额定电压 1 500 V 及以下轨道交通用直流电力电缆标准）。

2008 年，参加国家和行业的标准规范编制工作，包括开展担任主编的建设部标准《轨道交通试运营基本条件》、上海市标准《轨道交通运营安全事故分类标准》，完成上海市地方标准《盾构施工技术规程》编撰工作。

2009 年，参加《城市轨道交通公共安全防范系统工程技术规范》《城市轨道交通试运营标准》等 2 项国家及行业标准编制工作。同时，着眼于建设和运营的需要，制定了一批企业技术标准，包括《ISCS 系统信息建设指导意见》等 5 项建设指导意见、《上排热结构风道通用图》等 4 项通用图标准图设计以及《在线式真空排污系统坐便器招标技术文本》等 4 项招标通用文件。

2010 年，编制并颁发了《上海城市轨道交通工程技术标准》。在网络运营标准化工作方面，完成了运营各专业规程规章的修编和评审工作，共形成包含设施设备类规程、调度类规程、运营服务类规章、运营安全类规章等约 450 份文件，基本建立集团运营安全生产与设施设备规程（规章）制度体系。

2011 年 10 月 12 日，开展“上海申通地铁集团有限公司企业标准体系”编制工作。编制企业标准体系总体规划（含标准体系表）；编制企业标准；组织企业标准体系的运行和自我评价；组织企业标准体系的验收和改进。

2013 年 12 月 16 日，制定并印发上海申通地铁有限集团运营服务标准化工作方案。

2014 年 5 月 13 日，下发《上海申通地铁集团有限公司 2014 年度标准化宣贯工作推进方案》。开展“知标”为重点的标准化工作宣贯活动。开展作业标准普及培训。拍摄标准化作业示范片、教学片。开展“执标”为重点的标准化工作宣贯活动。是年 6 月 6 日，印发《集团运营服务标准化工作方案》。以技术标准、工作标准、管理标准为主体，加快建立并组织实施标准体系检查、评价、改进等常态工作机制，初步构建适应集团科学发展要求、反映轨道交通行业特色、符合运营服务需要的服务标准体系。

试运行重点内容：服务业组织标准体系建设；服务业组织标准实施状况；服务业组织标准化工作机制；服务业组织标准化试点成效；服务业组织标准化创新；9 号线社会管理和公共服务试点项目的推进。

第四节　标准化工作成效

一、创新实践

“十二五”期间，在推进标准化建设过程中，把直接承担轨道交通网络安全运营服务的运营、维保单位作为第一批单位，把为运营服务的保障单位作为第二批单位，用两年时间分批推进标准化工作在运营各单位的全面覆盖，做到分阶段、分步骤、分专业、分主次、分任务的有序展开。

上海地铁将标准化全面融入地铁运营、建设领域，确立了对标准化建设“战略、责任、创新”三大理念。确立争创“国内领先、国际一流”的战略理念，突出标准化建设的支撑作用，将“标准化＋”逐步融入集团各系统、各领域、各专业，通过持续推进标准化建设，不断夯实企业安全、服务、管理等各项工作基础。确立"安全运营、优质服务"的责任理念，突出标准化建设的服务作用。通过五年来标准化建设的有力推进，使标准化成为促进安全、提升服务的领跑者，助力集团获得 2015 年度上海市政府质量金奖。确立促进企业改革发展的创新理念，突出标准化建设的推动作用，显现了标准化带动轨道交通行业创新发展的能力，推动集团创新发展和综合竞争能力的整体提升。

建立 GB/T24421 服务标准体系。构建了服务标准化体系总体结构，以及所涵盖的"通用基础标准、运营服务提供标准、运营服务保障标准"3 个子体系和 21 个子类，促进了体系内 7 817 项标准的实施，其中上位标准 221 项(国际标准 2 项、国家标准 170 项、行业标准 46 项、地方标准 3 项)、集团级标准 1 505 项、直属单位级标准 6 091 项。对运营 20 多年来的规章制度进行了彻底的系统梳理，第一次引入标准编制的"TCS"软件，提高了标准编制的效率和质量，形成以服务标准体系为基础的贯标体系。建立标准化组织体系。针对上海地铁"线长、点多、分散"的管理难点，积极推进集团、公司、线路(车间)、车站(班组)标准组织体系建设。建立集团、直属单位两级标准化组织，组建标委会、标委分会 10 个，标准化室、标准化分室 10 个，配备标准化工作专兼职人员 1 602 人。建立标准实施体系。创建集团、部门、公司、线路(车间)、车站(班组)多层面的标准实施体系；完善了"横向到边、纵向到底"的标准实施体系，覆盖了全集团 22 个部门、9 家直属单位、71 处线路和车间、556 个车站和班组。

图 7-5-1　2014 年 6 月 10 日上海申通地铁集团国家级地铁运营服务综合标准化试点启动

二、标准实施

上海地铁在标准化建设过程中，坚持把标准实施作为扎实推进标准化建设的关键，从机制上创新创建，从持续改进上抓实抓好，有效提高了标准化工作的质量和效率。在统一管理上，逐级制定 17 个标准化管理规定，明确两级标准化委员会的决策、组织和协调职责，明确各单位、各部门的管理职能，明确各级(各类)管理人员的管理责任，明确各级标准化员的管理要求，做到一级抓一级、逐级抓落实。标准化工作已全面纳入集团、各所属单位和部门的工作计划，做到同计划、同部署、同推进。形成“自查、互查、专项查、定期查、结合查”和持续改进的“五查一改进”常态化标准实施检查模式。健全标准评审机制，建立了不同系列标准的评审方法和专家库。

2015 年 6 月标准体系实施以来，开展标准实施自查自评 191 次、季度专项检查评估 45 次、重点督查和年度综评 17 次，检查发现问题 104 个、已整改 45 个、正在改进 59 个。制定了集团和直属单位的《标准化试点中期评估改进方案》，确定标准体系、标准编制、标准实施、标准基础等四方面的改进工作。根据 GB/T24421 服务标准体系构建要求，完善“集团运营服务标准体系框架图”；对集团各标准进行全面梳理，对归类不合理的 148 项标准进行标记，形成调整后的 GB/T24421 服务标准体系分类明细。

三、基础管理

建立标准制修订的信息化平台、标准实施改进的信息化平台、标准智能查询平台、标准档案平台、标准基础台账平台及时交流标准化工作，分享经验成果。

制定《标准化工作管理规定》《企业标准编写规则》“两个规定”，规范标准化工作。制定《集团运营服务标准化工作方案》《集团运营服务标准体系试运行方案》《运营服务标准体系实施方案》“三项方案”，规范标准实施工作。建立集团、直属单位两级标准化工作例会制度、简报制度、动态信息制度、档案管理制度、月报年报制度，编写动态信息 134 篇、月报简报 41 期、会议纪要 28 期，召开工作例会 28 次，纳入档案标准 4 197 项。规范台账管理，形成公司、线路（车间）、车站（班组）各级标准基础台账、记录基础台账设置，编制“标准化工作月报表”。

组织全员全覆盖标准化基础知识培训，集团层面以标准基础理论性培训、人员资格性培训等为重点，直属单位层面以标准应知应会为重点，线路（车间）、车站（班组）层面以实际实用为重点。至 2015 年底，组织各类技能标准培训 219 场 8 086 人次，251 人获得标准化上岗资格证书，8 人通过标准化工程师培训考试。

开辟了信息专栏、微信专版、拍摄宣传片、举办成果展、劳动竞赛等。共编制宣传稿 210 篇、宣传册 7 300 册、宣传标语 4 000 张、举办讲座 36 期、推进会 27 次。建立了 10 个线路（车间）标准化示范试点，其中 9 号线成为上海市首个通过服务标准化项目验收的轨交线路。

四、对标先进

对照国家行业地方标准和行业成功经验，将相关规范要求转化为集团公司的标准规定，纳入标准体系的国际标准 2 项、国家标准 170 项、行业标准 46 项、地方标准 3 项，申通地铁集团标准体系与国家地方行业标准衔接稳妥。立足轨交行业科创平台建设，将关键技术、科技成果转化成标准、上升为行业规范，形成标准引领技术创新的能力，推动超大网络运营的科学管理，确立标准领跑的技术地位。

五、融合发展

上海地铁坚持标准引领，以标准实施为主攻方向和重点，发挥“标准化＋”的融合作用，加快标准化与安全、运营、建设、科技、管理、企业文化相结合，展现标准化助力企业发展的重要作用。加强安全生产标准化建设，形成集团、直属单位两级安全管理标准 456 个。一般 D 类、E 类事故持续下降，列车运行正点率稳步上升，集团公司获得交通部安全生产标准化一级达标企业。

在上海市技监局网站、地铁报、车站、车厢等媒体公开《上海轨道交通客运组织规程》等标准，对外公示优质服务五项承诺。制定《上海轨道交通乘客满意度测评管理规定》《上海轨道交通乘客投诉管理规定》，定期开展自身测评和第三方满意度测评，提高乘客满意度。

开展与国际国内同行运营标准和绩效的对标管理，"列车运行可靠度"核心指标达到国际前五的一流水平。参编《城市轨道交通技术规范》等国家标准 23 项、主编参编《城市轨道交通车辆技术规范》等地方行业标准 41 项。完成 1 项国内轨道交通标准化咨询项目，形成可复制、可推广的实践经验。"十二五"以来推进科技成果向标准转化 24 项，实现优势领域关键技术标准的新突破。申通地铁集团成为国内轨道交通行业首家全国实施用户满意工程先进单位，连续多年荣获上海市文明行业称号，多次评为全国实施卓越绩效模式先进企业、亚太质量组织"全球卓越绩效奖"，2015 年获得上海市质量金奖，2013—2014 年度上海市标准化工作先进集体。

第六章　信 息 管 理

第一节　信 息 化 管 理

一、机构

【申通地铁集团信息化工作管理委员会】

2012 年 9 月，申通地铁集团成立信息化工作管理委员会，其主要职责为：1. 负责贯彻国家、上海市有关信息化业务的法律、行政法规、方针政策和有关的强制性标准；2. 负责申通地铁集团信息化业务全面领导工作，定期研究决定申通地铁集团信息化工作的重大问题；3. 负责审定和发布申通地铁集团信息化发展规划及分阶段实施计划；4. 负责指导申通地铁集团信息安全的保障和防范工作。

管委会主任由集团董事长、总裁担任；管委会副主任由集团党政副职领导担任；管委会委员由集团工会、各部室、团委、各中心、各运营公司和磁浮公司、资产公司、隧道院、股份公司以及各项目公司主要领导组成。

管委会下设信息化工作管理办公室（以下简称“办公室”），是管委会的日常办事机构，办公室设在申通地铁集团信息管理中心。办公室主任由申通地铁集团分管领导担任。办公室主要职责：1. 负责统一归口管理信息化各项业务的推进落实，承担管委会的日常工作；监督、指导、检查申通地铁集团及各直属单位信息化业务的推进与落实情况，向相关部门提出专项考核意见；2. 负责编制申通地铁集团信息化建设发展规划及实施方案；跟踪与研究申通地铁集团管理信息化需求的变化，就管委会各项拟决策事宜提交咨询意见和建议；3. 负责组织编制申通地铁集团信息化业务的各类管理办法及规章制度，配合有关部门完成相关技术标准和规范的制定工作；4. 负责各类业务信息化推进过程中的接口协调和技术统筹工作；5. 负责落实信息安全保障体系的建立，指导信息安全防范的具体工作，协调处理网络与信息安全重大事件；负责管理和推进申通地铁集团工业控制系统、计算机网络和信息系统等的信息安全工作；组织落实信息保密技术防范措施；6. 负责各类软件资产的需求管理；推进与落实申通地铁集团正版软件的采购工作；7. 负责开展对外信息技术的合作与交流；负责与各信息化业务市级管理单位的联络和情况通报工作；8. 完成管委会交办的其他工作。

【上海轨道交通信息管理中心】

2008 年 12 月 18 日，上海轨道交通信息管理中心挂牌成立，主要职能为整合申通地铁集团网络，完成运营、维保和资产网络的互联，实现申通地铁集团管理网络一体化和各分支机构的网络实现全覆盖。

完成业务：2009 年 12 月，申通地铁集团综合业务协同平台上线；2010 年 4 月，申通地铁集团所属的“上海地铁官方网站”正式对外运行。2010 年 10 月，申通地铁集团建设管理平台（Greata）上线，2010 年整合基础网络，完成运营、维保和资产网络的互联，建立申通地铁集团各管理中心业务入口与展示平台，实现管理办公业务、合同业务的电子化、自动化、规范化和网络一体化，集团和各分支机构的网络实现全覆盖。2012年6月，上海地铁数字档案建立；2012年对信息安全保障体系，进行了等级保护的统筹部署具体安排，在决策支持层、企业管理层、业务协同层以及设备控制层等四个层面，作出规划，明确各层面管理要求，形成等级保护工作体系。2013年申通地铁集团资产管理系统（一期）开通上线，初步建立资产静态数据库，实现了与设备运维管理平台对接，通过与设备维护动态数据连线，有效对资产设备进行动态管理。加强了计算机终端的配置管理，确保计算机终端的安全、稳定、高效运行。2014年3月，申通地铁集团绩效考核系统上线，进一步提升了企业的管理手段和管理能级，完善了效能考核的科学性和有效性。2014年10月，申通地铁集团合同管理系统上线，实现涵盖了合同审批、合同后审、合同变更、合同销号、合同支付等各类合同相关业务的管理功能；2014年11月，申通地铁集团统一身份认证系统正式上线，进一步规范了信息平台的操作使用，保障信息系统的安全性。2014年大力推进信息化系统和建设项目执行管理系统，改善提升业务协同平台的应用集成与管理，完成标准管理系统（一期）建设，编制并上报轨道交通数据中心、高速骨干网建设方案，开展轨道交通大数据、移动互联网的研究和试点工作。初步建立信息化管理标准体系，开展申通地铁集团核心网络系统和二级单位网络的对接工作。2015年5月，申通地铁集团信息化设备统一接报修平台上线。8月，建立了申通地铁集团供应商信用管理体系，把供应商的信用程度在信息管理平台上呈现。同年，信息管理工作编制了“十三五”信息化规划及大数据工作推进方案，深化了生产、管理、互联三网隔离技术措施，建立了信息化业务基础台账，初步开展ITMS运维管理模式，建设覆盖经营区域的无线网络系统，生产网安全隔离系统、运营管理平台建成投用，建设、运营、维护、企业管理等领域的移动互联业务手段得到深化。

二、制度建设

2015年，结合申通地铁集团信息化规划，开展信息化项目总体归置，形成“一个云平台”“五个业务平台”“四个项目群”。其中主要项目归置为：信息化基础设施归置为4个项目、核心生产管理平台归置为3个项目、企业管理平台归置为4个项目、资源开发平台归置为1个项目。

表7-6-1　2009—2015年公司信息化管理制度情况表

日　期	制度名称
2009年12月21日	《上海申通地铁集团有限公司信息系统等级保护工作要求》
2009年12月23日	《上海申通地铁集团计算机终端设备维护要求》
2010年9月2日	《上海申通地铁集团有限公司信息化发展规划》
2011年12月23日	《上海申通地铁集团有限公司软件资产管理办法》
2011年12月26日	《上海申通地铁集团有限公司信息网络资源管理办法》
2011年12月26日	《上海申通地铁集团有限公司信息安全管理办法》
2012年1月5日	《上海申通地铁集团有限公司信息化基础设备运行维护规定》
2013年1月16日	《上海申通地铁集团有限公司计算机终端配置标准管理办法》
2013年6月17日	《上海申通地铁集团有限公司信息化项目管理办法（试行）》
2013年7月15日	《上海申通地铁集团有限公司信息安全管理工作实施细则》

（续表）

日　期	制度名称
2015年2月	《信息系统运维管理规定》
2015年8月27日	《信息化公共资源使用管理规定》

第二节　规划与建设

2011年依托科研项目开展信息化规划与策划，完善的信息化架构，并重点对大数据、高速骨干网、移动业务互联、网络安全等方面开展了研究或试点建设。

2013年发布《上海申通地铁集团有限公司信息化项目管理办法（试行）》，按年度开展项目进度跟踪，结合信息化管委会月度例会，对项目的阶段进行掌握和推进，协调项目执行中的问题，监控信息安全和资源使用，形成动态掌控。同时，规范标准化上线、后评估业务等工作，确保项目推进的持续性。

第三节　资源与运行

2015年，以集团信息化设备统一接报平台为抓手，建立集团信息化运维管理季度例会制度，结合信息化运维重点工作，向14家业务主管单位及54家委外运维单位发布信息化运维绩效统计报告，报告包括99项运维服务目录，形成集团信息化业务运维的协作联动、跟踪改进的机制。

2014年起，强化对员工、设备、系统的信息化管理，升级整合集团级应用系统账号、信息网络、虚拟化及基础架构的资源台账，通过信息化设备统一接报平台和信息化业务管理系统，统一开展52个信息化系统账号、1 157台信息网络设备及管理网和互联网虚拟化资源的集中审批与统筹共享。

规范了信息系统建设各环节的安全管控，实现信息安全源头控制，持续提升信息安全管理、技术业务能力及保障水平，逐步形成信息安全风险防控能力。明确职责分工、健全制度体系，有序规范信息安全管理体系。加强信息安全风险管控，完善信息安全风险管理体系，全面提升集团信息安全技术能力。加强信息安全险督查管理，深化生产、管理、互联三网隔离技术措施，信息安全保障队伍具备内部系统评估能力。

完善上海地铁移动互联网基础设施建设，建立集团无线局域网业务管理的技术标准与管理机制，对公众移动互联网（MMIS－P）与信息资源网络的互联互通，进行测试验证。对具备业务应用条件的线路，开通运营管理无线服务。编制《上海地铁运营管理移动互联网系统指导意见》，规范指导上海地铁运营管理移动互联网的建设运行，包括功能定位、建设原则、网络架构、服务质量保障、工程验收、运行维护等内容。

建设完成集团信息化资源虚拟架构，提供集团信息化资源服务。建设地铁经营无线WiFi网络，实现集团生产网与管理网的安全隔离，高速数据网项目获发改委批复，数据中心项目提交审批。

第四节　应用成果

2014年起全面推广使用项目、合同、资金管理系统（EAM）和建设项目执行管理系统

(GREATA),提升综合业务协同平台的应用与集成管理,建立统一身份认证体系,实现所有系统账户的集中化管控。依托BIM技术和建设精细化管理体系提升集团建设业务信息化的使用水平,实现经营类合同的信息化管理。编制并上报轨道交通数据中心、高速骨干网建设方案,开展轨道交通大数据、移动互联的探索研究和试点工作。

初步建成信息化标准管理体系,统一规范项目、合同、资金、资产、办公行文等业务数据的交换标准和接口。

集团供应商管理系统(一期)整合集团内部系统产生的数据,结合外部政府提供的公开数据,通过数学模型的建立,形成具有轨道交通特色的供应商评分等级,为申通地铁集团招投标及行业内招投标,提供参考依据。上线已覆盖4 872家供应商,收集了4万多条从上海市各政府机构收集的信用记录,完成了20%的内部评价数据。

集团绩效考核,实行全过程信息化管控,指标汇总由手工向自动的转变,上报数据由定期向实时转变,管控指标由事后追溯向过程管控转变。建立集团绩效指标展示页面,发现跟踪、实时监控运营体系各类业务的问题,具备趋势统计和预警管理能力,解开了系统之间的隔离状态,方便决策、管理层及时有效掌握关键业务信息。

以8号线为试点,实现可推广、可复制且覆盖所有专业核心、重点业务的设施设备移动点巡检系统建设,形成管理标杆。以9号线为试点,实现供电系统及其作业管理的集中监控。运用平轮监测系统、轴温监测系统、受电弓监测系统,对关键设备实现在线监测。针对应急抢险特性,设立抢险信息统一发布平台,指令下达和信息流转便于迅速响应。

建成集团统一的移动化应用管理平台,提供统一的系统环境和安全环境。依托12号线曲阜路站,建立车站运营现场管理移动化,将申通地铁集团业务标准规范和车站运营业务,运用移动化应用系统进行现场管理,成为地铁车站实行现场人员、客服、安全、设备和物资管理信息化、移动化第一站。仅车站班前会业务就提升效率60%,由应用前约25分钟缩短至应用后10分钟内完成。

第七章　财务会计管理

第一节　预 算 管 理

围绕申通地铁集团全面预算管理自评结果及推进方案，开展全面预算管理推进项目的情况。结合全面预算制度保障、组织体系、流程、信息系统和管理协同五个要素，分别阐述工作开展情况及取得成效。

一、管理制度完善

《上海申通地铁集团有限公司全面预算管理规定》于2013年12月发布第一稿。文件参照财政部、财会《企业内部控制基本规范》企业内部控制应用指引第15号(全面预算)、《上海国有资产营运机构国有资产经营预算管理办法》《关于推进市国资委管理企业全面预算管理工作的意见》编制。该管理规定明确了管理职责、预算编制内容、编制计划、审批及编制流程管理，以及执行和监督考核办法。

二、信息化模块

在《上海申通地铁集团有限公司全面预算管理规定》框架下，申通地铁集团成立了以董事长分管财务副总裁为领导、由申通地铁集团相关职能部门组成的预算编制工作委员会。职能部门包括了建管中心、运管中心、投资管理部及人事部、审计室、财务部和办公室等。预算编制委员会的职能是每年9、10月份时提出每年预算编制大纲，指导各执行主体的具体预算编制，并由相关职能部门归口管理，审核预算内容。

申通地铁集团于2015年初与用友软件股份有限公司上海分公司签订财务信息化模块开发合同，全面预算管理模块在原财务信息化系统中开发，实现全过程预算管理、控制，由各预算单位按要求在规定时间内登录系统编制和上报预算，申通地铁集团董事会审批通过后经系统将预算下达至各预算单位。年中上报预算调整方案，集团通过系统及时对上报的预算内容进行监控。预算模块从横向上实现全业务流程的数据采集及整合，纵向上实现事前、事中、事后的全过程控制。

三、预算流程

预算编制流程。预算编制按申通地铁集团本部与项目公司、子公司两级预算编制体系展开，各项目公司、子公司、直属单位等是预算编制主体，申通地铁集团各职能部门是预算编制的指导单位。采取自上而下、自下而上相结合的办法进行。申通地铁集团年度全面预算由本部、项目公司、子公司预算组成。

预算执行流程。预算下达后，各单位严格按照预算执行，有超预算内容的必须按照预算外程序进行审批后才能使用。每季度进行预算执行情况分析，编制分析报告。根据年度计划的执行情况，以及外界因素的变化情况，每年 7 月安排一次全年预算的调整。

预算评价流程。各责任单位在预算编制和执行过程中应接受工作小组的监督和检查。

内部审计部门负责定期对预算执行结果进行审计。

申通地铁集团将对各预算责任单位预算执行情况进行考核，考核结果将成为年度工作考评的一部分。

四、预算管理成果

申通地铁集团通过全面预算管理，有效推进票务收入、非票务收益、上缴利润、其他经营收入资金和应收账款等收缴计划，统筹运营资金安排，严控运营资金流量。2014 年，集团实现合并营业收入 76.95 亿元，利润总额为亏损 44.64 亿元，合并总资产约为 27 998 亿元，所有者权益 1 278 亿元，负债 1 520 亿元，资产负债率为 54.32%。2015 年，集团实现合并营业收入 86.83 亿元，利润总额为亏损 45.00 亿元，合并总资产约为 2 905.76 亿元，所有者权益 1 730.83 亿元，负债 1 174.93 亿元，资产负债率为 40.43%。实现了收入及利润全面超出预算，成本和费用全部控制在预算范围内。

五、预算管理协同

按照《预算法》的相关精神并参照《国资预算管理办法》的有关要求，结合申通地铁集团全面预算管理的内容，建立一套适应申通地铁集团投资、建设和经营管理需要的全面预算体系。促进国有资产的有效经营、有效管理及资源的有效配置，提高国有资产运营效益。合理安排资金、节约建设投资。通过全面预算管理体系，实现事前预警、事中控制及事后反馈的管理要求。

第二节　资 金 管 理

一、资金分类管理

【资金集中管理】

具体包括“五统一”(统一账户管理要求、统一资金管理规章制度、统一筹资安排、统一支付流程、统一信息平台)的项目开展情况及取得成效。统一账户管理。申通地铁集团资本金拨付，大修和更新改造资金、运营线路借款利息支付，均由申通地铁集团统一银行账户进行划转。统一资金管理规章制度。申通地铁集团资金管理工作按照“财务分级，资金集中”的管理模式，实行资金业务“统一管理、分级负责、分级清算”的原则，并设立了申通地铁集团资金中心。统一筹资安排。资金中心负责资金的集中管理和控制，确保建设、运营、还本付息等各项资金的稳定供应。通过统筹账户的集中管理实现各项目之间的资金统筹平衡。资金中心设立在申通地铁集团财务部，由财务部代为行使相关管理工作及日常收付工作。统一支付流程。集团项目工程款、线路运营经费拨付和大修更新改造等均通过资金中心网银操作。统一信息平台。资金中心运用现代化电子信息技术，建立资金清算网络系统，负责上海轨道交通系统内各项资金的管理工作。

【资金风险管理】

申通地铁集团资金中心负责对各项资金收付以及流向的监管职责。包括申通地铁集团与银团、银行之间的资金监管、申通地铁集团与下属公司之间的资金监管以及资金中心与财务部门之间的资金监管。资金中心负责对资金调度的结果、资金计划的执行情况提供信息反馈，综合分析资金统筹管理的效率和成果，并收集金融产品的最新信息加以研究，以便多渠道、多方式地提高资金使用的效率，降低资金成本。其他资金集中管理取得的成效，如资金集中度的提升、财务费用的节约、资金集中对主业和战略的支撑效果、资金管理信息化建设等。申通地铁集团实施网络银团贷款融资模式，项目贷款按基准利率下浮 10%执行；申通地铁集团成功发行 120 亿元 5 年期中期票据，相比同期银行基准利率，每年可节约财务费用 1.92 亿。

二、资本金管理

申通地铁集团对轨道交通建设项目资本金实施申报和日常动态管理，明确在申报和申请资本金过程中的职责，规范申报和申请资本金程序，制定了《上海轨道交通工程建设项目资本金使用管理办法(试行)》，以确保各建设项目资本金申报和日常申请资本金有序规范高效。

项目资本金申报，申通地铁集团投资的轨道交通建设项目，已组建项目公司的由项目公司负责申报所辖项目资本金构成，申报项目资本金构成情况的依据：

项目的工程可行性报告或批复、项目初步设计概算或批复、与各出资方的投资分工协议约定、国家法律法规或其他相关文件规定。

项目资本金预算，资本金预算是申通地铁集团全面预算管理的组成部分，根据申通地铁集团全面预算领导小组的要求，项目公司或负责实施建设项目的相关部门和单位在规定的时间内上报年度资本金预算，由申通地铁集团投资管理部初核、沟通、协调、平衡后，汇总上报。资本金预算一经确定，一般不得调整。

项目资本金申请，建设项目或负责实施建设项目的相关部门和单位，根据工程建设的进度和经批准的年度资本金预算，直接向申通地铁集团申请资本金，申通地铁集团向各建设项目拨付的资本金，须与项目对应，用于该项目的投资建设，不得挪至其他投资项目中使用。

三、银团贷款管理

2006 年 4 月，申通地铁集团轨道交通项目银团以工商银行为主牵头行，由农业银行、建设银行、交通银行、中国银行、浦发银行为副牵头行，光大银行、上海银行等为参与行，共 12 家银行组成。

申通地铁集团具有以下轨道交通银团特色。一个创新——一揽子解决轨道交通线路建设、运营资金总需求。两个捆绑——郊区与市区线路贷款相捆绑、项目长期贷款与短期贷款相捆绑。三个统一——商务条件、合同文本及担保方式统一。

特点：筹资金额大、期限长。银团一期总额 1 745 亿元，二期总额 896 亿元。10 年贷款宽期限，25 年还本期。

作用：数次宏观金融调控，银根抽紧时发挥了“稳定器”的作用。规范创新运作模式，得到银监会、国家审计署等监管部门的肯定。银企双赢合作范例、业内口碑良好——国内轨道交通行业最大标的银团合约。

四、运营及大修更新改造资金管理

资金集中管理情况：具体包括“五统一”(统一账户管理要求、统一资金管理规章制度、统一筹资安排、统一支付流程、统一信息平台)的项目开展情况及取得成效。

统一账户管理。申通地铁集团资本金拨付，大修和更新改造资金、运营线路借款利息支付，均由申通地铁集团统一银行账户进行划转。

统一资金管理规章制度。申通地铁集团资金管理工作按照“财务分级，资金集中”的管理模式，实行资金业务“统一管理、分级负责、分级清算”的原则，并设立了申通地铁集团资金中心。

统一筹资安排。资金中心负责资金的集中管理和控制，确保建设、运营、还本付息等各项资金的稳定供应。通过统筹账户的集中管理实现各项目之间的资金统筹平衡。资金中心设立在申通地铁集团财务部，由财务部代为行使相关管理工作及日常收付工作。

统一支付流程。申通地铁集团项目工程款、线路运营经费拨付和大修更新改造等均通过资金中心网银操作。

统一信息平台。资金中心运用现代化电子信息技术，建立资金清算网络系统，负责上海轨道交通系统内各项资金的管理工作。

2013 年 8 月，由建交委、交通局及财政局联合下发了《上海市轨道交通大修和更新改造项目补贴资金管理办法(试行)》。2012 年开始轨道交通大修和更新改造项目大部分得到政府补贴。

第三节　会计报表管理

一、建立统一的会计核算平台

根据上海市国资委对于企业财务信息化工作的有关指导意见，申通地铁集团提出了建设一体化平台、三大基本功能和八个主要模块的信息化重点任务。财务信息化工作不仅为解决会计电算化工作为目标，还与申通地铁集团管理要求和整体战略相结合。财务系统开发已完成，各公司集中核算和报表编制，银企直联资金管理支付以及全面预算管理功能。下一步工作是完善其他模块，提升系统数据采集、分析和运用能力，以提高财务信息化系统预测、决策、控制、分析、考核及风险预警的能力。

注：至 2015 年底资产公司、设计院、上市公司、磁浮公司尚未进平台。

二、会计报表编制

申通地铁集团会计报表编制管理主要有以下几项工作。

依据各项会计准则确认和计量的结果编制财务报表，根据实际发生的交易和事项，按照各项具体会计准则的规定进行确认和计量，在此基础上编制财务报表。

认真做好各类成本费用项目的梳理，是否在预算内合理列支，做好应收和往来账款清理工作，开展存货清查盘点工作。

规范会计核算，确保会计信息真实可靠。新并购子公司会计政策、会计估计衔接，严格收入成本确认标准。

加强对所属子企业的培训指导，落实全级次报送要求，确保各类报表信息完整准确，落实填报责任，数据真实准确，指标口径衔接一致，组织协调会计师事务所及内审机构做好财务决算审计工作，按照财务决算管理及有关规定，做好二级公司会计师事务所选聘。

夯实会计核算基础，梳理和优化业务核算与关账、外部审计与报表编制、信息披露与会计档案管理等业务流程，加强财务决算报告的控制，充分利用财务决算成果，查找财务决算反映问题的内部控制缺陷，推动内部控制持续改进，在组织做好所属上市公司内部控制评价与报告披露工作。

针对市国资委对财务决算批复整改事项，及时整改或落实相关措施。

会计月报表有：资产负债表、利润表、现金流量表。

会计年度决算表有：资产负债表、利润表、现金流量表、所有者权益变动表等。

三、财务会计信息化规划

信息化自评和建设方案完成情况。财务管理信息化建设2014年度申通针对地铁大修更新合同，建设完成合同资金管控平台，与用友NC系统实现了对接，并已年内试点使用。申通地铁集团根据自身管理特点和运行模式继续完善财务管理信息系统，建成集八大模块(会计集中核算、财务合并报告、资金集中管理、资产动态管理、全面预算管理、成本费用管理、风险管控、财务分析与决策支持)于一身的一体化平台，贯彻落实市国资委《关于加快推进国资系统企业集团财务信息化工作意见》。

信息化管理提升项目推进情况。申通地铁集团在财务管理信息化方面开展了以下3项开发工作：

合同管理系统，对合同全过程执行情况进行信息化管理，与财务合同支付信息对接，得到更清晰全面反映，预计年内合同管理系统完成初验工作。

资产管理系统，将线路建成资产及大修更新改造、报废、盘点、闲置等业务统一纳入系统管理。

财务部资金平台，开始实施，年内预计完成现金管理模块与合同管理系统的数据对接工作，最终实现合同管理系统通过单笔合同支付数据，进行合同信息化业务动态监管。

四、主要财务指标

申通地铁集团主要财务指标根据2001—2015年财务决算报表摘录，按申通地铁集团特点选取指标有：营业收入、营业成本、利润总额、归属母公司净利润、资产总额、国有权益、资产负债率。具体如下：

表7-7-1　2001—2015年公司主要财务指标情况表　　单位：万元

年份	营业收入	营业成本	利润总额	归属母公司净利润	资产总额	国有权益	资产负债率
2001	6 910.9	10 178.8	−10 466.4	−10 466.4	1 776 874.9	1 745 199.5	1.78
2002	1 724.7	9 080.1	222.3	222.3	2 552 875.7	2 206 104.9	13.58
2003	55 981.2	46 138.0	−2 846.8	−3 209.1	5 078 424.2	1 940 769.1	40.95

（续表）

年份	营业收入	营业成本	利润总额	归属母公司净利润	资产总额	国有权益	资产负债率
2004	78 693.7	59 725.3	−33 319.5	−20 019.3	6 394 393.5	1 822 017.0	48.28
2005	132 842.7	101 397.5	−61 599.7	−41 598.6	7 751 435.4	2 931 411.9	37.92
2006	274 553.0	208 604.9	−50 026.9	−25 189.7	9 657 020.3	4 162 096.4	36.87
2007	343 723.6	233 560.3	−135 192.8	−93 004.9	12 181 460.5	5 340 815.0	47.01
2008	422 527.1	359 566.3	−226 244.2	−162 329.6	15 289 883.5	6 203 205.7	52.12
2009	494 080.9	427 732.9	−290 397.6	−214 072.3	18 274 130.0	6 166 087.2	60.51
2010	570 121.3	708 827.0	−451 465.3	−333 430.1	20 503 097.8	6 881 276.9	61.32
2011	673 933.7	985 507.0	−928 845.1	−738 263.3	22 716 984.5	7 148 694.1	64.58
2012	671 094.3	1 087 978.0	−417 799.9	−365 472.5	24 870 152.3	8 794 877.5	60.47
2013	721 321.2	1 246 897.3	−501 361.8	−435 640.6	26 778 398.6	9 619 621.6	58.22
2014	790 912.4	1 335 943.5	−333 445.5	−325 380.2	27 511 188.5	11 037 191.0	53.36
2015	881 219.8	1 560 748.4	−374 761.7	−362 503.9	30 262 663.6	15 469 748.9	40.49

第八章　资 产 管 理

第一节　资 产 管 理

一、固定资产管理

2003 年，制订了建设过程交付使用资产管理办法；制订了在建项目投资形成资产的统计口径，定期做好在建过程中投资形成资产的统计工作。

完成了 1 号线资产清理结果的确认工作。对 2 号线进口设备、国内设备的有关合同进行了梳理，编制了进口设备的资产清单。成立 2 号线资产清理小组，对 2 号线资产进行了清点，结合合同和资产台账，对实物资产进行了逐个清点，在资产清点的基础上编制了 2 号线固定资产清册。

南站改造项目，对涉及的新龙华资产的情况进行了梳理，并对资产的处置进行了研究。进行了向上市公司转让 10 列车的工作，并对转让的影响进行了分析。

2005 年，完成 2 号线组织国家验收的请示报告，做好 2 号线国家验收准备工作。

2006 年，完成大修理更新改造项目内容的审核、资产报废的审核处置，轨道交通警犬基地借用土地的腾让、中环线项目征用土地的腾让、南站周边整治项目土地的腾让，配合 8 号线项目南京路人行通道、下沉式广场移交、完成了相关区投资补贴的审核等工作。

2007 年，完成轨道交通资产编码规则初稿，在 3 号线、5 号线进行了编码试点；在原有轨道交通资产管理办法的基础上，完成了固定资产报废管理办法的制订和实施；完成了大修、专项改造立项管理办法文本的拟定。

2008 年，修订了资产编码的草案，并正式印刷成册；加快固定资产平台建设，会同信息中心(筹)确定了固定资产窗口页面形式，使页面能反映固定资产的基本信息、使用信息和维护信息，并将 3 号线、5 号线资产编码后形成的固定资产清册进行录入。对固定资产处理程序又进行梳理，形成计算机系统的处理程序。统一了轨道交通固定资产标签张贴的规则，统一了格式和张贴要求，完成了 3 号线、5 号线固定资产标签的张贴工作；推动轨道交通固定资产的张贴工作，统一用条码打印机实施标签制作；组织了对条码打印机等设备供应商的选择；对 3 号线、5 号线固定资产标签的张贴情况进行了检查，基本达到了张贴要求。3 号线、5 号线固定资产标签的张贴为今后其他线路固定资产标签的张贴起到了示范的作用。

2009 年，基本形成资产管理中心的工作网络。对资产管理数据库的功能不断分析提炼，形成了数据库平台页面的格式要求及查询方式路径，以 3 号线、5 号线所形成的初步数据输入资产管理数据库，对数据库的功能进行调试和测试，形成了资产管理信息平台的雏形。

推进轨道交通资产的清理和编码工作。在 3 号线、5 号线清理的基础上，重点解决 3 号线、5 号线编码过程中存在的遗留问题，尽量使 3 号线、5 号线的资产额既与决算情况相吻合，又与实物相一致；根据运营体制调整的情况对 3 号线、5 号线原编制的资产清册和编码进行了调整，满足了新的管理构架的要求。启动 2 号线的资产清理工作；会同三线二段工程验收工作小组推动资产编码移交工作，对三线二段资产编码进行指导。

2010年，做好2号线西延伸、6号线、7号线、8号线1期、9号线1期、11号线北段等项目实物资产移交工作。按照资产编码规则的要求进行资产移交和编码工作，要做到资产清册与实际的资产实物量相符，资产的价值要与工程结算价值相符。2号线西延伸、6号线、8号线1期、9号线1期基本完成资产实物移交及编码工作，已完成大部分录入资产管理平台的工作。4号线、7号线资产移交近期可望完成，11号线北段已完成约70%的工作量；同时，兼顾进行2号线、5号线的资产梳理和编码工作。

2011年，加快资产管理数据库的建设，完成长宁线、明珠线、4号线、5号线等4个项目的价值移交和编码，资产数据已录入平台；基本完成了6号线、7号线、8号线1期、9号线1期、11号线北段等5个项目实物资产移交和编码，并录入平台；2号线东延伸、2号线西西延伸、7号线延伸段、8号线2期、9号线2期等5个项目正在进行实物移交和编码，数据录入平台；10号线项目已完成实物移交和编码，部分资产已录入平台。此外，完成国家审计的6号线、8号线1期、9号线1期3个项目正在进行价值清册编制工作。

完成进口设备关税免税申请，履行车辆采购商务合同。与财政部、海关保持经常性的沟通，及时了解关税免税方面的要求和流程，2号线东延伸车辆采购项目、8号线车辆增购项目、10号线车辆采购项目的进口设备免税申请获得财政部的批复。

2012年，完成2号线西西延伸、7号线北延伸、8号线2期、9号线2期、10号线以及2号线东延伸实物资产清册的编制和资产编码工作，全部完成数据录入信息平台工作，今年新增录入资产信息25 000条。运营固定资产条数总量达8.65万条；对明珠线和莘闵线固定资产的清查盘点工作。

开展报废资产的审核和处置工作，做好报废资产的台账调整，落实残值的回收。完成运营设施设备大修和更新改造项目年度资金安排计划编制，做好大修、更新改造项目的立项工作。

2013年，完成制订大修更新改造补贴资金管理实施细则，做好项目立项审批和资金计划安排，参与市建交委和交港局制定《上海市轨道交通大修和更新改造项目补贴资金管理办法(试行)》的起草工作；制定《轨道交通实物资产清册价值化编制工作指导意见》，继续推动资产价值清册编制工作。在完成6、7、8、10、9号线2期和2号线东延伸资产实物清册编制的基础上，起草了《轨道交通实物资产清册价值化编制工作指导意见》，并先在6号线、9号线项目上试点，9月份形成了《指导意见(试行稿)》指导其他项目的价值编制工作，年底基本完成6、7、8、10、9号线2期和2号线东延伸资产价值清册编制和录入工作，涉及资产条目62 545项，资产价值约851.45亿元。

2013年，继续推进投入运营线路的资产移交和编码工作，组织开展了1、2号老线资产的梳理和盘点工作。9号线3期(南延伸3车站)项目、13号线通车段(5车站)实物资产移交已全部完成，依据移交文本编制的电子文档正录入EAM系统。

在完成3、5号线项目实物资产清查盘点的基础上，组织开展了1、2号老线资产的梳理和盘点工作，完成了1、2号线资产的重新分类编码梳理、编制价值清册、将集成数据录入资产管理信息系统的工作，基本做到了账实相符。

做好资产报废的管理工作，积极探索盘活国有存量资产新方式。至2013年12月底，共报废轨道交通固定资产3批，涉及固定资产原值约为8 157.77万元。

合计金额为6 803.95万元的轨道交通1号线和3号线部分固定报废资产，和上海联合产权交易所经协调，确定了采用“咨询和组织交易”模式对上海地铁产生的报废设备物资进行探索性的物权交易试点。签订了《轨道交通通信类及供电系统报废设备物权交易合作协议》委托上海联交产权所以网络竞价交易的方式进行资产转让。

完成轨道交通资产代码表的修订和完善，对《固定资产分类代码表》相关内容进行了修订和完善，一是对 2008 年版的代码表中的部分内容进行了修编，在保持原资产分类表结构不变的基础上新增了部分固定资产类别，并修订了设施设备的设计使用寿命、大修频次、参考依据等内容；二是对 2008 年实施以来工作中遇到的新情况、新问题和未来几年的规划变化，对资产分类编码规则进行了进一步的明确，增补了相应的新线线路、车站代码以及资产权属、使用权属和维护部门代码。

开展资产管理信息系统的建设，初步形成了将资产管理与项目工程建设管理(BIM 系统)、运营设施设备履历管理(EAM 系统)、合同管理、财务管理、投资管理等实现纵向贯通、横向联通一体化联网开发的统一规划、分步实施的总体建设方案。初步完成了 1 期的建设内容，主要包括三大方面，一是建立轨道交通项目资产管理信息基础数据库，包括实物资产清册、价值资产清册原始静态数据，做到家底清晰、账实相符；二是涵盖了部分投入运营线路的固定资产购置、大修更新、报废处置、调拨、租赁、闲置、停用、盘点等各类动态业务的数据库；三是初步建立为各级服务的资产管理统计报表、管理评价指标、图表分析以及查询功能。逐步实现资产管理从关注实物向注重价值管理、由静态向动态管理的转变，为建立以资产设备使用效率和效能为目标的资产全寿命周期管理打好了一定的基础。

2014 年度修订完善并颁布了 2014 年版《上海轨道交通资产编码规则》，制订了《上海轨道交通设施设备编码规则》(试行)，完成资产、设备、物资的三级编码体系；制订《上海轨道交通资产实物和价值量清册编制及移交指导意见》(初稿)；开展有关资产设备使用年限调整、资产报废处置办法、设施设备状态评估办法、折旧等管理办法的调研、起草及完善工作，夯实资产管理基础性工作。

推进已投入运营线路的资产移交和编码工作，开展完成 1 号线北延伸、1 号线北北延伸(富锦路停车场)、3 号线北延伸(宝山线)项目的实物资产梳理、盘点工作及资产价值清册编制工作，清册数据已录入 EAM(项目合同管理系统)平台；完成了 11 号线 2 期、12 号线东段(天潼路站—金海路站)、16 号线(罗山路站—滴水湖站)实物资产移交及清册编制工作；完成 11 号线北段 1 期资产价值清册编制工作。在维保和运营单位的配合下完成了轨道交通 4 号线和 2 号线西延伸的盘点工作。

对全路网内生产类待报废、已停用固定资产开展了梳理和调查工作，主要集中在 1、2 号线一票通、图像监控系统及部分线路供电系统等实施改造后拆除的旧设备。针对梳理情况进行了分析，提出通过分期分批核定、逐批办理报废手续的方式来逐步解决历史遗留问题。批复 1 号线废水泵和消防系统及陕西路液压电梯、2 号线电控箱和人民广场冷水机组、3 号线曹杨路站垂直电梯等 4 批次固定资产报废，涉及固资原值约 2 496.20 万元，完成相关处置工作。

2014 年开展资产管理信息系统二期建设，包括对新增的房屋土地数据的录入、各项资产管理业务流程建设(资产移交、资产设备维护维修、大修更新改造项目立项消项、资产报废、资产折旧自动计提等)、资产管理数据统计分析功能开发和资产管理中心协同网页的建设。开展土地及房屋资产的清查工作并制定相关管理办法。初步理清了轨道交通土地、房屋建筑情况，并形成专题报告。在全申通地铁集团房屋土地统计调查的基础上，制订了《上海申通集团房屋土地管理办法》(初稿)。

2015 年度完成《资产清册编制(包含实物及价值移交)指导意见》标准文件，完成《轨道交通项目固定资产报废处置实施细则》，进一步规范固定资产的报废申请、审批、处置流程；完成《集团土地和房屋管理规定》，为规范集团土地管理、房屋分配及管理工作打下一定的基础。

继续推进已投入运营线路的资产移交和价值量清册的编制工作。完成 11 号线北段 1 期价值化清册的编制和数据导入工作。完成 11 号北段 2 期、12 号线东段、13 号线 1 期和 16 号线实物资产清册数据导入资产平台。

基本完成 8 号线 2 期,2 号线西西延伸(含北翟路基地)资产价值清册的编制工作。完成 9 号线(3 期)资产价值清册初稿。开展并完成 11 号线(迪士尼段)、12 号线西段(七莘路站—曲阜路站)、13 号线(长寿路站—世博)区段实物资产清册编制、移交接工作。开展完成 9 号线(松江新城站—杨高中路站)、7 号线(美兰湖站—花木路站)实物资产梳理和盘点。

进一步推进资产管理信息系统的建设,启动土地管理制度信息化工作。2015 年完成了集团资产管理信息系统二期的开发建设,增加并优化各项资产管理业务流程建设(资产移交、资产设备维护维修、大修更新改造项目立项消项、资产借用、调拨、封存、停用、报废等),新增资产盘点的任务下达、现场盘点及数据反馈等业务功能,实现了上述工作均能在 EAM 平台内操作,并实现数据自动链接入资产管控平台等功能。同时,初步建立轨道交通房屋、土地数据的基础数据,启动土地管理制度信息化工作。

完成 11 号线迪士尼段、12 号线西段(曲阜路站—七莘路站)、13 号线(长寿路站—世博段)运营房屋和土地情况调查和信息确认,对运营房屋和土地的位置、状态、面积和使用者等多方位采集信息并登记。同步进行商业性房产的梳理清查和信息录入工作,理清申通地铁集团全部商业性房产,总量约 19.65 万平方米,分布 84 处。形成分期分批处置商品住宅的方案。首批 16 套房产经过前期一系列工作已具备在产交所挂牌条件。

二、产权交易管理

2006 年完成 3 号线长宁区股权的半价回购支付和清算,并完成产权交割。

2007 年积极推进资产经营公司及其下属企业的股权调整工作,完成对相关企业资产评估审核工作。完成了同巴士、大众、强生、交投等公司股权转让相关协议的签订,实施现代公司股权转让的准备工作。轨道交通 1 号线新龙华改造项目 BT 方式改为股权收购方式开展工作,完成项目公司股权转让协议的签订,中止 BT 合同。

2008 年完成以下重大的股权调整和交割工作。完成南站项目公司挂牌、交易和现代运营公司的股权调整和交易。积极推进 5 号线的股权调整,在调研的基础上进行股权调整的建议方案;并配合市建委和市国资委做好给市里报告及具体操作方案实施的工作。相关股权调整已经市领导批准,具体的划转方案基本确定;协助 8 号线项目公司进行工商变更及相关的股权调整工作,对长宁线项目半价回购实施方案进行了研究。协助资产经营公司在 2007 年产权调整的基础上进一步做好下层公司的产权调整和工商变更工作。

2009 年开展 5 号线股权转让和长宁线项目半价回购工作。完成相关的产权交易文件;完成监理公司的产权转让;完成监理公司投资的物资公司的股权转让工作;实施人力资源公司的股权转让;完成地铁书刊社股权转让调整的相关准备工作;对三叶眼镜城的动迁、关闭进行协调。

2010 年完成隧道设计院股权和长宁线项目公司股权的转让工作。完成人力资源服务公司、通益置业、假日之星酒店等房产处置、股权转让工作。及时办理清理程序中的审核、批复、转报等工作。统一黄浦江大桥建设公司国资管理业务的流程,使黄浦江大桥建设公司的国资管理工作能有序管理。

2011 年大力开展一些下属关停企业的资产清理和相关关停并转工作。重点是资产公司下属歇业企业的清算，办理歇业注销的企业有3家，鸿禧苗木公司、地铁物资公司、地铁清场公司关闭后才能进行清算。展开清理关闭地铁运营有限公司工作，完成与南站缩线工程的资金往来清算及账务处理，完成与恒通大厦建设相关的资金往来、清算、产权交割，完成浏岛度假村改建的账务处理，完成九家公司的税务清算等。

2012年，与磁浮公司重组对接，完成除宝钢之外的申能集团等5家股东单位的磁浮股权收购工作；完成磁浮公司股权转让的工商变更登记工作。继续推进南站项目公司歇业注销工作，完成清算歇业相关文件的报批工作；研究申通地铁集团的资产、股权管理体制中的问题，梳理分析地铁总公司和上海地铁运营有限公司资产、资金往来等相关历史遗留问题并提出解决方案，为申通地铁集团划归市国资委管理做好准备。

2013年完成北车、宝信合资企业设立工作和磁浮公司股权二次转让。开展与北车合资企业、与宝信合资的谈判和筹备工作，厘清建立地铁电科公司和车辆维修公司相关资产关系。按照磁浮公司重组方案，通过两次交易完成了股权转让重组，新磁浮公司的工商变更登记已经完毕。

地铁总公司整体产权协议转让给申通地铁集团的处置方案，于2013年9月底完成相关产权交割手续，办理工商变更登记。

2013年9月完成浏岛度假村客房设备、办公用具等资产的现场清点工作。

2014年9月22日，申通地铁集团股东会通过了"关于地铁清洁公司股权无偿划转的"决议。地铁清洁公司顺利办理了股权划转及工商变更手续。此地铁清洁公司股权无偿划转，为申通地铁集团系统内部资产、资源的统筹管理，及整体产权或部分股权的无偿划转提供了依据。

浦发集团持有的浦东线项目公司46.29%股权无偿划转至申通地铁集团，其注入和工商变更等手续已于2014年3月底全部完成，浦东线项目公司成为申通地铁集团的全资子公司。

做好地铁总公司下属单位历史遗留问题的处置工作。公开挂牌转让原地铁实业公司持有的华智公司17.72%股权事宜，完成华智不锈钢包装公司的股权转让手续，相关产权交割手续于2014年11月20日完成，区商务委和外资委的审批手续也已于2014年12月29日完成。

2015年，制定并实施了《合资企业管理暂行办法》，对下属合资企业的三会议事规则、财务预算管理、董监事职责管理等内容进行了规范和指导。

第二节　市场经营

一、"十二五"资产经营效益

从营收来看，2011—2015年，营业收入(不含物业开发投资收益)11.2亿元增长至13亿元左右，年均增速3.8%。

表7-8-1　2011—2015年资产公司计划总营收与实际营收对比情况表　单位：万元

序号	项目/年度	2011	2012	2013	2014	2015(预计)	合计
1	资产公司年度计划	105 500	120 000	122 000	126 047	130 200	603 747
2	实际完成	112 373	121 264	124 405	136 416	130 200	624 657
3	实际比年度计划增减%	6.5%	1.1%	2.0%	8.2%	0.0%	3.5%

表 7-8-2　2011—2015 年非票务收益贡献额与实际对比情况表　单位：万元

序号	项目/年度	2011	2012	2013	2014	2015（预计）	合计
1	集团 10%指标要求	50 000	53 040	58 070	64 930	69 000	295 040
2	资产公司年度计划	51 333	57 082	58 828	66 179	70 033	303 455
3	实际完成	51 893	57 082	58 828	68 497	70 033	306 333
4	实际比年度计划增减%	1.1%	0.0%	0.0%	3.5%	0.0%	0.9%
5	实际比集团指标增减%	3.8%	7.6%	1.3%	5.5%	1.5%	3.8%

表 7-8-3　2011—2015 年物业板块收入(不含物业开发收益)计划总营收与实际对比情况表

单位：万元

序号	项目/年度	2011	2012	2013	2014	2015（预计）	合计
1	资产公司年度计划	9 500	10 800	10 940	13 996	14 230	59 466
2	实际完成	9 507	10 973	10 992	12 108	14 440	58 020
3	实际比年度计划增减%	0.1%	1.6%	0.5%	−13.5%	1.5%	−2.4%

表 7-8-4　2011—2015 年商业板块收入计划总营收与实际对比情况表　单位：万元

序号	项目/年度	2011	2012	2013	2014	2015（预计）	合计
1	资产公司年度计划	14 000	16 000	19 600	23 250	23 530	96 380
2	实际完成	14 031	16 714	20 164	25 791	23 880	100 580
3	实际比年度计划增减%	0.2%	4.5%	2.9%	10.9%	1.5%	4.4%

表 7-8-5　2011—2015 年传媒板块收入计划总营收与实际对比情况表　单位：万元

序号	项目/年度	2011	2012	2013	2014	2015（预计）	合计
1	资产公司年度计划	52 000	60 200	47 900	48 747	55 792	264 639
2	实际完成	54 126	57 555	48 213	53 097	56 080	269 071
3	实际比年度计划增减%	4.1%	−4.4%	0.7%	8.9%	0.5%	1.7%

表 7-8-6　2011—2015 年信息板块收入计划总营收与实际对比情况表　单位：万元

序号	项目/年度	2011	2012	2013	2014	2015（预计）	合计
1	资产公司年度计划	15 000	22 000	29 400	25 885	20 735	113 020
2	实际完成	19 502	25 182	30 855	31 138	21 050	127 726
3	实际比年度计划增减%	30.0%	14.5%	4.9%	20.3%	1.5%	13.0%

表 7－8－7　2011—2015 年盾构板块收入计划总营收与实际对比情况表　　单位：万元

序号	项目/年度	2011	2012	2013	2014	2015（预计）	合计
1	资产公司年度计划	15 000	10 000	13 900	14 000	14 800	67 700
2	实际完成	15 207	10 371	14 059	14 063	15 000	68 700
3	实际比年度计划增减%	1.4%	3.7%	1.1%	0.4%	1.4%	1.5%

二、地铁资源市场经营主要业态

上海地铁资产经营主要对上海市轨道交通商业、物业、传媒和信息等核心资源、资产进行统筹开发、经营和管理。其中商业、传媒和信息发展业务稳定性和盈利性较好，而物业开发业务投资规模较大，投资回报期相对较长。

【地铁上盖物业开发】

通过资源整合，围绕轨道交通场站及周边土地实施综合开发和管理，通过发展“轨道交通＋上盖物业”的开发模式，为都市人群打造涵盖衣食住行所需的地铁车站汇点。物业开发业务主要为轨道交通区域及周边的物业开发、改造、管理和租售，以及物业项目的安全、保卫、消防、设备设施管理。

地铁外部空间物业开发以合作开发为主，部分投资资金较大的项目采用与大型房地产企业合作开发的方式。在开发过程中，为了平衡资金，地铁地下空间的开发则以独立开发为主。

【物业管理】

资产公司专注于轨道交通站点和沿线物业的精细化管理，公司物业开发管理收入主要来源于受托经营项目，委托人主要为申通地铁集团及地铁运营，物业租赁资源主要是地铁沿线物业，包括雅州商务中心、地铁龙阳路办公楼、地铁虹梅商务大楼、申通大厦、恒通大厦等物业，公司仅对上述物业行使经营权和管理权，并无所有权，并需按约定向产权公司(即委托公司)支付资产使用费。

物业开发管理业务收入中除了物业租赁和物业管理费外，还有部分申通地铁集团及下属公司自身的办公楼宇，该类物业只负责日常管理不涉及出租，故只收取部分管理费。

【商业管理】

商业管理主要负责轨道交通沿线站点、地下空间及站厅内的商业租赁、经营和管理工作。站厅商业包括提供各类自主服务如自动售货机、自动拍照机、银行 ATM 的自助服务区；提供日常消费的消费服务区；提供书报的文化服务区；提供旅游咨询、票务服务的专业服务区等。地下空间商业主要是形成包括主题商场、大型超市、餐饮、停车场及图书馆等文化网络的地下综合商业圈。

【传媒经营】

轨道交通环境作为一个相对封闭的空间，作为一个现代和特殊的交通类广告载体，兼有普通户外交通媒体与室内 POP、灯箱媒体的传播特性。轨道交通传媒拥有综合性的传媒资源，具有立体化的网络优势，具有地铁电视、地铁广播、户外广告、报刊杂志、互联网、车厢内海报、月台灯箱、通道海报、通道灯箱、通道灯箱长廊、月台灯箱长廊、扶梯侧墙海报、大型墙贴、新车品牌专列等多种广告表现形式。融资经营是上海地铁传媒资源开发的主要方式，将地铁广告传媒的经营管理权以合同的形式销售承包出去，使广告传媒资源进行专业化营运。

【通信开发】

轨道交通沿线通信的发展是依托于逐步扩大的轨道交通网络，将融合移动通信覆盖、光纤网、无线宽带、地铁电视、银行ATM机等多种信息渠道于一体，未来将逐步涉及光纤租赁、数据中心、信息增值、IPTV、虚拟运营等创新业务种类。轨道交通的移动通信服务是指轨道交通企业通过与移动运营商的战略合作，建设完备的电源、传输和无线分布系统，达到无线信号的无缝覆盖，满足轨道交通乘客的移动通信需求。2014年末，中国铁塔股份有限公司成立，轨道交通线路的资源使用和维护服务的协议签署、存量基站升级换代(5G)和新建基站布局等或将逐步转向与中国铁塔的合作，中国铁塔在优化资源布局后，轨道交通公司或将在业务运营上形成单一下游客户收费。

三、地铁资源开发经营定位

打造Metro(地下铁道)大都会移动互联网服务平台。集成轨道交通既有资源、形成以乘客服务、商业媒体、内部服务为核心的统一移动应用门户；加快建设申通地铁集团移动应用在线课程学习管理系统以及知识管理系统，促进学习型企业的发展。

完善土地综合开发政策，促进反哺运营。推进轨道交通专项规划与停车场上盖开发规划“两规合一”，明确地铁作为上盖开发主体，适度放松土地出让政策环境，能够按照区域功能平衡的理念，适度调整城市轨道交通用地性质，促进土地综合开发利用，增加土地使用收益，用于反哺建设与运营，促进轨道交通可持续发展。

创新经营模式，打造“地铁+N”新业态。通过创新地铁经营模式，充分盘活和利用地铁网络资源和客流资源，提升地铁经营绩效。地铁+物业；地铁+新兴产业，创新地铁与传媒、影视、智能出行、赛事、旅游等新兴产业相结合的经营模式；地铁+互联网，推进竞争类企业与移动互联网、物联网等平台经济的紧密结合，形成新技术、新模式；地铁+大数据，基于大数据技术，搭建地铁大数据云平台，利用智能化手段，提供媒体云、安全云、服务云业务，探索新业务经营模式；地铁+资本运作，搭建资本运营主体架构，整合相应行业资源，探索资产证券化方向，加强上市公司运作功能，明确战略定位、做好市值管理，尝试引入战略投资者，优化治理结构。研究推进间接融资模式，发行债券，与国内金融保险机构联合发行理财产品和金融衍生品等；地铁+商业创新，对于商业业态的市场变化，及时评估和把握调整商业创新经营方式，与轨道交通生态相结合的产业链条整合和商业模式孵化机制；地铁+咨询设计，围绕重要产业领域发展，整合企业资源，形成轨交相关技术及行业管理模式输出体系，进一步延伸与其他轨道交通企业的合作边界与范围，推动一体化、综合化服务与合作模式的发展。

建立健全资源经营开发机制。开展轨道交通专项规划与停车场上盖开发规划“两规合一”、上盖开发主体与土地出让扶持、调整轨道交通用地性质的支持等政策研究工作，优化完善轨道交通土地综合开发政策，增加土地开发收益，反哺超大规模网络和运营。开展资源经营与资本运营模式的方案研究与实施工作。

四、市场经营企业资产管控

申通地铁集团竞争类企业主要包括资产公司、股份公司、隧道院、咨询公司、大桥公司、申通庞巴迪、申通北车、申通南车和地铁电科等9家竞争类企业。2015年度，申通地铁集团竞争类板块企业(5家直属企业、4家合资企业)员工总人数约2 000人，总资产115亿元，净资产55亿元，年度营业收入超过30亿元，年度经营利润20亿元。竞争类企业项目的统筹协调工作主要体现在调查研究、战略管理、研究论证、市场拓展、资源开发、资本运营、风险管控及依法规范经营的监督制度与流程管理等方面。根据申通地铁集团《上海申通地铁集团有限公司合资企业管理暂行办法》《上海申通地铁集团有限公司外派董事、监事、高级管理人员管理办法》，申通地铁集团《股权管理规定》《上海申通地铁集团有限公司轨道交通设施设备大修、更新改造项目管理办法》，及《上海轨道交通换乘车站及网络共享设施投资界面划分办法》等一系列企业管理制度，对包括竞争类企业(合资企业)在内的子公司和参股公司投资项目进行了规范管理。

第三节　上市融资历程

2001年9月10日财政部同意将上海市城市建设投资开发总公司持有的上海凌桥自来水股份有限公司的25 112.55万股国家股划转给上海申通集团有限公司持有。本次股权划转完成后，上海凌桥自来水股份有限公司总股本仍为39 453.05万股，其中：上海申通集团有限公司持有25 112.55万股，占63.65%(股权性质为国家股)；上海市城市建设投资开发总公司持有833.75万股，占2.11%(股权性质为国家股)；上海市自来水公司持有3 335万股，占8.45%(股权性质为国有法人股)。

2002年3月19日，根据财企文、沪国资文精神，为盘活国有资产，促进股份公司健康发展，财政部同意上海市城市建设投资开发总公司和上海市自来水公司分别将所持上海申通地铁股份有限公司833.75万股国家股和3 335万股国有法人股转让给上海市原水股份有限公司。股份转让完成后，股份公司的总股本仍为39 453.05万股，其中上海市原水股份有限公司持有4 168.75万股，占总股本的10.56%，股份性质为国有法人股。

2002年5月14日，上海市城市建设投资开发总公司及上海市自来水公司与上海市原水股份有限公司，就转让申通地铁国有法人股事宜签订了补充协议。本次转让股权总计4 168.75万股，占地铁股份公司总股份10.56%，本次股份转让后，地铁股份公司总股本和股份结构没有变化。

2002年，公司以总股本394 530 500股为基数，每10股送1股红股并派发现金红利1元(含税)。

2004年度公司以2004年末总股本433 983 550股为基数，向全体股东按每10股送1股并派发现金红利0.50元(含税)。

2005年8月15日，申通地铁集团发文上海市国有资产监督管理委员会，请示股权分置改革，申通地铁本次股权分置改革方案为：公司发起人股东上海申通集团有限公司、上海市原水股份有限公司按照各自持股比例从其所持有的股份中拿出一部分作为对价，支付给流通股股东，以换取所有非流通股份的流通权。而公司募集法人股东在本次股权分置方案中既不参与支付对价，也不获得对价。具体方案即：发起人股东将按方案实施股权登记日登记在册的流通股股东所持有的流通股股数的0.32—0.38倍的比例，向流通股股东支付股份。在该等股份支付完成后，公司的非流通股份即获得上市流通权。

2005年10月17日，上海申通地铁股份有限公司国有发起人股东上海申通集团有限公司和上海市原水股份有限公司为使其各自持有的国有股份获得流通权，完善上市公司的股权制度和治理结构，促进申通地铁的长远发展，协商制定了申通地铁股权分置改革方案。具体方案为：以2005年9月22日公司总股本477 381 905股为基数，由申通集团和原水股份向方案实施股权登记日登记在册的流通股股东支付29 054 520股，即流通股股东每持有10股流通股将获得3股对价。在该等股份支付完成后，公司非流通股份即获得上市流通权。方案实施后公司总股本仍为477 381 905股，公司资产、负债、所有者权益、每股收益等财务指标均保持不变。本次执行对价股份数量：申通集团24 918 056股，原水股份4 136 464股，合计29 054 520股。

2005年10月19日，上海市国有资产监督管理委员会以沪国资委产批复《关于上海申通地铁股份有限公司股权分置改革的请示》。股权分置改革涉及的国有股权管理有关问题批复如下：一、原则同意上海申通地铁股份有限公司股权分置改革方案。二、本次股权分置改革完成后，上海申通地铁股份有限公司总股本为477 381 905股，其中：上海申通集团有限公司持有国家股278 943 799股，占总股本的58.43%；上海市原水股份有限公司持有国有法人股46 305 411股，占总股本的9.7%，上述股份具有流通权。

2005年11月2日，上海证券交易所发文，根据中国证券监督管理委员会《上市公司股权分置改革管理办法》和本所《上市公司股权分置改革业务操作指引》的规定，同意公司实施股权分置改革方案。

股权分置改革方案：流通股股东每10股获得股票为3股。股权分置改革方案实施A股股权登记日为2005年11月7日。复牌日：2005年11月9日，本日股价不计算除权参考价、不设涨跌幅度限制。自2005年11月9日起，公司股票简称改为“G申地铁”，股票代码“600834”保持不变。

2006年10月16日，中国证券监督管理委员会发文至上海申通地铁股份有限公司：关于公司非公开发行股票申请不予核准的决定。

公司有限售条件的流通股上市公告：本次有限售条件的流通股上市流通日为2006年11月9日。本次有限售条件的流通股上市数量为50 098 870股。剩余有限售条件的流通股股份数量为301 380 115股，其中国有持有股份278 943 799股，上海市原水股份有限公司持有股份22 436 316股。股份总额不变，为477 381 905股。

公司有限售条件的流通股上市公告：本次有限售条件的流通股上市流通日为2007年11月9日。本次有限售条件的流通股上市数量为22 436 316股。剩余有限售条件的流通股股份数量为国有持有股份278 943 799股。股份总额不变，为477 381 905股。

公司有限售条件的流通股上市公告：本次有限售条件的流通股上市流通日为2008年11月19日。本次有限售条件的流通股上市数量为278 943 799股。股份总额不变，为477 381 905股。

【上海市原水股份有限公司股权变更情况】

经上海市工商行政管理局批准，上海市原水股份有限公司名称从2008年4月29日起，由“上海市原水股份有限公司”变更为：“上海城投控股股份有限公司”。企业法人营业执照注册号为：310000000011872，法定代表人：孔庆伟。鉴于上述原因并经上海证券交易所核准，地铁股份公司股票简称于是年5月12日起，由“原水股份”变更为：“城投控股”。公司股票代码不变。

上海城投控股股份有限公司2008年8月至2009年2月11日，通过上海证券交易所交易系统累计出售所持有的地铁股份公司股份5 507 892股，累计减持比例1.15%，至此，上海城投控股股份有限公司持有地铁股份公司股份37 867 354股，占公司总股本的7.93%。

2009年2月12日，上海城投控股股份有限公司原持有公司股份持股比例9.086%；2008年8月至9月减持1 007 892股，减持比例0.211%；2009年1月21日至2月11日减持后持股数后持股比例为7.932%。2009年2月13日至2009年7月1日，上海城投控股股份有限公司持有股份占地铁股份总股本的6.87%。

2009年7月2日至2010年2月25日，上海城投控股股份有限公司通过上海证券交易所交易系统累计出售所持有的地铁股份减持比例1.05%，至此，上海城投控股股份有限公司持有地铁股份公司股份27 823 609股，占公司总股本的5.828%。

2010年底，上海申通地铁集团有限公司持有无限售条件股份的数量278 943 799股，持股比例58.432%；上海城投控股股份有限公司持有无限售条件股份的数量26 074 769股，持股比例5.462%；股份总数477 381 905股。

2013年9月30日上海城投控股股份有限公司持有地铁股份公司股份19 074 769股，占公司总股本的3.996%。

2013年底，上海申通地铁集团有限公司持有无限售条件股份的数量278 943 799股，持股比例58.43%；上海城投控股股份有限公司持有无限售条件股份的数量16 074 769股，持股比例3.37%；股份总数477 381 905股。

2014年底，上海申通地铁集团有限公司持有无限售条件股份的数量278 943 799股，持股比例58.43%；上海城投控股股份有限公司持有无限售条件股份的数量8 334 469股，持股比例1.75%；股份总数477 381 905股。

第九章　内 审 管 理

第一节　企 业 内 审

一、经济责任制审计

经济责任审计主要是对申通地铁集团内部管理的领导干部经济责任的履行情况进行监督、评价和鉴证的行为。经济责任审计内容包括遵守国家财经纪律、法律法规情况；推动企业（单位）可持续发展情况及其效果；重大经济决策情况；集团申通地铁下达的绩效考核目标责任完成情况；单位财务收支的真实、合法和效益情况，以及资产负债权益和损益情况；单位年度全面财务预算制定及执行情况，资金、资产和专项经费使用管理情况；项目（合同）的招投标、管理情况及其效果；法人治理结构的健全和运转情况，以及财务管理、项目建设管理、风险内控管理等内部管理制度的制定和执行情况；厉行节约反对浪费的执行和监管情况，业务招待费等三公经费控制使用情况；被审计领导干部遵守有关廉洁从业规定情况；以往审计中发现问题的整改情况。

2005 年起集团开始实施经济责任审计，在 2011 年以前经济责任审计以领导干部离任审计为主。2011 年，集团修订了《集团公司内部管理的领导干部任期经济责任审计实施办法》，建立了新的经济责任审计模式和要求。如确定了任期经济责任审计的模式，经济责任审计包括任中审计和离任审计；加强了组织领导，建立了集团经济责任审计领导小组；集团每三年制定经济责任审计轮审计划，明确了内管领导干部任期内三年接受一次任中经济责任审计工作安排；明确了审计评价部分，在审计报告中界定内管领导干部应当承担的直接责任、主管责任或者领导责任。通过对领导干部任职期间本单位财务收支以及有关经济活动的真实、合法和效益的审查，评价领导干部守法、守纪、守规、尽责情况，加强了对领导干部行使权力的制约和监督，推进了党风廉政建设和反腐败工作，促进了企业治理能力提高。

2005—2015 年，集团层面共实施经济责任审计项目 45 个，先后开展了下属单位主要领导同志的离任经济责任审计，以及相关领导同志任中的经济责任审计，发现被审计单位在内控管理、合同管理、资产管理、资金管理、会计核算等方面中存在的问题，并提出了相关审计意见。

二、绩效考核审计

绩效考核审计主要是对集团下达的年度考核指标完成情况进行监督和评价工作。绩效考核审计内容包括各单位各项财经纪律和财务制度执行情况、集团下达年度绩效考核完成情况、集团下达下属各单位全面财务预算执行情况、劳动工资等相关政策执行情况、上年审计发现问题整改情况。

集团绩效考核审计自 2011 年开始实施，通过对被审计单位各项财经纪律和财务制度执行情况、集团下达年度绩效考核完成情况、集团下达下属各单位全面财务预算执行情况、劳动工资等相关政策执行情况的审核，为集团绩效考核工作提供了依据，并不断规范财务会计行为，提升企业内部管理的水平。

截至2015年底，申通地铁集团审计室共实施绩效考核审计项目32个，如公共服务类直属单位中的一运公司、二运公司、三运公司、四运公司、运管中心、维保公司、磁浮公司，功能类直属单位中的申松线公司、10号线公司、申嘉线公司、12号线公司、13号线公司、技术中心、培训中心，竞争类直属单位中的资产公司、隧道设计院、研究咨询公司、大桥公司、股份公司都纳入了考核范围。绩效考核审计中对被审计单位在人员经费管理、收入管理、运营成本管理、资产管理中存在的问题，提出了相关审计意见。

三、专项审计

专项审计是对申通地铁集团业务中的特定事项开展的监督和评价工作。通过对申通地铁集团业务活动中带全局性、普遍性、倾向性的特定事项开展的审查，开展综合分析，并反映情况、揭露问题、提出建议，为申通地铁集团领导决策提供相关依据。2005—2015年，集团审计室共实施专项审计项目34个，如财务收支审计、年薪专项审计、内控专项审计、票务专项审计等等。专项审计中，对被审计单位在收支管理、年薪管理、票务管理、内控管理等方面的不足，提出了相关审计意见。

第二节　建设工程内审

一、项目审计

项目审计主要是对建设项目实施过程中的真实性、合法性、效益性进行的监督和评价工作。项目审计主要围绕建设项目投资立项、设计(勘察)管理、招投标、合同管理、工程管理、工程造价、概算执行、财务管理等方面开展审计。

申通地铁集团为配合国家项目决算审计工作，开展了建设项目内部审计，通过在国家决算审计前先行进行内部预审，较为充分摸清了项目家底，掌握了项目建设过程中存在的问题和情况，为项目先行整改赢得了时间，在规范内部管理、促进建章建制、加强投资控制等方面发挥了积极作用。此外，申通地铁集团内审积极配合项目的国家竣工决算审计，编制了竣工决算工作程序及明确须提供的资料，全面做好国家审计进场前的准备工作，创造条件配合国家审计进场，保障项目的国家竣工决算审计。

截至2015年底，申通地铁集团共实施在建项目审计12个，先后对共和新路高架、9号线一期、2号线西延伸、7号线、8号线二期、9号线二期、申嘉线、10号线、2号线西西延伸项目开展了审计，对审计项目中的概算执行、招投标管理、证照办理及验收、合同管理、项目资金管理等不足部分提出了相关审计意见。

二、审价管理

【审价单位资质管理】
2005年，为规范轨道交通建设项目结算审价工作，提高项目审价效率和透明度，申通地铁集团制定了《轨道交通建设项目审价工作暂行办法》，明确审价范围、基本原则、审价单位优选条件、确定审价单位的方式。2015年9月，根据公司管理及国家审计跟踪审计的要求，申通地铁集团制定了

《轨道交通建设项目审价工作实施管理规定》，明确了对审价单位准入资质要求、选聘排名规则及工作流程等，进行了准入条件固化和程序规范化。2015年底，按照《轨道交通建设项目审价工作实施管理规定》及集团《供应商准入管理规定》等标准化文件的相关规定，申通地铁集团建立了20家审价单位的合格供应商库。

【审价单位考核管理】

申通地铁集团审价工作考核包括过程考核和结果考核，两者各占考核评价总分百分之五十。组织造价咨询专家对审价单位实施年度考核，并根据项目竣工决算国家审计结果作出审计结果考核，以此建立审价单位工作质量考核评价数据库。为体现考核结果与选聘相挂钩、奖罚分明、确保工作质量的原则，对考核结果低于80分的单位将直接与审价费用结算相挂钩，对考核结果高于90分的单位，给予下一轮审价招标加分奖励。

申通地铁集团对审价单位年度考核采取百分制，主要包括四方面内容，一是审价工作质量(50分)，主要审查资料收集及时性及完整性、审价客观性和公正性、是否正确核定工程量、费用计取是否符合国家有关规定、签证的有效性；二是审价报告质量(25分)，审查审价报告编报及时性、正确性、完整性；三是其他管理事项(25分)，审查审价单位廉洁自律情况、内部管理情况、跟踪审价实施情况、配合审计部门的工作开展情况、配合业主的工作开展情况、行业评比及年检情况。

【审价工作效能】

提高工程结算质量 审价制度的实施，一方面加强了申通地铁集团对工程结算的把关，特别是对部分施工单位提供的一些资料不全、依据不充分的变更事项等严格把关，退回资料要求补齐手续再审，或予以核减工程造价。另一方面，各审价单位也严格对照招投标文件和合同条款的约定，及结算审查要求和意见，对会商纪要、现场签证和工程变更加强了审查，总体上满足了国家决算审计的工作要求。

完善工程结算资料 工程审价制度的实施也加强了相关项目结算资料的收集工作。审价工作完成后，审价单位会向项目公司提供完整审价工作底稿，包括相关招投标文件、施工承包合同、各类变更资料、现场签证、工程洽商纪要和会议纪要等，完善了项目公司各合同结算档案资料，同时也提高了审价报告质量。

发挥投资控制效能 申通地铁集团实行二次审价办法，目的就是加强对投资监理初审结果的再复核，最大限度地节约建设资金，提高投资效益。经统计，2006年至2015年近10年间，申通地铁集团各项目共对749.16亿工程造价进行审核，核减工程投资7.29亿，总体核减率为9.73‰。

【审价报告】

审价单位按照客观、公正、科学、合理的原则和有关规定，在合同约定的时间内对工程合同及其相关资料进行审查和复核，并发表审价意见，出具审价报告。申通地铁集团规范了审价报告的格式，内容包括工程概况、审核依据、审核范围、审核结论、核减(增)的主要原因、审核人及复核人签章、附件等。经统计，2006年至2015年近10年间，审价单位共出具审价报告4 792份，审定工程造价742.77亿。

第十章　人力资源管理

第一节　员 工 概 况

2015年底上海申通地铁集团有限公司用工形式分别为合同制工、劳务工、派遣工、外劳力、退聘工。

表7-10-1　2005—2015年度申通地铁集团员工人数一览表

年　份	人　数	合同制工	派遣工	劳务工	外劳力	退聘工
2005	5 356	5 356	—	—	—	—
2006	6 220	6 220	—	—	—	—
2007	7 719	7 719	—	—	—	—
2008	16 883	9 643	4 714	2 266	—	260
2009	20 063	12 533	5 181	2 349	—	—
2010	25 005	15 838	6 283	2 730	—	154
2011	25 852	17 633	6 891	1 096	—	232
2012	28 155	19 746	5 952	920	1 252	285
2013	28 783	21 233	5 191	711	1 273	375
2014	28 989	22 433	4 527	586	1 148	295
2015	29 315	23 833	3 683	474	1 089	236

第二节　劳动定额管理

一、定员标准

2008年7—8月，根据打造“人员精简，协同运作，运行高效”扁平化运营管理体系的要求，申通地铁集团开展运营体系人员配置标准调研工作，初步确定客运、维修等人员定员标准。

2012年11月—2013年6月，为适应轨道交通网络化发展要求，加强申通地铁集团职能体系建设和企业标准体系建设，优化运营单位人力资源配置，申通地铁集团组织实施运营单位定责、定岗、定编工作，建立运营单位人力资源配置控制体系。2013年10月，《维保公司机构编制及定员标准》发布执行；2013年12月，《申通地铁集团下属运营公司机构编制及定员标准》发布执行，同步调整生产组织机构管理模式，各运营公司设立线路管理部（生产部门），作为所辖线路（含客运、乘务、设施）运营一线生产组织的责任主体，采用线路直管车站、车站站长负责制管理模式。

二、工作标准

2007年,完成运营单位岗位名称梳理和岗位说明书编制工作。

2008年,完成客运服务岗位《岗位说明书》完善工作,明确岗位任职条件。

2011年8月—12月,组织开展各直属单位、项目公司、部室岗位标准编制工作,对岗位、职名进行梳理、规范,编制《组织机构岗位定员表》《岗位说明书》。

2012年8月,完善直属单位、项目公司、部室岗位标准编制工作。

根据申通地铁集团企业标准化体系建设总体要求,2014年,分三批共发布工作标准1 090个,其中,申通地铁集团本部119个,运营公司80个,运管中心120个,维保公司771个;2015年,新增运营公司工作标准11个。工作标准统一规范了各岗位的职责权限、资格要求、工作内容与要求、检查与考核等。

第三节　用　工　管　理

一、用工制度

根据《中华人民共和国劳动法》,实现劳动关系法制化,1995年,地铁总公司全面实施劳动合同制用工制度改革,用劳动合同调节企业与职工之间的劳动关系,按法律程序履行劳动合同。

1995年,地铁运营公司经上海市劳动局批准同意,实行以年为周期综合计算工时工作制,全年工作时间综合计算每日不超过8小时,每周不超过40小时。

2004年,地铁运营公司等单位实施派遣用工制度。

2005年8月,申通地铁集团制定并实施《人事管理暂行办法》,明确人事管理原则和流程,有效配置人力资源,确保战略目标实现,维护企业和员工的合法权益。

2008年5月,申通地铁集团印发并实施《退休聘用管理指导性意见》,规范各单位退休聘用人员管理;2012年1月,为加强申通地铁集团退休人员返聘工作管理,充分发挥退休人员作用,印发并实施《关于加强聘用退休人员管理工作的意见》。

2009年6月,申通地铁集团印发并实施《关于部分与地铁人力资源公司签约员工转与运营单位建立劳动关系的意见》,对符合条件的客运一线派遣等员工实施"身份转换",调动其工作积极性和对企业归属感。2010年4月,申通地铁集团印发并实施《关于部分与地铁人力资源公司签约员工转与维护保障中心建立劳动关系的意见》,将"身份转换"的范围扩展到维保板块生产一线主体岗位。截至2015年底,各运营单位按规定符合条件的派遣等员工转为合同制工共7 000余人。

二、招聘管理

2012年7月,为加强申通地铁集团人事管理,规范员工招聘工作,制定并实施《上海申通地铁集团有限公司员工招聘管理工作暂行办法》,包括管理权限、招聘条件及程序、招聘计划、信息发布、资格审查、考试、体检、政审、录用及备案、纪律与监督等;2013年12月,修订完善《员工招聘管理工作暂行办法》,印发《员工招聘管理规定》,2014年1月起实施。

2013年12月，申通地铁集团及运营一公司、运营二公司分别获得上海市人民政府授予的“上海市促进就业先进企业”称号。

轨道交通快速发展需要大量人才作为支撑，根据申通地铁集团《人才发展规划》，采取一系列措施推进招聘工作，及时引进优秀人才充实人才队伍。

表7-10-2　2004—2015年申通地铁集团员工招聘方式情况表

招聘方式	具体措施
社会招聘	利用申通地铁集团官网、上海地铁官微等网络平台、《I时代报》等媒介资源，公开发布社会招聘信息，扩大招聘信息的受众群体和宣传效应。
校园招聘	由申通地铁集团牵头直属单位，深入北京交大、西南交大等重点高校，举行专场招聘宣讲会，提高学生对企业的归属感和认可度，扩大集中招聘的规模效应和品牌效应；申报非上海生源应届高校毕业生重点用人单位资格，为引进的外地户籍高校毕业生创造直接落户条件。
特定人才招聘	与市府有关委办、部门建立沟通渠道，通过长期合作，定期参与市国资委、市建委等举行的行业及区域人才大型招聘会；定期从市军转办、市双退办、市体育局等吸收优秀军转干部、优秀退伍士兵、优秀退役运动员等。
定向招聘	与同济大学等985、211重点院校拓展校企合作渠道，建立学校向企业推荐优秀毕业生的渠道；推进与上海工程技术大学等高校定向培养轨道交通专业人才。

三、人员调配

2009年初，按照申通地铁集团运营体制调整的总体部署，根据新的组织机构和运营线路划分，实施1万余名运营员工的划转工作，确保运营体制改革平稳过渡。为了实现轨道交通10号线行车、客运、维修、维护业务统一管理，2014年1月、2015年4月，运管中心10号线控制中心相关管理、生产人员40人及维保公司10号线维保管理部462人先后整建制划转运营一公司。2015年1月，轨道交通16号线的运营管理主体由运营三公司调整为磁浮公司，运营三公司16号线管理部及所辖车站、车场、乘务、设施检修等人员543人整建制划转磁浮公司。

四、员工队伍建设

2008年9月，申通地铁集团制定并实施《上海地铁星级服务评定管理规定(试行)》，通过在值班站长、站务员、列车司机等一线客运服务人员中开展服务星级评定奖励工作，对星级服务人员实施佩星上岗，激发客运服务岗位员工的工作积极性，提高运营服务质量，促进上海地铁服务品牌建设。

2011年5月，申通地铁集团印发《关于实施客运服务人员星级评定和“身份转换”工作补充规定的通知》，完善了星级评定和“身份转换”相关规定，修订了星级评定标准和考核内容，通过政策导向，鼓励运营员工提升技能等级，提高业务水平。

是年9月、2012年11月，申通地铁集团先后印发并实施《关于列车司机队伍建设的指导意见》《关于调度员队伍建设的指导意见》，进一步明确了运营关键岗位的岗位规范基本要求、教育培训、激励机制、队伍保障和退出机制等。

推进轨道交通车站“人性化服务、精细化管理、标准化建设”，强化运营一线管理，2011年10月起，申通地铁集团在运营一公司试点开展“车站站长负责制”管理模式，由车站站长全面负责所在车站日常管理各项工作；2012年7月，申通地铁集团印发《关于推行“车站站长负责制”管理模式的意见》，进一步明确了车站站长岗位主要职责、选拔、聘任、考核、待遇等，“车站站长负责制”管理模式在各运营公司全面实施。

第四节　薪 酬 管 理

一、薪酬制度

1994年，地铁总公司经过调查研究，在1993年结合体机构制改革，实行地铁岗位等级工资制度、套改原上海市地铁工程建设处事业工资和上海市地铁运营公司初期工资建立的职工基本工资制度基础上，深化完善工资制度改革方案，于1994年7月全面实行《上海市地铁总公司岗位等级组合工资制度方案》，强调了工资总收入的概念，突出了工资分配市场化的改革趋向，增加了职工收入。

2006年，为加强工资总额宏观调控，申通地铁集团实行工资总额一头结算，申通地铁集团各直属单位全部纳入一头结算范围，为申通地铁集团统筹分配，科学合理安排工资总额，建立长效激励机制提供了保证。

申通地铁集团根据上级主管部门确定的工资总额，向运营单位、低收入单位倾斜，限高托底，不断优化和完善内部薪酬分配。通过统一标准、规范管理、控制总量、差异化管理等，做好工资总额宏观调控，引导各直属单位以市场劳动力价位为参照，不断优化内部分配，向关键岗位、关键人才倾斜，构建内部合理的分配秩序。各单位根据申通地铁集团薪酬分配的总体原则，结合自身实际，制定各自的薪酬制度。

【申通地铁集团本部薪酬制度】

2004年，经过重组后的申通地铁集团，按“先并轨，再接轨”的原则，实施了统一的岗位绩效薪酬制度。以后不断优化、细化，制定了《申通地铁集团员工岗位薪资晋升办法》，形成了行政管理、专业技术和生产服务等各序列的岗位薪资档级标准，建立了工资正常晋升机制；制定了绩效薪资分配办法，将员工的绩效薪资与工作实绩、岗位风险、责任直接关联，与公司总体经营目标、部门工作绩效相挂钩。

【项目公司薪酬制度】

项目公司作为申通地铁集团本部的一部分，薪酬分配制度参照申通地铁集团本部的薪酬制度。

2006年，为更好地发挥专业技术人员的作用，结合项目公司实际，完善了原有的薪酬办法，设立项目主管岗位，确定了薪酬档级。通过评定一至三级项目主管等级，设立项目主管津贴，项目公司员工统一实行项目津贴。

2014年，为进一步强化轨道交通项目管理职能，充分发挥项目公司自主管理的工作积极性，建立健全项目公司自主分配激励机制，项目公司员工实行工资总额包干。

【运营单位薪酬制度】

2008年，随着运营体制改革，申通地铁集团对地铁运营公司、现代轨道公司和维护保障中心实施工资总额、人工成本的拆分。运营公司、维保中心根据自身实际，实施宽带薪酬制度。

2010年，申通地铁集团在运营单位实行专项奖励制度。通过每季度对客运服务质量、安全运营、维护保障等考核，运营单位实行安全运营、设备设施、窗口服务、节能减排等多项专项奖励。奖励制度的建立，促使各运营单位之间争先创优，开拓创新，不断提升上海地铁的服务形象。

申通地铁集团对运营单位加强绩效考核，针对运营主体岗位，建立了岗位工作津贴制度。一是调度员的调度责任专项津贴，与调度员的工作能力、专业技术、工作责任和日常表现挂钩，每月经过考核后发放；二是司机安全运营公里津贴，综合考虑不同线路的复杂程度、运营客流压力、运营时间周期、车型配置状况，以及司机作业风险等因素，实施按月度安全运营里程为考核指标的公里津贴；三是客运服务星级津贴，鼓励客运服务一线员工标准化服务，不断提升一线窗口客运服务水平；四是"首席师"工作津贴，维保公司结合自身实际，通过对"首席师"系列首席工程师、专业主管工程师、首席操作(检修)能手、主修手的选聘、考评等日常管理，建立工作津贴机制，建设一支业务精湛、技术过硬的高素质维修保障人才队伍。

2014年，为提高列车司机工作积极性，增强安全行驶意识，确保轨道交通网络运营安全，在实施列车司机公里津贴的基础上，申通地铁集团印发《关于列车司机实行计件工资的指导意见》。2015年试行列车司机计件工资分配办法。

2015年，为完善岗序设置与岗级划分，实现调度、运营、维保岗位体系的合理衔接，建立管理、技术、生产的岗位晋升通道，运营公司实施《申通地铁集团各运营公司优化宽带薪酬制度(岗位能级工资制)实施方案》。

【直属单位领导班子成员薪酬制度】

2008年，申通地铁集团对各直属单位领导班子成员实行薪酬制度改革，印发并实施《申通地铁集团直属单位主要领导年薪考核管理办法》，将直属单位领导的薪酬与企业的目标任务完成情况直接挂钩，加大对领导人员的业绩考核，规范领导的薪酬管理。

2013年、2014年，为强化运营单位、项目公司安全生产意识，落实安全生产责任，申通地铁集团先后对运营单位、项目公司领导班子成员实行运营、建设安全效益风险考核，实施安全风险抵押金制度。

2015年，按照市委、市政府《关于深化市管国有企业领导人员薪酬制度改革的意见》要求，直属单位、项目公司引入任期制考核，实行差异化管理，实施直属单位、项目公司领导班子成员薪酬分配制度改革。

二、福利制度

1994年，地铁总公司为继续贯彻《关于实施〈上海市城镇职工养老保险制度改革暂行办法〉的通知》精神，根据原地铁工程建设处由事业单位向企业单位转制的实际，制订了具体实施办法，其中对1995年底退休的老职工保留事业单位退休待遇，以逐步向企业过渡的办法，实现了新老制度之间事业与企业之间的平稳过渡，并按养老保险的实施要求，为每个职工建立了养老保险账户。

申通地铁集团自成立以来，在实行国家和本市统一规定的基本社会保险、公积金制度和福利待遇外，根据自身实际，统一了补充公积金和企业年金制度。

2008年，为保障员工福利待遇，申通地铁集团印发《关于实施企业年金和补充公积金方案的指导意见》,各直属单位全面实行补充公积金制度,结合本单位实际,制定并全面实施企业年金方案。

是年,根据国务院《职工带薪年休假条例》,申通地铁集团本部制定并实施《上海申通地铁集团有限公司本部员工带薪年休假规定》,对带薪年休假管理作了统一规定。申通地铁集团各直属单位根据国家有关规定,制定本单位实施办法,全体员工享受带薪年休假。

2009年,申通地铁集团成立职工大病医疗互助计划,所需资金采取“三个50元”(行政、工会、职工各出50元)的办法募集,全体员工自愿参加。申通地铁集团内患大病员工,可根据医疗费用总额给予一次性补助。各级工会对在职、退休员工参加市总工会设立的住院、重大疾病、女性特种重病、意外伤害等职工保障互助会综合互助保障计划。

2014年,成立申通地铁集团企业年金管理委员会,制定《企业年金基金管理委员会章程》,实施统一的申通地铁集团企业年金方案。通过招标方式,中国人寿养老保险股份公司为申通地铁集团企业年金受托管理人。2015年10月19日,统一后的申通地铁集团企业年金单一计划正式实施运作。

第五节　专业技术人才管理

一、专业人才发展规划

“十一五”期间,申通地铁集团围绕《人才发展规划(2006—2010年)》,制定了建设、运营人力资源配置标准,编制了《紧缺人才开发目录》,招聘、培养各类优秀人才充实轨道交通建设、运营等一线岗位,企校合作与高校联合办,组建培训中心,统筹培训资源,加大培训力度,开展了后备干部、领军人才的培养和选拔。

“十二五”期间,上海轨道交通加速推进网络化建设,申通地铁集团牢固树立科学人才观,深入贯彻“人才是第一资源”的思想,围绕《人才发展规划纲要(2011—2015年)》,优化人才结构,调整人才布局,激发人才活力,增强人才凝聚力,推进各类人才队伍发展,促进人才队伍整体素质的提高。申通地铁集团加强人才引进、培养,人才总量逐步扩大,专业技术人才从2 700余人增长到3 500余人,技能人才从1.8万余人增长到2.2万余人;建立首席技师制度,推进新技师培养计划等;构建二级培训体系,加大培训力度,通过政策引导,鼓励员工提高学历层次,晋升专业技术职称和技能等级,大专以上学历员工占员工总数从55%增长到76.5%,具有中级以上职称的专业技术人员占专业技术人员总数从45.3%增长到52.4%,高技能人才(具有高级工以上技能等级员工)占技能员工总数从15.2%增长到28.7%,具有中级工以上技能等级员工占技能员工总数从27.2%增长到65.9%。

二、职业技能竞赛

2010年,申通地铁集团获上海市职工职业技能竞赛维修电工项目团体第二名。2011年,申通地铁集团获上海市职工职业技能竞赛维修电工项目团体第一名;刘志君获个人第二名。2012年,申通地铁集团获全国第四届职工职业技能竞赛维修电工项目团体第三名。2008—2009年、2011—2012年、2013—2014年,申通地铁集团分别举行了三届职工岗位技能比武,为促进员工综合素质提升和安全运营生产提供了人才和技能保障。

三、全国技能荣誉获得者

上海地铁自开展高技能人才培养以来，涌现出一批技艺精湛、业绩突出的优秀个人。2014 年，林宏获得国家高技能人才培育突出贡献奖；吴建祥、李鹏伟获得全国技术能手称号，并作为高技能人才获得国务院政府特殊津贴。

表 7-10-3 2008—2015 年全国技能荣誉情况表

获得年份	姓 名	单 位	荣 誉 称 号
2008	吴建祥	上海轨道交通维护保障中心	全国技术能手
2014	林 宏	上海轨道交通培训中心	全国高技能人才培育突出贡献奖
2014	李鹏伟	上海地铁维护保障有限公司	全国技术能手
2015			国家技能大师工作室

【吴建祥工作室】

吴建祥，男，1957 年 5 月出生，高中，中共党员，上海地铁维护保障有限公司供电分公司变电检修部职工。2008 年荣获全国技术能手荣誉称号，先后曾获得上海市杰出技术能手、上海市轨道交通行业杰出技术能手、上海市轨道交通行业“十佳服务标兵”、申通地铁集团优秀共产党员等荣誉。

吴建祥工作室成立于 2012 年 11 月，以工作室负责人首席技师吴建祥的人名为工作室命名。吴建祥自进入地铁供电公司工作以来，坚持技术创新，不断取得卓越成果，曾获得多项国家级、市级荣誉以及由国务院颁发的表彰突出贡献的政府特殊津贴。吴建祥工作室成立以来，主攻变电专业领域的技术攻关，对生产过程中出现的技术问题进行攻坚克难、研究探索和技能传授。通过应急电源、继保电试、杂散电流等 3 个变电检修主体专业的组合来实现变电专业检修技术由宏观到具体的全方位管理。工作室于 2016 年 12 月获得上海市技术创新工作室称号。

【林宏工作室】

林宏，男，1973 年 7 月出生，大学专科学历，高级技师，高级培训师，高级考评员，中国工会第十七次全国代表大会代表，2012 年荣获“上海市首席技师”“上海市技能人才培育突出贡献奖个人”，2014 年荣获“国家高技能人才培育突出贡献奖”。任上海申通地铁集团有限公司轨道交通培训中心运营培训部经理、申通地铁集团电动列车驾驶专业组副组长、“电动列车驾驶员能力建设——林宏工作室”负责人。

2011 年，组建“电动列车驾驶员能力建设——林宏工作室”。工作室着力打造上海地铁驾驶员培训的第一品牌，先后完成了上海地铁“城轨电动列车驾驶员”岗位标准化培训大纲、系列培训教材和技能考核标准的编制，开展“多功能电动列车驾驶仿真系统研发”“城轨运营关键岗位适应性指标体系研究”“列车司机职业技能技术比武”“城市轨道交通列车司机基本功挑战赛”等一系列与运营生产一线关键岗位密切相关的研发和竞赛组织工作，参与并实施国家级轨道交通高技能人才实训基地规划和建设。工作室先后多次获得上海市和申通地铁集团“职工（技术）创新”荣誉。

【李鹏伟工作室】

李鹏伟，男，1961 年 5 月出生，本科学历、学士学位，中共党员，城轨电动列车检修工高级技师，任上海地铁维护保障有限公司车辆分公司大修厂制动班班长、李鹏伟国家技能大师工作室和上海市劳模创新工作室负责人。2011 年 9 月，上海地铁首家“李鹏伟首席技师工作室”正式成立。“李鹏伟技能大师工作室”成立以来，主要依托相关接口专业支持，以“啄木鸟——现场问题的发展者、铁榔头——疑难问题的解决者、联动机——系统问题的攻关者、先驱者——科研项目的实践者”作为工作室定位。工作室由专家、技术人员 7 人、维修骨干人员 22 人和青年技术能手 4 人等 33 名成员组成，并着手进行对地铁列车维修制定项目的研发及改造。工作室 2012 年 12 月获上海市首席技师千人计划项目资助、2013 年 05 月获上海市工人先锋号、2013 年 10 月被评为上海市技能大师工作室、2015 年 10 被获评为国家技能大师工作室。

四、行业、市级技能荣誉获得者

申通地铁设立领军人才队伍建设专项资金，对首席技师等给予相应的津贴，为员工创造岗位晋升通道。适时开展技能比武、技术能手、客运服务星级、技能员工、“首席工程师”“首席操作能手”评定，涌现出一批地铁技能高手。杜晓红获得上海市高技能人才培育贡献奖；吴建祥、李鹏伟、许学平等 4 人获得上海市杰出技术能手称号；谭伟伟等 9 人获得上海市技术能手称号。李鹏伟工作室获评国家级技能大师工作室；严如珏工作室、许学平工作室获评上海市技能大师工作室。2011 年，申通地铁集团被上海市人社局首批命名为上海市高技能人才培养基地。

2012 年 11 月，因在高技能人才培育方面成绩显著，国家人社部授予申通地铁集团国家高技能人才培育突出贡献奖。2012 年，申通地铁集团被国家人社部命名为国家高技能人才培训基地。

表 7-10-4　2003—2015 年获得行业、市级技能荣誉情况表

获奖年份	姓　名	单　　位	荣誉称号
2003	卢俭明	上海轨道交通维护保障中心	全国建设行业技术能手
2006	孟保庆	上海轨道交通维护保障中心	上海市技术能手
2007	李海生	上海轨道交通维护保障中心	上海市杰出技术能手
2010	王　静	上海轨道交通维护保障中心	上海市技术能手
2010	盛忠明	上海轨道交通维护保障中心	上海市技术能手
2010	鲍欣杰	上海轨道交通维护保障中心	上海市技术能手
2010	李鹏伟	上海轨道交通维护保障中心	上海市杰出技术能手
2012	林　宏	上海轨道交通培训中心	上海市高技能人才培育贡献奖
2012	许学平	上海轨道交通维护保障中心	上海市技术能手
2012	谭伟伟	上海轨道交通维护保障中心	上海市技术能手
2012	林　霄	上海地铁第三运营有限公司	上海市技术能手
2013	李鹏伟	上海地铁维护保障有限公司	上海市技能大师工作室
2014	杜晓红	上海轨道交通培训中心	上海市高技能人才培育贡献奖

（续表）

获奖年份	姓　名	单　　位	荣誉称号
2014	鲍欣杰	上海地铁维护保障有限公司	上海市技能大师工作室
2014	周　峥	上海地铁维护保障有限公司	上海市技术能手
2014	严如珏	上海地铁第一运营有限公司	上海市技术能手
2014	许学平	上海地铁维护保障有限公司	上海市杰出技术能手
2015	严如珏	上海地铁第一运营有限公司	上海市技能大师工作室

说明：上述名单截至2015年底，按时任单位。

五、申通地铁集团首席技师、技术能手

2011年9月，申通地铁集团建立首席技师制度，制定并印发《上海申通地铁集团有限公司首席技师管理办法》，明确首席技师选拔、管理与使用、激励措施等，截至2015年底，共有8名同志经推荐、评审，被聘任为首席技师，并建立首席技师工作室。

2008年起，申通地铁集团每两年一次开展技术能手评选、表彰工作，截至2015年底，共93名同志被评为申通地铁集团技术能手。

六、专业技术职称管理

1992年底，根据职称改革工作的有关规定，经上级有关部门批准，组建上海市地铁总公司首届工程系列初级专业技术职务任职资格评审委员会。评委会自1993年起开展工作，任期2年。

1995年5月，上海市地铁总公司成立首届思想政治工作人员初级专业职务任职资格评审委员会，任期2年。

2007年，上海申通地铁集团有限公司成立工程系列中级专业技术职务任职资格评审委员会。中评委下设土建专业、运营管理专业、机电专业三个学科组。

2012年7月，为进一步规范申通地铁集团专业技术职务聘任管理工作，加强专业技术人才队伍建设，制定并实施《上海申通地铁集团有限公司专业技术职务聘任管理工作暂行办法》，进一步明确专业技术职务聘任条件和相关规定、聘任基本程序、专业技术人员考核等。

表7-10-5　2005—2015年申通地铁集团专业技术人员结构情况表

年　份	高级职称	中级职称	初级职称	合计人数
2005	217	618	724	1 559
2006	176	571	564	1 311
2007	190	646	571	1 407
2008	247	669	952	1 868
2009	279	726	1 073	2 078

（续表）

年　份	高级职称	中级职称	初级职称	合计人数
2010	395	878	1 501	2 774
2011	397	930	1 599	2 926
2012	460	1 061	1 598	3 119
2013	533	1 102	1 631	3 266
2014	572	1 134	1 587	3 293
2015	577	1 265	1 639	3 481

【职业技能等级】

2004 年，上海地铁运营有限公司在上海市职业鉴定中心的指导下，开发完成了轨道交通行车调度员、电力调度员、电动列车驾驶员、内燃机车驾驶员、车站值班员、车站服务员、通信维修工、信号维修工、车辆维修电工、车辆维修钳工、自动售检票系统维修工、设备维修工、环控系统维修工等 13 个工种的初、中、高级的技能培训教材及相关配套文件。

2009 年起，上海轨道交通培训中心全面负责企业职业技能培训工作，并加大轨道交通行业工种技能等级培训开发力度，先后完成了城轨电动列车驾驶员、城轨车站值班员、城轨站务员、城轨电动列车检修工、城轨变电检修工、城轨接触网检修工、城轨通信工、城轨信号工、城轨线路工、城轨桥隧工、城轨自动售检票检修工、城轨智能楼宇管理师等 12 个轨道交通行业工种 50 个细分等级的技能培训鉴定体系。

2014 年 9 月，为进一步规范职业技能等级聘任，申通地铁集团制定并印发《职业技能等级聘任管理规定》，明确职责、聘任条件、聘任规定、聘任程序、技能人员考核等。2015 年 1 月，印发《关于实施职业技能等级聘任管理工作补充规定的通知》，明确职业技能等级对应工种，社会招聘人员、转岗员工职业技能等级聘任规定等。

表 7 - 10 - 6　2005—2015 年申通地铁集团技能人员结构情况表

年　度	高级技师	技　师	高级工	中级工	初级工	合　计
2005	11	115	611	1 281	774	2 792
2006	12	149	964	1 401	808	3 334
2007	21	191	1 196	1 807	2 060	5 275
2008	23	201	1 613	1 976	1 144	4 957
2009	32	336	2 028	1 911	2 811	7 118
2010	28	393	2 371	2 215	6 803	18 393
2011	53	468	2 640	3 074	7 320	19 813
2012	75	625	3 314	4 485	6 124	21 025
2013	92	696	4 590	6 728	3 980	21 534
2014	117	734	5 376	8 164	3 294	22 069
2015	126	778	5 523	8 343	2 970	22 427

七、企校合作

2005 年 1 月，上海地铁运营有限公司与上海工程技术大学共同创建我国第一所企校联办的城市轨道交通学院——上海工程技术大学城市轨道交通学院。2009 年 2 月，上海地铁运营有限公司撤销后，由申通地铁集团承担合作办学企业方相关职能。该学院设置交通运输（城市轨道交通运营管理）等 4 个本科专业、城市轨道交通工程技术（车辆技术）等 4 个专科专业，另有轨道检测技术等硕士研究方向。通过企校合作、联合办学的形式，采取高校学生毕业前参加企业上岗培训或行业工种技能等级培训、鉴定等方式，提高岗位适应性，缩短企业人才培养周期，规范化、专业化、多渠道地培养轨道交通专业人才，为突破制约轨道交通快速发展的人才瓶颈开展了有益的探索。截至 2015 年底，上海地铁共招收该校应届毕业生 1 000 余人，同时也为全国城市轨道交通发展输送了大量专业人才。

为了更好地适应轨道交通网络化发展要求，推动科技创新和高素质人才培养，2015 年 12 月，申通地铁集团与北京交通大学本着“强强联合、优势互补”的原则，签订了《战略合作意向书》。企校双方决定在加快人才队伍建设、提高自主创新能力、实现重大技术突破、促进学科发展进步等方面建立长期、广泛、密切的合作。

第六节　其　　他

一、人力资源信息化管理

为规范人力资源工作流程，提高人力资源管理效率，实现企业人力资源信息的综合管理，适应轨道交通网络化发展要求，2007 年，基于明基人力资源信息系统，搭建了申通地铁集团人力资源信息管理平台；2008 年，制定了申通地铁集团《人力资源信息管理平台管理暂行规定》，明确授权管理、信息维护、管理职责等，做好人事基本信息的录入工作，开展了系统试运行工作。

2011 年 6 月，申通地铁集团建设新的人力资源综合业务系统，建立标准统一、结构规范、整合共享的人力资源管理架构平台和完善的人员信息库，并实现动态、自动维护，实现人力资源信息及时准确的统计分析、集中管理与控制。项目开发和实施遵照“整体规划、分步实施、逐步推进”的原则，2012 年 1 月 1 期上线，2013 年 6 月 2 期上线。人力资源综合业务系统在用友套件基础上二次开发，覆盖申通地铁集团本部及下属单位各类用工，包括组织机构管理、人员信息管理、人员变动管理、招聘甄选管理、薪资管理、福利管理、人员合同管理、培训开发管理等模块。

二、职业服装

2007 年，申通地铁集团开展运营单位窗口人员职业装设计、换装工作，塑造轨道交通窗口服务新形象。

上海地铁职业装以红色为主色调，象征着生命、活力、热情，也代表着上海轨道交通积极向上、蓬勃发展的前景。

上海地铁职业装设计定位体现了舒适、简洁、职业、时尚的特点，春秋装以绛红色外套与深灰调和,给人热情温暖的感觉;冬装辅以黑色调,寓意深沉、稳重、安全;夏装则以粉红色衬衫与中灰色调和,符合上海都市浪漫的时尚气息。作为主色调的绛红色体现温雅,粉红色体现柔和,灰色则体现朴素、安定、含蓄,总体色彩的融合给人以温馨和谐的感觉。

窗口服务人员服装上还增加了小配饰,胸前与手臂上配有上海轨道交通标志徽章,并以轨道交通基本网络1号线至13号线标志色组合成背景色,便于识别。同时,客服人员制服的胸前都配有工号牌,根据数字和字母,乘客能够简便地识别窗口服务人员工作的线路、岗位等。

第十一章　文 化 管 理

第一节　文 化 理 念

2006年3月，申通地铁集团根据《申通地铁集团2006—2010年发展战略规划纲要》的总体目标和要求，研究部署企业文化建设工作，制定印发了《上海申通地铁集团有限公司2006年—2010年企业文化建设纲要》。“纲要”确定了申通地铁集团企业文化建设的指导思想与基本原则；提出企业文化建设总体目标和阶段目标、企业文化体系和主要任务，并从六个方面提出具体的实施步骤、实施要点。2011年初，申通地铁集团对前五年企业文化建设的情况进行评估：认为“纲要”提出的文化体系基本建成，主要任务全面完成，文化建设总体目标基本实现。2011年4月，申通地铁集团在2006—2010年企业文化建设成果的基础上，结合申通地铁集团“十二五”发展战略规划的要求，制印和部署《上海申通地铁集团有限公司2011—2015年企业文化建设纲要》。“纲要”的总体系、文化理念等内容与《申通地铁集团2006—2010年企业文化建设纲要》基本一致，保持文化理念和文化价值的传承，文化建设的基本原则方面有进一步的更新完善，对具体工作目标和任务要点的实施，进行了全新的部署。

一、共同使命

申城地铁，通向都市新生活。

——构建科技、人文、绿色的申城轨道交通网络，提供安全、高效、便捷的人性化轨道交通服务，拓展都市空间，引导都市布局，提升都市功能，创造全新的都市出行、消费、居住模式；依托轨道交通网络化管理平台，完善建设模式，提升运营效能，输出技术管理，形成具有一流的网络综合集成能力，实现企业和员工的共同成长。

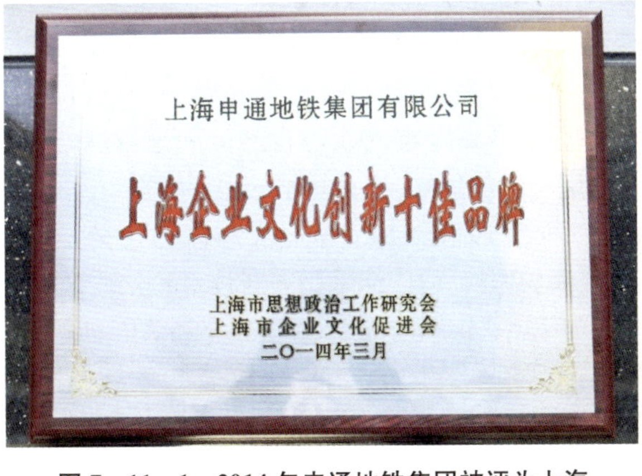

图7-11-1　2014年申通地铁集团被评为上海企业文化创新十佳品牌

图7-11-2　申通地铁集团被全国交通运输行业评为2012年度企业文化建设优秀单位

图 7－11－3　2005 年建于申通地铁集团大院的上海轨道交通建设年轮艺术作品

二、企业愿景

成为具有一流网络综合集成能力的城市轨道交通公益性服务企业。

——一流：国内第一，国际领先。

——网络综合集成能力：建设、运营、投融资、研发、资源开发相互融合，完善相互促进、共同发展的机制，形成申通地铁集团特有的核心能力。

三、核心价值观

社会责任第一、安全质量第一、团队协作第一。

——社会责任第一：始终把社会效益放在首位，确保运营畅通有序、市民出行安全便捷，努力为社会提供最优质的服务；始终坚持以民为本、服务社会的理念，主动发挥地铁文明引领城市文明的先导作用，把地铁建成展示社会先进文化的实践基地；必须高度重视人与自然的和谐发展，注重生态环境保护，为建设资源节约型、环境友好型社会做出不懈努力。

——安全质量第一：按照“管建并举”的指导思想，坚持以管理为重、以安全运营为本，强化安全质量意识，树立脚踏实地、一丝不苟的科学态度，严格规范制度和操作程序，广泛采用高新技术和先进管理手段，努力向社会和公众提供优质的工程和优良的服务，确保运营安全、资金安全、施工安全和队伍安全。

——团队协作第一：大力倡导培育申通地铁集团内部单位之间的团队合作精神，依靠集体的智慧和力量，攻克轨道交通基本网络管理过程中的困难和矛盾；大力倡导培育申通地铁集团和其他行业、周边地区的同创联建精神，恪守诚信，坚持公平、公正、公开，与工作伙伴和协作单位建立良好的合作关系，主动服务，实现互利共赢。

四、企业精神

敬业、奉献，求实、创新。

——敬业：让员工在地铁事业中实现人生价值。

——奉献：使乘客在地铁捷运中感受温馨服务。

——求实：让平安在地铁管理中体现民本理念。

——创新：使地铁在城市发展中永葆生机活力。

五、经营理念

以人为本、精细管理、以诚取信、和谐共赢。

——以人为本：坚持服务至上，乘客为先的理念，从最大可能满足乘客大众的需要出发，从设计建设到运营服务管理，牢固树立以人为本、服务乘客的意识，方便乘客的出行，提高乘客出行的舒适度和满意度；坚持员工是企业主人的理念，员工是企业的第一资源，要畅通管理层与员工沟通的渠道，激发员工的主体意识，点燃员工的工作热情，培育员工对企业的忠诚度，开发员工队伍中的巨大潜能，并将人本观念贯彻到各项具体工作中，渗透到管理、服务的各个环节上。

——精细管理：坚持细节决定胜败的理念，牢固树立精细管理的意识，把握好每个管理环节、控制住每个管理细节，精益求精，追求卓越，大力推行标准化作业法，以严谨的管理作风杜绝各类事故隐患，以精细管理，保障上海轨道交通工程管理、运营管理、资产管理和资金管理的安全高效。通过精细管理，力争服务高质量、管理高水平、工作高效率、队伍高素质。

——以诚取信：确立诚信是企业发展的生命理念，严守诚信，保证在社会公众层面的良好形象，促进企业健康发展，为社会大众提供快速准时的安全运营服务；坚守向社会和公众做出的庄重承诺，每个“地铁人”自觉执行诺言，真诚地对待同事，真诚地对待合作伙伴和服务对象，以真诚态度和行为取得社会各方的信任和支持，把对人民群众的真情融化在建设和运营管理工作的全过程，树立轨道交通行业诚实守信的形象。

——和谐共赢：确立荣辱与共偕同发展的理念，正确处理国家、企业与员工的利益关系，营造企业和谐共赢的环境和氛围，促进企业、员工同步发展；要建立企业与协作单位之间和谐共赢的关系，共同推进上海轨道交通事业的发展；要用和谐共赢的理念处理与社会以及广大人民群众的关系，共同为建设和谐社会和惠及百姓的轨道交通事业做出贡献。

六、行为准则

严字当头、爱岗敬业、忠于职守。

——严字当头：严格履行职责，自觉且出色地做好本职工作，同事间相互信任，相互补台，发生问题勇于承担责任，从自我查找原因，自觉遵守法律法规、公司各项规章制度和职业道德操守。

——爱岗敬业：崇敬热爱自己的工作，以认真负责的态度、孜孜不倦的精神，兢兢业业，勤奋好学，从全身心投入工作的过程中找到快乐，在快乐的工作中实现个人价值与企业进步偕同发展。

——忠于职守：养成职业的责任感和对事业的高度忠诚，自觉遵守职业操守和职业规范，学习并掌握新技术、新工艺，每一项工作不仅做到合格、规范，而且注重细节，追求卓越。

第二节 倡导践行

一、宣传培育

申通地铁集团企业文化落地的途径有：宣传推广、培训以及示范引领等。在宣传推广方面，申通地铁集团高层领导率先垂范、践行引领，将文化传递纳入自身工作目标和计划，在各类培训、会议、活动场合对内对外主动宣讲企业文化。申通地铁集团编制《企业文化手册》并发放给每一位员工，在基层班组张贴企业文化与使命，同时还充分利用公司官网、综合业务协同平台、微博、微信、企业报等传播渠道宣传推广。在培训方面，建立企业文化培训机制，2014年编制并发行《申通地铁集团企业文化》培训教材，企业文化课程做为入职培训的必修课，纳入员工培训体系。在示范引领方面，2010年开设了以基层先进人物为封面人物的《地铁画报》内刊、2012年申通地铁集团编制了《企业文化案例集》，连续十年开展上海地铁"风采人物"评选，摄制了70余集"小人物、真故事"系列微视频，通过选树先进典型，培育服务明星，注重示范引领，推动企业文化推广。

同时，重视建立激励机制，将企业文化彻底融入至企业发展战略、行动计划、人才招聘、员工绩效考核、干部选拔使用、各类先进评选中。通过员工座谈、企业文化培训考核、各项管理制度执行情况检查、绩效指标完成情况考核和员工维度的企业文化认可度调查等来检验员工对企业文化的理解、认同和执行，评估贯彻落地的效果。

二、文化践行

企业文化践行主要有十个重要方向：一是坚持核心价值导向，建设责任文化；二是坚持安全为本，

图7-11-4 2009年5月27日集团领导等观看申通地铁集团成立五周年图片展

建设安全文化；三是坚持卓越管理，建设管理（质量）文化；四是坚持以客为先，建设服务文化；五是坚持“品质地铁”，建设品牌文化；六是坚持倡廉思廉，建设廉洁文化；七是坚持以德为先，建设尚德文化；八是坚持社会共治，建设联建文化；九是坚持科技创新，建设创新文化；十是坚持低碳环保，建设“绿色”文化。

开展创建“安全生产月”“三个注重”“传承地铁历史、携手共创未来”等主题活动，发挥城市“第二空间”优势，以城市建设、公共安全、精神文明、艺术瑰宝、廉洁文化、爱心慈善等为主题，以建筑装饰、电子屏、灯箱、长廊、磁卡、列车、音乐角、公益活动为载体，推进公共文化建设，拓展企业文化建设影响力。

图 7-11-5　2008 年 6 月 27 日上海地铁杯大学生公益广告创意设计大赛获奖作品展览开幕

第三节　文 明 创 建

一、文明行业创建

上海轨道交通行业自获得 2005—2006 年第四届上海市文明行业至 2015 年底，共连续获得 10 年度五届次上海市文明行业荣誉称号。上海市轨道交通文明行业的考评，主要包含上海市内地铁、轻轨、磁浮相关领域的运营服务管理。由于轨道交通行业管理体制的原因，第四届前上海文明行业的评审（包括第四届）上海轨道交通文明行业的创建、申报、组织推进等由上海市交通局相关业务主管处室牵头实施，自第五届文明行业创建工作起，由上海申通地铁集团文明办负责牵头组织申报、推进、迎检等相关工作。

2004 年前，地铁建设、运营、投资管理各单位分别结合工作实际，开展了形式多样的文明创建工作，为行业文明创建奠定了一定的基础。申通地铁集团重组后，紧紧围绕党中央提出的大力开展社会主义精神文明建设的指示精神，坚持以地铁文明引领城市文明为导向，以践行社会责任为己任，以窗口服务管理为平台，狠抓服务质量，提升工作效能，形成了创建文明行业的良好氛围，为上海城市文明建设和轨道交通的迅猛发展打下坚实基础。

表 7-11-1　2007—2015 年获上海市轨道交通文明行业情况表

获奖年份	荣誉名称	授奖机关
2007—2008 年	第五届市文明行业	上海市人民政府
2009—2010 年	第六届市文明行业	上海市人民政府
2011—2012 年	第七届市文明行业	上海市人民政府
2013—2014 年	第八届市文明行业	上海市人民政府
2015—2016 年	第九届市文明行业	上海市人民政府

二、文明单位创建

1992 年，自上海地铁总公司成立起，创建文明单位活动就开始起步，成立申通地铁集团后，文明委把创建文明单位作为提升企业管理水平和企业形象的一个重要抓手，发挥好“党委统一领导、党政群齐抓共管、文明办组织协调、各有关部门各负其责”机制作用，每年组织好文明创建各项工作的推进落实，精心策划各级文明创建的主题活动。开展文明创建工作，每年以问题为导向，制定新的创建规划，拟定创建措施，严格创建标准，创新工作机制，做好文明创建评比的各项推进工作，开展自查和互查，创建水平逐年得到提高，年度获奖的创建单位逐年有所增加。

主要举措有：加持弘扬社会主义核心价值观传播践行；坚持把“地铁文明引领城市文明”的思想理念，坚持开展“一信四德”员工思想道德教育；坚持先进典型的大力培育和精神引领；坚持文明共建、责任共担。

在创建文明单位活动中，把创文明行业、文明车站、文明商铺结合起来，做到相互促进、互相补台。每年都开展“十佳好事”评选，“风采人物”评选，注重先进事迹的挖掘，注重典型人物的示范引领。积极开展服务品牌创新，推进服务标准体系建设。营造争当先进的环境，充分发挥先进典型的引领示范作用，以先进典型、优秀事迹影响人、鼓舞人、激励人。申通地铁集团创建文明单位的考评内容为，创建市级文明单位的按照市文明办制定的文明单位标准进行考核，创建申通地铁集团文明单位的，按照集团拟定的六大类基本指标和四项特色指标进行考核。六大类基础指标：一是加强思想道德建设，员工素质文明；二是积极参与社会公益活动；三是管理规范科学民主，人际关系和谐；四是开展企业文化建设，学习风气浓厚；五是优化整洁，内外环境卫生环保达标；六是提高经营业务水平，经营绩效领先。四项特色指标：1. 有市级以上影响的好人好事；2. 为社会公益事业做出突出贡献；3. 获国家级或市级科技成果奖；4. 积极参与城市公共管理，贡献突出。

表 7-11-2　2005—2015 年获得全国、上海市文明单位荣誉情况表

荣誉名称	年份	获奖单位	授奖机关
全国文明单位	2005 年(首批)	上海地铁运营有限公司	中央文明办
	2006—2008 年度	上海地铁运营有限公司	
	2009—2011 年度	上海轨道交通运营管理中心	
	2012—2014 年度	上海轨道交通运营管理中心	

（续表）

荣誉名称	年份	获奖单位	授奖机关
全国交通运输行业文明单位	2010—2011 年度	上海地铁第二运营有限公司	全国交通运输行业
全国建设系统文明单位	2001 年	上海地铁运营有限公司	全国建设系统
	2007—2008 年度	上海市隧道工程轨道交通设计研究院	
上海市文明单位	1997—1998 年度	上海市地铁运营公司	上海市人民政府
	1999—2000 年度	上海市地铁运营公司	
		上海市隧道工程轨道交通设计研究院	
	2001—2002 年度	上海地铁运营有限公司 上海磁悬浮交通发展有限公司	
	2003—2004 年度	上海市隧道工程轨道交通设计研究院	
		上海磁悬浮交通发展有限公司	
		上海市隧道工程轨道交通设计研究院	
	2005—2006 年度、	上海地铁运营有限公司	
		上海市隧道工程轨道交通设计研究院	
		上海磁悬浮交通发展有限公司	
	2007—2008 年度	上海地铁运营有限公司	
		上海现代轨道交通有限公司	
		上海磁浮交通发展有限公司	
		上海市隧道工程轨道交通设计研究院	
	2009—2010 年度	上海轨道交通运营管理中心	
		上海地铁第一运营有限公司	
		上海地铁第四运营有限公司	
		上海隧道工程轨道交通设计研究院	
		上海轨道交通维护保障中心	
		上海磁浮交通发展有限公司	
	2011—2012 年度	上海地铁第一运营有限公司	
		上海轨道交通运营管理中心	
		上海市隧道工程轨道交通设计研究院	
		上海地铁第四运营有限公司	
		上海轨道交通维护保障中心	
		上海磁浮交通发展有限公司	
		上海申通地铁资产经营管理有限公司	
		上海地铁第二运营有限公司	
		上海地铁第三运营有限公司	

（续表）

荣誉名称	年份	获奖单位	授奖机关
上海市文明单位	2013—2014 年度	上海市隧道工程轨道交通设计研究院	上海市人民政府
		上海轨道交通运营管理中心	
		上海地铁第一运营有限公司	
		上海地铁第四运营有限公司	
		上海轨道交通维护保障公司	
		上海磁浮交通发展有限公司	
		上海地铁第二运营有限公司	
		上海申通地铁资产经营管理有限公司	
		上海地铁第三运营有限公司	
		上海轨道交通培训中心	
		上海地铁维护保障公司通号分公司	
	2015—2016 年度	上海地铁第一运营有限公司	
		上海轨道交通运营管理中心	
		上海市隧道工程轨道交通设计研究院	
		上海地铁第四运营有限公司	
		上海轨道交通维护保障中心	
		上海磁浮交通发展有限公司	
		上海申通地铁资产经营管理有限公司	
		上海地铁第二运营有限公司	
		上海地铁第三运营有限公司	
		上海地铁维护保障有限公司通号分公司	
		上海轨道交通培训中心	
		上海地铁维护保障有限公司供电分公司	

三、文明车站创建

2012 年上海地铁深入推进"地铁文明引领城市文明"的行动，全面开展了上海轨道交通文明车站的创建活动。以车站文明的创建，促进上海轨道交通窗口服务质量，推进轨道交通行业文明的创建，为市民乘客提供安全舒适、快捷有序、文明温馨的轨道交通服务环境。申通地铁集团把文明车站的创建活动与上海轨道交通建设立功竞赛活动有机地结合起来，作为一项专项竞赛，纳入整个行业的立功竞赛活动范畴。车站文明创建活动，其范围覆盖上海轨道交通各运营单位所辖车站（包括磁浮）。参赛活动对象，为车站内区域内所有运营服务、经营服务、管理执法等相关工作人员。文明车站创建竞赛方式和目标是：以"抓基础、促管理、保安全"为重点，扎实推进上海轨道交通

“人性化服务、精细化管理、标准化建设”，夯实上海轨道交通网络化运营基础管理，实现提升网络运营安全水平和网络服务管理效能，提升上海轨道交通文明环境能级，提升文明测评市民满意度指数，实现上海轨道交通文明创建目标。创建和评选的标准为：队伍建设好；运营服务好；科学管理好；安全运行好；文化环境好；社会责任好。竞赛中，各车站运用竞赛杠杆机制，补短板、促服务，比推力、比措施、比实效，结合各自实际，精心设计“自选动作”，拓宽活动思路，丰富活动内容，创新活动形式和载体，使轨道交通文明车站创建活动成为上海地铁精神文明建设的一个重要载体。

四、文明共建创建

2012 年起在上海轨道交通沿线车站，开展地铁、社区同创共建文明站点活动。其宗旨是以践行社会主义核心价值体系为根本，按照“创新驱动，转型发展”要求，进一步加强社会创新管理，创建整洁有序的城市环境，提升城市文明程度，通过地铁、社区“同创共建”活动，倡导和建设上海地铁车站出入口的“优美环境、优良秩序、优雅行为”，营造城市文明环境。

通过地铁与街镇社区的签约结对，“条块结合、同创共建”，形成长效互动管理机制，形成地铁车站出入口地区精神文明建设的“三共”“三通”即：责任共担、资源共享、文明共创；联系畅通、信息畅通、站口畅通。实现地铁出入口区域的“四无”即：无脏乱、无设摊、无乱停车、无乱张贴，达到地铁车站出入口周边的环境整洁、通道通畅、秩序有序、氛围文明。

截至 2015 年底，上海地铁已完成全网络所有站点与周边社区的同创共建工作，结对双方充分运用地区的组织资源、人力资源、设施资源，维护地铁车站出入口的环境秩序，开展日常监管检查和巡视，建立长效工作机制，固化好地铁车站出入口地区的文明环境。同时，地铁车站和周边街镇也抓住此次良机，主动出击，积极沟通，相互配合、主动作为、常抓不懈，有效改善地铁车站出入口外的环境、秩序形象。

五、精神文明十佳好事评选

2012—2015 年间，为进一步推进行业从业人员思想道德建设，提升行业精神文明建设水平，大力弘扬社会主义荣辱观，激发广大干部职工立足岗位、爱岗敬业、勤奋工作，形成学先进、赶先进、争先进的良好氛围，申通地铁集团精神文明建设委员会于每年年底定期开展年度社会主义精神文明好人好事评选工作，4 年间共有近 200 项好人好事参加评比，共评选出 40 项精神文明好人好事，其中 30 个人及 10 个集体获得了此项殊荣。

六、服务品牌创建

【蔡永恺——指路问不倒】

蔡永恺，男，1956 年 3 月出生。中共党员。曾任上海地铁第一运营有限公司 1 号线人民广场站站务员。荣获 1998—2000 年度上海市劳动模范。

在上海地铁人民广场站有一块“亮招牌”，那就是他所创立的“指路问不倒”服务品牌。无论乘客想去上海的哪里，他都能第一时间告诉乘客如何乘坐地铁或公交到达目的地。随着日益激增的客流及问询量，他深知自己一个人的力量显然是不够的。作为一名上海市劳模，他充分发挥劳模带领作用，组织车站员工利用业余时间，在车站周边实地探访，去熟悉广场周边的信息，发扬和延伸服务精神，带动人民广场站全体员工，做到方圆一公里“指路问不倒”，大大方便广大市民的出行。

站务员作为一线服务窗口岗位的排头兵，蔡永恺走在了服务的前端，提升了服务的品质，为上海地铁做出了他独有的贡献。

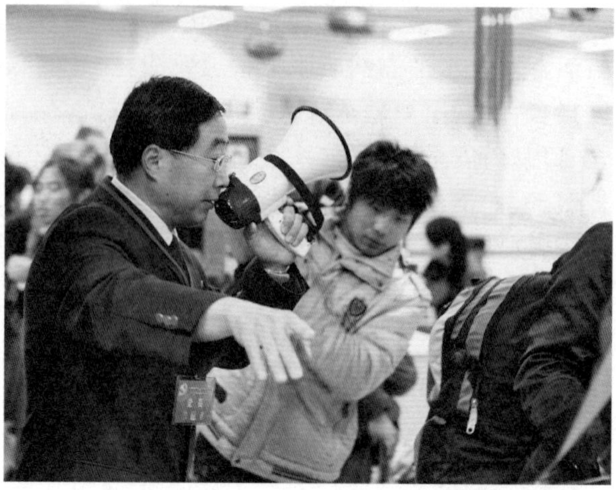

图 7-11-6　2011 年 2 月 10 日劳模蔡永恺在地铁人民广场站热情服务

【马珏“六勤”工作法】

马珏根据乘客和员工的特点，坚持温馨关爱乘客、热情关心员工的理念，耐心细致地做好群众工作。她善于寻求化解服务矛盾的切入口，采取各种人性化服务举措，用温馨真诚的关爱赢得职工和乘客的信任。她总结“六勤”工作法，即勤走、勤看、勤听、勤学、勤思、勤访，凝聚、引领党员和员工们在平凡的服务窗口岗位，取得了不平凡的业绩。

主要做法及成效：

勤走：走到队伍最前线，把乘客安全放在首位。

勤看：看服务“天气预报”，精益求精树品牌。

勤听：听职工们的心声，传递企业关爱。

勤学：学贵在博采众长，不断改进服务方法。

勤思：思考创新模式，科学管理破瓶颈。

勤访：访问深入一线基层，营造和谐促共建。

【熊熊 3D 服务创新工作室】

80 后女孩熊熊，2009 年荣获上海市新长征突击手称号，2010 年被评为上海市劳动模范，2011 年被授予全国五一劳动奖章荣誉，2015 年被评为全国岗位学雷锋标兵，2015 年被评为全国劳动模范。她坚持快乐、执着、关爱、创新的工作理念，从细节上做好服务工作，“thanks”工作法、“小熊为您”服务台、“花木兰团队”这些服务特色、服务品牌，不仅是鲜明的符号，精心的设计，更是与乘客间心与心的交融，一种快乐服务的深切表达。公司“明日之星”评选活动的舞台更是为熊熊提供了不断拓展和完善的空间，熊熊“3D 服务(坚持全心全意为乘客服务，竭力为乘客提供愉悦的地铁旅程，大力建设充满活力的员工队伍)”创新工作室正式创立，也标志着以熊熊为领军的优秀服务员培养基地的形成，公司乃至行业的服务培训和人才培养工作将迈向新的起点。

【春霞日记】

孙春霞在 2006 年 4 月进入上海地铁，在地铁世纪大道站从事客运服务工作。她在地铁窗口服务岗位上，以“想乘客所想，急乘客所急，帮乘客所需”为服务宗旨，善于探索、善于总结，在平凡的服务岗位上创建一套独特的服务方式——“六心服务法”。即：细“心”观察、热“心”帮助、耐“心”解释，虚“心”学习，诚“心”服务，真“心”迎接。孙春霞的特色服务，给广大乘客提供了温馨、和谐和挚爱，为地铁窗口形象赢得了口碑和赞誉。她先后获得全国“服务世博、奉献世博”先进个人、全国“三八”红旗手、“上海市用户满意服务明星”、全国城市轨道“奥运服务之星”等殊荣。

多年来，孙春霞坚持以服务日记的形式，记载着服务中所见所闻、所感所悟。其通过真情实感的述录，诠释平凡之中的崇高，激励自我不断的追求，再现一位新上海人为社会努力贡献的拳拳之心。孙春霞用微博的形式记录下了她个人对地铁服务工作点点滴滴的感受和体会，也记录下了她与市民乘客真诚互动、交流的方方面面。

【陈昱——导医特式服务】

陈昱是上海地铁第三运营有限公司服务明星，地铁4、7号线东安路站站务员。在她的牵头下，东安路站内开辟了“天使心语服务台”。依靠服务台，陈昱推出了一系列便民措施：爱心小推车、爱心茶水，为乘客免费量血压，免费发放周边医院地形图、门诊时间……“天使心语服务台”的设立是“希望东安路的服务能像医院里的白衣天使一样，给乘客多一点帮助”。

东安路站周边设有多家医院，每天进出的乘客多为前去看病的中老年人。为了便于导乘、导医，陈昱利用休息时间在东安路站附近实地考察各个医院的地形，搜集专家门诊时间表。同时，她开始自己学习制图软件的使用方法，制作出了一张肿瘤医院各个病区的地形图，另外还把9条地铁线路周边的医院都整理出来，还自费把专家门诊表复印了好几百份。

服务台除了问询引路，陈昱还不断扩充其服务外延。在服务台的旁边有一个小玻璃柜，里面有急救包、纱布、酒精棉花球、胶水、打包绳、鞋油、暖宝宝、万能充电器、袋装决明子、爱心接力车。

平时工作时，陈昱发现一些年纪大的病人乘客手上总会拿着几大袋的中药。她总会情不自禁地上前扶一扶，帮一帮。后来，陈昱就想到如果能在便民服务台里面准备几辆爱心小推车，在乘客需要时能借给他们，这样他们就不会因为手上沉重的物品而伤到自己。为了让看病的小朋友破涕为笑，陈昱还在服务台里放了许多棒棒糖和小玩偶。最值得一提的还是陈昱免费为乘客量血压。她发现有很多乘客都患有高血压，所以就想到了在服务台里放一台血压计免费为乘客测量血压，如果有乘客量出来血压高了，陈昱会给他们泡上一杯决明子茶，帮助他们减减压。另外，每个星期在服务台边上，都会开辟出一个健康文化区讲座，邀请周边医院的医生免费为路过的乘客讲解健康知识。

从东踱到西，再从西踱到东，百十米长的站台就是陈昱的战场，她要做的就是保持微笑，并主动帮助乘客，甚至要面对乘客的刁难。每天的工作，除了单调，还是单调，但陈昱却用优质服务为乘客带去便利。

第四节 先 进 员 工

一、年度风采人物

上海地铁年度风采人物评选表彰活动从2005年开始，截至2015年底，已连续举办11届，成为上海地铁规格最高、参众面最广、影响力最大的年度盛事，也成为企业文化建设标志性的品牌项目，曾获上海市“五一文化奖”，被誉为上海地铁职工的“奥斯卡”，深受广大地铁职工的欢迎。

11年中，共评选出风采人物108名(含风采人物特别奖)。有无私奉献、日夜奋战在工程建设一线的项目建设者，有爱岗敬业、长年默默穿行在地层深处的列车司机，有全心投入、热情为乘客服务的客服人员，有精益求精、科技创新的维护保障职工，有运筹帷幄、真抓实干的管理人员，有精雕细刻、匠心独运的设计师，有立足上海、走向全国的驻外咨询团队，更有向社会献出一片爱心的普通员工。在他们身上，无一不体现着当今社会所弘扬的时代精神。本着“开门办地铁”的原则，从2011年开始，上海地铁年度风采人物的评选除了将风采人物的产生过程由企业延展到社会，还将一直支持地铁事业的社会人士纳入评选范围。

上海地铁年度风采人物评选活动，采用专家评审与群众评选相结合的方式，充分体现广泛的群众性。在邀请相关业务部门专家对风采人物候选人进行初选的基础上，通过《上海地铁》报特刊等形式，刊登候选人事迹和选票，组织广大干部职工进行投票评选。并通过《劳动报》、微信、App、协同平台同步宣传等形式，让风采人物的先进事迹得到更广泛的传播。上海地铁年度风采人物表彰活动，采用颁奖表彰与文艺演出相结合，增强宣传的感染性。突出风采人物荣誉的庄重和崇高。

上海地铁年度风采人物评选表彰活动，对推动企业文化和精神文明建设产生了巨大影响。对内，先后发现、挖掘和培养了一大批先进典型，在申通地铁集团内逐步形成学习先进、争当先进的良好氛围，并进一步增强了企业的凝聚力、向心力和号召力。对外，为打响上海地铁品牌，树立企业形象，弘扬“社会责任第一、团结协作第一、安全质量第一”的企业核心价值观，发挥了积极的作用。

图7-11-7 2015年2月9日申通地铁集团第十次年度风采人物颁奖大会场景

表7-11-3 2005—2015年申通地铁集团风采人物情况表

年　度	风采人物(单位、部门)
2005年度	上海地铁运营客运三分公司运转部试车组团小组“夜猫小组”
	上海申通地铁资产经营管理有限公司商贸公司“学徐虎”服务队

（续表）

年　度	风采人物（单位、部门）
2005 年度	上海磁浮交通发展有限公司“运行部”
	上海地铁运营客运三分公司上海火车站站站务员刘连锁
	上海地铁盾构设备工程有限公司（被聘为 M8 线技术顾问）卢尔功
	上海申通地铁集团有限公司机电事业部陈宗山
	上海地铁运营客运二分公司 2 号线张江高科站值班站长陈俊
2006 年度	上海申通地铁集团有限公司 7 号线项目公司副总经理贺建良
	上海地铁运营客运二分公司车辆运转部乘务组长（现运四公司）吕炜
	上海地铁运营客运一分公司人民广场责任区域站长马珏
	上海申通轨道交通研究咨询有限公司《上海城市轨道交通网络综合系统研究》课题组
	上海申通地铁集团有限公司 10 号线项目公司前期部应伯宣
	上海轨道交通维护保障中心工务分公司高翔
	上海轨道交通维护保障中心清洁分公司经理伏胜民
	上海申通地铁集团有限公司团委“造血干细胞捐献群体”
2007 年度	上海地铁第二运营有限公司王征
	上海申通地铁集团有限公司申松线项目公司唐史峰
	上海地铁第一运营有限公司王静
	上海地铁第一运营有限公司张正义
	上海申通地铁集团有限公司合约部成杏英
	上海申通地铁资产经营管理有限公司肖毅萍
	上海地铁第四运营有限公司李宏宇
	上海地铁第二运营有限公司李昌申
	上海轨道交通维护保障中心车辆分公司“女职工周末学校”
2008 年度	上海地铁第四运营有限公司 5 号线站务员程晓
	上海申通地铁集团有限公司 12 号线项目公司总经理黄海滨
	上海地铁第一运营有限公司“漕宝路客运三班”
	上海地铁盾构设备工程有限公司总经理何自强
	上海申通地铁集团有限公司机电事业部业务主管刘万兰
	上海轨道交通维护保障中心通号分公司经理助理张郁
	上海轨道交通维护保障中心清洁分公司保洁员高为珍
	上海地铁第三运营有限公司上海火车站站站务员刘连锁
	上海申通地铁集团有限公司办公室阮瑶

（续表）

年　度	风采人物(单位、部门)
2009年度	上海申通地铁集团有限公司7号线项目公司质安部经理徐瑾
	上海地铁第一运营有限公司设施部主管工程师夏伟俭
	上海地铁第二运营有限公司世博线“世博村的站长们”
	上海地铁第三运营有限公司上海火车站站务员田荣
	上海地铁运营管理中心票务管理部徐斐
	上海轨道交通维护保障中心工务公司监护分公司副经理周亮
	上海申通轨道交通研究咨询有限公司刘加华
	上海申通地铁集团有限公司机电事业部工程师陈宗山
	上海地铁第一运营有限公司吴玲、戴蔚夫妇
	上海地铁运营管理中心运营管理部吴强
2010年度	上海地铁第一运营有限公司车队长杨超
	上海轨道交通维护保障中心地铁车辆检修工杨黎萌
	上海地铁第四运营有限公司“6号线五莲区域员工”
	上海地铁第二运营有限公司世博专线站务员范晶瑾、范晶莹
	上海地铁第三运营有限公司4号线浦电路站站务员徐辰珏
	上海轨道交通维护保障中心清洁分公司保洁员高为珍
	上海轨道交通技术研究中心机电研究部副主任、高级工程师洪翔
	上海地铁运营管理中心“电视编播组”
	上海申通地铁资产经营管理有限公司“支援运营服务团”
	上海申通地铁集团有限公司12号线项目公司副总经理陆晨
	原上海轨道交通维护保障中心工务分公司结构二车间三工区工长张峰
2011年度	上海地铁第一运营有限公司电动列车驾驶员赵靓
	上海轨道交通维护保障中心车辆分公司大修厂制动班班长李鹏伟
	上海地铁第四运营有限公司耀华路站服务员臧圣洁
	上海申通地铁资产经营管理有限公司前期开发部经理钱晓佳
	上海申通地铁集团有限公司11号线项目公司总工程师马建民
	上海轨道交通维护保障中心通号分公司维护一部员工马献忠
	上海地铁第三运营有限公司东安路站站务员陈昱
	上海地铁第二运营有限公司“捷杰”组合(9年驾龄的列车司机沈捷和90后站务员夏俊杰)
	上海地铁运营管理中心“上海地铁微博群”
	上海市公安局城市轨道和公交总队人民广场站民警张跃成
	上海广播电视台播音员金蕾

（续表）

年　度	风采人物（单位、部门）
2012 年度	上海地铁第一运营有限公司设施部 1 号线检修车间技术员刘志君
	上海地铁第二运营有限公司 2 号线上海科技馆站站务员杨美萍
	上海地铁第三运营有限公司 7#线乘务三组组长金骏
	上海地铁第四运营有限公司儿童医学中心站站务员徐紫茜
	上海轨道交通运营管理中心 COCC 调度长李颖峰
	上海地铁维护保障有限公司车辆公司维修五部经理杨迪
	上海地铁维护保障有限公司“4 号线海伦路引导段大修整改工程维保中心作业团队”
	上海申通地铁集团有限公司 9 号线项目公司副总经理王庆国
	申通驻昆明项目工作组
	上海市公安轨交总队徐家汇站派出所所长王伟华
	东方网浦东家庭博客沙龙志愿服务队
2013 年度	上海地铁第一运营有限公司“铁三角”服务联盟
	上海地铁第二运营有限公司 11 号线乘务二组乘务班长陆伟
	上海地铁第三运营有限公司“夜猫”试车组
	上海地铁第四运营有限公司设施部 AFC 主管吴明欣
	上海轨道交通运营管理中心综合办公室信访主管胡靖春
	上海地铁维护保障有限公司通号分公司“和信号赛跑”的项目管理部
	上海申通地铁资产经营管理有限公司物业开发事业部“点石成金”前期开发部
	上海轨道交通申嘉线发展有限公司项目主管任力青
	上海市公安局城市轨道和公交总队徐家汇派出所民警朱义强
	上海广播电视台文艺人文频道栏目导演张瑞东
2014 年度	上海地铁第一运营有限公司张啸虎
	上海地铁第二运营有限公司李腾君
	上海地铁第三运营有限公司蒋琰
	上海地铁第四运营有限公司陈立康
	上海地铁维护保障有限公司徐晖
	上海市隧道工程轨道交通设计研究院吴建寅
	上海黄浦江大桥建设有限公司史正洪
	上海轨道交通 13 号线发展有限公司第一现场项目经理部团队
	上海轨道交通 12 号线发展有限公司于宁
	上海市公安局城市轨道和公交总队肖红啸
2015 年度	上海轨道交通运营管理中心薛培倩
	上海地铁第一运营有限公司马伟杰
	上海地铁第二运营有限公司史颖

（续表）

年　度	风采人物（单位、部门）
2015年度	上海地铁第三运营有限公司周聪
	上海地铁第四运营有限公司“思翔”职工舞蹈队
	上海地铁维护保障有限公司供电分公司“铁军”QC团队
	上海地铁维护保障有限公司通号分公司陆鑫源
	上海轨道交通13号线发展有限公司第二现场项目经理部
	上海市隧道工程轨道交通设计研究院鲍艳玲
	上海轨道交通培训中心技能培训项目小组特别奖
	上海市公安局城市轨道和公交总队殷建军
	东方卫视中心志愿主持团队

二、优秀员工

自2006年度起开展上海申通地铁集团有限公司优秀员工表彰工作。截至2015年12月，累计420位同志获得申通地铁集团优秀员工。

表7-11-4　2006—2015年申通地铁集团优秀员工情况表

2006年度申通地铁集团优秀员工											
严明勇	顾 菁	朱 英	王益群	马 燕	刘加华	王秀志	孙克晴	张少华	司马超	梁守毅	刘连锁
唐文杰	周建方	胡延兆	宋 建	乔 亮	庄毅华	高 琮	陈光华	周 刚	伏胜民	朱于山	张 淏
蔡燕萍											
2007年度集团公司优秀员工											
叶 彤	王幸平	朱小娟	严婵琳	刘连锁	柏 华	马 珏	崔 勇	杨 迪	马伟杰	孟 敏	朱 妍
瞿 斌	沈国伟	郑玲玲	祁 勇	汤 军	肖 洁	肖毅萍	徐忠延	钱晓佳	温 泉	刘朝明	孟 伟
杨 军	朱效洁	鲁军联	孟凡光	徐 瑾							
2008年度集团公司优秀员工											
林 霄	戴 祺	余世昌	马 珏	孙春霞	方继红	海 洋	倪忠泉	王 瑾	陈立康	梁中东	袁水聪
周建英	郑鸿年	马伟杰	马光华	达世鹏	沈征宇	周震义	庄 巍	温 泉	张琼燕	奚 巍	张荣昌
黄海滨	曾 华	平 轶	方东阳								
2009年度集团公司优秀员工											
朱晔炜	吴 强	詹尉昌	郭 志	赵旻杰	周 亮	邓霄云	周 乐	周祖芳	任毅斌	高 飞	陈颖佳
孙春霞	唐 则	沈世昉	徐辰珏	顾 兴	蒋芳燕	万 霄	朱汶艳	李成新	叶旭峰	孟 伟	王秀志
吉光颖	吴玲英	张 川	李继栋	刘天亮	刘纯洁						
2010年度集团公司优秀员工											
崔 勇	王子强	方继红	李 仑	严 俊	高威军	陆鑫源	高列良	翁伟群	周 欣	王 彧	杨 超
岳飞云	杨逸婷	徐彧寒	还连双	裘玉萍	余 奋	管国良	范洪昌	董 文	卓 瑶	张瑞阳	史晓勋
王 瑾	金卫忠	汤海敏	张一松	张知青	张 鸣	阎正才	汤春娇	叶明中	潘永林	曾 华	金嘉模
沈彩蓉											

（续表）

2011 年度集团公司优秀员工											
王子强	吴 强	李颖峰	蒋燕军	马 文	高威军	蒋义华	王历琐	张志倜	林 巍	鹿俊强	方继红
董 辉	施伟峰	王 军	蔡洪宇	朱 尧	高 煜	赵 鑫	陈 涛	杨健超	严如珏	王 青	陈秋旭
李腾君	王毅俊	任 敏	俞璀栋	顾 兴	郑振华	董 雯	朱振华	朱 健	陈 立	康殷峻	何一飞
乐 敏	龚 伟	奚 巍	陈生国	杨 雷	杜晓红	邹 松	冯 昊	张 川	郑滋慰	平 轶	
2012 年度集团公司优秀员工											
李颖峰	徐高峻	郭子欢	周俊龙	王 伟	许学平	周 欣	曹 莉	甘侠峰	张 捷	张志倜	胡晓旻
张宝广	范北辰	盛建花	陶毅骏	沈伟俊	朱效洁	陈国堂	陈志骏	胡秉政	林程敏	马乔琪	茅宏平
戚端骏	陈 华	张 石	陈 俊	成 晨	马思南	张永红	莫 华	牛晓辉	徐辰珏	郭韵劼	杨 华
龚晓静	刘晓东	吕 玮	吴思亮	邬林生	倪旭东	王 超	倪拥军	翟 鸣	周巧莲	姚 军	陈正杰
陈 勇	蔡 蔚	高旭卿	姜 雪	瞿展瑜	刘天亮						
2013 年度集团公司优秀员工											
巨 轮	曾骁晹	孙克晴	田益锋	陈 梁	陆丽萍	胡建民	沈 雪	谢学敏	严益均	莫 华	朱敏德
杨林丽	牛晓辉	吕晓荣	陆骅俊	吕 骏	施岩峰	吴克琦	赵丽敏	沙玉五	陶文彬	钱 进	薛培倩
陈鞍龙	葛丹旭	沈 豪	陈 亮	王国斌	马 暐	施 聪	邵 华	盛建花	任国平	陈丰宇	王 军
庄 巍	李 海	赵 强	丁寿麟	王晓保	李 缨	居 伟	张 鸣	马建民	黄海滨	马 燕	鲁 超
徐 放											
2014 年度集团公司优秀员工											
邬春益	汪文毅	王 运	张瑞昌	王晓倩	张卓维	陆鸣健	陈峥嵘	刘伟璋	陆 伟	史 颖	吴一鸣
管国良	白 鑫	杨 军	徐辰珏	徐文翔	钱栋麟	陈喆君	张 欢	李德旻	沈 亮	俞林舟	盛雄伟
李 娜	方佳玮	伍 敏	屠慧雯	周磊姿	浦雯强	陆 彬	马伟杰	衷兆程	王生华	徐 渊	王连高
郭璟炜	樊 盈	陆鑫源	左 杰	卜 毅	金南艳	任国平	王 云	张 平	龚 伟	申伟强	刘 俐
管攀峰	贺春宁	薛素华	史正洪	朱建强	王志海	杨 雁	于 宁				
2015 年度集团公司优秀员工											
陈文毅	高国荣	沈紫馨	宋萍萍	陈 翀	金圣彰	沈 迪	宋仕寅	蔡 峰	葛海霖	施 瑾	孙 泓
翁剑雄	姚雪丽	陈晓艳	成丽萍	金 骏	沈世昉	邬虎荣	杨 华	韦成燕	施 冰	王逸勇	沈伟忠
侯叶红	王陆霁	任 军	沈 丽	袁俊康	高峰美	李颖峰	田卫华	浦汉亮	刘金叶	潘睿文	沈 涛
周 欣	郭德龙	郁震海	袁志骞	张 凯	王子杰	张 辉	周 乐	顾 青	刘耀民	唐韵晖	陆 静
陆 鹏	张 苹	付 鹏	沈哲强	胡云峰	林 宏	徐永光	徐卫平	仇兆明	徐 瑾	李妩一	严华明
陈 烨											

第五节　形象塑造

一、上海地铁标识

1990 年 2 月 13 日，上海市地铁工程建设指挥部、上海市地铁公司委托上海建科委组织征集上海市地铁标志，近百家单位参加，共征集到 160 幅作品。经筛选和评审，将 SM 定为上海市地铁标志，其中外圈圆形状为“上海”英文字 SHANGHAI 第一个字母“S”，在“S”中间是一个“M”，它是国际上地铁专用英文字“METRO”的第一个字母，这两个字母组合连接在一起为“上海地铁”缩写，也标识地铁环城行驶，四通八达之意。

图 7-11-8　地铁标志

图 7-11-9　地铁标志 2

图 7-11-10　标志标识

二、CIS 形象识别标识

申通地铁集团统一建立了 CIS 视觉形象标准，企业标识系统由标志、标准字、标准色三要素组成。其中，标志是由“上海地铁”英文 SHANGHAI METRO 的第一个字母“S”“M”组成的圆形图案（该标志经社会征集确定），表示地铁环城行驶，四通八达之意；标准字“上海地铁”采用综艺略加变形修饰字样，体现地铁交通快速、便捷和地铁事业发展的速度感；标准色由红、黑、白 3 种颜色组成，标志为红色、字体为黑色、底色为白色。红色象征上海地铁事业年轻有为，朝气蓬勃，蒸蒸日上；黑色象征地铁企业肩负历史重任、锲而不舍的坚定信念和追求；白色象征地铁员工以智慧、才华和拼搏精神将描绘出辉煌灿烂的宏图。

名称表述：全称为“上海申通地铁集团有限公司”综艺变体黑色字；简称为“上海地铁”综艺变体黑色字。

三、司旗、司歌

司旗：为白底深灰“上海申通地铁集团有限公司”综艺变体字，红色企业标识。

司歌：地铁之歌

作词：薛锡祥　作曲：左翼建

穿越时空的长廊，我在追逐美丽的梦想。

踏着都市的节奏，我在感受便捷的流畅。

是谁创造了奇迹，是谁创造了奇迹，让我飞驰在彩虹的桥梁。

穿越不夜的长廊，我在收获多彩的希望。
触摸网络的情怀，我在伸展轻轻的翅膀。
是谁创造了神话，是谁创造了神话，让我体验着心灵的翱翔。
啊，地铁地铁，我奉献的乐章，弹奏我的追求，我的理想；
啊，地铁地铁我心弦的激昂，是我生命的旋律飞扬。

四、吉祥物

为进一步展现上海城市形象、提升上海地铁功能，践行“申城地铁，通向都市新生活”主旨，上海地铁开展了地铁吉祥物设计方案公开征集活动。通过征集和专家评审，富有创意、动感和视觉美感的吉祥物“畅畅”作为上海地铁的对外形象代言人，在企业文化建设和对外形象的宣传活动中发挥了不可替代的作用。上海地铁吉祥物“畅畅”，成为上海地铁文化的象征，被广大市民所熟知。

畅畅一个来自未来的小机器人，圆润的流线型动感十足，微笑的眼睛透露亲切，现代化的装备科技十足，体内蕴含着热情与力量。畅畅的设计，演绎出上海地铁与都市的密切关系，现代、动感、时尚。畅畅是上海地铁人的形象化身，微笑自信的表情诠释出上海地铁积极进取，无限开拓的品牌形象。

畅畅的名字包含了三种寓意：

欢畅：寓意着上海地铁给城市和生活带来的欢乐；

畅通：体现出地铁遍布城市的密集网络和畅通无阻的发展态势；

畅想：以无限的可能迎接多元化的未来，描绘出上海地铁美好的发展远景。

图 7－11－11　2010 年 2 月 4 日上海地铁吉祥物“畅畅”揭晓

畅畅的设计理念：畅畅的头盔象征科技与速度，体现上海地铁的现代化和科技化。向上扬起的头盔寓意上海地铁与上海这座日新月异的都市一起，以更快的速度迎向美好的未来。头盔上的地铁标志，体现了吉祥物的身份。面罩以地铁驾驶室为原形，代表运营的概念，同时也有“引领”的寓意。微笑的眼睛体现上海地铁的亲切、热情，寓意上海地铁的微笑服务和运载温馨。扬起的双臂和伸开的双手象征着地铁作为上海重要的交通工具，以热忱的服务欢迎国内外的乘客。稳健的双脚立足大地，代表上海地铁的安全与舒适，同时也象征几代地铁人的前仆后继，无私奉献。脚上的脚轮寓意地铁的科技与快速。

五、服务承诺

上海地铁实行“五项服务承诺”（2015 年底版）：（1）窗口服务实行首问责任制，讲普通话，使用

"十字文明用语"(您好、请、谢谢、对不起、再见)。(2) 首末班次列车正点运行。(3) 列车延误15分钟以上,办理退票并致歉。(4) 地铁服务热线(64370000)全年24小时为市民服务,乘客投诉3个工作日必有回复。(5) 革命伤残军(警)人、烈士家属、离休干部、盲人凭证免费乘坐地铁,本市70岁以上老人凭敬老卡非高峰时段免费乘坐地铁,对残障人士提供特殊服务。

第八篇

党群工作

概　　述

上海申通地铁集团有限公司自2004年重组成立后，党委坚持把方向、管大局、保落实，始终从城市发展、造福民生的高度谋划各项工作。为建设运营管理好轨道交通这项民心工程，从政治上、组织上加强对企业的领导，团结带领全体党员和干部群众，确立了“申城地铁，通向都市新生活”的企业使命，形成了“社会责任第一、安全质量第一、团队协作第一”的核心价值观；成功经受了申通地铁集团重组、迎办世博盛会、重大风险挫折、企业转型发展等一系列考验；探索形成了具有上海特色的网络化管理模式，推动企业不断向卓越目标迈进。

申通地铁集团各级党组织紧密联系集团改革、发展、稳定等各项工作的实际，坚持党要管党、从严治党，坚持融入中心、服务大局，始终把党的政治建设放在首位，始终把加强党组织自身建设摆在突出位置，着力抓好党的政治建设、组织建设、思想建设、作风建设和党风廉政建设，教育引导各级党组织和广大党员树立“四个意识”，坚定“四个自信”，坚决做到“两个维护”，教育引导各级党组织和广大党员保持斗争精神、增强斗争本领、提高防范化解重大风险的能力，不断增强企业党组织的战斗力、凝聚力和影响力，充分发挥各级党委的政治核心作用、党支部的战斗堡垒作用和广大共产党员的先锋模范作用。

集团工会、共青团组织依照各自章程，加强自身建设，履行职能职责，在促进企业全面发展中努力发挥群众组织不可替代的重要作用。

第一章　集团党委

第一节　党的组织体系

一、党委班子

申通地铁集团成立后，根据《中国共产党章程》及上级党委有关规定，加强对党委领导班子的建设，按照党总揽全局、协调各方的原则以及党委实行集体领导和个人分工相结合的制度，明确党委委员的分工。以下是历届党委班子成员一览表。

表 8－1－1　2004—2015 年申通地铁集团党委班子成员情况表

序号	年份	党委书记	党委副书记	党委委员
1	2004—2005	应名洪	贺阿东	应名洪、贺阿东、朱沪生、顾伟华、白廷辉、胡洪威
2	2006	应名洪	—	应名洪、朱沪生、顾伟华、白廷辉、胡洪威
3	2007	应名洪	—	应名洪、朱沪生、顾伟华、白廷辉、张　焰、葛世平、胡洪威
4	2008	应名洪	朱沪生	应名洪、朱沪生、顾伟华、白廷辉、张　焰、葛世平、胡洪威
5	2009	应名洪	朱沪生(2009.9.19 离任) 俞光耀(2009.9.19 任职)	应名洪、朱沪生、俞光耀(2009.9.19 任职)、顾伟华、白廷辉、张　焰(2009.5.21 离任)、葛世平、胡洪威
6	2010	应名洪	俞光耀	应名洪、俞光耀、顾伟华、白廷辉、葛世平、邵伟中、毕湘利、胡洪威
7	2011	应名洪	俞光耀、徐建群	应名洪、俞光耀、徐建群、顾伟华、白廷辉、葛世平、邵伟中、毕湘利、黄　建
8	2012	应名洪	俞光耀、贺阿东、徐建群	应名洪、俞光耀、贺阿东、徐建群、顾伟华、白廷辉、葛世平、邵伟中、毕湘利、黄　建
9	2013	应名洪	俞光耀、贺阿东、徐建群	应名洪、俞光耀、贺阿东、徐建群、顾伟华、白廷辉、葛世平、邵伟中、毕湘利、黄　建
10	2014	应名洪 (2014.10.31 离任) 俞光耀 (2014.10.31 任职)	顾伟华(2014.10.31 任职) 贺阿东(2014.3.14 离任)、 徐建群	应名洪(2014.10.31 离任)、俞光耀、顾伟华、白廷辉、葛世平、邵伟中、毕湘利、黄　建
11	2015	俞光耀	顾伟华、徐建群	俞光耀、顾伟华、徐建群、白廷辉(2015.11.13 离任)、葛世平、邵伟中、毕湘利、黄　建

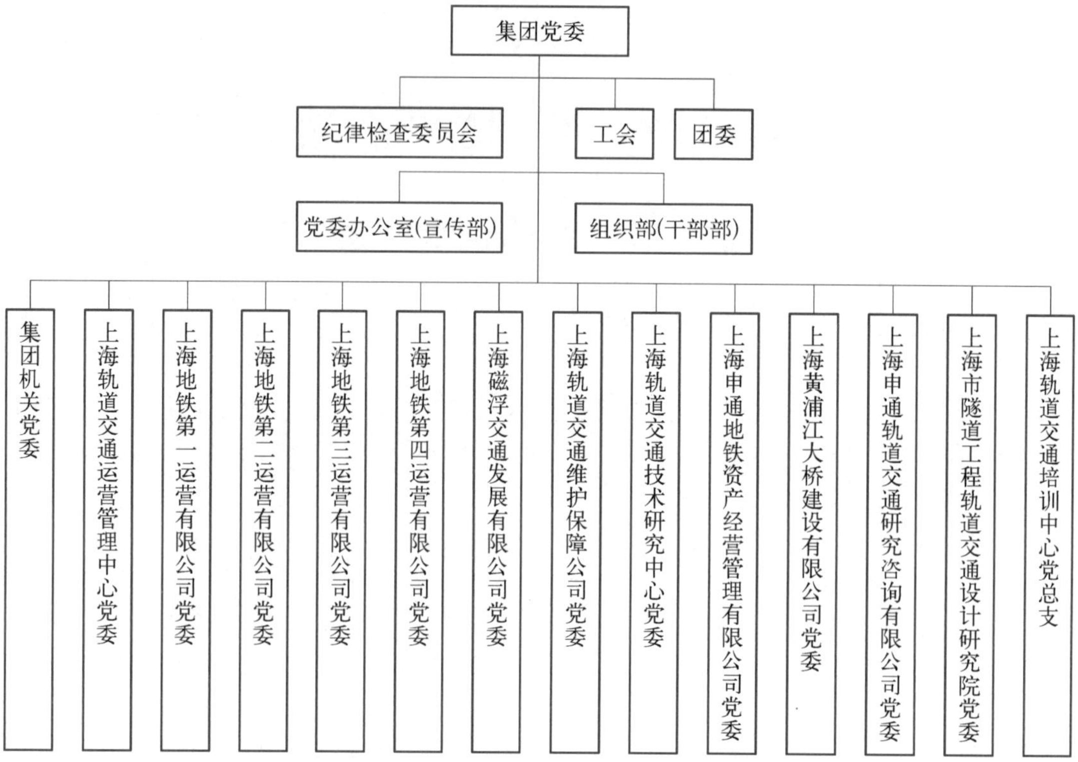

图 8－1－1　2015 年上海申通地铁集团有限公司党委组织机构图

二、基层党组织

申通地铁集团基层党组织在 2004 年 6 月成立之初有 10 个(其中：党委 1 个、党支部 9 个)，由于轨道交通体制机构的逐步完善，一些相关单位被归并到申通地铁集团，基层党组织的数量在一定时间段内得到相应扩张，到 2015 年底发展为 226 个(其中：党委 18 个、党总支 26 个、党支部 182 个)。

表 8－1－2　2004—2015 年申通地铁集团基层党组织数量情况表

序　号	年　份	基层党组织	党　委	总支部	支　部
1	2004	10	1	0	9
2	2005	103	4	15	84
3	2006	109	5	19	85
4	2007	124	8	21	95
5	2008	132	12	18	102
6	2009	137	11	16	110
7	2010	153	12	16	125
8	2011	150	17	11	122
9	2012	166	18	11	137

（续表）

序　号	年　份	基层党组织	党　委	总支部	支　部
10	2013	174	18	10	146
11	2014	189	18	13	158
12	2015	226	18	26	182

三、党员队伍

2004年申通地铁集团党员人数为104名，经过数年的发展，尤其是一些相关单位的所属关系转并到申通地铁集团后，党员人数明显得到增长，至2015年末，申通地铁集团党员人数情况达到4 418名。其中：管理人员1 261名，技术人员1 155名，工人1 867名，女性1 074名，少数民族44名，35岁及以下1 592名。

表8-1-3　2004—2015年申通地铁集团党员人数情况表

序　　号	年　　份	人数(单位：人)
1	2004	104
2	2005	1 144
3	2006	1 210
4	2007	1 449
5	2008	1 560
6	2009	2 043
7	2010	2 200
8	2011	2 971
9	2012	3 520
10	2013	3 866
11	2014	4 153
12	2015	4 418

第二节　党 建 工 作

一、思想引导

党组织以职工群众为主体，通过有计划、有组织、多形式地开展主题教育，调动党员职工的积极性。采取上下结合、点面结合、集中与分散相结合的方式，分层次对干部职工广泛进行形势任务教育。各级党委领导先后作“强化责任主体、振奋工作精神”“落实科学发展观，又好又快推进上海轨道交通网络化发展”“坚持群众路线，促进企业发展”等专题报告。每年都会召开纪念中国共产党成立座谈会，对“优秀党务工作者、优秀共产党员、先进基层党组织”进行表彰。申通地铁集团党委先后组织参观《伟大壮举，光辉历程——纪念中国工农红军长征胜利70周年展览》“城市魂·群英谱——纪念上海解放60周年主题展”“我们共产党人——上海市纪念中国共产党成立90周年大型主题展”“城市新印象”大型主题展览等。

2008年，开展“上海地铁精神”大讨论，通过大会动员、编印宣传手册、分阶段讨论、举办不同层次研讨会、组织“地铁精神闪光点”征文等广泛宣传和参与，明确了大讨论的目标、意义；通过劳模和风采人物座谈会、表彰活动等，进一步发挥了先进典型的示范效应。

2011年，结合“申通地铁集团‘十二五’发展纲要”“2011—2015年企业文化建设纲要”的宣贯学习，组织干部职工开展倡导学习“富强、民主、文明、和谐，自由、平等、公正、法治，爱国、敬业、诚信、友善”的社会主义核心价值取向，培育员工牢固树立“社会责任第一、安全质量第一、团结协作第一”的企业核心价值观。

2011年10月31日，上海地铁行业召开第一届思想政治工作研究会会员大会。上海地铁行业思想政治工作研究会成立后，结合年轻员工多的实际情况，先后开展《加强和改进青年思想政治工作的调研与思考》《从关爱职工入手构建和谐企业》《关于加强轨道交通企业职业道德建设与员工职业行为规范的思考》等课题研究，进一步加强对职工的教育宣传引导，创新适应当今青年特点的培训教育方式，为职工队伍建设营造团结和谐、奋发向上的氛围。

2013年1月18日，住房和建设部在上海召开“中国建设职工思想政治工作研究会第十一次年会暨加强网络思想政治工作现场推进会”。作为全国两家交流单位之一，申通地铁集团党委副书记徐建群做了《积极探索“六度”微博工作法，提升上海地铁服务水平》的演讲。

2014年根据进一步深化企业改革的转型要求，广泛调研并制定新一轮企业文化实施纲要及五年行动计划。开展社会主义核心价值观宣传教育和社会主义理想信念教育，深入推进以诚信为重点的社会公德、职业道德、家庭美德和个人品德的“一信四德”教育，强化职工的责任意识。积极开展“六五”普法活动，形成尊法学法守法用法的良好氛围。

二、组织建设

【概述】

申通地铁集团党委注重基层组织建设，保障党员民主权利，不断健全党内民主制度建立“三重一大”决策管理制度，完善党委内部的议事和决策机制，利用《党员党组织管理信息系统》，对直属单位党组织和全体党员进行管理，为各级党组织在加强基层党建工作中提供全面的信息资源，为党务管理的科学性、全面性和准确性创造必要条件。

2005年，申通地铁集团党委根据企业自身特点，调整优化党支部设置、配齐配强支部班子、组建集团本部党委，建立完善《党支部“达标创先”活动考评细则》、党内通报及党员议事等相关制度，从组织和机制上加强了基层党组织建设。

2006年，结合领导班子民主生活会整改措施和落实集团党员干部先进性具体要求，制定了“集团领导干部联系人”制度，创建“政治素质好、经营业绩好、团结协作好、作风形象好”的“四好班子”。

2007年，企业党的建设，以创建“四好”领导班子活动为抓手，将活动延伸到二、三级领导班子，加强了创建活动的检查、督促和考核。开展“党的组织生活案例”征集活动，深化“让先进性在岗位上闪光”“党建带团建”等主题实践活动和党支部“达标创优”活动。

2008 年,集团党委印发《关于进一步加强领导干部作风建设的意见》,深入推进“四个一”活动,引导各级领导干部牢固树立马克思主义的世界观、人生观、价值观和正确的权力观、地位观、利益观。

2010 年,开展以党员先锋行动活动和“世博先锋行动”为主题的“创先争优”活动,集团各级党组织共创建了党员责任区、党员示范岗和党员志愿者队伍。同时在集团局域网、上海地铁外网、地铁报开辟了《世博党员先锋行动风采录》等栏目,及时宣传报道世博中党员的典型事例和先进事迹,引领全体员工为世博作贡献。是年,印发了集团党委《关于开展争创“四强”党组织、争做“四优”共产党员活动的实施意见》。

2011 年,开展了纪念建党 90 周年系列活动,各单位组织学党史、讲传统、讴歌党的丰功伟绩,以“创先争优”为载体,推进党建各项工作。各级党员领导干部建立了 42 个联系点,各级党组织创建了 673 个党员责任区、473 个党员示范岗和 16 个积极分子示范岗,开展了党员承诺活动,组织开展“创先争优”服务承诺自查和巡视。推行党务公开活动,建立了组织保证、审核发布、联动反馈、制度保障和监督考评等“五个机制”,保障党务公开的稳步实施。利用综合业务协同平台的局域网,开设了“党务公开”专栏。各基层单位党组织也建立党务公开机制,实现党务公开信息网络链接。

2012 年,各级党组织的党员责任区、党员示范岗的建设得到了深入发展,创建党员责任区 677 个,党员示范岗 441 个,入党积极分子示范岗 16 个。在总结试点单位经验的基础上,积极开展党代会代表常任制推广工作。开展了基层党组织的测评工作,基层党组织开展了自评、党员群众测评、上级党委评定。推进党建带团建的建设,制定并印发了《关于加强基层党建带团建工作的实施意见》,完善“推优”工作机制,强化党建带团建的长效机制。

2014 年,健全党建工作制度,基层党建活力不断增强。完成 11 家直属单位党组织换届选举工作;制定《关于加强基层党组织开展“公推直选”工作的意见》,规范基层党组织选举工作;制定《关于深入开展“改革当先锋、为民作表率”党建主题活动的实施意见》,在主题活动中涌现出一批优秀党务工作者、优秀党员先进群体。是年,结合市国资委“改革当先锋、为民作表率”党建主题活动,集团党组织深入开展创建集团服务型党组织“达标”活动。加强基层党组织设置及党务干部配置调研,加强对基层支部活动的主题和内容的引导,努力提升“三会一课”的质量和效果。

2015 年,开展基层组织建设调研,指导各单位合理设置基层组织、配备党务干部。开展党务公开自查和检查。

【主题教育】

保持共产党员先进性教育活动 2005 年,集团党委组织全体党员中开展以“三个代表”重要思想为主要内容的“保持共产党员先进性教育活动”。目标是:进一步提高全体党员思想认识;进一步加强党建工作;进一步深化“为党旗增辉,为百姓造福”主题活动;推进公司发展。保持党员先进性教育活动,自 1 月下旬始,至 4 月底止。整个先进性教育活动分三个阶段:第一阶段:学习动员,提高认识,其中有三个环节。即:确保每个党员参加动员会,听 2 次党课报告或专题辅导,参加支部组织的 3 次专题讨论,参加 1 至 2 次主题实践活动,写好一份学习小结。第二阶段:查找存在问题,做好党性分析、民主评议工作;第三阶段:制定整改方案,落实整改措施。在整改阶段中,各支部向干部职工通报支部整改方案;集团党委向干部职工通报领导班子整改方案,并进行群众满意度测评工作。“保持共产党员先进性教育活动”,使广大党员干部受到了一次深刻的思想教育。集团本部在先进性教育“回头看”工作中,完成有10个方面41项整改措施。

学习实践科学发展观活动 2009年,集团党委紧扣“落实科学发展观,又好又快推进上海轨道交通网络化发展”的实践主题,严格按照三个阶段、六个环节的要求,层层发动开展学习实践科学发展观活动。通过组织党员干部开展“解放思想大讨论”,按照“开门办地铁”的原则广泛听取各方意见,不断提高思想认识,在推进科学发展上形成了新共识。通过集团领导分工负责对“加快轨道交通维稳工作机制研究”等7项重点课题开展专项研究,进一步理清发展思路,在提升科学发展上明确了新举措。针对市民乘客关注的问题,及时落实增设站台安全门等改进措施,针对企业员工加强保障的需求,实施《集团职工大病医疗互助办法》等一系列工作,努力贯彻“即知即改、边查边改”要求,有效促进了各项工作,在解决乘客和员工关注的热点问题上取得了新成果。在为期半年的集中教育活动的基础上,各单位结合实际使学习实践活动不断深化。集团整改落实方案明确的7大类、44个项目,当年完成34项,其余10项正按整改方案规定的节点要求在2010年完成;直属单位整改落实方案共161项,当年完成117项,其余44项于2010年完成。

党的群众路线教育实践活动 2013年,集团党委发动组织全体党员,开展“党的群众路线教育实践活动”。活动聚焦作风建设,坚决反对形式主义、官僚主义、享乐主义和奢靡之风,着力解决制约轨道交通网络化建设和运营发展、广大职工群众和市民反映突出的问题,切实发挥党密切联系群众的优良传统,凝心聚力,为轨道交通安全运营和健康持续发展提供坚强保证。通过组织专题学习、听取意见,查摆问题、开展批评和自我批评,制定整改落实方案,加强建章立制工作。至2014年,随着党的群众路线教育实践活动深入推进,广大党员干部统一了思想,认识到自身的不足、理清了整改思路。认真做好党的群众路线教育实践活动“回头看”的专项自查总结,申通地铁集团完成20项措施的整改落实;在开展调研活动基础上,完成了15项课题专项报告;集团机关干部开展了“改作风、强管理、促效率”专项整治活动,加强对领导干部作风建设监督,开展业务招待费等专项督查,总体情况良好。

“三严三实”专题教育 2014年,集团党委在处以上干部中开展以“严以修身、严以用权、严以律己,谋事要实、创业要实、做人要实”“三严三实”专题教育,履行党员干部“对党忠诚、个人干净、敢于担当”的宗旨。各级党组织书记带头主讲一次“三严三实”专题党课,“七一”前后召开“三严三实”专题民主生活会,开展“三严三实”正反两方面典型教育。对领导干部贯彻中央八项规定精神的进行督查,鞭策领导干部守纪律、讲规矩,严以修身、严以用权、严以律己。

【组织生活(民主生活会)】

2004年9月24日,申通地铁集团党委根据市纪委、市委组织部和市建设党委《关于召开2004年度党政领导班子民主生活会的通知》精神,召开了领导班子民主生活会。2005年4月21日,申通地铁集团党委根据沪委组《关于开好2005年度党政机关党员领导干部民主生活会的通知》和沪建委《关于认真开好2005年度党政领导班子民主生活会的通知》精神,召开了领导班子民主生活会。2006年9月13日,申通地铁集团党委根据沪委办市委办公厅转发《市纪委、市委组织部关于召开2006年度党政机关党员领导干部民主生活会的通知》和沪建委《关于认真开好2006年度党政领导班子民主生活会的通知》精神,召开了领导班子民主生活会。2007年3月27日,申通地铁集团党委以“加强领导干部作风建设”为主题,召开了领导班子民主生活会。2008年12月17日,申通地铁集团党委以“学习和实践科学发展观”为主题,召开了领导班子民主生活会。2009年6月5日,申通地铁集团党委以“深入贯彻落实科学发展观”为主题，召开了领导班子民主生活会。2010 年 12 月 9 日，申通地铁集团党委以“贯彻落实《党员领导干部廉洁从政若干准则》，切实加强领导干部作风建设”为主题，召开了领导班子民主生活会。2011 年 10 月 21 日，申通地铁集团党委以“坚持以人为本、执政为民的理念，发扬密切联系群众优良作风”为主题，召开了领导班子民主生活会。2012 年 12 月 28 日，申通地铁集团党委以“学习贯彻党的十八大精神，统一思想，振奋精神，着力推动上海创新驱动、转型发展”为主题，召开了领导班子民主生活会。2013 年 11 月 19 日，申通地铁集团党委围绕“保持党的先进性和纯洁性”的总要求，以为民务实清廉为主题，召开了为期一天的党的群众路线教育实践活动专题民主生活会。2015 年 1 月 21 日，申通地铁集团党委以“严格党内生活，严守党的纪律，深化作风建设”为主题，召开了领导班子民主生活会。

【巡视考核】

2012 年至 2014 年，集团对下属单位开展了巡视考核试点工作。巡视考核工作着眼“权力运行的关节点、内部管理的薄弱点、问题易发的风险点”，巡视考核领导班子建设、队伍建设、制度建设、安全生产、企业管理、企业文化建设等方面情况，帮助发现问题，提出改进意见，并逐一将巡视报告意见反馈给各直属单位领导班子和领导个人，给干部的教育、选拔任用提供意见。

【党员发展】

申通地铁集团党委按照“控制总量、优化结构、提高质量、发挥作用”要求，在认真分析调查的基础上，着力在生产一线班组长、生产(业务)骨干、技术能手、优秀青年工人中发展党员。

表 8－1－4　2005—2015 年申通地铁集团党员发展人数情况表

序　号	年　份	人　数
1	2005	39
2	2006	57
3	2007	76
4	2008	122
5	2009	105
6	2010	105
7	2011	168
8	2012	330
9	2013	204
10	2014	174
11	2015	180

【党员、党员干部培训】

集团党委始终坚持党员队伍和干部队伍的建设，每年有党员干部的教育培训计划，根据不同时段的需要，开展针对性的主题教育活动和培训教育，通过上级机关的教育培训平台、结合自身教育培训的资源，运用多种教育培训方式，使党员干部的培训工作有序不断，从中受到教育，确保基层党组织建设健康发展。

表 8-1-5　2009—2015 年党员干部历年培训情况表

序号	年　份	培　训　班	人　数	课　时
1	2009—2011	“上海市干部在线学习城”	134	50
2	2011	处级干部参加市委党校等进修、培训班	211	14
3	2011	党委书记学习研讨班	30	48
4	2011	集团干部党风廉政教育	347	4
5	2012	集团党支部书记培训	30	24
6	2012	廉洁文化	85	3
7	2012	纪检监察业务培训	128	6
8	2013	集团党支部书记培训	30	32
9	2014	党务知识及工作技能	30	32
10	2014	集团纪检监察干部培训班	53	24
11	2015	集团党总支书记培训	22	24
12	2015	集团纪检监察干部培训班	53	20

【创先选优先进表彰】

历年来，申通地铁集团党组织通过开展各项“创先选优”“争先创优”活动，来促进党组织建设，提高党员的思想政治觉悟，保障各级基层党组织发挥党支部的战斗堡垒作用，发挥共产党员的先锋模范作用。“创先选优”，为推进轨道交通建设事业发挥了积极的作用，涌现出许多先进党组织和优秀党员。

表 8-1-6　2004—2015 年上级机关命名表彰申通地铁党建工作荣誉情况表

年　月	名　　称	数　量	颁 奖 机 关
2004 年 6 月	先进党支部	5 个	市交通局党委
	优秀共产党员	9 名	市交通局党委
2004 年 6 月	市国资委党委系统先进基层党组织	1 个	市国资党委
	市国资委党委系统优秀共产党员	1 名	市国资党委
	市建设交通系统先进基层党组织	1 个	市建设工作委员会
	市建设交通系统优秀共产党员	1 名	市建设工作委员会
	市建设交通系统优秀党务工作者	1 名	市建设工作委员会
2012 年 6 月	市建设交通系统创先争优先进基层党组织	2 个	市建设交通工作委员会
	市建设交通系统创先争优优秀共产党员	1 名	市建设交通工作委员会
2015 年 6 月	市建设交通行业“建设先锋”服务型党组织示范点	1 个	市城乡建设和交通工作委员会

表 8-1-7　2004—2015 年申通地铁集团党委命名表彰党建工作情况表

年　　月	名　　称	数　　量
2004 年 6 月	申通集团优秀共产党员	12 名
2005 年 6 月	申通集团优秀共产党员	17 名
2006 年 6 月	申通地铁集团先进基层党组织	11 个
	申通地铁集团优秀共产党员	27 名
	申通地铁集团优秀党务工作者	15 名
2008 年 6 月	申通地铁集团先进基层党组织	13 个
	申通地铁集团优秀共产党员	30 名
2009 年 8 月	2007—2008 年度“四好”领导班子	3 个
2011 年 6 月	2009—2011 年度先进党组织	17 个
	2009—2011 年度优秀共产党员	60 名
	2009—2011 年度优秀党务工作者	31 名
2012 年 6 月	创先争优特色党支部	6 个
	优秀党员责任区	10 个
	优秀党员示范岗	10 个
2014 年	2011—2014 年度先进党组织	17 个
	2011—2014 年度优秀共产党员	59 名
	2011—2014 年度优秀党务工作者	21 名

三、党建联建

申通地铁集团自 2005 年与长宁区开展了“地铁社区党建联动、共创群众满意工程”活动以来，有力促进了地铁工程建设的快速发展和平稳推进，得到市委组织部的认可并在全市得到推广。2007 年 11 月 27 日，由市委组织部主办、市建交委协办、集团党委承办的“上海基层党建讲坛第 13 期——地铁社区党建联建实践与创新”，在浦东国际会议中心举行，与会专家学者、施工单位建设者 100 多人参加，进一步在全市把地铁建设推向高潮。申通地铁集团党建联建获得 2008 年“改革开放 30 周年——基层党建工作创新二等奖”。

在工程建设党建联建的基础上，2008 年向运营服务延伸。2009 年 12 月市委组织部与市建交委联合表彰在地铁社区党建联建活动中表现突出的先进集体和个人。2010 年与消防总队联手共建，2011 年推进内部共建，走过了从双方“共建”到党组织“双结对”，从“文明共建”拓展为“党建联建”，从建立临时关系到形成长效机制，构建起联动协调、资源共享、良性循环的平台，有效协调地铁建设、安全运营与社区稳定的关系，促进了轨道交通工程建设、和谐社区、平安地铁的建设。

2014 年申通地铁集团党委将《创建地铁车站党建联建新模式》纳入年度重点课题之一，由申通地铁集团组织人事部牵头成立课题组，对各直属单位党组织及部分基层党支部进行专题调研。课题组对调研中一些富有特色又可复制、值得推广的做法，从服务企业、服务乘客、服务员工、服务社

图 8-1-2　2006 年 2 月 28 日申通地铁集团党委与中共上海市杨浦区委开展党建联建签约

会四方面进行了归类，经提炼归纳有六种模式。以突发处置为导向，创建应急联动型模式；以社会服务为导向，创建志愿服务型模式；以乘客需求为导向，创建品牌服务型模式；以公共文化为导向，创建文化科普型模式；以爱心公益为导向，创建关爱帮扶型模式；以素质提升为导向，创建育人成才型模式。

2014 年申通地铁集团党委不断拓展党建联建的内容和形式，开展“创建基层服务型党组织”“创建车站党建联建新模式”研究，整合党建联建资源，开展地铁车站党建联建新模式试点工作，形成 20 个党建联建样板示范车站。初步搭建了“上海地铁共建之窗”党建联建公众微信公众号平台，召开了党建联建联席会议，陈云故居、上海图书馆、龙华医院等 13 家单位党组织成为第一批会员，并建立相关联络机制，为拓宽联建工作局面打下了基础。

2015 年集团党委依托区域化党建平台，全面推广“应急联动型”等 6 种类型的地铁车站党建联建模式，创建了 100 座具有鲜明特色和工作亮点的党建联建示范站。开设“上海地铁共建之窗”微信公众号平台，整合社会化资源，通过线上预约、线下参观、线上交流体会等形式，250 多个基层党支部、4 000 多名党员积极参与党建各类活动。“区域化大党建”工作在市委组织部专题会上作交流。

集团各单位党组织充分发挥基层党支部的战斗堡垒作用，结合轨道交通行业具有社会性、公益性、服务性强等特点，通过地铁车站与沿线社区、企事业单位党建联动，创建了多方共建、互利共赢的党建联动新格局，搭建了保障安全、服务乘客的党建联动新平台，建立了培养人才、打造品牌的党建联动新机制，形成了 100 个具有鲜明特色和工作亮点的党建联建车站。2016 年集团党委编印了《创建地铁车站党建联建新模式》，收录了运营公司在创建地铁车站党建联建新模式过程中具有鲜明特色、可推广的典型案例。

2015 年申通地铁集团党委运用“互联网＋”党建资源平台有了新拓展。“上海地铁共建之窗”微信公众号平台已有 101 家会员，逐步形成宽领域、多层面的党建联建新模式。2016 年 5 月推出为期3个月“红色印象季”“缤纷交友季”“七彩讲座季”等活动，吸引了申通地铁集团内外172个党团组织，3 438名党、团员参加，使基层党组织和职工群众切实分享到党建联建工作的成果。

四、宣传工作

上海地铁坚持“开门办地铁”的宣传宗旨，即公开透明、实事求是地开展宣传工作，并真诚欢迎新闻媒体和社会各界的舆论监督。在载体阵地的建设管理上，坚持“一树参天、百花齐放”，即做强、做大以集团宣传部门为主或牵头协调指导的宣传平台，同时在一定范围内培植和鼓励各单位自媒体和内容的创新发展，形成“内部适度竞争、外部统筹有序”的内外宣传格局。

【新闻宣传和舆情应对】

2005年起，上海申通地铁集团有限公司办公室负责新闻宣传和舆情处置总体工作，主要负责上海地铁工程建设、网络运营、实业开发等业务版块的对外宣传及相关舆情应对工作。其中，网络运营版块的新闻宣传和舆情处置由所辖上海地铁运营有限公司负责。

2008年，为进一步加强上海地铁宣传报道工作，决定成立上海地铁宣传报道领导小组，领导小组下设上海地铁新闻发言人工作小组，实行新闻发言人负责制度。

2009年，因内部机构改革及职能调整，上海申通地铁集团有限公司党委办公室全面负责新闻宣传和舆情处置总体工作。原上海地铁运营有限公司对网络运营板块的新闻宣传和舆情处置工作，由是年新成立的集团公司运营管理中心(综合办公室)负责。2011年，运营管理中心设立媒体信息部，在集团公司党委办公室和运营管理中心的双重管理下，通过上海地铁电视(广播)直播、官方微博、服务专网、官方App等一系列自媒体平台，专职开展网络运营新闻宣传、舆情处置和运营信息服务工作。同年，成立上海地铁运营宣传工作小组，总体统筹运营方面对外宣传，负责对外新闻的统一发布，日常工作由运营管理中心(媒体信息部)负责。

2012年，为统筹上海地铁工程建设的对外宣传工作，加强各项目公司、施工单位宣传联络沟通，建立上海地铁建设对外宣传联席会议制度，主要统筹协调各地铁在建工程项目对外宣传，做好工程施工类应急突发事件的新闻和舆情应对工作。

2012年，集团公司外宣工作荣获上海市第十一届“银鸽奖”新闻发布与危机应对类(新闻发布)二等奖。获奖项目为“上海地铁新媒体信息发布”。2014年，集团公司新闻宣传和舆情处置工作获上海市第十二届“银鸽奖”新闻发布与危机应对类(危机应对)二等奖，获奖项目为“地铁10号线9.27追尾事故舆情应对”。

2014年，集团公司发布《上海申通地铁集团有限公司舆情应对考核管理办法》《上海申通地铁集团有限公司舆情反馈应对管理实施细则》，对全集团对外媒体应对中的舆情应对处置及考核做出一系列规定。同年12月25日，发布了企业标准Q/SD－YGZ－FB－XX－MX4－2014《上海轨道交通运营管理中心地铁电视/广播播报管理规定》，针对上海地铁运营信息电视(广播)直播制定了工作标准。

2015年1月20日，集团公司发布企业标准Q/SD－YG－FT－YY－2523－2015《上海轨道交通新闻媒体现场拍摄采访管理规定》，进一步明确了各类媒体及社会团体及个人在地铁范围内进行拍摄及采访的相关管理要求。同年12月9日，发布企业标准Q/SD－DB－FT－YY－2502－2015《新闻发言人管理规定》，建立了集团和直属单位的两级新闻发言人队伍，由集团公司副总裁邵伟中担任集团新闻发言人。

【宣传载体】

上海地铁报、地铁画报 1995年底，上海地铁1号线全线开通运营后，客流逐步增加，运营任务不断加重，2号线建设也即将全面启动。为了让一线员工了解上海地铁发展情况和领导对运营建设工作的要求，也让领导了解一线的工作情况和员工的需求，上海市地铁总公司酝酿办企业报，于1996年1月1日试办《地铁特快》，对办报过程进行探索，并逐步建立信息员队伍，为办报做准备。当时，北京、广州、香港地铁公司已有自办报纸。

1996年，由上海市地铁总公司办公室和党委办公室向党委请示创办《上海地铁》报。经党委批准同意，于1997年1月2日正式出版了第1期《上海地铁》报(半月报，1999年起改为旬报)，主办单位为上海市地铁工程建设指挥部、上海市地铁总公司。

《上海地铁》报办报宗旨为：立足上海地铁，反映上海地铁，为广大地铁员工服务，为社会各界服务，第一时间报道上海地铁建设、运营、开发等各方面的重要事件；宣传各专业岗位的优秀人物和先进事迹；关注与企业职工在工作、生活、学习上的现状和问题；介绍各单位的先进经验和工作方法；以深入调查揭示重大事件的新闻事实；展示企业职工的文化生活和思想感悟。

2000年4月，上海地铁投资、建设、运营体制调整。4月28日起，《上海地铁》报主办单位调整为上海地铁运营有限公司。2001年，《上海地铁》向上海市委宣传部报刊管理处申请准印证得到批准，获得上海市连续性内部资料准印证(B)0008号。获批后，于2001年8月8日起使用该准印证号。此后，每年根据要求，送指定期号的报纸到报刊管理处接受审查。经连续三年审查，未发现本报有违反国家政策法规和党的宣传政策之处，此后免检。上海申通地铁集团有限公司重组成立后，《上海地铁》报自2006年起主办单位调整为上海申通地铁集团有限公司和上海地铁运营有限公司。

2007年4月起，《上海地铁》报主办单位又调整为上海轨道交通建设指挥部和上海申通地铁集团有限公司，同时改为周报。在上海世博会期间为了更好地记录上海地铁历史画面、反映员工风采，2010年6月17日《地铁画报》创刊。

《上海地铁》报机构：1996年12月，上海市地铁总公司成立《上海地铁》编委会和编辑部，编委会由上海市地铁总公司党委副书记及办公室和党委办公室的主任、副主任组成。编辑部主编由党办副主任兼任，编辑由专职、兼职人员4人组成，编排由1名专职人员担任。2000年，《上海地铁》报由上海地铁运营有限公司党委办公室主任任主编，办公室副主任任副主编，编辑人员未变。2006年，《上海地铁》报由上海申通地铁集团党委办和上海地铁运营有限公司党委办共同审核管理，编辑人员未变。2007年，《上海地铁》报由上海申通地铁集团有限公司党委办主任任总编，编辑部成员中设1名主编，其他人员未变。

《上海地铁》报、《地铁画报》正常情况下为四开四版，遇有企业重大工作时增刊或增版。2000年，汇编《上海地铁》报副刊优秀文章集——《地铁风》；2014年，申通地铁集团重组十周年之际，汇编《地铁画报》的“小人物真故事”集——《我是上海地铁人》。《上海地铁》报、《地铁画报》稿源大部分由各部门、各直属单位通讯员提供，遇有重要工作，编辑部成员到现场采访组稿。编辑部统筹安排不同类型的稿件，由各成员修改稿件后编排所负责的版面，其中重大新闻稿件由总编审核，编辑部成员校对无误后交由承印单位制版付印。《上海地铁》报、《地铁画报》发行由编辑部负责，主要方式有三种，一是通过各单位的收发渠道发至生产一线班组；二是邮寄至外地地铁、市委市府有关部门、各区文明办、部分相互交流的其他单位企业报、退休人员家中；三是编辑部直接送至企业领导、有关部门、部分直属单位。

《上海地铁》报创办以来，获得上海市新闻工作者协会的表彰有：2001—2002 年度上海市优秀企业报；2005—2006 年度上海市优秀企业报；2006—2007 年度上海市二十佳企业报；2007—2008 年度上海市最佳企业报；2008—2009 年度上海市最佳企业报；2010 年度上海市最佳企业报；2011 年度上海市最佳企业报；2013 年度上海市优秀企业报；2014—2015 年度上海市优秀企业报。

第2期
2010年7月1日
地铁画报
下期导读
20斤生梨和53位同事的图片故事
上海轨道交通建设指挥部　上海申通地铁集团有限公司　主办
本期视点：
这些可爱的人——地铁一线的共产党员
魅力地铁 流光溢彩的车站壁画
微笑地铁　温暖你我
封面故事　“耀华铁汉”李垚

图 8-1-3　上海地铁画报

上海地铁官网　为向市民和乘客提供全面、准确、及时、有效的地铁运营服务信息及行业信息、企业动态，更好地服务乘客，全力打造“上海地铁”品牌，统一展示上海轨道交通行业良好形象，上海申通地铁集团有限公司官方网站（域名 shmetro.com，沪 ICP 备 16013416 号-3，沪公网安备 31011202005546 号）于 2009 年正式上线运行。

上海地铁官网建设始终以“延伸服务，乘客满意；热心公益，社会满意；展示品牌，员工满意”为宗旨，坚持以乘客和市民的需求为主要导向，具有“市民乘客延伸服务窗口、上海地铁品牌展示舞台、官方行业媒体宣传工具、建议咨询沟通互动平台”四大功能。

2009 年，网站设有“首页”区和“申通地铁集团”区共 2 个区域。“首页”区以“乘客和市民”为主要受众，重点反映上海地铁的实用信息；“申通地铁集团”区以行业内的企业、专业人士及需要深入了解上海地铁的地铁迷为主要受众，主要反映申通地铁集团公司和行业信息。2010 年，根据上海轨道乘客信息服务的业务需要，上海地铁客流实时信息显示（TOS）系统为网站的“客流实时信息（路网三色图）”“列车延误告知”“列车运行情况”三大模块提供业务数据支撑和信息的实时发布。2013 年，运营主页上线，作为集团官网的二级目录，由首页点击相关运营图标后进入运营页面。2015 年，“牛园天地（职工摄影）”“地铁视频”正式上线。

为保持信息更新工作持续有效开展，保证网站信息内容的正确性、完整性、及时性、有效性等，组建一个由“网站建设领导小组、编辑委员会、网站技术支持部门、网站采编人员、网站信息员”等共同构成的网站管理体系。网站按照“统分结合、各负其责”的原则开展信息采编工作，由各采编部门负责明确信息报送单位（部门）及要求，建立各自业务流程，实现信息的收集、整理、筛选、编辑、上传、审核及发布工作。在网站后台信息发布系统中，分设“信息上传”和“信息审核”两种角色，分别对应负责相关工作。信息中心负责维护网站运作所需的软硬件环境，包括但不限于建设及维护网站前台展示及后台发布系统、确保网站运转安全、提供页面美工、定制活动专辑展示页面等。

上海地铁官网自上线正式运转以来，峰值访问量达到 2 万次/日。网站配合集团公司重点工作节点、地铁运营及建设生产一线实践、企业文化宣传、文明单位创建等工作的稳步推进，对集团公司开展的特别是与乘客关系密切的活动进行了广泛宣传与跟踪报道，在服务地铁乘客、推广地铁品牌、宣传与提升地铁形象等方面发挥了积极作用。

申通地铁集团协同平台 协同平台“新闻资讯”栏目是申通地铁集团公司的内部宣传平台之一，主要围绕集团年度重大工作推进节点、地铁运营及建设生产一线实践、企业文化凝聚正能量、文明单位创建等，发布申通地铁集团内部新闻通讯类信息。

2005年8月1日，正式上线发布第一条新闻信息《申通地铁集团公司党委与长宁区委共同开展“地铁社区党建联动、共创群众满意工程”》。2005—2015年累计发稿7200多条，年平均发布新闻类信息650多条。围绕集团公司推进的年度重点工作，还开设相关专栏组织进行专题宣传。

2009年，围绕上海轨道交通建设大发展形成330公里运营里程，开设“新线开通”“一线直击”“聚焦一线”“定焦镜”“运营前线”“技术研究”“建设进展”“新线接管”等专栏进行专题宣传报道。

2010年，迎接上海世博会的召开，开设“我们的职工”“聚焦人物”“运营一线”“人物写真”等专栏，围绕上海地铁为世博保驾护航等组织进行了专题宣传报道。

2012年，迎接党的十八大召开和集团开展的文明单位创建等工作，开设“迎十八大”“文明之窗”“地铁好人多”“文明车站”“班组建设”等专栏进行专题宣传报道。

2015年，围绕集团推进的“注重家庭、注重家教、注重家风”等工作，开设“三个注重”“找隐患提建议”“江‘羊’群英”“开局谈思路”“爱心地铁”等专栏进行宣传。

上海地铁电视、广播直播 2009年12月31日，上海申通地铁集团有限公司与上海文化广播影视集团、上海广播电视台(SMG)共同商定，在上视新闻早直播中加入地铁运营信息播报，以日播的形式携手为市民乘客便捷出行提供信息服务和宣传引导，共同服务将在沪召开的2010年世博会。此前，集团公司党委办公室(简称：党办)牵头运营管理中心(简称：运管中心)，经过对SMG新闻中心、市交警总队、市气象局等调研，形成了《上海地铁运营服务信息电视广播联合播报可行性方案》。

2010年1月13日，上海地铁与SMG新闻中心联合成立直播项目工作小组，双方共同商定，在当时暂没有条件自建演播室的情况下，上海地铁派出主播和编辑辅助人员赴威海路上海电视台开展编播工作。同时通过光缆传输，将TOS(三色网络运营信息显示系统)和CCTV(闭路电视)等实时信号传送至新闻中心。地铁主播讲说加上即时数据画面，“说、图”结合，利用抠像技术给观众呈现出连线播报的观感，而实际都在电视台完成。

2010年2月8日，首创编前周例会制度，由各运营、维保单位通讯员等参加，并形成会议纪要，作为电视直播内容策划以及今后评估改进的基础。同月，在运管中心综合办公室、总调度所等相关人员的基础上，组建起第一支编辑、主播队伍，多次赴电视台开展模拟直播演练。其中，薛培倩、陈华、朱利敏为上海地铁第一批电视主播。

2010年2月28日，上海申通地铁集团与上海广播电视台联合举行新闻发布会，宣布将开启地铁运营信息电视直播栏目。

2010年3月1日上午7时29分，上海地铁电视直播正式亮相上视新闻综合频道《上海早晨》“轨交信息”板块，主播薛培倩首播成功，成为全球城市交通行业首个运营信息服务电视直播。此后，每周的工作日早晨将由地铁主播开始2分钟左右的电视直播。

2010年4月30日至5月2日，配合2010年世博会开幕，电视直播参与上视和东方卫视《世界你好》“72小时大直播”节目，3天共计连线直播17次。直播从早上7点一直到晚上，每隔1到2个小时进行一次连线。

2011 年 1 月 4 日，设在恒通路 222 号地铁恒通大厦 28 楼(原地铁服务热线办公处)的上海地铁演播室正式启用。当天，7 时 20 分首播成功，并首次使用上海地铁电视点评系统，包含 TOS、CCTV、AFC 等实时数据显示，进一步拓展丰富了节目形式。

2011 年 3 月，上海地铁电视直播与上海交通广播电台达成节目合作意向，在第一档电视直播结束后，在 7 时 50 分，与交通台“欢乐早高峰”栏目电话实时连线，播报地铁网络运营情况。

2011 年 7 月，运管中心成立媒体信息部，接受集团党办和运管中心在宣传和服务等业务上的双重指导和领导。媒体信息部由原运管中心综合办公室宣传口人员和直播编播团队组成，负责地铁电视直播运作和网络运营对外宣传工作。

2011 年 9 月 27 日上午，突发 10 号线在老西门区段追尾事故，地铁电视直播首度以紧急插播新闻连线的方式开展应急播报。

2012 年 2 月 23 日，经前期反复沟通研商和测试演练，地铁电视直播首次进驻“东方明珠移动电视”，乘客在早上 8 点 10 分，可以通过在地铁全网络车站、车厢中的移动电视，观看实时运营信息。

2014 年 1 月 24 日，在申通地铁集团与上海广播电视台战略合作框架下，与东方卫视中心专业主持人首次建立志愿主播机制，每周五进行地铁直播志愿播报，进一步丰富了直播形式。

2014 年 8 月，地铁电视直播增加大屏，首次采用双屏直播，将现场视频图像等运营信息和网络交互信息有机结合展现播出。

2014 年 11 月，在上视新闻中心的建议下，地铁电视直播首次引入直播套直播形式，即车站主播通过现场 CCTV 监控摄像与演播室主播实时连线，同步与《上海早晨》栏目直播连线，通过双直播进一步呈现车站情况。

2015 年 5 月，地铁电视直播增加触摸屏，升级点评系统，灯光改造，主播现场操作互动性更强。

上海地铁官方微博微信　2010 年 5 月，“上海地铁 shmetro”新浪微博注册试运转，同年 7 月 12 日，新浪微博加“V”认证为上海地铁官方微博(标注为上海申通地铁集团有限公司运营管理部)。在集团党办指导下，具体由运管中心媒体信息部负责日常运作。

上海地铁官方微博立足于乘客信息服务和社会宣传引导，重点发布网络运营等有关信息，并兼具社情民意收集与线上服务热线功能。

2011 年 9 月 27 日，10 号线老西门区段列车发生追尾事故，上海地铁“第一时间说、连续不断说、以我为主说”，通过官方微博先后发布了 30 多条信息，让事故处置等相关情况及时与社会和媒体见面，透明、快速、实事求是，满足知情权。一定程度上缓解了处置压力，争取到了主动。官方微博发布“最黯淡的一天”诚挚致歉，受到国内外媒体舆论及广大网友的好评。当天，微博粉丝突破 100 万。

2012 年，官方微博粉丝突破 300 万，2013 年粉丝数为 500 万，2015 年粉丝数接近 600 万。2014、2015 年连续荣获“全国十大交通机构微博”荣誉。

官方微信　订阅号：上海地铁 shmetro

2013 年 2 月 22 日，参照官方微博模式，经集团党办同意，运管中心代表上海申通地铁集团首次注册上海地铁官方微信公众号(订阅号)“上海地铁 shmetro”。同年 3 月 14 日发出首条微信，5 月 6 日获得认证。在集团党办指导下，由媒体信息部具体负责日常运转。

官方微信公众号(订阅号)重点聚焦上海地铁网络运营安全服务和新闻宣传，同时也涉及申通地铁集团建设、技术、资源经营等板块信息，开展深度策划编辑和发布工作，同时也开展各类在线调查等与网友乘客线上交互沟通。

官方微信订阅号2014、2015年连续荣获“上海市优秀政务类微信”称号。

2014年6月19日，经集团党办同意，运管中心代表申通地铁集团注册“上海地铁”官方微信公众号(服务号)，同年7月22日获得认证。服务号结合时下热点信息，围绕上海地铁周边“吃喝玩乐”策划“搭地铁游”系列，每月发布四次，每次发布一条，深受广大网友喜爱。服务号平均单条阅读量超过1万，热度持续上升。

上海地铁官方App 2011年12月18日，通过与社会力量紧密合作(运管中心媒体信息部与上海询诺通信科技发展公司)、共同研发，上海地铁在全国(大陆地区)推出首款官方App(IOS版)——上海地铁官方电子指南。其功能覆盖上海地铁全网络的路径计算、票价、车程、车站服务设施、实时运营情况等重要运营服务信息发布，方便乘客用户利用移动终端自助查询，并提供免费下载使用。

2012年5月28日，首次发布安卓版。2012年11月20日，发布iPad版本，手机版同步更新至2.0版。2013年9月30日，IOS、Android版本更新至3.0版。2015年，IOS版和安卓版均更新至3.5版。

第三节　干部管理

一、领导班子建设

2007年，为加强申通地铁集团各级领导班子和领导干部队伍的思想政治建设，不断提高领导班子的领导能力、决策水平和业务水平，集团党委开展以“政治素质好、工作业绩好、团结协作好、作风形象好”为主要内容的“四好”领导班子创建活动。2008、2009年，对直属单位、项目公司开展了“四好”领导班子考评活动，3家单位被评为2007—2008年度申通地铁集团“四好”领导班子。

2012年11月，为进一步加强直属单位领导班子建设，申通地铁集团制定并印发《直属单位领导班子巡视考核办法》，明确巡视考核对象、巡视考核周期和工作机构、工作程序和方法、结果反馈与运用等。2012年至2015年期间，申通地铁集团对13家直属单位领导班子和领导成员开展巡视考核工作。

2015年9月，为进一步加强和改进直属单位、项目公司、合资企业领导人员的任期管理，申通地铁集团制定并印发《直属单位、项目公司、合资企业领导人员任期制管理办法》，对班子任期期限、班子目标、评价、契约管理等作出规定，为领导干部履职评价提供依据。

二、干部选拔任用

2006年1月，为进一步规范干部管理工作，申通地铁集团制定并印发《干部管理权限暂行规定》，对党务、行政、工会、共青团干部管理权限、干部选拔任用程序等作出规定。

2013、2015年，申通地铁集团制定、修订并印发《领导干部选拔任用实施办法》，对干部选拔任用原则、条件、动议、推荐、考察、讨论决定、任职、公开选拔、竞争上岗、交流回避、纪律和监督等作出规定，进一步规范了干部选拔任用工作。

2011年8月，申通地铁集团制定并印发《干部选拔任用工作记实暂行办法》，对干部选拔任用过程及时进行记录。主要写实内容包括干部选拔任用工作履行程序的过程和选拔任用工作过程中的有关重要情况。

三、后备干部队伍建设

1994年9月，为适应地铁改革和经济发展的需要，加强对青年人才的培养、选拔，地铁总公司党委提出“培养跨世纪一、二、三人才工程”的育人目标，选拔60名青年干部，形成党、政、技三支青年后备队伍，有计划、有步骤地输送到各级领导岗位上锻炼。

2009年，申通地铁集团在各直属单位开展党政后备干部、优秀青年后备干部推荐工作，推荐产生直属单位党政正副职后备干部33人。同年，为贯彻落实市委组织部有关精神，集团党委确定7名同志为局级副职后备干部人选。

2010年7月，申通地铁集团制定并印发《关于直属单位后备干部队伍建设的实施意见》，明确了推荐条件、数量、结构和产生程序等，为轨道交通事业发展建立起素质优良、数量充足、结构合理的后备干部队伍。各单位开展选拔推荐，经集团党委审定，建立直属单位党政正副职后备干部库，共计36人。同年，根据市委组织部关于在全市范围内组织民主推荐优秀年轻干部的工作要求，推荐8名优秀年轻干部。

2013年，申通地铁集团调整充实直属单位党政正副职后备干部库，共计47人。根据市委组织部要求，推荐8名申通地铁集团副职后备干部、13名优秀年轻干部。

四、干部日常管理

2007年8月，申通地铁集团制定并印发《领导干部谈话制度》，明确领导干部谈话的主要对象和责任分工、谈话的主要内容、基本原则和要求、组织实施等。

2010年9月，申通地铁集团获得上海市干部人事档案工作目标管理一级单位资质。

2011年11月，申通地铁集团制定并印发《干部人事档案工作目标管理考评办法》，完善干部人事档案日常管理工作机制，推进各直属单位干部人事档案目标管理达标考评工作，提升干部人事档案工作管理水平。

2013年3月，申通地铁集团制定并印发《干部交流暂行办法》，对干部交流对象、范围、程序、纪律等作出规定。

2015年9月，为进一步完善法人治理结构，规范外派董事、监事、高级管理人员的管理，申通地铁集团制定并印发《外派董事、监事、高级管理人员管理办法》，对董事、监事、高级管理人员委派、责任、管理、考核、薪酬等作出规定。

五、干部监督

2005年11月，为进一步加强对领导干部的管理和监督，申通地铁集团制定并印发《关于贯彻〈上海市领导干部报告个人重大事项的实施办法〉的通知》，明确报告个人重大事项的领导干部范围及工作要求。2006年至2016年，对申通地铁集团中层干部开展重大事项申报。

2006年2月，申通地铁集团制定并印发《领导干部收入申报的规定》，明确申报范围、申报内容和申报要求等。

2014年9月，为进一步规范领导干部权力运行，健全法人治理结构，申通地铁集团制定并印发

《关于加强直属单位领导干部垂直兼职监管的管理办法》。

2014 年 9 月，申通地铁集团印发《关于加强特定身份人员因私出国(境)证照管理若干规定的通知》，明确因私出国(境)证照保管及使用等流程，进一步加强申通地铁集团因私出国(境)证照管理工作。

六、离退休干部管理

2012 年 8 月，集团党委设立离退休干部工作部，与申通地铁集团组织人事部合署办公，落实离退休干部各项管理工作要求。

2012 年 11 月，为加强申通地铁集团离退休干部管理和服务，申通地铁集团制定并印发《离退休干部管理暂行办法》，明确组织领导、管理和服务对象、管理的主要事项、经费保障等。截至 2015 年底，申通地铁集团共有离退休干部 87 人。

第二章 集团纪委

第一节 纪监机构

自集团成立以来，集团纪委领导班子成员自2004年至2015年底前后进行过五次调整，调整情况如下表。

表8-2-1 2004—2015年集团纪委班子成员情况表

序号	年 份	纪委书记	纪委副书记	党 委 委 员
1	2004—2005	贺阿东		徐杭苏、徐卫平、沈于荣、达世华
2	2006—2008		胡洪威	徐杭苏、徐卫平、沈于荣、达世华
3	2009—2010		徐卫平	杨夏影、沈于荣、达世华
4	2011—2012	徐建群	徐卫平	方力明、应建国、宋理强、苏耀强、张海燕
5	2013—2015	黄 建	徐卫平	方力明、应建国、宋理强、苏耀强、张海燕

集团所属18个党委均设立了纪委（集团机关党委除外），并设置了监察室，其中2家单位探索建立了监察审计室；一批事业心较强、业务熟悉的纪检骨干工作在专兼职岗位上，全集团纪检队伍共有63人，其中，专职24人，兼职39人。同时，申通地铁集团纪委还积极推进党风廉政建设向基层延伸，要求所有党总支（支部）必须设立纪检委员，并明确了书记责任和纪检委员职责，其工作纳入年度党总支（支部）建设绩效考核。

第二节 制度建设

2004年申通地铁集团成立后，公司党委落实党风廉政责任主体，以制度建设为抓手，不断完善建立党风廉政建设工作相关制度，规范各项工作程序，杜绝各项漏洞，先后制定、修订和完善了近30余项集团党风廉政建设方面的规章制度，有效保障了集团党风廉政的稳步推进。

自1998年11月中共中央、国务院颁布《关于实行党风廉政建设责任制的规定》以来，申通地铁集团贯彻党风廉政建设党委主体责任，党委书记履行第一责任人责任，其他班子成员认真履行一岗双责，党政领导每2年与所属单位党政主要负责人签订《党风廉政建设责任书》，确保党风廉政建设各项责任落到实处。

2004年，拟制印发了《上海申通集团有限公司党风廉政责任制（试行）》，共6章42条，分别从总体要求、责任范围、责任内容、责任考核、责任追究、责任落实6个方面明确了党风廉政建设的职责和任务。

2009年，拟制印发了《上海申通地铁集团有限公司党风廉政责任制实施细则》，主要是根据上级关于实行党风廉政建设责任制的新要求，对原《上海申通集团有限公司党风廉政责任制（试行）》进行修订和完善，修改为6章43条。

2010 年 11 月中共中央、国务院对《关于实行党风廉政建设责任制的规定》进行了修订，根据上级有关要求，集团党委于 2014 年拟制并印发了《关于落实党委主体责任进一步做实党风廉政建设责任制意见的工作方案》，从强化党委主体责任意识、明确主体责任重点内容、落实班子主要工作任务、履行班子成员“一岗双责”要求、加强责任落实的监督检查和实施严格的责任追究制度 6 个方面，进一步明确了党风廉政建设具体职责、任务和要求，更好地推动党风廉政建设责任制落实。

2015 年上海市国资委党委印发《市国资委系统落实党风廉政建设责任制的责任清单》，集团党委在认真对标的基础上，经广泛调研和征求意见，拟制印发了《上海申通地铁集团有限公司落实党风廉政建设责任制责任清单》，进一步强化了党委的主体责任，细分了党风廉政建设责任内容，列出了党委主体责任七方面 23 项、党委书记第一责任人职责五方面 16 项、领导班子成员“一岗双责”三方面 11 项的分工责任，进一步明确了集团推进党风廉政建设落实的责任对象，梳理、调整和明确了党办、组织、纪检等各职能部门的分工，以确保主体责任和监督责任落到实处。在此基础上，拟制并印发《2015 年申通地铁集团领导班子成员党风廉政建设责任制责任分解表》，对其中主要工作任务，采取分解落实、逐步推进的方法，以年度责任制形式，明确集团领导班子成员和相关部门所承担的党风廉政建设责任，确保党风廉政建设各项任务职责明确、有序推进。

2015 年，集团党委根据中央和市委规划要求，组织开展惩防体系建设课题研究，形成了《上海申通地铁集团有限公司党委建立健全惩治和预防腐败体系 2015 年—2017 年工作计划》，从顶层设计上明确了集团反腐倡廉近期目标、主要任务和工作举措。总体要求是深入贯彻党的十八大精神，深刻领会习近平总书记系列重要讲话精神，围绕上海新一轮轨道交通网络化建设和申通地铁集团改革发展稳定大局，明确申通地铁集团惩防体系建设的近中期工作目标、主要任务和保障举措，落实党委的主体责任和纪委的监督责任，坚持从严治党、依规治党，坚持惩防并举、注重预防，坚持文化、制度、科技“三位一体”，坚持不懈反对“四风”，确保党员干部高效、廉洁履职，确保企业改革发展目标实现，确保上海轨道交通事业健康发展。

表 8-2-2　2013—2015 年党风廉政建设工作制度情况表

序号	制度名称	印发时间
1	关于印发《关于领导干部谈话制度》的通知	2007 年 8 月 13 日
2	关于印发《申通地铁集团干部学习制度(试行)》的通知	2009 年 5 月 5 日
3	关于印发《申通地铁集团干部学习制度(修订)》的通知	2009 年 5 月 5 日
4	关于下发《关于开展重要项目效能监察的意见(试行)》的通知	2010 年 7 月 30 日
5	关于印发《申通地铁集团党的基层组织实行党务公开的实施意见》的通知	2011 年 4 月 15 日
6	关于印发《申通地铁集团干部选拔任用工作记实暂行办法》的通知	2011 年 8 月 16 日
7	关于进一步完善申通地铁集团党委中心组学习制度的通知	2011 年 8 月 30 日
8	关于开展岗位廉洁风险防控工作实施的意见	2012 年 8 月 9 日
9	关于印发《申通地铁集团直属单位领导班子巡视考核办法(试行)》的通知	2012 年 11 月 29 日
10	关于印发《进一步改进工作作风、密切联系群众的若干措施》的通知	2013 年 3 月 6 日
11	关于开展行贿犯罪档案查询工作的通知	2013 年 8 月 19 日
12	关于转发上级做好中秋、国庆期间廉洁自律和厉行节约工作有关文件的通知	2013 年 9 月 9 日

（续表）

序号	制　度　名　称	印发时间
13	关于转发《市纪委、市监察局〈关于加强对公款购买印制寄送贺年卡等物品行为监督检查的通知〉》的通知	2013年11月19日
14	关于转发《市纪委、市监察局〈关于严禁元旦春节期间公款购买赠送烟花爆竹等年货节礼的通知〉》的通知	2013年12月9日
15	关于对“12345”市民服务热线转交事项办理情况开展专项效能监察的意见	2014年4月22日
16	关于转发市国资委纪委《关于对党纪案件实行协助审理、审核的实施意见的通知》的通知	2014年7月4日
17	关于修订《申通地铁集团廉洁自律五个严禁规定》的通知	2014年9月1日
18	关于印发《关于加强申通地铁集团直属单位领导干部垂直兼职监管的管理办法》的通知	2014年9月4日
19	关于印发《申通地铁集团党委建立健全惩治和预防腐败体系2015年—2017年工作计划》的通知	2015年2月17日
20	关于转发《关于贯彻落实中央纪委强化监督执纪问责深入纠正“四风”电视电话会议精神的通知》的通知	2015年4月29日
21	关于下发《公务车辆管理规定》的通知	2015年8月20日
22	关于印发《申通地铁集团直属单位、项目公司、合资企业领导人员任期制管理办法》的通知	2015年9月10日
23	关于规范退休聘用人员办公用房与用车管理的通知	2015年9月17日
24	关于印发《关于合理确定并严格规范集团领导干部履职待遇、业务支出的实施细则》的通知	2015年9月29日
25	关于下发《轨道交通固定资产报废及处置管理规定》的通知	2015年10月16日
26	关于印发《申通地铁集团领导干部选拔任用实施办法》的通知	2015年10月27日

第三节　党风廉政教育

结合中心组学习，定期邀请市纪委有关领导和专家学者就落实党风廉政建设“两个责任”等内容，为申通地铁集团两级中心组成员作解读辅导。注重发挥地铁公共文化优势，持续倡导“安全地铁、健康身心”廉洁文化理念，积极推动廉洁文化“五进”（进办公室、工地、车间、车站、家庭）。通过举办预防职务犯罪报告、分发党风廉政宣传册、组织收看警示教育片、召开廉洁从业学习研讨班等多种形式，把经常性的教育纳入廉洁文化建设的过程中，有效开展党纪条规告知教育、严格自律提醒教育、典型案例警示教育，努力营造“不想腐”的环境氛围。

举办了廉政建设报告会，申通地铁集团中层以上干部和机关党员近200人出席报告会。组织申通地铁集团党政领导、机关部室领导以及各单位党员、干部，参观了“上海市加强作风建设推进反腐倡廉档案文献图片展”，并召开了座谈会，讨论学习心得。开展“讲党性、重品行、作表率”主题教育，邀请了市纪委和市检察院领导作了“关于建立健全惩治和预防腐败体系实施办法”和《国有企业领导干部廉洁从业》的辅导讲座。组织各单位党政主要领导为本单位党员干部上一次廉洁从业、作风建设党课活动，各直属单位报送了25篇提纲，并在上海地铁报、申通地铁集团综合协同平台等进行展示交流。组织观看《贪欲之害》《永远在路上》等专题教育片，参观了中共“一大”会址、“中国共产党反腐倡廉展”和反腐倡廉教育基地，参观上海市廉洁教育基地，参加观摩庭审。通过廉洁谈话、观看警示片、发送书籍等形式，对申通地铁集团新晋升中层干部进行了“岗初”廉洁教育。通过“清风课堂”“清风论坛”、微信平台知识竞赛等，及时组织党员干部学习党纪条规。通过重大节日前发送廉洁寄语短信，开展廉洁格言征集，汇编廉洁故事，针对党员干部存在的倾向性、苗头性问题，组织人员编制了《党纪处分条例摘编解读》漫画手册，举办廉洁书画赛、制作廉洁主题地铁磁卡等形式，向中层干部分发《启示录》《警示录》和《党性作风100典》等书籍。

一、廉洁文化

【构建“安全地铁、健康身心”理念】

2009年，组织参观廉政书画展览，制作了廉洁文化地铁纪念磁卡，演示了地铁灯箱廉洁书画展、公益广告和视频，编印了《清正廉洁和谐平安》研讨会征文。

2010年，开展“读书思廉”征文活动，并与市纪委宣教室、新民晚报、东方网、市纪委《清风》编辑部联合举办的“廉洁办博清风行”主题征文活动一并开展，共收到稿件180余篇，经自下而上推荐和评委评选；组织了“短信倡廉”征集活动中，16个单位推荐了185条手机“廉洁格言”，48条短信获奖；向新晋升的各单位中层管理人员和新党员分发了“廉洁寄语”卡片。

【营造“依法诚信、廉洁从业”氛围】

2011年，大力推动廉洁文化“五进”，推进廉洁文化示范点创建工作，在中层干部入党纪念日进行手机短信温馨“自律提醒”。实行新晋升管理人员、新发展党员廉洁谈话并发“廉洁寄语”卡片。

2012年，开展了“我喜欢的廉洁自律格言”手机短信征集活动，共征集到17家单位1 299条廉洁格言短信，经手机短信投票和申通地铁集团评审小组的两轮评选，评出“我喜欢的廉洁自律格言”手机短信征集活动组织奖3个、优胜奖10条、入围奖20条。举办了“廉洁从业”征文活动。开展了“廉洁从业小故事”征集活动，共收到投稿34篇，反映了近年来各单位在“遵纪守法、按章办事、抵制腐败、廉洁从业”等方面的党员干部先进典型。进行了“廉洁书画赛”作品展示。共收到书法绘画篆刻投稿共计76件，按照书法、篆刻、绘画分类进行了评选，其优秀作品在市工人文化宫“上海地铁职工文化艺术展”上亮相。

2013年，与市检察院合作，运用地铁车厢、站台视频播放了《贪婪的代价》《人生不是游戏》《牢记宗旨、坚守本色》《贪腐者的下场》等获奖廉政公益宣传片；组织参加了市人民检察院组织的全市检察机关第一届廉政公益广告评选大赛，申通地铁集团推荐了5个参赛作品，其中《学会拒绝》，分别荣获全国最高人民检察院组织的视频类作品“优秀奖”和市检察院“三等奖”。是年，参加了市检察院第二届“廉洁上海·和谐上海”廉政公益广告征集评选活动，推荐了3件参赛作品，并承办了该活动廉政图板展，先后在申通地铁集团机关办公楼、地铁人民广场、徐家汇等车站展出，还选用8幅获奖作品制作成地铁单程票，均取得较好社会反响。

【针对性的预防教育】

2014年，编制了《党纪处分条例摘编解读》漫画手册，对部分开除党籍处分行为，以漫画形式进行解读，发至申通地铁集团全体党员（约 3 900 名）；584 名党员干部参加两期在线学习平台的“清风论坛”，组织在线互动、剖析讨论、答疑解惑。2009 年，安排党委中心组和党员干部观看电影《廉吏于成龙》、警示教育系列片《贪欲之害》和组织参观廉政文化书画展等；将“廉洁自律五个严禁”上墙等，推进廉洁文化进办公室、进工地、进车间、进车站、进家庭。2010 年，开展了以“算好人生账”为主题的廉洁自律系列教育活动中，组织了党员干部读一本好书、编一条短信、听一堂党课、看一个案例等“四个一”活动。2014 年，申通地铁集团组织中层干部观看《蜕变》《贪欲之害》等警示教育片；2014 年，结合新的形势和任务，更新了“清风课堂”内容，新增一门《党政机关厉行节约反对浪费条例》课程，并修改了《党章》、申通地铁集团“五个严禁”等部分课件；在入党纪念日向中层干部发送以习近平总书记“三严三实”为内容的新一轮手机短信“自律提醒”，及向新晋升中层干部和新发展党员分发“廉洁寄语”卡片；继续在申通地铁集团班组长集中培训中进行三期“加强和改进班组长作风建设”的专题教育；联合申通地铁集团团委开展对团干部党风廉政建设主题教育活动。

【廉洁文化进地铁】

2014 年，与市检察院、市纪委合作，继续推进廉政公益广告宣传，在地铁车厢、站台视频滚动播放了《政务公开、廉洁为民》《姚明篇》等倡廉公益宣传片。2015 年，持续倡导“安全地铁、健康身心”的廉洁文化理念，结合贯彻中央八项规定精神和“三严三实”教育，修订并印制了新一批新晋升干部和新发展党员的“廉洁寄语”卡片并发至各单位；2015 年，以新颁布的中央《中国共产党廉洁自律准则》为内容，设计制作了廉政公益宣传的地铁单程票，利用地铁车站、站台、车厢视频等媒体滚动播放了《同与不同》等廉政公益宣传片，在市民乘客中引起积极反响。

【廉洁风险防控】

2012 年，制定印发了《关于开展效能监察优秀项目评选活动的通知》，每年开展效能监察立功竞赛，各直属单位积极参加优秀监察项目和先进个人的评选；结合“9.27”事故，起草印发了申通地铁集团《关于开展安全运营重点工作效能监察的通知》和《关于对领导干部进行安全工作约谈的暂行办法》，并组织了由申通地铁集团党委分管领导带队、有关职能部门负责人参加的效能监察小组，对所属部分单位和部门的年度安全运营重点展开了全面监察和督办，对由于种种原因推进缓慢的项目展开了重点监察。2012 年，申通地铁集团获市建交系统“效能监察示范单位”，运营一公司获“效能监察示范项目”。

2013 年，效能监察纳入申通地铁集团专项劳动竞赛，使效能监察范围，覆盖到干部履职、制度执行、风险防控、工程项目、物资采购、设备改造、质量安全管理等多个方面。申通地铁集团和各直属单位结合自身实际开展效能监察，针对制度执行、操作流程等过程中存在的管理与监控缺陷，分析问题及原因，提出监察建议，强化各项制度执行力；参与重大事件、事故的调查处理，促进主营业务管理责任制的落实；督促监察建议等整改、奖惩措施落实，总结和评估监察成效，推广好的经验做法。

2014 年会同有关部门对维保、资产等单位关于《上海地铁安全保护区、规划控制区管理实施办法》文件办理和相关信访件事宜处理等进行了监察督办；在“12345”市民服务热线满意度调查系统上线后，制定下发了申通地铁集团《关于对“12345”市民服务热线转交事项办理情况开展专项效能监察的意见》，明确了监察主体、监察内容、办理时限及监察程序。

2015 年，建立了由申通地铁集团监察、合约、投资和设施设备等管理部门参加的效能监察小组，对各运营公司(含磁浮公司)、维保公司(含所属各分公司)、运管中心等单位2014年以来运维项目合同执行及大修、更新改造项目开展了效能监察，并形成了监察报告，提出了监察建议，并对效能监察问题整改落实情况和今年执行申通地铁集团相关制度、运维项目规范管理、合同执行、降本增效及线路管理部改革等情况的督察，提出33项整改问题和34项整改建议。

二、“制度加科技”工作

围绕物资采购、项目招投标、合同资金管理、建设项目管理、资产管理、设备改造、资源开发、委外项目管理等申通地铁集团内部立项的中小项目，按照授权有限、互相制约、运行透明、管理集中的原则，排查权力运行的风险点，探索和运用计算机信息技术，固化权力运行的步骤、程序和流程。2013年，启动了申通地铁集团“物资供应管理采购系统”等建设，减少和杜绝人为因素对制度执行的干扰，实现对权力运行的全程、实时、公开监控。该平台依据“公开、公平、公正”的原则，将运营保障中的资本性大修、预算内外采购项目和工程建设中非招标项目以及资源开发中的多经项目、企业日常办公采购、废旧物资处置等都纳入这个公开采购平台，实现了申通地铁集团各个采购业务范围、招标公告、中标信息等全部公开，同时还具备综合竞价、公开竞价和核价竞价等多种采购功能，实现对采购全流程监控。

2010年，用网络信息技术，实现了对世博地铁保障中的重大项目决策、文件合同流转、领导和职能部门审批、投资施工进度控制、待办催办工作、数据采集汇总、信息统计分析等多维度功能应用，对操作流程实行全程监控。同时，申通地铁集团运用市检察院全国联网共享的行贿犯罪档案库查询系统，预先对参与地铁建设投标单位进行廉洁记录查询，把好风险防控的入口关。

2015年，制定《申通地铁集团党委建立健全惩治和预防腐败体系2015—2017年工作计划》，对深化“制度加科技”风险防控管理机制，提出建设具有上海地铁行业特色的“4＋X”惩防体系，加快推进申通地铁集团阳光采购平台、合约资金管理平台、项目管理平台(Greata)和资产管理平台等“4个平台”建设，提出项目管理平台(Greata)结合BAM技术应用、资产管理平台突出“废旧物资处置”、合约资金管理等平台应建立预警机制等。

三、创“双优”活动

申通地铁集团制定了《2006年申通地铁集团纪委创“双优”工作安排》，不断推广和规范争创活动，除继续在轨道交通建设工程开展争创“双优”活动外，2010年创“双优”活动还推广至涉及轨道交通重要保障项目的所属单位(部门)，即列较大预算内(外)的基建工程类、设施设备大修改造类、设施设备维护保障类、设备物资材料采购类、资源经营开发类、工程设计与咨询类、科研项目管理类等较大金额保障项目(具体金额数由各单位视情确定，并含委外项目)，都纳入争创“双优”活动范围。

第四节　监 督 检 查

一、日常监督

申通地铁集团纪委对党员干部从业行为保持监督，对申通地铁集团新晋升中层干部和后备干部、先进人物推荐名单等进行廉洁预审，对直属单位党政主要领导进行了经济责任审计，通过组织管理、党内民主和职工监督等渠道，加强对权力运行的监督。

建立健全制度，制定了《申通地铁集团中层干部亲属及特定关系人经商办的企业与申通地铁集团发生经济往来的若干规定(试行)《纪委书记与所属单位和部门负责人谈话制度》等制度，防微杜渐规范从业行为。开展了制定“惩防体系三年工作计划”，落实“监督、执纪、问责”职责等专项课题研究，进一步明确纪委监督执纪问责的工作依据、内容、要求。

运用“制度加科技”，聚焦地铁运维项目公开规范、降本增效，持续开展效能监察，着力研究采购、招标、委外等重点领域、岗位的风险防控举措，对存在廉洁风险重点岗位和工作环节开展监督。建设“4＋X”管理平台，推进管理实时监控预警机制建立。选择效能监察中的关键环节，开展了承包、供应商诚信体系平台建设试点，探索和运用信息技术，固化权力运行的步骤、程序和流程，减少和杜绝人为因素对制度执行的干扰，实现对权力运行的全程、实时、公开监控；运用市检察院 7 省市联网共享的行贿犯罪档案库查询系统，预先对参与地铁建设投标单位进行廉洁记录查询，为集团中心工作开展保驾护航。

二、专项督查

2012 年，按照上级统一部署，抓好工程领域专项治理，除在建工程外，扩大到运营保障中的物资采购、设备改造、资源开发、较大委外等非招投标、合同执行、安全质量、工程验收、成本控制等项目管理，依据国家相关政策法规、行业规范以及集团内控管理制度，开展对重点单位重要项目监管的“四查”工作，即“查制度、查流程、查监管、查责任”。

2012 年，中央提出贯彻落实八项规定以来，集团纪委开展查“四风”等方面专项督查，把监督八项规定精神执行情况作为挺纪在前的重要抓手，加大监督、执纪问责的工作力度。开展了集团领导转变作风、改进调研方法、落实八项规定等自查工作，并结合集团对所属单位领导班子巡视考核，对贯彻八项规定精神开展了督查；开展了“三重一大”等专项督查。在各单位自查基础上，由集团纪委领导带队，组成督查组，对各直属单位和项目公司 2013、2014 年落实“三重一大”决策制度和加强“制度加科技”风险防控机制建设情况进行了专项督查，针对薄弱环节和问题不足，规范决策程序，促进制度完善；组织了利益输送问题专项查纠工作；为确保领导干部“一岗双责”落实，对直属单位领导班子的领导干部执行《国有企业领导人员廉洁从业若干规定》、重大事项报告和述职述廉情况进行督查，对领导人员垂直兼职情况进行检查；会同有关部门开展了对直属单位的业务招待费、会务费、差旅费等预算执行情况及会议管理等，进行了抽查，坚决贯彻作风建设永远在路上的要求；为进一步规范国企领导和管理人员从业行为，对各直属单位、项目公司和集团机关部室开展了利益输送问题专项查纠工作，自查范围覆盖所有单位和部门中层干部，及投资、建设、运维、开发、科研等多个业务板块的重点风险岗位人员。

三、效能监察

集团制定印发了《关于开展效能监察优秀项目评选活动的通知》，每年开展效能监察立功竞赛，各直属单位积极参加优秀监察项目和先进个人的评选；结合“9.27”事故，起草印发了集团《关于开展安全运营重点工作效能监察的通知》和《关于对领导干部进行安全工作约谈的暂行办法》，并组织了由集团党委分管领导带队、有关职能部门负责人参加的效能监察小组，对所属部分单位和部门的年度安全运营重点展开了全面监察和督办，对由于种种原因推进缓慢的项目展开了重点监察。2012年，申通地铁集团获市建交系统“效能监察示范单位”、运营一公司获“效能监察示范项目”称号。

2013年，效能监察纳入集团专项劳动竞赛，效能监察覆盖到干部履职、制度执行、风险防控、工程项目、物资采购、设备改造、质量安全管理等多个方面。集团和各直属单位结合自身实际开展效能监察，针对制度执行、操作流程等过程中存在的管理与监控缺陷，分析问题及原因，提出监察建议，强化各项制度执行力；参与重大事件、事故的调查处理，促进主营业务管理责任制的落实；督促监察建议等整改、奖惩措施落实，总结和评估监察成效。

纪检部门会同有关部门对维保、资产等单位关于《上海地铁安全保护区、规划控制区管理实施办法》文件办理和相关信访件事宜处理等进行了监察督办；在“12345”市民服务热线满意度调查系统上线后，制定下发了集团《关于对“12345”市民服务热线转交事项办理情况开展专项效能监察的意见》，明确了监察主体、监察内容、办理时限及监察程序。

建立了由集团监察、合约、投资和设施设备等管理部门参加的效能监察小组，对各运营公司(含磁浮公司)、维保公司(含所属各分公司)、运管中心等单位2014年以来运维项目合同执行及大修、更新改造项目开展了效能监察，并形成了监察报告，提出了监察建议，并对效能监察问题整改落实情况和今年执行集团相关制度、运维项目规范管理、合同执行、降本增效及线路管理部改革等情况的督察，提出33项整改问题和34项整改建议，推进了管理水平的提升。

第五节　执纪问责

一、来信来访

截至2015年底，集团共收到的信访件及问题线索132件，对上级纪委转办的信访件按要求及时上报。对信访件调查过程中发现的合约管理、采购管理、委外管理、财务管理、人事管理、基层班组民主管理等方面的问题及时提出监察建议，责成相关单位和部门加以改进。在追究违纪违规者本人责任的同时，还对相关领导干部进行了问责；对产生严重影响的、反复发生的、处理不当的信访举报，严肃追究相关单位的责任。

二、案件查处

自2004年申通地铁集团重组以来，对20名违纪违规党员干部进行立案并给予了党纪处分，对应给予诫勉谈话的及时开展谈话。对公安系统转来的赌博、嫖娼等受行政处罚的移送案件做好党纪处分等相应工作，对极个别涉及职务犯罪的党员干部违纪情况，积极配合检察系统做好相关案件的配合调查工作。根据上级文件精神和工作口径，规范案件办理和审理阶段的流程和表式。遵循“初核、谈话函询、暂存、了结”处置标准，做好问题线索集体研判和处置工作；认真落实“一案两报告”、查办违纪违法案件以上级纪委领导为主、调查报告由纪委书记背书、实名举报件必须回复举报人等办信查案各项制度；加强对基层单位党纪案件办理的指导工作，严格落实《关于对党纪案件实行协助审理、审核的实施意见(试行)》的要求；集团每年参加上级纪委组织的问题线索、案件审理的专项检查，相关案件办理均符合各项检查要求。

三、问责追究

2013 年，会同有关部门对发生的“3.9”“3.12”两起运营安全事故，分别对 7 名当事人进行了初核、5 名责任人进行约谈。2014 年，会同有关部门还对“11.6”运营安全事故进行了调查核实，对 5 名负有领导责任和主要的领导管理责任的责任人提出问责建议。2016 年，落实好市国资委《关于对违反中央八项规定精神典型问题实行通报的通知》精神，对个别单位违规购买发放消费卡、未按要求上报情况和个别党员干部公款吃喝等问题，及时进行了问责。

四、行业纠风

2010 年下半年，市监察局纠风办开设了“纠风在线”官网，集团监察室开始受理市民群众对政风行风的投诉。由于在集团积极协调下，咨询处理效率较高，几个月后，市交通局将涉及轨道交通行业的投诉咨询，直接委托集团处理。自 2010 年开始，按照市纠风办工作部署，集团分管运营副总裁带队，集团运管中心、建管中心、规划技术部负责人等，每年应邀参加 2 次市广播电台“政风行风热线”直播的轨道交通专题节目，直面听众意见，在线答疑解惑。

2012 年，市监察局纠风办“纠风在线”官网对各行业开展“市政风行风网上测评”，每年进行两次测评，印发 4 万份左右的密码测评通知，发至全市各区监察局和各有关大型企业，及社会各政风行风监督员，对 19 个公共服务窗口行业进行“上海市政风行风网上测评”。纪委监察室与运管中心研究确定了“2012 年上海市政风行风网上测评内容(轨道交通行业)”，结合集团文明行业测评，自觉接受市民乘客监督。

第三章 集 团 工 会

第一节 工 会 组 织

一、工会沿革

上海申通集团有限公司工会第一次会员大会于 2001 年 11 月 27 日召开(属重组前的老申通集团公司时期),上海申通地铁集团有限公司成立后,继续沿承原申通集团公司工会会员大会的序称,于 2005 年 12 月 30 日,召开第二次会员代表大会(2005 年 7 月申通集团改名为申通地铁集团),选举产生工会第二届委员会和经费审查委员会。2010 年 12 月 29 日,召开第三次会员代表大会,选举产生工会第三届委员会和工会经费审查委员会。

2005 年 12 月 30 日,申通地铁集团工会第二届委员会选举产生,胡洪威当选工会主席,许雅琴当选工会副主席。

2010 年 12 月 29 日,申通地铁集团工会第三届委员会,黄建当选工会主席,许雅琴当选工会副主席。

2012 年经全委会选举严婵琳为工会副主席;2013 年经全委会选举蔡洪宇为工会副主席,2014 年任命蔡洪宇为常务副主席。

表 8-3-1 2004—2015 年申通地铁集团工会历届班子成员情况表

时 间	届 次	委员会	职 务	姓 名	备 注
2004 年 10 月	第一届	工会委员会	主席	胡洪威	调整
2005 年 12 月	第二届	工会委员会	主席	胡洪威	选举
			副主席	许雅琴	
			委员	王益群、伏相华、许雅琴、李君俊、吴昕毅、吴晓红、胡洪威、钱顺康、嵇仁尧	
		女职工委员会	主任	许雅琴	
2010 年 12 月	第三届	工会委员会	主席	黄建	选举
			副主席	许雅琴	
			委员	伏相华、许传海、许敏芳、许雅琴、李君俊、杨雪峰、吴晓红、周 江、周震义、顾锦冲、凌春霞、黄 建、蔡玉彪	
		女职工委员会	主任	许雅琴	
2012 年 8 月	第三届	工会委员会	副主席	严婵琳	选举
			委员	马 珏、叶明中、孙 安、严婵琳、赵天虹、姜 雪	增补
		女职工委员会	主任	严婵琳	任命

（续表）

时 间	届 次	委员会	职 务	姓 名	备 注
2013年11月	第三届	工会委员会	副主席	蔡洪宇	选举
2014年3月	第三届	工会委员会	常务副主席	蔡洪宇	任命
2014年7月	第三届	工会委员会	委员	王 瑾、黄璧玲	增补
2015年2月	第三届	工会委员会	委员	陈 匡	增补
2015年11月	第三届	工会委员会	委员	孙克晴	增补

【工会机构溯源】

1986年8月19日，上海市地铁公司首届工会委员会于选举产生，尤菊泉当选工会主席；1992年9月28日陈坤先任上海市地铁运营公司工会主席；上海地铁总公司第一届工会委员会于1994年1月18日至20日选举产生，尤菊泉当选工会主席；1998年4月28日召开工会第二次会员代表大会，尤菊泉再次当选工会主席。上海地铁建设有限公司第一届工会委员会2000年8月8日选举产生，孟富海当选为工会主席。上海地铁运营有限公司第一届工会委员会于2000年9月4日选举产生，尤菊泉当选工会主席；2003年9月选举钱顺康为工会主席。上海现代轨道交通股份有限公司第一届工会委员会于2003年6月26日选举产生，何一飞当选工会主席。

2001年11月27日，上海申通集团有限公司工会第一届工会委员会选举产生，董经纬当选工会主席，漆向潮当选工会副主席；同届工会经费审查委员会组成，周耀东当选经审委主任。

二、基层工会概况

申通地铁集团工会下属基层工会共15家：申通地铁集团机关工会委员会、上海轨道交通运营管理中心工会委员会、上海地铁第一运营有限公司工会委员会、上海地铁第二运营有限公司工会委员会、上海地铁第三运营有限公司工会委员会、上海地铁第四运营有限公司工会委员会、上海磁浮交通发展有限公司工会委员会、上海轨道交通维护保障中心工会委员会、上海申通轨道交通研究咨询有限公司工会委员会、上海申通地铁资产经营管理有限公司工会委员会、上海市隧道工程轨道交通设计研究院工会委员会、上海市黄浦江大桥工程建设处工会委员会、上海申通地铁股份有限公司工会委员会、申通地铁集团轨道交通培训中心工会、上海地铁运营人力资源有限公司工会委员会。

三、工会经审委员会

2005年12月30日，申通地铁集团工第二届工会经费审查委员会选举产生，五人组成，徐宪明当选主任。

2010年12月29日，申通地铁集团工第三届工会经费审查委员会进行调整，徐宪明当选主任。

工会经审工作是经审会依法对工会经费收支、资产管理等经济活动的真实、合法与效益实施的审计监督工作。

2006—2015年，集团经审会共实施各类审计项目70项，依法履行审查监督。同时严格按照《工会经审工作规范化建设标准》，全面落实经审工作任务，制定申通地铁集团工会《经费审查委员会工作制度》和《审计实施细则》，进一步加强了工会经费收缴、财务管理、审计监督、资产监管等工作，全面推广工会经审工作规范化建设。2004—2015年，工会经审会先后八次被上海总工会评为"工会经审工作规范化建设考核特级(A级)单位"，荣获"2008—2012年度上海市工会经审工作先进集体"称号。

在经审干部配备方面，充实和加强经审会人员，选派财务、监察和审计人员出任经审委员，经审委员占统计工会委员比例超过50%。健全各级经审组织，举办多期工会经审干部上岗专题培训班，确保工会及下属所有基层工会经审干部全员持证上岗。

表8-3-2　2004—2015年申通地铁集团工会经审委员会情况表

时　间	届　次	委　员　会	职　务	姓　　名	备　注
2004年10月	第一届	工会经费审查委员会	主任	林华庚	调整
2005年12月	第二届	工会经费审查委员会	主任	徐宪明	
			委员	史　军、金卫忠、张　俊、周建英、徐宪明	
2010年12月	第三届	工会经费审查委员会	主任	徐宪明	
			副主任	史　军	
			委员	史　军、陆翠萍(女)、金卫忠、赵立欢(女)、倪薇瑜(女)、徐卫平、徐宪明	

第二节　职工素质工程

一、创建工人先锋号

申通地铁集团成立后，广泛发动职工积极投身岗位创新、岗位出彩的活动，引导职工爱岗敬业、

图8-3-1　2009年10月11日上海地铁4号线"工人先锋号"荣誉揭晓

技能提升，开展创建工人先锋号活动。自2008年起，先后有51个团队集体分别被授予全国、部委和上海市工人先锋号荣誉。

表8－3－3　上海申通地铁集团公司荣获“全国工人先锋号”情况表

荣誉获得时间	奖　项	获　奖　单　位
2008年	全国工人先锋号	上海地铁运营有限公司客二分公司2号线乘务3组
2009年	全国工人先锋号	上海地铁第三运营有限公司4号线
2009年	全国工人先锋号	上海申通地铁资产经营管理有限公司盾构项目管理部
2010年	全国工人先锋号	上海地铁第四运营有限公司上海地铁8号线
2010年	全国工人先锋号	上海轨道交通维护保障中心通号分公司新线部
2010年	全国工人先锋号	上海地铁第二运营公司上海轨道交通世博专线
2014年	全国工人先锋号	上海轨道交通运营管理中心媒体信息部

表8－3－4　全国交通建设系统工人先锋号获奖情况表

荣誉获得时间	获　奖　单　位
2010年	上海申通地铁资产经营管理有限公司物业开发事业部前期开发部
2010年	申通地铁集团维护保障中心车辆分公司新车部
2010年	上海地铁第二运营有限公司2号线娄山关路站
2010年	上海地铁第四运营有限公司8号线耀华路站

表8－3－5　上海市工人先锋号获奖情况表

荣誉获得时间	获　奖　单　位
2008年	上海轨道交通维护保障中心车辆分公司新车部
2008年	上海申通地铁资产经营管理有限公司传媒策划事业部媒体运作部
2009年	上海地铁第三运营有限公司7号线乘务一组
2009年	上海地铁第四运营有限公司8号线西藏北路站
2009年	上海地铁第一运营有限公司1号线人民广场站
2009年	上海轨道交通杨浦线发展有限公司工程部
2009年	上海轨道交通维护保障中心车辆分公司殷行维修厂检修二班
2009年	上海地铁第一运营有限公司1号线上海体育馆站
2009年	申通地铁集团建设事业部
2009年	申通地铁集团维修保障中心工务分公司
2009年	上海地铁第四运营有限公司2号线静安寺站
2009年	上海地铁第四运营有限公司6号线五莲路车站
2009年	上海申通轨道交通资讯有限公司总体研究部
2009年	上海轨道交通维护保障中心供电分公司运三车间4号线世纪大道区域

（续表）

荣誉获得时间	获 奖 单 位
2009 年	上海市隧道工程轨道交通设计研究院外滩通道设计项目组
2009 年	上海市隧道工程轨道交通设计研究院外滩通道设计项目组
2009 年	上海申通地铁资产经营管理有限公司信息发展事业部项目开发部
2010 年	上海轨道交通运营管理中心网络运营协调与应急指挥室
2010 年	上海地铁第三运营有限公司西藏南路车站
2010 年	上海地铁第二运营有限公司上海轨道交通世博专线
2010 年	上海地铁第二运营有限公司张江区域
2010 年	上海申通地铁维护保障中心供电分公司变电检修车间
2010 年	上海轨道交通维护保障中心通号分公司号新线部
2010 年	上海地铁第一运营有限公司 9 号线乘务四组
2010 年	上海地铁第三运营有限公司 7 号线长清路站
2010 年	上海地铁第一运营有限公司 1 号线上海火车站站
2010 年	上海地铁第四运营有限公司 8 号线耀华路站
2011 年	上海地铁第二运营有限公司 2 号线南京东路站
2011 年	上海市隧道工程轨道交通设计研究院青草沙水源地长江过江管设计项目组
2012 年	上海轨道交通维护保障中心供电分公司触网检修部
2012 年	上海黄浦江大桥建设有限公司工程部
2012 年	上海地铁第一运营有限公司 10 号线虹桥枢纽责任区
2012 年	上海申通地铁集团运营管理中心运营票务管理部
2013 年	上海地铁第三运营有限公司 7 号线乘务三组
2013 年	上海地铁第一运营有限公司 10 号线水城路站
2013 年	上海市隧道工程轨道交通设计研究院工程技术研发中心
2013 年	上海磁浮交通发展有限公司机电设施部
2014 年	上海地铁维护保障有限公司车辆分公司李鹏伟大师工作室
2014 年	上海地铁第四运营有限公司 8 号线虹口足球场站客运三班
2014 年	上海地铁维护保障有限公司车辆分公司大修厂

二、班组建设

在迎世博 600 天活动期间，组织班组开展合理化建议活动，动员职工围绕轨道交通投资控制、工程建设、运营管理、综合开发、科技科研以及企业管理等方面的内容，献计献策，基层班组提出的一大批金点子被管理单位接纳采用，其中“印制中英文对照便民导乘图”还被评选为上海市迎世博窗口服务行业职工合理化建议大征集活动“十佳金点子”。

2009年，在开展的学习实践科学发展观教育活动中，申通地铁集团组织深入基层班组进行班组建设调研，采用发放问卷调查表、召开座谈会、访谈多种形式进行调查研究，针对班组建设存在的薄弱环节，提出了5个方面的整改意见，起草并实施了《上海申通地铁集团有限公司关于进一步加强班组建设的指导意见》。

2010年，印发的《关于进一步加强班组建设指导意见》提出，以班组基础建设、班组思想道德建设、班组业务技能建设、班组凝聚力建设、班组健康安全环保建设、班组长队伍建设为加强班组建设的主要内容，使基层班组建设和班组长队伍建设做到四个化，即：工作内容标准化、工作要求规范化、工作步骤程序化、工作考核日常化。是年，开展评选优秀班组、优秀班组长活动，组织召开集团加强班组建设推进会，编写了10万多字的《班组风采·2010——申通地铁集团班组建设经验汇编》一书，下发到所有班组学习。是年，在推进班组建设工作中，组织召开集团劳模先进事迹报告会，组织拍摄了反映7名劳模先进事迹的电视短片，主编了《群星璀璨耀申通》小册子，还与上海《劳动报》联系携手，用3天时间连续深度报道了集团劳模的先进事迹，为班组思想建设提供精神典范。在班组建设上，开展以"岗位学习、岗位创新、岗位成才、岗位奉献"为主题，以技术比武、技术攻关、技术协作、拜师学艺等形式的学习创建活动，"创建学习型组织、争做知识型职工"，开辟图书室、阅览室，组织开展形式多样的读书活动，为职工读书、学习创造条件。

2011年，在班组建设中发挥工会职工之友、职工之家的作用，成功培育推出"上海市杰出人物"宋博、"上海市十大工人发明家"李鹊伟、"上海市优秀创新团队"维保监护工作部等一批典型人物和团队。运用班组建设阵地，开展"培训、练兵、比武、晋级"四位一体的职工技能登高活动等，推进上海地铁职工技术比武，诞生了申通地铁集团001号首席技师工作室。

2012年，发挥班组建设在企业安全生产、管理中的作用：在班组开展"寻找身边风险源，我为安全献一计"专项行动，发挥职工的主人翁作用，一线班组共组织召开主题班会1 342次，参与讨论职工达21 809人次。在职工中开展了"我心中的企业安全核心价值观大讨论"活动。共收集汇总职工心中的安全核心价值观1 983项，为研究形成集团安全核心价值观提供"职工声音"。在一线班组中积极组织开展"文明班组"劳动竞赛，重点组织实施150名一线班组长参加由上海市总工会、经信工作党委、市国资委和市工商联联合举办的班组长岗位资格培训；组织开展针对首批37个"样板班组"申报点的现场检查，进一步深化首席技师工作室建设，继车辆李鹊伟首席技师工作室之后，供电、工务、通号专业版块相继成立首席技师工作室；并在窗口一线推出上海市级的"劳模熊熊3D服务创新工作室"。许多班组通过将专家请进来，把班组长送出去等方法，进行班组长能力培养。如维保公司先后邀请劳模讲师李斌进行"岗位创新、岗位成才"专场讲座，邀请上海市十大工人发明家、上海市技师协会副会长孔利明讲解"专利发明与申请"等，加强基层班组建设。

2013年，推动实施"班组建设"三年行动计划，岗位建功向班组延伸，逐步形成班组建设规范。是年，印发的《关于实施申通地铁集团班组建设三年行动计划的通知》要求，以运营服务类、乘务类、设施保障类为范围，各单位围绕安全管理、基础管理、质量与绩效管理、民主管理、素质建设和自主创新等六个方面的标准，通过创建"达标班组"活动，提升班组建设管理水平。集团1 452个班组、25 200名职工申报参加了"安康杯"劳动竞赛，做到了职工广覆盖、参与全过程。

2014年，按照申通地铁集团班组建设三年规划，组织召开"集团班组建设推进会"，总结交流班组建设优秀成果。以一线班组为单位，持续开展"寻找身边风险源，我为安全献一计"活动，汇总整理安全生产建议举措234条，并编制安全生产管理建议书。组织班组长岗位资格培训，共计160人获得合格证书。是年，集团评选出并表彰"优秀班组"27个。

2015年，推动运营板块车站（班组）民主管理组织的建立，召开现场推进会，督促一项制度、两项建设和五个保障机制的建设，落实职工对车站、班组管理的知情权、参与权和监督权。已建设车站民主管理委员会（小组）448个。围绕“安全管理、基础管理、质量与绩效管理、民主管理、素质建设和自主创新”等六大内容，持续推动班组达标创建。截至2015年，共创建“达标班组”1 247个，达标率占比73%。是年，集团召开班组建设推进会，集中展示集团班组建设三年成果，交流班组建设心得，筹谋班组建设新一轮规划。申通地铁集团有五个班组参加全国和上海市质量信得过班组评选。组织开展“安康杯”竞赛活动，全集团共有25 501名职工参与。持续推进“美丽地铁，我爱我家”活动，组织“车站职工生活环境创优示范车站”巡访检查及评选等。组织职工参加第六届上海职工科技节活动，集团职工严如珏获“第十届上海市十大工人发明家”称号，利敏获“第五届上海市十大职工科技创新英才”称号，集团职工多项合理化建议获“先进操作法优秀成果”奖、“合理化建议项目创新奖”等。

第三节　职工服务与保障

一、帮困慰问

申通地铁集团各级工会建立系列帮困制度，运用帮困机制，保障企业员工在突发困难急难时刻有援手相助。在春节等重要假日或职工突发事件时，结合单位实际，开展送温暖慰问“一日捐”帮困慰问、帮困助学等各类形式的送温暖活动，对因重大疾病或其他急难导致生活困难的职工，给予经济帮助和精神压力纾解，为帮助职工助力解难建一道保护墙。

表8-3-6　2005—2015年度春节慰问统计情况表

年　份	慰 问 人 数	慰问金额(元)
2005年	0	0
2006年	18	19 119
2007年	11	11 800
2008年	35	31 813.8
2009年	194	122 980
2010年	375	314 215
2011年	356	224 317
2012年	663	512 414.8
2013年	653	408 865.36
2014年	704	474 993.05
2015年	702	480 354.03

表8-3-7　2005—2015年度“一日捐”统计情况表

年　份	慰 问 人 数	慰问金额(元)
2005年	113	6 010
2006年	119	12 400

（续表）

年　份	慰问人数	慰问金额(元)
2007年	541	37 930
2008年	446	45 580
2009年	583	77 448
2010年	528	179 348
2011年	498	263 678.4
2012年	4 933	341 180
2013年	5 006	377 350
2014年	5 079	346 075
2015年	5 145	336 750.5

表8-3-8　2005—2015年度帮困慰问统计情况表

年　份	慰问人数	慰问金额(元)
2005年	20	8 687.7
2006年	53	32 975.21
2007年	52	42 516.3
2008年	102	41 785.33
2009年	232	136 581.98
2010年	320	199 746.18
2011年	349	179 500.11
2012年	468	262 813.32
2013年	649	353 529.07
2014年	492	324 755.85
2015年	278	235 079.11

表8-3-9　2005—2015年度帮困助学统计情况表

年　份	慰问人数	慰问金额(元)
2005年	0	0
2006年	0	0
2007年	0	0
2008年	0	0
2009年	0	0
2010年	10	17 800
2011年	29	24 800
2012年	26	20 500

（续表）

年 份	慰问人数	慰问金额(元)
2013年	29	23 500
2014年	46	41 700
2015年	41	39 100

表8-3-10 2005—2015年度高温慰问统计情况表

年 份	慰问人数	慰问金额(元)
2005年	0	0
2006年	110	7 956
2007年	91	2 560
2008年	222	9 800
2009年	644	52 340
2010年	1 656	565 540.81
2011年	3 684	898 441.97
2012年	3 135	800 555.2
2013年	8 396	957 612.9
2014年	7 601	450 087.2
2015年	7 012	482 697.28

二、职工互助互济

《申通地铁集团职工大病医疗互助实施办法(试行)》自2009年8月1日起试行，在其基础上修改制定的《申通地铁集团职工大病医疗互助实施办法》于2013年1月1日起实施。将重大疾病由原来的九类补助扩大到十一类，并新增了职工突发医疗互助范围以外疾病的医疗补助，及时做好理赔工作。通过实施职工大病医疗互助办法，有效地减轻了患大病职工的医疗负担和女职工高发肿瘤疾病的前期预防工作，对患重大疾病职工在医疗过程中个人所承担的大额医疗费给予适当补助，以减轻他们在医疗中的个人负担。

2014年1月1日起根据《申通地铁集团职工大病医疗互助实施办法(试行)》进行编制的《职工大病医疗互助管理规定》开始实施。

表8-3-11 2009—2015年大病互助补助人员慰问情况表

年 份	参加人次	收入金额(元)	医疗补助申请人次	补助人次	补助金额(元)
2009年	13 784	2 067 600	3	3	10 976.33
2010年	19 017	2 852 550	83	81	788 971.53
2011年	20 273	3 040 950	102	96	544 165.20

（续表）

年　份	参加人次	收入金额（元）	医疗补助申请人次	补助人次	补助金额（元）
2012年	24 361	3 654 150	109	99	761 410.00
2013年	26 178	3 926 700	61	50	973 570.60
2014年	23 890	3 583 500	142	135	1 374 118.00
2015年	28 274	4 241 100	128	121	729 634.30

三、劳动保护

工会组织严守安全底线，注重职工职业健康，把安全文化建设和健康企业建设融入企业文化建设中，广泛组织开展“安康杯”竞赛活动，针对性地开展宣传培训、操作演练、警示教育等安全健康宣教活动。广泛组织开展宣传《劳动法》《工会法》《安全生产法》等相关法律法规和政策，组织开展安全生产和职业健康业务知识培训，提升职工应急处理能力和安全意识，推动工会劳动保护干部持证上岗。组织职工代表加强对生产作业环境巡视检查，消除安全隐患；发挥劳动保护监督检查小组的作用。

注重建章立制，建立健全安全生产和职业健康管理多级网络，建立全员安全生产责任制度，开展加强班组安全建设，做好职工日常教育培训档案和安全生产责任制管理考核，激励员工参与安全生产工作的积极性和主动性。开展经常性的事故隐患和危害源点排查，进行分级管理，及时整改。组织群众性的职业安全监督检查活动，个人劳动和各类防护用品符合标准，配备齐全，并按规定严格检查。

完善群众监督机制，健全工会劳动保护监督检查网络，组织劳动者进行上岗前、在岗期间的职业健康检查，并将检查结果告知劳动者，将工作中可能产生的职业危害及其后果、采取的防护措施和待遇等如实告知职工，并在集体合同中明确体检周期次数。各级工会做好每年夏季防暑降温关怀慰问工作，保障职工健康权益，重视女工劳动保护，认真落实女职工“四期”保护工作。

表8-3-12　各年度全国“安康杯”竞赛（上海赛区）先进集体、个人情况表

年　度	项　目	名　　称
2004年度	优秀班组	上海地铁运营有限公司1号线管理部地面工区
		上海地铁运营有限公司总调度所调度三班
		上海地铁运营有限公司地铁客运二分公司运转部乘务四组
2005年度	优胜单位	上海地铁运营有限公司车辆分公司
		上海地铁运营有限公司通号分公司
	优秀班组	上海地铁运营有限公司客运一分公司上海南站行车班组
		上海地铁运营有限公司客运二分公司中山公园站车控室班组
		上海地铁运营有限公司客运三分公司上海站站
		上海地铁运营有限公司供电分公司运行三车间东方路主变电站
2006年度	优胜单位	上海地铁运营有限公司通号分公司
		上海地铁运营有限公司车辆分公司

（续表）

年　度	项　目	名　　　称
2006年度	优秀班组	上海地铁运营有限公司客运一分公司上海火车站站
		上海地铁运营有限公司客运二分公司车辆运转部乘务一组
		上海地铁运营有限公司客运三分公司中山公园车站
		上海地铁运营有限公司供电分公司接触网检修车间1号线班组
	先进个人	张　俊(上海地铁运营有限公司)
2007年度	优胜单位	上海地铁运营有限公司通号分公司
		上海现代轨道交通股份有限公司
		上海地铁运营有限公司车辆分公司
	优秀班组	上海地铁运营有限公司后勤服务分公司维修中心梅陇班组
	先进个人	施根生(上海地铁运营有限公司通号分公司)
2008年度	优胜单位	上海现代轨道交通股份有限公司
	优秀班组	上海轨道交通维护保障中心车辆分公司大修厂电子组
		上海申通轨道交通研究咨询有限公司远程监控中心
		上海地铁运营有限公司客运三分公司维修一组
		上海申通地铁资产经营管理有限公司物业开发事业部物业管理中心物业一部
	优秀组织单位	上海轨道交通维护保障中心
	先进个人	施根生(上海轨道交通维护保障中心通号分公司)
2009年度	优胜单位	上海地铁第一运营有限公司
		上海地铁第二运营有限公司
	优秀班组	上海申通轨道交通研究咨询有限公司土建研究室
		上海申通地铁资产经营管理有限公司物业管理中心物业一部
		上海轨道交通运营管理中心东宝控制中心(班组)
		上海轨道交通维护保障中心通号分公司信号二车间车载班组
	优秀组织单位	上海轨道交通维护保障中心通号分公司
	先进个人	陈　怡(上海地铁第一运营有限公司)
2010年度	优胜单位	上海地铁第一运营有限公司
	优秀班组	上海地铁资产公司物业开发事业部物业管理二部
	先进个人	汤关尊(上海地铁第三运营有限公司)
2011年度	优胜单位	上海轨道交通维护保障中心通号公司
		上海地铁第二运营有限公司
		上海地铁第三运营有限公司
	优秀班组	上海地铁第四运营有限公司西藏北路AFC维修班组
		上海轨道交通维护保障中心工务公司综合大修部检测一工区(上海轨道交通维护保障中心工务公司)
	先进个人	王　纯(上海申通地铁资产经营管理有限公司)

（续表）

年　度	项　目	名　　称
2012 年度	优胜单位	上海地铁第一运营有限公司
		上海轨道交通维护保障中心供电公司
	优秀班组	上海地铁第二运营有限公司 11 号线乘务二组
		上海轨道交通运营管理中心东宝控制中心调度三班
	先进个人	吴小光（技术中心）
2013 年度	优胜单位	上海地铁第一运营有限公司
	优秀班组	上海地铁第三运营有限公司 3 号线龙漕路客运二班
	先进个人	周　瑾（维保车辆）
2014 年度	优胜单位	上海地铁第一运营有限公司（全国级）
		上海申通地铁资产经营管理有限公司
	优秀班组	上海地铁维护保障有限公司通号分公司继电器组（全国级）
		上海地铁第四运营有限公司 8 号线虹口足球场站客运三班
	先进个人	朱利敏（运管中心）
2015 年度	优胜单位	上海地铁第四运营有限公司（全国级）
	优秀班组	上海地铁第三运营有限公司 3 号线管理部宝钢车场班组（全国级）
		上海地铁第一运营有限公司 1 号线上海火车站
	先进个人	杨伟钧（维保物后）

第四节　职工民主管理

一、职工代表大会

1986 年 8 月，在上海市地铁公司组建成立后的第二年召开了首次工代会暨首届职代会。1992 年初上海市地铁运营公司成立，9 月召开了首次工代会暨首届职代会。1992 年末，上海市地铁总公司成立，至 1994 年 1 月召开了首次工代会暨首届职代会，所属实业、商贸、广告、置业等公司以及运营公司直属各专业段也建立了职代会制度。2000 年上海轨道交通实行四分开以后，上海地铁建设有限公司、上海地铁运营有限公司及上海现代轨道交通股份有限公司相继召开首次工代会暨首届职代会，上海申通集团有限公司召开了第一次工会会员大会。2004 年申通地铁集团重组后，相继成立的申通地铁集团下属企业建立了职代会制度。各直属单位通过职代会表达和反映职工群众对企业发展、改革、管理以及涉及职工切身利益的重大问题的意见和建议，同时通过职代会民主评议领导人员工作，促进企业民主政治建设。此外，2014 年申通地铁集团全面推进车站班组民主管理工作，经排摸，除合资公司外，其他所有维保、运营单位均 100%实现了班组民主管理建制。模式基本依据《实施意见》为蓝本，由职工民主选举产生 5 人班组民主管理小组（或委员会）履行职能；实现班组“排班、考勤、考核奖惩、先进评选、献血和疗休养、帮困和一日捐、星级评定、岗位晋升、派遣工转正与其他需要公开的内容”的“十公开”。通过加强班组民主管理，促使职工在车站公共事务中自我管理、自我服务、自我教育、自我监督，作为职代会制度的延伸，开辟了一线职工参与民主管理的新渠道。

二、集体协商

各级单位积极开展集体协商工作，在已建立集体协商的基础上，根据上海市人力资源和社会保障局、市总工会、市企业联合会/市企业家协会、市工商业联合会下发的《关于贯彻实施“攻坚计划”深入推进集体协商制度建设的通知》文件精神，在原有集体协商基础上，进一步全面推进工资集体

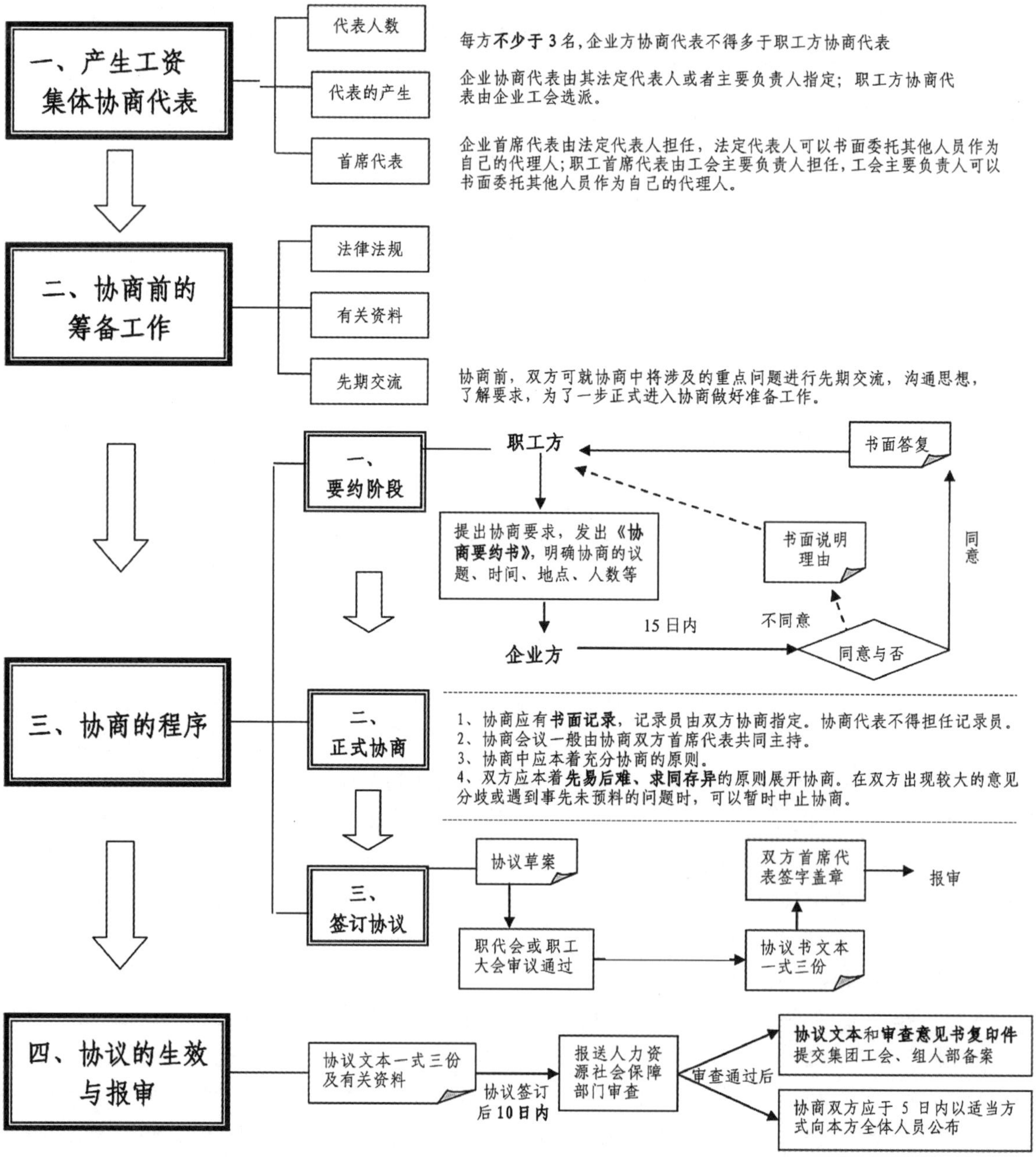

图8-3-2　工资集体协商流程图

协商建制工作，并同步完成了女职工特殊利益专项集体合同的协商签订工作，职工覆盖率达到95%以上。调动和激发了广大职工的工作积极性，提高企业的生产效率，促进企业持续稳定健康发展。

三、劳动法律监督和争议调处

2010年3月8日，成立申通地铁集团劳动保护监督检查小组，胡洪威任组长，许雅琴（女）任副组长。2012年4月12日调整了劳动保护监督检查小组成员，黄建任组长。小组履职期间，每年正常开展高温、严寒季节职工劳动保护工作，维护了一线职工劳动权益。

申通地铁集团劳动争议调解委员会于2010年2月8日成立，胡洪威任主任，梁慧萍（女）任副主任，调解委员会的办公室设在集团工会委员会。2012年4月12日调整了劳动争议调解委员会成员，黄建任主任，张海燕（女）任副主任。委员会履职期间，未发生过劳动争议处理事件。

第五节　职工文化建设活动

一、职工教育

以促进职工全面发展和提高职工思想道德和业务技能素质为目标，建立职工思想动态季度报告制度，了解和掌握职工思想动态，有针对性地开展思想政治工作，把思想工作与引导职工职业生涯发展相结合，与解决职工实际问题相结合。参与“上海城市运行基础服务系统职工队伍状况调查”，通过100个抽样调查样本、2个典型调查样本、10个个案访谈样本，并会同有关部门整理分析职工队伍状况和有关数据，形成《上海申通地铁集团职工队伍状况调查报告》。

2012年，根据上海市总工会关于“工会组织亮牌子、工会主席亮身份”双亮要求，以整合职工服务资源、突出工会服务职能为重点，推进工会三级服务体系建设。2013年上半年，制作下发《职工服务手册》，公布三级工会组织、累计70个服务点的负责人电话，以及职工活动室、职工体育健身场所、职工食堂、职工超市、职工医务室等7类资源信息，同时，应职工需要，通过第三方合作形式，开通职工法律援助热线、职工心理关怀热线、职工困难帮扶热线、职工旅游服务热线等四部热线电话，让职工心有所向、情有所系、忧有所解、困有所帮、玩有所乐。

通过风采人物、劳模先进评选、优秀班组、班组长评选、3.5学雷锋日、市文体活动展示平台践行社会主义荣辱观，弘扬时代主旋律。同时，各级工会陆续开通微博、微信等新媒体平台对职工正面引导。在传统阵地作用发挥上，各级工会充分利用好内刊《上海地铁》报覆盖面广、职工认同度高的特点，及时刊登企业和工会重要信息，做好民主管理、厂务公开；先后通过开设安全大家谈、职业道德大讨论、班组建设论坛、职工热线问答等栏目，加强企业与职工间的交流，做好工会宣传思想工作。此外，与东方卫视联合录制《劳动最光荣》上海地铁专场，与市总工会联合举办“劳模风采”五一地铁巡展等，弘扬主旋律，在市民乘客和地铁职工中引领“劳动最光荣”文明风尚。

二、职工文化

1997年，上海市地铁总公司举办首届职工文化艺术节。申通地铁集团工会组建后，2006年，举办申通地铁集团首届职工文化艺术节，截至2015年底，共组织开展四届职工文化艺术节，每届艺术节针对不同年龄特点，设置诗歌征文、朗诵、摄影、书法篆刻、声乐等多个赛事项目。为弘扬“社会责任第一、安全质量第一、团队协作第一”的企业核心价值观，申通地铁集团从2005年开始，组织上海地铁年度风采人物评选表彰活动，截至2015年底，已连续举办11届，共评选出风采人物108名（含风采人物特别奖），成为上海地铁规格最高、参众面最广、影响力最大的年度盛事，也是企业文化建

图8-3-3　申通地铁集团2007年度“风采人物”颁奖大会文艺演出

图8-3-4　申通地铁集团2007年度“风采人物”颁奖大会文艺演出场景

设标志性的品牌项目，被誉为上海地铁职工的“奥斯卡”，2013 年获得上海市“五一文化奖”。

2007 年 12 月 20 日，在即将开通的人民广场枢纽站换乘大厅举办“地铁之歌”大型文艺晚会；2009 年 9 月 28 日，举办“龙腾中华”庆祝建国 60 周年文艺汇演；此外，结合 400 公里建成、建党九十周年、申通十年等重要节点，举办歌咏大赛、诗歌征文大赛、演讲比赛、文艺汇演等，弘扬时代主旋律，传播企业正能量。同时，选送多个职工优秀文化艺术作品参加中国上海国际艺术节上海职工文化展演、上海市庆“五一”晚会等。

图 8－3－5　2009 年 6 月 29 日，集团与市建委机关联合举办迎国庆庆中秋联欢会场景

图 8－3－6　2007 年 12 月 2 日，申通地铁集团在人民广场站举办庆祝“三线二段”通车文艺晚会

先后牵头成立职工合唱团、职工舞蹈队、职工摄影协会及职工书画协会共四个艺术团队，开展日常训练，进行专业辅导，为有艺术特长和爱好的职工提供展示才能、文化交流、提升自我的平台。

三、职工体育

1999 年，上海地铁总公司首届职工运动会在静安区工人体育场开幕，共设三大类 21 个比赛项目，千余名职工参加。申通地铁集团第一届职工运动会于 2005 年举办，设置球类、棋牌类、绳类等 9 个项目的比赛，地铁运营公司获本届运动会团体总分第一名，磁浮公司获团体总分第二名，申通地铁集团本部和联合团队分别为第三、第四名。截至 2015 年底，职工运动会已举办四届，并根据不同岗位、不同年龄的职工需求，对比赛项目不断进行调整和更新，为职工提供展现才华的平台，增强企业凝聚力。

2010 年，申通地铁集团组团参加由中国交通运输协会城市轨道交通专业委员会主办、北京市地铁运营公司承办的首届全国城市轨道交通行业职工运动会，与来自全国各地近 20 个省市约 900 名轨道交通行业运动员，进行足球、篮球、乒乓球、羽毛球、田径等七大类团体及个人运动项目的角逐，最终上海地铁代表团以总分 164 分获得团体总分第三名。

申通地铁集团还先后成立职工足球队、职工羽毛球队、职工篮球队、职工乒乓球队、职工网球队、职工游泳队、职工田径队、职工桌球队等共计八支体育团队。在组织各运动队进行常规训练的同时，鼓励体育运动队组队参加上海市民体育大联赛等大型比赛。各支队伍在陈毅杯、中智杯等市级以上比赛中屡获佳绩。2010 年，申通地铁集团被推荐评选为全国群众性体育活动先进单位。在蒲汇塘基地建设乒乓球馆、羽毛球馆、网球场、篮球场等体育活动场地，积极为职工的文体活动创造条件。

图 8-3-7　2007 年 10 月，申通地铁集团举办第二届职工运动会颁奖仪式场景

图 8－3－8　2007 年 10 月 8 日，地铁运动会场景

图 8－3－9　2007 年 10 月，申通地铁集团第二届职工运动会颁奖仪式

第六节　女职工工作

一、女工委员会

工会女职工委员会与工会同步建立，原名为上海申通集团有限公司工会女职工委员会，第一届女职工委员会成立于2001年，主任为曹慧芬，2005年更名为申通地铁集团工会女职工委员会。

第二届女职工委员会成立于2006年，主任为许雅琴。第三届女职工委员会2011年3月成立，主任为许雅琴，2012年8月由严婵琳担任第三届女职工委员会主任。

每年组织女职工开展巾帼建功、先进培育和选树工作、特殊权益保护、女性关爱活动等，针对女职工群体，组织召开"快乐十分钟"现代职业女性风采展示、"美丽地铁，巧手慧心"地铁女职工手工作品展、上海市女劳模地铁巡访日等活动，让职工感受温暖，快乐工作。通过组织各种辅导讲座等形式，加强女职工职业道德、职业规范、职业礼仪的教育和业务技能的培训。积极推行女职工专项集体合同制度，切实维护女职工的特殊权益。开展"展地铁巾帼风采，树地铁巾帼形象"女职工建功立业活动。制定"巾帼文明示范岗"创建活动实施办法，开展女职工工作达标竞赛，定期进行检查、考核和评选。各级女工组织开展了"巾帼结对"、"走出去、请进来"、聘请劳模明星担任"特别指导员"、"明星带群星、群星学明星"等活动，形成了良好的创建氛围；开展女职工岗位培训和岗位比武，选派女职工参加市总工会女工部组织各类培训，组织服务明星赴兄弟单位参观学习，提升了女职工的技术技能水平。涌现了许多女职工先进集体和个人(详见女职工先进相关篇目)。

2005—2015年，共有2个集体获得全国巾帼文明岗称号，3个集体获得全国五一巾帼标兵岗称号，3个集体获得全国三八红旗集体称号，1个集体获得全国女职工建功立业标兵岗称号，35个集体获得上海市巾帼文明岗称号，6个集体获得上海市三八红旗集体称号，1个集体获得上海市先进基层工会女职工组织称号，1个集体获得上海市五一劳动奖状，7个集体获得上海市五一巾帼奖(集体)，1个集体获得上海市五一巾帼奖(集体)标兵；2位个人获得上海市三八红旗手提名奖，2位个人获得全国五一巾帼标兵称号，1位个人获得全国三八红旗手称号，3位个人获得上海市巾帼建功标兵称号，11位个人获得上海市三八红旗手称号，2位个人获得上海市心系女职工好领导称号，6位个人获得上海市五一巾帼奖(个人)，2位个人获得上海市五一巾帼创新奖(个人)提名奖。

表8-3-13　2012—2015年全国五一巾帼标兵岗情况表

荣誉获得时间	奖　项	获　奖　单　位
2012年	全国五一巾帼标兵岗	上海轨道交通运营管理中心上海轨道交通网络服务监督热线
2014年	全国五一巾帼标兵岗	上海地铁第一运营有限公司10号线水城路站
2014年	全国巾帼文明岗	上海地铁第四运营有限公司8号线耀华路站

表 8－3－14　2008—2015 年全国三八红旗集体情况表

荣誉获得时间	奖　项	获　奖　单　位
2008 年	全国三八红旗集体	上海地铁第一运营有限公司 1 号线人民广场站
2010 年	全国三八红旗集体(世博)	上海地铁第三运营有限公司西藏南路客运二班
2011 年	全国三八红旗集体	上海地铁第二运营有限公司世纪大道站

表 8－3－15　2001—2015 年全国巾帼文明示范岗情况表

荣誉获得时间	奖　项	获　奖　单　位
2010 年	十佳全国巾帼文明示范岗	上海轨道交通维护保障中心供电分公司上海轨道交通供电分公司中山公园中心混合变电站“巾帼岗”

表 8－3－16　2001—2015 年全国女职工建功立业标兵岗情况表

荣誉获得时间	奖　项	获　奖　单　位
2008 年	全国女职工建功立业标兵岗	上海现代轨道交通有限公司服务质量组

表 8－3－17　2004—2015 年全国三八红旗手情况表

荣誉获得时间	姓　名	单　位
2004 年	严婵琳	上海地铁运营有限公司
2009 年	皇甫小燕	上海轨道交通技术研究中心
2010 年度(世博)	孙春霞	上海地铁第二运营有限公司

表 8－3－18　1995—2015 年上海市三八红旗集体情况表

获 奖 年 度	获　奖　集　体
1995—1996 年度	上海地铁运营公司衡山路站客运乙班
1999—2000 年度	上海地铁运营公司莲花路站客运一班
2001—2002 年度	上海市隧道工程轨道交通设计研究院地铁 2 号线延伸设计总体总项目组
2001—2002 年度	上海地铁运营有限公司东方路站客运一班
2003—2004 年度	上海轨道交通维护保障中心供电公司中山公园中心混合变电站
2005—2006 年度	上海地铁第三运营有限公司东安路客运二班
2006—2007 年度	地铁运营有限公司服务监督热线
2007—2008 年度	上海地铁第一运营有限公司漕宝路客运三班
2009—2010 年度	上海轨道交通运营管理中心上海地铁服务热
2009—2010 年度	轨道交通运管中心上海地铁服务热线
2009—2010 年度	上海地铁第四运营有限公司 8 号线耀华路站
2009—2010 年度	上海地铁资产经营管理有限公司传媒策划事业部大客户服务部
2011—2012 年度	上海轨道交通运营管理中心信息编播室

（续表）

获奖年度	获奖集体
2011—2012年度	上海地铁第四运营有限公司8号线大世界车站
2013—2014年度	上海市隧道工程轨道交通设计研究院总体管理部审图中心
2015年	申通地铁集团有限公司档案室

表8-3-19　上海市巾帼文明岗情况表

获奖年度	获奖集体
2010—2011年度	申通地铁集团组织人事部
2010—2011年度	上海轨道交通技术研究中心财务部
2010—2011年度	上海地铁第四运营有限公司6号线五莲路车站
2010—2011年度	上海地铁第二运营有限公司世博专线卢浦大桥站
2010—2011年度	上海地铁第三运营有限公司西藏南路客运二班
2010—2011年度	上海地铁第三运营有限公司7号线芳华路客运一班
2010—2011年度	上海地铁第三运营有限公司7号线芳华路客运二班
2010—2011年度	上海地铁第三运营有限公司3号线曹杨路站客运一班
2010—2011年度	上海轨道交通维护保障中心通号公司话务组
2010—2011年度	上海市隧道工程轨道交通设计研究院8号线三期总体总包设计项目组
2010—2011年度	上海市隧道工程轨道交通设计研究院17号线总体设计项目组
2010—2011年度	上海地铁第二运营有限公司2号线世纪大道车站
2010—2011年度	上海地铁第二运营有限公司2号线静安寺车站客运丙班
2010—2011年度	上海地铁第二运营有限公司2号线北新泾车站
2010—2011年度	上海黄浦江大桥建设有限公司质安部
2010—2011年度	上海申通地铁资产经营管理有限公司物业开发事业部虹梅商务大厦项目部
2010—2011年度	上海地铁第一运营有限公司5号线东川路站客运三班
2010—2011年度	上海地铁第四运营有限公司8号线耀华路站
2010—2011年度	上海地铁第一运营有限公司9号线徐家汇站客运二班
2010—2011年度	上海地铁第一运营有限公司1号线乘务部巾帼号班组
2010—2011年度	申通地铁集团维护保障中心工务公司综合办公室
2010—2011年度	上海地铁第四运营有限公司西藏北路站客运四班
2010—2011年度	上海轨道交通维护保障中心供电公司中山公园中心混合变电站
2012—2013年度	上海地铁第二运营有限公司工会女职工委员会
2012—2013年度	上海地铁维护保障有限公司技术工作部
2012—2013年度	上海地铁维护保障有限公司技术工作部
2012—2013年度	上海市隧道工程轨道交通设计研究院总体管理部审图中心

（续表）

获奖年度	获奖集体
2012—2013 年度	上海地铁第三运营有限公司 3 号线龙漕路客运二班
2012—2013 年度	上海申通地铁资产经营管理有限公司媒策划事业部
2012—2013 年度	上海市隧道工程轨道交通设计研究院总体管理部审图中心
2012—2013 年度	上海地铁第一运营有限公司 10 号线水城路站客运二班
2012—2013 年度	上海地铁第二运营有限公司 2 号线南京东路站客运丙班
2012—2013 年度	上海地铁维护保障有限公司技术工作部
2012—2013 年度	上海地铁第三运营有限公司 3 号线龙漕路站客运二班
2014—2015 年度	上海地铁第三运营有限公司 4 号线塘桥站
2014—2015 年度	上海地铁维护保障有限公司通号分公司检修工程部继电器班组
2014—2015 年度	上海地铁第四运营有限公司 12 号线爱国路站
2014—2015 年度	申通地铁集团档案室
2014—2015 年度	上海地铁第一运营有限公司 9 号线徐家汇站客运二班
2015 年度	申通地铁集团档案室

表 8-3-20　上海市五一巾帼奖标兵情况表

获奖年度	获奖集体
2006—2007 年度	上海地铁第三运营有限公司东安路车站
2012—2013 年度	上海地铁第四运营有限公司 8 号线西藏北路站客运四班
2010—2011 年度	上海轨道交通技术研究中心机电研究部
2012—2013 年度	上海地铁第一运营有限公司 10 号线水城路站

表 8-3-21　上海市五一巾帼创新工作室情况表

获奖年度	获奖集体
2014—2015 年度	上海市隧道工程轨道交通设计研究院陈文艳工作室

表 8-3-22　上海市三八红旗手相关情况表

项目	年份	姓名	单位
上海市三八红旗手标兵	1999—2000 年度	乔宗昭	上海隧道工程轨道交通设计研究院
上海市三八红旗手标兵提名	2001—2002 年度	严婵琳	上海地铁运营有限公司
	2009—2010 年度	熊　熊	上海地铁第一运营有限公司
	2011—2012 年度	张琼燕	上海轨道交通技术研究中心
上海市三八红旗手	1993—1994 年	王莲玲	上海市黄浦江大桥工程建设处
	1996 年	胡　娟	上海地铁运营有限公司

（续表）

项　　目	年　　份	姓　名	单　　位
上海市三八红旗手	2000 年	裘玉萍	上海地铁运营有限公司
	2003—2004 年	朱小娟	上海地铁运营有限公司车辆分公司
	2005—2006 年	皇甫小燕	上海轨道交通技术研究中心
	2007—2008 年	皇甫小燕	上海轨道交通技术研究中心
	2007—2008 年	张　琦	上海现代轨道交通股份有限公司
	2007—2008 年	姜伟君	上海地铁运营有限公司
	2009 年	牟振英	上海现代轨道交通股份有限公司
	2009 年	徐　瑾	申通地铁集团
	2009—2010 年	张琼燕	上海轨道交通技术研究中心
	2009—2010 年	孙春霞	上海地铁第二运营有限公司
	2009—2010 年	朱　妍	上海轨道交通维护保障中心工务分公司
	2009—2010 年	瞿春娣	上海地铁第二运营有限公司
	2011—2012 年	朱　莉	上海轨道交通维护保障中心通号公司
	2011—2012 年	郑晋丽	上海市隧道工程轨道交通设计研究院
	2011—2012 年	陈　昱	上海地铁第三运营有限公司
	2013—2014 年	庄毅华	上海轨道交通运营管理中心
	2013—2014 年	周巧莲	上海轨道交通技术研究中心
	2015 年	张铁英	上海地铁维护保障有限公司通号分公司
	2015 年	徐辰珏	上海地铁第三运营有限公司
	2015 年	严如珏	上海地铁第一运营有限公司

表 8－3－23　2005—2015 年其他单项荣誉情况表

年　　月	奖　　项	姓　　名	性　别
2005 年	全国城镇妇女巾帼建功标兵	严婵琳	女
2006 年	上海市五一巾帼奖	严婵琳	女
2006—2007 年度	上海市五一巾帼奖	张　琦	女
2006—2007 年度	上海市五一巾帼奖	方毅君	女
2006—2007 年度	上海市五一巾帼奖	唐　文	女
2007 年	全国交通行业巾帼建功标兵	严婵琳	女
2006—2007 年度	上海市五一巾帼创新奖	皇甫小燕	女
2006—2007 年度	第二届上海市五一巾帼创新奖	周巧莲	女
2008 年度	第二届上海市五一巾帼创新奖	冯　娟	女
2010 年	上海巾帼建功先进个人	毛晓蕾	女

（续表）

年　　月	奖　　项	姓　　名	性　别
2010—2011 年度	全国五一巾帼标兵	臧圣洁	女
2010—2011 年度	第四届上海市五一巾帼奖	徐辰珏	女
2010—2011 年度	上海市心系女职工好领导	周震义	男
2012—2013 年度	上海市心系女职工好领导	施俊明	男
2012—2013 年度	第五届上海市五一巾帼奖	庄毅华	女
2012—2013 年度	第五届上海市五一巾帼奖	马　燕	女
2012—2013 年度	上海市巾帼建功标兵暨优秀女设计师	杨　玲	女
2012—2013 年度	上海市巾帼建功标兵	龚晓静	女
2012—2013 年度	第五届上海市五一巾帼奖	钱晓佳	女
2014 年	全国五一巾帼标兵	朱　莉	女
2014—2015 年度	上海市巾帼创新奖	陈文艳	女
2015 年	全国岗位学雷锋标兵	熊　熊	女
2014—2015 年度	上海市巾帼建功标兵	钱晓佳	女
2015 年	上海市职工职业道德建设十佳标兵	史　颖	女

二、女职工权益保护

申通地铁集团下级单位普遍建立了女职工特殊利益专项集体合同，将保障女职工的合法权益落到实处，合同对女职工三期休假、劳动保护等内容进行了规定。自 2008 年起，申通地铁集团下级单位逐步签署、建立女职工特殊利益专项集体合同，各单位首次签署时间详见下表：

表 8-3-24　2008—2015 年女职工特殊利益专项集体合同签署表

公 司 简 称	首次签署时间
运管	2010 年 7 月
运一	2011 年 10 月
运二	2009 年 7 月
运三	2009 年 7 月
运四	2012 年 3 月
磁浮	2013 年 6 月
维保	2009 年 3 月
资产	2010 年 3 月
培训	2015 年 4 月
隧道院	2008 年 5 月

（续表）

公 司 简 称	首次签署时间
大桥	2011 年 3 月
技术中心	2011 年 2 月
咨询	2011 年 2 月

第七节 退休人员管理与服务

每年由各单位全额出资为退休职工办理参加市总工会保障部的《退休职工住院互助补充保障计划》并认真做好高龄老人优待证的申办、核实和统计工作。根据申通地铁集团相关文件精神，截至 2015 年，已有 1 516 名退休职工积极参加大病互助计划，使患大病职工和大额支付医疗费职工及时得到医疗补助，各单位工会做好相关保障内容的宣讲工作和赔付程序的讲解工作。

申通地铁集团退休管理委员会于 2006 年 12 月 11 日成立，钱耀忠任主任，胡洪威任副主任。

申通地铁集团和各所属单位分别建立由行政领导挂帅、工会、人力资源部和相关部门人员组成的领导小组及工作组，为各单位开展退休职工管理工作奠定了组织基础。

申通地铁集团退休职工管理领导小组形成分级管理的模式，将退管服务工作做到“三个有”：有健全的工作制度；有相对稳定的退管工作兼职人员；有经费的保证，做到退休职工管理经费和慰问费用列入本单位经费预算。建立健全信访制度，热情接待每位来信来访的退休人员，能当面答复的，即时解决；需确认后答复的，做好记录、跟踪反馈，对退休职工有应必答。此外，实施对退休职工的动态管理，了解和掌握退休职工家庭生活实际状况，通过来电来访、家访慰问，及时了解新增及减少情况，对孤寡、高龄、患重病人员进行重点排摸关注，将信息存档，列为重点关爱对象，把组织的温暖送到退休员工心里，做到物质帮助和精神关爱相结合，努力缓解退休职工实际困难，开展《申通地铁集团职工大病医疗互助实施办法》，将退休职工纳入大病医疗互助，为退休职工办理银发无忧保险，对大病医疗补助等情况建立台账。

每年春节期间走访慰问地铁老前辈和患病退休职工，加强同退休职工的密切联系。每逢新春佳节，寄上一封慰问信，因地制宜召开茶话会或报告会，通报企业发展愿景。逢九九重阳节，组织举办重阳节老友聚会活动，鼓励退休职工参加兴趣班学习、有益身心健康的活动。重点关心贫困、高龄、孤寡等退休职工，不定期通过电话方式慰问、关心、了解退休职工的身体状况；建立联系人制度，定期慰问患大病的退休职工，做到退休职工患病住院、病故身亡必访。

每年坚持为退休职工办理《上海市退休职工住院补充互助医疗保障计划》，并动员退休职工参加职工大病医疗互助活动，缓解退休职工医疗负担，做到覆盖面 100%，并做好年报信息统计报送。

第八节 工会企业与协会

一、工会资产

2014 年 1 月 7 日，组建工会资产监督管理委员会，并设置资产管理办公室，由蔡洪宇任主任，徐宪明任副主任。

二、工会企业

截至2015年，工会企业共(曾)有以下三家：

【上海地铁旅行社有限公司】

成立于2002年3月20日，公司注册资本为人民币30万元，法定代表人王建华，工商注册地上海市闵行区。

【上海贡惠商务信息咨询有限公司】

成立于2013年12月10日，公司注册资本为人民币30万元，法定代表人朱汶华，工商注册地上海市徐汇区。

【上海市城市交通管理局浏岛休养院】

浏岛休养院是于1994年3月投资设立的国有企业，于2003年9月1日起移交至原上海地铁运营有限公司管理，后由于政策因素，不再继续经营和管理。自2013年6月1日起交由上海瑞华(集团)有限公司委托管理。

三、职工技术协会

2013年8月，根据《上海市总工会关于开展职工技协专项清理、整顿和规范工作的通知》沪工总办文件要求，对各级职工技协进行了一次全面摸底，共梳理出2012年后仍有业务开展的职工技协24家，已无业务但工商税务未能及时注销的职工技协2家。

根据《关于对市国资委所属企业职工技协开展清理和规范工作的通知》沪工总办文件要求，对下属所有职工技协进行了停业，并于当年完成了所有职工技协组织注销和工商、税务登记以及银行账号的注销手续。

表8－3－25　2014年停业注销的申通地铁集团下属职工技术协会情况表

序　号	单　位
1	上海申通集团有限公司职工技术协会
2	上海申通轨道交通研究咨询有限公司职工技术协会
3	上海市隧道工程轨道交通设计研究院工会职工技术协会
4	上海磁悬浮交通发展有限公司职工技术协会
5	上海申通地铁资产经营管理有限公司职工技术协会
6	上海地铁广告有限公司职工技术协会
7	上海地铁通信传输有限公司职工技术协会
8	上海地铁商贸有限公司职工技术协会

（续表）

序　　号	单　　位
9	上海地铁东方置业发展有限公司职工技术协会
10	上海地铁盾构设备工程有限公司职工技术协会
11	申通地铁集团轨道交通培训中心职工技术协会
12	上海轨道交通运营管理中心工会职工技术协会
13	申通地铁集团维护保障中心工会职工技术协会
14	上海轨道交通维护保障中心车辆公司工会委员会职工技术协会
15	上海轨道交通维护保障中心供电公司工会职工技术协会
16	上海地铁运营有限公司监护分公司工会职工技术协会
17	上海轨道交通维护保障中心工务公司工会职工技术协会
18	申通地铁集团维护保障中心本部工会职工技术协会
19	上海轨道交通维护保障中心物资和后勤公司工会职工技术协会
20	上海轨道交通维护保障中心通号公司工会委员会职工技术协会
21	上海地铁第一运营有限公司职工技术协会
22	上海地铁第二运营有限公司职工技术协会
23	上海地铁第三运营有限公司职工技术协会
24	上海地铁第四运营有限公司职工技术协会
25	上海地铁物资有限公司工会职工技术协会
26	上海市地铁总公司教育培训中心工会职工技术协会

第四章　集团团委

第一节　组织机构

共青团上海申通集团有限公司第一次团员大会于2004年11月25日召开，选举产生共青团上海申通集团有限公司第一届委员会委员。王益群同志当选为共青团上海申通集团有限公司第一届委员会书记，徐杰同志当选为共青团上海申通集团有限公司第一届委员会副书记。

共青团上海申通地铁集团有限公司第二次团员代表大会于2008年2月25日召开，选举产生共青团上海申通地铁集团有限公司第二届委员会委员。熊炜同志当选为共青团上海申通地铁集团有限公司第二届委员会书记，徐婷(女)、李骏、李妧一(女)同志当选为共青团上海申通地铁集团有限公司第二届委员会副书记。

表8-4-1　2004—2015年共青团申通地铁集团历届委员会一览表

时　间	届　次	团委书记	团委副书记	团委委员
2004年12月7日	第一届	王益群	徐　杰	胡晓嘉、董　璁、熊　炜
2008年2月27日	第二届	熊　炜	徐　婷	李　骏、李妧一、白　涛、吴小光、胡晓嘉
2012年12月21日	第三届	李　骏	卢思杰	金渢崧、李妧一、杨　超、张乾睿、施　卿、钱缘君、韩旭东

第二节　组织建设

一、团基层组织建设

2006年，共青团上海市委员会下发文件，《关于同意共青团上海申通集团有限公司委员会更名及所属单位团的关系调整的批复》，共青团上海申通集团有限公司委员会更名为共青团上海申通地铁集团有限公司委员会，团的关系直属团市委，归口由国资系统划转到建设系统；撤销共青团上海地铁建设有限公司总支部委员会，其团的关系划归共青团上海申通地铁集团有限公司委员会；共青团上海地铁运营有限公司委员会团的关系划归共青团上海申通地铁集团有限公司委员会。

二、团的干部队伍建设

2012年，申通地铁集团印发《关于加强基层党建带团建工作的实施意见》，各级团组织从一线优秀青年中选拔青年岗位能手、青年文明号号长、青年突击队长、建设功臣、优秀青年志愿者等；根据青年员工成长特点和规律，积极鼓励从事专业技术的青年员工到团干部的岗位上锻炼。申通地铁集团各直属单位新任团组织主要负责人的选拔任用，根据民主、公开、竞争、择优的办法，通过竞争性选拔方式产生，年龄一般不超过28周岁。要保持团干部的有序流动，如因工作调动等原因出现书记、副书记岗位空缺时，一般应在6个月内配齐。各直属单位按照1∶1的比例确定团组织正、副书记后备干部人选，建立动态调整的团干部梯队体系，报上级团组织备案。申通地铁集团下属单位凡有35周岁以下青年350名左右的，应设1名团的专职书记，其他各单位可根据本单位实际设团的专职或兼职书记。各直属单位专职团委书记应按照同级党委(或行政)职能部门主要负责人的条件配备，享受相应的政治和工作待遇。团干部转岗要服从同级党组织安排。因组织安排转岗的，可保留原职级待遇。要确保团干部专职专用，兼职兼责，保证专、兼职团干部从事团工作的时间。

建立团干部挂职锻炼、轮岗交流等制度。各直属单位专职团干部一届内要不少于6个月的挂职锻炼。

第三节　主 题 活 动

一、团干部培训

2007年以来，随着集团内部管理体制调整，各直属单位党团关系有了相应的变化，2007年至2008年先后成立了维保中心团委等基层团组织31个，每年有新任团干部选为基层团委、团总支(支部)负责人。针对团干部的工作需求，申通地铁集团团委每年开展团干部培训班，每期参加人数50人左右。培训内容主要有团干部团务基础知识等。培训形式主要是采用以集中授课与拓展训练相结合。培训宗旨是提高团干部工作能力，强化团干的业务能力和团结凝聚力。

二、人才培养

申通地铁集团团委广泛开展对青年员工职业能力的培养，与培训中心联合组织对新入职大学生的集中培训；与工会联合开展青年岗位技能比武。每年推荐优秀青年参加全市优秀青年岗位提升计划的专门培训。同时，指导各直属单位团组织针对本单位岗位需求，建立全过程的青年职业导航，形成了针对青年入职、事业起步、快速发展、趋向稳定等不同工作阶段的培养体系，努力打造未来符合企业发展的管理者和技术领军人才。

搭建青年交流平台，促进青年岗位成长。申通地铁集团团委坚持通过组织跨单位之间的“拜师学技”“导师带徒”活动，为青年专业技术人员搭建多层次的学习交流平台。尤其是对行业领军人才、青年高技能人才的培养和选拔。开展青年司机和青年调度的“面对面”；维保驻站维修人员与车站值班员的技术沙龙；维保专业工程师与供应商青年技术人员的论坛交流等活动。还鼓励和支持青年人利用业余时间开展自主科技创新，让青年人在收获的过程中感受到成功和喜悦。

三、青年文明号(共青团号)

1994年起，共青团中央在全国开展了创建青年文明号活动，组织和引导青年立足本职岗位诚实劳动，倡导职业道德和职业文明。1995年5月，“125列车班组”被命名为上海地铁第一个“青年文明号”集体，而后上海地铁“青年文明号”集体不断涌现，截至2015年底，上海地铁共有全国“青年文明号”集体5个,上海市“青年文明号”集体47个。“青年文明号”集体突出体现出的是良好的职业精神、精湛的业务技能和优质的服务水平,在一定程度上展示出地铁青年的卓越成绩和时代风采。

表8-4-2　1995—2015年上海市“共青团号”先进集体情况表

获奖年度	获奖集体
1995	上海地铁营运公司12号列车乘务组
1997	上海地铁运营公司上海火车站站
2003	地铁客运分公司1号线黄陂南路站
2003	地铁客运分公司1号线上海火车站站
2003	地铁客运分公司12号列车乘务组
2004	地铁客运分公司1号线黄陂南路站
2004	地铁客运分公司1号线上海火车站站
2004	地铁客运分公司12号列车乘务组

四、青年岗位能手

按照申通地铁集团总体发展目标,围绕市委市政府确定的上海轨道交通建设、运营、科研、管理的中心工作,充分调动广大青年的积极性、主动性和创造性,锻炼培养一批立足岗位、品德优良、技能精湛、锐意创新的优秀青年人才。按照《关于在全市实施2006年青工岗位建功行动的通知》和《关于创建上海轨道交通建设科技攻关型青年突击队的通知》的要求,申通地铁集团团委开展“青年岗位能手”“优秀青年突击队员”“优秀青年突击队”的评选。

青年岗位能手需要有强烈的敬业爱岗意识,有自觉遵纪守法的观念;具备学习创新能力,具有自主学习、终身学习的观念、目标、规划和措施;积极投身企业创新创效实践,形成先进的工作和管理方法。通过注重培养和发现身边的先进青年典型,认真做好评选的组织工作。

通过该工作的开展旨在树立典型,激励广大青年不忘初心,造就一批品德优良、技能精湛、贡献突出的优秀青年人才。

五、青年突击队

2006年起,申通地铁集团团委根据团市委印发的《关于在全市实施2006年青工岗位建功行动的通知》要求,每年开展青年突击队的评选工作。青年突击队的标准是:是以青年为主体组成的、围绕工作项目专门组建的集体,出色完成本行业(领域)、本单位改革发展进程中的急、难、险、重、新任务。评选周期为1年。

申通地铁集团团委通过加强青年突击队创建集体的经验交流和工作互动,进一步推动中心工作,通过互评互访、汇报展示等形式开展评审工作,评选出若干支青年突击队,实现青年个人成长和企业中心工作的融合,推进轨道交通事业和共青团工作同步发展。

六、团内先进评比和表彰

1978 年 10 月，中国共产主义青年团中央委员会在召开的共青团十大提出，广泛、深入、持久开展“争当新长征突击手、突击队活动”的号召。上海地铁青年在团中央和团市委的号召下，全面投入争创新长征突击手、突击队活动，争做新长征突击手成为 80 年代上海地铁团青工作的主要内容。通过这项创建活动，上海地铁团组织带领团员青年，立足岗位，开展团员和青年献身现代化建设事业的劳动竞赛，将劳动竞赛与青年学文化、学技术、学科学相结合，提高青年建设社会主义现代化强国的本领。这项创建活动至 2008 年，上海地铁共有 26 位团员青年被授予上海市新长征突击手荣誉，有 9 个单位部门被授予上海市突击队荣誉称号。

表 8-4-3　1991—2008 年上海市新长征突击手获奖情况表

获奖年度	荣誉称号	姓　名	隶属单位
1991 年	上海市新长征突击手	张丽军	地铁工程建设处
1995 年	上海市新长征突击手	叶　彤	上海市地铁总公司团委
1995 年	上海市新长征突击手	缑银枝	上海市地铁运营有限公司
1995 年	上海市新长征突击手	施卫东	上海地铁运营有限公司
1997 年	上海市新长征突击手	屠慧雯	上海地铁总公司
2001 年	上海市新长征突击手	李　威	上海地铁运营有限公司
2001—2002 年	上海市新长征突击手	黄海滨	上海地铁建设有限公司轨道交通杨浦线项目公司
2001—2002 年	上海市新长征突击手	史学涛	上海地铁运营有限公司机电分公司
2001—2002 年	上海市新长征突击手	吉茂杰	上海地铁建设有限公司轨道交通 4 号线项目管理部
2003—2004 年	上海市新长征突击手	金小菲	申通地铁集团申松线项目部
2003—2004 年	上海市新长征突击手	董　璁	申通地铁集团团委
2003—2004 年	上海市新长征突击手	王忠华	上海地铁运营有限公司客运一分公司电客列车司机
2003—2004 年	上海市新长征突击手	印祯民	上海地铁运营有限公司车辆分公司维修一厂经理
2005—2006 年	上海市新长征突击手	王晓青	上海市黄浦江大桥建设有限公司建管部
2005—2006 年	上海市新长征突击手	范佳昊	上海地铁运营有限公司客运三分公司
2005—2006 年	上海市新长征突击手	钱晓佳	上海申通地铁资产经营管理有限公司
2005—2006 年	上海市新长征突击手	熊　炜	申通地铁集团团委
2005—2006 年	上海市新长征突击手	许　静	申通地铁集团申嘉线项目公司
2005—2006 年	上海市新长征突击手	张宏君	上海磁浮交通发展有限公司
2007—2008 年	上海市新长征突击手	熊　熊	上海地铁第一运营有限公司
2007—2008 年	上海市新长征突击手	鲍鹤群	上海地铁第二运营有限公司
2007—2008 年	上海市新长征突击手	徐　婷	上海申通地铁资产经营管理有限公司

（续表）

获奖年度	荣誉称号	姓　名	隶属单位
2007—2008 年	上海市新长征突击手	袁亦竑	上海磁浮交通发展有限公司
2007—2008 年	上海市新长征突击手	施　聪	上海轨道交通维护保障中心通号分公司
2007—2008 年	上海市新长征突击手	唐史峰	申通地铁集团轨道交通 8 号线项目公司

表 8-4-4　1997—2008 年上海市新长征突击队获奖情况表

获奖年度	获奖集体
1997—1998 年	上海地铁盾构青年管理工程
2000 年	地铁咨询监理公司监护部
2001 年	上海地铁运营有限公司车辆分公司团总支
2003—2004 年	上海磁浮交通发展有限公司运行部
2005—2006 年	上海地铁运营有限公司客运二分公司世纪大道站
2005—2006 年	上海市隧道工程轨道交通设计研究院轨道交通 10 号线工程设计总体管理组
2007—2008 年	上海地铁第四运营有限公司 6 号线乘务一组
2007—2008 年	上海轨道交通杨浦线发展有限公司轨道交通杨浦线青年突击队
2007—2008 年	申通地铁集团上海轨道交通票务中心青年突击队

七、上海市五四红旗团组织和上海市青年五四奖章

五四红旗团组织是 1999 年由共青团中央主办的。创建“五四红旗团委”活动是新形势下全面推进团的基层组织建设、活跃基层团的工作的重要载体和有形手段。青年五四奖章评选由共青团中央办公厅、全国青联秘书处于 2010 年启动。

申通地铁集团积极开展“上海市五四红旗团组织”“上海市青年五四奖章”推荐评选活动。各直属单位在同级党组织的领导下开展推荐集体/个人候选名单民主推荐工作，提出初步推荐对象，最终在申通地铁集团层面召开民主推荐会议（民主推荐会议由集团团委委员、各直属单位团组织主要负责人参加），投票确定推荐对象。经公示后，报市评选表彰工作领导小组审核。

申通地铁集团将“上海市五四红旗团组织”“上海市青年五四奖章”评选作为青年人才发掘、培养、举荐等工作的重要抓手，通过不断加强对青年集体开展青年岗位建功行动的指导，进一步丰富活动内涵，拓展活动领域，宣传活动理念，健全活动机制，充分发挥团组织的战斗堡垒作用，为青年提供成长成才平台，集中展现了新时代上海地铁青年的精神风貌。

表 8-4-5　2007—2015 年上海市五四红旗团组织情况表

获奖年度	荣誉称号	获奖集体
2007 年	上海市五四红旗团委标兵	共青团上海申通地铁集团有限公司委员会
2009 年	上海市五四特色团委	上海地铁第一运营有限公司

（续表）

获奖年度	荣誉称号	获奖集体
2009年	上海市五四特色团支部	上海磁浮交通发展有限公司运行部
2010年	上海市青年五四奖章集体	上海轨道交通运营管理中心总调度所中山控制中心
2013年	上海市五四特色团委	上海地铁维护保障有限公司供电分公司团委
2013年	上海市五四特色团委	上海申通地铁资产经营管理有限公司团委
2013年	上海市五四红旗团支部	上海地铁第三运营有限公司7号线乘务团支部
2013年	上海市青年五四奖章集体	安徽省宿州市灵璧县上海青年志愿者队
2014年	上海市五四红旗团委标兵	共青团上海申通地铁集团有限公司委员会
2014年	上海市五四特色团委	共青团上海地铁第二运营有限公司委员会
2014年	上海市五四特色团委	共青团上海地铁第三运营有限公司委员会
2014年	上海市五四红旗团支部	共青团上海地铁维护保障有限公司通号分公司第五团支部
2014年	上海市五四红旗团支部	申通地铁集团机关团总支
2014年	上海市青年五四奖章集体	上海市隧道工程轨道交通设计研究院地下工程分院青年设计团队
2015年	上海市青年五四奖章集体	上海地铁维护保障有限公司供电分公司触网检修一部
2015年	上海市青年五四奖章集体	上海市隧道工程轨道交通设计研究院技术研发中心青年BIM团队（徐汇区团区委推荐申报）

表8-4-6　2010—2015年上海市青年五四奖章情况表

获奖年度	荣誉称号	姓名	隶属单位
2010年	上海市青年五四奖章	庄　园	上海地铁第一运营有限公司
2011年	上海市青年五四奖章	翁露波	申通地铁集团建设管理中心
2011年	上海市青年五四奖章	堵家玺	上海轨道交通维护保障中心供电公司
2011年	上海市青年五四奖章	徐高峻	申通地铁集团运营管理中心
2012年	上海市青年五四奖章	董秋伟	申通地铁集团机关本部
2012年	上海市青年五四奖章	周　瑜	上海地铁第一运营有限公司
2012年	上海市青年五四奖章	李妩一	上海地铁第四运营有限公司
2012年	上海市青年五四奖章	纪晶淇	上海轨道交通维护保障中心车辆公司
2013年	上海市青年五四奖章	韩旭东	上海地铁第二运营有限公司
2013年	上海市青年五四奖章	陈　昱	上海地铁第三运营有限公司
2014年	上海市青年五四奖章	金飒崧	上海地铁第三运营有限公司
2015年	上海市青年五四奖章	卢思杰	申通地铁集团机关本部
2015年	上海市青年五四奖章	林　华	上海地铁第三运营有限公司
2015年	上海市青年五四奖章	周　亮	上海地铁维护保障有限公司工务分公司
2015年	上海市青年五四奖章	陈尚宇	上海地铁维护保障有限公司工务分公司（安徽省驻沪团工委推荐申报）

第九篇

社会责任

概　述

上海申通地铁集团有限公司坚持“申城地铁，通向都市新生活”的企业共同使命，坚持“文化引领凝聚职工、促进管理服务大众”的基本方针，在推进轨道交通网络化建设和运营管理发展的同时，践行企业社会责任。

在推进绿色地铁、智慧地铁方面，勇于担当，以科技促发展，以科技保安全，全面推行节能环保措施，巧用建筑材料，改善工艺措施，在车辆改造、供电节能调配、装备升级提效等方面建树显著。

在公共文化建设方面，开建音乐角、中央展台、文化长廊、文化线、艺术策展等阵地，开展中外文化交流、公益宣传、公益广告大赛等文化交流活动。弘扬社会文明，讴歌社会主义核心价值理念，形成上海地铁特色品牌。

当社会需要企业伸出援手时，广大员工毫不犹豫，慷慨解囊。自然灾害救助、希望工程捐助、社会慈善捐赠，哪里有需要，哪里就会留下地铁员工的情怀。广大员工招之即来，乐于奉献，一当社会发生突发事件、有应急需求，员工志愿者们便奋勇当先，有的慷慨解囊，有的义务献血，为社会担责，为他人解难，唱响一曲曲动人的赞歌。

上海地铁志愿者服务是上海地铁担当社会责任的一大特色，在高峰时段和重要节假日期间，志愿者们上岗保驾，形成了保驾服务的长效管理机制。建立“青年公益文化车站”共建平台，与社区、高校等各方联动，与沿线媒体文化单位和周边医院公益服务单位广泛合作，携手行善，推广“善行地铁”城市地下公益定向活动，取得了良好的社会赞誉。

第一章　节　　能

上海地铁已经步入网络化建设和运营时期，网络运营总里程已达705公里，车站数量以及客流量也随之增长，轨道交通的社会效益日益凸显，2019年全网运送乘客39亿人次，承担全市超60%的公共交通客运量。另一方面，作为一个能耗大户，上海地铁积极响应国家市府关于节能减排的号召，通过建设轨道交通网络，为改善城市交通能源利用与排放发挥了显著效益的同时，立足自身挖潜来追求“二次节能”。

第一节　组 织 构 架

上海地铁成立了节能管理委员会，总体负责上海地铁网络节能管理工作，下设办公室承担日常工作，机构上划分“集团公司、运营公司、车站段场”三个层面，在对象上包括“网络、线路、站段”三个层级，在性质上涵盖“建设、运营、管理”三个方面，做到了组织领导，有序推进。

集团公司于2007年6月15日下发“关于成立集团公司节能管理委员会的通知”文件，成立了节能管理委员会，由集团董事长担任委员会主任，节能管理委员会办公室设在上海申通轨道交通研究咨询公司，其组织架构如下：

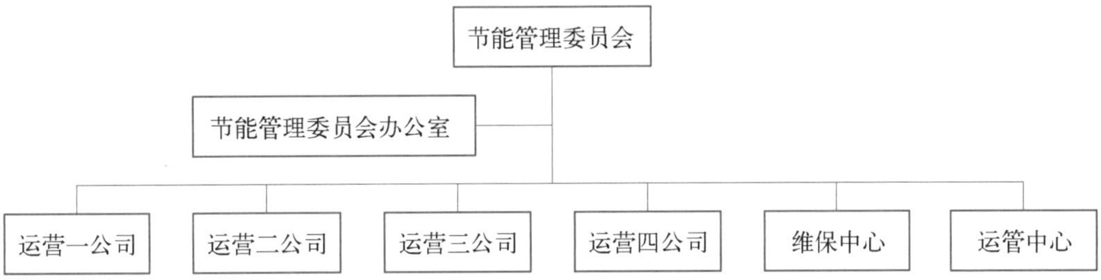

图9-1-1　2007年节能管理委员会组织架构图

节能管理委员会的主要职责：负责审定集团公司节能标准和指标体系；负责审定集团公司节能目标、规划、技术措施和年度工作计划；组织建立节能目标责任制、评估考核体系和节能工作激励机制；负责审定设计、建设、运营各阶段重大节能技术方案、设备选型及重大节能改造项目；审定推动节能宣传、教育和培训等计划工作；组织节能新技术、新产品的技术交流和推广应用工作。

节能管理委员会办公室的主要职责：负责研究提出集团公司的节能标准和指标体系；负责编制集团公司节能规划和年度工作计划；组织落实轨道交通能耗统计和计量工作；负责轨道交通日常节能监测、监督、检查和考核工作；组织重大节能技术方案、设备选型及重大节能改造项目的预评审工作；组织开展节能宣传教育活动；承办节能管理委员会交办的其他事项。

按照网络化、科技创新、效率成本的理念，分“网络、系统、站段”三个层次实施统筹综合和资源共享策略，做好宏观总体策划规划，从硬件、软件、管理保障等方面做好筹划，科学有序开展节能工作。

第二节　节能体系

完善节能工作政策保障体系。研究建立节能激励和引逼机制，上海地铁每年从节能收益中抽出一部分资金，对节能工作突出的运营公司及个人进行奖励；制定机电设备系统招标节能技术引逼办法；编制列车空调、车站照明、通风空调系统等节能产品名录；逐步加大运营线路节能专项改造项目资金投入，并积极争取政府“节能减排”专项资金；引入合同能源管理机制，探索轨道交通节能改造新模式。

建立节能工作管理保障体系。建立并完善轨道交通节能管理机构体系；制定列车、车站、车辆基地等各类用电管理办法；建立了轨道交通能耗指标体系；集团公司与运管中心、维保中心及各运营公司分别签订节能工作年度责任书；制定建设项目和运营线路节能实施的详细规划和工作计划。

建立节能工作技术保障体系。建立了轨道交通能耗计量系统；建立了初步的轨道交通能耗数据自动采集与监测管理平台的建设；构建节能工作技术标准和节能操作规程，指导建设，规范运营。

第三节　指标监测

研究确定“网络级、线路级、站车级”三级轨道交通能耗指标体系：网络级能耗指标，衡量整个运营网络能耗的指标，用于市政府或主管部门对申通集团公司节能工作成效的评价。线路级能耗指标，衡量各运营线路能耗的指标，用于集团公司对各运营公司节能工作成效的评价。站车级能耗指标，衡量各车站和列车能耗的指标，用于运营公司对车站班组和列车班组节能工作成效的评价。

上海地铁经过多年的积累，不断完善，对于各类车站、各类设备已经有了明确的标准，即使是新开通线路也需执行集团统一的标准。

上海地铁从2008年开展能耗监测系统的可行性研究，提出构建网络级能耗数据自动采集系统和信息化管理平台，使能耗统计高效、精确、细致，使节能过程管理强化，有效支撑节能管理工作。研究提出了上海轨道交通能耗监测系统建设指导意见，提出建设网络级、线路级、车站级能耗监测系统的统一设置原则、功能需求、设备参数、接口要求和性能指标等。

第四节　节能成效

上海地铁积极从设施资源配置、系统节能技术措施、替代能源和再生能源应用、土建工程节能等方面，落实节能技术的实施。尝试了大量的节能研究、试点，重点突破照明系统和通风空调系统节能技术，尝试采用“合同能源管理”和“直接采购”相结合的模式对运营线路车站进行了大量的列车照明、车站照明和环控系统的节能改造。技术和管理双管齐下，我们取得了不错的节能减排效果，圆满完成市府下达的节能双控考核，累计节能量超10亿度。

根据国家“建设节约型社会”的战略目标，上海地铁坚持绿色节能发展，以系统设计、设备选型、运营管理等方面为节能降耗的抓手，以突破关键技术为根本，以建立节能综合指标体系为核心，以优化运营方式和绿色能源为辅助，以先进的管理机制为保障，以全过程控制为手段，以信息化管理为载体，健全科学合理的标准评价体系，强化宣传，增强意识，全面推进节能工作，顺利完成了市府

“十一五”“十二五”对我司的节能指标。单位作业量能耗指标由2005年的5 562度/千车公里下降至2015年的3 875度/千车公里，节能率达30%。

表9-1-1 2005—2015年运营耗能情况表

年 份	客运量（万人次）	运营里程（万车公里）	总能耗（万度）	单位运营里程能耗（度/千车公里）
2005年	59 090	6 375	35 460	5 562
2006年	65 173	7 657	42 610	5 565
2007年	80 967	9 445	50 240	5 319
2008年	112 734	14 446	74 630	5 166
2009年	131 050	17 420	87 830	5 042
2010年	187 931	29 263	138 680	4 739
2011年	210 253	32 621	142 718	4 375
2012年	227 269	33 672	142 873	4 243
2013年	250 326	35 441	151 400	4 272
2014年	282 402	40 972	164 202	4 008
2015年	306 433	44 514	172 509	3 875

2012年6月，《轨道交通地下车站通风空调系统节能环保技术应用》项目获国家交通运输部颁发“交通运输行业第五批节能减排示范项目”荣誉，集团公司获“上海市重点用能单位职工节能减排专项立功竞赛优秀组织单位”荣誉。2012年6月，集团公司代表队获“上海市职工节能减排知识竞赛擂台赛金奖”。2012年11月，集团公司获国家人力资源社会保障部、国家发展改革委、环境保护部、财政部共同颁发的“‘十一五’全国节能先进集体”荣誉称号。2013年6月8日，获国家交通运输部颁发的“2011至2012年度全国交通运输行业节能减排先进企业”荣誉称号。2013年12月，《城市轨道交通能耗控制关键技术及应用》获上海市科技进步奖二等奖。2014年6月，《上海轨道交通能耗监测管理系统》获交通运输部交通运输行业绿色循环低碳示范项目。2016年9月，上海申通地铁集团有限公司被评为“十二五”上海市交通行业节能减排先进企业；《上海城市轨道交通能源利用综合管理平台》项目被评为“十二五”上海市交通行业节能减排示范项目。

第二章　公共文化建设

第一节　文 化 公 益

一、定位

上海地铁开通运营以来，地铁站点就成了展示上海城市文化的窗口，担负起传播公共文化的管理的责任。在2010年世博会前，地铁公共文化具有的“公众性、开放性”就显现出强大的视觉力与影响力。2014年初，上海申通地铁集团成立上海地铁公共文化建设管理委员会，2014年1月21日上海地铁公共文化发展中心成立。

上海地铁公共文化发展中心由上海申通地铁集团有限公司下属上海申通地铁资产经营管理有限公司出资组建，从事非营利性社会服务活动。在申通集团公共文化建设管理委员会的指导下，负责落实申通集团公共文化宣传计划，建设地铁公共文化设施，并通过与社会团队的公益性合作，提升轨道交通网络人文化品质，发挥轨道交通网络化经营的整体效能。地铁公共文化，坚持以地铁公共空间为主要展示平台、以弘扬社会主义先进文化为主要内容、以地铁乘客等市民群众为主要受众、以公益性文化单位为合作骨干，广泛推进地铁公共文化建设。

二、实施

上海申通地铁集团制定了《上海地铁公共文化建设纲要暨上海地铁公共文化（2013—2015年）行动计划》《关于加强上海地铁公益宣传管理的实施意见》《公共文化设施管理办法》《音乐角演出活动管理办法》《人民广场文化长廊管理办法》《中央展台管理办法》等相关制度文件，加强系统统筹，整合阵地资源，使上海地铁公共文化的发展走向系统化、规范化。

上海地铁不断拓展公益广告阵地，增大公益广告宣传能见度。在人民广场、徐家汇、新天地、上海科技馆、陕西南路等车站设置5块以播放公益广告为主的LED大屏。在人民广场站、陕西南路站等车站开设“文化长廊”。开设上海地铁音乐角。与上海市法宣办等共同打造漕宝路站法治文化长廊、高科西路站法治文化地铁角。利用上海地铁票卡作为公益广告宣传载体，通过票卡设计大赛及公益海报大赛，弘扬社会正能量。打造文化列车，使公益广告宣传成为流动风景线。如，与《解放日报》合作开行反映上海65年来建设发展成就的“解放号”列车；开行上海弄堂生活漫画、京昆艺术、中国十大名花、青年文明号、世界城市日、“科普号”等主题文化列车。上海申通地铁集团有限公司荣获“2015上海市公益广告传播奖”。从自2000年起上海地铁公益广告投放始终占广告投放总量百分之十五，最高时达百分之二十或三十，仅2015年一年，上海地铁实际投放各类公益广告资源价值10 300万。

上海地铁持续策划把控宣传主题，增强公益广告传播效应。坚持聚焦社会主义核心价值观的基本内容，结合地铁实际，进行社会公德主题活动宣传策划，增加乘客关注度，使公益广告宣传实而有效，用地铁的传播力扩大社会主义核心价值观的影响力。先后以城市发展、公共安全、关爱生命、廉政文化、爱心慈善、中外文化精品等为主题，筹划实施一系列社会公益广告宣传活动，得到社会和市民的赞誉。与市委组织部合作，开展建党90周年系列活动、“身边的党代表图片展”，让更多市民乘客乘坐上海地铁寻找红色印记。联手“一大会址纪念馆”“周恩来纪念馆”等单位，在10号线新天地车站，创建“红色宣传”特色主题车站，定期开展主题展览。与联合国环境规划署和上海市政府新闻办合作，共同主办“联合国环境规划署野生动植物保护全球环境宣传活动”，向公众推广保护珍稀物种的环保理念。以上海地铁1号线(南段)开通20周年以及集团成立10周年为契机，开行反映上海地铁建设发展历程的主题文化列车和“地铁风——你眼中的地铁之美”文化列车。与上海人民滑稽剧团等文艺单位合作，深入社区开展“安全乘车文明先行”公共安全进社区的系列公益宣传活动，通过“安全乘车文明先行”公共安全系列宣传片，向乘客宣传安全乘车、文明出行的公共安全常识。围绕社会诚信体系建设，在全市地铁站点开展“倡导文明乘车，制止逃票行为”专项整治行动，设计以“诚实守信持票乘车”“逃票一次羞悔终生”为主题的漫画，制作成易拉宝、灯箱广告和视频，利用地铁宣传阵地广泛宣传。同时，与报刊、电台、电视台及网络新媒体等联动，形成强大的社会舆论支持，并在上海市文明办、上海市诚信办的支持下，将“逃票者”冒用证件的信息纳入全市征信系统供查询，形成“一处失信，处处受阻”的诚信建设氛围。《中华艺术宫站“永不落幕的世博会——地铁纪念馆”》获得城市轨道交通最佳公益广告作品奖、城市轨道交通公益作品媒体创新奖金奖，《我爱地铁——外国人眼中的地铁》以及《丰子恺文化列车》分获城市轨道交通最佳公益广告作品奖——视频类和综合类入围奖。

上海地铁努力营造崇德向善氛围，在潜移默化中培育价值观。突出爱岗敬业“小人物”的宣传，注重挖掘载体和典型宣传，每年五一国际劳动节期间，在上海市总工会的支持下，在人民广场车站文化长廊，开展“劳模风采”系列主题宣传，展现上海各条战线先进模范人物，弘扬“劳动最光荣”的精神。教师节期间，宣传“园丁”事迹，弘扬“尊师重教”风尚。全国学生运动会期间，在地铁车厢、车站灯箱广告、地铁移动电视展示“阳光少年”“活力园丁”的风采。把地铁员工在本职岗位上辛勤劳

图9-2-1　2006年4月12日，上海地铁与英国伦敦地铁开展文化交流活动

动的故事，拍摄成“小人物真故事”微电影，在地铁站里播放，向广大乘客展现地铁员工的精神面貌。与航天局合作，将“玉兔号”月球车的原型机在地铁人民广场站中央展台展出。与中国航海博物馆合作，向市民乘客展示见证上海海商发展的沙船模型，让广大乘客在参观国家科学发展成果的同时，培养爱国情怀。与上海市科协共同策划、打造科普列车、科普车站等项目，让乘客在地铁空间里感受文化和科技魅力。

图 9-2-2　2006 年 6 月 9 日，印尼国会代表团来访申通地铁集团并互赠礼物

三、传播

1994 年 12 月 16 日，首部反映上海地铁的戏剧——沪剧《此情深深》(后改名《今日梦圆》)在云峰剧场公演。此剧反映了地铁建设者创业、拼搏、奉献精神及建设者、建设者家属的感情生活。著名演员茅善玉、陈瑜、孙徐春担任主角。金炳华、夏克强、龚学平等市领导与地铁建设者和市民一起观看了演出。该剧后获得中共中央宣传部主办的 1994 年度“五个一工程”奖，并参加第四届中国戏剧节，摘取最高桂冠“优秀演出奖”。

1997 年 8 月 20 日，展示上海交通发展的《文化艺术长廊》和反映上海名牌产品的《精品展示长廊》，在地铁徐家汇站揭幕。我国 94 岁高龄的著名书法家顾延龙，书法家、画家廖炯模分别为上海地铁《文化艺术长廊》和上海地铁《精品展示长廊》题写了廊名。

1997 年 10 月 2 日，上海市地铁总公司举行“上海地铁优质服务迎八运新闻发布会暨地铁磁卡捐赠仪式”。石礼安代表上海地铁将 1 000 套八运会全磁储值地铁卡赠送给八运会组委会，并接受了中华人民共和国第八届运动会组织委员会颁发的荣誉证书。地铁全磁储值卡，全套二枚，面值为 50 元和 30 元，磁卡画面分别为上海体育场和八运会吉祥物。

1998 年 10 月 5 日，由上海市地铁总公司与上海市文学联合会联合拍摄的电视连续剧《相约在春天》荣获广播电视部第十七届全国电视剧“飞天奖”中篇电视剧三等奖，以及中央电视台首播证书。

2003 年 1 月 30 日，《与文明同行・地铁文明乘车漫画巡展》在 1 号线人民广场站开展。本次巡展包括 50 幅作品。

2006 年 9 月 21 日，上海申通地铁集团配合市委宣传部、市建设交通党委和轨道交通建设指挥部，举行《走进明日地铁——上海市民轨道交通工地行》大型活动。组织近千名市民分四路进 8 站观看上海轨道交通建设场景，并组织编制了“走进明日地铁”电视专题片、宣传展板、地铁磁卡、宣传海报和宣传小册子等在社会上发行和张贴。是年 10 月 28 日，上海申通地铁资产经营管理公司主办的“百名书画家进地铁”活动在轨道交通 2 号线世纪大道站拉开帷幕，以贺友直为代表的百名书画家的作品陆续进入地铁，作为地铁公益广告宣传的组成部分。是年 12 月 30 日，由上海市委宣传部、中共上海市建设和交通工作委员会、上海市轨道交通建设指挥部联合编印的《上海城市轨道交通 50 问》的宣传册，在轨道交通 2 号线西延伸段开通试运营的当日举行了首发仪式，并同时在其他部分地铁车站向市民免费分发。宣传册集知识性、趣味性、辅导性为一体，将以解疑释惑的形式，回答市民迫切需要了解的相关问题。

2007 年 2 月 15 日，上海申通地铁资产经营管理公司受邀参加由伦敦市长 Ken Livingstone 先生发起的“中国在伦敦——上海周”开幕活动，申通资产推出专为制作的《都市里的纵横交错》和《地铁里的泰特美术馆》地铁纪念卡，得到来宾们的青睐。是年 7 月 12 日，云南红河州扶贫旅游宣传仪式在人民广场站举行，上海申通地铁集团以帮扶红河旅游产业发展的方式，在上海地铁的主要车站无偿进行红河旅游广告的公益投放。是年 9 月 30 日，由上海市建设交通党委、上海市轨道交通建设指挥部和上海市摄影家协会联合主办的“通向都市新生活——上海轨道交通摄影比赛获奖作品展”和《发展中的上海轨道交通展》在地铁人民广场站开展。12 月 20 日，“地铁之歌”大型文艺晚会在即将开通的轨道交通人民广场枢纽站换乘大厅内举行。晚会为中国工程院院士刘建航颁发了“上海轨道交通建设特别贡献奖”。12 月 27 日，全面反映上海地铁建设工程的报告文学集《通往春天的地铁》举行首发仪式。中共上海市委常委、副市长、上海轨道交通建设指挥部总指挥杨雄为本书作序。12 月 29 日市委宣传部、市建设交通党委和市轨道交通建设指挥部联合举办的《通向都市新生活——发展中的上海轨道交通展览》在轨道交通人民广场站枢纽站换乘大厅展出。中共中央政治局委员、上海市委书记俞正声，市委副书记、市长韩正，市人大常委会主任龚学平，市政协主席蒋以任等市领导观看了展出。

2008 年 6 月 27 日由上海申通地铁集团主办的“上海地铁杯”大学生公益广告创意设计大赛，从 4 月 8 日至 5 月 28 日，征稿历时 50 天，共收到来自全市近 60 所大学院校的参赛作品 974 幅，经过评委会专家组的数轮独立评选，共评出金奖 3 名、银奖 6 名、铜奖 10 名，优秀奖 30 名，入围奖 51 名，有 100 件获奖作品在刘海粟美术馆展出。10 月 27 日，上海申通地铁集团有限公司在南京路上海世纪广场举办第十届中国上海国际艺术节职工文化广场天天演专场演出。

2009 年 12 月 5 日，团市委组织开展“青春世博 12・5 我志愿”——上海百万青少年迎世博百日文明行动拉开帷幕，“青春世博号”列车从 7 号线上海大学站启动运行。

2010 年 7 月 31 日，通过社会征集和专家评审，上海地铁推出地铁吉祥物“畅畅”。

2011 年 7 月 1 日，在纪念中国共产党成立 90 周年之际，由上海市委组织部、新华社上海分社、申通地铁集团联合举办的地铁“红色列车，创新启动”活动在轨道交通人民广场站举行。11 月 29 日，以“地铁安全，我们共同关注”为主题的第三届地铁公共安全宣传周活动启动，《上海地铁 100

问》(漫画读本)同时发行。

2013年1月1日,上海地铁公共文化建设(2013—2015年)三年行动计划暨首届上海地铁公共文化周正式启动。1月1日,上海地铁公共文化周系列项目在人民广场站大厅一侧的“上海地铁音乐角”拉开帷幕。首场演出汇集了上海交响乐团圆号首席郭忠宝、小号首席 Sergey Tyuteykin 等组成的“SHINE”铜管五重奏组,还有学童和大师同台演出。同日,由上海地铁与上海市委组织部党员服务中心共同合作的“身边的党代表”图片展在1号线衡山路站正式向公众展出。此次展览特别选取了来自全市生产工作第一线的十八大党代表,全面展现上海基层党组织和一线党代表推动发展、服务群众的新风采。同日,上海地铁与虹口区委宣传部、虹口区体育局合作,在地铁8号线虹口足球场站站厅收费区外,建立设置上海地铁体育文化角,宣传体育文化,开设多种市民健身体验项目。是年同月,在地铁2号线上海浦东国际机场站推出系列车站公共文化建设举措。中国著名连环画大师贺友直《弄堂里的老上海人》公益宣传;上海百年公交的图片展供游客观展;开辟上海地铁书刊公益免费借阅;推出反映上海地铁建设发展地铁员工自己绘制创作的漫画台历;上海地铁将上海当代艺术博物馆直接引入西藏南路站,在车站2号口打造“当代艺术画廊”。该画廊长近50米,由当代艺术博物馆前世今生和开馆展《重新发电》等板块组成;“健康文化区”在地铁4、7号线东安路揭幕,“健康文化区”为市民乘客提供健康养生科普知识。上海地铁与上海音乐厅联手打造的“地铁音乐汇”在地铁8号线大世界站揭幕。“地铁音乐汇”是上海地铁和上海音乐厅合作推出的一项广告文化建设项目,将以地铁空间为舞台,上海音乐厅将按时组织音乐人到地铁车站开展文化音乐现场表演,把美妙的音乐展示给更多的市民乘客;著名连环画大师贺友直《老上海360行》系列连环画被制作成公益广告,在2号线上运行的261号列车上展示;和辰山植物园合作,在9号线洞泾车站内引种、摆放适宜地下车站养护的绿色植物和花卉,努力营造和谐、绿色环保的候车环境。

2013年3月1日,《安全乘车文明先行》3D版上海地铁公共安全系列宣传片在上海轨道交通全路网正式播出。2013年4月7日,上海申通地铁集团制定并印发《上海地铁公共文化建设纲要暨上海地铁公共文化三年(2013—2015年)行动计划》。是年9月14日,上海地铁音乐角成立以来的首场涉外音乐会——墨西哥美洲皇家玛利亚奇乐队献演地铁人民广场站音乐角,本场献演由墨西哥驻上海总领事馆表演,展示了墨西哥风情。是年11月3日—17日,上海地铁迪士尼车站装饰创意设计方案公众投票活动启动。这是上海地铁首度邀请公众参与地铁车站装饰设计决策过程。是年11月13日,申通地铁集团与上海东方娱乐传媒集团艺术人文中心签订战略合作备忘录,双方将合作利用各自资源与平台的优势,推出系列公益文化类活动,共同探索地铁公共空间内的文化模式创新。

2014年1月21日,上海地铁公共文化发展中心正式挂牌成立。2014年5月12日,上海地铁对8号线中华艺术宫站进行文化展示再设计再布局,展出了世博园全景图、各国国家馆等100多幅作品,海宝、中国馆斗拱等世博元素融入其中,地铁志愿者、大客流保驾等地铁形象尽展风采,六个展区以明快的色调、详尽的影像、幕后的故事构成了整座车站的“永不落幕的世博地铁纪念馆展”。是年7月4日,由上海文化发展基金会资助的“艺术大师作品进地铁”项目登陆轨道交通4号线相关车站系列活动正式拉开帷幕。这次艺术环线推出5位艺术大师作品,有绘画、音乐、电影等。在刘海粟美术馆的支持下,《黄山西海图》入住延安西路车站。是年10月28日,国内首家地铁博物馆——上海地铁博物馆(一期)正式对外开馆试运营。是年10月31日,“法治文化·地铁安全”暨上海地铁第八届公共安全宣传周启动仪式在人民广场枢纽站举行。7号线法治文化专列、高科西路站法治文化角和第二季上海地铁公共安全宣传片同步正式亮相。

2015 年 3 月 26 日墨西哥驻华大使温立安先生专程来到上海地铁 10 号线陕西南路站，参观《文字的脸孔》摄影展，乘坐 1015 号帕斯诗歌主题文化列车。是年 12 月 27 日，上海地铁“音乐角”第 300 场公益演出举行，中国戏曲家协会名誉主席、著名京剧演员尚长荣，市委宣传部、上海民族乐团、上海群艺馆、上海刘海粟美术馆、上海戏曲艺术中心、上海评弹团的嘉宾参加了此次活动。演出现场，“翰墨戏韵”——纪念尚小云先生诞辰 115 周年地铁磁卡首发仪式揭幕。

第二节　车 站 壁 画

自 1995 年地铁 1 号线全线开通以来，上海地铁持之以恒推进“文化进地铁”项目。上海地铁 52 座车站装饰的 60 幅大型浮雕壁画，演绎了城市文化的精髓，其艺术感染力受到广泛好评，车站壁画成为传播优秀文化、彰显城市精神的重要窗口和阵地。为市民乘客提供舒适、优雅的出行环境。通过整合地上地下文化资源，形成“人民广场站文化核心区”，现已成为上海地铁地标性公共文化点。除静安寺站“静安八景”、临平路站“犹太人在上海”、同济大学站“梦里徽州”、江宁路站“江山宁和”等大型壁画之外，上海地铁结合沿线历史文脉和车站周边区域特点进行车站设计，打造 8 号线中华艺术馆站“永不落幕的世博会”纪念展、11 号线交通大学站“钱图通道”及“钱学森书房”、12 号线国际客运中心站“十二星座—星空”、1、12、13 号线汉中路站“地下蝴蝶魔法森林”等多座车站，从而形成独特的地铁建筑艺术氛围。“上海轨道交通车站环境艺术设计”荣获“2013 上海设计奖金奖”。

上海地铁壁画传承了传统，也融入了新材料和高科技，得时代之风，扬艺术风帆，成为地铁中的一缕清风，一道文脉，是“地铁中的阳光”。上海地铁壁画记录了历史，是城市心灵的写照：上海地铁壁画立足于今天，是城市巨变的见证：上海地铁壁画也面向未来，不断地伸展着“城市，让生活更美好”的弘美画面。

一、1 号线壁画

【《海之娱》】

线路车站：轨道交通 1 号线（上海马戏城站）

材质工艺：铅板磨漆画

规格：1 840 mm×12 600 mm

创意构思：

以铅板磨漆画的形式表现马戏城里的表演场景，幽默滑稽的人物造型，生动活泼的娱乐内容，轻快艳丽的色彩格调，将马戏城独特的内涵呈现得淋漓尽致，充分地符合了上海马戏城站的站点特征。

创作者：上海贝贝埃艺术设计（姚伟延）

创作时间：1995 年 4 月

图 9-2-3　上海马戏城站《海之娱》壁画

【《海之流》】

线路车站：轨道交通1号线(延长路站)

材质工艺：紫铜、黄铜浮雕

规格：1 870 mm×14 800 mm

创意构思：

以古朴的铜为主要材质，以浑厚的浮雕为表现手法，紫铜表现楼群、高架等背景环境，黄铜表现城市生活场景，和谐地展现了繁荣昌盛的今日上海生活。

创作者：上海贝贝埃艺术设计(姚伟延)

创作时间：1995年4月

图9-2-4　延长路站《海之流》壁画

【《海之居》】

线路车站：轨道交通1号线(中山北路站)

材质工艺：漆板，扬州磨漆画

规格：1 950 mm×12 500 mm

创意构思：

以上海民居为题材，以上海20世纪20年代至现代的民居文化为背景，以民居建筑样式为表现手法，展现上海市民生活中所特有的中西交汇文化，其蓝色的基调寓意都市生活的安逸。

创作者：上海贝贝埃艺术设计(姚伟延)

创作时间：1995年4月

图9-2-5　中山北路站《海之居》壁画

【《车轮滚滚》】

线路车站：轨道交通1号线(上海火车站站)

材质工艺：大理石浮雕，分块拼接

规格：2 800 mm×30 000 mm

创意构思：

以地铁车辆及车轮为主要元素，以简洁的块面浮雕表现手法，艺术化地展示地铁发展的速度和时代进步的气势，加之大理石材质和环境灯光的巧妙运用，意境浑厚深邃、大气磅礴。《车轮滚滚》显示了现代生活的快节奏，整幅画的内容与地铁车站所处在的地理位置相呼应。

创作者：同济大学

创作时间：1995年4月

图9-2-6　上海火车站站《车轮滚滚》壁画

【《古老》】

线路车站：轨道交通 1 号线(汉中路站)

材质工艺：瓷板，烤瓷

规格：2 850 mm×31 800 mm

创意构思：

以远古的经典神话传说为题材，生动地表现出传统中华的想象世界，传达出特有的民族精神，同时以清新明丽的色调和布局，融入简洁的现代风格，展现地铁的时代气质。并与地面建筑上海市青年文化活动中心相呼应，反映出我国改革开放、经济腾飞、充满朝气的时代特征。

创作者：同济大学

创作时间：1995 年 4 月

图 9-2-7　汉中路站《古老》壁画

【《万国建筑博览》】

线路车站：轨道交通 1 号线(人民广场站)

材质工艺：不锈钢材料

规格：全长 80 m，分为三大幅 23 小块，每小块长 3.86 m，高 1.86 m

创意构思：

以上海市中心建筑天际线为主题，运用现代艺术的分解、抽象手法而组合构成。还借鉴了汉代画像石的平面手法，将上海具有时空跨度的各种建筑形象，组合到一个富有张力、波浪起伏、长卷式的散点构图中，出现在壁画中的百余座建筑形象，其原型风格样式极为繁复，经过设计者的提炼，浓缩在这样连续、大起大伏的构图中，具有很强的运动感，适应乘客在行走中观赏。

创作者：同济大学

创作时间：1995 年 4 月

【《起源》】

线路车站：轨道交通 1 号线(黄陂南路站)

材质工艺：水晶玻璃热弯，玻璃雕刻

规格：2 000 mm×13 000 mm

创意构思：

以远古的岩画符号为主要视觉元素，形象地再现了人类社会初期的生活场景，同时映射出文字的起源与劳动的发展。悬浮的片片玻璃代表云、气的意象，展现出混沌初开、万物之源。

创作者：上海大学美术学院

创作时间：1995 年 4 月

图 9-2-8　黄陂南路站《起源》壁画

【《天都云瀑歌》】

线路车站：轨道交通 1 号线(陕西南路站)

材质工艺：瓷板,烤瓷

规格：2 400 mm×12 000 mm

创意构思：

当代著名国画家汪观清先生为本站特别精心绘制的山水长卷力作,厚积如雪的云海、连绵伟岸的山峰、冲泄奔腾的水瀑,浑如一体,展现出激越澎湃、磅礴无尽的气度。

创作者：汪观清

创作时间：2009 年 10 月

图 9-2-9　陕西南路站《天都云瀑歌》壁画

【《穿梭》】

线路车站：轨道交通 1 号线(衡山路站)

材质工艺：大理石、不锈钢浮雕

规格：2 500 mm×8 400 mm

创意构思：

以上海地铁标志外文缩写“SM”字母为中心,呈环状波纹向四周扩展,表现地铁生生不息的生命力,地铁车辆从左至右自由穿梭于城市轨道,展现出上海地铁路路畅达的辉煌远景,用简洁明朗的视觉创意,巧妙地展示了地铁精神,显示了地铁事业蒸蒸日上的美好前景。

创作者：同济大学

创作时间：1995 年 4 月

图 9-2-10　衡山路站《穿梭》壁画

【《韵动》】

线路车站：轨道交通 1 号线(上海体育馆站)

材质工艺：琉璃马赛克

规格：2 000 mm×15 000 mm

创意构思：

主题为多种体育项目的竞技动态,背景为奥运项目形态组合,旨在表现奥运体育精神主题,充分吻合了体育馆的人文精神,画面均以琉璃马赛克拼成,形式简洁明快而现代。

创作者：上海贝贝埃艺术设计

创作时间：2009 年 10 月

图 9-2-11　上海体育馆站《韵动》壁画

【《建设者印象》】

线路车站：轨道交通 1 号线（漕宝路站）

材质工艺：琉璃马赛克

规格：2 700 mm×12 500 mm

创意构思：

漕宝路站是首个地铁建设试验段，在上海地铁发展史上具有标志性意义。作品通过地铁工人在璀璨的霞光下的剪影艺术手法，以阳刚大气的设计风格和精致巧妙的琉璃马赛克工艺，展现建设者的风范与伟绩，从而呈现出上海地铁的生命力。

创作者：上海贝贝埃艺术设计

创作时间：2009 年 10 月

图 9－2－12　漕宝路站《电子之光》壁画

二、2 号线壁画

【《时尚都市》】

线路车站：轨道交通 2 号线（淞虹路站）

材质工艺：搪瓷版画

规格：2 000 mm×12 500 mm

创意构思：

在地铁的空间中，体现都市明朗快乐的节奏，展示四季的生命与活力，充满青春舞动的气息。让匆忙的上班族为之耳目一新，精神振奋。在清新的主色调中，配合几块温和的暖色调，使视觉清新、疏朗、明快。

创作者：上海大学美术学院

创作时间：2000 年 6 月

图 9－2－13　淞虹路站《时尚都市》壁画

【《绿野清风》】

线路车站：轨道交通 2 号线（威宁路站）

材质工艺：搪瓷版画

规格：2 000 mm×12 500 mm

创意构思：

绿意葱茏，风行长空。在春天的节奏里，远离繁忙和喧嚣，回归自然，惬意漫步，徜徉在最舒展的生活状态中，找到最本真的自己。以明朗的绿色调为主，如春回大地，万物复苏。

创作者：上海大学美术学院

图 9－2－14　威宁路壁画站《绿野清风》壁画

创作时间：2000 年 6 月

【《今日交通》】

图 9-2-15　中山公园站《今日交通》壁画

线路车站：轨道交通 2 号线（中山公园站）
材质工艺：大理石、紫铜、玻璃钢浮雕
规格：2 850 mm×16 100 mm
创意构思：

以高耸的高架桥为主要视觉元素，错综复杂的道路，来往不辍的公交以及天空中的片片白云，形象生动地展现了当代上海城市交通的快捷和上海人民对未来城市交通的希冀，同时也寓意随着轨道交通的建设与发展，上海的城市交通不断步入新的高度。

创作者：上海大学美术学院
创作时间：2000 年 6 月

【《静安八景》】

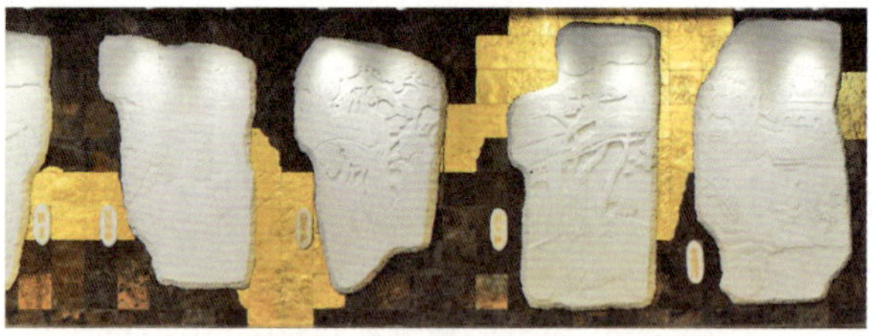

图 9-2-16　静安寺站《静安八景》壁画

线路车站：轨道交通 2 号线（静安寺站）
材质工艺：山东白玉石材线刻镶金
规格：3 000 mm×16 200 mm
创意构思：

赤乌碑、陈朝桧、虾子潭、讲经台、沪读垒、涌泉、芦子渡、绿云洞是静安寺当年最负盛名的八大景观，以石碑石刻的表现形式，恰到好处地体现了静安寺古朴的历史文化风貌，并蕴涵着在高速现代化的今天，静安仍能保持它独有的浓厚历史文化氛围。

创作者：上海大学美术学院（陈家泠）
创作时间：2000 年 6 月

【《时代 style》】

图 9-2-17　南京西路站《时尚 style》壁画

线路车站：轨道交通 2 号线（南京西路站）
材质工艺：彩色人造大理石拼花浮雕
规格：2 300 mm×16 000 mm
创意构思：

以彩色人造大理石浮雕的形式，以绚烂多彩的人物形态，以自由变幻的排列组合造型，凝练有力地表现出现代都市的时尚生活内涵，并以此呈现时代风尚的核心精神。

创作者：同济大学
创作时间：2000 年 6 月

【《今日上海》】

材质工艺：水晶钛金板、冰化玻璃，水晶切割打磨

规格：2 400 mm×18 500 mm

创意构思：

以城市建筑为主要视觉元素，通过水晶玻璃的表现形式，在十多米长的壁画上，用变幻多姿的灯光，把一个富有梦幻色彩的浦江两岸盛景生动地展示在时代面前。

创作者：上海大学美术学院上海贝贝埃艺术设计

创作时间：2000 年 6 月

图 9－2－18　陆家嘴站《今日上海》壁画

【《发展》】

线路车站：轨道交通 2 号线(上海科技馆站)

材质工艺：铜条弯制，玉石镶拼

规格：2 800 mm×24 600 mm

创意构思：

通过一条长长的时间轴，把 1910 年以来科技对人类生活的影响逐一展示出来。汽车、飞机、轮船，因为它们的诞生，人们的生活才有了根本性的变化。这些如今生活中无比平凡的事物，却激起人们了解科技发展史的愿望，与上海科技馆的自身精神内涵紧密呼应。

创作者：上海大学美术学院

创作时间：2000 年 6 月

图 9－2－19　上海科技馆站《发展》壁画

【《花的海洋》】

线路车站：轨道交通 2 号线(世纪公园站)

材质工艺：不锈钢、陶瓷板、烤瓷，浮雕

规格：2 800 mm×24 600 mm

创意构思：

以不锈钢和烤瓷浮雕的手法，将种种不同的花卉聚集起来，画面繁复而不杂乱，形式灵动而不张扬，真正表现出一副花海的绚丽景致，与世纪公园花季的气息紧密吻合。

创作者：同济大学

创作时间：2000 年 6 月

图 9－2－20　世纪公园站《花的海洋》壁画

三、4号线壁画

【《车轮之路》】

线路车站：轨道交通4号线(大连路站、海伦路站、蓝村路站、浦电路站、上海体育馆站、上海体育场站)

材质工艺：铜

创意构思：

以铜材勾勒的手法，表现交通工具的发展变迁，具象而简洁地描绘出交通工具的演变，预示着指日可待的未来更加美好，时代车轮滚滚向前。

创作者：上海大学美术学院

创作时间：2007年9月

图9-2-21　大连路等站《车轮之路》壁画

【《百舸争流》】

线路车站：轨道交通4号线(大木桥路站)

材质工艺：金属烤漆、丝网印刷、铜制浮雕等

规格：2 400 mm×13 000 mm

创意构思：

以码头、船舶构件、江南制造总局房屋建筑等元素为主题，具象生动地展示了历史上此处繁荣的商业场景，强调出这里作为中国近代民族工业的基地，为民族工业的萌芽与崛起作出了巨大贡献。

创作者：上海大学美术学院(张盛)

创作时间：2007年9月

图9-2-22　大木桥路站《百舸争流》壁画

【《医药之光》】

线路车站：轨道交通4号线(东安路站)

材质工艺：铜制、丝网印刷、烤漆

规格：2 400 mm×13 000 mm

创意构思：

以医药元素为主题材，以安静而肃穆的氛围，表现风雨之后终现光明，给人以无限的希望，更寓示着人生阴霾终将散去，生命充满阳光。

创作者：上海大学美术学院(韩晓骏)

图9-2-23　东安路站《医药之光》壁画

创作时间：2007 年 9 月

【《犹太人在上海》】

线路车站：轨道交通 4 号线(临平路站)

材质工艺：铜版丝网印刷

规格：2 400 mm×7 200 mm(2 幅)、2 400 mm×8 800 mm(1 幅)

创意构思：

以 20 世纪三四十年代犹太人旅沪特殊背景为主题，着力表现犹太人的日常生活交往场景，反映上海这一城市海纳百川的宽博友好气度。作品突出提篮桥摩西会堂，以故事带动情节，生动而有情趣，富有历史感。

创作者：上海大学美术学院(纪家康)

创作时间：2007 年 9 月

图 9-2-24　临平路站《犹太人在上海》壁画

【《历史定格——盾》】

线路车站：轨道交通 4 号线(南浦大桥站)

材质工艺：铜

规格：2 300 mm×6 000 mm

创意构思：

地铁 4 号线在建设过程中，过江段发生重大渗水事故，这一铜质浮雕壁画，细腻地表现了建设者经过艰苦努力修复事故段、创造世界地铁建设史上奇迹的场面，真实地再现了事故的危险性和工程修复的宏伟面貌。

创作者：上海大学美术学院

创作时间：2007 年 9 月

图 9-2-25　南浦大桥站《历史定格》壁画

四、6 号线壁画

【《海天日影》】

线路车站：轨道交通 6 号线(云山路站)

材质：不锈钢板、黄铜板

工艺：黄铜板腐蚀、烤漆、不锈钢锻造、抛光

规格：2 000 mm×13 000 mm

创意构思：

阳光、海滩、水波、轻帆……海波轻漾、远泛流光，轻舟摇曳、怡性抒情。

图 9-2-26　云山路站《海天日影》壁画

创作者：上海大学美术学院（岑沫石）

创作时间：2007 年

【《大漠日圆》】

线路车站：轨道交通 6 号线（浦电路站）

材质工艺：不锈钢锻造、汽车烤漆

规格：2 000 mm×13 000 mm

创意构思：

名称出自唐代诗人王维的诗句："大漠孤烟直，长河落日圆。"画面将表现精简到线条、空间与色彩本身，简洁而醒目，象征圆满与循环往复之美。

创作者：上海大学美术学院（岑沫石）

创作时间：2007 年

【《如日之升》】

线路车站：轨道交通 6 号线（蓝村路站）

材质工艺：不锈钢锻造、汽车烤漆

规格：2 000 mm×13 000 mm

创意构思：

"如月之恒，如日之升，如南山之寿。"出自《诗经·小雅》。圆与倒影的微妙变化，如日之升的渐变效果，朴素无华，简洁大气，富有流动之美与光影追逐之境。

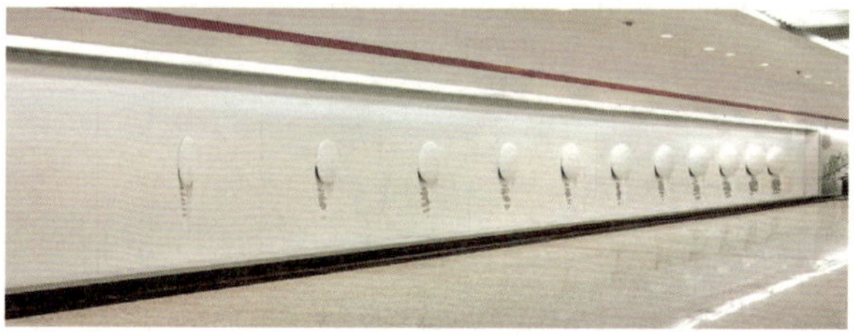

图 9－2－27　蓝村路站《如日之升》壁画

创作者：上海大学美术学院（岑沫石）

创作时间：2007 年

【《海上霞光》】

线路车站：轨道交通 6 号线（上海儿童医学中心站）

材质工艺：彩色图案印刷与玻璃相拼

规格：2 000 mm×12 000 mm

创意构思：

用地铁标识的小图案组成大壁画，画中有画，流光溢彩，海天一色，华彩斑斓。错落的几何形状建筑群剪影和倒影，团块状的灿烂云天霞光，共同组成浪漫而绚丽的"海上霞光"丽景，温暖而怡情。

图 9－2－28　上海儿童医学中心站《海上霞光》壁画

创作者：上海大学美术学院（韩晓骏）

创作时间：2007 年

【《映霞逐浪》】

线路车站：轨道交通 6 号线(临沂新村站)

材质工艺：不锈钢折叠、彩绘、烤漆

规格：2 000 mm×13 000 mm

创意构思：

流动的光影与对比色营造出海阔凭鱼跃的气氛，纵向的圆管分割富有变幻的效果，鲜明的色彩与流动的构图，无不令观者眼前一亮，精神振作。

创作者：上海大学美术学院(张盛)

创作时间：2007 年

图 9-2-29　临沂新村站《映霞逐浪》壁画

【《浦江丽影》】

线路车站：轨道交通 6 号线(上南路站)

材质工艺：不锈钢板切割、折叠，汽车烤漆

规格：2 000 mm×13 000 mm

创意构思：

日月倒影于浦江，暗喻永恒不变。浦江的剪影与倒影构成绚丽多姿的画面，高低错落，溢彩流光，霓虹灯般多变的棱柱折射霞光虹彩，一气呵成而又流动变幻，营造出堂皇绚丽、泱泱大气的效果。

创作者：上海大学美术学院(张盛)

创作时间：2007 年

图 9-2-30　上南路站《浦江丽影》壁画

五、7 号线壁画

【《炫彩新潮》】

线路车站：轨道交通 7 号线(后滩站)

材质工艺：不锈钢面板，镀锌钢架，有机玻璃管和彩球配合后台电脑装置箱体

规格：2 000 mm×13 000 mm

创意构思：

以通透的玻璃圆管矩阵组合与风动漂浮的彩球为装置基本构架，当各种旋律的音乐响起，管内小球便会呈现出与该乐曲节奏相协调的波浪形的优美波动，曼妙的节奏，灵动的灯光，晶莹的玻璃，呈现出潮水起伏般的新奇视觉感受，也体现出地铁的时代性与科技性。

创作者：上海大学美术学院(王征韩晓骏)

创作时间：2009 年 10 月

图 9-2-31　后滩站《炫彩新潮》壁画

【《花间飞舞》】

所在线路车站：轨道交通 7 号线(龙阳路站)

材质工艺：铜板腐蚀

规格：2 000 mm×13 000 mm

创意构思：

现代著名国画家陈家泠先生特为 7 号线绘制，以其一贯的清新笔调表现常见的夏日荷花题材，浓淡相宜的色彩、疏密有致的布局、亮丽鲜明的材质，加上独特精致的现代制作工艺，无不为地铁空间呈现出一抹宜人的风景。

图 9-2-32　龙阳路站《花间飞舞》壁画

创作者：上海大学美术学院(陈家泠)

陈家泠，生于 1937 年，浙江永康人，工人物画、山水、花鸟、书法，自创兼有印象派、抽象派及表现主义特点的现代国画新流派。

创作时间：2009 年 10 月

六、8 号线壁画

【《非昔》】

线路车站：轨道交通 8 号线(西藏南路站)

材质工艺：铜、不锈钢板锻造、切割，汽车烤漆

规格：2 000 mm×6 000 mm(2 幅)

创意构思：

中国的传统节日是中华民族悠久历史文化的重要组成部分。作品以典型的传统节日为主题，简洁优美，诗意盎然，充满生活情趣。“今非昔比”，因此更要抚今追昔，珍藏悠久的文化民俗与历史传说，珍惜美好的现实生活。

图 9-2-33　西藏南路站《非昔》壁画

创作者：上海大学美术学院(杨清泉)

创作时间：2007 年 12 月

【《化蝶》】

线路车站：轨道交通 8 号线(大世界站)

材质工艺：不锈钢线切割、折叠，汽车烤漆

规格：2 000 mm×13 000 mm

创意构思：

“庄生晓梦迷蝴蝶，望帝春心托杜鹃。”典故出自《庄子·齐物论》的庄周化蝶，又取自经典的梁祝爱情故事，象征对美好事物的梦想与追

图 9-2-34　大世界站《化蝶》壁画

求，展示自由与舒展的意象。

创作者：上海大学美术学院（韩晓骏）

创作时间：2007 年 12 月

【《凤求凰》】

线路车站：轨道交通 8 号线（人民广场站）

材质工艺：黄铜板锻造组合，彩色图案印刷

规格：2 000 m×13 000 mm

创意构思：

《凤求凰》传说是汉代文学家司马相如的古琴曲，演绎了司马相如与卓文君的爱情故事："凤兮凤兮归故乡，遨游四海求其凰。"作品以这一典故，寓意美好和谐的生活。

创作者：上海大学美术学院（韩晓骏）

创作时间：2007 年 12 月

图 9-2-35　8 号线人民广场站《凤求凰》壁画

【《迎宾》】

线路车站：轨道交通 8 号线（人民广场站）

材质工艺：金属镶嵌彩色玻璃

规格：2 000 mm×13 000 mm

创意构思：

主欢客乐，近悦远来，盛世雀屏，迎宾四海！"雀屏"出自雀屏中选，意为脱颖而出，表现人才的优秀和众人的瞩目。在 2010 世博会上，中国在世界面前如孔雀般展现出华丽的雀屏，给四方来宾以惊叹与震撼，展示上海永恒的春天！

创作者：上海大学美术学院（韩晓骏）

创作时间：2007 年 12 月

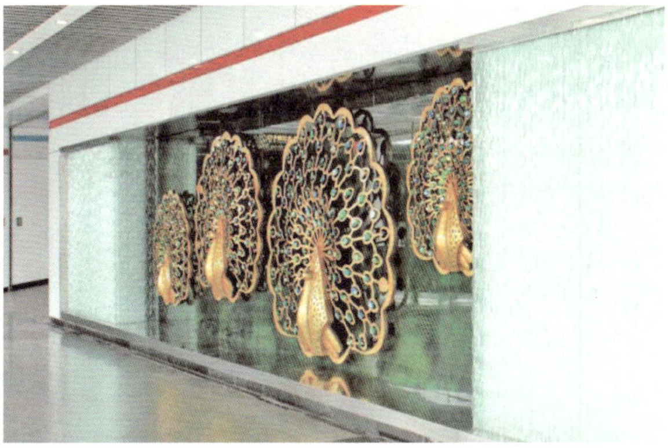

图 9-2-36　8 号线人民广场站《迎宾》壁画

【《逐鹿》】

线路车站：轨道交通 8 号线（虹口足球场站）

材质工艺：黄铜板锻造，汽车烤漆

规格：2 000 mm×13 000 mm

创意构思：

"逐鹿"即为中原逐鹿，出自《史记·淮阴侯列传》："秦失其鹿，天下共逐之。"原指群雄并起，表现出现代社会的激烈竞争。胜败并非最为重要，重要的是在角逐中锻炼出坚强的意志和出色的能力。虹口足球场这个大舞台就是竞

图 9-2-37　虹口足球场站《逐鹿》壁画

技的赛场，从中比出友谊，取长补短。

创作者：上海大学美术学院(于文欢)

于文欢，1981年出生于上海。毕业于上海大学美术学院雕塑系。曾负责轨道交通多线车站装修及公共艺术壁画设计，并参与世博博物馆及上海国际民间艺术博览馆设计。

创作时间：2007年12月

【《生生不息》】

线路车站：轨道交通8号线(四平路站)

材质工艺：黄铜板锻造，汽车烤漆

规格：2 000 mm×9 000 mm

创意构思：

二十四节气起源于黄河流域，远在春秋时代，就已定出仲春、仲夏、仲秋和仲冬等四个节气，此后不断改进与完善，到秦汉年间，二十四个节气完全确立，并随着中国历法的外传，流传到世界许多地方。作品用二十四节气的代表花卉草木表达四季流转、生生不息的含义。

图 9-2-38　四平路站《生生不息》壁画

创作者：上海大学美术学院(张盛)

创作时间：2007年12月

【《纳新》】

线路车站：轨道交通8号线(延吉中路站)

材质工艺：不锈钢板线切割，汽车喷漆

规格：2 000 mm×13 000 mm

创意构思：

“纳新”即吐故纳新，出自《庄子·刻意》中“吹呴呼吸，吐故纳新”，表现扬弃旧习、吸收新兴事物的开明态度。改革开放的杨浦体现了这一点，改革开放的上海印证了这一点，而2010年世博会中国又迎来了更新的机遇和挑战。

图 9-2-39　延吉中路站《纳新》壁画

创作者：上海大学美术学院(于文欢)

创作时间：2007年12月

七、9号线壁画

【《午后阳光》】

线路车站：轨道交通9号线(马当路站)

材质工艺：不锈钢面板，表面铜条编织烧焊，氟碳漆喷绘，背部镀锌钢架

规格：2 000 mm×13 000 mm

创意构思：

取新天地石库门的线条与造型，以简洁、变化的几何体色块排列组合，细节缀以 Art Deco 装饰纹样，既有具象造型又有抽象气质，既整体又细腻。

创作者：上海大学美术学院（张盛）

创作时间：2007 年 12 月

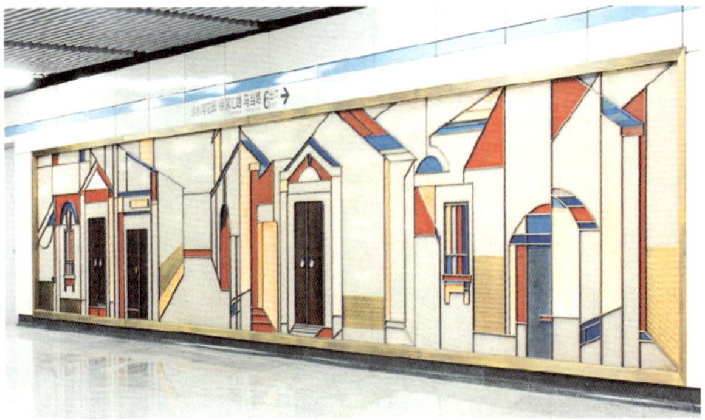

图 9-2-40　马当路站《午后阳光》壁画

【《海上印象》】

线路车站：轨道交通 9 号线（徐家汇站）

材质工艺：不锈钢面板，表面丝网印刷，背部镀锌钢架，表面烧制琉璃圆块

规格：2 000 mm×13 000 mm

创意构思：

前景以跳跃交错的光点排列，构成徐家汇繁华的商业娱乐中心，以数码光感传达现代气息与时代精神。背景为丝网印刷的天主教堂、徐光启公园等历史建筑，以深邃的蓝色为基调，体现徐家汇悠久的历史文化底蕴。

创作者：上海大学美术学院（张盛）

创作时间：2007 年 12 月

图 9-2-41　徐家汇站《海上印象》壁画

【《金秋》】

线路车站：轨道交通 9 号线（桂林路站）

材质工艺：彩色图案印制、黄铜板丝网印刷、铜板线切割焊接

规格：3 000 mm × 2 500 mm（2 幅）、3 000 mm×3 000 mm（2 幅）

创意构思：

唐代宋之问《灵隐寺》诗云：“桂子月中落，天香云外飘。”作品选取桂林公园桂花飘香的金秋印象，辉煌绚丽，象征金色的收获与成果。

创作者：上海大学美术学院（韩晓骏）

创作时间：2007 年 12 月

图 9-2-42　桂林路站《金秋》壁画

【《古韵》】

线路车站：轨道交通 9 号线（七宝站）

材质工艺：黄铜板锻造，黑白图案丝网印刷

规格：2 000 mm×13 000 mm

创意构思：

七宝古镇始于北宋，盛于明清，自古以来一直都是商家云集、人文荟萃的一方宝地。作品采用白墙黑瓦、水乡、木格窗、条屏、提篮和一些传统民俗用品符号，营造典雅的古韵意味与浓厚的人文气息。

创作者：上海大学美术学院（韩晓骏）

创作时间：2007 年 12 月

图 9－2－43　七宝站《古韵》壁画

【《学海》】

线路车站：轨道交通 9 号线（大学城站）

材质工艺：黄铜板锻造

规格：3 000 mm×2 500 mm（2 幅）、3 000 mm×3 000 mm（2 幅）

创意构思：

名称取自明代张岱《小序》："学海无边，书囊无底。"唐代著名诗人、哲学家韩愈也有一副治学名联："书山有路勤为径，学海无涯苦作舟。"以铜版效果的书柜与书海形象做成壁画，典雅庄重而内蕴丰厚，充分暗示该站的地理位置。大学城莘莘学子学海遨游，以苦为乐，标识着知识是第一生产力。

创作者：上海大学美术学院（岑沫石）

创作时间：2007 年 12 月

图 9－2－44　大学城站《学海》壁画

【《印象》】

线路车站：轨道交通 9 号线（松江新城站）

材质工艺：黄铜板锻造，黑白图案丝网印刷

规格：2 000 mm×13 000 mm

创意构思：

松江是上海历史、文化的发祥地，作品采用老建筑的特写与印象，用老屋、亭阁、飞檐、砖瓦等符号作基本壁画语言，既体现乡土文化、老镇民俗，又不乏继往开来的现代气息。

创作者：上海大学美术学院（张盛）

图 9－2－45　松江新城站《印象》壁画

创作时间：2007 年 12 月

八、10 号线壁画

【《纱之风》】

图 9-2-46　新江湾城站《纱之风》壁画

线路车站：轨道交通 10 号线（新江湾城站）
材质工艺：涂装板丝网印刷
规格：2 000 mm×14 000 mm
创意构思：

通过对站点周边自然生态的艺术化演绎，将整个环境表现得似轻纱般美丽，如清风般拂动心灵，展示出生活在现代都市的人们对绿色未来、环保未来、温馨未来的深情展望。

创作者：深圳利德行投资建设顾问有限公司
创作时间：2010 年 3 月

【《梦里徽州》】

图 9-2-47　同济大学站《梦里徽州》壁画

线路车站：轨道交通 10 号线（同济大学站）
材质工艺：金属墙布喷印
规格：5 450 mm×209 000 mm
创意构思：

当代著名国画家汪观清先生以散点透视构图法，通过“春——丞相故里桃花坝，夏——三江口放筏，秋——金秋庆丰年，冬——深渡瑞雪”将其儿时一年四季沿江四处有代表性的村镇民俗刻画出来，将场景故事由此一一统一在画卷中。

创作者：汪观清
创作时间：2009 年 10 月

【《哲之园》】

线路车站：轨道交通 10 号线（海伦路站）

材质工艺：浮雕，涂装板丝网印刷

规格：2 000 m×14 000 mm

创意构思：

作品寓意“哲思之园”，让曾经震撼了老上海而对今日上海依然产生深远影响的名人文化成为城市文化的聚集地，在当今都市中绽放出独有的哲理之花。

创作者：深圳利德行投资建设顾问有限公司

创作时间：2010 年 3 月

图 9-2-48　海伦路站《哲之园》壁画

【《中华第一街》】

线路车站：轨道交通 10 号线（南京东路站）

材质工艺：玻璃彩色喷印

规格：2 360 mm×33 756 mm

创意构思：

提取上海十里洋场中典型的建筑元素与个性化的商业元素，呈现南京东路作为“中华第一街”的昔时风貌变迁，将中外交融的环境背景、上海都市的精致生活，在这辉煌的场景中集中体现。

创作者：上海贝贝埃艺术设计（姚伟延）

创作时间：2010 年 3 月

图 9-2-49　南京东路站《中华第一街》壁画

【《韵之风》】

线路车站：轨道交通 10 号线（豫园站）

材质工艺：瓷板，烤瓷

规格：2 000 m×15 000 mm

创意构思：

连环画泰斗贺友直的大家手笔，描摹老上海的三百六十行，体现不被遗忘的老上海风景。老上海世相变迁，留下的岁月痕迹引发无限联想。

创作者：贺友直

创作时间：2010 年 3 月

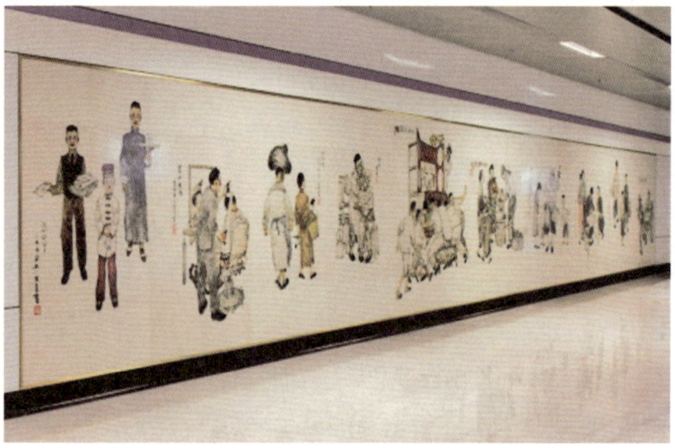

图 9-2-50　豫园站《韵之风》壁画

【《知识之梯》】

线路车站：轨道交通 10 号线（上海图书馆站）

材质工艺：涂装板丝网印刷

规格：2 000 mm×14 000 mm

创意构思：

中国文化博大精深，知识的历史就是一部文字的历史，一部文字媒介的历史。作品通过活字印刷、图书馆藏书等代表性元素，表现知识进化演变的历程，从而展现中华五千年文化的独特魅力。

创作者：深圳利德行投资建设顾问有限公司

创作时间：2010 年 3 月

图 9－2－51　上海图书馆站《知识之梯》壁画

【《交大百年辉煌》】

线路车站：轨道交通 10 号线(交通大学站)

材质工艺：青铜着色

规格：2 600 mm×10 000 mm

创意构思：

为了纪念交通大学百年校史而创作此浮雕，运用现代雕塑的抽象构成和传统具象元素相结合的手法，表现出交大百年辉煌蓬勃的历史。

创作者：深圳利德行投资建设顾问有限公司

创作时间：2010 年 3 月

图 9－2－52　交通大学站《交大百年辉煌》壁画

【《兰之香》】

线路车站：轨道交通 10 号线(宋园路站)

材质工艺：涂装板丝网印刷

规格：2 000 mm×14 000 mm

创意构思：

通过将玉兰花外在美丽及内在魅力的完美糅合，用最直接的美学符号加以传达演绎，象征着新时代精神文明的馨香处处弘扬。

创作者：深圳利德行投资建设顾问有限公司

创作时间：2010 年 3 月

图 9－2－53　宋园路站《兰之香》壁画

九、11 号线壁画

【《龙华钟鼓》】

线路车站：轨道交通 11 号线(龙华站)

材质工艺：彩陶壁画

规格：长 13 m　高 2.85 m

创意构思：

富有东方色彩的龙华彩陶壁画《龙华钟鼓》是整座车站的点睛之笔。壁画采用现代陶瓷艺术壁挂形式，以晚钟、皋鼓、山门、佛塔为具象，辅以牡丹、飞天、祥云等图饰，组成“龙华晚钟，众生普度”“百年牡丹，千载民俗”“盛世中华，欢欣鼓舞”三大主题。

创作时间：2013 年 9 月

图 9－2－54　龙华站《龙华钟鼓》壁画

十、12 号线壁画

【《“仰望星空”一路相伴》】

线路车站：轨道交通 12 号线(国际客运中心站)

创意构思：

国际客运中心站的星座穹顶格外别致，主题色为灰蓝色，通过 LED 幕屏展示“仰望星空”的主题。地面铺设的黑白格子组成的步道沿着站厅正中央延展开与之相呼应，让乘客在第一时间感受到“十二星座”的氛围，努力为乘客营造安全、舒适的星空之旅。

【《地下蝴蝶魔法森林》】

线路车站：轨道交通 12、13 号线汉中路站

创意构思：

2015 只形态各异的 3D 打印蝴蝶围绕核心筒翩翩起舞，变换赤、橙、黄、绿、青、蓝、紫等 18 种颜色，寓意着 2020 年将建成 18 条上海地铁线路网络。大厅中央 5 根斜柱代表着阳光将其拥抱，呈现出阳光洒落森林，一群蝴蝶飘然而至的图景，重现杜甫的“穿花蛱蝶深深见”的魔法场景。汉中路站吊顶以金色水滴造型，用以烘托上海母亲河——苏州河水波淋漓，波纹凌动的感觉，在流光溢彩中抒写出时尚潮流的现代风格。

十一、13 号线壁画

【《家国情缘》】

线路车站：轨道交通 13 号线(陈春路站)

材质工艺：搪瓷版画

创意构思：

临水车站引申出凭岸临风的白衣少侠，演绎出一段“家国情缘”的浪漫爱情故事。整个车站由初心、游历、相识、相欢、离别、报国、抚慰、风骨、归去9幅画面组成一个富有情节的故事，讲述一个有学识、气节的青年偶遇一个知书达理的美女，于是相识相爱了，但国难当头、兵戎相交之时，男儿毅然从军报国，家与国，情与爱，舍小爱报国家，就是本站打造的“家国情缘”主题。一个有故事情节的车站，通过一帧帧画面的电影方式，运用水墨丹青的手法，营造清新淡雅、意境深远的氛围。

【《江山宁和》】

线路车站：轨道交通13号线(江宁路站)

规格：24米×2.7米

创意构思：

中国传统泼墨山水画体现一种宁静空灵的禅意。于是脑海中就呈现出远山、云雾、帆影、亭台、山径和背影，一派空灵宁静充满禅意的意境。

第三节　文化传播

一、音乐角

2013年，在上海市委宣传部、市文化广播影视管理局的指导下，由上海申通地铁集团有限公司主办，上海地铁公共文化中心、上海地铁第一运营有限公司承办的上海地铁音乐角，相继引入上海交响乐团、上海轻音乐团、上海民族乐团、上海戏曲中心(包括京、昆、沪、越、淮、评弹等戏曲院团)等专业院团，上海市民文化协会、上海小荧星艺术团、上海知音文化等群文团体，并和英国、古巴、墨西哥、爱尔兰等领馆合作，与上海音乐厅“星期广播音乐会”连线视频直播，举办中外文化演出超过500场，曹鹏、尚长荣、辛丽丽、茅善玉、谷好好、张军等2 000余位中外艺术家与文化艺术爱好者参加表演，使广大乘客走进车站能够“听得到音乐，看得到作品，学得到知识、悟得到精神、感受得到文化氛围”。上海地铁先后获得“中国公共文化艺术贡献奖”“上海市公共文化建设创新项目奖”“上海市公益广告传播奖”等荣誉。

2013年1月1日上午8:45，坐落在人民广场站大厅一侧的“上海地铁音乐角”拉开帷幕。作为“上海地铁公共文化建设三年行动计划”的重头戏之一的“上海地铁音乐角”，每个双休日上午9:30—10:30将安排一场公益音乐演出，首期演出从1月5日(周六)正式开始，由上海知音琴行演出，1月6(周日)由上海交响乐团演出，届时将为广大乘客观众提供钢琴、管弦乐等各类世界名曲和通俗音乐的欣赏以及音乐知识的普及。

此外，上海交响乐团还精心制作了42块大型展板在人民广场站内展出，向乘客专题介绍历年上海新年音乐会的盛况和参与演出的世界级音乐大师；上海知音琴行还提供一台三角钢琴长置于人民广场站内，每周一至周五的上下班高峰时段，为乘客自动演奏各类曲目，使乘客能在车站进出途中欣赏音乐，陶冶情操，舒缓情绪。

2013年12月29日下午举行的“上海地铁音乐角第100场公益演出会”上，一批优秀演出团队、优秀节目、优秀组织者受到了表彰。2014 年 12 月 28 日地铁人民广场站“上海地铁音乐角”迎来第 200 场公益演出。第六届上海文学艺术奖终身成就奖得主尚长荣、贺友直被聘为上海地铁“文化顾问”。京剧名家夏慧华与小荧星艺术团、东方明珠残疾人艺术团等献上精彩演出。2015 年 12 月 27 日上海地铁“音乐角”第 300 场公益演出隆重举行，中国戏曲家协会名誉主席、著名京剧演员尚长荣，市委宣传部副部长、市文明办主任潘敏，申通地铁集团党委书记、董事长俞光耀，申通地铁集团党委副书记徐建群，以及上海民族乐团、上海群艺馆、上海刘海粟美术馆、上海戏曲艺术中心、上海评弹团的嘉宾参加了此次活动。

自 2013 年元旦，音乐角首演以来，上海交响乐团、上海民族乐团、上海戏曲艺术中心、虹口区文化局、知音文化、交享乐、爱尔兰领事馆等院团积极参加演出，举办各类公益活动 299 场，逾 2 000 余位中外艺术家与文艺爱好者参与演出，观众超 60 000 人次，地铁音乐角逐步成为申城公共文化的重要阵地之一，得到了市民、乘客的广泛关注和赞誉。

图 9-2-55　2013 年 4 月，上海地铁人民广场站音乐角群众演出

二、名家作品进地铁

2013—2015 年，上海地铁公共文化努力打造安全、人文、绿色、科技和智慧的“国内领先、国际一流”地铁网络的同时，作为公共服务类企业，始终坚持“社会责任第一”的企业核心价值观，着力推进“文化进地铁”项目，使市民乘客在地铁中“看得到作品、听得到音乐、悟得到精神、学得到知识、感受得到文化氛围”。上海地铁已日渐成为城市公共文化服务体系的重要组成部分，成为传播优秀传统文化、弘扬社会主义核心价值观、彰显上海城市精神的重要窗口和阵地。在此期间，开行“贺友直三百六十行漫画”，“笔尖上的非遗”，“张大千和毕加索”，“国韵入心雅意随行”上海京昆越沪淮评弹六大戏曲系列，“解放号”，吴冠中、林风眠等大师画作（高仿真印刷品）和音乐大师、电影大师的装置作品，“墨西哥诺奖诗人帕斯”，“爱尔兰诗人叶芝”，“印象派大师”莫奈等文化列车构筑上海地铁富含文化韵味的移动风景线，形成“地铁文化环线”。在多座车站的站厅、通道或出入口，增加背景音乐功能，为乘客提供更舒适的出行环境，让来往的乘客在地铁公共空间享受音乐文化。

三、中外诗歌进地铁

从 2006 年“中英诗歌进地铁”，到 2010 年世博会期间“当诗歌遇上地铁”，再到 2015 年“中外诗歌进地铁”，上海地铁已经举办了三次诗歌进地铁活动。

2015 年 9 月 20 日下午上海地铁在人民广场站“地铁音乐角”举行了“2015 穿越时空激荡心灵——中外诗歌进地铁”系列活动启动仪式，东方卫视中心、东方音乐广播中心的著名主持人以及爱尔兰、匈牙利驻沪总领事登台朗诵中外诗歌，上海民族乐团倾情演奏中外名曲，诗歌与名曲的组合给现场观众带来了一场精彩的听觉和视觉的盛宴。

此次“中外诗歌进地铁”系列活动，在上海地铁全网络实施“车、墙、屏”全方位展示：一是在当前运营中的全部 14 条线路各选 1 列列车，共计 14 列车 80 节车厢、约 5 000 个拉手上刊展示；二是在人民广场站、世纪大道站、静安寺站、衡山路站 4 座重点车站设置“中外诗歌文化墙”向市民乘客展示；三是在全线近 2 万个地铁移动电视屏幕上开辟“每日一诗”专栏滚动播出展示。

活动共收集了近 200 首中外诗歌，其中中国诗歌主要选用 100 多首脍炙人口、流传百世的经典古诗，并特意遴选了 20 多首有关“三个注重”(注重家庭、注重家教、注重家风)方面的内容；近 70 首外国经典诗歌，由阿根廷、法国、匈牙利、爱尔兰、意大利、墨西哥、俄罗斯、塞尔维亚、美国、乌兹别克斯坦等驻沪总领馆和上海翻译家协会共同遴选提供。

悉心打造“中外诗歌进地铁”品牌，让“中外诗歌”成为上海地铁文化交流的一个重要文化符号，营造上海地铁诗意空间，凸显上海城市诗歌情怀。同时，还尝试将中国诗歌传播到世界。

第四节　上海地铁博物馆

上海地铁博物馆位于吴中路 1779 号，紧邻上海地铁 10 号线紫藤路站。总建筑面积 5 000 平方米，其中一期开馆面积为 2 800 平方米。

2010 年，上海地铁博物馆项目正式启动。经过概念设计方案的征集、方案深化及前期筹备，2014 年 6 月底基本建成，2014 年 10 月 28 日对外试营业，2015 年 1 月 1 日正式对外开放。

2015 年 8 月上海市人民政府授予上海地铁博物馆为“上海市爱国主义教育基地”。

上海地铁博物馆以“安全地铁、科技地铁、绿色地铁、人文地铁”为主题，沿着地铁轨迹，分别以地铁发展历史、地铁功能、地铁文化，地铁安全、世界地铁等几大板块进行布展和展示。力争打造信息化、娱乐化、市民化、科普化一体的新时代专业博物馆。其中，既有《上海市地下铁道初步规划(草案)》、上海地铁站地质模型、地铁老职工捐赠印有上海地铁公司名称的餐碗等历史印迹强烈的展品，也有运用声光色效技术呈现的上海地铁全网络实时客流数据屏、车站内部系统“X 光”透视屏、虚拟列车 DIY 组装展品等科技展品。

为吸引不同年龄段观众，特别是培养青少年兴趣，上海地铁博物馆引进小型 5D 电影放映厅，放映影片《未来地铁历险记》，在 3D 立体效果的基础上增加动感座椅，刮风、下雪等环境特效，使观众在听觉、视觉、嗅觉、触觉等上身临其境。

上海地铁博物馆 2014 年全年客流为 13 432 人，2015 年全年客流为 33 299 人。

上海地铁博物馆看点：(1) 翻看地铁老档案。从博物馆最早的档案《上海市地下铁道初步规划(草案)》中可清晰看到，上海地铁规划环形放射状，主线南北向为漕河泾到吴淞，东西向是西郊公园到黎平路，而交叉中心即人民广场，而径线则规划了周家渡至真如，塘桥至大场等字句。(2) 全自动列车运行沙盘。在上海地铁博物馆内，大型的全自动列车运行沙盘，模拟还原列车信号控制系统作业原理。(3) 炫酷的 5D 电影。地铁博物馆引入 5D 电影《未来地铁历险记》，观众可以跟随“申通号”出发，完成从陆地到海洋、到宇宙等一个个艰巨的任务。(4) 虚拟列车 DIY 组装。通过现场触摸显示屏,参与到车辆工程组装游戏中。观众可以了解地铁列车制作过程,亲手 DIY 组装地铁列车,挑选车头、车门、底座,甚至为列车“着色”,赋予地铁列车色带,涂装主题花纹。(5) 实时路况客流数据。在博物馆中厅,5 块大屏幕通过与上海地铁运营控制中心数据实时对接,可实时显示当前时间 14 条地铁线路客流数据。(6) 首次亮相全编组 4 号线模型。实物展区,除展出地铁最早的信号灯、转辙机、特色纪念票卡等,列车车模占比重较大。其中,还有一列 4 号线全编组模型。目前,上海地铁模型多是单节编组,8 节编组整车模型属少见。(7) 车站 X 光透视。通过数码合成解析等技术,乘客在一个车站平面视频图像前移动电视机,为车站“X 光透视”,车站内部的消防报警、空调通风、动力照明、排水等关键系统的所在位置、功能等被逐一详解,成为普及地铁站知识的生动课堂。(8) 地铁隧道行走体验。通过场景还原,等比例缩小一段地铁隧道施工场景。观众参观路线中,需要通过该段隧道,感受地下掘进的神奇魅力。

图 9-2-56　2014 年 6 月 24 日,上海地铁博物馆开馆

第五节　上海磁浮交通科技馆

上海磁浮科技展示厅于 2002 年 12 月 31 日,和上海磁浮列车示范运营线同时投入开放,于 2004 年改建并更名为上海磁浮交通科技馆。

上海磁浮交通科技馆位于磁浮龙阳路站底层,面积超过 1 000 平方米,是磁浮列车相关历史和知识最为集中的展示场所。整个科技馆由“磁浮的诞生”“上海磁浮线”“磁浮探秘”和“磁浮优势”四大展区组成。展馆于 2005 年被命名为“上海市科普教育基地”、2010 年获批准成为“全国科普教育基地”。

展馆由原“上海磁浮科技展示厅”改建而成,新展馆布局紧凑、内容丰富,在展示手段上做了很大的提升,增加了许多实物零部件、仿真模型、互动展项等高科技展示手段,使参观者能够在生动的展示环境中了解磁浮的科技魅力。也为乘坐磁浮列车的广大旅客在体验8分钟极速魅力的同时打开了解磁浮相关知识的窗口。

第一展区：磁浮的诞生。主要讲述人类交通的发展以及磁浮技术的问世，包括各个国家磁浮技术的发展历程以及主要分类。

第二展区：上海磁浮线。展示上海磁浮线作为世界上第一条也是唯一一条投入商业运营的高速磁浮线的建设历程、线路概况、主要成果等基本情况。

第三展区：磁浮探秘。介绍磁浮技术原理，讲解磁浮列车如何实现无轮能行，无翼能“飞”。同时陈列实物零部件，让参观者可以进一步了解磁浮列车构造。

第四展区：磁浮优势。介绍磁浮高速、安全、舒适、节能、环保五大优势。并向参观者展示磁浮强大的技术，未来其具备超越轮轨系统的能力。

第三章 社会捐助

第一节 自然灾害捐助

1997 年 10 月，上海地铁 2 219 名职工为支援云南、重庆灾区，捐献衣裤、棉被等物品 4 768 件(条)共 126 包。

1998 年，上海地铁 2 582 名职工为支援云南、重庆灾区，捐献衣裤、棉被等物品 14 997 件(条)共 399 包。

1998 年 8 月 14 日，上海市地铁总公司举行捐款赈灾活动，地铁职工共募捐 162 153 元。

1999 年，上海市地铁总公司举行“爱心一日捐”捐款仪式。有 2 886 名职工加入捐款行列，共捐款 58 567.50 元。

1999 年 11 月，上海地铁 2 694 名职工为支援云南灾区，捐献衣裤、棉被等物品 7 819 件(条)共 214 包。

2000 年，3 143 名上海市地铁总公司职工支援灾区的 168 大包计 7 011 件(条)衣被启运。

2001 年 11 月，上海地铁员工 3 153 人次，为支援云南灾区，捐献衣裤、棉被等物品 7 887 件(条)共 201 包。

2003 年，上海地铁运营有限公司举行上海地铁运营十周年座谈会暨抗击“非典”捐赠仪式，将原本用于庆典活动的费用和公司各单位、广大干部职工的捐款共计 80 万元及地铁发行的抗击“非典”的磁卡收入 17.8 万元全部捐赠给上海市慈善基金会，以这一特殊方式纪念上海地铁运营十周年。

2007 年 4 月，上海申通地铁集团为落实市委组织部关于远郊区县经济薄弱村开展结对帮扶活动要求，与南汇惠南镇陈北村结对签约。

2008 年，上海地铁盾构设备工程有限公司以上海申通地铁集团的名义向四川灾区捐赠人民币贰佰万元，以帮助灾区群众共渡难关，尽快恢复生产，重建美好家园。

2008 年 5 月 22 日，由上海市慈善基金会、申通地铁集团公司共同发起的“众志成城抗震救灾——汶川大地震地铁纪念卡义卖”活动。义卖由申通地铁资产公司提供印制的《众志成城抗震救灾》地铁纪念卡。义卖所得善款全部捐献给上海市慈善基金会用于支援灾区。

第二节 社会慈善捐赠

2002 年 9 月 25 日，运营公司开展地铁员工“伴随你成长”爱心助学活动，通过市慈善基金会向沿线十区 100 名困难学生捐款 14.6 万元。

2002 年 9 月 25 日，市委宣传部副部长、市文明办主任、市慈善基金会副会长许德明，市慈善基金会副会长夏秀蓉，市文明办副主任、市慈善基金会副秘书长陈振民等出席了上海地铁运营有限公司举办的爱心助学捐赠仪式。通过市慈善基金会向沿线十区 100 名困难学生捐款 14.6 万元。

2006 年，上海地铁团组织与市红十字、团市委联合举办“点燃生命的希望，爱心上海”地铁青年造血干细胞捐献主题活动，上海第 6 万名造血干细胞志愿者产生。

第三节　希望工程捐助

1996 年 9 月，河北省唐县西雹水村“上海地铁希望小学”落成。上海市地铁总公司共捐资援建 30 万元，其中上海地铁职工自发捐资 13 万元。

1999 年 10 月，云南省孟连县勐马上海地铁希望小学建成，上海市地铁总公司出资 20 万。该校占地 1 140 平方米，共有四层，设 12 间教室及相应的教师办公室、会议室等。学校有教师 45 名，学生 355 名。建成后，能满足镇附近 12 个村的适龄儿童就学，完成六年制高小学业。

2004 年，上海地铁盾构设备工程有限公司支援云南德钦县 20 万元人民币，建设德钦上海地铁盾构希望小学，该学校新校舍于 2005 年 5 月初步建成。

图 9-3-1　2004 年上海地铁盾构设备工程有限公司建援云南德钦县“德钦上海地铁盾构希望小学”

第四节　义 务 献 血

申通地铁集团自 2000 年至 2015 年共组织有 8 612 名职工参加上海市的业务献血活动，承担应有的社会责任。

表 9-3-1　上海地铁企业 2000—2015 年献血情况表

年　度	人　数	年　度	人　数
2000	137 人	2002	199 人
2001	312 人	2003	233 人

（续表）

年　度	人　数	年　度	人　数
2004	271 人	2010	526 人
2005	325 人	2011	876 人
2006	294 人	2012	967 人
2007	373 人	2013	985 人
2008	469 人	2014	1 066 人
2009	512 人	2015	1 067 人

第五节　志愿者服务

一、地铁志愿者服务总队

2008 年 3 月 5 日，上海地铁志愿者服务总队成立，总队成立后围绕“地铁文明引领城市文明”的服务理念，开展广泛的志愿服务活动。在服务乘客、服务社区的同时，加强青年社会主义核心价值观的培育。同时，努力探索与创新基层团组织共建联建和公益服务的新模式，整合地铁共青团组织、地铁志愿者团队和沿线社区、企业、媒体等资源优势，打造青年公益品牌。

总队对地铁志愿者的类型、工作内容以及车站需求进行有效的梳理，统筹安排志愿工作，提早发动志愿行动，发挥志愿者服务的最大效能。组织平均每天近 400 人次志愿者参与 20 座重点车站的早高峰保驾，重大节假日运营增援，三·五学雷锋、三·一二植树节、十二·五国际志愿者日等活动。还联合信息中心、运管中心等部门率先启动上海地铁 13 号线平安信息员志愿者工作。充分利用社会资源和乘客在上海地铁网络的作用，组织、动员广大地铁乘客志愿者及时发现并反馈地铁车站、车厢存在的“四乱”问题，为轨道公安及上海地铁执法队伍快速准确出警、出击作出贡献。

各志愿者服务基地实现服务地点、服务岗位和服务时间由志愿者自主选择、自由组合，为车站志愿服务工作提供一定的资源调配便利。在自管与共管相结合的原则上，进一步完善和优化志愿者管理制度，其中包括招募、培训、调配、激励等机制。针对车站站形站貌、客流大小、节假日等情况招募、安排志愿者开展服务工作；做好有效沟通，对志愿者登记、注销等流程进行严格规范和管理；通过集中演练，岗前培训、发放志愿者手册等方式提高志愿者的服务水平和工作效率。在岗期间，值班站长还定时至岗位进行巡视，及时了解和指导志愿者服务规范；推行“定点式”岗位安排法，在车站增添志愿者岗位地贴，将志愿者纳入车站布岗图中，实现志愿者“定人、定岗、定位、定职”；结合志愿者登记情况和服务成效，定期公布志愿服务次数和时间的排名，以表彰会、发放志愿者证书、志愿者奖励次卡等方式进行一定奖励。除此之外，车站还尽可能为地铁志愿者提供精细化后勤服务，包括随身物品寄存、饮水、如厕等问题，部分基地如人民广场枢纽车站增设“自助式志愿者物品寄存柜”，为志愿者随身物品寄放提供便利。

与凌云、田林、龙华街道等街镇，上海师范大学、上海工业技术学校、复旦大学等高校，以及复旦大学附属上海肿瘤医院等单位建立志愿者服务团队，与共建志愿者服务基地进行对接。定时、定点至车站参与志愿服务。实现上海地铁与周边社区开展同创共建文明站点工作“横向到边，竖向到底”的和谐发展。

在“地铁社区党建联建、文明共建”的机制构建下，1、9、11 号线徐家汇枢纽站应急志愿者服务队正式成立。应急服务队的成立，不但吸纳了徐汇区政府机关、徐家汇街道、港汇广场、百脑汇商场等周边企事业单位，还与国际和平妇幼保健院开展共建，加强地铁车站对特殊乘客（孕妇、幼儿）的应急保护和疏散的力量，切实解决在突发情况下，组织志愿者赶赴现场支援所受的时间和空间限制。一方面加强上海地铁车站应急疏散能力，另一方面也标志着应急联动志愿机制在上海地铁大型枢纽站的推广。

图 9－3－2　2010 年 9 月市级机关志愿者参与地铁志愿者服务

图 9－3－3　2010 年 7 月 10 日社区志愿者参与地铁志愿者服务

图 9－3－4　2009 年 12 月 19 日社区志愿者参与地铁志愿者服务

以志愿者分队为单位,开展共建联建,打造"青年公益文化车站"共建平台。一方面与地区、高校联动,在世纪大道等重点车站,开展公益项目展示、文明宣传倡导等活动,建设青年公益文化车站;一方面与"青春上海"媒体中心、上海市儿童医院、普陀区中心医院等各方联动,推广"善行地铁"城市地下公益定向活动、"盲童领路天使行动"等青年公益志愿项目,努力使重点车站乃至整个路网成为聚合青年志愿者力量,践行企业社会责任,弘扬青年公益文化理念的平台。

各志愿者基地不断完善志愿服务项目,与结对街道、社区志愿者服务团队形成志愿服务的常态化机制,努力配合拓展地区公益圈的服务内涵,在精神文明共建中积极营造公益文化宣传氛围,努力形成志愿服务基地新的特色与亮点。

图 9-3-5 2010 年 7 月在职职工参与地铁志愿者服务

二、安保志愿者

上海世博会安全保卫工作作出部署,2010 年 3 月 15 日至 11 月 15 日,在全市范围内对轨道交通实施特别安检措施。

当时上海市轨道交通共有 8 条运营线路,250 公里运营里程,170 座车站,630 个出入口,399 组进站闸机,216 辆列车(1 350 节车厢),日均运营列车班次 2 000 余次,日均运送客流 370 万人次,此外,上海市磁浮交通有 1 条运营线路,30 公里运营里程,2 座车站,日均客流 1.2 万人次。

举办 2010 年上海世博会,上海市轨道交通将达到 12 条运营线路,430 公里运营里程,282 座车站,880 余个出入口,进站闸机 729 组,400 辆列车(2 500 节车厢),日均运行列车班次 4 000 余次,日均运送客流 500 万至 600 万人次。其中,通往世博园区周边的地铁运营线路 5 条(4、6、7、8、9 号线)、世博园区内地铁运营线路 1 条(13 号线)。

世博期间,对 71 座重点车站的 195 个安检点进行重点关注,每个安检点设置 3 个安检岗位,均由专职安检员担任。按照"三班两运作"模式,共配置安检人员 1 755 人。在日常高峰客流时段或强化安检等级时,每个安检点增派 1 名车站保安队员参加安检,共配置保安人员 585 人。

对 208 座普通车站设置 534 个安检点,每个安检点设置 3 个安检岗位,分别由 1 名专职安检员和 2 名安检志愿者担任,按照"三班两运作"模式,共配置专职安检员 1 602 人、安检志愿者 3 204 人。

对 2 座磁浮车站设置 4 个安检点,每个安检点设置 3 个安检岗位,均由专职安检员担任,按照"三班两运作"模式,共配置专职安检员 36 人。

上海世博会期间,上海市轨道交通共配置安检人员 6 597 人,其中地铁车站配置专职安检员 3 357 人、安检志愿者 3 204 人、磁浮车站配置专职安检员 36 人。

安全防范通过"人查、仪查、犬嗅"等安检方式,把危险源排堵在进站前。除轨道交通车站外,各控制中心(含上海轨道交通网络运营协调与应急指挥室)、主变电站、降压变电站、牵引变电站、票务中心、基地(停车库、检修库、中心仓库、危险品仓库、信号楼等)都要有严格的安防管理措施和规章制度，落实到岗位和专人，同时保证人防、物防、技防措施落实到位。

轨道交通车站运营结束后必须严格清场作业、严格列车退出运营前安检作业；严格线路、列车运营前安检；把责任落实到每个具体岗位、每个具体员工。夯实消防基础工作，增强联动机制。制定《上海轨道交通消防设施管理规定》，进一步明确消防设施管理单位的工作职责，细化检查标准和工作内容。建立应急预案体系，建立专项预案和实施细则，建立完善运营突发事件等影响公共安全的预案，全面启动风险评估工作，积极开展专项演练。

三、世博志愿者服务

上海世博会期间，上海地铁志愿者服务以“文明环境、安全运营、精彩世博”为主题，大力弘扬“奉献、友爱、互助、进步”的志愿精神，努力服务和保障轨道交通运营安全，为建设上海城市文明和保障上海世博会运行做出积极贡献。

【发动】

上海世博会期间，上海轨道交通有280座地铁车站、420公里以上的网络，每天承担600万的客流运送任务。这对上海轨道交通运营管理提出严峻的考验同时，对地铁志愿者服务管理也是一个新的挑战。地铁志愿者服务总队针对上海世博会期间加强地铁运营安全和文明乘车方面的需求，和市委组织部、市综治委、市文明办等沟通协调，争取各方面的工作支持，运用“条块结合”渠道，实行互联互动，认真组织每天5 000多名志愿者提供维护运营秩序和城市文明倡导等服务。

上海世博会开幕以来，上海地铁每天有6大类别、5 000人次志愿者开展服务，累计已达到100万人次。每天有早高峰时段在地铁站厅、站台宣传文明乘车的社会文明志愿者和党员先锋行动志愿者，有在地铁100座车站，开展问询服务的城市站点志愿者，还有在全网络所有车站出入口全天候值守、来自市级机关和集团公司的平安志愿者，每天还有来自外企、央企等地铁专业保障志愿者提供随车保驾等技术支持。另外，每天还有近千人次的上海地铁员工志愿者在车站、基地等重要场所开展现场服务增援和安保巡视工作。

【管理】

为保障世博期间的志愿者服务全面开展，确保志愿者服务管理有序，上海地铁志愿者工作从队伍建设、体制建设等方面着手，拓展志愿者服务队伍建设，不断强化管理措施，努力提高服务能效。上海申通地铁集团有限公司建立了由集团领导任组长的志愿者服务工作小组，各直属单位也相应组建志愿者服务工作小组，完善地铁志愿者服务总队的管理职能，进一步健全地铁各单位志愿者服务管理组织体系。充分发挥社会组织和志愿者服务团体的作用，积极探索采取志愿者自我管理的新模式，由组织服务开始向“自发服务、自我管理、自觉推进”过渡。

为提升志愿者服务质量，积极开展志愿者服务培训活动，根据不同的服务对象、不同的志愿者服务团队开展相应的培训。一是逐步推行网上学习测试类、视频教育类、书面答卷类、宣传卡片类的志愿者培训教材，开展学习培训；二是在世博志愿者网上培训的基础上，开设地铁志愿者网上学习培训平台，推行新报名进入地铁车站开展志愿者服务的，首先要取得网上培训合格证书或完成“上岗基本要求”书面答卷后，方能办理志愿者上岗服务申请；三是对志愿者骨干以现场授课、岗位实践等方式进行培训，志愿者每班上岗前由车站负责对其进行岗前培训。

各运营单位志愿者服务管理组织，认真组织开展站点需求排摸，明确设置志愿者服务的岗位和服务内容要求，实行地铁站点志愿服务“一站一方案”，通过网站视频、岗前交底落实志愿者岗位职责和工作要求。在涉博重点车站，重点部署地铁志愿者服务骨干力量，在关键岗位，实施重点驻守开展跟班服务，确保世博园区周边车站和重要换乘车站的志愿者人员配备，在“文明乘车、文明乘梯”的基础上，开展导乘、导向、文明观博等志愿服务，充实具有特色的服务世博内容，提高志愿者服务水平。

【保障】

上海世博会开幕以来，上海申通地铁集团有限公司党员干部，坚持“服务世博、奉献世博”的主导思想，以“服务一线、保障运营”为出发点，以涉博车站、重要车站为服务重点，组织以党组织为核心，党员为先锋的地铁志愿者突击队。哪里有需要，地铁的党员干部和职工就冲锋陷阵在哪里，展现出一支关键时刻拉得出、打得响的战斗群体，体现出地铁党员干部的强大战斗力和凝聚力，也充分展示出地铁人的社会责任意识和团结协作的作风。

上海世博会开园期间，为保障观博大客流的及时疏导，志愿者总队积极组织员工志愿者增援力量，组成快速反应“部队”，保障志愿者力量的出击迅速有力。开园之前，地铁志愿者服务早作筹划，在组织发动、管理措施、增援力量部署上，为世博大客流的到来做好了应急准备。在志愿者增援部署安排上，明确各党支部、各车站、各志愿者领队的职责，对各个党支部、部门的志愿者管理、服务工作进行细化分工，保证按时、按人、按点到岗服务，确保志愿者服务岗位不缺失、不脱岗。根据客流变化情况，及时修订增援计划，实时调整志愿服务力量的部署，不断完善志愿者服务管理措施，保障重点车站增援力量的需求，涌现出一大批敢打硬仗的志愿者服务积极分子。

【服务】

上海世博会期间，地铁志愿者的服务内容有了新的拓展，上海地铁志愿者服务的特色更加鲜明。志愿者服务的队伍和人员，由世博前单一的社会文明志愿者，发展到世博期间有不同社会组织群体和个人参与，服务队伍上千支，服务人员超万人的规模，社会影响力和美誉度都得到了很大提高。通过志愿者的宣传引导，广大乘客的轨道交通安检意识已经深入人心，配合安检已经成为乘客的自觉行动。

实行大学生自管服务。针对世博志愿者中大学生比例较高和部分高校周边有地铁车站的特点，与院校联手，在松江大学城、上海大学、复旦大学等高校周边站点，推动实施大学生志愿服务自管，由学生志愿者自我组织、自我管理、自我培训，通过包干服务的形式开展服务活动。

志愿者服务向多类型发展。在以体力型志愿服务的基础上，不断引进知识性、智力型和财物援助性的志愿服务。为确保世博期间轨道交通运营安全有序，外资企业、外籍人员、外地企业纷纷参与上海地铁志愿者服务活动，运用各自的技术和劳动，服务在车站及轨道交通各保障岗位，有 90 支专业保障志愿者服务队为上海世博会期间的地铁安全运营“保驾护航”。

世博期间，运用地铁志愿者服务这个平台，组织有关单位开展“为奉献者奉献”的志愿服务活动，太平洋保险公司和众多银行共同为上海地铁志愿者服务活动提供三十万瓶志愿者爱心水、四万把爱心伞、数十万张爱心服务图。民盟志愿者服务队多次组织医师诊疗队深入地铁建设工地开展服务。复旦大学利用学生放假时段，组织学生志愿者开展轨道交通乘客文明指数调研测评活动，分两次对 90 个轨道交通车站开展社会调查，进行测评分析，提出调研报告，为轨道交通乘客出行的文明指数,提供翔实科学的依据。这些志愿者服务使上海地铁志愿者服务的面有了拓展、质得到了提升,丰富了地铁志愿者服务的内涵。

【激励】

注重在志愿者服务活动中培育先进、树立典型,利用地铁网站、地铁电视、灯箱广告、媒体推介等形式大力宣传优秀志愿者服务团队和个人的先进事迹,充分运用先进志愿者团队和先进个人的标杆、示范作用,倡导城市文明,服务世博盛会,彰显“互助、团结、友爱、奉献”的志愿者精神。为激励志愿者服务,在上海地铁官方网站设立月度志愿者服务排行榜,每月开展一次积分评比。对每月的地铁志愿者服务情况进行汇总、分析,及时跟踪掌握志愿者服务动态,对服务频次较高的团队和个人,以及志愿者服务中的先进事迹进行追踪采访,报道先进事迹和先进思想。

上海世博会前后,上海地铁共开展4批地铁志愿者先进团队和个人的评比表彰活动,表彰“志愿者服务之星”“世博志愿者服务十佳团队”和“世博志愿者服务十佳个人”,授予一批单位为“2010年上海世博会地铁志愿者服务特别贡献奖”荣誉称号。

为表彰和鼓励志愿者服务行动,上海地铁专门制作一批奖励志愿者的“地铁乘车计次卡”,对优秀志愿者服务团队和个人给予乘车奖励。为配合世博园区志愿者的服务,还制作印发一批世博园区志愿者乘坐轨道交通的计次卡,为全体园区志愿者进出轨道交通车站提供服务。开展“上海地铁志愿者服务基地”的挂牌活动,授予50个地铁车站为“上海地铁志愿者服务基地”,有近百家志愿者服务团队成为基地挂牌服务的单位、组织。

第十篇

人　物

概　述

在上海轨道交通的发展过程中，涌现了一大批先进人物，他们艰苦创业、勇于创新、无私奉献，为国家和上海轨道交通事业和公司的发展做出积极贡献，为集团公司赢得极大荣誉，也成为凝聚团结职工、鼓舞感召职工，推动行业持续发展和提升企业核心竞争力的重要因素。本篇设人物传、人物简介、人物表三章。根据“生不立传”的原则和公司志的定位，立传人物为1985年以后曾在上海轨道交通主体企业任职，并于2004—2016年去世，为上海轨道交通做出过突出贡献的人员，本篇立传人物共1名，为中国工程院院士、著名隧道工程专家刘建航。人物简介入志标准为全国劳动模范和全国五一劳动奖章获得者10人。人物表收录1985年—2015年各阶段轨道交通主体企业主要负责人，计32人次；中国共产党全国代表大会代表、全国人民代表大会代表、全国政协委员、中国工会全国代表大会代表，上海市党代会代表、上海市人民代表大会代表、上海市政协委员、上海市工人代表大会代表，计26人(届)次；以及中国工程院院士、享受国务院政府特殊津贴专家、全国工程勘察设计大师、上海领军人才、申通地铁集团领军人才和教授级高级工程师等专家。先进人物和集体收录在上海轨道交通行业工作服务获国家和国家部委及市级荣誉的个人与集体，各类先进个人计52人次，先进集体计24个。

第一章　人 物 传

刘建航(1929年4月26日—2016年7月31日),原名刘建,河北深泽人。1949年3月加入交通大学中共地下党外围组织“新民主主义青年联合会”,参加革命工作。

1952年9月,分配到上海市工务局技术处设计科工作,并加入中国共产党。1956年任华东市政工程设计院排水室工程师、院党总支委员、地铁组组长。1960—1965年先后担任上海市隧道局、上海市城建局设计处三科科长、试验研究站站长。面临松软含水地层中建造隧道的困境,他带领团队攻坚克难、敢于创新,取得了4.2米盾构法隧道试验的成功,并将成果成功应用于长1 332米的市区地铁试验隧道和黄浦江越江隧道建设,开拓出饱和软弱土层中采用单层拼装式钢筋混凝土衬砌的盾构法隧道结构新形式,开创了世界先例,成功攻克了当时被外国专家称为“在豆腐里打洞”的不可能解决的罕见难题。

1968年10月起调隧道建设公司工作,历任三大队生产组副组长、质量员,以及公司革委会常委、副经理、副总工程师、总工程师和代理经理等职,曾任宝钢工程城建分指挥部副指挥。1975年,金山石化总厂在建的全长1 500米的东海引水隧道工程传来警讯,他率领抢险的工人们一起站在齐腰深的冰冷泥水中,用枕木和水泥快速筑起临时封墙,为抢筑混凝土墙争取了时间,最终保住了1 400米已建隧道。

1985年5月任上海市市政工程管理局副总工程师。1986年担任第二条黄浦江越江隧道技术总负责,运用地层损失原理,采用信息化盾构施工技术措施,成功保护了紧邻的老旧建筑。

1990年1月,接受市地铁工程建设指挥部总工程师的任命,积极投身上海地铁建设的第一线。地铁1号线徐家汇车站,长600米、宽22米、深17米的基坑工程,两侧共有7根总长4 200米的煤气、水电及国际通信电缆等重要管线,面对如何预防变形以确保工程及环境的安全的难题,主持开展大量技术研究,开辟众多地铁工程建设的新技术新方法,总结提出深基坑施工“21”条和“时空效应”的理论,在成功运用在徐家汇车站之后,在1号线所有地下车站工程中推广。上海地铁2号线开工之初,有7座车站遇到地面建筑的沉降问题。为了解决难题,又深入工地测试研究,推出了一套新的施工方法,使车站深基坑工程顺利进行,而且使得2号线提前通车。

2003年7月,轨道交通4号线塘桥站至南浦大桥站区间的中间风井位置突发透水涌沙事故,引起隧道部分结构损坏及周边地区地面沉降,75岁高龄的他亲临现场,主持、指导工程抢险。他代表专家审核采用的超深基坑原位修复的创新技术方案,解决了修复施工的技术难题。历时三年奋战,深41米、长290米的董家渡损毁隧道终于原位修复成功,创造了世界隧道修复的奇迹。

2006年以来,上海地铁进入网络化建设高速发展期,他将关注点聚焦在上海地铁运营维护上,细心捕捉安全隐患,对重点监护工程亲临现场调研、分析、指导,着力解决技术难题,确保地铁运行安全。

2008年,捐赠25万元积蓄,设立由他牵头,和上海申通地铁集团有限公司、上海市隧道工程轨道交通设计研究院等单位共同发起并设立的“刘建航院士奖励基金”，专门用以开展每两年一次的对优秀中青年技术人员的奖励和学术交流活动。先后培养了9名博士、1名博士后和1名硕士，还与多名青年科技人员订立了师徒合同。基金设立以来，已成功举办四届活动，奖励青年技术人员59人次，其中基金获得者28人次，提名奖获得者31人次。

功绩卓著，荣获多项荣誉。1979年度被评为上海市劳动模范。1982年当选为党的十二大代表。1987年被评为上海市优秀科技工作者。1995年5月当选中国工程院院士。1996年获土力学及基础工程茅以升大奖。1999年被评为上海市建设系统九十年代十佳杰出人物。他先后多次获得全国科学大会奖、上海市科技进步奖等国家和省部级科技成果奖励，2002年被授予上海市科技功臣，2005年获上海市重点工程立功竞赛杰出贡献人物荣誉，2009年，入选上海解放60周年60名典型人物。

2016年7月31日因病逝世。

第二章　人 物 简 介

第一节　全国劳动模范

从事上海轨道交通行业工作，并在轨道交通行业岗位上作出卓越贡献的职工，经组织逐级推荐、评选，获得全国劳动模范荣誉的地铁员工有 3 名，还有 2 名被中共中央、国务院授予“2010 年上海世博会先进个人”殊荣，享受全国劳模同等待遇。

【马　珏】

女，1962 年生。中共党员。中国共产党第十八次全国代表大会代表。2009 年全国交通运输系统劳动模范，2010 年全国劳动模范。时任上海地铁第一运营有限公司党支部书记、区域站长。在担任地铁人民广场站区域站长后，坚持“创新促服务，严细保安全”，努力把这个三线换乘的枢纽换乘难点站打造成亮点站，以乘客需求为导向，不断构建地铁人性化服务机制，用自己的真心和贴心使车站成为员工和乘客心中一个有温度的地方。坚持一如既往地引领着车站全体员工，努力使乘客的每一次出行都成为一次美好的经历，努力让地铁的企业文化在一次次精彩的服务中得到升华。

【鲍鹤群】

男，1982 年生。中共党员。2009 年全国交通运输系统劳动模范，2010 年全国劳动模范。时任上海地铁第二运营有限公司电客司机。他在电客司机岗位上，每次出车前都按规定对车况进行认真检查，驾驶过程中严格执行操作规程，累计安全行驶 22 万公里，是运二公司第一批三星级司机。在业务钻研上，刻苦好学，积极参与各类培训，于 2012 年获得“技师”技能等级，2018 年获得“工程师”职称，业务水平既专且精。在新司机培养中，出色地完成了带教任务，先后将 7 批合格新司机送上工作岗位，其中 5 人已成为星级司机，还有 3 人成为新的带教师傅。在担任 02A03 车型护航司机时，搜集总结有限的资料，指导同事掌握该车型操作方法，为新车型平稳过渡作出了贡献。行车工作中提炼出的“阳光服务法”与“三等一看”动车程序倡议，在地铁司机队伍中得到了广泛认可和推广。

【熊　熊】

女，1983 年生，2010 年 10 月加入中国共产党。2007—2009 年度上海市劳动模范，2009—2010 年度上海市“三八红旗手”标兵提名奖，2011 年全国五一劳动奖章，2015 年全国劳动模范，第十八届“上海十大杰出青年”。时任上海地铁第一运营有限公司车站副站长。2008 年，以她名字命名的"小熊为您服务台"作为全市地铁首个服务台在1号线上海火车站站亮相；2011年担任人民广场副站长，坚持快乐、执着、创新的工作理念，在这个近50 000平方米，拥有日均客流70万、高峰客流超百万的上海地铁"第一站"——人民广场站辛勤耕耘；2012年成为熊熊"3D服务"创新工作室的劳模领衔人。在她的带领下，车站获得了2013年上海市"现场管理五星级"车站称号，人民广场枢纽站集中监控室获得上海市青年安全生产岗。

【宋　博】

男，1970年生。中共党员。2009、2010年分别获得上海市五一劳动奖章、上海市重大工程立功竞赛杰出人物等荣誉称号，被中共中央、国务院授予2010年上海世博会先进个人(享受全国劳模待遇)。时任上海申通地铁集团轨道交通10号线发展有限公司总经理。曾历经1、2、4、6、8、10号线等多条地铁线建设，经验丰富，真抓实干，不畏艰难。在上海轨道交通超大规模网络建设中，他带领团队协调各区县建立轨道交通动拆迁机制，统筹和协调管线搬迁、交通组织和施工用地的关系，保障工程设计方案及施工方案的可操作性。在开展轨道交通的设计优化、风险防范、病害处理、重大工程的技术攻关等课题的研究中，曾先后获得上海市科学技术进步二等奖2项、上海市科学技术进步三等奖4项、国土资源科学技术二等奖1项、华夏建设科学技术三等奖3项。

【孙春霞】

女，1978年生，中共党员。被中共中央、国务院授予2010年上海世博会先进个人(享受全国劳模待遇)。时任上海地铁第二运营有限公司车站服务员。在世纪大道车站从事站务员工作时，围绕服务中遇到的难点、热点、焦点，认真记录和思考，反复总结和实践，并通过仔细观察乘客的各种需求，梳理自己的一些服务心得，提炼"六心"服务法。2013年起成立的以孙春霞名字命名的"孙春霞服务创新工作室"成为了上海地铁2、11、13、17号线服务品牌建设的重要载体。积极参与到线路品牌文化的建设，围绕创出特色性服务品牌，建出暖人心公益服务品牌，绣出精细化管理服务品牌三个方面深入挖掘，在助力全力打响"上海服务"品牌过程中，推动了地铁服务的高质量发展。

第二节　全国"五一"劳动奖章获得者

【凌春霞】

女，1962年出生。中共党员。上海地铁第二运营有限公司工会主席，任人民广场站第一任中心女站长(管辖人民广场站、黄陂南路站、新闸路站)。获1997年全国"五一"劳动奖章，1995年上海市劳动模范等称号。在担任地铁运营基层管理领导后，对车站管理形成独特的"条""块"

相结合模式，一方面加强地铁内部的横向协调，另一方面加强与周边街道、地区武警部队的共建工作，成立车站综合管理工作组，并与嵩山武警消防部队签约共建双文明建设协议，还聘请地方街道人员成为站内监督员。她坚持以人为本，经常与员工谈心沟通，增进相互理解和信任，充分调动职工积极性和创造性；在日常工作和生活中严于律己，为员工作出表率。

【张建国】

男，1957 年出生。中共党员。上海申通地铁资产经营管理公司商业事业部客户服务部主管。获 1998 年全国"五一"劳动奖章，1997 年上海市劳动模范等称号。在担任地铁总公司商贸分公司检修班副班长时，不吃客商一顿饭，不收客商一包烟，热情为客商服务数年如一日，为上海地铁树立了良好的"窗口"形象，被大家称为"地铁里的徐虎"。

【曹文宏】

男，1961 年 3 月生，教授级高级工程师，群众。时任上海市隧道工程轨道交通设计研究院副院长兼总工程师。2004 年荣获上海市劳动模范光荣称号。2007 年荣获全国五一劳动奖章。在软土隧道、轨道交通设计研究岗位上刻苦钻研立下了赫赫战功。主持了港珠澳大桥主体工程、上海轨道交通 4 号线区间隧道及 4 号线修复工程、上海地铁 6 号线工程、上海轨道交通 10 号线工程、深圳地铁一期工程、上海长江隧道、上海外环隧道、上海翔殷路隧道等多项工程设计，在设计和管理中他积极创新，用高超技术解决技术难题，确保了重大工程实施。

【严婵琳】

女，1969 年出生。中共党员，中国共产党第十七次代表大会代表。上海申通地铁集团有限公司工会副主席，兼女工委主任。曾获 2009 年全国"五一"劳动奖章，2004—2006 年度上海市劳动模范，2004 年全国"三八"红旗手等称号。曾负责闭路电视国产化改造项目技术攻关，为国家节约大量外汇；组织编写多个设备维护规程，负责接管多条新线的通信信号开通；制定世博保障 3、4、7 号线相关方案，确保运营安全。提出国内首个集全网运营信息汇集与监控、日常管理和应急处置为一体的轨道交通网络化运营协调与应急中心(COCC)的技术方案，作为项目负责人带领团队完成实施，为上海轨道交通网络化运营安全保障和应急指挥发挥作用。

【李　垚】

男,1973年出生。中共党员。上海地铁第四运营有限公司区域站长。获2010年全国"五一"劳动奖章。在中国上海世博会举办前夕担任了轨道交通8号线耀华路区域站长,为确保世博会期间轨道交通"世博第一站"的安全运营和优质服务,提出"三抓"思路,即"抓全面、抓落实、抓隐患"。在他的带领下,耀华路车站员工经受住了世博大客流考验,还推出了一系列为世博游客提供方便的特色服务,实现零投诉纪录,耀华路车站成为优质车站。

【熊　熊】(略——在《全国劳动模范》中已有介绍)

第三章 人物表录

第一节 上海轨道交通主体企业主要负责人

1985 年之前，上海没有专门成立与轨道交通建设运营相关的企业组织，与轨道交通相关的规划设计、方案论证及科研工作，由政府性质的各类筹建处、建设处承担。1985 年 3 月，上海市地铁公司成立，成为上海市专门从事地铁建设及建成后运营管理的首家企业性质组织。此后，企业组织的形式和职能不断演变。本节收录 1985—2015 年期间，各阶段上海轨道交通主体企业的主要负责人名录。

表 10-3-1 1985—2015 年上海轨道交通主体企业主要负责人情况表

单　位	姓 名	职　务	时　间
上海市地铁公司	陈妙法	党委书记(兼)	1985.03—1989.03
	殷关福	党委书记(兼)	1989.03—1989.08
	朱沪生	党委书记	1989.08—1990.09
	陈康正	经理	1985.03—1989.01
	石礼安	经理(兼)	1989.01—1989.08
上海市地铁总公司	殷关福	党委书记(兼)	1993.01—1995.04
	鹿金东	党委书记	1995.04—1996.12
	朱沪生	党委书记	1996.12—2000.04
	石礼安	总经理(兼)	1992.12—2000.4
上海申通集团有限公司	张桂娟	党委书记、董事长	2000.04—2004.06
	蒋应时	监事会主席(兼)	2000.04—2004.06
	宋孝鋆	总经理(代)	2000.04—2003.04
	钱耀忠	总经理	2003.04—2004.06
上海地铁建设有限公司	谭企坤	董事长(兼) 党委书记(兼)	2000.4—2003.10 2000.9—2003.8
	朱沪生	党委书记、董事长	2003.09—2004.06
	程　骁	总经理	2000.04—2002.09
	五　一	总经理	2002.09—2004.6
上海地铁运营有限公司	朱沪生	党委书记、董事长	2000.04—2003.08
	桑万发	党委书记	2004.03—2009.02
	周　淮	总经理	2000.4—2006.12
上海现代轻轨经营发展股份有限公司(2002 年底改名为：上海现代轨道交通股份有限公司)	王华泳	总经理	2001.1—2002.12
	杨　宏	党委书记 总经理	2003.01—2003.09 2002.12—2009.02.12

（续表）

单　　位	姓　名	职　　务	时　　间
上海现代轻轨经营发展股份有限公司（2002年底改名为：上海现代轨道交通股份有限公司）	姚铁山	党委书记	2003.09—2008.01
	冯训良	党委书记	2008.01—2009.02
上海磁浮交通发展有限公司	吴祥明	总裁 党委书记(兼)	2000.10—2003.06 2003.4—2011.11.23
	宋孝鋆	总经理	2003.06—2006.09
	臧新民	总经理	2006.09—2012.06
	万建军	总经理	2012.7—
上海申通集团有限公司(2005年7月更名为上海申通地铁集团有限公司)	应名洪	党委书记	2004.06—2014.10
		董事长	2004.06—2014.11
	俞光耀	总裁 党委书记 董事长	2009.09—2014.11 2014.10— 2014.11—
	陈　策	监事会主席 党建督察员	2005.6—2009.11 2005.7—2009.11
	朱沪生	总裁	2008.07—2009.09
	顾伟华	总裁	2014.11—

第二节　代表、委员

一、中国共产党全国代表大会代表

表10-3-2　第十七、十八次中国共产党全国代表大会代表情况表

届　　次	姓　　名	单　　位
第十七次	严婵琳	上海地铁运营有限公司通号分公司
第十八次	马　珏	上海地铁第一运营有限公司

二、全国人民代表大会代表

表10-3-3　第十、十一届全国人民代表大会代表情况表

届　　次	姓　　名	单　　位
第十届	应名洪	上海市市政局，上海申通地铁集团有限公司
第十一届	应名洪	上海申通地铁集团有限公司

三、中国工会全国代表大会代表

表 10-3-4　第十六次中国工会全国代表大会代表情况表

届　次	姓　名	单　位
第十六次	凌春霞	上海地铁第二运营有限公司

四、中国共产党上海市代表大会代表

表 10-3-5　第八、九、十次中国共产党上海市代表大会代表情况表

代表名称	姓　名	单　位
第八次	朱沪生	上海地铁运营有限公司
第九次	马　珏	上海地铁运营有限公司客运一分公司
	应名洪	上海申通地铁集团有限公司
第十次	应名洪	上海申通地铁集团有限公司
	孙春霞	上海地铁第二运营有限公司

五、上海市人民代表大会代表

表 10-3-6　第十二、十三、十四届上海市人民代表大会代表情况表

届　次	姓　名	单　位
第十二届	王如路	上海地铁运营有限公司
第十三届	钱耀忠	上海申通地铁集团有限公司
	万建军	上海磁浮交通发展有限公司、上海申通地铁集团有限公司
	朱小娟	上海轨道交通维护保障中心
第十四届	钱耀忠	上海申通地铁集团有限公司
	俞光耀	上海申通地铁集团有限公司
	牟振英	上海地铁第四运营有限公司

六、上海市政协委员

表 10-3-7　第十、十一、十二届上海市政协委员情况表

届　次	姓　名	单　位
第十届	钱耀忠	上海申通地铁集团有限公司
第十一届	应名洪	上海申通地铁集团有限公司

（续表）

届　次	姓　名	单　位
第十一届	王如路	上海地铁运营有限公司 上海轨道交通运营管理中心 上海轨道交通维护保障中心
第十二届	王如路	上海轨道交通维护保障中心 上海地铁维护保障有限公司 上海申通地铁集团有限公司
	黄　建	上海申通地铁集团有限公司
	万建军	上海申通地铁集团有限公司 上海磁浮交通发展有限公司

七、上海市工代会代表

表 10-3-8　第十三次上海市工代会代表情况表

届　数	姓　名	单　位
第十三次	黄　建	上海申通地铁集团有限公司
	凌春霞	上海地铁第二运营有限公司
	张　郁	上海轨道交通维护保障中心通号公司

第三节　专　　家

一、中国工程院院士

表 10-3-9　中国工程院院士情况表

姓　名	性　别	单　位	获得年份
刘建航	男	上海市地铁工程建设指挥部	1995 年

二、享受国务院政府特殊津贴专家

表 10-3-10　截至 2015 年上海地铁行业享受国务院政府特殊津贴人员情况表

起始年份	姓　名	性　别	单　位
1992 年	陆忠良	男	上海市隧道工程设计院
1992 年	乔宗昭	男	上海市隧道工程设计院
1992 年	王振信	男	上海市隧道工程设计院

（续表）

起始年份	姓 名	性 别	单 位
1992年	王立虎	男	上海市地铁总公司
1993年	韩秋官	男	上海市隧道工程设计院
1993年	殷锡金	男	上海市地铁总公司
1997年	胡维撷	男	上海市隧道工程设计院
1998年	俞加康	男	上海市隧道工程轨道交通设计研究院
2000年	曹文宏	男	上海市隧道工程轨道交通设计研究院
2000年	葛世平	男	上海地铁运营有限公司
2001年	梁 伟	男	上海市隧道工程轨道交通设计研究院
2001年	白廷辉	男	上海地铁建设有限公司
2004年	宋 键	男	上海轨道交通技术研究中心
2006年	王如路	男	上海轨道交通维护保障中心
2008年	毕湘利	男	上海申通地铁集团有限公司
2008年	吴建祥	男	上海轨道交通维护保障中心
2012年	宋 博	男	上海轨道交通10号线发展有限公司
2012年	陈 鸿	男	上海市隧道工程轨道交通设计研究院
2014年	陈鞍龙	男	上海地铁维护保障有限公司
2014年	李鹃伟	男	上海地铁维护保障有限公司

三、全国工程勘察设计大师

表10-3-11 截至2015年获全国工程勘察设计大师荣誉情况表

获得年份	姓 名	性 别	单 位
2004年	俞加康	男	上海市隧道工程轨道交通设计研究院
2011年	曹文宏	男	上海市隧道工程轨道交通设计研究院

四、上海领军人才

2007—2015年，申通地铁集团王如路等6位同志入选“上海领军人才”。

表10-3-12 截至2015年获上海领军人才人员情况表

入选年份	姓 名	性 别	单 位
2007年	王如路	男	上海地铁运营有限公司
2007年	曹文宏	男	上海市隧道工程轨道交通设计研究院

（续表）

入选年份	姓 名	性 别	单 位
2008 年	宋 键	男	上海申通轨道交通研究咨询有限公司
2010 年	毕湘利	男	上海申通地铁集团有限公司
2011 年	陈 鸿	男	上海市隧道工程轨道交通设计研究院
2013 年	杨志豪	男	上海市隧道工程轨道交通设计研究院

五、申通地铁集团领军人才

2007 年 10 月，为全面贯彻落实《上海申通地铁集团有限公司人才发展规划纲要》，加大申通地铁集团领军人才队伍建设，为轨道交通网络化建设和发展提供强有力的人才支撑，制定并实施《上海申通地铁集团有限公司领军人才队伍建设实施办法(试行)》，明确申通地铁集团领军人才选拔条件、选拔程序、培养、考核管理、奖励、宣传等。2008 年 3 月，围绕进一步推进领军人才队伍建设的总体要求，申通地铁集团设立领军人才队伍建设专项资金，为领军人才及其团队提供专项资助。截至 2015 年 12 月，共开展三轮选拔，19 名同志入选申通地铁集团领军人才。

表 10－3－13　2007—2015 年申通地铁集团领军人才情况表

入 选 年 份	姓 名	单 位
2007 年	宋 博	上海轨道交通 10 号线发展有限公司
2007 年	宋 键	上海申通轨道交通研究咨询有限公司
2007 年	朱 宏	上海地铁运营有限公司
2007 年	朱 翔	上海申通轨道交通研究咨询有限公司
2007 年	达世鹏	上海地铁运营有限公司供电分公司
2010 年	王益群	上海轨道交通 7 号线发展有限公司
2010 年	杨志豪	上海市隧道工程轨道交通设计研究院
2010 年	郑晋丽	上海市隧道工程轨道交通设计研究院
2010 年	刘加华	上海轨道交通技术研究中心
2010 年	王晓保	上海轨道交通技术研究中心
2010 年	朱小娟	上海轨道交通维保保障中心
2010 年	皇甫小燕	上海轨道交通技术研究中心
2013 年	朱振宇	上海市隧道工程轨道交通设计研究院
2013 年	陈文艳	上海市隧道工程轨道交通设计研究院
2013 年	李家平	上海地铁维护保障有限公司工务分公司
2013 年	高英林	上海市隧道工程轨道交通设计研究院
2013 年	王秀志	上海轨道交通技术研究中心

（续表）

入选年份	姓　名	单　位
2013年	张琼燕	上海轨道交通技术研究中心
2013年	张　郁	上海地铁维护保障有限公司通号分公司
2015年	王庆国	上海黄浦江大桥建设有限公司
2015年	刘洪波	上海轨道交通技术研究中心
2015年	吴　强	上海轨道交通运营管理中心
2015年	张伟国	上海市隧道工程轨道交通设计研究院
2015年	利　敏	上海市隧道工程轨道交通设计研究院
2015年	周　乐	上海地铁维护保障有限公司

第四节　先进名录

一、先进个人

表10-3-14　1990—2015年获得国家部委劳动模范荣誉情况表

时　间	姓　名	单　位	荣誉称号
1999年	沈关根	上海市地铁总公司	建设部劳动模范
2007年	牟振英	上海现代轨道交通股份有限公司	全国建设系统劳动模范
2007年	宋　键	上海申通轨道交通研究咨询有限公司	全国建设系统劳动模范
2009年	鲍鹤群	上海地铁第二运营有限公司	全国交通运输系统劳动模范
2009年	马　珏	上海地铁第一运营有限公司	全国交通运输系统劳动模范
2012年	张　郁	上海地铁维护保障中心通号分公司	全国住房城乡建设系统劳动模范
2014年	吴建寅	上海市隧道工程轨道交通设计研究院	全国自强模范（享受省部级劳模待遇）
2015年	龚晓静	上海地铁第四运营有限公司	全国交通运输系统劳动模范
2015年	徐辰珏	上海地铁第三运营有限公司	全国交通运输系统劳动模范

表10-3-15　1987—2015年获得上海市劳动模范荣誉情况表

时　间	姓　名	单　位
1993年	孙竹君	上海市地铁总公司
1995年	凌春霞	上海市地铁运营公司
1997年	俞加康	上海隧道工程轨道交通设计研究院
1997年	张建国	上海市地铁总公司
2000年	乔宗昭	上海隧道工程轨道交通设计研究院

（续表）

时　　间	姓　　名	单　　位
1998—2000 年度	蔡永恺	上海市地铁运营公司
2001—2003 年度	曹文宏	上海隧道工程轨道交通设计研究院
2001—2003 年度	裘玉萍	上海地铁第二运营有限公司
2004—2006 年度	严婵琳	上海地铁运营有限公司
2004—2006 年度	陈　鸿	上海市隧道工程轨道交通设计研究院
2004—2006 年度	贺建良	上海申通地铁集团有限公司
2004—2006 年度	胡　刚	上海磁浮交通发展有限公司
2007—2009 年度	王益群	上海申通地铁集团有限公司
2007—2009 年度	刘加华	上海申通地铁集团有限公司
2007—2009 年度	熊　熊	上海地铁第一运营有限公司
2007—2009 年度	刘连锁	上海地铁第三运营有限公司
2010—2014 年度	唐史峰	上海申通地铁集团有限公司
2010—2014 年度	李鹏伟	上海地铁维护保障公司车辆分公司
2010—2014 年度	陆　伟	上海地铁第二运营有限公司
2010—2014 年度	臧圣洁	上海地铁第四运营有限公司
2010—2014 年度	庄毅华	上海轨道交通运营管理中心
2010—2014 年度	郑晋丽	上海市隧道工程轨道交通设计研究院

表 10-3-16　截至 2015 年上海市先进工作者情况表

时　　间	姓　　名	单　　位
1976—1978 年	陆忠良	上海市隧道工程设计院

表 10-3-17　2006—2015 年上海市五一劳动奖章获得者情况表

年　　份	姓　　名	单　　位
2006	周　淮	上海地铁运营有限公司
2008	方毅君	上海申通地铁集团有限公司
2008	马　珏	上海地铁第一运营有限公司
2009	刘连锁	上海地铁第三运营有限公司
2009	熊　熊	上海地铁第一运营有限公司
2009	王益群	上海申通地铁集团有限公司
2010	陈文艳	上海市隧道工程轨道交通设计研究院
2010	宋　博	上海申通地铁集团有限公司
2010	胡洪威	上海申通地铁集团有限公司

（续表）

年　份	姓　名	单　位
2010	徐辰珏	上海地铁第三运营有限公司
2010	孙春霞	上海地铁第二运营有限公司
2011	高威军	上海地铁维护保障中心供电公司
2011	张　郁	上海地铁维护保障中心通号公司
2012	臧圣洁	上海地铁第四运营有限公司
2012	姚湘静	上海地铁维护保障中心工务公司
2013	金　骏	上海地铁第三运营有限公司
2014	陆　伟	上海地铁第二运营有限公司
2015	利　敏	上海市隧道工程轨道交通设计研究院
2015	严如珏	上海地铁第一运营有限公司

二、先进集体

表 10-3-18　2010 年上海世博会先进集体情况表

时　间	奖　项	获奖单位	授奖机关
2010 年	2010 年上海世博会先进集体	上海申通地铁集团有限公司	中共中央、国务院
2010 年	2010 年上海世博会先进集体	上海地铁志愿者服务总队	中共中央、国务院

表 10-3-19　全国五一劳动奖状情况表

时　间	奖　项	获奖单位
2008 年	全国五一劳动奖状	上海市隧道工程轨道交通设计研究院

表 10-3-20　全国住房城乡建设系统先进集体情况表

时　间	获奖单位
2012 年	上海轨道交通 13 号线发展有限公司

表 10-3-21　1997—2015 年上海市模范集体获奖情况表

时　间	获奖单位
1997 年	上海地铁运营公司客运段衡山路站
2001—2003 年度	上海市隧道工程轨道交通设计研究院隧道设计总体组
2004—2006 年度	上海地铁运营有限公司 1 号线人民广场站
2007—2009 年度	上海地铁维护保障有限公司车辆分公司新车部
2010—2014 年度	上海申通地铁集团有限公司技术中心工程与风险控制研究部

（续表）

时　间	获　奖　单　位
2010—2014 年度	上海地铁第三运营有限公司 7 号线管理部乘务三组
2010—2014 年度	上海地铁第一运营有限公司徐家汇地铁站

表 10-3-22　2007—2015 年上海市五一劳动奖状获奖情况表

年　份	获　奖　单　位
2007	上海申通轨道交通研究咨询有限公司“一票换乘”课题组
2008	上海地铁第二运营有限公司 2 号线世纪大道站
2009	上海申通轨道交通研究咨询有限公司远程监控管理中心
2009	上海地铁第三运营有限公司 4 号线东安路站客运 2 班
2009	上海地铁盾构设备工程有限公司盾构项目管理部
2010	上海轨道交通 13 号线发展有限公司 13 号线世博段工程部
2010	上海轨道交通维护保障中心监护工作部
2010	上海申通轨道交通研究咨询有限公司总体研究部
2013	上海地铁第一运营有限公司 10 号线水城路站
2013	上海市隧道工程轨道交通设计研究院上海外滩通道工程设计项目组
2014	上海地铁维护保障有限公司供电分公司触网检修二部
2014	上海申通轨道交通研究咨询有限公司总体研究部
2015	上海申通地铁集团有限公司技术中心工程与风险控制研究部

专 记

一　世博轨道交通运营保障

中国上海世博会历经8年筹备，184天考验，为上海轨道交通迎来了快速发展的新机遇。贯穿着上海地铁人发展、闯关和决战的奋斗历程，见证了上海地铁的一次历史性跨越，在迎世博期间，申通地铁集团承担着要按期建成400公里轨道交通基本网络，保障世博会数千万客流的安全出行巨大责任。申通地铁集团认真贯彻落实市委八届六次全会提出的“集全市之力加快轨道交通建设”的决策部署，全面推进轨道交通大建设，大会战，在连续5年多的高强度建设中，抓住机遇，迎难而上，在全市支持下先后创下了一百台盾构齐头并进，一百座车站同时建设，一百公里新线同时接管运营空前纪录，在世博会开幕前实现了11条线路，总长428公里，280座车站的地铁网络建设重大目标。

上海世博期间，上海申通地铁集团加强对世博运营的组织领导，前期准备落实到位、运营指挥灵活高效、安全保卫严密设防、现场保驾全员投入、客流组织主动应对、服务形象不断提升。轨道交通网络承担总客流达10.5亿人次，同比增加56%，占全市公交出行总量达到34%。其中，5条涉博地铁线、12个地铁涉博站运送观博与参博人数约6 000万人次，占世博总客流的42%，世博专用联络线累计运送近2 000万人次。

在上海世博运行过程中，地铁网络经受了多次世博大客流的冲击，共有16次刷新单日客流的最高纪录，创下最高日客流754.8万人次新纪录，并成功保障了世博历史上最大单日客流103万人次的交通出行，为城市交通平稳有序运行发挥了突出作用，展现了上海地铁良好的服务形象，得到广大市民和世博来宾的充分肯定，得到市委、市政府领导的高度评价，被中共中央、国务院授予“上海世博会先进集体”的光荣称号。

一、全面组织发动——思想保障

【组织动员明确责任】

2008年9月27日，上海市总工会、上海市建设交通委、上海轨道交通建设指挥部联合在上海展览中心召开上海轨道交通“迎世博600天行动”立功竞赛动员大会。上海轨道交通建设指挥部与4家建设单位、上海申通地铁集团有限公司与运营保障单位分别签订了《上海轨道交通迎世博600天行动工作目标责任书》。

2010年3月1日，上海申通地铁集团有限公司成立世博保障领导小组，全面协调、推进、落实世博会期间轨道交通运营保障各项工作，下设6个工作组(安全保卫、运营指挥、窗口服务与宣传报道、事务协调与对外接待、志愿者服务、维修保障)，集团党政领导分线包干负责重点枢纽和涉博车站，明确责任、突出重点，加强对世博运营的组织领导。

2010年3月15日，为切实加强上海世博会期间本市轨道交通安全防范工作，根据上海世博会安全保卫工作的总体部署，决定自2010年3月15日至2010年11月15日，在全市范围内对轨道交通实施特别安检措施。

2010年3月23日，申通地铁集团召开上海轨道交通世博运营保障动员大会，明确轨道交通世博保障的总体目标和主要任务并作全面动员，要求全行业“保世博大局、集员工智慧、举各方之力”，为世博会作贡献。

【运筹帷幄防范保驾】

2010年4月，申通地铁集团制定了中国2010年上海世博会轨道交通运营组织方案。确定了世博会期间轨道交通运营指挥体系、行车组织方案、客运组织方案、应急处置预案体系、世博保障综合演练等。

申通地铁集团按期实现迎世博600天整治目标，共完成15座车站整容、33座车站整修、19座车站整洁、32万平方米外墙整饰，以及车站及高架沿线环境整治工作；根据世博因素制定运营指挥调度方案及应急预案；运营车站联合消防和公安做到“一站一预案”，并积极开展联合演练；维保专业组建6支应急队伍，完成21个区域性应急抢修点的设置，全面做好应对各种复杂情况的准备。

世博期间动态分析研判客流变化，及时调整方案措施，先后更换4整套全网络运营组织方案，更新列车运行图76张，全网每天开行列车超过4 800列次，总计临时加开列车6 000余列次。

协同武警、公安、平安志愿者在车站入口、站厅、站台、车厢等设置四道防线，并在全网519个车站进口闸机处配备检测仪全覆盖开展安全检查，共安检5.6亿人次、收缴各类危险品5.6万件。

全网设置五级预警和维保专业三级设施设备保驾制度，总计参与专业保驾41.7万人次，其中邀请15家供应商以专业志愿者方式参与保驾共计12万人次，分别对应不同等级执行跟车保驾、现场值守、总调驻勤等措施，确保了世博期间地铁网络运行安全可靠。

客流组织主动应对，动态分析世博客流特点，及时调整车站服务设施布局和岗位配置，优化站内客流组织方案，增加客流引导和调节设施，针对不同线路和时段灵活采取缓流限流措施；基本建成网络运营信息“1＋6”实时发布系统，主动制定和发布地铁出行攻略，设置世博专用网络引导示意图，及时发布路网客流信息、有效组织引导客流，保障全路网平稳运行；发挥集团整体优势组建职工增援队伍，及时支援车站现场应对高峰大客流。

积极组织开展规范服务达标活动，围绕“净化环境、文明服务”主题，建立流动红旗评比等竞赛机制，形成窗口一线岗位比服务、比形象的良好氛围；根据涉博车站、主要枢纽客流运行实际情况，不断完善世博车站导向标志，增加服务引导措施；提高全网无障碍电梯和厕所等服务设施的覆盖率和完好率；针对列车与车站空调、车门与屏蔽门故障、大客流组织、隧道结构缺陷等难点组织四大对策组开展技术和管理攻关，有效解决乘客群众反映的突出问题。在世博城市服务文明测评中，地铁服务文明指数不断提升，始终保持在85分以上、位居前列。

二、优化装备设施——运能保障

世博期间，上海共有轨道交通线路12条，分别为1号—11号线、13号线，运营线路总长度为425公里，车站为273座。其中轨道交通13号线为世博园区轨道交通专用线，4、6、7、8、9号线为涉博轨交线路。11条市内轨交线路形成了轨交网络，连接了上海市中心城区9区内的重要交通枢纽、旅游集散中心、学校、商圈及浦东、闵行、宝山、嘉定、松江、青浦等区的部分区域。

【运营线路】

上海市内的轨交线路中,1号线、2号线、3号线、5号线、10号线、11号线为非涉博线路。4号线、6号线、7号线、8号线、9号线为涉博线路,这些线路有一站或数站接近世博园区出入口。

4号线为环线,全线均位于上海市内环线以内,与1、2号线构成了上海“申”字形轨交网络;该线可与除轨交5号线外的所有轨交线路实现换乘(轨交13号线园区部分不能换乘,根据规划可实现换乘)。6号线纵贯浦东新区南北,是浦东北部地区观博的重要交通线。7号线的后滩站、长清路站、耀华路站、云台路站、高科西路站近园区出入口,是连接出入口最多的轨交线路,也是宝山、闸北、普陀、静安、徐汇、浦东等地游客入园观博的重要交通线路。8号线是杨浦、虹口、黄浦、浦东、闵行浦江镇等地游客观博的重要交通线路,也是人民广场等大客流集中地最便捷的入园通道。9号线是松江、闵行区七宝镇、徐汇区北部等地游客观博的重要交通线路,在马当路站可换乘世博园区轨道交通专用线(13号线),是唯一一条可直接换乘世博园区轨道交通专用线的轨交线路。

表专-1-1　2010年上海市内涉博轨道交通线路情况表

线路	起讫、长度和车站	途经区域	换乘情况	特点
4号线	轨道交通环状线,33.8公里,26个车站	徐汇、卢湾、黄浦、杨浦、虹口、闸北、普陀、长宁浦东等区	可与除轨交5号线外的所有轨交线路的换乘(轨交13号线园区部分不能换乘,根据规划可实现换乘)	重要的涉博轨交线路。部分车站与轨交3号线共用车站,全线均位于上海市内环线以内。鲁班路站近园区1号出入口,西藏南路站近2号出入口
6号线	北起高桥镇港城路至灵岩南路,约32.7公里,28个车站	浦东新区	在世纪大道站与轨交4号线、9号线,蓝村路与轨交4号线,高科西路与轨交7号线等换乘	纵贯浦东新区南北的线路。高科西路站近5号出入口
7号线	上海大学站至花木路,约43.8公里,33个车站	宝山、普陀、静安、徐汇、闸北、浦东等	在镇坪路站、东安路站与轨交4号线,肇嘉浜路站与轨交9号线,耀华路站与轨交8号线,高科西路站与轨交6号线等换乘	重要的涉博轨交线路。后滩站近8号出入口,长清路站近7号出入口,耀华路站近6号出入口,云台路站、高科西路站近5号出入口
8号线	北起市光路南至航天博物馆,37.0公里,30个车站	杨浦、虹口、闸北、黄浦、浦东、闵行等区	在陆家浜路站与轨交9号线,西藏南路与轨交4号线,耀华路与轨交7号线换乘	重要的涉博轨交线路,人民广场等大客流集中地最便捷的入园通道。西藏南路站近2号出入口,耀华路站近6号出入口
9号线	西起松江新城东至杨高中路,44.7公里,23座车站	松江、闵行、徐汇、卢湾、黄浦、浦东等区	在宜山路站、世纪大道站与轨交4号线,肇嘉浜路站与轨交7号线,马当路站与轨交13号线,陆家浜路站与轨交8号线,世纪大道站与轨交6号线换乘	重要的涉博轨交线路。在马当路站可换乘世博园区轨道交通专用线(13号线),马当路站位于世博会围栏区外,与世博园区9号口相连接

【运能配备】

世博期间:1号线:最大投用列车49列,其中运营44列,备用5列。2号线:最大投用列车40列,其中运营35列,备用5列。2号线东延伸:最大投用列车12列,其中运营11列,备用1列。3号线:最大投用列车26列,其中运营24列,备用2列。4号线:最大投用列车26列,其中运营24

列，备用 2 列。5 号线：最大投用列车 16 列，其中运营 13 列，备用 3 列。6 号线：最大投用列车 31 列，其中运营 30 列，备用 1 列。7 号线：最大投用列车 32 列，其中运营 27 列，备用 5 列。8 号线：最大投用列车 41 列，其中运营 38 列，备用 3 列。9 号线：最大投用列车 36 列，其中运营 30 列，备用 6 列。10 号线：最大投用列车 23 列，其中运营 22 列，备用 1 列。11 号线：最大投用列车 24 列，其中运营 22 列，备用 2 列。

【运营管理】

世博期间，11 条市内轨交线路由申通地铁集团负责运营，普遍实施了“早开晚收”的运行时间模式，延长了运营时间，缩小了发车间隔，合理安排大小交路，大大方便了游客的入园及离园。

表专-1-2　2010 年上海市内涉博轨道交通线路运营时间情况表

4号线	站　名	首班车		末班车			
		内　圈	外　圈	内　圈		外　圈	
				全　程	终点：宜山路	全　程	终点：宜山路
	宜山路	5:30	5:30	22:30	22:30	22:30	22:30

6号线	站　名	首班车发车时刻		末班车发车时刻	
		往港城路↑	往灵岩南路↓	往港城路↑	往灵岩南路↓
	港城路	—	5:30	—	22:30
	灵岩南路	5:32	—	22:32	—

7号线	站　名	首班车发车时刻		末班车发车时刻	
		往上海大学↓	往花木路↑	往上海大学↓	往花木路↑
	花木路	5:30	—	22:30	—
	上海大学	—	5:32	—	22:32

8号线	站　名	首班车发车时刻		末班车发车时刻	
		往航天博物馆↑	往市光路↓	往航天博物馆↑	往市光路↓
	航天博物馆	—	5:30	—	22:30
	市光路	5:30	—	22:30	—

9号线	站　名	首班车发车时刻		末班车发车时刻	
		往杨高中路↑	往松江新城↓	往杨高中路↑	往松江新城↓
	杨高中路	—	5:30	—	22:30
	松江新城	5:50	—	22:00	—

13号线	站　名	往世博大道方向		往马当路方向	
		首班车	末班车		首班车
	马当路	8:50	0:00	—	—
	世博大道	—	—	9:00	0:00

表专-1-3　世博会期间(2010年5月1日至10月31日)路网各线客流情况表

世博期间客流量(万人次)	
1号线	21 060.27
2号线	20 428.51
3号线	8 768.88
4号线	12 657.62
5号线	2 206.18
6号线	4 368.15
7号线	8 911.44
8号线	11 297.67
9号线	7 687.39
10号线	4 071.67
11号线	2 954.24
13号线	1 983.31
合计	106 395.33

2010年全年运送乘客19亿人次，占全市公共交通客运量的比重由2009年的26%上升到32%；日均客流量521万人次，同比增长44.5%。单日最高客流量达到754.8万人次(2010年10月22日)，创历史纪录新高。其中相当部分为世博客流。

上海市内11条轨交线路票价根据距离定价，乘坐6公里以内票价3元，6—16公里4元，以后每10公里增加1元，并对持上海公共交通卡的游客实行公交换乘优惠。其中4元为最普遍的票价。

三、建立管控机制——措施保障

【健全保障体系】

上海世博会期间，上海申通地铁集团公司组建成立了5个专业工作组，形成了三级保驾制度和工作方案，调整生产组织方式，在全网区域巡查、跟车保驾、现场值守、总调驻勤等统筹布局。陆续对全路网425公里线路、273座车站、19个停车库基地内的所辖设施设备开展多轮状态普查和安全检查等整治工作。重点完成了路网423列电动列车的设备运能保障、线路及1 312组道岔的状态专项检查、1 306设备公里接触网的平推整治、277个区间及旁通道的病害整治等工作。共启动一级保驾14天、二级保驾34天、三级保驾136天，维保各专业单位参与保驾达41.7万人次。期间，客流曾猛增近百万人次，全员动员上岗保驾，4月15日起组织和启动了与维保中心相关的95家供应商和设备单位以专业志愿者方式参与了世博会设施设备安全运行保驾任务，保驾数统计达到了12万人次。

由于轨交线路延长运营时间，检修时间相对不足，难度加大，上海地铁调整或减少大修、中修项目;加强巡检;对重要部件(涉及运营安全)加强检查力度、频次。世博会期间涉博线路检修时间为凌晨 1:30 至凌晨 3:30,较世博会前凌晨 0 点至凌晨 4 点工作时间减少了一半,加上 7 号线 2010 年底为实现信号 3 阶段开通,每周还有大量的信号动车点需要完成,因此涉博线路的人工点并未如世博前预计在每周获得增加,仍为每周 2 次。为此,申通地铁集团通过增加夜间的检修力量来确保夜间维修计划顺利实施。世博期间,涉博线路夜间的检修力量较世博会前增加了 20%—30%。相关单位增加日间保驾期间的巡检频次确保设备状态,巡检人员通过巡检作业及时发现故障,及时处置故障,世博会开始后,日间的巡检共有 24 次及时发现了设备存在的问题并及时采取有效措施。上海轨道交通维保中心对抢修队伍进行优化,打造 1+N 的抢修队伍模式,1 为精英专业抢修队,N 为标准专业抢修队。根据抢修设备分类,重点打造 6 支专业故障抢修(险)队伍。其中有车辆专业起复队(成员由车辆专业人员构成,队伍共 7 人,其中 6 名专职队员以及 1 名兼职队长);供电公司联合道岔抢修队(成员由工务专业和通号专业共同安排人员构成);触网故障抢修队(成员由触网专业人员构成);隧道结构堵漏抢险队(成员由工务专业人员构成);防汛、防台抢险队(成员由工务专业人员和消防队人员构成);断轨抢修队(成员由工务专业人员构成)。6 支队伍通过定期的现场模拟抢修操练和现场应急抢修。世博期间,专业应急抢修队伍参与大型的现场抢修工作达到 8 次,组织大型模拟实战演练 4 次。4 月 7 日,2 号线首次发生因 DTS(数字转换系统)带宽不匹配所造成的网络风暴,由于当时初遇此类故障,导致处置时间较长,最终造成运营最大晚点 24 分钟。5 月 10 日,2 号线东延伸远东大道出现列车脱轨事件,据测算,当时各专业单位在接报后的平均响应时间约在 45 分钟左右;当时救援起复列车 1 个转向架共花了约一个半小时。而 8 月 11 日 7 号线祁华路列车脱轨事件中,各专业单位在接报后,到达现场的平均响应时间均在 20—25 分钟左右。10 月 28 日 2 号线虹桥火车站发生的列车脱轨事件,救援起复列车 2 个转向架仅花了 45 分钟,而且当时的起复救援环境较 5 月 10 日更加困难。

世博会期间全部轨道车站进站闸机处要设置安检点,并配置 X 光射线固定监测仪、手持式金属探测仪等安检设备,按照三级安保等级期间“大包必查、小包抽查”,一、二级安保等级期间“逢包必查”的要求对携带行李物品乘坐轨道交通的乘客实施安检。

在 71 座重点车站的 195 个安检点各配置通道式 X 光检测仪 1 台、便携式金属探测仪 1 部、液体检测仪 1 部以及 800 兆地铁通讯手台 1 部、警棍 1 根、安检告示牌 1 块、安检座椅 1 套和危险品回收箱 2 个。此外,每个车站配置便携式爆炸物探测仪 1 部。

防爆筒:每个地下车站必须配置一只。防爆毯:每个车站配置一条,由轨道公安分局统一配置。防毒面具:防毒面具(全面罩、过滤罐)按车站当班实际人数,确保一人一个,地下车站可适当增加 5—10 个备用量。

在 202 座一般车站设置 534 个安检点,每个安检点设置 3 个安检岗位,按照“三班两运作”模式,共配置专职安检员 1 602 人、安检志愿者 3 204 人。

世博会期间,轨道交通共配置安检人员 6 597 人,其中地铁车站配置专职安检员 3 357 人、安检志愿者 3 204 人,磁浮车站配置专职安检员 36 人。

截至 10 月 20 日,全路网累计检查 5.6 亿人次,共计收缴危险品 55 653 件,其中各类仿真枪支 36 支,子弹 5 枚,各类烟花鞭炮 3 万余响,汽油、煤油、硅胶、酒精等各类易燃液体共计 415 升,油漆、压缩器罐等易燃易爆物品 3.7 万余件,各类管制刀具 1 488 把,查堵危险物品 150 125 件,因不听劝阻携带危险品进站以及暴力抗拒安检行政拘留 8 人。

表专-1-4　2010年轨道交通涉博线路限流情况表

线路 序号	6号线	7号线	8号线							9号线	13号线
1	9月 18日	4月 30日	4月 20日	5月 2日	6月 4日	7月 1日	8月 1日	9月 1日	10月 1日	4月 24日	5月 29日
2			4月 23日	5月 8日	6月 5日	7月 2日	8月 2日	9月 2日	10月 2日	5月 2日	6月 14日
3			4月 30日	5月 10日	6月 7日	7月 3日	8月 3日	9月 3日	10月 3日	5月 29日	6月 15日
4				5月 11日	6月 8日	7月 4日	8月 4日	9月 4日	10月 4日	9月 16日	6月 16日
5				5月 12日	6月 10日	7月 5日	8月 5日	9月 5日	10月 5日		6月 17日
6				5月 13日	6月 11日	7月 6日	8月 6日	9月 6日	10月 6日		6月 18日
7				5月 15日	6月 12日	7月 7日	8月 7日	9月 7日	10月 7日		6月 19日
8				5月 20日	6月 13日	7月 8日	8月 8日	9月 8日	10月 8日		6月 20日
9				5月 21日	6月 14日	7月 9日	8月 9日	9月 9日	10月 9日		6月 21日
10				5月 26日	6月 15日	7月 10日	8月 10日	9月 10日	10月 10日		6月 22日
11					6月 17日	7月 11日	8月 11日	9月 11日	10月 11日		6月 23日
12					6月 18日	7月 12日	8月 12日	9月 12日	10月 12日		6月 24日
13					6月 19日	7月 13日	8月 13日	9月 13日	10月 13日		6月 25日
14					6月 20日	7月 14日	8月 14日	9月 14日	10月 14日		6月 26日
15					6月 21日	7月 15日	8月 15日	9月 15日	10月 15日		6月 27日
16					6月 22日	7月 16日	8月 16日	9月 16日	10月 16日		6月 28日
17					6月 23日	7月 17日	8月 17日	9月 17日	10月 17日		6月 29日
18					6月 24日	7月 18日	8月 18日	9月 18日	10月 18日		9月 23日
19					6月 25日	7月 19日	8月 19日	9月 19日	10月 19日		10月 16日

（续表）

线路 序号	6号线	7号线	8号线							9号线	13号线
20					6月 26日	7月 20日	8月 20日	9月 20日	10月 20日		10月 21日
21					6月 27日	7月 21日	8月 21日	9月 21日	10月 21日		10月 22日
22					6月 28日	7月 22日	8月 22日	9月 22日	10月 22日		10月 23日
23					6月 29日	7月 23日	8月 23日	9月 23日	10月 23日		10月 24日
24					6月 30日	7月 24日	8月 24日	9月 24日	10月 24日		10月 26日
25						7月 25日	8月 25日	9月 25日	10月 25日		
26						7月 26日	8月 26日	9月 26日	10月 26日		
27						7月 27日	8月 27日	9月 27日	10月 27日		
28						7月 28日	8月 28日	9月 28日	10月 28日		
29						7月 29日	8月 29日	9月 29日	10月 29日		
30						7月 30日	8月 30日	9月 30日	10月 30日		
31						7月 31日	8月 31日		10月 31日		
计数(天)	1	1	160							4	24

【营造世博氛围】

根据申通地铁集团迎世博600天行动计划精神，为在轨道交通内营造良好的“迎世博”氛围，提升上海地铁整体形象，制定世博专项宣传计划，并成立宣传工作小组，公司制定了一系列整改措施，加大全网络公益宣传力度，对世博园区周边区域15个重点车站公益宣传做了整体规划和实施。紧扣“城市让生活更美好”的世博主题，在上海轨道交通内全面开展世博公益宣传。

2008年世博600天倒计时之日在人民广场大三角设计制作了“迎世博”倒计时牌，吸引了无数游客的目光，赢得了非常好的社会反响。2009年，进一步推进世博宣传力度，发行世博场馆宣传单程票，增加平面和视频媒体世博宣传，整合轨交13号世博专线播音广告，全面铺开车厢拉手世博公益广告。与此同时，还投放了“迎世博600天活动”“中国2010年世博会宣传”“世博吉祥物宣传”“世博会会歌”“迎世博500天活动”“世博宣传公益广告”等世博宣传片和灯箱，使世博概念深入人心。

世博期间，全网络内世博公益宣传率平均达10%，视频类20多次，灯箱类200多个。放弃了2

年约2 000万的商业广告收入。

在世博运行过程中，地铁网络经受了多次世博大客流的冲击，共有16次刷新单日客流的最高纪录，创下最高日客流754.8万人次新纪录，并成功保障了世博历史上最大单日客流103万人次的交通出行，为城市交通平稳有序运行发挥了突出作用，展现了上海地铁良好的服务形象，得到广大市民和世博来宾的充分肯定，得到市委、市政府领导的高度评价，上海申通地铁集团被中共中央、国务院授予“上海世博会先进集体”的光荣称号。

四、传播志愿服务——社会保障

上海世博会期间，上海地铁志愿者服务以“文明环境、安全运营、精彩世博”为主题，大力弘扬“奉献、友爱、互助、进步”的志愿精神，努力服务和保障轨道交通运营安全，为建设上海城市文明和保障世博会运行做出了积极的贡献。上海轨道交通有280座地铁车站、420公里以上的网络，每天承担600万的客流运送任务。这对上海轨道交通运营管理提出严峻考验的同时，对地铁志愿者服务管理也是一个新的挑战。

为保障世博期间的志愿者服务全面开展，确保志愿者服务管理有序，上海申通地铁集团建立了由集团领导任组长的志愿者服务工作小组，各直属单位也相应组建了志愿者服务工作小组。

2008年3月5日上海地铁志愿者总队成立。完善了地铁志愿者服务总队的管理职能，进一步健全了地铁各单位志愿者服务管理组织体系。充分发挥社会组织和志愿者服务团体的作用，由组织服务开始向“自发服务、自我管理、自觉推进”过度。积极和市委组织部、市综治委、市文明办等领导机关沟通协调，争取各方面的工作支持，运用“条块结合”渠道，实行互联互动。

2009年(6月5日)上午，轨道交通8号线大世界站“牵手你我，文明世博”主题沙龙拉开帷幕，这也是上海地铁志愿者首次尝试采用“定点值守、搭台互动”的方式开展志愿服务宣传活动。

上海地铁志愿者服务有6大类别、每天5 000人次，累计已达到一百万人次。其中：每天有早高峰时段在地铁站厅、站台宣传文明乘车的社会文明志愿者(400人次)和党员先锋行动志愿者(500人次)，有在地铁100座车站(120个站点)开展问询服务的城市站点志愿者(620人次)，还有在全网络所有车站出入口全天候值守、来自市级机关和大集团的平安志愿者(1 500人次)，每天还有来自外企、央企等地铁专业保障志愿者(950人次)提供随车保驾等技术支持，另外每天还有近千人次的上海地铁员工志愿者在车站、基地等重要场所，开展现场服务增援和安保巡视工作。

为提升志愿者服务质量，积极开展志愿者服务培训活动。一是逐步推行网上学习测试类、视频教育类、书面答卷类、宣传卡片类的志愿者培训教材，开展学习培训；二是在世博志愿者网上培训的基础上，开设地铁志愿者网上学习培训平台，实行地铁站点志愿服务“一站一方案”，通过网站视频、岗前交底落实志愿者岗位职责和工作要求。在涉博重点车站，重点部署地铁志愿者服务骨干力量，在关键岗位，实施重点驻守开展跟班服务，确保世博园区周边车站和重要换乘车站的志愿者人员配备，在“文明乘车、文明乘梯”的基础上，开展了导乘、导向、文明观博等志愿者服务，充实了具有特色的服务世博内容，提高了志愿者服务水平。

世博开园期间，为保障观博大客流的及时疏导，志愿者总队积极组织员工志愿者增援力量，组成快速反应“部队”，保障了志愿者力量的出击迅速有力。保证按时、按人、按点到岗服务，确保志愿者服务岗位不缺失、不脱岗。

上海地铁志愿者服务向多类型发展。在以体力型志愿服务为主的基础上，不断引进知识性、智力型和财物援助性的志愿服务。外资企业、外籍人员、外地企业纷纷加入参与上海地铁志愿者服务活动，有 90 支专业保障志愿者服务队为世博会期间的地铁安全运营"保驾护航"。实行大学生自管服务。在松江大学城、上海大学、复旦大学等高校周边站点，推动实施大学生志愿服务自管。

世博期间，运用地铁志愿者服务这个平台，组织有关单位开展了"为奉献者奉献"的志愿服务活动，太平洋保险公司和众多银行，共同为上海地铁志愿者服务活动提供 30 万瓶志愿者爱心水、4 万把爱心伞、数十万张爱心服务图。民盟志愿者服务队多次组织医师诊疗队深入地铁建设工地开展服务。复旦大学利用学生放假时段，组织学生志愿者开展轨道交通乘客文明指数调研测评活动，分二次对 90 个轨道交通车站开展社会调查。

申通地铁集团共开展了 4 批地铁志愿者先进团队和个人的评比表彰活动，表彰了一大批志愿者服务之星、世博志愿者服务十佳团队和十佳个人，授予一批单位为 2010 年上海世博会地铁志愿者服务特别贡献奖荣誉称号。

为表彰和鼓励志愿者服务行动，专门制作了一批奖励志愿者的"地铁乘车计次卡"，对优秀志愿者服务团队和个人给予乘车奖励。为配合世博园区志愿者的服务，还制作印发了一批世博园区志愿者乘坐轨道交通的计次卡，为全体园区志愿者进出轨道交通车站提供服务。开展了"上海地铁志愿者服务基地"的挂牌活动，授予 50 个地铁车站为"上海地铁志愿者服务基地"，有近百家志愿者服务团队成为基地挂牌服务的单位、组织。

上海地铁志愿者在世博期间的出彩表现，得到了社会各界的积极好评，上海地铁志愿者服务总队受到了世博组委会的表彰，被中共中央、国务院授予"上海世博会先进集体"荣誉。

五、开展立功竞赛——激励保障

迎世博前后，上海轨道交通坚持组织广大干部职工，开展服务世博的劳动竞赛活动，为确保实现 2010 年世博会前建成轨道交通 400 公里目标和完成世博运营保障任务作出了积极贡献。

2010 年 4 月 15 日，上海轨道交通建设指挥部隆重召开上海轨道交通 400 公里建成暨迎世博誓师动员大会，中共上海市委副书记、市长韩正出席大会并作了重要讲话，杨雄、陈豪、沈骏等领导出席，市领导亲切接见了由市重点工程实事立功竞赛领导小组特别评选的上海轨道交通杰出人物、上海轨道交通建设英豪等先进代表。从 2006 年到 2010 年，经指挥部领导批准，共划拨立功竞赛专项奖励经费达 2 050 万元，极大地调动了广大建设者和干部职工的积极性。

2008 年 9 月，为深入贯彻市委、市政府《关于制定实施〈迎世博 600 天行动计划〉的指导意见》，提高轨道交通安全运营服务水平，上海市总工会、上海市建设和交通委员会、上海轨道交通建设指挥部决定联合组织开展上海轨道交通"迎世博 600 天行动"立功竞赛活动。在上海轨道交通建设指挥部和集团党政的领导下，经过多年实践和摸索，轨道交通立功竞赛活动初步形成了"三结合、三增强"的工作格局，即：一是紧密结合任务特点，针对建设运营中难点开展专项竞赛，增强竞赛的针对性；二是结合相关业务职能部门的日常考核，建立量化考评体系，增强竞赛评优的科学性；三是精神奖励与物质奖励相结合，充分调动广大建设者的积极性，增强竞赛的实效性。特别是在立功竞赛中始终聚焦运营管理的重点、难点，适时推出了一系列专项竞赛，取得了显著成效。

2008 年，组织开展了"安全运营、优质服务"专项竞赛，并制定下发了专项竞赛考核评比办法，调动了一线干部职工的劳动热情，促进了运营服务和运营保障。制定了上海轨道交通"迎世博"立功竞赛方案，对竞赛组织、竞赛内容、具体实施进行了部署，并确定了"服务规范大培训""车站环境大整治”“岗位技能大比武”“党建联建大互动”“品牌形象大展示”“地铁精神大讨论”“志愿者队伍大拓展”“行业文明大检阅”等十大行动，受到了上级的肯定。

2009 年，组织开展迎世博窗口服务“五比五赛”活动，每 100 天组织一次考核评比，调动了全体干部职工建设世博、奉献世博的积极性和主动性，打造了一批具有轨道交通窗口服务特色的优质服务站、特色示范岗和服务明星，推动了轨道交通窗口服务实现服务质量、服务水平、服务效率、服务环境和服务功能的全面提高。在迎世博倒计时 200 天之际，精心策划了“上海轨道交通迎世博倒计时 200 天立功竞赛表彰推进会暨 4 号线‘全国工人先锋号’发车仪式”，形成了宣传、迎接、服务世博的良好氛围。

2010 年，按照市委、市政府和上级有关部门的部署，轨道交通立功竞赛综合赛区领导小组决定开展以“当好主力军、建功世博会”为主题，以“保畅通、促服务、树形象”为重点，以“争创工人先锋号”为载体，以“三提高”（提高设备完好率、提高列车准点率、提高应急处置和安保防范能力）、“三提升”（提升车容站貌、提升工作人员仪表仪态、提升工作机房状态）、“三降低”（降低严重晚点和事故的发生率、降低故障发生率、降低服务有责投诉率）为目标，广泛开展轨道交通世博保畅立功竞赛活动。世博保畅立功竞赛设立运营服务、安全保卫、志愿者服务等分赛区，参赛范围扩大到武警、公安、专业保驾和社会志愿者队伍。4 月 15 日，上海轨道交通建设指挥部隆重召开上海轨道交通建成 400 公里暨迎世博动员誓师大会，市委副书记、市长韩正亲临大会讲话。在办博的 184 天时间里，2 万多名轨道交通干部职工，近万名武警、公安、安保人员和广大志愿者坚守岗位，不辱使命，发扬服务至上、无私奉献的精神和吃苦耐劳、顽强拼搏、连续作战的作风，成功应对了超大客流的考验，还推出了一系列爱心服务举措，展示上海地铁人良好精神面貌。世博期间，地铁网络客流达到了 10.5 亿人次，同比增加了 56%，占全市公交出行总量三成以上，其中世博客流全市公交运送了 1.48 亿人次，地铁 5 条涉博线、12 个涉博站运送达 6 000 万人次，占总运送量的 40%以上；全网共有 16 次刷新单日客流最高纪录。

轨道交通劳动竞赛始终贯彻“见人见物见精神”的竞赛方针，把精神文明建设作为立功竞赛的重要内容。全面开展地铁社区党建联建活动，实现地铁文明共建，地铁安全共守，把轨道交通宣传与社会正能量的大宣传相结合，先后组织参赛单位评选轨道交通“十佳好事”活动，参与市建设和交通党委举办的轨道交通先进事迹报告会，举办《地铁之歌——上海轨道交通建设者文艺会演》等活动，还组织各参赛单位广大干部职工参观《通向都市新生活——建设中的上海轨道交通展》、上海轨道交通摄影大赛获奖作品展览等活动，鼓舞职工斗志，激励职工地铁建设事业奋斗的情怀。

六、世博表彰

表专-1-5　世博会期间轨道交通(申通地铁集团)受上级有关部门表彰先进集体和个人情况表

序号	获奖名称	获奖单位(个人)
一、党中央、国务院表彰		
1	上海世博会先进集体(共 2 个)	上海申通地铁集团
2		上海地铁志愿服务总队
3	上海世博会先进个人(共 2 人)	孙春霞、宋　博

（续表）

序号	获奖名称	获奖单位(个人)
二、全国五一劳动奖章		
1	2010年初表彰	严婵琳
2	2010年下半年表彰	李　垚
三、全国工人先锋号		
1	2010年上半年表彰	上海地铁第三运营有限公司4号线
2		上海申通地铁资产经营管理有限公司盾构公司盾构部
3	2010年下半年表彰	上海轨道交通维护保障中心通号分公司新线部
4		上海地铁第二运营公司上海轨道交通世博专线
5		上海地铁第四运营公司8号线
四、上海市委、市政府表彰		
1	“服务世博、奉献世博”优秀集体(共4个)	上海地铁第四运营有限公司耀华路站
2		上海地铁第二运营有限公司上海世博专线
3		上海地铁第二运营有限公司上海世博专线马当路站
4		上海轨道交通运营管理中心总调所世博控制中心
5	“服务世博、奉献世博”优秀个人(共40人)	王菲菲、陆　帆、刘　涛、朱　怿、沈紫馨、雷　雨、孙春霞、金利来、陈　梁、赵佳莹、徐明立、张振宇、范明涛、王　迅、徐辰珏、甄冬伟、谭文一、陈　昱、王晓燕、曹　青、李　垚、詹　芸、藏圣洁、吴　飞、柳　岚、姜立清、陈科西、尹　炜、戴　琪、高列良、张　郁、杨　迪、周　亮、陶毅骏、杨黎萌、李家平、石继斌、王　超、吴昕毅、沈炳林
五、全国交通运输部表彰		
1	上海世博交通运输保障先进集体(共2个)	上海地铁第三运营有限公司
2		上海轨道交通运管中心
3	上海世博交通运输保障先进个人(共6人)	孙克晴、范明涛、黄　建、叶　彤、张荣昌、冯　昊
六、全国交通建设系统(共3个)		
1	工人先锋号	上海轨道交通维护保障中心车辆分公司新车部
2		上海地铁第二运营有限公司2号线娄山关路站
3		上海地铁第四运营有限公司8号线耀华路站
七、上海市五一劳动奖状(共5个)		
1	2009年底表彰	上海申通轨道交通研究咨询公司远程监控管理中心
2		资产经营公司盾构公司盾构部
3		13号线发展有限公司世博段工程部
4		上海申通轨道交通研究咨询公司总体研究部

（续表）

序号	获 奖 名 称	获奖单位（个人）
5	2010年下半年表彰	上海轨道交通维护保障中心监护工作部
八、上海市五一劳动奖章（共9人）		
1	2010年上半年表彰	王益群、熊　熊、刘连锁、甄方春
2	2010年下半年表彰	孙春霞、徐辰珏、高威军、胡洪威、宋　博
九、上海市工人先锋号（共44个）		
1	2008年表彰（8个）	上海地铁第四运营有限公司6号线儿童医学中心站
2		上海轨道交通维护保障中心工务分公司结构防水3工区
3		上海轨道交通维护保障中心车辆分公司新车部
4		上海地铁第一运营有限公司1号线莘庄站
5		上海轨道交通运营管理中心总调度所东宝兴路控制中心调度四班
6		上海申通地铁资产经营管理有限公司传媒策划事业部媒体运作部
7		上海地铁第二运营有限公司2号线陆家嘴站
8		上海地铁第三运营有限公司乘务四组
9	2009年上半年表彰（12个）	上海地铁第四运营有限公司6号线五莲路站
10		上海申通轨道交通研究咨询有限公司总体研究部
11		上海申通地铁资产经营管理有限公司信息发展事业部项目开发部
12		上海轨道交通维护保障中心供电分公司4号线世纪大道区域
13		车辆分公司殷行维修厂检修二班
14		上海地铁第一运营有限公司人民广场站
15		上海地铁第一运营有限公司1号线上海体育馆站
16		上海轨道交通杨浦发展有限公司工程部
17		上海城建集团隧道公司轨道交通11号线11标江苏路车站项目经理部
18		上海建工集团总公司基础公司轨道交通2号线东延伸双圆盾构项目部
19		中铁十七局上海轨道交通7号线云台路站项目经理部
20		中铁一局电务工程有限公司上海轨道交通9号线二期接触网工程项目经理部

（续表）

序号	获 奖 名 称	获奖单位(个人)
21	2009年底表彰(12个)	上海轨道交通维护保障中心工务分公司轨道综合车间梅陇站场工区
22		上海地铁第二运营有限公司2号线静安寺站
23		上海地铁第二运营有限公司2号线张江高科站
24		上海地铁第三运营有限公司7号线乘务一组
25		上海地铁第四运营有限公司8号线西藏北路站
26		上海地铁第四运营有限公司8号线耀华路站
27		上海申通地铁集团有限公司建设事业部
28		上海城建集团隧道公司第一项目管理部
29		上海城建集团市政一公司轨道交通项目部
30		上海建工集团机械施工程公司轨道交通11号线北段二期石龙路站项目部
31		上海建工集团市建一公司轨道交通7号线南浦站项目部
32		中铁十一局电务工程公司上海轨道交通10号线接触网干线电缆杂散电流防护系统工程项经理目部
33	2010年表彰(12个)	上海地铁第一运营有限公司1号线上海火车站站
34		上海地铁第一运营有限公司9号线乘务四组
35		上海地铁第二运营有限公司上海轨道交通世博专线卢浦大桥站
36		上海地铁第二运营有限公司轨道交通世博专线卢浦大桥站
37		上海地铁第二运营有限公司乘务班组
38		上海地铁第三运营有限公司客服部7号线长清路站
39		上海地铁第三运营有限公司7号线云台路站
40		上海地铁第三运营有限公司西藏南路站
41		上海地铁第四运营有限公司8号线耀华路站
42		上海轨道交通运营协调与应急指挥室
43		上海轨道交通维护保障中心供电分公司变电检修车间
44		上海轨道交通维护保障中心通号分公司新线部
十、市迎世博指挥部表彰先进(集体、单位40个,个人46人)		
1	迎世博优质服务贡献奖	2009年表彰6个单位
2	迎世博宣传教育贡献奖	2009年上半年表彰4人
3	世博服务明星奖	共13人(2009年5人、2010年上半年8人)
4	世博服务风采奖	共14人(2009年6人、2010年上半年8人)
5	世博服务卓越奖	共8个(2009年3个、2010年上半年5个)

(续表)

序号	获 奖 名 称	获奖单位(个人)
6	世博服务品牌奖	共8个(2009年3个、2010年上半年5个)
7	世博贡献奖	共4人
8	市迎世博服务行业"优质服务示范窗口"	共9个
9	市迎世博服务行业"优质服务示范员"	共9人
10	五色杯优秀集体	共8个(2009年3个、2010年上半年5个)
11	五色杯先进个人	共9人(2009年5人、2010年上半年4人)
12	世博会窗口服务先进个人	6人
13	世博会窗口服务优秀组织者	3人
14	上海世博会2008年度公益广告宣传贡献奖	1个
十一、世博会执委会表彰先进(个人58人)		
1	上海世博会杰出志愿者	1人
2	上海世博会志愿者工作先进个人	1人
3	上海世博会先进志愿者	1人
4	上海世博会优秀志愿者	55人
十二、世博交通协调保障组、世博交通协调保障赛区表彰先进(集体10个、个人92人)		
1	上海世博园区服务保障先进集体	1个
2	上海世博园区服务保障先进个人	9人
3	上海世博园区立功竞赛优秀组织者	2人
4	上海世博交通保畅先锋先进集体	7个
5	上海世博交通保畅先锋先进个人	65人
6	上海世博交通运输保障优秀集体	2个
7	上海世博交通运输保障先进个人	16人
十三、市总工会、妇联等表彰先进(集体12个、个人1人)		
1	"服务世博、奉献世博"立功竞赛工会优秀组织奖	4个
2	上海职工世博文明优秀志愿者服务队	3个
3	上海职工世博文明优秀志愿者	1人
4	迎世博600天上海市五一巾帼示范岗	5个
十四、市总工会、市建设交通工作党委、工会表彰		
1	2010年"上海世博交通保畅先锋"先进集体	18个
2	2010年"上海世博交通保畅先锋"先进个人	66人

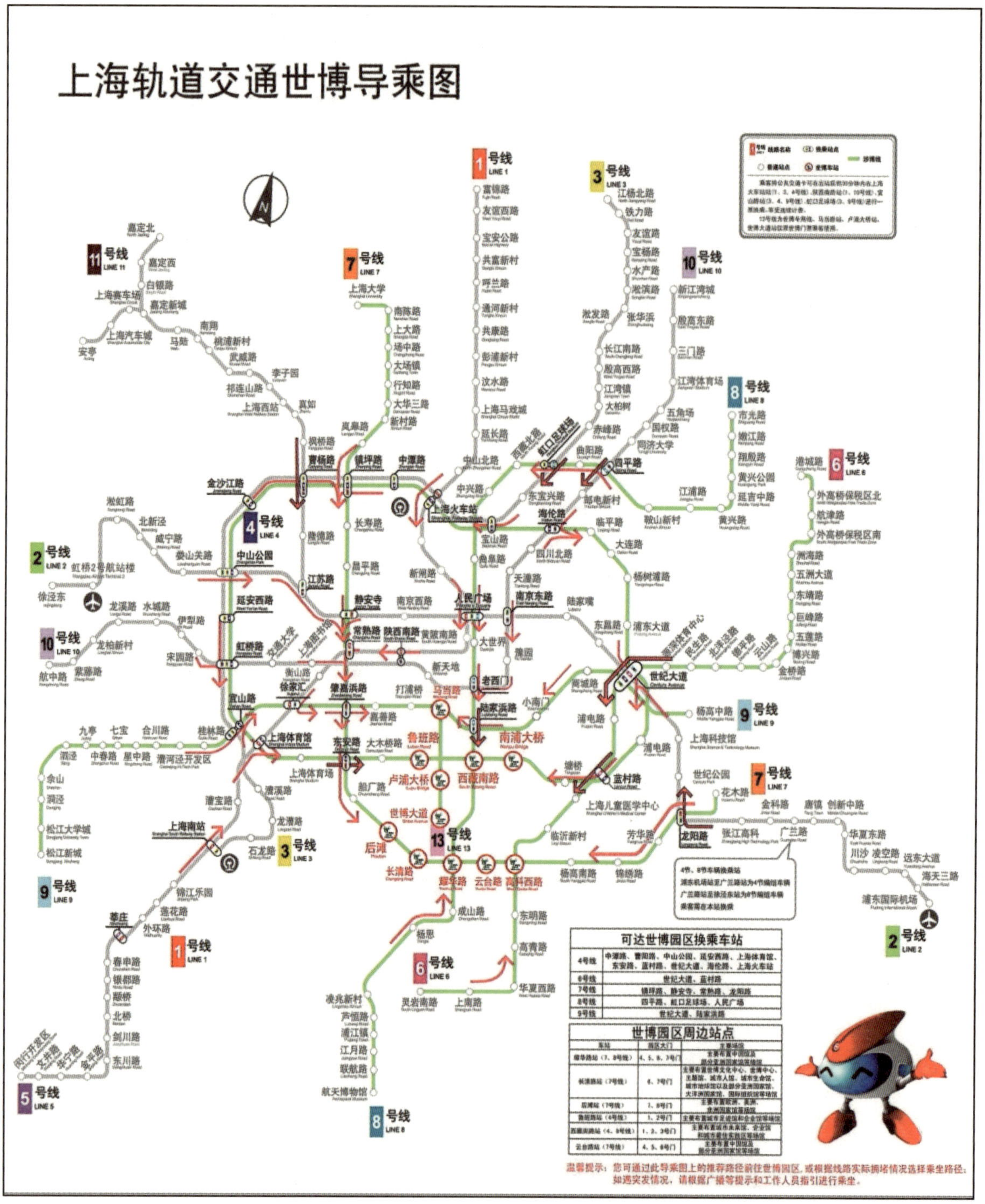

图专-1-1　2010 年上海轨道交通世博导乘图

图专-1-2 奔向世博

图专-1-3 8号线耀华路站世博园区入口

图专-1-4　集团机关干部在运营高峰期间做志愿者

二　上海科技发展基金会刘建航院士奖励专项基金

2008年4月，由刘建航院士及上海申通地铁集团有限公司、上海市隧道工程轨道交通设计研究院、上海隧道工程股份有限公司三家发起单位共同设立了“刘建航院士奖励基金”。2013年6月，刘建航院士奖励基金加盟上海科技发展基金会的公益平台，更名为“上海科技发展基金会刘建航院士奖励专项基金”。基金响应上海科技发展基金会秉承助力科技、服务科技的理念，借助社会公益事业机构的平台，吸纳更多的社会资金，将刘建航院士奖励专项基金的规模做大做强，推动地下工程领域人才与科技发展。基金属非营利性质。基金在上海科技发展基金会、刘建航院士和基金管理委员会的领导下开展工作，并遵守国家宪法、法律、法规和有关政策。

基金会的宗旨是为了发扬刘建航院士创新、攻坚、求实、奉献的精神，奖励在隧道和轨道交通、地下工程领域的建设、科研、设计、施工、监理、运营管理中，做出重大贡献的专业技术人员，并为隧道和轨道交通、地下工程事业培养中青年技术骨干，资助技术攻关项目，跟踪国际先进技术，解决工程难题，不断提高科技创新能力和技术水平。

为加强对奖励专项基金的管理，提高基金使用效率，设立基金管理委员会。委员会设主任1名、副主任5—6名、委员若干名。主任、副主任、委员均由发起人会捐赠单位提名，协商产生。管理委员会四年一届，秘书处设在上海市隧道工程轨道交通设计研究院。管理委员会主要职责是制定和修改章程、审议工作报告和财务报告、聘请高级顾问、决定奖励对象及基金受捐事宜、决定其他重大事宜。管理委员会设立秘书处，具体负责日常事务工作。秘书处的专职工作人员由管理委员会聘任或免职。秘书处设秘书长1名、副秘书长4—5名、财务监事1名。

奖励专项基金的资金主要来源于刘建航院士个人捐赠；上海申通地铁集团有限公司、上海市隧道工程轨道交通设计研究院和上海隧道工程股份有限公司捐赠。此后，陆续有9家单位携手为基金提供资金捐赠和支持，共同推动基金健康发展。奖励专项基金的资金中刘建航院士个人共出资30万元，分别于2006年个人出资20万元；2007年个人出资5万元，2014年个人出资5万元。资金主要用于奖励近年来在隧道、轨道交通以及地下工程等领域取得显著成绩的优秀中青年专业技术人员，年龄一般不超过55周岁，并资助科研项目。

刘建航院士奖励专项基金自设立以来，每两年进行一次评选，奖励热爱隧道和轨道交通、地下工程事业，具有强烈的事业心和责任感；创造性地开展工作，有突出的改革创新成果；圆满完成设计、科研或管理任务，创造良好的经济效益或社会效益；有重要的科研成果或获省部级以上奖项；为隧道和轨道交通、地下工程做出特殊贡献的技术人员。现已成功举办五届活动，奖励中青年技术人员共72人。获奖者们迅速成长为隧道、轨道交通、地下工程领域的中坚力量，他们践行着科技工作者的使命和责任，成为刘院士求真务实、艰毅攻坚、锐意创新工作精神的传承者。

表专-2-1　历届刘建航院士奖励专项基金获奖者情况表(按姓氏笔画排序)

届　次	刘建航奖励基金奖	刘建航奖励基金提名奖
第一届	王如路　白廷辉　余暄平　陈　鸿　曹文宏	王秀志　朱卫杰　宋　博　高英林　梁　伟
第二届	王秀志　王益群　毕湘利　何自强　余志松 宋　博　杨　磊　杨志豪　陈文艳　陈海龙	马忠政　王吉云　叶　蓉　刘朝明　李家平 郭劲松　顾春华　曹伟飚　黄海滨　鲍艳玲
第三届	马忠政　刘洪波　李家平　何小玲　高英林 黄海滨　梁　伟　裴烈烽	王庆国　冯　云　刘纯洁　吴惠明　张　恒 陈培泰　赵　峻
第四届	刘纯洁　刘朝明　邹　铭　胡章喜　凌宇峰	于　宁　王卫东　史正洪　杨　玲　罗　鑫 黄爱军　黄德中　谢小林
第五届	刘加华　闫静雅　利　敏　郭　亮　彭文俊	李　刚　李文勇　李章林　吴旭东　罗发扬 姜　弘　姜小强　贺春宁

图专-2-1　2013年8月28日,上海科技发展基金会刘建航院士奖励专项基金揭幕

附 录

上海市人民政府关于原则同意市发展改革委、市建委关于进一步深化完善轨道交通“四分开”体制改革方案的批复

市发展改革委、市建委：

沪发改法(2004)002号文悉。经研究，市政府原则同意你们制订的《关于进一步深化完善轨道交通“四分开”体制的改革方案》，请自行印发并会同有关部门组织实施。有关机构调整等事宜，请按规定办理。

二○○四年四月十六日

进一步深化完善轨道交通“四分开”体制的改革方案

2000年4月，本市实施轨道交通投资、建设、运营、监管“四分开”体制改革以来，轨道交通的投融资和建设取得了较大的进展。但在网络投资建设的推进过程中也暴露出一些新的矛盾和问题，需要进一步从明确责任主体到管理体制、运作机制等层面研究解决。

一、“四分开”实施以来的主要成效

(一) 线网建设全面展开。按照2010年前建设500公里的总体目标，项目投资、建设、储备规模创下历史之最；基本网络规划已报市政府原则同意；到2010年的近期建设规划已经上报国家发展改革委，并通过了中国国际工程咨询公司的评估；形态发展实现由单线向网络转变，布局和建设进入超常规集中发展期。

(二) 投融资渠道进一步拓展。组建了市级投资主体上海申通集团有限公司(以下简称申通公司)，通过加大市、区两级政府投入力度、土地入股、贷款融资、发行债券、盘活存量、资产运作等方式，初步形成多元化的投融资机制，并积极探索投入产出的良性循环滚动机制。

(三) 竞争机制初步形成。在建设管理和运营服务领域引入市场竞争机制，分别成立上海久创建设管理有限公司和上海港铁建设管理有限公司两家建设管理企业、上海现代轨道交通股份有限公司(以下简称现代轻轨公司)一家运营企业，打破独家建设和运营状况，形成了轨道交通建设管理和运营服务多家竞争的格局。

(四) 行业管理逐步加强。制订了轨道交通管理条例，开展了车辆段(停车场)、供电系统、重要换乘枢纽，车辆、信号系统、站台屏蔽门、售检票系统，以及标志标识、线路车站命名等一系列涉及资源共享、系统兼容和网络功能问题的专业规划、技术标准、行业规范研究，并取得阶段性成果。

二、当前存在的主要问题

一是统一管理力度不够。由有关主管部门组成的联席会议在综合协调、决策一些重大问题上的权威性需要进一步提高，投资、建设、运营的整体协调运作有待加强。

二是责任主体不到位。政府、出资代表、业主代表的相关工作界面在操作中不清晰，权责不对等，投资、建设、运营管理的责任主体地位尚未真正确立。

三是运营机制不健全。目前的委托管理方式，不利于运营服务单位成为真正充满活力的市场主体，科学高效的运营管理模式有待完善，运营管理的水平需要进一步提高。

四是标准规范不完善。规划方案、设计标准、设备选用、资源共享等涉及全市整个轨道交通系统的网络功能等关键问题，缺乏强有力的行业管理支撑。

五是资金平衡仍有较大难度。轨道交通投资建设规模大、任务重、时间紧，政府资金投入有限，负债融资比重较高，通过票价调整增加收入的难度很大，加之土地成本上升等环境因素的变化，进一步增加了建设资金平衡难度。

三、指导思想

在充分总结、用好"四分开"经验基础上，按照"在坚持中发展，在发展中完善"的要求，进一步健全统筹协调机制，强化政府协调和主导作用，加强行业规范和标准管理；进一步完善投资建设管理体制，优化资源整合和配置，落实投资建设的责任主体；进一步坚持市场化导向，确立运营的市场主体地位，政策重点支持投资建设；进一步优化收益分配机制，推进投资建设与运营的可持续发展，从而确保基本网络投融资和建设的顺利推进、技术与管理的综合集成，以及运营服务的安全高效。

四、主要措施

（一）加强政府统筹协调，合理界定各方分工

1. 成立上海轨道交通建设指挥部，统一协调指挥全市轨道交通投融资和规划建设，对全市轨道交通规划、投融资、建设、运营涉及的重大问题和政策进行协调决策。建议由分管副市长任总指挥，分管副秘书长任常务副总指挥，市发展改革委、市建委、市规划局、市交通局有关领导，相关区分管区长和投资建设及运营方面的负责人为成员。

指挥部下设办公室，是指挥部的日常办事机构，具体负责与各政府部门、投资建设和运营主体的沟通、联络和协调工作，向指挥部提出重大问题和政策的建议，并负责落实或督促实施指挥部的协调、决策意见。

考虑到当前轨道交通处于超常规集中发展期，建设任务重，具体协调事务多且时效要求高，建议办公室暂设在重组后的申通公司。

2. 按照"管理统率建设"原则和高效合理要求，进一步明确政府、投资建设和运营等各方定位。政府及行业主管部门加强法规、标准和规范等行业管理，以及运营安全服务的监管；投资建设主体负责网络线路投资和建设管理，统筹平衡轨道交通投融资需求；运营管理主体负责车辆等运营设施购置更新并提供安全、有序、高效的公共服务。此外，必须建立合理、有效的投资建设与运营管理的沟通联络平台和经营收益的回报机制。

（二）优化投资与建设管理体制，重组投资和建设管理资源

1. 整合申通公司和上海地铁建设有限公司（以下简称地铁建设公司）的建设管理职能和资源，将地铁建设公司通过重组整体合并进入申通公司，形成申通公司在轨道交通项目投融资和项目建设管理方面两个主要业务板块，承担对轨道交通的方案设计、投资、建设管理职能；各线路的项目公司分别承担线路的投融资职能；具体的设计、施工建设通过市场化招标方式由体外设计、施工企业实施。

2. 强化整合后的申通公司投资建设责任主体职能，推进全市轨道交通投融资和建设管理的协调发展。主要包括：负责全市轨道交通建设资金筹措和整体平衡；吸引沿线区县政府及其他社会力量共同参与投资；统筹分配和使用轨道交通政策扶持资金，拓展市场化融资渠道；对轨道交通车站周边及线路沿线土地进行综合开发；负责轨道交通线路的投资建设管理和维护，并租赁给运营企业运营；支持运营企业安全运行和车辆、运营设施投融资，并通过收取轨道交通基础设施使用费、综合开发等逐步收回投资。

建议进一步强化申通公司领导班子建设，由市委、市政府任命和管理申通公司的领导班子，并按照现代企业制度的要求，规范完善企业法人治理结构。

（三）深化完善运营体制，培育市场化运营主体

1. 形成“统一管理、适度竞争”格局。进一步培育并完善已初步形成的上海地铁运营有限公司（以下简称地铁运营公司）、现代轻轨公司和上海磁悬浮交通发展有限公司（以下简称磁悬浮公司）三家运营公司承担运营任务的市场格局，明确界定运营公司既是独立的经济实体，也是轨道交通安全服务供应的责任主体。

2. 建立运营企业购车的市场运作机制。由市政府授予运营企业轨道交通一定年限的特许经营权，建立“借、用、还”一体的运营购车投融资机制。运营企业在特许经营期内，享有轨道交通客运运费收入、车辆及车站范围内的广告收入及其他商业经营收入的收益权，租赁使用轨道交通线路和车站等设施，并承担车辆、信号控制等运营设施的投入、维修和更新任务，确保运营服务安全、高效。

运营企业应向投资建设主体支付轨道交通基础设施使用费，并逐步向投资建设主体回购已建和在建线路车辆和运营设施。轨道交通基础设施使用费标准由投资建设主体和运营主体双方协商提出，既要考虑投资建设融资还贷，又要考虑运营安全高效运作，并通过契约方式确定，报市政府批准后实施。

3. 深化地铁运营公司的体制改革。既要增强运营企业购车的融资能力，又要建立投资建设方与运营方的利益协调、平衡机制，实现运营收入与建设投入的良性循环，建议由久事公司出资收购申通公司持有的上市公司“申通地铁股份公司”的股权，并作为出资增加对地铁运营公司的投资，实现控股。

地铁运营公司要进一步按照建立现代企业制度的要求，完善法人治理结构，规范各项规章制度和运作机制。地铁运营公司持有上市公司后，要逐步建立市场化运营机制，进一步拓展资本市场的融资渠道。

久事公司同时控股申通公司和地铁运营公司，要以资产为纽带，加大对轨道交通投融资支持力度，确保轨道交通大规模投资建设对资金的需求，并根据投资建设与运营的不同特点，采取与之相适应的管理模式，处理好投资建设与运营的关系。

鼓励现代轻轨公司和磁悬浮公司参与轨道交通运营市场竞争。

五、有关建议

考虑到上述方案的实施，将较大地改变当前投资、建设和运营各方的分工格局，尤其是运营体制改革，将涉及若干较为复杂、涉及各方利益的具体问题，如投资建设方与运营方投资界面划分、投融资平衡和融资安全等，需要作进一步研究，在深入分析和测算的基础上，落实具体的解决方案。为此，建议如下：

1. 在方案实施上采取分两步走

首先，加快推进投资与建设的整合工作。为通过改革体制，加快推进建设进程，建议在2004年3月底成立轨道交通建设指挥部，2004年4月完成申通公司和地铁建设公司的职能和资源整合重组。

同时，深化、细化运营体制改革的操作办法。按照本方案的总体框架要求，对体制改革中涉及较为复杂的操作性问题，需要进一步细化方案。如：明确划分投资建设方与运营方的责任分工界面；根据轨道交通发展的阶段性特点，提出轨道交通基础设施使用费的计算办法；明确界定项目公司的投融资职责，健全确保融资安全的举措；在新体制下进一步完善市、区两级政府的责任分工机制；以及对新建项目在一个项目多个法人主体情况下的立项报批办法等。2004年三季度提出具体

方案，报经市政府批准后实施。

2. 着眼长远，探索更加符合网络化特点的投融资机制

针对中心城区和郊区线路布局的不同特点，进一步优化轨道交通投融资机制。对中心城区线路要进一步整合资源、加强统筹平衡，探索建立集中投资建设和运营体制；对郊区线路要更大程度地发挥区县积极性，积极探索建立以区县投资为主、自主经营的投融资体制。

3. 进一步加大政府对轨道交通支持力度

除要加快落实市政府已明确的轨道交通扶持政策外，还要进一步增加市、区两级政府对轨道交通的投入，通过建立土地储备机制支持投资建设主体对车站周边及线路沿线土地的综合开发，以拓展投资建设资金来源，增强轨道交通可持续的投融资能力。

上海申通地铁集团有限公司章程(2015 年版本)

第一章　总　　则

第一条　为适应建立现代企业制度的需要，规范公司的行为准则，维护公司的合法权益，发展上海轨道交通事业，促进上海的经济社会发展，依照《中华人民共和国公司法》《中国共产党章程》之有关规定，特制定本章程。

第二条　公司名称：上海申通地铁集团有限公司(以下简称公司)

公司住所：中国上海衡山路 12 号

第三条　经营宗旨：

根据市政府确定的城市总体规划和上海市轨道交通建设规划，通过单独投资、参股、控股，发挥上海轨道交通投资主体导向作用；承担对轨道交通的投资、建设和运营管理职能，保障轨道交通线网安全运行；以资产为纽带，开展资本经营和综合开发，实现国有资产保值、增值。

第四条　经营范围：

轨道交通建设管理、运营服务及综合开发经营，轨道交通设施设备的维修养护、经营，设计咨询，实业投资，利用自有媒体发布广告。

第五条　公司的注册资本为人民币壹仟壹佰陆拾玖点玖肆亿元整。

第六条　公司依据中华人民共和国有关法律、法规从事经营活动，其合法权益受中华人民共和国法律的保护，公司以其全部资产对公司的债务承担责任。

第七条　公司根据需要可依法在国内及境外设立子公司、分公司和办事机构。

第二章　公司股东及其权利、义务

第八条　公司股东名称、注册地址、法定代表人、注册资本：

(一) 甲方：上海久事(集团)有限公司

注册地址：上海市黄浦区中山南路 28 号

法定代表人：张惠民

注册资金：人民币贰佰伍拾贰亿柒仟万元

(二) 乙方：上海城投(集团)有限公司

注册地址：上海市浦东新区浦东南路 500 号

法定代表人：蒋耀

注册资金：人民币伍佰亿元

第九条　公司出资额的持有人为本公司的股东，股东按其出资额享有相应的权利承担相应的义务。

第十条　股东享有下列权利：

（一）参加股东会并享有股东会的表决权、选举权；

（二）按章程规定推荐董事；

（三）按章程规定推荐监事；

（四）享有对公司投资经营活动和财务状况的知情权；

（五）依照法律、法规及公司章程规定获取红利、转让出资额；

（六）购买其他股东转让的出资额；

（七）公司终止后，依法分得剩余财产；

（八）优先认购公司新增的注册资本；

（九）公司章程规定的其他权利。

第十一条　股东应尽下列义务：

（一）按期足额缴纳所认缴的出资额；

（二）以其认缴的出资额为限对公司承担责任；

（三）维护公司合法的整体利益；

（四）履行公司章程规定的其他义务，保守公司机密。

第三章　股东的出资方式和出资额

第十二条　公司的注册资本为人民币壹仟壹佰陆拾玖点玖肆亿元整。各股东的出资额、出资比例和出资方式如下：

（一）甲方：上海久事（集团）有限公司出资额人民币柒佰柒拾捌点壹陆叁贰亿元（778.163 2 亿元），占注册资本的百分之六十六点五一（66.51%），于 2014 年 10 月缴足。甲方以其在上海地铁 1 号线的投资 35.85 亿元，明珠线一期资本金 18 亿元，以及以货币方式对轨道交通新线路的资本金投入 724.313 2 亿元作为出资额。

（二）乙方：上海城投（集团）有限公司出资额人民币叁佰玖拾壹点柒柒陆捌亿元（391.776 8 亿元），占注册资本的百分之三十三点四九（33.49%），于 2014 年 9 月缴足。乙方以其在上海地铁 1 号线的投资 20.84 亿元，上海地铁 2 号线的投资 67.22 亿元，以及以货币方式对轨道交通新线路的资本金投入 303.716 8 亿元作为出资额。

第十三条　股东以资产作价入股的应依照法律、行政法规的规定办理，并依法办理其财产权的转移手续。

第十四条　公司成立后，应当向公司股东签发出资证明书，出资证明书应由公司加盖印章，法定代表人签字并应记载下列事项：

1. 公司名称；
2. 公司登记日期；
3. 公司注册资本；
4. 股东名称、缴纳的出资额和出资日期；

5. 出资证明的编号和核发日期。

第四章　出资额的转让

第十五条　公司新增资本时,股东可以优先认缴。公司股东之间可以互相转让其全部或部分出资额。股东一方在向公司股东以外的人转让其出资额时,必须经股东另一方同意,股东另一方有优先购买权。

第十六条　股东依法转让其出资额后,由公司将受让者的名称、住所及受让金额记载于股东名册,公司收回原出资证明书,核发新的出资证明书。

第五章　股 东 会

第十七条　公司设立股东会。股东会是公司的权力机构,由全体股东组成,依照公司法和公司章程行使下列职权:

(一) 决定公司的经营方针和投资计划;

(二) 选举和更换非由职工代表担任的董事,决定有关董事的报酬事项;

(三) 选举和更换由股东代表出任的监事,决定有关监事的报酬事项;

(四) 审议批准董事会的报告;

(五) 审议批准监事会的报告;

(六) 审议批准公司的年度财务预算方案、决算方案;

(七) 审议批准公司的利润分配方案或弥补亏损方案;

(八) 对公司增加或减少注册资本作出决议;

(九) 对发行公司债券作出决议;

(十) 对股东向股东以外的人转让出资作出决议;

(十一) 对公司合并、分立、变更公司形式、解散和清算等事宜作出决议;

(十二) 修改公司章程;

(十三) 审议法律、法规和公司章程规定应当由股东会决定的其他事项。

第十八条　股东会作出的决议,必须经全体股东表决通过方为有效。

第十九条　股东会由股东按照出资比例行使表决权。

第二十条　股东会会议每年至少召开一次,代表四分之一以上表决权的股东方或二分之一以上董事或者监事,可以提议召开临时会议。股东会会议由董事会召集,董事长主持;董事长因特殊原因不能履行其职务时,由半数以上董事共同推举一名董事主持。

第二十一条　股东会应对所议事项的决定形成会议记录和决议,出席会议的股东应在会议记录上签名,股东会决议须经股东方盖章,法人代表签字方可生效。

第六章　董事会及其议事规则

第二十二条　公司设董事会,董事会由五至九人组成。其中,甲、乙双方各推荐一名;职工董事一名,经民主程序产生;其他董事由市有关部门推荐。

第二十三条　董事会对股东会负责,行使下列职权:

(一) 负责召集股东会,并向股东会报告工作;

(二) 执行股东会的决议;

（三）决定公司的经营计划和投融资方案；

（四）制订公司的年度财务预算方案、决算方案；

（五）制订公司的利润分配方案和弥补亏损方案；

（六）制订公司的增加或减少注册资本、发行公司债券方案；

（七）决定收购、兼并其他企业和产权转让的方案；

（八）决定公司的资产抵押及其他担保事项；

（九）决定公司内部管理机构的设置和基本管理制度；

（十）聘任或解聘公司总裁；根据总裁的提名，聘任或者解聘公司的副总裁、总工程师和财务负责人，决定其报酬等事项；

（十一）审议批准总裁的工作报告；

（十二）拟订公司合并、分立、变更公司形式、解散的方案；

（十三）制订公司章程的修改方案；

（十四）董事会需要讨论的其他事项。

第二十四条　董事会设董事长一名，由市有关部门推荐、董事会选举产生。

第二十五条　董事长为公司的法定代表人，行使下列职权：

（一）召集和主持董事会会议；

（二）督促检查董事会决议的实施情况；

（三）签署公司债券及其他有价证券；

（四）签署董事会重要文件和其他应由公司法定代表人签署的文件；

（五）行使法定代表人的职权；

（六）在发生特大自然灾害等不可抗力的紧急情况下，对公司事务行使符合法律规定和公司利益的特别处置权，并在事后向公司董事会及股东会报告；

（七）董事会授予或公司章程规定的其他职权。

第二十六条　董事实行任期制，每届三年，任期届满可以连选连任。董事在任期届满前，股东会不得无故解除其职务。

第二十七条　董事享有下列权利：

（一）出席董事会会议，并行使表决权；

（二）召开董事会临时会议的提议权；

（三）董事会决议授予的其他权利。

第二十八条　董事应当遵守法律、行政法规和公司章程，对公司负有忠实义务和勤勉义务，不得利用职权收受贿赂或者其他非法收入，不得侵占公司的财产。

第二十九条　董事会会议由董事长召集和主持，董事长因特殊原因不能履行职务时，由半数以上董事共同推举一名董事召集和主持，三分之一以上的董事可以提议召开董事会会议。

第三十条　召开董事会会议，应于会议召开十日前通知全体董事，董事会会议应由三分之二以上董事出席方可举行，董事因故不能出席，可书面委托其他董事出席董事会，委托书应写明授权范围。

第三十一条　董事会对所议事项形成决议，决议须经全体董事的过半数通过。董事会决议由出席会议的董事签名后生效。

第七章　总　　裁

第三十二条　公司设总裁一名，副总裁五名，总工程师一名，由董事会聘任或解聘。总裁对董事会负责，行使下列职权：

（一）主持公司的生产经营管理工作，组织实施董事会决议，并向董事会报告工作；

（二）拟定并组织实施公司年度经营计划、财务预、决算和投融资方案；

（三）拟订公司内部管理机构和分支机构设置方案，并负责实施；

（四）拟订公司的基本管理制度，并负责实施；

（五）制订公司的具体规章，并负责实施；

（六）提请聘任或解聘公司副总裁、总工程师和财务负责人；

（七）聘任或解聘应由董事会聘任或解聘以外的负责管理人员；

（八）公司章程和董事会授予的其他职权。

总裁应当根据董事会的要求，向董事会报告公司重大合同的签订、执行情况、资金运用情况和盈亏情况。总裁必须保证该报告的真实性。副总裁、总工程师协助总裁工作，总裁外出期间，指定一名副总裁代理。

总裁、副总裁及其他高级管理人员应当遵守法律、行政法规和公司章程，对公司负有忠实义务和勤勉义务，不得利用职权收受贿赂或者其他非法收入，不得侵占公司的财产。

第八章　监 事 会

第三十三条　监事会由五至七人组成，其中公司职工代表比例不得低于三分之一，由公司职工民主选举产生；甲、乙双方各推荐一名。监事会设监事会主席一名，监事会副主席一名。监事会主席和副主席由政府有关部门推荐并经监事会选举产生。

董事、高级管理人员不得兼任监事。

第三十四条　监事的任期每届三年，监事任期届满可连选连任。

第三十五条　监事会对股东会负责，并行使下列职权：

（一）检查公司的财务；

（二）对董事、总裁执行公司职务时违反法律、法规或者公司章程的行为进行监督；

（三）当董事和总裁的行为损害公司的利益时，要求董事和总裁立即予以纠正；

（四）提议召开临时股东会；

（五）列席董事会会议；

（六）公司章程规定或股东会授予的其他职权。

监事应当遵守法律、行政法规和公司章程，对公司负有忠实义务和勤勉义务，不得利用职权收受贿赂或者其他非法收入，不得侵占公司的财产。

第九章　党　　委

第三十六条　公司根据《中国共产党章程》和《公司法》的规定，设立中国共产党的组织，为各级党组织的活动提供必要的条件。

第三十七条　坚持加强中国共产党的领导和完善公司治理有机统一，党委把方向、管大局、保落实，发挥国有企业党组织的领导核心和政治核心作用。

第三十八条　公司设党委书记一名，党委书记和董事长由一人担任；党员总裁兼任党委副书记；设一名抓党建工作的专职党委副书记，其他党委成员若干名。按照规定设立纪委，集团公司纪委书记、监察专员列席董事会议。

符合条件的党委成员通过法定程序进入董事会、监事会、经理层，董事会、监事会、经理层成员中符合条件的党员按有关规定和程序进入党委。

第三十九条　董事会决定公司重大问题，应事先听取党委的意见。

第四十条　坚持党管干部原则，党委按干部选拔任用规定进行干部的管理，对选人用人进行领导和把关。

第四十一条　按照精干、高效、协调和有利于加强党的工作的原则，公司设立党的工作机构，配备党务工作人员，党建工作经费按照上年度职工工资总额的一定比例安排。

第四十二条　公司党委担负全面从严治党主体责任，领导思想政治工作、统战工作、精神文明建设、企业文化建设和党风廉政建设，支持纪委履行监督责任。

第四十三条　公司党委领导工会、共青团等群团工作，根据《公司法》《中华人民共和国工会法》及《中国共产主义青年团章程》的规定，分别设立各级工会组织和各级团组织。为工团组织开展各类活动提供必要条件，维护职工合法权益，引导广大员工积极参与公司改革发展。

第十章　员　　工

第四十四条　公司研究决定有关员工工资、福利、安全生产以及劳动保护、劳动保险等涉及员工切身利益的问题，应当事先听取公司工会和员工的意见，并邀请工会或员工代表列席有关会议；公司研究决定经营的重大问题，制定重要规章时，应当听取公司工会和员工的意见和建议。

第四十五条　公司实行全员劳动合同制和上岗聘任制，公司按经营管理需要定岗定人，员工经培训考核合格，符合条件才能上岗。公司对已上岗的员工定期进行考评，不符合条件的下岗甚至辞退。

第四十六条　公司员工原则上按岗位设置要求向社会招聘。

第十一章　公司财务管理和利润分配

第四十七条　公司实行独立核算、自负盈亏、自我约束和自我发展的经营机制，按有关法规和规定建立本公司的财务、会计制度。

第四十八条　公司按规定办理税务登记并依法纳税。

第四十九条　公司财务部门应定期编制财务会计报表。年度财务会计报告，应经有资格的注册会计师审计鉴证后报送各股东。

第五十条　公司实现的税后利润提取法定公积金、公益金后所余利润，按各股东出资比例进行分配，具体分配方案由董事会制订。

第五十一条　公司在上一个会计年度亏损未弥补前，不得分配利润，上一个会计年度未分配利润可并入当年利润分配。

第五十二条　公司的法定公积金不足以弥补上一年度公司亏损的，在依照规定提取法定公积金和公益金之前，应当首先用当年利润弥补亏损。

第十二章　公司的解散与清算

第五十三条　公司因不能清偿到期债务，被依法宣告破产的，由法院依照有关法律规定，组织股东、有关机关及有关专业人员成立清算小组,对公司进行破产清算。

第五十四条　公司有下列情形之一的可以解散,并由股东组成清算小组,进行清算:

一、股东会决议解散;

二、因公司合并或分立需要解散;

三、因不可抗力致使公司无法经营而解散;

第五十五条　清算小组在清算期间行使下列职权:

一、清理和保护公司财产,分别编制资产负债表和财产清单;

二、通知或公告债权人;

三、处理与清算有关公司末了结的业务;

四、清缴所欠税款;

五、清理债权、债务;

六、处理公司清偿债务后的剩余财产;

七、代表公司参与民事诉讼活动。

第五十六条　公司清算结束后,清算小组应当编写清算报告报董事会、股东会及主管机关确认,并报送公司登记机关申请注销公司工商登记、税务登记,公告公司终止。

第十三章　其 他 事 项

第五十七条　公司建立鼓励改革创新的容错机制,在符合法律法规和内控制度的前提下,对在公司投资建设、运营服务、经营管理过程中开展改革创新的事项出现差错时,勤勉尽责、未牟取私利的,不作负面评价。

第五十八条　公司为不约定期限有限责任公司,公司营业执照签发日期为本公司成立日期。

第五十九条　本章程须公司股东会通过,经工商行政管理机关核准登记后生效。

第六十条　本章程未尽事宜由董事会制订相应的细则加以明确。

第六十一条　本章程与国家颁布的法律、法规有抵触时,以国家法律、法规为准。

第六十二条　本章程的解释权属公司股东会。

上海申通地铁集团有限公司领导干部廉洁自律行为规定

中共上海申通地铁集团有限公司委员会

(2008 年 12 月 12 日)

第一章　总　　则

第一条　为认真执行《上海市贯彻落实〈建立健全惩治和预防腐败体系 2008—2012 年工作规划〉的实施办法》,不断完善集团公司有关预防腐败的重要制度,发挥制度在反腐倡廉中的监督制约作用,逐步建立反腐倡廉的制度体系,进一步促进集团公司领导干部廉洁自律、遵纪守法,根据近几年来中央和市委有关国有企业领导人员廉洁自律若干规定,结合实际制定集团公司领导干部廉洁自律行为规定。

第二条　遵循领导干部廉洁自律行为规定,必须坚持讲学习、讲政治、讲正气,做到自重、自警、自省、自励;必须认真执行中央市委和市城乡建设和交通工作党委关于企业领导干部廉洁自律各项规定;必须以身作则,做出表率,管好班子,管好队伍,管好配偶、子女和身边的工作人员。

第三条 本规定所称领导干部包括:集团公司党政领导班子成员、正副三总师和总监、各部室正副部长(主任)、高级经理;各直属单位党政领导班子成员、三总师;各项目公司正副董事长、总经理和总工程师。其他干部参照执行。

第二章 责任制规定

第四条 实施党风廉政建设责任制,必须坚持集团党委统一领导、党政齐抓共管、部门(单位)各司其职;必须坚持党风廉政工作与业务工作同计划、部署、检查、考核和总结的方针;必须坚持一级抓一级,谁主管、谁负责的原则;必须坚持定期考核和违者追究制度。

第五条 领导干部应履行的党风廉政建设责任是:

(一)领导责任:坚持从严治党的方针,进一步加强对责任范围内党风廉政工作的领导,提高“两手抓、两手都要硬”的自觉性;把廉政建设的各项要求融入分管的具体工作中去,使党风廉政工作与经济业务工作同部署、同考评、同奖惩;完善一级抓一级、层层抓落实的反腐倡廉领导机制,对责任范围内的党风廉政建设负总责。

(二)管理责任:贯彻落实集团公司党委关于党风廉政建设的部署和要求,研究源头预防和治理腐败的制度和措施;制定切合实际的工作计划,安排好季度的廉政学习教育,半年的廉政情况分析,年度的检查考核等,引导责任对象自重、自省、自警、自励;加强部门相互协调配合,形成反腐倡廉工作的齐抓共管格局。

(三)自律责任:自觉执行中纪委关于国有企业领导人员廉洁自律“七个不准”“八个禁止”规定和市委关于企业领导人员廉洁自律规定以及集团公司和直属单位的党政领导班子若干承诺、“廉洁自律五个严禁”等要求;认真执行建设工程管理有关规定,做到在招投标、合同和资金管理中,不批条子、不打招呼、不以权谋私;加强作风建设,自觉接受监督,管好自己、管好家属和身边的工作人员。

(四)监督责任:进一步完善集团公司内部监督制约机制,认真实行领导干部述廉制度,充分发挥党内监督、行政监督、群众监督和民主监督的作用;加强对责任范围、责任对象执行廉政规定的监督检查,发现问题及时采取措施,把问题解决在萌芽状态;支持、配合纪检监察部门依法履行职责,重视群众来信来访,做好办信查案工作,纠正部门和行业不正之风。

第六条 领导干部因履行上述责任不力而致使所在单位或下属单位发生下列较大腐败问题之一的,应追究发生腐败案件时的所在单位或上级单位主要领导或分管领导的责任:

(一)贪污、贿赂、挪用公款等群体性案件;因腐败失职、渎职而引发的群体上访、闹访事件等。

(二)卖淫、嫖娼、赌博、吸毒等问题;下属单位或部门几任负责人连续发生腐败案件的。

(三)腐败案件案值巨大,情节严重;因失职渎职,造成重大责任事故;出现违反重大政治纪律;因违规处置资产,违规借贷、担保、非法集资等,使公共财产、国家和人民利益遭到重大损失等事件。

第三章 企廉制度

第七条 领导干部必须遵守中央、市委关于领导干部报告个人重大事项的规定,按照“有事及时报、无事年终报”的要求,报告下列个人重大事项:

(一)本人、配偶、共同生活的子女营建、买卖、出租私房(包括购买的公有住房)和参加集资建房的情况。

（二）本人参与操办的本人及近亲属婚丧喜庆事宜的情况（不含仅在近亲属范围内办理的上述事宜）。

（三）本人、子女与外国人通婚及配偶、子女出国（境）定居的情况。

（四）本人因私出国（境）和在国（境）外活动的情况。

（五）配偶、子女受到执法执纪机关查处或涉嫌犯罪的情况。

（六）配偶、子女经营个体、私营工商业或承包、租赁国有、集体工商企业的情况，受聘于“三资”企业担任企业主管或受聘于外国企业驻华、港台企业驻境内代办机构担任主管的情况。

（七）本人持有的因私出国护照以及本人和配偶持有的赴港澳通行证、外国长期居留证的情况。

（八）本人认为应当向组织报告的其他重大事项。

第八条　领导干部必须执行中央和市委关于领导干部个人收入申报的制度，每年一月和七月向组织人事部门申报前六个月的下列各项收入。

（一）工资。

（二）各类奖金、津贴、补贴及福利费用。

（三）从事咨询、讲学（讲课）、协作、稿件编审、书画等劳务所得。

（四）各种承包经营、承租经营的所得。

（五）证券交易收入以及申报人认为需要申报的其他收入。

第九条　领导干部必须遵守中央和市委关于收受礼品实行登记和禁止收受礼金、有价证券的规定，并严格执行以下纪律：

（一）礼品价值在200元以上的，必须在一个月内登记上交。

（二）不准接受直接管理和服务的对象、主管范围内下属单位和个人、其他与行使职权有关系的单位和个人或外商、私营企业主的现金、物品、有价证券和支付凭证。

（三）不准把经营管理活动中收取的折扣、中介费、劳务费、礼金据为已有。

（四）未能拒收的礼金、有价证券等，不论数额多少一律登记上交。

第十条　集团公司及直属单位党政领导班子成员必须遵守中央市委关于国有企业党政领导班子民主生活会制度，按照贯彻民主集中制原则，强化班子成员的内部监督。会前认真组织学习、征求职工群众意见、开展谈心活动和报告个人重大事项；会上对个人重大问题以及廉洁自律方面情况作出明示，开展批评与自我批评，主动自查自纠，会后将民主生活会情况在一定范围内通报，并切实抓好整改。

第十一条　领导干部必须遵守中央、市委关于领导干部不准兼职取酬的规定，并严格执行以下纪律：

（一）不准擅自兼任下列单位的领导职务（含顾问和名誉职务）：本企业的下级企业、本企业下属的具有独立经营权的单位、授权经营的单位；与本企业合营或者本企业参股经营的企业以及经营性事业单位；本企业以外的国有、集体、私营经济组织。

（二）确因工作需要兼职的，应按照干部管理权限，报上级批准和本企业领导班子同意。经批准兼职的领导干部，原则上不领取兼职工资、奖金、补贴等报酬。若收到兼职单位给予的工资、奖金和补贴等报酬，应及时向组织人事部门申报并在一个月内全部上交。

（三）领导干部在工作时间外出参加的评审会、咨询会、评标会等所取得的评审费、咨询费、评标费等收入，应及时向人事部门申报并在一个月内全部上交，个人不得留用。

（四）对兼职中表现突出、成绩显著的领导干部，可根据年度考核情况实行奖励；对领导干部上交的评审费、咨询费、评标费等报酬，实行年终一次性奖励。

第十二条　领导干部必须遵守中央和市委关于领导干部配偶、子女从业的规定，并严格执行以下纪律。

(一) 不准利用职权为配偶、子女或其他亲属经商办企业提供人力、资金、贷款、物资、技术和经营场所等便利和优惠条件。

(二) 不准本人或配偶、子女个人从事与本企业经营管理活动有关联的、依托该企业进行的、可能侵害本企业利益的生产经营活动。

(三) 不准个人及其亲属违反规定投资入股与其本企业有关联交易、有依托关系的私营、民营企业和外资企业。

第四章　经 营 活 动

第十三条　领导干部在企业重要干部任免、重要建设项目安排和大额度资金使用等“三重一大”决策过程中，必须遵守下列规定：

(一) 不准个人擅自决定企业的体制改革、资产运作、经营计划、投资方案、工资和福利制度等涉及职工切身利益的重大决策。

(二) 不准个人擅自决定本单位(部门)管理人员和重要部门、岗位负责人的人事任免或者聘用、解除聘用，隐瞒歪曲干部考察的事实真相，泄露酝酿讨论干部任免情况等。

(三) 不准个人擅自决定企业的大额度资金运作、年度财务预算决算和利润分配方案等涉及企业发展的重要决策。

第十四条　领导干部在企业资产运作、经营管理等活动中，必须遵守下列规定：

(一) 不准违反国有资产监管程序和企业规章制度，擅自决定对外投资、借贷、融资、担保等重大事项。

(二) 不准个人注册办企业或与他人合伙办企业；不准以划转调拨、借贷、公款私存等形式将国有资产转移到个人名下或为其他企业谋取非法利益。

(三) 不准在改制过程中利用权力低价评估、买卖国有企业或国有资产。

(四) 未经批准，不准以个人名义在国(境)外注册公司、投资参股、购买上市公司股票、购置不动产或者进行其他经营活动。

(五) 不准将国有资产私自委托、租赁、承包给自己的配偶、子女及其他亲属经营。

第十五条　领导干部在企业物资采购、项目开发、商务谈判等业务活动中，必须遵守下列规定：

(一) 不准个人决定企业重大设备、重要物品的采购。

(二) 不准利用职权在企业物资购销、项目开发、商务谈判等业务经营活动中谋取私利。

(三) 不准利用企业的商业秘密、业务渠道从事个人谋利活动。

(四) 不准私自从事营利活动和有偿中介活动。

(五) 不准在企业物资购销、项目开发、业务经营等活动中违规收取合同外的礼金、折扣、中介费和劳务费等。

(六) 不准违规私存企业经营活动中的现金。

第十六条　领导干部在经营性土地使用权出让、房地产开发与经营和建设工程承发包等“三项事务”中，必须遵守下列规定：

(一) 不准利用职权违反规定干预和插手“三项事务”等市场经济活动，为个人和亲友谋取私利。

（二）不准私下会客商和私下洽谈有关事项。遇特殊情况而难以避免的，事后应及时向组织报告。

（三）不准泄露工作秘密和应保密的经营信息。

（四）不准违反工作程序包办、决定由主管部门或人员经管的事项。

（五）不准让配偶、子女、亲友参与自己分管的事项。有关事项涉及配偶、子女、亲友的，不准为其疏通关系或示意有关部门和经办人员给予照顾及提供优惠条件。

第十七条　领导干部在企业费用预算、财务监管和资金管理等工作中，必须遵守下列规定：

（一）不准动用企业资金，以个人名义或伙同他人买卖股票。

（二）不准个人擅自决定财产抵押、捐助、赞助事项，或以捐助赞助的名义谋取个人利益。

（三）不准授意、指使、强令财会人员做假账或设立法定账册以外的任何账册。

（四）不准违反收支两条线和专项经费管理的规定乱发钱物；

（五）不准用公款报销应个人负担的费用以及用公款出国（境）旅游或者变相出国（境）旅游。

（六）不准公款私存、设立账外账和以个人名义开设银行账户存折、信用卡，严禁私设小金库。

第五章　公 车 改 革

第十八条　领导干部在公车改革和实施过程中，必须执行党纪条规和集团公司公车改革管理办法及以下纪律：

（一）不准利用职务或工作上的便利，将应由个人承担的车辆保险费、养路费、年检费和保养维修费、燃油费、路桥费、停车费等拿到下属单位、合作单位报销，或收受、索取下属单位、合作单位的燃油票、车辆零配件等财物。

（二）不得利用不正当手段虚报、冒领、骗取车改补贴费用。

（三）不准占用本单位、本部门的公务用车使用额度和向下属单位、合作单位租借车辆。

第六章　“八 小 时 以 外”

第十九条　领导干部在“八小时以外”的生活、娱乐、交往和出国（境）中，必须遵守党纪国法和社会公德、家庭美德、个人品德等社会主义道德规范，自觉维护社会公共秩序，净化生活圈，坚决抵制拜金主义、享乐主义、极端个人主义的侵蚀，接受组织和群众的监督，以良好的言行举止营造健康、高尚的社会风气。

第二十条　领导干部在日常生活中应固本守节，积极传播先进文化，清正廉明，团结友善，勤俭自强，不准有以下行为：

（一）遇国家财产和人民生命财产受到严重威胁时，临危退缩，见死不救。

（二）参加、组织任何形式的封建迷信活动和宣扬唯心主义及危害社会的邪教学说。

（三）利用婚丧嫁娶、出国（境）、生日、乔迁和子女求学等事由，接受与其行使职权有关系的单位和个人的馈赠或代付费用。

（四）利用职权在买卖、置换和装修住房中谋取不正当利益。

第二十一条　领导干部在文化娱乐活动中应加强道德修养，培养健康的思想情趣，展现良好的社会风尚，不准有以下行为：

（一）参与买、租、传看淫秽色情书刊、杂志和音像制品。

（二）参与卖淫、嫖娼、赌博、吸毒及接受色情服务等活动。

（三）参加业务单位安排的高消费娱乐、旅游等活动。

（四）参与公款消费获取各类俱乐部会员资格。

第二十二条　领导干部在人际交往中应把握原则立场、道德标准和交往尺度，追求真善美，抵制假恶丑，不准有以下行为：

（一）私自在家中接待业务单位工作客户并从中谋取私利。

（二）编造、传播政治谣言及散布丑化党和国家形象的言论。

（三）泄露党和国家机密、企业商业秘密及应保密的技术信息等。

（四）发生权权交易、权钱交易、权色交易、权友交易等情况。

（五）包庇犯罪分子和有严重违纪行为应受纪律处分的人员。

第二十三条　领导干部在出国（境）中，应严格遵守国家外事纪律，维护国家利益和民族尊严，不准有以下行为：

（一）反对党和国家的言行。

（二）向国外、境外的机构、组织和人员非法提供有损国家或企业利益的情况、秘密等。

（三）进入色情场所或参与任何形式的淫秽色情活动。

（四）参与走私、贩毒等各种非法活动。

第七章　企 务 公 开

第二十四条　实施企务公开，必须坚持以邓小平理论、“三个代表”重要思想和科学发展观为指导；必须遵循国家法律法规和党的方针政策，实事求是，注重实效，有利于集团公司改革、发展和稳定；必须坚持集团公司党委统一领导，党政共同负责，有关方面齐抓共管，动员职工广泛参与；必须与党的建设、领导班子建设、职工队伍建设相结合，与建立现代企业制度相结合。

第二十五条　企务公开的主要内容是：

（一）重大决策及工程建设、运营安全方面问题：公司中长期发展规划战略；年度工程建设、运营安全目标及完成情况；重要规章制度的建立和落实情况；集团内部财务预决算执行情况及大额度资金使用情况；企业改革、改制方案，职工裁员、分流、安置方案等重大事项。

（二）关系职工切身利益方面的问题：集体劳动合同的签订和履行情况；安全生产和劳动保护措施；工资改革和奖金分配方案；岗位调整、职称评聘和评先创优的条件、数量和结果；困难职工群体的帮扶救济；职工培训计划及教育培训费的提取和使用情况。

（三）领导班子建设和党风廉政建设问题：民主评议领导干部情况，企业中层领导干部、重要岗位人员的选聘和任用情况，干部廉洁自律规定执行情况，业务招待费使用情况以及其他需要公开的费用支出情况。

第二十六条　领导干部应把企务公开的工作纳入本单位（部门）重要议事日程，加强领导，保证企务公开的真实性和实效性；按照企务公开的要求，主动、如实公开领导干部执行廉洁自律规定的情况，自觉接受组织和群众的监督。

第八章　述 廉 工 作

第二十七条　领导干部述廉中应对照以下方面内容：

（一）思想认识：认识反腐败工作的长期性、艰巨性和复杂性，树立正确的人生观、价值观、世界观情况；坚持“两手抓、两手都要硬”的情况；积极投身企业改革、发展和反腐倡廉建设等实践中的认识、体会和感受。

（二）执行制度：对照检查自身在执行中央、市委和集团公司关于企业领导人员重大事项报告制度、收入申报制度、招待费使用情况向职代会报告制度和礼金、礼品登记上交制度等方面的情况。

（三）行为规范：按照《中国共产党领导干部廉洁从政若干准则》和本规定中有关行为规范，检查自己在企业安全生产、经营管理、推动中心工作完成和管好配偶子女及身边工作人员过程中，依法经营、规范从业和以身作则的情况。

（四）落实责任：围绕本规定中有关领导干部落实党风廉政建设责任制的要求，检查自身履行《集团公司领导干部党风廉政建设责任书》的领导责任、管理责任、自律责任、监督责任以及本单位、本部反腐倡廉建设的主要工作情况。

第二十八条　领导干部的述廉方式：集团公司和各直属单位的党政领导班子成员，主要结合每年一次的领导班子民主生活会进行述廉；集团公司各部室、各项目公司领导干部，主要结合本部门（单位）年终工作总结、绩效考核时述廉。

第九章　实 施 与 检 查

第二十九条　集团公司各级党组织负责本规定的贯彻实施；各级领导干部在以身作则、模范执行本规定的同时，按照责任制的要求抓好本单位（部门）的实施；各纪检监察部门协助本级党委抓好本规定的落实，并负责对实施情况进行监督检查。

第三十条　领导干部组织实施和执行本规定的情况，应列入干部考核的重要内容，考核结果作为对其任免、奖惩的重要依据。

第三十一条　领导干部违反本规定的，依照《中国共产党纪律处分条例》等有关规定给予批评教育或组织处理。涉及犯罪的，移交司法机关处理。

第十章　附　　则

第三十二条　本规定由上海申通地铁集团有限公司纪委负责解释。

第三十三条　本规定中若与上级颁布的条例、法规等不一致的，以上级的为准。

第三十四条　本规定自印发之日起执行。原《上海申通集团有限公司领导干部廉洁自律行为准则》废止。

上海地铁公共文化建设纲要

（2013 年 4 月 7 日）

上海地铁公共文化建设纲要经过数十年的艰苦努力，截至 2012 年末，上海地铁已建成 12 条线、439 公里、287 座车站的网络，日均客流达 620 万人次，单日最高客流超过 750 万人次，承担了全市 35%的公共交通出行客流量。在此期间，上海地铁根据市委、市政府的要求，从建设规划设计阶段开始，就重视在地铁中注入公共文化元素，先后以城市建设、公共安全、精神文明、艺术传播、廉政文化、爱心慈善等为主题，以建筑装饰、电子屏、灯箱、磁卡等为载体，实施了 580 余个公共文化项目，赢得了市民、社会的肯定。其中，上海地铁 52 座车站装饰的 60 幅大型浮雕壁画，演绎了城市文化的精髓，其艺术感染力受到广泛好评，获得 2011 年国家文化部颁发的“中国公共文化艺术贡献奖”。上海地铁已经成为体现城市精神、展示城市文化、彰显城市文明的重要窗口。当前，在上海地铁基本网络逐渐成形的过程中，我们清醒地看到，上海地铁在企业文化建设上尽管已经形成了一定的历史积淀，但是在公共文化建设方面还缺少系统性、网络化的前瞻规划，责任主体和运作机制尚不明确，公共文化的产品和服务种类尚不清晰，社会影响力和品牌建设尚待进一步提升。按照党的十八大提出的“扎实推进社会主义文化强国建设”的宏伟目标，根据市委、市政府提出建设“国际文化大都市”的要求，为在新时期全面推进上海地铁公共文化的发展和建设，特制定《上海地铁公共文化建设纲要暨上海地铁公共文化三年(2013—2015 年)行动计划》。

一、上海地铁公共文化的内涵

(一) 定义

地铁公共文化，是指由政府主导、以地铁公共空间为主要展示平台、以弘扬社会主义先进文化为主要内容、以地铁乘客等市民群众为主要受众、以公益性文化单位为合作骨干、在符合安全要求的基础上以凸显行业特点的形式予以展陈的城市公共文化组成部分，是城市公共文化传承和传播的重要窗口，是上海文化大发展、大繁荣的重要内容。

(二) 特点

作为公共文化的一个组成部分，与博物馆、图书馆、文艺场馆等传统公共文化服务体系相比，地铁公共文化具有“行业公共性、对象公众性、空间开放性、载体多样性、项目互动性、形态速读性、成效愉悦性”的特点。

(三) 展陈空间

根据地铁空间特点，在确保功能性和艺术性相统一的基础上，上海地铁公共文化的展示空间大致可分为五大类：

1. 长期固定区域　在地铁设施投入运营时已经建成或经过改建后形成的、用于长期、固定展示的空间。如车站建筑、雕塑壁画、人民广场站新增设的音乐角。

2. 短期广告位　利用地铁现有的广告平台或新开发的广告区域，用于短期展示、可予以更换展示内容的空间。如灯箱广告、视频广告位等。

3. 活动区域　地铁所属范围内、可用于互动或展示活动的空间。

4. 衍生品　富有文化元素、由地铁方发行的衍生品。如地铁纪念磁卡、地铁纪念品等。

5. 虚拟平台　由地铁官方发布或制作的互联网空间，如官方微博、微信、App、网站等。

(四) 表现主题

地铁公共文化的主要表现主题可以分为以下六类：

1. 建筑艺术类　通过车站总体的艺术化造型，车站内设置的浮雕、壁画和建筑装饰展现的艺术元素，共同构建起一个功能性与艺术性有机结合的空间环境。这一类型的表现主题是国内地铁中最为常见的配置。上海地铁除既有线 52 座车站的 60 幅大型浮雕壁画外，在建新五线中拟定 21 个车站结合线路特征、周边区域特点及历史文脉进行装修特殊设计，通过车站整体空间塑造公共空间艺术氛围。如松江南站的“云间古道”、国客中心站的“熙攘星海”车站穹顶设计、龙华站的佛教文化等；针对 11 号线迪士尼乐园站，还将对全球征集车站总体造型创意。

2. 艺术展示类　通过在地铁中引入各类艺术名家作品、摄影图片、绘画雕塑、中外诗歌、非物质遗产传统文化等艺术展示，营造艺术熏陶的良好氛围。充分利用地铁车站的站厅、站台、出入口通道的广告灯箱、移动展板、LED 视频、车厢拉手等进行文化展示，也可与车站附近文化艺术展馆等联系，展示文化作品，形成地上地下文化融合。

3. 典型宣传类　通过宣传各类先进人物和事迹，大力弘扬社会主义核心价值观，为城市先进文化和精神文明提供正能量。如上海地铁已经将位于“黄金地段”的人民广场站厅三号出入口通道内侧的17幅广告灯箱媒体组成宣传长廊，专门用于以“上海好儿女”为主题的典型宣传，使其成为上海城市先进人物典型宣传的固定阵地。上海地铁还在毗邻“一大”会址的新天地站、靠近市委组织部的衡山路站等车站腾出空间，创建“红色宣传”特色车站。另外，还可利用车厢移动电视和车站大型视频等阵地，配合法制、廉政、道德模范等方面的典型宣传。

4. 文艺活动类　通过引入各类水准较高的专业文艺团队和群文组织开展文艺演出，普及高雅艺术、创造艺术氛围，打造愉悦、和谐的地铁环境。上海地铁还将合理安排和调整车站布局，在确保安全和不影响客流通行的前提下，辟出专门固定场地用于文艺演出；开设了人民广场站和大世界站的2个“上海地铁音乐角”，用于专业乐团和群文团体的公益演出；还将在一些居民区集中的相邻车站提供可能的空间场所，与地区联手，开展群众性文艺活动。

5. 知识普及类　通过静态展示和交流互动相结合的方式，进一步向乘客普及各类环保、健康、科技等方面的知识，发挥“地铁大课堂”潜移默化的作用。上海地铁已经开设了虹口足球场站“体育文化角”、洞泾站和古猗园站的“地铁绿化角”、东安路站“健康医疗角”等，用于各类知识的普及和展示。继续在上海科技馆、上海自然博物馆、东方体育中心、新天地等重要文化场馆和旅游景点相邻的车站，辟出专门空间用于与地面场馆相呼应的公益宣传。

6. 合作交流类　通过地铁国内外同行之间或者跨行业的文化交流合作，拓展视野、引进先进文化理念，不断丰富上海地铁公共文化的内涵。在2010年世博会期间“中外诗歌进地铁”等活动的基础上，通过国际地铁联合会(CoMET)组织，与巴黎、纽约、莫斯科等城市开展地铁公共文化的合作交流；筹划与西安地铁等开展以“海派文化与中华古典文化的对话”等为主题的城际合作交流。

二、上海地铁公共文化建设目标及原则

（一）建设目标

通过长期的地铁公共文化建设，使乘客在地铁中“看得到作品、听得到音乐、悟得到精神、学得到知识、感受得到文化氛围”，使上海地铁公共文化成为“城市文化的新品牌，公共艺术的新空间，群众文艺的新平台，社会文明的新能量”，有力提升“上海地铁”服务品牌的品质，有力提升上海地铁企业文化建设水平，有力提升企业员工的文化素养，有力提升上海地铁的企业社会形象。

（二）建设原则

鉴于地铁规划、设计、建设和运营管理的特点，上海地铁公共文化建设过程中要注重遵循以下原则。

1. 确保“安全第一”与提高关注度相结合　在推进公共文化建设时，首先要从规划设计方面考虑安全因素，确保带有文化元素的结构设计满足规范要求；其次在建设过程中，要注重确保壁画雕塑或新构件的安装展陈，不遮挡消防设施、应急疏散导向标志等安全设施设备，不影响周边其他设施设备的正常使用；第三是在运营过程中，策划和管理单位要做好人流引导和控制，提前做好应急预案，力争在公共文化项目周边实现“客流不高、关注度高”的效果。

2. 政府主导和社会参与相结合　作为公共文化，政府主导作用在建设推进过程中极其重要。上海地铁要在市委宣传部、市文明办、市文广局等文化与精神文明建设有关部门的指导下，积极依靠本市有关部门支撑，进一步完善地铁公共文化建设总体规划，在文化大发展相关政策的支持下，充分发挥地铁公共文化平台作用，吸引包括文化产业和文化事业单位在内的社会各方积极参与，共同投入地铁公共文化建设过程。

3. 整体性和站点特色相结合　数十年来，从一站一景、一线一景到目前的网络总体规划，上海地铁公共文化建设的过程正是“从线到网”的一个发展历程。在下阶段的网络化发展进程中，不仅要注重通过装修标准、导向标识等的统一，在网络层面形成上海地铁的整体风格，而且要在具体车站、不同线路列车的装饰装修等方面，通过专题策划研究和实施，形成一定数量的标志性站点或列车，获取“以点带面”的标杆效应和“点面结合”的放大效应。

4. 地上和地下相结合　在开展公共文化建设的过程中，要将地铁车站和周边环境紧密结合起来。在设计中，要注意将车站与地面地标性建筑、历史文脉等结合，设计出富有地域特征和文化韵味的建筑形态、雕塑壁画等，形成车站文化特色。在运营管理中，也要注意与车站周边的企事业单位开展同创共建活动，在公共文化建设方面共同策划，通过“走出去＋引进来”方式，资源互换、成果共享，探索地铁车站与周边单位在公共文化建设方面的新模式。

5. “抓眼球”和注重教化相结合　由于地铁乘客大多数处于快速行走的流动状态，对于地铁中的文化作品或活动的关注时间极其短暂。这就要求地铁公共文化产品要遵循地铁广告设计的特点，瞬间抓住快速行进中的乘客注意力，在匆匆一瞥中留下印象。同时，由于地铁通勤客流的行走线路较为固定，公共文化产品的设计又要经得起反复咀嚼，不至于引起乘客的审美疲劳，才能在潜移默化中渗入乘客感知，成为文化内化心灵的重要渠道。

6. 固定展示和动态活动相结合　地铁空间开放包容，市民乘客参与广泛。地铁公共文化可以表现的不仅仅是车站装饰、艺术装置和公益广告固定点位上的内容等，也包括由各类团体参与的文化类演艺活动及市民自发活动等，特别是现场市民活动，更能体现上海的城市文化的市民精神。为了全方位推进公共文化建设，在开展公共文化建设的过程中，可以充分发挥地铁客流大、互动性强的优势，围绕主题开展动态性的活动策划。

7. 专业团体和群文团队相结合　地铁乘客群体的年龄跨度大、文化知识水平参差不一，对于地铁中文艺活动的期望值也各不相同。既不能因古典艺术曲高和寡而束之高阁，也不能因群众文化下里巴人而一味媚俗。在文化活动策划过程中，要注意通过引入专业文艺团队，让普通乘客能够在艺术殿堂之外领略到高雅文化的魅力，探索公共文化均等化的途径；同时要注意发掘地铁文化中的“亲民”特质，与群众文化团队合作，通过有效手段予以引导，在互动中呈现出普通人的文化情怀。

8. 文化建设和商业布局相结合　上海地铁充分运用地铁的空间、人文优势，引入市场机制进行运作，积极挖掘拓展空间，以增量部分营收弥补地铁公共文化的总体投入，尽量实现收支平衡。要合理调度商业与公益的关系。既要保证公益文化传播的阵地，又要确保商业传媒正常营销收入。积极争取市政府相关部门支持，对地铁公共文化部分重点项目的实施和推进给予适当和必要的资金投入，研究“文化产业进地铁”的优惠政策；开展“最具文化 style 的商业广告、地铁商铺”评选等活动，引导更多富有文化品位的商业活动进入地铁空间，提高商业活动的文化内涵；促进文化发展与商业拓展相互补充，通过公益宣传创造氛围、提升环境品位，进一步优化商业营销环境，并转换成为商业布局新的增长点。

三、当前工作要点

1. 统一思想，充分认识开展地铁公共文化建设的重要性。

积极推进公共文化建设，在城市先进文化融入地铁的同时，可以极大地丰富地铁企业文化内涵，这将大大有利于提升企业文化建设的整体品质；企业和员工在实践地铁公共文化的过程中，将不断感受先进文化的熏陶，拓展视野，提高品位，这将大大有利于提升企业员工的文化素养；通过地铁为公共文化建设所作的不断努力，广大乘客将明显感受到地铁出行时的氛围变化，切身体验在打造美丽城市的过程中的艰辛付出，这将大大有利于提升企业的社会形象。虽然集团公司各单位工作板块各不相同，但每个单位从不同的角度都与地铁公共文化建设相关联。各级党组织要在领导班子层面统一思想，切切实实地将这项工作作为各级党组织的一项重要任务。各级党组织要清醒地认识到，把上海地铁打造成传承和演绎城市先进文化的新品牌，不仅是企业的社会责任，而且是企业持续发展的内在需求，对于提升地铁整体服务水平和管理水平，进一步推动企业精神文明建设和企业文化建设上新台阶，更具有十分重要的现实意义和长远意义。

2. 完善体系，分层分类构建保障机制。

为了确保地铁公共文化建设能够系统、有序推进，亟待通过顶层设计，形成自上而下、由内而外的多个组织保障体系。一是要在市委、市政府的领导下，建立市级层面“地铁公共文化建设指导委员会”。由市公共文化主管部门牵头，条块参与、委办联动，明确地铁公共文化在全市城市公共文化总体发展规划中的定位，研究和落实公共文化资金(基金会)的支持保障渠道，引导公共文化项目在地铁行业中的布局与实施，帮助和指导地铁公共文化项目的活动策划、计划制定、项目实施，创造持续推进、不断提升的良好平台。二是在上海申通地铁集团层面成立“地铁公共文化建设管理委员会”。由集团党政主要领导担任主任，规划地铁公共文化总体布局，培育“上海地铁公共文化”品牌，制定有利地铁公共文化发展的政策，统筹整合集团资源阵地，建立内部专项考核机制；“委员会”下设“办公室”，负责日常工作，由集团党委办公室和资产公司负责，对接市级公共文化管理部门，编制地铁公共文化年度实施计划，督办检查项目实施进展状况，协调日常管理和考核工作，组织实施集团明确的重大、重点地铁公共文化项目。三是在集团各直属单位中建立“地铁公共文化建设管理小组”。由各级党委负总责，党政工团齐抓共管、形成合力；要明确责任部门，落实专人负责，探索“文化活动项目经理负责制”，加强项目化管理考核，形成与部门、个人挂钩的绩效考核机制；结合各自特点和优势，主动对接外部文化团队，积极挖掘自身文化团队潜力，制定细化本单位公共文化建设年度工作计划，认真组织实施集团下达的建设任务，确保稳步有序推进。四是要进一步完善现场管理机制。在既有的公共活动安全审核和监管管理机制的基础上，集团运营管理部、保卫部和市公安局轨道公交总队等根据公共文化建设活动的特点，在前期方案审核、应急方案制定、加强现场保驾等方面予以细化，确保现场安全受控。

3. 主动创新，营造内外共同培育公共文化的氛围。

在公共文化建设这个崭新领域中，各级领导干部要增强主动意识，要主动奉献智慧和资源，要主动融合城市先进文化与企业文化，要主动服务各方文化单位和文艺界人士，创造良好的文化环境。各单位充分认识开展公共文化工作的重要性和紧迫性，并将其与中心工作相结合、与思想政治工作相结合、与党建联建相结合、与文明车站创建相结合等方式，有力推动“地铁公共文化”理念深入人心。各级干部员工要增强创新意识。在实践中，着力探索地铁公共文化与城市文化体系相互融入的方式，按照扩大视野必有天地、虚心求助必有高招、勤于挖掘必有亮点、各方互动必有成效的思路，取长补短、形成合力、出谋划策、敢于突破，取得积极成果。

4. 积极探索，力争形成多方共赢的良性机制。

一是建立各单位与社会文化团队的合作关系。依托政府文化部门的资源优势，建立专业文化艺术团队的资料库，经过项目磨合，遴选出一批社会责任感强、策展能力强、创新能力强的专业团队，固化长期合作关系。二是引入国内外公共文化的创意力量。以各运营单位为主办方，以资产公司为策展方，以重点、重大项目为载体，搭建平台，协调活动，打造上海地铁公共文化建设的标志性项目。三是逐渐形成竞争机制。利用地铁平台的资源和人文优势，通过社会化招标等形式，形成有序竞争的管理模式，探索鼓励创新的运作机制，建立收支平衡的营销模式。四是充分发挥品牌优势。利用逐渐成熟的“上海地铁公共文化”品牌，吸引更多文化深厚、品位高雅的商业活动主动加盟，携手纯公益文化组织，将社会美誉度和商业价值共同转化为上海地铁公共文化建设的重要支撑体系。五是有效提升基层管理水平。各单位将其作为“开门办地铁”的重要平台，在新生事物的工作实践中，不仅可以挖掘和培养一批基层优秀管理人才，而且充分利用平台优势作为新形势下青年思想政治工作的重要抓手，提升站位、凝聚队伍，打造一支有责任感、有创新意识的青年员工队伍。

索　　引

说明：

一、本索引按主题词索引和图表索引分类制作。

二、主题词索引按主题词首字的汉语拼音字母顺序排列（同音节按声调）；首字相同，按第二字音序排列，以此类推。图表索引按图表在正文出现的顺序排列。

三、索引标目后的阿拉伯数字表示该标目所在页码。同一标目在书中多次出现的，在标目后用不同的页码标引出处。

四、索引中单位或机构名称采用规范简称。

主题词索引

Y

Z

图表索引

编 后 记

根据国务院颁布的《地方志工作条例》的规定，2010 年初，上海启动了第二轮新编地方志书编纂工作。《上海市级专志 · 上海申通地铁集团有限公司志》（以下简称“《申通地铁集团志》”）是上海市级专志中的重要组成部分，通过修志将全面真实、准确完整地记载上海轨道交通 1959—2015 年的规划建设、公司建制、网络运营、资源开发、科技教育、企业管理、文明建设等发展轨迹。客观真实反映上海地铁人、物、事的变迁，以及取得的成果和经验。将上海轨道交通的发展历程全方位、多角度，立体展现给读者。

《申通地铁集团志》修编大致可以分为两个阶段，第一阶段为 2011—2015 年，主要是成立了志书编纂委员会及其办公室，落实专门工作人员，参加培训，到兄弟单位取经学习，开展资料收集，确定集团志篇目和修编工作实施方案，重点任务是配合市级机关，完成了《上海市志 · 城乡建设分志 · 城市公共交通卷（1978—2010）》《上海市志 · 人民政府分志》《上海市志 · 城乡建设分志 · 综述卷（1978—2010）》《上海世博会志》中涉及轨道交通的相关编写任务，完成上海地铁企业发展史（初稿）编纂，为《申通地铁集团志》的修编做好思想、组织和计划实施准备。第二阶段为 2016—2020 年，2016 年 10 月召开了《申通地铁集团志》编写动员大会，上海市方志办主要领导、分管领导出席会议并讲话，集团志修编工作全面展开。到 2019 年 6 月底，完成了集团志初稿，8 月底完成集团志分纂、总纂，9 月底完成集团志内审工作，11 月中旬总纂稿（评议稿）经申通地铁集团志编委会的批准，正式报送上海市地方志办公室评审。2020 年 11 月，上海市地方志办公室组织专家对《申通地铁集团志（评议稿）》进行评议，在通过评议的基础上提出了部分修改意见。会后，申通地铁集团针对专家们提出的意见，迅速组织编撰人员进行修改完善，于 2021 年 3 月初上报评审稿。是月下旬，市方志办组织召开了《申通地铁集团志（评审稿）》评审会，专家们一致同意通过评审，同时提出不少修改意见和建议。评审会后，申通地铁集团党政领导高度重视，组织召开志书修订攻关工作专题推进会，分解任务，明确责任。2021 年 5 月，申通地铁集团完成了《申通地铁集团志（验收稿）》，送交市方志办验收。

《申通地铁集团志》的修编过程，确实是经历了一个艰苦打磨、反复验证的过程。由于上海轨道交通的建设发展经历了多次的体制机构变化，编志对收集记录历史资料的完整性、正确性是一个极大的考验，有关部门和修编人员为此做出了很大的努力。

《申通地铁集团志》的成功编纂，是市委市政府正确领导和市方志办大力指导的结果，是市国资委、市交通委、市住房和城乡建设委等上级部门指导帮助的结果，也是集团上下以及有关方面共同努力的结果，期间，申通地铁集团修志工作也得到了市方志办领导和市方志办专志工作处全体同志的热情指导，得到了张载养、孙建平等多位老领导和专家们的关爱帮助，也得到了上汽集团、地产集团、久事集团等部门的无私帮助，借此机会一并予以感谢。

在编纂过程中，我们在重点反映2004年至2015年申通地铁集团各项工作的基础上，也力求真实、客观反映六十余年来上海轨道交通发展的基本情况和运行轨迹。本志覆盖专业繁多，纵跨历史漫长，详尽记载史料难免会存有遗憾。我们的主观愿望是力求尽善尽美，能否真正达到这一要求，需要有关各方面的评议和认可。

修志问道，以启未来，纵观上海地铁发展历程，业绩骄人、成果辉煌，在修志工作过程中，我们深刻体会到这其中的主要原因：

一是改革开放机遇。1978年，党的十一届三中全会宣告了改革开放新时期的到来，上海加快了经济发展，基础设施必须先行，上海轨道交通迎来发展大好机遇。建设初期资金短缺、人才匮乏，在中央批准下，在上海市委、市政府领导下，首先利用外资进行工程建设；没有人才，从市内招聘引进人才，从大学招聘人才，从外地引进一批从事过铁路建设的技术人员。1986年8月，国务院批准同意上海市争取利用国外贷款解决。2010年上海世博会，上海轨道交通迎来了快速发展的新机遇。中共上海市委、市政府审时度势作出战略性决策，集全市之力，加快上海轨道交通建设，把“安全、快捷、大容量”的轨道交通作为上海城市公共交通的主干，实现了世博会开幕前的11条线路、总长428公里、280座车站的地铁网络建设重大目标。

二是开拓创业奉献。轨道交通事业离不开广大参与者的开拓和奉献精神。在很多技术攻关领域我们更应勇于开拓创新，大胆实践，及时总结经验，不怕失败。领导干部统筹兼顾、协调各方、靠前指挥、带头垂范、敢于担当、勇于负责，以高度的责任感和使命感带领职工冲锋陷阵，出色完成轨道交通建设管理和运营服务各项任务。广大干部职工发扬团结拼搏、开拓创新、攻坚克难、追求卓越、爱岗敬业、持之以恒、勇于奉献的精神，全面深入开展轨道交通建设管理和服务，为上海轨道交通网络化建设发展提供了坚强的思想保障和文化支撑。上海地铁在规划和建设初期就充满了强烈的责任意识，上海的城市轨道交通建设凝聚了几代地铁人的梦想和追求，党和人民都在盼望着网络化、便捷化、智能化的上海城市轨道交通取得圆满的成功，这也充分体现了上海地铁对国家总体战略目标的一种认真负责态度。

三是科技创新引领。上海地铁的超常规发展离不开“科技第一生产力”的强大支撑。上海地铁建设者坚定不移地推进科技进步与创新，充分发挥科技第一生产力的作用，突出前瞻性、战略性、针对性和操作性。努力提高科技对上海轨道交通网络化发展的贡献率，努力提高轨道交通网络化发展中科技增长的含量和比重，建立了“以项目为平台、以人才为支撑、以制度为保障”的科技创新模式，紧贴轨道交通网络化发展的实际，积极推进科技进步和创新，科技综合实力明显提升，科研攻关项目成果丰硕，科技成果转化成效显著，有力推动了上海轨道交通的快速发展。

四是人才队伍支撑。实践证明，一支具有高素质的建设和运营管理人才队伍，是确保上海地铁发展壮大，确保上海地铁事业后继有人的原动力。上海地铁人才队伍是随着上海地铁的发展而成长壮大起来的，为了地铁这一共同的事业，地铁人不惜牺牲个人利益，放弃优厚待遇，夜以继日奋战在地铁建设运营的各条战场上，为成就上海地铁梦倾注了精彩年华的一代代地铁人薪火相传，在前进的征程中不断总结经验，不断地茁壮成长起来。至今上海申通地铁集团拥有博士学历43人、硕士学历461人及本科学历8 428人。

五是市民理解支持。城市轨道交通建设离不开广大市民的理解、支持和参与，尤其是施工前期会涉及大量市政动迁。我们充分依靠政府，加大各种宣传，并得到广大市民的积极支持与配合。广大市民发扬“舍小家、顾大家、为国家”的奉献精神，理解、参与、支持上海地铁建设，主动借地、让地于轨道交通工程建设的需要，社会各界、广大市民和上海轨道交通工程建设者合力打造了社会和谐发展的新篇章。

六是企业文化共识。从1985年上海市地铁公司建制，到如今的上海申通地铁集团有限公司，经过三十多年的体制演变，上海地铁企业文化也不断地创建、提升、发展，逐步形成了上海地铁企业文化共识。大力倡导"社会责任第一、安全质量第一、团队协作第一"的核心价值观、"以人为本、精细管理、以诚取信、和谐共赢"的经营理念和"敬业、奉献、求实、创新"的企业精神，为集团发展提供强有力的精神支持。坚持"申城地铁，通向都市新生活"的企业共同使命，坚持"严字当头、爱岗敬业、忠于职守"的员工行为准则，围绕轨道交通网络化建设和运营管理，将确保"安全第一"与践行企业社会责任相结合。深入开展公共文化建设、服务品牌建设，努力建设成为具有一流城市轨道交通综合集成能力的公共服务企业。

六十余年的历史跨度，大量的历史事件和人物，上海地铁的发展历程是成功的、精彩的、难忘的，我们希望集团志的出版能得到广大读者的关注。因编写者水平有限、经验不足，遗漏和错误之处，还望广大读者指正。

编者

2021年6月

图书在版编目(CIP)数据

上海市级专志. 上海申通地铁集团有限公司志 / 上海市地方志编纂委员会编 .— 上海 ：上海书店出版社，2021.12

ISBN 978-7-5458-2114-7

Ⅰ.①上… Ⅱ.①上… Ⅲ.①上海—地方志②城市铁路—轨道交通—企业集团—概况—上海 Ⅳ.①K295.1 ②U239.5

中国版本图书馆 CIP 数据核字(2021)第 218988 号

上海市级专志·上海申通地铁集团有限公司志

编　　者：上海市地方志编纂委员会
责任编辑：顾　佳
封面设计：严克勤
美术设计：汪　昊
出版发行：上海书店出版社
（上海市闵行区号景路 159 弄 C 座　邮编 201101）
排　　版：南京展望文化发展有限公司
印　　刷：上海雅昌艺术印刷有限公司
开　　本：889 毫米×1194 毫米　1/16
印　　张：55.75
插　　页：22
字　　数：1200 千
版　　次：2021 年 12 月第 1 版　　2021 年 12 月第 1 次印刷

ISBN 978-7-5458-2114-7/K·422　　定价：580.00 元

版权所有　翻印必究